惠新乡镇工业六十年

编著　孙　平

方志出版社
Publishing House of Local Records

图书在版编目(CIP)数据

高邮乡镇工业六十年/孙平编著.
- -北京:方志出版社,2018.1
ISBN 978-7-5144-2958-9

Ⅰ.①高… Ⅱ.①孙… Ⅲ.①乡镇企业-工业企业-概况-高邮 Ⅳ.①F427.534

中国版本图书馆 CIP 数据核字(2018)第 029562 号

高邮乡镇工业六十年

编　　著:孙　平
责任编辑:程　倩

出 版 人:冀祥德
出 版 者:方志出版社
　　地址　北京市朝阳区潘家园东里 9 号(国家方志馆 4 层)
　　邮编　100021
　　网址　http://www.fzph.org
发　　行:方志出版社图书经销中心
　　电话(010)67110500
经　　销:各地新华书店
印　　刷:南京凯德印刷有限公司

开　　本:889×1194　　1/16
印　　张:41.25
字　　数:1090 千字
版　　次:2018 年 1 月第 1 版　2018 年 1 月第 1 次印刷
印　　数:001~800 册

ISBN 978-7-5144-2958-9　　**定价**:300.00 元

作者简介

孙平，男，汉族，1959年3月出生。中共党员，江苏省经济管理干部学院毕业，经济师，政工师。1977年参加工作，从事工业及工业经济管理40余年，历任工厂工人、工业物资供销部门业务员、工业行政主管机关秘书及科员、科长、主任等职。其间，曾主笔编纂《高邮县乡镇工业志》，参加编写《高邮县工业志》，并先后在《中国乡镇企业报》《江苏经济报》《江苏工人报》《江苏乡镇企业》《南京日报》《扬州日报》《扬州企业》《高邮日报》及高邮广播电视台等主流媒体发表论文、言论、通讯报道等。

2009 年 7 月 9 日，时任省委书记、省人大常委会主任梁保华（前右一）视察扬州曙光电缆有限公司

2009 年 10 月 14 日，时任省委副书记、省长罗志军（前左一）视察江苏顺大半导体发展有限公司

1998 年，省人大常委会前主任沈达人（左二）、省政协前主席孙颔（右二）在邮视察企业改制、农业产业化经营及湖滨乡灾后重建家园情况

2002 年，时任副省长吴瑞林（右三）了解扬州华富实业有限公司胶体电池研发生产情况

2004 年，时任副省长黄莉新（前左一）在市双兔米业有限公司视察农业产业化经营工作

2005 年，时任副省长李全林（左一）在第七届江苏国际服装节上视察江苏林杉风服饰发展有限公司展厅

2006年，时任省委副书记张连珍(前)调研江苏高邮鸭集团鸭业经济

2006年，时任省委常委、常务副省长赵克志(右二)到沙龙集团股份有限公司视察

2006年，时任省政协副主席吴冬华(前右三)在扬州宏远电子有限公司调研科技专项资金投入绩效情况

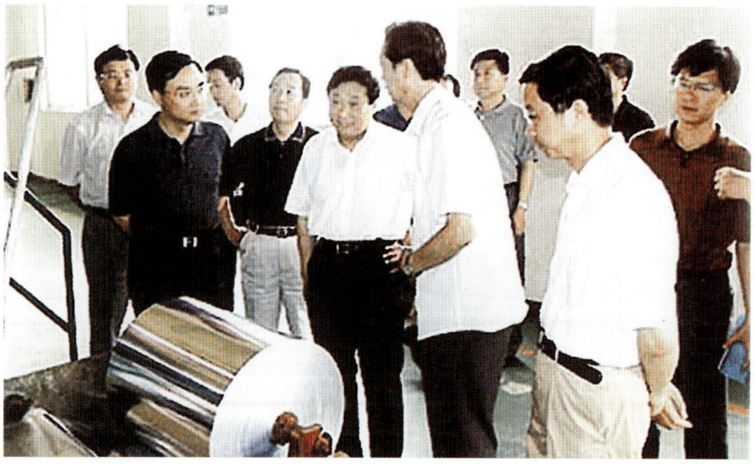

2010年，时任副省长徐鸣(前右二)视察调研扬州曙光电缆有限公司生产经营情况

2007年，时任扬州市委常委、纪委书记张爱军(前右二)视察江苏赛德电气有限公司

2007年，时任扬州市副市长闻道才(右一)视察城南新区项目建设

2008年，时任扬州市市长王燕文(右一)视察郭集镇LED产业

2008年，时任扬州市委副书记洪锦华(前左二)在江苏华富新能源股份有限公司调研

2010年，时任扬州市市长谢正义(左二)视察开发区建设

2010年，时任扬州市委常委卜宇(前右二)调研视察城南新区发展情况

1999年,时任中国常驻联合国大使秦华孙(右二)视察扬州希捷箱包有限公司

2008年,时为中国农业发展银行行长郑晖(左三)在江苏双兔食品股份有限公司调研

外国专家在扬州曙光电缆有限公司110千伏高压交联电缆生产线主控室指导技术

美国华特迈尔公司考察江苏金飞达电动工具有限公司

波司登国际控股有限公司董事局主席高德康(右二)考察开发区项目建设

参加扬州市新农村建设重点工作现场推进会的人员参观扬州日兴生物科技股份有限公司

序

乡镇工业是中国农民的伟大创造，是建设有中国特色社会主义的成功实践。从20世纪50年代以来的半个多世纪，乡镇工业不可替代地确立了其在国民经济中的重要地位，尤其是经过企业改革的洗礼，真正融入市场经济大潮后，一举成为社会大工业的主力军，其艰难历程也定格为农民致富奔小康的革命性历史，在我国工业化、现代化进程中产生了巨大影响，发挥了重要作用。

江苏是全国乡镇企业主要发祥地之一，被誉为全国发展乡镇企业的排头兵。从率先起步到长期在全国保持领先地位，全省乡镇企业在长期奋斗的艰难历程中创下了辉煌业绩。乡镇工业占乡镇企业经济总量的90%左右，是乡镇企业的主体。江苏乡镇工业被公认为是江苏经济的一大特色和优势。

高邮市地处长江三角洲，位于江苏沿江经济开发带的北侧。高邮自然资源丰富、农业生产条件优越，盛产优质粮棉油及各类水产品等，素称“鱼米之乡”。因此，历史上高邮是农业大县，农业生产独具特色，然而工业经济却是短板。高邮乡镇工业的萌生、发展和壮大，顺应了乡村农民渴望勤劳致富的合理要求，符合社会经济发展的客观规律，践行了中国特色社会主义理论。特别是促进了与国际经济的广泛接轨，产生了独特的乡镇企业文化，造就了一支经市场经济磨炼的企业家队伍，实现了工农、城乡及其地方经济的协调发展，为国家以及地域社会经济建设和发展做出了积极贡献。

《高邮乡镇工业六十年》在较为准确、真实、全面、完整、系统的文献资料基础上，以大量的事实和丰富的数据，将高邮乡镇工业从起步、成长到发展壮大的轨迹记载下来，较为充分地展现了高邮乡镇工业的发展史实、巨大成就和乡镇工业管理工作中的经验教训，为后人了解乡镇工业、认识乡镇工业、研究乡镇工业，提供较为确切的借鉴，起到和发挥存史、资政、教化的作用。可以说,《高邮乡镇工业六十年》的编著是高邮市经济生活中的一件大事,也是社会科学研究和精神文明建设的一个成果,更是时代赋予的一项重任。当前,改革开放正向纵深发展,经济建设迈上新台阶,工业经济进入转型关键时期,高邮正在建设成为古代文化和现代文明交相辉映的城市,《高邮乡镇工业六十年》的出版,无疑具有一定的历史借鉴和现实服务意义。

《高邮乡镇工业六十年》重点突出,特色彰显。譬如《历程纪实编》中《分期述要》的时期划分,独到而比较贴近史实,足见作者对乡镇工业发展历程中核心焦点的准确把握。对企业文化的系统性记载似很少见,《文化掇英编》以简单示例的方式,诠释"独特的乡镇企业文化",应当说是一大创新。该书的最大特点是体裁既不归为"史",又不算作"志",更不是个人资料或作品"集";但该书从"史"的角度记述,用"志"的部分规范要求,选取相关资料或个人作品作为补充,相辅相成,相得益彰。

孙平同志长期从事乡镇工业管理工作,不仅占有了大量的第一手资料,而且对乡镇工业怀有深厚的感情,颇有责任心和使命感。他利用夜晚和假日,历时六载,潜心整理资料,矢志记录历史,在这物欲横流的年代实属不易。《高邮乡镇工业六十年》顺利出版,可喜可贺。

我曾于20世纪80年代中期至90年代初在高邮负责党、政工作六年整,后又调江苏省乡镇企业管理局任负责人五年多,对于高邮乡镇工业的改革与发展,既有一段组织领导的实践,更有一种割舍不断的情愫,故应作者所邀,欣然作序。

孙龙山

2017年5月26日

前　言

乡镇工业是中国农民的伟大创造，是人民群众进行经济建设和践行改革开放的伟大成果。建立在农村“五匠”手工业性质基础上的高邮乡镇工业，萌芽于互助合作，兴办于人民公社化，突起于改革开放，浴火于企业改制，腾飞于“两化”融合。高邮乡镇工业的发展，顺应了人民群众渴望勤劳致富的合理要求，符合经济发展的客观规律，促进了与国际经济的广泛接轨，产生了独特的经济文化，造就了一支社会主义市场经济磨炼的企业家队伍，实现了工农、城乡及其社会经济的协调发展，为国家、全市以及地域社会经济建设和发展做出了历史性的重大贡献。

高邮乡镇工业在人民公社时期称之为社队工业。1984 年，农村实行政社（企）分开后，撤销人民公社，建立乡（镇）政府和村民委员会，“社队企业”改为“乡镇企业”，社队工业亦改称乡镇工业。改革开放后，社队工业及之后衍变而来的乡村集体工业得到快速发展。1984 年后，组户联办工业、跨区域的合作工业和各种联营工业形成多轮齐转的格局。进入 20 世纪 90 年代，“三资”企业不断涌现。企业改制时期，股份制企业、股份合作制企业、私营企业比例迅猛扩大，乡村集体企业锐减。进入 21 世纪后十年，按照国际惯例和国家划型标准的“中小企业”逐渐涵盖和取代了“乡镇工业（企业）”。

随着以中小企业为主体的工业化及其信息化全面融合，“乡镇工业”之称也随之不复存在。“乡镇工业”作为历史名词退出了历史舞台。但是，经过艰难曲折发展的 60 年历程，高邮乡镇工业不可替代地确立了其在国民经济中的重要地位，特别是经过企业改制后，乡镇企业像凤凰涅槃在火浴中得到了新生，真正融入市场经济大潮中，一举成为社会大工业的主力军，其艰难历程也定格成农民致富奔小康的革命性历史。因而，客观、具体、全程地将高邮乡镇工业从起步、成长到发展壮大的轨迹记录下来，存史资政，是时代赋予的一项神圣使命。

《高邮乡镇工业六十年》力求在较为准确、真实、全面、完整、系统的文献资料基础上，记载高邮乡镇工业的发展历史及其巨大成就，为后人了解乡镇工业、认识乡镇工业、研究乡镇工业，提供最为确切的借鉴，以期起到和发挥存史、资政、教化的作用。

全书共分6编，约110万字。似有史志之影，更著资料之实。然而，由于资料或有缺失，数据来源口径不一，编著水平局限，错谬在所难免，敬请读者指正。

凡　例

一、本书编著以马克思列宁主义、毛泽东思想、邓小平理论、“三个代表”重要思想、科学发展观、习近平新时代中国特色社会主义思想为指导，坚持辩证唯物主义和历史唯物主义的立场、观点和方法。

二、本书记载高邮市行政区域之内的乡镇工业（企业）。范围界定：（1）乡（镇）村（社队）集体兴办的工业（企业）；（2）农民投资创办的工业企业；（3）在乡镇开办的除粮食、商业、电力、交通运输、文教卫生等系统所属之外的各类（包括“三资”）工业企业；（4）企业改制后的私营工业企业；（5）退城进园及属地管理后的中小企业（工业）；（6）不特别注明一般不包括个体工商户。

三、本书记载上限1951年，下限2010年。某些内容根据实际情况及遗存资料适当追溯或延伸。

四、本书记事采用“横分门类，纵向叙述”的方法，本着乡镇工业发展主线、要素分别、特色反映和重点补充为基点，共分6编，每编分若干层次不等。

五、本书以语体文记事，并综合运用述、记、表、图（照片）等形式；《大事记》采用编年体。

六、本书资料（图片）来源：（1）高邮市档案馆：县（市）工业局、手工业管理局、第二工业局（社队工业管理局）、地方工业局、乡镇企业管理局所存部分档案；《高邮报》全期刊。（2）高邮市地方志办公室：《高邮县志》；《高邮年鉴》（1987—2011）。（3）高邮市新闻信息中心：《高邮报》《高邮信息》《高邮日报》部分期刊。（4）高邮市统计局：部分《高邮统计年鉴》。（5）部分企业厂史、宣传资料。（6）部分老同志座谈记录。（7）笔者所存文献、图片和数表。所涉记载不再注明出处。

七、本书《历程纪实编》中《分期述要》的时期划分，主要体现乡镇工业发展历程中最为集中的核心内容。《要事篇》按时间顺序对发生的具有一定影响的乡镇工业中心工作或中心活动进行单独记载。《大事记》记录主要范围：（1）本市乡镇工业（企业）发生的较大事件、活动、工作、成就等；（2）本市发生的相关乡镇工业发展的较大事件、活动、工作等；（3）国家、江苏省、扬州市出台的对乡镇工业发展具有方向性的法规、方针、政策、决定等；

(4)社会、自然对本市乡镇工业造成的重大影响事件。《分类概要编》中《行业》的主要行业,名称、顺序、包含内容及其数据按工作传统习惯归类,与国家统计规范稍有出入;《企业》中的重点企业,主要在当期具有一定经济规模的、有特色的、有代表性的企业中选择性地例举,排列不分先后;《人物》中的"名流",基本根据不同时期散见于书刊记载所整理,内容一般不再添加,排名按姓氏笔画为序。《既往钩元编》根据乡镇工业管理中不同时期侧重强化的主要工作分别记述。《文化掇英编》基本以乡镇工业(企业)示例归类出现。《残卷辑佚编》中的《信访议案》,均为笔者所经手答复。《逸稿集粹编》中的稿件作品,系笔者所作(免注)或与他人合作(有注)。

八、本书对一些常见名称进行简略记述:(1)"江苏省"简略为"省","扬州专署、地区、市"分别简略为"专署""地""市"(1991 年之前),"高邮市(县)"简略为"市"(1991 年后)或"县"。(2)"中共江苏省委"简略为"省委","中共扬州市委(地委)"简略为"扬州市委(地委)","中共高邮市(县)委"简略为"市(县)委";"江苏省人民政府"简略为"省政府","扬州市人民政府"简略为"扬州市政府","高邮市(县)人民政府"简略为"市(县)政府";各乡镇党委、政府亦作相应简略。(3)"江苏省高邮经济开发区"简略为"市开发区";"高邮城南经济新区"简略为"城南新区";"扬州菱塘光电科技产业园区"简略为"菱塘产业园"。(4)一些部门名称按常规缩略。(5)一些企业常以习惯缩略为字号表述。

九、本书记述中根据必要对一些企业所属地进行括号标注。如"(高邮)"表示所属"高邮镇","(菱塘)"表示所属"菱塘回族乡","(湖滨)"表示所属当时的"湖滨乡"。

十、本书对历史上使用的计量单位,在引文时实录,如里、斤、亩、尺等。

十一、因乡镇(区)行政区划、数据统计口径及工业管理归属等因素不断调整变动,本书所有记事以及统计数据均按当年归属和口径。如高邮镇工业(企业),原归属为市(县)属工业,2000 年区划调整后与武安乡、湖滨乡合并,后划归乡镇工业,新建城南经济新区时有部分企业划出,市属企业分别实行属地管理后有部分企业划入。由于乡镇工业企业的隶属关系、统计范围等历史特殊性及引用资料来自不同部门,某些数据前后不尽一致,个别指标情况或有出入。

十二、本书体裁难同于史、志。(1)全书系个人编著;(2)记述基本不采纳口碑资料及数据;(3)记录史实以述为主,偶有个见褒贬议论;(4)记载事物或详或略,皆因资料占有多少而定;(5)编目标题稍有修饰,避免刻板。

目　　录

历程纪实编

分类概要编

既往钩元编

文化撷英编

残卷辑佚编

逸稿集粹编

高邮概况

高邮市位于沿江经济带的长江北岸，北纬32°38′～33°05′，东经119°13′～119°50′。地处江苏省中部、里下河西缘，东邻泰州兴化市，南连扬州邗江区、江都市、仪征市，西界淮安金湖县、安徽省天长市，北接扬州宝应县。全境南至北50.04千米，东至西57.6千米。总面积1963平方千米，其中，陆地面积1175平方千米，水域面积788平方千米，分别占总面积的59.9%和40.1%。

2010年，高邮市城市面积39.8平方千米，建成区面积20.95平方千米。有19个镇，1个回族乡，1个省级经济开发区，1个经济新区。有278个村、2726个组，52个社区。全市总户数267026户，总人口820766人。其中，非农业人口276130人，农业人口544636人；男性409267人，女性411499人。

京沪高速公路、连淮扬镇铁路（规划中）、京杭大运河、老淮江公路、安大公路、新淮江公路纵贯全市南北，宁盐高速公路（规划中）、运河大桥、运河二桥、高邮湖特大桥、漫水公路、新S333省道贯穿全市东西，运东船闸、珠湖船闸连接运河东西。高邮运河港口码头为扬州港分港区，有500～2000吨级泊位17个，年吞吐量为600万吨。

2010年，全市实现地区生产总值255.81亿元。其中，第一产业增加值44.38亿元，第二产业增加值127.54亿元，第三产业增加值83.89亿元。三次产业结构为17.3∶49.9∶32.8，第二、第三产业对GDP增

高邮市行政中心

长的贡献率分别为50%和41.1%,其中工业经济贡献率为41.7%。

2010年,全市工业实现总产值1010亿元。其中规模以上工业实现销售收入587.9亿元、利税56.2亿元、利润29亿元,产销率97.8%。全年新型照明器具、新能源和机电制造、电线电缆、纺织服装“两新三主”产业分别实现产值37.8亿元、70.4亿元、148.9亿元、109.9亿元和100.9亿元,总量占全部工业产值的46.3%。高新技术产业产值265.2亿元,占规模以上工业产值的44%。全市规模以上工业企业630家,其中亿元以上企业和纳税过千万元企业分别为126家和14家。

高邮市分乡镇(区)行政区划图(2001年)

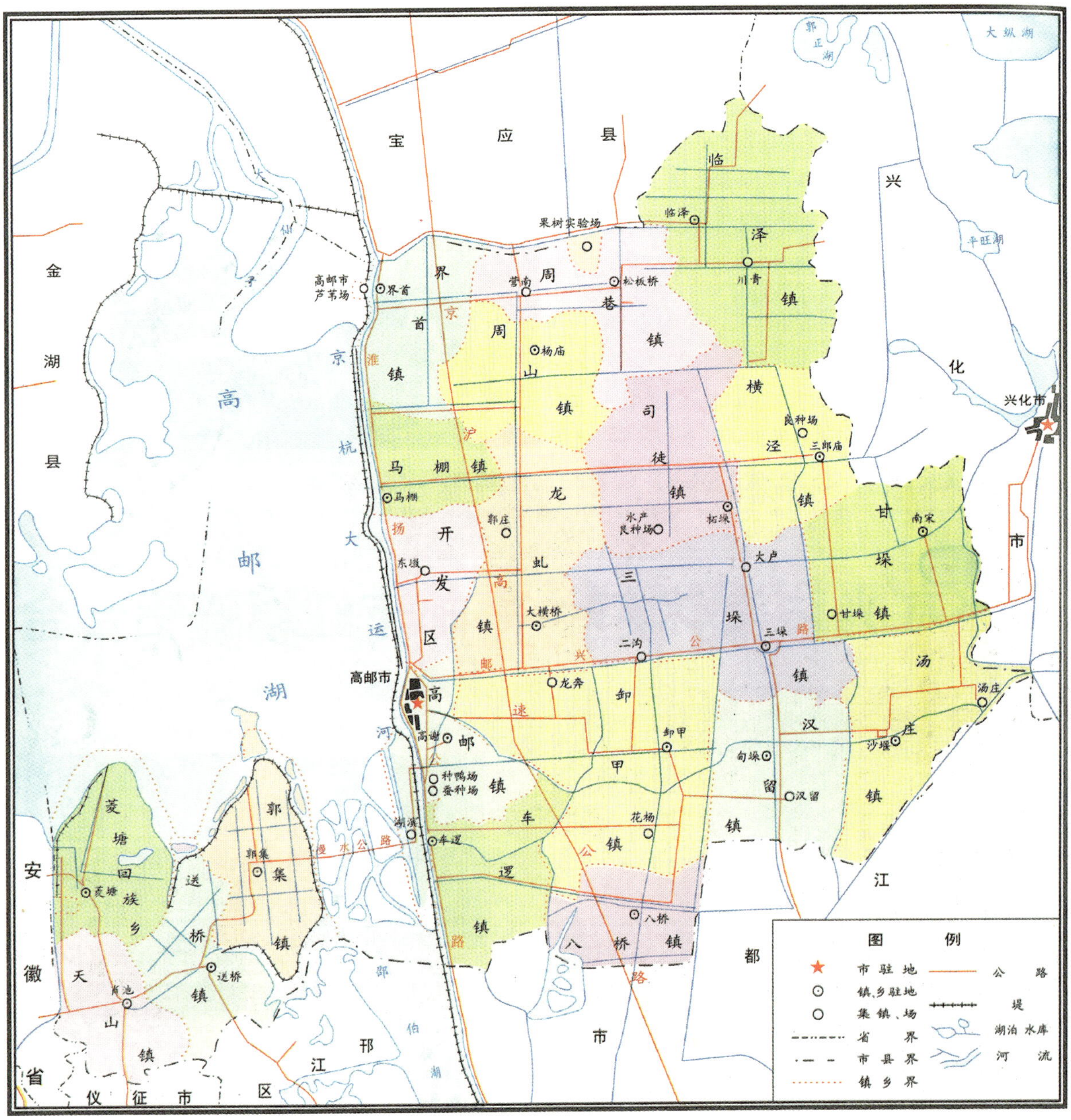

高邮市民政局 制

高邮各乡镇(区)行政区划衍变对照简表

表 1

<table>
<tr><th colspan="2">1984 年之前</th><th>1993 年前</th><th>1993 年后</th><th>1999 年</th><th>2000 年</th><th>2007 年前后</th><th>2011 年之后</th></tr>
<tr><td rowspan="11">沿运片</td><td>城镇公社</td><td rowspan="11">临城区</td><td rowspan="10">临城片</td><td>高邮镇</td><td rowspan="3">高邮镇</td><td rowspan="3">高邮镇</td><td rowspan="3">高邮镇</td></tr>
<tr><td>城东公社</td><td>武安乡</td></tr>
<tr><td>湖滨公社</td><td>湖滨乡</td></tr>
<tr><td>一沟公社</td><td>龙虬镇</td><td rowspan="2">龙虬镇</td><td rowspan="2">龙虬镇</td><td rowspan="2">龙虬镇</td></tr>
<tr><td>张轩公社</td><td>张轩乡</td></tr>
<tr><td rowspan="2">东墩公社</td><td>开发区</td><td>开发区</td><td>开发区</td><td rowspan="3">开发区
（马棚街道）</td></tr>
<tr><td>东墩乡</td><td rowspan="2">马棚镇</td><td rowspan="2">马棚镇</td></tr>
<tr><td>马棚公社</td><td>马棚乡</td></tr>
<tr><td rowspan="2">车逻公社</td><td rowspan="2">车逻镇</td><td rowspan="2">车逻镇</td><td>车逻镇</td><td rowspan="2">城南新区
（车逻镇）</td></tr>
<tr><td>城南新区</td></tr>
<tr><td>龙奔公社</td><td rowspan="8">南片</td><td>龙奔乡</td><td rowspan="3">卸甲镇</td><td rowspan="3">卸甲镇</td><td rowspan="4">卸甲镇</td></tr>
<tr><td rowspan="7">南片</td><td>东风公社</td><td rowspan="7">汉留区</td><td>卸甲镇</td></tr>
<tr><td>伯勤公社</td><td>伯勤乡</td></tr>
<tr><td>八桥公社</td><td>八桥镇</td><td>八桥镇</td><td>八桥镇</td></tr>
<tr><td>汉留公社</td><td>汉留镇</td><td rowspan="2">汉留镇</td><td rowspan="2">汉留镇</td><td rowspan="4">汤庄镇</td></tr>
<tr><td>甸垛公社</td><td>甸垛镇</td></tr>
<tr><td>汤庄公社</td><td>汤庄镇</td><td rowspan="2">汤庄镇</td><td rowspan="2">汤庄镇</td></tr>
<tr><td>沙堰公社</td><td>沙堰镇</td></tr>
<tr><td rowspan="7">东片</td><td>三垛公社</td><td rowspan="7">三垛区</td><td rowspan="7">东片</td><td>三垛镇</td><td rowspan="3">三垛镇</td><td rowspan="3">三垛镇</td><td rowspan="4">三垛镇</td></tr>
<tr><td>二沟公社</td><td>二沟乡</td></tr>
<tr><td>三阳公社</td><td>武宁乡</td></tr>
<tr><td>司徒公社</td><td>司徒乡</td><td>司徒乡</td><td>司徒镇</td></tr>
<tr><td>平胜公社</td><td>平胜乡</td><td rowspan="2">甘垛镇</td><td rowspan="2">甘垛镇</td><td rowspan="3">甘垛镇</td></tr>
<tr><td>甘垛公社</td><td>甘垛乡</td></tr>
<tr><td>横泾公社</td><td>横泾镇</td><td>横泾镇</td><td>横泾镇</td></tr>
<tr><td rowspan="6">北片</td><td>临泽公社</td><td rowspan="6">临泽区</td><td rowspan="6">北片</td><td>临泽镇</td><td rowspan="2">临泽镇</td><td rowspan="2">临泽镇</td><td rowspan="4">临泽镇</td></tr>
<tr><td>川青公社</td><td>川青镇</td></tr>
<tr><td>周巷公社</td><td>周巷乡</td><td rowspan="2">周巷镇</td><td rowspan="2">周巷镇</td></tr>
<tr><td>营南公社</td><td>营南乡</td></tr>
<tr><td>界首公社</td><td>界首镇</td><td>界首镇</td><td>界首镇</td><td>界首镇</td></tr>
<tr><td>周山公社</td><td>周山乡</td><td>周山镇</td><td>周山镇</td><td>周山镇</td></tr>
<tr><td rowspan="5">西片</td><td>送桥公社</td><td rowspan="5">送桥区</td><td rowspan="5">湖西片</td><td>送桥镇</td><td>送桥镇</td><td>送桥镇</td><td rowspan="4">湖西新区
（送桥镇）</td></tr>
<tr><td>天山公社</td><td>天山镇</td><td>天山镇</td><td>天山镇</td></tr>
<tr><td>郭集公社</td><td>郭集镇</td><td>郭集镇</td><td>郭集镇</td></tr>
<tr><td rowspan="2">菱塘公社</td><td rowspan="2">菱塘回族乡</td><td rowspan="2">菱塘回族乡</td><td>菱塘产业园</td></tr>
<tr><td>菱塘回族乡</td><td>菱塘回族乡</td></tr>
</table>

历程纪实编

综 述

高邮乡镇工业基本上是从手工业生产合作社和农村个体手工业、小作坊的基础上发展起来的。1951—1956年，全县各乡把“五匠”组织起来，分别成立了铁、木、竹、服装和编织等手工业生产合作性质的社（组）。1957年，又进行了经济改组。这期间，还对手工业及工商业进行社会主义改造。这样，手工业合作化成为后来社队办工业的源头和基础。

1958年，随着人民公社的成立，各乡掀起了大办工业的运动，在农具改革、大炼钢铁和大搞绞关化、轴承化、风车化中，先后新建和扩建了一大批社队办厂。至此，全县社队工业迅速形成。

此后到1975年间，全县社队工业历经艰难，几落几起，走过了一条非常曲折的道路。在“大跃进”的年代，全县社队不量力而行，一哄而起，盲目大办工业，致使简陋地建起了数万个不具备条件的工厂，平调浪费了群众的大量人力资财，粗制滥造了一批质量不合格产品。此后，连续不断地进行了整顿和调整。1960年下半年至1963年上半年，社队工业分别进行了以“改、转、停、放”为措施的“下马”性整顿，除手工业农具合作社外，城乡人民公社基本上都不办工业了。直至1965年后，方有所回升，但一直在严格限制中缓慢发展。但到1972年，社队工业又一次遭到无情整顿。这一时期的整顿，夸大了社队工业的存在问题，砍掉了不少企业，使刚刚恢复起来的社队工业遭受了毁灭性的重创。

1976年后，全县社队工业又开始复苏和发展。1978年，党的十一届三中全会以后，清除“左”的影响，逐步端正指导思想，社队工业在连续三年的调整中前进。1983年、1984年，中央又发出了两个1号文件，使乡村工业提高到主要位置，全县乡村工业走上了健康发展的道路，也大大加快了前进的步伐。

1985年后，国家实行宏观控制。全县乡镇工业面对经济紧缩、市场疲软的严峻形势，实行对外横向经济联合，重视发展外向型经济，对内开展“双增双节”“三上两创一高”工作，积极进行结构调整，努力克服和降低国家银根抽紧、优惠减少、原辅材料及能源、交通费用上涨和市场竞争日趋激烈等所带来的负面影响，促使乡村两级经济实现了平稳、适度增长。

进入20世纪90年代，在国家继续实行宏观控制、整顿金融秩序，以及东南亚金融危机形势下，邓小平南巡讲话、江泽民在江苏视察乡镇企业发表的重要讲话，以及《乡镇企业法》的颁布实施，极大地鼓舞了全市乡镇工业解放思想、克服困难、加快发展的责任和信心。这一时期，全市乡镇工业从自身完善经营承包责任制到产权制度改革，不断尝试股份制、股份合作制、生产要素滚动增值、风险抵押、租赁、拍卖、兼并等多种形式的运行方式，运用改革杠杆，驱动企业焕发生机，使改革贯穿于发展全线。这一时期，全市乡镇工业对内加强企业管理、加快技改步伐、促进技术进步，对外注重招商引资、增强市场意识、力求“三外”突破，实现乡镇工业由粗放型向集约型转变和由量到质的转变。

通过大刀阔斧的改革，影响乡镇工业发展的体制性障碍明显消除，乡镇工业集体经济逐渐退出，个体、私营企业蓬勃发展，新办和改制的有限责任公司开始涌现，一大批乡镇工业企业丢掉包袱，脱胎换骨，以崭新的面貌进入21世纪。

从2000年到2010年，全市乡镇工业弘扬新时期的高邮精神，积极应对国家宏观调控政策，克服“非典”和洪涝自然灾害的影响，排除用工成本上升、电力紧张、融资难度大等诸多不利因素，以加速工业经济追赶式发展为中心，以工业技术创新和二次创业为着力点，着力实施行业推动和工业园区建设，强抓资产重组、招商引资和项目建设，使乡镇工业呈现了高速、稳定、持续的发展质态。

经过60年的不断发展、壮大，尤其是改革开放以后的创新和提高，全市乡镇工业异军突起，取得了令人瞩目的成就。

规模企业成为工业经济的主力阵容。全市乡镇工业围绕产品档次高、企业效益好、出口创汇多等方面，不断进行技术改造，加大投入，侧重培植，发展壮大了一大批规模企业。2010年，全市乡镇工业（按当年全市统计口径，不包括市开发区和城南经济新区）共有列统企业496家（年初定报数495家），占全市工业列统企业78.7%，比2002年净增389家。当年实现产值463.12亿元，销售452.31亿元，利税41.68亿元，经济总量占全部乡镇工业的56.25%。其中，江苏顺大半导体发展有限公司年产值突破30亿元，扬州曙光电缆有限公司年产值超过20亿元，江苏赛德电气有限公司年产值过10亿元。在全市工业50强企业中，乡镇工业企业有34家，占68%。

支柱产业成为集约发展的特色优势。全市乡镇工业注重产业引导，对符合产业化发展方向的重点企业、重大项目，加大扶持力度，逐渐形成了企业相对集中、产业集聚明显、有一定发展特色和市场竞争力的几大块状产业集群。主要有以江苏顺大半导体发展有限公司和菱塘科技产业园为中心，具有100亿元生产能力的太阳能光伏产业集群；以波司登、雅鹿集团为依托，具有100亿元产销能力的纺织服装产业集群；以菱塘回族乡为核心，经济总量实现110亿元的电线电缆产业集群；以江苏金飞达电动工具有限公司为龙头，产销达150亿元的机电制造产业集群和以郭集工业园为辐射，超过50亿元产能的照明灯具产业集群。

高新产品成为行业突破的组合拳头。全市乡镇工业着力调整产品结构，开发新产品，改造老产品，加速产品的更新换代，初步拥有了一批具有一定科技含量、地域特色及发展前景的拳头产品。机械行业突破了以农机具、机械配件加工为主的格局，开发了板框过滤机、高浓稀释机、超声波探伤机、干燥机、粘合机、新型环保设备、便携式焊割炬、二氧化碳回收机、微型台锯等一批有一定科技含量和附加值的产品；冶金行业改变了以生产改制材、小冶炼为主的局面，形成了年产数万吨生产能力的轧钢生产线、300轧机为主的黑色金属轧制和不锈钢冶炼、轧制；电线电缆行业从简单生产广播线、安装线、电磁线，到规模生产电力电缆、控制电缆、光缆及各种计算机电缆；化工行业调整了简单生产建筑涂料、中间体的产品结构，开发生产了着色剂、高级荧光增白剂、氨基蒽醌、聚氨酯皮革涂饰剂、甲壳素等一批有一定档次的产品；箱包鞋行业则完成了从生产模压人革箱、旅游鞋到生产二次硫化鞋、高档真皮运动鞋以及各种高档密码箱、真皮箱、软箱等新品的转变。

出口基地成为外向经济的坚实基础。全市乡镇工业加大外向发展力度，兴办“三资”企业，引进外资，引进技术，引进较为先进的生产设备，重点扶持骨干企业，基本建成了机电、化工、鞋业、服装等一批外贸生产和产品出口基地。截至2010年，全市乡镇工业（按当年全市统计口径，不包括市开发区和城南经济新区）有外贸生产企业179家，外贸出口额达89.59亿元，占乡镇工业总产值的

江苏金飞达电动工具有限公司

10.88%。

工业园区成为招商引资的重要载体。全市乡镇工业全力推动载体建设，加大招商引资力度，把工业园区作为新的增长板块，促进工业集中区向特色产业化、公司运营化、规范运作化方向发展，迅速崛起一批引资最多、投入最大、发展最快的工业园区。全市共有23个工业集中区，其中市开发区为省级开发区，郭集、菱塘、天山、金飞达、八桥、鸭业园、高邮镇等7个集中区为扬州市级示范园区。到2010年，全市工业集中区累计投入597.72亿元，其中基础设施投入30.24亿元，项目建设投入567.48亿元。入园企业2351个，从业人员12.62万人。当年共实现产值682.73亿元，占全市工业经济总量的67.6%。

全市乡镇工业已具有一定的实力和规模，不但成为全市乡村经济的中坚力量、全市工业经济的主体部分，也是全市社会经济中不可替代的强大支柱，在全市社会经济发展中，具有突出的地位，发挥了重大作用。

（一）改变和优化农村经济结构的主力方阵

历史上，高邮县农村是以粮食作物为主的单一农业经济。随着乡镇工业的发展，改变了农村的传统格局，农村经济结构得到不断的改善。1972年，全县社队工业产值也只占农村农、副、工三业总产值的8.32%。到1979年，全县社队工业产值8012万元，占农村三业比重的27.6%。1984年，全县乡镇工业产值达1.91亿元，已占农村三业比重的34%，初步改变了全县农村单一经营农业的状况，经济结构转向综合经济，自然资源得到开发和利用，促进了农村分工分业，也使农民祖祖辈辈相传的“日出而作，日落而息”的生产方式和生活方式发生了质的变化。截至1997年，全市乡镇工业产值占农村农、副、工三业总产值的比重上升到43%，已经从根本上优化了农村经济结构和产业结构，促使农村经济走向健康和繁荣。2010年，全市乡镇工业实现总产值823.35亿元，超过当年全市农村农林牧渔业总产值的10倍，已在农村经济中占据绝对主导地位。

（二）吸纳和解决社会剩余劳力的重要途径

高邮县基本上属于人多田少地区。20世纪50—60年代，农村生产力得到极大的解放，特别是改革开放以后，全县农村出现了大量的剩余劳力，农民出现了较多的剩余时间。1975年，全县社队工业务工人员1.61万人。1984年增加到4.79万人，占农村劳力总数的15.2%。到2002年，全市乡镇工业已有从业人员7万多人，比1979年增长40%以上，不但吸纳了大批农村剩余劳力，而且为城镇安置下岗再就业提供了广阔的机会，大大缓解了全市社会的就业压力。1984年，全县乡镇工业共发放工人工资2433万元，平均每个农业人口收益35元。1997年，全市乡镇工业共支付职工工资25944万元，职工人均年收入4779.40元。2002年，全市农民人均年收入3700多元，其中农民人均纯收入净增部分50%来自乡镇企业。2007年，全市农民人均年收入6200元左右，其中从乡镇工业（包括个体私营企业）中得到3300元左右，约占53.2%。乡镇工业已经成为农民增加收入的重要来源和致富奔小康的主要渠道。

（三）催生和加速农业现代化的积极力量

高邮乡镇工业在自身发展和壮大的同时，不忘反哺农业，实行以工支农、以工建农、以工促农，融入现代高效农业建设，促进和加快了农业现代化的步伐。一是全市乡镇工业的农机具制造、化工等基础产业，为农业提供了大量的复合肥、农药、农机具等生产资料。尤其是新型农机的开发、推广和利用，促进了农业机械化的实现；二是全市乡镇工业建立建农基金，为农业发展注入了大量资金，购置农业机械，兴修农田水利，增设公共福利设施等，提升了农业规模化的水平。1978—1984年，全县社队工业共提供集体农业资金及农村福利事业资金1091万元。“七五”期间，全县乡镇工业企业共上缴乡村两级2400万元，支持农村农业、文教卫生事业费用3000万元，其中建农基金1199万元。“八五”期间，全市乡镇工业企业用于补农建农基金达1800万元。2010年，全市乡镇工业支农建农及补助社会性支出1568万元。三是乡镇工业农副产品加工及其生产经营，为农副产品发展提供了广阔的市场，加快了农业产业化的进程。截至2007年，全市有重点农业产业化龙头企业11家，实现销售收入33亿元、利税1.5亿元。乡镇工业对农业现代化的实现发挥了推波助澜的作用。

（四）支持和强壮地方经济的突起异军

高邮乡镇工业的兴起和发展，从初期的以城市工业为主导，到占据“半壁江山”，一直到2010年，经济总量（按当年全市统计口径，不包括市开发区和城南经济新区）已占全市工业的81.5%，对促使城乡工业一体化、加速地方工业化进程，具有重大的现实意义和历史意义。1975—1984年，全县社队工业上缴国家税金4170万元，平均每年417万元。其中，1984年939万元，占全县工商税收的42.7%，财政收入的35.5%，是农业税收的一倍多。“七五”期间，全县乡镇工业累计上缴国家税金9318万元，占全县税收总额的50%。“八五”期间，全市乡镇工业共上缴税金3.6亿元。2002年，全市乡镇工业实缴税金达2.2亿元。乡镇工业已成为国家和地方财政收入的重要来源，对增强地方经济实力，促进社会经济发展，发挥了无可替代的巨大作用。

（五）扩张和繁荣农村小城镇的坚实基础

高邮乡镇工业的发展，极大地改变了全市农村经济社会面貌。成千上万的农民从离土不离乡的半工半农，转变成迁城进园的产业工人；工厂企业的兴旺发展，促进了农村商业的繁荣和各种市场的活跃；非农产业的发展和商品交换的扩大，促使农村交通运输、邮电通讯、文教卫生等社会事业的同步振兴。乡镇工业在长期、持续、健康的发展中，促使农业与工业、农村与城市相互影响、相互促进，缩小了工农差别和城乡差别，城镇化建设得到大力推进。2009年，全市城镇化率达42%。尤其是企业规模的扩张，工业集中区的形成及其第三产业的大发展，增加了农村集镇的聚居人口，促使小城镇规模迅速扩大。送桥镇、临泽镇、三垛镇、界首镇等历史古镇焕发出了新的光彩；卸甲镇、汉留镇、郭集镇、菱塘回族乡等一批新型集镇加速崛起。其中，菱塘回族乡先后创建为“国家卫生镇”“全国环境优美乡镇”“中国绿色小康百佳乡镇”“中国最具发展潜力百强乡镇”“中国可持续发展百强乡镇”。这些小城镇不仅成为当地农村政治、经济、文化、信息的中心，而且大大改善了农民的生活水平、生产和生活环境，展示了农村城市化的美好前景。乡镇工业在推动农村小城镇建设的进程中，不仅为基础设施建设进行了大量的投资，更为小城镇的繁荣发展奠定了坚实的基础。

（六）建设和丰富乡镇企业文化的创新主体

高邮乡镇工业企业在兴办、成长和壮大中，广泛汲取传统文化的精华，不断拓宽新的眼界，自我解放新的思想，积极实践新的价值观，在提高企业素质的同时，企业文化建设取得了世人瞩目的成效。代表乡镇工业企业文化的企业精神、厂容厂貌、规章制度、展赛活动及企业形象设计等应运而生，逐步形成了具有地域特色和特定群体意蕴的物质文化、制度文化、精神文化、行为文化和经验文化，绽放出奇光异彩。作为乡镇企业文化的主流，乡镇工业文化发展了农村文化形式，挖掘了农民文化特质，丰富了工业文化内涵，对推进农村现代化建设，提高中华全民族的素质，推动人类社会的“两个文明”建设，发挥了重大的积极作用。

（七）探索和践行社会主义市场经济体制的先导队伍

高邮乡镇工业从诞生之日起，就在市场竞争中求生存、求发展。发展初期，受传统计划经济体制调整，只能按“三就地”原则，加工制造为农业生产、为农民生活服务的生产资料和生活必需品。随着社会的发展和需要，乡镇工业不断寻机突破，在计划经济的夹缝中艰难地开拓市场调节的活动空间，以市场为导向，兴办和发展了一批为城市工业拾遗补缺的农机产品和轻工产品。在传统计划经济与社会主义市场经济新旧体制转换时期，乡镇工业积极进行城乡协作，大力开拓城乡市场，弥补国家计划的不足。改革开放以后，乡镇工业充分显示了极强的市场应变能力和优势，以改革为动力，以市场为取向，彻底冲破了高度集中统一的计划经济体制及其资源配置的行政方式，实行全方位机制改革，多渠道对外开放，多层次市场开发，逐步形成了自主经营的决策机制、能上能下的干部机制、能进能出的用人机制、能高能低的分配机制、奖罚分明的激励机制、自负盈亏的约束机制和自我积累的发展机制。这不仅按市场经济规律不断优化自身发展的动力机制，而且为社会主义市场经济体制的孕育和发展进行了有益的尝试和不懈的探索，作出了历史性的贡献。

分期述要

合作起步（1951—1957）

从 1951 年开始，全县部分乡先后把铁匠、木匠、篾匠、铜匠和白铁匠等“五匠”组织起来，分别成立铁业、木业、竹业、服装、编织等社（组）。其中，车逻第一个建起了铁木加工组。1952 年，三垛木业生产合作社、东墩铁木业生产合作社相继诞生。1955 年、1956 年合作化高潮到来时，广大分散的手工业者纷纷自带工具折价投股，入组入社。一时间，各地建起了铁、木、竹、柳手工业生产合作社（组），集中生产镰、锹、车、船、犁、耙等中小农具。截至 1955 年底，全县基本实现手工业合作化，组织起来的生产人员达 6015 人，占手工业者总数的 95.1%。

1954 年，县委召开扩大会议，其中主要内容是总结宣传过渡时期总路线，部署对农业、手工业及工商业进行社会主义改造。1957 年，县手工业部门对三垛、甘垛、汉留、车逻、八桥、送桥、东墩、界首、临泽等铁、木、竹、柳农具生产合作社进行经济改组，成立了 44 个农具修配站和 33 个流动服务组。

此外，到 1958 年初，武安乡建成水力机联合加工厂；东墩乡在 10 个农业社里新建和扩建了颗粒肥料厂、农具修配厂、面粉厂和碾米厂等 10 个工厂。随着人民公社化，各乡也以农具改革为突破口，先后扩建和新建了一批社队办厂。至此，全县社队工业逐步形成。

盲目跃进(1958—1960)

1958 年上半年,为贯彻执行工农业同时并举的方针,本着为农业生产服务的宗旨,全县各乡兴起了大办千厂的运动。办厂主要围绕三个方面:一是抓住改良农具和水利工具,努力实现半机械化;二是发展肥料、饲料生产;三是大力发展碾米、磨粉、砖瓦等生产。并要求“勤办厂”“穷办厂”,注重小型多样,因陋就简,综合利用。各乡社纷纷建起铁木农具修配厂(或流动修配组)、颗粒肥料厂、农副产品加工厂和砖瓦厂、低标号水泥厂等。

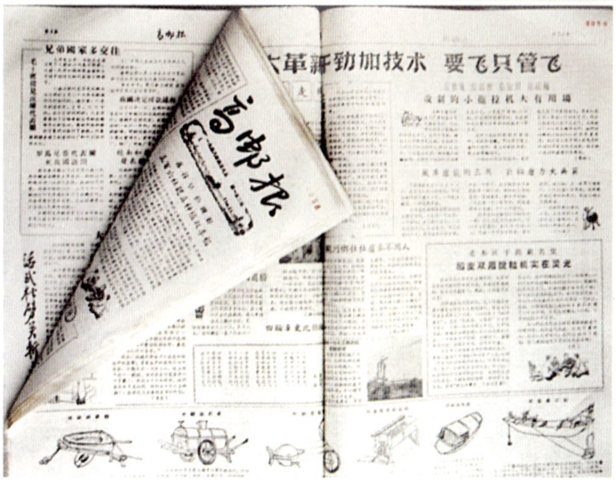

《高邮报》报道社队企业农具革新成果

1958 年 7 月,县委在发展工业和革新农具扩大会议上决定:到年底,全县要办厂 5 万个,发展动力 5 万马力,并以各乡社办为主。同时,要求在 9 月底以前,对现有农具进行一次全面改革,大搞绞关化、轴承化、风车化。据此,各乡掀起了兴办工厂和革新农具的高潮。队队办起了肥料厂,在没有磷肥的条件下,用含有磷成份的泥炭、千脚土、鸡鸭粪、土硝、螺蛳等代替制造颗粒肥。武安乡宝塔社建起了 155 座造肥窑,每座窑每两天出肥 3 千斤。司徒乡共办了 30 个土农药厂。全县(主要是各乡、社)办了 184 个磨面厂,最低投资只有 1.4 元。八桥办了 83 个厂,其中社办 31 个(新建 24 个,扩建 7 个),队办 52 个,有机械农具厂、食品加工厂、砖瓦厂、石灰厂、水泥厂、化工厂、造纸厂等。1958 年 9 月,一些地方开始大搞“土法”炼钢。到 11 月,全县社、队一共办了 12000 多个工厂。

“大跃进”时期,社队工业出现了畸形发展。这些不但平调了群众的大量资财,而且突击大搞的产品粗制滥造 。仅 1958 年绞关化,各地共搞了 11700 部绞关,而实际能使用的不超过 30% 。由于原材料供应困难,技术力量不够,使得生产成本太高,经济效益极差。在短短几个月内兴办起来的 236 个社办厂,虽然包括农具、粮食加工、酒、油、糖、纸、砖瓦、石灰、水泥、酒精、淀粉、食品、化工等,共有 6430 名职工,而年产值只有 103.5 万元。

1959 年 4 月,县委按照“调整、巩固、充实、提高”的八字方针,针对“大跃进”中出现的问题,对社队工业进行了调整。一是调整工业布局,主要调整在大办工业时,集中过多,分散太少,农民修理农具不方便以及在与农业生产关系不大的工厂里,过多占用资金及劳力的问题;二是解决重复布点以及企业管理混乱、企业的潜力得不到应有发挥的问题;三是调整隶属关系,将一些原下放到公社的机械化程度较高的粮食加工厂收归县管。经过调整,停办了各公社的化工厂、水泥厂、石灰厂;对砖瓦生产,产量在 5 ~ 10 万及以上的大砖窑予以利用,几千至两三万的小窑则予停办;继续办的是农机农具、粮食加工、土化肥和农药等与农业有直接联系的工业。同时,继续贯彻就地取材、就地生产、就地供应的“三就地”原则,发展土特产品的加工生产。截至 1959 年底,全县社办工业有铁、木、竹、藤、棕、草等农机具和手工编织品,以及建筑材料、工艺、服装、综合加工等 16 个行业,计有 109 个厂(组),职工 3100 多人。

1959 年,县里对农村工业虽然作了一些调整,但仍是继续不顾客观条件“大办”的势头。

1960年,全县开展一个以手工操作机械化、半机械化为中心的技术革新和技术革命,目标是使一切可以使用机械的手工操作,都迅速实现机械化和半机械化。各公社(除郭集)均建立了农具厂和农机厂,并在大队建立了463个农具修配站。一些主要企业添置了机械生产设备,承担起农机的中小修任务。然而在农具改革上,未能充分贯彻"一切经过试验"的原则,不从实际出发,要求过高过急,甚而对机具没有过关和外部件还不配套的情况下,就以行政命令大力推广。1960年上半年,各公社组成1600多人的插秧机生产团,大搞插秧机械化,平调大量物资,夜以继日地突击制造了6700多部。结果由于木质结构的机具,质量粗糙,加之农艺又不适应,绝大多数不能使用,造成了极大的浪费。

屡仆屡起(1961—1975)

从1960年下半年至1963年,根据"端正方向,节省劳力,提高生产,增加收入,纯洁组织,改善管理"的精神,开始连续三年对全县社队工业进行整顿、调整。

整顿社队工业企业,调整社队工业布局,主要依据三条原则:一是贯彻执行社办工业主要是为农业生产服务的方针;二是贯彻农闲多办、农忙少办、大忙停办、亦工亦农的原则;三是根据"一盘棋"的方针,坚持"三就地"的原则。因此,对社队工厂分为三种类型:一是农具、口粮、饲料加工、化肥等厂为常年必办企业;二是凡利用当地资源、原料进行季节性生产的,如草、柳编织等则农闲大办,农忙停办;三是其他厂农闲多办,农忙少办。同时,各地开始逐批精简社队企业的人员。

尽管这次整顿、调整幅度很大,然而对农具生产仍然加大力度发展。1960年11月,县委召开了工业干部扩大会议,要求全县社社建起农具修造厂,大队建起农具修造站,小队组成农具修配组,大搞中、小型农具,恢复到1957年的生产水平。

1961年下半年,根据《中共中央关于城乡手工业若干政策问题的规定(试行草案)》(简称《三十五条》)精神,对现有集体所有制手工业进一步调整组织形式。凡是公社化以后,由手工业组转为社办企业的,恢复原来的合作社组;现有社办企业中,凡是铁木竹行业,转为手工业社组。并在1961年10月,将县工业局所属社办农具厂,划归县手工业局管理。

贯彻《三十五条》以后,农村手工业合作社发展了生产力。不少企业自力更生,自我武装,添置车床;推广跳板锤、带锯,建立机修车间,实现锻工、木工半机械化。一些农具生产企业以支农为主,实行"一主多副,以副养农",发展了标准件、小五金等产品。

然而,在这一次整顿、调整中,片面地贯彻"大办农业""以粮为纲"的方针,对工业生产基本上采取压缩的态度。除手工业农具合作社在《三十五条》保护下得以生存和适当发展以外,对社队工业分别实行改(改变所有制)、转(转为农业生产服务)、停(停办)、放(下放搞亦工亦农)。到1962年底,保留下来的只有20个厂,职工306人。另一方面,为了减少国家粮食供应,把"大跃进"进厂的工人大部分都下放回农,社办工业下放近40%的劳力,计2846人。对转、改、保留单位的人员也进行了精简下放。1960年下放436人,1961年下放404人,1962年下放557人,1963年上半年下放119人。其中包括一大批已成为企业生产骨干的青年工人。

到1963年上半年,包括城镇公社的全县48个社办工业企业,已改变所有制的有41家,停办的有5家,下放为队办或街道办的有2家。至此,城乡人民公社基本上都不办工业了。全县乡镇工业受到了严重的挫折,不包括县属的农机具修造生产企业,幸存的社队工业,年总产值只有10万元。

经过前三年的整顿、调整,全县社队工业所剩无几。直到1965年后,方有所回升,但一直在严格限制中缓慢发展。

从1965年起，凡是兴办社队工业企业均要经县审核批准。新办社队工业企业一律是为农业生产服务和遵循“三就地”原则搞生产的，不符合的则不予批办。社队工厂的人员都要亦工亦农，不得聘请外地技术人员。社队企业的产品不得自由进入市场，价格都由县物价部门统一制定……

此后几年，社队工业步履维艰。

到1969年，贯彻毛泽东的“五·七”指示，社队工业又开始有一定的发展。7月，将原手工业、交通部门所属的50个厂、社、站、部，除了保留驻城的搬运等14个单位，其余东风、汉留、沙堰、汤庄、平胜、甘垛、一沟、司徒、横泾、二沟、川青、周巷、营南、马棚、东墩、菱塘、周山等17个农具厂以及临泽、界首、三垛、菱塘(包括送桥在内)运输合作社分别下放所在地的公社。同时，县革委会组织各公社书记和相关部门负责人到先进地区参观，在“学靖江、赶苏南”的号召鼓舞下，掀起了兴办社队工业的热潮。

自1970年5月至1971年6月，经过报批新建的社队工厂达149个。许多厂从外地聘请业务、技术人员，生产锉刀、丝锥、螺丝、油石砂轮等，形成了小五金、电机、塑料、编织、建材、化工、农机等工业门类。并根据“一修二配三制造”的方针，机械工业有了发展，车逻、临泽生产车床，三垛生产冲床，送桥生产空气锤，东墩、汉留生产了电机。纺织工业也开始起步，兴办了缫丝厂、织带厂和回纺厂。龙奔、平胜先后开办了轮窑。临泽公社6个社队企业有5个企业进行各种皮碗、小螺丝、橡胶制品、针灸针、广播喇叭加工等。

通过这一阶段的发展，全县社队工业1969年产值达233.79万元，比1965年增长89.4%；1970年又上升55.4%；1971年上升204.5%。

龙奔砖瓦厂生产区

社队工业在发展中也暴露出许多问题，如农民办工业缺乏经验、企业管理不上规矩、招聘使用人员来源错综复杂。

1971年8月31日，省委召开电话会议，决定对社队企业进行一次彻底的整顿。接着，县委召开了工业会议，开始贯彻落实省委电话会议精神，对社队工厂“定向纳轨”。主要是清理“三无“(无户口、无油粮、无证明)人员；对不符合为农业生产服务方向的工厂，立即采取“整顿”措施；没有“转向”条件的坚决关停；凡保留的工厂，一律重新审查，重新报批。否则，按“地下”工厂论处。

1972年6月，先在龙奔公社进行试点后，9月起，对全县606个社队工厂、11195人分三批进行整顿。其中，首批整顿12个公社的288个社队工厂、4467人。整顿形式有113个厂进驻了宣传队，74个厂派员帮助，101个厂自行整顿。截至1973年3月，首批整顿后的公社共清理“三无”人员328人，占应清理总人数的77.5%。48个社办厂中，保留37个，合并11个，另新建2个；240个队办厂中，保留174个，转向4个，转并为社队合办18个，停办44个。截至1973年6月，全县社办工业有工厂149个，职工8376人。其中，直接为农业生产和社员生活服务的有93个，占62.7%；为大工业生产服务的有36个，占24.2%；为市场和出口贸易服务的有20个，占13.1%。

1974 年 2 月，县委决定将 1969 年下放给公社管理的 17 个农具厂收为县属企业。

尽管这次整顿阻碍了社队工业的前行，然而，社队工业以其顽强的生命力，恰如野火烧不尽般的生存和发展。到 1975 年，社队工厂又重新发展到 789 个，职工 16120 人，年总产值 2090 多万元，固定资产达 996.56 万元。

百废俱兴(1976—1984)

1976 年，国家各项方针、政策对社队工业有了一定程度的放松，全县社队工业进入了百废俱兴时期。

1976 年 10 月，高邮县组建成立县社队工业管理局，后易名“县第二工业局”，主管各社队企业，负责综合情况、掌握政策、指导生产、加强管理、调节矛盾，与各公社工业办公室形成一个专门工作体系。1978 年，又将 1974 年收为县属的农机(具)修造厂(八桥农机修造厂除外)和其他手工业企业再次下放给所在公社领导，并将包括蚕桑场、果园、农科所等所属工厂的业务管理全部归口第二工业局。

1976 年底，县委组织第二工业局、各公社、各工业办公室及有关社办农机具厂负责人共 80 多人，到江苏省无锡、靖江、江都等县 12 个公社的 50 多个社队工厂和高邮县送桥、车逻公社进行参观学习，使大家拓宽眼界，解放思想，激发大办社队工业的积极性。之后，县里又组织城乡协作，实行厂社挂钩。县属有 26 个工商企业同 30 个公社挂了钩，县属企业脱壳给社队工厂生产的产品有 22 个，并支持了一些材料、设备。同时，县第二工业局和各公社陆续建立了供销经理部，主要是组织经营各种物资，为地方社队工业的发展搞活物资流通。县人民银行从信贷指标中挤出 20 万元，贷给县第二工业局供销经理部作为经营物资的启动资金。扬州专署及县财政部门在 1977 年、1978 年发放了小额贷款 121 万元，支持穷社穷队发展社队工业。新办的社队企业实行三年不征税。

其间，各地办了一些新厂、上了一批新产品，如三垛布厂、临泽纤维板厂、甘垛皮毛厂、八桥水泥厂以及机油滤清器(汉留)、电瓶车(东风)、铸钢阀门(菱塘)、硫酸铝(甘垛)等。

在此前后，全县各地坚持大力发展农副产品加工业，走“一种二养三加工”的道路，实现外贸出口。高邮县充分利用地方资源，大面积种植杞柳达 3000 多亩，1978 年产量比 1976 年增长 40%，柳器编织产值增长 20% 以上。菱塘公社办起了兔毛加工厂；湖滨公社利用湖滩田，种植洋葱、大蒜、刀豆等，建起了食品综合加工厂，生产脱水蔬菜。

这一时期，社队建材、轻纺工业发展较快，先后新建和扩建了 13 座轮窑和棉纺厂、纱厂、针织厂等一批纺织企业，缝纫工业开始从门市加工为主转为以商品服装为主。1979 年与 1978 年相比，建材工业产值增长 20%，棉布产量增长 32.6%，棉纱增长 1 倍，服装增长 26%，皮鞋增长 32.4%。

各农机具厂根据农副业生产的需要，积极试制和生产农机具。产量与 1978 年相比，1979 年生产脱粒机 1126 台，增长了 5 倍；饲料粉碎机 1333 台，增长了 75%；碾米机 660 台，增长了 2 倍；破垡盖籽机 4015 台，增长了 4 倍；农机配件 68 万件，增长了 7%。同时还推广了棉花制钵机、割晒机、高压喷雾机、喷灌机、开墒机等农业机械。中小农具生产了 48.6 万件。

这一时期，由于发展步伐加快，导致社队企业间差距拉大，产品结构、行业布局、企业管理等诸方面问题显现。一是发展不平衡性突出。到 1978 年底，社队工业产值在 500 万元以上的公社只有车逻；300 万元以上的有龙奔、汉留、八桥、临泽、界首；有两个公社年产值不过 100 万元。在 264 个社办厂中，100 万元以上的只有 2 个；50 万元以上的有 19 个；10 万元以下的达 126 个，占 48%。其中，5 万元以下的 67 个，未过万元的 9 个。二是企业管理还没有上路。绝大多数企业制度缺乏，产品质量差，消耗高，成本大，资金周转缓慢。1979 年，社队工业产品积压 300 多万元。三是新上项目失误较多。由于调查研究不够，决策失误，导致一些项目如界首的晶体管、沙堰的石棉板、车逻的电石、临泽的纤维板等都因缺乏技术、电力等条件而半途夭折。

1979 年底，全县社队工业开始贯彻中央提出的"调整、改革、整顿、提高"八字方针。对这一次调整，吸取过去历次调整只下不上的教训，本着积极、主动的姿态，坚持在调整中提高，在调整中发展。主要是立足现有企业，挖掘企业的潜力，截长线，补短线，压缩重复过多的产品，淘汰质量低、消耗高的产品，重点调整发展原料有来源、市场有需要的消费品生产。主要有棉布、丝绸、被面、铝箔纸、平板玻璃、人革箱（包）、皮布鞋、针织品、服装、铜铝拉链、钢木家具、农房构件、折叠式铁床、节煤炉等，生产比重从 1978 年的 34.67% 上升到 1981 年的 43.83%。建材工业也是发展重点，除提高 15 座轮窑的生产水平外，扩大了八桥水泥厂，使之年产能力达到 1.5 万吨。农机具行业也进一步扩大了生产服务范围，在重工业的调整中得到了发展。

高邮县社队企业展览会开幕式

1983 年和 1984 年，中央"两个 1 号文件"贯彻后，各级党委和政府加强了对乡村工业的领导，把乡村工业提高到主要位置，农村经济结构发生了一定的变化。

1983 年 10 月，县委、县政府决定从各方面进一步加强社队企业的工作。同时，为了鼓励和支持工业及其他专业户、承包户的发展，对"两户"的性质、权限以及在经济、政治方面，作了 10 条规定。1984 年前后，随着农村商品生产的发展，全县各地组户工业开始兴起，涌现出一批组、户、联户办工厂，出现了（包括乡、村办厂）"双轨并行，五轮齐转"的新局面。特别是农民家庭工业的出现和兴办，开辟了一条发展乡镇工业的新路子，给农村经济增添了新的活力。截至 1984 年，全县已有户办工厂 275 个，实现年产值 243 万元。

乡村工业开始注重技术改造，并作为发展生产的重大战略措施。乡村工业企业的技改项目由县第二工业局会同县经委、农行、建行、保险公司等有关部门和区、乡（镇）进行大量的行情调查及项目可行性分析论证，经市、县批准。1984 年，经市、县批准的项目达 92 个，总投资 850 万元。其中，贷款 500 万元，是前 5 年总和的 6.2 倍。各地乡村企业还自行投入 128 万元，进行技术改造，同时开发了新产品 55 个，增加新品种 177 个、新花色 410 个。

1984 年，县地方工业局同时设立职工教育训练班和科技服务站。一方面，自办全县第一个乡镇企业电视大专班，招收学员 35 人，设有机械、化工、企业管理、纺织、电器自动化、财务与会计、电子、食品、美术装潢等 10 个专业。同时，向各大专院校送培大专生，并举办财会、质检、标准化、安全、节能等各种短训班。另一方面，与大专院校、科研单位和大企业挂钩，引进各类人才。重视信息的搜集、研究和反馈，向全县乡村企业不定期地出刊《信息简报》。此外，大力抓好质量管理的基础工作。

到 1984 年，全县乡村食品、电子、塑料包装工业有了较大的发展，合计产值 3100 万元，比 1983 年增长 44.9%，占总产值的 16.1%。其中，食品工业的发展更为迅速，全年产值 1350 万元，比 1983 年增长

61.7%。全县有乡村办食品生产企业210家,其中,乡办企业50家。产品花色达40多种,除生产糖果、糕点等大众食品外,还生产板鸭、香肠、再制蛋等腌腊制品。一些名特食品如临泽水晶月饼、界首陈西楼茶干等也恢复了生产。临泽的汽酒、甘垛的花生酥、司徒的夹心面包、二沟的五仁麻糕等很受市场欢迎。具有新兴工业标志的电子、塑料工业后来居上,包括家用电器、远红外元件、低负压吸引器、彩色印刷、铝箔纸等,从一定程度上打破了全县乡镇工业中传统工业占绝对优势的格局。

截至1984年底,全县乡村工业有工厂1278个。其中,乡办企业301个,村办企业977个,职工47922人。实现产值19152万元,比1983年增长40.7%,比1976年增长6.3倍,平均每年递增26%。全县乡村工业总产值第一次超过县属工业,乡村工业总产值占全县工业产值的比重由1976年的23.3%上升到45.7%。

应对宏控(1985—1990)

1985年,国家实行宏观控制后,全县乡镇工业坚持"实事求是,分类指导,量力而行,尽力而为"的发展原则,适时调整技改投入步伐,积极做好企业基础性整顿,主动挖掘企业内部潜力,避免和降低国家银根抽紧,优惠减少,原辅材料、能源、交通费用上涨,市场竞争日趋激烈等所带来的负面影响。

面对宏观调控,在乡镇工业发展与速度上实行积极发展的原则。各地立足本地劳力、技术、自然资源和原有基础,结合市场,订出切实可行的规划。只要做到宏观控制的范围不突破,资金、材料、销路有着落,产值、利润、上缴税金的增长三同步,积累和消费关系处理得好,生产的产品对国计民生有价值,就允许上得快些。与此同时,围绕发展方向、产品结构和经营管理对企业有步骤地进行整顿,促进企业经济效益的提高。

为进一步贯彻落实县委、县政府提出的"主攻工业,协调发展"的战略思想,加快农村经济的发展,1987年,县里13个部门分别与工业基础比较薄弱的马棚、东墩、张轩、营南、汤庄、沙堰、汉留、伯勤、司徒、平胜、甘垛、周巷等12个乡挂钩定点,支工致富。

这一时期,横向经济联合既是工业经济发展的新事物,又是全县乡村工业提高档次的主题曲。1985年1月,张轩乡强民村农机配件厂与上海轻工机械四厂联营,顺应了经济发展的新趋势,为全县乡村工业清除思想障碍,实现横向经济联合,开创了先河之举。到1986年底,全县有169个乡村企业实行了横向经济联合。到1988年,凡年产值超过200万元的企业都实行了横向经济联合;90%的技改项目都是因横向联合而进行的。

由于原辅材料价格不断上涨,工业生产成本加大,企业利润逐年下降。1987年,根据全国经济工作会议精神,为提升企业素质,改善企业管理,增加企业经济效益,增强企业发展活力,提高企业竞争能力,全县乡镇工业企业广泛深入地开展了"双增双节"(增产节约、增收节支)运动。当年,全县乡镇工业三项资金占销售的比重由年初33.08%下降到31.5%,实现销售收入40317.83万元,比上年增长42.5%,实现利润(不包括提取的250万元建农基金)1443.18万元,增长18.98%。

在此基础上,全县乡镇工业突出抓住上质量、上技术、上管理、产品创优、出口创汇、提高经济效益"三上两创一高"的工作内涵和要求,开始较为自觉、主动地把充分挖掘企业内部潜力,全面提高企业素质,走以内涵为主发展生产,作为不断发展提高的努力方向。截至1990年,全县乡镇工业企业累计通过省、市级先进企业11个,部、省、市优产品47个,"七基"整顿合格企业49个,三级计量单位验收企业67个。

1986年,伯勤张曹村仿古陶瓷厂出口仿古陶瓷产品,成为全县乡村工业第一次直接出口工业产品。1987年,一些乡镇工业企业对出口创汇生产开始重视。到1988年,乡镇工业外贸经济实现三个转变:

观念上由等待外贸业务向争取外贸业务转变，产品上由农副产品初级加工型向工业制成品转变，口岸上由单一型向多渠道转变。1988 年，全县出口创汇企业达到 54 家，出口产品有服装、玩具、羽绒、纺机配件、柳器、仿古陶瓷、旅游鞋、地毯、文化衫、猪鬃、化工原料、蛋品、箱包等 27 种，外贸收购额 3500 万元。1990 年，外贸收购额达 6560 万元。其中，直接出口 4073 万元。外贸产值占总产值的比重由 1986 年的 1.3% 上升到 8.8%，出口产品增加到 43 个。

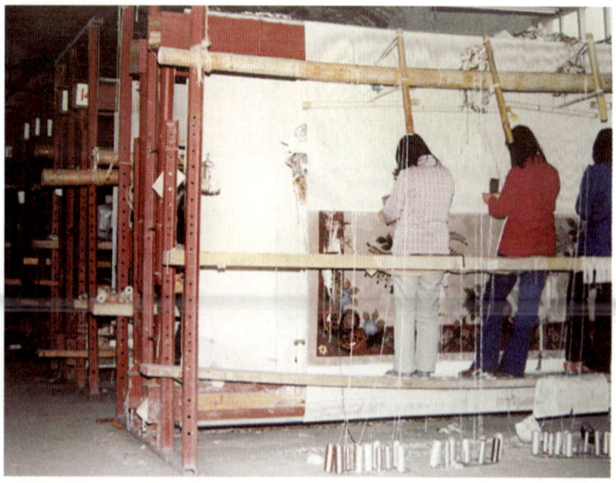

三垛地毯厂生产车间

为应对市场疲软、销售疲软，全县乡镇工业坚持开发性调整与适应性调整相结合的原则，对基础较好、管理水平较高的重点乡镇，选择高、精、尖项目作开发性调整，培植一批拳头产品和规模经济；一般乡镇，则注重适应性调整，搞好短、平、快，积蓄力量和经验，准备“东山再起”。

在缓解资金紧缺矛盾上，一方面，针对如何搞活资金，由八桥、车逻、界首等乡（镇）根据实践总结出横向借款、群众集资、联合引资、清收账款、推销产品、预收货款、扩大储蓄等切实可行的办法加以向全县推广。另一方面，先后通过挤进国家“笼子”，争取专项贷款和多头拆借、横联引进等方法，仅 1990 年即筹集资金 1200 多万元，在一定程度上解决了技改资金短缺的难题。1990 年，实施技改项目 55 项，总投资 2252 万元，实际用款 1988 万元，当年竣工项目达 45 项；46 个重点企业的产品结构也得到改善，产品的畅、平、滞比例，由上年的 22.2∶62.8∶15 变为 38.6∶47.4∶14。

这段时期，全县乡镇工业面对经济紧缩、市场疲软的严峻形势，通过外拓市场，内调结构，抓重点，抓销售，在困境中寻求突破，在疲软中求得发展，促使乡村两级经济实现了平稳、适度增长。截至 1990 年底，乡村两级累计完成产值 74881 万元，比 1989 年增长 10.1%。

锐意改革（1991—2000）

20 世纪 90 年代，正是国家经济调整、改革逐步深化、发展步伐加快的关键时期。这一时期有利因素和不利因素互相交织，一方面国家全面、不断地进行宏观控制、整顿金融秩序，以及东南亚金融危机，给全市乡镇工业的发展带来了一波三折的不利影响；另一方面，邓小平南巡讲话和江泽民在江苏视察乡镇企业发表的重要讲话，以及《乡镇企业法》的颁布和实施，极大地鼓舞了全市乡镇工业克服困难、加快发展的责任和信心。全市乡镇工业从自身完善经营承包责任制到产权制度改革，不断尝试着股份制、股份合作制、生产要素滚动增值、风险抵押、租赁、拍卖、兼并等多种形式的运行方式，运用改革杠杆，驱动企业焕发生机，使改革贯穿于发展全线，把改革促发展、改革促提高，作为乡镇工业全面提升的重要抓手。

从 20 世纪 80 年代末到 90 年代初，各乡镇工业企业主要围绕调整承包指标及承包方式，进行生产经营承包责任制的完善工作。同时，提出了深化改革的指导思想和重点任务。主要是把竞争机制、风险机制引入企业内部各个环节，在完善、配套、深化、发展上争取新突破。1992 年，全市（1991 年高邮改县为市）分别在五个区开始进行股份合作制企业试点。各乡镇纷纷成立班子，实行边统一认识、边试点、边总结、边推广的快节奏工作法，使全市乡镇工业在短时期内，产生了一批股份制（股份合作制）企业。

高邮轧钢厂工人在生产

到1994年，股份合作制全面推开。同时，对一些小、微、亏企业采取租赁、拍卖、兼并等。1994年，共有149家企业实行了股份合作制，12家企业成立了有限责任公司，公有民营企业达203家，拍卖15家，兼并34家。至此，全市乡镇工业股份制和股份合作制企业累计有227家。此外，全市还利用企业、产品、行业等特点和优势，建立了省级企业集团1个，扬州市级集团2个，初步形成了自己的“龙头”企业。至1995年末，这一时期主要围绕一方面对生产不景气的小、微、亏企业化整为零，分别实行租赁、拍卖、兼并等，变包袱为新的生长点；另一方面对具有一定产品特色或优势企业化零为整，组建集团，形成规模，促进企业在资产重组中实现结构的优化，发挥聚集效应，从而力求实现乡镇工业企业的组织机制、经营机制及产权制度的有效改革。1996年春，乡镇工业企业在全市率先推行以企业资产保值增值为核心的资产经营责任制，关键把资产经营责任制、风险抵押承包制和厂长（经理）年薪制进行捆绑，实行“三制”联动。但是，资产经营责任制在实行过程中与实际存在一定的差距，对乡镇企业的改革力度存在一定的问题。为此，1996年6月，全市乡镇工业企业又乘势而上，广泛深入地开展了动真碰硬的企业产权制度改革。到1996年底，涉及企业达到97%。与此同时，各改制企业又马不停蹄地进入了改革第二步，即进行企业内部配套改革，就是根据现代企业制度的总要求，参照先进经验，结合乡镇企业实际，整章建制，改革一切不合理的条条框框，建立健全科学、合理的规章制度，形成一套较为系统化的内部配套管理体系。1998年，针对前一阶段在大面积推行股份制和股份合作制实践中，人人持股、人人平分风险、经营骨干及经营者的积极性调动不起来等问题，全市乡镇工业进一步深化企业改革。围绕实现资产经营的目标，使有限资本的配置更合理，着力提高职工个人股的比重，提高经营层持股比重，提高法定代表人股的比重，鼓励经营骨干多持股、持大股，逐步形成经营层和法定代表人控股的股权结构。1999年，按照市委、市政府“11”工作计划，乡镇工业企业以现代企业制度为目标，按照《公司法》要求，建立和完善规范化的有限责任公司。接着，又对一直被视为改革难点的“大而盈”乡镇企业，加快集体资产退出步伐。到2000年，列入扬州市大中型乡镇企业的11家企业改制到位，也标志着乡镇工业企业改革基本完成，实现了乡镇工业企业公转私营、资产流动，直至现代企业制度运作的重大历史转变。

这一时期，全市乡镇工业因应形势，因势利导，切合实际，不失时机地开展了一系列活动。1990年，为贯彻落实省委、省政府召开的全省乡镇企业工作会议精神，以国家治理整顿为契机，全县乡镇工业开展了“企业管理年”活动。活动主要针对全县乡镇工业产品多、门类广、生产规模和管理水平参差不齐等状况，因厂制宜，分类指导。对一些规模较大、有一定管理基础的创等级企业，重点推进企业升级达标；对规模及管理水平一般的企业，重点普及“七基”工作；对规模较小、管理较差的企业，则进行财务整顿和质量整顿。1991年，贯彻国务院相关精神，全市乡镇工业开展了“质量、品种、效益年”活动，促使乡镇工业走上投入少、产出高、质量好、耗能低、效益高的发展道路。然而，由于乡镇工业企业总体素质不高，基础太弱，两次活动都未达到预期效果，直接体现在经济效益未能有效提高。1990年，全县亏损企业不减反增，由上年的93个增加到123个，1991年实现利润比上年下降6.2%。这期间，武安、车逻、天山、八桥、高邮、三垛、临泽、界首等8个乡镇实施了“3211”工程，以此突出重点，拉开档次，带动全局。

1991年底,8个重点乡镇实际完成技改投入2950.6万元,同比增长3倍;实现利润463.8万元,占全市乡镇的20.7%;新创产值1.12亿元,实现销售38917万元,占全市乡镇的44.4%。1992年,继续实施“3211”工程,参与乡镇增加到11个,增加了横泾、郭集、湖滨3个乡镇。到1992年底,按四项目标考核,全面完成工程指标的乡镇1个;完成技改指标的8个;完成利润指标的3个;完成规模企业指标的2个;完成外经外贸指标的7个。在工程目标激励下,实施乡镇和重点企业克服资金紧缺的客观难度,加大技改投入,重视外向开拓,培植规模企业,实现经济效益明显提高。1992年,11个乡镇实现利润总额1707.21万元,比上年增长126.6%。1994年,为加快发展,促进经济总量的提高,乡镇工业组织17个乡镇,开展亿元乡镇竞赛活动。1994年底,共有14个乡镇产值或销售超过亿元。其中,原亿元以上乡镇6个,新增亿元乡镇8个。14个乡镇经济总量达205899.9万元,占全部乡(镇)村工业产值的70.35%。这期间,乡镇工业企业积极参加了全市范围内的四项工业竞赛活动,在同等条件下,自我加压,奋力进取,勇于争先,敢与市属企业同台打擂。其中,在争创工业利税大户活动中,参加争创的33家企业有7家达标,乡镇工业企业5家,占比超过70%;在30家企业参加的创争“工业十强”活动中,3家乡镇工业企业进入全市“工业十强”行列;在35家企业参加的创争“管理十佳”活动中,4家乡镇工业企业成为全市“管理十佳”;在19家企业参加的创争“创汇十星”活动中,乡镇工业企业占得8星。1995年,全市乡镇工业又进一步开展了争创亿元企业(集团)和双亿元乡镇竞赛活动,以调动重点骨干企业的积极性,带动乡镇和面上企业自我加压、赶超先进。各乡镇围绕“企业数不在于多而在于精、产品门类不在于全而在于优、企业载体不在于大小而在于有特色”的总体要求,努力培植自己的形象产品和规模企业,引导重点企业加快转变增长方式,提高整体发展水平。1995年年底,有8个乡镇的工业产值超过双亿元,其中武安乡突破5亿元,名列榜首;有7家企业(集团)成为亿元企业,其中卸甲金飞达集团名列前茅。

这一时期,全市乡镇工业对内加强企业管理、加快技改步伐、促进技术进步,对外注重招商引资、增强市场意识、力求“三外”突破,各项工作均循序推进,实现乡镇工业由粗放型向集约型转变,由量到质的转变。

市场:进入20世纪90年代,有着先天性市场经济的乡镇企业市场意识进一步增强。全市乡镇工业企业以市场为导向,调整产品结构,在抓好适应性调整的同时,抓好开发性调整,努力在覆盖和争取市场上下功夫,一改过去被动占领市场为主动占领市场。1991年,许多乡镇企业强化销售队伍,供销人员占职工总数15%以上。

“三外”:与此同时,全市乡镇工业放眼国际市场,加快外向开拓力度,重点扶持骨干企业,形成外贸生产基地,积极申报自营出口权,实现“三外”工作不断取得新突破。继1990年中外合资实现零的突破后,1991年迅速达到7家。1992年,随着中俄海鸥服装有限公司的筹办成立,全市乡镇企业外经合作取得零的突破。1991—1995年,外贸出口大幅提升。1995年,实现外贸交货额5.9亿元,是1990年6559万元的9倍。之后,外贸出口交货值增幅不断大于产值的增幅,自营出口也有较大幅度的增长。到2000年,全市乡镇工业有自营出口权的企业达14家,实现自营出口3500万美元,占全市自营出口总数的83%。

技改:这一时期,全市乡镇工业的技改投入发生了质的变化,1992—1994年,新批技改项目数逐步减少,投入总额逐年增多,项目体量愈加增大,项目技术含量逐渐增高。1995年后,全市乡镇工业面对突出的技改投入与资金短缺矛盾,加大自筹资金力度,加大内涵挖潜再发展的项目投入比例,坚持稳步投入,实现加快发展。这期间,全市累计技改投入22亿元。其中,“九五”期间投入15亿元,比“八五”增长2.1倍;“八五”期间投入6.9亿元,比“七五”增长7.4倍。

企管:这一时期,全市乡镇工业的企业管理达到了高潮,主要以技术进步、科技创新为先导,实现产品质量的新突破和以深化企业改革、建立新的运行机制为契机,实现现代企业制度的建立和完善。具体体现在财务、质量、现场三大管理成为企业管理的重点,其中现场管理的适时提出和积极要求,标志着全市乡镇工业企业管理意识的升华。同时,以通过举办培训班、推行标准化、开展生产技术交流等活动的行业管理也助推了乡镇工业企业管理的提升。到20世纪90年代末,随着电缆(全市)、服装(龙虬)、消防器材(武宁)和农机(横泾)等行业协会的成立,全市乡镇工业的行业管理得到加强,企业管理的视角进一步拓展。

人才:这一时期,全市乡镇工业更进一步意识到科学技术就是生产力,更加深入地认识到经营、管理、技术人才对乡镇工业企业上台阶、上水平的重要作用,坚持送培和自培相结合,坚持短期培训与学历教育同时并举,坚持基础科目与专业知识相互兼顾,实行市、乡(镇)、企业多头并进,并积极配合社会招生工作,在较短的时间内,培养了一大批乡镇工业自己的人才。

这一时期,自然灾害影响和国内外客观因素制约,使全市乡镇工业这段行程显得更加波澜起伏。1991年仲夏,正当全市乡镇工业克服市场疲软带来的滞后效应,经济效益开始好转,呈健康发展的态势时,高邮市受到了特大洪涝灾害的冲击,970家企业被淹造成停产半停产,直接经济损失1.135亿元。灾后虽迅速全面恢复生产,努力弥补灾损,1991年全市乡镇工业产值(按1990年不变价计算,不含高邮镇)98892万元,比上年增长9%,但经济效益明显下滑。1992年,在邓小平南巡讲话鼓舞下,全市乡镇工业解放思想,增强市场经济意识,狠抓重点乡镇及骨干企业,放胆投入,出现了蓬勃发展的新局面,发展速度为兴(兴化)、高(高邮)、宝(宝应)三县市首位。1992年实现乡镇工业产值135132万元,比上年增长39.6%;销售114669万元,增长40.8%;利税6478万元,增长57.8%。其中,利润达2858万元,增长132.7%。进入1993年上半年为止,全市乡镇工业共实现产值9.9亿元,同比增长62.3%,其中六月份实现产值20243.8万元,同比增长67.3%。此后国家进行宏观调控,全市乡镇工业坚持和切实推进"三改一加强"(改革、改组、改造和加强管理),稳步投入,积极发展,1994年实现产值增幅42.5%,1995年增幅34.2%,1996年增幅44.1%。1997年,宏控持续趋紧,市场竞争加剧,加之受1998年亚州金融危机波及,全市乡镇工业克服各种困难,坚持开发新品,努力扩展国际、国内市场,保持了一定的发展速度。不含高邮镇,1997年,全市实现产值49.98亿元,销售收入44.3亿元,利润7255万元,外贸交货值8.06亿元,分别比上年增长13.9%、6.4%、16.4%和17.7%,技改用款2.9亿元,比上年下降7.9%。1998年,产、销、利分别比上年增长14.6%、12.7%和6.7%。1999年,产、销、利分别比上年增长6.4%、7.7%和8.8%。2000年,产、销、利分别比上年增长3.1%、8%和5.4%。

浴火重生(2001—2010)

2001年后,高邮市以改革为契机,改革增活力,改革促发展,一批乡镇工业企业丢掉包袱,脱胎换骨,轻装上阵,全市乡镇工业如凤凰涅槃,以崭新的面貌,进入新的发展时期。

通过前期企业改制,在实施项目建设的驱动下,实现增量投入和存量盘活相结合,成为全市乡镇工业的重要抓手。到2001年,全市乡镇工业企业进行资产重组,累计盘活存量资产8000多万元。然而,2001年全市乡镇工业主要经济指标未能完成春订计划,全年累计完成产值54.3亿元,比上年增长7.6%;销售47.9亿元,比上年下降7.1%;实现利润9294万元,比上年下降1.6%。产、销、利均只完成年计划的85%不到,列统企业及重点企业的产、销、利均只完成年计划的80%左右。各乡镇在遵照《统计法》进行统计执法自查和检查中,2000年调减产值8.8亿元,2001年又调减产值3.8亿元,反映了企业的综合素质与快速发展的经济形势不相适应。

此后，全市乡镇工业弘扬新时期的高邮精神，着力狠抓资产重组、行业推进、招商引资和工业园区建设等重头戏，努力进行追赶式发展，促使乡镇工业成功实现新跨越。2002年，市委、市政府将行业推动作为工业经济的重要抓手，由市领导分头主抓电线电缆、照明灯具、电动工具、服装箱包鞋等主要行业，成立协调小组，建立行业协会，组织外出参观，调整行业规划，行业活动开展得有声有色。2003年，由市经贸、科技、金融、税务、质监等部门联手，分七大行业开展对企业进行全方位、全过程的"服务厂商行"活动。通过开展项目建设、银企对接、财税扶持、科技咨询、质量认证等具体工作，在一定程度上推动乡镇工业重点行业的发展。同时，作为行政推动，还先后开展、组织和参加了一系列连续不断各具重点的"百团大战""烟花三月"经贸活动，招商引资"过半赛"，迎节庆、决战四季度、招商突击月等主题活动。这一年，新办企业活力显现，企业资产重组开始恢复性增长。当年排出的43项新增产值500万元以上的新增长点项目产出状况较好，累计新增产值占列统工业新增产值的65%；全年技改项目381项，当年用款79447万元，同比增长55.4%，完成年度目标112.8%。跟踪考核的新型电动工具、高压交联电缆、精制大米、中密度纤维板等项目都进展顺利；引进域外、境外资金新办的22家企业累计完成产值占列统工业新增产值的20%；园区建设开始出现集聚效应，当年新进园企业85个，项目投资3.99亿元，实现产值27.5亿元、销售24.5亿元、利润4036万元。2003年，全市乡镇工业克服"非典"影响、战胜特大洪涝灾害，实现了经济运行呈现上扬的发展态势。一方面，发展速度明显加快。全市乡镇工业共完成产值97.95亿元，其中列统企业完成产值48.79亿元，比上年分别增长27.5%和37.1%，同比分别加快了9和13个百分点。另一方面，运行质态明显转好。全部工业产销率高于上年同期水平，产、销、利实现同步增长。

此后几年，全市乡镇工业更为强势地实施园区建设和项目建设，以工业技术创新和二次创业为抓手，积极推进经济增长方式的转变，竭力促进民营经济、个私企业和乡镇工业的持续、稳步、高速发展。这期间，个私民营经济发展掀起高潮。2001年，市委、市政府出台《关于加快发展个体私营经济的意见》，提出"放心、放胆、放手、放开、放活、放宽"发展个体私营经济的原则。同时，明确实施对重点个体私营企业采取挂牌保护措施。组织开展有相关部门参加的"宣传月"活动、街头现场接待日活动和服务企业"大篷车"乡镇行活动。健全和完善民资相关指标统计、考核制度，并在全市各乡镇（区）建立民资统计人员网络队伍。2004年，市委、市政府出台了《关于鼓励全民创业放手发展民营经济的政策性意见》，明确了民营企业发展优惠政策，降低了民营企业的准入门槛，改善了民营经济的发展环境。此后，又陆续出台了发展民营经济18条补充意见和《高邮市诚信企业评审实施办法（试行）》《关于加大信贷投放支持民营经济发展的意见》等配套政策，减轻企业负担，畅通融资渠道。大力实施支持民营经济发展的"1+1"（每年每个财政供养人员帮扶兴办1家私营企业或个体工商户）工程、"3+1"（对在开发新产品、引进新项目、引进新技术等方面有突出贡献的单位或个人适当给予奖励）工程和"5+1"（积极开办五户联保，增加对个体私营企业的有效信贷投入）工程。这期间，工业园区建设向着新型化、品位化、科技化、特色化方向发展。一是把好入园项目的投资强度关，提高项目的投入产出比和开发效益；二是把好项目的质量关，坚决杜绝市场过剩、技术落后、浪费资源、污染严重的项目进入工业集中区；三是实行多元投入，鼓励和促进建设标准化厂房。各地在抓自建自用厂房建设的同时，把重点放在抓出租出售厂房和建设上。2005年，市开发区通过机关工作人员集资、建筑公司垫资、土地补偿金入股、企业出资等形式，建设标准化厂房3.6万平方米；周巷镇和八桥镇依靠招商引资建设标准化厂房分别是1.9万平方米和1.5万平方米；高邮镇和菱塘回族乡出台优惠政策，鼓励企业建设标准化厂房分别达8.18万平方米和6.55万平方米。这期间,乡镇工业企业采取内外联合、强强联合、企院校联合、企科研联合,引进高科技,运用新技术,引进新项目,开发新产品,对加快全市乡镇工业科技进步、走科技创新之路起到了重要作用。一是加快建设企业技术创新体系。大力提升重点企业技术创新水平和技术开发能力,促进企业建立和完善技术中心运行机制。二是加强产学研联合。进一步扩大产学研覆盖面,提升联合层次,提高联合紧密度,引导企业建设市场化、多形式、多层次的产学研联合体。三是实施品牌带动战略。围绕提高市场占有率重要指标,分类别、分层次、有重点地推进企业品牌经营和创名牌活动,带动龙头企业的发展,带动乡镇工业产业结构和产品结构的优化升级。四是推动企业管理创新和体制创新。2004年,江苏金飞达电动工具有限公司、扬州苏发灯具钢杆有限公司、扬州宏远电子有限公司、扬州曙光电缆有限公司被列为扬州市信息化带动工业化示范和试点企业。江苏金飞达电动工具有限公司的ERP资源管理工程、扬州苏发灯具钢杆有限公司的ERP资源计划管理、扬州宏远电子有限公司的ERP管理工程、扬州曙光电缆有限公司的局域网工程、扬州华富实业有限公司的计算机辅助设计及制造系统、江苏日欣实业集团有限公司的计算机辅助控制系统等被列为扬州市重点信息化带动工业化技术创新项目。扬州曙光电缆有限公司的企业资源计划系统被列为省信息化带动工业化项目。2005年,在全市实施的“3+1”工程中,乡镇工业获奖的项目73个,占全市获奖总数88%。同时,技术服务平台应运而生。随着中小企业(乡镇工业)不断发展壮大,弱化管理、强化服务、变管理为服务成为时代潮流。围绕技术服务,突出平台建设,各配套服务机构纷纷先后建立,主要包括融资担保、人才培训、技术服务、行业协会等。这期间,项目投入出现倍增态势,重大项目好戏连台。2005年,全市乡镇工业实施的技改项目585项,计划投资总额38亿元,当年投入30.21亿元,完成全年计划指标的108%,比上年增长107%。菱塘、郭集、市开发区、临泽、三垛、周巷、车逻、八桥、龙虬、司徒、横泾、甘垛、周山、送桥等14个乡镇(区)技改投入增幅超过100%以上。2006年,全市乡镇工业实施的工业项目539项(含上年结转项目24项),计划投资总额57.7亿元,全年累计用款41.5亿元。其中总投资亿元以上项目4项,分别是:总投资4.5亿元的江苏波司登制衣有限公司服装上年结转项目、总投资1.9亿元的江苏顺大半导体发展有限公司单晶硅扩产及产品延伸项目、总投资1.2亿元的江苏华信轻工制造有限公司特种鞋服上年结转项目和总投资5亿元的江苏雅鹿制衣有限公司制衣项目。天山镇抓住培育光伏产业基地的契机,按照“稳定单晶硅,主攻多晶硅,打通产业链”的发展目标,继续投入巨资实施单晶硅扩产及光伏产业项目延伸配套,实际累计用款2.2亿元。

通过几年的发展,全市乡镇工业出现了持续不断的高速增长,主要经济指标连年近乎翻番,经济总量占全市工业的95%以上。

到2008年,面对全球金融风暴、能源紧缺、价格波动、土地资源匮乏、银行资金紧缩、劳动力成本上升、汇率不稳、出口受限等宏观调控下诸多不利因素的影响,乡镇工业在高速发展的光环下,经受着许多困难,也逐渐暴露出许多问题。一是土地指标紧张,严重影响招商引资和企业落户,成为工业园区建设和企业发展的“瓶颈”。二是出口退税政策调整,减少了大部分出口企业的经济效益,全市乡镇工业出口额占全部工业产值的比重比2004年的16.9%、2005年的16.4%、2006年的13.9%降至2007年的12%。三是劳动力资源优势不复存在,一方面劳力紧张,缺口较大;另一方面员工工资上涨较快,在汤庄、天山等地,车工工资达到1800~3000元,八小时普工工资也达到1000~1200元。四是货币政策持续趋紧,银行信贷门槛提高,企业有效资产规模不足,流动资金周转率降低,许多企业生产能力不能正常发挥。五是实施项目总体规模偏小,多数还是一些填平补齐的项目,对经济增长拉动力不大。六是出口市场冲击走弱,部分依赖出口产品产能过剩,产品价格下跌,市场需求下降,尤其是大部分光伏企业暂停生产,在建光伏项目延缓建设。七是金属材料价格波动较大,相关企业成本上升,利润空间窄小,主动调整适应能力很差。

对此,全市乡镇工业着力调整工业结构,积极推动产业升级,加快促进主导产业优化。新型照明器具、新能源两大新兴产业保持较高的发展态势;机电制造、电线电缆、纺织服装三大主导产业占比逐渐提高;农副产品加工业、化学原料及化学制品制造业等传统产业更新换代步伐加快;大力开展科技创新和服务体系创新活动,推进技术服务平台建设,推动乡镇企业转型发展。到2009年,全市乡镇企业融资担保公司累计8家,当年为企业担保融资贷款183笔,担保总额5.78亿元。同时,信息化建设工作初步开展。2007年,高邮市开通运行了"江苏省中小企业高邮网",为全市中小企业(乡镇工业)提供政策咨询、业务指导、企业展示等多项服务。2008年,市包装制品有限公司承担的"CIM-PACK企业信息化管理系统"获批国家"倍增计划"项目,成为扬州市首例。2009年,市里举办电子商务培训班,推进省"百千万"电子商务工程,积极申请加入电子商务平台。2009年,全市乡镇工业企业共办理阿里巴巴电子商务出口通和诚信通分别达20家和300家。到2009年、2010年,全市乡镇工业经济运行基本面较好,但持续较快增长的压力较大,发展速度放缓,保持了较为稳步的增长趋势。2009年,全市共实现产值754.1亿元,比上年增长34.9%;2010年,全市共实现产值823.35亿元,比上年增长28.5%。其中,495家规模以上企业实现产值463.12亿元、销售收入452.31亿元、利税41.68亿元,分别比上年增长35.2%、36.6%和37.8%。

江苏金飞达电动工具有限公司装配流水线

这一时期,全市重点企业发挥领军作用。江苏金飞达电动工具有限公司不断研制和开发新品抢占国际市场,先后研制开发出台钻、带锯、木工车床、切割机、曲线锯、圆盘锯、打草机、割肉机等100多个品种,台式电动工具的生产出口量占全国的10%以上。扬州欧力特电源有限公司以发展新能源为突破,一改单一生产铅酸蓄电池格局,不断科技创新,产品涵盖太阳能储能蓄电池、太阳能电池组件、太阳能灯具、控制器、逆变器、光伏发电系统、太阳能建筑一体化系统、离网发电系统支架等,成为集研发、制造、营销、服务于一体的高科技新能源企业。扬州曙光电缆有限公司强化市场营销,抓住国家农网、城网改造及国家投资重大工程设施建设的机遇,抢占市场份额,2006年实现产值10.2亿元,销售10.3亿元,成为高邮市产销首超10亿元企业,扬州市销售30强企业,在全省同行业的排名由第7位迈进前5强,在全国6000多个电线电缆企业中由第26位前移至第20位。创建于2000年的江苏双兔食品股份有限公司以本地区得天独厚的优质稻米资源优势为依托,引进具有国际先进水平设备,年稻米加工能力达30万吨,一跃成为省内规模最大、装备最先进的稻米加工企业。投产于2004年的江苏顺大半导体发展有限公司是全市第一家以生产单晶硅片为主的光伏类生产企业,2009年又投资3.6亿元,新上多晶硅铸锭及配套项目,2010年实现产值34.52亿元,列全市工业企业之首。在国内外市场行情引导下,以该企业为先导,全市太阳能光伏制造业随之而生。

这一时期,个私经济迅速发展壮大。扬州市光华皮件制品有限公司自1996年改制出售给个人以后,抓住体制创新带来的机遇,内抓管理,外拓市场,生产规模不断扩大。扬州沙龙制衣有限公司挂靠康博集团，吸引对方投资，迅速做大服装加工。与此同时，各地还把盘活存量资产当作热点来抓，鼓励经营能人，吸引域外资金，租赁闲置资产。临泽天宇鞋厂盘活橡胶三厂的闲置资产，新增产值达1500万元。全市乡镇个私工业企业2001年实现产值37.89亿元、销售33.54亿元、利润6897万元，个私工业占全部工业的比重达69.8%。2003年，个私企业3290家，从业人员6.8万人，实现营业收入64.1亿元，分别占乡镇工业总量的96.5%、84.1%和84%。2005年，全市新发展个体工商户4092户，新发展私营企业870家，新增个体私营注册资本金21.06亿元。当年利用民资实施项目981个，实施项目到账资金67.29亿元。2009年，全市注册登记的工业个体经营户累计有1695户，从业人员5675人，资金数额1.97亿元。注册登记的工业私营企业累计3133户，投资者5165人，雇工9.87万人，注册资本(金)116.6亿元。2010年，全市新注册登记开业的工业私营企业1252家(累计3656家)，投资者1565人(累计6009人)，雇工3.16万人(累计11.25万人)，注册资本(金)65.72亿元(累计181.89亿元)。其工业私营企业数、投资者数、雇工数和注册资本(金)均持续位居全市各行各业之首。

这一时期，工业园区建设如火如荼。进入21世纪，随着市开发区升级，扩大调整了开发区规划范围，高邮鸭业园区(城南经济新区)和菱塘光电科技产业园陆续成立。与此同时，一批乡镇工业园区拔地而起，并逐步走向规范化。这期间，市委、市政府一方面出台包括用地、供电、税收、信贷等方面的政策措施，加快乡镇工业园区建设；另一方面规划开发市级区、带、园，实行集中集约发展的方针，实现资源优化配置。乡镇工业园区建设步伐较快，特色发展方向突出，园区品位提升明显。2003年，郭集工业园、江苏金飞达工业园、菱塘工业园、天山工业园、龙虬工业园、三垛工业园等6个工业园被扬州市人民政府命名为“扬州市乡镇工业示范园区”。郭集工业园申报成为“江苏省乡镇工业示范小区”。其中，郭集工业园区以灯具生产为特色；江苏金飞达工业园区以电动工具高新技术实验基地为特色；菱塘工业园区以电线电缆及其辅料生产为特色；天山工业园区以箱包鞋外贸出口为特色；龙虬工业园区以服装加工生产为特色。此外，三垛、车逻、临泽、送桥、汤庄、甘垛、周山、周巷、界首、八桥等也相继建成具有一定特色的乡镇工业集中区，成为全市乡镇工业的新亮点。2001年，全市乡镇工业园区新征地57.8公顷，投资资金7560万元，新进园企业44个。截至2005年，全市共建成工业集中区22个(包括市开发区)，累计开发面积1763公顷，投入基础设施建设资金6.86亿元，992个企业入园，入园企业总投入64亿元，园区就业人数达5.4万人。2010年，各工业集中区(包括市开发区、城南新区及各乡镇工业集中区)共有工业生产企业2351家，从业人员达到12.62万人。当年实现产值682.7亿元，实现利税42.9亿元。

这一时期，产业集聚初步形成特色。全市各乡镇(园区)紧紧把抓好产业招商、加大项目投入、打造区域品牌，作为工业经济发展的主旋律，围绕产业和资源优势，不断调整产品结构，加大招商引资力度，引导产业集聚，壮大产业板块。到2004年，全市乡镇工业已初步形成郭集镇和送桥镇的灯具、卸甲镇的电动工具、临泽镇的鞋业、天山镇的箱包、菱塘回族乡的电缆、汤庄镇的液压机械、车逻镇的旅游健身用品、龙虬镇的服装、三垛镇的纺织和周巷镇的木业等特色块状产业群。到2006年底，进一步集聚并逐步形成了以郭集镇、天山镇、送桥镇为主要分布区域的道路照明灯具产业；以开发区、龙虬镇和高邮镇为主要分布的纺织服装产业；以湖西片区为主要分布的太阳能光伏产业；以菱塘回族乡为主要分布的电线电缆产业；以卸甲镇为主要分布的电动工具产业和以汤庄镇为主要分布的液压机械产业。

这一时期，招商引资提到战略高度。市委、市政府分解落实招商引资目标任务，出台完善引进资金利用考核奖励办法，强化园区、乡镇“一把手”招商引资和项目建设的工作责任，市领导挂联重大招商项目。全市各乡镇(区)进一步狠抓招商引资工作，分别成立招商引资专门班子，出台许多招商引资优惠政策，把招商引资工作提升到地方经济发展的战略高度。一是在工作力度上，要求“举全市之力，强力推进招商引资工作”;二是在外资性质上,坚持“市外即外”、“能来就行”的思想;三是在招商形式上,灵活动用各种招商手段。2004 年,全市乡镇工业实施招商引资项目 610 项,实际到账资金 21.5 亿元。其中,域外资金 14.3 亿元。

这一时期,技改投入发生量质变化。一是工业园区建设成为投资热点。2001 年,各乡镇工业园区共投入资金 7560 万元;2002 年,仅郭集、金飞达、菱塘、天山、龙虬、三垛、车逻、高邮等 8 家重点乡镇工业园入园企业总投资就达 5.3 亿元;到 2010 年,全部入园项目投入超过 163 亿元。二是投资体量越来越大,大项目不断落户。2001 年,全市在建 199 个技改项目中 300 万元以上的 24 个;2002 年,在建 208 个技改项目中 500 万元以上的有 20 个;2003 年,在建 381 个技改项目中 500 万元以上的达 43 个,其中 1000 万元以上的项目 11 个;到了 2004 年,在 532 个项目中,1000 万元以上的项目已达 88 个。2010 年底,由波司登国际控股有限公司与江苏康博科技有限公司共同投资 60 亿元、年产 6000 吨高纯硅项目落户市开发区,成为全市引进的最大单体项目。三是大力引进国内外先进设备,项目的科技含量相应提高。2003 年,设备投入比例高达 54.7%。江苏顺大半导体发展有限公司的单晶硅项目、江苏华信轻工制造有限公司的安全鞋项目、扬州光明电缆有限公司的舰船用电缆项目、高邮市华美丙纶纺织有限公司的无泡过滤芯项目,先后均购置了国际和国内一流先进水平的关键设备。四是民资利用发挥积极推动作用。全市民营经济保持平稳健康的发展态势,民资利用比例逐渐提高,民资利用工作居扬州市先进地位。2010 年,全市新开工 1000 万元以上民资工业项目 101 项,其中属于省战略性新兴产业领域的项目有 30 项。江苏锦绣前程电子科技有限公司的电子触摸屏、江苏浩明光电科技股份有限公司的高效节能灯和高速自动生产线、江苏赛德电气有限公司的电线电缆、江苏新潮光伏能源发展有限公司的多晶硅浇铸、扬州华尔电子材料有限公司的石英坩锅、扬州鑫晶光伏科技有限公司的太阳能电池、扬州日兴生物科技股份有限公司的氨糖系列等一大批重点民资项目,均成为全市的优势特色产业。

这一时期,科技创新逐渐成为主导。一是加快企业创新体系建设,积极创建和建成省、扬州市级以上企业工程(技术)研究中心。到 2010 年,全市乡镇(区)工业创建成扬州市级工程技术研究中心累计 35 家,省级工程技术研究中心累计 16 家。二是坚持自主开发新品同引进转化科研技术新成果相结合,逐渐形成了“生产一代、研制一代、储备一代”的新品开发战略模式。到 2010 年,全市乡镇(区)工业企业被列为国家重点新产品累计达 50 个。三是大力申报国家、省、扬州市工业科技项目,争取列入“星火”“火炬”计划。在被列为 2003 年科技部产业化环境建设贷款项目中,全市共 8 个,其中乡镇工业达 7 个。四是致力于乡镇工业的科技进步,培育一批高新技术企业和高新技术产品。到 2010 年,全市乡镇(区)工业企业获得认定的省高新技术企业累计 44 家,省高新技术产品累计 373 种。此外,共有省级企业院士工作站 2 个、博士后工作站 2 个、研究生工作站 3 个。“双兔”“HUAFU”“沙龙”等获得中国驰名商标称号。2010 年,全市乡镇(区)规模以上工业高新技术产业实现产值 264.88 亿元,占规模以上工业总产值 46%。

走向辉煌(2011—)

随着乡镇工业企业改制的到位和深入、市属工业企业退城进园、《中小企业促进法》贯彻落实、工业化和信息化(“两化”)融合,全市乡镇工业积极适应、加快转型、主动融合、创新发展,告别“乡镇工业”时代,融入中小企业大军,以新型工业主体姿态,掀开历史新篇章,走向辉煌未来。

高邮市乡镇工业拉开全面转型升级序幕的十大标志:

(1) 企业属性转化

进入 21 世纪之后,社会经济的发展,经济体制改革的进一步到位,乡镇工业、民营经济、合资企业互相包容，多元发展，企业的主体性质及其结构发生了变化，以“中小企业”涵盖以区域划分、所有制性质和资金来源划分的企业并实行行政管理，既是同国际相接轨，也是经济发展的必然趋势。

2000年，高邮市个体私营企业投入积极性增高，对乡镇工业企业投入比重加大，全市乡镇工业初步形成了技改项目投入形式多样化、投资主体多元化的格局。2000年后，全市乡镇工业加快了公退民进的步伐，乡（镇）村集体股从股份制、股份合作制企业中基本退出。自20世纪90年代企业改制后，个体私营经济迅速发展壮大。2001年，全市乡镇个私工业企业占全部工业的比重69.8%。到2003年，个私企业3290家，占全市乡镇工业总量的96.5%。

2007年，高邮市开始开展清理挂靠集体和政府机关的“假集体”企业工作（称“摘红帽”）。据对全市乡镇（园区）集体企业进行调查，共查出挂靠相关部门、单位的假集体企业66家。其中，卸甲镇17家、汤庄镇12家、送桥镇8家、菱塘回族乡7家、周巷镇7家、司徒镇3家、横泾镇3家、马棚镇3家、临泽镇2家、甘垛镇2家、高邮镇2家。到2010年，市康乐精细化工厂、市江海电器厂分别与汤庄镇企业管理站、郭集镇企业管理站脱钩。至此，高邮市共清理挂靠集体和政府机关的民营企业32家，并通过再改制和统一整治，还民营企业的原来面目，理顺其产权关系，均经工商部门重新注册登记，恢复其非公有制企业性质。

2007—2010年高邮市清理挂靠集体和政府机关民营企业情况表

表2

驻地	企业名称	资产持有人	解除挂靠时净资产（万元）	解除挂靠日期	原挂靠部门及单位
高邮镇	扬州华润电缆厂	茆玉斌	6060.1	2007年10月22日	高邮镇政府
高邮镇	高邮市三原包装厂	何素芳	111.5	2008年4月18日	高邮镇武安村花湾组
高邮镇	扬州市明浩电光源厂	罗玉珍	92.5	2008年4月22日	高邮镇企业管理站
高邮镇	高邮市晨曦机电制造厂	陈　熙	102.4	2009年3月9日	高邮镇农经保障中心
汤庄镇	扬州申达机械厂	李德遂	285.2	2008年6月12日	汤庄镇企业管理站
汤庄镇	扬州申业达流体设备厂	郭焕娣	1080.0	2008年7月30日	汤庄镇企业管理站
汤庄镇	扬州中瑞机电设备厂	李贵荣陈小平	912.8	2008年8月6日	汤庄镇企业管理站
汤庄镇	扬州佰缘机电设备制造厂	高连信	2266.6	2008年10月21日	汤庄镇企业管理站
汤庄镇	扬州市龙鑫机械厂	吴有建	831.2	2008年11月28日	汤庄镇企业管理站
汤庄镇	扬州奥博机械厂	陈伯明	198.9	2008年12月15日	汤庄镇企业管理站
汤庄镇	高邮市华宝颜料厂	姚华民	84.6	2008年12月25日	汤庄镇企业管理站
汤庄镇	高邮市龙华机械制造厂	李正金	922.5	2009年11月30日	汤庄镇兴华村
汤庄镇	高邮市康乐精细化工厂	冯振先	62.1	2010年4月16日	汤庄镇企业管理站
送桥镇	高邮市长松化工厂	张　磊	11.8	2009年7月27日	送桥镇企业管理站
送桥镇	扬州市华光电子电缆厂	明文友	223.7	2009年9月7日	送桥镇企业管理站
司徒镇	高邮市华艺彩印包装厂	谢国金	488.3	2008年9月19日	司徒镇龚张村
司徒镇	高邮市宏达工业防护器材厂	薛恩禹	128.1	2009年4月29日	司徒镇工业公司
卸甲镇	扬州市双龙复合肥厂	印巨龙	229.6	2008年8月29日	卸甲镇华东村
卸甲镇	高邮市电动工具厂	张　霞	168.8	2008年12月17日	卸甲镇一平村
甘垛镇	扬州市智多星自动化设备厂	施秀凤	270.0	2008年6月24日	甘垛镇河口村
汉留镇	高邮市精密材料厂	高建民等3人	208.5	2008年4月16日	汉留镇政府
龙虬镇	高邮市兴达机械配件厂	陆正英	31.1	2008年6月3日	龙虬镇政府
龙虬镇	高邮市奥林电机塑料厂	陈惟高	200.8	2008年11月6日	龙虬镇农经保障中心

续表2

驻地	企业名称	资产持有人	解除挂靠时净资产（万元）	解除挂靠日期	原挂靠部门及单位
车逻镇	扬州市圣汇机电设备制造厂	杨旭海等2人	1427.4	2008年6月10日	车逻镇政府
马棚镇	高邮市晨光线缆化工塑料厂	杨祥年	273.0	2008年10月22日	马棚镇企业管理站
郭集镇	高邮市有机化工厂	瞿　军	344.7	2008年7月7日	郭集镇企业管理站
郭集镇	扬州赛德电缆厂	戴光华	934.4	2009年12月22日	郭集镇企业管理站
郭集镇	高邮市江海电器厂	曹国海	9.2	2010年4月30日	郭集镇企业管理站
甸垛镇	高邮市电控设备厂	郭兆来	3.8	2008年8月20日	高邮农电有限公司
市残联	高邮升华线路器材厂	王基富	703.8	2008年11月4日	高邮市残联
市教育局	高邮市华光电缆厂	尚国生	0.2	2009年8月28日	高邮镇中心小学
市农机局	高邮市江河水泵厂	杨茂广等4人	70.0	2009年9月16日	高邮市农机局

2007年，市工业总公司所属14家企业退出城区迁至园区（乡镇）。其中，在市开发区落户11家，在鸭业园区落户1家，在龙虬镇落户1家，在临泽镇落户1家。2009年，市统计局对市工业总公司、市商贸总公司、其他系统所属的退城进园工业企业及产值按属地管理原则进行数据统计。2010年12月，市政府召开市长办公会议，专题研究原市属工业企业实行属地化管理工作。会议明确，原市属工业企业中除涉及公有资产管理和破产关门歇业的27家企业外，对产权清晰、生产经营正常的56家企业，由所在乡镇（园区）实行属地管理。

从2011年起，全市规模工业企业统计口径从年销售500万元改为2000万元。统计不再划分“城市工业”和“乡镇工业”。原城市工业企业按属地原则分别归口各乡镇（区）管理和统计。

表3　**2010年与2011年高邮市规模工业企业数（年初定报）及分属对比表**

2010年		2011年	
系统、乡镇	定报数	乡镇（区）	定报数
合计	625	合计	475
一、城市工业	130		
开发区	92	开发区	62
城南新区	21	城南新区	22
其他	17		
二、乡镇工业	495		
高邮镇	65	高邮镇	64
车逻镇	30	车逻镇	9
龙虬镇	16	龙虬镇	15
马棚镇	5	马棚镇	4
八桥镇	20	八桥镇	15
卸甲镇	27	卸甲镇	9
汉留镇	26	汉留镇	23

续表 3

2010 年		2011 年	
系统、乡镇	定报数	乡镇(区)	定报数
汤庄镇	32	汤庄镇	23
三垛镇	26	三垛镇	21
司徒镇	10	司徒镇	7
横泾镇	6	横泾镇	4
甘垛镇	21	甘垛镇	10
临泽镇	17	临泽镇	18
周巷镇	17	周巷镇	17
周山镇	9	周山镇	4
界首镇	12	界首镇	11
菱塘回族乡	44	菱塘回族乡	41
郭集镇	36	郭集镇	36
送桥镇	36	送桥镇	36
天山镇	40	天山镇	24

(2) 行政法规落实

2001 年,国务院取消“乡镇企业管理费”征收。2003 年 1 月 1 日,《中华人民共和国中小企业促进法》开始施行。2006 年 3 月 1 日,《江苏省中小企业促进条例》颁布施行。

2008 年,高邮市按照扬州市市域环路规划编制要求,通过反复调研,核定面积,编制并组织实施了《高邮市市域环路产业带和板块经济发展规划》。《规划》打破既有乡镇行政区划限制,重点发展省级经济开发区、城南经济新区、菱塘光电科技产业园区等三大园区,谋划发展东部、北部两个重点工业集中区,分阶段有计划调控发展其余乡镇工业集中区,以核心企业为龙头,以重大项目为抓手,推进各类要素整合集聚,推动板块经济发展。《规划》将既有行政区划形成的 23 个工业园区整合为 5 个工业园区。

2010 年,市委、市政府对各乡镇、园区的工业经济考核指标由过去的经济运行、“三重”(重点企业、重点项目、重点增长点)、“双创”(工业技术创新、二次创业)、园区建设、民营经济、节能降耗和信用担保机构 7 大类 31 项指标调整为质量性、规模性、持续性和约束性 4 大类 17 项指标。

(3) 扶持政策出台

2003 年以后,高邮市积极制定并落实扶持中小企业发展政策,陆续出台了鼓励工业经济又好又快发展的政策性意见、鼓励全民创业进一步加快发展民营经济的政策性意见、规范企业用工行为解决企业拖欠职工工资问题的意见、规范征收省以上政府性基金和行政事业性收费的通知、高邮市投资工业企业和城市建设收费优惠办法等诸多政策文件。

2010 年,市财政投入 1050 万元企业创业投资基金,引导企业积极上市;投入科技成果转化风险补偿资金 300 万元,鼓励企业加快技改步伐;筹措安排重大项目基金 4000 万元,重点扶持市开发区、扬州菱塘光电产业园区重大项目建设。

到 2010 年末,根据相关政策,市财政累计发放 3800 多万元工业政策性奖励资金,引导中小企业加快发展。同时，积极争取上级政策扶持，近三年全市中小企业共争取省级以上政策资金5094万元。

（4）管理机构变更

2007年，高邮市增挂“中小企业局”牌子，与市乡镇企业管理局合署办公。

2008年，进一步落实机构改革方案，将各乡镇企业管理服务站变更为“中小企业服务站（中心）”，其性质不变。

2010年，《高邮市人民政府机构改革实施意见》决定，组建市经济和信息化委员会，挂市中小企业局牌子，不再保留市乡镇企业管理局牌子。2011年3月，对原市乡镇企业管理局职能、编制、人员等整体划转市经济和信息化委员会。

（5）服务体系创新

2003年3月，高邮市企业家协会、企业管理协会成立市中小企业服务中心。旨在企业维权、财税筹划、管理咨询、设备调剂等方面构筑服务平台，在法律法规、信息咨询等方面为企业提供中介和智力服务。2006年后，积极推进中小企业社会化服务体系建设。化管理为服务，变基层企业管理站为中小企业服务中心。成立市促进中小企业发展服务中心，整合社会资源，开展多种服务项目，为中小企业提供贴身服务。加快中小企业融资担保体系建设，将担保体系建设纳入政府目标管理考核。加快中小企业人才培训体系建设，融合新农村建设，鼓励、引导和支持各乡镇、园区开展中小企业人才培训工作。开展挂钩服务活动，建立机关部门与中小企业挂钩服务的长效机制。

着力落实扬州市创新型经济“8631”计划，切实把中小企业增长动力由要素驱动为主转向要素和创新共同驱动为主。以产业集群为依托，建设和培育中小企业公共技术服务平台。推动中小企业产学研合作，促使中小企业赴省内外重点高校和科研院所取得产学研合作成果。推进中小企业信息平台建设，建成高邮市科技成果转化网、江苏省中小企业高邮网，为企业提供科技信息、技术市场、人才培训、投融资等方面服务。

2008年，认真贯彻扬州市政府《关于全市中小企业服务体系建设的意见》，认真抓好创业辅导服务体系、管理咨询服务体系、信息网络服务体系、人才培训服务体系和融资服务体系的建设工作。以设立和明确中小企业主管部门及其责任为突破口，以建立中小企业社会化服务体系的核心服务机构为主要抓手，以整合利用社会服务资源为主要途径，构建各类服务平台，为中小企业提供各类切实、便捷、优惠、高效的服务，促进中小企业发展。

2010年，进一步完善中小企业服务体系，出台《高邮市中小企业服务机构管理考核办法》，规范中介服务行为，发挥政府部门在推动工业经济和促进中小企业发展中的积极作用。

（6）落后产能淘汰

2008年开始，为全面落实科学发展观，加快转变经济增长方式，优化工业布局结构和产业结构，促进产业、企业结构的进一步优化升级，高邮市开展了对“三高一低”（高消耗、高污染、高危险、低产出）及“五小”（小钢铁、小水泥、小化工、小电镀、小火电）企业治理整顿，依法关闭一批违法违规企业，淘汰一批落后生产设备、工艺和产品。“十一五”期间，全市工业共淘汰落后用能设备1052台（套），关闭“三高一低”企业58家，对87家企业实施节能监测，对205家企业进行清洁生产审核，对10家重点企业进行能源审计，单位GDP能耗累计下降20%。

2011年4月29日，市政府召开市长办公会议，专题研究全市烟花爆竹生产企业退出生产领域问题。会议原则通过了《高邮市烟花爆竹生产企业退出生产领域工作实施方案》，决定全部关闭全市烟花爆竹生产企业。

表 4

2009—2011 年高邮市"三高一低""五小"企业关闭名单

年份	企业名称	所属乡镇（区）	法人代表	存在主要问题
2009	扬州永强包装材料有限公司	菱塘	秦月江	低产出，低效益
	市花园冶炼厂	八桥	陈必存	无危废许可证，且治理无望
	八桥甲壳素厂	八桥	景小华	污染影响居民生活，信访不断，无证经营
	市佳友装饰材料厂	甘垛	宗如龙	无证生产甲壳素，在镇区，信访多
	市甘垛太平村塑料加工厂	甘垛	陆伟宽	废旧塑料加工，水污染
	市盂城造漆厂	车逻	杨学海	无危化安全生产许可证，位于居民区内，有安全隐患
	市荣兴生物制品厂	高邮	汤春荣	无证生产甲壳素，污染严重
	市苏中生物制品厂	高邮	张华林	无证生产甲壳素，污染严重
	扬州市鑫宝制衣有限公司	横泾	吴长凤	低产出，低效益
	市金红叶羽绒服装厂	三垛	范松来	低产出，低效益
	扬州裕盛钛业有限公司	送桥	魏宏飙	高耗能，高污染，低效益，有安全隐患
	市华星照明器材厂	送桥	黄国庆	存有安全隐患
	市鹏程制衣厂	龙虬	刘春生	低产出，低效益
	市豪昂白铁包装厂	龙虬	左平	存有安全隐患
	市界首五金橡胶电器厂	界首	孔凡华	低产出，低效益
	市营南防腐材料厂	周巷	黎遂银	高污染，村民反映强烈
2010	市环球金属化工制品有限公司	八桥	吴尚荣	擅自建冶炼炉，超范围化工生产，污染严重，且治理无望，群众投诉多
	市龙腾电镀有限公司	龙虬	郭卫林	污染严重，且治理无望，群众投诉多
	市龙宇机械有限公司	高邮	吴开宇	存在安全隐患，且污染严重
	市江融机械厂	车逻	张兰芳	高耗能，且存在安全隐患
	扬州市地业机械有限公司	汉留	高建民	存在安全隐患，且治理无望
	市来源祥塑料厂	汤庄	朱国兴	存在安全隐患，且污染严重
	市裕华塑料粒子厂	甘垛	王加钢	废旧塑料加工，污染严重
	市永盛泡沫塑料厂	界首	盛富林	废旧塑料加工，污染严重
	市川青化工厂	临泽	纪福建	无环保行政许可证，且治理无望
	市天力金属材料有限公司	送桥	倪云美	无特种作业许可证，高耗能
	扬州市神龙化工有限公司	天山	张道江	无环保行政许可证，且治理无望
	扬州熙康仪表有限公司	菱塘	缪长熙	无特种作业许可证，高耗能
	市黎明电器厂	郭集	刘勇	高耗能，无特种作业许可证
	市兴达干燥剂厂	开发区	王兴	无安全生产许可证，且存在安全隐患
	市宝阳彩钢夹心板厂	城南新区	徐秀军	超范围生产，无安全生产许可证，且治理无望

续表 4

年份	企业名称	所属乡镇（区）	法人代表	存在主要问题
2011	市振江蓄电池厂	八桥	刘金权	高耗能，高污染，群众信访多
	市凯鑫金属机械有限公司	甘垛	姚余金	高耗能，高污染，信访、举报多
	市振元冶炼制品厂	车逻	居则端	污染严重，信访多
	市鹏海蓄电池厂	界首	于万宏	污染严重，信访多
	市祥海金属制品材料厂	界首	徐增海	污染严重，信访多
	市东鑫实业有限公司	开发区	黄远东	污染严重，信访多
	市郭集有色金属铸造厂	郭集	丁国璋	在居民集中区内，污染严重，举报多
	扬州林发石墨制品有限公司	天山	王国林	污染严重，高耗能，信访、信访多
	扬州市双凌电缆有限公司	菱塘	王海刚	设备老化，居民区内，粉尘多，噪音大，信访多
	扬州飞天科技发展有限公司	送桥	郭兆军	高耗能，粉尘多，污染严重
	市恒越电源材料厂	高邮	屠志秋	污染严重，设备陈旧
	市汤庄腾达包装厂	汤庄	许金柱	污染严重，高耗能，群众举报多
	市新建过滤机厂	横泾	刘合基	污染严重，高耗能，群众举报多
	市龙虬团结水泥制品厂	龙虬	黄昌秋	存在安全隐患，设备陈旧

表 5 高邮市烟花爆竹生产企业关闭名单

企业名称	所属乡镇	法人代表
恒丰花炮厂	八桥镇	高永康
东风花炮厂	卸甲镇	胡金明
实验烟花爆竹有限公司	三垛镇	陈长庚
光华花炮厂	卸甲镇	张士如
金家花炮厂	卸甲镇	黄志
吉祥花炮厂	周巷镇	李加友
送桥烟花爆竹有限公司	送桥镇	丁广发

（7）产业结构整合

2009 年，高邮市出台了《高邮市工业产业调整和振兴规划》，对全市工业产业进行整合，加大新兴产业、机电装备制造业、轻纺制造业三大产业门类和太阳能光伏、照明器具、生物质、新材料新医药、电线电缆、机电设备、纺织服装、食品加工等 8 个优势特色产业发展力度。2010 年，又进一步加大工业产业结构调整与创新力度，逐步将现有优势特色产业调整为“二新三主”新格局，即以新型照明器具、新能源为两大新兴产业，机电制造、电线电缆、纺织服装为三大主导产业。

与此同时，开始对全市“二产”中的“三产”进行合理剥离，推进工业企业非核心业务的成功分离。江苏波司登制衣有限公司、江苏双兔食品股份有限公司、江苏华富能源股份有限公司、扬州曙光电缆有限公司等首先分离成立了 17 家服务业企业。

年产6000吨高纯硅项目签约

2010年,全市加大重点项目建设推进力度,做大做强特色产业。光伏产业,推进江苏顺大半导体发展有限公司铸造多晶硅项目,形成年产2000吨多晶硅锭及切片的生产能力。加快江苏华富能源有限公司36V/42V一体化新型高效无镉动力铅蓄电池项目建设。照明器具产业,加快LED外延炉、芯片及器件封装、纳米陶极荧光灯(CPFL)项目实施。生物质产业,加快形成年产20套秸秆发电设备的生产能力,实施30万吨生物质固型焦炭综合利用示范项目。新材料新医药产业,做好高压和特高压电极箔、市卫星卷烟材料有限公司退城进园、各类医药中间体等一批在建项目的实施。电线电缆制造业,加快扬州曙光电缆有限公司500KV超高压电缆及综合配套项目建设。机电设备产业,扶持市华兴石油机械制造有限公司形成年产40台套整机的生产能力,江苏浩明光电科技有限公司形成年产150套节能灯自动化生产设备的能力,配套建设笔记本电脑键盘生产线。纺织服装产业,加快扬州华美丙纶纺织有限公司10万吨特种聚丙烯纤维的建设进度。食品加工产业,发展壮大以高邮鸭为代表的水禽、水产和蔬菜深加工等绿色食品产业,加快江苏双兔食品股份有限公司大米及深加工系列产品、江苏戚伍水产发展股份公司水产品加工等项目的实施。

(8) 经济规模壮大

步入21世纪,高邮市中小企业数量增加迅猛,经济规模不断壮大,展现了雄厚的基础和巨大的发展潜力。至2009年底,全市共有各类工业企业6073家,比2002年增加2511家,职工总数达186283人,比2002年增加99675人。实现全部工业产值773亿元,是2002年96亿元的8.05倍。规模以上(年产500万元以上)工业企业571家,比2002年净增421家,实现工业产值443亿元,是2002年的8.5倍。全市工业产值97%左右、90%以上的发明专利和95%的新产品都是由中小企业创造和完成的。到2010年,全市工业(中小企业)实现现价产值1010亿元,开票销售300.9亿元,分别比上年增长30.6%和30.5%。规模以上企业630家(年初定报数625家),实现现价产值603.4亿元、销售收入589.9亿元、利税56.2亿元、利润29亿元,分别比上年增长35.9%、36.5%、41.8%和45.6%。其中年产值超1亿元的工业企业126家。规模以上企业产销率96.7%,实现工业增加值105.5亿元,工业增加值占全市GDP41.5%。

(9) 发展载体增强

2009年,全市乡镇(区)工业高新技术产业实现产值177.8亿元,比上年增长40.1%,高于全市规模工业近12个百分点。到2010年,全市乡镇(区)工业创建成扬州市级工程技术研究中心累计35家,省级工程技术研究中心累计16家。共有省级企业院士工作站2个、博士后工作站2个、研究生工作站3个。全市乡镇(区)工业企业获得认定的省高新技术企业累计44家。"双兔""HUAFU""沙龙"等获得中国驰名商标称号。市灯具行业协会申报的"靓路"牌集体商标通过国家工商行政管理局确认。建成了省级经济开发区、扬州菱塘光电科技产业园区、城南经济新区和一批乡镇工业集中区。全市亿元以上工业项目全部集中在主要工业集中区。打造了一批产业集聚效应显著的特色产业集群,菱塘电线电缆、郭集和送桥灯具、开发区服装服饰、天山光伏和箱包、卸甲电动工具、汤庄液压机械、三垛纺织、临泽制鞋等形成了一定的规模和特色。高邮市陆续创成“中国羽绒服装制造名城”“中国路灯制造基地”“江苏省液压机械制造名镇”等特色产业基地。

（10）两化融合启动

2002年，全市启动信息化带动工业化行动计划。

2004年，江苏金飞达电动工具有限公司、扬州苏发灯具钢杆有限公司、扬州宏远电子有限公司、扬州曙光电缆有限公司被列为扬州市信息化带动工业化示范和试点企业。江苏金飞达电动工具有限公司的ERP资源管理工程、扬州苏发灯具钢杆有限公司的ERP资源计划管理、扬州宏远电子有限公司的ERP管理工程、扬州曙光电缆有限公司的局域网工程、扬州华富实业有限公司的计算机辅助设计及制造系统、江苏日欣实业集团有限公司的计算机辅助控制系统等被列为扬州市重点信息化带动工业化技术创新项目。扬州曙光电缆有限公司的企业资源计划系统被列为省信息化带动工业化项目。2008年，市包装制品有限公司承担的“CIM-PACK企业信息化管理系统”获批国家“倍增计划”项目，成为扬州市首例。

2007年，“江苏省中小企业高邮网”开通运行，为全市中小企业（乡镇工业）提供政策咨询、业务指导、企业展示等多项服务。

2009年，举办电子商务培训班，推进省“百千万”电子商务工程，积极申请加入电子商务平台。是年，全市乡镇工业企业共办理阿里巴巴电子商务出口通和诚信通分别达20家和300家。

2010年，高邮市开始着手摸底调查规模以上工业企业的信息化现状，找准全市信息化与工业化融合切入点，有序推进信息技术在工业企业研发、设计、生产、管理、营销、服务等各个环节的应用，着力提高企业的成套设备的传统产业整机产品智能化率、企业信息技术应用率、企业电子商务率。扬州宏远电子有限公司和江苏双兔食品股份有限公司为省两化融合试点企业；江苏科凌机械有限公司等17家企业为扬州市两化融合示范试点企业。

2011年，高邮市工业以科学发展观为统领，以抓创新、调结构、促转型、保增长为主线，坚定不移地走新型工业化道路，大力发展新兴产业，加快工业结构调整和优化升级，加大淘汰落后产能力度，促进工业化和信息化融合，不断推动产业向高端化、规模化、品牌化方向发展，着力提高工业经济增长的质量和效益，全力推动工业经济取得历史性新突破。

推动企业战略重组。鼓励和引导重点企业整合产业资源，通过跨地区、跨行业、跨所有制的并购联合等战略性重组，在更广的领域、更大的范围和更深的层次上实现资源优化配置和低成本扩张。通过采取政府引导、企业自愿、市场运作的方法，推动现有重点规模企业实施战略重组，加快组建集团公司或股份公司，实施企业集团化、股份化战略。加快培育上市资源，在上市路径上力争主板，立足中小板，抢抓创业板，争取企业上市尽快取得突破。

推进产业转型升级。以转型升级为主攻点，大力推进产业发展高端化。电线电缆产业加快开发超高压、特高压特种及专用（复合）电缆新产品，跟踪超导电缆等高科技电缆，将产业链的高性能电缆料、高端电缆附件、智能电表、智能电网传感器延伸。机电设备产业做专做精石油整机、液压机械、水力机械、新型环保机械和包装机械等，并逐渐实现由小型化向大型化、单功能向多功能的升级。纺织服装产业继续巩固壮大羽绒服装特色优势，着力抓好10万吨丙纶纤维及其应用产品项目建设，力争尽快形成生产能力。食品加工产业加快开发功能性食品和速冻、微波加热、保鲜、调味、中西式快餐等具有地方特色的休闲食品。

力促工业“两化融合”。以“两化融合”为制高点，推进工业化模式由产业自我进化为主向与信息化互动转变。充分发挥企业主体作用,以设计数字化、装备智能化、生产自动化、管理网络化、商务电子化为主要标准,优先推进工业领域的信息化进程。深入开展中小企业信息化应用,加快实现信息化与工业化的融合步线,树立企业信息化建设的示范典型,根据企业信息化应用程度的差异,实行分类指导。扩大电子商务应用范围,引导和支持中小企业借助阿里巴巴和中国制造网等新的路径拓展市场。

实现经济绿色发展。以节能降耗为出发点,致力企业转型升级,推进发展方式由粗放型向集约型提升。进一步突出节能减排指标在全市经济社会发展综合评价体系中的地位,构建绿色制造体系,对新上、改建、扩建投资项目进行节能评估和审核,实施重点节能改造项目,推动实施循环经济,鼓励资源综合利用,淘汰落后产能和用能设备,引导、倒逼“三高一低”和“五小”企业退出市场。

要事篇

农机具企业的“三上三下”

1957 年,通过经济改组,高邮县各地分设的修配站(组),均是自负盈亏的县属集体企业。

1958 年,为适应水利工具改革和农具改革的需要,全县掀起大办工业的运动,县属的 10 个手工业生产合作社(组)都下放所在公社改建为农具厂。1960 年 11 月,按照县工业干部会议精神,全县除郭集外,社社办起了农具修造厂。

1961 年 10 月,贯彻中央“三十五条”恢复手工业生产合作社体制精神,原下放公社建立起来的临泽、界首、三垛、送桥、车逻、东墩、马棚、周山、营南、周巷、川青、一沟、二沟、司徒、甘垛、横泾、平胜、汉留、沙堰、汤庄、东风、菱塘等 22 个农具厂,收归县属集体。

1970 年,22 个农机具厂除临泽、界首、三垛、车逻、送桥等 5 个农机具厂连同县属八桥农具厂均改名为“农机修造厂”,仍保留县属集体企业性质外,其余 17 个农机具厂又都下放归所在公社领导。同时,还陆续新建了湖滨、郭集、龙奔、天山、张轩、三阳、伯勤、界首、城镇等 9 个公社农具厂。

1974 年 2 月,落实手工业政策,将 17 个下放公社的农机具厂收为县属企业。1975 年 12 月 30 日,由县革委会发出通知,将 17 个农机具厂统一更名为“农机具修造厂”。

1978 年 10 月,为贯彻国家相关文件精神,县革委会将 22 个农机具修造厂再次划归所在公社领导管理,其企业的生产、财务、业务衔接和福利统筹基金收管等,均划归县第二工业局负责。

1996 年,全市乡镇工业实行产权制度改革。市委、市政府下发文件,专门就具有大集体性质的乡镇农机具修造厂在企业改革中人员性质、养老、保险等政策作了明确的要求。

普遍推行厂社挂钩合同

1960 年,高邮县推行厂社挂钩合同,共有 14 个公社与县机械、棉织、酿化、造纸等 15 个工厂签订了 42 份挂钩协议,订出相互支援的计划。

县属工业抽出了一批干部、工人、技术人员和部分车、镗、钻床以及手摇钻、台虎钳、元钉机、纽扣机、织布机、毛巾机、打浆机等设备,配套下乡,帮助公社建成了机械、小五金、酿酒、酱醋、粮食加工等 80 多个厂,并以厂办校,开训练班,传授技术,武装社办工业。

经济管理大互查

为认真贯彻执行中央和国务院相关精神，进一步加强财务管理，严格财经纪律，提高经济管理水平，促进生产发展，巩固和壮大集体经济，1978 年 9 月 25 日—11 月 11 日，高邮县社队工业开展了经济管理大互查。

大互查的具体内容是十查十看：一查贯彻当年 4 月初召开的县工办室会计会议精神落实情况，看财务人员的充实配备是否达到地区应有的要求；二查社办厂五统一（账证、科目、记账方法、报表、制度统一）是否巩固提高，看开展六项管理（基建、现金、材料、费用和工资、利润、专用基金管理）的情况；三查队办厂年内全面实现五统一的措施，看做到五个有（消耗有记录、产品有检验、进出有凭证、物资有人管、开支有审批）的情况；四查是否按规定提取管理费，看上缴数字；五查统计报表是否全面、正确、及时，看计算方法是否合理；六查现金库存，看有无白条抵库和短少现象；七查债权、债务处理，看"三支一宕"升降；八查账账、账物、账据是否相符，看材料、产品的积压数字和原因；九查产品价格是否报批，看产品成本核算是否合理；十查有无用公款请客送礼、大吃大喝、游山玩水、铺张浪费、乱支乱补，看勤俭办厂措施。

在各公社社队企业自查、互查的基础上，组织由各公社、场、所、镇工办室和部分农机具修造厂总账会计参加的抽查队伍共 48 人，成立了 5 个小组，分别抽查了营南、龙奔、汉留、横泾、菱塘等 5 个公社的 17 个社办厂和 5 个队办厂。

在大互查中发现的问题有三个，一是财务队伍不全、不稳，业务水平不高。在 32 个公社 233 个社办厂中，有专、兼职会计 463 人，其中总账会计 229 人，分户会计 21 人，现金会计 213 人。未达到扬州地区社队工业局、财政局对一般社办厂至少配备"二专一兼"的要求，平均每个社办厂不到两个会计，并且所有社办厂都没有实行总账、现金、实物三分开。二是放松企业管理，财务账目混乱。其一，财产不实，产品、材料消耗无定额、无核算，质量无检验；其二，有的企业在机械、动力、生产原料、建筑器材、布匹衣料、油料、生活用品等项目上有长期未结账的赊欠数字；其三，科目运用不当，固定资产折旧、工资附加费、上缴管理费等项目未按规定标准提取；其四，不按月记账；其五，账册不齐，账与账、账与实物不符，家底不清；其六，现金库存不实，现金结算手续和管理不严，白条抵库存现象严重。三是总产值计算口径不一，有虚报、重复报、多报产值问题，一些农机具厂擅自提高中小农具销（零）售价格。

开展"质量月"活动

从 1978 年 9 月起，高邮县社队工业连续数年随着全国开展了"质量月"活动。到 1981 年，社队工业在质量管理水平、产品质量及增加花色品种上都得到明显提高。在 266 个社办厂、1064 个队办厂中，主要产品有 135 个，不同花色品种有 1000 多个。但是仍然存在不少问题：一是品种上增加不快、翻新缓慢、创新甚少、款式陈旧，不能适应市场经济的需要。二是质量低劣的产品很多，机械行业从已查的 82 个企业来看，合格率在 80% 以上的仅有 12 个，合格率在 60% 以上的有 48 个，16 个企业合格率在 60% 以下，尚有 6 个企业无标准、无图纸、无工艺，进行野蛮生产。全县 17 个砖瓦（轮窑）厂，合格项目达 60% 以上的仅有 6 个，11 个企业生产的砖瓦不合格。

1982 年，社队工业企业"质量月"活动的中心要求是搞好工业生产，发展品种，提高质量，搞活经济，提高效益。着重解决几个问题：一是建立健全品种、质量管理机构。二是严格执行"四不"、"三包"原则，即不合用的材料不投产，不合用的半成品（包括外协件、外购件）不使用，不合格的成品不能按合格出厂，不合格产品不计算产值、产量；已出售的产品实行包修、包用、包换。三是搞好产品清理工作，对现有积压产品进行清理，妥善处理解决，并严防造成产品新的积压和浪费。四是全县组织自查、互查和验收评比，对于质量差的企业，针对不同情况制订整改方案，限期解决，必要时采取一定的行政干预手段。全县成立7个质量互查组，于10月4日互查，10月11日集中汇报。

高邮县社队工业质量互查分组表

表6

组别	互查范围	集中地点	召集人	第二工业局分工人员
1	送桥、郭集、天山、菱塘	送桥	柏登山	沈定忠
2	湖滨、车逻、龙奔、武安	湖滨	管玉涛	刘国和
3	东墩、马棚、张轩、一沟、界首	界首	林学湖	孙文辉
4	三垛、二沟、武宁、司徒	二沟	陈传仁	高士进
5	甘垛、平胜、横泾、汤庄	甘垛	张盈昌	陶家贵
6	卸甲、伯勤、汉留、沙堰、八桥	伯勤	殷鹤松	谈铁人
7	临泽、川青、周巷、营南、周山	临泽	颜志林	杜元金

"三清一建"

由于社队工业发展较快，在抓生产、抓产值的同时，出现了产品质次价高销不出去、产值上升利润下降、资金回笼差等问题，经济效果不好，经营管理混乱，生产资金紧张，资金供需矛盾突出。截至1980年6月底，全县社队工业库存产品811万元，应收款1331万元。仅应收款就超过自有流动资金2.1倍，超过自有流动资金和银行贷款总和1053.4万元的26.3%。

从1980年9月开始，全县社办工厂在县第二工业局、农行、财税局的支持配合下，开展了"三清一建"（清理积压材料、清理积压产品、清理应收款，建立规章制度）工作。一是对应收款回收工作，采取"三查三看"和"一帮助"的方法，即：查生产进度，看"三清一建"是否摆正位置；查企业管理，看措施是否落实；查经济效果，看资金回笼的速度。对外地欠款，除了工厂派人外出催收外，由各营业所、信用社、税务所帮助企业填发催收函件或填发委托收款凭证。二是对积压材料和积压产品，采取编印成明细表，装订成册发到县内外的工厂、商业、物资、外贸、供销、基建等部门，进行互通有无，余缺调剂；同时采取削价、设摊、布点、赶集、外出推销，甚至修旧利废，加工改制，综合利用，处理呆滞物资。三是对呆账损失，根据企业因欠款人员死亡、外流、法办、开除和被窃，以及企业体制变化，债权无法落实等实际原因，由企业出具证明，并具报告，税务所审查核实，经公社工办室批准，可以作为呆账损失处理。四是建立健全各项规章制度，按消耗有定额、产品有检查、质量有标准、进出有凭证、物资有人管、开支有审批、成本有核算、资金有管理、岗位有责任、利润分配有比例的"十个有"进行对照，缺什么补什么。

截至1981年3月底，全县社办工厂共清理积压材料和积压产品110万元，清理应收款645万元，分别占应清数的35%和49%。

企业基础性整顿

1982年，全县社队工业贯彻中央2号文件、省在无锡召开的企业整顿座谈会和扬州地区社队工业局两泰（泰县、泰兴）会议精神，为根治企业的脏、乱、差，达到优质、高产、低消耗，实现最佳经济效益，在统一思想的基础上，全面开展了企业整顿工作。这次整顿主要以抓企业领导班子调整和财务整顿为重点，以推行经济承包责任制为中心环节，以扬州地区社队企业基础性整顿验收评分细则为验收标准，按百分考核，得 80 分以上企业，由县政府发给企业《企业整顿合格证书》和《整顿合格企业》的牌子。

企业整顿合格证

社队企业基础性整顿验收评分细则主要分六个方面：一是领导班子建设。要求企业领导班子精干、年轻、懂行、团结；二是经济责任制的完善。要充分体现“按劳取酬”的原则，正确地处理三者关系，生产发展、产品质量、经济效益明显提升；三是财务整顿和财务管理。财务制度健全，弄清家底，压缩宕欠款和呆滞物资，账册齐全，达到“五相符”，主要产品有成本核算。四是产品质量和质量管理。健全质检组织，严格执行质检制度，产品质量符合国标、部标、省标或企标。五是厂风厂纪及安全生产。干部、职工严守纪律，安全生产有分管、有制度。六是厂容厂貌及文明生产。厂内道路畅通，环境美化，清洁卫生。

1982 年，全县进行企业整顿的社办厂 59 个，占社办企业总数的 22.6%。1983 年，已开展整顿的企业 34 个，占计划 93 个定点产品厂和 30 万元以上年产值的企业 36.5%。其中全县只有界首、武安、东墩、甘垛、临泽等公社 38 个社办厂财务整顿验收合格发证，只占 250 个社办厂的 15.2%。

为加快整顿步伐，根据国家经委、农村政研室经办〔1984〕01 号文件关于“再用两年时间把现有企业整顿好”的精神，按照“定点产品厂和 30 万元以上年产值的社办厂先抓企业基础性整顿”的要求，高邮县分三个类型开展工作：第一类，现有定点产品厂 25 个，其中 30 万元以下的 9 个厂，年内要达到验收合格发证；第二类，年产值 100 万元以上的非定点产品厂，即车逻塑料厂、临泽汽酒厂、东墩冶炼厂、八桥蓄电池厂、八桥水泥厂、武安玻璃厂、界首铝箔纸厂、川青轮窑厂、送桥轮窑厂、菱塘轮窑厂等 10 家企业年内达到验收合格发证；第三类，要求龙奔、卸甲、伯勤、沙堰、甘垛、平胜、营南、周山、天山、郭集、甸垛等 11 个乡分别抓好一个年产值 30 万元以上的社办厂进行试点，年内达到验收合格发证。三种类型共 46 个厂，占应整顿的 93 个社办厂 50%。1985 年，县委又以邮发〔1985〕3 号文件转发了县地方工业局《关于乡镇企业全面开展基础性整顿工作的意见》，提出应整顿企业 104 个，年确保完成 90% 以上的工作目标。同时提出，凡是整顿合格的企业要给予优惠待遇，可以挂县、市的牌子；可以申报产品创优；生产电器和高压容器的企业，可以作为颁发生产许可证的条件；可以有 3% 的职工晋级；可以适当增发一定的奖金。凡是经济效益不好、非政策性亏损的企业，“三废”治理不好的企业和发生重大伤亡事故的企业，一律不予验收。验收工作分级进行，产值 100 万元以上的企业由县负责验收，产值 100 万元以下的企业由区、乡负责验收。县企业整顿办公室和地方工业局进行必要的抽查和复查。

据 1985 年 9 月统计，全县已验收合格的企业达 117 个，占计划 111 个的 105%。其中，乡办厂 97 个。

通过企业基础性整顿，全县乡镇工业素质有了明显的变化：一是企业内部的素质改善了。在企业整顿中，各乡按照干部“四化”的要求，对一些企业的领导班子进行了调整和充实。据不完全统计，85 个整顿合格单位领导成员中，初、高中以上文化水平的占89%，其中高中文化水平的占21.7%，比整顿前上升35.9%。干部的平均年龄由整顿前的41.6岁下降为38.3岁。二是企业管理的各项基础工作明确了。过去很多企业管理基础工作差，消耗无定额，质量无标准，产品无核算。经过整顿，基本上做到有比较合理的劳动消耗定额，有比较健全的原始记录和企业生产相适应的档案资料，有正常的产品核算制度，有产品质量标准、检验制度和必要的测试手段，有层层落实的岗位责任制，有定期考核和明确的奖赔制度。据对整顿合格的78个企业的统计，共整顿图纸和技术资料1500多份，维修设备900余台，设备完好率达85%以上，添置检测工量具1000多件。三是经济效益提高了。整顿合格的111个企业，1985年1—9月实现产值9034万元，比上年同期增长64.5%；销售收入7620万元，比上年同期增长60.5%；利润总额509万元，比上年同期增长93.5%。四是厂容厂貌改变了。所有整顿合格企业都制订了切合实际的厂规厂约，干部职工的精神面貌焕然一新，厂风厂纪大有好转，工作生产环境明显改善，工作效率相应提高。

扬州地区社队企业基础性整顿验收评分细则表

表7 （试行稿）

序列	项目	标准分	具体内容和评定分数
一	领导班子建设	15	精干(3)、年轻(3)、懂行(3)、实干(3)、团结战斗(3)
二	经济承包责任制的完善	15	充分体现了"按劳取酬"的原则，正确地处理了三者关系(4)；有力地促进了生产的发展，产品质量不断升级(4)；经济效果有明显增加，产品利润率不断上升(4)；明确了本企业全体干部、职工的岗位责任制，千斤担子大家挑(3)。
三	财务整顿和财务管理	25	弄清家底，账册齐全，达到"五相符"(10)；压缩了宕支欠款和呆滞物资(5)；厂长有人分管，财会人员齐全，健全了各种财务制度(3)；对主要产品搞了成本核算和车间核算(7)。
四	产品质量和质量管理	30	主要产品技术资料齐全，符合国标、部标、省标或企标(8)；产品质量达到有关指标中规定的指数(14)；健全了质检组织(4)；严格执行了质检制度(4)。
五	厂风厂纪及安全生产	8	干部、职工严守纪律，正气旺盛(4)；有人分管安全生产，严格执行安全制度(4)。
六	厂容厂貌及文明生产	7	道路畅通、环境美化(3)、清洁卫生(2)、堆放整齐(2)。

农具生产供应大互查

1988年4月，县地方工业局组织了一次对全县农具生产、供应的互查活动，即送桥区查临城区，三垛区查送桥区，临城区查临泽区，汉留区查三垛区，临泽区查汉留区。

互查结果农具生产、供应总的情况良好。车逻、界首、临泽、送桥、菱塘、郭集、甘垛、二沟及汉留区7个农机具厂农具生产、供应正常，基本满足农业生产需要。其中八桥农具厂仍然保持18名锻工，车间闲时提前生产，忙时突击赶制，库存二刀1862张、大镰刀4500张、草锄519把、奔锄1079把、大锹513把、棉花营养钵2500只等。

主要问题有三个方面：一是一些企业因为农具产值低而不重视或不生产农机具了。营南、横泾、武安等企业的锻造已改行生产其他机械产品；天山农具厂已改生产农具为发展外贸玩具。二是电源严重不足。为避峰让电，经常上夜班，严重影响产品产量和质量。东墩农具厂是全县唯一的机械化流水线生产镰刀的厂家，全年生产任务3.5万张，而平均日供电只有17.3度，连一台40公斤的小空气锤也不能操作。三是原材料缺乏。1987年二季度停止了供应农具生产计划煤，企业需以110～120元/吨买议价煤生产；木材计划供应从1987年春季的630立方米下降到1988年春季的130立方米；因县金属公司未收购到刀口钢，致使甘垛、伯勤、龙奔等企业镰刀停止生产。

企业建设性整顿

经过整顿，乡镇工业企业基础性整顿虽然取得一定的效果和成绩，但还存在许多问题。一是整顿质量不高且不够平衡，少数企业突击整顿，有走过场或整后“回潮”现象；二是财务整顿抓得不到位，少数企业家底不清，“三支一宕”清理不力；三是被整企业占总数比例偏小。为遵照省、扬州市“关于继续抓紧进行乡镇企业整顿工作的通知”精神，1986年，乡镇工业企业从具体情况出发，抓住“三上一高”（上质量、上技术、上管理，提高经济效益）中心内容，以改革为动力，因厂制宜，进行分类整顿。

所谓分类整顿，即把乡（镇）、村办工业分为四种类型进行整顿。第一种类型是建设性整顿（亦称全面整顿）；第二种类型是基础性整顿已验收合格发证而未列入建设性整顿计划的企业进行复查提高；第三种类型是已达到基础性整顿要求而未整顿的企业进行基础性整顿；第四种类型是还达不到基础性整顿要求的企业进行单项整顿。其中，建设性整顿其对象是在进行过基础性整顿验收合格发证的企业中选择：一是年产值500万元以上或利润50万元以上的企业；二是产品已获或计划当年创部、省、扬州市优质产品的企业；三是当年国家决定发放产品生产许可证、规模较大的企业。原则上，每个乡都要搞一个骨干厂进行建设性整顿试点。建设性整顿的内容：抓住“三上一高”这个总目标，以强化六项（标准化、计量、信息、定额、规章制度、基础教育）基础管理工作为重点，推行全面质量管理，全面经济核算，全员各种类型培训，完善经济承包责任制，加强企业领导班子建设，搞好厂容厂貌，建设文明工厂。

进行建设性整顿的企业，经过自查补课，按照扬州市乡镇工业局制定的《乡镇企业建设性整顿工作检查验收细则》，申报县地方工业局检查验收。基本总分为1000分，验收时得800分可定为合格企业。经县验收小组认定，由县报扬州市乡镇工业局审核，提请扬州市企业整顿办公室发给建设性整顿验收合格证。

推行经济承包责任制

1983年，在农业生产承包责任制的新形势下，为积极加强对社队工业的领导，在前期实行“几定奖赔责任制”的基础上，从实际出发，针对社队企业的具体情况和特点，在社队企业中有领导、有步骤地推行多种形式的经济承包责任制。

1983年1月中旬，县委组织各区、社书记和县有关部门负责人到苏南参观，解放思想，拓宽眼界；1月28日，相关人员在扬州地委电话会议上听取了“认真推行经济承包责任制，促进社队工业有一个新发展”的报告，鼓舞斗志，坚定信心；各公社都组织有关人员学习中央1号文件，对怎样加快步伐，抓社队企业承包责任制的推行，深入讨论，具体落实。

根据扬州行署和社队工业局意见，1982年12月下旬，车逻公社进行为时20多天的推行经济承包责任制的试点。试点工作形成三个特点：一是两个坚持，即坚持多劳多得的分配原则，坚持在保证国家增收、集体多留的前提下，个人多得。二是三点突破，即突破企业奖金加顶封盖的限制，突破企业干部收入不得高于大队和公社干部水平的框框，突破企业领导权不能转移到善于管理、懂技术、有文化的工人、供销员手中来的束缚。三是四种形式，即第一联利承包，超利分成。公社、大队对一部分企业都采用这种形式。其方法简便，利益直接，企业工人容易接受。第二专业承包。适用于产品单一、核算单纯、服务单项的企业，以定毛利润上缴为主要内容的一种承包形式，承包单位独立经营、自负盈亏。第三提本分成。

这是农具行业、维修车间曾经行之有效的方法，有利于调动企业、工人的积极性，有利于发展生产。第四费用包干。这是一种单项包干形式。主要是指生产流水线较长，批量较大，经营范围较广，较难核算的车间、班组，对费用、材料消耗、低质易耗品等。车逻公社11个社办、28个队办企业中已签订承包合同的分别为10个和26个，占91%和93%。

截至1983年7月，全县社队工业企业已推行各种形式经营责任制的有1117个，占全部企业数97.6%。其中社办工业有249个，占93.6%。766个车间，已承包688个，占89.8%；队办工业有868个，占98.9%。在承包形式中，基数利润包干，超利分成的有254个，占22.7%；包干上缴，超利留厂的有169个，占15.1%；上缴利润大包干，全奖全赔的有639个，占57.2%；全额利润分成、拆账分成、按件计工、费用包干、租赁制、浮动工资的有55个，占5%。按承包对象分，集体承包的有681个，占61%；个人承包的有436个，占39%。

通过实行经济承包责任制，乡镇企业显现出四个方面的效果：第一，推动了生产发展，克服了分配上的平均主义，调动了广大职工积极性。第二，加强了财务管理。第三，提高了产品质量。第四，增加了效益。全县社队工业生产持续上升。1983年上半年实现产值比上年同期增长24.1%，是近三年来最好的一年；清理应收积压物资99万元，收回应收款126万元；全县31个公社，有30个公社盈余，其中6个公社在上年亏损的基础上扭亏为盈；亏损社办厂由上年底59个下降到33个，亏损金额由83.7万元下降到14.03万元。

在推行经济承包责任制中，对出现的问题采取不同的措施。一是强调社队企业属于集体所有制，不论采取何种承包责任制形式，企业性质不变。企业原有的厂房、机械设备、工(模)具及附属设施等资产均属集体所有，承包者只有保管、使用权，合同期满应如数按质清查交回，如有损失按价赔偿。二是要求处理好国家、集体和个人的三者关系，在承包指标的制订以及利益分配上，遵循国家得大头，集体得中头，个人得小头的原则。三是提出千斤重担众人挑，各项承包指标要层层分解落实到车间、班组和个人，并分别履行合同手续。

推行“一包三改”

为贯彻市、县委改革会议的精神，1984年5月，全县乡村工业开始由点到面地推行了无锡县堰桥乡“一包三改”(生产承包，改干部任命制为聘用制，改固定职工为合同制工人，改固定工资为浮动工资)的经验。

推行“一包三改”有四个明显特点：一是目标明确，二是党政重视，三是组织得力，四是进度较快。县、区、乡共组织207人，分别对53个乡办厂进行了试点工作，并向面上及时总结推广了川青服装厂、车逻服装厂、沙堰农具厂、临泽柳器厂的改革经验。到1984年8月10日，全县“一包三改”已搞结束的乡办厂有165个，占乡办厂总数的54%。正在进行的有120个，占总数的31%；村办厂已结束的有183个，占村办厂总数的29%。到年底，推行“一包三改”的企业达934个，其中乡办厂301个，占乡办厂总数的82%；村办厂633个，占村办厂总数的99%。

通过推行“一包三改”，较好地解决了企业长期存在的“大锅饭”“铁饭碗”和干部职务“终身制”的弊端，涌现出一批农民企业家，调动了干部职工的积极性，增强了企业活力，促进了生产的发展。

在推行过程中，也反映出三个问题：一是有的地方在启用能人时有求全责备的现象；二是承包指标未层层分解；三是落聘干部、富余人员和老工人的出路安排欠妥。

“增收节支”横泾现场会

1985年初，由于原料、燃料价格上涨，费用开支增加，加大了乡镇工业生产成本，亏损企业有扩大趋势。究竟小型的乡镇企业有没有潜力、从哪些方面来消化企业外部的涨价因素？横泾乡农具厂进行了“增收节支”试点工作。经过20多天的调研，通过发动群众、排差距、找原因、订措施，从增加生产、提高质量、降低消耗等6个方面，采取了18条措施，预计全年可增收节支11.4万元，全年可盈利8.9万元。如果不搞增收节支，到年底则将亏本2.4万元。

县政府及时抓住这一典型，于5月27至28日，在横泾乡召开了“增收节支”现场会议，号召全县乡镇工业积极推广横泾农具厂的经验，认真开展“增收节支”活动，把外部增支因素消化在企业内部。

“增收节支”横泾现场会引起了各区、乡的强烈反响。各区、乡认真贯彻会议精神，组织力量，搞点示范，带动全面。据统计，由于原辅材料涨价等因素，全县47个试点单位要多支出300万元，但通过采取增产适销对路的产品、提高产品质量、降低消耗等措施，可增收节支350万元。

“三上一高”

“三上一高”，即上质量，上技术，上管理，提高社会经济效益。这是源于苏南的一条成功经验。

1985年，随着经济体制改革的逐步深入，经济关系的逐步理顺，社会总需求和总供给逐步趋向基本平衡，人们消费观念更新，消费水平提高，消费出现多样化、高级化，这就促使全县乡镇工业按照经济活动的客观要求，破除传统框框，认真考虑质量、数量、品种、时间、价格等需求方面的问题，开始走“三上一高”之路，以寻求市场竞争的立足之地。

根据全县乡镇工业的实际情况，“三上一高”要求年产值100万元以上的重点企业开展主要相关工作。一是把提高产品质量放在突出的位置，力争创优夺牌。最基本的工作是坚持标准化生产，消灭无标产品，推行全面质量管理，建立健全质量保证体系。二是广泛开展横向经济联合，推动企业的技术进步。在形式上，从生产经营、技术改造等不同角度能多联就多联；在实质性内容上，特别注重技术性联营，确保产品和设备的先进性。三是以企业基础性整顿为动力，切实抓好企业管理。继续抓好企业基础性整顿，并在此基础上，对年产值100万元以上的企业要列为建设性整顿及验收范围。

1986年，乡镇工业在此基础上又强调抓好“三上两创一高”（即上质量、上技术、上管理，产品创优、出口创汇，提高经济效益），进一步明确了工作内涵和要求，开始较为自觉、主动地把充分挖掘企业内部潜力，全面提高企业素质，走以内涵为主发展生产，作为乡镇工业不断发展提高的努力方向。

支工致富

1986年初，为帮助基础比较薄弱、工业比较落后、发展比较缓慢的乡镇，促进乡镇工业加快发展，省和扬州市先后选派15名、23名干部，分别到周巷、营南、湖滨、马棚、张轩、汤庄、汉留、平胜、司徒等9个乡，挂职工作，实现支工致富的战略目标。

支工致富力求改变以往利用挂职干部资源，筹集一些资金、让出一些机器的做法，而是要求从根本抓起，正确引导大办乡村工业的路子。即不是在经济上和物质上给予“输血”，而是要从根本上增强这些地区自身的“造血功能”。主要做法有：一培训人员。支工干部在抓生产的同时，对乡村企业进行人员培训，一方面他们亲自登台，传授技术、业务等课程，提高干部、工人的理论知识；另一方面，组织人员赴扬到厂，进行实地培训，提高技术操作水平。9个乡数月共培训人员达500多人次。二提高质量。支工干部认为抓产品生产质量是企业发展的关键,他们着重提高企业的质量意识,从培养质检、质量管理人员和建立健全质量管理制度入手,形成一支初步的质量管理队伍。三技术改造。支工干部认真协同所在乡领导,抓住市场行情,深入探讨论证,帮助筛选比较可靠的项目,积极支持、组织上马。近一年时间,9 个乡新上技改项目 11 项,计划投资 117 万元,当年实际投资 84 万元。

截至 1986 年底,9 个乡共实现产值 4627.28 万元,比上年增长 32.3%,增幅高于全县平均增长水平的 7.2%;共实现利润 204.74 万元。其中,周巷乡摘去了全县唯一亏损乡的帽子,盈利 16.09 万元。

为进一步贯彻落实"主攻工业,协调发展"的战略思想,尽快改变高邮县一些乡工业比较后进的面貌,加快农村经济的发展速度,县委、县政府在县级机关中,组织 13 个部门与工业基础比较差的 12 个乡实行挂钩定点、支工致富,为时两年(从 1987 年 7 月至 1989 年 6 月)。

挂钩定点的对象是:县协作委和电子公司挂马棚乡、县供销合作联社挂东墩乡、县轻纺公司挂张轩乡、县保险公司挂营南乡、县建行挂汤庄乡、县农行挂沙堰乡、县机化公司挂汉留乡、县外贸公司挂伯勤乡、县多管局挂司徒乡、县物资局挂平胜乡、县粮食局挂甘垛乡、县商业局挂周巷乡。

"支工致富"省派干部名册

表 8

(1986 年 5 月 8 日)

部门	姓名	职务	性别	民族	出生年月	参加工作年月	党团员	文化程度	籍贯	现任职务
省外办接待处	吴永明	副处长	男	汉	1955 年 3 月	1973 年 12 月	党	大学	沭阳	东墩乡党委副书记
京杭运河工程指挥部行政科	朱长年	副科长	男	汉	1940 年 8 月	1959 年 3 月	党	初中	句容	沙堰乡乡长助理
省国防科工办机关党委	陈小珍	主任科员	女	汉	1951 年 9 月	1969 年 1 月	党	大专	建湖	二沟乡党委副书记
省燃料公司	张金明	副科长	男	汉	1963 年 2 月	1981 年 7 月	党	中专	靖江	武宁乡乡长助理
省卫生厅	荣鸿达	副科级	男	汉	1944 年 5 月	1968 年 7 月	—	大专	无锡	武宁乡乡长助理
省公安厅	罗文进	副科长	男	汉	1958 年 3 月	1976 年 12 月	党	中专	黄陂	甸垛乡派出所副所长
省级机关事务管理局	郑志明	正科级	男	汉	1943 年 11 月	1964 年	党	中专	靖江	甸垛乡乡长助理
省审计局	吕小鹏	科员	男	汉	1964 年 2 月	1984 年 7 月	团	大专	武进	沙堰乡财政所所长助理
省土畜产公司	鲍春华	—	男	汉	1948 年 2 月	1969 年 1 月	党	中专	浙江	沙堰乡党委宣传科副科长
省邮电器材公司	严明荣	会计	男	汉	1966 年 2 月	1985 年 8 月	团	中专	溧水	东墩乡财政所所长助理
省轻工业厅计划处	邹二男	统计	男	汉	1963 年 11 月	1984 年 7 月	团	中专	昆山	武宁乡工业公司经理助理
省城镇集体工业联社	张玉新	会计	男	汉	1963 年 9 月	1984 年 7 月	团	中专	南通	甸垛乡工业公司经理助理
省工商银行	刘小全	—	男	汉	1963 年 6 月	1982 年 7 月	团	中专	兴化	东墩乡工业公司经理助理
省工商银行	蒋　颖	—	女	汉	1965 年 2 月	1985 年 8 月	团	大学	兰州	二沟乡财政所所长助理
省科学技术出版社	姚　革	助理编辑	男	汉	1956 年 12 月	1974 年 8 月	—	大学	泰兴	二沟乡文教助理

具体要求:县挂钩部门坚持"积极支持,合理规划,正确引导,加强服务"的方针,从实际出发,立足现有条件,充分发挥自己及所属企业在生产技术、经营管理、信息传递、资金信贷、物资协作及人才素质等方面的优势,积极帮助挂钩乡,提高乡村工业的"造血功能",使挂钩乡的乡村工业在近期内有一个新的突破。挂钩乡坚持自力更生,艰苦奋斗,从改革入手,调整、充实好各级领导班子,注重人才培养,狠抓企业整顿,改善经营管理,提高企业素质,大搞技术改造,增强乡村工业的活力和后劲,在两年内,使工业

年产值分别达到1000万元、2000万元以上。

高邮县成立了支工致富工作指导小组，具体负责支工致富的组织与协调，指导小组由詹岫琪任组长，薛连荣任副组长。

"支工致富"扬州市派干部名册

表9 （1986年3月20日）

姓名	工作单位及职务	出生年月	文化程度职称	参加工作时间	入党时间	分配去向及职务
张显信	仪表厂副书记	1938年11月	大专 工程师	1959年4月	1972年5月	湖滨乡副乡长
徐怀德	电讯仪表厂生产科调度	1937年	初中	1955年7月	—	湖滨乡工业公司副经理
孙蒋文	电讯仪表厂科研室调研员	1946年	中专	1965年8月	—	湖滨乡工业公司副经理
赵 彪	食品制造厂饮料分厂副厂长	1946年8月	初中	1967年4月	—	营南乡副乡长
张福春	汽车配件公司人秘科副科长	1940年11月	初中	1960年7月	1963年	营南乡工业公司副经理
郭行中	商业局集体商业管委会副主任	1950年8月	高中	1976年10月	—	营南乡工业公司副经理
吴秀林	江阳汽车厂五车间支书主任	1937年4月	相当初中	1958年8月	1966年4月	汤庄乡副乡长
邵庚玉	江阳汽车厂质管办副主任	1949年6月	大专	1978年1月	—	汤庄乡工业公司副经理
李长罗	江阳船厂服务公司经理	1951年12月	中专	1976年1月	1972年2月	司徒乡副书记
陈广怀	江阳船厂秦邮食品公司副经理	1933年6月	初中	1958年7月	1959年7月	司徒乡副乡长
吴恒一	搪瓷厂副厂长	1952年6月	高中	1971年3月	1980年6月	张轩乡副乡长
陈锡康	皮塑公司生产经营科副科长	1945年1月	高中	1961年9月	—	张轩乡工业公司副经理
陈源林	手表总厂一分厂副厂长	1951年4月	高中	1970年9月	—	张轩乡工业公司副经理
王业庭	无线电总厂分支部书记	1942年4月	高中	1961年9月	1963年12月	汉留乡副乡长
何 琳	无线电总厂仪表科副科长	1945年2月	大学 助工	1970年7月	—	汉留乡工业公司副经理
王兆华	—	—	—	—	—	汉留乡
顾学俊	布厂副厂长	1937年	高小	1955年3月	1960年10月	周巷乡副乡长
丁瑞春	毛毯厂织造车间副主任	1961年	大专	1982年2月	1985年12月	周巷乡工业公司副经理
潘振华	原光明卫生材料厂厂长	1938年	中专	1961年8月	1966年4月	平胜乡副乡长
杨允诚	合成化工厂生产部副主任	1937年	初中	1956年	1985年	平胜乡工业公司副经理
马兴明	化工公司党委专职纪检员	1939年11月	高中	1959年1月	1962年11月	马棚乡副乡长
王宝山	扬州制药厂车间主任	1939年	初中	1958年6月	1961年6月	马棚乡工业公司副经理
李柏林	磷肥厂车间主任	1951年	高中	1971年	1980年4月	马棚乡工业公司副经理

横向经济联合

由于市场波动大，企业如果没有一定的实力，最终将被淘汰。为减缓面临的冲击波，从乡镇企业自身发展的需要出发，顺应经济发展的新趋势，1986年县委、县政府召开两次工业会议后，各乡镇、各企业清除了思想障碍，纷纷外出攀高枝、找后台，在经营上找大用户，在技术上找大企业，在产品开发上找科研单位，在管理上找好老师，在资金上找金融部门，在材料上找伙伴，开展多层次、多形式的联合经营，全

张轩强民村联营企业

县乡镇工业横向经济联合有了迅速的发展。

横向经济联合一般有五种形式:引进技术、引进科研成果、引进资金、引进劳动密集型产品、建立联营分厂。

1986年,全县有169个乡镇企业采取了多种形式的联合。其中,总厂1个,工工(工厂与工厂)联营144个,工科(工厂与科研单位)联营15个,工商(工厂与商业企业)联营2个,工贸(工厂与贸易企业)联营7个。到1988年,凡年产值超过200万元的企业背后都有一个比较硬铮的“靠山”;在技改项目中,有90%是因横向联合而进行的;正式挂牌联营单位达44个,共引进人才127人,引进资金700多万元,开发新产品44个。

通过横向经济联合,全县乡镇工业发生了四个变化:一是加快了技术进步,提高了开发新产品的能力;二是改善了产品质量,提高了市场竞争力;三是加强了管理和培训,提高了管理素质;四是建立了产品和原材料同步协作关系,拓宽了供销渠道。

但是,在乡镇企业横向联营中,仍存在三个欠缺:一是县内包括与县属企业的联合欠缺;二是与国外的合资欠缺;三是紧密性联合的欠缺。主要有四个方面问题:一是乡镇企业一般资金来源困难,而外地联营企业,一般很少采取工资(工厂与资金)型联营。因此,很多项目都因无资金扶持而未有进展。二是乡镇企业联营“自由结合”的较多,信息互不相通,双方政府亦未能很好的调节、规划和指导,常使双方遭受一些不应有的损失。三是一般外地来联营的单位,条件非常苛刻,利润分成又较高,致使乡镇企业无能力接受,因而成交率不高。四是在横向联营中,一般松散型见多,双方责任不够明确,事出后互相扯皮,得益时分利不均,矛盾重重,“流产”不少。

1988年,乡镇工业提出了企业继续大力发展多种形式、多种层次的横向经济联合的三个发展方向:联营中要有自主权、联营要向集团方向发展、要积极与科研部门联营。截至1990年,横向联合企业达到251个,其中紧密性联合的有71个,占28.3%。

“两清”工作

1986年,据对全县乡镇工业70种产品的调查,其中35.6%的产品需要淘汰更新。当年1~3季度三项资金已达9000万元,比1985年初增长28.4%。为此,在国家实行紧缩财政、紧缩信贷的方针下,全县乡镇工业认识到要在“活”字上做文章。1986年,“两清”(清理应收款、清理积压物资)工作被提为重要的工作事项。

1986年5月和9月,全县两次召开工作会议,促进了“两清”工作的迅速展开。各乡村办厂纷纷采取措施,落实人员,落实时间,落实任务。有些乡镇的乡(镇)长亲自主抓,成立了“两清”工作办公室,各厂建立追款小组。八桥乡采取八清、八查、八看,即:一清固定资产,查增减变化,看变卖报废资产及时处理、管理责任是否明确;二清原辅材料,查账物相符,看呆滞报废材料多少、保管员的收付账簿是否健全;三清在产品半成品,查耗用材料与半成品数量是否相符,看收支的手续制度是否齐全;四清产成品,查库存与生产量是否相符,看产品质量是否符合规定标准;五清发出商品,查账户与各地的商品是否相符,看仓库产成品有否积压；六清两项往来，查债权债务是否相符，看应收款和贷款下降程度（要求达40%以上）；七清现金收支，查是否打足收入，看现金存款是否账款相符；八清未完工程，查购进材料是否与账簿相符，看形成资产是否及时转账。

"双增双节"运动

1987年，根据全国经济工作会议的精神及省、市、县委的工作要求，为提升企业素质，改善企业管理，增加企业经济效益，增强企业发展活力，提高企业竞争能力，全县乡镇工业企业广泛深入地开展了"双增双节"（增产节约、增收节支）运动。

三垛布厂大门

2月下旬，县委、县政府召开了全县"双增双节"万人广播动员大会。5月，召开了乡镇工业"双增双节"现场交流会，相关人员参观了县农配二厂（武安）、县平板玻璃厂（武安）、三垛东方纱厂、三垛农机修造厂、三垛布厂、横泾机械厂、横泾农具厂等现场。

"双增双节"主要有10项指标：一是产值，比原计划提高4.8%；二是利润，销售利润率达4.56%；三是产品销售率达85.7%；四是产量提高率75%以上；五是质量，消灭30万元以上产值的无标产品，10～30万元产值的产品有标率达50%以上；六是定额流动资金年周转天数比上年减少9天；七是企业建设性整顿；八是技改批准项目成活率达96%以上，当年建成投产率达90%；九是开发新品；十是万元产值能耗比上年下降7%。

主要从八个方面开展工作：一是抓产品结构调整，努力增产适销对路产品；二是从增产出口产品上求效益；三是结合"两清"抓资金管理；四是抓好技改投向，促进产品结构调整；五是力争亏损企业扭亏增盈；六是狠抓耗能大户的定额考核；七是抓好企业基础性工作，着重于从提高产品质量上求效益；八是压缩"三非"（非生产性建设、非生产性支出和非生产性人员）。

截至1987年底，全县乡镇工业实现产值44691.16万元，超过年计划的6.4%；实现销售40317.83万元，产销率达90.2%；实现利润1443.18万元，不包括提取的250万元建农资金，虽比上年增长18.98%，但销利率下降到3.6%；技改批准项目139个，加上上年结转1项，总投入3451.55万元，比上年增长4倍。累计完成财务数2883万元，占投入数83.5%；30万元以上产值单项产品有标率达98.5%以上，10～30万元产值的单项产品有标率达92.6%。

深化乡镇企业改革

从1983年全面推行承包责任制开始，全县乡镇企业的改革历经5年，先后实行了承包责任制，学习并推广了无锡县堰桥乡"一包三改"的经验和常熟市徐市乡"一定三年"的经营承包责任制及厂长任期目标制，初步实现了乡镇企业所有权与经营权适当分离，使企业有了一定的经营权和自主权。但是，事实上乡镇企业的"一包三改"还比较粗，乡镇企业仍然存在许多问题：一是政企不分，束缚了企业的自主权，乡镇企业在人事安排、财务分配、经营决策等方面还都由乡镇领导决定。二是外包没有引入竞争机制,承包的形式单一,一般都是集体承包,厂长的法人代表地位和中心作用没有得到确立。三是内包不配套,企业用工、分配制度很不完善。1988 年,县委、县政府提出乡镇企业进一步完善和发展“一包三改”,从内外两个方面深化改革,完善经营机制。

基本要求是以提高经济效益为前提,以转变企业经营机制为重点,完善经营承包责任制、厂长负责制、任期目标制,试行股份制、租赁制、兼并制等,增强企业的活力和后劲,促进乡镇企业持续、稳定、健康地发展。

主要措施为:一是改进乡镇党政领导对乡镇企业的领导和管理,进一步明确厂长的中心地位,增强企业自我发展的能力。二是按照完善、深化、发展的要求,进一步完善集体承包为主、多种形式的经营承包责任制。试推股份制、租赁制和兼并制。三是重点搞好企业内部配套改革,努力提高企业管理水平。

但是,一些问题依然明显存在:一是风险竞争机制未全面引入企业,承包人仍然存在短期行为,制约了企业进一步发展;二是重外包、轻内包,内包太粗,体系不健全,平均主义依然存在,收益分配上不能正确处理三者、四方关系;三是企业管理的基础工作跟不上,缺乏严格的约束机制,效益不够理想。

因此,到 1988 年底,县委、县政府又提出后两年深化乡镇企业改革的指导思想。即:把竞争机制、风险机制引入企业内部各个环节,在完善、配套、深化、发展上争取新的突破。主要任务是:全面推行全员风险抵押承包、积极试行股份制、继续实行租赁经营、完善兼并式和少数企业的拍卖转让。

企业管理年

1990 年,为贯彻落实省委、省政府召开的全省乡镇企业工作会议精神,以国家治理整顿为契机,围绕“提高企业素质,提高经济效益”这一中心,促使企业眼睛向内,苦练内功,把乡镇工业企业的管理工作提高到一个新水平,全县乡镇工业开展了“企业管理年”活动。

活动指导思想是:以企业升级为手段,以提高经济效益为中心,以坚实管理基础为重点,全方位加强企业内部管理,不断完善企业机制,全面提高企业素质,努力实现从外延扩大再生产为主转向内涵扩大再生产为主,从速度效益型转向管理效益型,从经验管理向科学管理的转变。

主要措施是针对全县乡镇工业产品多、门类广、生产规模大小不一、管理水平参差不齐的具体情况,因厂制宜,分类指导。对一些规模较大、有一定管理基础的创等级企业,重点推进企业升级达标;对规模一般、管理水平一般的企业,重点是普及“七基”(即标准化、计量、定额、信息、基础教育、规章制度和班组建设等七项基础管理)工作;对规模较小、管理较差的企业,则进行财务整顿和质量整顿。

1990 年,全县乡镇工业共举办短期培训班 24 期,学员 700 多人次;职改培训班 7 期,445 人;定向送培 51 人。创部优产品 2 个,省优产品 5 个,扬州市优产品 7 个。许可证发放 46 个企业,“七基”整顿合格 43 个企业,三级计量单位合格 20 个企业。

但是一年来,乡镇工业总体素质仍然偏低,基础弱,经济效益不理想;亏损企业增多,由上年的 93 个增加到 123 个;企业管理水平没有突破性提高。

开展资产清理工作

针对乡镇工业经济效益滑坡状况,为了摸清企业家底,强化企业管理,提高企业素质,促进乡镇工业稳定、健康、协调地发展,1990 年 5 月 31 日,县地方工业局、财政局、农行联合下发了《关于开展乡村工业企业资产清理工作的通知》,从 6 月中旬开始,为时 50 天,对全县乡村工业企业的资产进行了较为广泛、细致、认真的清查。

此次资产清查工作的做法是:第一全面自查,盘点清理。这次清理资产工作的范围是全县乡(镇)办工业企业和年产值30万元以上的村办工业企业,计950个,占全县乡村实有企业数的83.6%。企业主要对产成品、材料、发出商品、应收款、库存现金、固定资产等6个方面进行盘点核实。第二深入互查,梳理分析。在企业自查的基础上,各乡(镇)分别集中进行互查,结合企业上半年的经济效益情况,重点核实解剖亏损企业,帮助企业梳理问题,分析原因。第三重点抽查,完善提高。主要在县地方工业局、财政局、农行共同配合下,抽查了车逻、湖滨、汉留、甸垛、周山、营南、郭集等7个乡。

通过清查,主要有下列问题:一是承包人撤包后,财务审计工作没有及时跟上,对家底没有认真清理核对,尤其是债权债务的落实不明,以致年复一年,新官不理旧事,后任不认前任账;二是有少数企业的材料、产成品没有建保管账,仍采用倒轧账的方法,财务管理非常混乱;三是财会队伍不稳定,业务素质参差不齐,尤其是部分农业会计转换工业企业会计,业务生疏,难以胜任企业财务管理工作。

质量、品种、效益年

1991年,为促使乡镇工业走上投入少、产出高、质量好、耗能低、效益高的发展道路,切实提高企业素质和经济效益,贯彻国务院相关精神,全市乡镇工业开展了"质量、品种、效益年"活动。

活动主要有5项指标:一是质量指标:争创国优产品1个,创部、省优产品2个,创扬州市优产品7个。国家和省监督检查的产品合格率达到90%以上,出口产品合格率达到97%以上,重点企业的主要产品质量稳定提高率超过80%。二是管理指标:全面质量管理达标验收合格企业10个,通过七项管理基础验收合格企业45个,创扬州市二级以上先进企业8个,产值100万元以下的企业开展双整顿和质量合格活动。三是技术指标:开发新产品15个。其中,通过扬州市级以上鉴定的新产品6个,采用国际标准4项,三级计量单位验收合格15个。四是降能指标:万元产值综合能耗下降3~4%,实现节能升级企业5个,18个企业产品单耗定额考核达标。五是效益指标:销售收入与工业产值同步增长,资金自给率提高5个百分点,定额流动资金周转天数加速5天,利税总额比上年增长15%,亏损金额比上年下降10%。

至1991年年底,全部乡镇工业共完成产值96770万元,比上年增长10.5%;实现销售81422万元,比上年增长18.2%。当年创扬州市以上优质产品13个。其中,部、省优产品6个,汉留环保设备厂的有机气体催化净化装置荣获国家银质奖。有81个产品取得了国家有关部门颁发的生产许可证,达到国家三级计量标准的有19个企业。是年,经济效益仍不理想,1—6月实现利润688万元,比上年同期下降4.97%。加上当年夏季受洪灾影响,全年实现利润1228万元,比上年下降6.2%。

"3211"工程

为发展乡镇工业,振兴全县工业经济,根据"抓重点,带一般,促全局"的方针,以及"强攻工业,突出重点,分类指导,树立典型,拉开档次,以点带面,全面发展"的指导思想,县委、县政府提出实施"3211"工程的意见。即要求在高邮镇、临泽镇、界首镇、三垛镇、武安乡、车逻乡、八桥镇、天山乡等8个乡镇,各实施年技改投入300万元,净产值递增20%,利润递增10%,开发1个外向型项目。时限为1990年7月至1991年底(技改计算时限为1990年10月1日至1991年10月底;销售、利润为1991年指标)。县里成立"3211"工程领导小组,周宏举任组长,赵忠华、薛连荣、潘立新任副组长。

1991年度,工程实施的武安、车逻、天山、八桥、高邮、三垛、临泽、界首等8个乡镇,实际完成技改投入2950.6万元,同比增长3倍;实现利润463.8万元,占面上20.7%;新创产值1.12亿元,实现销售

3.89 亿元,占面上 44.4%。武安、车逻、天山和八桥等 4 个乡镇全面完成指标;高邮、三垛完成技改指标;高邮、临泽完成外向型经济任务。未参加工程实施的菱塘的技改投入、东墩的合资项目,分别达到工程标准。

1992 年度,高邮市继续实施"3211"工程,并重新修订了工程内容,增加了参与乡镇数。一是技改投入目标:每个乡镇实际完成技改投入 300 万元;二是实现利润目标:实施乡镇创利平均增幅高于全市面上 20%,年净利润 100 万元以上;三是规模企业目标:实施乡镇新增一个销售额在 2000 万元或 1000 万元以上的规模企业;四是外经外贸目标:实施乡镇新建一个"三资"企业或开发一个 100 万元以上出口额的外贸新品。实施乡镇增加到 11 个,即武安乡、车逻乡、天山乡、八桥镇、高邮镇、横泾镇、郭集乡、湖滨乡、三垛镇、临泽镇、界首镇。工程组织领导由夏元新任工程领导小组组长,谈铁人、刘金鳌、赵忠华、薛连荣、潘立新任副组长。

至工程期末,11 个乡镇实际完成技改投入 6265.24 万元,占工程目标 189.9%,比上年增长 83.7%;实现利润总额 1707.21 万元,比上年增长 126.6%,低于全市平均 6 个百分点。按四项目标考核,界首全面完成了工程指标;武安、车逻、天山、八桥、高邮、横泾、郭集、湖滨等 8 个乡镇完成了技改指标;横泾、三垛、临泽等 3 个乡镇完成了利润指标;天山、八桥等 2 个乡镇完成了规模企业指标;武安、天山、高邮、郭集、湖滨、三垛、临泽等 7 个乡镇完成了外经外贸指标。

工程主要收获:一是实施乡镇和重点企业在工程目标激励下,积极转换企业经营机制,加大深化改革力度,加快向规模效益型、外向型、科技型的转变,带动全市乡镇工业整体水平的提高;二是加大了技改投入,项目结构中增加了一定的科技含量;三是各乡镇非常重视外向开拓,增加出口创汇,外向型经济发展和新建"三资"企业都有了新的突破;四是推动了利税大户和规模企业的发展,经济效益明显提高。

主要不足有两个方面:一是资金紧缺给技改项目实施带来了客观难度,致使一批该投产的项目无法正常运行;二是参与工程的市属 16 个服务部门,服务面不宽,关心度不够。

亿元乡镇竞赛活动

1994 年,为加快发展,促进经济总量的提高,高邮市乡镇工业组织 17 个乡镇,开展了亿元乡镇竞赛活动。

参加乡镇是:高邮镇、武安乡、车逻镇、湖滨乡、一沟乡、张轩乡、八桥镇、甸垛乡、卸甲乡、临泽镇、界首镇、三垛镇、横泾镇、菱塘乡、天山乡、郭集乡、送桥镇。

竞赛内容主要有:乡(镇)村两级工业产值或销售过亿元,且比上年增幅 50% 以上;产销率 93% 以上;销利率 7% 以上;技改用款完成市下达指标,至少不得少于 800 万元,开工项目中必须有一个 300 万元以上的项目;当年新办三资企业一个,或开发一个新品直接出口额在 100 万元以上;推行股份制、股份合作制企业达 50%。

至 1994 年年底,一沟乡、卸甲乡、临泽镇、八桥镇、界首镇、郭集乡、横泾镇成为产值新过亿元的乡镇,甸垛乡销售超过亿元,加上原亿元以上乡镇车逻镇、湖滨乡、武安乡、三垛镇、天山乡、菱塘乡,共有 14 个乡镇产值或销售超过亿元,经济总量达 205899.9 万元,占全部乡(镇)村工业产值的 70.35%。

推行资产经营责任制

1996 年 1 月,市委以邮发〔1996〕7 号文件批转了市委农工部、市体改委、市地方工业局联合制定的《高邮市乡镇工业企业资产经营责任制试行办法》,在全市乡镇工业推行资产经营责任制。

高邮市乡镇工业企业资产经营责任制情况表

表 10　　(1996 年 3 月)　　单位:个、人、万元

乡镇别	企业数	其中				上缴风险金		
		已签约	三制	风险抵押	其他	人数	到账数	未缴数
合计	769	728	167	381	198	1575	1815.8	205.8
车逻	44	44	19	25	—	132	81.5	12.5
湖滨	17	16	1	10	6	33	89.8	0.0
武安	23	23	6	16	1	120	83.9	21.1
龙奔	34	30	6	28	—	37	71.1	0.0
一沟	47	47	5	42	—	62	92.0	14.0
东墩	23	23	8	5	10	13	13.0	2.0
张轩	13	13	8	4	1	41	27.6	11.2
马棚	18	18	3	4	11	13	75.5	0.0
卸甲	36	36	4	32	—	207	119.3	0.0
伯勤	30	30	7	3	20	20	71.7	0.0
甸垛	23	22	1	21	1	40	56.7	7.4
汉留	23	23	2	6	15	33	62.1	13.0
沙堰	31	31	5	26	—	230	43.9	10.6
汤庄	29	27	4	18	7	14	42.5	0.0
八桥	48	42	2	15	25	50	40.0	20.0
二沟	12	12	2	5	7	8	12.3	0.0
三垛	34	34	1	12	22	37	70.9	6.2
武宁	15	15	9	6	—	27	19.9	0.0
司徒	15	5	3	5	—	12	7.0	4.5
横泾	23	6	3	3	—	21	39.2	8.4
甘垛	28	28	3	5	23	10	12.9	0.0
平胜	38	38	1	8	30	18	16.0	0.0
界首	12	12	9	3	—	24	46.6	5.0
营南	7	7	—	7	—	7	40.4	7.3
临泽	23	23	5	16	2	55	103.1	0.0
周山	20	20	3	6	11	44	43.5	4.0
周巷	12	12	—	12	—	23	18.1	0.0
川青	12	12	1	11	—	30	47.0	0.5
送桥	17	17	2	15	—	52	82.0	0.0
天山	27	27	27	—	—	51	96.3	0.0
菱塘	11	11	11	—	—	79	110.4	0.0
郭集	24	24	6	12	6	30	80.0	58.1

推行资产经营责任制目的有四个：一是进一步深化全市乡镇工业企业改革，把推行资产经营责任制作为乡镇工业企业改革的重点之一；二是加快企业经营机制转换，落实企业资产经营责任，提高资产营运效率，确保乡村企业集体资产保值增值；三是增强企业经营者的风险意识，逐步建立、健全和完善企业的压力机制、动力传递机制和激励机制，切实解决经营者负盈不负亏问题；四是调动企业经营者积极性，促进乡镇企业不断扩大规模、增加效益、健康发展。

资产经营责任制的核心内容是“三制”联动。“三制”即指资产保值增值制，企业经营者收入年薪制，经营者风险抵押承包制。“三制”之间的关系是，资产保值增值是目的，企业经营者收入年薪制和风险抵押承包制是保证手段。

推行资产经营责任制区别于以往承包制有四个特征：第一，抓住资产这个关键内容，明确资产的经营责任，把资产的保值率作为主要考核指标之一，使企业经营者对集体资产负责，促使企业集体资产不断增值；第二，把企业经营者的职、责、利牢牢地系在一起，一定的职位就有一定的定薪系数，就会承担相应的经营风险，同时会有一定的风险收入，较好地解决负盈不负亏问题；第三，以较为科学的指标体系出现，互相促进，互相牵制，改变以往重产值、轻效益的经营观念，防止承包出现短期行为；第四，把目标、责任及考核直接量化，增强透明度，充分体现公开、公正、公平的原则。

至1996年3月，全市乡镇工业有企业769家，已签约728家，共有548家企业实行风险抵押承包责任制。其中，167家试行了“三制”联动，占总企业数的22%。共收到承包经营者风险抵押金1815.8万元，上缴风险金人数达1575人。

此项工作从发文到检查结束仅两个月，充分体现出时间紧、要求高、节奏快、力度大的特点。各乡镇主要把握三个关键：一是清产核资；二是收缴风险抵押金；三是分解落实全年工作指标。同时做到四个结合：一是与原有承包制及其他经营机制相结合，对原有机制进行扬弃，不搞全盘否定；二是与配套措施相结合，互补余缺，逐步形成完整的机制；三是与有关法律、法规相结合，避免矛盾，不相抵触；四是与企业长远发展相结合，动态看问题，不断加以完善、提高。

但是，《高邮市乡镇工业企业资产经营责任制试行办法》在实行过程中与实际存在着一定的距离；一些乡镇和企业存在或消极贯彻应付，或原则肯定、具体否定的行为；少数乡镇与企业签订的合同不经司法公证，部分风险金收缴不到位；真正实行“三制”联动的企业比例不高。

企业产权制度改革

1996年2—3月，乡镇工业企业在全市率先推行了以企业资产保值增值为核心的资产经营责任制。从6月开始，乡镇工业企业又乘势而上，广泛深入地开展了企业产权制度改革。

在企业产权制度改革中，有“三怕三不”现象，即乡镇怕失控，厂长怕失权，职工怕风险，以致好的企业不想改，困难企业不敢改，一般企业不愿改。

武安华达公司等6家企业进行了改制试点，试点企业勇于按照改制规范要求，动真碰硬，为全市扩大试点、全面推开，提供了宝贵的经验。

至1996年10月10日，全市乡镇工业企业改制已完成90%，共吸纳职工资金11500万元。其中，股份制企业65家，股份合作制企业320家，其他形式企业186家。

企业内部配套改革

至1996年9月，全市乡镇工业企业产权制度改革取得了一定的战果。为建立健全“先进、合理、科学、配套”的基础管理工作体系，接着，又进入了第二步改革，即企业内部配套改革。

企业内部配套改革的基本内容：一是理顺“新老三会”（董事会、监事会、职工代表大会）的关系，建立一个团结、高效、精干的领导体制；二是按照“精干效能”的原则和“定岗、定职、定员”的三定要求，建立有利于企业发展的内部运行机构，实行干部评聘制；三是优化劳动组合，适量动态待岗，竞争择优上岗，建立奖勤罚懒、同行越位争先的内部竞争机制；四是以资产保值增值、职工增加收入、企业增加后劲为目标，建立“三制联动”的资产经营责任制；五是对有特殊贡献的人员实行贡献有偿回报制；六是夯实基础管理，推行目标成本管理，建立“一法（倒逼成本法）、三制（销售买卖制、供应公开制和质量计件工资制）和七基（标准化、计量、定额、信息、基础教育、规章制度及班组建设）”为主要内容的内部管理机制。

武安华达公司进行了内部配套改革试点，并向全市推广了试点成功经验。各乡镇纷纷结合本乡（镇）实际，依照市委、市政府文件精神，参照先进经验，根据现代企业制度的总要求，整章建制，改革一切不合理的条条框框，建立健全科学、合理的规章制度，形成一套较为系统化的内部配套管理体系。

在企业内部配套改革中，少数乡镇（企业）有走过场的现象，一些章程制度不规范，有的条款缺乏一定的依据，且制度一套，推行仍是另一套。

企业内部配套改革巡回演讲

1996 年下半年，为推动企业内部配套改革，用典型引路，加大宣传力度，营造一种强大的改制声势和氛围，市委、市政府及市企业改制指挥部组织了企业内部配套改革巡回演讲团在各乡镇进行巡回演讲。

企业内部配套改革巡回演讲，主要通过 8 个典型单位的一些小事例、小故事，引申出企业内部配套改革的大道理、大理论。巡回演讲的形式别具一格，内容可亲可敬，道理深入浅出，起到了一些文件和材料不可替代的作用。演讲团每到一处都受到了热烈的欢迎，各乡镇组织得力，会场济济一堂，干部职工反响热烈，收到了很好的演讲效果。

企业改制三次回访

随着乡镇工业企业改革和内部配套改革的结束，1997 年，市委、市人大、市政府和市政协分工乡镇工业的领导同志分别带队，农工部、体改委、乡镇企业管理局参加，分五片，花半年时间，连续对改制企业进行了三次回访。

第一次是看是否建立了新机制，把发现的问题记录在《回访检查验收记载册》，待第二次再查；第二次主要看新机制运作情况，从“新老三会”的操作到六大机制的运行，做到改制成果不流失，配套改革不虚设；第三次看新机制的效果，看各项指标有没有上去。

通过回访发现，各乡镇紧紧以企业改制为契机，狠抓企业内部管理，建立健全各项规章制度，着力形成较为科学、较为完整的企业发展动力机制、经济运行激励机制和监督机制，推动了乡镇工业企业持续、健康的发展。全市 585 家乡镇工业企业有 575 家进行了不同形式的改制。其中，股份制 97 家，股份合作制 209 家，兼并 7 家，租赁 182 家，售卖 45 家，风险抵押承包 18 家，破产 3 家，其他形式 14 家。企业改革初见成效：一是盘清了家底，卸掉了一些企业的历史包袱，便于轻装上阵。通过清产核资，全市 32 个乡镇的工业企业总资产为 23.01 亿元，总负债 16.74 亿元，净资产为 6.27 亿元；二是筹集了一部分资金，集聚了企业发展的实力。在改制中共收取现金 14802 万元，其中个人股 12286 万元，风险抵押金 685

万元,租赁金1142万元,售卖金465万元;三是增强了经营者和职工的责任意识、风险意识和民主意识;四是随着配套改革的不断深入,企业内部管理工作得到加强。全市乡镇工业企业职工36153人,入股人数20458人,占56.6%;原党组织负责人入选董事会275人,占董事会总人数的19.7%;经营层缴纳风险金1181.68万元;行管人员从改制前的4730人削减到3280人,占职工总数的9.1%;下岗807人,待岗319人;改制后因质量损失扣减工资36.03万元,损耗扣工资26.59万元,节耗奖励52.9万元;成立销售组织(公司)399个,有销售人员3126人;实行物资供应公开制挂牌亮价品种3628个,节约开支727.41万元;引进推广科技项目91项,新品开发137个,奖励金额49.71万元;征集合理化建议1237条,其中采纳624条,奖励金额24.09万元。

进一步深化企业改革

在1996年全面推行企业改制、1997年完善企业内部配套改革的基础上,1998年,按照市委七届四次全体扩大会议精神,乡镇工业继续加大企业改革的力度,进一步深化企业改革,狠抓"三个一批",全年改革力求实现"678"目标。

改革的主要内容:一是发展一批。对净资产规模较大的重点骨干企业进行公司制改制,组建规模较大的股份有限公司1家;大力组建企业集团1~2家。二是完善一批。对股份制和股份合作制具有一定规模的企业深化改革,调整股权结构,鼓励增资扩股,实行股权流动,实现"678"目标:提高股本总额6000万元;提高职工个人股在总股本中的比重至70%;提高经营管理骨干控股企业的比重至80%。三是放开一批。对小微亏企业加快兼并、出售、租赁、托管、破产等形式的改制,以出售为主,加快民营化步伐。四是加强对公有集体资产管理,建立组织,积极运营,确保增值;完善企业内部配套改革。

至1998年5月底,全市乡镇工业企业共增资扩股5167万元,其中,集体增股595万元,经营层增股1764万元,一般职工增股533万元,其他增股2275万元。通过股权流动,使集体股、一般职工股及其他股向经营层流动1992万元。从而集体股减少了684万元,一般职工股减少了171万元,经营层股增加了3756万元,同时吸收了社会法人股2266万元。股东由1996年的11098人减少到8688人。共出售企业129家(包括1996年出售45家),占总企业数685家的18.8%,出售资产5504万元,首次付款3259万元,首次付款占成交价格的59.2%。

表11

高邮市乡镇工业企业股权结构变动情况表

单位:万元

	原持股		增资扩股	股权流动	现持股	
	股数	股权%			股数	股权%
集体股	15519	55.4	595	-1279	14835	44.7
经营层股	5470	19.5	1764	1992	9226	27.8
职工股	6932	24.8	533	-704	6761	20.4
其他股	88	0.3	2275	-9	2354	7.1
合计	28009	—	5167	—	33176	—

说明:1998年5月底统计数

至此，全市乡镇工业应改企业685家，改制或深化改革的企业达575家。其中，股份制97家，股份合作制210家，兼并7家，破产3家，出售或拍卖129家，租赁107家，风险抵押10家，多种形式并存12家。股份制及股份合作制企业总股本33176万元。其中，集体股14835万元，占总股本44.7%；经营层股9226万元，一般职工股6761万元，其他股2354万元，职工个人股占总股本55.3%；经营层股占职工个人股50.3%。

同时，存在几点负面影响：一是企业求稳思想占主导地位，对技改投入谨小慎微，政府对企业技改是心有余而力不足；二是统计工作存在少报、瞒报现象；三是乡镇企业管理费收缴难度加大，乡镇企业行政主管部门日常经费难以保证。

控减乡镇企业负担

自1998年下半年开始，根据省、扬州市有关精神及统一部署，高邮市认真开展了控减乡镇企业负担工作。

一是市和各乡镇分别成立控减乡镇企业负担领导小组。市控减乡镇企业负担领导小组由市长任组长，分管乡镇工业的副书记、副市长任副组长，市委办公室、市政府办公室、财政局、审计局、监察局、物价局、乡镇企业管理局等部门主要负责人参加。各乡镇控减乡镇企业负担领导小组由乡（镇）长任组长，分管工业负责人及农经办、财政所、监察室、企管站等有关部门参加。二是宣传发动，统一思想。各部门、各乡镇认真学习了省委、省政府文件和有关会议精神，从战略的、政治的高度充分认识控减乡镇企业负担的重大意义，把控减乡镇企业负担工作与控减农民负担一样认识、一样对待、一样重视。三是清理各级、各条线的收费情况。物价局负责行政事业性和主要经营性收费项目及中介服务机构收费项目的清理；财政局负责各项基金、资金项目及罚款项目的清理；乡镇企业管理局负责乡镇企业付费情况的调查及各项集资、摊派和“三乱”行为的清理；监察局、审计局负责重点违章收费的查处。四是明确控减目标。市委、市政府明确规定，凡中央和省已宣布取消的收费项目坚决不允许再收；已降低标准的收费项目坚决不再超标准收取；对本市各乡镇自定的收费项目重新进行审定；对已经达到或接近上年负担水平的乡镇企业，坚决不再增加负担；对已经超过上年负担水平的企业，督促有关部门尽可能退还，退还确有困难的，一定要在下年负担指标中坚决扣减下来。

通过清理，涉及到全市乡镇企业收费的部门和单位19个，收费项目64个；各乡镇自已出台收费项目12个。通过调查统计，全市1998年向乡镇企业收费总量为4146万元，占销售额的0.74%。其中，行政事业收费2460万元，占总收费量的59.3%；行政部门收费1296万元，占31.3%；集资、摊派、赞助118万元，占5.4%；其他收费190万元，占4.6%。

至1998年年底，全市共取消上级规定的收费项目4个，即绿化费、扶贫通电资金、农话过线费、电话月租通建费。取消了本市收费项目3个，即征地包干不可预见费、土地咨询服务费、安全合格证费。降低收费标准3个，即乡镇企业管理费、阳城电力基金和水、公路运输管理费。乡镇自行出台的收费项目基本取消。

百日营销竞赛

1999年8月31日，市委、市政府召开全市乡镇工业“百日营销竞赛”活动动员大会，确定从9月1日起到12月25日在全市乡镇工业开展以营销创新为突破口，以“保目标、增后劲”为目的的“百日营销竞赛”活动，旨在动员全市乡镇工业全面出击，进一步开辟国际、国内市场，争时间，抢机遇，为保目标、争后劲创造条件。要求各乡镇工业企业的市场占有率、产销率、资金回笼率、自营出口率、营销人员占职工人数比率要有明显提升，产成品资金及应收账款占销售收入比重有明显下降。

各乡镇企业积极响应，成立了竞赛工作领导小组，制定了相应的目标和措施，强化激励机制，扎实而有成效地开展“百日营销竞赛”活动。经过100天的努力，33个乡镇近3000个乡镇企业，尤其是130多个年产值500万元以上的企业，产销利实现增长，两项资金得到下降。全市乡镇工业产销率从8月底的88.8%上升到94.2%；两项资金占用从11.6亿元下降到11.2亿元。

1999年12月29日，市委、市政府召开全市乡镇工业“百日营销竞赛”活动总结大会。会上表彰了获组织奖的武安、卸甲、三垛、临泽、天山等5个乡镇和获优胜奖的江苏金飞达集团、扬州市曙光电缆厂等12家企业。

实施“11”工作计划

1999年，乡镇工业着力实施市委、市政府提出的“11”工作计划，即在全市规范或新建110个有限责任公司。其中，市级直抓10家（含乡镇企业7家），乡局级直抓100家（含乡镇企业93家）。以现代企业制度为目标，以有限责任公司为主要形式，按照公司法要求，通过提高一批，转制一批，新办一批三个途径，建立和完善规范化的有限责任公司，促使乡镇工业的改革不断深入、不断完善。

全市乡镇工业按照中共十五届四中全会和省政府文件精神，结合实际，提出了《高邮市乡镇企业改革与发展的实施意见》，针对几年来改制中存在的问题，提出了下一步深化改革的思路，切实解决改制不彻底的问题，突出了“两大”（大而盈、大而亏）企业和中小企业的改革方向。同时还制定了《高邮市乡镇企业改革工作的效果评价办法》。在此期间，一直被视为改革难点的“大而盈”乡镇企业，加快集体资产退出步伐，取得了突破性的进展。江苏金飞达集团进行了有限责任公司改制，集体股全部退出，企业内部进行了股权流动，股东人数由原来的837名减少到49名，形成了法定代表人持大股、经营层干部多持股、中层干部自愿参股的股权结构。49名股东共投股1270万元，其中，法定代表人张庆奇持股300万元。

至1999年年底，全市乡镇工业企业新建或规范的有限责任公司109家，其中规范企业81家，新建企业28家。同时，实行增资扩股累计达1500万元；实行股权流动，集体股比重降至26.9%。

服务厂商行

为努力构造全社会为纳税人服务体系，加快推进工业经济追赶式发展步伐，2003年4月，市委、市政府组织开展了“服务厂商行”活动，由市工业经济领导小组具体实施。

活动主要是为企业和客商提供多方面扶持，解除制约企业发展障碍，满足企业扩张需求，激发企业内在活力，引导企业加速发展。活动服务范围覆盖全市181家列统企业，突出重点企业和成长型企业。

活动分“服务厂商市内行”和“服务厂商市外行”。其中，“服务厂商市外行”主要是由市工业经济领导小组和政府办、经贸局、招商局、外办、侨办、台办、发展计划局、农工办、科技局、财政局、工业总公司、外经贸局及开发区、鸭业园区等部门组织工业企业分别赴上海、浙江、北京、福建、广州等地开展各种形式的招商活动；“服务厂商市内行”主要是由市经贸局、乡企局、科技局、质监局、国税局、地税局、工行、农行、建行、中行、信用联社等部门按项目推进、银企对接、财税扶持、科技咨询、质量认证等服务项目分成5个业务指导组和按汽摩配（含机械冶金）、电动工具（含电线电缆、灯具、电子）、服装箱包鞋（含轻工）、医化塑、农副产品加工（含其它）等五大行业分成5个工作组。5个业务指导组和5个服务工作组根据各自的分工,有分有合,条块结合,协同动作。

活动的服务内容和主要要求:一是项目推进服务,帮助包装一批有一定水平的项目向外推介。二是银企对接服务,金融部门新增3.5亿元的资金投放目标。三是财税扶持服务,落实关于财税扶持的政策。四是科技咨询服务,对企业的科技需求组织专家会审或向外联络,争取落实解决一批关键技术难题。五是质量认证服务,征询企业的各类认证需求或强制认证要求并提供服务。

"服务厂商行"业务指导组负责人名单

表12 (2003年4月)

业务指导组名称	组长	副组长
项目推进服务指导组	尤泽勇	张金定、赵广华
银企对接服务指导组	王东升	赵广华、李开农
财税扶持服务指导组	王东升	董遂清、仲崇文
科技咨询服务指导组	黄为民	朱来元
质量认证服务指导组	夏元新	戚　军

"服务厂商行"行业服务工作组划分

表13 (2003年4月)

<table>
<tr><th rowspan="2">序号</th><th rowspan="2">组别</th><th colspan="4">工作组构成</th></tr>
<tr><th>组长</th><th>副组长</th><th>成员</th><th>联络员</th></tr>
<tr><td>1</td><td>汽摩配(含机械冶金)行业服务工作组</td><td>高正权</td><td>陈坤林　杨献忠</td><td rowspan="5">科技局、质监局、国税局、地税局、工行、农行、建行、中行、信用联社等业务骨干,有列统企业的工业主管部门(乡镇)分管负责人</td><td>周文志</td></tr>
<tr><td>2</td><td>电动工具、电线电缆、灯具(含电子)行业服务工作组</td><td>张学雷</td><td>邱雅臣</td><td>陆　炜
张建国
孙　平</td></tr>
<tr><td>3</td><td>服装箱包鞋(含轻工)行业服务工作组</td><td>陈维生</td><td>张晓平</td><td>禹光宏</td></tr>
<tr><td>4</td><td>医化塑行业服务工作组</td><td>陈学书</td><td>潘有龙</td><td>秦晓波</td></tr>
<tr><td>5</td><td>农副产品加工(含其他)行业服务工作组</td><td>陈　践</td><td>薛金辉</td><td>李万均</td></tr>
</table>

大事记(1951—2010)

1951年

是年,各乡开始把"五匠"(铁匠、木匠、篾匠、铜匠、白铁匠)组织起来。其中,车逻第一个建起了铁木加工组。至1956年间,分别成立了铁业、木业、竹业、服装、编织等社(组)。

9月,三垛农机修配站站长雍有生出席苏北首届工业劳动模范代表会议。

1952年

3—4月,三垛木业生产合作社、东墩铁木业生产合作社相继诞生。

1954 年

4 月 23—29 日，县委召开扩大会议，总结宣传过渡时期总路线和粮食统购统销工作，部署对农业、手工业、工商业进行社会主义改造。

1955 年

10 月 13 日，县委颁发《手工业加工订货管理暂行办法》。

1956 年

1 月，全县基本实现手工业合作化，组织生产人员 6015 人，占手工业者总数的 95.1%。

1957 年

2 月，县手工业部门对三垛、甘垛、汉留、车逻、八桥、送桥、东墩、界首、临泽等铁、木、竹、柳农具生产合作社进行经济改组，成立 44 个农具修配站和 33 个流动服务组，共 540 名工人。

7 月 26 日，县委发文，同意手工业生产联社"关于农村手工业社改组工作的意见"。

8 月，个体工业基本实现合作化，组织工业生产社（组）63 个，组织人数占手工业总人数的 96.3%。

10 月，县人民委员会对农业社办机米厂作出规定：已用抽水机器加工大米的农业社，一般只能替本社社员加工，不得对外经营。如周围没有专业米厂，社里的设备、技术条件又较好的，经所在区审查、县里批准后，可以对外营业。

1958 年

4 月，武安乡建成水力机联合加工厂，除加工口粮外，附近社员还可装上电灯。

4 月，东墩乡在 10 个农业社里新建和扩建了颗粒肥料厂、农具修配厂、面粉厂和碾米厂等 10 个工厂。

4 月 26 日，三垛镇铁木业社技术研究小组试制出手摇罱泥船和点豆机。

4 月 30 日，县委召开扩大会议，贯彻执行工农业同时并举的方针，讨论全县工业发展规划和当前行动部署。会议决定开展兴办上千个工厂的运动，在全县范围内基本建成 4 个工业网：机械农具修配网、肥料工业网、农副产品加工工业网、电气网。

会后，全县本着为农业生产服务的宗旨，兴起了一个大办千厂的运动。要求是：第一，抓住改良农具和水利工具，努力实现半机械化；第二，发展肥料、饲料生产；第三，大力发展碾米、磨粉、砖瓦等生产；第四，小型多样，因陋就简，综合利用；第五，"勤办厂"，"穷办厂"。据此，各乡社纷纷建起了铁木农具修配厂（或流动修配组）、颗粒肥料厂、农副产品加工厂、砖瓦厂及低标号水泥厂等。

5 月 18 日，县举办农具改革展览会，共展出 70 多个试制、仿制和改制的新农具。其中，有 7 种送省参展，双向犁送北京参展。

7 月 19 日，县在东郊文游台举办农具改革展览会。展品中，以最新创造和改制的秋收秋种的农具居多。

7 月 29 日，县委在发展工业和革新农具扩大会议上作出"大跃进"决定：全县要办厂 5 万个，发展动力 5 万马力，年内力争全部完成。这些厂除城镇、机关创办一部分外，主要由乡社兴办。在农具革新方面，要求在9月底以前，对现有农具进行一次全面改革。

8月8日，在县第一次青年社会主义建设积极分子大会上，三垛镇手工业社董春生荣获个人一等奖。

9月，县召开绳索牵引绞关深耕现场会，“大搞绞关化的群众运动”在全县展开。

9月17日，开始大搞“土法”炼钢。

11月8日，临泽公社电灯厂开始发电。

11月上旬，县各公社农具厂在专区于兴化召开的工具改革现场会后，掀起一个大搞工具改革的高潮。在第一个突击旬中，全县已创造、仿造各种新工具174件。

是年，甘垛、临泽公社农具厂工人，发明了在水泥舢上装上犁头的“水田冬耕犁”，解决历史上冬腊不能耕田和施肥的困难。

是年，全县粮食、食油加工基本实现机械化、半机械化。

是年，八桥乡手工业社工人张士敖造出一种能松土、埋草、匀肥料的三用耙，在省农具改革促进会上展出，省人民委员会颁发奖状和奖品。

1959年

2月24日，县委在全县第二届党代表大会上发出倡议：县社工业必须继续深入开展“九比”（比思想、比产量、比质量、比品种、比劳动生产率、比安全、比成本、比协作、比措施）社会主义竞赛。

4月，县委按照“调整、巩固、充实、提高”的八字方针，开始对社队工业从企业管理、布局及隶属关系方面进行调整。

是年，社队工业生产继续贯彻“三就地”（就地取材、就地生产、就地供应）的原则。

1960年

是年，全县划为15个人民公社。

3月，县下发关于发展人民公社社有经济的意见。

4月，全县组成1600多人的插秧机生产团，大造“高邮一号”插秧机。不久即造出6700多部木质插秧机，但因质量粗糙不能使用。

是年，全县普遍推行厂社挂钩合同，在县属工业中抽出一批干部、工人、技术人员和设备，配套下乡，武装社办工业。

8月，根据“端正方向，节省劳力，提高生产，增加收入，纯洁组织，改善管理”的精神，对社办工业进行整顿。

是年，开始逐批精简社队企业的人员。

1961年

是年，根据《中共中央关于城乡手工业若干政策问题的规定（试行草案）》（简称《三十五条》）精神，对手工业生产合作社进行了整顿。

10月，县工业局所属农具厂划归县手工业局领导。

是年，贯彻“两保”（保粮、保钢）“两办”（大办工业、大办粮食）的精神，全县社办工业挤出近40%的劳力计2846人，加强农业第一线。

是年，县社队企业开始生产柳制工艺品投入国际市场。

1962年

是年，一些社队企业“大搞”以铁代木的农具改革，生产了铁风车、铁脚车、铁镶犁等。

6月13日，县委发出《关于社办企事业暂时停办的通知》，对社队工业企业分别实行改（改变所有制）、转（转为农业生产服务）、停（停办）、放（下放搞亦工亦农）。

6月30日，全县划为30个公社、4个镇及2个县属场。

1963年

8月，自本月起，全面贯彻县委关于社办企事业暂时停办的通知后，城乡人民公社都不再办工业。

1965年

6月12日，县手工业管理局颁发布告，对农具产品实行“三包”（包换，包修，包退）、“五不卖”（钢火农具夹灰不卖、卷口不卖、掉口不卖、断筋不卖、炸库不卖）。

是年，凡兴办社队工业均要经县审核批准。凡不是为农业生产服务和不遵循“三就地”原则的，一律不予批办。

1967年

3—5月，县人武部生产办公室和县军管会生产委员会先后召开四次现场会和两次三级干部会议，部署农、工业生产。

1969年

是年，县革委会组织各公社和部门负责人到外地参观，在“学靖江，赶苏南”的口号下，兴办社队工业。

7月4日，县革委会发出758号通知，将工交系统的车逻、八桥、东风、汉留、沙堰、汤庄、平胜、甘垛、三垛、一沟、司徒、横泾、二沟、川青、临泽、周山、周巷、营南、界首、马棚、东墩、菱塘、送桥等23个农具厂，分别下放给所在地公社。此后，八桥、车逻、三垛、临泽、界首、送桥等6个农具厂未放，均改名为农机修造厂。

1970年

5月18日，扬州专区革委会在八桥公社现场推广插秧机。

11月16日，县革委会发出关于更改一批工厂名称的通知。其中，临泽、送桥、三垛、界首、车逻、八桥等农具厂更改为农机修造厂。

1971年

8月31日，全县工业会议要求贯彻省委电话会议精神，决定对社队工业进行彻底整顿：清理“三无”

(无户口、无油粮、无证明)人员;对不符合为农业生产服务方向的社队办工厂,立即采取"整顿"措施;没有"转向"条件的坚决关停;凡保留的工厂,一律重新审查,重新报批。否则,按地下工厂论处。

12月28日,县革委会在发布的关于加强市场管理,严厉打击投机倒把活动的通告第三条中规定:社、队办工厂一律要经县革命委员会批准。

1972年

是年,全县组织52人的"农业学大寨"宣传队,分期分批"整顿"社队工业。

6月27日,县革委会部署大量制造和使用水稻插秧机。

1973年

3月15日,县革委会印发《关于加强农村个体手工业者管理的意见》。

3月20日,扬州专署决定车逻公社为地、县农业机械化先行公社。

1974年

2月,将1969年下放给公社管理的马棚、东墩、一沟、菱塘、东风、二沟、川青、周巷、营南、司徒、汉留、周山、沙堰、汤庄、甘垛、平胜、横泾等17个农具厂收为县属集体企业。

1975年

是年,为将社队工业纳入以农业为基础的"轨道",对社队工业职工实行亦工亦农制度。其中,社办工业实行"劳动在厂,分配在队,厂队结算,亦工亦农"的原则;队办工业实行"队为基础,厂队结算,有工务工,无工务农"的原则。

12月30日,县革委会发出通知,将17个农具厂统一更名为"农机具修造厂"。

1976年

9月22日,成立高邮县革命委员会社队工业管理局。

10月17日,将"高邮县革命委员会社队工业管理局"易名为"高邮县革命委员会第二工业局"。

10月19日,成立县第二工业局供销经理部。

11月30日,县委组织第二工业局、各公社和有关农机厂负责人计80名,到无锡、靖江、江都等县12个公社的50多个社队工厂和送桥、车逻公社的有关工业企业进行为期6天的参观学习。

12月23日,县社队工业誓师大会的全体代表向县委召开的"大干1977年,建立大寨县"的动员大会递交决心书。

1977年

1月,成立高邮县第二工业局驻宁办事处,负责县有关社队建筑队在南京的人员及其技术、财会、业务的管理。

4月20日,八桥公社农机修造厂被命名为全国大庆式企业,厂长张学文去北京出席全国工业学大庆代表会议。

6 月，县革委会在县电影院举办社队企业展览会。

11 月，县革委会计划委员会发文，将蚕桑场拉丝元钉厂、果园农机具配件厂、农科所农机配件厂等三厂业务全部划归于第二工业局。

1978 年

4 月 2 日，县成立“高邮县社队工业领导小组”，由嵇权任组长，孙坚、李进先、谢以龙任副组长。

7 月，国家严格制止在计划外大量生产机床，县社队机床制造工业完全停产。

10 月 1 日，将原县工业局的 22 个农机具修造厂全部划归所在地人民公社领导管理，其企业的生产、财务、业务衔接和福利统筹基金收管等，均划县第二工业局负责。

12 月 17 日，天山农具厂发出乙炔发生器（土制）爆炸事故，死亡 1 人。

12 月 31 日，县召开社队工业三级干部会议。

1979 年

1 月 1 日，驻宁办事处由县第二工业局划归县基建局管理。

7 月 31 日，扬州地区下达高邮县 1979 年社队工业发展基金 50 万元。

12 月，武宁西团鞭炮厂因职工配药时吸烟，发生爆炸事故，死亡 1 人。

12 月，县组织 32 个农机（具）修造厂的负责人到沙州、吴县、吴江、无锡、宜兴等 5 个县参观社队工业，学习苏南“一主多副，以副养农”的经验，促进农具生产企业突破传统框框，开拓发展渠道。

是年底，贯彻中央提出的“调整、改革、整顿、提高”的八字方针，社队工业开始积极调整。

1980 年

7 月 22 日，县平板玻璃厂（武安）建成小平拉玻璃生产线，正式点火投产。

8 月，三垛布厂 272 台布机及锅炉、浆缸一条龙生产线全部投产。

8 月 31 日，菱塘砖瓦厂一职工掉进绞泥缸，当场死亡。

11 月 3 日，《新华日报》头版头条发表长篇通讯《农民省工万万千》，报道三垛农机修造厂生产破垡盖籽机的有关事迹。

11 月 13 日，建立高邮县地方工业产品公司。

12 月 31 日，县第二工业局发布《高邮县鞭炮生产行业岗位责任制（讨论试行稿）》。

是年，全面推行几定奖赔责任制。

1981 年

9 月，县举办商品展销订货会，专设了乡村工业展馆。乡村工业参展产品达 1000 多个花色品种，成交额达 200 多万元。

1982 年

1 月 12 日，甸垛砖瓦厂一职工在掘穴取土时，因塌方死亡。

2 月 21 日，湖滨电器橡胶厂因硫化蒸缸超压，发生爆炸事故，死亡 1 人。

3月15日，全县9个兽用药品厂经1979年以后的整改，只有周山、八桥两个兽药厂经省农林厅验收合格，获得该厅颁发的合格证和省工商局颁发的营业执照。

7月7日，龙奔饮料厂因不符合生产要求，县第二工业局发文责令该厂立即停产整顿。

8月18日，武安高谢鞭炮厂一职工因配药违章操作，发生爆炸事故，身受重伤，抢救无效死亡。

10月，三垛农机修造厂的破垡盖籽机和湖滨农具厂的化肥深施器（葛玉明发明）送北京农展馆展出。

11月，县电器二厂（沙堰）生产的DFX-1型低负压吸引器通过了扬州地区科委鉴定，填补了国内空白。

1983年

1—3月，各区、公社党委书记、分管工业负责人、工业办公室主任，由县委书记查长银、副书记朱正祥、副县长徐永龙先后两次带队，到苏南的无锡、苏州、沙州等地参观社队工业，开阔眼界，拓宽发展高邮社队工业的思路。

4月，在中国烟草公司召开的卷烟用镀铝纸部颁标准审定会上，县铝箔纸厂（临泽）生产的真空镀铝纸通过统一测定，各项质量指标优于同行业水平。

5月21日，县政府为社队工业系统18名会计人员授予会计员职称。

6月9日，伯勤鞭炮厂一职工，因天气高温，在筛药时与铁桶撞击发生爆炸，当场死亡。

8月，县委、县政府召开社队工业大会。县委、县人大常委会、县政府、县政协的主要负责同志出席会议，县委书记查长银和县长任金富作重要讲话。

10月14日，县政府发布文件，决定从各方面进一步加强社队企业的工作。

是年，根据中共中央、国务院文件精神，开始分期分批对所有企业进行基础性整顿。

是年，为了鼓励和支持工业及其他专业户、承包户的发展，县委、县政府对“两户”的性质、权限以及在经济、政治方面，作了10条规定。

是年，县农机配件三厂（湖滨）生产的2F-1型打穴式旱田粉肥成球深施器，通过了省级鉴定。

是年，县水泥二厂（八桥）生产的矿渣硅酸盐水泥荣获省乡镇企业管理局质量奖。

是年，开始农村行政体制改革，全县恢复乡（镇）、村制。

1984年

是年，县第二工业局将乡镇工业的技术改造工作作为发展生产的重大战略措施。

2月，县召开三级干部大会。会上徐永龙作了题为《提高认识采取措施进一步发展社队工业》的发言。

3月27日，县第二工业局更名为县地方工业局。

4月，县测控电缆厂（湖滨）生产的屏蔽控制电缆用于国家试验通讯卫星发射，受到中共中央、国务院、中央军委贺电表彰。

5月1日，全县地方工业产品物资展销会开幕。参加展销的乡村企业有42个，展销产品有1800多个。展销会由展销一条街、综合门市部和展馆3个部分组成。

5月4日，全国政协副主席、中国社会科学院副院长、著名社会学家费孝通来邮视察乡镇工业，调查经济发展情况和小城镇建设问题。

5月中旬，县委组织调查组，在车逻乡3个厂进行“一包三改”（生产承包，改干部任命制为聘用制，改固定职工为合同制工人，改固定工资为浮动工资）试点。

6月5日，县地方工业局设立职工教育训练班和科技服务站。

6月22日，县地方工业局成立安全生产领导小组，配备了专职工作人员。

6月底，全县乡镇工业1—6月累计创产值8036万元，占年度计划的50%，第一次实现了时间、产值“双过半”。

8月，12种乡镇工业产品进京参展。

8月5日，甸垛砖瓦厂一职工在掘穴取土时，因塌方死亡。

9月1日，全县第一个乡镇企业电视大专班开学，招收学员35名。

9月31日，司徒乡经济联合委员会和江苏省江阳船舶修造厂服务公司正式签约联营，定名为江苏省秦邮食品联合公司。

10月，县地方工业局创办油印《信息简报》，不定期地发送有关乡镇企业。

10月1日，象征着高邮县乡镇工业蓬勃发展，具有一定特色的7部彩车，在县城参加了庆祝建国35周年的游行活动。

10月5日，司徒农具厂一职工违章磨砂轮，被破裂的砂轮打死。

11月9日，县水泥二厂（八桥）举行5万吨水泥机械化立窑扩建工程竣工典礼，由县长陈立增点火，副县长朱延庆致贺词。

11月20日，县船舶修造三厂（司徒）举行100吨钢驳船下水典礼，县委副书记任金富剪彩。

11月29日，东风针织厂一挡车女工因违章操作，被飞梭打死。

是年，县环保设备制造厂（汉留）与北京市劳动保护科学研究所联合研制的GCD-2系列干式除雾喷漆室，填补了国内空白。

是年，在省煤炉测试评比中，车逻农机修造厂生产的“火环”牌二次进风节煤炉被评为优质煤炉，并获优质产品证书。

是年，全县乡（镇）、村工业总产值第一次超过县属工业。

是年，全县934个乡村工厂，普遍推广无锡堰桥乡“一包三改”的经验。

1985年

1月，张轩强民农机配件厂与上海轻工机械四厂联营，易名为上海轻工机械四厂高邮农机齿轮分厂。

1月10日，县地方工业局组织各乡镇140名负责人参加扬州市科技与人才开发交流会，并同时邀请上海22个科研单位、大专院校的有关人员召开恳谈会，共商发展高邮乡镇工业大计。

1月27日，三垛布厂厂长秦兴龙荣获中国青年杂志社、中国企业管理协会、共青团中央宣传部、中央电视台授予的“全国优秀青年厂长”称号。

2月，县地方工业局开办机械中专班。

2月5日，建立中华国际技术开发总公司精细化工研究所高邮技术服务部（企业性质），在县地方工业局办公，赵忠华任主任。

3月，八桥工业公司生计股股长王保安被授予“省劳动模范”称号。

3月14日，成立县乡镇工业职业危害调查工作领导小组，由吴怀义任组长，吴维松任副组长。

4 月 8 日，第一期乡镇工业经理、厂长生产经营管理培训班开学，为时一个月。

5 月，开始贯彻省政府在常熟召开的全省乡镇企业工作会议精神，坚持“实事求是，分类指导，量力而行，尽力而为”的发展乡镇企业原则。

5 月 14 日，县委办公室在《关于分工管理农村专业户问题通知》中明确规定，农村工业方面的专业户和新经济联合体由地方工业局负责管理。

5 月 17 日，经省政府同意，临泽、界首、三垛乡改为建制镇，实行镇管村的体制。

5 月 27—28 日，县政府在横泾召开了乡镇工业“增收节支”现场会，推广横泾农具厂增收节支、提高经济效益的经验。

8 月，上海轻工机械四厂高邮农机齿轮分厂与上海制笔机械厂联营，并增设“上海制笔机械厂高邮热处理分厂”。

11 月，东墩农机具修造厂生产的“东墩镰刀”在全省镰刀质量评比中，获“优良产品”称号。

11 月，黑龙江省七台河市乡镇企业局一名科长和德都县乡镇企业局、富裕县乡镇企业局各一名副局长到县地方工业局带职见习半年。

12 月，由北京市劳动保护科学研究所研制、县环保设备制造厂（汉留）制造的 BCO-2 型有机气体催化净化装置，通过了省环保局鉴定，并获省科技成果四等奖和扬州市科技成果三等奖。

是年，全县乡镇工业首次有 5 种产品通过扬州市质检所检测，被市政府授予“扬州市优良产品”称号。

是年，全县有 315 名乡村企业会计经过考试合格，领到财会人员“任用证”。

1986 年

1 月，县仿古陶瓷厂（伯勤）首次出口仿古陶瓷产品，这是高邮乡村工业第一次直接出口工业产品。

1 月 20 日，县第三橡胶厂（湖滨）生产的双向螺旋橡胶托辊，通过省乡镇企业管理局鉴定，并被省科委确认为新产品。

是年，省、市分别选派 15 名和 23 名干部，到高邮武宁、二沟、东墩、沙堰、甸垛和周巷、营南、湖滨、马棚、张轩、汤庄、汉留、平胜、司徒等 14 个乡，协助乡党委、政府及工业公司工作，挂钩扶持，支工致富。

3 月，县地方工业局会同公安、劳动部门，先后用 15 天时间，对年产值在 100 万元以上和产品易燃易爆的 47 个企业进行了严格的安全检查。

3 月 14 日，首次乡镇企业专业技术职务聘任工作开始。

3 月底，256 家乡镇企业工业普查资料汇齐，工业普查第一阶段工作告一段落。

4 月，县地方工业局《坚持标准上水平狠抓整顿不停步》在省乡镇企业财务管理全面整顿经验交流会议上交流。

5 月，县委、县政府召开全县组户工业会议，贯彻市组户工业会议精神，认清形势，统一认识，坚定发展组户工业的信心，落实发展组户工业的任务。与会人员还参观了市乡镇工业局举办的组户工业展览和邗江县杭集乡的组户工业。

5 月，县农机配件二厂（武安）与常州拖拉机厂结成横向经济联合体，并增挂“常州拖拉机四分厂”厂牌。

7 月 4 日，县有色金属铸造厂（武宁）生产的消防接口通过省安全消防器材公司鉴定，并被确认为省级新产品。

7—8 月，县委、县政府连续两次召开由各乡镇负责人参加的工业会议，统一了把工业作为经济工作主攻方向的指导思想，在全县掀起了大办工业的新热潮。

7 月 13—15 日，县委、县政府召开全县工业会议，着重统一在稳定农业的前提下领导精力侧重抓工业的认识问题。

7 月 21 日，八桥、送桥乡改为建制镇，实行镇管村体制。

9 月 7 日，县委负责人分片传达县委常委会关于重点抓好工业生产的会议纪要。

9 月 7—8 日，全县乡镇工业“三上一高”工作会议召开。

10 月 19 日，县委、县政府召开组户工业会议，明确了一些组户联办工业的政策。

10 月，县农机配件厂(一沟)研制出 Ω 油膜调速离合器，为国内首创。

10 月 22 日，县政府印发《关于推动横向经济联合若干鼓励性措施(试行)》和《关于进一步搞活企业的有关措施(试行)》。

11 月 27 日，县铝箔纸厂(临泽)与上海市能源研究所建立生产、科研联合体——上海市能源研究所高邮实验厂。

12 月 22 日，县阀门厂(界首)生产的 YSP-10、YSP-15 型液化石油气钢瓶，通过了省劳动局、省城乡建设委员会的制造资格审、复查，省劳动局颁发了制造许可证。

12 月 31 日，县地方工业局职工教育训练班更名为“高邮县乡镇企业职工学校”。

是年，全县乡村工业有 4 种产品被市政府授予“扬州市优良产品”称号。

是年，县农机配件三厂(湖滨)生产的 2F-1 型打穴式旱田粉肥成球深施器获全国小型农机发明展览会铜牌奖，并被省列为重点推广项目。

是年，东墩农机具修造厂生产的“东墩镰刀”在全省镰刀质量评比中被评为优质产品。

是年，县环保设备制造厂(汉留)被中国环境保护工业协会接纳为会员。

是年，乡镇工业大抓“三上两创一高”(上质量、上技术、上管理，创名优产品、创出口产品，提高经济效益)。

是年，各乡镇企业开展“两清”(清理应收款、清理库存积压物资)工作。

是年，天山乡红星塑料制品厂成为全市第一个产值过千万元的村办企业。

是年，县地方工业局增设民办工业股，专门从事民办工业的服务管理工作。全县有 30 个乡镇工业公司相应设立了民办工业科。

1987 年

1 月 16 日，县委、县政府在天山乡南荼村为红星塑料制品厂产值超千万元召开庆功大会，并向厂长陈德宝颁发优秀厂长证书。

2 月 23 日，各乡镇选派 33 名干部(乡长、副乡长 11 名，工业公司经理、副经理 22 名)赴苏南的张家港市和上海南汇县，分别对企业管理及纺织、机械、化工等行业的经营管理进行为期 3 个多月的实地见习。

3 月 17 日，县政府颁发《高邮县科学技术进步奖励办法》。

5 月 12 日，县地方工业局增设技术改造股。

5 月 15 日，扬州市光华皮件厂(天山)生产的合成革模压箱，在重庆市首届“山城杯”名优新产品大评展中，荣获“山城杯”。

5月16—17日，县政府召开乡镇工业“双增双节”（增产节约、增收节支）现场交流会，各区、乡（镇）分管工业的负责人，区工业助理，工业公司经理以及县有关部门负责人80多人参加了会议。会议期间，参观了县农配二厂（武安）、县平板玻璃厂（武安）、三垛东方纱厂、三垛农机修造厂、三垛布厂、横泾机械厂、横泾农具厂等现场；临泽镇政府、三垛镇工业公司、横泾乡工业公司、武宁乡工业公司、县健饮蜂乳厂（送桥）、县平板玻璃厂（武安）、县轧钢厂（甸垛）在会上作了“双增双节”经验介绍。副县长詹岫琪作了报告，县长孙龙山对有关工作作了部署。

5月23—26日，为录制电视片《小工业，大作为》，扬州市乡镇工业局、扬州市电视台派员到汤庄、川青、临泽等地，对10个民办工业典型进行了电视录像。

5月27日，县地方工业局、县财政局联合发出《关于组织乡村工业企业财务会计工作大检查的通知》，开始了为期3个月的乡镇工业企业财务会计工作大检查。

6月23日，《新华日报》载文批评八桥磷肥厂（即八桥化工厂）生产的一批磷肥三氯乙醛含量超标，使江都县8个乡镇的秧苗大面积受损。为此，市政府责令该厂停产整顿，赔偿部分经济损失。省化工厅暂收回该产品生产许可证。

7月21日，县委、县政府决定在县级机关中，组织13个部门与工业基础比较差的12个乡实行挂钩定点，支工致富，挂钩时间暂定两年。挂钩定点对象是：县协作委和电子公司挂马棚乡、县供销合作联社挂东墩乡、县轻纺公司挂张轩乡、县保险公司挂营南乡、县建设银行挂汤庄乡、县农业银行挂沙堰乡、县机化公司挂汉留乡、县外贸公司挂伯勤乡、县多种经营管理局挂司徒乡、县物资局挂平胜乡、县粮食局挂甘垛乡、县商业局挂周巷乡。同时，成立县支工致富工作指导小组，詹岫琪任组长，薛连荣任副组长。

7月26—27日，县召开乡镇工业会议。副县长詹岫琪作了《思想再发动措施再落实领导再加强为加快发展我县乡镇工业再作贡献》的报告，县长孙龙山作了总结讲话。

8月，县环保设备制造厂（汉留）生产的BCO-2型系列有机气体催化净化装置和县阀门厂（界首）生产的YSF-15型液化石油气钢瓶采用国际标准和国外先进标准，经省标准局验收合格。

8月11日，全县工业“两清”（清理应收款、清理库存积压产品）工作会议在临泽镇召开。

9月14日，县地方工业局举办的乡镇工业机械制造电大班、中专班学员同时毕业。

9月29日，天山乡红星塑料制品厂被市政府命名为1986年度“乡镇工业明星企业”。

10月，县科委授予乡镇工业108人会计员职称和54人机械、电器技术员职称。

10月，县委农工部在八桥镇李庄村进行村办企业改革试点，实行“五改五制”（改短期目标为任期目标，实行政企分开，落实厂长任期目标制；改单一承包为多形式承包，实行自主经营，落实承包经营责任制；改固定工资加奖励为全额浮动，实行联绩计酬，落实浮动工资制；改实支报销为定额提取，实行包干使用，落实费用包干制；改一年一结为逐项清理、分月分段结算，落实全面审计制）取得显著成效。

11月8—10日，县委、县政府召开全县乡镇企业深化改革工作会议，主要贯彻党的“十三大”会议精神，进一步深化乡镇企业的各项改革。会议期间，八桥、龙奔、甸垛、横泾、临泽、川青、天山、武安等乡镇作了典型发言。

11月12日，市轻工局在临泽镇召开1987年大锹质量评比会。临泽农机修造厂的“改良大锹”获二等奖。

11月16日，天山轧石厂两职工违章作业，发生爆炸事故。其中，重伤1人，死亡1人。

12月3日，省人大常委会副主任、南京大学名誉校长匡亚明一行7人到高邮，考察了天山乡的市光华皮件厂和天山红星塑料制品厂，并听取了天山乡近年来教育工作情况汇报。

是年，县环保设备厂（汉留）的有机气体催化净化装置、县铝箔纸厂（临泽）的真空镀铝纸获“省优产品”称号。

1988 年

4 月 8 日，由县乡镇企业职工学校编印的《职教简报》第一期出刊。

4 月 22 日，撤销菱塘乡，以其原辖区域设立菱塘回族乡。

4 月 23 日，县铝箔纸厂（临泽）厂长杨文华、县照明灯具厂（郭集）厂长陈景春等被省政府授予劳动模范称号。

是年，县铝箔纸厂（临泽）珠光牌真空镀铝纸获部优产品称号。

5 月 24 日，调研报告《高邮县乡镇工业的现状和急需解决的问题》被定为《全国农村工作会议调查研究资料》。

7 月 18 日，县政府召开全县乡镇工业深化改革会议。主题是总结上半年乡镇工业发展的特点，部署深化乡镇企业改革、抓好下半年工作的具体措施。出席会议的有各区、乡镇分管工业的负责人，各乡镇工业公司经理以及有关部门负责人。武安乡、郭集乡、三垛镇、甸垛乡、周巷乡、天山乡、一沟乡、临泽镇等 8 个单位作了深化内外部改革的典型交流发言。

11 月 20 日，全县召开了乡镇工业企业深化改革会议。副县长史善成作了题为《认清形势振奋精神坚决贯彻中央重大决策全面深化乡镇企业改革》的讲话。

1989 年

1 月 12 日，县政府发出《关于全面推行全员风险抵押承包制的意见》。

4 月 8 日，《高邮县鼓励外商投资的若干规定》发布。

4 月 16 日，县政府第八届政府常务会议第 33 次会议召开。其中，决定乡镇工业公司实行定编，享受大集体待遇，接受乡镇人民政府和县地方工业局的双重领导。

7 月 15—17 日，县委、县政府召开为期两天半的乡镇工业会议。会上，县长孙龙山作了《继续贯彻治理整顿和深化改革的方针 为促进乡镇工业健康稳定地发展再作贡献》的报告，县委书记周治安作了总结讲话，并进行了参观学习。会议中心议题，就是认清高邮乡镇工业的地位、作用和面临的新形势、新情况，进一步贯彻治理整顿、深化改革的方针，逐步建立健全自我积累、自我发展、自我提高的机制，增强市场适应能力和竞争能力，促进乡镇工业的稳步发展。会议要求，坚定不移地加强对乡镇工业的领导；各行各业积极支持乡镇工业的“大合唱”；坚持“两手抓”的方针，加强和改进企业思想政治工作；维护乡镇企业的合法权益；促进全县乡镇工业实现质的飞跃。

7 月 28 日，县政府决定成立“高邮县全面整顿村办工业领导小组”，史善成任组长。

是年底，应营南乡人民政府和营南乡畜禽机械厂委托，县审计局派出审计组通过对畜禽机械厂业务费中有无给对方回扣一事进行专项审计，作出了“给四川省射洪县食品公司肉联厂和重庆市肉联厂签约人回扣一事纯属不实”的审计结论。

营南乡畜禽机械厂职工王某，为泄私愤，先后匿名向四川省射洪县肉联厂财务科、重庆市经济案件举报中心写信，诬陷本厂与其签订畜禽加工机械生产业务合同时，付给对方业务经办人现金回扣。致使两肉联加工厂对营南乡畜禽机械厂的产品质量及业务经济人产生怀疑，拒付货款，造成营南畜禽机械厂货款延期回笼，陷于停产的困境。

1990 年

1 月，在北京由国家建设部村镇建设司、《建设报》和《农民日报》联合主办的全国村镇建设文明村镇评比活动中，高邮县天山乡南茶村被命名为“全国村镇建设文明村”。

4 月 19 日，市委书记姜永荣在武安乡真空镀膜厂包装车间同职工一起参加劳动。

4 月 22 日，中央新闻纪录电影制片厂到天山乡拍摄该乡光华皮件厂、南茶村办市茶花运动鞋厂发展外向型经济的新闻纪录片，编入《祖国新貌》发行放映。

5 月 3—6 日，县委书记孙龙山同县人大常委会、县政府、县政协负责人带领各区、有关乡镇及部门负责人一行 24 人赴泰兴县、武进县、张家港市就发展工业经济进行考察。

5 月 5 日，由县科技开发中心和武安乡联合开发生产的专利产品“电液推杆”在宁通过审定。它的研制成功，解决了煤炭行业几十年来矿井生产同类设备技术落后、投资大、效率低等难题。

5 月 18 日，县政府决定，县长戎文凤及副县长李士清、史善成、倪文才、周宏举、陈伟民、夏元新分别联系一个区，并挂钩一个村或学校、工厂、商店、居委会。其中，戎文凤挂钩横泾乡农具厂，夏元新挂钩高邮镇纸箱厂、界首钢瓶厂。

5 月 29 日，县政府第九届政府常务会议第 3 次会议召开。其中，决定成立县政府技术改造办公室；对 40 个工业重点企业实行倾斜政策。其中，乡镇工业企业县纸箱厂（高邮）、县铝箔纸厂（临泽）、扬州光华皮件厂（天山）、三垛农机厂、县环保设备厂（汉留）、县运河蓄电池厂（东墩）等为必保企业。

6 月，为发展乡镇工业，振兴全县工业经济，县委、县政府提出实施“3211”工程的意见。即要求在高邮镇、临泽镇、界首镇、三垛镇、武安乡、车逻乡、八桥镇、天山乡等 8 个乡镇，各实施年技改投入 300 万元，净产值递增 20%，利润递增 10%，开发 1 个外向型项目。时限为 1990 年 7 月至 1991 年底（技改计算时限为 1990 年 10 月 1 日至 1991 年 10 月底；销售、利润为 1991 年指标）。

6 月 7—11 日，全县地方工业产品看样订货会在地方工业产品展销中心召开，县长戎文凤在开幕式上讲话。

6 月 8 日，县委常委会主要议题围绕发展工业经济，研究决定同意建立技术改造办公室；明确县负责人挂钩重点技改项目；强化资金协调工作；开展学习工业排头兵活动。

此后，为了引导企业振奋精神，克服困难，促进全县工业的适度增长，县委宣传部首先组织了有企业负责人参加的经济宣讲团到基层进行宣讲；接着深入工厂调查研究，总结了一批抓市场、促销售，抓技改、增后劲，抓管理、提高效益的好企业，在县广播电台及时安排了“工业排头兵”的专题宣传。其中，重点报道了县三垛农具厂、武安轻配厂、车逻师伙不锈钢厂等。

6 月 11—14 日，县委书记孙龙山、常务副县长李士清、副县长周宏举等率领县工商银行、农业银行、高邮镇党委、经济技术协作委负责人，去上海拜望了上海市工商银行、信托投资公司、上海市工商银行徐汇区办、中信公司上海市分公司等金融界。经洽谈，上海金融部门决定以租赁贷款形式支持一定数额的资金，用于高邮镇纸箱厂、湖滨丝织厂、天山南茶运动鞋厂等 3 个重点企业项目的技术改造。

7 月，县测控电缆厂（湖滨）生产的计算机用屏蔽电缆用于“长征二号”捆绑式火箭发射获得成功，国家航空航天部特发感谢信和火箭模型，以示表彰。

7 月 20—21 日，县政协在七届二次常委会议上，围绕增强县工业发展后劲进行了协商。副县长周宏举就全县工业发展状况及存在问题、“八五”期间增强工业发展后劲的初步设想以及当前要抓好的几项工作通报了情况。会议指出，高邮县经济已逐步过渡到以工业为主体的新阶段，增强工业后劲对于保证县国民经济持续、稳定、协调地发展，具有十分重要意义。建议增加科技、资金、设备、人才等方面的投入,加强企业管理。

7 月 30—31 日,美国达耐公司董事冯启道先生与甘垛红旗冶炼厂厂长汪锦荣洽谈废旧电讯器材综合利用合资项目,双方达成合资意向书。

8 月 3 日,县政府办公室发出《关于印发高邮县人民政府关于推进工业企业科技进步五个办法和意见的通知》。

8 月 19—27 日,县委书记孙龙山、县长戎文凤和县人大常委会副主任李汝芳、县政协主席詹岫琪率领部分区、乡镇和部门负责人前往山东青岛、牟平、即墨、威海、诸城和江苏连云港等地考察乡镇工业在外向型经济工作中挑大梁的先进工作经验。

10 月 24 日,县委、县政府出台《关于鼓励出口创汇发展外向型经济的暂行办法》。

10 月 26 日,县委、县政府在界首镇召开"3211"工程实施情况交流会。8 个重点乡镇和有关综合部门的负责人作了交流发言,省乡镇企业局副局长蔡延贵和县委书记孙龙山等分别讲了话。

11 月 11 日,县第一家合资企业——扬州琼花环保工程设备有限公司(汉留)开业典礼在县委党校礼堂隆重举行。香港礼裕实业有限公司董事长、扬州琼花公司副董事长顾七妹和香港礼裕公司总经理许作民参加典礼。

是年,龙奔食品厂生产的董糖、天山红星塑料制品厂生产的旅行手提包和八桥针织厂生产的针织内衣被"亚运会"选用和同意使用"亚运会"标志。

1991 年

2 月 6 日,县政府在 1991 年政府工作要点中,首先提出工业的调整。既要抓现有适销产品的扩批量、上规模,又要抓产品的开发和投产,逐步形成本县特色的拳头产品和骨干企业,向"三高两低"(高技术含量、高附加值、高创汇、低成本、低物耗)转化。

3 月 1 日,县政府常务会议第十四次会议举行。主要内容有:原则同意县经委《关于全县工业企业开展"质量、品种、效益年"活动的工作意见》和《关于开展企业管理"攀登杯"竞赛活动的意见》;讨论决定县重点扶持企业的标准和有关支持措施,原则同意《县人民政府关于支持县工业重点企业发展的有关措施》,决定重点扶持 21 个企业,其中乡镇企业 12 个。

4 月 1 日,经国务院批准,国家民政部 2 月 9 日批复同意,高邮撤县设市。高邮原区、乡、镇、场机构及企业名称相应改称。

4 月 1—3 日,市举办春季商品交易会,以区和系统分别组馆,共展出 10 多类约 3500 多件产品。

5 月 25 日,市政府常务会议第十七次会议举行。会议研究决定,市第二化工厂(高邮)企业性质转为市属大集体,从 1992 年起纳入市招工计划。

是年夏,高邮遭受特大洪涝灾害,有 1019 家企业受淹。其中,乡镇企业被淹造成停产半停产 970 家,直接经济损失 1.135 亿元。其中,湖滨乡新民滩南北堤实施爆破清障,恢复行洪,淹没 17 座乡村工厂,做出巨大牺牲。

7 月 15 日,受国务院委托,国务院抗洪救灾工作组一行 5 人在国家计委李国杰司长带领下,到界首、周山、卸甲等 7 个乡镇,察看灾情,慰问灾民。

7 月 28 日,市委、市政府发出《关于推进灾后恢复生产的有关政策问题的通知》。

8 月 5 日,省委副书记孙家正视察了伯勤乡张曹村、永丰村受灾、生产自救现场和仿古陶瓷厂生产情况。

8 月 12 日,市委、市政府召开全市工业经济工作会议。会议主题是:动员工业战线上的广大干部职工,继续保持抗洪救灾中表现出来的拼搏精神,坚韧不拔,百折不挠,团结奋斗,迎战困难,迅速恢复工业生产,医治灾害造成的创伤,化害为利,把握契机,使全市工业经济求得新的发展。

9 月 15 日,市委、市政府发出《关于贯彻省委 17 号文件和扬州市委 40 号文件有关问题的通知》。通知就灾后农村若干经济政策问题,其中包括对乡镇工业企业的承包合同调整、税收减免、信贷支持等方面,根据两个文件精神,结合本市实际情况,作了进一步明确。

10 月 30 日,市政府常务会议第二十二次会议举行。主要内容有:原则通过《高邮市"八五"期间工业结构调整实施计划草案》《关于在全市工业企业内开展挖潜工作的意见》和《关于在全市工业企业中开展争创利税大户活动的意见》,研究制定 1992 年工业经济主要工作指标。

11 月 2—3 日,市委、市政府召开全市工业经济工作会议。主要议题是:贯彻落实中央工作会议精神,研究在搞好大中型企业一系列政策出台的新情况下,如何正确分析形势,进一步明确全市工业经济的指导思想、战略目标和主要措施,动员全市工业战线的广大干部职工,统一认识,振奋精神,把握机遇,奋力开拓,迅速把工作重点转移到优化结构和提高效益上来,自觉实施更高层次的战略转移,促使全市的工业经济跨上一个新的台阶,保证"八五"目标的圆满实现。

11 月 16 日,市政府发文,决定在全市工业企业中开展争创税利大户活动。其中,乡镇企业与市属企业分别按四档创争。

11 月,经省、扬州市党政领导机关同意和积极争取,国家计委、水利部和淮委正式批准高邮市实施东安全圩方案。并在大运河以东、淮扬公路以西、新坝以南、八里松以北的三角地带划出一块土地,作为湖滨乡村工业区。扬州、高邮两级市有关部门从税收、电力、交通、邮电、资金等方面给以支持。

12 月 26 日,市委、市政府发文,提出加强全市工业企业领导班子建设的 10 条试行意见。《意见》要求,坚持德才兼备的标准和干部"四化"方针,把勇于开拓创新的人及时选拔、充实到企业领导岗位上来。《意见》第 8 条规定,凡市属工业企业、乡镇村集体企业,可按企业规模、经济效益、社会效益、生态效益等各项指标,确定其享受正、副局(乡)级待遇。

是年,乡镇工业实施了"3211"工程。在市委、市政府直接领导下,经过参与的 8 个重点乡镇的努力和 16 个部门的配合,取得了明显成效。

1992 年

是年,根据市委、市政府要求,通过调整工程指标,增加参与乡镇数,继续实施"3211"工程。

是年,市委、市政府建立市四套班子负责人挂钩重点技改项目制度。

是年,乡镇工业共有 8 个列入市挂钩重点技改项目。(1)车逻不锈钢锻轧生产线。总投资 300 万元。其中,一期工程投资 85 万元,建成年产 900 吨钢锭的冶炼车间;二期工程投资 215 万元,新建 1770 平方米的锻轧车间,配套锻锤等生产设备 1 套。整个项目已经竣工投产。(2)市琼花丝绒厂(湖滨)易地重建琼花丝绒厂项目。投资 300 万元。已竣工投产。(3)横泾机械厂板框精滤机项目。总投资 205 万元,形成年产 40 台板框精滤机的生产能力。已竣工。(4)兴华光电线缆厂(天山)开发生产光纤电缆项目。总投资 1350 万元。其中,一期工程 651 万元,引进国外先进检测仪 8 台,配套国内生产设备 8 台,翻建厂房 760 平方米,已经竣工,可形成年产 1500KM 光缆能力。(5)农配二厂(武安)拖拉机花键轴综合生产线项目。总投资 597 万元。运用常州拖拉机厂的 OBM—PC 工业微机控制的先进技术和工艺,新建一条花键轴综合生产线。(6)郭集照明电器厂引进高压钠灯生产关键设备项目。投资 995 万元。其中，用汇 99 万美元。主要引进国外高压钠灯关键设备，形成年产 50 万只高压钠灯的生产能力。(7)三垛农用车厂开发生产 TH905 农用四轮车项目。投资 1070 万元。(8)湖滨测控电缆厂开发油矿探测项目。投资 1500 万元。

3 月 2 日，市委、市政府表彰 1991 年度"3211"工程获奖单位。

4 月 17 日，市委召开四套班子负责人联席会议，讨论决定建设工业开发区。

4 月 29—30 日，市委召开工作会议，讨论研究加快全市改革开放和经济发展的步伐。市首批创争税利大户企业负责人出席了会议，横泾镇机械厂等单位介绍了先进典型经验。

5 月 29 日，市政府发出《关于加快企业经营机制转换进行多种模式企业改革试点的意见》。

5 月 30 日，市委、市政府召开全市深化企业改革工作会议。

6 月 7 日，市政府发出《并于加快发展外向型经济的意见》。

6 月 16 日，三垛农机修造厂厂长金长华、质检科长张恒及驾驶员吕寅，在去溧阳联系工作的途中(江宁县汤山镇附近)，遭车祸不幸遇难。

7 月 31 日，市照明电器厂(郭集)供销员李恒明，从南京搭乘飞机去厦门洽谈业务，途中飞机失事，不幸遇难。

8 月 10—11 日，市委召开六届三次全委(扩大)会议，深入学习邓小平重要谈话，进一步解放思想，调整经济工作指标，明确工作思路，加快改革开放，加速经济发展。全市重点骨干企业负责人参加了会议。

8 月 12 日，市政府颁布《高邮市经济技术开发区投资企业优惠办法》。

9 月 2 日，市委、市政府举行经济技术开发区第一期工程基础设施建设开工典礼。

10 月 5 日，市船舶修造厂(高邮)制造的 1500 吨甲板驳顺利下水。

10 月 6 日，市政府颁布引进人才的若干规定。规定对引进和调入乡镇企业工作的专业技术人员，工资可在原工资标准基础上向上浮动二级以上；工作津贴或奖金根据贡献的大小可由乡镇企业视情况自行确定；对乡镇企业在市外引进确需的高中以上文化程度的技术工人，经批准，予以办理"农迁农"。

11 月 22 日，全国政协民族委员会常务副主任洛布桑率领经济考察组一行 12 人在省政协副主席刘星汉、扬州市政协副主席黄扬的陪同下，视察了菱塘回族乡、天山乡的乡办工业企业。

12 月 11 日，市政府举行了第三十九次会议，讨论决定了加强乡镇工业企业管理费收缴和管理工作有关问题的实施意见。

12 月 26 日，市政府通知，省民政厅于 10 月 8 日批复扬州市人民政府，同意高邮市撤销汉留、车逻乡，分别以其原管辖区域建立汉留、车逻镇，实行镇管村体制。

是年，一沟乡酿化厂长期隐瞒亏损，虚报盈利，累计亏损 89 万元。

是年，经扬州市农业银行批准，委托高邮市农业银行发行融资债权 200 万元，并由界首镇财政担保，专门用于界首阀门厂新上液化气钢瓶生产流水线，成为全市首家乡镇企业发行债券。

是年，市政府作出清理治理整顿期间所发文件的要求。其中，《转发县经委〈关于全县工业产品结构调整的意见〉的通知》和《转发县农委、农行、地工局〈关于开展全面整顿村办工业的意见〉的通知》决定废止。

1993 年

1 月 28 日，市委、市政府发出表彰 1992 年度实施乡镇工业"3211"工程先进单位的决定。

4 月 15 日，市政府印发《高邮市引进资金考核奖励办法》。

4月25—27日，市委、市政府举办首届双黄鸭蛋节。

5月14日，市政府建立高邮市经济技术开发区管理委员会。

5月31日—6月1日，市委、市政府召开工业工作会议，深入贯彻中共“十四大”精神，进一步解放思想，认清形势，抢抓机遇，加快全市工业经济的发展，保证全年各项经济指标的完成。

7月9日，市政府发出《关于鼓励发展个体私营经济的意见》。

7月31日，省军区政委魏长安少将到高邮视察扬州市“以劳养武”明星企业高邮包装厂（高邮）。

8月5日和6—7日，市委分别召开六届五次会议和全市经济工作会议，认真学习中共中央、国务院《关于当前经济情况和加强宏观调控的意见》，分析全市经济形势，要求全市各级党组织要坚持两手抓、两手硬，为经济建设提供可靠的政治保证、稳定的社会保证和坚强的组织保证。各级领导干部要加强学习，进一步提高对经济工作的领导水平。要讲大局，讲原则，讲团结，形成合力，转变作风，真抓实干，扎扎实实地组织好当前各项工作。

8月16日，市委召开常委会，讨论决定工业企业扭亏增盈工作。要求认真贯彻中央相关文件精神，注重经济运行质量，把企业扭亏增盈工作摆上重要位置，拓宽思路，采取有力措施，保证扭亏增盈工作取得实效。

8月23日，市委、市政府决定撤销区级机构设置，包括临城、汉留、三垛、临泽、送桥等5个区委、区公所。

9月21日，市委常委会决定，市委副书记李士清分管乡镇工业。

10月2日，全市第一家境外企业——俄中海鸥服装有限公司（市地方产品公司）正式开业。

11月11日，省政府批准高邮经济开发区为省级经济开发区。

11—12月，为全面动态地掌握乡镇的污染源，作为制定乡镇工业发展规划、污染防治对策的依据，对全市32个乡镇、328家重点污染企业进行了污染源数量、分布、污染物排放及其对生态环境影响的调查，获得有效数据13000个。

是年，甸垛轧钢厂为兴（兴化）高（高邮）宝（宝应）地区第一家产销超亿元的乡镇企业。

是年，经扬州市公安局、乡镇工业局批准，扬州市烟花爆竹产品质量监督检测中心在高邮成立。该中心主要负责对扬州市范围内花炮质量的检测工作。有职工10人，其中，具有中级职称的3人，初级职称的5人。固定资产近20万元，拥有感度撞击、磨擦设备，化学分析定量、定性仪器和声级计、静电仪等常规检测仪器。“中心”的成立，为扬州市更好地开展烟花爆竹行业管理和技术性服务，设立了直接窗口。该“中心”还具有研制、开发新品和设计、举办焰火晚会的能力。1993年，为乡镇企业开发新品5个，先后在南京、扬州、镇江、南通等地为中外客户举办了15场焰火晚会。在省首届烟花评比订货会上，燃放新品效果获第一名。

是年，甸垛乡组建企业集团。该乡依据社会主义市场经济理论，结合现有乡村企业规模及行业较为集中的特点，不搞行政撮合，以经济利益和行业技术为依托，于1993年11月组建了以轧钢厂为首的企业集团——高邮市钢铁总厂，促使全乡经济重点突破，集团发展，整体推进。总厂下设轧钢一厂、轧钢二厂、蛋品加工厂、供销公司和物资服务公司等成员单位。在管理上实行“七制”：一是干部聘用制。按照统一管理、分级聘用的原则，量才聘用；二是会计委派制。总厂、分厂的总账会计分别由工业公司和总厂层层委派，并对其工资报酬进行考核结算；三是职工合同制。总厂对全体职工一律实行合同制管理；四是工资浮动制。联系承包指标，按月进行结算；五是任务承包制。总厂与各承包体以及各承包体内部分别明确任务，落实承包；六是物资统一买卖制。设立内部银行，推行内部结算；七是奖赔考核制。实行百分考核,按月考核,年终结算,比例奖赔。在承包形式上,分为三种承包形式:第一种是轧钢一厂、轧钢二厂、供销公司和物资服务公司实行“三包两定一挂钩”的经营承包责任制;第二种是总厂与各职能科室,制定岗位百分考核责任制;第三种是对蛋品加工厂实行独立核算,自主经营,自负盈亏,定额上交,全奖全赔的经营承包责任制。

1994 年

1 月 18 日,市政府决定全市开展创争“工业十强企业”“管理十佳企业”和“创汇十星企业”活动。

2 月 20 日,市政府嘉奖 1993 年工业销售额首次突破亿元的高邮市轧钢厂(甸垛)。

3 月 10 日,23 时 10 分,天山光华皮件厂因用加热器烤着可燃物而发生重大火灾,烧毁机械设备 62 台,成品、半成品软箱 52 只,软带 180 只,损失折款 29 万余元。

3 月 16 日,省乡镇企业烟花爆竹安全质量监督检测中心在高邮成立,这是全市第一家省级行业质检机构。

3 月 25 日,扬州市副市长丁解民率有关部门负责人来高邮召开乡镇工业技改分片过堂会,高邮市有总投资 1.39 亿元的 8 个项目获得通过。

4 月 20 日,市纪委就二沟畜产品加工厂严重亏损问题发出查处通报。

4 月 22 日,全国道路照明灯具年会在郭集镇召开。来自全国 100 多位专家和用户代表参观了高龙电气有限公司、照明电器厂和声光器材厂,对郭集镇的灯具生产给予高度评价,赞誉该镇为全国“灯具之乡”。

5 月 24 日和 5 月 31 日,江苏电视台分别在《八方水土》节目中播出专题片《南茶纪行》之一、之二,多角度、多侧面地介绍了南茶村改革与发展过程,反映了中共十一届三中全会以后所发生的巨大变化。这部专题片在江苏电视台播出后,又在美国中文电视台交流播出。

6 月 6 日,江苏省金飞达电机仪表集团公司(卸甲)成立。

7 月 14 日,当晚城乡风力高达 10 级以上,伯勤、甸垛、汉留、卸甲、八桥、二沟、汤庄、沙堰、武安、车逻等乡镇受灾严重。其中,许多工业企业厂房倒塌受损。

11 月 28 日,市委、市政府转发市委农工部、市地方工业局《关于做好 1994 年农村经济年终决算分配工作的意见》。

12 月 15 日,天山乡南茶村实现工业产值 1.003 亿元,成为高邮首家工业亿元村;同时完成外贸交货值 8000 万元,成为扬州市村级出口创汇第一村。

是年,市委在三垛镇召开了全市乡镇企业科技人员管理工作会议。会议总结、交流全市乡镇企业人才管理工作的经验,部署下一步工作,为开拓乡镇企业人才工作新局面打下基础。全市累计建有科技人才服务站 16 个,初步形成了市、乡、企业三级管理网络。

是年,市兴华光纤电缆厂(天山)以及开发生产的 GY 型通信光缆,被省科委分别认定为高新技术企业和高新技术产品,实现了全市工业高新技术企业和高新技术产品零的突破。

1995 年

1 月 4—8 日,市委召开六届八次全委(扩大)会议。会议动员全市经济总量奋力超百亿(元),再登新台阶,开创经济和社会发展新局面。

2 月 11 日,市委、市政府发出《关于表彰和学习南茶村的决定》。由市政府向南茶村颁发嘉奖令,并发奖金 2 万元；为村党支部书记兼村委会主任倪桂达、扬州茶花运动鞋厂厂长陈长江、扬州华飞运动鞋厂厂长柏乃山、扬州主力皮革制品有限公司经理倪云达等 4 人各记三等功一次。

南茶村 1994 年实现工农业产值 1.044 亿元。其中，工业产值 1.003 亿元，外贸出口供货额 8000 万元。创造了工农业总产值、工业产值、外贸出口一年翻一番的优异成绩，夺得了全市村级经济总量和工业产值第一名，成为扬州市出口创汇第一村。

2 月 12 日，市通用过滤机厂等 7 家企业主要负责人，座谈为全市经济总量超百亿挑大梁。

4 月 4 日，市打击假冒伪劣产品领导小组办公会部署农机配件生产企业整顿工作，实行"准产证"制度。

7 月 7 日，市政府召开工业重点乡镇负责人会议，研究为全市工业生产经营挑大梁的措施。

7 月 19 日，依据 1995 年中国乡镇企业评价排序，扬州三洋钢铁集团公司被列为中国黑色金属行业最大规模乡镇企业 100 家的第 42 位。

8 月 10 日，全市所有乡镇建立工会组织。

9 月 25—27 日，市委、市政府召开乡镇工业工作会议，参观邗江县工业，要求加大力度发展有效益的规模经济。

9 月，全市召开乡镇企业建档工作会议。

10 月 26 日，省体改委批准组建江苏邮达过滤机集团。

10 月 30 日，市农机配件二厂（武安）的"为耕"牌东风-12 型手扶拖拉机花键轴在北京第三届中国农业博览会上获铜牌奖。

11 月 6 日，省长郑斯林到高邮视察市农机配件二厂（武安）。

11 月 29 日，汤庄乡塑料泡沫厂因电器短路引起火灾。这是该厂 14 天内发生的第二起火灾，两起火灾共造成直接经济损失 27.5 万元。

12 月 18 日，由天山镇人民政府、扬州市邮电局、香港粤发投资有限公司三方投资 6000 万元，共同兴办的扬州天虹光缆有限公司在扬州高新技术开发区举行开业典礼。该公司于 1994 年 3 月 28 日成立，为高邮市首家进入扬州市经济技术开发区的企业。

是年，市委宣传部在对北片 6 个乡镇的精神文明建设调查中发现，乡镇企业的思想政治工作是一个相当薄弱的环节。不少乡镇企业的思想政治工作仍是一片空白，没有思想政治工作队伍、思想政治工作阵地和思想政治工作手段，严重制约了乡镇企业向高层次、规模化、效益化方向的发展，制约了农村经济快速健康发展。

是年，港、台资深人士的合资企业扬州康耐尔蓄电池有限公司（东墩）濒于倒闭，引起各方乃至省和中央有关负责人的关注。

1996 年

1 月 18 日，19 家电缆企业组成的市电缆行业协会在湖滨乡的江苏华能电缆集团成立。

1 月 25 日，市委批转由市委农工部、市体改委、市地方工业局联合制定的《高邮市乡镇工业企业资产经营责任制试行办法》。

2 月 29 日，省人大常委会副主任凌启鸿在三垛镇调查农村奔小康情况，并视察了市第二棉纺厂、三垛镇元件厂。

3 月 5 日，全市召开乡镇工业工作会议，会议要求全面推行资产经营责任制和风险抵押承包制。

5月4日，市委在《关于调整市专线工作领导小组的通知》中明确，工业和外经领导小组内部分3个组。其中，乡镇工业组由朱德辉负责牵头，居云保、朱烨、夏元新参加。

5月7日，邮达过滤机集团（横泾）、华能电缆集团（湖滨）、茶花集团（天山）、金飞达集团（卸甲）等进入扬州市100家规模工业企业集团行列。

5月14日，撤消一沟、汤庄、沙堰乡，以其原辖区域设立龙虬镇、汤庄镇、沙堰镇，实行镇管村体制。

6月18日，经省体改委批准，江苏宏发通信企业集团在天山镇组建成立。该集团以兴华光电线缆厂为核心企业，共由13个成员企业组成，行业管理归口省邮电管理局。

6月20日，全市企业改制工作大会召开。

6月30日—7月3日，中华人民共和国常驻联合国代表、特命全权大使秦华孙与夫人蒋红妹（参赞）一行回高邮考察并探亲访友期间，参观了华能电缆总厂（湖滨）。

7月16—18日，继6月下旬培训改制试点企业工作骨干后，又培训全市包括各乡镇企业改制工作人员计2000名。

7月20日，市委、市政府召开有3万余名干部、职工参加的全市企业改制动员大会。大会主会堂设在市体育馆，市区和乡镇共设36个分会堂，市委书记徐赴前作了全面部署性的报告。

9月5—6日，市委、市政府召开市企业配套改革经验交流会。

9月14日，市委、市政府召开全市乡镇工业重点企业会议。

9月18日，市委、市政府召开乡镇工业技改工作座谈会，省乡镇企业管理局副局长孙龙山参加会议。

9月18日，湖西片4乡镇在菱塘举办有大专院校专家参加的“金秋科技恳谈会”。

10月23日，经市联合执法小组逐一落实，全市38家严重污染企业先后停产。

12月16—19日，市组织企业改制回访检查团，对改制企业进行全面的质量验收。检查结果表明，企业改制初见成效。

12月23日，市委在《关于调整五个方面工作领导小组的通知》中明确，工业和外经领导小组中乡镇工业组由朱德辉牵头负责，潘建民、居云保、朱烨、夏元新、郑长森参加。

是年，为确保乡镇企业改制顺利进行，市委研究决定，朱烨、范太金为临城片分指挥；居云保、杨杰为南片分指挥；刘金鳌、郑长森为东片分指挥；刘才甫、李建发为北片分指挥；李汝芳、徐兴嘉为西片分指挥。

是年，在市企业改制指挥部、工作团队的直接指挥下，江苏华能电缆总厂（湖滨）、扬州华达机械有限公司（武安）、扬州光华皮件制品有限公司（天山）、市东方动力机械有限公司（汤庄）、市铝箔纸厂（临泽）、市第二棉纺厂（三垛）等进行了企业改制试点，为推开乡镇企业面上改制工作提供了较有价值的经验，并培训了大批业务骨干。

1997年

1月2日，市委、市政府在江苏华能电缆总厂（湖滨）召开1997年重点技改项目首季开工会议。第一批25个重点技改项目企业负责人及有关乡镇、部门负责人参加了会议。

1月25日，以重点发展摩托车配件为支柱产业的省级星火技术密集区建立。其中，三垛机电元件厂被授牌。

3月9日，国家体改委生产体制司、政策法规司及流通司的领导在省体改委、扬州市体改委领导的陪同下，到高邮调研改制工作，主要了解中小企业改革情况，重点是股份合作制企业。

4 月，市纪委出台了《关于进一步保护企业合法权益的暂行规定》。

4 月，市政府颁布《高邮市工业结构调整方案》。

5 月，全市乡镇企业 89 名安全监督员经专业理论培训、考核，并经专家评审，被扬州市乡镇工业局、扬州市劳动局首批聘任为扬州市乡镇企业安全监督员。

5 月 9 日，市地方工业局编办的简报《乡镇企业通讯》正式发刊。该简报刊头由市委副书记、市乡镇工业领导小组组长朱德辉题写。

5 月 12 日，华翔实业有限公司（武安）因使用电器不当引起火灾，烧毁机组 2 台（套），塑料粒子若干，造成直接损失 26 万元。

5 月 24 日，市地方工业局更名为市乡镇企业管理局。

5 月 25 日，国务委员、国家民委主任司马义・艾买提和夫人赛丽曼等一行到高邮，视察了菱塘回族乡扬州市曙光电缆厂等。

6 月 4 日，乡镇企业改制工作进行第三次回访。

6 月 20 日，扬州市人大常委会副主任吴孟镛到湖滨乡检查工作，并视察江苏华能电缆集团。

7 月 25 日，江苏华能电缆总厂（湖滨）生产的“苏邮”牌电线电缆，获中国社会调查事务所授予的“中国公认名牌产品”荣誉证书，成为全市首例。

8 月 4 日，市政府成立市消灭无标生产领导小组，夏元新任组长。

8 月 14 日，市委、市政府发文《关于乡镇党政机构改革指导意见》，要求各乡镇进行机构改革。其中，原乡镇企业管理服务站与工业办公室合署办公。

9 月 8—13 日，江苏邮达过滤机集团（横泾）负责人随市领导赴厦门参加 1997 年中国投资贸易洽谈会。

11 月 20 日，市委、市政府召集 13 位知名私营企业主，举行民营经济座谈会，共商民营经济发展大计。

12 月 2 日，被列入省淮河流域重点限期治理单位的市助剂厂（湖滨），采用“物化——生物法”处理污水，使治理的各项指标均达到排放标准，通过治污验收。

12 月 26 日，全市乡镇工业会议召开。

是年，卸甲镇政府牵头，在银行与企业之间实行“三挂钩一监督”制度。即实行贷款规模与“两项资金”占用挂钩、有效抵押额（企业资产与经营者个人财产）与借入资金额度挂钩、货款归行率与贷款规模挂钩；每月银企召开一次资金营运分析联席会议，合理调度资金，加强贷款监督。此举得到国家、省、市乡镇工业主管部门的肯定，《新华日报》作了报道。

是年，依照国务院《关于环境保护若干问题的决定》，由市环保局、工商局、供电局、乡镇企业管理局、广播电视局等部门联合开展了 4 次针对“十五小”企业的执法检查活动，实施停产治理一部分企业，取缔、关闭 24 个厂（点）。

1998 年

1 月 25 日，市委决定对市工业和外经工作领导小组组成人员作适当调整。卜宇任组长，朱德辉、刘金鳌、潘建民、沈学惠、居云保、朱烨、夏元新、王东升、尤泽勇为成员。其中，朱德辉侧重负责乡镇工业工作，潘建民、居云保、朱烨、王东升参加。

2 月 26 日，市委副书记朱德辉在市乡镇企业管理局主持召开办公会议，专题研究乡镇工业 1998 年工作。市委书记徐赴前出席会议并作了讲话;市工业领导小组分工乡镇工业的市委、市人大、市政府负责人和市委办公室、市政府办公室、乡镇企业管理局负责人参加了会议。会议根据市委七届四次全体扩大会议精神,提出了工作目标和进一步深化企业改革、进一步发展规模经济、进一步加强产品开发、进一步加大扭亏力度、进一步强化对乡镇工业的领导等措施,并确定了12件重要工作事项。

5月15日,省委常委、省委秘书长梁保华到湖滨乡视察调研乡村工业发展和企业改制运作情况。

5月22日,市委、市政府召开全市经济工作会议,传达学习总书记江泽民考察江苏乡镇企业时的重要讲话,贯彻全省乡镇企业工作会议精神,进一步明确全市经济工作思路和措施。

6月25日,农业部乡镇企业管理局副局长宗锦耀、省乡镇企业管理局局长邹国忠一行到高邮,调研乡镇企业改革和发展情况。

6月26日,江苏日欣集团(武安)作为全市首批重点保护企业获市纪委、市监察局挂牌保护。

7月4日,扬州曙光电缆厂(菱塘)厂长郑连元被河海大学聘为兼职副教授。

8月31日,市委、市政府在市助剂厂(湖滨)召开38个工业重点企业工作会议。

10月15日,市委、市政府成立市控减乡镇企业负担领导小组。卜宇任组长,朱德辉、王东升任副组长。

11月3日,市丽华包装有限公司(武安)与湖北稻花香集团"联姻"建成稻花香集团丽华金塑制品有限公司,这是市内首例私营企业挂靠外地企业集团扩张市场。

1999年

1月13日,市委常委会研究决定,对人事变动后的部分市委常委工作明确分工。其中,王正宇包括分管乡镇工业工作。

3月30日,天山镇南茶村发生重大火灾事故,过火面积达3300平方米,强杰橡塑厂、塑料管材厂的厂房、设备和钟艺公司职工宿舍楼大部分被烧毁,造成直接经济损失数十万元。

3月31日,市委、市政府召开全市工业企业技术进步工作现场会。其中,扬州市曙光电缆厂(菱塘)的35千伏干式交联电力电缆、市通用过滤机厂(横泾)的亲水性聚丙烯纤维滤板、扬州市兴华光电线缆厂(天山)的光纤电缆及市话电缆扩能、扬州市飞达电机仪表公司(卸甲)的铝压铸件等重点技改项目于当日开工。

5月9日,市委、市政府举办1999年高邮电线电缆发展论坛。

5月18日,市服装行业协会成立。城乡24个服装生产企业为首批会员,注册资金109.8万元。

5月26日,经市政府第22次常务会议研究决定,市政府调整部分负责人工作分工。其中,副市长丁一分管乡镇工业工作。

6月,中国常驻联合国大使秦华孙视察扬州希捷箱包有限公司。

6月18日,由扬州市沙龙制衣有限公司(龙虬)筹资105万元,成立了全市首家担保公司——市长欣担保有限责任公司,主要为市服装行业协会成员企业提供贷款担保,担保数额为服装协会注册资金的3~5倍。

7月20日,市消防器材行业协会在武宁乡成立。该协会以水花牌商标有偿使用为手段,吸收31个消防器材生产企业为会员。

8月8—12日,市朝阳气动液压机械厂(汤庄)开发的Z773X、Z73X浆液阀,获国家知识产权局和甘肃省人民政府主办的第八届中国专利新技术新产品博览会金奖。

8月12日，市政府召开全市个体私营经济工作会议。会议要求，对挂靠党政机关、乡（镇）、居委会（村委会）及社会团体等单位的假集体企业进行集中清理，摘其“红帽子”，加快国有、集体企业改制，推动一批有实力的个体工商大户升格为私营企业，发展和扩大个体私营经济规模。

8月31日，市委、市政府召开乡镇工业“百日营销竞赛”活动动员大会。

9月25—26日，省乡镇企业管理局在高邮市举办乡镇企业省级营销员培训班。全市24个乡镇的145名营销骨干经过两天的学习和考试，获得了省乡镇企业管理局颁发的“省高级营销员”证书。

11月7日，市委办公室、市政府办公室印发《高邮市乡镇工业企业改革和发展工作的实施方案》。

11月15日，扬州市曙光电缆厂（菱塘）研制成功的计算机用阻燃屏蔽控制电缆，被科技部、财政部推选为全国首批科技型中小企业技术创新基金扶持项目，成为扬州市唯一入选项目。

11月22日，汤庄镇自来水厂发生氨气泄露事故，致8人中毒。

12月28日，江苏中山电缆厂（天山）在扬州经济开发区竣工投产，成为扬州市首家进入扬州经济开发区的高科技民营企业。

12月29日，市委、市政府召开全市乡镇工业“百日营销竞赛”总结表彰暨2000年开门红动员大会。

是年，汉留镇利用原卫生院旧址构建了个体私营经济园，吸纳个体私营企业入园生产经营，为个体私营经济从分散到集中、从传统作坊到规模化经营打下基础。

是年，江苏金飞达集团（卸甲）、江苏华能电缆总厂（湖滨）、扬州市曙光电缆厂（菱塘）、市助剂厂（湖滨）、市通用过滤机厂（横泾）分别创建和完善了企业技术开发中心（研究所）。

2000年

1月17—18日，国家机械工业局核电办、中国原子能院、上海电线电缆研究所、省机械厅、中原核电建设公司等14家核电机构的专家到高邮，对扬州市曙光电缆厂（菱塘）开发研制的核电站用1E级K3类电缆进行技术鉴定和质量评审。

1月20日，由太仓市江苏雅鹿集团有限公司兴建的江苏雅鹿集团高邮分公司在龙奔乡龙发服装厂成立。

2月25日，市政府调整市长、副市长分工。其中，王东升包括负责乡镇工业工作。

3月10日，市委调整书记、副书记和常委分工。其中，林正玉包括分管乡镇工业。

3月21日，临泽镇合兴村村办企业——市第二橡胶皮件厂被省轻工业品进出口集团股份有限公司收购，核定资产为138万元。

4月15日，中共中央政治局常委、国务院总理朱镕基在中央有关部委负责人和省委书记回良玉、省长季允石等陪同下，到高邮市武安乡高谢村视察。其中，询问了村民进乡镇企业做工的情况。

4月18日，上午9时50分许，八桥花炮厂因工人操作不慎，引起约20余只花炮饼爆炸，两人被炸伤。其中，一人经抢救无效死亡。

5月9日，加拿大驻上海总领事贝思德、省对外经济贸易委员会副主任徐燕一行到高邮，为江苏日欣实业集团有限公司飞达化工厂（武安）被命名为“中加环保项目示范企业”揭牌。

5月16日，省人民政府批复，同意高邮市乡镇行政区划调整。一、撤销武安乡、湖滨乡，将这两个乡的原辖区域并入高邮镇管辖。二、撤销张轩乡，将其原辖区域并入龙虬镇。三、撤销东墩乡、马棚乡，将这两个乡的原辖区域合并设立马棚镇。四、撤销沙堰镇，将其原辖区域并入汤庄镇。五、撤销甸垛镇，将其原辖区域并入汉留镇。六、撤销伯勤镇、龙奔乡，将这两个乡镇的原辖区域并入卸甲镇。七、撤销二沟乡、武宁乡，将这两个乡的原辖区域并入三垛镇。八、撤销川青镇，将其原辖区域并入临泽镇。九、撤销营南乡、周巷乡，将这两个乡的原辖区域合并设立周巷镇。十、撤销平胜乡、甘垛乡，将这两个乡的原辖区域合并设立甘垛镇。十一、撤销周山乡，以其原辖区域设立周山镇。十二、保留车逻镇、八桥镇、横泾镇、司徒镇、界首镇、郭集镇、送桥镇、天山镇、菱塘回族乡，其行政区域不变。

5月29日，全市乡镇工业“加快发展增后劲”现场动员大会在横泾镇召开。

6月30日，市地方工业供销公司于1985年从内蒙古购买废铁时误购的4781枚共20多吨废旧炮弹，由南京工程兵学院专家、教授及省消防总队专业技术人员组成的专门爆破组引爆销毁。

7月3日，扬州市市长苏泽群、副市长朱泽民及扬州市公安消防部门负责人一行到送桥花炮厂，突击检查安全生产。

7月4日，市委、市政府召开安全生产工作紧急会议。

7月10日，扬州市首家扬州鹅鹅业发展有限责任公司在送桥镇成立。

7月13日，下午3时许，三垛、甘垛等镇遭受高邮市历史上有气象记录以来危害最大的强龙卷风袭击。其中，造成乡村工厂设备、原料等损失1332万元。

7月20日，扬州市人大常委会主任吉宜才到高邮，视察了包括扬州四方化工厂在内的东墩、马棚等地。

8月31日，市政府在市助剂厂(高邮)召开参加实施西部大开发战略研讨会。

10月20日，市委、市政府在菱塘回族乡召开全市招商引资工作现场会和工业经济保目标工作会议。

10月26日，江苏高邮鸭集团被农业部、国家发展计划委员会、国家经济贸易委员会、财政部、对外贸易经济合作部、中国人民银行、国家税务总局、中国证券监督管理委员会等八部委行联合批准为农业产业化国家重点龙头企业。

12月5日，由中央主要新闻单位包括《人民日报》《人民日报·海外版》《经济日报》《光明日报》《解放军报》《北京日报》等记者组成采访团到菱塘回族乡，先后深入到扬州市联谊丝绸有限公司、扬州市回民制衣有限公司、扬州市曙光电缆厂进行实地采访。

12月19日，市政府成立市烟花爆竹安全管理工作领导小组，王东升任组长。

2001年

3月12日，全市第一家以企业命名的工业园——金飞达工业园(卸甲)正式动工兴建。

4月9日，市委、市政府召开全市个体私营经济工作会议。

4月12日，扬州市曙光电缆厂(菱塘)及该厂产品“强菱”牌，分别被确认为2001年度江苏市场知名企业、知名品牌。

4月20日，市委、市政府召开全市农村税费改革综合配套改革工作会议。会议要求，为确保税费改革顺利实施到位，要在减人、减事、减费上找出路，在综合配套改革上做文章，在增收节支上求突破。根据市委、市政府出台的《关于农村税费改革综合配套改革实施意见》，决定将设置过散、任务相同或相近的事业单位合并。在人员分流和人事用工制度改革方面，对临时人员全部清理辞退；事业单位人员编制重新核定后，要比原有编制压缩35%左右。

5月15日凌晨，司徒镇轮窑厂积土制坯工场地面突然凹陷近2米，面积近千平方米。

6月，省委、省政府授予高邮镇“九五”期间江苏省发展乡镇企业先进乡镇称号；授予江苏金飞达电动工具有限公司（卸甲）“九五”期间江苏省优秀乡镇企业称号；授予扬州市曙光电缆厂（菱塘）厂长郑连元“九五”期间江苏省优秀乡镇企业家称号。

6月5日，市委、市政府出台《关于加快发展个体私营经济的意见》。

7月8日，中美合资扬州卓越玩具有限公司在菱塘回族乡成立。

8月4日，市灯具检测中心在郭集镇成立。

8月8日，市政府举行第56次常务会议。其中，讨论决定事项包括开发区规划及乡镇企业园区建设问题。

9月7日，由台湾国际超微科技股份有限公司与扬州市曙光电缆厂（菱塘）合资兴办的扬州超微电子科技有限公司在菱塘回族乡成立。

9月11日，市委召开全市新建企业工会工作和非公有制经济组织党建工作会议。

9月14日，市政府出台《关于加快乡镇企业园区建设的意见》。

9月20日，市政府举行第59次常务会议。其中，讨论决定事项包括砖瓦窑整治工作。

9月26日，发出《关于开展砖瓦窑整治工作的意见》。

9月，扬州市曙光电缆厂（菱塘）被省政府确认为第四批省“重合同、守信用”企业。

10月16日，市政府召开全市砖瓦窑业整治工作动员大会。

11月，扬州鸿信线路器材有限公司（开发区）和扬州光明电缆有限公司（菱塘）被认定为省高新技术企业。

12月29日，市委、市政府印发《高邮市市乡（镇）党政机构改革实施意见》。其中，市经济贸易局增挂“市乡镇企业管理局”牌子。

2002年

2月3日，市委、市政府召开全市工业经济工作会议。主要任务是进一步动员全市工业战线上的干部群众大力弘扬和实践新时期高邮精神，解放思想，振奋精神，明确责任，迎难而上，迅速形成加速工业发展的强烈氛围，打好工业翻身仗，为全面振兴高邮而努力奋斗。

3月23日，市委、市政府召开全市资产重组整合动员大会。主要任务是进一步解放思想，与时俱进，坚定信心，攻坚克难，以招商引资为抓手，以深化改革为动力，最大范围地推进资产重组，最大可能地盘活变现存量资产，最大限度地发挥资产效益，加快全面振兴高邮步伐。

5月10日，由全国最大的中密度纤维生产集团——浙江丽人集团控股总投资2350万元兴建的扬州市丽邮人造板有限公司，在周巷镇第二工业园内举行开工仪式。该公司于12月26日建成投产。

5月30日，市包装制品有限公司（高邮）、江苏圆通电缆有限公司（开发区）、江苏日欣实业集团有限公司（高邮）等分别承担的国家、省“星火”计划项目，经省专家委员会验收，全部获得通过。

6月6日，市委、市政府出台《关于进一步加快重点行业发展的意见》。

6月24日，国家质量监督检验检疫总局批准高邮鸭蛋（高邮咸鸭蛋）实施原产地域产品保护。

7月3日，市委、市政府出台《关于实施三大工程加快私营个体经济发展的意见》。

7月28日，全省首家以企业名称命名的律师事务所——扬州市金飞达律师事务所在江苏金飞达电动工具有限公司（卸甲）挂牌成立。

7月29日，市政府组织市国土资源局、市建设局、市发展计划局、市交通局、市水利局、市环境保护局、市乡镇企业管理局、市供电公司等部门和单位，对8个重点乡镇工业园区规划进行评审，并予通过。

8月14日，省委副书记、省纪委书记王寿亭，省委副秘书长李继平，省纪委副书记葛绍林等一行到高邮考察，并参观江苏沙龙制衣有限公司（开发区）。

9月23日，全国人大民族委员会主任委员王朝文在省人大常委会副主任柏苏宁、扬州市人大常委会副主任张阶平陪同下，视察菱塘回族乡，并深入扬州市曙光电缆厂，详细了解企业发展情况和菱塘民族经济发展情况。

10月18—22日，市举办地方工业品展览，展出了按工业行业分类的400多种（件）产品。

11月6日，市委、市政府成立市园区和外环沿线产业带建设指挥部。王正宇任总顾问，徐祥华任总指挥，张安龙、杨学华、谈铁人、王东升任指挥。

是年，市双兔米业有限公司生产的"双兔"牌大米继6月获得全国绿色食品标志，8月和10月分别获得省和全国"放心米"称号后，又在2002中国（淮安）优质稻米博览会上获得"十大金奖大米"称号。

2003年

1月15日，市委建立经济工作专线领导小组。其中，工业经济领导小组组长徐祥华，副组长为黄为民、尤泽勇、王东升、夏元新。

1月21日，市委、市政府发出《关于建立2003年重要工作事项责任制的通知》。其中，推进乡镇工业园区建设，被确定为全市58件重要事项之一。

2月11日，市委出台《关于进一步加快工业经济发展的意见》。

2月28日，郭集工业园、卸甲金飞达工业园、菱塘工业园、天山工业园、龙虬工业园、三垛工业园被扬州市政府命名为扬州市乡镇工业示范园区。

3月29日，市委、市政府召开推进"区带园"建设现场会。

4月10日，上海市食品加工、羽绒服装行业企业负责人一行10余人考察高邮鸭业园区，双方就高邮鸭蛋品、鸭肉、羽绒等深度加工问题进行磋商。

5月18日，全市规模最大的水产品加工企业、苏州得月楼菜馆特种水产品加工基地——市西湖水产品加工厂在龙虬镇建成投产。

6月28日，市委、市政府召开"区带园"建设汇报会。会议主要总结分析上半年"区带园"建设情况，动员全市上下要高度重视，集中会战，重点突破，强势、快速、务实推进"区带园"建设，为加快全市追赶式发展提供原动力。

8月25日，市政府发出《关于进一步加强市开发区和各类工业园区环境保护工作的意见》。

9月18—19日，扬州市清理整顿不法排污企业专项执法检查组对高邮的临兴化工厂（汤庄）、日月化工厂（甘垛）、宏扬助剂厂（马棚）、龙奔助剂厂、花家电镀点（三垛）、卸甲电镀点等重点排污企业，进行突击检查。

10月26日，"中国江苏·界首茶干节"在界首镇隆重举行。

12月26日，市政府发出《关于取消我市命名的乡镇工业园的通知》。

2004年

是年，经省科技厅批准，高邮市电线电缆产业被列入苏北"星火"带科技先导型支柱产业建设。

2月3日，市政府发出《关于开展学习金飞达追赶找差距活动的意见》。

2月19日，市政府召开民营经济研讨会。

2 月 29 日,市委、市政府召开全民创业万人动员大会。会议在高邮大剧院设主会场,市经济开发区、各乡镇、各村设分会场。

3 月 4 日,市政府印发《关于进一步加大"3+1"科技支持工程实施力度的意见》。

3 月 10 日,副省长黄莉新到市双兔米业有限公司(周山)视察农业产业化经营工作。

3 月 12 日,市助剂厂污水处理负责人乔某某因私自排污造成高邮湖水污染、致使水产品大面积死亡,被市公安局依法刑事拘留。

3 月 17 日,市政府成立省苏北星火带高邮电线电缆科技先导型支柱产业建设领导小组,王东升任组长。

3 月 24 日,市委决定增设园区建设领导小组,组长为丁一,副组长为张安龙、吴平权、张秋红、姚美学。

3 月 25 日,市委、市政府出台《关于鼓励全民创业放手发展民营经济的政策性意见》。

4 月 6 日,市政府发出《关于加强砖瓦窑业粘土资源管理的意见》。

6 月 7 日,市委、市政府成立高邮市发展民营经济领导小组,徐祥华任组长,丁一、王东升任副组长。

7 月 12 日,省疾病预防控制中心作出检测结论,高邮"双兔"牌大米(周山)质量卫生实测指标优于国家规定指标,达到出口标准。

7 月,扬州曙光电缆有限公司(菱塘)及其产品计算机控制电缆、市包装制品有限公司(高邮)及其产品多层高速组合瓦楞纸入编《扬州工业企业之最》一书。

10 月 10 日,市政府下发《关于取缔无证经营小电镀厂(点)的通知》。

10 月 14 日,市政府召开取缔非法小电镀厂(点)督查汇报会,明令 20 日前对非法小电镀厂(点)全部取缔。

10 月 29 日,市委、市政府下发《关于鼓励工业经济加快发展的政策性意见》。

10 月 31 日,市委、市政府召开工业技术创新和二次创业动员大会。主要任务是,以全市工业技术创新和二次创业为突破口,坚定不移地推进工业发展,提速工业化进程,大力营造适宜工业发展的优良环境,实现全市工业经济跨越式发展。

11 月 23 日,市委、市政府召开全市标准化厂房建设现场会。

是年,乡镇工业把建设标准化厂房作为促进招商引资、加快工业集中区建设的突破口,加大标准化厂房建设推动力度。至年底,投入资金 7240 万元,其中外资 125 万美元,民资 4740 万元,政府投入 1500 万元。共建成标准化厂房 22 万平方米。

11 月 25 日,市委、市政府召开全市乡镇事业单位分类改革动员会议。根据市委、市政府出台的《关于乡镇事业单位分类改革的实施意见》,按照公益性和经营性职能分离的要求,合理设置农技推广、农经服务等机构和岗位。其中,将乡镇企业管理服务职能从乡镇农经保障服务中心划出,设立乡镇企业管理服务站,核定编制 77 名。

12 月 6—20 日,乡镇企业管理服务站按照个人申报、组织考核、统一考试、择优聘用的程序,依照有关文件要求,组织符合条件的相关人员参加竞争上岗。其中,报考 91 人,考核、考试不合格落聘 16 人,合格 75 人,末位待岗 1 人,计 74 人竞聘上岗。

2005 年

1 月 8 日,扬州市代市长王燕文一行先后到车逻镇工业集中区、高邮经济开发区进行调研。

1月13日，市委、市政府召开全市标准化厂房建设现场会。

2月22日，市委、市政府召开园区建设小组汇报会。

3月25日，省安全生产监督管理局局长杨增夫一行到高邮，了解安全生产特别是烟花爆竹安全生产工作。

4月9日，市委、市政府召开园区建设暨重大项目建设现场会。会议主要贯彻扬州市沿江开发和园区建设现场交流会精神，强势推进工业园区和重大项目建设。

4月20日，美国哈里伯顿联合技术亚太有限公司电缆事业部高层代表团首席代表迈克·威斯一行到高邮考察，并商谈建立测井电缆基地一事。

6月，江苏赛德电气有限公司（郭集）被省委宣传部、省经济贸易委员会表彰为创建学习型企业先进单位。

6月28日，市委、市政府召开全市园区建设现场交流会。

7月11日，由市发展民营经济领导小组办公室牵头，市发改委、市经贸局、市乡企局等11个部门与单位，在市东门广场联合举行发展民营经济街头现场接待日活动。

7月24日，省发改委主任钱志新到高邮对单晶硅产业链生产发展情况进行调研。

7月，扬州市恒丰制衣有限公司（高邮）连获国家商标总局颁发的"拇指熊""林杉·芙斯特""林杉风"注册商标证书，成为全市服装生产同行中首家拥有自主品牌的企业。

7月，市双兔米业有限公司（周山）、扬州曙光电缆有限公司（菱塘）、江苏华能电缆有限公司（高邮）获批省"星火"龙头企业。

8月16日，市兴邦皮具有限公司（横泾）法人代表林星当选为扬州市女企业家联谊会副会长。

8月29日，市委、市政府成立全市工业"三重"工作领导小组，徐祥华任组长，殷兴盛、黄为民、尤泽勇、祝启贵、王东升、夏元新、汤学仁任副组长。

9月1日，省政府在江苏纺织产业集群名城（镇）授牌仪式上，授予高邮市"江苏羽绒服装制造名城"铜牌。

9月2日，由江苏（中国）纺织服装城（开发区）、江苏沙龙制衣有限公司（龙虬）、扬州市恒丰制衣有限公司（高邮）、扬州神游羽绒制衣有限公司（高邮）等13个服装企业组团，组成江苏羽绒服装制造名城方阵，参加在南京市举行的第七届江苏国际服装节，引起国内外同行和客商及新闻媒体的关注。

9月26日，全国政协副主席张怀西在省政协副秘书长徐菊英、扬州市政协主席徐益民、扬州市政协副主席李孟星等陪同下视察了高邮经济开发区。

10月，市双兔米业有限公司（周山）获农业部、国家发改委、财政部、商务部、中国人民银行、国家税务总局、中国证券监督管理委员会、中华全国供销合作总社授予"全国农业产业化优秀龙头企业"称号。

10月8日，市政府下发《关于扶持服装产业发展的政策意见》。

10月12日，全国人大代表、全国劳动模范、中国服装协会副会长、波司登股份有限公司董事长高德康一行到高邮考察。

10月14日，国家农业综合开发办公室主任王建国一行到界首镇、马棚镇和市双兔米业有限公司（周山），专题考察、调研高邮市农业综合开发工作。

11月16日，市委、市政府在天山镇召开硅太阳能光伏产业基地协调会，提出创建"江苏省硅太阳能光伏产业园"。

12月1日，市委、市政府召开园区建设工作会议。会议主要学习安徽省天长市秦楠镇园区建设经验，总结全市园区建设工作，谋划2006年园区建设思路，促进园区建设在“十一五”期间大发展、快发展。

12月13日，省科技厅厅长王永顺到高邮，对江苏顺大半导体发展有限公司（天山）单晶硅项目生产状况和产品延伸开发计划等进行调研。

12月16日，市政府举行新闻发布会，祝贺市双兔米业有限公司（周山）生产的“双兔”“米河”“天佑”“添尔”等4个品牌大米获“产品质量国家免检”资格。

12月21日，国家开发银行江苏省分行行长夏胜云一行到高邮，对江苏顺大半导体发展有限公司（天山）单晶硅项目进行专项调研。

是年，扬州宏远电子有限公司（开发区）被认定为国家火炬计划重点高新技术企业。

2006年

1月1日，市委、市政府向年产值首次超亿元的江苏顺大半导体发展有限公司（天山）、扬州金马机电制造有限公司（卸甲）、江苏沙龙制衣有限公司（开发区）、市卫星卷烟材料有限公司（高邮）、市声光器材厂（郭集）、扬州光明电缆有限公司（菱塘）、扬州市恒丰制衣有限公司（高邮）等7个企业发出贺信。

1月2日，由省机械工业联合会、省机械工程学会、江苏金飞达电动工具有限公司（卸甲）主办，扬州市经贸委、扬州市外经局、卸甲镇政府协办的电动工具行业发展论坛在卸甲镇举办。

1月，中国纺织工业协会、中国服装协会联合颁发证书，授予高邮市“中国羽绒服装制造名城”称号。

1月26日，市委下发《关于鼓励工业经济加快发展的政策性意见》。

2月8日，市园区建设领导小组召开会议。会议听取了园区建设领导小组办公室关于全市园区建设情况的汇报，并就园区建设发展中存在的困难、问题和矛盾，从规划、政策、资金、服务、考核等方面提出了具体的措施和意见。

2月27日，市政府召开全市工业发展和科技创新大会。动员全市上下瞄准“双千”目标，着力推进重大项目、重要产业、重点企业建设，以重大项目突破年为突破口，以科技创新为动力，推进技术创新、二次创业、品牌创响、素质创优。

4月，高邮市促进中小企业发展服务中心成立。“中心”主要为中小企业提供技术咨询、信息咨询、招商引资、创业辅导、投资融资、信用担保、会计代理、人才引进、人员培训、法律咨询等服务。

4月3日，市纺织服装行业联合会成立。尤泽勇、夏元新为名誉会长，王东升为会长，马在朝、陈维林等为副会长。成立大会还通过了由70多名会员共同签订的《高邮市服装行业自律公约》。

4月14日，在高邮市投资兴业的江苏波司登制衣有限公司董事长高德康，老蔡资产管理有限公司、老蔡（江苏）实业有限公司董事长蔡宗佑被扬州市政府授予“城市贵宾”称号。

4月21日，市党政代表团赴张家港考察园区建设。

5月15日，高邮市企业信息化联盟成立。

5月18日，副省长张桃林一行到高邮，专题调研江苏顺大半导体发展有限公司（天山）多晶硅项目建设情况。

5月22日，市政府召开企业上市工作会议，启动企业股份制改造和上市工作。

6月9日，省委常委、常务副省长赵克志在扬州市市长王燕文等陪同下，到高邮就江苏顺大半导体发展有限公司（天山）、江苏波司登制衣有限公司（开发区）发展情况进行调研。

7月10日，“林杉风”羽绒服形象代言人签约仪式暨2006年新款发布会在扬州花园国际大酒店举行。影视明星赵亮受聘为江苏林杉风服饰有限公司(高邮)“林杉风”羽绒服形象代言人,成为全市首例。

8月22日,市委、市政府召开园区建设流动现场会。

9月13日,由台湾老蔡集团投资2980万美元兴建的台资老蔡工业园区、老蔡(江苏)实业有限公司项目在周巷镇奠基。

9月30日,市委下发《关于进一步加快市经济开发区建设的意见》。

10月7日,高邮市灯具行业协会在郭集镇成立,首批入会会员企业共48个。

10月23日,卸甲镇由32家企业组成的镇青年创业联合会成立。此在扬州市属首家。

10月28日,由市委、市政府主办,中国服装协会、省纺织工业协会协办的首届中国(高邮)羽绒服装节暨第四届中国双黄鸭蛋节开幕。

11月,经扬州市中小企业局推荐,郭集灯具工业园作为“长三角”地区100家中小企业支持社会主义新农村建设的先进典型,在第四届“长三角”中小企业论坛上发布。

11月17日,位于卸甲镇黄渡工业集中区的市内首家股份有限公司扬州天地源机电制造股份有限公司,经扬州市工商行政管理局核准注册。

11月22日,在全国人大常委会委员姜云宝、省人大常委会副主任柏苏宁陪同下,非洲利比里亚参众两院联合代表团到高邮考察,并参观市双兔米业有限公司(周山)。

12月,由国家发改委能源所指导并参与的秸秆气化发电示范项目在界首镇组织实施,项目总投资为1.2亿元。

12月31日,市委作出《关于对扬州曙光电缆有限公司销售收入超10亿元予以表彰的决定》。

是年,扬州曙光电缆有限公司获江苏省质量管理奖,成为全市首例。

2007年

1月5日,市委、市政府在菱塘回族乡为扬州曙光电缆有限公司销售额超10亿元举行祝捷大会,授予该公司董事长、总经理郑连元“高邮市工业经济功臣”称号。

1月19日,中国照明电器协会理事长陈燕生一行到高邮调研灯具产业发展情况。

1月20日,市委、市政府出台了《关于鼓励全民创业进一步加快发展民营经济的政策性意见》。“意见”从进一步拓展民营经济发展空间、进一步鼓励全民创业、进一步加大扶持力度、进一步鼓励企业做大做强、进一步鼓励企业技术创新5个方面,加大对民营经济发展的扶持激励力度。

2月15日,市委、市政府下发《关于鼓励工业经济又好又快发展的政策性意见》。

3月3日,市助剂厂(高邮)车间蒸馏釜发生爆炸,造成8人受伤,其中一人重伤。

3月6日,市委、市政府召开园区建设流动现场会。

3月13日,扬州市政府同意高邮市设立郭集工业集中区、卸甲金飞达工业集中区、天山工业集中区、菱塘工业集中区、高邮镇工业集中区、八桥工业集中区、城郊工业集中区。

3月20日,市政府下发《关于进一步加快光伏产业园建设的意见》。

3月21日,以江苏华富控股集团有限公司为母体,以江苏华富能源股份有限公司、江苏华山电气有限公司、江苏润春电气有限公司、扬州澳玛电气有限公司、高邮天地通物流有限公司为控股子公司的江苏华富集团(高邮)组建成功。

4月16日,澳大利亚上海世博会宣传组委会访华代表团到高邮,先后考察开发区、鸭业园区。

4 月 17 日，俄罗斯巴拉什赫市代表团到高邮，先后考察郭集灯具工业园区、扬州和益电动工具有限公司（开发区）和江苏波司登制衣有限公司（开发区）。

4 月 26 日，省政协副主席吴冬华到高邮，先后视察江苏顺大半导体发展有限公司（天山）、扬州华富实业有限公司（高邮）、中国（江苏）纺织服装城（开发区）、江苏波司登制衣有限公司（开发区）。

5 月 12 日，秸秆气化发电及产业化项目奠基开工仪式在界首镇工业集中区举行。农业部产业化经营司副司长贺军伟、国家粮食局科技司副司长张雪、国家发改委能源研究所副主任高虎等参加奠基仪式。

5 月 23 日，哈萨克斯坦、吉尔吉斯斯坦、俄罗斯联邦、塔吉克斯坦、乌兹别克斯坦等 5 国的工业主管部门司、处级官员和机械行业的实业家，到卸甲镇的江苏金飞达电动工具有限公司考察。

5 月 28 日，市双兔米业有限公司的“双兔”商标被湖北省黄冈市中级人民法院司法认定为“中国驰名商标”。

7 月 30 日，扬州三友合成化工有限公司（菱塘）总经理、“海归博士”张扬被审定为首批省引进高层次创业创新人才，获资助资金 100 万元。

8 月 1 日，全国人大常委会委员、全国人大民族委员会副主任、中国轻工业联合会会长、党委书记陈士能率领全国人大常委会跟踪执法检查组，由扬州市人大常委会副主任冀仁贵陪同到菱塘回族乡视察。其间，视察了扬州曙光电缆有限公司。

8 月，全国政协副主席张怀西为中国纺织服装城题名。

8 月，市双兔米业有限公司（周山）生产的“双兔”牌大米被中国名牌推荐促进委员会认定为“中国名牌产品”。“双兔”成为市第一个，也是至此唯一一个获得国家级的工业品牌。

9 月 21 日，亚洲乒乓球联合会主席李富荣、中国乒乓球协会主席徐寅生一行到高邮，参观江苏双兔米业食品股份有限公司（周山）。

9 月 26 日，市委、市政府成立市节能减排工作领导小组，范天恩任组长，张少华、尤泽勇、王正年、夏元新任副组长。

9 月 29 日，市委、市政府下发《关于开发建设扬州菱塘光电科技产业园区的意见》。

10 月 8 日，坐落于菱塘回族乡的扬州菱塘光电科技产业园区举行挂牌仪式。

10 月 22 日，扬州华润电缆厂（高邮）从高邮镇政府脱钩，恢复其非公有制企业性质，全市清理挂靠集体和政府机关民营企业工作正式开展。

10 月 25 日，经市机构编制委员会批准，高邮鸭业园区增挂“高邮城南经济新区”牌子。

10 月 27 日，扬州市市长王燕文、副市长纪春明到扬州菱塘光电科技产业园区检查、指导工作。

10 月，市政府对市振阳化工有限公司（汤庄）、市临兴化工厂（汤庄）、市车逻砂轮化工厂、市伯勤化工厂（卸甲）、市晨光表面处理材料厂（送桥）、市长松化工厂（送桥）、市日月化工厂（甘垛）和市助剂厂郭集分厂、车逻分厂等 9 家违法违规、污染严重的“小化工”企业果断采取彻底停产关闭措施。

11 月 22 日，市电器塑料厂（卸甲）研制的“磁卡线路控制装置”和“便携式集尘器”两项专利产品，获第四届中国国际专利与名牌博览会金奖。

11 月，高邮市中小企业局挂牌成立，与市乡镇企业管理局合署办公。

是年，江苏牛牌纺织机械有限公司（汤庄）总经理刘群信先后当选为省工商联执委和扬州市工商联执委。

是年，市促进中小企业发展服务中心被省经贸委、省中小企业局列为示范单位。

是年，“高邮市中小企业网”建成开通。网站设工作动态、统计信息、民营经济、园区建设、企业园地等栏目，为乡镇工业、民营经济等中小企业提供政策咨询、业务指导、产业推介、招商引资等全方位服务。

2008年

1月3日，市委、市政府在江苏波司登制衣有限公司（开发区）召开该公司2007年销售额超10亿元祝捷大会，授予该公司总经理何其新“高邮市工业经济功臣”称号。

1月6日，中国矿业大学朝阳集团教学科研实习基地揭牌仪式在江苏朝阳液压机械集团有限公司（汤庄）举行。

2月1日，市双兔米业有限公司（周山）董事长兼总经理徐卫东、江苏沙龙集团（开发区）和江苏波司登制衣有限公司（开发区）总经理何其新、扬州三友合成化工有限公司（菱塘）总经理张扬分别获市2007年度“十大新闻人物”。

2007年，“双兔”分别成功申报“中国名牌”“中国驰名商标”；江苏波司登制衣有限公司销售超过10亿元，成为全市第二个销售过十亿的企业；美国伊利若斯大学博士张扬在扬州市第一个获得省委、省政府高层次创业创新人才资助。

2月3日，市政府出台《关于加强服装企业管理推进诚信建设促进服装产业健康发展的实施办法》。

2月4日，市委、市政府接受江苏波司登制衣有限公司捐赠价值3000万元的7万件羽绒服，并举行向困难市民发放仪式。

2月28日，市委、市政府成立市服装行业管理领导小组，沈兴华任组长，王正年、乔国银任副组长。

3月28日，由市政府参与协办在扬州市举行的中国道路照明论坛与会代表，专程到郭集灯具工业集中区参观。

4月25日，市政府下发《关于对高邮市化工厂等15家“三高一低”生产企业实施关闭的决定》。

6月11日，中国农业发展银行行长郑晖在省农业发展分行行长石晶莹、扬州市市长王燕文等陪同下，到江苏双兔食品股份有限公司（周山）调研。

6月12日，市企业家协会召开第六次会员大会，选举张庆奇（江苏金飞达电动工具有限公司董事长、总经理）（卸甲）为市企业家协会会长。

7月14—16日，由中国照明电器协会理事长陈燕生、副理事长兼秘书长刘升平等组成的“中国路灯制造基地”冠名考核组到高邮，对全市灯具生产企业进行全面考查，并同意高邮市冠名为“中国路灯制造基地”。

7月15—16日，市第十三届人大常委会召开第四次会议。会议作出《关于 < 高邮市域环路产业带和板块经济发展计划 > 的决议》。

7月25日，市政府正式出台《市域环路产业带和板块经济发展规划》。

7月30日，临泽镇突遭龙卷风袭击，持续时间约15分钟，死4人，伤44人，受损房屋441间，镇九天服装厂遭到破坏。

8月6日，中国照明电器协会授予高邮市“中国路灯制造基地”称号。

8月8日，市委调整市工业经济领导小组成员，范天恩任组长，王正年、尤泽勇、王薇任副组长。

8月18日，中国电缆行业唯一院士黄宗祺应邀到扬州曙光电缆有限公司（菱塘）实地考察，现场指导。

9月10日，省委副书记、省长罗志军和省委常委、副省长黄莉新到高邮视察新农村建设工作。其中，视察了江苏双兔食品股份有限公司（周山）。

9月25日，江苏华能电缆有限公司（高邮）生产的专用控制电缆和计算机电缆，装配于酒泉卫星发射中心，分别用于飞船发射井架导电和控制传输信号系统，为“神舟七号”飞船成功飞天作出贡献。

10月22日，第二届中国羽绒服装产业与品牌发展论坛在高邮市举办。

10月22日，市委、市政府主办的第五届中国双黄鸭蛋节暨第二届中国羽绒服装节开幕。第五届中国双黄鸭蛋节暨第二届中国羽绒服装节“秦邮飞歌”高邮波司登（由江苏波司登制衣有限公司冠名）（开发区）之夜广场文艺晚会举行。

10月22日，省机械工业联合会授予汤庄镇“江苏省液压机械制造名镇”称号。

12月5日，江苏波司登制衣有限公司（开发区）总经理何其新获民政部颁发的中国慈善领域最高政府奖——“中华慈善奖”证书。

12月22日，高邮市改革开放30年十大新闻事件、十大新闻人物评选揭晓：天山南茶村红星塑料制品厂1986年成为扬州市第一个工业产值过千万的村办企业和南茶村1994年成为全市首个工业亿元村、扬州曙光电缆有限公司2006年成为全市首家工业销售额突破10亿元的企业、全市历史上第一个产业空间规划——《市域环路产业带和板块经济发展规划》2008年正式公布等分别被评为“十大新闻事件”；“中华慈善奖”获得者何其新（江苏波司登制衣有限公司总经理）（开发区）、“胡润百富榜”（第461位）企业家倪云达（江苏顺大半导体发展有限公司董事长、总经理）（天山）、全国农业产业化优秀龙头企业——江苏双兔食品有限公司董事长兼总经理徐卫东（周山）等被分别评为“十大新闻人物”。

12月31日，全市首家民办农村小额贷款信贷单位——高邮市汇通农村小额贷款有限公司开业。该公司由江苏华富控股集团有限公司（高邮）等7名股东出资5000万元注册资金发起成立，主要业务是面向农村提供小额贷款。

是年，市金宝电工有限公司（甘垛）总经理薛新育被推荐并通过选拔成为奥运会火炬手之一，代表83万高邮人民参加2008年北京奥运会火炬扬州站的激情传递。

是年，在全市具有服务经济建设职能的机关和事业单位开展“创优之星”评选活动中，菱塘回族乡经济发展服务中心杨俊仁被评为市“创优之星”。

是年，“高邮市乡镇工业”和“江苏金飞达电动工具有限公司”等词条分别被《中国乡镇企业及农产品加工业年鉴》（2008）和《中国中小企业年鉴》（2008）收录。

2009年

1月，江苏顺大半导体发展有限公司（天山）董事长倪云达被公选为“扬州市在改革开放30年中产生重大影响的30位人物”之一。他当选的理由是改写了国内太阳能光伏产业上游产品——多晶硅完全依赖进口的历史，其156毫米单晶硅棒产品填补国内空白，并成功试制出全国第一根8英寸单晶硅棒。

1月4日，市政府下发《高邮市市域环路产业带和板块经济发展规划实施配套政策（试行）》。

2月21日，市委、市政府召开全市工业发展大会。主要议题是动员全市上下坚持工业第一方略不动摇，围绕工业经济总量2009年突破800亿元、2010年突破1000亿元的奋斗目标，加快工业经济发展。

3月4—5日，法国EFI投资银行创始人、总裁路易·唐贝尔热到高邮考察上市后备企业，先后考察了扬州金昒灯饰有限公司（开发区）、江苏浩明光电科技有限公司（高邮）、扬州华美丙纶纺织有限公司（城南新区）。

3月20日，国家电线电缆质量监督检验中心高邮办事处在扬州曙光电缆有限公司（菱塘）揭牌成立。

4 月 24 日，由市总工会、市劳动保障局、市人事局、市经贸局、市科技局联合举办的第六届“工人先锋杯”暨“江苏科凌杯”车工大赛在汤庄镇开赛。

4 月 28 日，市政府成立市太阳能光电产业发展及应用领导小组，黄为民任组长，王正年任副组长。

5 月，由扬州润明轻工机械有限公司（横泾）研制开发的酒类自动上瓶机获得成功，填补了国内行业空白。

6 月 10 日，市政府调整市个体私营经济领导小组成员，夏正祥任组长，王正年任副组长。

6 月 15—23 日，市委书记陈扬、市长夏正祥、市政协主席倪文才等市领导分别率市经贸局、发改委、科技局、城管局、建设局、郭集镇、送桥镇和 14 家照明灯具企业负责人，组成 6 个小组，分赴科技部确定的“十城万家”半导体照明应用工程 17 个试点城市进行考察学习、交流推介。

7 月，扬州宏远电子有限公司（开发区）获省人事厅批准，建成“江苏省博士后科研工作站”，成为全市首家获批设立的省级博士后科研工作站。

7 月，江苏华富控股集团有限公司（高邮）获省科技厅批准，建成“江苏省企业院士工作站”，成为全市首家获批成立的院士工作站。该院士工作站由中国科学院院士、国内腐蚀科学与电化学专家、浙江大学教授曹楚南领衔，成员包括博士 5 人。

7 月 9 日，省委书记、省人大常委会主任梁保华到高邮，主要视察了天山镇的江苏顺大半导体发展有限公司和菱塘回族乡的扬州曙光电缆有限公司，并到扬州光明电缆有限公司（菱塘）董事长回民杨福贵家中了解生产生活情况。

7 月 16—17 日，市委召开第九届第八次全体会议。会议审议通过了市委、市政府《关于建立园区乡镇科学发展评价体系的意见》。

7 月 21—22 日，市委书记陈扬率由市委办、市招商局、送桥镇组成的招商小分队，赴浙江省湖州市招商。其间，送桥镇与浙江海盛科技股份有限公司签订了 LCOS 大屏幕彩色电视机项目落户高邮的协约。该项目总投资 1 亿元，注册资本 5000 万元。

8 月，经中国城镇改革发展研究中心、中国亚太经济调查研究中心、中国城镇竞争力促进会调查评价，菱塘回族乡获“中国绿色小康百佳乡镇”“中国最具发展潜力百强乡镇”“中国可持续发展百强乡镇”称号。

8 月 11 日，市委、市政府下发《关于加快推进园区发展的意见》。

9 月 28—29 日，日本东新住建株式会社总经理原田直明到高邮考察太阳能光伏产业，参观考察了江苏顺大半导体发展有限公司（天山）、江苏金旸太阳能电力科技股份有限公司（开发区）。

10 月 13 日，2009 年度胡润百富榜在北京市发布，江苏顺大半导体发展有限公司（天山）董事长倪云达继 2008 年荣登胡润百富榜之后，再次以 18 亿元身价登上该榜，排名第 598 位。

10 月 14 日，省委副书记、省长罗志军一行到高邮，对第三批学习实践科学发展观活动开展情况与经济社会发展情况展开调研。其间，视察了江苏华富能源股份有限公司（高邮）、江苏波司登制衣有限公司（开发区）、江苏传艺电子科技有限公司（开发区）、江苏顺大半导体发展有限公司（天山）、扬州曙光电缆有限公司（菱塘）等企业。

10 月 20 日，市卫星卷烟材料有限公司（高邮）参加由市长夏正祥、副市长王正年带队的招商小分队在吉林省长春市举行的“2009 扬州科技创新 · 产业合作推介会”，并与哈尔滨工业大学签订了“香烟接装纸用水性涂层树脂的开发”项目。

10 月 22—23 日，江苏顺大半导体发展有限公司（天山）和江苏波司登制衣有限公司（开发区）负责人随市委书记陈扬、副市长王正年及相关部门负责人赴香港，走访客商，举行产业合作推介会。

10 月 23—26 日，在山东省烟台市举办的“中国绿色食品 2009 烟台博览会暨绿色食品原料标准化生产基地建设研讨会”上，江苏双兔食品股份有限公司（周山）生产的“双兔”牌大米和市秦邮食品有限公司（城南新区）生产的松花蛋、咸鸭蛋等绿色食品代表高邮市参展，高邮市获“全国绿色食品原料标准化基地建设最佳展示奖”。

10 月，全市 10 家灯具生产企业代表扬州市灯具行业，参加在广州市举办的中小企业博览会，展示了“灯具之乡”的形象。其中，扬州市星慧照明有限公司（送桥）送展的“星慧智牌”路灯被评为“中博会江苏最佳展品”。

11 月 19 日，市委、市政府成立高邮市东部重点工业集中区开发建设协调小组，张安龙任组长，吴平权任副组长。

11 月 22 日至 12 月 1 日，市长夏正祥率团赴俄罗斯、日本进行商务考察、推介招商。其间，扬州日兴生物科技股份有限公司（高邮）与日本 THF 公司就合作开发“丸和”牌保健品签订合作协议，江苏波司登制衣有限公司（开发区）就在俄罗斯设立“沙龙”牌羽绒服销售部与俄罗斯科塞格特公司签订意向协议。

12 月，江苏华富控股集团有限公司（高邮）生产的 36 伏、42 伏电动车辆用新型高效无镉蓄电池，获由国家知识产权局和省政府举办的第六届中国国际专利与名牌博览会金奖。

是年，全市 7 家烟花爆竹生产企业以标准化建设为突破口，投入资金 400 多万元，落实整改各类隐患 41 项。经验收，均达到国家二级标准企业。

是年，菱塘回族乡被科技部命名为“中国特种电缆制造基地”。

是年，市委、市政府为进一步改进机关作风，提升服务水平，加强廉政建设，推动科学发展，在全市具有服务经济建设职能的机关和事业单位工作人员中，开展“高邮市十佳创新之星”评选活动。高邮镇经济发展服务中心副主任、园区办公室副主任周峰入选。

是年，市经贸局（市乡镇企业管理局）在市级机关全面小康建设服务工作考核测评中，获得第一类 36 个部门的前 10 位的第三位。

是年，江苏朝阳液压机械集团（汤庄）投资 2.6 亿元，开发研制生物质发电成套设备。第一期工程投入 1.3 亿元，产品已投入市场。

是年，扬州和益电动工具有限公司（开发区）被列入 2009 年省知识产权战略推进计划，获得科技无偿资金 15 万元，成为省知识产权贯标示范企业。

2010 年

1 月 16 日，江苏波司登制衣有限公司（开发区）投资兴建的波司登物流园项目正式签约。该项目投资额为 5 亿元，位于开发区，规划占地面积 20 公顷，建筑面积 9.8 万平方米。

1 月 28 日和 5 月 5 日，德国 VDE（电气工程师协会）灯具和照明行业负责人科赫一行和 VDE 总裁言尉德一行分别到郭集镇考察灯具产业，并就 VDE 认证业务开展了培训。

2 月，扬州日兴生物化工制品有限公司（高邮）被扬州市经信委命名为“扬州市节能示范企业”。

2 月 25 日，市委、市政府召开全市工业发展大会。会议主要任务是动员各园区、乡镇、部门增强高邮工业经济率先创新发展的动力和合力，推进工业经济总量过千亿元，确保完成和超额完成全年各项目标任务。各园区、乡镇向市政府递交工业经济目标管理、节能工作和质量兴市目标责任书。开发区、高邮镇、江苏波司登制衣有限公司(开发区)和江苏金飞达机电制造有限公司(卸甲)在会上做交流发言。

3月,江苏金飞达电动工具有限公司(卸甲)为该公司1600多名员工办理参加城镇职工基本医疗保险。

3月8日,韩国通讯株式会社总社长金泽焕和韩国三星产物株式会社代表理事、南京茵可诺可商贸有限公司董事长金铭浩一行,到市开发区和高邮镇工业集中区考察节能灯具产品。

3月31日,市中小企业局组织江苏苏发照明实业有限公司(郭集)、江苏龙腾照明器材有限公司(送桥)、扬州市宝尔特钢杆电器有限公司(郭集)、扬州市迪生照明器材有限公司(郭集)、市天顺照明器材有限公司(高邮)等企业负责人,参加“2010年中国道路照明论坛”(重庆)。

4月15日,市政府作出《关于对高邮市环球金属化工制品有限公司等15家“三高一低”及“五小”企业实施关闭的决定》。被关闭的“三高一低”(高消耗、高污染、高危险,低产出)及“五小”(小钢铁、小水泥、小化工、小电镀、小火电)企业为:市环球金属化工制品有限公司(八桥)、市龙腾电镀有限公司(龙虬)、市龙宇机械有限公司(高邮)、市江融机械厂(车逻)、扬州市地业机械有限公司(汉留)、市来源祥塑料厂(汤庄)、市裕华塑料粒子厂(甘垛)、市永盛泡沫塑料厂(界首)、市川青化工厂(临泽)、市天力金属材料有限公司(送桥)、扬州市神龙化工有限公司(天山)、扬州熙康仪表有限公司(菱塘)、市黎明电器厂(郭集)、市兴达干燥剂厂(市开发区)、市宝阳彩钢夹心板厂(城南新区)。

4月17日,在扬州市委、市政府举办的海峡两岸(扬州)农业合作试验区推介会上,主要签约项目包括总投资1.5亿元的天山镇旅游用品开发项目、总投资1500万美元的周巷镇纸制品包装项目、总投资5000万元的龙虬镇秦邮生物科技项目、总投资680万美元的汉留镇竹柳生产与加工项目。

4月17日,江苏华富控股集团有限公司(高邮)举行成立省级博士后科研工作站授牌并与东南大学签订合作协议仪式。

4月18日,横泾镇与上海盛世挪亚游艇投资有限公司签订总投资1500万美元的游艇生产项目协议。

4月19日,市委、市政府举办第六届中国双黄鸭蛋节2010年工业项目建设百日巡礼活动。市领导丁一、夏正祥、朱德辉、倪文才、张安龙、钱峰、刘春晓、王正年、吴平权、徐永宝、乔国银、高长明、姚美学、赵谈理、王薇、张秋红、沈兴华、尤泽勇、郭海平、薛晓寒、钱富强、孙建年、肖伯群(排名不分先后)等,分别到市开发区、高邮镇、城南新区、菱塘产业园、界首镇、临泽镇、三垛镇、汉留镇等项目集中开工现场,进行培土奠基和致词。

5月,中共高邮市飞翔服饰有限公司支部成立,成为全市首家成立独立党支部的非公有制企业。

5月4日,马来西亚齐力集团总裁管保光、长征机构有限公司董事局主席徐惠生、茂禾机构有限公司董事局主席陈柏生一行,到市华兴石油机械制造有限公司(开发区)、江苏传艺电子科技有限公司(开发区)、扬州宏远电子有限公司(开发区)、江苏华富能源股份有限公司(高邮)、江苏九叶光电科技发展有限公司(高邮)等企业考察投资环境。

5月20日,市政府在郭集镇举行“高邮灯具产业集群品牌培育基地”授牌仪式。是年初,省工商局、省商标协会确认高邮灯具产业集群为首批江苏省产业集群品牌培育基地。

5月24日,市政府下发《关于创建全国优质道路照明灯具生产基地实施意见》。

5月30日,高邮路灯展销城在送桥镇开业。中国照明电器协会理事长陈燕生出席开业庆典活动。整个展销城分户外、户内两个展示区域,集路灯产品展示、销售、存储、加工、配送、质量安全检测、信息服务、结算汇兑为一体。

5 月 31 日，市委、市政府下发《关于推进“飞地开发”的政策性意见》。

6 月，市人大常委会组成 5 个调查组，深入到乡镇、园区，逐一察看新上的 5000 万元以上的重大项目，并梳理出影响重大项目建设的具体问题，提供给市委、市政府决策参考。

6 月 2 日，省经信委授予菱塘回族乡“江苏省智能电网产业基地”称号。

6 月 8 日，市政府（第十三届）在第二十八次常务会议上，原则同意市劳动和社会保障局所提《关于解决农具厂退休老职工生活保障问题的方案》，要求坚持尊重历史，面对现实，权利与义务相结合，区别对待，分类指导，需求和可能相统一的原则，允许农具厂退休老职工从 2010 年 7 月起自行选择相关方案，稳妥处理好历史遗留问题。

6 月 18—19 日，由《新华日报》、江苏卫视、江苏教育电视台、江苏省人民广播电台、《南京晨报》《现代快报》、中国江苏网、《江南时报》《扬子晚报》、扬州电视台等 10 多家省和扬州市媒体组成的新闻采访团，深入菱塘回族乡的扬州曙光电缆有限公司、工业集中区、扬州红旗电缆有限公司等，集中采访报道该乡两级党组织开展“创先争优”活动的先进事迹。

6 月 22 日，市委、市政府发出《关于印发 <高邮市人民政府机构改革实施意见> 的通知》。《高邮市人民政府机构改革实施意见》决定组建市经济和信息化委员会，挂中小企业局牌子，不再保留市乡镇企业管理局牌子。

6 月 23 日，国家粮食局局长聂振邦由扬州市委副书记洪锦华陪同，到江苏双兔食品股份有限公司（周山）实地检查了解 2010 年夏粮收购情况。

6 月 27 日，出席“2010 中国扬州——海湾阿拉伯国家石油化工产业合作论坛”的阿拉伯联合酋长国、阿曼、巴林、卡塔尔、科威特、沙特阿拉伯等国驻华使节和大型石化企业负责人到菱塘回族乡。其中，参观了扬州曙光电缆有限公司。

6 月 30 日，市政府就副市长朱振中分工发出通知，协助分管工业经济以及市乡企局（市中小企业局）。

7 月 7 日，郭集灯具创业园被省中小企业局命名为江苏省小企业创业示范基地。

7 月 26 日，界首陈华记茶干食品厂经商务部网站公示，入选全国第二批“中华老字号”企业。

该厂创建于 1783 年，为扬州市历史悠久的“中华老字号”企业之一。

7 月 27 日，在全省企业技术进步工作会议上，江苏顺大半导体发展有限公司（天山）被省经信委表彰为省技术改造先进企业。

8 月，江苏金飞达电动工具有限公司（卸甲）获商务部批准，在美国休斯顿市设立分公司，总投资 10 万美元。这是全市首家在国外设立的经营分支机构。

8 月，扬州天华光电科技有限公司（天山）、扬州市创新包装材料有限公司（高邮）、扬州欧力特电源有限公司（开发区）、扬州润明轻工机械制造有限公司（横泾）等 4 家企业负责人参加在中科院合肥物质科学研究所举行的“2010 中国扬州科技创新・产业合作（合肥）推介会”。

8 月 10—11 日，市委常委、组织部长刘春晓率市照明器具专业招商分局、招商分局保障单位市经信委、招商分局载体单位郭集镇和部分重点企业负责人，分别赴苏州、上海等地展开专业招商，并与相关企业、高校研究所及专家交流、探讨、洽谈高邮市照明器具产业发展方向、同高校合作空间及复旦大学在郭集镇建设国家级灯具检测服务平台、与高邮相关企业进行产学研合作等。

8 月 17 日，市委、市政府召开全市工业创新发展转型升级推进大会。

8月30日，省中小企业局发文命名江苏朝阳液压机械集团有限公司（汤庄）为2010年度省高成长型中小企业；命名扬州日兴生物科技股份有限公司为第三批省科技型中小企业。

9月，市信用联社向江苏华富能源股份有限公司（高邮）和市三湖蛋品有限公司（汉留）分别发放商标专用权质押贷款2000万元和500万元。此为扬州市首例。

9月20日，在市委宣传部、市文明办、市广播电视台、市新闻信息中心联合组织开展“高邮好人”——第三届文明好市民评选活动中，扬州高标机械有限公司（汤庄）总经理吴有还当选“高邮好人”。

10月，杨向东（市经信委主任、中小企业局局长）被中国纺织工业协会授予“全国纺织产业集群突出贡献工作者”称号。

10月21日，由市灯具行业协会向国家工商局商标局申请的“靓路”灯具集体商标获得审核通过。

10月23日，在全省民营经济工作会议上，扬州曙光电缆有限公司（菱塘）被省委、省政府命名为省优秀民营企业。

10月27日，市委、市政府发出通知，印发《关于促进工业经济转型升级加快发展的政策性意见》。

11月，江苏华富控股集团有限公司（高邮）和扬州曙光电缆有限公司（菱塘）经严格考核后，在全市12家申报市长质量奖的企业中脱颖而出，分别获首届“高邮市市长质量奖”。

11月3日，市政府出台《高邮市重大工业项目“零收费”实施办法》。

11月18日，省委副书记、省长罗志军由扬州市委书记王燕文、扬州市市长谢正义陪同，先后视察了扬州日兴生物科技股份有限公司（高邮）和扬州永辉纺织有限公司（开发区）等，要求“高邮的发展就是要始终抓住大项目不放，坚持科学发展，注重效益、质量的提升，走环保、集约发展之路”。

11月19日，车逻镇振元治炼厂遭歹徒入室抢劫，被劫铅锭3吨多，价值5万元。

11月21日，扬州宏远电子有限公司（开发区）实施的“高压电极箔产业化”项目，被国家发改委授予“新材料领域国家高技术产业化示范工程”牌匾。

11月22日，中国纺织工业协会公布，高邮市顺利通过“中国羽绒服装制造名城”称号复评。

11月28日，原国务委员唐家璇由中央社会主义学院党组书记叶小文和扬州市委副书记、市长谢正义陪同，在高邮视察时走访了菱塘回族乡杨福贵（扬州市光明电缆有限公司法人代表）家，询问了解了他家生活状况、家庭收入等情况。

11月29日，市人大常委会（第十三届）举行第二十次会议。其间，听取了市人大常委会执法检查组《关于市政府贯彻实施〈中小企业促进法〉情况的执法检查报告》，并作出审议意见。

12月，在市纪委、市优办组织开展的2010年度市级机关作风建设考评活动中，市经信委（市中小企业局）位居第一类40个经济管理执法部门第8位。

12月13—19日，市委副书记张安龙、市政协副主席、市委统战部部长王志强率团带领沙龙制衣股份有限公司（开发区）等企业，赴台湾考察、招商。

12月16日，市委常委、常务副市长王正年主持召开市长办公会议，专题研究原市属工业企业实行属地化管理工作。会议明确了原市属工业企业中产权清晰、生产经营正常的56家企业，由所在乡镇（园区）实行属地管理。

12月19日，由波司登国际控股有限公司与江苏康博科技有限公司共同投资60亿元、年产6000吨高纯硅项目落户市开发区，成为全市迄今为止引入的最大单体项目。

是年，“沙龙”商标（沙龙集团股份有限公司）（开发区）被认定中国驰名商标。

是年，江苏双兔食品股份有限公司（周山）、市万嘉面粉有限公司（临泽）创建成国家“放心粮油示范企业”。

是年，江苏赛德电气有限公司（郭集）和江苏金飞达工业园有限公司（卸甲）通过计量保证确认。

是年，扬州市百仕德礼品工艺有限公司（车逻）被扬州市委宣传部、扬州市文广新局命名为首批扬州市文化产业示范基地。

是年，市人民法院在扬州日兴生物科技股份有限公司（高邮）挂牌成立青少年安置帮教基地。

是年，扬州宏远电子有限公司（开发区）、江苏龙腾照明器材有限公司（送桥）获得“扬州市质量奖”。

是年，扬州日兴生物科技股份有限公司（高邮）的“功能性壳聚糖精深加工关键技术研究与柔性制造”项目，获得省政府“江苏省科技进步二等奖”。

是年，扬州日兴生物科技股份有限公司（高邮）被确认为江苏省农业科技型企业。

是年，江苏绿科生物技术有限公司（开发区）先后建成江苏省企业院士工作站、企业研究生工作站，江苏龙腾照明集团有限公司（送桥）建成江苏省研究生工作站。

是年，江苏朝阳液压机械集团有限公司（汤庄）被列入2010年省知识产权战略推进计划，获批“省知识产权贯标示范先进企业”称号。

是年，扬州宏远电子有限公司（开发区）、江苏金飞达电动工具有限公司（卸甲）、江苏朝阳液压机械集团有限公司（汤庄）、江苏华富能源股份有限公司（高邮）等被国家科技部认定为国家“火炬”计划重点高新技术企业，有效期为3年。

是年，全市继续开展清理挂靠集体和政府机关的民营企业，累计已达28家。

是年，扬州市天虹钢杆照明电器有限公司（天山）生产的“耀扬”牌路灯、照明器械及装置、灯罩商标，江苏天龙照明电器有限公司（郭集）生产的“昊天龙”牌路灯、照明器械及装置、照明器商标，江苏承煦照明电气有限公司（送桥）生产的“图形”牌照明器械及装置商标等获“江苏省著名商标”称号。

是年，经省名牌战略推进委员会认定，扬州光明电缆有限公司（菱塘）“宇菱”牌交联聚乙绝缘船用电力电缆、江苏赛德电气有限公司（郭集）“赛德”牌电子计算机控制电缆、江苏广源电线电缆有限公司（开发区）“千连”牌钢芯铝绞线、江苏华富控股集团有限公司（高邮）“HUAFU（图形）”牌阀控式密封胶体蓄电池、扬州市伏特钢杆照明有限公司（送桥）“好光景”牌道路与街路照明灯具为江苏省名牌产品。

是年，江苏华富控股集团有限公司（高邮）、江苏顺大半导体发展有限公司（天山）、扬州日兴生物科技股份有限公司（高邮）、扬州曙光电缆有限公司（菱塘）、江苏朝阳液压机械集团（汤庄）、扬州欧力特电源有限公司（开发区）、扬州市亚光电缆有限公司（菱塘）、扬州市恒辉电缆有限公司（菱塘）、扬州市红旗电缆制造有限公司（菱塘）被评为“江苏省创新型企业”。

是年，江苏华富控股集团有限公司（高邮）、江苏润华电缆股份有限公司（高邮）、扬州和益电动工具有限公司（开发区）、江苏传艺科技有限公司（开发区）、市卫星卷烟材料有限公司（高邮）、扬州市刘氏化工有限公司（八桥）、市助剂厂（高邮）、扬州欧力特电源有限公司（开发区）、扬州市中能电缆有限公司（菱塘）、扬州高标机械有限公司（汤庄）被认定为国家高新技术企业。

是年，江苏波司登制衣有限公司（开发区）总经理何其新被扬州市委、市政府表彰为2010年度扬州市工业十大明星企业家。

是年，高邮镇工业集中区被表彰为2010年度扬州市十强乡镇工业集中区。

是年，在由扬州市经信委、扬州报业传媒集团主办，共青团扬州市委和扬州晚报承办的2010年扬州市十大经济新闻人物评选活动中，经过网络、邮件、电话等群众投票和由27位经济权威、专家学者组成的评审团投票，扬州市曙光电缆有限公司（菱塘）董事长兼总经理郑连元当选为扬州市十大经济新闻人物。

分类概要编

乡　村

乡(镇)综括

高邮镇

该镇由原高邮镇、武安乡、湖滨乡合并而来。三乡镇依附城区及其周边独有的地理优势,工业经济长期处于全市领先地位。

原高邮镇工业企业全部座落在市(县)城区,从业人员基本为城镇非农人员,曾隶属于市(县)管理。工业结构主要以纸箱包装、船舶修造、塑料编织、日用化工等行业及其产品为特色。重点企业有纸箱厂、华威新型装饰材料厂、塑编厂、包装厂、新华镇流器厂、化工厂、玻璃厂、船舶修造厂等。从20世纪80年代末至90年代,该镇以抓质量、促销售为中心,不断调整产品结构。大力增加畅销的纸箱、纸盒、塑编袋、镇流器、羽绒等产品产量;努力提高平销的啤酒瓶、絮片、服装等产品质量;淘汰滞销的轴壳等产品。同时,把增加投入、开发新品作为主攻方向。先后开发出易拉罐、弱酸黑BR和艳红B、复合铝箔、金属印刷、彩色印刷、瓦楞纸板、PVC硬质包装盒、升降式高杆灯、工矿灯、微型汽车配件、塑钢门窗、石英地砖、65米趸船等新品及新建3000吨级船台,具有年造船15000吨能力。其中,一些产品打开了国际市场。至90年代末,初步形成以包装、建材、造船、化工、照明器材、印刷等为特色的工业发展布局。90年代中后期,该镇由于特殊的地域因素,将对老亏损大户玻璃厂、二机厂、纱厂等企业一厂一策地以改革促活力、抓扭亏保稳定一度作为工作重点。1999年,全镇实现工业产值2.41亿元。

武安乡曾名城东乡,工业基础厚实。武安乡早期以机械零配件加工、塑料制品、平板玻璃生产等为主,后逐渐形成以新邮钢厂、华富蓄电池厂、日欣公司、塑料电器厂、农机配件二厂、轻工配件厂及康普照明公司等为骨干企业,以钢铁冶炼、蓄电池、甲壳素、压电陶瓷、铝箔纸、节能灯管以及柴油机花键轴等为拳头产品的结构较为合理的工业布局。进入20世纪90年代,该乡实行了大刀阔斧的工业结构调整,生产要素向重点产品集中,优惠政策向骨干企业倾斜,大力发展规模经济。砍掉104个"小、微、亏"的大路货产品,开发和批量生产技术含量和附加值较高的新产品。企业由84家减少到38家,通过外联内合和加大技改投入,促使重点企业形成规模优势。此后,新开发轧钢、PVC涂塑布、砻谷机胶辊、花键轴、农用运输车后桥总成、PP及PE通讯电缆料、无氧铜材、密封蓄电池、紧凑型高效节能灯、1-氨基蒽醌等项目,形成了机械、化工、电子、建材、通讯材料等五大产品系列。其中,优势产品28个。至1995年,全乡有5000万元以上企业4家。其中,亿元企业2家。全乡实现工业产值5.04亿元。该乡企业改革一直走在全市前列。从1991年农机配件二厂兼并农具厂、塑电厂兼并线材厂、橡塑厂兼并轻配厂,到1994

年农配二厂、橡塑厂、塑电厂、电池厂、节能灯厂、农配四厂等6家乡办企业和9家村办企业改为股份合作制，再到1997年在企业产权制度改革的基础上，企业内部实行“六制”配套改革，狠抓现代企业制度的建立，该乡经历了从自发到试点、到向全市推广的过程，为全市乡镇企业改革提供了宝贵的借鉴经验。

湖滨乡是从滨湖渔村发展起来的，橡胶配件、农机具修造是其传统工业。其中，不断发展壮大的助剂厂当数全市化工行业的龙头老大。从沙湖村起家，后来发展成为规模、影响极大的华能电缆厂，其技术、管理、人才等都成为高邮电缆行业的鼻祖。1990年，全乡工业产值2749.5万元。该乡克服劳动力偏少、地理位置偏僻、养殖渔业传统化等不利因素，逐渐强化工业的主攻地位，加大技改投入，不断增加企业的发展后劲，基本形成了具有湖滨特色的工业发展格局。尤其是在1991年洪涝灾害炸圩分洪后，华能电缆厂、助剂厂、丝绒厂、农配三厂等企业加大投入力度，开辟新厂区，购置新设备，开发新产品，实现了新厂区的快速投产受益，为全乡经济发展奠定了坚实基础。经过一个时期的企业结构和产品结构调整，华能电缆总厂、助剂厂、丝绒厂等成为全乡重点骨干企业；同时涌现出了亚光电缆厂、橡胶厂、电镀厂等一批村办工业新秀，形成了化工、电缆、纺织、机械、橡胶等五大系列60多种产品。1996年，全乡工业产值2.98亿元。

2000年5月，三乡镇合并。合并后的高邮镇坚持发展工业“第一方略”，认真实施重点企业培大培强工程、成长型企业上规模工程、微小企业进“列统”工程，保增长与调结构、促转型互动并进，促进工业经济突破性发展。2000年，实现工业总产值13.97亿元、销售收入11.88亿元、利润1548万元。此后数年间，镇属工业企业的公有资本全部退出，职工身份置换到位，城区企业尤其是特困企业的企业改制工作基本终结；镇工业园区规划建设；防伪水松纸、染料中间体、探测电缆、组合纸板纸箱、高效螺旋节能灯、羽绒服装等重点技改项目顺利实施；江苏华富能源股份有限公司、江苏润华电缆股份有限公司、江苏华能电缆股份有限公司、江苏日兴生物科技股份有限公司、市助剂厂、市包装制品有限公司、市卫星卷烟材料厂、市神游制衣有限公司等骨干企业发挥出引领支撑作用；化工、服装、电缆、包装等主导产品畅销海内外。2005年，全镇坚持大中小项目齐上，内外资项目兼收，强势推进项目建设。当年共实施工业技改项目57个，完成工业技改投入3.01亿元，同比增长58%。工业集中区快速发展。区内企业实现产值10亿元、销售收入9.5亿元、利润2000万元，同比分别增长60.6%、60%和61.3%。2006年，工业经济呈现高速增长势头，重点骨干企业支撑作用显著，全部工业产销利同比分别增长34.4%、39.8%和42.8%。全镇38个规模以上工业企业实现产值25.98亿元、销售收入24.93亿元、利润4563万元，分别占全镇工业产销利总额的63.8%、64.3%和46.6%。2008年，新型能源、生物医药、机电制造、轻工服饰等四大产业特色基本形成，重点企业科技创新水平有所提高，全年获批专利产品86个。江苏浩明光电科技股份有限公司实施的“高效节能灯管高速自动生产线开发及产业化项目”获省重大科技成果转化专项资金立项。2009年，外贸生产企业订单减少，主要原材料价格异常波动，工业经济发展速度趋缓。全镇62家规模以上工业企业完成产值66.01亿元、销售收入62.29亿元、利润9829万元，同比分别增长29.7%、29%和77%。高邮镇投入1750万元进行工业集中区基础设施建设，工业集中区被表彰为“扬州市十强乡镇工业集中区”。

2010年，全镇实现工业总产值143.1亿元、销售收入139.31亿元、利税9.16亿元，分别比上年增长33.7%、38.2%和74.4%。其中，65家规模以上工业企业完成产值87.19亿元、销售收入84.54亿元、利税6.29亿元，分别比上年增长31.1%、34.6%和19.9%。新增产值亿元以上企业4家，全镇产值过亿元企业总数26家。机电制造、轻工服饰、新型能源、生物医药等四大产业规模不断壮大，重点项目推进力度加大。全年实施在手工业项目67项，新开工建设1000万元以上项目14项。其中，亿元以上项目4项,5000万元以上项目5项。总投资1.05亿美元、注册资本8888万美元的波司登物流园项目成功签约;江苏中贸电子光源有限公司、江苏大熙照明有限公司等外商投资企业顺利落户。工业集中区建设进一步加快和完善。实施污水管网铺设工程、南郊道路改造工程,启动东区同心路东延工程,进一步增强园区承载力、吸引力。全年共投入1.13亿元,园区工业企业实现产值80亿元,同比增长52%,占全镇工业总产值55%以上。

2010年高邮镇工业主要指标情况表

表14

项目	单位	本年实绩	比上年±%	部分重点企业	主要产品
企业数	家	433	3.0	市助剂厂	荧光增白剂
其中:规模以上	家	65	4.8	江苏润华电缆有限公司	电缆
总产值	万元	1431000	33.7	扬州市鹏达橡胶制品有限公司	橡胶护舷
其中:规模以上	万元	871901	31.1	扬州神游羽绒制衣有限公司	服装
规模以上企业利润	万元	20101	16.9	市卫星卷烟材料有限公司	烫金、印刷水松纸
技改投入	万元	146700	57.6	扬州日兴生物化工制品有限公司	氨基葡萄糖盐酸盐
从业人员	人	27770	37.0	江苏华富能源有限公司	太阳能电池

车逻镇

该镇工业发展较早,乡村办工业企业数长期居全市之首。特平村的花炮、师伙村的不锈钢曾经是该镇特色产业,亦是全市(县)村办企业中的先进典型。该镇工业产品结构一直以工程机械配件、砖瓦、烟花爆竹、不锈钢及其标准件等为主。农机修造及其衍化发展的机床制造,曾经留下辉煌的一页。

扬州高格机械有限公司生产的高精度机用平口钳

20世纪90年代以后,该镇在强化农业基础地位的同时,坚持工业强镇、项目兴镇的发展战略,突出抓好市场开拓、结构调整、深化改革和管理增效等重点环节,大力兴办工业园区。镇村43家工业企业绝大多数与大专院校、科研单位、大中型企业联营协作,先后开发了不锈钢冶炼、锻铸、拉丝及标准件和PVC篷布、石油化工、体育健身器材、彩色雨伞、内墙多彩涂料、再生造纸、铝压件、药物包装材料、拳击套、冷发泡沫、花键轴、汽车轮胎紧固件、邮电塑料拉管、多功能立式铣床、平口台钳、牙膏软管、葡萄糖盐酸盐、温室花架、旅游帐篷等一大批新品和项目,逐步拥有了五金机械、不锈钢、体育健身器材等支柱行业。该镇企业改革力度较大,到2000年底,仅通过公开售卖企业达22家,共收回资金354万元。该镇重视加强镇村工业企业的财务、现场、质量、安全等各项管理工作,尤其是财务管理工作在全市较为先进。扬州高格机械有限公司、市汽车标准件厂被评为扬州市财务管理达标先进单位，镇企业管理站被评为省、扬州市先进单位。

进入21世纪，该镇坚持主攻工业不动摇，通过完善激励政策、促进微小企业上规模、加强校企合作、商会平台互动等措施，进一步扶持企业做大做强。依托原有工业基础和产业特色，支持鼓励发展民营经济，着力打造“五金机械之乡”。实施项目兴镇发展战略，陆续上马了汽车标准件、伊兴机械、益园教具、国安纸业等一批技改扩产项目。连续数年，工业技改投入力度持续加大。2005年，当年完成固定资产投资1.51亿元，工业技改投入1.04亿元，同比分别增长43.8%和1.07倍。2006年，完成固定资产投资2.06亿元，工业技改投入1.60亿元，同比分别增长36.4%和53.8%。2007年，完成固定资产投入2.97亿元，工业技改投入2.36亿元，同比分别增长44.2%和47.5%。2008年、2009年，工业技改投入继续大幅增长，同比分别增长42.6%和49.5%。至2009年末，全镇工业经济保持了稳步增长的发展趋势，30家规模以上工业企业实现产值7.56亿元、销售收入7.06亿元、利润1400万元，同比分别增长26.6%、34.2%和20.2%。

2010年，该镇实现全部工业总产值28.62亿元，同比增长14.4%。全年工业用电量3435万千瓦时，同比增长20%。新增工业贷款余额5000万元，同比增长35%。5家企业赴四川大学参加产学研合作活动，签订产学研合作项目4项，引进高层次人才1人。新注册商标9个，申请专利53件，获批3件。市迅达工程机械有限公司获批省高新技术产品1项，并建成扬州市级工程机械技术研究中心。新开工5000万元以上项目3项，竣工项目3项。由江苏博际环保工程有限公司投资1.2亿元、注册资本3118万元的环保设备项目为该镇首个亿元项目。按照科学规划、集聚产业、节约资源要求，在澄子河南、迎宾大道西侧规划建设20公顷工业集中区，当年投入300多万元，实施区内道路交通、绿化、亮化等配套工程，提升工业集中区项目承载能力，为众多微小企业加速产业集聚提供发展空间。全年新入区企业4家。

2010年车逻镇工业主要指标情况表

表15

项目	单位	本年实绩	比上年±%	部分重点企业	主要产品
企业数	家	338	0.6	市迅达工程机械集团有限公司	工程自动化设备
其中：规模以上	家	30	0	扬州市伊兴机械有限公司	航天器材配件
总产值	万元	286168	14.4	市欣强力不锈钢有限公司	不锈钢材
其中：规模以上	万元	82414	10.4	扬州百士德礼品工艺有限公司	绳带
规模以上企业利润	万元	1681	-1.9	扬州市金诺尔不锈钢有限公司	钢压延
技改投入	万元	55000	9.8	市明增生物制品厂	甲壳素
从业人员	人	8563	4.0	扬州和宇旅游用品制造有限公司	休闲钓鱼用品

龙虬镇

该镇由原龙虬（曾名一沟）镇、张轩乡合并而来。原龙虬镇的工业曾以农机具修造厂的泵业制造而闻名，塑料制品、水泥制品、防水材料等都具有一定的知名度，张轩乡的强民村以及强民齿轮厂是全市村办工业的佼佼者。

一沟农机配件厂厂门

自20世纪90年代以后，该镇工业企业结构发生了较大变化，在传承机械加工、泵体生产、塑料管材的基础上，大力发展铝压铸造及服装加工行业。新开发微型柴油机、PVC卷材、波纹管、大口径不锈钢管材、塑料支架与托板、玻璃钢复合窨井盖、卫生巾、面粉及挂面、钢管弯管机、拉伸机、塑料粒子、咖啡磨片、整板包装箱等产品。服装、塑料、机械、建材(包装)和农副产品加工等一直是该镇工业的五大支柱行业。其中，以沙龙制衣(后划归市开发区)为代表的一批服装加工制造企业的兴办和发展，对全市服装产业的发展产生了一定的影响。

进入21世纪，该镇坚持优先发展工业、主攻工业的目标不动摇，围绕培植支柱产业、培强重点企业、培育成长企业思路，进一步提高工业经济组织程度。服装、机电、塑胶等三大产业特色基本形成。市农机配件有限公司、市福兴微耕机厂、扬州银河制衣有限公司、扬州国龙制衣有限公司、高邮龙腾制衣有限公司等重点企业稳步发展；江苏兴达新材料有限公司、高邮鸿晟塑胶制品有限公司、扬州兴龙塑料有限公司、高邮茂金机械制造厂等成长型企业发展势头迅猛。2005年，16个规模以上工业企业实现产值5.77亿元，同比增长50.5%。是年，服装业在该镇工业中的支撑作用日益明显。全镇有服装生产企业30家，生产线350条，从业工人1.5万人，拥有“沙龙”“冬之音”“处处随”“吉祥”“龙虬庄”等自主品牌。江苏沙龙制衣有限公司、扬州银河制衣有限公司、高邮龙腾制衣有限公司、扬州新雅泰服饰公司、市世纪龙制衣有限公司、扬州安凯利服饰公司、市游龙制衣有限公司等均拥有自主经营出口权，产品远销美国、日本、俄罗斯、新加坡及香港等国家和地区。同时，该镇带动和促进制线、绣花、包装等产业的发展。服装业实现产值3.5亿元，占全镇工业总产值的31.5%，雅鹿工业园落户工业集中区。2006年，加大奥林工业园基础设施建设投入，提升园区项目的承载能力，当年新增入园企业13家。2007年，机械、塑料行业对全镇工业经济拉动作用日益增强，服装行业综合效益滑坡较为严重，奥林工业园并入市开发区。2008年，围绕“大投入、上规模、引项目、增效益”的思路，共完成技改投入2.15亿元，同比增长43%。当年，镇南民营工业集中区启动建设。2009年，持续加大技改力度，完成工业技改投入2.85亿元，同比增长31.6%。规模企业实现产销利同步增长，16家规模以上工业企业实现产值7.01亿元、销售收入6.69亿元、利润1608万元，同比分别增长31.4%、26%和21.8%。扬州苏柴动力有限公司、扬州飞华精密压铸有限公司、市精标齿轮有限公司等3家大体量机电项目入驻工业集中区，初步形成机电产业集聚。

2010年，全镇实现全部工业产值19.85亿元、销售收入18.37亿元、利润5430万元，分别比上年增长28%、28%和31%。全镇完成全社会固定资产投资3.36亿元，增长28%；完成工业技改投入2.77亿元，下降2.8%；全年新开工1000万元以上项目9项。市三湖蛋品有限公司与浙江省杭州山水蓄电池有限公司签约，共同投资1亿元新上电极产品项目；江苏海潮科技股份有限公司与江苏大学产学研合作，总投资2亿元，注册资本500万元的“新型多功能节水灌溉装备及系统”项目正式签约。加强集中区配套设施建设，提升集中区项目承载能力。市农机配件有限公司295型柴油机整机生产线顺利投产；市茂金机械制造厂投入3000万元，盘活扬州高田橡胶厂闲置厂房，并新建厂房3500平方米；市福兴微耕机厂与台商共同投入5000万元，新上不粘锅生产线，基础设施建设竣工；扬州讯通塑业有限公司投资3000万元的通信塑管项目建成投产；扬州市兴龙塑业制品有限公司投资3000万元的扩产项目开工建设。

2010年龙虬镇工业主要指标情况表

表16

项目	单位	本年实绩	比上年±%	部分重点企业	主要产品
企业数	家	215	0	江苏兴达新材料有限公司	U型罗栓
其中：规模以上	家	16	0	市福兴微耕机厂	铝压铸件
总产值	万元	198512	28.0	扬州市银河制衣有限公司	服装
其中：规模以上	万元	86842	30.6	市高农机械配件有限公司	冷却水泵
规模以上企业利润	万元	1279	68.7	市宏晟塑胶制品有限公司	TRR鞋底
技改投入	万元	27700	-2.8	扬州市兴龙塑料有限公司	塑料管材
从业人员	人	6003	4.9	市永富齿轮厂	机械加工

马棚镇

该镇工业一直力求扩大发展，但始终发展不快，早年的农机具修造厂是该镇的支柱企业。

1996年企业改制后，该镇除新上电线电缆外，主要维持发展服装、化工等行业，生产产品十数年不变。主要产品有D环、二甲基对苯醌、铝镍合金粉、硫化亮绿、计算机电缆、绗缝被、服装、大功率触发器等。主要企业有越洋制衣厂、宏扬医药化工有限公司、柴油机配件厂、线缆厂等。

进入21世纪，该镇加大技改投入。越洋制衣、鸿运制衣、宏扬化工、庆丰木板等企业分别添置设备、新上生产线、扩大产能，实现经济有效增长。加快调整产业结构，先后新增高分子材料、机械齿轮、滤芯和优质大米等产品生产。加快科研开发力度，扬州双联塑业有限公司成功引进博士后1人；市金塘保温材料有限公司与南京玻璃纤维研究设计院签订产学研合作协议。推进品牌建设，新注册商标5件；申报专利产品5件；“三参”牌草鸡蛋被认定为省知名品牌。2005年，外贸生产稳步发展。实现出口产品交货额6842万元，同比增长51.4%。2006年，该镇加快工业集中区建设，投资1.25亿元，实施扬州佰瑞得服饰有限公司、市永盛纺织有限公司、市诚达商贸有限公司、扬州市欧力达机电有限公司、市豪富针织羊毛衫有限公司、扬州市鸿升米业有限公司、市朗天服饰有限公司等项目。2008年，重点骨干企业发展加速，4家规模以上工业企业实现产值1.35亿元、销售收入1.26亿元、利润129万元，同比分别增长45.2%、48.2%和79.2%。2009年，市越洋制衣厂、市金祥云科技有限公司加大投入，实施设备更新改造，经济效益明显提高。

2010年，该镇完成全部工业产值8.46亿元，增长25.5%。5家规模以上工业企业实现产值2.08亿元、销售收入1.99亿元、利税1785万元，分别增长29%、30.6%和39.7%。全年完成民营注册资本1.8亿元，增长34%。由河北省客商投资的市恒远光伏能源有限公司项目，总投资2亿元，注册资本6500万元。

表 17

2010 年马棚镇工业主要指标情况表

项目	单位	本年实绩	比上年 ±%	部分重点企业	主要产品
企业数	家	114	-5.0	市越洋制衣厂	服装
其中:规模以上	家	5	25.0	市鸿运制衣厂	服装
总产值	万元	84635	25.5	市宏扬助剂厂	D 环、铝镍合金粉
其中:规模以上	万元	20819	29.0	市永盛纺织饰品有限公司	服装
规模以上企业利润	万元	584	157.3		
技改投入	万元	10780	54.0		
从业人员	人	4505	1.3		

八桥镇

该镇是工业重镇,在乡镇工业发展史上作出了较大贡献。该镇是手扶机械插秧机的发源地,其插秧机于 20 世纪七八十年代曾经风靡全国。那一时期,该镇的水泥厂、针织厂、化工厂、家具厂、蓄电池厂等均为全县的重点企业。在之后的发展中,化工行业成为该镇的主流行业,产生了刘氏化工、四联化工、杰迪化工、联合化工、光明化工、方玉化工、博升科技等一批化工企业。

八桥光明化工厂

20 世纪 90 年代前半期,该镇比较重视企业结构和产品结构的调整,基本形成了以水泥厂、水泥制品厂、五金厂、针织厂、蓄电池厂、兽药厂等为骨干企业的建材、五金电器、轻纺、化工等四大重点行业。滞销的保险柜、文件橱逐步转产,畅销的水泥扩大产能,文化衫、针织内衣打入国际市场。然而到了 90 年代后半期,随着化工产品市场走俏,该镇新上了对甲基苯甲酸、二四二六甲苯、高分子化工塑料、蓄电池、活性炭、纸桶等产品,先后实施了化工、造纸、电解铅等高污染、高耗能项目,对该镇的持续发展产生了不利的后果。

进入 21 世纪后,该镇企业改革力度加大。扬州雄鹰鞋业有限公司兼并华宝鞋厂;9 家企业“公退民营”摘掉“红帽子”;针织厂实施破产;陆续拍卖出售了水泥厂、蓄电池厂、化学品厂、电缆料厂、兽药厂、自来水厂、花炮厂、造纸厂、绿洋轮窑厂、钢模厂、金新喷涂厂等企业。招商引资和园区建设效率提高,江苏名正鞋业有限公司、扬州市飞扬电器有限公司、市榕樟建材发展有限公司及其门锁、新型建材、电子仪器、化工机械等超千万元的项目进园落户。其中,江苏名正鞋业有限公司投资额 1000 万美元,创该镇引进外资规模最大、工业项目投入最大的记录。这一时期,该镇坚持工业立镇第一方略,注重规模扩张与质态提升并重,特色产业集聚效应进一步放大,工业经济呈现速效同增态势。2005 年,全年实施工业项目 23 个,完成工业技改投入 8195 万元;9 个规模以上工业企业产销利同比增幅较大,分别达 51.5%、

54.9%和104.9%。2007年,完成工业技改投入1.9亿元,同比增长47.6%;实施工业项目22项。其中,千万元以上项目10项。扬州卫达车身制造有限公司、扬州市扬跃机电有限公司、扬州联合化工机械有限公司等一批成长型企业发展迅猛。2008年,全镇申报专利产品16种,注册工业产品商标5个,实施工业项目15项。扬州晨飞电源有限公司总投资6200万元,注册资本1500万元,实现当年建设、当年投产。规上企业保持快速增长的势头。2009年,项目建设力度进一步加大,全年实施工业项目19项。其中,1000万元以上项目15项。

2010年,该镇完成全部工业产值28.37亿元,同比增长31.4%。20家规模以上工业企业实现产值17.47亿元、销售收入16.59亿元、利税9177万元,同比分别增长35.2%、34.7%和74%。工业技改投入5.5亿元,增长36.5%。企业科技创新成效明显,培育国家级高新技术企业1家,建立江苏省工程技术中心1家,获批科技"3+1"工程奖励项目2项,申报江苏省高层次人才创新创业人员2名,扬州市绿洋金凤人才计划2名,申报专利27件。工业集中区集聚效应增强,新入园项目8项。扬州市德运塑业科技有限公司项目为全镇首个亿元项目;扬州市晨飞电源有限公司投资2000万元,实施技术改造和升级,重新组建江苏永恒动力公司。

表18

2010年八桥镇工业主要指标情况表

项目	单位	本年实绩	比上年±%	部分重点企业	主要产品
企业数	家	188	4.4	市恒丰花炮厂	烟花爆竹
其中:规模以上	家	20	11.1	市八桥水泥制造有限公司	水泥制造
总产值	万元	283725	31.4	扬州市刘氏化工有限公司	其他基础化学原料制造
其中:规模以上	万元	174664	35.2	市金陵金属塑化厂	再生橡胶制造
规模以上企业利润	万元	4498	67.5	扬州市联合化工有限公司	日用化工专用设备制造
技改投入	万元	55000	36.5	扬州康龙环保工程有限公司	环保设备
从业人员	人	3248	16.5	市光明化工厂	3.4-二氯三氟甲苯

卸甲镇

该镇由原卸甲(曾名东风)镇、伯勤乡、龙奔乡合并而来。伯勤乡的工业主要有冶炼、花炮、砖瓦等行业,而相对耀眼的是仿古陶瓷厂的创建和发展,成为当时县内外独树一帜的产业。龙奔乡主要以生产砖瓦、汽酒饮料、钢锯条以及拉丝等产品为主。其中,该乡轮窑有两座,生产规模名列全市砖瓦行业前茅。原卸甲镇的工业自始至终与一个企业有着不可分割的联系,那就是原农机具修造厂、后不断发展壮大的金飞达公司。电动工具成为该镇的主打产品,由其辐射的上、

卸甲商标厂工人在操作

下延伸企业遍及乡村各地。2010 年,全镇工业规模 35 亿元。其中,电动工具产业规模达 65 %,生产的产品 90% 出口,江苏金飞达电动工具有限公司产销达 7 亿元。金飞达工业园是全市唯一一家以企业命名的工业集中区。

三乡(镇)合并之前,伯勤、龙奔两乡工业虽有一定的特色,但经济规模不大、基础较为薄弱、发展一直滞后。随着 20 世纪 90 年代的改革大潮波澜起伏,两乡坚持走边改革、边调整、边技改的发展路径。伯勤乡先后关停了塑料厂,兼并电机厂和农具厂为轻工机械厂,转建材厂部分资产给砖瓦厂,出售焊割工具厂、农具厂、水制厂。以羽绒厂、砖瓦厂、花炮厂、轻工机械厂、种子场冶炼厂、老家树脂砂轮厂等企业为重点,开发和扩大生产红砖、不锈钢拉丝、便携式焊割枪、多元素合金铅、花炮新品、蜡烛等一些“短平快”产品。冶炼、电机、花炮、不锈钢丝、电动工具配件等行业逐步占据主要地位。龙奔乡 48 家乡村办企业,先后进行了 3 次改制,到 1999 年已无一家集体企业。其中,福利包装制品厂兴办了彩印包装厂,龙奔五金厂出售后组建成天源实业有限公司,才华农机配件厂组建为市花键轴总厂,恒丰制衣有限公司成为美尔姿集团下属企业。这期间,上马过电解铜、电焊条、玉雕工艺品、饮料、糖果、挖土机、冲压机、帆布、服装、太阳能热水器等项目和产品。原卸甲镇一直以金飞达公司为龙头,实施“辐射全乡,全盘搞活”战略,共辐射带动全乡 50 多个企业(村),取得显著效果。一些村白手起家,从接受来料加工起步,自我积累,滚动发展,逐渐形成了产销两旺、市场前景看好的配套生产企业。外向型成为主攻目标,电动工具成为主导产品。接连不断地开发出台钻、割肉机、圆盘锯、机用平口钳、线锯、砂轮机、电塑开关等系列电动工具产品,又乘势投入新上了铝压铸、包装泡沫等项目。此外,化工、建筑材料、黑色金属铸件等产品成为全镇工业结构的重要补充。1999 年,全镇工业产值突破 3 亿元。

进入 21 世纪,该镇坚持工业强镇、工业兴镇,以企业创新发展、转型升级为主攻方向,引导企业加大投入,加快转型。电动工具行业的配套企业从零部件生产加工向配件和终端产品生产转变,企业经营方式从单一的传统销售向现代网络营销转变,产品市场从外贸型向内外贸兼营型转变。2000 年,全镇完成工业产值 6. 65 亿元、销售收入 6. 1 亿元、利税 4151 万元,比上年分别增长 16. 3% 、10. 1% 和 25. 3% ,取得了超历史、超计划、超全市平均增幅的好成绩。江苏金飞达电动工具有限公司一面启动工业园建设,建立高新技术开发实验基地;一面加强与日本牧田公司、德国麦太保公司等世界知名公司合作。全镇电动工具生产规模逐渐扩大,电动工具、服装、长毛绒玩具和工艺烛等重点产品外贸出口生产优势凸显。2005 年,该镇克服工业原辅材料涨价、工业产品市场结构调整、电动工具进入欧盟市场贸易壁垒增加等困难,重点企业发挥支撑辐射作用,工业运行质态好转。23 个规模以上企业实现产值 14. 07 亿元、销售收入 11. 59 亿元、利税 5771 万元,分别占全镇工业产销利总量的 75. 8% 、72% 和 56. 6% 。2006 年,开展“项目建设突破年”活动,加快项目实施进度。当年竣工投产项目 45 个,新增销售额近亿元、利润 500 万元。实施科技兴企战略,全镇共实施“3 +1”科技支持工程 32 项,引进新项目 20 项,开发新品 30 个,申请专利 40 项。其中,获国家发明专利 1 项。江苏金飞达电动工具有限公司的“猎豹”商标被列为省重点培育和发展的出口名牌。2007 年,全镇新开工各类项目 126 项,总投入 8. 5 亿元。其中,千万元以上项目 17 项。橡胶制品、塑料制品、特种钢材、特种电机、电动工具等一批重点项目竣工投产。市电器塑料厂 2 项专利产品获中国国际专利与名牌博览会金奖。江苏金飞达电动工具有限公司跻身中国机械行业 500 强。2008 年,实行服装行业安全风险和工资保证金制度,整合和优化服装生产企业,主要以生产粗铅、精铅、电解铅、多元素合金铅,年生产能力 5 万吨的扬州市华翔有色金属制品厂建成投产。全镇产业结构比重发生一定的变化,2009 年,积极引导企业调结构、上新品,共开发新产品 73 种,新增产值 3 亿元。扬州金马机电制造有限公司无氧铜杆项目实现当年施工、当年投产、当年见效,新增产值

1.8 亿元。

2010 年，该镇实现工业总产值 35.76 亿元。其中，规模以上工业产值 15.19 亿元。全年新注册有限公司 14 家，新增注册资本 4.01 亿元。电动工具行业实施科技兴企战略，全行业投入技改资金 2000 万元，开发新产品 50 种。江苏金飞达电动工具有限公司被认定为国家火炬计划重点高新技术企业，全年实现销售收入 6.8 亿元、自营出口收入 6600 万美元。扬州市华胜机电制造有限公司投入 700 万元，新上两条自动化嵌绕线生产项目。全镇共开发新产品 100 多种，申请专利 101 件。其中，发明专利 32 件。全年新开工 1000 万元以上工业项目 15 项。其中，5000 万元以上项目 4 项，亿元项目 1 项；竣工 5000 万元以上项目 2 项。扬州市华翔有色金属制品厂投入 700 万元扩建厂房、购置设备。加快园区基础设施建设，整治河道，建设路道，实施绿化和亮化工程，增强园区项目承载功能。浇筑金飞达工业园区 1.8 万平方米和周邶墩工业集中区 3000 平方米水泥路面；新建标准化厂房 1.8 万平方米。金飞达工业园区新增入园企业 9 家，有 4 个项目竣工。园区实现经济总量近 10 亿元。

2010 年卸甲镇工业主要指标情况表

表 19

项目	单位	本年实绩	比上年 ±%	部分重点企业	主要产品
企业数	家	460	0	江苏金飞达电动工具有限公司	电动工具
其中：规模以上	家	27	-11.1	扬州市华丰金属制品厂	不锈钢拉丝
总产值	万元	357611	32.2	市华天电机厂	交流电动机
其中：规模以上	万元	151885	28.8	市电塑厂	电动工具
规模以上企业利润	万元	4160	110.4	扬州市华胜机电制造有限公司	微电机
技改投入	万元	36800	-6.7	扬州市华翔有色金属制品厂	再生铅
从业人员	人	11694	0.6	扬州市金马机电制造有限公司	发电机

汉留镇

该镇由原汉留、甸垛两镇合并而来。原汉留镇工业有两个特色企业，一是由原农机具修造厂发展的环保设备厂为全市第一家中外合资企业，生产的催化净化装置荣获国家银质奖；二是樱花鞋厂，生产能力居全市同类企业之首。甸垛镇工业基本随着轧钢、铸造的兴衰而起伏，甸垛轧钢厂的产能一度达 6 万吨。

原两镇工业企业结构主要围绕蛋品生产、环保设备制造、钢铁冶轧和鞋业加工出口等四大类。健身鞋厂、环保设备厂、拉丝厂、轧钢厂、三湖蛋品厂为重点骨干企业。20 世纪 90 年代中期，先后以钢铁总厂为核心组建了扬州三洋钢铁集团公司和以甸垛蛋品厂为核心组建了高邮金地集团。虽然也新上了电缆料、轻质墙体材料、氧化锌、服装、邮电器材、汽车摩托车配件等产品，但并未从根本上调优产业结构。90 年代末，扬州三洋钢铁集团公司因巨额投资未能形成效益而亏损严重。该镇以改革为推动力，促进企业结构调整。线路器材公司产权出售；无氧铜材厂和三洋钢铁集团公司依法破产；采取切块承包和租赁等方法，陆续盘活食品厂、水泵分厂、宏发拉丝厂、恒通环保厂、化妆品厂、冷拉型钢厂、三星型钢厂、长江公司服装厂、博爱鞋业公司、琼花服装厂等企业的存量资产。1999 年，建立了汉留镇个体私营经济园。

进入21世纪之后，该镇坚持工业兴镇方略，大力开展内引外联，注重实施技术改造，持续加大改革力度。扬州宏盛钢铁有限公司、市友学特种材料厂、市家龙船舶修造厂、市明义溶解乙炔气厂、市龙祥面粉厂等招商引资项目分别到位投产；钢厂扩大了销售市场；新星机械配件厂主动挂联山东、南京、扬州等地的电动工具厂配套生产；樱花鞋业有限公司、博爱鞋业有限公司、琼花环保工程设备有限公司开拓国际市场取得新进展；长兴机械厂、恒通环保公司、华宇照明器材厂、三湖蛋品有限公司、新星机械厂、昌盛机械厂、超越型钢厂、伟业机械厂、宝盛钢业公司等企业加大了技改投入步伐；先后为扬州琼花环保工程设备有限公司、拉丝厂、信诚涂装厂、荣达机械厂、三星线路器材厂、防滑链条厂摘掉"红帽子"；三洋钢铁集团依法破产。2005年，该镇组织"支柱型""成长性""希望型"企业负责人外出参观学习，开展远学华西、张家港，近学汤庄、卸甲等活动。2006年，全镇工业经济呈现高速增长，骨干企业拉动作用明显。当年完成工业技改投入1.4亿元，同比增长59.6%，全部工业产销利同比分别增长47.1%、41%和40.5%。11个规模以上工业企业实现产值4.54亿元、销售收入4.40亿元、利润839万元，分别占全镇工业总量的53.3%、55%和47.9%。2008年，全镇规模以上工业企业完成产值11.07亿元，同比增长54%；沿河产业带和汉中路产业带逐步形成，成为该镇新的经济板块。2009年，规模经济快速增长。22家规模以上工业企业实现产值15.2亿元、销售收入15.1亿元、利润3066万元，同比分别增长35.2%、35.8%和42.5%。技改投入继续加大，全年完成工业技改投入4.6亿元，同比增长49.4%。

2010年，全镇完成全部工业产值35.86亿元，增长32.1%。26家规模以上企业实现产值21.24亿元、销售收入20.93亿元、利税1.66亿元，分别增长36.4%、37.3%和38.4%；完成工业技改投入6.8亿元，增长46.9%。全年新开工1000万元以上项目19项。其中，5000万元以上项目5项，亿元以上项目2项；竣工项目7项。全年实际到账外资170万美元。

表20

2010年汉留镇工业主要指标情况表

项目	单位	本年实绩	比上年±%	部分重点企业	主要产品
企业数	家	305	2.3	扬州樱花鞋业有限公司	雪地鞋
其中：规模以上	家	26	18.2	市三湖蛋品有限公司	咸蛋、松花蛋
总产值	万元	358600	32.1	扬州市新邮特种铸造金属制品有限公司	铁冶炼
其中：规模以上	万元	212380	36.4	市博爱鞋业有限公司	皮鞋
规模以上企业利润	万元	5686	85.5	市日月钢业有限公司	轧钢
技改投入	万元	68000	46.9	市万利铸业有限公司	铸件
从业人员	人	6009	-5.2	市松泉环保照明设备有限公司	环保设备制造

汤庄镇

该镇由原汤庄、沙堰两镇合并而来。原两镇工业都很落后，小化工、小五金起家的企业较多。沙堰镇主要有农机具、香豆素、军靴、绗缝被等产品。原汤庄镇主要是以紧固件、纺机配件及其他机械配件加工为主。经过一个时期的发展，沙堰由农机具修造厂发展壮大的科凌医疗器械和原汤庄铺天盖地的液压机械生产如火如荼，成为该镇工业的主导产业。

20世纪90年代初，原两镇工业企业对外联营合作取得实效。沙堰的电器二厂与解放军上海3516

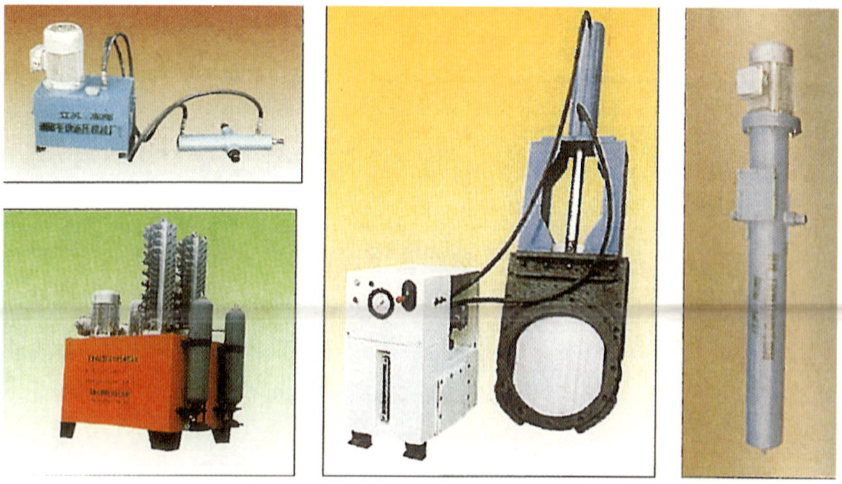

市朝阳气动液压机械厂系列产品

工厂联营生产制鞋设备；水泥制品厂与上海佳丽床上用品厂联合兴办绗缝被单厂；探矿机械厂与上海同济大学合作兴办中邮基础工程公司生产建筑机械和钻井设备。尽管如此，工业结构仍以化工为龙头，合成香料、医药中间体、染料中间体、有机溶剂、醋酸乙酯、紫色基-C等化工产品比重较大。原汤庄的农具厂与上海交通大学联合开发空调冷热交换器投入生产。到90年代中后期，沙堰的香豆素、制鞋设备及军用皮鞋、绗缝被单得到一定的发展。其中，绗缝被单形成了2500个农户3000多人加工规模，年产20万条。原汤庄则加快开发了摩托车减震器、甲壳素、大豆蛋白、稻麦两用脱扬机、特种油漆、电喇叭、电液头、灰渣阀、浆液阀等新产品。

进入21世纪后，该镇坚持工业强镇战略不动摇，民营经济发展迅速。市朝阳液压机械厂、市液压机电成套设备公司、市标准件有限公司、市新型纺机有限公司、市康乐精细化工厂、市科凌电器有限公司、市振阳化工有限公司、市鑫达泡塑包装有限公司等一批骨干企业脱颖而出；市桂林热镀锌厂、市双鑫机械厂、市宏伟包装带厂、市遂达机械制造厂、市通达电镀锌厂等一批私营企业陆续开办；医用无影灯、偏心轴、偶合杆、电控平台、山芋粉方便粉丝、喷水织机、均三甲苯、抗氧剂330、大智能原油计量器、炼钢排液控制系统、线艺针、轧花机锯片、新型轧花机、高压油缸、冷拉型钢、亚麻纺织等一批新开发产品初步改变了工业产品结构；生物质发电成套设备、水泥机械等投入较大的整机制造项目提升了产业档次，实现了工业产业升级；液压机械产品发展到冶金、化工、电力等行业，形成了独特的产业优势；江苏科凌医疗器械有限公司于2003年迁建到扬州江阳工业园发展，2005年投资5000万元在镇工业集中区建设新厂区，实现“凤还巢”。至2005年，全镇私营工业企业发展到208家，涉及液压机械、纺织机械、汽车配件、医疗器械、精细化工、绗缝被单、农产品加工等行业。液压、纺配机械产业企业68家，实现产值占全镇工业总产值的60%以上，成为全镇工业支柱和全市乡镇工业块状产业集群。全镇17个规模以上工业企业实现产值5.01亿元、销售收入4.15亿元、利税4614万元，同比分别增长44.4%、40.7%和18.9%。2007年，“阳液”牌液压机械获“省级优质产品”称号、“超”牌转解器获“省级信得过产品”称号、双预热置换器项目被列入国家“863”计划。2008年，全年新开工1000万元以上项目16项。该镇被省机械工业联合会授予“江苏省液压机械制造名镇”称号。2009年，江苏朝阳气动液压机械集团有限公司总投资2.6亿元，研制开发生物质发电成套设备，当年实现产值3.14亿元，占全镇28家规模以上工业企业产值16.9%，发挥了重点企业领军作用。

2010年，该镇加快产业转型升级步伐，工业产品向余热回收发电设备、生物质发电设备、矿山机械、水泥机械等方面转变。全镇有规模以上工业企业32家，全年实现产值23.94亿元、销售收入22.47亿元、利税2.28亿元，分别增长29.5%、28.4%和38%，引进千万元以上项目17项。其中，亿元以上项目4项，5000万元以上项目7项。新增民营工业企业37家，新增民营注册资本4.05亿元。

表21

2010年汤庄镇工业主要指标情况表

项目	单位	本年实绩	比上年±%	部分重点企业	主要产品
企业数	家	355	6.0	扬州高标机械有限公司	电液推杆
其中:规模以上	家	32	14.3	江苏科凌医疗器械有限公司	医疗器械
总产值	万元	438580	33.1	江苏弘鼎汽车零部件有限公司	标准件
其中:规模以上	万元	239425	29.5	市康乐化工有限公司	对氯苯甲醛
规模以上企业利润	万元	10789	37.2	江苏朝阳液压机械集团有限公司	生物燃料制造
技改投入	万元	67700	12.6	扬州市中瑞机电设备制造有限公司	石油机械
从业人员	人	9916	6.7	市华宝颜料有限公司	颜料制造

三垛镇

该镇由原三垛镇、武宁乡、二沟乡合并而来。原三垛镇是工业老镇,镇内农机具修造厂、布厂、第二棉纺厂等都曾有过辉煌的历史,瓦庄村也曾因瓦庄合金材料厂而小有名气。条播机、农用车、白织布、棉纱、水泥电杆、电器元件、毛巾、砖瓦,加上武宁乡的有色金属铸造、消防器材、蛋品和二沟乡的麻袋、消防水带、砖瓦等都曾是市(县)工业的重点产品。其中,纺织行业是该镇的支柱行业,也是全市的特色行业。

武宁乡武宁蛋品厂的"无泥皮蛋"和"鹌鹑皮蛋"早在1990年就远销香港和新加坡、日本、美国等地区和国家。1992年,该乡在三柘公路段西侧建立了工业小区,占地60亩。此后,陆续兴办了羽绒服装厂、新材厂;成立了消防器材总厂;扩大了蛋品厂的生产规模;开发了消防接扣、消防水枪、衬胶水带等项目。20世纪90年代中后期,许多企业也经历了改革的阵痛。先是乡铸件厂兼并了东村塑料厂、羽绒厂兼并了双羽服装厂,接着铸造厂、农具厂、电镀厂进行公开招标租赁,同时出租了蛋品厂的生产车间、食品厂的冷冻仓库、羽绒厂的闲置设备,之后又拍卖了铸件厂、东方铝合金厂。二沟乡的工业除以俞胡村为知名的羽绒产品加工外,消防水带是其主要产品,重点生产企业是扬州邮星消防集团,该企业在全国各地的销售点就达20多个。绳网厂、畜禽加工厂、农具厂和砖瓦厂等其他企业皆经营不善。原三垛镇在20世纪80年代末已经形成两个纱厂(东方纱厂、三垛纱厂)、一个布厂为龙头的纺织工业,以农机厂为骨干的机械五金工业,以地毯厂、玩具厂为主的加工工业和以瓦庄合金材料厂为带头的村办工业。进入90年代,纺织工业新上了纱锭和转杯纺项目;机械工业新上了农用四轮车和摩托车架产品;加工工业自营能力均提高到80%以上;瓦庄合金材料厂开发了回火网丝项目,实现了不锈钢产品系列经营。到90年代末期,企业改革得到深化,焊丝厂依法实施破产;五金厂实行售卖;地毯厂、玩具厂实行租赁承包经营;布厂被市第二棉纺织厂兼并。企业生产提速增效,毛巾厂被上海萃众毛巾集团承包经营,生产能力由原来的月产20万条增至40万条;市第二棉纺织厂减少低支低档的21支纱产量,新开发40支中档纯棉纱和麻棉纱、纯麻纱的生产;电杆厂扩建、新增电杆生产厂房、塔吊、蒸汽窑等,电杆日产量达170根;机电元件厂开拓扩大了摩托车架的销售市场。

进入21世纪,该镇坚持以发展工业经济为核心,实施工业强镇发展战略,提升工业经济组织程度。该镇不断技改投入,加大项目建设力度。武宁消防四厂新建项目、奥新制衣厂迁址项目、市第二棉纺厂和三垛机电元件厂等上网工程以及市汉唐针织品有限公司、市江山消防设备有限公司、江苏宝联建设有限公司、总投资1.8亿元的扬州金利达科技创业园等项目先后兴建和建成。提花织巾、高支细纱、羽绒制衣、夹心彩钢板、氢气回火不锈钢超细丝、家用消火栓和消防自救卷盘等一批新品开发项目陆续实施和投产。发挥棉纺业优势,推动以“棉”引商,先后引进利达棉绒纤维有限公司、昆山并蒂莲服装有限公司、上海萃众毛巾总厂、扬州亨利纺织有限公司投资合作,形成植棉-轧花-纺纱-织巾(服装)产业链。至此,纺织、服装、机电、消防、建材、农副产品加工等成为该镇六大支柱产业。江苏宝联建设有限公司、市宏泰电杆有限公司、市金华达毛纺织厂、高邮萃众毛巾有限公司、高邮正裕纺织厂、市并蒂莲(昆山)服装有限公司、市锦华纺织有限公司、市武宁叶枫制衣厂等一批重点企业发展势头强劲。2005年,重点企业支撑作用明显,13个规模以上工业企业实现产值2.27亿元、销售收入2.01亿元、利税1086万元,同比分别增长49.3%、47.8%和100.4%。招商引资效果突出,全年共引进纺织服装、五金机电、消防器材、农副产品等四大门类20多个项目,实际利用民资2.98亿元。其中,域外民资1.99亿元。2006年,项目建设有新突破。金辰不锈钢、亨利纺织、萃众毛巾、金利达饲料等一批重大投资项目得以实施。全年共引进和实施项目近30个。其中,1000万元以上项目11个。当年上缴税金过100万元的企业由上年的5个上升至10个。2007—2009年,技改投入力度持续加大,三年分别工业技改投入3.01亿元、4.3亿元和5.5亿元。2008年,该镇积极策应市域环路产业带和板块经济规划,启动面积为233.3公顷的市东部工业集中区三垛起步区建设。2009年,该镇着手编制消防器材产业发展布局规划,并投入2500万元先期进行基础设施建设,打造高邮市三垛消防器材产业园。

2010年,全镇完成全部工业产值58.1亿元、销售收入57.3亿元、利润2.3亿元,分别增长22%、21%和28%。其中,26家规模以上工业企业完成产值15.7亿元,增长27%。推进项目实施,当年全镇有1000万元以上项目16项。其中,5000万元以上项目3项,亿元项目1项。江苏宝联建设有限公司环保设备、扬州市金海铸造有限公司球墨铸件、扬州天信塑料管道有限公司城市管道、市宏泰电杆有限公司超长电杆等一批项目建成。推进“微小企业进规模”工程,市奥戈隆制衣有限公司、扬州市金海铸造有限公司、市情缘制衣厂、扬州天美服饰有限公司跻身规模企业行列。推进镇工业集中区建设,投入资金1550万元,完善道路、桥梁、给排水管道和电力、电信杆线,实施绿化1.5万平方米,新建标准化厂房2万平方米,租赁厂房1.08万平方米。

2010年三垛镇工业主要指标情况表

表22

项目	单位	本年实绩	比上年±%	部分重点企业	主要产品
企业数	家	695	0	市三垛机电元件厂	摩托车配件加工
其中:规模以上	家	26	0.4	扬州市金海铸造有限公司	铸件
总产值	万元	581036	21.8	市萃众毛巾有限公司	毛巾
其中:规模以上	万元	156499	26.3	扬州市邮星消防器材有限公司	有衬里消防水带
规模以上企业利润	万元	5082	92.4	市杜发织造有限公司	棉布
技改投入	万元	63000	14.1	市正裕纺织厂	棉纱生产
从业人员	人	19107	26.9	市宏泰电杆有限公司	水泥电杆

司徒镇

该镇工业在20世纪80年代一度发展较快，主要有造船厂、家禽屠宰厂等，所建冷库容量达200吨。后因市场销售及企业生产经营问题，一些企业过早夭折，导致该镇工业长期一蹶不振。在以后比较缓慢的工业发展中，大大饲料厂成为该镇的领军企业。

司徒秦邮食品公司屠宰车间

进入20世纪90年代下半期及21世纪之后，该镇坚持主攻工业不动摇，依托农副产品加工优势，放手发展个体、民营工业，个体私营经济逐步成为全镇经济发展的新动力。全镇先后兴办了轧花厂、天缘粮食制品有限公司、金凤羽绒制衣有限公司、友源制衣有限公司、丰盛饲料厂、扬州田原乳品有限公司、扬州大大饲料有限公司、嘉龙制衣有限公司、鸿丰墙体材料有限公司、金星包装厂、国紫制衣厂、亚飞制衣公司、博轩水产科技公司、瑞华轩水产品加工厂、山鑫水产品公司等，形成了珍珠加工、蛋品加工、优质米加工、饲料和摩托车电器配件、金属铸造、水泥制品、纸箱包装、服装加工等工业经济增长点。2005年，全镇工业产值突破亿元大关。2006年，全镇工业产销利同比分别增长53.3%、56.7%和30.3%，增幅位居全市前列。2007年，该镇加大工业投入，加快技改步伐。当年完成工业技改投入1.4亿元，同比增长49.2%。一批成长型企业发展渐成规模，全镇5家规模以上工业企业实现产值1.83亿元、销售收入1.83亿元、利润450万元，同比分别增长48.8%、50%和61.3%。2008年，技改投入持续加大，完成工业技改投入1.95亿元，同比增长45.1%。2009年，全年引进1000万元以上项目12项。其中，3000万元以上项目4项。

2010年，该镇以饲料生产、服装加工、钢结构、船舶配件、纸箱纸板、劳保用品、建筑材料及水产品加工等为工业主体格局。当年，完成全部工业产值10.97亿元，增长25.9%。其中，10家规模以上工业企业完成产值4.65亿元，增长25.5%。

2010年司徒镇工业主要指标情况表

表23

项目	单位	本年实绩	比上年±%	部分重点企业	主要产品
企业数	家	243	0	市宏达工业防护器材厂	安全带、安全网
其中:规模以上	家	10	—	市华艺彩印包装厂	纸板纸箱
总产值	万元	109700	25.9	市润和制衣有限公司	服装加工
其中:规模以上	万元	46532	25.5	扬州大大饲料有限公司	配合饲料
规模以上企业利润	万元	1152	32.6	市宏扬金属构件有限公司	船舶配件(法兰)
技改投入	万元	35000	25.0	市亚飞制衣有限公司	梭织服装
从业人员	人	2302	-0.2	市红马钢结构工程有限公司	钢结构加工

横泾镇

该镇工业发展起伏较大，主要与一个企业的盛衰密切相关。该镇原有农机具、化工、水泥制品等工业行业，自从过滤机厂与合肥研究所合作后，研发生产系列过滤机，产品销售利润率高达 10 % 以上，企业一跃成为市内外的明星及全国过滤机械生产权威，在全镇工业经济中一度发挥了举足轻重的骨干支撑作用。1994 年，过滤机厂投资一千多万元，兴办铜管厂、新上无氧铜管项目后，由于市场变化，项目未能达产，该镇工业元气随之受到一定的损伤。

至 20 世纪 90 年代中期，该镇重点企业有过滤机厂、干燥设备厂、合成化工厂、韩张村办厂等，主要有新品过滤机械、干燥设备、化工染料、不锈钢丝网、无氧铜管等重点产品。90 年代后半期，企业改革有所深入。市合成化工厂被港胞全资收购，成立了高邮（香港）诚化有限公司；镇酱醋厂、印刷厂、邮兴机械厂先后进行拍卖；恒威丝印公司租赁经营；农具厂依法破产；通用过滤机厂公开出售。至 2000 年，该镇先后开发了麦芽湿式粉碎机、二氧化碳回收机、氮气回收装置、带式压榨机、双层保温扎啤桶、汽车尾气净化装置、立式果汁压榨机、RSMB3020 热效缩膜机、弱酸棕、酸性媒介藏青、酸性红、酸性媒介绿 G1 号、对氨基苯磺酸钠、亲水性纤维聚丙烯滤板、外螺纹铜管、涤纶短纤维、硅橡胶等新品和项目。此外，小农机、小蛋品、小皮革、小五金、小碳刷等“五小”个体经济亦具特色。

进入 21 世纪，该镇实施科技支持工程，鼓励科技创新，加强产学研合作，推动产品换代、产业升级和企业培大培强。该镇着力推进服装加工等劳动密集型产业和过滤机械、化工染料、硅橡胶线等规模产业发展，以过滤机械、化工染料、无氧铜管、服装加工、农副产品加工为产业特色的工业经济格局逐步形成。扬州润明轻工机械有限公司实施高新技术企业品牌战略，通过省高新技术企业二次认定，生产的“EH-2000 型全自动高纯度二氧化碳回收装置”被认定为省高新技术产品，研发的理瓶机项目获得国家工商总局颁发的实用技术专利。2005 年，全镇促成一批民资项目落户，全年实际利用民资 2 亿元。其中，域外民资 1.28 亿元。全年引进民资项目 15 个。其中，千万元以上项目 3 个。新征工业用地 3.33 公顷，打破 7 年未征用工业用地的窘境。2006 年，全年实现工业增加值 1.34 亿元，同比增长 45.5%。2007 年，全镇 4 家规模以上工业企业实现产值 1.12 亿元、销售收入 1.09 亿元、利润 93 万元，同比分别增长 41.8%、45.3% 和 66.1%。2008 年，全镇完成工业技改投入 2.30 亿元，同比增长 38.6%。

2010 年横泾镇工业主要指标情况表

表 24

项目	单位	本年实绩	比上年 ±%	部分重点企业	主要产品
企业数	家	123	0.8	市合成化工厂	酸性媒介染料
其中：规模以上	家	6	0	扬州市贝斯特实业有限公司	钢管
总产值	万元	136530	23.0	扬州源泉饲料有限公司	水产饲料生产销售
其中：规模以上	万元	21460	20.7	扬州润明轻工机械有限公司	二氧化碳自动回收装置
规模以上企业利润	万元	223	62.8		
技改投入	万元	28300	25.2		
从业人员	人	3401	5.4		

2010年，该镇工业技改投入2.83亿元，增长25.2%。工业用电量303.97万千瓦时，增长24%。6家规模以上工业企业实现产值2.15亿元，增长20.7%。全年实施项目8项，其中，亿元以上项目1项，5000万元以上项目2项；竣工项目2项。扬州润明轻工机械有限公司自主研发速冻过滤机组和干式理瓶机。其中，干式理瓶机项目列入省重点新产品计划。全年新增民营注册资本2.85亿元，增长47.5%。金针菇工厂化生产及深加工项目落户，该项目总投资1.05亿元，注册资本3000万元，占地2.67公顷，新建标准化厂房1.6万平方米。项目采用国内先进技术，在恒温恒湿条件下四季生产金针菇，日产金针菇6万瓶。

甘垛镇

该镇由原甘垛乡、平胜乡合并而来。原两乡工业都较薄弱，基本是一些劳动密集型的服装羽绒加工、污染较重的小化工、技术含量不高的水泥制品等。甘垛工业园的兴建，称得上是该镇工业的转型期。

20世纪90年代中后期，平胜乡10家乡办企业有7家进行了产权制度改革。其中，合资企业1家，股份合作制企业2家，租赁承包经营企业4家。这一时期，合资企业中泰丝绢有限公司的绢丝类产品畅销国内外，拉动全乡工业产值大幅增长；农药厂与省农科院联合研制开发新型农药40%神磷乳油，产品供不应求；中天公司发展了羽绒、服装、橡塑、旅游帽等四个系列产品；中大精细化工厂建成投产，并建有2000吨储备能力的液化气站，主要经营石油液化气；双雁羽绒厂大力抢抓外贸货单。原甘垛乡工业长期处于低谷，以渔业村为骨干的村办工业挑着全乡工业的大梁。全乡除针织内衣、化工染料、裘皮制品等产品外销之外，乡办农具厂开发生产了F80型自吸泵；村办长江压铸厂主要生产摩托车减震器总成，并对外加工铝压铸件，承接喷塑和国际铝材加工。这一时期，该乡加大企业改制力度，在对造纸、化工、压铸、内衣4家企业先行试点的基础上，全乡10家企业改为股份合作制和实行拍卖的各5家。同时，该乡新办了棉籽剥绒厂、浓缩饲料厂，改造了粮油加工厂。

2000年及之后数年，该镇大力招商引资，兴办甘垛工业园，优化产业结构，延长增粗产业链。期间，办成台胞独资企业2家、合资企业1家，分别引进和新上了恒盛服饰有限公司、宏泰机械有限公司、东风食品有限公司、兴胜化工有限公司、长生饲料有限公司、申利化工有限公司、金宝电工有限公司以及中大精细化工、雅迪制衣、科意达机械、鸿信生物制品等企业和项目。农化公司、中大精细化工厂、日月化工厂等企业开发和增加了35%蚜霉清粉剂、甘氨酸乙酯盐酸、氨基酸葡萄糖盐酸盐和氧化锌等新品。全镇基本形成了化工、造纸、汽车摩托车铝压铸件、服装、乳品、饲料、绳缆、泡沫包装等产品结构。其中，服装、化工、机械、漆包线等产业集群已初具规模。光伏、电线电缆、机电、生物化工、纺织服装等成为该镇五大支柱行业。2005年，该镇发展农产品加工业，培育学生饮用奶生产、蔬菜脱水、棉花精深加工等龙头企业。当年实施工业项目47个，市金宝电工有限公司投资额过亿元。规模以上工业企业产销利同比分别增长2.2倍、2.15倍和1.81倍。2006年，市金宝电工有限公司二期、扬州华裕纺织品有限公司、市雅迪制衣有限公司、市智多星机械有限公司、市宝久实业有限公司、市龙琪服饰有限公司、市迪曼尔服饰有限公司、市鑫能电源有限公司、市日月银丰机械有限公司、市中大精细化工有限公司、市鑫盛热处理有限公司、市科意达有限公司二期和市高远助剂厂等一批投资1000万元以上的项目开工建设。全年完成技改投入1.2亿元，同比增长192.4%。2007年，该镇技改力度持续加大。全年完成工业技改投入1.9亿元，同比增长58.3%。2008年，工业经济运行质态良好。全镇16家规模以上工业企业实现产值5.62亿元、销售收入5.60亿元、利润2108万元，同比分别增长59.2%、59.9%和370.5%。扬州华尔光伏科技有限公司、市金宝电工有限公司等重点企业发展较快，销售收入过亿元。2008年，建立、完善服装行业工资保证金制度,整合、优化服装生产企业。2009 年,工业经济保持快速发展,骨干企业持续拉动增长,重点产业发挥特色优势。全镇 21 家规模以上工业企业实现产值 8. 17 亿元、销售收入 8. 15 亿元、利润 4976 万元,同比分别增长 46%、46. 3% 和 136. 1%。其中,两家亿元企业实现产值 5. 2 亿元,占列统企业产值 63. 7%。光伏、机电、生物制品、轻工服装等重点产业实现产值 16. 1 亿元,占全部工业产值 80% 以上。

2010 年,该镇实现全部工业产值 25. 6 亿元,增长 29. 9%。其中,21 家规模以上工业企业实现产值 11. 37 亿元,增长 36. 4%。全年完成工业技改投入 5. 5 亿元,增长 28. 2%。新注册商标 10 个,获专利 51 项。其中,发明专利 11 项。实施 1000 万元以上项目 19 项。其中,亿元以上项目 1 项,5000 万元以上项目 4 项。实际利用民资 8 亿元,注册外资实际到账 241 万美元,分别增长 81% 和 249. 3%。全年新增私营企业 80 家。该镇不断加大工业集中区投入,全年投入近 1100 万元,新增开发面积 20 公顷,新入园项目 5 项,新建标准化厂房 3. 5 万平方米。投资 1. 2 亿元的秦邮春酿酒项目、1. 5 亿元的单晶硅切片项目、6000 万元的 D-氨基酸葡萄糖生产及压片项目、5000 万元的断带保护装置项目和切削液项目等在集中区落户,工业集中区企业实现工业产值占全镇工业经济总量 80% 以上。

表 25

2010 年甘垛镇工业主要指标情况表

项目	单位	本年实绩	比上年 ±%	部分重点企业	主要产品
企业数	家	198	9.4	市凯鑫金属机械有限公司	铸造铁、炼铁
其中:规模以上	家	21	16.7	扬州市宏大饲料有限公司	畜禽水产饲料
总产值	万元	256483	29.9	江苏科意达机械有限公司	电液推杆
其中:规模以上	万元	113740	36.4	市金宝电工有限公司	电线制造
规模以上企业利润	万元	7620	45.9	扬州鸿信生物制品有限公司	有机化学原料制造
技改投入	万元	55000	28.2	扬州华尔光伏科技有限公司	稀有稀土金属压延加工
从业人员	人	4605	4.4	市高远助剂厂	水洗剂

临泽镇

该镇由原临泽镇与川青镇合并而来。川青镇的工业主要有橡胶制品、农机具修造、砖瓦等行业,原临泽镇主要行业有粮油加工、汽酒饮料、鞋业制造、铝箔纸等,组户工业曾是两乡镇共同的亮点。

至 20 世纪 90 年代中期,川青镇有镇办工业企业 12 家,村组办企业 98 家,户办企业 92 家。其中,主要有服装厂、建材厂、胶辊厂、江海钢质船厂、粮油加工厂、塑料制品厂等。此后,该镇还新办了金属制品厂,并陆续投入新上了 PZ1305 型平板胶印机和硬脂酸钡、硬脂酸钙、盐酸盐等化工产品。原临泽镇在 20 世纪 80 年代末有镇村工业企业 98 家,拥有八大门类 200 多个产品,主要有粮油加工食品、铝箔纸、运动鞋、汽酒、服装、面粉、羽绒、橡胶、砖瓦和水泥制品等。其中,服装、运动鞋、柳器制品等外贸产品远销前苏联、日本、捷克、奥地利和香港等 10 多个国家和地区,在全镇工业中占有一定的比例。90 年代,外向型经济不断扩大。服装厂与扬州友谊服装厂联合生产出口服装,又与南京三福服装有限公司、苏州郊区外贸公司建立了外贸服装业务关系;维扬运动鞋厂与市地方工业局供销公司共同投资,同满洲里皮鞋厂合作创办满高鞋业有限公司,生产的鞋类产品全部销往俄罗斯;维扬运动鞋厂先后与香港立新行有限公司、高连国际(香港)有限公司合资合作,引进外资,积极扩大自营出口;维扬鞋业有限公司、天宇鞋厂、天峰服装有限公司、鑫龙橡塑厂等外贸生产企业产销两旺。这期间,镇村企业还分别上了50吨浸出法、卡线复合线、制鞋制帮生产线、高档金卡纸、丙硫咪唑等项目和产品。全镇先后涌现了市服装三厂、市维扬运动鞋厂、市铝箔纸厂、市汽酒厂、砖瓦厂、印刷厂等一批重点骨干企业。到90年代末,"公退民进"的企业改革进入攻坚阶段。砖瓦厂、汽酒厂实行招标租赁经营;面粉厂采取"退二(产)进三(产)"措施;维扬鞋业有限公司、天峰服装有限公司股权转向经营层;市铝箔纸厂改组成立市长兴包装纸业有限公司。

扬州市天宇鞋业有限公司制鞋车间

进入21世纪,该镇坚持工业兴镇发展战略,采取市场引导、政策扶持、行政推动等措施,促进工业产业结构调整和企业产品升级换代。市长兴包装纸业有限公司、市维扬鞋业有限公司、市光大制衣有限公司、扬州市天宇鞋厂等重点企业发挥了明显的支撑作用。该镇切实转变经营思路,积极应对金融危机。市凯高鞋业公司投入1500万元调整产品结构,实施外贸和内销"双轮驱动"战略;扬州锦江有色金属有限公司开发的软铅屏等高科技产品拥有国家专利6项,年新增利税520万元;市万嘉面粉有限公司与科研单位合作研发生产的"吉祥草"糯性面粉获省著名商标称号。包装纸业、轻工鞋业、服装及粮油加工已逐步成为该镇的支柱产业。四大产业特色和优势明显,累计实现产值占全镇工业总产值的53%。2005年,以重点行业、重点企业、重点产品为突破口,促进工业经济持续发展,当年完成技改投入1.13亿元。市万嘉面粉有限公司与上海江沙贸易有限公司共同投资4000万元、日加工小麦500吨包点专用粉项目开工兴建;与日本松元屋株式会社合资的扬州市茂宇鞋业有限公司年产200万双特种安全鞋项目建成投产。全镇6个规模以上工业企业实现产值4.16亿元、销售收入3.92亿元、利税1714万元,同比分别增长46.5%、48.1%和50.8%。2006年,组建服装行业协会,加强服装行业管理,累计有服装加工企业27家,从业人数3000人。2007年,鞋业生产规模和能力进一步放大。扬州天宇鞋业有限公司、江苏华信轻工有限公司、扬州普天鞋业有限公司、扬州新世界登高鞋业有限公司和扬州中成工艺拖鞋有限公司等企业共投入1.4亿元,新上安全鞋、全胶鞋、军用鞋及工艺拖鞋等生产线和新品。全镇8家制鞋企业拥有先进制鞋生产线18条,制鞋配套企业10多家,从业人数3800人,年产值10亿元。2008年,重点企业支撑作用明显。12家规模以上工业企业实现产值15.45亿元、销售收入15.18亿元、利润7781万元,同比分别增长45%、44.7%和39.5%。产业特色更加彰显,制鞋业及配套企业主动适应市场变化,新开发安全鞋、消防防火鞋、布胶鞋等内销产品,生产经营水平稳步提高;面粉生产、木材加工等农产品加工业规模进一步扩大。

2010年,全镇实现全部工业产值46.48亿元,增长28.2%。其中,规模以上工业企业完成产值26.6

亿元，增长32.6%，占全部工业总产值的57.2%。全年完成工业技改投入4.67亿元，增长56.6%。全年实际利用民资11.25亿元。其中，域外民资2.43亿元，新增民营注册资本4.7亿元。新增私营企业120家，扬州盛康畜禽有限公司、扬州振扬米业有限公司、扬州天翼彩印包装有限公司等重点项目相继开工建设。

表26

2010年临泽镇工业主要指标情况表

项目	单位	本年实绩	比上年±%	部分重点企业	主要产品
企业数	家	328	-3.8	市长兴包装纸业有限公司	复合纸板
其中：规模以上	家	17	13.3	市临泽胶粘剂福利厂	橡胶杂件
总产值	万元	464788	28.2	扬州锦江有色金属有限公司	铅捅
其中：规模以上	万元	266131	32.6	市万嘉面粉有限公司	面粉加工
规模以上企业利润	万元	15113	51.7	扬州市天宇鞋业有限公司	鞋业制造
技改投入	万元	46660	56.6	市维扬鞋业有限公司	鞋业制造
从业人员	人	12077	8.4	江苏华信轻工制造有限公司	鞋业制造

周巷镇

该镇由周巷、营南两乡合并而来。原两乡工业主要以小打小敲的农具生产、木材加工及粮油加工为主。20世纪90年代初，营南乡的农机具修造厂投入生产的有色金属压延项目，一度掀起工业热潮。周巷乡的电线厂、布厂发挥了地方工业龙头带动作用。21世纪初，该镇曾引进著名的“老蔡”项目流产，而引进的丽邮人造板项目成为主要成功项目。

20世纪90年代，营南乡一边推行工业企业产权制度改革，一边突出发展个体私营经济。玻璃厂、农具厂、木工机械厂等企业实行租赁或先售后股；压延厂实施了破产。同时，新上了磁性材料、酿酒、粮食剥壳等生产线，并以林木为原料进行木业生产加工和以家庭经营为主发展制香业生产。周巷乡工业一直以电线厂为龙头，在轮窑厂、布厂等主要企业基础上，新办了剥壳加工厂、轴瓦厂、粮食加工厂、乜虾玻纤厂等，形成了以机械铸造、粮食加工、邮电挂钩、再生造纸为特色的四大行业。

进入21世纪后，两乡合并为周巷镇。该镇坚持工业优先发展，整合优势资源，把推进工业项目建设作为工业兴镇主攻方向，新办了天翔制衣厂、雅达制衣厂等。同时，皮革助剂厂、兴达磁性材料有限公司、维扬木业有限公司、顺达通讯器材厂、刘西铸造厂等都陆续新上了一批技改项目，木业制品、通讯器材、电线电缆、机械铸造、化工制品、粮食加工、服装加工等七大行业形成。扬州丽邮人造板有限公司、苏神酒业有限公司、宏达米厂、美中米厂、扬州众盛鞋业有限公司、市兴达电磁材料厂、市营南五金机械配件厂、市鸿飞机电有色金属制品包装厂及新建成投产的扬州市东元铜业有限公司等一批企业发挥了骨干作用。2005年，建起木业工业园区和轻工制造业集中区。2006年，老蔡工业园区项目建设启动。扬州市东元铜业有限公司引进国内先进的上引法无氧铜杆生产线，新上铜杆连铸连轧项目。当年，全镇工业现价产值增幅位居全市第三，规模以上工业的产销利增幅名列全市第一。2007年，工业经济保持快速增长势头。当年，完成工业技改投入2.01亿元，同比增长47.7%。13家规模以上工业企业实现产值

7.58 亿元、销售收入 7.42 亿元、利润 2569 万元,同比分别增长 95.4%、94.2% 和 56%。2008 年,继续加大技改投入。全年技改投入 2.83 亿元,同比增长 40.8%。2009 年,扬州市三福食品有限公司水产品深加工、高邮秀华塑胶制品有限公司塑胶、扬州市兴达电磁材料有限公司异锌酸钴等项目先后上马,增添了发展后劲。

扬州东元铜业有限公司生产车间

2010 年,全镇实现全部工业产值 25.5 亿元、销售收入 24.1 亿元、利润 6580 万元,同比分别增长 14%、13.1% 和 8.8%。规模以上工业企业 17 家,重点企业对经济拉动作用明显。扬州鸿元鞋业有限公司、扬州宇通服装有限公司、扬州鸿利达鞋业有限公司、扬州市永昌鞋业有限公司、扬州市高新电缆材料有限公司等企业发展迅猛。全年共引进 1000 万元以上项目 11 项,实际利用民资 10.5 亿元,新增民营注册资本 2.9 亿元。完成协议注册外资 900 万美元,注册外资实际到账 220 万美元。扬州华腾铜业有限公司由常州市亚飞电线电缆有限公司兴建,投资总额 1024 万元,注册资本 1600 万元,通过租赁原扬州东元铜业有限公司厂房进行生产。工业集中区中心大道顺利完工,扩容基本完成。新建新马电站,增强园区防洪能力。全年新增入园企业 8 家,新建标准化厂房 3 万平方米。园内企业完成工业总产值 15.3 亿元,占全镇全部工业产值 60%。

表 27

2010 年周巷镇工业主要指标情况表

项目	单位	本年实绩	比上年 ±%	部分重点企业	主要产品
企业数	家	210	6.1	市电线厂	加工电线
其中:规模以上	家	17	21.4	扬州市兴达电磁材料有限公司	氧化镍、电磁材料制造、销售
总产值	万元	255100	14.0	扬州鸿元鞋业有限公司	胶鞋
其中:规模以上	万元	143510	13.8	市金属制品包装厂	铝制品
规模以上企业利润	万元	4053	11.5	扬州市东元铜业有限公司	铜材加工
技改投入	万元	56000	35.9	扬州市富通钢塑材料厂	岩棉绳
从业人员	人	5835	2.2	扬州市丽邮人造板有限公司	人造板制品

周山镇

该镇工业原有农具、灯具、玻纤玻钢、农药、服装等产品,虽规模不算大,但其中灯具厂是高邮市最早的灯具生产企业,玻纤玻钢、丰田农药曾是市(县)工业的主要产品。“双兔”米业的发展使该镇工业企业发展走出了滞后的阴影,双兔米业有限公司成为全市工业的明星企业。

20 世纪 90 年代，该镇的农具厂制成 5TD2F-72 型稻麦双风扇脱粒机；灯具厂的镝灯整流器打入亚运会；丰田农药厂研制的“久灵”农药新品成为国内首创。90 年代中期，全镇 11 家乡办企业分别进行了改制。此后一个时期，丰田农药厂开发了“辛棉宝”“禾生乐”等产品；玻纤玻钢厂开发了洗衣车和垃圾接收房；新型塑料添加剂厂研制并生产新型的流贝色母；灯具厂研制生产高杆灯具。

县玻纤玻钢厂生产的贮罐

进入 21 世纪，该镇坚持发展工业，促进工业经济提质增效。一方面以推进资源整合、资产重组、资金盘活、资本经营为重点，注重盘活存量资产，促进企业集聚、行业整合、产业升级。在原当益公司依法注销后，引进外地民资兴办了三鑫纸业和宏达刀具有限责任公司；利用灯具厂闲置厂房，引进外资兴办了翔龙制衣厂；市玻纤玻钢厂抓住西部大开发契机，拓展中西部城市市场；市丰田农药厂与中国农科院合作研发第二代水稻杀虫剂；积极打造“雅泉”“盛世百年”等知名品牌。另一方面以企业“双创”为突破口，打造企业发展平台，促进主要企业上规模。服装厂挂靠苏州“宝圣”集团服饰品有限公司，成为该公司在苏北的唯一生产基地；市双兔米业有限公司购买日本整套色选免洗大米生产线；南京自动化电力电气设备厂成功收购镇天天制衣厂厂房，生产电子接插件；投资 5000 万元兴办江苏恒昌灯具有限公司，生产 LED 大功率道路照明灯具，米业、电力电气、服装、灯具、玻钢、农药等形成了该镇的重点行业。2005 年，工业产品创牌和出口产品创汇成效明显。市双兔米业有限公司生产的 4 个品牌大米获国家免检产品称号；市灯具厂的产品出口缅甸、泰国、俄罗斯等国家。2007 年，6 家规模以上工业企业实现产值 5.36 亿元、销售收入 5.31 亿元、利润 1714 万元，同比分别增长 47.3%、47.5% 和 157.7%。工业集中区创业园建成，扬州鸿宇服饰有限公司、市信达制衣厂、市新华制衣厂、市顶辰制衣厂、市鸿宇网印绣品厂等企业纷纷落户园区。2008 年，投资 5000 万元的扬州瑞泰食品有限公司开工建设；投资 400 万美元的扬州观景工贸有限公司试产；投资 3000 万元的扬州盛世百年有限公司竣工投产。2009 年，全镇技改投入 3.27 亿元，同比增长 39.1%。

2010 年，该镇完成全部工业产值 24.6 亿元，增长 29.6%。全年完成规模以上工业产值 12.5 亿元，增长 28.7%。实施微小企业上规模工程，全年新增规模企业 8 家。规范用工行为，整合现有资源，促进服装企业逐步走上集群式发展轨道。江苏双兔食品股份有限公司、扬州盛世百年有限公司、市丰田农药厂等重点企业不断加大技改投入，加快技术转型升级，努力实施品牌战略，增强市场核心竞争力。全年投入技改资金 4.16 亿元。抓住重要节日和专题活动机遇，围绕服装、农副产品深加工、电力电气设备等产业，开展招商活动。全年新增民营注册资本 2.86 亿元，增长 29%。实施民资项目 10 项。其中，亿元以上项目 1 项，5000 万元以上项目 2 项。扬州孑孓装饰工程有限公司项目开工建设，该项目由上海亘爱装饰工程有限公司与倩儿（香港）服装有限公司共同投资兴建，主要生产商用道具。项目总投资 1 亿元，注册资本金 3000 万元，占地 2 公顷。

表 28

2010 年周山镇工业主要指标情况表

项目	单位	本年实绩	比上年 ±%	部分重点企业	主要产品
企业数	家	375	5.9	市灯具厂	高杆灯
其中:规模以上	家	9	12.5	扬州舜豪制衣有限公司	服装加工
总产值	万元	246428	29.6	扬州南自电力电气有限公司	电器
其中:规模以上	万元	125092	28.7	江苏双兔食品股份有限公司	大米
规模以上企业利润	万元	10301	36.9		
技改投入	万元	41600	27.6		
从业人员	人	4049	2.0		

界首镇

该镇在“乡镇工业”发端之前,就曾因制作“陈西楼”茶干而闻名遐迩,该镇的柳器编织是全县最早出口的产品之一。20 世纪 50 年代创建的农机具修造厂,至 80 年代制造液化气钢瓶后,生产蒸蒸日上,产销利快速提高,成为全市各农机具修造厂适应市场经济要求、产品更新换代的成功典范。全镇工业还有电磁线、复合铝箔纸、压力容器、泡沫塑料、袁氏茶干等主要产品。

该镇一直把技改投入作为工业发展的突破点。20 世纪 90 年代初,钢瓶厂、电磁线厂、泡沫厂等重点企业通过设备改造和工艺改造,促进了产品结构调整和系列产品的开发延伸。90 年代中后期,光明金属材料有限公司、常乐压力容器制造公司、化工设备厂、环流泵业有限公司等分别新上了汽车配件、电表箱、烧结线、薄膜蒸发器、搪瓷炉、煤气炉等产品,并加大投入,新上生产线,扩大产能。

界首电磁线厂车间

进入 21 世纪,该镇注重产业转型、结构调整和科技创新,工业经济发展速度明显加快,运行质态良好,发展后劲显著增强,对财政贡献率不断提高。大华、永盛、铭林、龙盛、友好、光明及国联制衣有限公司界首分厂等一批服装企业成为新的增长点。稀有金属材料厂、高宇鞋业有限公司、文斯塑胶制品有限公司、佳兴裕工艺品厂以及大华制衣厂、铭林制衣厂、永盛制衣厂、龙盛制衣厂等外贸生产企业保持产销两旺的势头。江苏省常乐压力容器制造公司阀门厂、市光明金属材料有限公司、市同兴化工机械有限公司不断技改投入,扩大产能和开发新品。随着工业集中区加快建设,该镇初步形成了塑料包装、服装生产、鞋业制造、食品加工、机械制造、电线电缆、电机等产业格局。其中,服装、鞋业、塑料包装、机械加工制造等行业发展较快。一些机械业、金属加工业企业,由加工转向制造,实现产业升级,工业占比不断提高。扬州永成金属制品有限公司、扬州高宇鞋业有限公司、市祥海金属制品材料厂、市龙盛制衣厂、扬州浩德金属材料有限公司、扬州文兴包装材料有限公司、市煤机阀门厂等一批成长型企业发展势头强劲。扬州市永成金属制品有限公司被列为市重大招商引资项目;扬州国联制衣有限公司界首分公司重视自主品牌建设,运行质态良好,成为镇服装龙头企业和财源贡献大户。2005 年,全镇产销利同比分别增长 40.3%、44.4% 和 38.3%。服装、塑料为特色的企业集群优势凸显。其中,服装生产加工企业有 16 家。2006 年,全镇 5 个规模以上工业企业实现产值 6327 万元、销售收入 6228 万元、利税 405 万元,同比分别增长 65.8%、47.8% 和 64.1%。2007 年,工业技改投入 2.6 亿元,同比增长 43.6%。总投资 1.3 亿元的国家秸秆发电产业化项目被高邮市委、市政府列为重大项目之一。2008 年,扬州国联制衣有限公司界首分公司实现销售收入 1 亿元、税收 430 万元。2009 年,工业经济持续平稳增长,全年实现全部工业产值 16.4 亿元,同比增长 42.1%。

2010 年,该镇实现全部工业产值 21.2 亿元,同比增长 31%。其中,规模工业产值 3.74 亿元,同比增长 36%,新增规模以上企业 3 家,累计 15 家。工业技改投入 7 亿元。招商引资工作成效明显,引进 1000 万元以上项目 20 项,协议利用外资 1148 万美元,外资实际到账 283 万美元。全年完成民资投入 8.29 亿元,新增民资注册资本金 3.59 亿元。新入工业集中区企业 16 家,新建标准化厂房 3 万平方米,集中区经济占全镇工业经济比重逐步增大。新规划工业集中二区,投入近千万元,完善道路、管网和电力等配套设施,增强新区项目承载能力。

2010 年界首镇工业主要指标情况表

表 29

项目	单位	本年实绩	比上年 ±%	部分重点企业	主要产品
企业数	家	210	7.7	市祥海金属制品材料厂	铝制品销售制造
其中:规模以上	家	12	20.0	扬州铨伟实业有限公司	鞋产品加工
总产值	万元	211700	31.0	扬州文斯塑胶制品有限公司	塑料袋
其中:规模以上	万元	37426	36.0	扬州市高宇鞋业有限公司	安全鞋
规模以上企业利润	万元	600	35.4	扬州永成金属制品有限公司	金属制品加工
技改投入	万元	70000	41.7	市恒辉机械有限公司	粉料罐
从业人员	人	5685	10.2	市远东机械厂	条播机

菱塘回族乡

该乡是江苏省唯一的少数民族乡。2010 年,全乡总人口 2.33 万人。其中,回民 7278 人。该乡原主要有农机具修造厂、制衣厂等,生产耐腐泵、服装等产品。20 世纪 80 年代及后期,全乡春笋般地兴起了电缆生产企业,在改变了该乡工业结构的同时,工业一步跻身全市发展较快、规模较大的乡镇行列。该乡电缆行业产值占全乡工业产值 90 % 以上,占全市电缆产业规模以上企业总产值的 60 % 以上。曙光电缆厂既是全市电缆行业的龙头企业,也是全市工业企业的排头兵。

20 世纪 90 年代初,该乡就初步形成了以电线电缆产品为主体的工业体系,确立了电线电缆产业的主导地位。此后,基本按照"提高电缆、发展电机、开发化工、启动丝绸"的结构调整思路,开发了各种电缆及配套材料、化工、桥架、摩托车尾架、无压锅炉、丝绸服装、电机、钢绞线、玩具、铜箔及缫丝生产等项目。其中,曙光电缆厂的高压交联电缆、光明电缆公司的船缆、扬子电缆公司的电力电缆等在全市电线电缆行业具有独特的地位。

进入21世纪,该乡充分发挥少数民族乡品牌优势,更加突出工业主导地位,加快产业集聚,优化产业结构,推动产业联动发展,工业经济在逆境中攀升。扬州曙光电缆有限公司、扬州市环宇电缆有限公司、扬州市扬子电缆制造有限公司、扬州市红旗电缆制造有限公司、扬州市亚光电缆有限公司、扬州市光明电缆有限公司、扬州金阳光电缆有限公司、扬州市晨光电缆制造有限公司、江苏赛特电器有限公司、江苏金鑫电器有限公司等企业的一大批高、精、尖项目实施投产。单晶硅、服装、玩具、工艺鞋、清真食品、灯具、机械配件、光学镜片等行业发展迅速;华城电缆、新星工艺厂、耐腐泵阀厂、华联电缆材料厂等一批私营企业呈现出旺盛的生机和活力。同时,该乡实施鹅业产加销一体化综合开发项目,鹅业经济得到发展。至此,该乡形成了电线电缆、服装、玩具、灯具和农产品加工等五大产业门类。其中,把以电线电缆和太阳能光伏为主的智能电网产业作为全乡加快发展的新增长点和实现转型升级的新兴产业。2004年,该乡的电线电缆产业被省列为苏北星火产业带科技先导型支柱产业和苏北科技项目示范密集区。2005年,全乡重点企业支撑辐射作用显著。全乡22个规模以上工业企业实现产值12亿元、销售收入11.19亿元、利税6856万元,同比分别增长42%、40%和40.5%,分别占全乡工业产销利总额的79.8%、79.1%和90.1%。招商引资成绩突出,实施招商引资项目26个。其中,投资额超过1000万元的项目15个,到账资金2.5亿元。2006年,全乡29个规模以上工业企业实现产值20.1亿元,约占全市乡镇规模工业总量的七分之一。扬州曙光电缆有限公司成为全市第一个产值、销售过10亿元的企业。“强菱”牌电缆被确定为国家免检产品。2007年,重点企业持续大幅增长。36家规模以上工业企业实现产值28.74亿元、销售收入28.11亿元、利润7420万元,同比分别增长40.3%、37.7%和47.7%。扬州曙光电缆有限公司、扬州光明电缆有限公司、扬州亚光电缆有限公司、扬州市回民制衣有限公司、扬州市红旗电缆有限公司等企业一路领跑。2008年,该乡更加强势推进技术改造。全年工业技改投入7.4亿元,同比增长59%。扬州曙光电缆有限公司投入1.35亿元,续建500千伏超高压电缆项目,主体工程高度118米的立塔基本竣工。至2009年,全乡共有电线电缆企业85家、太阳能光伏企业6家。智能电网产业总资产20亿元,从业职工5000多人。其中,专业技术人员1000多人。电线电缆行业经济总量占全省行业规模的12%以上。2009年,该乡被科技部命名为“中国特种电缆制造基地”。

2010年菱塘回族乡工业主要指标情况表

表30

项目	单位	本年实绩	比上年±%	部分重点企业	主要产品
企业数	家	283	13.7	扬州曙光电缆有限公司	电缆制造
其中:规模以上	家	44	10.0	扬州市红旗电缆制造有限公司	电线电缆
总产值	万元	944363	35.6	扬州回民制衣有限公司	服装生产
其中:规模以上	万元	763063	38.2	市菲力克斯玩具厂	玩具加工
规模以上企业利润	万元	36796	130.8	扬州市光明电缆有限公司	电线电缆
技改投入	万元	138000	15.0	扬州太极铜业有限公司	铜带
从业人员	人	7042	-2.4	扬州三友合成化工有限公司	医药中间体

2010年,该乡实现全部工业产值94.44亿元。其中,规模以上工业实现产值76.31亿元。当年实现

工业开票销售额30亿元,增幅30%。该乡不断提升科技创新能力,新上产学研合作项目8项;国家级火炬计划、星火计划项目12项;国家级创新基金项目1项;省级成果转化项目1项。新确认国家级高新技术企业3家;扬州市及以上研发中心6家。全年新增民营注册资本金7亿元,合同利用外资460万美元,实际外资到账200万美元。加快项目建设推进力度,全年新开工重点工业项目22项。其中,亿元项目3项,5000万元以上项目5项,1000万元以上项目14项;全乡工业项目累计投入13.8亿元。

郭集镇

该镇工业的发展有两个时期比较突出。一是20世纪八九十年代,盘塘、大营两个村办工业在全县乡镇工业中,发挥了骨干引领作用,占有重要的地位;二是90年代后期,该镇灯具产业的快速发展以及2000年以后镇工业园区的建立,使全镇工业得到全新的发展,也对周边乡镇乃至全市照明器具产业产生了积极影响,起到了示范带动作用。该镇灯具产业产值占全镇工业的76%以上,占全市灯具产业的40%。该镇享有"灯具之乡"的美称。

进入20世纪90年代,盘塘村的市照明电器厂接连开发新上了高压钠灯、镇流器、组合灯、汞钠灯;大营村的红光电缆厂新上了计算机电缆和核电站专用电缆;镇声光器材厂开发了异型钢杆、压铸灯具、新式高杆灯等。这些基本奠定了该镇工业的发展格局,引导了后续发展的方向。

2000年后,该镇利用国家扩大内需、节能减排和"十城万盏"工程机遇,不断加大技改投入,促进产业转型升级。灯具产业企业星罗棋布,灯具生产企业累计达88家,并先后分别上了电力杆、凹凸钢杆、喷塑、热镀锌、灯具模具液压等项目。江苏赛德电气有限公司、市有机化工厂、市苏发灯具钢杆有限公司、市天龙照明电器有限公司、扬州市道兴热镀锌有限公司、扬州市宝尔特钢杆电器有限公司、扬州市迪生照明器材有限公司、扬州市赫普化工有限公司等一批新型骨干企业迅速崛起,全镇形成了灯具、电缆、肠衣、玩具、化工等主要产业结构。工业集中区先后被省、扬州市评为乡镇示范工业小区、长三角地区新农村建设100家示范园区之一。2005年,重点企业拉动作用明显。全镇14个规模以上工业企业实现产值4.76亿元、销售收入4.64亿元、利税3376万元,同比分别增长58.1%、70.8%和83.2%,分别占全镇工业产销利总额的47.6%、49.8%和79.4%。企业技改投入力度加大,江苏赛德电气有限公司项目投入2000万元,江苏天龙照明电器有限公司和扬州市宝尔特钢杆电器有限公司均项目投入5000万元。2005年,全镇完成工业技改投入2.09亿元。2006年,工业集中区被确定为扬州市重点推进的4个乡镇工业集中区之一。2007年,全镇灯具产业有企业150多家,灯具产业被列为省百家重点产业集群之一。2008年,该镇加快灯具产业升级,推动"三新"(新材料、新能源、新光源)产业发展。市声光器材厂与巴西合资研发的大功率LED照明系统正式投产;扬州市中兴照明股份有限公司无极灯产品产销两旺。该镇被中国道路照明协会命名为"中国路灯制造基地"。2009年,该镇技术改造力度进一步加大。全年技改投入9.5亿元,同比增长61%。全镇有近20家企业新上大功率LED路灯项目;4家企业新上太阳能电池组装项目。江苏赛德电气有限公司投资1.5亿元新上核电缆项目,当年实现产值近5亿元,跃居全市工业企业排头兵前列。

2010年,该镇实现全部工业产值63.98亿元、规模以上工业产值37.76亿元,同比分别增长47.8%和41%。实现工业技改投入14.5亿元。全镇有产值过亿元企业5家,新增规模以上企业6家。工业自主创新能力得到全面增强。全镇创成省高新技术产品7种;创成省名牌产品1个、扬州市名牌产品2个;创成省著名商标1个、扬州市知名商标3个;成功申报专利160件。全年民资实际到账13.6亿元,完成民营注册资金7.5亿元,实际外资到账241万美元,全镇新增私营企业120家。全年开工1000万元以上项目28项。其中,3000万元以上项目10项,5000万元以上项目7项,亿元以上项目3项。江苏跃马钢管制造有限公司高频焊管项目启动施工；江苏苏发照明实业有限公司大功率 LED 项目、市天马石化公司太阳能电池板项目、市强胜电气有限公司异型模具项目等一批重大项目竣工投产。

表 31

2010 年郭集镇工业主要指标情况表

项目	单位	本年实绩	比上年 ±%	部分重点企业	主要产品
企业数	家	316	2.3	扬州市普林斯化工有限公司	3-氯丙基甲醛醚
其中：规模以上	家	36	12.5	江苏赛德电气有限公司	电缆
总产值	万元	639807	47.8	扬州市未来水质稳定剂有限公司	聚合氯化铝
其中：规模以上	万元	377620	41.0	江苏跃马钢管制造有限公司	照明灯具制造
规模以上企业利润	万元	19200	35.6	江苏苏发照明实业有限公司	LED 光电制造
技改投入	万元	145000	31.8	市新东方电缆材料有限公司	电缆材料加工
从业人员	人	8573	0.2	扬州市鑫通交通器材有限公司	交通信号灯

送桥镇

该镇工业发展之路不太平坦，水泵、翻斗车、蜂乳制品、电梯、长毛绒玩具等项目都没能发扬光大。20 世纪 90 年代后期及 2000 年以后，该镇注重工业产品结构的调整，开发生产有灯具、车辆座椅、单晶硅、化工等产品，给工业发展带来新的生机。

送桥电梯电机厂产品

20 世纪 90 年代初，该镇的扬州市健饮蜂乳食品厂非常风光，产品有五大系列 60 多个品种。其中，含锌蜂蜜等产品分获中国优质保健品金、银奖。90 年代中后期，食品机械厂、特种电机厂、塑料泡沫厂、油脂化工厂、张渡铲车厂、尤加灯具厂、常集电瓶厂等 14 家企业分别进行了产权制度改革。其中，实行股份合作制 12 家。该镇先后开发了农用面包车、灯具、电缆、化工、液压泵和潜水泵、电梯电机及电梯、乳瓜、特种电力金具、橡塑汽配等产品。

2000 年后，该镇坚持工业为“第一方略”，全力扶持企业发展壮大，引导企业走合资合作、裂变嫁接、吸纳发展之路。该镇加快产业集聚，推动灯具产业优化升级。一方面对玩具、化工、汽配、花炮等产品进行技术革新，增加花色品种。其中，工程座椅、花炮和玩具打入国际市场；另一方面加快工业集中区建设。围绕灯具产品，建成开平、剪切、成型、镀锌、喷塑、灯头、灯泡等灯具生产加工一条龙生产线，积极打造灯具产业带。同时，大力开发鹅产品产业。扬州天歌鹅业发展有限公司、扬州宝德照明器材有限公司、扬州松山照明器材有限公司、扬州现代照明器材有限公司、扬州伏特照明器材有限公司、市长松化工厂、市三鑫制衣有限公司、市比欧特服饰有限公司等一批规模企业涌现，全镇形成了灯具、扬州鹅制品、服装、玩具、箱包等产业集群。2005 年,全镇工业经济呈现持续快速增长势头,全部工业产销利同比分别增长 42.9%、40% 和 76.1%。2007 年,该镇开始打造扬菱路工业集中区。全镇 14 家规模以上工业企业实现产值 3.48 亿元、销售收入 3.35 亿元、利润 1218 万元,同比分别增长 60.4%、62.6% 和 57.4%。2008 年,该镇开展“项目突破年”活动,全年累计洽谈项目 25 项,开工建设 18 项。其中,亿元以上项目 1 项,5000 万元以上项目 2 项,3000 万元以上项目 5 项。2009 年,全镇工业经济发展势头强劲。当年,全镇完成工业总产值 29.2 亿元,同比增长 53.1%;外贸供货额 2.55 亿元,同比增长 48.1%;规模以上企业工业产值 10.03 亿元,同比增长 44.7%。

2010 年,该镇全年累计完成工业总产值 40.6 亿元、销售收入 40.4 亿元、利润 1.9 亿元,同比分别增长 38.8%、41% 和 66%;完成规模以上工业产值 14.6 亿元、销售收入 14.3 亿元、利润 6450 万元,同比分别增长 40.6%、34.7% 和 64.9%。江苏天元光电发展有限公司成为全镇首家开票销售过亿元企业。全年工业技改投入 7.92 亿元,外贸供货额 3.9 亿元。全年引进民资 11.5 亿元,同比增长 43.8%。其中,域外民资 7.2 亿元,同比增长 39.8%。外资实际到账 188 万美元。新增私营企业 81 家;新增民营注册资本 5.9 亿元,增长 40.2%。该镇完善工业集中区基础设施建设,达到“五通一平”;实施绿化、亮化工程,集中区承载能力有所提升;全年新建标准化厂房 1.22 万平方米;累计入园企业数 26 家。扬州天歌鹅业发展有限公司与南京农业大学产学研合作项目“南京农业大学高邮专家工作站”正式挂牌运作。由江苏龙腾照明器材有限公司投资兴建的“高邮路灯展销城”开业,成为具有较强集散力、辐射力和竞争力的国内规模最大的专业路灯产品展销基地。

2010 年送桥镇工业主要指标情况表

表 32

项目	单位	本年实绩	比上年 ±%	部分重点企业	主要产品
企业数	家	344	12.1	龙腾照明集团有限公司	LED 灯具
其中:规模以上	家	36	20.0	市怡和车辆附件厂	车辆座椅
总产值	万元	406069	38.8	扬州市天源油品有限公司	电容器油
其中:规模以上	万元	145886	40.6	扬州市宝德照明器材有限公司	LED 灯具
规模以上企业利润	万元	6450	64.9	江苏长松化工有限公司	静电粉末涂料
技改投入	万元	79200	54.9	江苏天元光电发展有限公司	单晶硅
从业人员	人	8003	1.4	扬州市欣宝树脂有限公司	聚酯树脂

天山镇

该镇工业发展有过两段辉煌历史。一是 20 世纪八九十年代,以光华皮件厂和南茶村办工业为代表的箱包鞋生产发展时期;二是 21 世纪初期,以顺大半导体有限公司为首的太阳能光伏产业的兴起与发展。可以说,这都是给全市工业带来了深远影响、发挥了积极作用的关键时期。尤其是江苏顺大半导体发展有限公司的投产,对全市工业转型升级、大力发展新兴产业、引领太阳能光伏产业做强做大,发挥了突破性作用。

20 世纪 90 年代上半期,该镇基本形成了以茶花运动鞋厂为龙头,光华皮件厂、主力公司、华飞鞋厂为代表的箱包鞋为主的轻工产品系列;以光电线缆厂为龙头,机械厂和邮电器材厂为代表的邮电产品系列；以虹光着色剂厂为龙头，皮革化工公司等企业为代表的颜料、染料化工产品系列，主导产品有箱包鞋、光电线缆、色母粒、皮革化工、橡胶轮胎等。外贸生产名列前茅，该镇为全市出口创汇第一乡，南茶村为扬州市出口创汇第一村。在企业改制中，该镇是组建有限责任公司最多的乡镇。到2000年，全镇共组建有限责任公司15家，股本总额1304万元。

2000年后，该镇在实施扬州市兴华光电线缆厂扩建项目的同时，大力推进扬州市希捷箱包有限公司开发高档包袋生产线和扬州市光华皮件制造有限公司增加软箱生产线的重点技改项目，实行传统的箱包鞋产品上延下伸，至2003年产业占比达70%以上。随着江苏顺大半导体发展有限公司的投产、单晶硅项目的落户，该镇的产业结构发生了重大变化，拉动了全市光伏产业的快速兴起和发展。同时，该镇初步建成邮仪路产业带、顺大光伏产业园，全镇形成了箱包鞋、单晶硅、化工、灯具等四大支柱产业。这期间，主要产品还包括汽车轮胎、邮电器材、精细化工、色母粒，以及其他与光伏、制鞋产业相配套的产品。2005年，重点企业和重点行业支撑作用显著。全镇15个规模以上工业企业实现产值6.39亿元、销售收入5.85亿元、利税5598万元，同比分别增长67.7%、72.2%和2.84倍。箱包鞋业实现总产值5亿元；单晶硅实现总产值近3亿元。2006年，顺大二期、太阳能玻璃、光伏科技、至上光电等一批项目相继建成投产。光伏产业实现产值5.2亿元，成为支柱产业和第一税源项目。光伏产业和箱包鞋业初步形成“双轮驱动、并驾齐驱”的格局。2008年，该镇经济发展活力显现，企业规模不断壮大。当年，新增产值10亿元以上企业1家、5亿元以上企业1家、亿元以上企业4家；35家规模以上工业企业实现产值32.14亿元、销售收入31.98亿元、利润1.40亿元，同比分别增长121.4%、128.8%和65.3%。2009年，光伏产业突飞猛进。在国际市场萎缩低迷、产品价格下跌情况下，全镇13家光伏类企业实现产值33.2亿元、销售收入31.4亿元，分别占全镇工业的59.2%和60.5%，占列统企业的89.3%和88.5%。江苏顺大半导体发展有限公司开辟新市场，一鼓作气实施多晶铸锭、拉晶扩产、太阳能玻璃和封装扩产等4个亿元项目。

表33

2010年天山镇工业主要指标情况表

项目	单位	本年实绩	比上年±%	部分重点企业	主要产品
企业数	家	246	13.9	江苏天华皮件制品有限公司	箱包
其中：规模以上	家	40	14.3	扬州天华光电科技有限公司	单晶硅切片
总产值	万元	832798	48.4	扬州市希捷箱包有限公司	箱包
其中：规模以上	万元	593945	58.4	江苏虹光新能源发展有限公司	单晶硅切片
规模以上企业利润	万元	44988	153.9	扬州恒力鞋业有限公司	皮鞋制造
技改投入	万元	133500	29.1	市强杰塑料制品有限公司	鞋底
从业人员	人	11713	45.8	江苏顺大半导体发展有限公司	单晶硅棒

2010年，该镇实现全部工业产值83.28亿元、销售收入80亿元、利税6亿元，分别比上年增长48.4%、45.2%和46.2%。其中，规模以上工业实现产值59.4亿元、销售收入60.46亿元，增长58.4%和63.2%。新兴产业支撑作用愈发明显，15家规模以上光伏类企业完成产值54亿元、销售收入52亿元，均占全部工业的65%。外贸出口形势持续向好，江苏顺大半导体发展有限公司、扬州天华光电科技有限公司、扬州市星火太阳能照明有限公司等企业发挥外贸出口骨干作用。全镇实现外贸出口交货值24.76亿元。科技创新能力进一步增强，全年完成高新技术产业产值50亿元；新增省以上高新技术产品3种、扬州市名牌产品

3个;新建市以上研发机构1个;新注册商标13个,其中,省著名商标2个,扬州市知名商标3个;获专利55项,其中,发明专利5项。引进高层次人才1人,引进专业技术人才12人。新增产学研合作项目3项。全镇累计利用民资13.7亿元,完成民营注册资本金6.03亿元,注册登记私营企业95家。全年协议注册外资200万美元,外资实际到账22万美元。全年累计向上争取各类国资项目24项、资金5582万元。把握S333省道改道契机,全年投入2000多万元,全面推进工业集中区扩容升级。

2010年高邮市分乡镇规模以上工业(企业)主要经济指标情况表

表34　　单位:个、万元

乡镇别	企业数	现价产值	销售收入	利税	利润
合计	496	4631234	4523141	416817	204288
高邮镇	65	871901	845430	62891	23012
龙虬镇	15	86842	82733	5479	1800
马棚镇	5	20819	19940	1785	584
车逻镇	30	82414	77304	4928	1648
八桥镇	20	174664	165931	9177	4798
汉留镇	26	212380	209277	16599	5919
汤庄镇	32	239425	224676	22758	10789
卸甲镇	27	151885	137986	9193	4160
三垛镇	27	156499	156935	11702	5082
甘垛镇	21	113740	112544	14124	7620
司徒镇	10	46532	46241	2502	1152
横泾镇	6	21460	20985	854	223
界首镇	12	37426	37426	2399	600
周山镇	9	125092	123196	17259	10301
周巷镇	17	143510	137646	10225	4053
临泽镇	18	266131	254747	26061	15113
送桥镇	36	145886	142718	13385	6450
郭集镇	36	377620	367548	36282	19200
天山镇	40	593945	604625	76811	44988
菱塘回族乡	44	763063	755253	72403	36796

名村选记

师伙村

该村隶属车逻镇。

该村注重工业协调发展,实行整体推进,实现了三次跨越。20世纪60年代,村办工业产品是以小五金、农机配件为主，到 1984 年村办工业产值突破 100 万元，实现了第一次跨越。1984 年以后，开发生产出冷镦不锈钢新项目；90 年代，不锈钢紧固件顾客盈门、走俏全国的时候，该村大胆投资 200 万元，兴建拉丝厂，生产不锈钢焊条丝；接着又投资 500 万元，兴建特钢厂，使全村实现了不锈钢冶炼-锻铸-拉丝-标准件一条龙生产。1994 年，村办 3 个企业实现产值 5000 万元，利税 300 万元，实现了第二次跨越。1995 年，该村先后投入近千万元，对“不锈钢一条龙”进行了脱胎换骨的改造。强力标准件厂引进 8 条冷镦自动化生产线，能自动生产螺栓、螺母、螺钉三大系列 2000 多个规格品种的不锈钢标准件；特钢厂通过引进二次重溶新技术，冶炼出来的不锈钢材质量达到国际标准，替代了进口。1995 年，该村农、副、工三业产值 1.098 亿元。其中，工业产值近亿元，达 9681 万元。该村成为继天山镇南茶村之后的第二个亿元村，实现了第三次跨越。

该村连续 8 年被中共扬州市委、扬州市人民政府命名为“文明单位”；村党支部先后被评为江苏省先进基层党组织、扬州市先进党支部，连续 15 次受到市委、市政府的表彰。

闸河村

该村隶属车逻镇。

该村以实现小康为目标，以发展工业为突破口，强攻村办工业。村办五金厂通过走挂靠大企业之路，产品由过去的小农机配件加工生产转为自行车、摩托车各种配件的生产。该村先后投入数百万元购置 250 吨、160 吨压铸机 4 台（套），各种规格的车床、磨床、钻床 10 台（套），厂区面积扩大一倍以上。1992 年，该村与市制动件总厂共同投入 300 万元，联手创办全市村办企业与市属企业合股经营的第一家股份制企业——高邮市东荣铝合金责任股份有限公司。1995 年，该公司生产铝锭 1500 吨，实现了铝锭浇铸-铝压铸-精加工-配件组装一条龙生产，创产值 2000 万元。

张余村

该村隶属八桥镇。

该村始终坚持抓工业。1992 年，该村与摩托车厂家达成协议，投入 40 万元，新建了摩托车配件厂。同时，该村对原五金汽配厂技改投入 33 万元，添置设备，扩大厂房，加快汽配件产品更新换代，并创办了电瓶厂。通过借资、集资等方式，累计投入 103 万元，开发了汽车配件、摩托车配件、农机配件、纺织配件等四大系列 150 多个产品。1995 年，该村不断深化改革，因企设制，对汽配厂实行了股份合作制，对电瓶厂、轮窑厂实施租赁承包，明确了产权，提高了经济运行质量。

该村有村办企业 4 家，组办和个体企业达 25 家。1995 年，实现经济总量 1553 万元。其中，工业产值 810 万元，利税 103 万元，年人均纯收入 2602 元。

居庄村

该村隶属八桥镇。

该村有 316 户 1100 多人口，1982 年人均纯收入只有 160 元。该村大力兴办以柳器编织为带头的户办工业，在 68 户工业企业中，柳器编织达 49 户。1985 年，实现工业产值 35 万元，全村人均收入提高到 550 元。

李庄村

该村隶属八桥镇。

该村1973年开始兴办工业，从用废柴油桶做保险柜，逐步发展到金属构件厂、标准件厂、预制品厂、砖瓦厂等4个企业。1986年，全村实现工业产值115万元，占农副工总产值47.5%，人均分配收入达771元。这期间，工业利润用于全村支农和村民福利事业等项建设达57万元。

张邵村

该村隶属卸甲镇。

该村始终把握经济建设这个主旋律，狠抓工业发展不松劲。1992年，该村与卸甲镇的金飞达公司达成合作协议，为其加工配套产品，创办了电动工具厂。在发展中，电动工具厂坚持强化集体经营调控力，加大经营者的责任，增强决策者的力量；围绕上新品、增总量，不断加大投入，先后投入280万元，建成了微电机生产线、砂轮机生产线，新增冲床21台。电动工具厂具有了年产20万台分马力电机、30万台砂轮机的生产能力，成为苏北地区冲压料加工能力最大的生产基地。产品从起初的加工型转向外销型，从为金飞达公司搞配套转向直接出口，并取得了德国的安全认证，销往德国、俄罗斯等10多个国家和地区。1995年，该村社会总产值2424万元。其中，工业产值2014万元，人均收入达2558元。

俞胡村

该村隶属三垛镇（原二沟乡）。

该村有工业企业5家。其中，组户联企业1家。工业经济的发展是该村迈进小康行列的关键。创办于1985年的俞胡羽绒厂，起初由于无资金、无设备、无厂房，生产处于停产半停产状态之中，年年亏损。为扭转这种局面，羽绒厂相关人员坚持不断地跑市场、找资金、引人才、傍靠山，经过几年的努力，终于扭亏为盈。1991年，羽绒厂开发了新型羽毛球，被首届东亚运动会指定为专用产品。1993年，羽绒厂产品获外贸部门颁发的产品质量免检证和自营出口许可证，并销往俄罗斯、美国、科威特等国家和地区。该村以羽绒加工厂为依托，大厂办小厂，老厂办新厂，用借鸡下蛋的方式成功地办起了3家企业，基本形成羽绒羽毛原料收购、羽绒加工、羽绒制品（羽绒被、羽毛球）、羽毛粉精密饲料一条龙生产线。1995年，该村实现经济总量1695万元，农民人均收入2771元。其中，实现工业产值1400万元，利税120万元。

合兴村

该村隶属临泽镇。

该村把主攻工业作为发展壮大集体经济、致富农民的主要途径。村办工业恢复创办于1976年。在发展工业的过程中，该村注重引进人才，加大技改投入，先后从上海、丹阳等地聘请10多名专业技术人员，陆续投入340多万元，更新、添置设备，引进新项目。其中，维扬运动鞋厂1990年外贸收购额达600多万元；皮面运动鞋于1989年在省外贸公司评比中荣获第一。到1995年，该村共有3家村办企业和21家镇村联办、个

临泽合心皮件厂生产车间

体私营企业。1995 年，实现社会总产值 1869.54 万元。其中，工业产值 1420.6 万元。农民人均收入 2474 元，来自村办工业的占 40% 以上。

丁旺庄村

该村隶属临泽镇。

该村是具有 200 多年历史的渔卡（一种捕鱼工具）手工业村，以“产量高、品种多、质量好”而著称。1978 年以前，传统削渔卡手工业被当作资本主义的尾巴来割，工作组、小分队三番五次进驻，没收工具和产品，实行罚款。该村共有 281 户、1232 人，从事削卡的有 800 多人。1986 年，全村年产值达 30 多万元，全村通过削卡获得的年人均收入增收 200 元。

南茶村

该村隶属天山镇。

1977 年之前，全村社员年平均收入不到 50 元。1977 年，该村卖掉两头肥猪作本钱，办起了塑料制品厂。不到 10 年，工人从 7 人增加到 1018 人，拥有 563 台缝纫机，厂房 5811 平方米，主要生产皮革制品达 320 多种，远销国外及国内 26 个省市自治区。1985 年，全村实现工业产值 700 多万元，名列全县各村之首，工人年人均收入 631 元。

扬州茶花集团公司产品陈列室

表 35

1986 年高邮县产值 100 万元以上村办工业企业主要经济指标情况表

单位：万元

厂名	产值		利润		税金	
	本年	上年	本年	上年	本年	上年
小计	4055.57	2991	240.87	176.79	169.88	152.47
车逻塑料厂	225.54	169.07	3.05	2.61	9.88	7.67
车逻师伙柴配厂	140.7	145.1	6.25	7.64	6.21	6.91
车逻特平花炮厂	102.11	135.95	4.76	11.15	11.78	26.86
车逻马元冶炼厂	121.45	127.5	4.27	1.89	3.51	2.55
湖滨沙湖广播器材厂	108.15	61.12	12.66	9.03	9.48	6.18
龙奔黄家服装厂	101.37	41	6.57	2	3.66	0.3
龙奔周邶墩镜片厂	100.72	48.85	7.08	4.14	1.5	1.75
张轩强民齿轮厂	102	74.45	16.83	7.07	3.74	0.51
卸甲大庵铝件厂	143	120	11.92	5.7	7.03	3.09
八桥李庄构件厂	115.14	115.79	2.24	2.26	3.03	2.94

续表 35

厂名	产值		利润		税金	
	本年	上年	本年	上年	本年	上年
二沟冯家聚酯切片厂	109.95	—	10	—	—	—
二沟俞胡羽绒厂	163.9	20	28	3	—	—
甘垛红旗冶炼厂	151.5	88.4	19	12.6	1.76	2.4
临泽临北汽酒厂	220	139.05	6.05	0.84	3.89	5.3
临泽合兴皮件厂	240	183.72	9.09	8.83	9	8.11
送桥张公渡汽车附件厂	101.31	95	2.72	2.8	4.59	2.39
天山南茶塑料制品厂	1012.21	702	58.92	63.9	53.54	45
天山夏庄建材厂	101.5	93	—	0.5	6.23	4.1
郭集盘塘电器厂	410	311	7.66	8.7	16.05	11.24
郭集大营电器厂	285.02	320	23.8	22.13	15	15.17

几个年份甘垛乡渔业村收入分配情况表

表 36

项目	单位	1977	1980	1982	1983	1984	1985	1986
总收入	元	93438	120398	158975	395493	782000	1480100	2190300
参加分配人数	人	511	540	570	621	622	641	648
分配数	元	47411	61231	137850	175950	312012	522300	662100
人均年收入	元	92.78	113.39	241.84	283.33	501.62	814.82	1021.76

1994 年前后高邮市部分工业知名村情况表

表 37

村名	主要知名特色	1994 年工业企业数（个）	所属乡镇
闸河	以发展工业为突破口，实现小康	2	车逻
师伙	形成了不锈钢工业群体	3	
湾桥	大力发展工业经济，加快全村两个文明建设步伐	2	
双庙	兴办沙龙制衣厂，“沙龙”牌成为中国驰名商标	3	龙虬
强民	兴办多家工业企业，并在全县率先建立横向经济联合体	1	张轩
沙湖	兴办测控电缆厂，成为全县电线电缆行业鼻祖	1	湖滨
恒丰	兴办八桥花炮厂，规模列扬州市榜首	1	八桥
张曹	兴办仿古陶瓷厂，成为全省陶瓷出口重要企业	2	伯勤
张邵	从电动工具生产配角走向直接出口	1	卸甲

续表 37

村名	主要知名特色	1994 年工业企业数（个）	所属乡镇
丹阳	兴办化工企业，自筹开发出口产品	1	沙堰
瓦庄	兴办合金材料厂，实现不锈钢产品系列化	2	三垛
俞胡	兴办多家工业企业，以工补农，工农兴旺	4	二沟
渔业	村办工业挑起全乡工业经济大梁	9	甘垛
合心	把主攻工业作为发展壮大集体经济、致富农民的主要途径，村办企业兴旺发达，为省、扬州市外贸先进企业	3	临泽
菱塘	兴办扬州曙光电缆厂，成为省内少数民族办的最大乡村企业	2	菱塘
王姚	兴办扬州市扬子电缆厂	2	
盘塘	兴办照明电器厂，成为全县灯具产业先驱，跻身全国道路照明器材生产骨干厂家之列	1	郭集
大营	兴办电热电器厂，红极一时	5	
南荼	全市首家工业亿元村，扬州市出口创汇第一村，全国村镇建设文明村	4	天山

组户联办工业大略

1978 年以前，全县还没有组户联工业，即使零星有一点，也被压制。

中共十一届三中全会以后，由于全面推行联产承包责任制，农村生产力、农副产品商品率大幅度提高，传统的自给自足自然经济逐渐向商品经济转化，广大农民生产致富热情日益高涨，向农村产业结构的调整提出了客观要求。一些乡村的组、户开始尝试兴办工业，但由于普遍存在认为组户工业规模小、产值少、作用不大等认识问题，而使之处于自生自灭状态。

1983 年，中央促进农村商品生产发展的方针政策，极大地调动了农民办厂的积极性。各乡镇认真贯彻放开、搞活的方针，农村商品经济迅速发展，流通领域不断扩大，组户联工业异常活跃，涌现出一批组、户、联户办工厂，出现了（包括乡、村办厂）“双轨并行，五轮齐转”的新局面。全县除个别乡以外都办起了组户联工业，甚至有的乡（镇）组组户户都有工业。以临泽镇、川青乡为突出典型的临泽区最为红火，在较短的时间内兴办组户联工厂 1642 个，占全县总数的 66%。至 1986 年 9 月，全县组户联工厂已有 2665 个。其中，组办 1149 个，户办 1326 个，联户办 190 个。从业人员 7396 人。当年 1—9 月，实现工业产值 2400 万元。其中，年产值过 5 万元的有 30 多个，过 10 万元的达 10 多个。

这期间，为了鼓励和支持工业及农业、副业、商业、运输业的专业户、承包户（两户）的发展，县委、县政府出台了对“两户”的性质、权限以及在经济、政治等方面的 10 条规定。1986 年，县里对组户工业又明确了关于工商登记、开户与资金、用地与用电、税收与信贷以及雇工等方面的政策性问题。县地方工业局增设民办工业股，专门从事农村组、户、联办工业的服务管理工作。全县有 30 个乡镇工业公司也相应设立了民办工业科。至 1987 年，全县共发展组户联办企业 7500 个，比上年增长 1.1 倍；从业人员达 2.2 万人，比上年上升 1.2 倍；年实现产值 6370 万元，营业收入 5700 万元，分别比上年增长 97% 和 85%。年产值 30 万元的“大户”3 个。至 1993 年，全市共有组户联工业企业 5334 家，总产值达 14008 万元。

一沟医疗器械厂生产车间

全县组户联工业归结为三种发展类型：一是以大带小，一些工业基础较好的乡镇，充分利用乡镇企业迅速发展的有利条件，向组户联工业扩散脱壳产品和富余设备，带动组户联工业的发展。二是以小促大，农民利用本地资源发展各种小型加工，逐步积累扩大，促进地区乡镇工业的发展。三是以专带联，充分发挥能人作用，以专业户带联户以致形成专业村。

组户联工业在认识上摆脱了家庭副业的概念，形成了企业化主营的理念；在生产手段上摒弃了落后的纯手工操作，积极向机械化、半机械化过渡；在经营方式上不满足于小打小敲，追求一定的规模和较高的效益；在内部管理上不再混乱无序，注重提高产品的质量和信誉。

表 38

1986 年前后高邮县主要组户联办厂情况表

类型	企业名称	主要产品
组办	临泽镇泰山村桃园皮鞋厂	皮鞋　皮碗
	武安乡管伙村新庄机械配件厂	农机配件
	川青北港净水设备厂	净水设备
户办	川青乡王帮村润华橡胶厂	橡胶制品
	临泽镇泰山村万桥组万玉明豆制品厂	豆制品
	甘垛乡段垛村明华绳厂	聚乙烯绳
	武安乡管伙村机械配件厂	机械加工
	龙奔乡十里村日用化工厂	日用化工
联户办	天山乡综合食品包装厂	塑料包装袋
	横泾乡南汉村化工厂	化工产品
	一沟曙光医疗器械厂	注射针座

表 39

1986 年高邮县组户联办工业主要财务指标情况表

单位：万元

类别	总收入	国家税金	其中：所得税	纯利润	工资总额	自有流动资金	固定资产
总计	3082.11	52.56	2.37	278.22	490.89	295.65	409.14
组办	1384.36	19.39	0.3	122.1	169.86	105.76	194.83
联户办	252.35	4.72	0	31.45	35.52	36.51	34.28
户办	1445.4	28.45	2.07	124.67	285.51	153.38	180.03

1989—1992 年高邮乡镇工业“五轮齐转”情况表

表 40　　　　单位:个、万元、%

<table>
<tr><th rowspan="2"></th><th colspan="2">1989</th><th colspan="2">1990</th><th colspan="2">1991</th><th colspan="2">1992</th></tr>
<tr><th>企业数</th><th>总产值</th><th>总产值</th><th>比上年</th><th>总产值</th><th>比上年</th><th>总产值</th><th>比上年</th></tr>
<tr><td>高邮镇工业</td><td>331</td><td>5017</td><td>5750</td><td>14.6</td><td>6438</td><td>-1.9</td><td>8491</td><td>31.9</td></tr>
<tr><td>地方工业</td><td>7966</td><td>70896</td><td>75883</td><td>7</td><td>103894</td><td>6.4</td><td>143199</td><td>37.8</td></tr>
<tr><td>乡镇办</td><td>275</td><td>37906</td><td>41490</td><td>9.5</td><td>57163</td><td>9.5</td><td>82261</td><td>43.9</td></tr>
<tr><td>村办</td><td rowspan="2">2502</td><td>24674</td><td>26008</td><td>5.4</td><td rowspan="2">41729</td><td rowspan="2">7.5</td><td rowspan="2">54770</td><td rowspan="2">31.3</td></tr>
<tr><td>组办</td><td>3554</td><td>3342</td><td>-6</td></tr>
<tr><td>联办</td><td rowspan="2">5129</td><td>740</td><td>818</td><td>10.5</td><td>636</td><td>-39.4</td><td>1789</td><td>181.3</td></tr>
<tr><td>个体</td><td>4022</td><td>4225</td><td>5</td><td>4367</td><td>-21.8</td><td>4379</td><td>0.3</td></tr>
</table>

说明:1989 年、1990 年数为 1980 年不变价,1991 年、1992 年数为 1990 年不变价

行　业

行业的形成与产业化推进

高邮乡镇工业在长期发展过程中,形成的工业门类错综复杂,行业的起伏变化充分彰显社会发展、时代进步、地方需求和市场作用等特点。

20 世纪 50 年代末期,全县乡村工业行业类别只限于编织、缝纫、砖瓦、中小农具及简单的农业机械生产。70 年代以后,全县才逐渐兴起和派生出如冶金、化工、塑料、皮革、电器、花炮、食品、造纸等工业门类。到 80 年代末,全县已基本形成一个以建材、机械、食品、轻纺、化工等行业为主的工业体系。90 年代期间,由于新品的不断开发,重点企业的辐射带动作用,全市的行业结构发生了较大的变化,改变了原来农具、五金、砖瓦三分天下有其二的格局,初步形成了机械、电气、化工、服装、纺织、冶金、塑料及制品等几个主要行业均衡发展的态势。并且,电气、化工、服装等行业比重趋势加大,冶金、食品、建材等比重有所下降。到 2000 年以后,行业格局发生了质的变化,建材、食品、中小农具、编织等传统产业不断沉沦,电线电缆、电动工具、照明灯具等新兴产业占据主要位置。

1998 年高邮市乡镇工业主要行业比重情况表

表 41

	产值(万元)	占%
机械	84576	17.5
电气	81850	16.9
化工	49765	10.3
服装	36532	7.5
纺织	24220	5
冶金	24037	5

2002年，市委、市政府出台《关于进一步加快重点行业发展的意见》，并成立由市领导班子有关负责人任组长的7个工业行业协调指导小组，明确各参与部门和相关乡镇培育和发展工业重点行业的工作目标，加强规划引导、协调组织、信息咨询等方面的服务。根据行业发展规划，组织企业开展招商引资，实施项目建设，并将行业发展与工业集中区建设、培植块状产业群相结合，形成独具特色的产业体系，推动工业重点行业加快发展。七大行业是汽车与摩托车配件、电线电缆、服装与箱包鞋、医药化工与塑料制品、电动工具、照明灯具和农产品加工。其中，除汽车与摩托车配件行业外，其他六大行业均以乡镇工业为主。

表42

2002年高邮市领导挂钩负责部分行业发展协调指导小组一览表

行业发展协调指导小组	挂钩负责人	职务
电线电缆	杨学华	市委常委、菱塘回族乡党委书记
	夏元新	市政协副主席
照明灯具	黄为民	市委常委、市委宣传部长
	徐兴嘉	市人大副主任
	范太金	市政协副主席
服装、纺织、箱包鞋	王东升	副市长
	钱富强	市政协副主席
电动工具	丁一	副市长
	朱烨	市人大副主任

2009年，市出台《高邮市工业产业调整振兴规划》，加大整合优势特色产业发展力度。当年，菱塘回族乡电线电缆行业实现现价产值61.79亿元；以市经济开发区、高邮镇和龙虬镇为主体的服装服饰行业实现现价产值41.76亿元；以郭集镇、送桥镇为主的灯具行业实现现价产值51.66亿元；以天山镇为主的太阳能光伏行业实现现价产值33.36亿元；汤庄镇的液压机械行业实现现价产值18.25亿元；临泽镇的鞋业实现现价产值13.58亿元；卸甲镇的电动工具行业实现现价产值10.25亿元。

这期间，乡镇工业行业实行产业化发展，以产业的结构性调整促进行业的规模化提高。至2010年，传统产业更新换代步伐加快。农副产品加工业、化学原料及化学制品制造业规模以上企业分别实现现价产值35.06亿元和104.69亿元。“两新三主”产业发展势头强劲，新型照明器具、新能源两大新兴产业规模以上企业分别实现产值37.8亿元和70.4亿元，分别比上年增长36.7%和66.5%；机电制造、电线电缆、纺织服装三大主导产业规模以上企业分别实现产值148.9亿元、109.2亿元和100.9亿元，分别占全市规模以上企业产值的24.7%、18.2%和16.7%。

扬州曙光电缆有限公司引进的德国110千伏高压交联电缆生产线

表 43

1978—1984 年高邮县社队工业分行业规模情况表

单位:个、万元

	1978		1979		1980		1981		1982		1983		1984	
	企业	产值	企业	产值	企业	产值	企业	产值	企业	产值	企业	产值	企业	产值
总计	1603	7316	1468	8012	1403	9830	1330	10369	1144	11229	1087	13616	1278	19154
食品工业	415	272	357	328	306	386	271	373	182	486	173	835	214	1395
纺织工业	22	292	15	301	13	525	16	944	17	951	14	937	20	1112
棉纺织	12	189	8	192	13	525	5	646	5	652	4	612	4	616
缝纫工业	55	293	53	460	74	1039	68	829	41	485	29	379	42	598
皮革工业	11	78	8	89	12	167	18	218	16	121	12	141	14	220
木材工业	30	69	21	53	20	84	23	71	28	74	26	109	26	197
造纸工业及文教艺术用品	23	62	15	59	16	59	17	149	10	134	17	427	20	600
化学工业	81	532	66	600	62	689	58	735	54	928	45	1267	67	1906

表 44

1978—1984 年高邮县社队轻重工业规模情况表

单位:个、万元

	轻工业		重工业		合计	
	企业数	产值	企业数	产值	企业数	产值
1978	831	2537	772	4779	1603	7316
1979	784	3036	684	4976	1468	8012
1980	717	4199	686	5631	1403	9830
1981	670	4545	660	5824	1330	10369
1982	553	5118	591	6111	1144	11229
1983	499	6200	588	7416	1087	13616
1984	718	9326	560	9828	1278	19154

表 45

1987 年高邮县乡镇工业主要行业财务指标情况表

工业门类	企业数	工业总产值	职工人数	固定资产原值	利润	百元产值创造利润	百元固定资产创造利润	百元定额流动资金创造利润	人均创造利润	百元产值占用定额流动资金	全员劳动生产率	工资总额	百元产值工资含量
单位	个	万元	人	万元	万元	元	元	元	元	元	元	万元	元
总计	310	25500	31875	7379	563	2.21	11.81	7.49	182.30	29.49	8256	2284	8.96
冶金工业	6	1334	808	312	66	4.92	26.00	13.10	843.00	37.60	17105	70	5.23
化学工业	26	2699	2349	532	77	2.86	17.10	11.78	342.00	24.30	11978	159	5.95
机械工业	96	7707	9002	2203	201	2.60	10.18	7.17	233.00	36.30	8960	680	9.05

续表 45

工业门类	企业数	工业总产值	职工人数	固定资产原值	利润	百元产值创造利润	百元固定资产创造利润	百元定额流动资金创造利润	人均创造利润	百元产值占用定额流动资金	全员劳动生产率	工资总额	百元产值工资含量
建材工业	56	3285	9047	1795	54	1.64	3.21	4.87	60.00	33.60	3668	722	21.98
森林工业	5	724	636	109	17	2.30	15.99	6.86	283.00	33.50	12319	47	6.52
食品工业	38	3459	2282	800	46	1.33	6.30	5.90	211.00	22.57	15880	150	4.32
纺织工业	15	1948	2334	628	39	2.02	6.90	8.29	178.00	24.40	8817	127	6.51
缝纫工业	20	1169	1822	221	16	1.33	8.86	4.60	102.00	28.56	7690	105	9
皮革工业	7	304	643	83	3	1.09	4.77	1.72	56.00	63.30	5132	35	11.45
造纸工业	6	1403	465	340	31	2.21	9.31	18.75	697.00	11.80	31516	33	2.37
文教艺术用品工业	13	438	1251	136	5	1.06	3.92	3.10	31.00	34.10	2960	78	17.7

1996 年高邮市乡村工业分行业基本情况表

表 46

项目	企业个数	年均人数	现价产值	现价销售	增加值
单位	个	人	万元	万元	万元
总计	988	56044	470531	430979	91420
按轻重工业分	—	—	—	—	—
轻工业	498	27483	205268	183672	41023
以农产品为原料	169	11307	84256	76078	16814
以非农产品为原料	329	16176	121012	107594	24209
重工业	490	28561	265263	247307	50397
采掘工业	1	115	63	62	14
原料工业	46	4569	51958	53976	9926
加工工业	443	23877	213242	193269	40457
按工业行业分	—	—	—	—	—
非金属矿采选业	1	115	63	62	14
食品加工业	75	1020	7625	6352	1547
食品制造业	6	251	899	741	184
饮料制造业	10	441	2168	1701	419
纺织业	21	3100	25486	23645	5049
服装及其他纤维制品制造业	35	4252	20956	15215	4131
皮革、毛皮、羽绒及其制品业	25	2364	14454	13234	2814
木材加工及竹藤棕草制品业	17	308	3080	2581	589
家具制造业	12	559	1658	1430	316
造纸及纸制品业	16	989	9112	8200	1728

续表 46

项目	企业个数	年均人数	现价产值	现价销售	增加值
单位	个	人	万元	万元	万元
印刷业、记录媒介的复制	13	354	2684	1856	517
文教体育用品制造业	12	674	5513	4450	1077
化学原料及化学制品制造业	63	2748	29648	26615	5806
医药制造业	3	90	584	502	108
化学纤维制造业	2	28	402	359	75
橡胶制品业	19	620	3033	2583	589
塑料制品业	35	1672	18406	18272	3603
非金属矿物制品业	160	6357	25614	23020	4922
黑色金属冶炼及压延加工业	24	1649	18747	19679	3535
有色金属冶炼及压延加工业	23	1545	23747	24211	4591
金属制品业	136	7136	63972	57743	12477
普通机械制造业	37	3419	29995	28761	5594
专用设备制造业	32	3727	38762	34995	7612
交通运输设备制造业	16	812	6811	5542	1305
电气机械及器材制造业	49	4587	48768	46741	9525
电子及通信设备制造业	8	181	2490	2166	416
仪器仪表及文化办公用机械制造业	4	802	17274	14763	3227
其他制造业	122	6022	47777	44821	9333
自来水的生产和供应业	12	222	803	739	317

表 47

“九五”期间高邮市乡镇工业企业主要行业结构变化情况表

单位：万元

主要行业	1995 年		2000 年(不含个体)	
	现价产值	占比重(%)	现价产值	占比重(%)
合计	416899	100	485593	100
机械	92165	22	45243	9.3
电子、通讯	59133	14.2	97638	20.1
化工	27718	6.6	51711	10.6
服装	17119	4.1	51376	10.6
纺织	23254	5.6	22466	4.6
冶金	48275	11.6	25978	5.3
塑料制品	17442	4.2	11309	2.3
食品	8152	2	12694	2.6

“九五”期间高邮市乡镇工业轻重工业产值比重变化情况表

表 48 单位:万元

类别	1995 年		2000 年(不含个体)	
	现价产值	比重	现价产值	比重
合计	416899	—	485593	—
轻工业	146120	1	258434	1
重工业	270779	1.85	227159	0.88

2010 年高邮市乡镇规模工业分行业情况表

表 49

行业分类	企业个数(个)	从业人员年平均数(人)	工业增加值(万元)	现价总产值(万元)	现价销售产值(万元)	营业收入(万元)	利润总额(万元)	上交税金(万元)	劳动者报酬(万元)
总计	599	98648	1195618	5787764	5656890	5599692	245857	210093	278643
农副食品加工业	15	2042	44877	221502	218057	215659	13804	7365	5630
谷物磨制	3	744	10746	58921	57500	56155	3163	133	1866
饲料加工	5	285	5639	28928	28771	28721	364	204	637
水产品加工业	2	51	850	3971	4031	4031	130	50	103
其他农副食品加工	5	962	27642	129682	127755	126752	10147	6978	3024
食品制造业	5	638	3772	17533	17064	17000	440	645	1432
其他食品制造业	5	638	3772	17533	17064	17000	440	645	1432
纺织业	15	1644	18137	80927	79841	81679	2577	2646	3202
纺织服装、鞋、帽制造业	104	36363	177691	990066	966980	950676	46397	47677	103642
皮革、毛皮、羽毛(绒)及其制品业	6	2730	4729	22462	22395	22386	533	1088	6368
木材加工及木、竹、藤、棕、草制品业	1	46	1339	7052	6876	6732	432	15	115
家具制造业	1	15	717	3261	3261	261	5	18	27
木质家具制造	1	15	717	3261	3261	261	5	18	27
造纸及纸制品业	10	1312	14927	68714	65805	65970	1952	3043	3086
文教体育用品制造业	1	50	4248	19399	19399	19385	135	1380	118
化学原料及化学制品制造业	34	3727	61501	283233	276271	268740	9906	8556	10292
医药制造业	8	1651	19073	93720	89526	89931	5083	3516	4021
生物、生化制品的制造	8	1651	19073	93720	89526	89931	5083	3516	4021
橡胶制品业	9	844	22246	101958	100660	99987	1272	4582	2144

续表 49

行业分类	企业个数（个）	从业人员年平均数（人）	工业增加值（万元）	现价总产值（万元）	现价销售产值（万元）	营业收入（万元）	利润总额（万元）	上交税金（万元）	劳动者报酬（万元）
塑料制品业	29	2373	34213	157018	154373	152546	5258	7430	5829
非金属矿物制品业	3	265	3850	16096	15894	15189	431	463	557
黑色金属冶炼及压延加工业	11	1396	18561	120336	116856	116384	2938	4092	4955
有色金属冶炼及压延加工业	26	2054	43369	200080	184126	185233	3153	3480	4523
金属制品业	25	1876	27442	133454	132367	131863	4343	4447	4928
通用设备制造业	78	9088	106344	455937	445440	430768	16816	20914	28819
专用设备制造业	17	1832	30986	162967	162446	158284	9579	6355	6089
交通运输设备制造业	2	1731	23672	107898	102281	100115	5275	5492	3544
电气机械及器材制造业	86	12194	184475	887530	859188	861358	40136	24974	40264
通信设备、计算机及其他电子设备制造业	39	6447	175951	772603	760672	760114	44436	21537	18667
工艺品及其他制造业	73	8272	171785	854997	848316	840818	30376	29775	20246
废弃资源和废旧材料回收加工业	1	58	1713	9021	8796	8614	580	603	145

主要行业分述

农副产品加工业

农副产品加工业是高邮乡镇工业的传统产业，起初只是传承历史的利用人力、畜力进行粮食粗加工的原始作坊形式。1958 年，“大跃进”时期，在大办工业、大办农业的高潮推动下，高邮兴办了以动力、风力、水力为能源的粮食加工厂。这期间，粮食加工厂已达 184 个。其中，动力工厂 82 个，风力工厂 88 个，水力工厂 14 个。每天加工粮食及面粉达 26.5 万斤，节省了大量人力，支援了农业生产。后经过整顿、提高，到 1958 年底，高邮共有食品加工厂 31 个。其中，粮食加工厂 9 个，酒糖加工厂 13 个，面粉加工厂 9 个。1959 年底，全县食品厂加工大米 4160 吨，加工饲料 371 万斤。粮食加工厂除为农民加工口粮外，有些还要为县销售和国家调拨的粮食进行加工，为后来社队农副产品加工业的逐步发展打下了基础。

1977 年 6 月，高邮县社队企业展览会柳制品展台

随着社队工业的发展,各地结合发展多种经营,促进农副产品加工业的多面发展。1976年,大部分社队都办起了粮油加工厂。其中,综合性粮油加工企业有22个,分布在各公社所在地,主要进行碾米、榨油、加工粗饲料和生产挂面等。这22个企业的职工达600多人,年产值74.29万元。各地坚持走"一种二养三加工"的道路,充分利用地方资源,大力发展柳器编织生产,大面积种植杞柳达3000多亩。1978年柳器编织产量比1976年增长40%,柳器编织产值增长20%以上。在此前后,菱塘公社办起了兔毛加工厂。湖滨公社利用湖滩田,种植洋葱、大蒜、刀豆等,建起了食品综合加工厂,生产脱水蔬菜;生产规模从开办时的2条烘道发展到8条,建筑面积达3700平方米,固定资产上升到53万元,产量最高达136吨,产值67万元,产品远销东南亚及香港等地。1984年,因外贸行情变化,产品价格下浮,收购量下降,致使该厂产品未能正常生产而于之后被迫停产。

表50

1979—1984年湖滨食品综合加工厂发展情况表

项目	单位	年份					
		1979	1980	1981	1982	1983	1984
产量	吨	64.77	135.64	81.59	88.31	106.43	6.57
产值	万元	34.06	66.60	44.00	62.50	65.60	13.50
利润	万元	0.74	0.23	0.50	0.20	-0.0009	—

1980年,随着多种经营的发展,高邮县农副产品加工业又有了新的发展。武宁首先办起了蛋品加工厂,生产咸蛋和松花蛋(卞蛋)。随后,不少公社也纷纷办了蛋品加工厂和车间。仅20世纪80年代初,高峰期达30多个厂,产值分别在1~20万元不等。武宁蛋品厂最高产值达到113万元,产量在500万只左右,除部分出口外,主要销往全国各地市场。1990年,武宁蛋品厂生产的"无泥皮蛋"和"鹌鹑皮蛋"销往新加坡、日本、美国及香港等国家和地区。1997年前后,甸垛镇"三洋蛋品厂"扶助和扩大养鸭户饲养规模,形成蛋品生产供应基地,创建了省著名商标"三湖"牌。2003年,三湖蛋品有限公司成为农业产业化经营龙头企业,年加工各类蛋品6000万只以上。

1982年,农副产品加工业行业体系初步形成。这个时期,出现了以生产汽酒饮料为特色的临泽区和食品加工制造业产值占全镇工业产值40%左右的临泽镇。1984年,临泽镇有食品工业企业15个,产品品种40多个,产值720多万元,成为全县乡村食品制造业发展的典型。1986年,全县乡村饮料制造业共有企业11个。其中,汽水厂1个,固体饮料厂1个,主要产品有果味汽酒和蜂乳饮料。不少乡和外地还联合开发农副产品加工,为乡镇农副产品加工业开创了新的途径。司徒、平胜、横泾等乡与大城市企业联合开办冷冻厂。其中,1984年12月,司徒乡和江苏省(扬州)江阳船厂服务公司共同投资兴建江苏省秦邮食品公司,联合经营,集养殖、宰杀、贮存一条龙。该公司下属种禽场、炕孵厂、蛋品厂、水产养殖场、屠宰厂等5个企业,占地1200亩,鱼池350亩,200吨冷库1座,职工232人。1986年,该公司实现产值103万元。至1986年底,全县乡村农副产品加工业共有企业229个,从业人员3491人,共实现产值2877万元,占全县乡村工业总产值的8.7%。产品品种有饮料、汽酒、饲料加工、副食品加工、禽蛋加工、粮油加工、脱水蔬菜等七大类。

表 51

江苏省秦邮食品公司 1986 年生产能力和实绩对照表

项目	炕孵家禽	产鱼	蛋品加工	屠宰家禽	种禽	冷冻
单位	万只	万斤	万只	万只	只	吨
生产能力	80 ~ 100	20	100 ~ 150	100 ~ 150	1200	200
实绩	2.7185	14	33.3	12	0	150

表 52

几个年份高邮县乡镇农副产品加工业情况表

项目	单位	1958	1976	1980	1984	1986
工厂数	个	31	22	306	214	229
职工数	人	—	600	2288	2942	3491
产品种类	行业	1	3	5	7	6
产值数	万元	—	74.29	385.53	1395	2877

表 53

1986 年高邮县乡镇农副产品加工业主要行业基本情况表

项目	单位	饮料制造业	糕点、糖果制造业	乳品加工业	禽、蛋加工业	调味品制造业	粮油加工业
工厂数	个	11	12	1	8	8	189
产值数	万元	1219	150	186	337	63	922
职工	人	877	289	201	535	128	1461

表 54

1986 年高邮县乡镇个体粮油加工点生产设备拥有情况表

名称	碾米机	磨面机	榨油机	饲料机	轧花机
拥有量(台)	225	140	85	689	153

自 20 世纪 50 年代至 80 年代中期,国家对粮食实行统购统销政策,一般粮油饲料加工企业均直属县粮食部门统管。高邮县一度将大集镇原下放到公社的碾米厂,1959 年又收归县粮食部门管理。80 年代后期至 90 年代中期,随着市场经济深入发展和企业改制的持续推进,高度集中的粮食管理体制逐步放开,在粮食加工和流通领域,多种经济成分的加工企业应运而生、蓬勃发展,并逐步替代国有企业的主导地位。

1992 年,周山、甘垛、送桥、川青、三垛、司徒、菱塘、临泽等乡镇先后兴办了一批粮油加工厂。1998 年前后,甸垛、张轩等乡镇分别自办或引进面粉加工生产线。到 20 世纪 90 年代末,周巷、周山个体私营粮食加工企业逐步形成规模。周山双兔米业有限公司创立“公司 + 农户”模式的优质稻米生产合作社,与 7 个乡镇、2 万多农户签订优质粳稻新品种的种植和超市场价 5% 的收购合同,从而为该企业生产确保来源、提升质量、扩大规模、打出品牌提供了先决条件。

2000年之后，随着工业企业新一轮改制，原市属粮食加工企业几经调整和改组，其中如市万嘉面粉有限公司的退城下乡，为乡镇农副产品加工业的发展又增添了新的生机。

此后一个时期，扬州天歌食品有限公司、扬州明月食品有限公司、市星月食品有限公司、市红心旺蛋品厂、界首茶干食品有限公司等一批新型农产品加工企业的特色精品亮相省内外。“袁氏”牌茶干、“明智”牌牛奶、“活宝”牌蜂蜜、“笑面虎”牌面粉、“戚伍”牌水产品、“鸿运”牌香米、“邮荡”牌蛋品、“皓月”牌茶叶、“何宝龙”牌甲壳动物等注册商标的农副产品逐渐增多。至2005年，全市累计有农产品注册商标86个。“司徒潭”牌罗氏沼虾一次出口120多吨到比利时等欧盟国家。

这一时期，省、扬州市级农业产业化龙头企业崛起，农业产业化经营水平不断提升。江苏双兔食品股份有限公司研制开发的米乳系列产品批量投入市场，填补本市稻米深加工空白。江苏戚伍水产发展股份有限公司以加工罗氏沼虾为重点，实现自营出口数百万美元。扬州通威饲料有限公司、扬州大大饲料有限公司成为水产品饲料加工领军企业。2007年，全市各乡镇（区）共有重点农业产业化龙头企业11家，实现销售收入33亿元、利税1.5亿元。一批农副产品获得绿色食品标志和无公害农产品标志。“双兔”牌大米获“中国名牌产品”“中国驰名商标”称号。

进入21世纪前后，菱塘、送桥等乡镇大力发展鹅业经济和高邮鸭业园区倾力打造鸭业经济，为农副产品加工业开辟了新的渠道。1999年，菱塘回族乡与上海食品集团子公司茂昌食品有限公司合资兴办扬州市昌菱食品有限公司，专业加工生产菱塘鹅系列食品。2003年，送桥镇以扬州天歌鹅业发展有限公司、扬州天湖食品有限公司为龙头，形成扬州鹅育雏、饲养、肉制品加工、羽绒服装加工等一条龙产业链，产品主要出口俄罗斯及欧盟等国家和地区。2004年，由扬州五亭集团投入1200万元，新建一座600吨大型冷库和一座年孵化能力300万只的炕孵中心。高邮鸭业园区建成以蛋品、鸭肉、羽绒加工及生物制药、禽肉交易为一体的鸭业产品加工中心。这期间，“红太阳”“三湖”“秦邮”“湖荡”“星邮”等一批著名、知名品牌鸭蛋肉制品企业脱颖而出，带动全市蛋品加工业的迅猛发展。至2007年，各乡镇（区）蛋品加工生产企业290多家，注册商标73个，在全国建有直销网点1300多个，辐射20多个省市，远销欧美、东南亚等地区。2010年，全市高邮鸭业加工各类蛋品6.8亿只。其中，泥灰蛋1.3亿只、真空包装熟咸蛋3.5亿只、松花蛋1.8亿只、双黄蛋2000万只。加工琵琶鸭、板鸭、香酥鸭等各类鸭肉制品350万只。高邮鸭蛋区域公用品牌价值被中国农产品区域公用品牌价值课题组评估为29.01亿元。

纺织和服装制造业

高邮乡镇纺织工业起步较迟，兴起于20世纪70年代。1970年前后，社队工业开始兴办了一个缫丝厂、三个织带厂和两个回纺厂，靠外厂淘汰的缫丝机、脚踏织布机和手工操作的织带机等，以生产白厂丝、打包布、小型传动带及旧棉花漂白加工为主。当时，几个厂年产值仅有8.6万元，占全县乡办工业产值4%。

1976年，工厂布机增加到74台，产品发展了漂白帐纱、白市布和白斜纹；新增了12台织袜机，开始生产尼绒袜；漂白棉花进入国际市场。当年，因分配蚕茧质次，造成缫丝产品亏本而停产，社队缫丝业就此消迹。

1977年至1981年，高邮县纺织工业飞跃发展。三垛棉织厂进行了扩建，新上浆缸一条龙和288台布机。三垛又新建了拥有800纱锭的三垛纱厂，针织工业也开始兴起。1981年，纺织工业产值比1976年增加8倍，三垛镇成为全市乡镇纺织工业重镇。

1981 年以后,因为纺织行业的供销方式由商业部门经营改变为产销直接供应,针织产品价格调低,打包布负 10 支纱滞销,社队纺织工业一度经营困难,连续两年处于停滞状态。在这种情况下,各企业进行了产品结构调整,不断翻新品种。1983 年,打包布由 1981 年的 112.3 万米下降到 22.85 万米;棉混纺交织布比重由 22% 上升到 64%。各企业进口一批针织横机,新增染色工艺,扩大生产能力,提高产品质量。至 1986 年,乡镇纺织工业主要产品有棉布、纱、童鞋、被面、腈纶和呢绒衫裤、棉针织内衣及针织商标等。全县共有纺织工业企业 30 个,职工 2681 人,占乡镇工业职工总数的 4.79%。1986 年,纺织工业实现年产值 1841 万元,占乡镇工业总产值的 5.56%。

几个年份高邮县乡镇纺织、针织产品产量情况表

表 55

产品名称	单位	1972	1976	1981	1984	1986
棉布	万米	14.92	63.80	707	510	698
腈纶衫裤	万件	—	—	7.45	14.33	24.61
呢绒衫裤	万件	—	—	3.70	4.66	2.01
袜	万双	—	—	9.59	4.40	0.11
丝绸被面	条	—	—	4636	6642	16500
棉纱	吨	—	—	211	211	426
棉毛运动衫裤	万件	—	—	—	—	77

1984 年高邮县纺织、针织业主要设备情况表

表 56

名称	针织园机	织布机	纱锭	横机	其中:进口横机	纬编机	商标机	丝织机
单位	台	台	锭	台	台	台	台	台
拥有量	9	334	1600	134	13	9	17	10

20 世纪 90 年代初,随着国家产业政策调整和市场机制变化,高邮县纺织企业效益每况愈下。1992 年,三垛布厂销售 1145 万元,利润仅 10 万元。周巷化纤织布厂亏损 21 万元。从 20 世纪末到 21 世纪初这期间,纺织企业经历了亏损-歇业-改制-兼并等起伏变化。1989 年,三垛镇兴办东方纱厂。1993 年,东方纱厂因经营难以为继歇业。1994 年,东方纱厂与三垛纱厂合并,组建成高邮市第二棉纺织厂。1997 年,三垛布厂在被限产维持近三年后,被三垛第二棉纺织厂兼并。2003 年,三垛第二棉纺织厂改制,并易名"同润纺织有限公司"。次年 5 月解体,一分为三成立正裕纺织厂、锦华纺织有限公司和金华达毛纺织厂。同时,原三垛布厂改制为民营企业,更名为高邮市杜发织造有限公司。

同时,各乡镇大力招商引资,积极实行工业结构调整,先后兴办了毛纺、麻纺、针织等纺织企业,丰富了乡镇纺织业的产品种类,扩大了乡镇纺织业的行业规模。其中,蓬、帆布生产乡镇有川青、车逻、龙奔、三垛等;麻纺生产有二沟麻纺厂和汤庄亚麻纺织厂;针织生产有八桥、临泽、甘垛、一沟、界首等针织厂。此外,还有以沙堰、汉留、汤庄、马棚为集聚的绗缝被单生产、卸甲商标花边生产和高邮镇华美丙纶纺织有限公司的丙纶粗纺纱线等。

至 2007 年,全市共有纺织企业 56 家(包括市属高邮市经纬纺织有限公司),拥有 20 万纱锭的棉纺规模和5万锭的毛纺规模。

服装制造业起源于家庭副业，发端于社队工业始创时期，是高邮乡镇工业规模较大的行业之一。1952年，三垛镇各户自带案板、缝纫机，组织了全县第一个缝纫组。此后三四年内，临泽、界首、八桥等较大农村集镇也相继成立了缝纫组。1958年人民公社成立，甘垛、东墩、司徒等公社也成立了服装厂。至1959年底，全县共有服装厂10个。

1963年社队工业调整后，全县仅保留了三垛、界首、八桥等3个缝纫组，职工63人。临泽缝纫组1961年解散，1963年后又重新组合恢复生产。

20世纪70年代，随着社队工业发展，服装制造业主要以生产劳保手套、服装和门市来料加工为主，开始生产商品服装。至1977年底，全县共有服装厂65个，产值356万元，生产服装42.09万件。其中，商品服装26.4万件，占62%。

1978年后，服装业发展较快。服装生产开始从门市加工为主转到以商品服装为主，服装面料从棉布到中长化纤，从针织涤纶到呢绒等。至1980年，社队服装制造业达到一个极盛时期，全县共有服装生产企业74家，年产服装90万件，实现产值1038万元，比1977年增长两倍多。临泽、川青、伯勤、张轩等服装厂开始生产呢绒服装。临泽服装厂承接外贸出口任务，产品远销亚、欧、美等20多个国家和地区。

但是，当时社队服装加工企业缝纫技术水平较低，管理水平差，生产设备落后。全县服装工业只有临泽服装厂有服装设计人员，且设备陈旧，绝大部分厂还使用家用缝纫机。因此，服装加工质量较低劣。1979年9月，高邮县分别对劳保、商品两大类服装进行质量评比，评比按百分制进行。评比结果，劳保服装均不及格；商品服装全县平均只有64.7分。由于化学纤维布料市场普遍降低价格，企业遭受较大经济损失。因而，在市场竞争激烈的情况下，不少企业缺乏应变能力而只好关、停、并、转。至1983年底，全县服装厂减到29家，比1980年下降61%；年产值379万元，比1980年下降63%。

1984年后，乡镇服装制造业逐渐回升。营南服装厂和平胜羽绒厂先后开始加工羽绒服装。80年代中后期，随着国内服装市场的俏起和乡镇工业的发展，在县服装厂服装加工业务的扩散和带动下，甘垛、车逻、临泽、川青、界首、马棚、菱塘、沙堰等乡镇先后办起具有一定规模的服装厂，基础较好的企业也开始承接外贸加工业务。

在乡镇服装业中，纺织服装和羽绒服装兼营企业比较普遍。1989—1994年间，菱塘羽绒厂、临泽服装厂、一沟银河制衣厂、二沟俞胡村服装厂、川青服装厂、武宁服装厂先后加工生产羽绒服、羽绒被等，并直接或经外贸部门出口。至2005年，全市共加工羽绒服装2000万件、羽绒被30万条、羽绒枕50万只。

2000年前后，马棚、界首、三垛、八桥、卸甲、周巷等一批民营服装企业相继投产，壮大了乡镇服装行业规模。

龙虬镇是乡镇服装企业最为集中的地区。服装业在该镇工业中的支撑作用日益明显，拥有“沙龙”“冬之音”“处处随”“吉祥”“龙虬庄”等自主品牌，同时带动和促进制线、绣花、包装等产业的发展。2005年，企业达30多家，拥有350多条服装生产线，从业人员达1.5万多人，全年产值达3.5亿元，占全镇工业总产值的31.5%。雅鹿工业园就坐落于工业集中区。以沙龙制衣（后划归市开发区）为代表的一批服装加工制造企业的兴办和发展，对全市服装产业的发展产生了积极影响。

1999年5月，由一沟沙龙制衣有限公司董事长马在朝发起，全市24家服装企业参加，筹资105万元，成立全市首家担保公司——高邮市长欣担保有限责任公司，扶助相关中小服装企业融资发展。

随着全市服装企业迅速增多，熟练服装缝纫机工出现严重短缺现象。2006年前后，全市约有大小服装企业600家，需缝纫机工6万人。为保证全年满负荷开工，各服装企业在每年初展开争招缝纫机工

扬州市恒丰制衣有限公司绣花生产流水线

大战。

进入21世纪，行业发展步伐明显加快。随着江苏波司登制衣有限公司、江苏雅鹿制衣有限公司、上海君东服饰有限公司、昆山并蒂莲集团等国内外知名服装企业入驻高邮，投资兴业，给乡镇（区）服装制造业增添了蓬勃生机。由本土服装企业注册的“林杉风”“沙龙”“依佰恋”“拇指熊”“林海雪原”“神游”等自主品牌，在市场上产生一定的影响力。市开发区、龙虬镇等服装产业龙头作用凸显，全市服装产业集群初步形成。江苏羽绒服装制造名城和中国羽绒服装制造名城相继冠落高邮，极大地提升了全市服装制造业的知名度。诸多乡镇（区）共拥有数十吨羽绒加工能力和一批绣花、花边、皮毛以及服装辅料生产企业，扩大了服装产业制造能力。2007年，全市各乡镇（区）共有规模以上服装生产企业56家，居全市各行业之首；全年实现产值20.8亿元，占全市规模以上工业企业产值的8.4%。

表57

2000年高邮市部分乡镇服装企业有关情况表

乡镇	企业名称	企业性质	职工人数（人）	工资总额（万元）	固定资产净值（万元）	设备（台/套）	其中：缝纫机（台）	产量（万件）	引进资金（万元）	出口交货值（万元）	产值（万元）	销售（万元）	利润（万元）	上缴税金（万元）	上缴各项基金规费（万元）	技改投入（万元）
	总计	—	10972	7014.0	5588.0	10459	9152	1638.0	781	12299	26324.0	23349.0	501.5	1149.0	201.85	1714.3
车逻	润扬制衣有限公司	私营	281	180.0	84.0	250	200	16.0	70	—	258.0	258.0	3.0	14.0	8.00	100.0
马棚	嘉华羽绒制品有限公司	私营	162	—	50.0	140	120	—	—	—	—	—	—	—	—	—
	市鸿运制衣厂	集体	130	78.0	46.0	150	120	20.0	50	96	96.0	96.0	15.0	11.0	1.00	12.0
	市越洋制衣厂	私营	300	240.0	70.0	270	230	23.0	200	1100	1400.0	1053.0	10.0	173.0	11.00	30.0
卸甲	长国被服厂	私营	40	20.0	15.0	42	40	100.0	—	—	60.0	60.0	2.0	2.0	0.80	—
	市华翔被服厂	私营	120	60.0	45.0	110	110	300.0	—	170	200.0	170.0	3.0	6.0	1.00	—
	新宇服装有限公司	私营	718	560.0	316.0	700	520	100.0	100	350	1136.5	1136.5	35.2	67.0	8.00	335.0
	美雅思制衣有限公司	私营	150	100.0	67.0	185	160	30.0	—	—	140.0	140.0	—	0.5	0.40	70.0
	恒利服装厂	私营	60	24.0	11.0	25	20	18.0	—	—	450.0	450.0	4.0	13.0	1.80	—
	佳美服装厂	个体	27	19.0	15.0	26	23	3.0	—	—	26.0	26.0	0.3	0.8	1.50	—
	波峰制衣有限公司	个体	90	70.0	50.0	150	130	15.0	—	—	40.0	40.0	2.0	7.0	0.25	—
	华夏制衣公司	私营	130	90.0	61.0	150	120	30.0	—	60	359.0	359.0	10.2	20.0	1.50	20.0
	兴东制衣厂	个体	80	56.0	30.0	75	60	15.0	—	30	143.0	143.0	2.7	4.3	2.50	—

续表 57

乡镇	企业名称	企业性质	职工人数（人）	工资总额（万元）	固定资产净值（万元）	设备（台/套）	其中：缝纫机（台）	产量（万件）	引进资金（万元）	出口交货值（万元）	产值（万元）	销售（万元）	利润（万元）	上缴税金（万元）	上缴各项基金规费（万元）	技改投入（万元）
	龙腾服装厂	个体	100	52.5	21.0	85	80	3.0	—	40	120.0	108.0	4.7	4.8	1.00	—
	扬州恒丰制衣公司	私营	500	368.0	103.0	900	850	120.0	—	430	878.0	898.0	6.0	26.0	10.00	40.0
	市龙翔服装厂	私营	102	80.0	35.0	100	80	15.0	—	100	—	—	—	—	—	—
汤庄	精艺五金电器厂	集体	51	38.2	7.0	33	32	2.1	—	190	220.0	210.0	1.9	6.5	2.60	—
	兴美被单厂	私营	102	77.0	35.0	98	92	4.0	—	500	720.0	600.0	20.0	15.0	6.00	30.0
	飞宇被单厂	私营	89	55.3	16.3	72	70	2.9	—	250	310.0	290.0	3.2	7.0	1.80	—
	沙龙纺织塑业公司	私营	65	42.0	37.0	74	68	2.4	—	200	240.0	240.0	2.5	4.3	1.20	—
	东方被服厂	私营	45	31.0	2.0	32	31	1.8	—	160	200.0	180.0	1.6	2.1	1.10	—
	跃华纺织金属制品厂	集体	61	44.1	12.8	54	52	2.4	—	220	280.0	240.0	2.6	10.8	2.60	—
	春晖被单厂	私营	42	24.0	2.0	33	32	1.6	—	120	180.0	160.0	1.5	2.2	1.40	—
汉留	服装厂（名称不详）	私营	180	130.0	240.0	210	150	65.0	—	—	500.0	450.0	22.0	20.0	—	70.0
八桥	市凯良制衣厂	私营	120	—	60.0	120	100	—	—	—	—	—	—	—	—	—
	金桥服饰有限公司	私营	92	52.0	94.0	180	150	6.0	200	400	526.5	460.0	0.1	27.7	10.00	—
三垛	服绣厂	集体	300	60.0	380.0	180	150	20.0	—	—	500.0	500.0	0.2	10.0	2.00	18.0
	天达制衣厂	—	148	98.0	58.0	104	100	12.0	8	153	350.0	300.0	8.0	8.0	2.00	30.0
	林丰制衣厂	—	112	75.0	57.0	104	100	12.0	8	—	350.0	300.0	8.0	8.0	2.00	40.0
	奥星制衣厂	—	292	148.0	169.0	186	180	21.0	25	154	903.0	891.0	16.0	25.0	4.00	200.0
	叶枫制衣厂	个体	200	100.0	67.0	140	120	18.0	—	201	130.0	130.0	9.0	8.0	—	—
司徒	金凤凰制衣厂	私营	40	32.0	12.0	50	50	4.0	—	40	—	—	—	—	—	—
甘垛	三友服装厂	私营	85	41.0	45.0	70	70	35.0	—	350	420.0	380.0	8.0	18.0	0.30	—
	服装厂（名称不详）	—	270	85.0	130.0	250	230	35.0	—	—	35.0	35.0	5.0	4.0	3.00	30.0
界首	铭林制衣厂	私营	70	48.0	40.0	70	60	12.0	—	140	151.0	140.0	4.0	4.0	0.10	3.0
	光明金属材料厂	集体	90	—	—	84	72	—	—	—	—	—	—	—	—	—
	大华制衣厂	个体	106	72.0	100.0	120	80	24.0	—	300	300.0	290.0	8.0	18.0	0.30	4.0
	龙盛制衣厂	私营	65	20.0	40.5	70	60	1.2	20	—	135.0	120.0	1.5	2.1	—	15.0
	友好服装厂	个体	60	21.0	5.0	50	40	0.6	—	—	130.0	120.0	—	3.0	—	8.0
临泽	光大制衣有限公司	集体	300	170.0	361.0	274	240	30.0	—	500	2068.0	498.0	12.3	22.4	1.50	—
	洪中服装厂	私营	50	30.0	13.0	50	40	15.0	—	108	70.0	65.0	2.0	3.0	0.30	15.0
	秦临制衣厂	私营	55	27.0	15.0	50	40	20.0	—	86	60.0	50.0	2.0	2.4	0.30	30.0
	卧龙制衣厂	私营	160	76.0	24.0	115	100	18.0	—	124	150.0	110.0	5.0	6.0	0.50	—

续表 57

乡镇	企业名称	企业性质	职工人数（人）	工资总额（万元）	固定资产净值（万元）	设备（台/套）	其中：缝纫机（台）	产量（万件）	引进资金（万元）	出口交货值（万元）	产值（万元）	销售（万元）	利润（万元）	上缴税金（万元）	上缴各项基金规费（万元）	技改投入（万元）
	名川服饰厂	个体	70	20.0	68.0	60	50	10.0	—	39	40.0	39.0	3.0	0.5	1.20	—
	秋艳制衣厂	个体	70	34.0	38.0	54	50	10.0	—	69	72.0	89.0	5.0	1.0	0.60	8.0
	康达制衣厂	个体	50	18.0	35.0	44	40	6.0	—	31	34.0	31.0	3.0	0.2	0.30	76.3
	汇丰制衣有限公司	私营	88	24.0	76.0	70	64	13.5	—	57	60.0	45.0	2.0	—	—	—
	龙兴制衣厂	个体	50	26.0	28.0	50	48	8.0	—	50	—	—	—	—	—	—
周山	市天天制衣厂	租赁	150	29.0	48.0	155	148	4.5	—	395	395.0	315.0	10.0	4.0	2.00	—
	联合制衣厂	私营	35	14.0	35.0	40	30	3.0	—	156	220.0	210.0	7.0	2.0	1.00	—
周巷	建安服装厂	个体	60	42.0	15.0	42	40	3.0	—	40	—	—	—	—	—	—
	市天翔制衣厂	私营	80	56.0	25.0	62	60	5.0	—	120	120.0	105.0	5.0	1.0	—	45.0
	顺发服装厂	个体	60	42.0	15.0	42	40	3.0	—	40	—	—	—	—	—	—
	雅达制衣厂	私营	200	140.0	75.0	204	200	14.0	—	200	—	—	—	—	—	—
送桥	胜达服装厂	私营	64	30.0	24.3	80	65	40.0	—	50	55.0	48.0	1.0	18.0	1.50	—
	星星制衣有限公司	私营	100	60.0	30.0	85	80	4.0	—	—	—	—	—	—	—	—
菱塘	回民制衣有限公司	私营	600	500.0	516.0	500	420	100.0	100	2600	3600.0	3600.0	40.0	120.0	40.00	100.0
开发区	新利达服装厂	个体	35	30.0	30.0	40	35	5.0	—	—	50.0	50.0	-3.0	2.4	1.00	—
	佳丽制衣有限公司	私营	200	200.0	150.0	220	180	30.0	—	200	300.0	300.0	3.0	15.0	5.00	80.0
	高新制衣有限公司	私营	150	90.0	50.0	140	120	15.0	—	—	—	—	—	—	—	—
	市双菱制衣厂	个体	80	45.0	30.0	70	65	10.0	—	—	80.0	80.0	2.0	5.0	1.00	—
	市城北服装厂	私营	90	72.0	20.0	85	80	10.0	—	—	95.0	95.0	1.0	13.0	0.50	5.0
	天和制衣有限公司	私营	230	200.0	80.0	180	150	30.0	—	200	350.0	35.0	5.0	15.0	3.00	30.0
高邮	华翔公司	集体	230	—	150.0	210	180	—	—	—	—	—	—	—	—	—
	华成家具公司	集体	120	—	50.0	100	90	—	—	—	—	—	—	—	—	—
	神龙制衣厂	私营	150	143.0	60.0	105	85	12.0	—	—	508.0	500.0	20.0	13.0	5.00	60.0
	恒丰制衣公司	私营	530	540.0	350.0	480	430	43.0	—	1480	2150.0	2150.0	58.0	110.0	15.00	150.0
	东郊包装厂	集体	120	105.0	40.0	85	75	10.0	—	—	450.0	450.0	10.0	18.0	3.00	—
	华盛制衣公司	私营	170	160.0	60.0	160	150	15.0	—	—	550.0	550.0	15.0	31.0	5.00	60.0
	勤王服装厂	私营	100	—	50.0	85	80	—	—	—	—	—	—	—	—	—
	神游制衣公司	私营	500	550.0	230.0	485	450	40.0	—	—	2460.0	2460.0	60.0	165.0	20.00	—
	乐达制衣公司	私营	250	250.0	120.0	215	200	20.0	—	—	500.0	500.0	12.0	25.0	5.00	—
	新民制衣厂	私营	100	—	48.0	80	75	—	—	—	—	—	—	—	—	—

化学制品制造业

高邮的化学工业在早期基本属小化工范畴，由于政治及经济的需要，在经过不断整治、调整和提高的同时，给乡镇化学、医药、橡塑等制品制造业带来了生存和发展空间。

1958年"大跃进"时，高邮各地土法上马，手工操作，办起一些土化肥、土农药厂。有的乡一哄而起，几天就办起了上千个小厂。这些厂的产品质量低劣，给集体经济造成了损失。人民公社成立后，通过不断整顿、提高，至1958年底，保留土化肥、土农药厂6个，但也在1959年先后停办。

川青橡胶厂生产车间

1969年，车逻公社车逻大队办起了塑料厂，主要是手工编织塑料网袋和生产塑料条料。各地也纷纷办起了胶木厂、橡胶厂、塑料厂、磷肥厂、日用化工厂，主要生产传动装置、橡胶托辊、五金电器胶木件、塑料硬管、钮扣、蚊香等。主要设备是挤塑机、冲压机。至1975年底，全县社队化工企业达36个，占社队工厂5%；职工1100多人，产值300多万元。1976年，随着社队工业的猛力发展，横泾、八桥办了兽药厂；甘垛办化工厂生产硫酸铝、硫酸铜，并办了聚丙烯化纤织带厂；周山办了中草药厂；沙堰办了石棉化工厂；马棚办起了第一个有机化工厂，生产硫酰氯，并利用上海化工厂下脚料生产磷氯苯酚和涤纶工业分析专用试剂。同时，天山红星塑料厂、送桥塑料厂先后投产，塑料制品业快速兴起。这些都为全县社队化工工业发展奠定了基础。

表58

几个年份高邮社队塑料制品业发展情况表

项目	单位	1978年	1979年	1980年	1982年	1983年	1984年
工厂数	个	42	29	24	24	27	34
职工人数	人	1063	1134	982	1553	1970	2584
工业产值	万元	271	332	356	702	975	1514

1979年，高邮县贯彻国民经济调整方针，化学工业在调整中提高。全县有9个兽用药品生产厂，生产手段仅是原药分装，有7个不具备生产和卫生条件而停产、转产。1982年，周山、八桥两个兽药厂经省验收合格并颁发合格证书和生产许可证。同年，一些社队又兴办了建筑涂料厂、醇溶胶厂。与此同时，精细化工产品也已萌芽。根据市场需要，全县塑料工业又有了新的突破。一些利用废旧回收塑料生产条料的厂家被迫停产。车逻塑料厂陆续自制和购置了吹塑机、两色印花机、四色凹印机，发展了彩色塑料包装。天山红星塑料制品厂由于不断掌握市场信息，产品翻新，产品品种达200多个。1984年，红星塑料制品厂又投资200万元新上一条旅游鞋生产线，年产旅游鞋15万双。天山公社1981年新上人革箱生产，发展步伐加快。1984年，天山乡投资30万元，又新上一条人革箱生产线，扩大生产能力，年

产值由1983年的49.81万元增至119.42万元。

几个年份高邮社队化学工业发展情况表

表59

类别	单位	1975年	1978年	1980年	1982年	1983年	1984年
工厂数	个	36	81	62	54	49	67
职工人数	人	1100	1780	2168	2302	2527	3537
工业总产值	万元	300	533	689	928	1360	1906

1986年化工行业基本情况表

表60

分类	企业数(个)	年末人数(人)	总产值(万元)
化学制品业	23	974	706
畜用药品制造业	2	105	54
橡胶制品业	13	526	420
塑料制品业	34	2139	1393

高邮乡镇部分化工企业的主要产品一览表

表61

企业	主要产品	所属地
市助剂厂	JSPC－1催化剂、荧光增白剂、对甲醛苯酚、对甲苯酚、3.3－二氯联苯胺	高邮
市化工厂	弱酸黑BR、弱酸艳红B	高邮
市合成化工厂	染料弱酸性棕、酸性媒介藏青、酸性红、酸性媒介绿GI、对氨基苯磺酸钠	横泾
绝缘材料厂	克利西丁、丙烯苯系列	沙堰
康乐化工厂	克西丁磺酸	汤庄
振阳化工厂	克里西丁磺酸	汤庄
四联化工有限公司	三氯乙醛	八桥
杰迪化工有限公司	1.4－萘醌＋	八桥
刘氏化工有限公司	对甲基苯甲酸	八桥
市光明化工厂	34－二氯三氟甲	八桥
市有机化工厂	13丙二醇单甲醚	郭集
市长松化工厂	无机盐	送桥
市兴达电磁材料有限公司	氧化亚镍	周巷
扬州市众鑫化工有限公司	甲醛	周巷
扬州市天成化工有限公司	无机酸	开发区
市运河化工福利厂	乙位萘甲醚	开发区

1985年,以塑代钢、以塑代木在国内初步推广,高邮县的塑料制品工业有了较快发展。车逻、卸甲、横泾等乡都在注塑方面增加投入,扩大纺机配件、电子配件、生活用品等产品的生产。1986年,随着纺织业的飞跃发展,带来了印染工业的发展和染料行情的紧俏。横泾、湖滨兴办了两个规模较大的染料助剂厂,产品出口创汇。

至1986年底,乡村化学工业有企业72个,职工3744人,产值2573万元,占全县乡镇工业总产值的7.78%。全县化学工业基本形成五大类型,即塑料制品业、橡胶制品业、日用化学产品制造业、有机化学产品制造业、兽用药品制造业;主要产品有化学试剂及助剂、染料及染料中间体、磷肥、涂料、胶粘剂、人革塑料制品和橡胶制品等。至20世纪90年代之后,一批以化学原料、染料及中间体生产制造为主产品的化工企业有了长足的发展和壮大。其中,市助剂厂1992年开发生产JSPC-1催化剂和DCB腈纶荧光增白剂替代进口,部分产品出口印尼、美国、日本、泰国等。该厂还先后于1993年租赁龙奔助剂厂、1995年租赁郭集化工厂、1998年租赁车逻石化厂,实现低成本扩产改造;化妆品及专用化学产品制造曾一度辉煌。1992年,沙堰乡兴办香料厂,生产香豆素,主要供外贸出口。当年,香料厂香豆素出口创汇110万美元。1993年,周山乡与香港当益有限公司、南京金陵石化公司共同投资450万元,兴办扬州当益洗涤品有限公司,生产“清星牌”超浓缩洗良精,年产能力8000吨。部分化学制品(如电缆料等)企业随着相关产业的发展也“随行就市”。由于八桥镇的化工企业较多,在为该镇促进经济发展的同时,也面临着不断治理整顿、治污减排的巨大社会和经济压力。

20世纪90年代中期至21世纪初,随着橡塑制品业的更新升级,高邮市橡塑制品企业纷纷进行改制、改造和新建,或合资新建和民营化运作。1993年,张轩塑料厂率先改制成立扬州亚光塑料制品有限公司。1994年,一沟塑料三厂扩产改造;界首镇彩印厂与香港赐安贸易有限公司合资成立新邮乐塑料制品有限公司。1996年,二沟乡新建运东塑料厂;龙虬镇新建塑料四厂;伯勤乡新建华泰塑料公司;司徒乡塑料厂迁址扩建;周山乡新上自来水塑料软管生产线。1999—2000年,平胜乡、横泾镇分别办起塑料制品企业。2002年,界首镇成立扬州文斯塑胶制品有限公司。

药品生产企业因有严格的准入门槛而数量有限。马棚宏扬助剂厂长期生产铝镍合金粉和化学药品原药D环药品中间体;八桥和周山兽药厂,年销售基本维持在150万元左右。其中,八桥兽药厂在2001年歇业转产。周山丰田农药厂坚持与南京农业大学、中国棉花研究所、江苏农业科学院等单位合作研制新品,发展较为平稳,生产的“久灵”“辛棉宝”“禾生乐”等农药具有一定的社会效应。

高邮乡村工业仅有的复合肥生产企业龙奔复合肥厂因规模不大、产品低档,于1999年停产歇业。

高邮市的生物化学原料制造在经过不断技改投入、加强企业内部管理、坚持开发新品的基础上,步入良性循环发展轨道。除甘垛中大精细化工厂、日月化工厂、红石生物制品厂和车逻明达生物化工有限公司、卸甲扬州市久盛化工有限公司外,最有代表性的是武安的江苏日欣实业集团有限公司,从1992年1-氨基蒽醌形成批量生产,发展到主要产品有生物化工、甲壳素系列产品、医药保健品中间体、D-氨基葡萄糖盐酸盐和D-核糖等。

建材制造业

高邮乡镇建材制造业的起步主要来源于传统的小土窑,生产砖瓦。1958年“大跃进”,土法上马,高邮县进行了小水泥及石灰生产,但由于不具备生产条件,很快就下马了。直到1970年后,高邮县才开始发展轮窑及水泥、水泥制品、平板玻璃、玻钢制品的生产,形成了一个门类较全的建材工业体系。

早期的砖瓦生产为乡村农民副业,都是小土窑,用柴草作燃料,生产产品主要是青砖、青瓦和部分脊瓦、旺砖。产品一般就地销售,改善住宅条件。1958 年,全县兴起大办地方工业后,办起了 37 个小砖瓦厂,生产以手工为主,部分使用砖瓦机械,生产青砖达 261 万块。20 世纪 60 年代初期,因全县农业遭受自然灾害,刚发展的砖瓦厂又下了马。

1971 年 3 月,龙奔公社第一个办起了 20 门的轮窑,总投资 45 万元,烟囱高度 45 米,拥有 400 型砖机和自动翻模制瓦机等设备。同年 8 月,平胜公社竖起了第二座轮窑。此后,全县又陆续兴办了送桥、川青、天山、菱塘、伯勤、汉留、车逻、二沟、城东、三垛、一沟、临泽、司徒等 13 个砖瓦厂(轮窑)。1981 年,周山、周巷砖瓦厂和 1984 年临泽建材厂(轮窑)、川青小葛砖瓦厂相继建成投产。大型轮窑的发展,促进了砖瓦年产量逐年大幅上升。1977—1984 年 8 年中,全县轮窑产红砖达 16.8 亿块、瓦 8606 万片。其中 1984 年,产红砖 3.8 亿块,比 1977 年净增 1.9 亿块;产红瓦 793 万片,比 1977 年净增 293 万片。全县有小土窑(包括立窑)1238 张。1984 年,村办土窑产砖 2.37 亿块,产瓦 3655 万片。连同乡办轮窑 1984 年产量在内,全县产商品砖 5.44 亿块,产瓦 4450 万片。

乡村两级生产砖瓦(不含组户砖瓦生产),对迅速改变城乡人民住宅、支持城乡经济建设,作出了很大贡献。但砖瓦行业面临潜在危机也逐步显露出来:一是土源枯竭,全县 19 座轮窑,每年用土达 70 万方,土源难以为继。二是劳力不足。三是利润率逐年下降。1981 年,全县砖瓦产利率 10.1%,1984 年为 2.5%。1986 年,川青乡与上海崇明国营砖瓦厂联办"沪川墙体材料厂",年产 20 孔承重空心砖 3000 万块,产值 200 万元,为减缓土源消耗,增加经济效益,率先作了有益的尝试。

随着各地轮窑的兴起,农村毁田取土、破坏农田的现象日益严重。20 世纪 90 年代中期至 20 世纪末,高邮市对砖瓦生产行业进行专项治理整顿。至 2002 年,遍布全市农村的 800 多座土窑分期分批全部关闭淘汰,依法对保留的 38 座砖瓦窑厂重新核发采矿许可证。而后两年,对轮窑和立体窑也分别进行专项治理和限量生产。2004 年,市政府发出《加强砖瓦窑业和粘土资源管理的意见》,对全市 38 座砖瓦窑进行清理,核定保留 22 座。至 2005 年,全市实有 18 门以上轮窑 24 座(其中临泽 2 座过渡性保留到 2006 年),立体窑从 38 座陆续减少至 5 座(全部过渡性保留到 2006 年)。2005 年,共生产标准砖 2.5 亿块,从业人员约 1800 人。这期间,一沟砖瓦生产企业陆续转产和培植其他建材产品;甘垛、司徒先后办起新型墙体材料生产企业。此后,实行循环经济、利用废渣废灰进行资源综合利用的新型墙体材料企业也在酝酿投产。2009 年,贯彻《江苏省发展新型墙体材料条例》精神,全市开展了矿产资源整治行动,关停并拆除伯勤砖瓦厂,对 21 家砖瓦窑企业换发"采矿权许可证"。同时,市里引导制砖企业"节地利废",逐步实现由大田取土为主向河塘清淤、高田降土、煤渣制砖为主转变,加快新型墙体材料的发展和应用速度。当年,共生产墙体材料 3.86 亿块(折标准砖)。其中,非粘土新型墙体材料产量 1.26 亿块(折标准砖),占墙体材料总产量的 32.6%。2010 年,市里组织对全市 10 家新型墙体材料生产企业的产品进行了抽检,并对其中符合条件的 6 家企业申报省产品认定。

1958 年,全县大搞千厂运动,兴建了低标号水泥生产厂。但由于办厂带有盲目性,原材料供应困难,技术力量不够,设备简陋,成本高,效益差,因而造成产品质量低劣。1959 年,社队办的 16 个水泥厂全部撤销,部分转为砖瓦厂或土化肥、土农药厂。

1977 年 8 月,八桥建起一个年产 1.5 万吨的小水泥厂,但设备陈旧,工艺不配套,产量低,质量不稳定。1981 年底,水泥厂先后投资 165 万元进行技术改造,淘汰了落后的小土窑,采用了 80 年代水泥煅烧设备——液压塔式机械化立窑。1984 年,水泥厂年产能力提高到 5 万吨。产品从过去以生产 325 标号水泥为主,改为生产 425 标号水泥为主,经济效益提高。此间,三废(废气、废水、废渣)治理坚持了三同时(同时设计、同时投资、同时施工);增建了 418 平方米的尘降室,使烟道的粉尘回收率达到了 86%;兴建了477平方米的化验室,配齐了全套检验设备;有专职化验员15人。其中,有5人免试。产品连续三年获省质量奖,为扬州乡镇工业同行业第一名。1990年8月,水泥厂生产的普通硅酸盐水泥经省标准局验收合格。产品销往上海和泰州、东台、宝应、兴化等地,全年产量3万吨。1992年,水泥厂投资800万元,对生料系统和机立窑进行扩产改造,年生产能力提高到15万吨,主要生产425标号、525标号和“关河牌”普通硅酸盐水泥。

随着水泥工业的发展,乡镇水泥制品业也遍地开花,并逐步发展。1974年,全县有水泥制品生产企业8家,职工106人,产值15万元。至1984年,全县发展有八桥、三垛、横泾、川青、沙堰、武宁、送桥等24个规模较大的乡办水泥制品企业。至1987年,全县乡镇水泥制品业从业人员1308人,有企业近100家。其中,乡(镇)村办40家,共实现产值902万元。主要产品有预应力水泥楼板、电杆、农船、农房构件、桥梁、涵管等。其中,年产预制构件60410立方米。1987年,省、市分别委托市、县对砼预制构件企业从生产设备、检测手段和技术人员三方面进行资质审查。县电杆厂(三垛)通过二级企业资质审查,沙堰、武宁、横泾和一沟徐王水制厂通过三级企业资质审查。1991年,为适应农村电网建设和改造大发展的需要,市电杆厂逐步进行扩产改造。1999年,市电杆厂日产量从51根提高到170根,年产值从原来的300多万元增加到1500万元。2000年,市电杆厂通过国家电力公司电力电杆ISO9002质量体系认证。

1978年6月,周巷公社建成耐火器材厂,生产普异和特异型耐火砖,主要用于锅炉建筑安装。1984年,耐火器材厂产耐火砖581吨。至1987年,全县共有耐火材料生产企业2家。其中,村办1家。全县耐火材料生产企业共有职工40人,年产量1400吨,实现产值37万元。

三垛电杆厂水泥预制品生产场地

1975年3月,城东公社创办玻璃厂。1978年,玻璃厂从中分出“玻璃器皿厂”,主要生产玻璃液制管,再制药用玻璃安瓶。1979年,由于玻管销路困难,转向改产压花玻璃。后由于市场需求少,玻璃厂产品积压甚多,1980年建成小平拉玻璃生产线,生产3毫米平板玻璃。至1984年,厂内拥有28平方米燃油马蹄焰熔炉一座及一条年产10万标箱的平板玻璃生产线。1986年,玻璃厂进行了熔炉技术改造,生产达到中型厂水平。1987年,玻璃厂年产平板玻璃83754重量箱,质量达到部颁二级品标准,产品紧俏,销往本省部分县、市建材公司和上海郊区县。1987年,玻璃厂固定资产原值89万元,有职工238人,实现产值115万元,上缴税金达19.9万元。1992年,龙奔乡黄渡村曾试办平板玻璃厂。当年,投产后实现销售3486万元,次年停产歇业。

湖滨金墩村油毡厂、一沟立新村油毡厂、一沟民主村油毡厂分别于1976年、1978年和1984年建成投产,三厂共有职工215人。1984年,三厂年产油毡5.65万卷。湖滨金墩油毡厂产品列入市、县计划。但因厂址建在界首镇郊,环境污染严重,当地村民意见较大,生产极不正常。1984年底,该厂被迫停产。之后,又增加天山夏庄油毡厂。1989年,在全省防水材料行业验收中,一沟防水材料厂油毡产品经考核验收一次合格,取得生产许可证,被列为全省油毡行业主要生产厂家之一。1992年,一沟防水材料厂生产规模进一步扩大,成为苏中地区防水系列产品规模较大的生产厂家之一,拥有固定资产300万元,职工150余人;主要产品有“熊猫”牌石油沥青油毡、POL氯丁橡胶防水材料、WPP型弹塑性防水涂料等。2005年,市志高建筑防水材料有限公司成立,主要生产沥青和改性沥青系列产品。

表62

1981—1984年平板玻璃厂(武安)基本生产情况表

项目	单位	年份				合计
		1981	1982	1983	1984	
产量	平方米	40.70	56.18	58.04	53.06	207.98
产值	万元	155.47	222	238	239	854.47
利润	万元	26.24	10.10	19.49	20.65	76.48
职工	人	182	204	228	237	—
劳动生产率	元	8542	10882	10439	10084	—
人均创利	元	1442	495	855	871	—

表63

1986年高邮县乡镇建材工业情况表

行业门类	企业数(个)	职工人数(人)	产 值(万元)
砖瓦制造业	234	9735	3584
水泥制造业	1	437	144
水泥制品业	42	1402	710
玻璃制造业	1	229	193
耐火材料制品业	2	52	58
其他建筑材料工业	58	1975	1063

天山乡依附地域神居山条件,办有一轧石场。1986年,轧石场实现产品销售额67万元。1992年,轧石场销售额增加到1071万元,获利41万元。但由于长期开采,造成土山毁坏严重。2002年,神居山设定禁采点,实行控制性开采。此后几年,轧石场因砂石源开采量的不断减少而逐步萎缩,直至关闭。

冶金和压延加工业

高邮乡镇冶金和压延加工业的历史可以追溯到1958年的土法炼钢,而真正开创冶金工业之路的是1979年4月汉留人民公社轧钢厂投产。

自20世纪80年代至20世纪末,高邮只有两大轧钢生产企业。一是因行政区划调整而更名的甸垛的县轧钢厂;二是1992年8月建成投产的武安的新邮钢厂。主要产品从单一民用建筑圆钢向多元化发展,形式上从自主生产发展到来料加工和收购废钢兑换钢材。其中,县轧钢厂1993年销售达1.03亿元,成为里下河地区首家销售超亿元的乡镇企业。1994年,轧钢厂实现钢产量2.86万吨,销售1.06亿元，利税373万元。轧钢厂被省乡镇企业管理局评为“1994年度千家最佳经济效益企业”；被农业部乡镇企业局评为1994年度中国黑色金属行业最大规模乡镇企业100家（第42名）。1995年后，因国家物资流通体制向市场经济转变，企业原有的产供销渠道失衡，销量萎缩，效益下跌。到1998年后，轧钢厂先后停产、歇业，时名为“扬州市三洋钢铁集团”破产解体。

在轧钢企业发展的同时，高邮繁衍和应运而生出许多钢材压延加工企业。1985年，甸垛乡利用轧钢优势，建成“江北冷拉型钢厂”。此后，龙奔、汉留金属拉丝厂、武安线材厂、菱塘拉丝厂、张轩钢管厂也相继投产。至2005年，全市钢压延加工企业规模以上的有送桥的扬州市天源照明器材有限公司、郭集的扬州市兴隆卷板灯具有限公司和扬州市华冶钢材有限公司。

武安新邮钢厂圆钢拉丝生产线

2000年前后，原先停产歇业、破产解体的企业又通过招商引资、盘活资产、转产改造等措施，实现艰难复活。原扬州市三洋钢铁集团部分资产由该镇个体户投资盘活，新建“高邮市钢厂”，主要生产铸铁件，年产量约5000吨。另一部分资产引入福建个体户租赁，并投入900万元，成立“扬州宏盛钢铁有限公司”改造复产。新邮钢厂则投入400万元，实行技术改造，更名为“高邮市兴鑫金属模具厂”，主要生产铸造生铁，年产量约3万吨。至此，全市全年成品钢材产量基本维持在2.5万吨。2005年，全市全年成品钢产量达3.67万吨。

高邮乡镇的有色金属冶炼和压延加工业发展规模不大，因受原材料市场行情和产品销售需求影响，生产企业难以为继。1990年，甸垛镇异型无氧铜材厂建成投产。1992年，铜材厂新增熔解能力为300千克/吨工频感应熔铜炉为主体的生产线，生产出矩型、异型、双孔导排三大系列50多个品种的无氧铜材，年产量450吨，后新增以GW-03吨双炉体工频感应铜炉为主体的生产线和功率为60千瓦的井式退火炉。1997年，企业因亏损破产。1994年，横泾镇机械厂先后投入1000多万元，新增无氧铜管生产项目。当年11月，机械厂完成样品试制后单独成立横泾铜管厂，然而却一直未形成批量。2000年，工厂被迫转产。

高邮乡镇工业主要从事铅冶炼企业有4家，即东墩、汉留、沙堰冶炼厂和武宁有色金属铸造厂，分别以铅提炼和铅铸件为主。但由于生产设备陈旧、工艺落后、环境污染严重，企业发展空间日趋受到限制。

随着市场需求，一批铝压铸（项目）生产企业加大了投资力度，得到了一定的发展。1992年，车逻闸河村五金厂与市制动件总厂通过股份合作，共同投入300万元，创办市东荣铝合金责任股份有限公司，主营铝压铸业务。2005年，郭集的江苏天龙照明电器有限公司投资5000万元，兴建铝压铸项目。当年，全市规模以上铝压铸及加工企业有龙虬的市福兴微耕机厂、卸甲的扬州志舜铝业有限公司、车逻的扬州市天和机械有限公司、甘垛的扬州恒大机械制造有限公司、周巷的市金属制品包装厂。

表 64

几个年份高邮乡镇工业主要新上铜材及其加工企业(项目)情况表

年份	新上企业(项目)	主要产品	所属地域
1985	铜拉丝厂	铜拉丝	川青
1990	异型无氧铜材厂	无氧铜材	甸垛
1994	铜管厂	无氧铜管	横泾
	无氧铜材项目	无氧铜材	武安
2001	华泰铜业有限公司	铜配件气阀(出口日本)	周山
2004	宏鑫实业有限公司	铜材加工	界首
	瑞隆铜材加工有限公司	铜球、铜板、铜模	送桥
2005	东元铜业有限公司	铜材	周巷

机械制造业

高邮的乡镇机械制造业起源于农机具工业,是乡镇工业历史上最早和重点行业之一。农机具工业是全县(市)乡镇工业之母。

1958 年,随着人民公社化,为适应“两改”(水利工具改革和农具改革)、逐步实现半机械化的需要,全县乡村掀起了大办工业运动。除县属的 10 个铁、木、柳、篾手工业生产合作社(组)都下放公社改建为农具厂外,全县还集中“五匠”(铁、木、篾、铜、白铁匠等)新办一批农具厂和小五金厂。至 1959 年 2 月,全县农具厂由 22 个发展到 128 个。至此,全县社队工业机械制造业初具雏形。

表 65

几个年份营南农机具修造厂发展情况表

年份	企业名称	厂址	主要产品	职工人数(人)	占地面积(平方米)	产值(万元)	利润(万元)
1960	营南农具社	营南农场	小农具	3	300	0.15	0
1962	营南农具社	营南沈庄	小农具	15	借住	1.5	0.1
1963	营南农具社	营南农场	小农具	18	700	1.7	0.1
1970	营南农具社	营南农场	增产柳器	52	1400	2.83	0.02
1971	营南农具社	营南农场	增产油石、锉刀	81	1400	6.93	0.2
1972	营南农具社	营南农场	增产阀门	85	1400	8.81	0.18
1976	营南农机具修造厂	营南新闸	增产带锯	84	13153	18.65	0.4
1982	营南农机具修造厂	营南新闸	新产胶合板	98	13153	38	3.71
1984	营南农机具修造厂　高邮县木工机械厂	营南新闸	胶合板	102	13153	65.6	4.27
1985	营南农机具修造厂　高邮县木工机械厂	营南新闸	增产转炉	107	18960	100.2	4.5
1986	营南农机具修造厂　高邮县木工机械厂	营南新闸	新产肉联机械	107	18960	130	5.23

自1960年下半年开始，贯彻“调整、巩固、充实、提高”八字方针，全县机械制造业连续三年进行全面整顿、调整。一些在大跃进中兴办起来的小五金、小机械厂被认为与农业关系不大而砍掉。原下放公社建立起来的22个农具厂隶属关系开始经历“三上三下”的变动。1968年，不少公社办起了“五小”（小五金、小锉刀、小螺丝、小电机、小农机修配）机械工业企业，农具厂开始试制和生产新式农机具、机床及军工产品。其中，包括插秧机、化肥深施器、吸泥泵、破垡盖籽机等新式农机具，不少农机具均经过省、地区鉴定，定点批量生产，大面积推广。1978年，国家进行经济调整，计划外机床生产下马。此后，全县社队工业机械生产企业开始积极闯荡一条“一主多副，以副养主”的产品结构调整之路。其中，车逻农机修造厂搞了“五小一大”（小农具、小鼓风机、小煤炉、小折床、小米机、大除尘器）；横泾农机具厂增加了纺织配件布机龙头生产；周山农机具厂上了家用电器镇流器。

1984年，随着农村商品经济的发展，中小农具的生产、销售及原辅材料供应从开始实行计划、市场双轨制运行到全面放开、市场调节，乡镇中小农具生产步履维艰。各乡镇农机具生产企业出现议价进购原材料亏本生产中小农具、大幅减产等情况直至停产。1988年夏收季节，全县需求镰刀10多万张，而各厂只生产了4.3万张。这期间，乡镇机械制造行业开始注重技术改造，在继续开发生产条播机、脱粒机、双向单铧犁、旋耕刀具等农机具之外，积极向外延发展，触及多层领域，研制开发迎合市场需求的新产品，增加了炕孵、运输、食品等机械的生产。

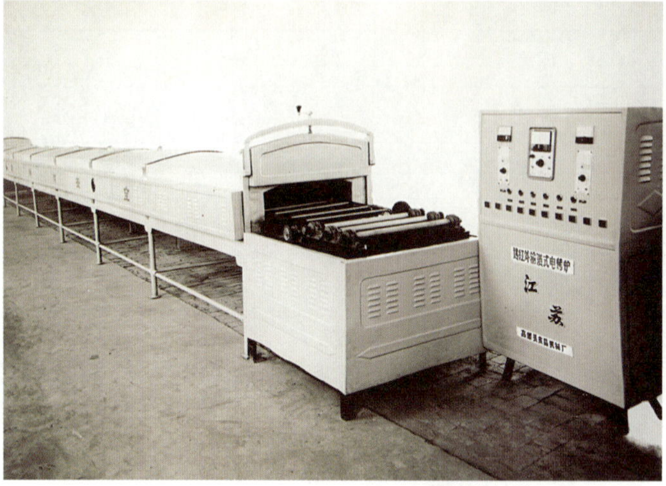

县食品机械厂生产的远红外输链式电烤炉

至1986年，全县乡镇机械制造业已有企业220个，职工14442人，实现年产值9494万元，占全县乡镇工业总产值的28.69%。全县乡镇机械制造业拥有车、刨、铣、磨、钻、镗、冲、压、滚齿等金属切削加工设备，并具有高频焊接、金属表面处理及热处理的能力和X光射线探伤等理化试验手段；产品有14类360多个品种，包括农机具、建筑运输机械、高频焊管、液化气钢瓶、农用泵、家用电器、船舶、纺织机械、食品机械、日用五金、教具、医疗器械和国防军工产品等。各企业先后承担国家计划（包括指导性）的产品有“东墩镰刀”（定点生产）、冷却泵（4万台）、花键轴（30万支）、破垡盖籽机（1500台）、防滑轮（1500付）、495机油泵（试制500台）、三麦条播机（1000台）、化肥深施器（15万台）。其中，化肥深施器被纳入国家“星火”计划。

20世纪80年代末，汉留环保设备制造厂（前身为汉留农机具修造厂）生产环保器械有机气体催化净化装置；横泾机械厂与合肥市通用机械研究所合作，开发食品机械过滤机，系列产品层出不穷。90年代，一沟、三垛、甘垛、送桥、菱塘等乡镇农机具厂先后生产一些汽车和工业用冷却泵或小型农用灌排水泵；三垛农机厂、送桥食品机械厂、武安农配二厂等企业先后开发生产了农用汽车及其配件产品。

这期间，随着市场经济的发展，乡镇机械行业不断发展和壮大，涌现了一批规模企业和重点产品。市农配二厂因其产品批量大、质量高，在全省农机行业具有较高的知名度，发挥了农机配件产业的模范带动作用。但同时，全市农机产品及其配件生产企业的发展参差不齐，也出现了一些鱼目混珠的企业和以次充好的产品。

几个年份分高邮乡(镇)村办工业机械设备拥有量表

表66　　单位:台(套)

项目	1977		1980		1984		1987	
	社办	队办	社办	队办	乡(镇)办	村办	乡(镇)办	村办
金属切削机床合计	410	152	745	188	950	444	1094	648
车床	162	35	370	82	417	158	539	300
钻床	51	21	71	45	72	37	95	56
刨床	54	5	98	11	91	26	112	33
插床	—	—	1	—	8	1	2	2
镗床	2	—	8	1	13	2	11	2
铣床	7	2	24	6	50	7	69	20
拉床	1	—	9	5	5	8	8	8
齿轮机床	—	—	—	—	21	17	23	43
磨床	2	4	21	4	30	12	44	26
锯床	17	2	45	6	51	37	64	25
其他机床	114	83	98	28	192	139	127	133
锻压设备合计	100	37	229	43	262	116	325	164
锻锤	27	12	74	2	95	5	100	13
机械压力机	54	19	47	26	61	76	116	97
剪断机	2	2	15	5	19	9	39	15
整形机	1	—	—	—	—	—	—	—
其他锻压设备	16	4	93	10	87	26	70	39

1995年前,全市共有农机及其配件生产企业近300家,销售总量约2亿元。而这其中以生产农机配件为主的个体企业数占95%以上,销售量只占20%。出现的主要问题有产品无名称、无厂名厂址、无合格证,企业无营业执照、无检测手段、无合格技术人员的“三无”产品和“三无”企业屡禁不止,伪劣产品、质次价廉的产品充斥市场,农机配件生产厂家和经销点经营不规范。1995年,国家质量万里行检查组到高邮检查采访后,市委、市政府于1995年和1998年两次下发文件,成立由技术监督局、农机局、机化局、工商局、乡镇企业局等部门参加的专项治理领导班子和办公室,对农机配件的生产、流通企业分别采取教育、引导、帮扶和查处等方法,进行了专项治理和具体规范。至1999年,全市停产、转产、被处罚后无力复原的企业达200余家,尚存70家。与此同时,市里扶持了一批产品质量比较好的企业,促使农机产品及其配件产业逐步走上健康发展的轨道。

表 67

高邮乡镇农机具企业主打农机产品及开发生产其他主要产品一览表

企业名称	主打农机具产品	其他主要产品
八桥农机修造厂	插秧机	—
湖滨农机配件三厂	化肥深施器	—
汤庄农机具修造厂	—	空调冷热交换器
三垛农机具制造厂	破垡盖籽机、条播机	冲床、四轮农用车
车逻农机修造厂	割晒机	除尘器、车床
界首农机修造厂	扬场机、青饲料打浆机	高压阀门、液化气钢瓶
沙堰农机具修造厂	高压喷雾器	高温高压染色机
周山农机具修造厂	稻麦双风扇脱粒机	镇流器
横泾农机具修造厂	双向单铧犁	布机龙头
送桥农机修造厂	—	空气锤
张轩农机具修造厂	—	牛头铇
二沟农机具修造厂	—	坦克螺丝
甘垛农机具修造厂	—	自吸泵
汉留农机具修造厂	—	有机气体催化装置
临泽农机修造厂	—	车床

表 68

20 世纪 90 年代乡镇工业机械制造业部分企业开发新产品一览表

年份	制造企业	重点产品
1990	周山农机具修造厂	5TD2F－72 型稻麦双风扇脱粒机
	横泾农机具修造厂	双向单铧犁
1992	三垛农机修造厂	“银鹰”牌 05 型农用四轮车
	武安农机配件二厂	农用运输车后桥总成
1993	武安农机配件二厂	东风－12 型手扶拖拉机花键轴
	一沟农机配件厂	系列冷却水泵
	横泾机械厂	系列过滤机
1994	武安农机配件二厂	摩托车曲轴连杆
	送桥食品机械厂	HFC1305R6 型农用面包车
	张轩乡	微型水泵、多功能拉伸机、仪表车、涡流探伤机、正三轮摩托车
1995	湖滨农机配件三厂	2F－1C 型化肥深施器
1996	车逻乡	花键轴、U 型螺栓、紧固件
1997	车逻乡	农用车轮胎、立式铣床
	张轩乡钢管厂	不锈钢管材
	汤庄镇	液压机械
1998	龙奔乡焦山村才华农机配件厂	花键轴
	甘垛农机具修造厂	F80 型自吸泵
1999	甸垛三星线路器材厂	旋耕刀具

2000年后，从20世纪90年代起步的以汤庄镇为集聚效应的液压机械行业蓬勃发展。在江苏朝阳气动液压机械有限公司、市液压成套设备有限公司等重点企业带动下，市科达液压机械制品有限公司、扬州佰缘机电设备制造厂、扬州龙鑫机械厂、市旭日液压成套设备有限公司等液压机械生产企业发展迅速，产品从过去单纯煤矿用电液推杆扩展到冶金、化工、电力等领域。至2006年，全市液压机械行业有规模以上企业15家，实现产值5.8亿元。

电动工具制造业

高邮的电动工具制造业起步于1990年。当年，卸甲东风电机仪表厂生产的分马力异步微电机，通过青岛口岸与山东两家微型台钻厂配套出口。当年底，仪表厂又通过省机械进出口公司和设备进出口公司直接向埃及、印尼等国出口。直到1992年，企业更名为扬州市飞达电机仪表公司，主要生产Ys、Yu、Yc、Yy四大系列55个品种的分马力异步电动机及特种电机产品，并成功研制出家用台钻，投入批量生产，商检合格率达100%，销往美国、德国、澳大利亚、荷兰、墨西哥及东南亚等国家和地区，电动工具生产行业开始快速兴起。

卸甲镇是全国闻名的“电动工具之乡”。2007年，全乡有电动工具生产和配套的个体私营企业120家。其中，整机生产企业50家；规模以上企业24家，占全镇规模以上工业企业总数的75%。经过多年的发展，江苏金飞达电动工具有限公司成为全市电动工具行业龙头企业。2007年，公司拥有17条电动工具装配流水线和9条喷漆生产线，各类大中型设备400多套。公司有员工2500多人，各类专业技术人员308人，为其配套的大小企业达70多家。公司台锯的产销量占全国的40%，是国内台式电动工具的“小巨人”。

该行业从起步、发展到壮大，都与江苏金飞达电动工具有限公司（即原卸甲东风电机仪表厂）的转型、发展和壮大分不开的。1994年6月，以扬州飞达电机仪表公司为核心成立“江苏金飞达集团”，有4家紧密层企业、14家半紧密层企业、6家松散层企业，以生产电动工具为主。其中，微电机、台钻、台式带锯等主产品销往近30个国家和地区。1994年，卸甲镇以龙头企业扬州飞达电机仪表公司为“光源”，辐射全镇工业企业，实施产品、技术、资金、人才、管理、销售等全面扶持、合作、带动，先后对张邵、虎头、卸甲、南龙、西徐、大庵等镇村50多家企业定点扶帮带，不但改变了工业薄弱村的落后面貌，壮大了该镇工业经济的总量，而且为推动全市电动工具行业的规模化发展奠定了坚实的基础。2000年起，江苏金飞达电动工具有限公司征地3.53公顷，先后投资2000多万元，分三期实施，启动工业园建设，建成全市唯一一家以企业命名兴建的工业园区。2005年，公司加大投入，加快金飞达工业园南区20公顷的建设速度。至2010年，工业园共有入园企业41家，实现工业产值9.2亿元。

该行业的最显著特点是外向型经济。早在1991年，市东风电机仪表厂就有95%以上的产品直接或间接出口，成为扬州市机电产品出口额最大的企业。1993年底，扬州飞达电机仪表公司与南京机械五金矿产医药保健品进出口公司、美国东宁国际贸易公司共同投资60万美元，创办了江苏三环机电设备有限公司，连同卸甲镇原有的飞达电机厂、飞达台钻厂、飞达铸造厂、光辉金属制品厂等，开发生产外贸新品台式带锯机，被国家机电部确定为微电机出口扩权企业基地。此后，该行业生产企业先后拥有产品进出口自营权，产品采用国际先进标准，分别通过美国UL、加拿大CSA、德国GS、英国BS、欧共体CE/EMC等项国际安全认证，畅销40多个国家和地区。

扬州和益电动工具有限公司成品车间

2005—2006年,因受原材料特别是有色金属材料价格大幅度攀升及人民币升值、国家出口退税下降、欧洲贸易壁垒等因素的影响,该行业的龙头企业江苏金飞达电动工具有限公司遇到诸多困难,造成实际生产量下降,与之配套的数十家企业也受到不同程度的波及。但是,重组、裂变出的一批电动工具生产企业,凭借自身的成本、品种和经营优势得到迅速发展。扬州和益电动工具有限公司(开发区)、扬州市新港电机有限公司(高邮)、扬州金马机电制造有限公司(卸甲)、市电塑厂(卸甲)、扬州市威高机电有限公司(高邮)等企业产销增幅均超过50%,为全行业稳定发展发挥了骨干支撑作用。

2007年,全市电动工具产业实现产值15.13亿元。其中,规模以上企业实现产值14.4亿元。全市电动工具产业主要产品有系列感应电机、串激电机、电磁开关和家用台钻、木工带锯、木工车床、切割机、砂轮机、砂带机、曲线锯、圆盘锯等12大类100多个规格品种的电动工具。

电线电缆制造业

高邮的电线电缆制造业起源于1980年湖滨乡广播器材厂更名为县测控电缆厂之际。1986年前后,随着该厂与国营八三九〇厂联营及菱塘乡兴办扬州市曙光电缆厂和扬州光明电缆厂,全县电线电缆行业初具规模。经过30年的发展,该行业几经改造、重组和提高,壮大发展了一批管理素质、经济效益和生产规模同步并举的区域骨干企业。该行业不仅在乡镇工业,而且成为全市工业中重点支柱行业。

新办企业的涌现为行业壮大不断增添新的生机。以江苏华能电缆有限公司(即县测控电缆厂)为首的20世纪80年代起步的几家企业,从产品、供销和人员、管理上,给行业发展起到一定的扩散、带动和领军作用。90年代,全市各地掀起一股兴办电线、电缆生产企业的高潮,促进了该行业跻身全市支柱产业。至2005年,全市已拥有电线电缆制造生产企业100多家。

投入规模较大,实现行业发展的高起点。该行业的发展过程是一个高投入的过程,充分体现在新办企业高标准,开发产品高科技,增添设备高效能等方面。1992年,扬州兴华光纤电缆厂新上国家火炬带高科技产品,投入规模1500万元,当年实际用款750万元。江苏华能电缆总厂连年搞技改,连年投入。其中,1993年实现新厂区快速投产投入500万元;1996年起引进德国设备、新上油矿探测电缆项目又陆续投入2500万元。1994年,由天山乡政府和扬州市邮电局、香港粤发投资公司三方投资6000万元,在扬州市经济技术开发区共同创办扬州天虹光缆有限公司,采用一流生产设备,专业生产高新技术产品光纤电缆,年设计生产能力8000~10000千米(缆长)。1994年,市兴华光纤电缆厂以及开发生产的GY型通信光缆,被省科委分别认定为高新技术企业和高新技术产品,实现了全市高新技术企业和产品零的突破。至2000年,全市共有省级电(光)缆高新技术产品14个,全部为乡镇工业电缆企业研发生产;仅电

(光)缆高新技术产品当年实现产值4.1亿元、销售3.8亿元、利税1850万元,分别占全市电缆行业的51%、52%、52.8%。

表69

20世纪90年代间高邮乡镇工业电线电缆行业新增企业情况表

年份	兴办企业	所属乡(镇)、村
1990	电线厂	周巷
	电磁线厂	界首
1991	扬州扬子电缆厂	菱塘王姚
1992	扬州市兴华光纤电缆厂	天山
1993	市电缆厂	东墩
	扬州市亚光电缆厂	湖滨沙湖
1994	扬州市华光电器电缆厂	送桥
	永生通讯电缆厂	马棚
1995	扬州天虹光缆有限公司	天山
1996	江苏赛德电气有限公司	郭集大营
1997	市神力线路器材厂	郭集

表70

菱塘回族乡电线电缆生产企业几个年份技改投入情况表

单位:万元

企业名称	年份	投入数	技改项目
扬州市扬子电缆厂	1994	300	市话电缆生产线
扬州市曙光电缆厂	1996	1000	低压温水交联电缆
桥架厂		450	PVC 电缆料
飞宇电力器材厂		140	钢绞线
扬州市曙光电缆厂	1998	6000	35千伏高压交联电缆
扬州市曙光电缆厂	2000	2600	配套中低压交联电缆设备
扬州市环宇电缆有限公司			铜箔生产线
扬州市晨光电缆制造有限公司			迁址新建
扬州市曙光电缆厂	2002	5470	110千伏高压交联电缆和综合光缆生产线

各具特色发展,充分彰显同行业间差别化竞争的格局。该行业在长期的发展过程中,各企业间自觉避免雷同,产品基本无重复,"一厂一品"、独具特色形成了行业内既有区别又有竞争的产品结构。至2010年,该行业已形成光纤电缆、橡套电缆、塑料电缆、电磁线、钢绞线五大类,主要产品有电力电缆、控制电缆、计算机电缆、船用电缆、特种电缆、铁路信号电缆、通讯电缆、电磁线、电缆材料等多种系列1000多个品种。

表 71

高邮主要特色电线电缆产品一览表

特色产品	主要生产企业	所属地区
光纤电缆	扬州市兴华光电线缆厂	天山
高低压交联电力电缆 高落差特种电力电缆	扬州曙光电缆有限公司	菱塘
测控电缆	江苏华能电缆有限公司	高邮
核电站用电缆 弱电电缆	江苏赛德电器有限公司	郭集
计算机电缆 影视电缆	扬州亚光电缆有限公司	菱塘
舰船用特种电缆	扬州光明电缆有限公司	菱塘
矿用电缆	扬州市红旗电缆制造有限公司	菱塘
铁道设施用电缆	扬州晨光电缆有限公司	菱塘
塑力缆	市电缆厂	开发区
市话电缆	扬州市扬子电缆厂	菱塘
电梯电缆	市电线厂	周巷
阻燃耐火电缆	江苏润华电缆股份有限公司	高邮
电磁线	界首电磁线厂	界首
钢绞线	市飞宇电力器材厂	菱塘

市塑料电器厂造粒车间

在行业发展的过程中，各地不断积极新上相关配套产品，一些具有实力的企业也进行产品的上下延伸开发，在促进该行业产品结构趋于合理的同时，也加快了电线电缆的产业化进程。1990年，界首兴办了电磁线厂，进行从拉丝到各种系列规格电磁线一条龙的生产。1993 年，市第二蓄电池厂（八桥）、市塑料电器厂（武安）改变投资方向，分别新上 PP 和 PE 电缆料生产线。1996 年，菱塘桥架厂投入 450 万元，生产 PVC 电缆料；飞宇电力器材厂投入 140 万元生产钢绞线。2000年，扬州市环宇电缆有限公司（菱塘）实施铜箔生产线项目。当年，市光明金属材料有限公司（界首）在注重电磁线系列产品延伸的同时，开发烧结线产品。

在各地此起彼伏兴办电线电缆企业中，菱塘回族乡以扬州市曙光电缆厂为龙头，把大力发展电线电缆作为支柱产业，形成一批规模企业，成为远近闻名的“电缆之乡”，为全市乡镇工业电线电缆制造业及其产业化发展，作出了重大贡献。2004 年，该乡的电线电缆被省列为苏北星火产业带科技先导型支柱产业和苏北科技项目示范密集区。2007 年，全乡有电线电缆生产和配套注册企业 59 家。其中，规模以上企业 26 家，占全乡列统企业总数的 76%。有职工 3200 多人，其中，专业技术人员 300 多人，营销人员

200多人。至2009年,该乡实现工业总产值68.66亿元,其中,电线电缆制造业有企业85家,实现产值61.79亿元,占89.99%。扬州市曙光电缆厂实现产值20.01亿元,占全乡电线电缆行业的32.38%。该乡电线电缆行业经济总量占全省行业规模的12%以上。2009年,由科技部命名的"中国特种电缆制造基地"落户菱塘回族乡。

1996年,由全市19家电线电缆生产企业共同参加组成的市电线电缆行业协会成立,为更加科学地规划全市电线电缆行业的发展,协调解决企业间项目、资金、市场、人才等问题,提升行业竞争能力,加快行业发展步伐,起到了很好的摸索和推动作用。

1997年高邮乡镇工业电线电缆产业产品分类情况表

表72　　单位:万元、万米、吨

产品名称	产值	销售	利润	产量
电力电缆	33056.1	28191.1	720.6	7427.04
控制电缆	7590	7123	232.8	246.58
计算机电缆	4353	3783	140.3	96.16
通讯电缆(光缆)	3203.1	3169.1	85.1	169.7
油矿探测电缆	—	—	—	—
船用电缆	1000	900	50	1
射频电缆	1500	1200	85	5
电缆料	9490	8225	123.76	5544
无氧铜(镀锡丝)	3884	3583	—	1530

1997年高邮乡镇工业电线电缆行业主要企业情况表

表73　　单位:万元

属地	企业	产值	销售	利润	技改投入
合计	—	67702	58508	1417.36	4444
菱塘	曙光电缆厂	17480	14779	442.00	1200
	扬子电缆厂	2370	2145	71.00	50
	晨光电缆厂	818	659	30.00	10
	华胜电缆厂	507	400	-3.00	—
	光明电缆厂	2113	1897	35.00	—
	红旗电缆厂	1070	994	12.00	130
	环宇电缆厂	705	850	3.00	20
	华城电缆厂	113	105	1.00	50
	新宇电缆厂	600	550	0.00	50
	长城电缆厂	2350	2005	87.00	120
	黎明电缆厂	70	67	0.00	6

续表 73

属地	企业	产值	销售	利润	技改投入
	飞达电缆厂	90	69	0.00	—
郭集	红光电缆厂	1484	1370	31.40	—
天山	兴华线缆厂	2997	2452	-36.00	—
送桥	华光电缆厂	603	536	15.00	55
	西湖电缆厂	226	256	2.00	—
湖滨	华能电缆厂	12000	10591	461.00	2013
	华润电缆厂	880	814	8.00	120
	亚光电缆厂	580	540	15.00	—
	星光电缆厂	100	67	1.00	—
武安	华翔公司	7120	6102	107.90	50
	日欣公司	4214	3653	10.00	40
	专用电缆厂	—	—	—	—
东墩	市电缆厂	2218	1384	53.00	300
龙虬	龙虬电缆厂	78	75	0.30	—
	宏远电缆厂	—	—	—	—
马棚	晨光线缆厂	165	116	12.00	15
周巷	市电线厂	2104	1956	5.00	65
八桥	东方电缆料厂	185	180	1.76	—
汉留	电缆材料厂	162	146	7.00	—
周山	新型塑料添加剂厂	300	250	16.00	—
张轩	亚光塑料制品有限公司	4000	3500	29.00	150

照明器具制造业

高邮的照明器具制造业作为市规模行业有近30年的发展历史。20世纪80年代,全市仅有如周山灯具厂、高邮镇新华镇流器厂和郭集乡盘塘村办照明电器厂等零星灯具生产企业,主要生产镇流器、道路照明灯具及日常生活灯具。

1991年后,随着市照明电器厂(郭集)开发生产钠灯灯泡、新上高压钠灯生产线,一举跻身于全国道路照明器材生产骨干厂家之列,从而带动全乡,并影响辐射其他乡镇,开创了全市乡镇工业照明器具行业的新纪元。

1994年,仅郭集镇以市声光器材厂、市照明电器厂为龙头的大小灯具生产企业已发展到30多家,产品销往除西藏、台湾外的各省、市、自治区600多个用户。其中,高压钠灯还销往美国、韩国及香港等国家和地区。当年,全国道路照明灯具年会在郭集镇召开,该镇被权威誉为“灯具之乡”。至2000年,

市新华照明器件总厂产品系列

郭集镇灯具企业达88个,实现灯具产值2.95亿元,占全镇工业产值的80.6%。

1994年,高邮镇规划和形成以照明器材为特色之一的工业发展布局。2001,天山镇以灯具为支柱产业,产值突破1亿元。当年,送桥镇围绕灯具产品的上延下伸,初步建成开平、剪切、成型、镀锌、喷塑、灯头、灯泡等灯具生产加工一条龙生产线,全镇灯具产业年产值近1亿元,约占全镇工业产值的50%。

这段时期,该行业在激烈的市场竞争中,积极开发新品,增加产品的技术含量,引导市场需求,加大投资,扩大规模,产生了一批规模企业,照明器具产业链也逐步形成。1993年,市电子设备厂(川青)与美国亚美利国际企业有限公司合资兴办“中外合资扬州亚美电器有限公司”,生产“系统电子镇流器”和“系统电子节能灯”。当年,高邮镇新华照明器件总厂自主产品采用双蜗轮、双蜗杆升降式高杆灯填补了省空白。1995年,送桥尤加灯具厂、临泽荧光灯厂和电器开关厂、卸甲电塑开关厂改制后先后投产。1996年后,市声光器材厂陆续新上了异型钢杆生产线、13米折弯机和1250吨铝压铸机。2001年,高邮市灯具检测中心在郭集成立,引导灯具生产企业由简单工业型向质量效益型转变。当年,高邮镇康普公司投资500万元新上高效螺旋节能灯项目。2002年,香港独资企业扬州道兴热镀锌有限公司(郭集)和扬州健松镀锌有限公司(送桥)分别建成投产。当年,汉留华宇照明器材厂投入400万元,新建标准化厂房,添置设备。当年,扬州市经纬照明器材有限公司(送桥)建成湖西最大的钢材交易和钢板开平基地。2003年,扬州午阳照明电器有限公司(临泽)与上海复旦大学电光源技术工程系合作,引进紧凑型高效电子节能灯技术投入生产。

此间,郭集镇倾力打造灯具工业园区。2002年,累计开发面积80公顷,进区各类企业40个,实现产值2.2亿元,安置就业1500人。至2007年,全区有灯具生产企业146家、个体工商户400多家。其中,规模以上企业19家。园区被列为扬州市乡镇示范工业园。郭集灯具工业园的兴建和发展,为全市乡镇工业照明器具产业树立了新的里程碑。2003年,送桥镇在邮仪公路沿线送桥段设立灯具工业集中区,长3千米,平均纵深150米,有灯具企业46个。至2007年,规模以上灯具企业11家。至此,湖西地区实现了灯具的设计、制造、销售、安装、维护一条龙的生产经营模式。郭集和送桥成为湖西地区灯具相对集中、发展较快、配套比较完整的灯具产业板块。当年,湖西灯具工业实现产值26.12亿元。至2008年,全市照明器具产业集群实现产值41.2亿元,销售32.6亿元。

2008年10月,江苏龙腾照明器材有限公司投资兴建“高邮路灯展销城”。一期工程总投资3500万元,占地面积2公顷,建筑面积6800平方米,2010年5月底竣工开业。整个展销城分户外展示区和户内展示区,集路灯产品展示、销售、存储、加工、配送、质量安全检测、信息服务、结算汇兑为一体,成为具有较强集散力、辐射力和竞争力的国内规模最大的专业路灯产品展销基地。2010 年,江苏苏发照明实业有限公司、江苏龙腾照明器材有限公司、扬州市宝尔特钢杆电器有限公司、扬州市迪生照明器材有限公司、市天顺照明器材有限公司等重点骨干企业参加了“2010 年中国道路照明论坛”,加强了与国内外同行的交流与合作,扩大了高邮照明器具的知名度和影响力。

至 2010 年,全市乡镇工业照明器具制造业共有列统企业 35 家,实现产值 11.31 亿元;主要产品有节能灯、高压钠灯和路灯、庭院灯、园林灯、高杆灯、地理灯、装饰灯具、礼花灯、工矿灯等多种系列照明灯具及其配套器材。行业内企业拥有具有国内先进生产水平的一体化加工生产各种灯具的生产手段及配套能力,有板材开平、剪切、卷管、压铸、喷塑、热镀锌等多种生产设备和生产线,产品覆盖全国绝大部分地区,并有部分产品出口。

该行业不断增强品牌意识,积极发展自主品牌,扩大企业生产规模,形成具有区域特色的灯具产业集群,成为省乡镇示范工业小区、长三角地区新农村建设 100 家示范企业之一、省 100 个重点产业集群之一和中国路灯制造基地。至 2010 年,全市照明器具生产企业申请获批注册商标 196 件,企业商标持有率居全市各行业之首。其中,由市灯具协会申报的“靓路”牌集体商标,通过国家工商总局的确认。当年,省工商局、省商标协会确认高邮灯具产业集群为首批“江苏省产业集群品牌培育基地”。

表 74

2003—2005 年郭集镇灯具企业重大技改项目投入情况一览表

单位:万元

企业名称	投入资金	项目内容
市声光器材厂	800	建成灯具检测中心
扬州市托普莱特照明电器有限公司	1500	异地重建,并新上新型照明灯具
扬州市启锦登路灯照明器材有限公司	1200	新上新型道路照明灯具
扬州市兴隆卷板灯具有限公司	1000	新上变频焊管
扬州恒祥灯饰有限公司	1000	新上艺术照明灯具
扬州市天龙照明有限公司	5000	异地重建,并新上铝压铸
扬州市宝尔特钢杆电器有限公司	5000	新上凹凸钢杆

太阳能光伏制造业

太阳能光伏制造业是全市乡镇工业中的一门新兴产业,其发展速度极快,企业数猛增,产业规模急剧扩大,数年时间就发展成为全市乡镇工业的主导产业。

2003 年,单晶硅项目落户天山镇。该项目由该镇民营企业家倪云达与江苏富鑫箱包公司、南京汇鸿集团及香港某公司合资兴办,创建“江苏顺大半导体发展有限公司”,计划投资 1.5 亿元。其中,一期工程投资 6000 万元,占地 3.87 公顷。除土建外,此项目共上单晶炉 46 台(6 英寸 12 台,8 英寸 34 台),主要生产 6 英寸、6.5 英寸和 8 英寸太阳能级硅单晶棒。2004 年 8 月,项目试产运营,当年生产单晶棒 75 吨。

2004 年 7 月,江苏顺大半导体发展有限公司投产,标志着全市的光伏产业开始起步。2005 年 11 月,高邮市提出打造“江苏省硅太阳能光伏产业园”,构想分两个阶段落实。第一阶段是 2006—2008 年,发展目标为稳定单晶硅,主攻多晶硅,打通切片、封装、太阳能电池等产业链,形成 40 亿元左右的生产规模;第二阶段是2009—2010年,扩大规模,创新品牌,打造国家级光伏产业城。2006年11月23日,市委在江苏顺大半导体发展有限公司召开常委会,专题研究光伏产业发展问题。会议原则同意市光伏产业园指挥部就加快光伏产业发展和光伏产业园建设相关问题提出的解决方案,对一些具体问题作了进一步明确,将光伏产业园定名为江苏省高邮市经济开发区顺大光伏产业园,要求全市上下全力以赴加快光伏产业的发展和光伏产业园的建设。2007年,高邮市出台《关于加快光伏产业园建设的意见》,优惠政策覆盖到用地计划、财税、基础设施建设、人才队伍建设、技术创新等方面,促进更多项目向光伏产业园集聚、集约发展。市、镇投资1000万元,用于光伏产业园区内主要道路、给排水等基础设施建设。按照"突破上游,做大中游,拓展下游"的思路,市有关部门围绕光伏产业链的前延后伸,包装光伏能发电系统集成等若干重点产业招商项目,排出国内外光伏行业知名企业名单,实行定向招商、敲门招商,不断提高全市光伏产业的档次。江苏顺兴光电有限公司、江苏顺大半导体发展有限公司晶片厂、江苏顺大光伏科技有限公司等10多家光伏生产企业先后组建,初步形成从石墨件、石英坩埚、单晶硅棒、破方切片、太阳能电池封装用超白玻璃到太阳能灯具等相对完整的光伏产业链。当年全产业实现产值9.21亿元。其中,江苏顺大半导体发展有限公司产值6.53亿元。至2008年底,全市已有50家与光伏产业相关的企业注册登记。其中,13家企业跻身规模企业行列,实现产值30.7亿元。2009年,光伏国际市场发生变化,出现萎缩、低迷的严峻形势,产品价格下跌。但许多生产企业仍开足马力,天山镇13家光伏企业当年完成产值33.2亿元、销售31.4亿元,分别占该镇列统企业的89.3%和88.5%。江苏顺大半导体发展有限公司实施多晶铸锭、拉晶扩产、太阳能玻璃和封装扩产等4个亿元项目,产品产量较上年增长4倍以上,同比销售增长37%。

天山光伏产业园一角

2010年,全市累计注册光伏类企业54家。其中,规模以上企业21家,实现产值70.4亿元,占全市高新技术产业产值的68.3%。从业人员4269人,其中技术人员1298人。当年,全市拟建和在建光伏类重大项目31项,总投资122.25亿元。江苏顺大半导体发展有限公司、扬州天华光电科技有限公司、扬州华尔光伏科技有限公司、江苏顺大光伏科技有限公司分别实现产值34.52亿元、6.28亿元、3.75亿元和3.42亿元。

行业协会简括

1996年,高邮市成立电线电缆行业协会,为乡镇工业为主导的首个市级行业协会。1999年,根据市委、市政府统一部署,乡镇工业开始实施行业管理的"145"(一个规划、四个评价、五个调整)工作计划,成功组织1999年高邮电线电缆行业发展论坛。当年,市电线电缆行业协会拟定并经评审通过了行业发展规划。此后,龙虬、武宁、横泾等乡镇分别自发成立了服装行业协会、消防器材协会、农机行业协会等。2008年,市委、市政府针对服装企业因欠薪、劳动合同纠纷引发集访等问题,成立市服装行业管理领导小组,建立服装企业工资保证金制度。当年,全市146家服装企业,征缴的工资保证金全部足额缴纳到位。

高邮市成立行业协会,加强行业管理,推动了行业发展,为实现全市乡镇工业的行业管理和分类指导、重点发展支柱产业起到了一定的积极作用。

表75

高邮相关协会名录

协会名称	成立年月	首任会长	建会地址
高邮县个体私营经济协会	1984年8月	朱逊年	县工商行政管理局内
高邮县企业家协会	1988年7月	张庆奇	县地方工业局内
高邮县企业联合会	1990年11月	尤泽勇	县地方工业局内
高邮市电线电缆行业协会	1996年1月	赵文来	市乡镇企业管理局内
高邮市服装行业协会	1999年5月	马在朝	扬州市沙龙制衣有限公司内
高邮市新型墙体材料协会	2004年6月	刘　波	龙虬镇龙虬村村部
高邮市纺织服装行业联合会	2006年4月	刘国和	市经济贸易局内
高邮市灯具行业协会	2006年10月	赵方庆	郭集镇企业管理服务站内
高邮市粮食工业协会	2007年4月	徐卫东	江苏双兔食品股份有限公司内
高邮市界首茶干协会	2009年4月	胡元德	界首镇建设路8号
高邮市光电产业协会	2010年5月	万兆良	菱塘回族乡穆菱宾馆内

高邮市电线电缆行业协会章程(摘录)

第一章　总　则

第一条　高邮市电线电缆行业协会“以下简称协会”是经高邮市民政局登记,具有社团法人地位的行业性群众团体,是政府联系企业的桥梁和纽带,是市经济综合部门对电线电缆行业进行规划、协调、管理的参谋和助手。

第二条　本会在中共高邮市委和市政府的领导下接受民政局社团管理,挂靠于高邮市乡镇企业管理局。

第三条　本会宗旨:适应社会主义市场经济需要,坚持“一个中心、两个基本点”的基本路线和遵守国家有关法律、法规,面向基层,面向企业,着力提高企业素质,增强企业竞争能力,促进电线电缆行业加快发展。

第二章　任　务

第四条　本会的主要任务

1. 围绕行业发展中心,积极推行行业现代企业制度,进行企业管理现代化理论和方法的研究、交流,宣传和推广先进经验。

2. 发布行业信息,组织信息交流,推进技术进步。

3. 制定电线电缆行业发展规划。

4. 帮助会员补充新的知识,开展技术培训工作。

5. 对行业内有关企业的决策进行咨询,接受委托进行项目论证和技术服务。

6. 表彰奖励在学术交流、新品开发、市场营销活动中取得优秀成绩、作出突出贡献的会员。

7. 关心会员的工作、学习、生活,向党和政府反映行业企业的意见和要求,维护企业的合法权益。

8. 积极完成市委、政府和有关部门委托的工作任务。

第三章 会 员

第五条 凡承认本会章程,并符合会员条件者,均可申请入会,会员分团体会员和个人会员。

一、团体会员:

与电线电缆行业有关,具有一定规模,并愿意参加和支持协会有关活动的国有、集体、乡村企业,中外合资企业和企业集团、私营企业均可申请为团体会员。

二、个人会员:

凡具备下列条件之一者,均可申请为个人会员。

1. 本会团体会员单位的法定代表人;

2. 本会团体会员单位的副厂长、副经理、副董事长经厂长、经理、董事长推荐者;

3. 私营企业主,中外合资企业的中方领导;

4. 在企业经营管理、生产实践等方面有建树的个人,经单位领导推荐,或由个人申请,经单位同意者。

第六条 会员的权利和义务

一、团体会员

1. 优先参加协会的有关活动和取得有关行业信息资料;

2. 优先享受产品、调研、立项、申请、论证等技术咨询服务工作;

3. 可要求协会协助举办培训班等;

4. 接受行业管理,执行协会的决议并完成协会委托的工作;

5. 协助协会开展有关经验交流和信息发布活动;

6. 按期缴纳会费。

二、个人会员

1. 有选举权和被选举权;

2. 对协会工作有建议、批评权;

3. 优先参加协会举办的各项活动和取得相应的技术资料;

4. 遵守协会章程;

5. 执行协会的决议并完成协会所委托的工作;

6. 积极参加协会举办的学术交流、技术服务活动。

凡违背本会章程,长期不履行会员权利和义务的,经协会常务理事会批准,取消其会员资格。

第四章 组织机构

第七条 协会的组织原则是民主集中制,协会的最高权力机构是全体会员大会,全体会员大会每五年举行一次。全体会员大会的职权是:

1. 审议协会的工作报告;

2. 讨论决定协会的工作任务;

3. 制定修改协会的章程;

4. 推选理事会理事,推荐会长、副会长、秘书长、常务理事。

第八条 全体会员大会闭会期间,理事会领导协会的工作。理事会每届任期五年,每年召开一次全体理事会议。理事会的职权是:

1. 贯彻执行全体会员大会的决议;

2. 制定协会工作计划；

3. 审议处理各项议案；

4. 审议协会财务收支报告；

5. 聘请名誉会长、顾问，选举产生常务理事会；

6. 筹备并组织召开全体会员会议。

第九条　理事会闭会期间，由常务理事会行使理事会职权，常务理事会每半年召开一次。常务理事会的职权是：

1. 贯彻执行理事会的决议；

2. 提出需要理事会或全体会员大会讨论的各项议案；

3. 审议批准设立、调整协会所属部门；

4. 选举产生会长、副会长、秘书长，确定副秘书长及部门负责人；

5. 审定表彰协会工作的积极分子；

6. 批准吸收会员，批准不合格会员出会，批准自愿退会的会员退会。

第十条　秘书长受常务理事会和会长的委托，主持领导协会的日常工作，组织副秘书长及部门负责人实施常务理事会交办的事宜。对一些临时性、特殊性而又急需处理的事宜，可视情况先行处理，而后报会长或常务理事会予以确认。

第五章　经　费

第十一条　经费来源

1. 咨询或技术服务收入；

2. 团体会员会费；

3. 团体和个人的资助或捐赠。

高邮市电线电缆行业协会组织机构成员情况表

表76

姓名	协会职务	单位	单位职务
王正宇	名誉会长	高邮市委	副书记
王东升	名誉会长	高邮市人民政府	副市长
赵文来	会长	高邮市乡镇企业管理局	局长
郑连元	副会长	扬州市曙光电缆厂	厂长
陶沂源	副会长	江苏华能电缆总厂	厂长
吴岱平	副会长	高邮市乡镇企业管理局	副局长
乔文富	常务理事	扬州广源电线电缆公司	总经理
陈有山	常务理事	扬州扬子电缆厂	厂长
陈根田	常务理事	高邮市电缆厂	厂长
陆　炜	常务理事	高邮市乡镇企业管理局	科长
杨福贵	常务理事	扬州光明电缆厂	厂长

续表 76

姓名	协会职务	单位	单位职务
张　和	常务理事	江苏日欣集团	总经理
张国林	常务理事	高邮市电线厂	厂长
周玉祥	常务理事	高邮市运河线缆厂	厂长
茆玉斌	常务理事	扬州华润电缆总厂	厂长
郑连元	常务理事	扬州市曙光电缆厂	厂长
姚风岗	常务理事	扬州长城电缆厂	厂长
陶沂源	常务理事	江苏华能电缆总厂	厂长
缪立山	常务理事	扬州兴华光电线缆厂	厂长
戴光华	常务理事	扬州红光电缆厂	厂长
陆　炜	秘书长	高邮市乡镇企业管理局	科长
申春文	副秘书长	高邮市机化局	科长
万长林	理事	高邮市晨光线缆厂	厂长
王有宝	理事	扬州宏飞电缆有限公司	经理
卢辉壁	理事	扬州高华化工有限公司	总经理
申春文	理事	高邮市机化局	科长
乔文富	理事	扬州广源电线电缆公司	总经理
朱庭俊	理事	高邮市电缆材料厂	厂长
陈有山	理事	扬州市扬子电缆厂	厂长
陈有新	理事	高邮市红旗电缆厂	厂长
陈根田	理事	高邮市电缆厂	厂长
吴　坚	理事	高邮市电缆桥架厂	副总经理
陆　炜	理事	高邮市乡镇企业管理局	科长
杨文华	理事	扬州晨光电缆制造有限公司	经理
杨福贵	理事	扬州市光明电缆厂	厂长
张　和	理事	江苏日欣集团公司	总经理
张国林	理事	高邮市电线厂	厂长
明福宏	理事	扬州华光电子电缆厂	厂长
郑连元	理事	扬州市曙光电缆厂	厂长
周玉祥	理事	高邮市运河线缆厂	厂长

续表 76

姓名	协会职务	单位	单位职务
茆玉斌	理事	扬州华润电缆厂	厂长
胡　清	理事	扬州新宇电缆厂	厂长
姚风岗	理事	扬州长城电缆厂	厂长
陶沂源	理事	江苏华能电缆总厂	厂长
徐威亮	理事	扬州华城电缆有限公司	总经理
鲁建才	理事	扬州市亚光电缆厂	厂长
路永平	理事	高邮市环宇特种电缆厂	厂长
缪立山	理事	扬州市兴华光电线缆厂	厂长
薛春林	理事	高邮光明金属材料有限公司	经理
戴光华	理事	扬州红光电缆厂	厂长

企　业

社队工业时期重点企业例举

车逻农机修造厂

车逻农机修造厂是从 1951 年的农具合作组(隶属车逻供销社)过渡到车逻农具生产合作社后,于 1954 年 4 月创办的。1964 年前,厂址在车逻南大坝。1958 年公社化时,工厂曾迁至过车逻大队塑料厂。1965 年,工厂迁入车逻镇上。

创办初期,合作组完全靠手工操作生产。1958 年,工厂开始自制土设备。1968 年,工厂陆续购置了各类机床设备。至 1984 年底,工厂设备拥有 80 多台套,先后研制了工农 700 型脱粒机,东风 90、东风 137、东风 140 割晒机,135 碾米机,单、双钵棉花制钵机,DMC 脉冲袋式、压力式全顶、XSW 型、PW 型平面旋风、CZK 型扩散式、CLT-A 型等 6 种型号 16 个规格的除尘器。1973 年工厂开始生产的背包式、C620、C6136 车床,1978 年因

县除尘设备厂生产的脉冲袋式除尘器

国家禁止生产计划外普通机床而停产，并先后淘汰了割晒机和棉花制钵机。1979年，工厂研制生产了“火环”牌二次进风节煤炉。1981年，工厂开始生产“四喜”牌各种钢丝床、小折床。

1980年，因二次进风节煤炉革新成功，工厂获县科技二等奖；1982年，获省物资局颁发的产品合格证书；1984年，在省煤炉测试评比中，被评为优质煤炉，获得优质产品证书。1983年，在开发新产品工作中，工厂成绩显著，受到县政府奖励。1984年，工厂被县验收为企业整顿合格企业。

1984年车逻农机修造厂设备拥有量一览表

表77 单位：台(套)

设备名称	车床	钻床	镗床	磨床	铣床	刨床	插床	切断机床	压力机	锻锤	剪断机	电焊机	其它
数量	20	2	2	2	1	5	1	2	2	4	3	6	34

几个年份车逻农机修造厂基本情况表

表78

指标		产值	利润	劳动生产率	职工人数
单位		万元	万元	元/人	人
年份	建厂当年	0.3	—	200	15
	1958	3.2	0.10	1600	20
	1960	5	0.15	1666	30
	1966	8.41	0.24	2803	50
	1970	18.7	0.15	1406	133
	1976	57.78	4.29	3246	178
	1977	78.05	7.39	3942	198
	1978	86.74	8.28	4170	208
	1979	62.36	7.57	3118	200
	1980	87.7	7.75	4497	195
	1981	103.02	8.69	5366	192
	1982	158.34	13.55	6825	232
	1983	187.38	13.9	7648	245
	1984	201.88	14.01	8240	245

三垛农机修造厂

三垛农机修造厂原名高邮县三垛木业生产合作社，由两名铁匠、十几名木匠创建于1952年3月，主要生产农船、风车等木制农具，当年产值2万元。1954年，合作社增加生产了铁器、竹器产品，改名为三垛铁木竹生产合作社，职工增加到70多人。1955年，随着全国合作化高潮，合作社职工迅速发展到100多人。1956年，合作社成立了铁木竹中心社，下设木业社、铁业社、竹业社。产品由供销社经销变为自产自销。1962年，合作社改名为三垛农具生产合作社。1970年，合作社易为现名。

1966—1968年，修造厂陆续添置了皮带车床5台、跳板锤5台、空气锤1台、电焊机1台，开始由单纯手工业生产逐步向机械生产过渡，增加了电犁配件及阀门螺丝等产品。1969年，修造厂试制成全县第一台工农700型脱粒机，并批量生产。当年，修造厂总产值突破了20万元。1970年后，修造厂自制成大头车、镗床、龙门刨、地行车、冲天炉等设备，并以此进行了60吨冲床、15吨冲床的生产。1976年，修造厂试制成功破垡盖籽机。1977年11月，修造厂在扬州地区破垡盖籽机鉴定会上通过鉴定，此后被定为省生产破垡盖籽机定点生产厂。当年，修造厂生产的50多台破垡盖籽机被抢购一空。至1980年，修造厂年产量达4441台。1980年11月3日，《新华日报》头版头条发表了长篇通讯《农民省工万万千》报道了相关事迹。1982年，工厂附设"高邮县钢管厂"，购置了价值20多万元的100千瓦制管全套设备，生产高频焊管。1983年，工厂又为上海中国纺织机械厂加工纺机配件——蜗轮蜗杆，被对方厂定为免检产品。1984年，全厂实现产值136万元、利润7.5万元。

三垛农机修造厂车间设备

临泽农机修造厂

临泽农机修造厂前身是临泽铁木业临时加工小组，由徐氏三父子为主等17名个体手工业人员于1953年2月创办。归属于临泽供销合作社领导。当年7月划出供销社，加工小组改为临泽铁木业生产合作社。1954年3月，正式成立了临泽手工业铁业生产合作社，共有职工47人。1970年11月16日，合作社改为现名。原厂址在临泽镇生产街，1975年迁至临泽镇三姚村西沟组。

创办初期，加工小组主要是依靠下乡收树材，生产农具铁、木制产品，以后发展了篾业。1958年，合作社自制了土车床，主要生产简单的机械配件。1959年后，合作社分别生产了马拉收割机、插秧机、脱粒机等，并于1961年逐渐淘汰。1962年，合作社开始生产犁头犁套，建立了铸造车间，逐步形成了铸造、金加工、装配一条龙生产。1965年，合作社新上了小五金的生产加工，年产值5～6万元。到1970年底，修造厂由于大力发展车床和饲料机的生产，而将生产五金的设备、材料，全部转让给临泽五金厂。1968年底，合作社开始研制了SP380型饲料粉碎机（小型）。在1973年经省定点后，修造厂相继增加了SPZ380型饲料机（中型）、FQ20型饲料机（微型）和QF500型混合饲料机（大型）等系列产品。最高年产量达1200台左右，在扬州、盐城及安徽的滁县、天长等市、县农机公司销售。1970年，修造厂增加了C620、C6136车床的生产，最高年产量达72台，后随着1978年机械产品转向而停产。1971年，修造厂生产了手揿吸泥泵。1978年，修造厂开始生产木、铝制教具等。1981年，在天津有机化工实验厂的大力支持下，修造厂新上了化工产品醇溶胶，与临泽铝箔纸厂的真空镀铝纸配套。至1984年，修造厂年产醇溶胶160吨。当年，为了适应市场需要，修造厂开始生产自动打火煤气灶。

1984 年临泽农机修造厂设备拥有量一览表

表 79　　单位:台(套)

名称	车床	刨床	铣床	钻床	冲床 80 吨	带锯	空气锤	冲天炉 1 吨	发电机 80 千瓦	锅炉 0.5 吨	反应釜	冷凝器	沙磨机
数量	22	4	2	2	1	1	6	1	2	1	1	1	1

1964 年前,工厂产值一直在 10 万元以内。从 1971 年后,工厂产值、利润大幅度上升。到 1977 年底,工厂人员增加到 231 人,产值上升到 76.72 万元,利润为 9.23 万元。1978 年后,工厂产值逐年下降。到 1983 年底,工厂产值一直徘徊在 50 万元左右。1984 年,随着醇溶胶的大批量投产,同时机械行业有所回升,工厂产值上升到 95.57 万元,劳动生产率 4363 元,比 1983 年增长 105.39%;实现利润 3.25 万元,比 1983 年上升 117%。

1984 年 12 月,修造厂为县企业整顿合格单位。

送桥农机修造厂

送桥农机修造厂前身是建于 1955 年 6 月的农具生产合作社,当时主要手工生产中小型农具,有职工 59 人。

20 世纪 60 年代初期,工厂开始搞简单的农业机械维修和小型铸造业,实现年产值 10 多万元。70 年代以后,在铁、木、竹生产的基础上,修造厂先后增添了 6 吋、8 吋农用水泵,65kg、40kg 空气锤及塑料制品、建筑钢模等产品。1983 年,修造厂创产值 40.1 万元。1984 年,修造厂创产值 80.2 万元,比 1983 年翻了一番;利润 3.17 万元。当年,工厂拥有大小机械设备 80 台,固定资产达 28.87 万元,占地 13.8 亩。

高邮县服装三厂

高邮县服装三厂前身是临泽服装缝纫合作组,成立于 1955 年 12 月。当时共有 14 家缝纫户计 32 人参加,每人自带剪刀、案板和缝纫机,主要进行门市加工。1959 年,合作组改为临泽服装生产合作社。1960 年,合作社与临泽针织厂、编织厂合并,后又转化小组、分点营业。1961 年,各小组解散,1963 年又重新组合。1966 年前后,工人不能正常上班,经济效益得不到提高。1968 年以后,工厂改为服装塑料厂,主要产品有人革围裙、塑料凉鞋、塑料手套、塑料饭单等简单的塑料制品。1973 年,工厂开始从镇江、上海及浙江等地搞批发加工,小批量内销服装。1978 年后,工厂承接了外贸出口任务,产品远销美国、英国、日本、加拿大、黎巴嫩等 20 多个国家和地区。1983 年,工厂经县主管部门批准为现名。

临泽服装厂生产车间

至 1984 年,工厂外贸产品有套装、连衣裙、军服等,分低档、中档毛呢制品,年产值 120.33 万元,利润 2.21 万元,有职工 172 人。

表 80

1986 年高邮县服装三厂设备拥有情况表

主要设备名称	台(套)	产地
发电机组	2	江都
中速平缝机	130	上海
三线晃边机	17	上海
四线晃边机	4	上海
飞马五线机	8	日本
平头锁眼机	3	日本
钉扣机	2	上海
马王带机	1	日本
套节机	2	日本
四针机	1	日本
双针棚缝机	1	日本
吊瓶熨斗	10	日本
撬边机	2	日本
平型压领机	1	上海
圈领机	1	上海
上下盘压领机	1	上海
领角定型机	1	上海
电剪机	12	大连
空压机	1	福州
双柱冲床	4	江都

横泾农机具修造厂

横泾农机具修造厂始建于 1958 年 7 月，原名高邮县横泾农具厂，厂址在横泾公社三郎庙河西。1960 年，农具厂随所在公社和司徒公社合并到司徒农具厂；直至 1962 年 4 月，随公社重新划分而划分，将厂址迁至三郎庙河南农业中学内，后迁至三郎庙西头新建。1970 年，因横泾河拓宽，农具厂又拆迁到原址重建。1964 年，农具厂曾改名高邮县横泾农具生产合作社。1973 年，农具厂定为现名。

建厂初期，农具厂以手工生产铁、木、竹小农具为主。此后又增添了篾业、外贸柳器等，并陆续添置各种机床设备。1974 年，农具厂开始向农机方面转产，搞了 S195 调速杠杆机油泵转子。1977 年，农具厂发展翻砂，先后生产了进排气门座、储油罐、人字防滑轮等。1981 年起，农具厂增设高邮县纺织机械厂，主要生产 1511 布机龙头。

1984 年底，工厂经县企业整顿领导小组验收为县企业整顿合格单位。

表 81

几个年份横泾农机具修造厂基本情况表

指标	单位	年份						
		1958	1970	1976	1981	1982	1983	1984
产值	万元	2.7	3.6	11	45.6	70.2	74.8	90.6
利润	万元	0.2	0.01	1.9	4.5	6.7	5.7	7.4
劳动生产率	元	914	848	1267	4796	6752	7052	7428
职工人数	人	29	42	87	95	104	106	122

设备名称	车床	刨床	冲床	铣床	磨床	钻床	电焊机	锻锤	整形机	带锯
1984 年拥有量(台)	7	2	2	2	2	2	10	1	2	1

周山农机具修造厂

周山农机具修造厂原是由四个乡(四美乡吴堡、广福乡纪庄、志光乡晏河、龙华乡杨庙)的铁、木生产组于 1958 年 8 月合并到杨庙的,定名为周山农具厂。当时,农具厂有职工 90 人左右。1962 年,农具厂划归县手工业管理局后,改名为周山农具生产合作社。1974 年,收回县工业局管理时,农具厂改为现名。1981 年和 1984 年,农具厂又分别增加两个厂名:周山电器厂和高邮县灯具厂。

建厂初期,主要以生产铁木竹中小农具为主,同时生产一些生活必需品。1969 年后,农具厂分别增添了柳制品、农用机械、塑料机械等产品。至 20 世纪 80 年代,农具厂开始主攻各类电器产品。1981 年,农具厂开始生产的镇流器,多次在全省质量检查评比中夺魁。1984 年,全厂年产 7.35 万只,仍供不应求。1969 年之前,农具厂全是手工操作。1970 年后,农具厂除自制跳板锤、台钻、带锯、大头车及大钻床、车床外,并陆续购置了各类机床、发电机组及其他设备。至 1984 年,全厂职工发展到 162 人,实现年产值 72 万元。

表 82

周山农机具修造厂产品更新、淘汰情况表

产品名称	开始生产年份	停产年份	产品名称	开始生产年份	停产年份
柳制品	1969	1974	塑料制品	1974	1978
钢锉	1969	1974	保险箱	1978	—
带锯	1971	1975	车床	1979	1979
脱粒机	1971	1975	电风扇	1981	1981
粉碎机	1971	1975	镇流器	1981	—
轴承	1973	1984	灯具	1984	—
塑料机械	1973	1976	漆包线	1984	—
中小农具	1958	—	文件橱	1984	—

高邮县农机配件厂

高邮县农机配件厂前身是1958年9月份组建的木业连，地址设在一沟镇上，主要生产木制的单轮盘、四轮盘手推车。1959年初，一沟农具生产合作社正式成立，主要生产中小型铁、木制农具，年产值在10万元以上。1960年起，材料开始由国家计划供应，合作社主要生产风车、脚踏水车和木制插秧机。1962年，合作社又增加了运输船、农用船以及生活用品等产品，均靠手工操作。

1971年春，厂址迁至红桥镇上，添置了仪表车、小“金陵”等设备，开始生产一些简单的机械产品，如钟表零件、小罗丝等。1972年底，合作社与一沟柳席厂合并，厂名更为一沟公社农机具修造厂，主要生产玻璃氨瓶、包装篓以及柳器外贸产品。1974年后，修造厂陆续增加了厂房和机械设备，发展了以农机配件为主的机械产品，各种管理制度逐步健全。1978年，修造厂开始承担了国家计划产品柴油机冷却泵的生产。当年，厂名改为现名。

至1984年底，全厂有固定资产27.48万元，流动资金48.7万元，主要产品除部属省定点的柴油机配件外，还有各种台套冷却泵和各种中、小型铁、木制农具等。

一沟农机配件厂生产的
FMC27Ω 油膜调速离合器

表83

几个年份高邮县农机配件厂基本情况表

指标		产值	利润	劳动生产率	职工人数
单位		万元	万元	元	人
年份	1970	1.66	-0.2	346	48
	1976	40.13	8.4	2806	143
	1977	70	21.5	4118	170
	1978	90.38	25.78	4243	213
	1979	100.76	20.47	4478	225
	1980	92.73	12.65	4354	213
	1981	73.17	7.03	3535	207
	1982	100.14	6.64	4594	218
	1983	120.19	7.05	5093	236
	1984	141.67	5.07	5978	237

1984 年高邮县农机配件厂设备拥有量一览表

表 84 单位:台(套)

名称	车床	钻床	外园磨	平面磨	龙门刨	牛头刨	液齿机	万能铣	空气锤	冲天炉
数量	13	6	2	1	1	1	2	1	3	1

临泽轮窑厂

临泽轮窑厂起初是 1966 年营建的四座方土窑,容量 7 ~ 8 万青砖左右,兼烧青瓦,厂址在临泽公社耒部大队,占地 20 亩,有职工 36 人。

1977 年,临泽公社在临北大队五队开始筹建轮窑,招收职工 180 余人,后将小窑与之合并,计有职工 260 人。9 月,一座 22 门轮窑正式投产。1981 年,轮窑厂又添建两门,共为 24 门轮窑。1982 年后,轮窑厂陆续添置了铲运机、翻斗车 4 台,大小柴油机 5 台,拨风机 2 台,卡车 1 辆以及地泵、发电机组、锅炉、煤球厂等。轮窑厂先后建起了浴室、理发室、医疗室、商店、食堂等福利设施。1984 年,全厂产砖 1960 万块,产瓦 85 万片,实现产值 112.79 万元,盈利 3.97 万元,有职工 334 人。

临泽油棉厂

临泽油棉厂起初为临泽油厂,租用了农技站的 1.5 亩地,购置了两台 420 型拉榨,加上灌排站原有的两台旧拉榨,单一经营油料加工。当时,油厂有 13 名临时工。1967 年 7 月投产,当年,实现产值 2.05 万元,盈利 4300 元。

1968 年 5 月 15 日,由于生产业务不断扩大,厂址迁至泰山万桥,新添 420 型拉榨 2 台和 24 马力老明车 1 台,职工发展到 30 人。1971 年,工厂又添置了 95 型烘车 2 台,年加工菜籽 56.3 万斤。1976 年,为改变单一经营的生产状况,工厂兴办了轧花厂,购置了 710 型轧花机 7 台和剥绒机 2 台等,开始承担国家 3000 亩棉田加工任务。1981 年,全厂实现产值 72 万元、利润 4.5 万元,有职工 59 人;年加工皮棉 4500 担,年产短绒 836 担。至 1984 年,全厂年产值达 105.12 万元,利润 6.13 万元。当年,油棉厂占地 19.2 亩,有职工 77 人,固定资产 24.24 万元。

界首柳制品总厂

界首柳制品总厂创办于 1967 年 11 月,附挂三个厂牌,分别为界首油柳厂、界首复合铝箔纸厂、界首饮料厂。

工厂原主要编织柳器农具,1969 年后转为编织柳制工艺品,先后出口西德、美国、丹麦、香港等国家和地区,并兼榨油、烧制砖瓦等。1972 年,工厂添置车床、牛头刨床、钻床以及铁、木工生产小型设备,增办农具厂,并于 1978 年分出。1981 年,工厂增设复合铝

界首油柳厂编织车间工人
在编织外贸出口柳制品

箔纸厂。1982 年,工厂投产生产用于香烟、食品包装的复合铝箔纸。1984 年,工厂又增办饮料厂,主要生产汽酒、汽水、棒冰等。1985 年,工厂产品香蕉汽酒获扬州市标准局优良产品奖。

表 85

1986 年界首柳制品总厂基本情况表

项目	产值(万元)	利润(万元)	从业人员(人)
总厂	130.03	-8.82	363
界首油柳厂	4.66	0.16	201
界首复合铝箔纸厂	52.92	-9.51	67
界首饮料厂	72.45	0.53	95

高邮县花炮厂

高邮县花炮厂原名高邮县车逻公社特平鞭炮厂,由车逻乡特平村办,创办于 1968 年秋,当时有职工 5 人。厂址原在张庄镇上,先后迁移到镇北三圣庵、镇西太记草坊和转水墩。1980 年,工厂扩建至东大河边,产品主要是双响、小鞭等。

1969 年底,工厂曾开办过利用棉布零角料进行加工的回纺厂,因生产不理想而停产。由于出了一起爆炸伤亡事故,1971 年工厂转产服装、立轴等,时隔一年才恢复花炮生产。1980 年,工厂占地面积 34 亩多,改扩了生产区、有药区、危险区和生活区。1984 年,全厂有职工 360 人,实现产值 101.96 万元,创利 6.2 万元。工厂产品销往全国 13 个省市,并通过北京中转到日本、朝鲜等国。

高邮县第二塑料厂

高邮县第二塑料厂原是车逻渔网塑料加工厂,由车逻乡车逻村办,创办于 1969 年。当时有职工 30 人左右,主要进行编织渔网和加工塑料小网包,年产值约 1 万元。

1973 年春,工厂与车逻大队玻璃厂、车逻公社柳器包装厂合并,联名为车逻塑料胶木厂,工人发展到 100 人左右,添置了压机 2 台,挤塑机 1 台,主要产品是人造革皮包、薄膜包装袋、塑料钮扣等。当年,全厂实现产值 21 万元。1976 年下半年,工厂淘汰了柳器加工、塑料钮扣等产品,增添了塑料彩印、有机玻璃钮扣等新产品,并陆续购置和自制了吹塑机、两色印花机、四色凹印机、500 克全自动注射机和 45 克、60 克、125 克的小压机及一些机械加工设备等。1981 年,全厂产值突破 100 万元。1982 年 6 月,工厂改为现名。

至 1984 年,塑料厂共有维修、玻璃、橡胶、吹塑、吸塑、注塑、印花 7 个车间,实现产值 163 万元,创利 19 万元。1974—1984 年,塑料厂累计上缴村 50 多万元,由村兴建了文化中心楼、水泥路面、男女浴室和架设全村的动力照明线路等福利设施。

龙奔砖瓦厂

龙奔砖瓦厂地处原高邮镇东门外,有 20 门轮窑 1 座,4 门土窑 1 座,设车间 4 个,有职工 420 人,400 型砖机 2 台,自动翻模瓦机 1 台。

龙奔砖瓦厂工人在积土

砖瓦厂前身是1958年兴建的高邮第一座小土窑。1970年,正式建厂,投资12万元,建起了全县第一座20门的轮窑。1971年3月,砖瓦厂投产。初期,只有一台徐州砖瓦厂淘汰的400型砖机和一台人工抽模瓦机,生产了10年之久。1980年,砖瓦厂改换了一台新的400型砖机。1983年冬,砖瓦厂又添置了一台400型砖机,对一些老设备进行革新改造,并添置了其他设备,生产以烧红砖为主,包括青瓦、青砖及红瓦。随着城乡人民群众生活水平的不断提高,买红瓦的用户逐渐减少,95%以上的用户需要青瓦。1982年,砖瓦厂淘汰了红瓦生产,并在原两张小窑烧青砖的基础上,扩建了三座连窑和一座小窑,使青大瓦年产量都在100万片左右,青砖达到40万块以上,红砖年产量连续都在2000万块左右。1984年,全厂产值102万元,利润4.2万元。

1982年,砖瓦厂被县政府评为社会主义两个文明建设先进单位。1984年,砖瓦厂被县政府命名为文明生产单位。

高邮县铸造阀门厂

县铸造阀门厂生产的产品

高邮县铸造阀门厂原为菱塘农机修配厂,1970年创办,当时有职工3人。1977年,修配厂更名为高邮县铸钢厂。1983年,铸钢厂改为现名。

办厂初期,工厂主要以加工农机配件为主,兼营生产部分铸铁阀门。1977年,铸钢厂上了铸钢电炉新项目,开始增加中压铸钢、铸不锈钢阀门及铸铁低压阀门的生产。1981年,工厂研制生产了扬谷机,后由于农村实行了分田到户,而使之滞销停产。1982年后,工厂巩固提高了20多种老产品,增加了球阀、止回阀、针形阀、闸阀、蒸空阀等5个新品种,并开发了手摇洗衣机、潜水泵等新项目。至1984年,工厂共生产过18个产品项目200多种规格型号。其中,12个项目品种中的150多种规格型号经久不衰。产品经销上海、福建、广西、云南、浙江、湖北、河南、安徽、山东、山西、陕西、宁夏、辽宁、吉林、黑龙江等17个省、市、自治区。1984年,全厂有职工189人,实现产值100万元,创利5.87万元。

表 86

几个年份高邮县铸造阀门厂基本情况表

指标		产值	利润	劳动生产率	职工人数
单位		万元	万元	元	人
年份	1970	0.15	0.03	—	3
	1976	11.01	1.05	1327	83
	1977	30.49	4.34	2747	111
	1978	25.75	2.04	2182	118
	1979	26.72	2.06	2344	114
	1980	33.49	2	2278	147
	1981	42.58	2.98	2839	150
	1982	57.63	3.65	3817	151
	1983	85.19	4.5	4924	173
	1984	100.23	5.87	5303	189

表 87

1984 年高邮县铸造阀门厂设备拥有量一览表

单位：台（套）

设备名称	车床	钻床	刨床	空气锤	冲床	电炉	空压机	电焊机	带锯	合计
数量	18	5	1	1	2	1	1	1	1	80

三垛布厂

三垛布厂始建于 1970 年 3 月，原名为三垛回纺厂，分回纺布和漂白被胎两个车间，主要生产回纺毛巾和回纺巾，当时共有职工 10 人。1971 年 10 月，工厂增添了 11 台旧的日本产铃木式布机，职工增加到 31 人，产品为 30×30 老土布和 40×40 打包布。1973 年 8 月，随着生产规模的不断扩大，工厂改名为三垛棉织厂，同时分出一个漂棉厂。1977 年 5 月，由于国家重点发展轻工业，工厂开始筹建 272 台布机及锅炉、浆缸一条龙的布厂。1980 年 8 月，项目全部投入生产。这期间，棉织厂与布厂合并，定为现名。布厂先后组织 118 人到上海学习，职工增加到 640 人，主要生产 40×40 打包布、34×34 蚊帐布、14×14 粗布和少量的维棉布。1983 年初，布厂曾因纺织工业市场行情发生急剧的变化，经营计划由原指令性改为市场调节，而使企业几乎处于停产局面。至 1984 年底，企业内部进行了基础性整顿，生产

三垛布厂车间一角

上以销定产，并扩大生产、销售10多个新品种，年产值超过500万元，名列全县乡镇工业之首。

1984年，全厂有职工686人，固定资产149.17万元，占地总面积41亩，主要生产维棉、纯棉、涤棉、中长等白布，实现产值525.88万元。

表88

几个年份三垛布厂基本情况表

指标		产值	利润	固定资产原值	布机拥有量	职工人数
单位		万元	万元	万元	台	人
年份	1970	—	—	—	8	10
	1974	21	0.95	1.93	22	43
	1976	29.76	0.048	2.71	42	101
	1979	90.5	1.76	54.79	144	295
	1980	225.26	8.21	100.74	272	640
	1981	486.4	13.83	114.07	272	790
	1982	495.87	4.39	139.89	272	773
	1983	516.36	8.09	147.94	272	713
	1984	525.88	10.25	149.07	272	686

八桥水泥厂

八桥水泥厂于1975年在原磷肥厂的基础上筹建，当时新建了占地100平方米高12.5米窑房1幢、Ø1.5×8.5米立窑1座，拥有1.2×4.6米托轮球磨机1台，后又自制了1.2×4.6米托轮球磨机1台，添置了250×400颚式破石机2台、40立方米罗茨鼓风机1台，以及其他小型设备。初期，水泥厂化验室检验设备非常简陋，水泥年产能力6000吨。

八桥水泥厂

1977年下半年投产后，水泥厂当年生产1600多吨，产值14.55万元，创利2.22万元。1978年，水泥厂年产5407吨，产值54.09万元，创利3.47万元。1981年，为适应市场需要，水泥厂开始逐渐扩大生产规模。1982年10月，水泥厂建成476平方米的化验室，配齐了分析、控制、物检的全套设备，并经省、市有关部门一次验收合格。1983年，水泥厂建成6只悬库。1984年11月，技改的主体工程机械化立窑建成投产。至1984年底，全厂有职工343人，生产水泥18350吨，产值164.4万元，盈利10.06

万元。建厂10年,水泥厂共产水泥8.2万吨,产值738万元,平均每年递增52%;共实现利润60万元,平均每年递增51%。水泥厂产品质量全部符合国家标准,标号从以325#为主改为以425#为主。

1977—1984年八桥水泥厂基本情况表

表89

指标		产量	产值	利润	百元产值创利	职工人数
单位		吨	万元	万元	元	人
年份	1977	1614	14.55	2.22	15.2	60
	1978	5407	54.09	3.47	6.4	—
	1979	4993	43.20	2.10	4.8	—
	1980	8351	75.71	6.60	8.7	—
	1981	12055	108.50	4.52	4.3	—
	1982	13423	120.58	11.95	9.9	—
	1983	17800	160.20	9.94	6.2	—
	1984	18350	164.40	10.06	6.1	343

高邮县有色金属铸造厂

高邮县有色金属铸造厂是于1976年1月由11户24名下放船民自发组织筹建的,原名高邮县三阳五金翻砂厂。1982年,翻砂厂改名为高邮县武宁金属铸造厂。1984年3月,翻砂厂改为现名,厂址在武宁乡集镇上。

县有色金属铸造厂工人在浇模铸件

建厂初期,主要生产各种铸铁件及来料粗加工。1978年起,工厂为吴县水泥制品厂生产铸铁船桩。1980年开始,工厂生产铝制接扣和铝、铜铸件。1981年后,根据市场的需要,工厂淘汰了铸铁件,专门生产铝制接扣、各种铝制下水口及铝制散热器等产品,并承接各种铜、铝来料加工和生产维塑水带。1984年,全厂有职工204人,实现产值102.38万元,创利12.3万元。

八桥五金电器厂

八桥五金电器厂创办于1976年3月,厂址原在八桥粮油厂东侧。1977年春,工厂迁至八桥乡勤丰村张家队。1984年下半年,由于八桥水泥厂扩建,根据乡政府统一规划,工厂开始动工迁至关河北农机站马家队。

建厂以后,工厂一直是以保险柜为主要产品,期间又增添了五节橱、直通橱、两节橱等板金类产品,主要是手工生产。1977 年,工厂在生产工艺和产品结构上进行了一次改革,当年产值 63.65 万元,创利 17.16 万元。1980 年,围绕减轻重量,工厂以扩大工作室为主要内容,结合提高产品质量,又进行一次改革。1981 年,全厂产值过百万,盈利 16.65 万元。1984 年,全厂有职工 104 人,实现产值 112.89 万元,利润 12.63 万元。

表 90

1976—1984 年八桥五金电器厂基本情况表

指标		产值	利润	劳动生产率	职工人数
单位		万元	万元	万元	人
年份	1976	23.05	3.97	0.58	40
	1977	63.65	17.16	0.97	65
	1978	34.43	6.63	0.53	65
	1979	57.59	13.82	0.89	65
	1980	86.63	10.79	1.29	67
	1981	103.27	16.65	1.54	67
	1982	90.49	17.02	1.33	68
	1983	95.68	14.99	1.40	70
	1984	112.89	12.63	1.20	104

天山红星塑料制品厂

天山红星塑料制品厂由天山乡南茶村办,创建于 1977 年。当初,工厂只有生产流动资金 150 元,借用破草房 1 间,缝纫机 4 台,职工 7 人。工厂生产一种简单的条格轻便包,主要销往各基层供销社。

至 1984 年,全厂职工发展到 815 人,拥有缝纫设备 409 台(套),产品有旅行包、羊皮茄克衫、旅游鞋等 230 多种,畅销全国 25 个省、市、自治区 200 多个百货站和商场。1984 年,全厂实现产值 507 万元,比 1977 年翻了 7 番;利润 14.05 万元。1980—1984 年,工厂上缴国家税金 77.55 万元。

表 91

1977—1984 年天山红星塑料制品厂基本情况表

指标	单位	年份							
		1977	1978	1979	1980	1981	1982	1983	1984
产值	万元	3	15	30	58	110	191	413	507
利润	万元	0.28	1	5.2	11.4	17.7	25	63.87	14.05
劳动生产率	元	4286	8333	3750	5272	4400	5805	6737	6221
职工人数	人	7	18	80	110	250	329	613	815

三垛纱厂

三垛纱厂位于三垛镇东，于1978年5月建厂投产。当时，工厂有职工21人，其中有在上海国棉二厂培训的13名挡车工、保养工，还聘请了8名上海的师傅。工厂有细纱400锭，主要用低级棉花6级、7级、8级配比纺－10S棉纱、织打包布；当年实现产值15.3万元，盈利2.6万元。

1980年，纱厂生产有了较快的发展，细纱增加到1200锭，实现年产值53.7万元，利润达13.5万元。1983年底，由于纺织品降价后，整个纺织行业受到影响，纱厂虽发展纱锭1600锭，但产值只有51.2万元，利润6.9万元。1984年，工厂产值开始有所回升。由于生产的产品质量一直较好，经济效益居同行业首位。至1984年底，纱厂共上缴国家税金34.1万元。

表92

1978—1984年三垛纱厂基本情况表

指标		产值	利润	纱锭拥有量	劳动生产率	职工人数
单位		万元	万元	锭	元	人
年份	1978	15.3	2.6	400	2040	75
	1979	30.8	6.32	800	3080	100
	1980	53.7	13.5	1200	3970	135
	1981	58.7	15.2	1200	4192	140
	1982	58.7	11.95	1600	3913	150
	1983	51.2	6.9	1600	3261	157
	1984	61.01	5.8	1600	3885	157

高邮县汽酒厂

高邮县汽酒厂的厂址在临泽镇中大街，前身是原临泽日用品厂，主要生产蜡烛、扫帚等。1980年，由于日用品原料来源不足，而且产品销路不畅，企业濒临关闭。工厂另辟生产途径，新上了汽酒，主要是桔子汽酒和小香槟，兼营日用品。1981年，工厂增设临泽汽水厂。1983年，工厂改为现名。

临泽汽酒厂工人在生产

自1981年生产汽酒以来，车间实行两条流水线作业，日产量为3～4万瓶，产品贮藏期平均比其他汽酒长达一倍。产品畅销大运河沿岸及里下河一带，包括盐城、阜宁、扬州、淮阴、泗阳、南京等十几个县市。销售额逐年递增，1982年比1981年翻两番，1983

年又比1982年增一倍,1984年比1981年增长了14倍。1984年,年产值超过300万元,4年上缴税利55万元,获得利润45万元。

1984年,汽酒厂分别荣获县委、县政府授予的“先进生产单位”奖牌。

高邮县针织内衣厂

高邮县针织内衣厂原名高邮县八桥针织厂,建于1980年。1984年1月,针织厂改为现名。

建厂初期,针织厂有职工42人,拥有36寸6N横机20台,36寸9N横机2台,主要生产腈纶针织绒内衣和围巾。1982年,针织厂新添了211型棉毛机,增加生产棉针织内衣,品种有抽条半高领女雪花衫、抽条女雪花裤及各式棉毛衫、棉毛裤、毛巾衫、运动衫、运动裤等,生产执行国家标准和部颁标准,产品销往安徽蚌埠、芜湖和山东聊城等地。1984年10月,工厂投资45万元,扩建染色车间。当年底,全厂有职工178人,年产量达37.11万件,实现产值128.43万元。

1984年,针织内衣厂被评为县先进企业。

八桥针织厂工人在操作

表93

1980—1984年高邮县针织内衣厂基本情况表

指标	单位	年份				
		1980	1981	1982	1983	1984
产量	万件	2.10	9.71	10.32	11.83	37.11
产值	万元	16.84	60.22	57.95	67.15	128.43
利润	万元	0.73	4.84	2.36	2.87	4.27
职工人数	人	42	84	91	95	178

高邮县第二家具厂

高邮县第二家具厂原名高邮县八桥钢木家具厂。1984年9月,家具厂与八桥农机修造厂合为一家,改为现名,厂址在八桥镇东。

1982年1月投产,家具厂生产木板座垫折椅。1983年,家具厂生产S簧折椅。1984年,家具厂生产电镀烤漆各式折椅、烤漆文件橱以及农机具修理。当年,全厂有职工95人,年产值111.32万元,比1983年增长45%,比1982年增长84%;利润7.94万元,比1983年增长125%,比1982年增长88倍。

表 94

1984 年高邮乡镇工业年产值 50 万元以上企业主要经济指标情况表

单位：万元、人、元

名称	产值	利润	税金	固定资产原值	职工人数	劳动生产率
合计	9341.23	306.24	523.93	2600.43	17161	—
车逻农机修造厂	201.88	6.80	13.33	45.38	283	8240
车逻农配厂	56.80	0.31	2.03	30.98	168	2989
车逻蓄电池厂	57.52	1.06	2.86	14.30	78	7568
高邮第二塑料厂	163.11	7.04	16.19	61.95	281	6041
湖滨农具厂	75.80	5.64	1.43	51.41	138	5615
武安农具厂	52.01	4.96	2.44	18.82	152	4334
高邮农配二厂	84.00	14.09	0.36	51.54	175	5250
高邮平板玻璃厂	239.02	14.14	28.12	72.11	238	10171
武安砖瓦厂	102.65	5.95	10.88	29.46	350	3160
高邮县第二鞋厂	84.58	1.66	—	20.31	165	5639
龙奔砖瓦厂	102.21	1.86	8.93	68.92	396	2621
高邮金属拉丝厂	68.10	0.23	6.51	12.05	76	8960
高邮饮料厂	120.35	2.59	13.25	18.18	102	11798
一沟砖瓦厂	87.44	—	8.48	29.40	377	2363
高邮农配厂	141.49	7.13	0.05	54.82	238	5978
高邮第三塑料厂	93.48	0.89	3.28	23.94	155	6031
高邮油毡厂	58.31	-0.07	3.27	5.56	43	13560
高邮县冶炼厂	171.27	2.42	8.25	52.18	210	8156
东风针织厂	82.13	0.07	4.58	18.12	251	3422
东风农具厂	82.72	0.03	1.31	26.96	160	5170
伯勤砖瓦厂	82.00	2.73	6.89	40.15	300	2435
甸垛砖瓦厂	88.89	6.48	7.43	32.64	322	2760
高邮县轧钢厂	130.39	3.59	7.31	38.31	149	8750
汉留农机具厂	53.11	0.28	1.61	21.83	174	3052
沙堰农机具厂	79.40	0.62	2.29	18.87	205	3950
八桥五金电器厂	112.89	8.55	8.41	11.51	104	12009
高邮第二水泥厂	164.70	7.33	9.61	139.95	343	4830
八桥蓄电池厂	161.47	4.17	7.05	13.52	89	19223
高邮县针织内衣厂	128.43	3.33	8.54	22.10	173	8286
高邮第二家具厂	111.32	4.57	5.61	20.23	129	12507

续表 94

名称	产值	利润	税金	固定资产原值	职工人数	劳动生产率
三垛砖瓦厂	60.35	1.62	6.21	25.93	195	2900
高邮县电杆厂	55.78	1.70	4.19	18.40	103	6400
高邮县农机修造厂	136.10	5.28	4.73	80.17	222	6200
三垛纱厂	61.01	0.90	1.89	31.58	161	3900
三垛布厂	525.88	—	13.66	149.07	686	7500
高邮铸造厂	102.38	11.35	3.19	24.90	198	7159
武宁蛋品厂	57.72	-2.10	1.10	2.89	59	9783
司徒砖瓦厂	70.93	0.21	7.03	31.12	254	2900
横泾农机具厂	90.33	4.42	3.74	19.67	122	7404
横泾机械厂	80.26	2.44	3.97	35.60	130	6688
横泾针织厂	53.51	0.75	3.89	16.00	125	4281
甘垛化纤厂	52.93	0.10	1.79	24.97	130	4072
甘垛皮毛厂	52.02	0.08	2.96	8.66	109	5100
平胜砖瓦厂	70.34	2.72	5.98	39.47	221	3150
界首皮件厂	53.07	1.05	2.24	5.03	74	7170
界首铝箔纸厂	155.54	2.63	7.77	11.45	54	2880
界首农机修造厂	61.58	1.24	2.44	29.44	203	2003
营南农机具厂	65.60	1.49	2.38	14.32	127	5600
临泽农机修造厂	95.57	0.06	0.77	33.67	214	4364
高邮第三服装厂	120.33	2.21	6.16	16.58	172	7078
临泽油棉厂	105.15	2.39	1.86	24.65	110	10402
临泽砖瓦厂	112.79	3.97	10.72	48.42	334	3367
高邮铝箔纸厂	288.00	18.09	12.10	57.00	80	38400
临泽粮食食品厂	50.03	—	—	14.49	39	12828
高邮县汽酒厂	304.12	5.85	21.29	7.91	115	30412
临泽食品一厂	58.44	-0.68	—	3.36	91	8117
周山农机具厂	72.05	—	3.38	11.29	170	4448
高邮县纤维布厂	60.90	0.69	2.98	5.70	108	6090
周山轮窑厂	78.76	-1.34	6.50	34.73	334	2358
周巷轮窑厂	80.00	0.28	5.35	45.06	305	2623
高邮县内燃机配件厂	55.03	0.23	1.10	15.31	105	5500

续表 94

名称	产值	利润	税金	固定资产原值	职工人数	劳动生产率
高邮县橡胶厂	58.90	—	4.42	11.11	117	5000
川青砖瓦厂	95.89	0.09	3.27	42.58	392	2400
川青粮食加工厂	54.29	—	0.04	10.67	54	10900
川青小葛窑厂	56.97	0.24	4.88	31.24	242	2100
送桥轮窑厂	155.79	—	16.37	68.29	600	2795
送桥农机修造厂	80.20	3.64	0.80	15.34	142	6169
送桥潜水泵厂	63.00	3.42	1.15	16.57	70	10161
送桥塑料厂	102.00	4.48	5.60	7.70	168	6145
天山砖瓦厂	87.72	—	9.83	33.35	400	2308
扬州市光华皮件厂	119.42	4.25	6.69	7.49	149	1161
天山机械厂	65.86	3.48	3.76	18.11	93	8131
菱塘砖瓦厂	129.17	0.53	12.02	64.90	524	2250
高邮县铸钢阀门厂	100.23	0.80	2.09	32.57	204	5140
车逻师伙柴油机配件厂	70.68	9.46	3.27	19.25	112	6310
车逻保丰内燃机配件厂	52.85	4.83	7.38	14.44	96	6525
高邮花炮厂	101.96	6.20	17.11	17.53	360	2832
高邮粉末冶金厂	61.15	5.22	3.63	21.02	185	3305
车逻马元冶炼厂	89.84	1.77	2.27	10.61	68	13612
八桥洪桥蓄电池厂	66.80	2.80	1.34	25.00	52	12850
八桥勤丰五金厂	51.84	3.66	1.86	10.59	163	3180
八桥李庄五金厂	56.43	3.12	2.77	30.58	136	4150
临泽饮料厂	79.07	3.40	4.28	10.15	80	9883
高邮县第二皮件橡胶厂	90.20	4.30	6.56	14.50	187	4820
天山南茶塑料厂	507.00	14.05	23.74	28.49	815	7091
高邮县照明电器厂	240.00	15.02	21.06	52.84	213	11268
高邮县电热电器厂	180.00	25.40	6.07	33.17	165	1090

20世纪90年代前后重点企业例举

高邮县农机配件二厂

高邮县农机配件二厂由原武安乡办,始建于1975年5月16日,系国家机械电子工业部和省机械工业厅定点生产农机配件的专业厂。

县农机配件二厂大门

农机配件二厂前身是由城东农具厂分出的“城东五金机械厂”，原址在高邮武安乡文游村大桥组。建厂初期，全厂仅有职工34人，固定资产不足3000元；主要生产布机小配件，年产值只有4.9万元。1977年，工厂改名为城东农机配件厂，转产农机配件。1978年，工厂改为现名，厂址迁徙高邮县城通湖路122号。1981年，工厂开始转产东风-12型花键轴及壳轴，拥有车、钻、铣、镗、空气锤、微电脑等50多台(套)设备。1986年，工厂增挂常州拖拉机厂四分厂厂牌。

工厂主要产品有东风-12型、61型手拖花键轴，380、480、295、495农用汽车配套的柴油发动机冷却泵、机油泵和7YL-500B型农用三轮车后桥总成。产品销往全国28个省、市180多家农机、汽配公司，并为常州等11家主机厂配套，主产品东风-12型花键轴随常州拖拉机厂主机远销泰国、印度、孟加拉国、斯里兰卡、秘鲁、缅甸等国家。1990年，全厂有职工410人，固定资产260万元，实现产值800万元，创利40万元。

1983年、1984年，工厂连续被县政府授于“质量管理先进单位”的称号。工厂为扬州市文明单位、二级先进企业、“重合同、守信用”企业。

表95

1986年高邮县农机配件二厂设备一览表

名称	车床	铣床	磨床	刨床	钻床	锯床	微电脑	硬度计	热电炉	高频设备	计量设备	空气锤	晒图机	混砂机	金相化验仪
单位	台	台	台	台	台	台	台	台	台	套	套	台	台	台	台
数量	19	14	13	1	6	2	2	2	6	1	1	1	1	1	1

高邮第二蓄电池厂

高邮第二蓄电池厂由八桥镇办，原名八桥蓄电池厂，创建于1977年6月。1981年7月，八桥蓄电池厂改为现名。

1978年2月工厂投产，主要生产车用蓄电池Q型极片。1981年7月，工厂研制生产M12型、M14型摩托车用蓄电池极片。1989年，工厂主要生产起动用铅酸蓄电池系列产品以及为各用户单位相配套的各种型号的蓄电池极板。当年，全厂有职工165人，固定资产净值68.4万元，实现产值703万元，利税130万元。1990年，产品生产技术通过市级鉴定；三级计量经扬州市验收合格；企业管理达到省七项基础标准，并验收合格；产品按国际国内先进标准生产，并经市验收合格；被扬州市评为优质产品；在江苏省同行业评比中各项指标名列第一。

1989年，第二蓄电池厂被评为扬州市二级先进企业。

高邮第二橡胶厂

扬州光华皮件厂生产的皮革箱

高邮第二橡胶厂由临泽镇合兴村办，创建于1976年。

工厂主要生产运动鞋、橡胶制品、各色修面革，运动鞋出口前苏联、奥地利等东欧国家。“七五”期间，工厂开发新品近20种。其中，全应力高弹性全皮运动鞋通过省级鉴定，达到和超过国内同行业先进水平。1990年，全厂有职工450多人，固定资产净值180万元，实现产值1073万元、利税85万元，出口创汇130万美元。

1989年，第二橡胶厂获得扬州市二级先进企业称号。

扬州市光华皮件总厂

扬州市光华皮件总厂由天山镇办，原为天山人革制品厂，是1981年9月从天山机械厂分出的一个厂，厂址在天山东墩坎，设有5个分厂。

天山机械厂生产的卷扬机曾一度滞销，工厂根据市场行情，迅速组成一个车间开始生产人革箱。由于工厂生产的人革箱制作美观，质量较好，产品销路很广。自1983年起，工厂又增添了多规格的仪器包装箱等新品种。1984年，工厂产值从1983年的49.81万元，一下猛增到119.42万元；利润从2.98万元，上升到5.95万元；职工从建厂时的8人增加到107人。1987年后，工厂引进日本、台湾箱包生产线，年产各种规格的箱包近100万只，成为省箱包行业中品种最多、规格齐全、规模较大的企业之一，产品有航空模压箱、家用方箱、公文箱、ABS塑胶箱、旅行软箱、仪器仪表包装箱、服装、化妆品及各种包袋等。产品销往全国28个省、市的100多家仪器仪表、乐器厂和200多家大型商场，并远销欧美、东南亚等国家。至1990年，全厂有职工820名，固定资产净值275万元，产值连续两年达1500万元以上，年利润近100万元。

1990年，光华皮件总厂被评为扬州市二级先进企业，并连续4年被评为扬州市明星企业。

伯勤仿古陶瓷厂工人在生产

高邮县仿古陶瓷厂

高邮县仿古陶瓷厂为工贸合营企业，由原伯勤乡张曹村办，创办于1983年，为省陶瓷出口的重点企业。

陶瓷厂主要仿制明、清年代的花瓶、花盆、坛、罐、凉凳、莲子缸等6个系列近200个品种，兼产釉面砖瓷壁画等现代陈设瓷产品，年产各类陶瓷6万多件。1986年，陶瓷厂产品出口。1988年与省陶瓷出口公司、县外贸公司实行工贸联营。1990 年,全厂实现产值 216 万元、利税 25 万元,产品远销日本、新加坡、澳大利亚、瑞典、美国及香港等 30 多个国家和地区。

表 96

1983—1986 年高邮县仿古陶瓷厂基本情况表

年份	产值(万元)	利润(万元)	劳动生产率(元/人)	职工人数(人)
1983	1	-1.2	400	24
1984	4	-1	1300	32
1985	11	2.4	2900	38
1986	19.3	2.1	4000	48

高邮县轻工配件厂

高邮县轻工配件厂由原武安乡办,创建于 1986 年,曾用名高邮真空镀膜厂。

1986 年 2 月,镀膜厂在乡农具厂分离出来的弹簧、冲压两个车间的基础上创建,资产不足 2 万元,主要生产自行车配件。镀膜厂采取租借厂房、个人集资等方式,生产迅速运转,托架螺母和车把弹簧两种产品很快打入国内市场。1987 年 4 月,工厂投资 50 万元,新上香烟包装所用的铝箔生产线,开发了铝箔纸新产品。1988 年,工厂上了铝箔纸第二条生产线,产品销往南京、徐州、淮阴和广西、湖南等地。1989 年,"少游"牌铝箔纸获扬州市优质产品称号。当年,产值达 1013 万元,利润 75.3 万元,比 1988 年分别增长 68.8% 和 31.2%。1990 年,在市场严重疲软的形势下,轻工配件厂年产值仍达 1032 万元,利润 48.73 万元。

1990 年 5 月,轻工配件厂荣获"扬州市明星企业"称号。

高邮强力不锈钢标准件厂

市强力不锈钢标准件厂冷镦车间

高邮强力不锈钢标准件厂的前身为高邮师伙柴油机配件厂,由车逻镇师伙村办,创建于 1985 年。

工厂占地 15 亩,拥有标准化厂房 8 幢、办公楼 1 幢、运输车 6 辆、大小冷镦机 6 台、交电机组 2 台,有生产工人 500 名;主要生产与大型电器化铁路、石油化工机械以及家用电器配套的各类系列不锈钢标准件,有 60 多个品种 2550 个规格。1991 年,工厂与香港百事通公司联营,投入技改资金 300 多万元,聘请专家教授首创冷作硬化新工艺,填补了国内同行业的空白,产品质量达到同类进口产品的要求。

扬州琼花环保工程设备有限公司

扬州琼花环保工程设备有限公司为中外合资企业,前身为汉留农机具修造厂,由原汉留乡办,是高邮市首家兴办的中外合资企业,也是全国环保行业首家兴办的合资企业。

公司主要产品有五大类200多个品种。其中,BCO型系列有机气体催化净化装置为荣誉产品,采用IEC439标准制造,具有自控程度高、结构紧凑合理、操作简便等优点,综合技术指标达20世纪90年代国际先进水平,销售遍及全国各地,还销往东南亚国家和地区,出口量全国同行业第一。1990年,此技术获国家科技进步奖;1991年,获国家质量银质奖。到1992年,公司占地2.3万平方米,固定资产和流动资金200多万美元,拥有国际先进的检测仪器和计量器具,400名员工中科技工作者占10%以上。

公司连续8年获国家工商局"重合同、守信用"企业称号;1990年,被省政府授予"江苏省明星企业"称号。

扬州琼花环保工程设备有限公司
生产的产品

高邮市照明电器厂

高邮市照明电器厂由郭集镇盘塘村办,创建于1976年。

厂区面积3.6万平方米,拥有固定资产530万元,自有流动资金300万元。职工540名,其中,各级技术人员42名,还外聘了5名专家、教授和4名兼职科技人员。工厂主要生产高压汞钠灯镇流器、道路照明灯具和铝箔纸三大类产品,主产品销往全国28个省、市、自治区,拥有600多家用户。

1985年起,工厂推行全面质量管理。1990年,工厂实现产值1040万元,利税80万元。工厂生产的"文游牌"道路照明灯具,有4个系列12个规格近百个品种。灯具反射器采用纯铝电解抛光处理,灯罩为各色高透明度耐压有机玻璃制成,灯杆是用镀锌无缝钢管制作,造型别致、美观,极具时代气息。1991年,此产品获省优产品称号。1992年,在复旦大学蔡祖泉教授的参与指导下,工

市照明电器厂厂景

厂投资1400万元,与美国桑德迪·格麦斯有限公司合资经营扬州高龙照明电气有限公司,开发了高压钠灯系列产品,年生产能力达50万支。

照明电器厂为扬州市二级先进企业、明星企业。

高邮市铝箔纸厂

高邮市铝箔纸厂原为临泽铝箔纸厂,由临泽镇办,创建于1980年。铝箔纸厂是国内较早生产真空镀铝纸的厂家之一,也是省唯一定点生产真空镀铝纸的专业厂家。

原厂址设在临泽镇临川大桥东侧,有职工51人。1980年11月11日,铝箔纸试产成功,为当时省轻工业填补了一项空白。1981年,工厂开始批量投产,日产量只有0.5吨。1981年8月24日,为使县造纸厂生产的原纸与生产铝箔纸配套,扩大生产能力,工厂与县造纸厂签订了联合生产经营的协议书,厂址迁至县造纸厂,更名为高邮县造纸厂铝箔纸分厂。1982年,由于铝纸进口量增加,卷烟调价,铝箔纸开始饱和,销售价格逐渐下降,从每吨10500元降到8000元,工厂销售基本停滞。1983年4月,在中国烟草公司召开的卷烟用镀铝纸部颁标准审定会上,产品质量全部通过轻工部统一测定,各项质量指标优于同行业的水平。1984年,产品合格率达96%。其中,生产的"珠光"牌真空镀铝纸,1987年、1988年度分别荣获扬州市、省、部优产品称号。产品销往全国50多家卷烟厂,占全国烟厂的三分之一。1990年后,工厂又研制出转移复合铝箔纸。产品广泛应用于商标、烟盒、酒盒、化妆品盒等高档礼品盒的印制,纸面的光泽度和平滑度等主要指标接近和达到国际先进水平。1992年,全厂有职工295人,拥有固定资产550万元,实现产值1200万元。

铝箔纸厂先后获扬州市、省"明星企业"、省级"先进企业"称号。

扬州市健饮蜂乳食品厂

扬州市健饮蜂乳食品厂由送桥镇办,创建于1983年,是从事蜂乳制品生产的专业厂家,主要有麦乳精、蜂蜜、人参蜂王浆、鲜王浆、含锌蜂乳等40多个系列的中高档产品。

食品厂先后特聘南京大学、浙江医科大学营养学教授到厂指导,开发新品。1991年,食品厂生产的含锌蜂乳在首届上海药食械研讨会上被评为金奖,又获上海蔡同德金杯,并申报了国家专利。其中,含锌蜂乳和含锌蜂蜜还分别获得中国优质保健产品金奖和银奖;1992年,又双双获得中国优质保健产品金奖。产品除畅销国内各大中城市,还通过南京、上海、太原、青岛等外贸口岸出口到马来西亚、新加坡、韩国等国家和地区。

1992年,食品厂同由美国、加拿大合资的台湾拉拉股份有限公司签订合资合同,厂名改为中外合资扬州营养保健品有限公司。当年,工厂占地1.5万平方米,拥有职工410人。其中,各类高、中、初级技术人员52人。全厂固定资产350万元,自有流动资金100多万元,年总产值1500多万元。其中,出口310万元,年创利税120万元。

健饮蜂乳食品厂为扬州市二级先进企业和明星企业。

天山南茶运动鞋厂

天山南茶运动鞋厂由天山镇南茶村办,创建于1985年。

鞋厂生产产品有三大系列100多个品种。自1989年开始,产品打入国际市场,深受外国和港澳台客商欢迎。1992年,鞋厂通过江苏口岸出口的成品鞋为总产量的60%以上。其中,雪地鞋、运动鞋在俄罗斯、捷克等国家尤为抢手,台湾TMC公司一次订购硫化鞋60万双。同时,鞋厂注重大陆市场开发,在几个大城市设立了销售专柜,形成以工厂为中心、辐射全国的局面。1989年,鞋厂生产的雪地鞋获“省优”称号。1990年,旅游鞋又获“省优”称号。1992年,鞋厂日产量8000多双,全年实现产值1800万元。

扬州天高旅游用品有限公司

扬州天高旅游用品有限公司于1992年5月由香港立新行股份有限公司与临泽维扬运动鞋厂共同投资兴办。原为临泽维扬运动鞋厂,由临泽镇办。

公司有员工360人,固定资产320万元,拥有引进国内外先进的制鞋设备,生产流水线8条,针车6000余台,各种制鞋专用设备400多台(套)。公司主要产品有运动鞋、休闲鞋、全胶鞋、登山鞋、防寒鞋等四大系列100多个品种,产品供不应求。其中,80%的产品销往俄罗斯、德国、日本、捷克、斯洛伐克及香港等国家和地区。公司在上海、扬州设有经营服务窗口,年产量达40万双,年产值1000万元。

高邮市钢瓶厂

高邮市钢瓶厂由界首镇办,曾用名高邮市阀门厂,前身为界首农机修造厂,创建于1954年。钢瓶厂是部属生产压力容器产品的定点厂家,中国建设机械协会液化石油气钢瓶专业委员会会员单位,扬州市“文明单位”“明星企业”“二级企业”“重合同、守信用”企业。

钢瓶厂拥有大中型先进的生产、检测设备100多台(套),有一套完整的质量保证体系。钢瓶厂主要产品分为两大系列:一是液化石油气钢瓶,系列产品有“常乐牌”YSP-2.5型、YSP-5型、YSP-10型、YSP-15型、YSP-50型等,年产达40多万只;另一系列产品是煤油汽化炉、分气缸、冷却器、储气罐、搪玻璃反应罐以及各种非标压力容器等。产品销往全国24个省市,有300多个长期销售点。同时,工厂还对外承接各种特殊要求的压力容器制造业务,生产的YSP-15型液化石油气钢瓶荣获“省优产品”称号。

钢瓶厂占地3.35万平方米,建筑面积1.05万平方米,有450多名职工,工程技术人员占15%以上。工厂拥有固定资产500多万元,自有流动资金500多万元。1993年,工厂实现产值6600万元,销售7130万元,利税700万元,经济效益居全市乡镇工业之首。

高邮市通用过滤机厂

高邮市通用过滤机厂由横泾镇办,创建于1970年,是国家机械电子工业部、省机械厅生产分离机械设备专业厂,全国最大的专业生产系列分离机械设备的重点企业,系中国分离机械行业协会会员、中国食品工业协会啤酒专业协会会员,省高新技术企业、“重合同、守信用”企业,扬州市文明单位。过滤机厂与机械部合肥通用机械研究所长期技术合作,主要从事啤酒、饮料行业专业设备的研究、设计和制造。

过滤机厂占地面积1.83万平方米,有职工320人。其中,各类专业技术人员35人。工厂固定资产320万元,自有流动资金224万元,拥

横泾机械厂生产的JS81-11160电孵机

有车、刨、铣、磨、冲、剪、镗等先进设备74台(套)。工厂配有理化室、计量室、质检室等质量保证体系和售后服务部,主要生产"邮达"牌EYCCL-NA系列立式加压过滤机、BASB/600-N系列硅藻土板框式过滤机、TYT/HY系列高浓稀释机、HS系列二氧化碳回收装置、SFS系列麦芽湿式粉碎机、AF系列自动反冲洗过滤机、RSB3020系列热收缩膜包装机、CJHS系列残酒回收机等。其中包括国家级新产品2项,省高新技术产品2项。产品畅销全国20个省、市、自治区,并多次荣获机械工业部科技进步奖,省优秀新产品"金牛奖",中国高新技术、新产品博览会金奖。1993年,全厂实现产值4100万元、销售3600万元、利税463万元。

高邮市轧钢厂

高邮市轧钢厂由原甸垛乡办,原名高邮县汉留异型轧钢厂。1977年8月,轧钢厂开始筹建;1979年4月23日,正式投产。1982年,汉留异形轧钢厂改名为高邮县轧钢厂,厂址设在甸垛镇上,是上海第三钢铁厂、新沪钢厂集团的成员厂。1993年10月,工厂曾与市三星型钢厂等成立市钢铁总厂,是省"重合同、守信用"企业、二级计量合格企业,扬州市三级计量合格企业。

市轧钢厂一车间

轧钢厂起初主要生产设备是230型轧钢机,主要产品是生产Ø4~Ø6.5mm建筑线材、Ø8~Ø25mm圆钢和各种规格的扁铁等。1983年,轧钢厂增加轧制有色金属产品。1984年,轧钢厂通过自制了一台250吨剪板机,购置了一台380马力的大型柴油机,并对原有轧钢机进行技术改造,提高了产品质量,日产量从原来7吨上升到23吨,年产量从1979年的243吨上升到1306吨。

轧钢厂占地7.25万平方米,建筑面积1.82万平方米,有职工585人,固定资产430万元,流动资金1230万元。工厂拥有250、220、200型轧机3台(套),以及推钢炉、自动冷床、矫直机、龙门剪、大小剪板机、切断机、吊车等辅助配套设备,装机容量1500千瓦。工厂常年生产普碳圆钢、扁钢、角钢、螺纹钢4个系列52个品种,全年生产钢材产量30000多吨,产品畅销华东四省一市145个专营公司及厂家。1993年,全厂实现销售1.03亿元、利税504.38万元。

江苏华能电缆有限公司

江苏华能电缆有限公司的前身为湖滨乡沙湖村办广播器材厂,创建于1975年6月。当时,器材厂有职工25人,固定资产6万元。1980年12月,器材厂更名为高邮县测控电缆厂。1986年11月,器材厂与位于无锡市马山镇的国营八三九〇厂联营,增挂国营八三九〇厂湖滨分厂厂牌。1993年,器材厂改属湖滨乡办企业,迁址至市南郊经济技术开发区,并先后更名为扬州市华能电缆总厂和江苏华能电缆总厂。1995年,以江苏华能电缆总厂为核心,以华能营销有限公司、高邮电线电缆研究所和受托经营的高邮长江电缆厂、亚光电缆厂为紧密层,成立江苏华能电缆集团。1999年,工厂转制为现名,享有自营进出口权,是国家中型企业,国家经贸委发布的城乡电网建设与改造推荐企业,部级

“全面质量管理达标企业”，省高新技术企业、“AAA”级信用企业、清洁文明生产单位、先进民营科技企业、“重合同、守信用”企业、“星火”龙头企业，扬州市“五星级”管理达标企业。

江苏华能电缆有限公司全景

公司占地面积15万平方米，拥有固定资产近亿元。公司有员工500余人，其中，技术人员占15%以上。公司年生产能力为3亿元，通过美国石油学会AP19A及APIQI认证、ISO9001质量体系认证和“3C”认证，省质量技术监督局“计量保证确认”验收及“采用国际标准”验收。公司主要产品有控制及屏蔽控制电缆、计算机电缆及集散型仪表控制电缆（DCS系统电缆）、消防电缆、测井电缆、塑力缆、交联电力电缆及特种橡胶电缆等。产品在葛洲坝水电站、羊湖电站、大亚湾核电站、秦山核电站、巴基斯坦恰希玛核电站、卫星和飞船发射及鞍钢、攀钢、包钢、武钢、广州地铁、齐鲁石化等国家重点建设工程招标中频频中标。公司注册商标“苏邮”牌及其产品被评为中国公认名牌和质量信得过好产品、江苏市场用户满意产品。

高邮市助剂厂

高邮市助剂厂由原湖滨乡办，创建于1987年，被江苏国际咨询评估公司评为“AAA级资信企业”。

市助剂厂生产车间一角

助剂厂占地12万平方米，固定资产9000万元。工厂有员工980人，其中，中、高级技术人员178人。工厂拥有高压加氢还原、高压氨解、高压氧化等先进技术设备和日处理废水300T的物化-生化法污水处理站。工厂主要产品有荧光增白剂系列产品、发泡剂、JSPC-1高效有机胺催化剂、3.3-二氯联苯胺、3.5二甲基苯酚等。其中，荧光增白剂KCB、OB、OB-1为填补国内空白产品；JSPC-1高效有机胺催化剂为国家重点科研项目；荧光增白剂PB荣获化工部科技进步三等奖。产品销往国内24个省、市、自治区，出口日本、美国、印尼、香港、台湾等国家和地区，通过ISO9002国际质量体系认证。

助剂厂为扬州市“明星企业”。1999年，工厂被省授予“清洁文明生产企业”；被化工部授予全国乡镇化工百强企业。

高邮市包装制品有限公司

高邮市包装制品有限公司原名高邮镇建筑器材厂，由原高邮镇办，创建于1970年，曾改名为高邮市包装厂，后转制为现名。

市包装厂瓦楞纸板生产线

公司占地80亩，建筑面积2万平方米。公司总资产达6000万元，其中，固定资产3000万元。公司有职工430人，其中，工程技术人员45人。公司专业生产内销及外贸纸箱，具有国家包装总公司颁发的一类纸箱企业生产许可证资质和省商检局颁发的出口纸箱质量许可证资质，通过ISO9001质量认证。产品按国家标准GB6543-86、GB6544-86、GB5034-85生产，产品主要用于家电、食品、轻工、化工等行业以及外贸出口。1992年，公司生产纸箱日产量1.5万平方米。2002年，公司生产纸箱5000万平方米。当年，公司实现销售1亿元、利税1000万元，产销利税连续3年居苏北地区同行业首位。

江苏省高邮纸箱厂

江苏省高邮纸箱厂为工贸合营企业，由原高邮镇办，原名高邮镇纸盒包装用品厂，创建于1970年。1985年，高邮镇纸盒包装用品厂与省包装进出口公司、扬州市包装进出口公司合营，改为现名。

工厂有员工420人。其中，大专文化程度技术人员28人。工厂占地14731平方米，厂房6066平方米，系省外贸包装纸箱定点厂。产品大部分供外贸商品包装，为省、市包装、纺织、轻工、服装、粮油、食品、工艺、陶瓷、土畜产品、机械、医保等外贸公司以及省内外市场服务，内销产品覆盖苏、皖、浙、鲁、豫、沪等省、市。产品先后荣获省出口商品包装瓦楞纸箱物理指标测试第一名、省轻工系统瓦楞纸箱质量评比第一名、扬州市优质产品奖。1992年，工厂又征地40亩建设新厂区，设备有五层瓦楞纸板生产线、纸板印刷机、轮转机、纸袋机等专用机具52台（套），附属设备7台（套），卡车8辆，工厂固定资产350万元。当年，工厂实现产值1200万元，利税107万元。

2002年，工厂实行全员经济买断。2004年，工厂关闭。

高邮市第二棉纺织厂

高邮市第二棉纺织厂由三垛镇办，1994年由三垛纱厂和东方纱厂合并组建。

第二棉纺织厂占地面积达4.5万平方米。全厂有员工886人，其中，各类专业技术人员150多名。工厂拥有固定资产2600万元，纱锭规模23700锭。其中，环纺18100锭，气流纺400头，精纺3200锭。主要产品有纯棉、维棉、涤绵、毛粘、油丝、麻棉、纯羊毛、羊毛混纺纱、针织品等系列。其中，40s、32s、21s棉毛纱供外贸厂家生产

三垛东方纱厂一车间

出口产品。1994年,全厂共产纱3500吨,实现产值7500万元,产销率达100%;利税500万元。

江苏沙龙制衣有限公司

江苏沙龙制衣有限公司原为一沟奥林村办制衣厂,创建于1978年,后转制为现名。

公司占地6.6万平方米。公司有职工2000余名,其中,大、中专技术人员150余名。公司拥有国内外各种先进设备1800多台(套),固定资产5600多万元。公司下设绣花、水洗、纸箱、制线等配套分公司,生产国内外多种名牌羽绒服、腈棉制品、丝绸服装、衬衫、牛仔系列、内衣系列及箱包等,与国内康博集团、雅鹿集团是多年合作伙伴,自创的"沙龙"品牌有一定知名度。公司产品款式新颖、工艺精湛、品种繁多、富有时代气息,畅销东西欧和东南亚等20多个国家和地区,年生产能力在300万件(套)以上。

江苏牛牌纺织机械有限公司

江苏牛牌纺织机械有限公司的前身为高邮新型纺机有限公司,由原汤庄乡办,创建于1988年。1993年,改为现名。2004年,公司总部迁至扬州维扬经济开发区,下辖扬州、高邮、吴江等3个核心制造基地。公司是中国纺织机械器材协会理事单位,全国喷水织机技术协作网会员,国家重点高新技术企业,省质量信得过企业、著名商标企业、"AAA"级信用企业、民营科技型企业,扬州市科技进步企业,通过ISO9001质量体系认证。

公司占地面积86580平方米,拥有国际一流的光学数字检测仪、五轴联动加工中心、数控凸轮磨床、数控成型磨床、激光加工等尖端设备20余台(套)。公司建有省企业技术中心和研究生工作站,大专以上学历人员占35%。公司主要产品有积极式凸轮开口装置、GD50多臂装置、RS测长储纬装置及其喷水织机零部件。其中,多项产品被评定为省高新技术产品、国家火炬计划项目、国家重点新产品,积极式凸轮开口获得国家专利证书,RS测长装置与各主机厂配套年产量达5000余台。

扬州市金马机电制造有限公司

扬州市金马机电制造有限公司由卸甲镇办,创办于1993年。1999年,公司改制为民营企业。公司为中国电动工具业百强企业、AAA级资信企业、质量信得过企业、"重合同、守信用"企业,获计量合格单位、中国分马力电机质量最佳产品等资质证书,通过ISO9001:2000国际质量管理体系认证以及德国GS、欧共体CE/EMC安全认证,拥有产品出口质量许可证和进出口自营权。

公司占地面积1.8万平方米,建筑面积1.5万平方米。公司拥有各种大中型设备90多台(套),专用计量检测器具180多件。公司固定资产980万元,有员工400人,生产的砂轮机、砂带机、木工圆锯机、石材切割机、电机等五大系列80多种产品,直销欧美、东南亚等国家和地区。

2005年,公司与徐州市盛宝集团进行跨行业合作,在甘垛工业园兴办高邮市金宝电工有限公司。至2005年年底,公司实现产值1.28亿元、销售收入9379万元、利润330万元,完成外贸出口额3415万元。

1987年高邮县乡镇工业重点企业主要经济效益指标情况表

表97 单位:万元

企业名称	销售收入	利润总额	生产费贷款	固定资产原值	应收款	产成品	发出商品
合计	9021	250.63	1069.71	1974.48	744.92	728.42	719.34
车逻农机厂	264	4.86	25	66	6.38	77.67	4.94
一沟农配厂	207	16.92	5	94.66	13.28	12.23	—
东墩冶炼厂	216	17.25	78.94	41.82	70.2	16.69	—
伯勤羽绒厂	144	1.04	17	17.57	18.18	24.29	—
甸垛轧钢厂	1187	37.14	185	182.4	15.35	89.15	—
八桥五金厂	211	6.26	23	39.61	12.44	72.14	—
八桥针织厂	227	0.23	35	114.64	16.16	25.17	—
三垛农机厂	449	7.42	40	96.98	35.74	40.57	0.17
三垛布厂	641	0.17	75	194.08	22.75	41.53	—
界首农机厂	327	3.67	88	61.21	8.19	15.86	62.88
界首农具厂	214	0.36	60	76.18	53.11	3.71	0.51
临泽农机厂	361	2.07	15	40.87	5.86	12.38	2.08
临泽铝箔纸厂	1022	29.75	50	306.42	49.83	0.37	53.7
临泽汽酒厂	490	6.73	—	33.62	52.38	10.51	—
周山镀锌厂	123	0.43	23	13.84	20.31	15.98	1.15
天山皮件厂	554	25.21	57	76.44	39.36	47.77	114.28
车逻塑料厂	282	4.58	10.4	114.66	13.14	77.75	1.18
临北饮料厂	262	1.56	66.96	35.54	92.6	28.18	16.23
合兴皮鞋厂	278	12.2	57.5	54.2	5.6	29.09	30.98
南荼塑料厂	845	31.46	73.25	136.35	81.66	43.34	258.47
盘塘电器厂	419	16.29	70.66	122.13	49.03	27.14	92.94
大营电器厂	298	25.03	14	55.26	63.37	16.9	79.83

1992年高邮市乡镇工业重点骨干企业主要经济指标情况表

表98 单位:万元、天、%

企业名称	总产值		销售收入		利润		销售税金		定额流动资金周转天数	
	累计	比上年	累计	比上年	累计	比上年	累计	比上年	累计	比上年
总计	23797	40.7	19791	44.4	799.8	93.9	752.8	39.6	127.2	0
一、重点企业小计	14180	53.2	12483	71.5	526.4	180.6	534.9	44.7	126.7	-16
界首阀门厂	3318	47.0	3099	103.1	182.7	325.9	110.6	77.0	71	-61
湖滨助剂厂	1385	24.9	945	11.0	47.0	13.3	86.1	12.0	275	107

续表 98

企业名称	总产值		销售收入		利润		销售税金		定额流动资金周转天数	
	累计	比上年	累计	比上年	累计	比上年	累计	比上年	累计	比上年
横泾机械厂	2050	101.0	1653	71.3	122.1	272.3	78.3	76.4	38	-13
郭集盘塘照明电器厂	1800	26.1	1574	31.6	37.2	220.7	59.3	33.3	165	-8
天山红星塑料厂	2347	53.3	2283	101.1	10.1	-13.7	66.5	58.3	134	-40
武安高邮农配二厂	1080	39.5	923	51.3	46.2	56.6	—	—	146	-65
菱塘扬州曙光电缆厂	2200	93.0	2006	101.6	81.1	360.8	134.1	34.8	58	-32
二、骨干企业小计	9617	25.7	7308	13.7	273.4	21.6	217.9	28.7	127.7	16
送桥蜂乳厂	1095	-3.4	981	-7.3	27.5	-55.8	28.3	-33.1	165	35
东墩运河蓄电池厂	1553	54.4	713	28.5	41.0	-12.2	40.7	122.4	74	27
湖滨丝织厂	1097	19.5	1010	25.2	96.5	5.6	35.3	73.0	116	33
武安真空镀膜厂	1504	20.4	1179	18.1	51.1	1088.4	57.5	19.3	52	-29
三垛农修厂	1237	25.6	663	-1.0	4.2	68.0	5.3	0.0	219	24
车逻师伙标准件厂	1326	30.0	1125	13.1	45.1	168.5	30.8	35.1	202	22
三垛瓦庄合金厂	1805	34.5	1637	22.0	8.0	700.0	20.0	66.7	66	0

表 99

1997 年高邮市乡镇工业年产值 5000 万元以上企业主要经济指标情况表

单位：万元、人

企业名称	产值	销售	利润	利税总额	固定资产平均余额	职工人数
扬州曙光电缆厂	17480	14779	443	1475	2688	590
扬州飞达电机仪表公司	15527	14076	157	861	1579	938
江苏日欣集团	16211	12980	127	447	2556	605
扬州华达机械有限公司	14241	12218	156	485	1044	558
江苏华能电缆总厂	11933	10591	461	1239	3987	520
市第二棉纺厂	11823	9803	18	418	1592	830
市菱塘兔毛制品有限公司	10395	9530	12	74	131	186
市助剂厂	8472	7841	240	788	1311	598
扬州三洋钢铁集团有限公司	4664	6524	40	395	4085	296
江苏邮达过滤机集团	8835	6287	283	524	1109	433
市华翔实业有限公司	7202	6120	108	417	956	259

跨入21世纪重点企业例举

江苏金飞达电动工具有限公司

江苏金飞达电动工具有限公司的前身为东风(卸甲)农机具修造厂,由卸甲镇办,创建于20世纪50年代。1984年,东风农机具修造厂更名为高邮县东风电机仪表厂。1992年,东风电机仪表厂更名为扬州市飞达电机仪表公司。1999年,仪表公司转制为现名。公司系国家二级企业、机电产品出口生产基地、出口创汇先进企业、全国乡镇企业创名牌重点企业、全国质量管理达标企业,省明星企业、高新技术企业、优秀民营企业、科技进步先进企业、质量管理先进企业、十佳私营出口企业,扬州市出口创汇重点骨干企业、工业企业销售30强,拥有进出口经营权,企业信用等级为AAA级。1997年,公司被农业部和全国乡镇企业协会确认为中国机械行业最大经营规模乡镇企业100家第62名,中国最大出口创汇乡镇企业1000家第292名。

江苏金飞达电动工具有限公司现代化加工中心

公司有员工2300多人。其中,工程技术人员360多人。公司固定资产2.52亿元,占地面积36.6公顷。其中,建筑面积18.6万平方米。公司建有电动工具研究所、扬州市级技术中心、省商检一级实验室,拥有机械设备408台(套)。其中,加工中心15台,数控机床10台,数控铣床5台,压铸机10台,注塑机10台,电动工具装配线18条,喷漆喷塑线8条,电机生产线6条,带钢生产线3条,铝型材生产线2条。公司主要生产系列家用台式电动工具、园林工具和气动工具,包括各类电机、台钻、带锯、木工车床、切割机、曲线锯、圆盘锯、斜断锯、压刨机、复合锯、打草机、割肉机等100多个品种。产品技术由国外引进和自主研发相结合,均达到国际、国内先进水平,获得80多项专利。产品全部采用国际先进标准组织生产,主导产品均取得美国UL、德国GS、英国BS、加拿大CSA、欧共体CE/EMC等多项国际安全认证。产品100%出口,销往40多个国家和地区,台式电动工具的生产出口量占全国的10%以上。其中,台钻的生产出口量占全国的30%左右,注册的"猎豹"商标被列为省重点培育品牌。

1988年后,公司获得国际IEC标准合格证书。1990年,公司产品实现出口创汇。1991年,公司95%以上产品直接或间接(配套)出口。1997年,企业通过ISO9002质量认证。2005年,公司投入3000万元,新上金属制品项目,当年实现产值8.08亿元。2006年,公司克服欧盟贸易壁垒,当年实现产值7.6亿元。2007年,公司开发新品12个,开发新客户20个,当年实现产值9.01亿元。2008年,公司完成产品产量204万台;实现销售5.52亿元;出口交货值6.75亿元。其中,自营出口5000万美元;实现利税3200万元。2010年,公司实现产值7.11亿元。

扬州欧力特电源有限公司

扬州欧力特电源有限公司坐落在市开发区,其前身为原东墩乡办的高邮运河蓄电池厂,创建于

1979 年，曾为中外合资扬州康耐尔蓄电池有限公司。2004 年，公司改制为现名。1989 年，公司获“扬州市明星企业”“扬州市二级先进企业”称号。

扬州欧力特电源有限公司生产的银川 30KW 户用电源

公司原主要产品为各种型号蓄电池。1989 年，公司生产的起动用电池获“扬州市优质产品”称号；开发的 D-175 电池填补了国内空白，远销国外。1990 年，公司有职工 184 人，固定资产净值 120 万元。当年，公司实现产值 830 万元，销售 750 万元，利润 57 万元。1992 年，主要产品有起动、牵引、摩托、煤矿防爆、防酸隔爆、小型免维护等六大系列 70 多个规格型号的铅酸蓄电池。其中，起动型蓄电池先后荣获扬州市和省优质产品称号。至 2010 年，公司已发展成一家研发、制造、营销、服务于一体的高科技新能源企业，产品涵盖太阳能储能蓄电池、太阳能电池组件、太阳能灯具、控制器、逆变器、光伏发电系统、太阳能建筑一体化系统、离网发电系统支架等。2010 年，公司实现产值 5179 万元。

扬州曙光电缆有限公司

扬州曙光电缆有限公司原名国营扬州曙光电缆厂，由菱塘回族乡菱塘村办，创建于 1985 年。2004 年，公司改制为现名。公司为国家重点高新技术企业，省“重合同、守信用”企业、AAA 级资信企业、环境保护先进企业、文明单位、优秀民营企业、首批信用管理示范企业、和谐劳动关系模范企业，系中国电缆行业协会理事单位、中国质量协会和检验协会团体会员。

扬州曙光电缆有限公司

公司占地面积 28 公顷，总资产 11.3 亿元，拥有从芬兰、德国、美国、英国、瑞士等国引进的电缆行业最先进的生产和测控设备。公司主要产品有 500 千伏、220 千伏、110 千伏及以下交联电力电缆、塑力缆、屏蔽控制计算机电缆、核电站用 1E 级 K3 类电缆、补偿电缆、架空电缆、硅橡胶、氟塑料电缆、煤安电缆、钢芯铝绞线、通信电缆等 20 多个系列近万个规格，广泛应用于电力、冶金、石化、能源、交通、通信等系统。公司产品先后为双辽电厂、燕山石化、首钢、武钢、宝钢、首都机场、长春轻轨、三峡、小浪底等国家重点工程配套，并出口尼泊尔、马耳他、巴基斯坦、印度、缅甸等 10 多个国家，生产的“强菱”牌电缆相继被评为省名牌产品、质量信得过产品、省著名商标和国家免检产品。公司有员工 900 多人，其中，大专及以上学历的员工 200 人。

公司重视科技投入和品牌建设，每年的科技投入占公司销售额的 5% 以上，先后与上海电缆研究所、河海大学等高等院校、科研机构合作。继 1996 年在全行业率先通过 ISO9001 质量管理体系认证，公司先后通过产品安全认证、ISO14001 环境管理体系认证、GB/T28001 职业健康安全管理体系认证和测量管理体系认证等。2005 年,公司在全市工业企业中建立首家省级技术中心。公司不断增强研发和创新能力,先后承担国家“火炬”“星火”项目 13 个,有 9 个产品被确认为国家新产品。2006 年,公司获省质量管理奖。当年,公司实现产值 10.2 亿元、销售 10.3 亿元、利税 4050 万元。公司为全市产销首超 10 亿元企业,扬州市重点利税大户、销售 30 强企业,在全省同行业的排名由第 7 位迈进前 5 强,在全国 6000 多个电线电缆企业中由第 26 位前移至第 20 位。2007 年,经过充分市场调研论证,公司在菱塘工业集中区新上 500 千伏超高压电缆项目,总投资 8.36 亿元,征地 21 公顷,分两期实施。至 2007 年年底,实现产值 15.06 亿元、销售 14.9 亿元、利税总额 7833 万元,分别比上年增长 46.9%、45% 和 73.8%。2010 年,公司实现产值 20.31 亿元。

扬州光明电缆有限公司

扬州光明电缆有限公司原为县通用电缆厂,由菱塘回族乡办,创建于 1986 年 12 月。1999 年,电缆厂改制为现名。公司为集舰船用电缆研发、生产、销售为一体的规模化专业生产企业,是“全国质量管理达标企业”、国家高新技术企业,省高新技术企业、工商联先进企业、计量保证确认单位、民营科技型企业,扬州市名牌产品企业、“重合同、守信用”企业、AAA 级信用企业。

公司占地面积 3.3 公顷,标准化厂房和现代化办公大楼 2.55 万平方米,拥有 12 条生产线、128 台(套)先进的生产及检测设备,自有资产 7750 万元。公司员工 370 多人,注册资金 2000 万元,先后通过 ISO9002 质量管理体系认证以及国家军用系列标准 GJB9001A-2001 质量体系认证;通过海军装备部认定审核,被列入海军装备承制单位名录。公司全塑电力电缆和控制电缆取得全国机电产品生产许可证;船用和橡套电缆通过中国质量认证中心 CCC 认证;舰船用电缆产品先后通过中、英、德、美、法、俄、日、韩、意和挪威的 CCS、ABS、BV、NK、RINA、DNV 等船级社认可。2000 年后,公司从生产一般普通电缆逐渐向船用缆转型,不断自主研发高新技术产品。其中,研发的“A 级抗干扰防火净化型船用特种电缆”等 7 个系列产品获得国家重点新产品证书;“综合铠装无卤阻燃耐火船用电缆”等 4 个系列产品被列为国家“火炬”计划项目;“抗干扰低烟无卤阻燃聚乙烯绝缘屏蔽控制软电缆”获 1996 年国家专利新产品博览会金奖;“船用对称式控制低烟无卤信号电缆”被评为 2010 年省中小企业专利新产品。公司生产能力、销售量居全国舰船用电缆行业第二位。2010 年,公司实现产值 8.24 亿元。

江苏苏发照明实业有限公司

江苏苏发照明实业有限公司的前身为高邮市声光器材厂,由郭集镇办,创建于 1987 年。公司为全国大型城市照明灯具生产企业之一,省高新技术企业。

公司有员工 400 多人。其中,工程技术人员 80 多人,市场开发人员 60 多人。公司占地面积 3.3 万平方米,建筑面积 2.2 万平方米。公司拥有大型数控折弯机、全电脑注塑机、压塑机、1250 吨压铸机、液压拉伸机和双工位粉末静电喷涂流水线,有自动切割、埋弧焊、气焊、发电机组、车、刨、钻床等设备百余台(套),净资产 2800 多万元。公司专业生产各种户外照明用灯杆、电力输变电用锥形钢杆、电气化铁路输电线杆、交通指示标志杆、旗杆和各种型号的道路照明灯具、电器。其中,生产的“劲贝”牌系列大功率 LED 道路照明灯具及各种功率 LED 光源节能降耗、绿色环保,广泛应用于城市照明、夜景灯光亮化和隧道、工矿照明;通过 ISO9002 国际质量体系认证和“3C”认证。公司先后被评为计量合格企业、质量信得过企业、明星企业、AAA 级资信企业,拥有进出口自营权,“苏发”牌商标为省著名商标。

2001 年,公司组建了扬州苏发照明安装工程有限公司。2002 年,公司与复旦大学电光源研究所合作成立了苏发灯具开发研究所。2005 年,公司实现产值 1.05 亿元、销售 1.03 亿元、利税 987 万元。2010 年,公司实现产值 6.57 亿元。

江苏戚伍水产发展股份有限公司

江苏戚伍水产发展股份有限公司的前身为高邮市西湖水产品加工厂,创建于 1987 年,由原一沟乡办。2004 年,加工厂改制易为现名。公司是集水产养殖、加工、冷链物流、终端销售、科技研发于一体的特种水产品加工销售企业;省农业产业化重点龙头企业,苏中地区最大的水产品集散地,扬州唯一水产品出口加工企业,《扬州市水产品冷链物流服务规范》地方标准起草单位;连续多年被评为 AAA 级银行资信等级。

江苏戚伍水产发展股份有限公司

公司占地面积 4 万平方米。拥有厂房、冷库 2.2 万平方米,冷库库容 1.2 万吨,固定资产 7380 万元,注册资本 1158 万元。公司有固定员工 128 人,其中具有大、中专以上学历或技师以上职称的 36 人;季节性用工 850 人。为了严格控制产品质量,公司先后在高邮湖建立了 10 万亩天然绿色产品生产基地;在全国罗氏沼虾标准化示范区三垛园区建立了 5000 亩罗氏沼虾出口养殖基地。2003—2004 年,公司分别有青虾、虾仁、银鱼、蟹粉等 4 个产品获得国家绿色食品发展中心颁发的 A 级产品“绿色证书”。2006 年,公司经国家出入境检验检疫局审查验收取得国家卫生注册证,产品正式对外出口,进入日本、新加坡、韩国、印尼、香港等国家和地区。公司先后通过了 ISO22000:2005(HACCP)食品安全质量体系认证、ISO9001 质量管理体系认证和 QS 质量管理体系认证(B 级)。公司陆续与上海海洋大学、江南大学、中国水产科学院淡水渔业中心、江苏大学等高校和研发机构建立校企联盟;多次承担省水产三项工程项目;建有“江苏省罗氏沼虾养殖与深加工工程技术研究中心”。公司年产各类水产品加工制品 2800 吨。产品包括野生青虾仁、河虾仁、泰国虾仁、白条虾仁、名贵鱼类、蟹类、湖鲜特色产品八大类 50 多个品种规格,公司品牌“戚伍”牌为“江苏省著名品牌”。2010 年,公司实现产值 1.08 亿元。

江苏润华电缆股份有限公司

江苏润华电缆股份有限公司的前身系县长江电缆厂,由原湖滨乡办,创建于 1989 年。1995 年,县长江电缆厂更名为扬州市华润电缆厂。2007 年,扬州市华润电缆厂改制为现名。公司系原机械工业部电线电缆定点生产企业、全国“重合同、守信用”企业、国家级“星火”计划项目企业,省高新技术企业、AAA 级信用企业。

公司占地面积 7.23 万平方米,建筑面积 2.9 万平方米,固定资产 1850 万元,拥有国内先进的生产检测设备。公司实行现代化的综合管理,严格按 GB、JB、IEC 标准组织生产。公司先后通过了 ISO9001 质量管理体系认证、ISO14001 环境管理体系认证、OHSAS18001 职业健康安全管理体系认证和“3C”认证;通过计量合格确认和采用国际标准验收,获得出口产品质量许可证。主要产品有电气装备用电线电缆、计算机控制电缆、集散型仪表控制电缆(DCS 系统)、控制及屏蔽控制电缆、安装及屏蔽安装电缆、电力电缆、信号电缆、补偿电缆等。其中,多个产品被认定为“江苏省高新技术产品”;低烟无卤阻燃、耐火电缆荣获1997年第六届中国专利新技术新产品博览会金奖;“珠湖牌”交联电缆获“省名牌产品”称号;电力电缆获“扬州市名牌产品”称号,有11项产品获得国家专利。2010年,公司实现产值4亿元。

扬州市金海铸造有限公司

扬州市金海铸造有限公司高炉外景

扬州市金海铸造有限公司创建于1989年,是一家采用“短流程”铸造工艺,专门生产灰铸铁和球墨铸铁的企业,系中国铸造协会会员,国家认定全国铸造生铁生产企业。

公司注册资金4000万元,占地面积10万平方米,建筑面积4.2万平方米。其中,生产用建筑面积3万平方米。公司有职工338人,各类生产技术人员36人。其中,高级职称3人。公司拥有110立方高炉1座,5吨和10吨中频感应炉各1台,退回火炉1台,10吨和20吨树脂砂造型线各4条。主要产品有HT200、250、300、350及QT400-15、500-7、600-3、700-2、800-2牌号优质铸铁件,主要用于柴油机、工程机械、风电、机床、台钻、减速机、水泵、船舶零部件等。公司年生产能力6万吨,先后通过ISO9001和ISO14000体系认证。公司被金融部门授予“AAA”资信企业、工商部门认定为“重合同守信用”企业、市政府授予“先进企业”及“纳税先进企业”等荣誉称号。2010年,公司实现产值6231万元。

江苏华富控股集团有限公司

江苏华富控股集团有限公司是一家跨地区、跨行业的高科技企业集团,系国家高新技术企业,设全国铅酸蓄电池标准化技术委员会胶体电池分技术标准委员会。公司下设有江苏华富能源股份有限公司、江苏福力特电源有限公司、江苏华山电气有限公司、江苏润春电气有限公司、扬州澳玛电气有限公司、扬州市富泰塑胶实业有限公司、江苏金禾置业有限公司、江苏钰丰置业有限公司、高邮市天地通物流有限公司等投资控股公司,形成以新能源、太阳能组件、新型蓄电池、房地产、电子、物流、贸易、科研开发等多

扬州华富实业有限公司化成车间

行业发展的产业格局。其中，江苏华富能源股份有限公司，由原武安乡办，创办于1990年。

公司有员工1240人。其中，中专以上学历人员334人，技术人员125人。公司先后通过ISO9002、ISO14001、ISO18001认证和美国UL及欧盟CE安全认证，拥有国防通信、电信、广播电视、铁道、电力、联通等设备进网许可证，有自营出口权。公司与中国科学院、清华大学、哈尔滨工业大学、东南大学、扬州大学、浙江大学等科研院校进行产学研合作，聘请院士何祚庥、陈洪渊、曹楚南等23名专家组建公司技术咨询委员会，先后开发纳米胶体蓄电池、聚合物太阳能储能电池、电动汽车用新型无镉动力电池等高新技术产品，承担多项国家、省科技攻关项目，有核心技术专利50余项。公司拥有2个中国驰名商标、2个国家免检产品、3个省品牌产品、8个省高新技术产品，参加5个国家(行业)标准的起草工作。到2009年，公司已建成省级企业院士工作站、省级博士后工作站、省级研究生工作站、省储能材料工程技术研究中心、省级企业技术中心等。2010年，公司实现产值6.65亿元。

扬州市鸿信线路器材有限公司

扬州市鸿信线路器材有限公司坐落在市开发区，原为高邮县鸿信橡塑厂，创建于1990年。1998年，橡塑厂改为现名。公司是省高新技术企业，资信等级为AAA级。

公司有员工200余人，固定资产2500余万元，厂房占地面积1.8万平方米。公司拥有HDPE硅芯管生产线12条、PVC双壁波纹管生产线4条、大口径波纹管生产线2条、一体多孔管生产线6条等设备，专业生产通讯管道系列、地下给排水用大口径波纹管系列、聚乙烯燃气管道系列产品。公司开发的HDPE高密度聚乙烯硅芯管，被列为国家级“火炬”计划项目。2010年，公司实现产值1.18亿元。

扬州亚光电缆有限公司

扬州亚光电缆有限公司原名扬州市亚光电缆厂，由原湖滨乡沙湖村办，创建于1993年。1997年，电缆厂改制为现名。2004年，公司迁址至菱塘工业集中区。公司为中石油天然气集团公司一级供应网络单位，中石化集团组织集中采购一级供应商，省高新技术企业。

公司占地面积近3万平方米，有员工410余人。其中，工程技术人员132人。公司通过ISO9001-2000质量管理体系、ISO1400-2004环境管理体系及OHSAS18001-2001职业健康安全三标一体化认证，按GB、JB、JEC、BS、JIS等国内外先进标准主要生产各种电力电缆、控制电缆、电子计算机电缆、本安电缆、补偿电缆、高温电缆、影视灯光电缆、扁平带状电缆、高阻燃消防电缆等十大类万余个规格的电线电缆。主要产品全部取得国家工业产品生产许可证和“3C”认证，其中，生产的计算机测控电缆，经国家权威机构检测达到了日本及英国同类产品水平；生产的高温航空导线、高温补偿导线、船用电缆等产品广泛应用于石油化工、电力、冶金等领域。2004年5月，公司的计算机网络用本安型耐高温抗强干扰测控电缆获国家级火炬计划项目；影视灯光及舞台设备用阻燃柔性电缆和油气管线用防爆型测控电缆分别于2004年和2005年为国家重点新产品；2005年9月，影视演播场所自控系统用高阻燃环保型软电缆在东北亚高新技术博览会中国星火计划成果展中被国家科技部评为项目金奖。2010年，公司实现产值3.8亿元。

扬州市红旗电缆制造有限公司

扬州市红旗电缆制造有限公司的前身为红旗电缆厂，由菱塘回族乡办，创建于1996年，系国家高新技术企业，省创新型企业、信用产品企业、明星企业、AAA级企业。

公司占地面积3.2万平方米，建筑面积2.4万平方米，固定资产2200万元，有员工380人。其中，各类专业技术人员72人。公司严格按国内、国际标准生产各类电缆，产品主要有为各类船舶和各种舰船电气装备系统配套的船用电缆；为煤井动力系统和安全监控系统配套的矿用电缆；其他安装电缆、电力电缆、控制电缆、计算机电缆、信号电缆、通信电缆等各类专用特种电缆。公司通过ISO9001质量体系认证，控制电缆、电力电缆取得国家颁发的生产许可证；煤矿用信号电缆、通信电缆取得了国家煤安（MA）标志证书，多次被煤炭工业劳动保护科学技术学会监控专业委员会作为首推信得过产品；船用系列电缆通过了中国CCS、中国渔检ZY、美国ABS、日本NK、法国BV、韩国KR、德国GL等国家船级社工厂认可和欧盟CE认证；舰船用低烟无卤阻燃系列电缆通过了武器装备质量管理体系认证；先后取得机电部、国家技监局颁发的机电产品生产许可证和中国质量认证中心颁发的电工产品"3C"认证。公司品牌"和字"牌电线电缆被省名牌战略推进委员会认定为名牌产品，"和字"牌被省工商局认定为著名商标。2010年，公司实现产值5.05亿元。

扬州日兴生物科技股份有限公司

扬州日兴生物科技股份有限公司

扬州日兴生物科技股份有限公司曾名扬州日兴生物化工制品有限公司，创建于1995年。其前身为市橡塑制品厂，由原武安乡办，创办于1988年。1990年，橡胶制品厂兼并县二鞋厂；1994年，又兼并市轻配厂；曾先后开发生产橡胶制品、PVC涂塑布、砻谷机胶辊和无氧铜材等产品。1994年，公司实现产值7919万元、销售7327万元、利税425万元。

公司占地面积5.8万平方米，拥有固定资产4200万元，员工500余人。其中，工程技术人员185人。公司是一家主要从事海洋生物制药、医药中间体、甲壳素及衍生物、保健品的研发、生产和销售为一体的高新技术企业。公司主要产品有D-氨基葡萄糖盐酸盐、硫酸盐（钾、纳）、甲壳素、壳聚糖、硫酸软骨素（猪骨、牛骨）、大豆异黄酮、L-谷氨酰胺、D-核糖等生化产品；1-氨基蒽醌、吡唑蒽酮等染料中间体；橡塑、橡胶制品等。公司产品大部分出口，拥有自营进出口权和进境动物（软骨、壳类）许可权。其中，氨糖2009年产量达2800吨，90%以上出口，占全球40%的市场份额，是全球最大的氨糖生产基地。公司先后通过国际ISO四大管理体系认证，同时也是中国唯一一家获得全球食品安全最高标准"英国BRC"和"GMP"的官方认证企业。公司拥有国家级评定的"江苏省甲壳深加工技术研究中心"，建立有南京工业大学博士后工作站和中国工程院院士工作站各1个。公司获得国家级科技发明专利6项，国家级实用新型专利16项；省级高新技术产品8个，国家级"火炬""星火"计划5个；连续3年被扬州市政府评为"明星企业"和"文明单位"，被省咨询公司评为"AAA"级企业和连续10年"重合同、守信用"企业。2000年5月9日，公司被加拿大驻上海总领事馆、省外经贸委、省环保厅、省财政厅批准为"中加环保示范企业"，是省批准的"清洁文明生产工厂"，淮河流域废水排放达标企业。2010年，公司实现产值2.81亿元。

高邮市卫星卷烟材料有限公司

高邮市卫星卷烟材料有限公司创建于1996年，由原武安乡办，是集烟用接装纸科研、生产与销售为一体的专业性企业，系国家高新技术企业，省双优诚信印刷企业、AAA级资信企业。

市卫星卷烟材料有限公司车间一角

公司共有员工399人。其中，大专以上学历99人，各类专业技术人员48人。公司拥有固定资产1亿元，厂区占地面积5.4万平方米，建筑面积5.3万平方米；拥有现代化标准厂房1.5万平方米，仓库1万平方米；员工食堂、公寓式宿舍、多功能俱乐部等配套设施齐全；绿化率占22%。公司拥有高速多功能电脑三、四、五、六色大型印刷机11台、单双色烫金机72台、电脑分切机15台、高速涂布机5台、德国进口卡巴索激光打孔机8台等生产设备和纸张拉力仪、MD200-2分析天平、321色差仪、盘纸透气测量仪、快速干燥箱、美国进口安捷伦7890A气相色谱仪、安捷伦5975C质谱仪、安捷伦7694E自动顶空进样仪及普析通用TAS-990原子吸收分光光度计、普析通用GF-990石墨炉电源、AFS-230E双道原子荧光光度计等先进完善的检测设备，主要生产中高档铝箔纸、高速纸、彩条纸、压花纸、金卡纸、白卡纸、真空镀膜纸、印刷水松纸、烫金水松纸、金边水松纸、激光打孔水松纸以及“邮王”牌烟用接装纸系列产品。公司通过ISO9001-2008质量管理体系认证、ISO14001-2004环境管理体系认证、GB/T28001-2001职业健康安全管理体系认证，有多项产品发明专利。2008年，公司成功地研制出具有节能、环保特点的真空镀烟用接装纸，被誉为烟用接装纸中的“绿色产品”。2010年，公司实现产值2.19亿元。

江苏赛德电气有限公司

江苏赛德电气有限公司下设扬州赛德电缆厂、江苏赛德太阳能电力有限公司、江苏赛德特种电缆有限公司、扬州赛德大酒店等4家全资或控股企业。其中，专业从事电线电缆开发和生产的扬州赛德电缆厂是其核心企业，由郭集镇大营村办，创办于1996年。

公司拥有员工600多人。其中，大、中专毕业生340人，各类工程技术人员198人。公司占地面积9.8万平方米，建筑面积4.6万平方米，有现代化的标准厂房12幢，系集科、工、贸为一体的国家重点高新技术企业，拥有先进的生产设备和检测设备。公司资产4.2亿元，年生产电缆48万千米，先后通过ISO9001-2000质量管理体系认证、计量保证确认认证、“3C”标志使用资格认证、AAA级资信等级认证，是国家“火炬”计划重点高新技术企业，省学习型先进企业、“重合同、守信用”企业、著名商标企业、名牌产品企业、清洁文明生产企业。主要产品有高压电缆、电力电缆、控制电缆、计算机电缆、补偿导线、架空绝缘线、高温电缆、风能移动电缆、矿用电缆、硅橡胶电缆和K_1、K_2、K_3类核电站用电缆等。公司与上海电缆研究所、哈尔滨理工大学等国内科研院所合作，不断研制开发市场亟需的新特产品。其中，K3类核电站用电缆于2006年通过国家鉴定；DJ、K、SPT、M、IA、V等系列电缆广泛应用于国家电力、石油化工、冶金、军工、核工、有色、轻纺、交通、医药、城建等行业的特大型工程；消防、耐温、防浸、环保等系列线缆产品，被认定为国家高新技术产品或列入国家“火炬”计划项目。2005 年，公司“赛德”商标被评为省著名商标，生产的“赛德”牌电子计算机控制电缆被评为省名牌产品。2007 年春，公司在扬州市维扬经济开发区内投资兴建江苏赛德太阳能电力有限公司和江苏赛德特种电缆有限公司。2010 年 4 月，公司开工建设投资 2 亿元核电缆项目。2010 年，公司实现产值 10.27 亿元。

扬州神游羽绒制衣有限公司

扬州神游羽绒制衣有限公司原为高邮市神游羽绒厂，前身是高邮市高峰皮革羽绒厂，由原高邮镇办，创办于 1996 年 12 月。1999 年 6 月，羽绒厂改制易为现名，主要从事羽绒、羽绒制品及服装的设计、生产、销售，拥有自营出口权。

公司占地面积约 2.1 万平方米，建筑面积近 1 万平方米，有员工 700 多人。其中，各类专业技术人员 165 人。公司拥有进口高速平缝机 450 台，各类服装专用设备 120 台(套)，羽绒加工整套流水线 3 条。羽绒年生产能力近千吨，羽绒制品和服装年生产能力 300 万件(套)以上。其中，年出口创汇 1000 多万美元。产品远销美、加、日、韩及欧盟等国。所选用羽绒主要来源于国内无污染的羽毛产区，所生产的羽绒制品获得国际环保纺织协会颁发的“Oeko-Tex Standard 100”的环保证书。公司通过 ISO9001 国际质量体系认证，并多次通过国际 BSO 社会责任体系认证。2010 年，公司实现产值 2.52 亿元。

江苏弘鼎汽车零部件有限公司

江苏弘鼎汽车零部件有限公司原为市宏达标准件有限公司，成立于 2000 年 6 月。

公司占地面积 3.5 万平方米，有员工 300 多人。其中，高新技术人才 70 多名。公司注册资本 2000 万元，资产总额 7800 万元，固定资产 5600 万元。主要产品为系列标准件，包括国标件，非标、汽标产品，兼营汽车及摩托车配件，营销网络辐射全国 10 多个省、市、自治区。产品广泛应用于机械、航天、汽车制造、石油、锻造、纺织、风力发电等多种领域，配套国内数十家大中型企业。2001 年，公司通过 ISO9001：2000 国际质量管理体系认证；2010 年，通过 ISO/TS16949 质量管理体系认证。公司拥有知识产权专利多项，被中国航天科技集团公司评为“航天型号配套标准紧固件合格供应商”，先后荣获“江苏名牌产品”“扬州名牌产品”“扬州市质量管理奖”“扬州市重合同、守信用企业”“扬州市计量合格企业”等荣誉称号。2010 年，公司实现产值 8000 多万元。

江苏双兔食品股份有限公司

江苏双兔食品股份有限公司由周山镇办，创建于 2000 年 4 月，系从事粮食加工、仓储和粮食物流的综合性企业；先后获批为全国农业产业化重点龙头企业、国家农业综合开发优秀龙头企业、全国放心粮油生产先进企业，省农业产业化经营龙头企业，农业部长江稻作技术研究所实验基地，江南大学食品学院博士生实习基地；AAA 级资信企业。公司下设江苏加多宝食品有限公司、扬州双兔物流有限公司、金湖县双兔米业有限公司、吉林梅河口分公司、大庆双兔食品有限公司、磐石市双兔食品有限公司。

公司以高邮地区得天独厚的优质稻米资源优势为依托，通过“公司 + 基地 + 农户”的产业化经营模式，在高邮和周边地区建立绿色食品、无公害农产品种植基地，带动 20 多万户农户。公司从瑞士布勒、日本安西等知名稻米加工机械制造企业，引进具有国际先进水平设备。公司年稻米加工能力 30 万吨，成为省内规模最大、装备最先进的稻米加工企业。公司先后通过 HACCP 食品安全管理体系、ISO9001

质量管理体系和ISO14001环境管理体系认证。公司所生产的“双兔”牌系列大米获准使用“绿色食品”标志，先后获“中国名牌产品”、全国“十大金奖大米”、全国“放心米”、省名牌产品、省质量信用产品等称号。公司“双兔”商标被认定为中国驰名商标、省著名商标。2006年，公司承担实施省科技成果转化专项资金项目——“米乳和米糠营养素、米糠营养纤维的产业化”，总投资6400万元，新开发产品有米乳汁、糙米汁、玉米汁、八宝粥等四大系列20种产品。其中，生产的“双兔”“米河”“天佑”“添尔”等4个品牌的产品获“产品质量国家免检”的奖牌。2010年，公司实现产值8.76亿元。

高邮市万嘉面粉有限公司

高邮市万嘉面粉有限公司坐落于临泽镇，创建于2001年，为省农业产业化重点龙头企业，扬州市“重合同、守信用”企业。

2006年初，公司退城进镇，在临泽镇征地3.33公顷，投资4000万元，引进先进设备，建设采用国际一流工艺的包点面粉专业生产线。2006年底，公司投产。当年，公司有员工80人，注册资本700万元。公司具有年产面粉7万吨的生产能力，位居扬州市第一。公司立足本地区优质红皮小麦的优势，生产“万嘉”牌和“富嘉旺”牌面粉，主要有馒头粉、点心粉、面条粉、超级特一粉、特一粉、特二粉等品种，畅销江苏、浙江、上海、福建、海南和广东等省、市。2007年，公司产销兴旺，效益翻番，实现产值2.78亿元，销售收入2.71亿元，实现利润1014万元。“富嘉旺”面粉获中国粮食行业协会授予的“放心面”称号。2010年，公司实现产值5.64亿元。

市万嘉面粉有限公司

江苏顺大半导体发展有限公司

江苏顺大半导体发展有限公司坐落于天山镇，于2003年由ShundaHoldingsCo.,Ltd.(高邮的顺大控股有限公司)与GrantUnitedInvestmentCo.,Ltd.(香港的格兰特联合投资有限公司)共同投资注册，注册资本3亿元。2004年7月，公司正式投产。公司是全市第一家以生产单晶硅片为主的光伏类生产企业，先后控股成立中外合资江苏顺大光电有限公司、江苏顺大科技有限公司等子公司。

公司总资产为15.2亿元，资信等级为AAA级，占地面积22万平方米，建筑面积6万平方米。公司有员工1000余人，中级职称以上工程技术人员58人。其中，博士1人，

江苏顺大半导体发展有限公司
单晶硅生产车间

硕士5人。公司拥有单晶硅拉晶炉216台(套)。其中,日式进口拉晶炉112台(套),并拥有多晶铸锭炉40台、线切片机120台以及与之配套的辅助设备、测试设备、公用工程等,形成高纯度硅材料的研发和生产体系。主要产品有6~8英寸单晶硅棒、铸锭多晶、单晶硅片、多晶硅片及石英锅、石墨件等产品。公司拥有直径210毫米硅单晶炉热系统装置实用新型专利,制定直径210毫米硅单晶企业标准。公司通过ISO9001质量管理体系认证,创建成省级企业技术中心,先后实施4项国家及省专项项目。其中,2种产品被列为国家级重点新产品。公司生产的产品为省名牌产品,先后获国家、省高新技术企业、知识密集型和技术密集型企业、技术改造先进企业等称号。

2009年12月,公司寻求与国际、国内大型太阳能光伏企业的合资合作,投资3.6亿元,新上多晶硅铸锭及配套项目。2010年11月,公司实施的、获省重大科技成果转化专项资金4000万元支持的项目——“太阳能级多晶硅料制备的关键技术开发及规模产业化”项目通过验收。2010年,公司实现产值34.52亿元,列全市工业企业之首。

高邮市金宝电工有限公司

高邮市金宝电工有限公司为合资企业,由全省漆包线行业龙头企业之一的徐州盛宝集团与扬州金马机电制造有限公司(卸甲)合资建设。徐州盛宝集团投资设备,扬州金马机电制造有限公司负责征地、厂房建设、电力增容等固定资产投入,总投资额1亿元。公司创建于2004年,坐落在甘垛工业集中区。

至2005年,首期工程投资5000万元,占地面积3.33万平方米,建筑面积1.6万平方米。建成标准化厂房8000平方米;6条漆包线生产机组投入正常生产;电动工具车间进入试运行阶段。公司主要生产各类漆包线(铜线、铝线、铜包铝线);第二期工程以生产出口产品——特种漆包线为主。公司先后通过ISO9000、ISO14000认证,获省高新技术产品、环保产品等证书。2010年,公司实现产值3.82亿元。

江苏波司登制衣有限公司

江苏波司登制衣有限公司于2005年由波司登股份有限公司和沙龙集团股份有限公司共同投资组建,注册资本为5000万元。其中,市外投资2750万元。公司坐落在市开发区,2006年正式建成投产。

江苏波司登制衣有限公司外景

公司总用地面积18.67万平方米,拥有6万多平方米厂房,建有1.2万平方米员工食堂、1万平方米职工公寓楼,有员工3500多人。公司引进法国CAD设计系统、意大利蒸烫流水线和德国、日本等国服装专业化生产设备。公司为波司登股份有限公司在国内的“三大羽绒服生产基地”“四大服装生产基地”之一,产品质量达到国际标准和日本市场A级水平。2007年9月,波司登获“世界名牌”称号。当年,公司实现现价产值10.12亿元、销售收入10.03亿元、利税0.9亿元、利润0.5亿元。2010年,公司实现产值34.21亿元。

高邮华美丙纶纺织有限公司

高邮华美丙纶纺织有限公司坐落在市城南新区，创建于2005年，系专业从事丙纶纺织的企业，是国内唯一采用转杯纺生产粗纺纱的龙头企业。

公司在原高邮鸭业园区征地2.33万平方米，兴建主体厂房7000平方米，购置生产PP无泡过滤芯设备16台套。至2005年底，公司生产的粗纺纱线、无泡过滤芯产品获首批中国环保产品质量信得过重点品牌称号，被列为省"火炬"计划项目、国家重点新产品和国家高新技术产品；丙纶粗纺纱线获国家发明专利。2010年，公司实现产值1865万元。

江苏康博新材料科技有限公司

江苏康博新材料科技有限公司成立于2010年12月23日，由江苏康博电子科技有限公司和江苏沙龙集团制衣有限公司联手打造，注册资本67058万元。

公司用地157798平方米，劳动定员300余人。公司主要采用改良西门子法生产技术和美华多晶硅科技有限公司完整工艺，并引进国际先进设备，主要经营太阳能级高纯多晶硅的研发、生产及销售。产能设计为年产多晶硅10000吨，产品纯度达到99.9999%以上。项目总投资60亿元，计划分三期完成全部工程项目建设。

江苏康博新材料科技有限公司厂区夜景

2001年高邮市乡镇工业重点企业产销利情况表

表100　　单位：万元

企业名称	营业收入		利润总额		产值	
	本期	同比%	本期	同比%	本期	同比%
合计	119383	9.5	1784	3.8	133978	7.9
江苏金飞达电动工具有限公司	29820	13.6	321	-14.6	38130	26.5
扬州市金马机电制造有限公司	2795	-22.9	20	566.7	3204	-15.3

续表 100

企业名称	营业收入		利润总额		产值	
	本期	同比%	本期	同比%	本期	同比%
扬州市曙光电缆厂	24090	14.2	539	-2	25418	5.9
市菱塘兔毛制品有限公司	3060	-37.9	3	—	4616	-8.2
扬州市回民制衣有限公司	5120	41.6	43	258.3	5120	41.6
市第二棉纺织厂	5146	2.6	106	112	7386	5.2
市通用过滤机厂	7597	29.4	252	-3.1	6876	-9
扬州市光华皮件制品有限公司	6972	2.6	48	-17.2	6894	0.5
扬州市宏发邮电器材厂	2521	-23.8	35	-23.9	3192	-21.3
市声光器材厂	4615	34.2	78	41.8	5115	32.5
市鸿信线路器材厂	8067	74.6	110	340	8067	85.5
扬州市樱花鞋厂	4508	7.8	36	-50.7	5032	-10
扬州市沙龙制衣有限公司	5468	62.4	112	124	5468	62.4
市长兴纸业有限公司	3446	-41.7	-32	—	3182	-43.7
扬州市维扬运动鞋厂	4174	-14.7	93	60.3	3945	-24.4
扬州市刘氏化工有限公司	1984	-4.4	20	-54.5	2333	-42.4

2009 年高邮市乡镇(区)工业年产值 1 亿元以上企业主要经济指标情况表

表 101　　　　单位:万元、人

序号	企业名称	总产值	营业收入	利润总额	上交税金	从业人数
1	江苏顺大半导体发展有限公司	256360	253082	15136	6317	298
2	江苏波司登制衣有限公司	211274	201257	9367	13042	3500
3	扬州曙光电缆有限公司	200069	199510	4652	6287	820
4	扬州市光明电缆有限公司	68800	68416	1741	2979	468
5	江苏双兔食品股份有限公司	66715	65698	1214	396	238
6	江苏赛德电气有限公司	64373	62702	2513	1384	315
7	扬州市东元铜业有限公司	63000	60347	1660	2440	298
8	扬州大劲电机制造有限公司	60411	58584	16	39	65
9	江苏广源电线电缆有限公司	59832	59787	4497	3913	187
10	江苏金飞达电动工具有限公司	56779	50330	1328	2001	1868
11	高邮市万嘉面粉有限公司	53601	51048	2184	159	435
12	江苏苏发照明实业有限公司	53004	51243	1357	4236	330
13	扬州市秦邮钢铁有限公司	46681	46028	762	1520	329
14	江苏润华电缆股份有限公司	45112	45112	663	394	260
15	江苏华信轻工制造有限公司	41686	39608	1412	219	1045

续表 101

序号	企业名称	总产值	营业收入	利润总额	上交税金	从业人数
16	江苏华富能源有限公司	40824	40238	2993	1117	804
17	江苏华富控股集团有限公司	40648	35857	2211	2254	915
18	沙龙集团股份有限公司	40497	38203	2450	2695	1700
19	扬州市红旗电缆制造有限公司	34800	34410	1015	1731	220
20	扬州天华光电科技有限公司	34159	34054	713	542	158
21	江苏精佳制动器集团有限公司	33311	30070	939	2270	418
22	江苏朝阳液压机械集团有限公司	31340	28494	1591	1832	335
23	扬州升达集团	30968	27867	675	1362	815
24	扬州市亚光电缆有限公司	29146	28949	921	782	168
25	高邮市助剂厂	28975	26217	1306	579	588
26	高邮市金宝电工有限公司	28900	28835	1758	1471	57
27	扬州市新港电机有限公司	28662	29035	142	215	298
28	扬州千禧龙鞋业有限公司	28034	27140	18	89	691
29	高邮市华兴石油机械制造有限公司	27848	24385	423	352	400
30	扬州市兴隆卷板灯具有限公司	26650	26650	934	400	120
31	扬州华尔光伏科技有限公司	26133	26133	1750	210	138
32	扬州和益电动工具有限公司	25200	25200	865	285	278
33	扬州市威高机电有限公司	24836	21243	65	2	250
34	江苏传艺科技有限公司	24810	24032	2073	711	1396
35	扬州市刘氏化工有限公司	22257	21478	554	389	190
36	江苏华能电缆股份有限公司	21860	21642	298	938	262
37	扬州市华翔有色金属制品厂	20454	18440	33	783	122
38	高邮市三湖蛋品有限公司	20172	19889	352	406	255
39	扬州市天宇鞋业有限公司	20153	19245	1168	414	685
40	扬州日兴生物化工制品有限公司	19934	18991	416	304	350
41	高邮市液压成套设备有限公司	19880	18087	795	989	291
42	扬州兴益机械有限公司	19700	18637	967	1358	165
43	江苏西尔特橡胶股份有限公司	19620	19041	78	645	138
44	扬州市鹏达橡胶制品有限公司	19497	18953	138	708	130
45	高邮市福兴塑料五金厂	18930	17920	53	404	226
46	高邮市申发电机制造有限公司	18393	17782	201	95	148
47	高邮市卫星卷烟材料有限公司	18336	16664	680	1207	418
48	高邮市光明化工厂	18273	17296	360	306	118
49	高邮市康胜机械有限公司	18143	17207	1	401	30

续表 101

序号	企业名称	总产值	营业收入	利润总额	上交税金	从业人数
50	扬州市金马机电制造有限公司	17929	17115	265	715	186
51	扬州市晨光电缆制造有限公司	17520	17124	362	639	102
52	扬州市恒辉电缆有限公司	17105	16903	532	617	80
53	扬州凯尔化工有限公司	16290	15402	455	346	95
54	高邮市永发机械有限公司	16079	15447	4	277	228
55	扬州神游羽绒制衣有限公司	16016	15766	72	313	520
56	扬州市华冶钢材有限公司	15500	15500	167	121	28
57	扬州市金阳光电缆有限公司	14905	14779	899	539	87
58	江苏润雅制衣有限公司	14787	14389	728	726	1501
59	扬州市高升机械有限公司	14069	13841	35	356	138
60	扬州市志高建筑防水材料有限公司	13589	13151	663	476	210
61	江苏宝联建设有限公司	13550	13467	241	167	256
62	扬州市恒丰制衣有限公司	13509	12930	305	350	1150
63	江苏科凌医疗器械有限公司	12770	11596	527	640	296
64	扬州大大饲料有限公司	12362	12362	230	82	67
65	高邮市华星石油管件制造有限公司	12009	10899	416	185	220
66	高邮市包装制品有限公司	11969	11960	108	499	265
67	扬州一洋制药有限公司	10808	10617	1443	835	191
68	高邮市宏达标准件有限公司	10775	9771	463	486	187
69	高邮市金华达毛纺织厂	10749	10581	284	166	307
70	扬州因特吉实业有限公司	10228	12990	82	103	36
71	扬州高标机械有限公司	10160	9232	514	567	232
72	高邮市萃众毛巾有限公司	10152	10011	189	198	229
73	扬州市宝尔特钢杆电器有限公司	10035	10035	314	223	198
74	高邮市恒鑫电工材料有限公司	10015	9015	186	55	58

企业集团例举

江苏金飞达集团

江苏金飞达集团为省级单位，1994 年 6 月成立，核心隶属卸甲镇。该集团以扬州飞达电机仪表公司为核心，有 4 家紧密层、14 家半紧密层、6 家松散层企业。该集团在外向开拓中打造规模优势，以生产电动工具为主，范围扩至油漆、电源线、开关、电容器、橡胶制品、纸品包装等产业。其中，微型电机、台钻、台式带锯等销往近30个国家和地区。主要产品在1993年获安全认证、出口质量许可证、全面质量管理达标等6种国家级证书的基础上,1994年在全国同行业中第一家通过德国TUV/GS认证,又相继通过英国BSI、加拿大CSA及欧共体CE、CMC等认证。1994年,集团实现产值9179万元、销售8015万元、利税464万元,分别比上年增长87.7%、67.4%和52.1%;出口交货值7503万元,比上年增长1.35倍,列全市乡镇工业之首。

扬州三洋钢铁集团

扬州三洋钢铁集团为扬州市级单位,1994年7月组建,核心隶属甸垛镇。该集团以市轧钢厂为核心层企业,下辖市三星型钢厂、甸垛蛋品厂、甸垛农具厂等3家紧密层企业及8家松散层企业,是融轧钢、铸造、冷拉、轻纺、运输等于一体,跨行业、跨地区、多功能、多层次、多角度经营的企业集团。该集团内抓管理,外拓市场,积极完善内部承包,紧密挂靠和联营上钢三厂等大企业,在克服钢材市场疲软、资金紧张困难的同时,寻求新的发展机遇。1994年9月,市轧钢厂、市三星型钢厂改制为股份合作制企业。1994年11月,集团改为"扬州市三洋钢铁(集团)有限责任公司"。(集团)公司占地10万平方米,拥有固定资产5100万元,有职工950人。其中,各类专业技术人员164名。1994年,集团完成钢产量2.86万吨,实现销售收入1.06亿元、利税801万元。当年,集团被省乡镇企业管理局评为千家最佳经济效益企业,被国家农业部乡镇企业局评为1994年度中国黑色金属行业最大规模乡镇企业100家(第42名)。

扬州茶花集团

扬州茶花集团为扬州市级单位,1994年8月2日成立,核心隶属天山乡。该集团以扬州市茶花运动鞋厂为核心,以合资企业扬州主力皮革制品有限公司、扬州市华飞鞋厂、天山南茶织带厂为紧密层,以扬州市兴华鞋业公司等14家企业为半紧密层、松散层企业组成,是集生产、经营、销售、交通运输、外贸为一体的经济实体。该集团大力招商引资,借梯上楼,发展外向型经济。根据国际市场需求,集团运用现代技术、工艺、设备,选用优质原辅材料,按照国际通用的规格和标准,开发适销对路的箱包鞋等外贸系列产品。1994年,集团实现产值1.004亿元,外贸供货额7698万元。

扬州正大集团

扬州正大集团为扬州市级单位,1994年12月成立,核心隶属汉留镇。该集团以市环保设备制造厂为核心企业,由9家紧密层、7家半紧密层、30家松散层企业组成。主要产品有环保设备、水处理设备、防腐保温材料、服装、食品等。该集团着力开拓市场,在全国20多个城市建立销售网点,在北京、上海、青岛、广州、深圳、重庆、大连等城市设立办事处,在泰国、马来西亚等国家和香港、澳门地区设立联络商和代理商。同时,集团积极介入大型环保产品及技术的展示、展销、研讨会,提高企业的知名度,扩大产品的国外辐射。1994年,主产品BCO型有机气体催化净化装置被列入国家火炬计划;自行研制、开发的干式除雾喷漆室获国家专利;核心企业被评为全国"环保百强企业"。当年,集团实现产值3101万元、销售2133万元、利税219万元。

江苏华能电缆集团

江苏华能电缆集团为省级单位,1995年成立,核心隶属湖滨乡。该集团以江苏华能电缆总厂为核心,以江苏华能营销有限公司、高邮市电线电缆研究所和受托经营的高邮市长江电缆厂、扬州市亚光电缆厂为紧密层,以江阴市东方造粒厂、高邮市晨光线缆厂为半紧密层,以扬州市琼花丝绒厂、高邮市橡胶三厂、高邮市农机配件三厂为松散层。集团以电缆产品为主体，以资产为纽带，形成跨地区、跨乡镇、跨行业的科、工、贸一体化。集团总资产达6209.9万元，净资产达3081.8万元。

高邮金地集团

高邮金地集团为高邮市级单位，1997年11月成立，核心隶属甸垛镇。该集团以甸垛蛋品厂为核心企业，以三洋蛋品厂、东南粮油公司、甸垛羽绒铝件加工厂等为紧密层，以市沪苏联营食品厂、甸垛红旗粮油加工厂等为半紧密层组建而成。集团拥有一定实力的蛋品生产供应基地，当年培植6个3000~5000只的养鸭大户、9个1000只以上的养鸭大户、47个300只以上的养鸭大户。

1994—1996年高邮乡镇工业企业集团情况一览表

表102

企业集团名称	级别	成立年份	核心隶属	成员企业数	核心企业名称
江苏金飞达集团	省级	1994	卸甲镇	25	扬州飞达电机仪表公司
扬州三洋钢铁集团	扬州市级	1994	甸垛镇	12	高邮市轧钢厂
扬州茶花集团	扬州市级	1994	天山乡	15	扬州市茶花运动鞋厂
扬州正大集团	扬州市级	1994	汉留镇	47	高邮市环保设备制造厂
江苏华能电缆集团	省级	1995	湖滨乡	10	江苏华能电缆总厂
江苏邮达过滤机集团	省级	1995	横泾镇	—	高邮市通用过滤机厂
江苏日欣集团	省级	1995	武安乡	—	江苏日欣实业集团有限公司
扬州强力集团	扬州市级	1995	车逻镇	—	高邮市强力不锈钢标准件厂
扬州永富机械集团	扬州市级	1995	张轩乡	—	上海自丰机械厂高邮分厂
高邮金铸城铸造集团	高邮市级	1995	卸甲镇	—	高邮市飞达铸造厂
高邮通达集团	高邮市级	1995	汤庄乡	9	高邮市通达标准件有限公司
江苏茶花集团	省级	1996	天山镇	18	扬州市茶花运动鞋厂
江苏通达集团	省级	1996	汤庄镇	9	高邮市通达标准件有限公司
江苏宏发通信集团	省级	1996	天山镇	13	扬州市兴华光电线缆厂
扬州邮星消防集团	扬州市级	1996	二沟乡	12	扬州市邮星消防器材厂
扬州东方液压集团	扬州市级	1996	汤庄镇	8	高邮市东方动力机械厂

1998年高邮乡镇工业主要企业集团实现产值(现价)情况表

表103　　单位：万元、%

企业名称	本年	上年	同比增减
合计	89363.8	90364.4	-1.1
扬州强力集团	10838.8	11772.5	-7.9
江苏日欣集团	14191	16211	-12.5
江苏金飞达集团	21634	18654	16
江苏邮达集团	9507	8835	7.6

续表 103

企业名称	本年	上年	同比增减
江苏茶花集团	13833.6	15476.8	-10.6
扬州永富机械集团	4540	4375	3.8
扬州三洋钢铁集团	2638	4664	-43.4
高邮金地集团	2797	3054	-8.4
江苏宏发邮电集团	9384.4	7322.1	28.2

产　品

产品结构及其调整

1951—1956年，全县各乡把“五匠”（铁匠、木匠、篾匠、铜匠、白铁匠）组织起来，分别成立了铁业、木业、竹业、服装、编织等社（组），主要依附本地农副业，生产铁、木、竹小农具及简单服装加工、柳器编织等产品，具有很强的手工业作坊性质。

1958年后，随着人民公社成立，各乡掀起大办工业的运动，先后扩建和新建了一大批社队办厂。这一时期生产产品也相应拓展，主要有农具和水利工具、肥料和饲料、碾米和磨粉、砖瓦和低标号水泥，还实行了农具改革，大炼钢铁，大搞绞关化、轴承化、风车化，因应了社会生产需要和时代政治要求。然而，在“大跃进”的号召下，全县各乡出现了不量力而行，一哄而起，盲目“大办”的现象。全县各公社队队办起了肥料厂，在没有磷肥的条件下，用含有磷成份的泥炭、千脚土、鸡鸭粪、土硝、螺蛳等代替制造颗粒肥。武安乡宝塔社建有155座造肥窑，每座窑每两天出肥3000斤。突击大搞的产品质量粗制滥造，1958年生产的11700部绞关，实际能使用的不超过30%。砸锅卖铁，土法炼钢，平调了群众的大量资财。

1959年，根据对社队工业的调整，社队工业的产品基本要求贯彻就地取材、就地生产、就地供应的“三就地”原则。全县关停了化工、水泥、石灰生产；限制了砖瓦生产；继续农机农具、粮食加工、土化肥和农药等与农业有直接联系的工业产品生产和土特产品的加工生产。之后，全县又持续几年进行了整顿和调整，在基本停办、少有幸存社队工业的状况下，农具生产仍然加大力度发展。

一直到1970年之后，生产范围方有所松动。许多厂从外地聘请业务、技术人员，生产锉刀、丝锥、螺丝、油石砂轮等；一些机械生产企业根据“一修二配三制造”的方针，开始生产车床、冲床、空气锤、电机等；轮窑先后开办，纺织工业也开始起步。但是，1972年至1974年期间的整顿，再次冲击了社队工业的生产，大大压缩了为大工业、为市场、为外贸服务的企业发展空间和机遇。

1976年之后，全县社队工业进入了一个新时期。各地办了一些新厂、上了一批新产品，如三垛布厂、临泽纤维板厂、甘垛皮毛厂、八桥水泥厂以及机油滤清器（汉留）、电瓶车（东风）、铸钢阀门（菱塘）、硫酸铝（甘垛）等。各地坚持走“一种二养三加工”的道路，充分利用地方资源，大面积种植杞柳，进行柳器编织。在此前后，菱塘公社办起了兔毛加工厂。湖滨公社利用湖滩田，种植洋葱、大蒜、刀豆等,建起了食品综合加工厂,生产脱水蔬菜。这一时期,社队建材、轻纺工业发展较快,先后新建和扩建了13座轮窑和棉纺厂、纱厂、针织厂等;缝纫工业开始从门市加工为主转为以商品服装为主。1979年与1978年相比,建材增长20%;棉布增长32.6%;服装增长26%;皮鞋增长32.4%。1979年,各农机具厂生产的农机具产量与1978年相比,脱粒机1126台,增长了5倍;饲料粉碎机1333台,增长了75%;碾米机660台,增长了2倍;破垡盖籽机4015台,增长了4倍;农机配件68万件,增长了7%。全县还推广了棉花制钵机、割晒机、高压喷雾机、喷灌机、开墒机等农业机械,生产中小农具48.6万件。这一时期,国家严格制止计划外生产机床,全县社队机床制造完全下马;界首的晶体管、沙堰的石棉板、车逻的电石、临泽的纤维板等一些产品(项目)都因缺乏技术、电力等条件而半途夭折。

1979年底,全县社队工业开始贯彻中央提出的"调整、改革、整顿、提高"八字方针,进行了积极、主动地调整产品结构。主要是截长线,补短线,压缩重复过多的产品,淘汰质量低、消耗高的产品,重点发展原料有来源、市场有需要的消费品生产。主要有棉布、丝绸、被面、铝箔纸、平板玻璃、人革箱(包)、皮布鞋、针织品、服装、铜铝拉链、钢木家具、农房构件、折叠式铁床、节煤炉等,生产比重从1978年的34.6%上升到43.83%。砖瓦、水泥、农机具等产品在调整中得到了更进一步的发展。

1984年前后,全县乡村(社队)工业开始注重和进行技改工作。当年,各地乡村企业自我投入128万元,进行技术改造。其中,开发了新产品55个,增加新品种177个、新花色410个。当年,乡村食品、电子、塑料包装工业有了较大的发展。其中,食品工业的发展更为迅速。全年产值1350万元,比1983年增长61.7%;产品花色达40多种,除生产糖果、糕点等大众食品外,还生产板鸭、香肠、再制蛋等腌腊食品。一些名特食品如临泽水晶月饼、界首陈西楼茶干等也恢复了生产。临泽的汽酒、甘垛的花生酥、司徒的夹心面包、二沟的五仁麻糕等很受欢迎。具有新兴工业标志的电子、塑料工业后来居上。家用电器、远红外元件、低负压吸引器、彩色印刷、铝箔纸等,为全县乡镇工业从一定程度上打破了传统工业产品一统天下的格局。

经过一个时期的发展,至1986年,全县乡镇工业70种产品,属"生长期"的产品有14种,占23.3%;属"壮年期"的产品有32种,占41%;属"更年期"的产品有21种,占29.1%;属"消亡期"的产品有3种,占6.5%。据此,全县乡镇工业着重从产品发展阶段进行产品结构调整。"消亡期"产品坚决停产,如汽车改装、铜铝拉链。"更年期"产品迅速淘汰,如酱油、吊扇、水泥电杆、老型水表等。"壮年期"产品更新换代,如人革箱、低负压吸引器等。"生长期"产品大力发展,如有机气体催化净化装置、保暖旅游鞋、钢瓶、裸铝线、吸塑箱、铝箔纸等。此外,对汽酒、折椅、保险橱等布局过多、质量较差、滞销的产品,对平板玻璃、油毡等行情波动产品,对砖瓦等受土源影响的产品都列入调整计划。

至1987年,适销对路产品增长较多。在考核的30个重点产品中,有21个产品产量超过上年。其中,钢瓶、复合铝箔纸、钢驳船、铁床等产品增长一倍以上。纺机配件新品增多,农机产品也明显回升,一些农机产品的主机或配件供不应求,尤其是"两机一器",生产批量大,销售数量多,给农机行业带来了新的生机。三垛农机修造厂在三季度前后110天内,完成了生产1100多台条播机的任务;卸甲农机具修造厂生产了330多台开墒机,满足农村市场需要;湖滨农机配件三厂的化肥深施器在市场上有一定的声望,深受用户欢迎,全年共完成了16.3万台,超过年计划的8.7%,比上年增长2.8倍。另外,上年呈积压趋势的各类水泵也销售一空。

1977—1987 年高邮乡镇工业主要产品产量表

表 104

产品名称	计量单位	年份										
		1977	1978	1979	1980	1981	1982	1983	1984	1985	1986	1987
卷扬机	台	139	254	246	160	108	203	232	286	439	363	369
工业泵	台	—	110	166	164	209	423	983	1185	285	271	367
农业泵	台	—	136	438	316	100	342	357	723	378	459	507
车床	台	—	128	19	1	—	—	—	—	3	3	—
机动饲料粉碎机	台	32	775	1343	1050	326	620	583	936	759	854	1005
刨床	台	56	48	6	—	—	—	—	—	—	—	—
冲床	台	—	18	7	—	—	8	12	6	—	9	—
空气锤	台	—	18	1	—	—	—	—	—	—	—	—
交流电动机	千瓦	4400	4385	4522	—	—	—	—	—	—	—	—
直流电动机	千瓦	—	63	246	100	—	—	—	—	—	—	—
电焊机	千瓦	29	28	9	—	—	—	—	—	—	—	—
电瓶车	辆	—	14	27	10	14	25	21	19	31	—	12
民用改装车	辆	—	7	11	10	—	—	—	—	30	—	—
破垡盖籽机	台	—	—	3979	4667	3800	1630	640	953	600	610	—
碾米机	台	—	217	670	750	350	350	210	228	190	165	—
割晒机	台	—	300	50	—	—	—	—	—	—	—	—
脱粒机	台	3	235	894	1149	967	1756	833	1076	300	185	393
拖内配件	万元	44	327	280	282	249	391	497	636	1005	909	1375
钢瓶	只	—	—	—	—	—	—	—	—	—	18100	36673
水泥	吨	1600	5970	4800	8412	11505	13397	17800	18300	21828	25300	3200
黏土砖	万块	18362	23171	27791	27733	39231	45601	44764	54680	54613	61669	62948
黏土瓦	万片	1907	4251	3784	3173	3849	3476	4367	5117	3688	3343	3504
石灰	吨	—	135	1003	1831	2471	2426	3450	2860	3427	3646	2063
平板玻璃	万平方	—	—	—	—	40.71	56.18	56.1	53	59	51	54
水泥农船	条	—	464	1256	1466	1386	850	358	160	127	117	446
棉布	万米	99	144	196	382	707	706	519	510	684	698	666
棉纱	吨	—	134	111	194	211	212	168	211	250	426	648
丝绸被面	万米	—	—	—	—	0.92	3.43	2.08	1.32	1.21	1.65	4.9
皮鞋	万双	2.73	2.4	2.41	5.5	8.7	4.5	4.2	6	9	17.12	20.4
金属玩具	件	—	—	—	—	—	—	12289	19869	43066	16583	30367
钢木家具	件	—	—	—	1911	7217	44108	37990	32920	48171	39761	29400
中小农具	万件	7.19	42.29	47.64	53.48	49.62	48.64	64	43.48	36.24	32.29	35.6

续表 104

产品名称	计量单位	年份										
		1977	1978	1979	1980	1981	1982	1983	1984	1985	1986	1987
其中:铁制农具	万件	6.46	33.3	41.9	48	44.6	42	43.3	38.2	32.9	29.61	32.4
木制农具	万件	0.6	2.1	2.11	2.11	1.61	3.04	18.53	2.3	2.44	2.13	3
竹制农具	万件	0.13	6.9	3.5	3.4	3	3.6	2.4	1.1	0.87	0.46	0.2
竹藤棕柳工艺品	万元	17.96	167	128	116	196	161	185	158	189	277	175
烟花爆竹	万元	63.8	125	138	141	189	208	206	322	404	312.4	330.4

1984—1988年,各乡镇和许多企业瞄准市场,不失时机地开发了一批新产品,增加畅销产品的产量,涌现了一批在市场上具有一定影响和覆盖面的产品。1988年,全县乡镇工业61个主要产品中,产值100万元以上的有44个,占72.1%。全县出现了像旅游鞋、铝箔纸、轧钢、水泥、纺织品、路灯灯具等一系列在市场上具有一定影响的产品;还有化肥深施器、净化装置、叶片过滤机、油膜离合器、橡胶螺旋托辊等填补国内或省内空白的产品;以及箱包、针织内衣、仿古陶瓷、蛋品、鞋类等能力已达到创汇100万美元以上的产品。这些产品具有质量好、品种多、性能稳定等特点,深得广大用户的欢迎。临泽铝箔纸厂生产的铝箔纸产量在全国处于第三位,郭集盘塘照明电器厂生产的路灯灯具占全国路灯管理站销售的10%以上。在此基础上,全县出现了一批骨干企业。至1988年底,全县乡镇工业已有1000万元以上的企业3家,300万元到1000万元的企业32家,累计产值17569.4万元,占总产值的30.6%。这些企业地位举足轻重,对全县乡镇工业具有较大的影响。

此前,全县乡镇原材料工业档次低,而且发展缓慢。这一时期,原材料工业显示出新的活力。在巩固、扩大原有老企业的同时,新上了一批市场紧缺的产品,出现了三个比较突出的行业。一是化工原料工业,乡镇工业根据"三同时"的要求,开发了染料中间体等新品,品种由2个增加到7个,产值由1986年的74万元上升到1988年的1007万元。横泾合成化工厂、湖滨助剂厂、八桥化工厂等企业产值已经达到1363万元。二是纺织原料工业,随着对棉纺织品的市场需求大增,有些企业扩机扩台,提高产量。三垛镇拥有纱锭1.35万锭。纺织原料的发展,带动了纺织制成品的发展。圆机增加到30台,布机328台,毛巾机63台。1988年,纺织工业产值已达3049万元,比1987年增长28.5%。三是金属原料工业,全县乡镇工业金属原材料在以往轧钢、拉管的基础上形成400吨铜带、6000吨冷轧带钢、4000吨拉管、2000吨不锈钢管、10000吨轧钢的设计生产能力,而且各种产品基本上形成系列,呈现发展的态势。1988年,该行业4个主要企业的产值达1199万元,比1986年增长90%。

这一时期的产品结构调整也抑制了一些不景气产业的发展。砖瓦行业是乡镇工业起家的产业,起过积极作用。但全县除小砖窑外,轮窑有19座,年用土量2800万方,土源日益枯竭,加之替代原料尚未解决,各乡镇都自觉地限制了砖瓦行业的发展。鞭炮行业安全要求高,且产值小,一直都受到严格的限制。1984年前后,当时饮料刚进入人们的生活,汽酒需求较为旺盛。随着人们生活水平的提高,饮料向高档、多品种发展,"三精"(糖精、酒精、香精)为原料的饮料在市场上日见失宠,销售逐渐远离集镇转向农村,且资金回笼慢,各生产企业也是维持生产。全县10家生产企业,有的开始转产,摆脱危机。

产品结构虽经不断调整,但不足之处仍然突出。主要有三个方面:一是加工型产品多,全县乡镇工业产值100万元以上的企业产品,有106个是加工型产品,占76.4%;最终产品只有25个,只占23.6%。

二是优质产品少，至1988年底，全县乡镇工业累计市优产品24个、省优产品5个、部优产品1个。市以上优质品率为11.3%，省优质品率只有4.47%。三是外贸收购额少，乡镇工业的外贸生产还刚刚起步，速度虽快，但绝对值较低，只占总产值的5.5%。乡镇工业产值占全县工业产值的58.8%，而外贸收购额只占全县的21.4%。

产品开发调整，促进了外贸发展。1986年，伯勤张曹村仿古陶瓷厂生产和出口仿古陶瓷产品，一些乡镇工业也陆续涉足出口创汇产品的生产。1988年，全县乡镇工业出口创汇企业达到54个，出口产品品种27种，外贸收购额3500万元。1990年，外贸收购额达6560万元。其中，直接出口4073万元。外贸产值占总产值的比重由1986年的1.3%上升到8.8%。

1990年，因应国内市场疲软、销售疲软，全县乡镇工业坚持开发性调整与适应性调整相结合，一面开发高、精、尖项目，培植一批拳头产品，一面搞好短、平、快项目，积蓄力量和经验。至当年底，46个重点企业的产品畅、平、滞比例由上年的22.2∶62.8∶15变为38.6∶47.4∶14。1991年，市里又对全市100万元产值以上的58个重点产品统计，畅、平、滞的比例明显改善。其中，畅销产品达30个，占51.7%，比上年增加6个；平销产品达24个，占41.4%，比上年减少4个；滞销产品4个，占6.9%，比上年减少2个。横泾镇农具厂生产的纺机配件有近百个品种，为了适应市场变化，果断地停产了70个品种，增加了畅销品种的批量，产值、销售、利润均好于上年，同时又丢掉了产品积压的包袱。三垛东方纱厂在棉纱市场不景气、原料紧缺的情况下，更新设备，利用技术优势，转产纯化纤、混纺纱，并形成系列，吸引了用户，提高了经济效益。至1991年，产品产值过500万元的有纸箱、电缆、旅游鞋、道路灯具、水泥、镇流器、蓄电池、花键轴、不锈钢丝、轮胎螺丝、环保设备、铝箔纸、塑料编织袋、农具、棉纱、条播机、过滤机、钢瓶、轧钢、铜带、篷布、羽绒服、保险柜、电热管、不锈钢标准件、箱包、蛋制品、丝绒、长毛绒玩具、蜂乳、塑料粒子等。尽管如此，问题产品仍很突出，优质品率很低。考核的60种产品，一等品率只有35%，优质品率只有8%，低于全市平均水平。

为此，全市乡镇工业借助“质量、品种、效益年”，采取了一系列措施。主要把适应性调整和开发性调整结合起来，把增量性调整和存量性调整结合起来，促进存量资产的合理配置，增加适销对路产品的比重，使一部分产品达到合理的经济规模。对于日用消费品，注意多品种、小批量生产，以适应不同消费层次的需要以及人们不断更新的消费心理；对于机电产品，向大工业靠拢，甘当配角，争取进“笼子”；对于建材产品，以销定产，不增加新的积压；对于化工产品，坚持“三同时”的原则进行发展；对于出口创汇产品，增强应变能力，寻找多种渠道。因而，以市场为导向，根据国家的产业政策和市场需要，加快发展名、特、优产品和短线产品，大力开发“四高二低”（高技术含量、高附加值、高创汇、高效益、低能耗、低物耗）产品，积极挖掘市场需要而城市大工业又不生产的拾遗补缺的产品。在开发新品的过程中，各企业立足现有基础，充分利用原有的厂房、设备、技术等条件，走专业化生产协作的道路，防止小而全的倾向抬头；充分利用原有产品优势发展相关的产品，引导企业向系列化、成套化、多功能方向发展。同时还结合三个方面开展工作，一是抓市场开拓，在不断增加城市市场销售份额的同时，增强发展外经、外贸意识，增加产品出口创汇；二是抓企业管理，对企业进行“管、帮、促”，着力提高企业的产品质量；三是抓承包配套，把产品质量的高低与职工的劳动报酬挂起钩来，以保证产品质量稳步提高。

至1993年，全市乡镇工业产品档次有了显著提高。市通用过滤机厂的高浓稀释机和菱塘曙光电缆厂的计算机用阻燃屏蔽电缆，分别被列入“星火”计划；扬州琼花环保设备有限公司的有机气体催化净化装置、天山光纤电缆厂的光纤电缆和市电缆厂的辐照交联电缆，分别被列入“火炬”计划；市承州钢管探伤设备厂的四通道管材超声波探伤机和市通用过滤机厂的系列精滤机组，分别被评为省优秀新品金牛奖；市塑料电器厂的PP电缆料和市长城通用机械设备厂的粘合机，分别被评为省轻工优秀新品银质奖；有17个新品通过技术鉴定。其中，省级15个，扬州市级2个。市电缆厂的热塑弹性体耐曲挠扁平控制电缆和市通用过滤机厂的高浓稀释机组，分别申报了国家重点新品试产计划。此后，全市乡镇工业新品开发，产品创优、创牌，以及获得各类奖项逐步进入高发期。

表105

1995年高邮乡镇工业重点产品表

序号	重点产品名称	主要生产企业
1	电线电缆	菱塘曙光电缆厂、湖滨华能电缆厂、天山光缆厂
2	轧钢	甸垛三洋钢铁集团、武安新邮钢厂
3	钢瓶	界首常乐公司
4	过滤机	横泾邮达集团
5	微电机及系列产品	卸甲金飞达公司
6	不锈钢轧制及标准件	车逻强力不锈钢标准件厂
7	化工产品	湖滨助剂厂、横泾合成化工厂
8	花键轴	武安农机配件二厂
9	无氧铜杆、铜管	武安日欣集团、横泾邮达集团
10	箱包鞋	天山茶花鞋厂、天山光华皮件厂、汉留樱花鞋厂、临泽天高鞋厂
11	轮胎	天山茶花鞋厂
12	灯管及灯具	郭集盘塘电器厂、武安节能灯厂
13	棉纱	三垛二棉厂
14	农用车及后桥	武安农机配件二厂、三垛农机具厂、送桥车辆厂
15	铝箔纸	临泽铝箔纸厂、武安日欣集团

表106

1995年高邮乡镇工业3000万元以上企业主要产品一览表

企业名称	1996年计划(万元)	主要产品
车逻强力集团	18000	不锈钢冶炼、轧钢、拉丝、标准件
湖滨助剂厂	10000	荧光增白剂
湖滨丝绒厂	5000	丝绒
湖滨华能集团	10000	电力电缆、控制电缆、计算机电缆
武安农配二厂	15000	花键轴、农用车后桥
武安橡塑厂	20000	无氧铜杆、铝箔纸、氨基恩醌
武安新邮钢厂	10000	轧钢、制氧
武安塑电厂	10000	电缆料、电缆
张轩亚光塑料厂	4000	塑料粒子、电缆导管、塑料管
张轩钢管厂	5000	无缝钢管

续表 106

企业名称	1996 年计划(万元)	主要产品
张轩齿轮厂	5000	齿轮、拉伸机、制笔机、正三轮摩托车
卸甲金飞达集团	22000	电机、台钻、台锯
甸垛三洋集团	6500	轧钢、鸭蛋制品
汉留琼花环保厂	6000	水处理设备、净化装置
汉留樱花鞋厂	5000	旅游鞋
三垛二棉厂	10000	棉纱、澳涤呢
三垛合金材料厂	4500	合金拉丝
三垛元件厂	4000	摩托车架
三垛布厂	4000	棉布、灯芯绒浮染
横泾机械厂	15000	过滤机、高浓稀释机、二氧化碳回收机
界首阀门厂	10000	钢瓶、反应釜
临泽铝箔纸厂	5000	铝箔纸、卡纸
临泽服装厂	4000	各种夹克衫
天山光缆厂	5000	光缆、话缆
天山茶花集团	25000	轮胎、运动鞋、包
天山光华皮件厂	4000	各式软箱、密码箱
菱塘羽绒厂	8000	兔毛、羽绒及服装
菱塘曙光电缆厂	15000	电力电缆、控制电缆及各种特缆
菱塘光明电缆厂	4000	橡胶电缆、塑料电缆
菱塘扬子电缆厂	4000	塑料电缆
郭集声光器材厂	4000	道路照明灯具
甘垛长江压铸厂	4000	铝压铸、摩托车减震器

1996 年高邮乡镇工业主要产品产量表

表 107

产品名称	计算单位	合计	乡办	村办
粮食加工	万吨	1	—	1
其中:大米	万吨	1	—	1
食用植物油	吨	981	354	627
饮料酒	吨	2033	998	1035
其中:白酒	吨	157	57	100
饮料(非酒精)	吨	8973	8370	603
布	万米	732	705	27
其中:棉布	万米	720	705	15
毛巾(含枕巾)	万条	359	359	—

续表 107

产品名称	计算单位	合计	乡办	村办
服装	万件	428	175	253
其中:衬衫	万件	12	5	7
西装	万件	8	7	1
童装	万件	5	4	1
丝织品	万米	223	223	—
针织服装	万件	223	223	—
其中:棉毛类衫裤	万件	67	67	—
羊毛衫裤	万件	5	5	—
皮鞋	万双	73	59	14
箱包	万件	133	30	103
皮件	万件	5	—	5
家具	万件	15	1	14
其中:木制家具	万件/万元	11/2126	—	11/2126
书刊印刷	万令	871	751	120
化学肥料(折 100%)	吨	5332	3404	1928
其中:磷肥(折 100%)	吨	2450	2450	—
复合肥(折 100%)	吨	2359	789	1570
塑料制品	吨	11912	7096	4816
水泥	万吨	8	8	—
水泥预制构件	万立方米	43	3	40
砖(普通烧结砖)	万块	51387	22912	28475
成品钢材	吨	38221	36457	1764
泵	万台	2	2	—
中小农具	万件	19	15	4
电机	万千瓦/万台	15/46	—	—
电缆	千米	39712	24587	15125
民用灯具	万只	10	5	5
工艺美术品	万元	2055	688	1367
玩具	万件	190	124	66
烟花爆竹	万元/万箱	2112/509	228/152	1884/357
其中:烟花	万元/万箱	1133/378	122/82	1011/296
空调器	万台	887	—	887
铸铁件	万吨	11	6	5
汽车配件	万件	362	317	45

这一时期，一些机械制造生产企业根据市场需求，大胆创新，积极创造条件，进行农用汽车及其配套件的研制、开发和转产，随之相关农用汽车配套项目也纷纷上马。其中，1992 年，三垛农机具修造厂研制生产“银鹰”牌 05 型农用四轮车，当年生产销售 160 辆；同年，武安农机配件二厂开发生产农用运输车后桥总成；1994 年，送桥食品机械厂与合肥市农用车厂合作生产 HFC1035R6 型农用面包车，通过省机械工业厅和省工学院联合评审，同年通过省级鉴定，投入批量生产；1995 年，天山镇南茶村的扬州神力橡胶厂新上了 10 万套轮胎扩产项目，1996 年又与南京轮胎厂签订了年产 50 万套斜胶轮胎项目；1997 年，车逻乡技术改造新上生产农用车轮胎，但由于技术、资金、市场及其准入条件等因素和问题，终未形成产业规模而很快销声匿迹。

市农机配件二厂生产的农用车后桥总成

至 1997 年，全市乡镇工业规模产品逐渐增多。其中，年销售额 300 万元以上的产品有 186 个，年销售超过 32 亿元，占全市乡镇工业年销售额的 50% 以上。产品结构趋于多元化，主要分布在机械电器、冶金、化工、纺织、缝纫、建材、塑料制品等 10 多个行业。部分行业发展较快。其中，化学工业、电器工业发展速度加快，畅销产品多集中于机电、化工、制鞋等行业。但是，这一时期也反映出很多问题，主要是平滞销产品仍居于主导地位，41. 9% 的产品产销率低于 95%；约有三分之一的重点产品开工不足，负荷率在 85% 以下；高、精、尖产品仍甚少，比重不相协调，只有名牌产品 2 个，高新技术产品 3 个；75. 3% 的产品处于成熟期，产品的后劲不足，进一步加快发展的后继优势不明显。

20 世纪 80 年代之前，全县乡镇中小农具生产一直实行计划经济，生产中小农具所需钢材、木材、煤炭等主要原辅材料实行计划分配和供应。此后一段时期，随着市场经济的发展，国家对中小农具生产计划逐步放开，中小农具生产一度计划和市场双轨制并行。90 年代以后，国家对中小农具生产全部放开，对主要原辅材料不再计划分配和供应，由各企业根据市场需求自行组织原辅材料，安排生产和销售。一些中小农具生产厂家因生产费用大、产品价格低、经济效益差，而纷纷实行减产、停产或转向生产和经营，中小农具生产量呈波状锐减。1998 年，中小农具不再列入全市工业主要产品产量统计。

1998 年，在注重乡镇工业发展速度的同时，全市乡镇工业以市场、政府、环境等客观因素的推动，坚持技术改造，不断开发新产品，加强结构调整，加速改造老产品，限、停低档次、高耗能、无效益的产品，树立一批具有一定科技含量、附加值高、竞争力强的主导性产品，促使企业及产品不断升级换代。各乡镇先后限产、停产、淘汰了黑色金属轧制、无氧铜材、塑料粒子等产品；同时新上和开发了铝塑复合管、甲壳素系列、交联阻燃计算机电缆、半喂入稻麦两用收割机、cbs 增白剂等项目和产品。

1997 年高邮乡镇工业销售额 300 万元以上产品情况表

表 108

单位：个、万元、%

行业分类	产品总数		销售收入		分布情况			
	合计	占比	合计	占比	5000 万元以上	2000 万～5000 万	1000 万～2000 万	300 万～1000 万
合计	186	—	326370	—	14	36	49	87
机电	81	43.5	138800	42.5	5	18	18	40
冶金	14	7.5	44970	13.8	3	5	4	2
化工	31	16.7	49520	15.2	2	2	10	17
服装针纺织	20	10.8	36820	11.3	1	7	6	6
鞋类	5	2.7	12660	3.9	1	2	2	—
纸及制品	11	5.9	18260	5.6	1	1	2	7
建材	7	3.8	9630	2.9	1	—	2	4
塑料制品	8	4.3	6510	2.0	—	—	3	5
其他	9	4.8	9200	2.8	—	1	2	6

1997 年高邮乡镇工业年销售 300 万元以上产品状况分析表

表 109

单位：个

行业分类	产销率情况			销售状况			所处生命周期		
	95%以上	90～95%	90%以下	畅销	平销	滞销	导入期	成熟期	衰退期
合计	108	60	18	53	118	15	22	140	24
机电	46	26	9	25	49	7	11	60	10
冶金	8	4	2	2	9	3	0	9	5
化工	17	11	3	11	19	1	5	24	2
服装针纺织	17	3	0	6	14	0	0	16	0
鞋类	5	0	0	4	1	0	0	5	0
纸及制品	7	4	0	2	9	0	1	9	1
建材	3	4	0	1	6	0	0	7	0
塑料制品	2	2	4	0	5	3	1	3	4
其他	3	6	0	2	6	1	0	7	2

1986—1997 年高邮乡镇工业中小农具产量表

表 110

单位：万件

年度	1986	1987	1988	1989	1990	1991	1992	1993	1994	1995	1996	1997
生产量	34.8	36.8	35	28.5	15	58	57	16	26	14	2.8	3.3

在此前后，全市乡镇工业把产品质量管理推到极其重要的位置，一是争创知名品牌产品，二是推动产品标准化，三是建立质量管理体系。1995 年，扬州飞达电机仪表公司生产的“东辉”牌小功率电机获得“江苏名牌产品”称号，这是全市乡镇工业产品首次获得这一称号。1996 年，扬州华飞运动鞋厂生产

的“茶”字牌运动鞋，被省乡镇企业管理局授予“江苏省乡镇名牌产品”称号。1997 年，江苏华能电缆总厂生产的“苏邮”牌电线电缆，获得中国社会调查事务所授予的“中国公认名牌产品”荣誉证书，成为全市首例。1996 年，扬州曙光电缆厂按照 ISO9002 要求，建立了质量保证体系，通过了中国质量管理协会的认证，成为全市首家通过 ISO9002 质量体系认证的乡镇企业，至 1999 年全市有 15 家企业通过 ISO 9002 质量体系认证。1987 年，全县乡镇工业 30 万元以上单项产品有标率 92.6%。其中，有 2 家企业采用国际标准和国外先进标准。1997 年，全市乡镇工业采用国际标准的有 5 家企业。1998 年，全市乡镇工业产品有标率达 98.2%。

在此前后，全市乡镇工业加快技术进步，不断科技创新，大力培育高新技术企业和高新技术产品。1995 年，市通用过滤机厂生产的高压过滤机和精密过滤机组被省科委确认为高新技术产品，该企业被确认为高新技术企业。至 2005 年，全市乡镇工业累计有省高新技术产品 95 种。

表 111

2003 年高邮乡镇工业新增产值 500 万元以上新增长点一览表

序号	乡镇(区)	企业名称	新增项目(产品)名称
1	开发区	佳光电子公司	电子产品
2		惠民实业公司	塑料粒子
3		昊天通讯公司	通讯
4	车逻	康乐机械公司	腹肌器
5	龙虬	防水材料厂	防水材料
6		天成贸易公司	职业服装
7		得月楼水产品加工厂	水产品
8		常熟飞亚达高邮分公司	服装
9	马棚	晨光线缆化工塑料厂	电缆料
10		大东针织厂	针织品
11	三垛	三垛服绣厂	服装
12		上海萃众高邮分公司	毛巾
13		金垛公司	钢构件
14	甘垛	兴田食品公司	蔬菜保鲜
15		宏大饲料公司	饲料
16		红旗锌铝加工厂	扩大产量
17		剥绒厂	化工
18		华益公司	有色、黑色金属
19	横泾	合成化工厂	BR 黑
20		通用过滤机厂	振打过滤机
21	八桥	刘氏化工公司	1.4 苯醌
22	卸甲	金飞达公司	电动工具延伸

续表 111

序号	乡镇(区)	企业名称	新增项目(产品)名称
23	汉　留	三湖公司	扩量
24		宏盛公司	增量
25	汤　庄	康乐化工厂	对苯二甲基等
26		振阳化工公司	间胺苯氧基
27		亚麻织造厂	亚麻布
28	周　山	南自电力电气设备厂	电力电气设备
29		双兔米业公司	精制大米
30	周　巷	丽邮人造板公司	中密度纤维板
31	菱　塘	乘风灯具厂	灯具
32		日欣制衣公司	服装
33		回民制衣公司	服装
34		三邮食品公司	蛋品
35		苏豪茧丝绸公司	茧丝
36		曙光电缆厂	高压交联光缆
37	送　桥	天歌食品公司	鹅产品加工
38		长松化工厂	粉末涂料
39	郭　集	声光器材厂	灯具延伸
40		赛德电气公司	屏蔽电缆
41		道兴热镀锌公司	热镀锌
42	天　山	天华皮塑厂	箱包
43		弘昌箱包公司	箱包

至2005年，全市乡镇工业被列为扬州市工业企业重点新产品13种；获扬州市名牌产品称号4种；获江苏省名牌产品称号2种；获江苏省质量信用产品称号5种。至此，全市乡镇(区)工业有11种工业产品数量列国内同行业前茅。江苏金飞达电动工具有限公司、扬州宏远电子有限公司分别成为全国最大的台式电动工具、低压电极箔生产基地；江苏日欣实业集团有限公司的生化产品硫酸软骨素、市卫星卷烟材料有限公司的激光防伪降焦水松纸、江苏牛牌纺织机械有限公司高邮分公司为进口织机配套的多臂机和凸轮开口装置及市助剂厂的各种增白剂等产品生产数量为国内同行业“老大”；扬州曙光电缆有限公司和江苏华能电缆有限公司分别是控制电缆和测井电缆的行业冠军；江苏顺大半导体发展有限公司积极打造全国最大的太阳能级大尺寸单晶硅生产基地；扬州华富实业有限公司的电动车专用蓄电池在全国行业前列。此外，汤庄镇的矿用液压机械、三垛镇的消防产品、车逻镇的旅游健身系列产品及全市众多乡镇服装加工企业生产的产品，在国内市场均有较大的占有率和较高的知名度。扬州曙光电缆有限公司“强菱”牌电线电缆、江苏沙龙制衣有限公司“沙龙”牌羽绒服、江苏华富控股集团有限公司“HUAFU”牌蓄电池、江苏双兔食品股份有限公司“双兔”牌大米等先后获国家免检产品称号。

至2009年，新兴产业产品较快发展。以太阳能光伏、绿色照明、生物质、新材料、新医药为主体的新兴产业全年实现产值145亿元，占全市工业总量的18.7%。主导产业产品高端发展，电线电缆产业重点围绕提高电压等级和发展特种电缆，新上了菱塘曙光公司500KV超高压电缆；灯具行业以LED和高效节能新光源应用为新的发展契机。传统产业产品品牌发展，“双兔”“万嘉”“富裕达”“三湖”“红太阳”等一批重点农副产品继续保持良好发展势头；“双兔”“沙龙”“HUAFU”获得中国驰名商标称号。

2010年高邮乡镇工业主要产品一览表

表112

主要产品	主要生产企业	属地
大米	江苏双兔食品股份有限公司	周山镇
面粉	市秦谷面粉有限公司 市新文游面粉有限公司 市万嘉面粉有限公司 扬州春林面业有限公司	高邮镇 三垛镇 临泽镇 送桥镇
挂面	扬州市金宏食品有限公司	城南新区
水产 饲料	市应天水产有限公司 江苏戚伍水产发展股份公司 江苏富裕达粮食制品有限责任公司 扬州通威饲料有限公司 扬州金利达饲料有限公司 扬州市宏大饲料有限公司 扬州大大饲料有限公司 扬州源泉饲料有限公司 扬州市三福食品有限公司	高邮镇 开发区 开发区 城南新区 三垛镇 甘垛镇 司徒镇 横泾镇 周巷镇
肉制品	扬州市海力工贸有限公司	郭集镇
肠衣加工	市恒盛肠衣厂	开发区
蛋品	市三湖蛋品有限公司 市贵宝蛋品有限责任公司 市邮星食品有限公司 市秦邮蛋品有限公司 市红太阳食品有限公司	汉留镇 高邮镇 高邮镇 城南新区 城南新区
细棉绒	市利达棉绒纤维有限公司	三垛镇
棉纱	市经纬纺织有限公司 市正裕纺织厂 市金华达毛纺织厂 市锦华纺织有限公司	高邮镇 三垛镇 三垛镇 三垛镇
专用水过滤纤维	扬州华美丙纶纺织有限公司	城南新区
人造纤维	扬州亿泰纺织有限公司	城南新区
布匹	市杜发织造有限公司 市顺风纺织有限公司	三垛镇 高邮镇
丝绸织造	市天维丝绸有限公司	开发区
毛巾	市萃众毛巾有限公司	三垛镇
消防水带	扬州市邮星消防器材有限公司 市东方消防器材有限公司	三垛镇
绳带	扬州百士德礼品工艺有限公司	车逻镇

续表 112

主要产品	主要生产企业	属地
服装	扬州天宇服饰股份有限公司	开发区
	扬州海嘉服饰有限公司	开发区
	扬州鸿泉制衣有限公司	开发区
	市利安达服装有限公司	开发区
	沙龙集团股份有限公司	开发区
	扬州东鹏服饰有限公司	开发区
	扬州恒达服饰有限公司	开发区
	扬州国泰服饰有限公司	开发区
	江苏波司登制衣有限公司	开发区
	扬州帮美制衣有限公司	开发区
	江苏润雅制衣有限公司	开发区
	市东恒服饰有限公司	开发区
	扬州市恒丰制衣有限公司	高邮镇
	市华盛制衣有限公司	高邮镇
	扬州神游羽绒制衣有限公司	高邮镇
	市华联制衣有限公司	高邮镇
	市龙腾制衣有限公司	龙虬镇
	扬州市新雅泰服饰有限公司	龙虬镇
	扬州市银河制衣有限公司	龙虬镇
	扬州安凯利服饰有限公司	龙虬镇
	扬州祥龙制衣有限公司	龙虬镇
	扬州国龙制衣有限公司	龙虬镇
	市鸿翔服饰有限公司	龙虬镇
	市越洋制衣厂	马棚镇
	市永盛纺织饰品有限公司	马棚镇
	市鸿运制衣厂	马棚镇
	市文盛制衣有限公司	三垛镇
	市武宁叶枫制衣厂	三垛镇
	市并蒂莲(昆山)服装有限公司	三垛镇
	扬州市金桥服饰有限公司	八桥镇
	市飞明针织绣品有限公司	汤庄镇
	市龙琪制衣厂	甘垛镇
	市润和制衣有限公司	司徒镇
	市亚飞制衣有限公司	司徒镇
	市昂金制衣厂	界首镇
	扬州舜豪制衣有限公司	周山镇
	扬州宇通服装有限公司	周巷镇
	市卧龙服饰有限公司	临泽镇
	江苏伊卡奴服饰有限公司	送桥镇
	市比欧特服饰有限公司	送桥镇
	扬州回民制衣有限公司	菱塘回族乡
	扬州市日欣制衣有限公司	菱塘回族乡
	扬州市东阳制衣有限公司	菱塘回族乡

续表 112

主要产品	主要生产企业	属地
鞋 鞋材	扬州普天鞋业有限公司	临泽镇
	扬州欣润鞋业有限公司	临泽镇
	扬州中高鞋业有限公司	临泽镇
	扬州市天宇鞋业有限公司	临泽镇
	扬州新世界鞋业有限公司	临泽镇
	市双宇鞋服辅料厂	临泽镇
	高邮凯高鞋业有限公司	临泽镇
	市维扬鞋业有限公司	临泽镇
	江苏华信轻工制造有限公司	临泽镇
	扬州市永昌鞋业有限公司	周巷镇
	扬州市鸿利达鞋业有限公司	周巷镇
	扬州鸿元鞋业有限公司	周巷镇
	扬州铨伟实业有限公司	界首镇
	扬州市高宇鞋业有限公司	界首镇
	市博爱鞋业有限公司	汉留镇
	市景晖鞋业有限公司	汉留镇
	扬州万兴工贸有限公司	汉留镇
	市盛唐鞋材有限公司	汉留镇
	扬州樱花鞋业有限公司	汉留镇
	扬州万和鞋业有限公司	汉留镇
	扬州市天乐鞋业有限公司	汉留镇
	市鸿晟塑胶制品有限公司	龙虬镇
	扬州千禧龙鞋业有限公司	高邮镇
	扬州市美加鞋业有限公司	高邮镇
	市鼎力鞋业有限公司	高邮镇
	扬州市永宁安全鞋制造有限公司	送桥镇
	市格雅工艺制品厂	送桥镇
	扬州恒力鞋业有限公司	天山镇
	市强杰塑料制品有限公司	天山镇
	扬州悦翔鞋业有限公司	天山镇
箱包	扬州金飞龙服饰有限公司	高邮镇
	扬州亚佩旅行用品制造有限公司	送桥镇
	江苏天华皮件制品有限公司	天山镇
	扬州市希捷箱包有限公司	天山镇
	扬州市汇鸿旅行用品有限公司	天山镇
玩具	市菲力克斯玩具厂	菱塘回族乡
	高邮新蕾工艺厂	菱塘回族乡
电缆盘	市富通包装制品有限公司	高邮镇
木制包装箱	市福莱电器有限公司	送桥镇
木材加工	市嘉林木业有限公司	临泽镇
人造板	扬州市丽邮人造板有限公司	周巷镇
再生纸	市恒丰纸品厂	八桥镇

续表 112

主要产品	主要生产企业	属地
瓦楞纸	市高盛造纸有限公司	高邮镇
复合纸板	市长兴包装纸业有限公司	临泽镇
包装印刷	扬州市龙祥包装制品有限公司 市东郊包装厂 市双星包装有限公司 扬州市创新包装有限公司 市包装制品有限公司 市华艺彩印包装厂	开发区 城南新区 城南新区 高邮镇 高邮镇 司徒镇
烫金印刷水松纸	市卫星卷烟材料有限公司	高邮镇
无机酸	扬州四方香精香料有限责任公司	开发区
过磷酸钙	扬州通宇肥料有限公司	开发区
氨基葡萄糖盐酸盐	扬州日兴生物化工制品有限公司 扬州市久盛生物科技有限公司	高邮镇 卸甲镇
甲壳素	市明增生物制品厂	车逻镇
有机化学原料	扬州鸿信生物制品有限公司	甘垛镇
基础化学原料	市四联化工有限公司 扬州市杰迪化工有限公司 扬州市刘氏化工有限公司 市方玉化工有限公司	八桥镇 八桥镇 八桥镇 八桥镇
3.4－二氯三氟甲苯	市光明化工厂	八桥镇
对氯苯甲醛	市康乐化工有限公司	汤庄镇
甲醛水溶液	扬州市众鑫化工有限公司	周巷镇
3－氯丙基甲醛醚	扬州市普林斯化工有限公司	郭集镇
聚合氯化铝	扬州市未来水质稳定剂有限公司	郭集镇
医药中间体	扬州三友合成化工有限公司	菱塘回族乡
电容器油	扬州市天源油品有限公司	送桥镇
水洗剂	市高远助剂厂	甘垛镇
氧化锌	市中韵锌业有限公司	汉留镇
浓解乙炔	市明义乙炔制造有限公司	汉留镇
铝镍合金粉 D 环	市宏扬助剂厂	马棚镇
荧光增白剂	市助剂厂	高邮镇
涂料	扬州市三业塑粉鞋业有限公司 江苏长松化工有限公司 扬州市志高建筑防水材料有限公司	菱塘回族乡 送桥镇 开发区
染料	扬州市博升科技发展有限公司 市合成化工厂	八桥镇 横泾镇
颜料	市华宝颜料有限公司	汤庄镇
镀锌	扬州健松镀锌有限公司 扬州市佳佳镀锌有限公司	送桥镇 送桥镇

续表 112

主要产品	主要生产企业	属地
烟花爆竹	市恒丰花炮厂	八桥镇
注射用赖氮匹林	扬州一洋制药有限公司	开发区
注射液	上海新亚药业高邮有限公司	开发区
医用 PVC 塑料粒子	市苏尔昌橡塑材料有限公司 市汉升高分子材料有限公司	高邮镇 城南新区
兽药	扬州天健动物药业有限公司	开发区
药品包装	扬州大晟药用玻璃有限公司	开发区
橡胶护舷	扬州市鹏达橡胶制品有限公司 江苏西尔特橡胶股份有限公司	高邮镇 高邮镇
橡胶制品	市神舟橡塑制品有限公司 市临泽胶粘剂福利厂	高邮镇 临泽镇
再生橡胶	市金陵金属塑化厂	八桥镇
塑料管材	扬州市兴龙塑料有限公司 扬州市鸿信线路器材有限公司 市奥林电机塑料厂 扬州市华龙塑料有限公司 高邮亚星塑料制品有限公司	龙虬镇 开发区 开发区 开发区 开发区
PUC 双壁波纹管	市福兴塑料五金厂	高邮镇
塑料袋	扬州文斯塑胶制品有限公司	界首镇
塑料编织袋	市天利塑料编织厂	高邮镇
塑料瓶盖	市丽华实业有限公司	高邮镇
塑料制品	扬州市天骄塑业有限公司 高邮亚普塑业有限公司 高邮秀华塑胶制品有限公司	高邮镇 高邮镇 周巷镇
塑料颗粒	扬州凯尔化工有限公司 扬州光鸿塑料制品厂 市金福高分子材料厂	开发区 开发区 三垛镇
塑料助剂	市川青助剂厂	临泽镇
合成树脂	市八里塑料制品厂	城南新区
聚酯树脂	扬州市欣宝树脂有限公司	送桥镇
聚氨酯泡沫	市新华汽车附件有限公司	送桥镇
水泥	市天大水泥制造有限公司 市八桥水泥制造有限公司	三垛镇 八桥镇
生产混凝土	市力度混凝土有限公司 市强力混凝土有限公司	开发区 高邮镇
水泥电杆	市宏泰电杆有限公司	三垛镇
混凝土制品	市润平混凝土制品有限公司	界首镇
特种铸钢件	扬州市秦邮特种金属材料有限公司	开发区

续表 112

主要产品	主要生产企业	属地
炼铁 铸件	扬州市金海铸造有限公司 扬州市新邮特种铸造金属制品有限公司 市万利铸业有限公司 市凯鑫金属机械有限公司	三垛镇 汉留镇 汉留镇 甘垛镇
精密铸造	扬州东佳阀门有限公司	龙虬镇
铸钢件	市天鉴机械配件厂	汉留镇
钢材加工	市宏峰电器有限公司 扬州市贝斯特实业有限公司 扬州市天源照明器材有限公司 市亚泰制管厂 市通用电缆材料有限公司 扬州市华冶钢材有限公司 扬州荣光电缆材料有限公司 市超越型钢厂 市信达型钢厂 市日月钢业有限公司 市宝盛钢业有限公司 市安心钢业有限公司	菱塘回族乡 横泾镇 送桥镇 送桥镇 郭集镇 郭集镇 菱塘回族乡 汉留镇 汉留镇 汉留镇 汉留镇 高邮镇
灯杆	扬州市隆昌照明灯饰有限公司 扬州市英莱特灯饰制造有限公司 扬州市龙翔灯业制造有限公司	郭集镇 郭集镇 郭集镇
不锈钢材 灯杆 拉丝	市欣强力不锈钢有限公司 扬州市金诺尔不锈钢有限公司 扬州市昌友电工材料厂 扬州市华夏灯业制造有限公司 扬州市华丰金属制品厂 市惠泉不锈钢制品厂 扬州金辰不锈钢制品有限公司	车逻镇 车逻镇 汤庄镇 郭集镇 卸甲镇 三垛镇 三垛镇
金属制品	扬州永成金属制品有限公司	界首镇
铝压铸件 铝锭、铝件加工 铝型材	市城北压铸塑料制品厂 市福兴微耕机厂 市希望铝业有限公司 扬州兴益机械有限公司 扬州市志舜铝业有限公司 市东日电力器材有限公司 市祥海金属制品材料厂 市金属制品包装厂	开发区 龙虬镇 开发区 开发区 高邮镇 高邮镇 界首镇 周巷镇
汽车轮毂	江苏精佳制动器集团有限公司	开发区
铝合金	扬州市宇鑫金属制品有限公司	天山镇
合金材料	市青山金属纺织制品厂	汉留镇
再生铅	扬州市华翔有色金属制品厂	卸甲镇
废旧有色金属加工	高邮顺天物资回收有限公司	临泽镇
铅桶	扬州锦江有色金属有限公司	临泽镇

续表 112

主要产品	主要生产企业	属地
铜材加工	扬州市宝达电器有限公司 扬州金悦铜业有限公司 扬州安利达铜业有限公司 扬州太极铜业有限公司 扬州华腾铜业有限公司 市振兴低压电器福利厂 市瑞盈铜材有限公司	菱塘回族乡 菱塘回族乡 菱塘回族乡 菱塘回族乡 周巷镇 送桥镇 送桥镇
机械设备制造	江苏中天水力设备有限公司	开发区
机械加工 机械配件	高邮东亚塑胶厂 市永富齿轮厂 扬州和润户外用品有限公司 扬州市扬跃机电有限公司 江苏富莱士机械有限公司 扬州昇业机械有限公司 市鸿飞机电有色金属制造厂 市永发机械有限公司 扬州天地源机电股份有限公司 市长柏机械厂 扬州神龙机械制造有限公司 高邮扬子江机械制造有限公司	临泽镇 龙虬镇 车逻镇 八桥镇 汉留镇 汉留镇 周巷镇 高邮镇 高邮镇 高邮镇 城南新区 开发区
冲压磨具 标准件	扬州海峰机械有限公司 江苏弘鼎汽车零部件有限公司	开发区 汤庄镇
钢结构生产	市龙腾钢结构工程有限公司 扬州市康乐机械有限公司 市红马钢结构工程有限公司	开发区 车逻镇 司徒镇
石油机械	市华兴石油机械制造有限公司 高邮欧亿尔机械制造有限公司 高邮蓝宝石石油装备有限公司 扬州市中瑞机电设备制造有限公司	开发区 开发区 城南新区 汤庄镇
液压机械 电液推杆 探矿机械 液压配件	扬州市申达机械有限公司 扬州攀登机械有限公司 扬州市顶新机械设备有限公司 江苏朝阳液压机械集团有限公司 扬州巨能机械有限公司 江苏鑫莲液压机电有限公司 扬州润达气动液压成套设备有限公司 市腾达机电设备有限公司 扬州市慧宇科技有限公司 扬州市百思特机械设备有限公司 扬州高标机械有限公司 江苏顺达机械设备有限公司 扬州龙鑫机械有限公司 江苏省旭日液压设备有限公司 江苏科意达机械有限公司 市龙华机械有限公司 扬州市高扬机电有限公司 扬州市高升机械有限公司	汤庄镇 汤庄镇 汤庄镇 汤庄镇 汤庄镇 汤庄镇 汤庄镇 汤庄镇 汤庄镇 开发区 汤庄镇 汤庄镇 汤庄镇 汤庄镇 甘垛镇 汤庄镇 开发区 高邮镇
油管	市华星石油管件制造有限公司	开发区

续表 112

主要产品	主要生产企业	属地
汽车配件	市清达机械制造有限公司 市荣华车件有限公司 市顺达动力机电有限公司 市汽车附件厂 扬州瑞益机械制造有限公司 江苏捷通车业部件有限公司 市荣兴汽车配件有限公司 市晨曦机电制造厂	城南新区 城南新区 城南新区 城南新区 城南新区 开发区 高邮镇 高邮镇
车辆座椅	市怡和车辆附件厂	送桥镇
摩托车配件	市远立机械有限公司 市三垛机电元件厂	高邮镇 三垛镇
船舶设备 船舶配件	江苏吉信远望船舶设备有限公司 市宏扬金属构件有限公司	城南新区 司徒镇
港口金属配件	扬州市润春机械制造有限公司	城南新区
航天器材配件	扬州市伊兴机械有限公司	车逻镇
工程自动化设备	市迅达工程机械集团有限公司	车逻镇
环保设备	扬州康龙环保工程有限公司 扬州市恒通环保科技有限公司 市松泉环保照明设备有限公司 江苏宝联建设有限公司	八桥镇 汉留镇 汉留镇 三垛镇
过滤机	扬州润明轻工机械有限公司	横泾镇
日用化工专用设备	扬州市联合化工有限公司	八桥镇
医疗器械	市康宁电器设备厂 江苏科凌医疗器械有限公司	汤庄镇 汤庄镇
健身器材	扬州市森木机械有限公司 市康胜机械有限公司	城南新区 高邮镇
条播机	市远东机械厂	界首镇
粉料罐	市恒辉机械有限公司	界首镇
电动工具 电动工具配件	扬州和益电动工具有限公司 扬州市威高机电有限公司 江苏金飞达电动工具有限公司 市电塑厂 扬州众腾机电有限公司 扬州科迪机电制造有限公司	开发区 高邮镇 卸甲镇 菱塘回族乡 高邮镇
泵类	市环流泵业有限公司 市高农机械配件有限公司 市龙祥机电制造有限公司	界首镇 龙虬镇 龙虬镇
刀具	扬州市邮谊工具制造有限公司	高邮镇
弹簧	市昌盛机械有限公司	汉留镇

续表112

主要产品	主要生产企业	属地
发电机 电动机	市申发电机制造有限公司 市科特电机制造有限公司 扬州金邮机电有限公司 扬州市新港电机有限公司 扬州大劲电机制造有限公司 扬州市金马机电制造有限公司 市华天电机厂 扬州市华胜机电制造有限公司	开发区 开发区 开发区 高邮镇 高邮镇 卸甲镇 卸甲镇 卸甲镇
电容器　电极箔	扬州宏远电子有限公司	开发区
柔性线路板 薄膜线路板	江苏传艺科技有限公司 扬州华盟电子有限公司 江苏金业盈辉科技有限公司	开发区 开发区 开发区
电感器	市金丰机电有限公司 扬州华鑫电子有限公司 扬州凯普电子有限公司	高邮镇 高邮镇 高邮镇
电工仪器仪表	江苏永恒动力科技有限公司	八桥镇
电子元器件	市高冠电子仪器厂 扬州南自电力电气有限公司	开发区 周山镇
高压点火线	市泓泰龙电源材料厂	高邮镇
云母基布	市顺昌绝缘材料有限公司	高邮镇
压电陶瓷粒子	市塑料电器厂	高邮镇
电线电缆	扬州市森焱电缆材料有限公司 江苏华能电缆股份有限公司 扬州国能电气设备厂 江苏润华电缆股份有限公司 扬州林鑫特种电线电缆有限公司 扬州浩德金属材料有限公司 市电线厂 扬州市宏飞电缆照明有限公司 江苏赛德电气有限公司 扬州曙光电缆有限公司 扬州市飞宇电讯电力器材有限公司 江苏长城电缆有限公司 扬州中大电缆有限公司 江苏晨光电缆有限公司 扬州市扬子电缆制造有限公司 扬州市红旗电缆制造有限公司 扬州金三元电缆材料有限公司 扬州迅祥电缆有限公司 扬州市亚光电缆有限公司 扬州华城电缆有限公司 扬州市光明电缆有限公司 扬州捷迅电缆有限公司 扬州市恒辉电缆有限公司 扬州市恒大电缆有限公司 扬州市苏能电缆有限公司 扬州因特吉实业有限公司 扬州市中能电缆有限公司 扬州市金阳光电缆有限公司 扬州市远通电缆有限公司 扬州巨能电缆有限公司 江苏赛特电器有限公司	高邮镇 高邮镇 高邮镇 高邮镇 高邮镇 界首镇 周巷镇 送桥镇 郭集镇 菱塘回族乡

续表112

主要产品	主要生产企业	属地
漆包线 电磁线	市金宝电工有限公司 市恒鑫电工材料有限公司 扬州同昌电磁线有限公司	甘垛镇 开发区 城南新区
电缆材料	市金国电缆材料厂 扬州新合新塑业有限公司 市明光电缆材料有限公司 扬州市佳欣电缆材料有限公司 市益民线缆材料厂	开发区 郭集镇 菱塘回族乡 菱塘回族乡 菱塘回族乡
钢丝绳 钢缆铝绞线	市强力钢丝绳有限公司 市神力线路器材厂 江苏广源电线电缆有限公司	高邮镇 郭集镇 开发区
照明灯具	市天顺照明器材有限公司 市灯具厂 扬州市佳乐灯具有限公司 江苏金光芒灯饰工程有限公司 扬州市天虹钢杆照明电器有限公司 扬州松山机电有限公司 扬州市通明电器照明有限公司 扬州市宝德照明器材有限公司 扬州市宇通灯具制造有限公司 龙腾照明集团有限公司 扬州市现代照明电器有限公司 扬州市伏特钢杆照明有限公司 扬州市天河灯饰有限公司 扬州市龙马照明工程有限公司 扬州市星慧照明有限公司 扬州市菲利特照明电器有限公司 扬州市润源灯饰有限公司 扬州市豪宇路灯有限公司 江苏神州交通器材有限公司 扬州豪纬道路工程有限公司 扬州市斯洛尔照明电器有限公司 江苏天龙照明电器有限公司 扬州市兴泰钢杆照明器材有限公司 江苏赛鸥电气有限公司 江苏明月照明电器有限公司 扬州市兴发照明器材有限公司 江苏迪生照明器材有限公司 江苏托普照明有限公司 扬州金源灯饰有限公司 江苏跃马钢管制造有限公司 扬州市宝尔特钢杆电器有限公司 江苏迎宾照明电器有限公司 江苏恒祥灯饰有限公司 扬州市海德灯业有限公司 扬州市博瑞光电照明有限公司 江苏省飞花灯饰制造有限公司 扬州灯魁照明器材有限公司 江苏苏发照明实业有限公司 江苏神舟灯饰有限公司 扬州市安定灯饰制造有限公司	高邮镇 周山镇 周巷镇 菱塘回族乡 天山镇 送桥镇 送桥镇 送桥镇 送桥镇 送桥镇 送桥镇 送桥镇 送桥镇 送桥镇 送桥镇 送桥镇 送桥镇 送桥镇 送桥镇 送桥镇 郭集镇
交通信号灯	扬州市鑫通交通器材有限公司	郭集镇

续表 112

主要产品	主要生产企业	属地
电光源 LED	江苏浩明光电科技有限公司	高邮镇
蓄电池 电极板	扬州鑫昊天电源有限公司 扬州市恒源常笑电子电源厂 市鑫能电源有限公司	开发区 高邮镇 甘垛镇
太阳能电池组件	扬州欧力特电源有限公司 江苏金旸太阳能电力科技股份有限公司 江苏华富控股集团有限公司 扬州新鑫新能源科技有限公司 江苏顺大光伏科技有限公司 江苏星火太阳能照明有限公司	开发区 开发区 高邮镇 天山镇 天山镇 天山镇
单晶硅	扬州祥和光电科技发展有限公司 江苏天元光电发展有限公司 扬州科兴光电发展有限公司 扬州市宏祥光电科技有限公司 扬州善美光电发展有限公司 扬州市明月光电发展有限公司 扬州市天华光电科技有限公司 扬州市天虹新能源有限公司 扬州艺丰光电发展有限公司 江苏虹光新能源发展有限公司 扬州民生光电有限公司 扬州中泰新能源发展有限公司 扬州至上光电发展有限公司 江苏顺大半导体发展有限公司	开发区 送桥镇 天山镇 天山镇 天山镇 天山镇 天山镇 天山镇 天山镇 天山镇 天山镇 天山镇 天山镇 天山镇
稀土金属压延	扬州华尔光伏科技有限公司	甘垛镇
石墨加工	扬州欣林电炭科技有限公司	送桥镇
石英坩埚	扬州华尔光电子材料有限公司	开发区

名特产品选介

界首茶干

界首茶干原为小作坊生产，历史悠久，以陈西楼茶干著名。1911 年、1921 年，界首茶干曾获得杭州西湖国际博览会金奖。1996—2001 年，界首镇先后办起袁氏、富民、徐氏等民营茶干厂。其中，袁氏茶干厂开发出休闲及旅游食品和百姓及酒店菜料两大系列“界首五香茶干”。2001 年，界首陈西楼酱醋食品厂成立（后更名界首陈华记茶干食品厂），陈西楼牌（字号“华记”）茶干恢复生产。2004 年，界首茶干获得国家级绿色食品证书。至 2009 年，界首茶干先后被列入高邮市、扬州市、江苏省非物质文化遗产名录。

袁氏五香茶干

高邮鸭

市邮星食品
有限公司生产的麻鸭盐水鸭

高邮鸭又名高邮麻鸭，因其雌性羽毛类似麻雀而名，原产地高邮，是我国江淮地区良种，系全国三大名鸭之一。高邮鸭品质优良，脂肪含量低，个体大，肉质好，制成盐水鸭、桂花鸭、琵琶鸭、香酥鸭、卤汁鸭风味各异，久负盛名。2010 年，全市饲养高邮鸭 1000 万只（蛋鸭 500 万只、肉鸭 500 万只）。其中，加工琵琶鸭、板鸭、香酥鸭等各类鸭肉制品 350 万只。此外，加工各类蛋品 6.8 亿只（泥灰蛋 1.3 亿只、真空包装熟咸蛋 3.5 亿只、松花蛋 1.8 亿只、双黄蛋 0.2 亿只）；饲料加工 25 万吨；羽绒服装加工 75 万件。当年，实现鸭业经济总产值 29.6 亿元、利税 3.8 亿元。

高邮咸鸭蛋

高邮咸鸭蛋是高邮地区的汉族传统名菜，早在乾隆年间即为席上珍品。其中，双黄咸鸭蛋更是极品而驰名古今中外。2002 年，国家质量监督检验检疫总局批准实施原产地域产品保护。高邮咸鸭蛋蛋头大，蛋质细，黄油多，可谓蛋白“鲜、细、嫩”，蛋黄“红、沙、油”。清明节前腌制最佳。市红太阳食品有限公司、市三湖蛋品有限公司为蛋品加工龙头企业。2010 年，全市高邮咸鸭蛋产量 5 亿只。

扬州鹅

扬州鹅是用四川白鹅与太湖鹅以及皖西白鹅等作为育种素材选育而成中型鹅种，其肉质优良，被誉为中国第一个新鹅种。2010 年，全市养鹅 954.43 万只，种草养鹅面积 4200 公顷，建成规模养殖小区 41 个、炕孵企业 10 家，拥有扬州天歌鹅业发展有限公司、扬州市明月食品有限公司、扬州市星月农产品有限公司等一批骨干龙头加工企业 10 家，年加工商品鹅 486 万只。其中，以送桥镇、菱塘回族乡为核心，辐射带动天山、郭集等镇的“江苏省现代特色产业示范基地”扬州鹅特色产业示范基地，保种 15 万只，炕孵苗鹅 500 万只，规模化养殖商品鹅 400 万只，通过无公害产地认证 100 万只。扬州鹅产业链产值超过 20 亿元。

高邮董糖

高邮董糖又名“秦邮董酥糖”，始产于明朝，距今已有 500 多年的历史。清朝宣统年间，高邮董糖曾荣膺南洋劝业会嘉奖。产品以麻仁、绵白糖、糯米、饴糖为主要原料，采用传统工艺精制而成。高邮董糖酥松柔软，味美香甜，营养丰富，老少咸宜，是人们馈赠亲友之佳品。1990 年，由龙奔食品厂生产的“高邮董糖”，被“亚运会”选用和同意使用“亚运会”标志。

东墩农具厂生产的镰刀

东墩镰刀

东墩镰刀系由曹德太老师傅为首，继承传统技艺、汇集外地名家之长研制，东墩农机具修造厂生产。该刀鳌势合理，背厚膛薄，钢铁分清，刃口锋利，式样美观，轻便耐用，是收割水稻、三麦等谷物的理想工具。产品畅销新疆、安徽及江苏的淮阴、金湖、宝应、兴化等地。在全省镰刀质量评比中，东墩镰刀1985年被评为“优良产品”，1986年被评为“优秀产品”。

改良大锹

改良大锹是临泽农机修造厂在包、插两锹的基础上，取长补短、改良成功的产品。该锹口钢嵌得全且深，无夹灰、伤火现象，锋利耐用；锹膛钉子少，平整光滑，肯入土，不沾泥；既能挖砂、粘土和荒垡，又可用于刨树根。改良大锹轻便好使，适应性较广，是水利、农田基本建设和一般家用挖地的良好工具。1984年，在同行业大锹比武中，改良大锹荣获扬州市轻工局一等奖。

仿古陶瓷

仿古陶瓷由县仿古陶瓷厂生产，主要仿制明、清年代的花瓶、花盆、坛、罐、凉凳、莲子缸等6个系列近200个品种，兼产釉面砖瓷壁画。仿古瓷的成型过程，全部采用景德镇的传统工艺，粉彩方式是先绘图填色再烧制；釉型润厚，典雅堂皇，层次清晰，永不变色。仿古陶瓷画面上的花鸟、山水、仙女、八仙、福禄寿喜等古典传统题材，经过仿旧加工处理，达到乱真的程度。1983年县仿古陶瓷厂开始生产，1986年出口，1988年与省陶瓷出口公司、县外贸公司实行工贸联营，1990年产值216万元、利税25万元。仿古陶瓷产品远销日本、新加坡、澳大利亚、瑞典、美国及香港等30多个国家和地区。

高压钠灯

高压钠灯由市照明电器厂于1992年开发生产。此项目总投资995万元，其中，进口关键设备99万美元。电器厂年生产能力50万支。该产品具有光色柔和、光质稳定、发光效率高、用电节省等优点，发光效率是白炽灯的6倍、高压汞灯的3倍，是一种节能效果较佳的照明光源。

市照明电器厂宣传折页

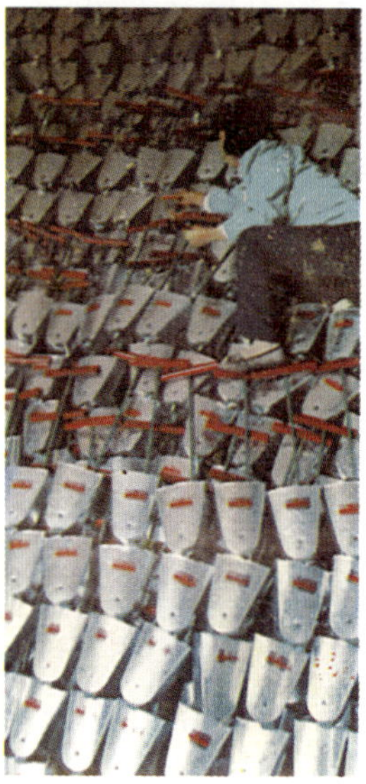

湖滨农具厂生产的化肥深施器

2F-1C 型化肥深施器

2F-1C 型化肥深施器由市农机配件三厂生产。20 世纪 80 年代由市农机系统研制，获得国家专利。该产品能够通用于尿素、碳胺、复合肥，适用于三麦、油菜、玉米、棉花等旱田作物的打穴深施，将原始手工施肥方法中的打穴、施肥、覆土三道工序合并为一道，省工、省肥、促产、增效。产品被列入国家星火计划，被农业部列为全国重点推广机型，畅销山西、湖南、山东和省内几十个县市。1995 年，销售量达 27 万台。市农机配件三厂获得较高的经济效益和社会效益。

IGC-120 型破垡盖籽机

IGC-120 型破垡盖籽机由三垛农机修造厂于 1976 年研制生产，为省定型产品。该机采用旋耕破垡、镇压盖籽两结合的结构，破垡深、细、匀、透，深度可达 10 厘米，无露籽、重行，每小时可破垡 5 ~ 6 亩，工效比人工高 50 ~ 60 倍。1979 年，该机获省、扬州市农机科技一等奖。1986 年，产品销往大江南北 72 个网点。

三垛农机修造厂生产的破垡盖籽机

BCO-2 型有机气体催化净化装置

BCO-2 型有机气体催化净化装置由县环保设备制造厂生产。该装置采用国内最新型的高效催化剂，使有机气体分解为无毒气体，主要用于各类产生有机废气的场合，可以进行苯、酯、醚、醛、酮、酚等有机气体的净化。该装置具有净化效率高，适用范围广，自控强度大，结构紧凑，操作简单，安全可靠等特点。1986 年，该装置获省科技进步奖。

“谷圣源”精纯氨糖

“谷圣源”精纯氨糖是扬州日兴生物科技股份有限公司与上海昆诺生物联合研发的产品。该产品主要能提高关节的免疫力，促进骨关节软骨的生成和修复，改善关节滑液的质与量，清除骨关节炎的有害因子和酶类及自由基的作用，尤其针对软骨、滑液、肌腱、韧带等组织的特异性治疗。

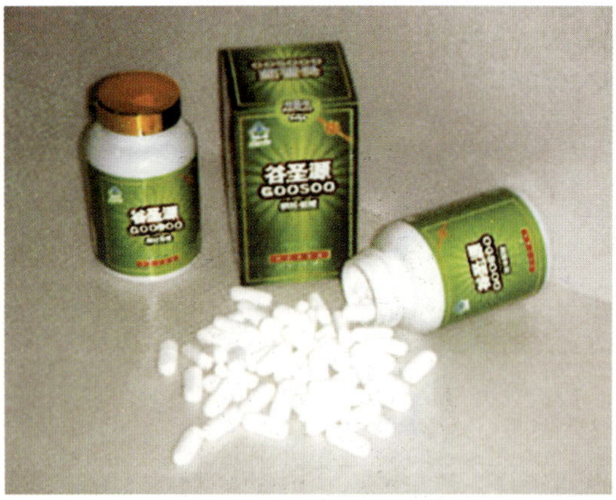

“谷圣源”精纯氨糖

“火环”牌二次进风节煤炉

“火环”牌二次进风节煤炉，由县除尘设备厂生产。该产品主要是将单一进风巷改为二次进风巷，提高节煤效果。与老式煤炉相比，该产品可节省煤炭 25% 以上，具有体积小、重量轻、封火好、升温快等特点。1978 年，省民用节煤炉测试鉴定会定为 79-B 型。1982 年，省物资局颁发产品合格证书。1989 年，该产品在省煤炉测试评比中被评为优质煤炉。

“珠光”牌真空镀铝纸

“珠光”牌真空镀铝纸由县铝箔纸厂生产。该产品是在木浆镀铝原纸上涂醇溶胶后，再镀层铝而成，具有无毒、防潮、保香、厚度薄、挺度适宜、平整光亮、节约铝材等特点，主要用于卷烟包装。1983年，在中国烟草公司召开的卷烟用镀铝纸部颁标准审定会上，产品质量全部通过轻工部统一测定，各项质量指标优于同行业水平。1986年，县铝箔厂生产镀铝纸1428吨，销往全国13个省市49个单位，占同行业第三位。

“珠光”真空镀铝纸生产车间

“常乐”牌液化气钢瓶

“常乐”牌液化气钢瓶是界首农机修造厂于1984年新上的民用液化气钢瓶项目，1989年形成批量，国家建设部定点生产。主要规格有YSP-2.5型、5型、10型、15型和50型。其中，YSP-15型液化石油气钢瓶通过建设部、劳动部产品质量行业大检查，获得省优产品称号。1999年，界首农机修造厂生产钢瓶20多万只。

界首阀门厂生产的
液化石油气钢瓶

“光华”牌电子鞭炮

“光华”牌电子鞭炮是县花炮厂于1990年同有关科研单位挂钩，聘请专家指导，研制生产的一种有集成电路装置声、光同步的新型鞭炮。该产品无火药装置，无爆炸，无污染，安全可靠，可多次反复使用，声响效果较好，获得国家专利。

“华伟”牌石英地砖

“华伟”牌石英地砖是扬州市华威新型装饰材料厂于1991年利用挪威政府贷款折1505万元人民币，引进彩色石英地砖生产线，生产的新型装饰材料。1992年4月投产，列入省星火计划。该产品具有耐磨、耐压、抗静电、抗腐蚀、易保持清洁、铺设方便、使用寿命长等优点，荣获全国新型装饰材料装备器件评比会金奖。

“三湖”牌蛋品

“三湖”牌双黄蛋、松花蛋、咸鸭蛋等系列产品，选用源于高邮湖区自然放养正宗高邮麻鸭所产的鲜鸭蛋，运用传统腌制配方，结合现代科学技术精制而成。咸鸭蛋咸淡适中，油而不腻，具有蛋白鲜、细、嫩，蛋黄红、沙、油六大特色；松花蛋亦具有纹似松针、色如玛瑙、形尤凝胶、清凉爽口、回味绵长等特点。

“三湖”牌蛋品

1997 年，甸垛镇三洋蛋品厂（后更名三湖蛋品有限公司）扶助和扩大养鸭户饲养规模，形成蛋品生产供应基地。其中，培植 6 个 3000～5000 只养鸭大户、9 个 1000 只养鸭大户、47 个 300 只以上养鸭大户。2006 年后，公司投资 2000 万元，征地 1300 亩，建立了两个养鸭基地，年饲养量达 30 万只以上，年加工生产蛋品能力达 1.8 亿只；2007 年加工蛋品 9500 万只。经收购加工所产“三湖”牌蛋品畅销全国 20 多个省、市、自治区，并成功进入美国沃尔玛、香港华润等大型超市。“三湖”牌松花蛋、咸鸭蛋获得国家原产地域产品保护，2002 年 5 月，经中国绿色食品发展中心审核，获得绿色食品证书和标志。2004 年，获“省名牌产品”称号，“三湖”牌商标获省著名商标。

“双兔”牌大米

“双兔”牌大米由市双兔米业有限公司生产，2002 年，被中国绿色食品发展中心评为绿色食品；被省和中国粮食行业协会评为“放心米”；在 2002 年中国（淮安）优质稻米博览会上获“十大金奖大米”称号；2005 年，获得“产品质量国家免检”奖牌。2007 年，“双兔”牌被认定为中国驰名商标。

市双兔米业有限公司创立了“公司＋农户”模式的优质稻米生产合作社，形成优质稻米生产基地，确保稻米来源和质量，先后从瑞士引进立式碾米机组、从日本进口 RSM120 型色选机，建成 4 条从原粮去杂到精米抛光、色选的现代大米生产线。2003 年，公司形成年产 15 万吨免洗米的生产能力。

“华富”牌电池

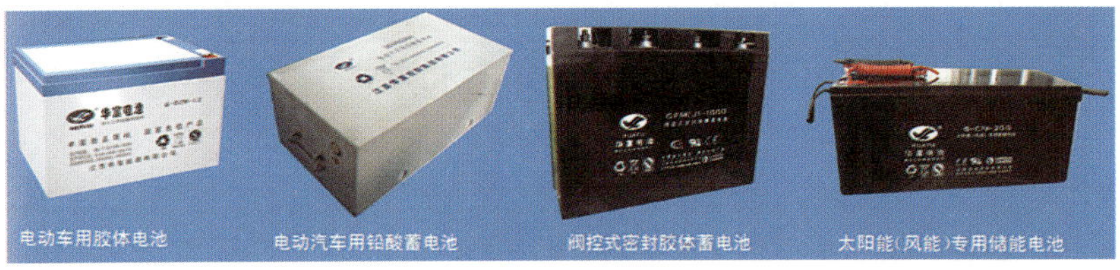

“华富”牌电池

“华富”牌电池系江苏华富控股集团有限公司拥有的中国驰名商标产品，主要有电动助力车用密封胶体蓄电池系列，广泛应用于电动自行车、电动摩托车、电动三轮车等。该产品由特种合金作极板材料，同时采用了胶体电解质，绿色环保安全，为家电下乡中标产品。

“科凌”牌医疗器械

“科凌”牌医疗器械

“科凌”牌医疗器械是江苏科凌医疗器械有限公司自主研发的医电产品，主要有手术床、产床、妇科床、电动病床、无影灯、医用吊塔、吸引器、洗胃机、制氧机、观片灯等十大系列近200个品种，年生产量达3万台，年销售额超亿元，产品销售覆盖全国各地并远销世界38个国家和地区。

“富嘉旺”牌面粉

“富嘉旺”牌面粉是由市万嘉面粉有限公司立足本地区优质红皮小麦的区域优势生产的产品，年生产面粉能力7万吨，主要有馒头粉、点心粉、面条粉及超级特一粉、特一粉、特二粉等品种。产品畅销江苏、浙江、上海、福建、海南和广东等省市，“富嘉旺”牌面粉获得国家放心面和扬州市消费者满意商品称号。

“水花”牌消防器材

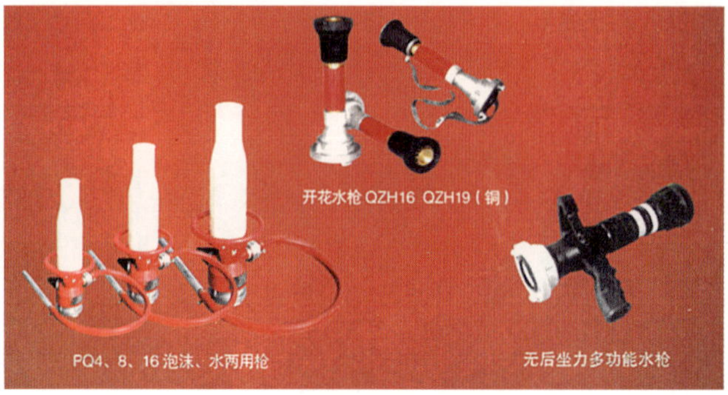

“水花”牌消防器材

“水花”牌消防器材由市消防器材总厂注册生产，主要有KDK65、KD65、KY65、KN65水带接口，QZG3.5/7.5、QZ3.5/7.5、QP8/0.7消防水枪，SN65、SNW65-1、SNZ65、SNZW65-1室内消火栓及JPS0.8-19/25消防软管卷盘等。其中，KD型水带接口、KN型固定接口、QZ型直流水枪、QLD型直流喷雾水枪等产品通过省级鉴定，取得国家“消防产品生产许可证”；消防软管卷盘、消火栓箱、室内消火栓通过国家固定灭火系统和耐火构件型式检验和换版检验，产品行销全国30多个省、市、自治区。

高邮乡镇工业部分产品荣获市外奖项情况表

表113

年份	奖项	获奖产品	生产企业
1979	省、扬州市农机科技一等奖	IGC-120型破垡盖籽机	三垛农机修造厂
1981	省乡镇企业管理局质量奖	矿渣硅酸盐水泥	八桥水泥厂
1983	省乡镇企业管理局质量奖	矿渣硅酸盐水泥	县水泥二厂
1984	全省镰刀质量评比优良称号	“东墩镰刀”	东墩农机具修造厂
1987	扬州市大锹质量评比二等奖	“改良大锹”	临泽农机修造厂

续表 113

年份	奖项	获奖产品	生产企业
1987	重庆市首届"山城杯"名优新产品大评展"山城杯"奖	合成革模压箱	扬州市光华皮件厂
1991	中国优秀保健食品金奖和银奖 上海市首届传统保健医药品金杯奖和优秀奖。	含锌蜂乳 含锌蜂蜜	扬州市健饮蜂乳食品厂
1992	全国新型装饰材料装备器件评比会金奖	"华伟"牌彩色石英地砖	扬州市华威新型装饰材料厂
1993	中国高新技术、新产品博览会金奖 中国高新技术、新产品博览会金奖 中国高新技术、新产品博览会金奖 中国高新技术、新产品博览会银奖	光纤光缆 高浓稀释机 精密过滤机组 四通道超声波管材探伤机	扬州兴华光电线缆厂 横泾通用过滤机厂 横泾通用过滤机厂 高邮承州探伤机厂
1994	江苏省金牛奖	TYT50/HY200 高浓稀释机 GD－11 型高杆照明灯 Z10Q、Z13Q、Z16Q 新型台式钻床	横泾通用过滤机厂 市照明电器厂 江苏三环机电设备制造有限公司
1994	全国香精香料展览订货暨技术交流会金奖	香兰素	沙堰香料厂
1995	第三届中国农业博览会铜牌奖	"为耕"牌东风－12 型手扶拖拉机花键轴	市农机配件二厂
1995	中国高新技术、新产品博览会金奖 中国高新技术、新产品博览会金奖 中国高新技术、新产品博览会优秀奖	计算机屏蔽电缆 阻燃电缆 CO_2 回收装置	扬州曙光电缆厂 扬州长城电缆厂 市通用过滤机厂
1995	第二届中国科技精品博览会金奖	"华富"牌阀控式密封铅酸蓄电池	扬州华富电源有限公司
1996	国家专利局"兴华杯"创新金奖	氧气自控减压阀	伯勤乡农林村焊割工具厂
1996	中国专利及新产品博览会金奖	铜芯交联聚乙烯绝缘聚氯乙烯护套5相屏蔽计算机用电缆 低烟低卤阻燃计算机用信号测控电缆 抗干扰低烟无卤阻燃聚乙烯绝缘屏蔽控制软电缆	江苏长城电缆厂 扬州红旗电缆厂 扬州光明电缆厂
1999	第八届中国专利新技术新产品博览会金奖	Z773X、Z73X 浆液阀	市朝阳气动液压机械厂
2002	中国(淮安)优质稻米博览会"十大金奖大米"	"双兔"牌大米	市双兔米业有限公司
2007	第四届中国国际专利与名牌博览会金奖	磁卡线路控制装置 便携式集尘器	市电器塑料厂
2008	第五届中国国际专利与名牌博览会金奖	转杯纺丙纶中长型粗纺纱	扬州华美丙纶纺织有限公司
2009	第七届中国国际农产品交易会暨第八届吉林长春农产品博览会金奖	"红太阳"牌高邮咸鸭蛋、高邮松花蛋	江苏高邮鸭集团红太阳食品有限公司
2009	第六届中国国际专利与名牌博览会金奖	36 伏、42 伏电动车辆用新型高效无镉蓄电池	
2009	"江苏产品万里行"金奖 "江苏产品万里行"金奖 "江苏产品万里行"银奖	"华富"牌电动车用蓄电池 "秦邮"牌双黄蛋、松花蛋 "双兔"牌米乳汁	江苏华富能源有限公司 市秦邮蛋品有限公司 江苏双兔食品股份有限公司
2009	中小企业博览会江苏最佳展品	"星慧智牌"路灯	扬州星慧照明有限公司
2010	江苏省优秀新产品金奖	特高压电极箔 500 千伏超高压电缆 纳米聚合物太阳能储能电池	扬州宏远电子有限公司 扬州曙光电缆有限公司 江苏华富能源股份有限公司

人 物

名流略记

王保安

王保安,男,1934年10月生,高邮八桥罗庄人,中共党员,八桥乡工业公司生技股长。

1983年,王保安兼任乡五金电器厂厂长。在这期间,对原厂生产无定额、消耗无指标的落后状况,王保安大胆进行改革,制定各项定额制度,并在生产过程中改革生产工艺,成本消耗显著减少,各种材料消耗1983年比1982年减少3万元,使该厂1983年实现利润19.8万元,比计划利润指标增长3.8万元。1984年初,王保安被下派负责乡化工厂的技术改造工作,专程到南通、盐城等地区进行参观调查。回厂后,王保安仅用半年时间就顺利攻破了生产环境污染、切削工艺两个关键技术难关。1984年10月,王保安受乡工业公司指派,对乡家具厂、五金电器厂的产品销售情况进行市场调查。王保安走访了河北、山东、山西、北京等20多个用户单位,摸清这两个企业产品的市场动向,果断地建议对家具厂、五金电器厂的五节文件橱和保险柜采用20世纪80年代的最新工艺静电粉末喷涂,从而对这些产品迅速打开市场,扩大销路,起到重要作用。

1981年、1983年、1984年,王保安分别获县劳模称号。

王瑞来

王瑞来,男,1948年5月生,高邮郭集大营人,中共党员,高邮县电热电器厂厂长。

王瑞来当过农机维修员,在电热电器厂担任过班组长、生产科长。自1981年担任厂长以后,王瑞来团结和带领全厂职工艰苦奋斗,积极开发新产品,先后增加了镇流器和工业用烘道等产品。1987年,王瑞来对老产品金属电热管提出了改革生产工艺、扩大生产规模的技术改造项目,淘汰了原来7台老式生产设备,新增10台(套)生产电热管设备,并建厂房600平方米,使电热管的生产能力大幅度提高。1988年共生产电热管9.6万支,比1987年增加5.6万支。技术改造前7台设备需用工人121人,技术改造后10台设备仅用98人。产品质量得到了提高,被评为扬州市优质产品。王瑞来采取请进来指导和送出去培训的办法,先后培养了17名技术人员。在工厂内部,实行两级核算,率先推行厂内票券结算,改固定工资制为计件、计时、计质工资制,把产品质量、经济效益与职工的切身利益挂钩;同时制定原材料消耗定额,杜绝了浪费,促进了效益。王瑞来担任厂长8年共创产值1880万元,累计上缴国家税收74万元,上缴村集体"以工建农"资金33万元。其中,用15万元创办了一爿村饮料厂;18万元用于全村农业和村民照明用电、农田基本建设及支持副业生产,使全村养鹅业居全县之首。

1987年、1988年,王瑞来分别被评为优秀共产党员和模范厂长。

王传祥

王传祥,男,1960年3月生,姜堰洪林人,中共党员,高邮卫星卷烟材料有限公司董事长。

自创办高邮卫星卷烟材料有限公司后,王传祥勤奋敬业,带领企业全体员工开拓进取,通过科技和管理创新，增强企业的市场竞争力和产品的科技含量，不断将企业做大做强，为地方经济发展做出了应有的贡献。公司连续多年为市纳税大户，被评为AAA信用企业，省和扬州市双优诚信印刷企业，并通过了ISO9001质量管理体系认证。

王传祥始终坚持以人为本的管理方法。将公司科室从人流、物流和资金流三个流向进行重新组合，撤销了原来多个部门，合并成立了三个中心、三个部，实现了扁平化管理。推行内部市场化。把所有车间和相关部门全部推向市场，完全按照市场的标准实行买卖关系，并将职工的收入与创造的效益挂钩，在不增加人员和设备的前提下，降低制作成本10%，库存下降20%，资金占用下降10%，产品生产周期缩短30%左右。建立了一整套完善的创新激励体系。鼓励工艺改进，产品创新，并在公司设立了产品研发中心。公司先后成功的研发了转移法水松纸、激光防伪降焦水松纸、真空直镀水松纸，获得了转移法水松纸和激光防伪降焦水松纸国家专利。设立品牌运作部门，加快了品牌运作步伐。创建了“邮王”自主品牌，并努力争创中国驰名商标。通过输入管理和文化，带动地方经济发展的同时，加快企业的发展，构建自己的产业链群。在企业发展的同时，做好企业员工的福利工作，切实解决职工的后顾之忧，并积极参加各种社会公益事业和捐资助学活动。

王传祥连续多年被评为市社会保障先进工作者、社会主义优秀建设者、扬州市先进党员。

师成桂

师成桂（左五）与厂部领导成员研究企业发展计划

师成桂，男，1949年12月生，高邮车逻师伙人，中共党员，高邮县强力不锈钢标准件厂厂长。

师成桂曾任生产队保管员、村办厂工人、工厂会计、供销员等职。1980年，当师伙柴油机配件厂（强力不锈钢标准件厂前身）亏损4万元、濒于破产时，师成桂受命担任了厂长。他一上任就卖掉自家的三头肥猪，凑足路费，组织供销员推销积压产品。接着师成桂狠抓工厂内部管理，使企业恢复了生机，生产不断发展。一是精简非生产人员，充实生产、供销两个环节，行政管理人员只保留有4人。二是狠抓企业内部改革，完善承包责任制。在生产工人中实行计件工资，在供销员中实行联系销售金额的浮动工资制，激发全厂职工的积极性。三是按照市场需要，及时更新产品。一改以生产农机配件为主的格局，根据市场变化，1984年，他带领工厂人员开发了不锈钢标准件新产品。后变更厂名为强力不锈钢标准件厂，产品一直在市场走俏。四是重视资金投入。从原来仅有几间旧草房、几台旧设备，发展成厂房近百间，各种设备100余台及一条生产流水线，拥有固定资产90余万元的工厂。1988年，全厂产值达到119万元，实现利润13.5万元。生产的不锈钢紧固件被评为扬州市优质产品，远销上海、南京、广州、北京、沈阳、武汉、天津等23个大中城市。在工厂大量盈利以后，努力发展社会福利事业。帮助村里办起了福利工厂，将村里16名残疾人都安排到厂里做工，使有残疾人的家庭增加了收入，取得了较好的社会效益。

企业先后受到乡政府的表彰7次,受到县政府表彰2次;个人多次受到县、乡的表彰。

朱大臻

朱大臻,男,1957年8月生,高邮横泾合兴人,中共党员,1984年1月参加工作,横泾镇合成化工厂厂长。

自1984年担任厂长后,朱大臻凭着强烈的责任感和事业心,整个身心扑在工作上。朱大臻带头认真钻研化工基础知识和工艺流程,并投资培养了5名具有一定化工专业知识的人才。1987年,瞄准国际市场,朱大臻带领工厂人员开发的绿GS、翠兰GL、大红G等3个产品,销往美国、英国、日本、香港等10多个国家和地区,创汇520多万元。1990年,美国客商又同企业签订了20吨染料中间体——1、2、4酸的订货合同。7年中,工厂有7个产品填补了省、市空白,产值和利润由1984年的37万元和5万元上升到1990年的370万元和24万元。

1991年6月,朱大臻被扬州市委表彰为优秀共产党员。

花兆奎

花兆奎,男,1945年10月生,高邮临泽合兴人,高邮县第二橡胶皮件厂厂长。

1976年,花兆奎回家乡创办起合兴皮件厂。当时资金不足,厂房简陋,业务缺少,技术不精。凭着一种顽强拼搏的精神,克服各种困难,从一个只有十几个人的村办皮件厂发展到1980年200多人的高邮县第二橡胶皮件厂。到1988年,镇村联办建立了"江苏省高邮县维扬运动鞋厂",产值从几百万元增加到几千万元,利税从几十万元上升到几百万元。1996年,市场经济体制发生变化,原维扬运动鞋厂从集体性质改制为民营企业,并与香港立新行有限公司合资创办扬州天高旅游用品有限公司。改制后,花兆奎更是用心经营,细心管理,全心投入,苦心奋斗,用滚雪球的精神,使企业不断发展壮大。2004—2006年,花兆奎又先后组创了"申高""凯高""新世界"等3个鞋业有限公司。四个公司固定资产8000万元,吸纳员工1000人以上,年产值超过1.6亿元,利税1000万元以上。

1994年,花兆奎当选临泽镇政府副镇长;1998年,当选扬州市人大代表;2000年,当选政协高邮市委员会委员。

吴国良

吴国良,男,1948年7月生,高邮天山南茶人,中共党员,天山乡工业公司经理兼扬州市光华皮件厂党支部书记。

吴国良曾在天山农具厂担任车间主任、副厂长、厂长,后调天山机械厂(光华皮件厂前身)任厂长。1980年,天山机械厂因主产品卷扬机滞销,生产受到很大影响。通过走出去,吴国良进行广泛调查研究,根据市场需求,选定了新上项目——模压箱。他先带领技工实地参观学习,又自己琢磨设计,当年10月拿出试制的第一只模压箱。经南京人民商场检验合格后,签订供销合同,投入批量生产。从此,扬州市光华皮件厂宣告诞生,并从天山机械厂划出。为了增强企业活力,提高产品竞争能力,吴国良组织力量进行技术改造,设计试制新品种,并带人到天津考察,于1985年生产出ABS吸塑公文箱;很快又将产品增加到30多个品种、100多种规格,畅销全国28个省、市、自治区,生产规模得到迅速扩展。从1987年下半年起,吴国良先后投资175万元,不断扩大生产规模,壮大企业实力,拓展外向型经济。1988年,全厂有职工590人,比1982年增加9倍,拥有固定资产近200万元,产值达到1014.77万元。

其中，出口额达到160.89万元。吴国良任厂长8年间累计向国家缴纳税金119.5万元，创利110多万元。其间，他每年都拿出一部分利润资助乡镇建设和福利设施建设。

1984年，吴国良被乡评为优秀党员，多次被乡、区、县评为先进工作者。

吴中直

吴中直，男，1948年7月生，高邮汉留人，中共党员，中外合资扬州琼花环保设备有限公司总经理。

吴中直(前左二)迎接香港礼裕有限公司董事长顾七妹一行

自1985年担任县环保设备厂厂长以后，吴中直大胆改革创新，善于经营管理，使一个只有30多名工人的农具厂发展到拥有30多名科技人员、300多名员工、一座科研所、流动资金和固定资产达100多万美元的合资企业。产品结构从单一的“铁木竹”农具发展到67个品种系列环保设备产品。1988年，工厂生产的催化净化装置打入香港市场，质量超过日本株式会社同类产品。产品覆盖了大半个中国，在许多大型骨干企业中替代了进口。

1989年2月，企业被省政府授予“江苏省明星企业”称号。1990年，产品获部优称号；企业被验收评审为扬州市二级企业；个人被扬州市政府授予“扬州市乡镇明星企业家”称号。

吴宏林

吴宏林，男，1963年6月生，高邮天山红旗人，中共党员，经济师，扬州光华皮件总厂厂长。

1989年吴宏林担任厂长后，以开拓进取、大胆改革、科技兴厂为宗旨，调动干部、职工的积极性，开发了新一代ABS吸塑箱、竹胎箱，使企业箱包产品形成特色、上了规模。同时，经多方考察论证，工厂投资180万元，新上了涤纶、丙纶色粒产品生产线，投入批量生产。1992年，工厂实现产值1288万元，利税37.4万元。

1990年、1991年，吴宏林连续两年被扬州市政府授予“乡镇企业家”称号。

吴有还

吴有还，男，1948年12月生，高邮汤庄汤东人，中共党员，扬州高标机械有限公司总经理。

吴有还是汤庄镇工业的第一代开拓者之一，经营企业30多年，被誉为汤庄工业的“常青树”。他善于培养企业经营管理人才，乐于奉献，由公司分扩出10多家新企业。他曾毅然拿出全部积蓄在镇工业集中区再创大业，引发汤庄工业投资新热潮。

2010年，吴有还在市第三届文明好市民评选活动中，光荣当选“高邮好人”。

李金山

李金山，男，回族，1969 年 12 月生，高邮菱塘清真人，扬州市曙光电缆厂驻三峡销售办事处主任。

为扩大电缆销售市场，李金山历尽千辛万苦，使扬州市曙光电缆厂先后与宜昌供电局、襄樊供电局、鄂州供电局、荆州热电厂等单位建立起良好的合作关系。2000 年，工厂销售货款总额 842 万元，回笼货款 769 万元。

从 1995 年起，李金山连续 6 年被评为全厂优秀销售员；连续 4 年被乡评为先进销售员。2001 年，被省政府授予“劳动模范”称号。

张其飞

张其飞，男，1952 年 6 月生，高邮八桥勤丰人，先后在八桥化工厂、水泥厂、工业公司和镇党委、政府工作，分别担任过厂长、经理、党委副书记等职。

张其飞致力于水泥厂的发展事业，攻克项目技术难题，突破项目资金“瓶颈”，在较短的时间内，使总投资 300 万元、年产水泥 5 万吨的技改项目投产运行，不仅在全县乡镇工业产生了较大影响，而且使企业在扬州地区 16 家水泥厂中排名跃居第二。他在分管全镇工业期间，着重做好三件事：一是大力解决资金“瓶颈”，每年都为企业协调资金达 800 万元左右。二是重点跑工业项目，亲自抓新上工业项目。三是注重培养企业家队伍，数年里，在企业的生产经营骨干中培养了一批厂长（经理），为全镇工业的持续、加快发展起到了积极作用。

张惟根

张惟根，男，1940 年 2 月生，高邮武安人，中共党员，高邮县农机配件二厂厂长兼党支部书记。

张惟根在省中医学校进修以后，曾从事乡村医务工作、大运河工程财粮供给和农机维修工作。1975 年创建县农机配件二厂，为创办人之一。1979 年，任副厂长。自 1983 年担任厂长后，一直抓紧企业的技术改造，努力提高产品质量。随着企业改革的不断深化，企业的生产规模逐步扩大，产值逐年上升。1988 年，全厂拥有固定资产 130 万元，各种机床 64 台（套）。职工人数 330 人，人均年收入 952 元。年产值达 392 万元，利润 23.5 万元。累计 10 年上缴财政 35 万元。其主要产品小拖拉机花键轴，1979 年仅生产 3000 件，1988 年已增加到 44 万件。除供应省内外 100 多家农机公司外，还为常州、无锡、盐城、昆明、合肥等 7 个拖拉机厂的主机配套，有的配套产品已远销泰国、缅甸、秘鲁、斯里兰卡等国。此外，还开设了农机经营门市部和招待所，既方便群众，又解决了乡富余人员的就业问题。1988 年，营业额高达 164 万多元。为保证产品质量，张惟根经常向干部、职工进行质量教育，逐步建立健全质量保证体系，完善测试手段。建立了三级计量室，并培养 12 名专职质量检验员，结合岗位责任制，推行 PGCA 循环工作制，使花键轴系列被评为扬州市优质产品。其中，东风 12 型花键轴被

张惟根在厂部会议上讲话

常州拖拉机厂列为质量信得过免检产品;曾两次获得县产品质量优质奖。工厂在1986年经常州市计委批准为常州拖拉机厂四分厂。为培养、充实工厂的技术力量,从1984年起,先后选送125人次的职工到上海、常州、扬州等地培训。工厂每年开办3期技术培训班,从外地聘请工程技术人员授课,共培养出大专水平技术人员4名,中专水平技术人员7名,三级以上技术工人120多人,有效地提高了全厂职工的思想和技术素质。在他的带领下,企业先后被国家机电部和省机械厅列为定点生产农机配件的专业厂。

1986年,企业被评为扬州市精神文明建设先进单位;1987年,获县"双文明先进单位"称号;1991年,获扬州市"明星企业"称号。个人先后15次被评为乡先进工作者;3次受到县委和县政府的奖励。1991年,被扬州市政府授予"乡镇企业家"称号。

张　和

张和,男,1958年11月生,高邮武安浩芝人,经济师,高邮市橡塑制品厂厂长、党支部书记,曾任武安乡副乡长。

张和(左一)向省、扬州市等领导介绍公司生产的甲壳素系列产品

市橡塑制品厂前身为武安塑电厂的一个车间。自1988年上任后,张和以市场为导向,积极开发新品种。1990年,工厂上了涂布项目,次年实现产值650多万元。1992年,得到上海有色金属冶炼厂和合肥炮兵学院技术支持,并经多方论证,采用连铸连轧生产工艺,生产用于制造汽车散热器和通讯电缆的无氧铜材,当年技改投入650万元。1993年,全厂实现产值2310万元。

1989—1992年,工厂连续受到市委、市政府的嘉奖。1992年,工厂获扬州市政府授予的"明星企业"称号,张和获"优秀乡镇企业家"称号。

张庆奇

张庆奇,男,1953年12月生,高邮车逻保丰人,中共党员,1971年参加工作,卸甲镇党委副书记、卸甲镇人大主席团主席、江苏金飞达电动工具有限公司董事长、总经理。

张庆奇主持企业全面工作以后,狠抓管理,勇于开拓,使一个起步较迟的机电出口产品生产企业在国内迅速后来居上。1994年,他瞄准国际先进标准,建立了具备国际先进水平的质量保证体系。公司的电机、台钻、带锯三大产品

张庆奇(右)欢迎时任省委副书记冯敏刚到江苏金飞达电动工具有限公司视察

率先通过美国 UL、德国 GS、英国 BS、欧共体 CE/EMC、加拿大 CSA 等认证。产品畅销五大洲近 30 个国家和地区,单项产品出口量居全国第一。公司获得全市“管理十佳”“工业十强”“创汇十星”“利税大户”等殊荣。

张庆奇紧紧依托公司的龙头优势,辐射全镇,延伸发展了油漆、插头线、电容器、电开关、纸箱包装等多种行业的镇村企业,为开创卸甲镇工业的新局面作出了一份贡献。

1994 年,张庆奇当选为扬州市第三次党代表大会代表,并先后获得扬州市及省以上政府机关授予的优秀共产党员、优秀企业家、勤政廉政好干部、乡镇企业家、爱职工的好经理(厂长)、出口创汇先进个人、全国优秀乡镇企业厂长(经理、董事长)、省劳动模范等称号。

张永富

张永富,男,1953 年 6 月生,高邮张轩强民人,先后担任生产队机工、村办厂工人、供销员、村办厂厂长、张轩乡强民村党支部书记。

张永富具有强烈的市场意识,“借路兴厂,借梯上楼”,继 1985 年与上海轻工机械厂联营成功后,带领工厂又陆续与上海制笔厂、河南洛阳柴油机厂、江苏林海集团以及上海真空泵厂联营。1995 年,他又组建扬州市永富机械集团。当年村办企业实现产值 3500 万元、利税 172 万元,初步形成规模优势。他艰苦创业,坚持个人利益服从集体利益和群众利益,任厂长时期的奖金每年均在万元以上,全部用于发展生产。先后投入 100 多万元,购置了大型推土机 2 台、中型收割机 6 台、中型开墒机 2 台、小型拖拉机 4 台,修建了 35 道桥梁闸站,大大提高了农业机械化程度,把 60% 的劳力从土地上解放出来,从事工业和第三产业。

1996 年,张永富被扬州市委表彰为优秀村党支部书记。

张根金

张根金,男,1954 年 6 月生,高邮卸甲张邵人,卸甲镇张邵村党支部书记。

张根金带领干部群众发展村办工业的成绩非常突出,具有强烈的事业心和责任感。1982 年,在村办皮革厂濒临倒闭的危难之际,他毅然挑起党支部书记的重担,先后办起冶炼厂、五金厂、光辉金属制品厂,并使村办企业走上良性循环之路。1995 年,全村工业产值达 2000 多万元,利税 500 万元。他领导工业勇于开拓,善抓机遇,以挂靠企业集团起步,以开发新品求发展。1992 年,经多方努力与镇金飞达公司结成对子,新上了电机、砂轮机等产品。其中,砂轮机系列打入国际市场。当年,村办企业固定资产增加到 300 多万元。到 1995 年,工业销售额达 2144 万元,成为镇重点骨干企业。他重视加强企业管理,走效益型发展之路。他先后主持制定了《生产经营年度目标责任制》《企业管理责任制度》《物资定额耗用制度》等制度,对生产经营的各个环节明确了 120 多条规范,提高了企业管理水平和经济效益。

1996 年,张根金被扬州市委表彰为优秀村党支部书记。

杨文华

杨文华,男,1945 年 8 月生,高邮临泽成官人,中共党员,高邮县铝箔纸厂厂长兼党支部书记。

杨文华曾任镇五金厂厂长、镇工业办公室副主任。1980 年,他得到国内铝箔纸紧俏的信息,立即向镇党委提出创办铝箔纸厂的建议。在专题讨论会上,拿出建厂方案,力解群疑,并当场立下“军令状”。当年 6 月,多方筹集 46 万元资金,建起 9 间 360 平方米简易厂房,购进镀铝纸机器,招收 53 名青年工人,11 月份即试产成功。为便于横向经济联系,他于 1982 年把总厂迁至高邮城,并新建标准厂房 2000 多平方米。另在原厂址成立分厂,扩大经营规模,使铝箔纸厂的固定资产增加到 450 万元,职工增加到 350 名,成为全县乡镇企业中名列前茅的骨干厂。在办厂过程中,他大胆改革,推行经济承包责任制,把各项生产、经济指标分解到车间、机组,实行联产联质联绩计酬计奖,为全县企业改革提供了经验。为了创优质创高产,他带领 5 名青年工人到营口市铝箔纸厂学习;派有文化的青年工人进电大和专业培训班深造;并自费购买专业书籍学习钻研。每逢购进新设备,都主持并参加安装和试运转,掌握设备的性能。在生产中他既能当指挥员,又能当战斗员,出了故障也能动手排除。凡是引进一项新技术,必先亲自试验,然后示范推广。长期的实践和经验积累,使其成为铝箔纸生产的行家,曾出席轻工部、造纸学会的质量鉴定和技术研讨会。工厂生产的 3110 真空镀铝纸畅销全国 13 家大卷烟厂,产品经国家造纸科研机构检测,达到和超过部颁质量标准。1987 年,产品获得省优产品证书;1988 年,获部优产品证书。1988 年,全厂创产值 1420 万元,比 1982 年增长 26 倍;获税利 187 万元,比 1982 年增长 105 倍。企业于 1987 年被命名为省明星企业。

1983 年后,杨文华连年被镇评为优秀党员、优秀厂长。1987 年,获"省明星企业家"称号,分别当选为临泽镇和扬州市人大代表。1988 年,获"省劳动模范"称号。

陈德宝

陈德宝,男,1930 年 4 月生,高邮天山南茶人,中共党员,天山红星塑料制品厂厂长。

1953 年,陈德宝进天山乡合作商店,后任饮食业经理。1962 年,他被下放务农。1977 年,他以两头肥猪卖得的 150 元为资本,带领 6 名职工创办天山红星塑料制品厂。从模仿造型设计、手工生产、人挑肩扛推销产品,发展到自动化生产,产、供、销一条龙系列配套。随着商品经济发展,面对市场竞争激烈的形势,他始终注重产品的不断更新。为此,他订了几十份报刊杂志,从全国 50 多个三级百货站聘请 80 多名信息员,积极参加全国性和区域性的百货展销订货会,掌握国内外市场行情,并成立专业设计室,开发新产品。产品发展到包、箱、鞋、手套四大类 300 多个品种。他治厂严谨,狠抓企业管理,严格经济核算,降低生产成本,把产品优劣与职工劳动报酬直接挂钩,奖惩分明,创优质产品,打入国际市场。不断进行企业技术改造,注意资金投入,扩大生产规模。在他的带领下,到 1988 年底,扩建厂房 7000 平方米,拥有职工 1350 人,工业用缝纫机 680 台,具有国内先进水平的旅游鞋生产线两台(套),固定资产总值达到 202 万元,产品畅销 26 个省、市、自治区的 210 多个百货站和商场。其中,旅游鞋和尼龙包远销捷克斯洛伐克、南斯拉夫、香港等 15 个国家和地区。1988 年,工厂创产值 1216.35 万元;出口额 437 万元,比 1986 年增长 10 倍;获纯利 33.3 万元,成为全县村办企业之首。1977—1988 年,工厂向国家缴纳税金达 269 万元;向村集体上缴利润 119 万元,用于"以工建农"和村民福利事业;并为全村安装了自来水设备,新建了小学和男女浴室,使所在的南茶村户户有广播,家家用电灯、吃自来水,还照料全村 10 多个孤寡老人的衣、食、行,承担了全村村民的医疗费和学生的学杂费等。同时,每年都拿出一部分红利,投入年终分配,增加村民收入。企业先后被评为省双文明先进单位、明星企业和先进集体,曾受到省政府的嘉奖。

1984 年,陈德宝当选为县人大代表。1986 年,被县评为优秀厂长。1987 年,被省政府命名为"明星企业家"。1988 年,当选为省七届人大代表。

陈景春

陈景春,男,1947 年 2 月生,高邮城镇人,先后当过砖瓦厂工人、县水泵厂会计、县照明电器厂厂长。

1971 年初夏，在郭集公社盘塘大队的支持下，陈景春从高邮县属企业来到交通闭塞、条件艰苦的盘塘大队，白手起家，艰辛创业。他不辞辛劳，不计报酬，以厂为家，埋头苦干，于 1976 年创立了五金电器修造厂。在多年的市场大潮和生产经营过程中，脚踏实地而志存高远，兢兢业业而锐意进取，以敏锐眼光捕捉市场信息，以“四千四万”（走遍千家万户、跑过千山万水、说过千言万语、历尽千辛万苦）精神开发全国市场。企业研发生产的灯杆、灯泡、电器、铝拉伸灯具等一系列产品，一经投放市场便供不应求。到 1986 年，县照明电器厂已发展成为具有相当规模和实力的企业，年产值 680 万元，利润 80 万元，成为高邮乡镇工业企业的排头兵。1991 年，他果断决策，从美国引进先进设备，从大城市引进科技人才，生产系列高压钠灯光源产品。产品经国家轻工部鉴定，获得优质产品证书，成为苏中地区一枝独秀，在全国灯具制造行业争得一席之地。他先后培养了数百名路灯销售人员和专业技术人员，使照明电器厂成为一个地区照明电器产业的摇篮。

1993 年，陈景春被授予“省劳动模范”荣誉称号，并先后当选为扬州市、市人大代表和市党代表。

陈长江

陈长江，男，1963 年 6 月生，高邮天山南茶人，天山镇南茶村党总支委员会书记。

天山镇南茶村党总支委员会下设茶花厂、华飞厂、主力厂、农村等 4 个党支部。陈长江一方面狠抓党的思想、组织、作风、制度建设，形成了坚强的战斗集体，激发了整体功能，为村级经济发展夯实了基础；另一方面，南茶村立足经济外向驱动，扩大企业出口创汇，工业经济不断增长。1993 年，全村各企业皆实现扭亏为盈。1994 年，南茶村建成全市第一个工业产销亿元村，扬州市出口创汇第一村。1995 年，全村实现工业产值双亿元，达到小康村目标。

1996 年，陈长江被省政府授予“劳动模范”称号。

陈春月

陈春月，男，1957 年 2 月生，高邮临泽洋汉人，中共党员，工程师，高邮市包装制品有限公司副董事长、副总经理。

陈春月 1974 年 12 月参加工作，先后组织实施了 3 个国家星火计划项目，为企业争取 30 多万元国家财政补贴。1997 年，他组织实施的“多层宽幅高强度低克重瓦楞纸及纸箱”项目，经专家评审认定为 A 级高分，被列为国家“星火”计划。其产品经国家检测中心抽样检查，各项指标均符合国家标准 GB6543-86、GB6544-86。2001 年，对公司实施的国家“星火”计划项目——“高档叠色彩印水墨纸箱”技术问题，进行认真审核，并指挥安装调试。项目获省专家验收组好评，被评为省 2001 年度最成功的国家“星火”计划项目之一。

陈春月（右二）在车间检查科技项目实施情况

2002 年,负责实施的“ABE 三重组合瓦楞纸板及纸箱”项目,被评审为国家“星火”计划项目。在项目实施过程中,从考察市场到设备调研、选型,始终坚持高度负责的态度,多次和工程专业技术人员对设备关键性技术问题进行探讨、研究,确保了设备的先进性、可靠性和可操作性。

2003 年 4 月,陈春月被科技部、农业部表彰为全国“星火”计划先进个人。

陈维林

陈维林(中)在中国(江苏)服装节上

陈维林,男,1943 年 8 月生,高邮龙奔十里人,扬州恒丰制衣有限公司董事长、市政协第十届委员会委员、市归国华侨联合会副主席。

自 1986 年创办扬州恒丰制衣有限公司后,陈维林大力开拓国内外市场,以勤劳、智慧、朴实、诚信寻求企业发展之路,将一个只有 10 多人的小作坊发展成为拥有 2000 多名员工、年产值过亿元、年创利税 780 万元的全省知名的侨属服装生产加工公司。他致富不忘乡亲、不忘侨眷,尽力回馈社会,安排侨港眷属就业和下岗职工再就业 60 余人,用于救灾、救济、帮扶、帮困、奖学、慰问等公益事业资金超过 50 万元。

2000 年之后,陈维林先后被省侨联评为全省侨眷先进个人,被扬州市委、市政府评为私营企业先进个人,被市委、市政府评为“十佳”先进民营企业家称号等。2004 年 9 月,被国务院侨务办公室、中国侨联表彰为全国侨眷先进个人。

迮永高

迮永高,男,1935 年 11 月生,高邮一沟塔院人,中共党员,高邮县一沟曙光医疗器械厂厂长。

迮永高曾参加抗美援朝,复员后历任一沟乡塔院村生产队长,村党支部书记、副书记,1982 年退休。为带领村民共同致富,他于 1983 年联合 5 户农民,共投资 3000 元,牵头办起了一沟曙光医疗器械厂,主要生产医用针座。他坚持勤俭办厂,注意革新技术,实行民主管理和合理分配,使工厂越办越兴旺,成为具有一定规模的经济联合体。1988 年,生产的各种型号医用针座 470 万只,年产值 22.25 万元,比 1983 年增长 5.2 倍。全厂共有职工 43 人,并拥有仪表车床、高速钻床、电焊机、拉丝机、砂轮机、发电机组、铸铜机械等设备,产品畅销 28 个医药器材单位。1985 年和 1987 年,工厂分别被县、乡评为先进企业。建厂初期因无资金建厂房,他曾两次将自家住房给工厂使用。他坚持在保证产品质量的同时,提高工效,还制定了按劳分配和按股分红相结合的分配办法,坚持以按劳分配为主,对股东实行销售、产值工资含量制,年终利润的 30% 用于股金分红;对生产工人实行按件计酬制,调动各方面的积极性。他每年都捐助 2800 多元,照顾全村五保户、烈军属、残复军人和困难户,并捐助村办托儿所 1000 元,乡办文教 1000 元,修路和其他社会公共事业 4100 元。

1984 年、1985 年,迮永高被评为乡优秀共产党员。1987 年,获县扶贫先进个人称号。

周　瑾

周瑾，女，1952 年 1 月生，高邮菱塘人，经济师，江苏华能电缆总厂生产科长。

周瑾是从工人提拔上来的企业干部，长期工作在生产第一线，深入车间班组，有时亲自上设备，解决技术难题。她刻苦学习生产技术和管理知识，就生产流程、提高工效、降低物耗、工效挂钩等方面制定了全方位的指标和实施计划，增强了生产管理能力，确保了生产进度和产品质量。

1996 年，周瑾被省政府授予“劳动模范”称号。

金长华

金长华，男，1944 年 10 月生，高邮三垛镇人，中共党员，经济师，三垛农机修造厂厂长。

金长华 1958 年进三垛农具厂，先后担任过车间主任、生产科长、生产技术副厂长、厂长。他几十年如一日，一门心思忙生产。刻苦钻研技术，努力拼搏，和干部职工一道研制了破垡盖籽机、稻麦免耕条播机、新型四轮农用运输车等产品，多次受到上级表彰。

1992 年 6 月，金长华去溧阳联系工作时，在江宁县汤山镇附近遇车祸，不幸遇难。

金传国

金传国，男，1976 年 2 月生，高邮卸甲柏家人，中共党员，江苏金飞达电动工具有限公司员工。

金传国刻苦学习，钻研技术，爱岗敬业，勇挑重担，在公司多种岗位上作出了突出贡献。1997 年 8 月，他与同事合作攻关工装夹具，设计出较为先进的定、转子绕线机各 8 台、插槽机 2 台，为串激电机的批量生产提供良好的技术装备，为公司节约购置机床设备费用 50 多万元。2002 年 10 月，先后开发良明 10 英寸拉杆斜断锯、杰克 10 英寸台式斜断锯、10 英寸重型台锯等新产品，并在出样、小批量试产、批量投产方面做了大量工作。同时改进多功能工作台电机外壳材料，提高产品外观美感，并节约成本 25 万元。他先后提出的产品优化设计、小改小革达 120 项之多，为公司创造效益近 300 万元。

金传国连续 9 年被公司评为先进个人，连续 4 年被镇党委表彰为优秀共产党员。2004 年 4 月，被市政府授予“劳动模范”称号。2005 年 4 月，被扬州市政府授予“劳动模范”称号。2006 年 4 月，被省政府授予“劳动模范”称号。

郑连元

郑连元，男，1957 年 1 月生，高邮湖滨沙湖人，中共党员，高级经济师，扬州曙光电缆有限公司董事长、总经理，河海大学兼职副教授，曾任菱塘回族乡副乡长、党委副书记。

郑连元（右一）接受省主流媒体记者采访

自 1985 年创办曙光电缆厂以后，郑连元踏实创新，狠抓科技兴厂。工厂与河海大学合作，主要产品通过部级鉴定。其中，两个产品填补了省内空白，一个产品达到了国内领先水平，被国家能源部列为定点企业。他仅用6年时间就把一个自有资产只有6000多元、年销售额几十万元、仅10多名职工的作坊式小厂，发展为拥有760万元固定资产、560万元自有流动资金、能生产九大系列156个品种3190个规格的电线电缆的先进企业。1992年，实现产值2200万元、利税215.2万元。2002年，公司拥有资产1.6亿元，年销售额近4亿元；2010年，实现产值20.31亿元。企业先后获国家级重点高新技术企业，省重合同守信用企业、AAA级资信企业、质量信得过企业，扬州市“明星企业”等称号。

1991年，郑连元获得扬州市政府授予的“乡镇企业家”称号。1995年，被共青团省委、省青年企业家协会授予“第一届江苏省优秀青年企业家”称号。2000年，被省经贸委、省企业管理协会、省企业家协会授予“第八届江苏省优秀企业家”称号。2001年4月，被省委、省政府表彰为全省实施“九五”规划期间有突出贡献的企业家。2002年，被农业部授予“第四届全国乡镇企业家”称号，并被扬州市政府授予“扬州劳动模范”称号。2005年，被评为扬州市首届“当代儒商”。2006年，被省政府授予“劳动模范”称号。

姜仁阳

姜仁阳，男，1958年8月生，高邮川青北港人，高邮县川青净水设备厂厂长。

1985年，姜仁阳辞去县供电局外线工职务，回到家乡，向亲友筹借3000元资金，租借并修理好旧机器设备，借用窑厂的维修车间，从上海聘请了技术人员，于1986年春办起了净水设备厂，当年产值达到16万元。盈利以后，工厂陆续添置了电焊机、钻床、车床、卷板机、发电机及厂房设备，迅速扩大了生产规模。1987年，工厂产值增加到33万元。他注重智力投资，积极鼓励并选送工人到技术培训班学习，多次从上海请工程师来厂讲授专业知识，提高工人的技术素质。不断开发新产品，增添企业活力。到1988年，产品已有压力式、组合式一体化净水设备，静电银离子、活性炭等过滤器，钠离子和阴阳离子交换器，饮水除氧器，人造矿泉水器及其他处理污水设备等10多个品种。工厂在上海设立了固定窗口，多次参加北京、广州的交易会，提高产品的知名度，参与市场竞争，使产品远销上海、贵州、山西、河北及本省各地。他曾在春节期间带领职工奋战五昼夜，赶制出4台净水设备，按期完成了上海虹桥经济开发区的订货任务，受到客户的好评。建厂3年，工厂共获利17.2万元，产销率达100%，产值利润率高于20%，全员劳动生产率高达1.5万元，共缴纳税金1.3万元，并每年拿出3300元为所在村民小组谋福利。1988年，工厂又为北港村铺设了一条750米长的砖路和50多节农用涵管。此外，还帮助本村、组办起了化工厂和塑料厂，主动提供资金、厂房、生产设备和信息。

1987年，姜仁阳获得乡政府授予的“两个文明建设先进分子”称号，多次受到县、区、乡有关部门的嘉奖和表彰。

钟凤英

钟凤英，女，1950年10月生，高邮人，中共党员，历任高邮镇玻璃厂共青团书记、工会主席、副厂长、党支部书记等职。

钟凤英工作踏实，作风朴实，廉洁奉公，刻苦学习经营管理专业知识。1985年，她担任党支部书记后，认真贯彻执行党的路线、方针、政策，坚持四项基本原则，大胆改革创新，多次走南闯北论证项目，企业通过三次技改迈出三大步。1994年，工厂实现产值1400万元，销售1800万元，成为年产2万吨的省啤酒瓶定点生产企业。她善于现场指挥解决各种实际问题，深入职工家庭做思想政治工作和后进帮教工作,深得职工尊敬。任职期间,企业的职工刑事犯罪率为零,民事调解成功率 100%,计划生育达标率 100%;企业被评为市“文明单位”,厂党支部连续 8 年被评为高邮镇先进党支部。

钟凤英曾获得省计划生育工作先进个人、扬州市“巾帼英雄”,1993 年,被评为“扬州市劳动模范”,市、镇优秀党员和党务工作者。

秦国柳

秦国柳,男,1955 年 5 月生,高邮湖滨五一人,高邮市助剂厂党支部书记、董事长。

1973 年后,秦国柳进入原湖滨农具厂,先后从事生产、销售工作。1986 年,他利用原脱水蔬菜厂,创办县助剂厂,主要从事精细化工产品的生产与销售。他注重技术投入,培养技术人才,利用科学技术支撑来提升企业产品附加值,使企业的产品结构合理,一直保持稳步发展。同时,他热心教育和公益事业,所创办的企业吸纳了较多残疾人就业,对有需求和帮助的集体和个人都积极给予支持。2010 年,企业实现产值 3.6 亿元。

秦国柳(左一)与来厂考察的
美国伊士曼副总裁洽谈项目

秦国柳曾当选扬州市、市人大代表,获得“先进工作者”“慈善企业家”等荣誉称号。

徐汝安

徐汝安,男,1950 年 2 月生,高邮甸垛南逊人,中共党员,高邮县轧钢厂厂长。

徐汝安 1969 年入伍,1975 年复员后,历任企业供销员、供销科长、副厂长。在 1981 年市场钢材一度滞销和企业产品质量差、濒临倒闭的严重困难条件下,他出任厂长。上任后,他对内抓紧企业整顿,大搞技术改造;对外瞄准市场信息,生产适销对路产品,使轧钢厂迅速恢复了生机。他积极推行承包经营责任制,把提高经济效益同职工的切身利益紧密结合在一起,调动大家的生产积极性。同时他努力改造陈旧设备,培养技术人员,提高职工素质,加强企业核算,降低成本消耗,使产品质量迅速提高。通过对市场的多方调查分析论证,摸透行情,瞄准目标,增加资金投入,大批量生产发展农机具所需要的钢材品种,从单一生产圆钢,发展到生产螺纹钢、扁钢等 14 个产品。因而工厂产品产量连年上升,由 1980 年的 350 吨增加到 1988 年的 8364 吨。此外,他还扩大供销队伍,大力疏导流通渠道,多次召开用户座谈会,并举办物资展销会,提高产品知名度,扩大销售范围,在苏、鲁、皖、浙、沪等 5 个省、市建立了 65 个销售基地。经过两年的艰苦奋斗,工厂从 1983 年开始扭亏为盈,利润连年翻番。1988 年,全厂有职工 375 人,拥有固定资产 212 万元,创产值 486.6 万元,获利 50 万元,分别比 1980 年增长 11 倍和 12 倍。1982—1988 年,工厂累计向国家缴纳税金 104 万元。他还先后投资 20 多万元,帮助本乡创办了自来水厂、型钢厂,建起了农用桥,新建了幼儿园、文化中心等福利设施。企业连续 3 年被评为县先进单位。

1987 年,获县政府授予的“两个文明先进单位”的称号。

徐汝安连续 3 年被评为乡先进生产者;1986 年,被评为县优秀共产党员。

袁朝勇

袁朝勇,男,1970 年 6 月生,高邮武安八里人,江苏欧力特能源科技有限公司董事长。

袁朝勇担任公司法人后,着力开发高新技术产品,促进企业加快转型升级步伐,先后研制出“太阳能(风能)发电用大量深循环胶体储能电池”“箱埋式保温防盐化长寿命太阳能胶体储能电池”“光伏系统用储能管式胶体阀控蓄电池”“混合动力汽车用耐大电流动力型稀土电池”等一批高新技术产品,承担和实施了省发改委“重点产业振兴和技术改造项目”“江苏省创新资金计划”等项目。为使企业的开发水平始终处于国内前沿,他注重人才队伍与人才梯队的建设,引进与培养了多名技术人才。在管理人员的任用上也进行了有效的探索,率先在公司推行招聘制。在生产管理中,建立了生产成本、设备、质量定期分析会等系列制度,通过对生产装置技术标定以及物耗、能耗、设备故障的测定,制定了产品的物耗、能耗考核指标、设备完好指标,使得生产成本每年以 3.7% 的速度下降。在他的带领下,企业先后荣获 2006 年度企业创新先进单位、2008 年江苏质量信得过企业(产品)、2009 年先进企业、2010 年中国蓄电池行业十佳科技创新企业、国家高新技术企业(新标准)、江苏省创新型企业、江苏省民营科技企业、国家四部委“金太阳示范工程”蓄电池供应商入围企业。

2009 年,袁朝勇荣获市“十佳青年创业之星”。

聂厚宽

聂厚宽,男,1935 年 9 月生,高邮东墩人,工程师,高邮市阀门厂厂长。

聂厚宽在工作中既吃苦耐劳,又开动脑筋,苦干加巧干,在群众中威信很高。他担任厂长以后,更勇于开拓创新,为企业的发展开辟了一条成功之路。他刻苦钻研技术,大胆改革了钢瓶拉伸模具,提高了产品质量。他注重智力投资,先后委托培养了大专毕业生 16 人,提高了企业员工素质。1992 年,企业实现产值 3318 万元、利税 306.4 万元,YSP-15 型液化石油气钢瓶获“省优产品”称号,扬州市政府授予企业“明星企业”称号。

1991 年,聂厚宽被扬州市政府授予“乡镇企业家”称号。

陶沂源

陶沂源,男,1950 年 8 月生,高邮湖滨沙湖人,中共党员,经济师,江苏华能电缆总厂厂长。

江苏华能电缆总厂的前身是国营八三九〇厂湖滨分厂。自 1978 年任厂长后,陶沂源带领全厂职工,坚持以市场为导向,不断优化产品结构,加大技改投入,扩大生产规模,产销利连年翻番。把一个原先只有几十名职工、年产值 4 万多元的小厂,发展成为拥有 1500 多万元固定资产、360 名职工、年产值 3200 万元、利税 320 万元的规模企业,跻身于全市利税大户行列。1993 年,他带领职工开发了高科技产品油矿探测电缆。企业生产的各类专用电缆被葛洲坝水电站、大亚湾核电站、“长捆二号”火箭及鞍钢、包钢、武钢等全国百余家大中型企业采用,曾受到中共中央、国务院、中央军委和航天航空部的表彰。

1992 年,陶沂源被扬州市政府授予“优秀乡镇企业家”称号。

董长清

董长清，男，1967年12月生，高邮卸甲董家人，中共党员，助理工程师，江苏金飞达电动工具有限公司工会委员、油漆车间主任。

自1984年3月参加工作后，董长清认真钻研业务，学习与本行业相关的科技理论知识。他对工作认真负责，服从大局、爱岗敬业、踏实工作，坚持做到"五个勤"，即勤于本部门各项工作计划的制订与到位、勤于本部门各班组工作的精心布置、勤于本部门内部管理工作的"精"与"细"、勤于个人工作效率的提高、勤于深入生产一线。在小改小革活动中，他向公司提出合理化建议10多条，为公司节约生产成本近20万元。

1998—2002年，董长清先后被镇党委评为优秀党员；连续3次被公司评为优秀干部。2003年4月，被省总工会授予"五一"劳动奖章。

葛玉明

葛玉明，男，1951年8月生，高邮临泽人，助理工程师，县农机推广站副站长、市平安开沟机制造厂总工程师，县政协委员、省人大代表。

葛玉明原是川青乡家具厂职工，早年就对农业机械研制怀有浓厚的兴趣。1969年，他着手研究化肥深施机具。1979年，他离开川青乡家具厂副厂长岗位，调入县农机研究所，主要从事化肥深施机具的研究。1983年，他负责主题研究化肥深施器，产品被推广到10多个省。1986年，他获全省第一项农机专利权，同年获全国发明协会铜质奖，中央、省电视台及《新华日报》《农民日报》等多家报纸作了报道。1986年，针对手扶拖拉机配制防滑轮耕地极易打滑、附着力低、耕深不足等弱点，他研制成功高齿窄圈防滑轮，1987年获国家专利权。1988年，他根据棉花生产的迫切需要，又研制成功2ZX-2型棉苗营养钵移栽打穴机，1989年获国家专利权，1990年5月通过省级科技新成果鉴定。1996年，他研制的开沟机获得中国专利金奖。2000年，他兴办开沟机厂，实现了从研制到生产产品的转型升级。至2006年，葛玉明共发明农机新产品6项，申请和获得发明专利7项，实用新型专利19项，发明的农机产品均被省农机局作为重点推广项目。他不仅是全省农机产品发明专利第一人，也成为全省获得农机产品专利最多、科技成果转化率最高者。

葛玉明（前左二）获得江苏省"十大杰出发明家"称号

葛玉明先后获得扬州市有突出贡献的中青年专家、江苏省技术革新能手、全国农业科技先进工作者；2006年4月，荣膺"江苏十大杰出专利发明人"称号。

各级负责人名录

市(县)分管乡镇工业负责人

表 114

1984 年前及以后高邮市(县)部分分管乡镇工业负责人名单

分管负责人	大约时期
徐永龙	1984 年前后（顾问）
刘鹏远	
杨秀成	
芦辉明	1984
吴怀义	1985
宋家定	1986
詹岫琪	1987
史善成	1988
夏元新	1991
李士清	1993
朱德辉	1997
王东升	1998
王正宇	1999
丁　一	1999
林正玉	2000
王东升	2001
殷兴盛	2006
王正年	2007
朱振中	2010

市(县)乡镇工业行政主管机构负责人

市(县)乡镇工业行政主管机构历任负责人名单

表115

机构名称	主要负责人	副职(任免排名不分先后)
高邮县社队工业管理局	谢以龙	杨克功 吴圣明 陈　捷 薛君夷 董　良 姜庆华 夏元新
高邮县第二工业局	谢以龙 董　良(主持)	杨克功 吴圣明 陈　捷 薛君夷 董　良 姜庆华 夏元新
高邮县(市)地方工业局	张思云 赵忠华 潘立新 赵文来	赵忠华 陈　鸿 陈　捷(巡视员) 潘立新 朱跃先 谈铁人 吴龙田 邱雅臣 车银松
高邮市乡镇企业管理局	赵文来 张华荣 邱雅臣(主持) 杨向东(兼)	陈　鸿 吴龙田 邱雅臣 车银松 吴岱平 张华荣 陶　银
高邮市中小企业局	杨向东(兼) 张华荣	陶　银 陆士平

乡镇(区)分管工业负责人

表 116

几个时期各乡镇(区)部分分管工业负责人名单

1987 年前后

乡镇	分管工业负责人
武安	张锦祥
湖滨	朱正朝
一沟	仇家华 王朝林
张轩	吴荣林
东墩	刘玉喜 刘宝桃 吴金宏
马棚	陈维生
车逻	王骈山
龙奔	姜恒志 耿朝宏
卸甲	陆高山
伯勤	张建和
八桥	袁德纯
汉留	钱玉成
甸垛	朱万银 杨宝昌
汤庄	陆正太
沙堰	何正年
三垛	唐志宏
二沟	范昌玉
武宁	秦士诚
司徒	赵和春
平胜	姚美学
甘垛	宗春江
横泾	刘鸿章
临泽	杨明德
川青	房启莘

2000—2010 年期间

乡镇(区)	分管工业负责人
高邮	卢　琳 张中兵
龙虬	周跃华 陈建春
开发区	王顶荣 詹东周
马棚	潘玉华 姜文超
城南新区	严和平
车逻	张宝东 吴德朝
卸甲	蔡以岗 周文龙
八桥	茅　平 夏瑞林
汉留	赵天春 李正海
汤庄	姚义平
三垛	李　淮 陈传江
司徒	居　峰
甘垛	姚灿音
横泾	凌生平
临泽	陈春星

续表 116

1987 年前后		2000—2010 年期间	
乡镇	分管工业负责人	乡镇(区)	分管工业负责人
周巷	周有道	周巷	晏 彬
营南	陆福康		
界首	卞荣美	界首	万 钧
周山	居永熙	周山	万卫荣 李大俊
送桥	詹德云	送桥	陈恩平
天山	缪本生	天山	陈如林
郭集	赵恩元	郭集	吴玉来 马振斌
菱塘	张兆田 万兆良	菱塘	薛元金

区公所工业负责人

1993 年各区公所工业助理名单

表 117

区公所	工业助理
临城区	蒋长林
汉留区	张居年
三垛区	谢九桐
临泽区	周四坤
送桥区	陈增宏

乡镇(区)一级工业管理机构负责人

几个时期乡镇(区)一级工业管理机构部分负责人名单

表 118

乡镇(区)	工业公司	乡镇企业管理站	中小企业服务站
	(1987 年前后)	(2006 年前后)	(2010 年前后)
开发区		王月宏 查东升	陈 俊 蒋庆奎
城南新区			张维超
高邮		乔永明	李叶林
武安	黄宏发		
湖滨	张宝东		

续表 118

乡镇(区)	工业公司	乡镇企业管理站	中小企业服务站
	(1987 年前后)	(2006 年前后)	(2010 年前后)
龙虬	吴洪芳	谭乃玉	吴增林 郑永明
张轩	周宏林		
东墩	刘春富		
马棚	冯国章	郭宝玉	郭宝玉
车逻	王超贤	孙　钟	孙　钟 孙龙和
龙奔	陈朝治		
卸甲	张维年	郭建中	杨立志 王寿松
伯勤	张才珠		
八桥	王保安	王永太	王永太
汉留	徐大喜	张小平	吴才安
甸垛	许道春		
汤庄	朱珍宝	李春胜	李春胜 朱胜华
沙堰	肖永年		
三垛	卞传彦	李　淮	俞海生 葛瑞良
二沟	朱方升		
武宁	卢国湘		
司徒	赵长才	葛瑞良	葛瑞良
平胜	徐福生		
甘垛	李朝宏	张正华	何龙勤
横泾	朱阳根	刘合基	刘合基
临泽	徐太美	李　华	李　华 杨卫东
川青	居殿方		
周巷	邹永康	谭红祥	李志华
营南	周玉文		
界首	陈长明	卞应宏	万　钧 赵成明
周山	吴开林	闵沛森	居学忠
送桥	季义和	张明光	张明光 朱　伟
天山	吴国良	万有田	万有田
郭集	邵正元	李长国	李长国
菱塘	李　青	张佩善	张佩善

重点工业企业负责人

2010年各乡镇(区)亿元工业企业负责人名单

表119

序号	乡镇(区)	负责人	企业名称
1	开发区(24个)	何其新	江苏波司登制衣有限公司
2		姜　俊	江苏广源电线电缆有限公司
3		王　坤	江苏精佳制动器集团有限公司
4		邹国藩	江苏传艺科技有限公司
5		张椿年	扬州升达集团
6		潘朝霞	扬州和益电动工具有限公司
7		马在朝	沙龙集团股份有限公司
8		杨卫平	扬州兴益机械有限公司
9		王基富	扬州祥瑞电子科技发展有限公司
10		徐文勇	高邮市华兴石油机械制造有限公司
11		沈志高	扬州市志高建筑防水材料有限公司
12		张增英	扬州凯尔化工有限公司
13		王岭森	高邮市申发电机制造有限公司
14		郑度彦	扬州一洋制药有限公司
15		杨庆驹	扬州市秦邮特种金属材料有限公司
16		秦国柳	高邮市华星石油管件制造有限公司
17		钱恒丰	扬州金邮机电有限公司
18		张玉斌	高邮市恒盛肠衣厂
19		杨步翔	江苏雅鹿制衣有限公司
20		陈宝昌	扬州华尔光电子材料有限公司
21		王其震	扬州市鸿信线路器材有限公司
22		戚国祥	江苏戚伍水产发展股份公司
23		张高元	扬州市高扬机电有限公司
24		丁于强	高邮市恒鑫电工材料有限公司
25	城南新区(5个)	刘汉元	扬州通威饲料有限公司
26		张晨喜	扬州亿泰纺织有限公司
27		唐春美	扬州华美丙纶纺织有限公司
28		乔龙山	高邮市红太阳食品有限公司
29		王步明	高邮市秦邮蛋品有限公司

续表 119

序号	乡镇(区)	负责人	企业名称
30	高邮镇(31 个)	居　丽	江苏华富控股集团有限公司
31		于有银	扬州千禧龙鞋业有限公司
32		居春山	江苏华富能源有限公司
33		茆玉斌	江苏润华电缆股份有限公司
34		冯高明	江苏西尔特橡胶股份有限公司
35		秦国柳	高邮市助剂厂
36		秦国安	扬州市鹏达橡胶制品有限公司
37		张　和	扬州日兴生物化工制品有限公司
38		王芝元	高邮市福兴塑料五金厂
39		刘尚斌	扬州神游羽绒制衣有限公司
40		陶沂源	江苏华能电缆股份有限公司
41		徐应兰	扬州市新港电机有限公司
42		朱恩权	高邮市永发机械有限公司
43		王传祥	高邮市卫星卷烟材料有限公司
44		孙必胜	高邮市康胜机械有限公司
45		管芝连	扬州市高升机械有限公司
46		刘文斌	高邮亚普塑业有限公司
47		陶家山	高邮市金丰机电有限公司
48		陈维林	扬州市恒丰制衣有限公司
49		张房祥	扬州市威高机电有限公司
50		高　潮	高邮市包装制品有限公司
51		潘志龙	扬州市恒源常笑电子电源厂
52		方先其	扬州市创新包装有限公司
53		徐汝安	高邮市安兴钢业有限公司
54		李怀道	扬州大劲电机制造有限公司
55		杨步翔	高邮市华联制衣有限公司
56		杨祥勇	扬州天地源机电股份有限公司
57		何付田	高邮市神舟橡塑制品有限公司
58		赵国淦	高邮市强力钢丝绳有限公司
59		唐喜龙	高邮市泓泰龙电源材料厂
60		朱晓兰	高邮市丽华实业有限公司
61	卸甲镇(3 个)	张庆奇	江苏金飞达电动工具有限公司
62		徐和安	扬州市华翔有色金属制品厂
63		卞一勇	扬州市金马机电制造有限公司

续表 119

序号	乡镇(区)	负责人	企业名称
64	汉留镇(2个)	杨仕军	扬州市新邮特种金属铸造有限公司
65		高和权	高邮市三湖蛋品有限公司
66	汤庄镇(5)	陈还喜	江苏朝阳液压机械集团有限公司
67		吴有还	扬州高标机械有限公司
68		刘春海	江苏科凌医疗器械有限公司
69		冯振灿	高邮市康乐精细化工厂
70		汤才宝	高邮市宏达标准件有限公司
71	八桥镇(5个)	刘顺兆	扬州市刘氏化工有限公司
72		袁　庚	高邮市光明化工厂
73		周红梅	扬州市杰迪化工有限公司
74		李为民	高邮市四联化工有限公司
75		李正唐	高邮市八桥水泥制造有限公司
76	三垛镇(2个)	沈连忠	江苏宝联建设有限公司
77		戴兴祥	高邮市萃众毛巾有限公司
78	司徒镇(1个)	朱珠祥	扬州大大饲料有限公司
79	甘垛镇(2个)	薛新育	高邮市金宝电工有限公司
80		陈宝昌	扬州华尔光伏科技有限公司
81	临泽镇(3个)	任有毅	高邮市万嘉面粉有限公司
82		朱国华	江苏华信轻工制造有限公司
83		于徐生	扬州市天宇鞋业有限公司
84	周山镇(2个)	徐卫东	江苏双兔食品股份有限公司
85		何谦益	扬州南自电力电气有限公司
86	周巷镇(3个)	潘德君	扬州市东元铜业有限公司
87		王东林	扬州鸿元鞋业有限公司
88		王正东	扬州宇通服装有限公司
89	送桥镇(1个)	王恩元	江苏天元光电发展有限公司
90	天山镇(6个)	倪云达	江苏顺大半导体发展有限公司
91		姜宏才	扬州天华光电科技有限公司
92		倪云达	江苏顺大光伏科技有限公司
93		宋宝山	江苏星火太阳能照明有限公司
94		吴宏林	江苏虹光新能源发展有限公司
95		吴宏银	扬州至上光电发展有限公司

续表 119

序号	乡镇(区)	负责人	企业名称
96	菱塘乡(22个)	郑连元	扬州曙光电缆有限公司
97		杨福贵	扬州市光明电缆有限公司
98		陈有新	扬州市红旗电缆制造有限公司
99		鲁建才	扬州市亚光电缆有限公司
100		彭金宏	扬州太极铜业有限公司
101		杨文华	扬州市晨光电缆制造有限公司
102		翁志俊	扬州市恒辉电缆有限公司
103		吴　坚	扬州市恒大电缆有限公司
104		薛守荣	扬州市金阳光电缆有限公司
105		姚恒斌	扬州市新曙光实业有限公司
106		杨　林	扬州巨能电缆有限公司
107		姚凤岗	江苏长城电缆有限公司
108		盛金昌	扬州市苏能电缆有限公司
109		杨　彬	扬州三川实业有限公司
110		张成和	扬州市中能电缆有限公司
111		鹿　冰	扬州中大电缆有限公司
112		路永平	扬州金悦铜业有限公司
113		牛瑞江	江苏赛特电器有限公司
114		张　扬	扬州三友合成化工有限公司
115		徐成亮	扬州华城电缆有限公司
116		何春龙	扬州安利达铜业有限公司
117		洪正昌	扬州回民制衣有限公司
118	郭集镇(6个)	戴光华	江苏赛德电气有限公司
119		陈正明	江苏苏发照明实业有限公司
120		卢金安	扬州市兴隆卷板灯具有限公司
121		丁国喜	扬州市华冶钢材有限公司
122		万宝林	扬州市宝尔特钢杆电器有限公司
123		朱恩林	扬州市中宇照明板业有限公司

既往钩元编

企业管理

高邮市乡镇工业的企业管理,处于不同的时期其管理类别、内容及其侧重点有所不同,大体上以改革开放划分。除在改革开放初计划经济与市场经济"双轨制"并行时期,乡村工业企业(主要是农机具行业)仍在实行物资计划管理之外,改革开放之前,主要实行计划管理和具有计划经济性质的财务管理;改革开放之后,乡镇工业企业管理不断加强,企业管理也不断扩展和赋予新的内涵。

1982—1986年,以企业整顿为特征,全县乡镇工业企业管理重点围绕贯彻落实经济责任制,加强企业领导班子建设,突出企业的财务整顿、产品质量管理和企业经济核算,年产30万元以上的企业完成全面整顿,企业管理步入了一个新的历史时期。1986—1991年,按照国务院《关于加强工业管理若干问题的决定》,乡镇企业参与企业升级工作,开展了"抓管理、上等级、全面提高素质"活动,大力推广企业现代化管理方法。这一时期,乡镇企业还参与了全县工业系统开展的工业企业强化管理年和以质量、营销、现场、财务管理和效益为主要内容的"五星级"企业管理达标等活动。1992年,针对"技改热、合资热、管理冷"的现象,乡镇工业强化企业管理意识,在普及"七基"基础上,以现场管理为突破口,加强专业管理,推行管理现代化。此后,又面对宏观紧缩的经济形势,针对一些企业存在的"重发展、轻管理,重外延、轻内涵,重速度、轻效益"的问题,着重开展了以财务、质量、现场三大管理为重点的企业管理工作。推行企业季度审计,压缩两项资金占用,积极消灭无标产品,加强安全生产管理,并开展了争创"管理十佳"企业活动。至1996年,伴随着企业改革的进一步深入,乡镇工业通过内部配套改革,建立了新的运行机制,不断完善各项规章制度,建立健全较为先进、合理、科学配套的管理工作体系,把企业管理推上了一个新的台阶。1997年,全市加快了乡镇企业、外商投资企业和私营企业等新经济组织组建工会的步伐。同时,乡镇工业进行规范化管理示范企业创建。扬州曙光电缆厂、江苏华能电缆总厂、扬州华达机械有限公司、扬州樱花鞋业有限公司、扬州飞达电机仪表公司、市铝箔纸厂、三垛机电元件厂等7家管理有一定基础、经济运行质态较好、具有一定代表性的企业,进行争创规范化管理示范企业试点,并逐步建成具有一定规范化管理水平的形象企业。1998—2001年,乡镇工业分别对实行现代企业制度、组建企业集团、成立行业协会等进行了探索,企业管理视角进一步拓展。至2002年之后,全市统一的企业管理活动逐渐并基本停止,乡镇工业企业管理工作开始逐步适应改制后的企业发展环境,政府行政部门提出变管理为服务的口号,开始转向为企业服务、组织协调银企对接和引导重点行业发展上。

计划管理

生产计划

20 世纪 50 年代，随着社队工业的兴起，全县社队工业开始了生产计划管理，主要是手工业社（组）生产中小农具，开始是按供销社的收购合同由主任、会计进行生产调度，并无专人负责。

60 年代初，全县社队工业开始下达年度、月度计划和考核计划完成情况。计划指标除产值、产品产量外，还包括利润、资金周转等，社队工业计划管理初臻完善。这一时期，主要还是对中小农具生产和农具修理、农船伏修，每年县下达生产计划，并根据各个农时检查进度。各相关厂在春耕前深入农户、田头，进行典型调查，排出农具保有情况及修添数量，切实制订出产销计划。

1966 年以后，全县社队工业生产计划一度处于混乱阶段。除对中小农具生产计划未中断外，社队工业生产计划处于无人管理状态。

进入 20 世纪 70 年代后，虽然社队工业不断发展，但其产品列入国民经济计划的不到 10%，主要以自销为主。各厂生产计划主要根据销售合同安排生产，由厂长、会计检查计划执行情况。

1976 年，高邮县成立了第二工业局，开始设有人员兼管计划工作，并设有专职统计员，按月、按季、按年下达生产计划和检查计划执行情况，企业由会计兼任统计工作。自 1977 年，各公社工业办公室开始报送年度生产计划，内容包括产值、产量、利润、材料消耗等指标。1979 年，县第二工业局设立计划物资股，加强社队工业计划管理工作；重点企业成立生产组；一般厂设有专管生产的负责人，负责指挥全厂的生产计划调度工作。

1980 年后，生产计划管理工作有了新的进展。全县重点企业开始设有车间专职统计员；计划内容上增加了新产品试制计划、技术改造计划；时间上既编报短期计划，又编制长期规划；考核内容上在考核产值的同时，还考核产品产量、利润、销售、资金回笼、质量等指标。

县农机配件二厂生产车间

物资计划

高邮乡镇工业的物资计划是 20 世纪 80 年代之前随着社队工业生产计划而制定和执行的，主要用于农机具行业。对中小农具生产、农具修理、农船伏修，县里每年下达生产计划，并根据生产计划下达钢材、木材、煤炭、柴油等物资供应计划。

1976 年之后，高邮县成立了社队工业主管部门，开始设有人员兼管物资计划工作，各公社工业办公室在向上报送年度生产计划时需上报材料消耗指标。

1979 年，县第二工业局设立计划物资股，加强物资计划管理工作。1980 年，县第二工业局对重点企业考核物资耗用。

至 20 世纪 80 年代中后期，随着计划经济向市场经济过渡，乡镇工业农机具行业的物资供应经历了一段计划供应和市场供销同时并行的“双轨制”时期。这个时期的物资计划开始紧缩，计划物资价格大大低于市场物资价格。

1987 年，县里停止计划供应农具生产用煤。1988 年，供应计划木材 130 立方米，比 1987 年减少 500

立方米。至80年代末，由于上级有关条块物资计划停止的停止、削减的削减，致使县乡（镇）农具生产物资计划形同虚设。企业若要生产中小农具，要么进购市场议价物资，亏本生产；要么大幅减产，直至停产。

1988年高邮县农具生产用材料需缺情况表

表120

品名	单位	全年需要数	春季		备注
			已供数	急缺数	
煤炭	吨	2800	—	1400	
木材	立方米	1700	130	800	已供130立方米是云杉
其中：杉木	立方米	400	—	200	
刀口钢	吨	20	—	10	
纹杆钢	吨	40	—	20	
柴油	吨	200	—	100	

产品价格

早在20世纪50年代，以县供销联社规定中小农具的收购供应价格为标志，全县社队企业生产的中小农具已有统一价格。

而随着社队工业发展壮大，产品规格品种增多，且变化频繁，尽管省委在1965年关于社办企业的管理规定（草稿）第八条中明确："产品价格由县物价部门参照同类商品价格，本着支持社队办精神合理核价，不能由企业自己确定，不统购商品可以议销。"但在实际执行中，除商业部门收购产品按收购价格执行外，有90%的产品价格是企业自行定价。定价通常由供销双方面议，订立合约，不履行价格报批手续。个别产品，因购货方需要才办理报批手续。因而，全县社队工业的物价管理基本局限在中小农具为主的产品价格核定与调整。

1957年，县手工业联社配备了专职物价管理员，加强物价管理。1958年成立人民公社后，体制下放，价格执行有些混乱。1962年，全县17种农具销售价格比之1957年销售价格总水平，铁制品提高3%左右，木制品提高40%左右，竹制品提高1倍，柳制品提高2倍，树材制品提高4倍。为此，县里成立以计委、商业、供销、物资、运输、银行、税务、手工业等有关部门组成的县农具价格整顿小组，对中小农具价格进行整顿和调整。1963年，县里对中小农具价格先后进行了两次调整，第一次在春耕前下达了41个产品价格，平均价格水平较整顿前下降14.7%；第二次在夏栽夏种前，暂定223种产品新价格，总水平比当时现行价平均下降24.3%。到1966年，在测算成本基础上，根据"保本、微利、多销"的原则，又一次对233种中小农具降低价格，平均比1963年现行价格下降6.12%。

这期间，县里对部分产品实行优质优价。如镰刀单价，一级品0.87元，二级品0.84元；知名品牌曹德太镰刀1.00元，唐久成镰刀0.95元。但中小农具三次降价后，生产企业由于原料、燃料提价和运费增加等原因而发生亏损。1976年，县里对152种主要中小农具出厂价进行调整。为不加重农民负担，对外供应价仍执行1966年的价格，差价部分根据省计委相关规定，实行财政补贴，用以弥补生产企业亏损。

由于中小农具生产原材料价格不断提高，成本持续加大，生产企业又发生了新的亏损，且至1981年产品销售价格仍按1966年核定的价格，虽有县财政补贴，但企业长期亏损导致中小农具产量逐年下降。

表 121

1963 年春季高邮县中小农具价格调整情况表

单位：种、%

产品品种			价格调整
总计		41	-14.7
其中	铁制农具	14	-19.9
	木制农具	13	-14.2
	竹制农具	4	-15.6
	柳制农具	10	-11.8

表 122

1963 年夏季高邮县中小农具价格调整情况表

单位：种、%

产品品种			价格调整
总计		223	-24.3
其中	铁制农具	76	-19.75
	木制农具	108	-24.6
	竹制农具	27	-15.6
	柳制农具	12	-4.03

表 123

1966 年 9 月高邮县中小农具价格调整情况表

单位：种、%

产品品种			价格调整
总计		233	-6.12
其中	铁制农具	85	-7.37
	木制农具	121	-5.22
	竹制农具	27	-4.37

表 124

1981 年 8 月高邮县中小农具价格调整情况表

单位：种、%

产品品种			价格调整
总计		164	66
其中	铁制农具	66	31.5
	木制农具	68	75.6
	竹制农具	27	44.6
	柳制农具	3	51.2

1981 年 8 月，县政府通知对 164 种中小农具销售价格作适当调整，总水平提高 66%。

1984 年后，高邮县进行物价改革，对中小农具价格实行随行就市，按质论价；其他产品价格，在高于出厂价 5% ~20% 的幅度内上下浮动。但各企业在具体经营中，情况不一。

财务管理

财会制度

1958年社队工业兴起后，全县未有统一的财务管理制度；原手工合作社（组）下放到公社的仍执行手工业联社的财务规定。1961年，贯彻《中共中央关于城乡手工业若干政策问题的规定（试行草案）》，高邮县恢复手工业管理体制后，加强了财务管理工作。1962年，高邮县颁发集体所有制手工业、社办工业财务管理暂行办法；同年又颁发《高邮县手工业、社办工业厂、社（组）生产费用开支标准》，统一了财务、会计制度。

乡镇企业会计职改班结业考试

至20世纪70年代，财务管理工作未能跟上再度兴起的社队工业发展步伐。过去虽有规定，但社队企业财务混乱现象严重，财会制度上极不统一。在会计科目运用上，有的企业按照手工系统、农机排灌系统办法，有的企业自定科目；记账方法上有借贷法，也有收付法，按农业的上收下付。1974年，县里开始设有专人管理财务工作。但社队工业系统尚未有单独财务制度，80%以上企业基本执行手工业财务管理制度。1976年，县第二工业局开始设立职能部门，由浅入深地专抓财务工作。1977—1978年，从基础工作抓起，县里先后共举办5期会计人员训练班，培训300人次，贯彻了省颁社队工业会计制度、县第二工业局和财税局制定的财务管理制度。从此，社办工厂财务基本上做到"五统一"（账证、科目、记账方法、报表、制度统一），队办厂也开始向"五统一"努力。社办厂开始从过去按年核算、以存记耗、倒轧账等方法，向简易的综合核算方法过渡，有的企业实行按车间核算。在抓好"五统一"的基础上，企业逐步加强对成本、费用、流动资金等方面管理。1978年，全县社队工业开始报送财务报表。

1980年4月，高邮县开始贯彻农业部和财政部颁发的《农村人民公社社办企业财务管理办法（试行草案）》和《农村人民公社社办企业会计制度（试行草案）》。1984年，乡村工业可比照大集体企业现行财务制度执行，可按固定资产原值提取大修理基金，按工资总额11%提取福利基金，按工资总额10%～12%提取经常性奖金；在完成各项经济指标后，还可以按工资总额5%以内提取企业基金。

1985年，国家颁布了《会计法》。县政府批转了县地方工业局、财政局、税务局、农行联合提出的《关于加强乡镇工业企业财务会计工作的意见》，充分发挥财会工作在维护财经纪律、执行财务制度、保护集体财产、加强经营管理、提高经济效益方面的作用。当年，全省开始实行乡村企业财会人员"任用证"制度。为此，县乡两级陆续举办了31期会计培训班，共培训1216人次；有315名会计经过考试合格，领到了财会人员《任用证》。同时，县里坚持省乡镇企业管理局和农行的有关规定，凡在农行（信用社）开户的乡村企业，必须持有《任用证》的主办会计印鉴，否则不予开户。

1986年，各乡村办厂普遍进行账务改革，严格按照国家的统一规定，记账方式由增减式改为借贷式，并在一些科目设置上作调整和变动。

随着"两则"(企业财务通则和企业会计准则)新颁布出台，1993年、1994年，高邮县对乡镇工业公司及重点企业财务人员，严格实行持证上岗，加强各乡镇企业的财务监督、管理和检查。同时，大力宣贯《会计法》，实行新的会计制度，力求与国际惯例接轨。

财务整顿

1972年，在社队工业整顿中，暴露出企业财务管理工作的问题，但企业整顿并未切中财务管理的要害。直到1982年，全县社队工业开始有计划、有步骤地，分期分批地对所有企业进行基础性整顿。其中，财务整顿被列为重点，明确社队工业整顿必须首先整顿财务这一关键。要求企业财务制度健全，要弄清家底、压缩宕欠款和呆滞物资、账册齐全，达到"五相符"，主要产品需有成本核算制度。到1984年底，财务整顿验收合格的有234个企业，占整顿企业总数90%。经过一段时期的基础性整顿，企业财务管理工作虽然取得了一定的效果，但少数企业仍家底不清，"三支一宕"清理不力。

为此，1986年，全县乡镇工业抓住"三上一高"(上质量、上技术、上管理，提高经济效益)中心内容，又进行了建设性整顿。这次整顿着力推行全面经济核算，完善经济承包责任制，推动企业"三上一高"。要求各乡村企业加强财务管理，全面加强经济核算；注重能耗物耗的定额管理，大力压缩非生产性开支、非生产人员、非生产建设，节约开支，克服铺张浪费现象；做好"两清"工作，收回各项欠款，搞好清仓利库；严格财经纪律，实行民主理财，杜绝私设小金库、做假账、虚盈实亏等情况，堵塞财务漏洞。

财务检查

1978年，为进一步加强财务管理，严格财经纪律，提高经济管理水平，促进生产发展，巩固和壮大集体经济，全县社队工业开展了经济管理大互查。

经济管理大互查的重点是社队企业的财务管理问题，目的是在抓好"五统一"的基础上，逐步加强对企业成本、费用、流动资金等方面的管理。在各公社社队企业自查、互查的基础上，组织由各公社、场、所、工办室和部分农机具修造厂总账会计参加的抽查队伍，分组分别抽查相关社队办厂。

这次大互查发现和整改了全县社队工业财务队伍不全、不稳，业务水平不高，财务制度执行不力，财务账目混乱，产品、材料积压严重，成本核算不准、不实等财会管理问题，促进了企业加强经济核算，提高财务管理水平。

资产清理

进入20世纪80年代，由于社队工业发展较快，在抓生产、抓产值的同时，出现了产品质次价高销不出去、产值不升、利润下降、资金回笼差等问题，直接导致出现了经济效果不好、经营管理混乱、生产资金紧张、资金供需矛盾突出等问题。为此，1980年9月，全县社办厂在县第二工业局、农行、财税局的支持配合下，开展了"三清一建"工作，即清理积压材料、清理积压产品、清理应收款，建立规章制度。通过清理，共处理积压产品、积压材料110万元，清理应收款645万元，分别占应清理数的35%和49%。

此后几年，全县社队工业逐年清理资产。对于财务清理，虽使一些企业资金矛盾有所缓和，但仍存在企业资金管理不善、新的积压继续发生、应收款不断加大等情况，加之经营环节改变，有些产品仍为代销，故社队工业资金周转水平未有根本改观。

表 125

1980—1984 年高邮县社队工业流动资金及周转情况表

项目	自有流动资金年末数	定额流动资金年末占用数	定额流动资金平均余额	定额流动资金周转天数	百元产值占用定额流动资金
单位	万元	万元	万元	元	元
1980	710	2311	2195	93	22.3
1981	1008	2306	2235	89	21.4
1982	1207	2622	2676	97	23.8
1983	1375	3164	3058	90	22.5
1984	1491	4859	4472	99	23.4

1985 年，随着国家实行宏观控制，信贷紧缩，高邮县乡镇工业资金运转艰难。按当时百元产值占用 25 元计算，当年 2.6 亿元的产值需要 6500 万元周转资金，但定额流动资金只有 4859 万元，缺口达 1641 万元。由于技术改造挤占了一部分资金，因而实际缺口远不止此。对此，全县乡镇工业接连开展了一系列活动，采取了一些较为实际的措施。主要有第一，及时总结和推广了八桥、车逻、界首等乡镇“横向借款、群众集资、联合引资、清收账款、推销产品、预收货款、扩大储蓄”等搞活资金的办法，千方百计筹集资金，加速周转，资金矛盾稍见缓和。1985 年，共筹集资金 1300 多万元，资金周转由上年的 99 天下降到 89.2 天。第二，选择规模不大、在消耗物化劳动上具有代表性的企业（横泾农具厂）进行蹲点调查，发动职工，排找差距，帮助企业从增加生产、提高质量、降低消耗等 6 个方面，采取了 18 条措施，使经济效益明显提高。随之，把横泾农具厂“增收节支”的经验推向全县。第三，1987 年，全县乡镇工业全面开展“双增双节”运动，其间涌现出不少好的做法。武安乡会计以上干部带头还款，一个多月还清欠款 7.6 万余元；龙奔乡订立清贷挂钩合同；甸垛乡实行借转贷。全县乡镇工业三项资金占销售的比重由年初 33.08% 下降到 31.5%。第四，调动金融部门融资的积极性，1987 年县农行和各乡镇共拆借资金 2226 万元；县地方工业局及相关企业还主动积极地争取省、扬州市生产计划及计划物资。第五，各乡镇在抓好“两清”、挖掘资金潜力、用活用好现有资金的同时，结合企业改制，注意摆正“四者”（国家、集体、企业、职工）关系，坚持把利润的大头充实流动资金，扩大企业再生产。在 1157 个企业中，1988 年净利为 1519.96 万元，充实流动资金的有 1123.7 万元，占 73.9%。推行风险抵押承包的 731 个企业中，30651 人缴纳风险金 862.3 万元；42 个实行股份制的企业缴纳股金 96.88 万元；435 个实行租赁经营的企业缴纳租金 105.15 万元。

针对乡镇工业经济效益滑坡状况，为摸清企业家底，强化企业管理，提高企业素质，促进乡镇工业稳定、健康、协调地发展，1990 年 6 月中旬起，全县乡村工业企业开展了为时 50 天的资产清理工作。此次清理资产工作的范围是全县乡（镇）办工业企业和年产值 30 万元以上的村办工业企业，计 950 个，占全县乡村实有企业数的 83.6%。清理内容主要是对企业产成品、材料、发出商品、应收款、库存现金、固定资产等 6 个方面进行盘点核实，并结合企业的经济效益情况，帮助企业梳理问题，分析原因，寻求发展措施。

1991 年，全市乡镇工业以开展“质量、品种、效益年”活动为契机，以实现企业增加效益为目标，大力压缩三项资金，加速流动资金周转。郭集乡大营电热电器厂通过压“三非”（压非生产性人员、压费用开支、压基本建设)、压“三费”(压外勤出差费、压招待费、压承包业务费)、降“三耗”(降能耗、降物耗、降工耗),节省开支20多万元;在产品未涨价而原材料价格上涨的情况下,利润水平超过上一年,被推为成功范例。

以后几年,为缓解资金“瓶颈”的矛盾,全市乡镇工业企业进一步解放思想,拓宽思路,不等不靠,在内以增量调整带动存量调整,立足自我,挖掘企业潜力的基础上,向外跑部跑省,多方拆借引进,多渠道多层次地吸引和争取资金。1997年,全市乡镇工业企业盘活固定资产存量达1991万元;通过联营、联合新吸股金等形式,吸引国内资金1765万元;向上争取专项14项。其中,“星火”计划4项,轻工机电进出口发展基金1项,农业综合开发1项,粮棉大县7项,外贸发展基金1项。至1997年底,全市乡镇工业到账专项资金1500万元。

扭亏增盈

进入20世纪80年代,尤其是国家实行宏观控制后,高邮乡镇工业的资金周转出现困难,三项资金积压严重,原材料和能源价格上涨使生产成本加大,一些企业乃至一些乡镇出现了严重亏损。1984年,全县乡镇工业共有亏损企业63个,亏损金额36万元。其中,亏损比较严重的乡镇有周巷、东墩、湖滨、三垛、伯勤等。其中,伯勤乡8个乡办企业有5个亏损,全乡当年利润只有3万元。

1987年高邮县乡镇工业企业亏损情况表

表126 单位:个、万元

乡镇别	乡(镇)办		村办	
	亏损企业	亏损金额	亏损企业	亏损金额
合计	43	73.06	28	19.75
车逻	—	—	2	0.36
湖滨	—	—	1	0.19
武安	食品厂	0.47	2	2.97
一沟	砖瓦厂	2.7	—	—
	服装厂	0.6	—	—
东墩	针织厂	0.34	1	0.51
	制革厂	1.87	—	—
	五金工艺厂	0.05	—	—
张轩	服装厂	0.61	—	—
	电镀厂	2.23	—	—
马棚	农配厂	1.91	—	—
	砖瓦厂	0.36	—	—
	云母厂	3.33	—	—
龙奔	—	—	5	5.14

续表 126

乡镇别	乡(镇)办		村办	
	亏损企业	亏损金额	亏损企业	亏损金额
卸甲	电瓶车厂	0.17	—	—
八桥	—	—	2	3.63
伯勤	水制厂	1.33	7	3.29
	电机厂	0.21	—	—
	柳器厂	0.13	—	—
汉留	拉丝厂	0.73	—	—
甸垛	通机厂	4.92	—	—
沙堰	机械厂	1.3	—	—
	猪鬃厂	0.61	—	—
	服装厂	1.37	—	—
二沟	五金厂	1.37	—	—
三垛	建材厂	0.85	—	—
司徒	农具厂	3.12	—	—
平胜	砖瓦厂	1.78	—	—
	农具厂	1.63	—	—
界首	柳器厂	0.17	—	—
	饮料厂	0.02	—	—
营南	服装厂	0.24	2	1.22
	柳艺厂	1.15	—	—
	禽蛋厂	1.38	—	—
临泽	橡胶厂	0.08	—	—
	砖瓦厂	2.75	—	—
	羽绒厂	2.89	—	—
周巷	电镀厂	4	1	0.3
	油厂	2.04	—	—
川青	轧钢厂	0.07	—	—
	猪鬃厂	0.3	—	—
送桥	轮窑厂	13.42	1	0.38
	潜水厂	1.93	—	—
	塑料厂	4.54	—	—
菱塘	砖瓦厂	2.6	4	1.76
郭集	电子厂	1.49	—	—

此后一段时期，全县乡镇工业虽然采取了搞活资金、加速周转，增收节支、提高效益，以及“双增双节”“两清”等活动和措施，但到1991年，亏损企业增多、亏损金额上升的趋势并未得到遏制。1989年，全县乡镇工业实现利润1772万元，比上年下降6.9%；亏损企业93个，亏损金额达327万元，分别比上年增加45.3%和40.8%。1990年，实现利润1325万元，比上年下降25%；亏损企业增加到123个，亏损金额367万元。

1992年，全市乡镇工业企业全面开展了扭亏增盈工作。通过层层签订责任状，采取狠抓企业内部管理、大力投入开发新品、关停并转问题企业等措施，使止亏、限亏、扭亏为盈取得了较为显著的成效。当年末，全市乡镇工业共有亏损企业62个，比上年减少83个；亏损金额241万元，比上年减少282万元，下降了53.9%。年初签订扭亏目标责任书的12个乡镇，1991年亏损419.22万元，到1992年末亏损额为163.09万元，比上年减亏256.13万元，下降了61.1%。

此后几年，乡镇工业经济效益并不理想。1994年1—4月，乡村两级工业企业共实现利润1072万元，同比下降2.9%。其中，乡办工业利润517万元，同比下降26.04%，且亏损面增宽，亏损额增大。争创亿元的16个重点乡镇亏损企业达93家；八桥镇有亏损企业17家。其中，9家乡办企业中有7家亏损；菱塘曙光电缆厂、武安农机配件二厂、界首阀门厂、甸垛轧钢厂等一些骨干企业也程度不等的出现减利或亏损。至1995年，经济效益滑坡严重。当年共有亏损企业100家，虽比上年减少14家，但亏损金额达2368万元，是上年的4.29倍。界首、八桥、东墩、送桥、武宁等5个乡镇出现利润倒挂情况。其中，界首镇亏损569万元，八桥镇亏损506万元，东墩乡亏损244万元。除有些企业为减少上缴税收而故意报亏外，亏损原因主要有两个方面：一方面是新税制出台造成的直接税负增加和财会两则实施造成的利润减少；另一方面是企业生产经营承包体制不完善，管理混乱，企业负担加重，以及产品结构不尽合理，产品档次低，市场竞争力不强。加之，受宏观大气候的影响，部分重点乡镇及重点企业出现了前所未有的困难。1996年，33家年产值(销售)4000万元以上的重点企业总量增幅低于全市乡镇工业平均水平，江苏新邮钢厂、扬州三洋钢铁集团有限责任公司、龙虬塑料三厂、界首钢瓶厂等少数重点企业生产下滑，形成负增长，且亏损数额不断加大。

针对企业亏损问题，市地方工业局紧紧抓住重点亏损乡镇和亏损大户，深入乡镇，挂钩企业，了解和帮助企业剖析亏损原因，从调整产品结构、节能降耗、清理呆滞资金、盘活存量资产等入手，与企业共同探索扭亏方案和具体措施，收到了一定的效果。采取的主要措施有：一是协调拆借调节资金，司法部门介入清收应收款，扭转企业两项资金居高不下、生产流动资金短缺的局面；二是精简非生产性人员，压缩非生产性费用支出，完善企业制度，向管理要效益；三是进行设备、工艺等方面的技术改造，降低生产成本，提高产品质量，形成市场竞争力；四是针对企业实际，分类指导，深化企业改革，促进产权制度改革到位。全市乡镇工业1997年底有亏损企业61家，亏损额为1319万元；1998年亏损企业数同比减少25个，亏损额同比减少507万元。其中，1997年，全市乡镇工业企业有7家亏损在50万元以上的亏损大户，当年亏损795万元，占全市乡镇工业企业亏损额的60%。至1998年，7家企业亏损额累计达314万元，同比减亏481万元。其中，2家企业扭亏为盈。高邮镇的华威新型装饰材料厂利用地处城区地域优势，1997年投入220万元，兴办了华威金海洋休闲服务中心，在困境中实行“退二(产)进三(产)”，走出一条扭亏增盈的生路。

表127

1998年高邮市乡镇重点亏损企业扭亏情况表

单位:万元

亏损企业名称	工业总产值			营业收入			利润		
	1997年	1998年	±%	1997年	1998年	±%	1997年	1998年	±
合 计	7421	6263.30	-15	6058.26	4891.67	-19.4	-795	-314	481
八桥水泥厂	1429	1280	-13.4	1247.4	1200.4	-3.7	-147.7	-46.7	101.0
八桥五金厂	532.0	239.3	-55.2	346.16	237.12	-31.5	-55.43	-17.27	38.16
八桥针织厂	1428.7	288.0	-73.2	1208.7	267.15	-75.7	-134.7	-47.85	86.85
汉留广达公司	445	572	28.5	503	504	-0.2	-52	15	67
三垛农用车厂	575	218	-62	399	32	-92.0	-56	-33	23
三垛布厂	1867	2855	58	1178	2000	70.0	-55	1	56
界首常乐公司	1154.3	811	42.3	1176	651	-44.6	-294	-185	109

表128

高邮市乡镇工业领导小组1998年度挂钩重点企业和亏损大户名单

领导人姓名	职务	挂钩重点企业	挂钩亏损大户
朱德辉	市委副书记	江苏茶花集团(天山) 扬州曙光电缆厂(菱塘) 菱塘兔毛公司	市水泥二厂(八桥) 八桥针织厂
潘建民	组织部长	江苏华能电缆总厂(湖滨) 市助剂厂(湖滨)	江苏常乐公司(界首)
居云保	人大副主任	江苏金飞达集团(卸甲) 扬州樱花鞋业公司(汉留)	汉留广达不锈钢材料厂
朱 烨	人大副主任	扬州强力集团(车逻) 江苏日欣集团(武安) 扬州华达公司(武安) 扬州华翔公司(武安)	八桥五金厂
王东升	副市长	高邮第二棉纺织厂(三垛) 江苏邮达集团(横泾)	三垛农机厂 三垛布厂

控减负担

进入20世纪80年代后,乡镇工业普遍反映企业负担太重,有的甚至超出了极限。第一,上缴偏多。乡镇工业一般实行三种上缴形式:一是“一税两费”制;二是“两个10%”;三是定死上缴。三种不同形式带来不同的上缴数,而在实际实行中,企业往往需按最大百分比上缴。第二,抽资严重。一般是由所属乡镇对企业抽资,或新办厂,或搞乡镇福利设施,或进行其他无偿性投资,导致了一些企业最终利润抽空,甚至亏本。送桥砖瓦厂13年内被抽资达100多万元。第三,摊派成风。一些行政管理部门利用职权,把行政执法费用等负担直接转嫁给基层企业,还有集资、支援、赞助等向企业摊派的种类繁多,花样百出。第四,收费太多。一些事业性服务部门为弥补自身经费不足,巧立名目,自定收费标准,随意开价,滥收费用。第五,信贷不公。乡镇工业贷款利率明显高于县属工业贷款利率。

至20世纪90年代,乡镇工业企业负担日益加重,主要表现在收费渠道过多,付费项目繁杂,集资、摊派及“三乱”(乱收费、乱罚款、乱摊派)行为严重,对乡镇企业的政策优惠成为一纸空谈。为此,根据省、扬州市相关精神及统一部署，1998 年下半年，全市认真开展了控减乡镇企业负担工作。

控减乡镇企业负担主要是清理各级、各条战线的收费情况，并明确和要求控减目标。市委、市政府明确规定，凡中央和省已宣布取消的收费项目坚决不允许再收；已降低标准的收费项目坚决不再超标准收取；对本市各乡镇自定的收费项目重新进行审定；对已经达到或接近上年负担水平的乡镇企业，坚决不再增加负担；对已经超过上一年负担水平的企业，督促有关部门尽可能退还，退还确有困难的，一定要在下一年负担指标中坚决扣减下来。

通过清理，涉及到全市乡镇企业收费的部门和单位 19 个，收费项目 64 个；各乡镇自行出台收费项目 12 个。1998 年全市向乡镇企业收费总量为 4146 万元，占销售额的 0.74%。其中，行政事业收费 2460 万元，占总收费量的 59.3%；行政部门收费 1296 万元，占 31.3%；集资、摊派、赞助 118 万元，占 5.4%；其他收费 190 万元，占 4.6%。

至 1998 年年底，全市共取消上级规定的收费项目 4 个，取消本市收费项目 3 个，降低收费标准 3 个，乡镇自行出台的收费项目基本取消。

利润分配

高邮乡镇工业企业的利润分配，虽有相关财务制度及其利润分配制度，但在实际执行中，各时期、各乡村（企业）做法并不尽统一。20 世纪 80 年代以前的队办工业，更是自行其事。

社队工业的利润缴纳所得税以后，税后利润主要用于企业扩大再生产和上缴公社用于支持农业生产发展及其他福利事业，手工业系统还有部分用于统筹福利基金。随着税制的变化和农具厂（社）体制变化，利润分配方法也多经变化。

1955 年，按照高邮县手工业合作社章程第三十条规定，以 1 月 1 日至 12 月 31 日为会计年度，实行年终决算。除应提缴所得税和弥补上一年亏损外，所有盈余（国家优待部分按实际数直接转入基本基金）依照相关规定，由理事会作出盈余分配方案。一是公积金不少于 60%；二是上缴合作事业建设基金 10%；三是其余 30% 根据上级社规定和本社具体情况分别作为股金分红和教育、福利、奖励等基金。

1958 年社队工业兴起，手工业社（组）下放到公社管理，利润分配未有统一方法。

1961 年，县委农工部关于收益分配有关政策规定，公社直属企业上缴的利润只限于四种情况：一是全社性农业基本建设投资；二是社办企业必须扩大再生产的基本建设和生产费用；三是支持穷队发展生产；四是划出 3% ~5% 作为公益金，用于社办企业职工福利和公益性文化教育、卫生事业的开支。

1962 年，手工业体制恢复后，县各工业管理部门联合颁发集体所有制手工业、社办工业财务管理暂行办法规定，为调动企业和职工经营积极性，其利润暂定为 60% 上缴公社，40% 企业留成；企业内部分配可参照手工业社（组）分配方案办理。公社收取企业的上缴利润应用于企业扩大再生产及增加流动资金方面，不得移作他用。

1964 年，按照手工业生产合作社示范章程规定，税后利润除弥补上一年度亏损，其余按照比例进行分配。一是合作事业基金 20%；二是公积金不少于 45%；三是特种基金不超过 20%（其中教育基金不超过 5%，福利基金不超过 10%，奖励基金不超过 5%）；四是社员劳动分红不超过 15%。年终决算有亏损的可以留记账面，从下一年度盈余内弥补。如果连续两年亏损，不得留记账面，应该依次由公积金、股金进行弥补。

1968 年，根据中央有关规定，手工业合作社属集体所有制，企业的年终分红办法必须停止执行，盈余分配中属于劳动分红这部分提出 40% ~60% 转入福利基金，下余 60% ~40% 转入公积金，用于扩大再生产。对有股金的集体企业，一律暂时停止退还股金。

1977年，根据社队工业财务制度规定，税后利润上缴30%～40%，最多不超过50%，其余留成企业扩大再生产和充实流动资金。1978年，县属大集体农机具厂划归公社管理后，也按此规定执行。

1981年，高邮县规定，企业利润留成部分要有30%用于企业更新发展，10%用于福利和奖励。上缴公社利润中75%优先用于弥补企业亏损，归还停办企业贷款，以及用于新办企业和老企业的挖潜、革新、改造；还有25%用于农田基本建设，以工补农，纳入生产队统一分配。

1983年后，全县推行经济承包责任制，利润分配按照国家得大头、集体得中头、个人得小头的原则精神，坚持按章纳税，确保国家收入；按制度与合同向所属乡镇（社）、村（队）上缴利润；企业按规定比例留足积累。职工在完成和超额完成任务的条件下，按劳分配；承包者报酬从优。企业缴纳所得税后的净利润，仍按照农业部、财政部有关乡村的财务制度和省政府有关文件的原则规定进行分配。企业的利润留成主要用于补充流动资金，对自有流动资金不足定额资产60%的企业需先补充补足。在承包合同期满后，由乡镇（社）会同工业公司、财政所、税务所、信用社组成承包利润审核小组，清仓查库，核对资财，核实利润，审核分配方案；再由各区公所会同县地方工业局、农行进行抽查、复审，各乡（镇）政府批准后，按方案分配。

工资、福利

工资。20世纪50年代，社队工业的工资形式主要有固定工资和计件工资。行管人员实行固定工资，有部分粮食加工厂也实行固定工资。行管人员当时月工资最高27元，最低23元。在计算方法上，计件分个人计件或按组计件。组内按技术水平高低评定基本工分，每月例假3天，每天以9小时计算，月终按定额，计算全组工资总额，以基本工分进行分配；生产定额半年左右调整一次。当时月均工资厂长为30元，总账会计为27～28元，现金会计为25元，木业工人为34～36元，铁业工人为32元左右，篾业工人为28元左右，柳器工人为32元左右。

1958年，手工业划归公社管理后，对定额管理有所放松，因此出现压低生产定额、提高工资单价、使工资普遍增高的现象。1963年，界首农具社整顿工资试点测算，204种铁、木、竹、柳产品单位工资水平平均比1957年上升23%。其中，铁业上升20.5%，木业上升28.22%，篾业上升29.34%，柳业上升25.9%。基本工资也比1957年有较大幅度的上升。木工每个工基本工资由1.08元上升为1.5元，上升38.9%；锻工平均月工资为46元，上升21%；行管人员116人中79人调整了工资，占总人数68%，原平均月工资为28.4元，调整后平均月工资为30.26元，上升6.5%。

整顿工资后，工资形式除采用个人或小组计件工资外，还有计时工资加奖励和分成工资等。其中，计件工资，确定合理的基本工资略高于1957年，并实行按质分等计件工资制，优质优酬。符合正品质量标准，发全工资；不符合的列为副品，工资发85%～90%。实行分成工资的单位，以营业总收入减去耗用原辅材料价值后的10%进行分拆。即工商统一税5.05%，工资65.3%，附加工资4.5%，上缴管理费2%，折旧修理费5%，企业管理费8%，预留所得税0.15%，公积金8%，公益金2%。

此后一段时期到1969年，工资和报酬形式极不统一，形式多样，工资标准多异，但主要分工资制和工分制两种，实行工资制的单位内还有计时工资和计件工资两种。其中，全县手工业合作社（组）职工执行固定工资制，但没有统一级别和标准。这一时期，手工业管理人员平均工资水平只有30元左右。到1974年，手工业管理人员工资才同大集体一道进行工资调整。

至20世纪70年代初中期，务工务农劳动报酬分配矛盾突出。1973年，整顿社队工业时，为缩小工农差距，对社队工业工人报酬规定，社办企业厂定工资，四成归己，六成交队，厂队结算，队记工分，分配在队或上缴积累为5% ~15%;队办企业一律实行工分制,厂记出勤,队评工分,厂队结算,固定积累,分配在队。张轩公社社办企业总人数为285人,实行固定工资的有201人,占总人数的70.5%;实行计件工资的84人,占总人数的29.5%;每人平均月工资为24.3元,最高工资水平达60元,最低工资水平只有9元。这一时期,社队工业工资水平普遍偏低。伯勤、东风、汉留、汤庄、车逻、界首、周山、一沟等8个公社社办厂人员月平均工资为20.9元,最高的一沟公社为25.27元,最低的伯勤公社为19.33元。1974年初,扬州地区手工业处要求社办企业工资统一工资标准,并在龙奔公社试点,但最终其他公社未能推行。

1977年,县委出台关于加强农村劳动力管理规定(草案),对务工人员报酬形式,要求将工资制改为工分制。分配方法实行“劳动在厂,分配在队,厂队结算,适当补助”。但由于各地经济基础不同,全县极不统一。1979年,八桥、甘垛、东墩等3个公社社办企业都实行工资制和缴积累形式。八桥公社有9个社办厂,职工448人(其中定销户口15人,农村户口433人),年平均人数是422人,全年实发工资总额17.98万元,每人平均月工资为27.9元。此外,公社工办室给每个职工缴生产队积累每月平均是7.15元,副食品补助2.5元。职工工资实际水平达37.55元,比实发工资上升34.4%。职工工资水平最高为38元,最低为22元。甘垛公社职工月平均工资为23.97元,由个人向生产队缴积累,月工资最高40元,最低26元。东墩公社职工月平均工资为20.12元(包括向生产队缴积累)。其中,一级工24元,二级工28元,三级工33元。三个公社工资发放形式有3种:八桥公社是每月按工资40%发给个人作为生活费,余下工资到年底结算至职工所在的生产队归个人所得;另由公社工办室统一向生产队缴积累。职工月工资24元以下不缴积累,24~30元上缴10%, 32元缴11%, 34元缴12%,40元以上缴15%。甘垛公社是每月发50%工资给职工,其他50%由厂与生产队结算;职工在工资内负担向生产队上缴积累。徒工不缴积累,一级工缴8%,二级工缴10%,三级工缴12%,四级工缴15%。东墩公社是按月工资全额发给职工;由职工直接向生产队缴积累,徒工、干部缴5%积累,职工缴10%。

多数生产队自立章程,有的生产队规定上缴21%,有的生产队规定每年上缴100元,致使一些务工人员不堪重负。加之农业持续丰收,农副产品收购价格提高,社员的收入日益增高,出现务工人员的收入低于务农社员的收入现象。这些情况不仅束缚了社队企业,削弱了社队办厂职工的积极性,也在一定程度上影响了社队工业的发展。

1978年以后,随着农村推行经济承包责任制,务工人员不再向生产队上缴积累。企业内部的工资形式也逐步改革,恢复计件工资制,普遍推行“几定奖赔责任制”,把个人收入与企业经济效益挂勾,实行浮动工资。1982年,车逻公社企业职工人均工资比1978年增加20元。

1983年,全县社队工业在车逻公社试点的基础上普遍推行经济承包责任制。在此期间,社队工业工资形式大体上有固定工资加奖励,计件工资,提本分成浮动工资,专业承包上缴利润,承包人单独核算、自负盈亏等。

1984年,企业实行经济体制改革,开始推行“一包三改”。其中,进行工资制度的变革,改固定工资为浮动工资。工资形式主要有:一是行管人员固定工资实行浮动,百分考核,以分计值,并实行职务津贴;二是工人实行计件工资,分个人计件和小组、车间计件,联系利润,考核考绩到人;三是供销人员实行三基本(基本工资、基本任务、基本费用)一奖赔(超奖减赔)。

医保。社队工业时期,全县基本没有医疗保健制度,各社队企业根据实际经济情况自行规定。

大集体性质的22个农机具修造厂的人员一度实行医疗费用按实报支。推行经济承包责任制后,各企业做法不统一。如,车逻农机修造厂每人每月发医药费2元,全年24元由本人掌握,结余归己,医疗费用超过24元的按工龄报销，不满10年工龄报75%；10年以上、20年以下工龄报85%；20年以上工龄报95%；病假发工资50%。

退休。社队企业职工年老退休全县没有统一制度规定。

1975年7月，扬州地区颁发《集体所有制手工业企业职工退休统筹试行办法的实施细则》。其中，退休、保养条件和待遇为男职工年满60周岁，连续工龄满8年，一般工龄（包括连续工龄）满20年；女工年满50周岁（女职工年满55周岁），连续工龄满8年，一般工龄满15年，经过医院和有关单位鉴定证明，丧失工作能力的职工可办理退休，退休后按月发给退休金直到本人去世为止。退休金标准为连续工龄在8年以上、不满10年的为本人工资的45%；连续工龄10年以上、不满15年的为本人工资的65%。1976年，全县大集体性质的农机具厂开始执行该细则规定，首次为年老体弱的工人办理退休手续。

1978年6月，国务院颁发《关于工人退休、退职的暂行办法》。轻工业部、财政部、国家劳动总局明确手工业合作工厂职工的劳动保险待遇标准，可以按照国家和省、市、自治区对国营企业的有关规定执行。全县22个农机具厂原属大集体性质人员按此规定执行，至1984年底，共退职退休250多人。1984年起，三垛、周山、川青等乡（镇）开始实行企业职工退休制度。

统筹。20世纪70年代，高邮县在大集体性质的农机具厂中设立统筹福利基金，统一由社队工业主管局管理，并对退职退休人员的退职退休金列支。企业统筹福利基金依照1966年财务制度规定按工资总额3%提取。从1982年起，一律按企业销售收入的1.5%提取。1987—1996年，共收缴统筹金88万余元，前期划转入近16万元，支出及费用近63万元。其中，有9家农机具厂从未缴纳。

1987—1996年高邮22个农机具厂职工福利统筹基金收支情况表

表129　　　　单位：元

乡镇别	上缴数	支出数
车逻	25648.42	4000
一沟	26936	—
东墩	8000	13360.49
马棚	—	5400
卸甲	22296.05	—
汉留	24001.65	—
沙堰	4865	24000
汤庄	—	24388.85
三垛	70575.95	—
二沟	2274.42	15900
司徒	—	55195.43
甘垛	—	59475.66
横泾	21422.16	—
平胜	—	45903.63
界首	639624.52	29336.17
营南	12971.47	—
临泽	4000	23848.61

续表 129

乡镇别	上缴数	支出数
周山	20940	—
周巷	—	83098.07
川青	—	103429.22
送桥	—	7397.4
菱塘	—	35945.97
小计	883555.64	530679.5
工业局划转	158541.95	—
费用	—	98418.09
合计	1042097.59	629097.59

质量管理

高邮乡镇工业的产品质量管理可以追溯到20世纪50年代，建立手工联社后，开始对中小农具产品规定产品质量要求。主要是明确产品规格质量标准，实行挂样生产，按样品验收。县手工联社经常组织检查交流，不断提高产品质量。

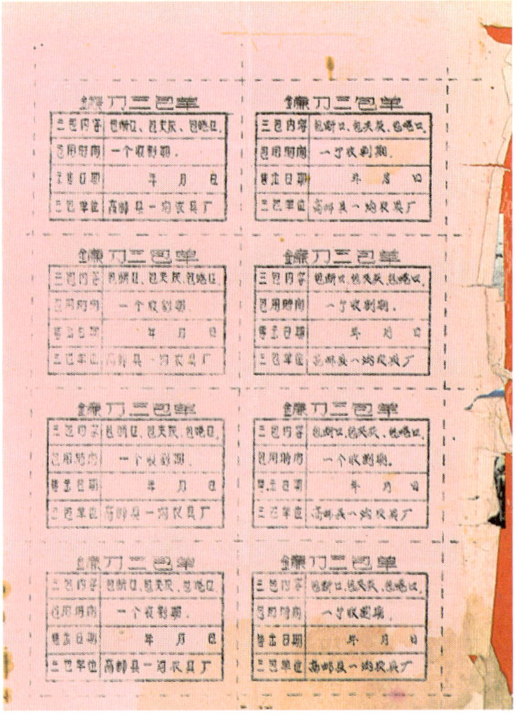

镰刀三包单

三包内容	包断口、包夹灰、包卷口。
包用时间	一个收割期。
售出日期	年 月 日
三包单位	高邮县一沟农具厂

镰刀三包单

三包内容	包断口、包夹灰、包卷口。
包用时间	一个收割期。
售出日期	年 月 日
三包单位	高邮县一沟农具厂

镰刀三包单

三包内容	包断口、包夹灰、包卷口。
包用时间	一个收割期。
售出日期	年 月 日
三包单位	高邮县一沟农具厂

镰刀三包单

三包内容	包断口、包夹灰、包卷口。
包用时间	一个收割期。
售出日期	年 月 日
三包单位	高邮县一沟农具厂

镰刀三包单

三包内容	包断口、包夹灰、包卷口。
包用时间	一个收割期。
售出日期	年 月 日
三包单位	高邮县一沟农具厂

镰刀三包单

三包内容	包断口、包夹灰、包卷口。
包用时间	一个收割期。
售出日期	年 月 日
三包单位	高邮县一沟农具厂

镰刀三包单

三包内容	包断口、包夹灰、包卷口。
包用时间	一个收割期。
售出日期	年 月 日
三包单位	高邮县一沟农具厂

镰刀三包单

三包内容	包断口、包夹灰、包卷口。
包用时间	一个收割期。
售出日期	年 月 日
三包单位	高邮县一沟农具厂

《镰刀三包单》

1958年人民公社化后，对中小农具生产的质量管理一度放松，主要表现为产品无统一标准、生产无责任制度、检验不严格把关、废次品有较大比重。如镰刀出现口厚、不平、火工不匀等质量问题，一般合格率只有70%。

1961年，恢复手工业体制后，社队工业进一步加强质量管理。企业规定质量指标，严格工艺操作规程，建立质量责任制和产品检验制度。企业制定产品质量标准，并对主要产品推行了包用、包修、包换的“三包”使用制。“三包”产品附发保单，要求铁制农具打硬戳，木制农具打火印，注明厂名和生产人员姓名，以便群众监督。产品质量与报酬挂钩。如临泽农具厂对次品以工资80%计酬。1964年，县里对30种主要产品排队，质量超过1957年水平的有镰刀、草锄、二刀等8个品种；达到1957年水平的有大锹、农船、巴斗等16个品种；比1963年有所提高的有扬掀、弗榷等6个品种。东墩镰刀、菱塘插锹、界首包锹等全县知名产品都超过了历史水平，销售时实行优质、优价。

1964—1965年，全县统一制定了钉耙、农船伏修等质量标准。1965年6月12日，为进一步提高产品质量，县手工业管理局颁发布告，对20多种主要农具产品实行“三包”“五不卖”，即包用、包修、包退和钢火农具夹灰不卖、卷口不卖、掉口不卖、断筋不卖、炸库不卖。统一铅印“保单”，卖一件农具，发一张“保单”。全县每年对中小农具进行总结评比，技术交流，使产品质量不断提高。

20 世纪 70 年代初，城市工业生产未能恢复正常，市场产品短缺，而社队工业有所发展，生产领域扩大，产品品种增多，但产品质量管理未能跟上。企业生产设备大部分为大厂淘汰的，最简单的工、夹、量具都不齐全，企业产品几乎不经过质量检验，仅靠目测，致使产品粗制滥造，产品质量问题社会反响较大。这期间，虽然中小农具产品质量管理工作抓得好一点，但尚未达到 1965 年水平。

1977 年，全国开展“质量月”活动，推动质量管理工作，社队工业开始确立质量第一的思想。企业逐步推行质量三级管理制度，配备专、兼职检验人员，添置必要的质检器具，制定产品质量标准。棉布、水泥、砖瓦等都要求按国、部颁标准生产，各企业都规范质检标准，无标准企业制定标准。企业内部制定产品检验制度，做到道道工序把关。到 1982 年，全县企业质量检验人员达 976 人。县主管局定期举办质量管理培训班。八桥水泥厂重视产品质量管理，投资 8 万元建立化验室，培养专职化验人员 15 人，在全省一年一度的互查中，免试 5 人。自 1982 年起，全县推行全面质量管理。八桥水泥厂产品质量保持 3 个合格率均为 100%，被列为全省合格产品；临泽汽酒在 1982 年名列扬州地区第二名；全县 17 个公社轮窑的砖瓦在全面质量管理考核中都在 66 分以上，超过扬州地区平均水平；车逻节煤炉在省物资局革新节能测试中达到省定标准，1984 年被评为省优质煤炉。

1984 年，县地方工业局成立科技服务站，负责科技和质量管理工作，改变过去质量无专人管理的格局。年产值在 30 万元以上的 137 家企业，开展了引、靠、制标工作。有 120 家企业成立了质检机构，配备专兼职检验人员 850 人。1986 年，乡镇工业开始制定主要工业产品的质量升级规划，开展产品创优工作，推行全面质量管理，建立质量保证体系，制定产品内控标准，加强控制点的管理，产品质量稳定提高。普通矿渣硅酸盐水泥、125W 高压汞灯镇流器、495Q 型冷却水泵、40W 日光灯镇流器、低负压吸引器和东风-12 型手扶拖拉机花键轴、PVC 注塑布鞋、男式中跟线缝牛皮鞋、模压人造革箱等 9 个产品相继在 1985 年和 1986 年获得扬州市优良产品称号。全县乡镇工业的产品优良品率达 6.2%。产品创优工作促进了产品质量监督检验的开展，使企业逐步有计划、有目标地提高产品质量。同时，乡镇企业开始重视和抓紧计量升级工作。有 4 家企业单项计量验收合格；6 家企业通过了三级计量验收，获得扬州市计量局颁发的三级计量证书。各企业开始实行产品标准化，力求消灭无标产品。对单项产品产值在 30 万元以上的产品（企业）进行标准卡片编制。1987 年，单项产品产值在 30 万元以上的产品 74 个，按标准生产的有 73 个，有标率 98.6%；10 万元以上的单项产品有标率 92.6%。其中，采用国际标准和国外先进标准各 1 个。

此后一段时期，乡镇工业企业产品质量管理职能逐渐实现部分归属市质监部门，部分并入市科技部门。

1996 年，扬州曙光电缆厂率先通过国际标准化组织颁布的 ISO9000 系列质量体系认证。1997 年，高邮市又有 7 家乡镇企业获得国际认证。到实行“九五”规划期末，高邮市乡镇工业通过认证的企业达 23 家。以此为标志，全市乡镇工业质量管理步入了规范化、标准化、国际化、系统化轨道。

安全管理

县社队工业主管局成立之前，对社队工业没有专门的安全生产管理。

1976 年后，县第二工业局先后由人秘股和生产股代行安全生产管理职能，配合县公安局、劳动局等有关部门做好安全宣传和安全互查工作。1980 年，县第二工业局设一名专职安全监督员。此后一段时期，严禁社队工厂使用土制乙炔发生器，严格检查带锯、切刀、冲床、压床是否配有安全保险装置。县里制定了《高邮县烟花爆竹安全生产岗位责任制》，推广和促进花炮药物的更新换代。严格按照省政府28条安全生产细则对重点企业进行规范性的整改，并结合企业基础性整顿和建设性整顿，把安全生产管理纳入主要的验收内容。

1984年，高邮县乡镇工业开始建立安全网络，加强安全生产的组织领导。各乡（镇）政府分管工业的负责人直接负责安全工作，工业公司主要负责人主抓安全管理，各乡（镇）及大部分乡（镇）、村办厂都设有安全组织或安全员。是年，第一次开展乡村工业生产“安全月”活动。县主管局及各乡（镇）分别成立了“安全月”活动领导小组。到1987年，全县乡镇工业共配备专职安全员300多人，占应配数的80%以上；兼职安全员800多人，占全部企业应配总数的85%以上。至此，乡镇工业安全管理基本上专管成一线，群管成一片，条块结合，网络化管理。其中，57家易燃易爆有毒的乡村办厂和年产值在100万元以上的100家生产厂由县地方工业局直接管理。

县地方工业局向乡镇安全员颁发安全监督证，在县安全生产办公室和公安局备案。安全员须持安全监督证对各乡村办厂进行安全监督管理。凡乡（镇）村拟办易燃易爆性质的企业，都必须安全员参加论证和签字。安全员发现企业存在安全隐患，有权发出停产整改通知书，令其限期或立即停产。企业凡出事故，安全员有权参加调查、讨论和事后处理。县、乡（镇）两级先后举办多期安全知识、安全管理等业务性培训班。到1986年，经过培训的专（兼）职安全员达450人次。各乡村办厂制订一系列安全管理制度，一些规模企业、重点大户注重对新进厂的工人进行为时一个月的业务培训和安全知识教育。县地方工业局与县安全生产办公室、公安局、劳动局、工商局、卫生局、检察院、环保局等部门相互配合，每年开展安全工作和安全生产大检查。各部门依照有关法律法规，行使相关权利和义务，从多方面来强化乡镇工业的安全管理。

1986年下半年，发生了三垛木器厂和八桥水泥制品厂的火灾、甸垛轧钢厂的断指及周巷鞭炮厂的爆炸等事故。但是，从1985—1987年，全县1400多个乡村企业的事故发生率处于全扬州市最低水平，且连续三年未发生重大恶性事故。县地方工业局分别被省、市评为安全管理先进单位。

进入1993年，由于1—8月份事故频发，死伤人数创历史新高。故而，从1993年下半年到1997年上半年，全县乡镇工业开始整顿安全管理队伍。各乡镇健全安全领导小组，组长都由乡镇负责人担任；配齐乡镇工业公司安技员，明确重点安全防范企业，专、兼职安全管理人员配备率提高到88%。同时，由县与乡村（企业）签订安全目标责任状，明确企业法定代表人是安全生产第一责任人，执行安全生产一票否决权。在劳动、消防、检察、工会等部门支持配合下，举办了厂长、安全员的劳动保护、安全性能评价标准、安全专业知识等培训班；还组织乡镇代表队参加全市安全生产知识竞赛。先后组织300多人次进行安全生产三大查（自查、抽查、互查）活动，抽查面达95%以上。尤其对包括40多家易燃易爆企业的重点部位、重点行业认真进行检查，加强安全监察监督管理。县地方工业局与公安消防部门配合行动，采取月查季结，发现隐患，当场会诊，限期整改。仅1993年，单对花炮厂进行此类检查达8次。

1999年，全市乡镇工业安全生产实施“零”目标管理。坚持“安全第一，预防为主”的方针，全面开展安全生产大检查，增强安全生产宣传教育力度，促进乡镇工业安全、健康地持续发展。市乡镇企业管理局与各乡镇企业管理站，各乡镇与企业，企业与车间、班组、职工都签订了安全责任书，完善安全生产自我约束机制。参与开展了以“安全、生命、稳定、发展”为目标的全国第九次“安全生产周”和全省第六次“安全生产月”活动。根据改制后企业安全生产管理出现的新问题，以人为本，始终抓住一支乡镇企业安技队伍，坚持常规不断的培训和宣传，提高广大安全员素质，为长期不懈地抓好乡镇企业安全生产管理，打下坚实的基础。

2003年后，逐渐加大《安全生产法》的宣传教育力度。全市乡镇工业安全生产管理工作继续坚持“安全第一，预防为主”和以人为本的方针，增强全社会安全防范意识，一手抓杜绝重特大事故发生，一手抓安全生产监督管理体系建设，进一步落实安全生产责任制和责任追究制。到2004年，基本形成了统一领导、依法监管、企业全面负责、社会重视支持的乡镇工业安全管理新格局。

调整与整顿

从社队工业的兴起到20世纪90年代初，调整与整顿一直伴随并影响着高邮乡镇工业企业的发展。从各个时期调整与整顿的初衷、过程到结果看，可以分为三个不同类型。

客观性调整

1959年，针对“大跃进”中出现的不从实际出发，违背客观经济规律，高速度、高指标地一哄而上，造成社队工业盲目发展的问题，县委按照“调整、巩固、充实、提高”的八字方针，对社队工业进行了调整。

这次调整主要在三个方面：一是调整工业布局，主要调整在大办工业时，集中过多，分散太少，农民修理农具不方便和在与农业生产关系不大的工业里，过多占用资金及劳力的问题；二是解决重复布点，企业管理混乱，企业的潜力得不到应有发挥的问题；三是理顺隶属关系，将一些原下放到公社的机械化程度较高的粮食加工厂收归县管。

经过调整，停办了各公社的化工厂、水泥厂、石灰厂；对砖瓦生产，产量在5万或10万以上的大砖窑予以利用，几千至两三万的小窑则予停办；可继续办的是农机农具、粮食加工、土化肥和农药等与农业有直接联系的工业。

扼杀性整顿

1960年下半年开始，根据“端正方向，节省劳力，提高生产，增加收入，纯洁组织，改善管理”的精神，对全县社队工业进行了为时三年的整顿和调整。

这次整顿和调整主要依据三条原则：一是贯彻执行社办工业主要是为农业生产服务的方针；二是贯彻农闲多办、农忙少办、大忙停办、亦工亦农的原则；三是根据“一盘棋”的方针，坚持“三就地”的原则。因此，对社队工厂分为三种类型：一是农具、口粮、饲料加工、化肥等厂为常年必办企业；二是凡利用当地资源、原料进行季节性生产的，如草、柳编织等则农闲大办，农忙停办；三是其他厂农闲多办，农忙少办。同时，逐批精简社队企业的人员。

在这次整顿和调整中，片面地贯彻“大办农业”“以粮为纲”的方针，对工业生产基本上采取压缩的态度。除手工业农具合作社在《三十五条》保护下得以生存和适当发展以外，对社队工业分别实行了改（改变所有制）、转（转为农业生产服务）、停（停办）、放（下放搞亦工亦农）。到1962年底，保留下来的只有20个厂、职工306人。到1963年上半年，包括城镇公社的全县48个社办工业企业，已改变所有制的有41家，停办的有5家，下放为队办或街道办的有2家。同时，为了减少国家粮食供应，把“大跃进”进厂的工人大部分都下放回农，社办工业下放近40%的劳力，计2846人。对转、改、保留单位的人员也进行了精简下放，1960年下放436人，1961年下放404人，1962年下放557人，1963年上半年下放119

人。其中,包括一大批已成为企业生产骨干的青年工人。至此,城乡人民公社基本上都不办工业了,全县乡镇工业受到了严重的挫折。

1971 年 8 月 31 日,省委召开电话会议,针对社队企业存在的问题,决定对社队企业进行一次彻底的整顿。

1972 年 6 月,在龙奔公社进行试点后,9 月起,对全县 606 个社队工厂、11195 人分三批进行整顿。整顿任务:清理“三无”(无户口、无粮油、无证明)人员;对不符合为农业生产服务方向的工厂,立即采取“整顿”措施;没有“转向”条件的坚决关停;凡保留的工厂,一律重新审查,重新报批。否则,按地下工厂论处。整顿形式:有 113 个厂进驻了宣传队;有 74 个厂派员帮助;有 101 个厂自行整顿。

截至 1973 年 3 月,在首批整顿后的公社中清理“三无”人员 328 人,占总人数 77.5%。48 个社办厂中,保留 37 个,合并 11 个;240 个队办厂中,保留 174 个,转向 4 个,转并为社队合办 18 个,停办 44 个。到 1973 年 6 月,全县社办工业有工厂 149 个。其中,直接为农业生产和社员生活服务的有 93 个,占 62.7%;为大工业生产服务的有 36 个,占 24.2%;为市场和出口贸易服务的有 20 个,占 13.1%。经过这次整顿,社队企业招聘的人员被全部清出,不少企业因缺技术、少业务而被迫停办。在生产经营上只限于“三就地”,大大压缩了为大工业、为市场、为外贸服务的企业发展空间。有些企业开始实行“三自一包”和单独核算,并尝试与外单位建立以物易物的协作关系,而被指责为乱搞遭到扼杀。

这一时期的整顿,夸大了社队工业的存在问题,以人为的条条框框,砍掉不少企业,使刚刚恢复起来的社队工业又遭受了毁灭性的重创。

自觉性整改

1976 年之后,由于发展步伐加快,导致社队企业间差距拉大,产品结构、行业布局、企业管理等诸方面问题显现。

整顿合格企业牌

1979 年底,全县社队工业开始贯彻中央提出的“调整、改革、整顿、提高”的八字方针。对这一次调整(整顿),吸取过去历次调整只下不上的教训,本着积极、主动的姿态,坚持在调整中提高,在调整中发展。主要是立足现有企业,挖掘企业的潜力,截长线,补短线,压缩重复过多的产品,淘汰质量低、消耗高的产品,重点调整发展原料有来源、市场有需要的消费品生产。

通过调整,棉布、丝绸、被面、铝箔纸、平板玻璃、人革箱(包)、皮布鞋、针织品、服装、铜铝拉链、钢木家具、农房构件、折叠式铁床、节煤炉等生产比重从 1978 年的 34.67% 上升到 1981 年的 43.83%;建材工业成为发展重点,除提高 15 座轮窑的生产水平外,扩大了八桥水泥厂,使之年产能力达到 1.5 万吨;农机具行业进一步扩大了生产服务范围,在重工业的调整中得到了发展。

为根治社队企业的脏、乱、差,达到优质、高产、低消耗,实现最佳经济效益,1982 年,全县社队工业根据中共中央、国务院相关文件精神,继续贯彻八字方针,用两三年时间,有计划、有步骤地,点面结合、分期分批地对所有企业进行基础性整顿。

这次整顿主要以抓企业领导班子调整和财务整顿为重点，以推行经济承包责任制为中心环节，以《扬州市社队企业基础性整顿检查验收评分细则》为验收标准。一是要求企业领导班子精干、年轻、懂行、团结；二是要充分体现“按劳取酬”的原则，正确地处理三者关系，生产发展、产品质量、经济效益明显提升；三是财务制度健全，弄清家底，压缩宕欠款和呆滞物资，账册齐全，达到“五相符”，主要产品有成本核算。四是健全质检组织，严格执行质检制度，产品质量符合国标、部标、省标或企标。五是干部、职工严守纪律，安全生产有分管、有制度。六是企业文明生产，道路畅通，环境美化，清洁卫生。对验收合格的企业，由县整顿办公室颁发《企业整顿合格证书》和“整顿合格企业”硬照。

1985 年，县委转发了县地方工业局《关于乡镇企业全面开展基础性整顿工作的意见》，其中提出，凡是整顿合格的企业要给予优惠待遇，可以挂县、(扬州)市的牌子；可以申报产品创优；生产电器和高压容器的企业，可以作为颁发生产许可证的条件；可以有 3% 的职工晋级；可以适当增发一定的奖金。凡是经济效益不好、非政策性亏损的企业，“三废”治理不好的企业和发生重大伤亡事故的企业，一律不予通过验收。

到 1986 年底，全县已验收合格的企业达 148 个。其中，乡办厂 128 个。通过企业基础性整顿，全县乡镇工业素质有了明显变化：一是企业内部的素质改善了；二是企业管理的各项基础工作实在了；三是经济效益提高了；四是厂容厂貌改变了。

经过一个时期基础性整顿，虽然取得一定的效果和成绩，但还存在许多问题。主要有：第一整顿质量不高，少数企业突击整顿，有走过场或整后“回潮”现象；第二财务整顿抓得不到位，少数企业家底不清，“三支一宕”清理不力；第三整顿不够平衡，被整企业占总数比例偏小。为遵照省、扬州市“关于继续抓紧进行乡镇企业整顿工作的通知”精神，1986 年，全县乡镇工业企业从具体情况出发，抓住“三上一高”(上质量、上技术、上管理、提高经济效益)中心内容，以改革为动力，因厂制宜，进行分类整顿。

所谓分类整顿，即把乡(镇)、村办工业分为四种类型进行整顿。第一种类型是建设性整顿(亦称全面整顿)；第二种类型是基础性整顿已验收合格发证而未列入建设性整顿计划的企业进行复查提高；第三种类型是已达到基础性整顿要求而未整顿的企业进行基础性整顿；第四种类型是还达不到基础性整顿要求的企业进行单项整顿。其中，建设性整顿其对象是在进行过基础性整顿验收合格发证的企业中选择：一是年产值 500 万元以上或利润 50 万元以上的企业；二是产品已获或计划当年创部、省、扬州市优质产品的企业；三是当年国家决定发放产品生产许可证、规模较大的企业。

建设性整顿的内容有：抓住“三上一高”这个总目标，以强化六项(标准化、计量、信息、定额、规章制度、基础教育)基础管理工作为重点，推行全面质量管理，全面经济核算，全员各种类型培训，完善经济承包责任制，加强企业领导班子建设，搞好厂容厂貌，建设文明工厂。建设性整顿是基础性整顿的发展和提高。

到 1987 年，经验收，基础性整顿合格的企业有 17 个，累计 166 个；建设性整顿合格的企业有 6 个，累计 7 个；通过三级计量验收的企业有 12 个，累计 17 个。

20 世纪 90 年代初，全县(市)乡镇工业企业认真贯彻落实《中共中央关于进一步治理整顿和深化改革的决定》，积极开展“乡镇企业管理年”和“质量、品种、效益年”等活动，变单纯整顿为积极调整，改整顿下马为管理提升，使“调整、整顿、改造、提高”成为乡镇工业的自我要求和自觉行动。各乡镇从实际出发，发挥优势，把适应性调整和开发性调整结合起来，把增量性调整和存量性调整结合起来，以产品结构调整为龙头，带动产业结构、技术结构和企业组织结构的调整。这期间，年产值 300 万元以上的企业开展了创市级以上企业活动；年产值在100万元以上300万元以下的企业进行了7项基础整顿工作；年产值在100万元以下的企业实行财务整顿和质量整顿。同时，对有条件的企业开展了全面质量管理达标活动，对1988年前已进行企业整顿的企业进行复查，促进企业基础管理工作的正常化、制度化。

企业改革

乡镇工业企业改革，从不自觉到自觉，从自发到有组织、有计划，经历了一段特定的历史过程，这段过程长达20多年，从20世纪70年代末，包含80—90年代，直至21世纪初。纵观全市乡镇工业企业改革，可以分为前后两个部分。1996年上半年之前为多形式的尝试和探索性改革；1996年下半年之后为大规模的规范和实质性改制。

尝试和探索性改革

1979年，随着农业生产承包责任制的落实，社队工业企业由点到面推行"几定奖赔责任制"，全县社队工业实行了初步的经济体制改革。

1983年，在车逻公社试点的基础上，普遍推行了经济承包责任制。全县261个社办厂中实行经济责任制的有254个。后又针对社队工业的具体情况和特点，在社队企业中有领导、有步骤地推行多种形式的经济承包责任制。基本有四种形式：基数利润包干，超利分成；包干上缴，超利留厂；上缴利润大包干，全奖全赔；其他，包括全额利润分成、拆账分成、按件计工、费用包干、租赁制、浮动工资等。到1983年7月，全县社队工业企业推行各种形式经营责任制的有1117个，占全部企业数97.6%。其中，集中承包的有681个，占61%；个人承包的有436个，占39%。推行多种形式的经济承包责任制，在一定程度上克服了分配上的平均主义，调动了广大职工积极性，加强了财务管理，增加了经济效益，推动了生产发展。但是，一味强调社队企业属于集体所有制，不论采取何种承包责任制形式，企业性质不变。在利益分配上，要求处理好国家、集体和个人的三者关系，遵循国家得大头、集体得中头、个人得小头的原则。

1984年5月，为贯彻市、县委改革会议的精神，全县乡村工业开始由点到面地推行了无锡县堰桥乡"一包三改"的经验。即，实行生产承包，改干部任命制为聘用制，改固定职工为合同制工人，改固定工资为浮动工资。到1984年底，全县乡村推行"一包三改"的企业达934个。其中，乡办厂301个，占乡办厂总数的82%；村办厂633个，占村办厂总数的99%。通过推行"一包三改"，较好地解决了企业长期存在的"大锅饭""铁饭碗"和干部职务"终身制"的弊端，涌现出一批农民企业家，调动了干部职工的积极性，增强了企业的活力，促进了生产的发展。

这期间，还推行了常熟市徐市乡"一定三年"的经营承包责任制及厂长任期目标制，包括"一包三改"等其他经营承包责任制的推行，历经五年，初步实现了乡镇企业所有权与经营权适当分离，使企业有了一定的经营权和自主权。但是，乡镇企业仍然存在许多问题：一是政企不分，束缚了企业的自主权；二是外包没有引入竞争机制，一般都是集体承包；三是内包不配套，企业用工、分配制度很不完善。

1987年10月，为完善乡镇企业承包经营责任制，县委农工部会同八桥镇党委在李庄村进行了为时一个月的深化村办企业改革的试点，对村办的4个厂试行"五改五落实"：一是改短期目标为任期目标，实行政企分开，落实厂长任期目标制；二是改单一承包为多形式承包，实行自主经营，落实承包经营责任制；三是改固定工资和奖励为全额浮动，实行联绩计酬，落实浮动工资制；四是改实支报销为定额提取，实行包干使用，落实费用包干制；五是改一年一结为逐项清理，分月分段结算，落实全面审计制。

1988 年，县委、县政府提出乡镇企业进一步完善和发展“一包三改”，从内外两个方面深化改革，完善经营机制。基本要求是以提高经济效益为前提，以转变企业经营机制为重点，完善经营承包责任制、厂长负责制、任期目标制，试行股份制、租赁制、兼并制等，增强企业的活力和后劲，促进乡镇企业持续、稳定、健康地发展。主要做好六个方面：一是在承包形式上要因厂制宜，不搞一刀切、一个模式。既可以集体承包，又可以个人承包，也可以租赁承包；二是选准选好承包人，引入承包竞争机制；三是指标要全面、合理，既积极可靠，又留有余地；四是承包前后要认真进行审计，弄清家底，既对企业负责，又对承包人负责；五是内包与外包要配套完善，外包促内包，内包保外包；六是分配比例要合理，在摆正国家、集体、职工和承包人四者之间的关系前提下，承包人可以多劳多得。到 1988 年底，全县乡镇工业有 1444 个厂（其中乡办 374 个）分别落实了多种形式的经营承包责任制。其中，厂长牵头集体承包的 646 个，占 53.2%；个人承包的 549 个，占 42.2%；租赁经营的 44 个，占 3.4%；实行股份制和兼并制的有 13 个；其他形式的 192 个。

通过这次改制，全县乡镇工业一般都实行厂长任期目标责任制，增强了厂长的责任感，有效地制止了有些企业拼设备、拼消耗、分光吃尽的短期行为。但是，一些问题仍然明显存在：一是风险竞争机制未全面引入企业，承包人仍然存在短期行为，制约了企业进一步发展；二是重外包、轻内包，内包太粗，体系不健全，平均主义仍然存在，收益分配上还不能正确处理三者、四方关系；三是企业管理的基础工作跟不上，缺乏严格的约束机制，效益不够理想。

因此，1988 年年底，县委、县政府又提出后几年深化乡镇企业改革的指导思想，即把竞争机制、风险机制引入企业内部各个环节，在完善、配套、深化、发展上争取新的突破。主要任务：一是全面推行全员风险抵押承包；二是积极试行股份制；三是继续实行租赁经营；四是完善兼并式和少数企业的拍卖转让。

一直到 1992 年这段时期，各乡镇工业企业主要围绕调整承包指标及承包方式，进行生产经营承包责任制的完善工作。在大多数集体承包企业中，推行三种承包方法：一是资产积累增值滚动承包；二是风险抵押承包；三是工效挂钩承包。

1992 年，根据市委、市政府的要求，全市 5 个区分别开始进行股份合作制企业试点。其中 1992 年 7 月，市体改委会同武安乡政府在市农机配件二厂进行了为期一个月的股份合作制试点。经过发动、评核、认股、建章、验收等 5 个阶段，确定该企业乡镇集体股为 248.48 万元，职工集体股为 14.5 万元。企业试行股份合作制后，企业性质、隶属关系不变；遵循“入股自愿、股权平等、同股同利、收益共享、风险共担”的原则；采用多元化的股份合作；股份合作制周期为 3 年；企业股东享有相应权利，并履行相应义务；红利分配只分红不付息，股份可增值也可贬值；股份认购，发放股权证；财务会计制度和利润分配参照国家有关规定执行；实行职工代表大会和股东代表大会同一制度；终止时清算按程序进行并报请有关部门审批。

到 1994 年上半年，全市乡镇工业共实行股份合作制企业 85 家，股份有限责任公司 6 家，总股额 6547.86 万元。但是从量上来考察，改制企业只占乡镇企业总数的 6%；从质上来评价，喊的多、想改的少，批的多、实际运作的少，流于形式的多、改变面貌的少。出现“三多三少”的原因主要是乡镇一级领导存在认识差异，态度暧昧，怕丢失乡镇财政来源。因而，一些乡镇对市委、市政府要求的 50% 改制任务应付交差，对较大、较好的企业一个也不想改，拿一些小、微、亏企业搪塞、做试点。到 1994 年底，股份合作制基本推开,单一的集体独资企业结构得到瓦解,股份合作制形式成为主要形式之一。乡镇工业企业改制的134个,农村联户经济改制的299个。乡镇集体股本6259.34万元,法人股179.42万元,企业职工股2849.84万元,农民个人股1222.18万元。

这一时期除一方面对生产不景气的小、微、亏企业化整为零,分别实行租赁、拍卖、兼并等,变包袱为新的生长点外,另一方面还对具有一定产品特色或优势企业化零为整,大胆实行跨行业、跨地区、跨所有制组建集团,充分发挥核心企业、重点企业技术、产品、管理等辐射作用及产业的带动作用,实现企业存量资产和诸要素的调整,形成一定规模,促进企业在资产重组中实现结构的优化,发挥聚集效应,从而力求实现乡镇工业企业的组织机制、经营机制及产权制度的有效改革。到1995年末,累计组建企业集团11个。其中,省级4个,扬州市级5个,高邮市级2个。

1996年春,乡镇工业企业在全市率先推行以企业资产保值增值为核心的资产经营责任制。大多数企业都在实行经营风险抵押承包制的基础上,推行经营承包者收入年薪制,确保集体资产保值增值。实行"三制"[资产经营责任制、风险抵押承包制、厂长(经理)年薪制]联动,使企业承包者明确了责任和风险,使经营者与集体、职工的责、权、利进一步得到了明确和统一。到3月底,全市有728家企业签约。其中,548家企业实行了风险抵押承包责任制;167家企业试行了"三制"联动。全市共收到承包经营者风险抵押金1815.8万元,投缴风险金人数达1575人。

但是在推行资产经营责任制过程中,一些乡镇和企业存在或消极贯彻应付,或原则肯定、具体否定的行为;少数乡镇与企业签订的合同不经司法公证,部分风险金收缴不到位;真正实行"三制"联动的企业比例不高。同时也不可否认,资产经营责任制在实行过程中与实际存在一定的距离,对乡镇企业的改革力度存在一定的问题。

规范和实质性改制

在推行资产经营责任制两个月的基础上,1996年6月开始,全市乡镇工业企业又乘势而上,广泛深入地开展了企业产权制度改革。在市企业改制指挥部统一指挥和工作团、队帮助下,积极试点,勇于创新,动真碰硬,全面推动。到年底,全市97%的乡镇企业都进行了产权制度改革。其中,股份制企业106家,股份合作制企业197家,共吸纳职工股金1.51亿元。

随着1996年9月企业产权制度改革取得了一定的战果,为建立健全"先进、合理、科学、配套"的基础管理工作体系,全市乡镇工业企业又马不停蹄地进入了第二步改革,即企业内部配套改革。企业内部配套改革根据现代企业制度的总要求,参照先进经验,结合乡镇企业实际,整章建制,改革一切不合理的条条框框,建立健全科学、合理的规章制度,形成一套较为系统化的内部配套管理体系。内容主要有六个方面:一是理顺"新老三会"(董事会、监事会、职工代表大会)的关系,建立一个团结、高效、精干的领导体制;二是按照"精干效能"的原则和"定岗、定职、定员"的三定要求,建立有利于企业发展的内部运行机构,实行干部评聘制;三是优化劳动组合,适量动态待岗,竞争择优上岗,建立奖勤罚懒、同行越位争先的内部竞争机制;四是以资产保值增值、职工增加收入、企业增加后劲为目标,建立"三制联动"的资产经营责任制;五是对有特殊贡献的人员实行贡献有偿回报制;六是夯实基础管理,推行目标成本管理,建立"一法(倒逼成本法)、三制(销售买卖制、供应公开制和质量计件工资制)和七基(标准化、计量、定额、信息、基础教育、规章制度及班组建设)"为主要内容的内部管理机制。

1996 年高邮市乡(镇)村办工业股份合作制企业情况表

表 130　　单位:个、人、万元

项目	合计	乡(镇)办	村办
企业个数	246	113	133
年末人数	24673	17113	7560
资本金合计	24555	17597	6958
其中:国家资本	30	15	15
集体资本	12041	8441	3600
法人资本	2497	2110	387
个人资本	9556	6695	2861
外商资本	431	336	95
总产值	276874	205523	71351
增加值	51620	37964	13656
营业收入	217802	168938	48864
利润总额	11979	8650	3329
应交税金	9059	7016	2043
固定资产原值	60538	50533	10005
流动资产	84432	61177	23255

1997 年高邮市乡镇工业股份制及股份合作制企业情况表

表 131　　单位:个、人、万元

项目	合计	股份制企业	股份合作制企业
企业个数	287	83	204
年平均人数	30100	11981	18119
资本金合计	34574	14074	20500
其中:国家资本	497	426	71
集体资本	17664	6770	10894
法人资本	3380	1445	1935
个人资本	12763	5247	7516
外商资本	270	186	84
增加值	58962	27208	31754
营业收入	261925	132540	129385
利润总额	3479	1282	2197
应交税金	11614	5512	6102
资产总额	208410	99908	108502
固定资产原值	80028	37268	42760
流动资产	117635	57519	60116
负债总额	171512	86105	85407

全市乡镇工业紧紧以企业改制为契机,狠抓企业内部管理,建立健全各项规章制度,着力形成较为科学、较为完整的企业发展动力机制、经济运行激励机制和监督机制,企业改革初见成效。一是盘清了家底,卸掉了一些企业的历史包袱,便于轻装上阵;二是筹集了一部分资金,集聚了企业发展的实力;三是增强了经营者和职工的责任意识、风险意识和民主意识;四是随着配套改革的不断深入,企业内部管理工作得到加强。

在1996年全面推行企业改制、1997年完善企业内部配套改革的基础上,1998年,针对前一阶段在大面积推行股份制和股份合作制实践中,人人持股,人人平分风险,经营骨干及经营者的积极性调动不起来等问题,乡镇工业进一步深化企业改革,围绕实现资本经营的目标,使有限资本的配置更合理,使用更充分,把着眼点放在资本的筹集和扩张上,着力抓好"三个提高"。即提高职工个人股的比重,提高经营层持股比重,提高法定代表人股的比重,鼓励经营骨干多持股、持大股,逐步形成经营层和法定代表人控股的股权结构。到1998年5月底,全市乡镇工业企业共增资扩股5167万元。其中,集体增股595万元,经营层增股1764万元,一般职工增股533万元,其他增股2275万元。通过股权流动,使集体股、一般职工股及其他股向经营层流动1992万元。至此,全市乡镇工业应改企业685家,改制或深化改革的企业达575家。其中,股份制97家,股份合作制210家,兼并7家,破产3家,出售或拍卖129家,租赁107家,风险抵押10家,多种形式并存12家。股份制及股份合作制企业总股本3.32亿元。其中,集体股1.48亿元,占总股本44.7%;经营层股9226万元,一般职工股6761万元,其他股2354万元,职工个人股占总股本55.3%;经营层股占职工个人股50.3%。

1999年,市委、市政府提出"11"工作计划,即在全市新建或规范110家有限责任公司。其中,市级直抓10家(含乡镇企业7家),乡局级直抓100家(含乡镇企业93家)。对列入计划的100家乡镇企业,以现代企业制度为目标,以有限责任公司为主要形式,按照公司法要求,通过提高一批、转制一批、新办一批的途径,建立和完善规范化的有限责任公司,促使乡镇工业的改革不断深入、不断完善。市委办公室、市政府办公室印发了《高邮市乡镇企业改革与发展的实施意见》,针对乡镇企业改制中存在的问题,提出了下一步深化改革的思路,以切实解决改制不彻底的问题,突出了"两大"(大而盈、大而亏)企业和中小企业的改革方向。同时,市还出台了《高邮市乡镇企业改革工作的效果评价办法》。到年底,全市乡镇企业新建或规范的有限责任公司109家。其中,规范企业81家,新建企业28家。同时,实行增资扩股累计达1500万元;实行股权流动,集体股比重降至26.9%。

在此新一轮改革中,一直被视为改革难点的"大而盈"乡镇企业,加快集体资产退出步伐,并且重点抓好改制企业的工商执照变更,取得了突破性的进展。到2000年,列入扬州市大中型乡镇企业的15家企业,除扬州市曙光电缆厂(菱塘)处于组建班子阶段和市通用过滤机厂(横泾)、市第二棉纺织厂(三垛)、江苏省常乐压力容器制造公司(界首)维持原股份合作制外,扬州市飞达电机仪表公司(卸甲)、市维扬鞋业有限公司(临泽)、市铝箔纸厂(临泽)等11家企业的改革全部结束。至此,乡镇企业新一轮改革基本完成。

实行"九五"规划期间是全市乡镇工业企业改革的高潮时期。乡镇工业企业通过多种形式的改制,不断探索,不断深化,实现了乡镇企业公转私营、资产流动,直至现代企业制度运作的重大历史转变。突出体现在四个方面:一是企业改革逐步深入。全市乡镇企业改革既不是盲目开展,更不是一蹴而就,而是从探索到全面推开直到不断深化,从零星的企业试行到政府全面推动再转入正常的企业行为。二是企业出售力度加大。按照"抓大放小"的原则,放活中小企业,主要是对小微亏企业实行出售、兼并、租赁、破产等形式的改制，以出售为主，加快公转私营的步伐。三是股权结构更趋合理。通过实施股权流动，提高了职工个人股在总股本中的比重，提高了经营骨干所持股在个人股中的比重，提高了法定代表人所持股在经营管理骨干股本中的比重，不断降低乡村集体股在总股本中的比重。四是企业运作步入规范。许多改制企业严格按照《公司法》和企业章程规范企业行为，不断推进组织创新。股份制、股份合作制企业一般都建立了权责明确的“三合一制”的领导体制，议事规则进一步规范化。

到2000年底，全市乡镇企业共组建有限责任公司116家，股份合作制企业63家，公转私营企业331家，兼并企业5家，破产企业11家，租赁企业116家，风险抵押承包企业1家。

表132

高邮市乡镇工业集体、个私企业结构变化情况表

项目	计量单位	1995年			2000年		
		合计	集体	个私	合计	集体	个私
企业数	个	4395	914	3481	3747	307	3440
职工数	人	71818	56288	15530	68998	23945	45053
现价产值	万元	452988	416899	36089	709979	311385	398594

2006年11月17日，位于卸甲镇黄渡工业集中区的扬州天地源机电制造股份有限公司，经扬州市工商局核准注册，成为高邮市内首家股份有限公司。

职工教育及人才培养

职工教育在全县社队工业一直是一个薄弱环节。社队工业企业人才奇缺，职工的文化、技术素质较低，长期影响着生产的健康发展。

1984年之前，在1278个乡村办企业的47922名职工中，无大专毕业生和有技术职称的工程技术人员，仅有3名中专生，占职工数的比例甚微。高、初中毕业生大约5000人，占职工总数的10%。且在青壮年职工中，约有三分之一人数属于初中文化的“双补”（数学、语文补考）对象。企业（除22个大集体农机具厂）的行政管理人员绝大部分是来自农村的大、小队干部，基础文化水平和企业管理能力较差。虽然逐步按“四化”要求进行调整，领导素质有所提高，但均未通过专业技术和管理业务的培训，仍不适应生产发展的需要。

县地方工业局职教班

1982年，根据国务院关于加强职工教育工

作决定的附件精神，全县22个乡镇农机具厂（县属大集体性质）职工统一参加了县职工文化“双补”。参加补课人数271人，占农机具行业应补人数的100%。第一次考试人数255人，第二次考试人数73人。补课及格率为双科105人，单科62人（其中，语文47人，数学15人），分别占应补人数的39%和23%。其他企业的职工文化“双补”工作未组织。

随着工业生产迅速发展和市场激烈竞争的形势，提高乡镇工业行政管理人员和职工的技术、文化素质势在必行。1984年，行政体制改革后，全县乡镇工业从战略高度出发，将乡镇企业职工教育列入议事日程。县地方工业局成立了职工教育办事机构——职工教育训练班，并从办班、教学、人才培养及职工教育管理等方面开展工作，打开局面。

基础文化学习。随着城市职工及22个农机具厂的“双补”工作开展，一些乡（镇）和企业也先后开展了职工文化补习活动。八桥乡举办了为时3个月的职工脱产文化补课班，经考试有33人双科及格。武安鞋厂、东墩冶炼厂、临泽合兴皮件厂等5家企业先后成立了职工业余学校。课程除语文、数学外，东墩冶炼厂还开设物理、化学、历史、地理和政治等。

岗位职务培训。1986年，首次乡镇企业专业技术职务聘任工作开始。是年，根据扬州市政府1号文件精神，为配合开展乡镇企业技术职务聘任工作，分别对机械专业和财会专业技术岗位在岗技术人员进行3个月的基础理论和专业知识的系统培训。其中，参加机械专业学习的有53人，考试及格的有30人；财会专业同时办了一个提高班和一个辅导班，参加人员分别为50人和180人，考试及格人数分别为40人和25人。凡考试及格者，都参加乡镇企业的“员”级技术人员的职称评审。

短期业务培训。积极组织职工参加各类专业的短期培训，乡镇工业的短期培训工作开展的相对正常。每年都不定期地自主举办一些专业性的短训班，学习内容包括财务会计、企业整顿、质量管理、标准化、化工、电工、节能、合同法及安全生产等。1984年，培训达501人次。1985年和1987年，县地方工业局先后举办两期厂长（经理）培训班，主要学习企业经营管理，两期学员达118人。各乡（镇）工业公司和企业也自办各类短训班，学习形式有理论讲座、技术讲授和研讨会等。此外，还派选职工参加全国各地举办的有关短训班。1985年，向外送培44名人员。其中，送外地学习人员最多有10期达73人次。

输送院校深造。1983年，乡镇企业开始分期向全国大、中专院校输送职工深造学习。到1986年，共送培大、中专生135人。其中，已经毕业回原单位工作的有26人，有企业管理、财务与会计、机制工艺和设备、塑料成型、化工分析、工业电气自动化、无线电结构、食品、染整、美术装潢等专业。

组织函授学习。为加速人才培养，1986年，县地方工业局建立函授辅导站，组织乡镇企业职工参加省、市举办的财会中专函授班和标准化函授班，学员分别为92人和54人。

自办电大、中专班。1984年9月，县地方工业局开办首届电视大学机械制造专科班，在全县乡镇工业企业招生。经统一考试，入学学员34人。1985年春，又招收31名乡镇工业职工，开办机械制造中专班。聘请有关大、中专院校的讲师及县内大中型企业的工程技术人员为辅导教师。由于中专班的教师上课时间不固定，学生宿舍紧张，学生来回奔波，影响了教学质量。为此，县地方工业局投资10多万元，将职教班迁至龙奔黄渡，配备专职干部4名以及后勤人员4名，聘请了4名教师为中专班开课，使中专班学生的学习恢复正常。同时，解决了学生的饮水和伙食问题，学生的生活条件明显改善，学习趋于正规。是年，电大、中专两班在班学员共69名。

由于各乡镇生产发展水平不平衡，经济基础差别较大，各企业对人才培训的认识有高有低，所以职工培训始终存在着不平衡性。

这个时期，一些乡镇企业开始与大专院校、科研单位和大厂挂钩，寻求引智合作。1984 年，全县共有 94 个企业引进了各类人才 163 名。其中，工程师 27 名。

1983—1984 年高邮县乡镇工业学历教育定向送培情况表

表 133　　　　单位：人

名称＼项目		1983 年度			1984 年度			电大班（局办）	总计	
		送培情况			送培情况				93	
		大专	中专	小计	大专	中专	小计		大专	中专
合计		15	6	21	14	23	37	35	64	29
临城区	小计	6	3	9	7	4	11	5	18	7
	车逻	2	1	3	5	2	7	—	7	3
	一沟	1	1	2	—	—	—	3	4	1
	湖滨	—	—	—	—	—	—	—	—	—
	武安	—	1	1	1	2	3	1 旁听	2	3
	龙奔	1	—	1	—	—	—	1 旁听	2	—
	张轩	—	—	—	—	—	—	—	—	—
	东墩	2	—	2	1	—	1	—	3	—
	马棚	—	—	—	—	—	—	—	—	—
汉留区	小计	2	1	3	6	11	17	6	14	12
	卸甲	—	—	—	—	2	2	2 旁听	2	2
	伯勤	—	—	—	2	—	2	—	2	—
	汉留	1	—	1	—	—	—	—	1	—
	甸垛	—	—	—	1	—	1	1	2	—
	沙堰	—	—	—	1	1	2	—	1	1
	汤庄	—	—	—	—	1	1	2 旁听	2	1
	八桥	1	1	2	2	7	9	1 旁听	4	8
三垛区	小计	1	1	2	—	1	1	2	3	2
	二沟	1	—	1	—	—	—	—	1	—
	三垛	—	1	1	—	—	—	—	—	1
	武安	—	—	—	—	—	—	1	1	—
	司徒	—	—	—	—	—	—	—	—	—
	横泾	—	—	—	—	1	1	—	—	1
	甘垛	—	—	—	—	—	—	1	1	—
	平胜	—	—	—	—	—	—	—	—	—

续表 133 单位：人

名称	项目	1983 年度 送培情况			1984 年度 送培情况			电大班（局办）	总 计	
		大专	中专	小计	大专	中专	小计		93	
临泽区	小计	5	1	6	1	6	7	15	21	7
	界首	2	1	3	—	2	2	1	3	3
	营南	—	—	—	—	3	3	—	—	3
	周山	—	—	—	—	—	—	4	4	—
	周巷	—	—	—	1	—	1	1 旁听	2	—
	临泽	3	—	3	—	—	—	6	9	—
	川青	—	—	—	—	1	1	3	3	1
送桥区	小计	1	—	1	—	1	1	7	8	1
	郭集	—	—	—	—	—	—	2 旁听	2	—
	送桥	—	—	—	—	—	—	1	1	—
	天山	—	—	—	—	1	—	1	1	1
	菱塘	1	—	1	—	—	—	3 旁听	4	—

1983—1986 年高邮乡镇工业职工培训各类专业情况统计表

表 134 单位：人

年份	合计	高等教育				中等专业教育			
		小计	其中	专业	人数	小计	其中	专业	人数
1983	22	16	大学本科	企业管理	1	6	职工中专	轻工机械	3
	—	—	电视大学	工业企业管理	8	—	—	塑料成型	2
	—	—	职工大学	机制工艺及设备	7	—	—	化工分析	1
1984	71	49	电视大学	机制	4	22	职工中专	轻工机械	1
	—	—	—	化工	5	—	—	机制	8
	—	—	职工大学	机制工艺及设备	2	—	—	美术装潢	3
	—	—	—	工业电气自动化	2	—	—	食品	2
	—	—	—	机织	1	—	—	财会	1
	—	—	—	电子	1	—	—	化工	7
	—	—	自办电大班	机械制造	34	—	—	—	—
1985	167	39	职工大学	机制	35	128	职工中专	机制	2
	—	—	—	电气	3	—	—	纺织	3
	—	—	—	食品	1	—	函授	财务会计	92
	—	—	—	—	—	—	自办中专	机制	31

续表 134

年份	合计	高等教育				中等专业教育			
		小计	其中	专业	人数	小计	其中	专业	人数
1986	32	9	电视大学	企业管理	1	23	职工中专	轻工机械	1
	—	—	—	机械工程	1	—	—	机制	15
	—	—	职工大学	机械工艺及设备	5	—	—	塑料成型	1
	—	—	—	无线电结构	1	—	—	自动化	2
	—	—	—	染整工程	1	—	—	化工	1
	—	—	—	—	—	—	—	财会	1
	—	—	—	—	—	—	—	针织	1
	—	—	—	—	—	—	—	服装设计	1
合计	292	113	—	—	—	179	—	—	—

1986 年高邮乡(镇)办工业专门人才状况结构表

表 135　　单位:人

专门人才总数	占职工总数(%)	其中				
		大专	中专	员级以上职称	社会科学	自然科学
45	0.18	17	13	15	38	7

1986 年高邮乡(镇)办工业技术工人状况结构表

表 136　　单位:人

技术工人总数	占职工总数(%)	其中		
		高级工	中级工	初级工
8496	34.22	735	1567	6194

1986 年高邮乡镇工业干部、职工文化程度状况结构表

表 137　　单位:人

项目	合计	干部	工人
职工人数	55970	3639	52331
其中:大专	31	11	20
中专	57	28	29
高中	6582	1066	5516
初中	24336	2086	22250
小学	19242	448	18794
文盲	5722	0	5722

1983—1988 年高邮乡镇企业职工大、中专班定培及 1988 年厂长职工短培班人员统计表

表 138　　　　单位:人

乡(镇)别	1983—1988 年定向培训		1988 年短期培训	
	大专	中专	合计	其中:厂长班
总计	154	329	739	550
临城区	41	70	75	39
车　逻	10	17	21	13
湖　滨	3	7	10	7
武　安	7	15	9	7
龙　奔	4	8	4	—
一　沟	5	8	12	4
东　墩	7	5	12	8
张　轩	3	1	4	—
马　棚	2	9	3	—
汉留区	40	72	89	61
卸　甲	3	9	15	10
伯　勤	3	5	10	4
汉　留	8	3	3	—
甸　垛	4	9	6	2
沙　堰	5	8	8	4
汤　庄	4	16	5	4
八　桥	13	22	42	37
三垛区	13	84	186	150
二　沟	3	3	3	—
三　垛	2	19	138	131
武　宁	1	22	14	6
司　徒	3	10	8	3
横　泾	—	11	9	7
甘　垛	3	11	7	—
平　胜	1	8	7	3
临泽区	41	59	206	157
界　首	7	14	42	37
营　南	3	8	6	—
临　泽	11	16	88	61
周　山	10	8	8	4
周　巷	3	4	1	—

续表 138　　单位:人

乡(镇)别	1983—1988 年定向培训		1988 年短期培训	
	大专	中专	合计	其中:厂长班
川　青	7	9	61	55
送桥区	19	25	177	143
送　桥	4	6	43	32
天　山	4	10	63	52
菱　塘	7	4	47	42
郭　集	4	5	24	17
其　他	—	19	6	—

到 1986 年底,全县乡镇工业企业有大、中专技术人员 88 人,占全县乡镇工业职工总数的 1.57‰。其中,大专 31 人,中专 57 人,员级以上职称者 15 人。是年,县地方工业局职工教育训练班更名为县乡镇企业职工学校,设有管理员 2 人,兼职教师 3 人。

1987 年,县乡镇企业职工学校办学情况为,办有中央农业广播电视学校中专会计函授高邮辅导站,学员 150 人,学制三年;江苏省标准化技术函授班高邮教务辅导组一期,学员 60 人;扬州市科技干部局举办的乡镇企业厂长(经理)函授进修班高邮学区第一期,学员 52 人。1987 年还举办企业管理、经济合同、三级计量、技术职称改革等各种短期培训班 9 期,共 489 人次。是年 9 月,84 级机械电大班和 85 级机械中专班共 64 人同时毕业。

县地方工业局举办的机械类电大、中专班毕业典礼

1987 年,全县乡镇企业向全国大、中专院校输送职工深造学习,计送培大、中专生 71 人。历年累计送培和自培大、中专生 421 人。其中,毕业回原单位工作的有 127 人。建立函授辅导站,组织乡镇企业职工参加省、扬州市举办的函授班。通过考试和考核评审,计授予会计员职称 108 人,机械、电器技术员职称 54 人。参加外单位举办的各种短训班学习 98 人次;有 6 个乡(镇)的工业公司和 43 个企业,共自办各类短训班 74 期,参加人数达 1540 人次。

进入 20 世纪 90 年代,全市乡镇企业开始实施人才培养“二、四、八”工程。主要根据“八五”经济建设计划及十年规划实际需要,立足于自身人才开发,既加快培养急需人才,又超前培养跨世纪的高层次人才。坚持培养与引进相结合,广泛开展各个层次从业人员的政治、文化、技术、业务培训,努力造就一支宏大的、能适应市场经济的管理干部、专业技术人员和工人队伍。力求到 90 年代末,全市乡镇企业每百名职工中有大专毕业生 2 名,中专毕业生 4 名,受过系统职业技术教育的 8 名。

此后的 10 年间,全市乡镇工业更进一步意识到科学技术就是生产力,更加深入地认识到如果没有一批掌握现代科技成果的经营、管理、技术人才，企业是不能登上新台阶的现实而又深刻的道理。坚持送培和自培相结合，坚持短期培训与学历教育同时并举，坚持基础科目与专业知识相互兼顾。实行县(市)、乡(镇)、企业多头并进，并积极配合社会招生工作，在较短的时间内，培养了一大批乡镇工业自己的人才，一批年轻的技术人员在乡镇企业关键岗位上发挥了积极作用。

经过10年的发展，乡镇工业从过去粮油加工、砖瓦生产和简单中小农具产品制造，形成了以机电、化工、轻纺、冶金等行业为主要结构的产业体系。到1997年，全市乡镇共有企业3020家。其中，乡(镇)村集体企业1000家，个体私营2020家，共实现产值57亿元。其中，乡(镇)村集体企业52亿元，个体、私营5亿元。是年，乡(镇)村集体企业共有职工54750人。其中，具有中专(技)以上文凭3081人。其中，中专(技)2589人，占84%；大专及以上492人，占16%，有2651人获得员级以上职称资格。其中，初级1982人，占75%；中级595人，占22%；高级74人，占3%。

1997年高邮市乡镇集体工业企业职工素质情况表

表139 单位：人

项目	合计	项目	合计
年末人数	54750	高中	8884
其中：女性	27321	初中	32226
其中：非农业户口职工	3172	小学及以下	10559
一、按劳动岗位分组	—	四、按技术职称分组	—
工人和学徒	43467	高级技术职称	74
工程技术人员	3206	中级技术职称	595
管理人员	5227	初级技术职称	1982
服务人员	1243	在上述人员中聘用人员	1402
其他人员	1607	五、职工教育	—
二、按年龄分组	—	1. 学历教育	1164
20及20岁以下	4496	(1)大专及以上	210
21-35岁	32113	(2)中专	460
36-50岁	15234	(3)技校	494
51岁以上	2907	2. 培训	4352
三、按文化程度分组	—	(1)一年及以上	351
大专及以上	492	(2)三个月	1018
中专	1010	(3)三个月以下	2983
技校	1579	—	—

全县乡镇工业在发展过程中逐渐形成了一支初具规模的人才队伍,这支队伍为全市乡镇工业发展发挥了一定的作用。一是成为企业生产、经营、技术开发的骨干;二是能开辟一方天地,为地域经济添砖加瓦;三是提高了企业的素质。

1993—2001 年高邮市乡镇工业企业职工素质情况表

表 140　　单位:人

项目＼年份	1993	1994	1995	1996	1997	1998	1999	2000	2001
年末职工人数	62943	60219	56288	54972	54750	43820	31961	23945	15735
其中:女性	28030	26592	26032	27354	27321	22342	17412	12713	8509
一、按文化程度分组	—	—	—	—	—	—	—	—	—
1. 大专及以上	332	327	346	393	492	504	520	490	233
2. 高中及中专(技)	7966	9564	10089	10305	11473	9089	7394	6418	4199
3. 初中及以下	36150	33973	45853	44274	42785	34227	24047	17037	11303
二、按技术职称分组	—	—	—	—	—	—	—	—	—
1. 中级职称及以上	284	400	462	530	669	681	503	426	195
2. 初级职称	1788	2203	2033	1831	1982	1589	1203	954	534
3. 其中:聘用人员	2223	1211	1441	1351	1402	1129	789	658	332
三、职工教育	459	2862	—	—	—	—	—	—	—
1. 学历教育	364	402	628	1029	1164	1107	617	758	280
2. 培训	95	2680	3694	4374	4352	3766	4281	2348	2530

说明:不包括乡镇私营工业企业

2001 年高邮市乡镇私营工业企业职工素质情况表

表 141　　单位:人

项目	合计	项目	合计
年末职工人数	32102	二、按技术职称分组	—
其中:女性	19601	1. 中级职称及以上	435
一、按文件程度分组	—	2. 初级职称	1098
1. 大专及以上	512	3. 聘用人员	693
2. 高中及中专(技)	8867	三、职工教育	—
3. 初中及以下	22723	1. 学历教育	719
		2. 培训	2653

进入 21 世纪后,全市乡镇工业职工培训工作的培训内容、培训方式都逐渐发生了变化。总体是以企业需求为导向,以提高中小企业管理水平、创新能力和创业能力为重点,以建设一支业务素质高、能力强的企业经营管理人员队伍为目标。办班形式灵活多样,对培训面广量大的班,采取送教上门,以片区或乡镇为单位集中授课。一是积极承担做好省培训计划工作,分别开办了财务管理、法律法规、税务筹划、营销策略、信息化知识、创业辅导、环境保护等内容的培训班、辅导班;二是充分利用各种资源及现代

培训手段,有目的、有针对性地开展面向农村(基层)的巡讲活动;三是大力推广网络在线培训工程;四是努力选送骨干外出参培。先后组织报名参加了由省、扬州市开办的高端培训、培训管理者培训、培训机构培训及中小企业主研修班等。2007 年,组织 11 人参加了江苏大学 MBA 培训班。2008 年,全市乡镇工业企业共推广实施视频 365 网络在线 25 家企业。

2010 年高邮市工业企业家队伍主要培训情况表

表 142

序号	培训名称	参培人员(对象)
1	2010 中国道路照明论坛	相关企业负责人
2	“企业成长与资本运营”专题讲座	相关企业负责人
3	高级职业经理人任职资格培训	8 名企业管理人员
4	复旦大学 EMBA 管理前沿论坛——走进扬州	60 名企业经理
5	清华大学、北京大学、南京大学企业家 EMBA 课程	部分企业家
6	“套期保值”专题培训 “信息化和工业化融合”专题培训	扬州升达集团 扬州曙光电缆有限公司 江苏富裕达粮食制品有限公司 市助剂厂 等企业负责人
7	浦东干部学院网络培训	108 名企业经营管理干部
8	清华远程学堂	扬州宏远电子有限公司 扬州曙光电缆有限公司 江苏金飞达电动工具有限公司 江苏波司登制衣有限公司 市助剂厂

外向型经济

对外贸易

全县乡镇工业的对外贸易最早可追溯到 1961 年柳器工艺品的间接出口。

高邮属里下河水网地区,河渠纵横,湖荡滩涂较多,栽插杞柳的条件得天独厚。因而,以杞柳为原料,手工编织大小笆斗、簸箕及农村生活用品,成为一家一户个体劳动者的传统副业。

1956 年合作化后,三垛、临泽、界首等乡成立了编织组,柳器编织品种也发展了安全帽、包装箱等工业用品及柳条箱、书橱、柳条椅、茶几等家用物品。其中,家用物品销往扬州、杭州、上海等大中城市。1961 年,生产柳器工艺品,开始投入国际市场。

柳器编织工艺品在传承原来编织技能的基础上,汲取了现代工艺美术的技艺,根据国内外市场需求和预测,不断设计创新,并在产品外观增加染色、喷漆工艺。由于柳器编织具有“三不愁”(不愁原料、不愁销路、不愁燃料)、“四不要”(不要钢材、不要设备、不要电力、不要动力)等特点,加之社队工业调整时强调“三就地”(就地取材、就地生产、就地供应)原则,因此柳器编织业发展较快。到 1978 年,柳器编织厂已发展到82个,职工1918人,产值203万元。

由于柳器编织业的发展,各地结合发展多种经营,充分利用"十边"隙地大种杞柳,扩大杞柳种植面积,为乡镇编织业生产提供取之不尽的原材料。

表143

几个年份高邮县杞柳种植产量情况表

	单位	1950年前	1977年	1984年
种植面积	亩	139	3065	25000
产量	万斤	13.9	784	2500

1984年,全县柳器编织企业33个,职工2432人,产值180.9万元。其中,外贸出口153万元。外贸出口产品达100多种,主要有精巧美观的各式花篮、灯罩、屏风等陈设品,还有洗衣筐、面包篮、水果盘、食物箱、花盆套、挂橱、书架、沙发、方桌、园凳、柜子、家具等生活用品。产品主要销往西德、瑞典、澳大利亚、丹麦、比利时、荷兰、西班牙、美国、加拿大、日本、新西兰、英国等20多个国家和香港地区。但由于出口柳制品核定价格偏低,挫伤了柳器编织企业的积极性。到20世纪80年代中期,杞柳资源逐渐外流,全县乡镇柳器编织业发展有所停滞。

1978年后,食品工业掀起高潮。湖滨公社兴办了食品综合加工厂,主要生产脱水洋葱、大蒜、生姜等蔬菜,远销东南亚、日本等国家和香港地区。到1980年,实现最高产量136吨,产值67万元。到1984年,生产规模从开办时的2条烘道发展到8条,建筑面积达3700平方米,固定资产53万元。但此后,因外贸行情变化,价格下跌,收购量下降,致使该厂生产不正常,出现亏损而几乎停产。这期间,不少公社纷纷办起蛋品加工厂,生产咸蛋和卞蛋(即变蛋、皮蛋或松花蛋)。其中,武宁蛋品加工厂开办最早,规模最大,产量在400万只左右,主要销往全国各地市场和部分出口。

一直到1986年,全县乡镇工业外贸出口在柳制品出口维持百万元以上外,新开发出口产品有仿古陶瓷、旅游鞋等。其中,由伯勤乡张曹村的县仿古陶瓷厂生产出口的仿古陶瓷产品,实现了全县乡村工业第一次直接出口。

在这之前,乡镇工业外贸生产都是间接出口,外贸生产企业不能与外商直接见面,对国际市场行情、产品价格都不清楚,企业生产、经营、效益乃至命运都掌握在外贸公司手里。此后,乡镇工业企业对出口创汇生产开始重视,基本有四个逐渐转变:在外贸生产观念上逐渐从"等"向"争"转变;在创汇形式上逐渐从间接向直接出口转变;在出口产品上逐渐从农副产品初级加工向工业制成品转变;在口岸上逐渐从单一型向多渠道经营转变;并加强横向经济联系,切实发展工贸联营。利用出口代理制,在实行多口岸销售、变间接出口为直接出口的同时,采取参加"广交会"、赴港与外商直接洽谈等方式,使更多的产品打入国际市场。

1987年,全县乡镇工业共增添了旅游鞋、软箱尼龙包、涤棉纱、苯骈三氮唑、拖鞋等5个直接出口新产品,塑编袋、坯布等也大幅度增加了出口量。其中,塑料编织厂与上海土产分公司争取了80万元贷款,解决了20台织机配套和全年聚丙烯原料的资金,塑编袋出口量一下增加到508.4万条,比1986年增加近5倍。是年,全县乡镇工业共有外贸生产企业52家,出口产品有服装、玩具、羽绒、纺机配件、柳器、仿古陶瓷、旅游鞋、地毯、文化衫、猪鬃、化工原料、咸皮蛋、箱包等20余种,出口产值1600多万元。其中,直接出口640万元。

1988 年上半年高邮乡镇工业外贸出口情况表

表 144

企业名称	产品名称	计量单位	生产情况		交售情况		固定资产（万元）	职工人数（人）	出口口岸或外贸单位
			产量	产值（万元）	数量	金额（万元）			
总计	—	—	—	1737.80	—	1982.70	1440.62	8892	—
其中:直接出口	—	—	—	895.96	—	1063.93	869.28	4041	—
八桥针织厂	意大利文化衫	万件	29.33	71.26	25.29	68.68	129	358	扬州外贸
武安鞋厂	功夫鞋	万双	5.4	23.07	5.4	23.07	44.3	224	天津外贸
伯勤仿古陶瓷厂	仿古陶瓷	万件	0.96	75.2	0.84	71.7	18.58	236	省陶瓷进出口公司
三垛布厂	棉坯布	万米	38.5	57.36	38.5	57.36	194	720	扬州外贸
武宁蛋品厂	咸蛋	万只	105.25	21.05	105.25	32.28	35.4	95	江苏外贸
	鲜鸡蛋	万千克	39.11	50.84	39.11	95.31	—	—	广东、安徽外贸
横泾化工厂	弱酸氯 GS	吨	8	51.2	8	51.2	95	100	江苏外贸
天山光华皮件厂	牛津软箱	万只	1.96	92.08	1.96	92.08	76	560	江苏、武汉外贸
天山南茶塑料厂	旅游鞋	万双	14.45	252.11	9.04	157.3	150	1254	天津外贸
	尼龙包	万只	2.82	20.48	2.82	20.48	—	—	天津外贸
甘垛皮毛厂	黄狼皮	万张	10.07	97	10.07	265.7	15	40	高邮外贸
送桥双灯鞋厂	长毛绒拖鞋	万双	0.89	5.2	0.89	5.2	8	30	江苏外贸
郭集肠衣厂	肠衣	桶	500	15	500	15	4	20	扬州外贸
甸垛农具厂	纺织配件	万件	4	8	4	8	35	100	上海外贸
临泽合兴皮件厂	旅游鞋	万双	0.4	5.27	0.4	5.27	65	304	高邮外贸
其中:间接出口	—	—	—	841.84	—	918.77	571.34	4851	—
车逻服装厂	服装	万件	4.66	29.04	4.66	29.04	8	100	高邮、泰州服装厂
车逻玩具厂	玩具	万打	9	27	9	27	3.28	220	扬州玩具厂
车逻柳器厂	柳器	万件	0.5	3.5	0.5	3.5	4	25	高邮工艺品公司
湖滨织带厂	丝绒	万米	3	40	3	40	75	170	上海丝绸公司
龙奔玩具厂	玩具	万打	0.09	0.94	0.09	0.94	2	20	扬州玩具厂
东墩阮湾柳器厂	柳器	万件	1.5	1.9	1.5	1.9	3	20	高邮工艺品公司
东墩腰圩柳器厂	柳器	万件	3	5.8	3	5.8	2	40	高邮工艺品公司
马棚服装厂	服装	万件	2.45	34.29	2.45	34.29	21.2	237	高邮服装厂
马棚庆丰柳器厂	柳器	万件	2.47	3.87	2.47	3.87	2.5	62	高邮工艺品公司
马棚大东柳器厂	柳器	万件	2.18	2.51	2.18	2.51	1.7	21	高邮工艺品公司
卸甲跃进柳器厂	柳器	万件	1	3.1	1	3.1	3	21	高邮工艺品公司
伯勤柳器厂	柳器	万件	0.64	6.65	0.64	7.08	9.5	85	江都、高邮工艺品公司
汉留鞋厂	旅游鞋	万双	7.65	103	7.65	91	31	210	扬州橡胶总厂
汉留玩具厂	玩具	万打	2	4	2	4	7	50	扬州玩具厂

续表144

企业名称	产品名称	计量单位	生产情况		交售情况		固定资产	职工人数	出口口岸或外贸单位
			产量	产值（万元）	数量	金额（万元）			
沙堰地毯厂	地毯	万平方米	0.09	0.4	0.09	0.4	25	30	泰州地毯厂
沙堰猪鬃厂	猪鬃	吨	4.9	4.9	4.9	4.9	5	30	高邮、江都外贸
八桥化工厂	苯骈三氮唑	千克	1840.00	7.36	1840.00	7.36	13.19	108	扬州农药厂
八桥恒丰柳器厂	柳器	万件	6.2	12.4	6.2	12.4	10	100	高邮工艺品公司
八桥居庄柳器厂	柳器	万件	9.6	19.2	9.6	19.2	10	100	高邮工艺品公司
三垛玩具厂	布绒玩具	万打	2.63	39.34	2.63	39.34	30	160	扬州玩具厂
三垛地毯厂	丝织地毯	万平方米	0.06	1.35	0.06	1.35	25	250	上海丝织厂
界首柳器总厂	柳器	万元	44.76	44.76	44.76	44.76	11.42	214	高邮工艺品公司
界首振兴柳器厂	柳器	万元	28.34	28.34	28.34	28.34	8	300	高邮工艺品公司
界首永安柳器厂	柳器	万元	3.16	3.16	3.16	3.16	3.13	25	高邮工艺品公司
界首永丰柳器厂	柳器	万元	2.45	2.45	2.45	2.45	1.24	30	高邮工艺品公司
界首利民柳器厂	柳器	万元	2.83	2.83	2.83	2.83	1.86	20	高邮工艺品公司
界首郭河柳器厂	柳器	万元	1.46	1.46	1.46	1.46	8.3	15	高邮工艺品公司
营南柳器厂	柳器	万元	6.73	6.73	6.73	6.73	4.61	86	高邮工艺品公司
营南尤河柳器厂	柳器	万元	3.3	3.3	3.3	3.3	0.5	20	高邮工艺品公司
临泽服装厂	服装	万件	12.27	143.79	12.27	143.79	95	300	扬州友谊服装厂
临泽柳器厂	柳器	万元	8.18	8.18	8.18	8.18	8.78	120	高邮工艺品公司
周山塔沟柳器厂	柳器	万元	3.62	3.62	3.62	3.62	8	50	高邮工艺品公司
周山花枝柳器厂	柳器	万元	2.6	2.6	2.6	2.6	6	25	高邮工艺品公司
周山中灯柳器厂	柳器	万元	1.53	1.53	1.53	1.53	4.3	36	高邮工艺品公司
周山长春柳器厂	柳器	万元	1.05	1.05	1.05	1.05	3.6	16	高邮工艺品公司
周山猪鬃厂	猪鬃	万元	30	30	119	119	5.83	105	江都外贸
周山玻钢厂	桐木	立方米	35	5.6	35	5.6	25	220	淮阴外贸
周巷柳器厂	柳器	万件	11.25	28.14	9.85	27.64	30	350	高邮工艺品公司
送桥玩具厂	玩具	万打	7.67	25.45	7.67	25.45	22.2	360	扬州玩具厂
天山织带厂	和服	万元	4.24	4.24	4.24	4.24	10	140	邗江虹桥织带厂
菱塘玩具厂	玩具	万打	16.2	130	16.2	130	22.2	360	扬州玩具厂

1988年，全县乡镇工业实现外贸收购额3500万元。其中，直接出口1800多万元。这之中有8个企业、8种产品外贸收购额超过100万元。

1989年、1990年，县委、县政府组织区、乡镇及相关部门负责人先后赴苏南、山东参观学习，赴广东、深圳、珠海、黑龙江参加各项展销会、洽谈会和考察；主要是为开拓眼界，增强开放意识，拓宽思路，确立外向突破的指导思想。这时期，乡镇工业已成为全县外向型经济的重要力量，出口创汇势头良好，初步形成了箱包、鞋类、化工等有一定规模的重点出口产品。到1990年底,全县乡镇工业外贸交售额达6560万元,比上年增长40.8%。其中,直接出口4073万元,同比增长32.4%。

1991年,高邮镇无纺布厂利用挪威政府贷款生产PVC石英地砖(投资总额254万美元。其中,外方投资216万美元)、市主力皮革制品有限公司与台湾伟基股份有限公司合作开展对外加工包的业务(总投资1.08万美元),开创了全市"三来一补"(来料加工、来样加工、来件装配和补偿贸易)项目。

1992年高邮市各乡镇外贸出口供货额表

表145 单位:万元(外贸统计价)

乡(镇)	1991年	1992年	比上年增减%
天山	1077	2341	117.4
菱塘	1062	1621	52.6
八桥	469	1200	155.9
临泽	152	798	125
汉留	275	652	137.1
三垛	204	381	86.8
沙堰	318	281	-11.6
车逻	16	279	16.4
甘垛	176	275	56.2
界首	—	251	—
东墩	—	248	—
送桥	116	197	69.8
郭集	83	150	80.7
二沟	—	140	—
周山	90	83	-7.8
卸甲	108	80	-25.9
马棚	32	50	56.2
横泾	72	50	-30.6
平胜	—	45	—
武宁	75	38	-49.4
伯勤	55	28	-49.1
甸垛	17	17	—
合计	4397	9205	109.3

说明:高邮镇1991年1279万元,1992年480万元,比上年下降62%,未列入乡镇统计

1992年,由于省外贸公司与市公司脱钩,全市外贸营销发生了急剧变化。为适应这一形势,乡镇外贸生产企业,包括工贸联营企业发挥了出口创汇生力军作用,积极按照国际市场需求组织生

产，大胆开发新品，狠抓产品质量，扩大企业规模，提高经济效益。全年实现外贸供货额 9205 万元，比上年增长 109.3%。其中，直接出口 8197 万元，比上年增长 74.4%。全市 33 个乡镇有 23 个乡镇生产出口产品；天山、菱塘、八桥等乡镇年出口供货额均超过 1000 万元，成为全市创汇重点乡镇。

随着外贸经济的发展，一些乡镇工业企业积极生产外贸出口产品，加大投入，增加产能，加强管理，提高质量，在不断增加外贸出口创汇、提升经济效益的同时，也促使企业加速发展，迅速跨入重点行列。1989 年，天山乡南茶村红星塑料制品厂创产值 1307.13 万元，成为全县乡镇工业产值最高的企业。汉留环保设备制造厂生产的产品 BCD-2 型有机气体催化净化装置，1987 年采用国际标准并获省优称号；1990 年被评为部优产品；1991 年又获得国家产品质量银质奖；1990 年创汇 330 万元。1992 年，天山乡茶花运动鞋厂出口额突破千万元，达 1319.6 万元，列为全市乡镇工业创汇首户。扬州飞达电机仪表公司紧紧把握国际市场脉搏，在高起点上技改、抓开发，1991 年出口微型电机 6 万台，比 1990 年增长 5 倍；1993 年，投入 300 万元，新增小功率电机 13 万台、台钻 6.5 万台，全年销售小功率电机 26 万台、台钻 6.5 万台、铸件 2500 吨，实现产值 5024 万元、销售 4788 万元、利税 305 万元，分别比上年增长 214%、191.2% 和 191.3%。其中，出口交货值 3200 万元，比上年增长 191%。扬州飞达电机仪表公司成为全市乡镇工业企业中发展速度最快的企业。

到 1994 年，乡镇工业对外贸易持续大幅度增长，出口生产基地不断扩大，涌现出一批规模性外贸产品和专业生产外贸产品的企业。规模性外贸产品有天山的箱、包、鞋，卸甲的小机电产品，临泽的服装、运动鞋等。其中，机电产品比重大幅提高。出口产品质量和资质认证水平不断提升，一些大宗出口产品在海外市场享有一定声誉，有的被列为免检产品，履约率、交货及时率都有较大程度的提高。是年，乡镇工业共有外贸生产企业 73 家，分别生产机电、化工、服装、针织、箱包、运动鞋等八大类 50 多个品种的出口产品。其中，全年机电产品出口供货额 18919 万元，比上年增长 239%，占全市工业品出口供货额的 31%。全部外贸出口供货额 4.07 亿元，比上年增长 88.4%。其中，直接出口 3.09 亿元，比上年增长 96.8%。天山乡、卸甲镇、菱塘回族乡、临泽镇、高邮镇、汉留镇等乡镇出口供货额均超过 2000 万元。其中，天山乡出口供货额 8200 多万元，居全市乡镇之首。天山乡南茶村实现工业产值 10036 万元，完成外贸供货额 8000 万元，成为扬州市出口创汇第一村。卸甲镇的扬州飞达电机仪表公司先后开发分马力电机及其配套的家用电钻、带锯等四大系列 50 多个品种，产品销往美国、德国、日本等 20 多个国家和地区，出口供货额达 7508 万元，成为全市出口供货额最高的生产企业。

天山镇的扬州主力皮革制品有限公司、界首镇的新邮乐公司及卸甲镇的扬州飞达电机仪表公司先后获得了自营出口权，填补了全市乡镇工业自营出口的空白。1995 年，这 3 家企业大胆尝试，积极利用自营出口权，减少中间环节，产销直接见面，收到明显的经济效益，累计自营出口 1114.7 万美元。

江苏金飞达电动工具有限公司产品陈列室

1996年高邮乡镇工业分产品类别出口情况表

表146　　单位：个、人、万元

项目	企业单位数	年末职工人数	出口产品生产总值（现价）	出口产品交货值				
				合计	其中：直接出口	在直接出口中		其中：间接出口
						交外贸部门	自营出口	
合计	98	15855	81633	68483	43123	32008	11115	25360
化工	8	1134	3964	3792	3525	3525	—	267
机械	11	2758	17340	13588	7245	1389	5856	6343
矿产	—	—	—	—	—	—	—	—
轻工	32	5979	29029	25675	19557	14298	5259	6118
食品	1	35	302	302	302	302	—	—
土产	—	—	—	—	—	—	—	—
畜产	9	312	10237	8059	7423	7423	—	636
纺织	6	1405	3613	3539	1917	1917	—	1622
丝织	—	—	—	—	—	—	—	—
服装	17	2996	9986	6499	1548	1548	—	4951
工艺品	14	1236	7192	7029	1606	1606	—	5423
其他	—	—	—	—	—	—	—	—

1996年高邮乡镇工业出口交货额情况表

表147　　单位：万元

乡镇	出口交货额	其中：直接出口	乡镇	出口交货额	其中：直接出口
合计	68483	43123	三垛	3412	—
车逻	5051	1879	武宁	302	302
湖滨	2417	941	司徒	—	—
武安	4546	545	横泾	704	704
龙奔	380	—	甘垛	1474	1474
龙虬	1526	—	平胜	310	—
东墩	254	—	界首	936	697
张轩	410	—	营南	70	70
马棚	335	—	临泽	2690	2409
卸甲	10469	5856	周山	612	—
伯勤	1083	308	周巷	150	—
汉留	4023	4023	川青	350	—
甸垛	360	250	送桥	1360	1158
沙堰	2011	1834	天山	11857	11857
汤庄	107	—	菱塘	6010	6010
八桥	1828	1828	郭集	3049	581
二沟	397	397			

表 148

1998 年高邮市分乡镇工业出口产品交货值同比增幅排名情况表

单位：万元

名次	乡镇别	实绩	同期	同比 ±%
合计	—	94445	82932	13.9
1	平胜	855	340	151.5
2	营南	153	93	64.5
3	临泽	4558	2984	52.7
4	龙虬	3137	2092	50
5	周巷	230	160	43.8
6	横泾	985	701	40.5
7	送桥	2052	1507	36.2
8	湖滨	5456	4059	34.4
9	东墩	503	380	32.4
10	沙堰	3442	2650	29.9
11	马棚	1261	1007	25.2
12	界首	1007	825	22.1
13	武安	6206	5128	21
14	汉留	6563	5550	18.3
15	卸甲	16970	14646	15.9
16	周山	1012	881	14.9
17	甘垛	1350	1190	13.4
18	汤庄	206	182	13.2
19	伯勤	1430	1268	12.8
20	三垛	4518	4009	12.7
21	龙奔	612	550	11.3
22	天山	13136	11965	9.8
23	张轩	316	290	9
24	二沟	412	403	2.2
25	八桥	2527	2508	0.8
26	川青	228	235	-3
27	车逻	5834	6041	-3.4
28	郭集	3798	3956	-4
29	武宁	325	358	-9.2
30	菱塘	5031	7100	-29.1
31	甸垛	332	520	-36.2
32	司徒	—	—	—

伴随着外贸体改的不断深化,市场经济体制的逐步建立,全市呈现了外贸专业公司、出口自营企业、出口生产企业和"三资"企业"四轮齐转"的外贸经营多元化的新格局。乡镇外贸生产企业积极适应宏观调控和外部经济环境的变化,抓住机遇,奋力开拓,外贸出口稳定增长。1995 年,出口供货额 5.9 亿元,比上年增长 45%,占全市全社会外贸供货额总量的 68.8%。其中,直接出口 4.24 亿元,比上年增长 37%,占出口供货总额的 72%。江苏金飞达集团乘势而上,加大自营出口工作力度,开发新产品,开展招商活动,拓宽外销渠道,外贸出口供货额和自营出口呈现强劲势头。到 1997 年,当年外贸出口供货额 1.46 亿元,比上年增长 40%。其中,自营出口 1014 万美元,比上年增长 47.2%,名列扬州市外贸生产自营出口企业榜首。然而,在宏观调控趋紧、市场竞争加剧,外贸发展面临一定困难的情况下,全市乡镇外贸经济发展速度减缓。1997 年,全市乡镇外贸交货值达 8.06 亿元,比上年增长 17.7%。其中,自营出口 1.35 亿元,比上年增长 21.5%。

1998 年,由于受亚洲金融危机的波及,全市乡镇工业外贸生产遇到了原材料价格波动、销售价格下降、东南亚市场疲软等困难。其中,汉留的扬州樱花鞋业公司、菱塘的兔毛制品公司、卸甲的江苏金飞达集团等外贸出口大户受到的影响最大。当年全市乡镇工业共实现外贸出口供货额 9.44 亿元,比上年增长 14%,实现自营出口 1898 万美元,比上年约增长 16%。

1999 年,全市乡镇工业在扩大外贸出口生产基地、增强自营出口能力、调整出口产品结构等方面作出了积极的努力,着力培植了汉留的扬州樱花鞋业公司、天山的扬州市光华皮件制品有限公司、菱塘的市菱塘兔毛制品有限公司、临泽的市维扬鞋业有限公司、武安的江苏日欣实业集团有限公司、卸甲的扬州市飞达电机仪表公司等一批出口值在 4000 万元以上的出口创汇大户。全市新增 6 个自营生产出口企业,有 3 个烟花爆竹生产企业获得了产品出口许可证。

进入 21 世纪,各乡镇继续大力发展外向型经济,持续加大外贸出口的生产基地建设,进一步扩大自营出口企业队伍,不断实现外贸经济的新突破。车逻镇、龙虬镇、马棚镇、卸甲镇、汉留镇、临泽镇、周巷镇、送桥镇、菱塘回族乡等外贸出口额增幅均在 10% 以上。卸甲镇的江苏金飞达电动工具有限公司瞄准国际市场,不断开发新品,以 20% 以上的增幅,实现满负荷生产,运行质态名列全市前茅。龙虬镇积极实现服装生产第一镇,全镇数十家服装厂,利用服装协会,多渠道、多层次出口创汇,年出口额增幅一度居全市之首。化工、箱包鞋、服装、电动工具已成为乡镇工业外贸出口主导产品。2000 年,全市乡镇工业出口产值突破 10 亿元。2001 年,全市乡镇工业自营出口额达 3521.18 万美元,比上年增长 21.1%。到 2007 年,全市乡镇(区)工业共有自营出口生产企业 39 家。当年,有 13 家企业未实现进出口额,正常开展进出口经营业务的 26 家企业完成进出口总额 9095.27 万美元,比上年增长 19%。

这一时期,国内外形势复杂多变,诸多不确定因素给外向经济工作带来较大的影响和压力。全市乡镇(区)外贸生产企业积极优化产品结构,实现企业转型升级,大力争创出口品牌,增强市场竞争能力。这期间,新兴光伏产业迅猛发展,极大地冲击了传统出口产品结构,全市形成了以光伏、机电、服装、箱包鞋为主要出口商品的新格局。2010 年,实现出口额 3.13 亿美元,占全市出口总额的 97.5%。其中,光伏商品出口额 1.4 亿美元,占全市出口总额的 43.6%。这期间,生产出口乡镇高度集中,主要以天山镇、卸甲镇、高邮镇和市经济开发区为重点。2010 年,实现外贸出口额 2.95 亿美元,占全市外贸出口总额的 91.9%。其中,天山镇实现出口额 1.45 亿美元,成为全市首个出口额过亿美元的乡镇。这期间,出口品牌创建取得成效。2009 年,"金飞达""千禧龙""神游"品牌产品分别获得"江苏省出口名牌"和"扬州市出口名牌"称号。

表 149

2003 年高邮市分乡镇(区)工业出口产品交货值情况表

单位:万元

乡镇(区)	本期	同期	同比%	乡镇(区)	本期	同期	同比%
总计	176100	137009	28.5	甘垛	2675	2541	5.3
车逻	7008	4183	67.5	界首	1882	1400	34.4
龙虬	10598	9215	15	临泽	14999	11352	32.1
马棚	3016	2400	25.7	周山	1680	955	75.9
卸甲	66360	49736	33.4	周巷	1250	950	31.6
汉留	7602	7044	7.9	送桥	2826	2502	12.9
汤庄	7117	6800	4.7	天山	20885	16063	30
八桥	3120	2012	55.1	菱塘	6616	5517	19.9
三垛	7317	6239	17.3	郭集	5310	4734	12.2
司徒	178	136	30.9	开发区	4326	2000	116.3
横泾	1335	1230	8.5				

表 150

2009 年高邮市自营出口额在 300 万美元以上企业一览表

企业名称	实绩(万美元)	比上年 ±%	主要产品
江苏金飞达电动工具有限公司	5282	16	台钻、斜断锯
江苏顺大光伏科技有限公司	4295	-54	太阳能电池组件
扬州天华光电科技有限公司	3460	56.9	太阳能电池组件
扬州市威高机电有限公司	1400	85.8	台锯、劈木机
扬州和益电动工具有限公司	733	30.1	台钻、劈木机
扬州市康乐机械有限公司	705	0.8	健身器材
扬州天高旅游用品有限公司	639	-20.5	劳保鞋
扬州市百仕德礼品工艺有限公司	637	37.7	礼品包装
扬州神游羽绒制衣有限公司	579	92.1	羽绒服、羽绒被
扬州兴益机械有限公司	466	67.1	台钻、劈木机
扬州希捷箱包有限公司	459	74.3	箱包
扬州千禧龙鞋业有限公司	443	-33.9	劳保鞋
高邮利安达服装有限公司	381	2.8	服装

利用外资

1989 年后,全县乡镇工业利用出口代理制,在实行多口岸销售、变间接出口为直接出口的同时,采取参加“广交会”、赴港与外商洽谈等方式,争取到与外商直接见面的机会,也寻求到新的商机。汉留的县环保设备厂通过深圳一家公司,使两台净化装置进入香港市场,创收港币 64 万元,并受邀到香港进行安装调试,从而使该企业及产品进一步扩大了影响。1990 年 4 月 10 日,经省政府批准,由汉留的县环保设备制造厂与香港礼裕实业有限公司合资经营,成立扬州琼花环保设备有限公司,总投资为 30.65 万美元。其中,设备厂投资20.5万美元,占66.9%;香港礼裕公司投资10.15万美元,占33.1%。生产规模为年产20台套环保工程设备,实现全县乡镇工业和全县工业利用外资"零"的突破。

1990年10月,县天山红星塑料制品厂与新加坡主力进出口公司合资经营,成立扬州主力皮革制品有限公司,总投资115万美元。其中,注册资本81万美元。中方投资56.7万美元,占注册资本70%;外方投资24.3万美元,占注册资本的30%。生产规模为年产箱4.5万只、包33万只、带15万条。1991年,全市乡镇工业企业新办合资企业4家,另有多家合资意向也在洽谈,一股合资热潮迅速掀起。

1992年,以重点乡镇、重点企业和重点项目为着力点,进行重点投入,注重"吹箫引凤",推出一些好企业与外商合资合作,进行敞门招商引资。湖西4个乡(镇)均有利用外资项目;汉留镇、武安乡分别办成4个和3个合资企业。当年,全市乡镇工业新建"三资"企业16个,引进资金275.20万美元。1993年,新批合资企业16家,合同利用外资208万美元。到1994年底,全市共有24家乡镇合资企业开工、开业。

表151

1994年高邮市开工、开业乡镇合资企业表

乡镇	合资企业名称	合作双方	
		高邮方	客　方
汉留镇	扬州琼花环保设备工程有限公司	市环保设备制造厂	香港地区
天山乡	扬州主力皮革制品有限公司	天山红星塑料制品厂	新加坡
东墩乡	扬州康耐尔蓄电池有限公司	运河蓄电池厂	台湾地区
临泽镇	扬州天高旅游用品有限公司	维扬运动鞋厂	香港地区
车逻镇	扬州强力不锈钢标准件有限公司	市强力不锈钢标准件厂	台湾地区
界首镇	扬州新邮乐塑料制品有限公司	界首塑料彩印厂	香港地区
汉留镇	扬州樱花鞋业有限公司	市健身鞋厂	日本
郭集镇	扬州高龙照明电气有限公司	市照明电器厂	美国
天山乡	扬州东方鞋业有限公司	茶花胶鞋厂	香港地区
湖滨乡	扬州琼花丝绒织制有限公司	琼花丝绒厂	美国
车逻镇	扬州高格机械有限公司	市净宇环保工程公司	美国
八桥镇	扬州昌达针织服装有限公司	市针织内衣厂	香港地区
一沟乡	扬州沙龙制衣有限公司	市奥林西服厂	香港地区
车逻镇	扬州高盛装饰材料有限公司	市装饰材料厂	美国
平胜乡	扬州中泰丝绢有限公司	市绢纺厂	台湾地区
汉留镇	扬州迪尔斯食品有限公司	市环保设备厂、扬州绿叶科技开发公司	香港地区
界首镇	扬州金龙衬衫有限公司	市华美服装厂	香港地区
川青镇	扬州亚美电器有限公司	市电子设备厂	美国
卸甲镇	江苏三环机电设备制造有限公司	扬州市飞达电机仪表公司、南京市五金矿产医药保健品出口公司	美国
周山乡	扬州道兴木业有限公司	扬州市海达铜木制品公司	日本
甘垛乡	扬州高龙成衣有限公司	市振兴内衣厂	奥地利
天山乡	扬州天虹光缆有限公司	扬州市兴华光电线缆厂、扬州通信技术开发公司	香港地区
送桥镇	扬州宝中宝营养保健品有限公司	扬州市健饮蜂乳食品厂	美国

由于乡镇工业发展“三资”企业起步较迟，一些乡镇和企业外向发展的思想还不够解放，因而在兴办“三资”企业、利用外资上，乡镇之间发展很不平衡；步伐不快、质量不高、比重偏低；全方位引进外资的领域不宽；兴办外商独资企业和乡镇企业向外商转让、拍卖经营未有进展；已批的合资企业双方资金到位率、投产开业率、出口创汇率、销售利税率都不高，特别是资金到位不够理想，已成为合资企业健康发展的主要制约因素；且合资企业管理“国产化”比较严重，大大影响了合资企业的优势发挥。

为此，市委、市政府强化外向型经济专线领导小组，把开放型经济列为市、乡镇两级管理考核的主要内容。各乡镇和相关部门也都建立健全“三外”组织网络，形成全市范围内各行各业支持外向型经济发展的局面。各乡镇及企业积极适应宏观调控和外部经济环境的变化，抓住机遇，奋力开拓，促进利用外资工作迈向健康的轨道。到1995年，全市乡镇工业企业合资企业（项目）从注重数量型向质量提高型方向转变；实际利用外资额、外方投资比例均有提高；拓宽利用外资渠道，招商引资范围进一步扩大，投资领域从纺织、服装转向机械、电子、化工等行业。实行“八五”规划期间，全市乡镇工业共兴办各类合资、合作企业48家，利用外资项目累计55项，协议利用外资1191.2万美元，累计外资到账数达721.3万美元。其中1995年，全市乡镇工业共兴办合资企业3家，协议利用外资65.9万美元；外商增资1项，引进外资8万美元；补偿贸易1项，协议利用外资12万美元。5项协议共利用外资85.9万美元，年底全部到账，到账率达100%。

1997年高邮乡镇工业集体企业与外商及港澳台商合资合作情况表

表152

项目	单位	总计	其中			
			中外合资企业	中外合作企业	港澳台合资企业	港澳台合作企业
企业个数	个	18	11	—	7	—
年平均人数	人	3463	2385	—	1078	—
本年新签协议	个	1	—	—	1	—
其中：客商投资	万美元	10	—	—	10	—
本年实际投资额	万美元	27	17	—	10	—
其中：客商投资	万美元	26	16	—	10	—
累计投资额	万美元	549	399	—	150	—
其中：客商投资	万美元	302	235	—	67	—
增加值	万元	6321	4342	—	1979	—
营业收入	万元	23814	17157	—	6657	—
利润总额	万元	428	284	—	144	—
应交税金	万元	945	590	—	355	—
资产总额	万元	21253	14129	—	7124	—
负债总额	万元	16034	10510	—	5524	—

此后几年，虽然各乡镇强化招商引资意识，外找项目，内定目标，改善投资环境，吸引外商投资，但效果并不理想。2000 年，全市乡镇工业新增利用外资项目 1 个，合同利用外资 131.08 万美元。

国家机床总公司、高邮镇代表与韩国客商签订合资意向书

2001 年，各乡镇狠抓招商引资工作，分别成立招商引资专门班子，出台许多招商引资优惠政策，坚持"市外即外""能来就行"的思想，以总量扩张和盘活存量并重，灵活动用各种招商引资手段，千方百计做好吸引外来资金大文章。一是干部招商，引进镇外资金。二是盘活存量，吸引外来投资。三是争取专项，寻求上级投入。是年，共办成中外合资或独资企业 13 个，计划投资 1257 万美元，外资到账 97.5 万美元；引进域外资金兴办 102 个项目，计划投资 1.95 亿元，已到账 9341 万元。

2002 年，全市各乡镇贯彻落实市委、市政府"举全市之力，强力推进招商引资工作"的战略性决策，把招商引资作为经济工作的重中之重。各乡镇分别组建了招商引资领导小组和办公室，配备了招商员、信息员、统计员等专兼职工作人员，聘请了一批专兼职的招商顾问，下发了推进全员开展招商引资工作的文件，制订了工作责任制和考核细则，下达了工作指标。许多乡镇根据本地资源和优势产业，筛选出一批招商引资项目，印制投资指南，或上网发布，或采取走出去、请进来的方式，推介项目，宣传政策，寻求商机。有些乡镇出台了一些更为灵活和优惠便利的规定，为外来投资者降低门槛，提供各种有利宽松的投资环境，并且做到全程服务，提高办事效率。2002—2003 年期间，全市乡镇工业纷纷开展和参与了"春季攻势""烟花三月经贸活动""上半年过半赛""百日会战迎节庆""百团大战""决战四季度""招商突击月""冬季冲刺"等招商引资主题活动。一时间，出现客商云集邮城、洽谈项目广泛、引进资金增加、投资环境逐步优化的局面。2002 年，全市乡镇工业共新办外商投资企业 10 家。其中，合同利用外资 1108.31 万美元，比上年增长 70.2%；实际利用外资 776.51 万美元，比上年增长 8 倍。是年，各乡镇共引进域外资金 4.5 亿元，引进民资 3.3 亿元。

2004 年，全市开始突出以企业招商引资为主的招商模式，发挥企业在招商引资方面主力军作用。市委、市政府多次组织企业，南下广东、福建、浙江、上海，北上北京、山东等地，洽谈项目，招商引资，引进技术和人才。当年全市乡镇工业实施招商引资项目 610 项，实际到账资金 21.5 亿元。其中，域外资金 14.3 亿元，域内资金 7.2 亿元。

2005 年，市委、市政府出台《2005 年运河招商行动实施意见》，同时印发《高邮市 2005 年度乡镇经济工作和全市招商引资考核办法》，对全市招商引资工作的主攻目标、主攻方向、主攻区域和考核办法作出明确规定。为此，全市乡镇工业强化招商引资组织网络体系，进一步加大行政推动力度，充分发挥企业招商引资载体优势，实现招商引资新突破。以驻上海联络处为中心，力促产业转移；以驻张家港办事处为中心，辐射苏南相关市（县），力促跨江搬厂；以深圳、广州、昆山为基地，辅以境内招商，力促引进外资；以温州、台州为基地，力促引进域外民资。推动和督促列统企业引进 1 个 500 万元以上项目；重点企业引进 1 个内资 3000 万元以上或外资 300 万美元以上项目；引导现有的合资、外资企业增资扩股。到2007年,全市各乡镇(区)工业共有独资、合资企业37家。当年有7家未实现进出口额目标,正常开展进出口经营业务的30家企业完成进出口总额8041.75万美元,比上年增长52%。

2002年高邮市乡镇重点招商引资项目一览表

表153

序号	项目名称	市外投资方	投资方式	项目规模(万美元、万元)				落户地点
				投资总额	其中外方		注册资金	
					资金	到账		
1	扬州浩明灯饰公司	巴西	独资	120	100	40	100	高邮镇
2	扬州合晟五金制品有限公司	香港	独资	1000	500	100	500	市开发区
3	鹅产品深加工	扬州五亭集团	独资	1500	1500	940	106	送桥镇
4	中密度纤维板	浙江丽人集团	独资	2000	2000	2000	500	周巷镇
5	优质米生产	上海	独资	1200	1200	1200	500	周山镇
6	亚麻纺织	黑龙江先锋亚麻集团	独资	1000	1000	800	200	汤庄镇
7	大大饲料厂	浙江大大动物营养公司	独资	1500	1500	1000	300	司徒镇
8	三垛毛巾厂	金华达毛纺织厂	合资	1150	1150	1150	300	三垛镇
9	金垛钢构公司	吴江金成公司	独资	1000	1000	1000	350	三垛镇
10	电子节能产品	天宇金宁电子公司	独资	1000	1000	140	800	菱塘回族乡

说明:1. 以上所列项目系市外投资方投资100万美元和1000万元人民币以上项目
2. 国外投资项目和港、台投资项目投资额单位为"万美元",其余投资项目投资额单位为"万元"

之后几年,招商引资工作一直紧抓不放,并采取和完善了一系列工作和激励措施。市委、市政府分解落实招商引资目标任务,完善出台引进资金利用考核奖励办法,实施新开工亿元工业项目考核"末位"主要负责人代理制,强化园区、乡镇"一把手"招商引资和项目建设的工作责任。由市纪委、市监察局牵头联合相关部门每月通过看报表、听汇报、查台账,滚动督查、检查30%以上的单位,每季对乡镇、园区、有招商引资任务的部门进行全面督查、检查。继续出台和适时调整市领导及有关部门挂联重大项目,特别是重点招商项目和重点外资项目。采取专业招商与以企引企、以商引商相结合的方法,围绕新兴产业、特色产业、传统产业的断层、节点、提质扩产、补链增粗的招商方向,成功引进了超高压互感器、锦绣前程触摸屏、永辉丙纶、康博羽绒等一批重大项目。其中,2010年由波司登国际控股有限公司与江苏康博科技有限公司共同投资60亿元、年产6000吨高纯硅项目签约落户市开发区,成为全市引入的最大单体项目。

外经合作

外经合作是全市乡镇工业"三外"工作的一块"短板"。

到1992年,正当全市乡镇工业一批对外贸易生产企业迅速崛起,"合资"热亦已初步形成之际,乡镇外经工作终于取得实质性进展。是年，市地方工业局供销公司与临泽镇维扬运动鞋厂共同投资，由临泽维扬运动鞋厂技术指导，满洲里皮鞋厂提供厂房，合作创办了满高鞋业有限公司。10月公司挂牌开张，生产的鞋类产品全部销往俄罗斯。同时，菱塘回族乡与市地方产品公司在俄罗斯筹办的全市首家境外非贸易企业——俄中海鸥服装有限公司获得批准。

此后十数年间，虽有一些乡镇(园区)多头多路开拓外派劳务渠道，通过有关公司组织和外派劳务人员，然而，全市乡镇工业外经工作一直未有新的进展，在扬州市处于较后的位置。

2010年8月，江苏金飞达电动工具有限公司获商务部批准，在美国休斯顿市设立分公司，总投资10万美元，成为全市首家在国外设立的经营分支机构。

技改投入和项目建设

1983年、1984年，高邮县贯彻落实中央"两个1号文件"后，对农村经济结构变化产生了重大影响，使乡村工业提高到主要位置，各级党委、政府加强了对乡村工业的领导。最为突出的一点，就是全县乡镇工业开始重视技术改造，把乡村工业企业的技术改造作为发展生产的重大战略措施。

1984年，县地方工业局牵头会同农行及相关部门和区、乡(镇)进行了大量的调查与可行性分析，经扬州市和县批准的技术改造项目达92个，总投资850万元。其中，贷款500万元，是前5年总和的6.2倍。此外，企业还自我投入128万元。当年，全县乡镇工业共开发新产品55个，新品种177个，新花色410个，新增产值3000多万元。1985年一季度，实现产值4746万元，比上年同期净增1845万元。

进入1985年后，由于国家加强宏观控制，银根抽紧，致使乡镇工业贷款刹车，全县60多个施工和准备施工的技改项目全部停了下来。面对这一情况，全县乡镇工业并未在"搞与不搞技改"上纠缠，而是坚信扩大外延发展乡镇企业是必须的。但对技改项目实际情况按主次缓急六种类型进行安排：一是对已完成的项目，搞好生产配套，尽快达到设计要求；二是对资金已落实的项目，抓紧实施，缩短周期，争取尽早投产受益；三是产品紧俏，经济效益好，项目投资已开支大部分，还差一些资金的，优先安排，避免造成损失；四是项目虽已动工，但大部分资金尚无着落的，暂缓实施；五是有些项目只缺少量设备配套，又无力添置的，可用手工或半机械代替，先投产；六是尚未动工的项目，暂缓动工。这一年，全县共暂缓了30多个项目，新批技改项目36个，实施31个，投资692万元。其中，贷款321万元。

连续几年的技术改造使全县乡村工业企业尝到了甜头，增添了生产后劲，为来年高速发展奠定了基础。1986年，乡村工业继续抓住技术改造工作不放。许多企业开始跑城市、找关系、攀亲家、交朋友，在资金上用筹、借、集等多种办法，积极争取技改项目。横泾乡投资50多万元，新上建筑机械、纺机配件和毛巾等3个项目，共签来年销售合同300万元；天山乡光华皮件厂投资20万元，新上吸塑箱产品；界首乡农具厂投资70多万元，其中贷款55万元，对电磁线进行技术改造，增加品种，提高质量和产量。当年实现产值300万元、利润20万元，分别比上年增长19%和129%。

1986年，全县乡镇工业对70种产品进行了摸底调查，统计显示属"生长期"的产品有14种，占23.3%；属"壮年期"的产品有32种，占41%；属"更年期"的产品有21种，占29.1%；属"消亡期"的产品有3种，占6.5%。因此，调整产品结构，增加适销对路产品势在必行。而乡镇工业技术改造配合产品结构调整，成为一项长期的工作措施，主要是做好调查研究，摸清行情，防止一哄而起，一窝蜂下马。

凡属市场销路不好的一律不给予贷款;侧重增加机械与轻纺工业的投入;鼓励搞技术进步,不搞低水平的重复。注意采用先进设备、先进技术,以及产品具有先进性的三个"先进"技改工作方向。到1987年末,全县乡镇工业技改投入成效明显。当年投资当年见效的技改项目新增产值4000多万元,包括1986年项目见效的共达1.2亿元,投入产出之比为1:4。其中,在1987年批准的138个技改项目中,开发新品的有50项,占36%;提高产品质量的有15项,占10.8%;出口创汇的有35项,占25.2%;横向联营的有33项,占23.7%;其他5项,占3.6%。从行业上来看,机械52项,占37.4%;化工26项,占18.7%;食品7项,占5.04%;纺织7项,占5.04%;轻工43项,占22.3%。所批项目投资在100万元以上的有7项,100万元以下、30万元以上的有22项。加上上年结转1项,全年共投资3451.55万元。其中,贷款2235.12万元,均比1986年增长4倍左右。是年,全县乡镇工业适销对路产品增长较多。在考核的30个重点产品中,有21个产品产量超过上年。其中,钢瓶、复合铝箔纸、钢驳船、铁床等产品增长一倍以上。纺机配件新品增多,农机产品也明显回升。一些农机产品的主机或配件供不应求,尤其是三垛农机修造厂的条播机、卸甲农机具修造厂的开墒机和湖滨农机配件三厂的化肥深施器,产销两旺,给农机行业带来了新的生机。此外,上年呈积压趋势的各类水泵也销售一空。1988年之后,全县乡镇工业的技改投入意识更为强烈。是年,县以上共批准技改项目135项,总投资4112万元。实施127项,总投资3729万元。其中,贷款2500万元。当年完成119项,占实施项目的93.7%,新增产值4000多万元、利润280万元、税金200万元。

1987年高邮县各区、乡(镇)工业技改情况表

表154 单位:个、万元

区、乡(镇)别	批技改项目数	项目分类		投资情况		当年新增效益	
		扬州市批	30万以下	总投资	其中贷款	产值	税利
总计	138	7	110	3412.05	2205.62	4923.76	606.83
临城区	28	1	22	579.6	392.35	659	86.89
车逻	7	—	7	86.1	56	273	32.5
湖滨	1	—	1	26	20	10	2.5
武安	9	—	7	156.2	103.05	119	18.71
龙奔	1	—	—	47.7	30	40	5
一沟	—	—	—	—	—	—	—
东墩	3	1	2	116.5	82.8	50	4.2
张轩	5	—	3	134.6	91.5	95	11.88
马棚	2	—	2	12.5	9	72	12.1
汉留区	28	1	22	631.25	466.35	1273.58	158.67
卸甲	1	—	1	13	9.5	60	7
伯勤	2	—	2	26	18	80	10.6
汉留	3	—	1	95	70	220	26.2
甸垛	8	—	7	124.6	85.5	453	67.9
沙堰	4	—	3	84.5	65	41.5	3.79

续表 154

区、乡（镇）别	批技改项目数	项目分类		投资情况		当年新增效益	
		扬州市批	30 万以下	总投资	其中贷款	产值	税利
汤庄	4	—	4	27.5	19.5	182	31.3
八桥	6	1	4	260.65	198.85	237.08	11.88
三垛区	29	3	23	1053.48	556	1023.08	148
二沟	2	1	1	190	110	40	7
三垛	7	2	5	521.14	212.5	71	10.4
武宁	5	—	4	69.14	38.6	252.08	26.18
司徒	1	—	1	6	5	30	2.52
横泾	8	—	6	199.1	149	511	86.3
甘垛	2	—	2	29.1	15.9	77	6.2
平胜	4	—	4	39	25	42	9.4
临泽区	28	1	23	564.65	371.35	979.5	108.72
界首	4	—	3	77.2	66	296	19.46
营南	1	—	1	12	7	10	0.8
临泽	9	1	7	270.75	184.65	310.5	36.99
周山	5	—	4	68.8	49.8	22	1.8
周巷	3	—	3	13.3	9.3	82	14.67
川青	6	—	5	122.6	54.6	259	35
送桥区	25	1	20	583.07	419.17	988.6	104.55
送桥	6	—	6	62.5	42.9	64	7.22
天山	7	1	2	348	275	653.6	72.78
菱塘	6	—	6	72.97	48.67	91	10.65
郭集	6	—	6	99.6	53	180	13.9

通过增加投入、改造设备、提高工艺水平、扩大生产规模，增加产品花色，使全县乡镇工业的产品结构发生了变化，主要表现为：化学工业起步较快，原材料工业获得大发展，机械产品提高了质量，重点产品扩大了规模。1988 年，横泾、湖滨化工产值比上年增长 50% 以上。1989 年，营南的铜带，武安、临泽的铝箔纸，三垛的棉纱、冷轧带钢，送桥的蜂乳等产品产量有较大幅度的增长。1990 年，全县乡镇工业投入 50 万元以上的项目达 14 个，占总投资的 50% 以上，共开发新品 17 个。其中，填补国内空白 4 个，达国内先进水平的 10 个。1991 年，全市 100 万元产值以上的 58 个重点产品中，畅销产品达 30 个，比上年增加 6 个；平销产品 24 个，比上年减少 4 个；滞销产品 4 个，比上年减少 2 个。

1992 年，市委、市政府建立了市四套班子负责人挂钩重点技改项目制度。金融支持体现了“三突出”：一是突出支持重点骨干企业；二是突出支持企业增添发展后劲；三是突出支持“三资”企业和外向型企业的发展。当年,农业银行累放乡镇工业贷款3.248亿元,比上年增加8800万元,年末余额净上升2185万元。是年,全市乡镇工业新批技改项目77项,加上上年结转7项,总投资达1.13亿元。其中,贷款7542.8万元,自筹3587.4万元。

表155

1992年高邮市负责人挂钩重点技改项目一览表

序号	企业	项目名称	项目主要内容
1	车逻不锈钢厂	不锈钢锻轧生产线	总投资300万元。其中,一期投资85万元,建成年产900吨钢锭的冶炼车间;二期工程投资215万元,新建1770平方米的锻轧车间。
2	扬州市琼花丝绒厂(湖滨)	易地重建琼花丝绒厂	总投资300万元。
3	横泾机械厂	板框精滤机	总投资205万元,形成年产40台板框精滤机的生产能力。
4	扬州兴华光电线缆厂(天山)	开发生产光纤电缆	总投资1350万元。其中,一期工程651万元,引进国外先进检测仪8台,配套国内生产设备8台,翻建厂房760平方米,形成年产1500千米光缆能力。
5	武安农配二厂	拖拉机花键轴综合生产线	总投资597万元。运用常州拖拉机厂的OBM-PC工业微机控制的先进技术和工艺,新建一条花键轴综合生产线。
6	郭集照明电器厂	引进高压钠灯生产关键设备	总投资995万元,其中外汇99万美元。主要引进国外高压钠灯关键设备,形成年产50万只高压钠灯的能力。
7	三垛农用车厂	开发生产TH905农用四轮车	总投资1070万元。
8	湖滨测控电缆厂	开发油矿测控电缆	总投资1500万元。

自1992—1994年,这段时期乡镇工业的一个重要特点是技改新批项目数逐步减少,投入总额逐年增多,项目体量愈加增大,项目技术含量逐渐增高。1992年,在84个项目中,平均每项达135.57万元。其中,200万元以上的项目16项,500万元以上的项目4项。各乡镇自批项目达94项,总投入超过2229万元。1993年,全市共新批技改项目42项,加上上年结转11项和各乡镇自批项目97项,全年累计财务发生数1.72亿元。1994年,共新批技改项目38项,包括上年结转13项和各乡镇的自批项目,累计财务发生数2亿元。到1994年底,列为市政府1993年重点项目的市钢铁总厂的6万吨型材生产线、扬州市飞达电机仪表公司的分马力电机生产线、八桥水泥厂的机立窑改造、市阀门厂的搪玻璃反应锅、武安轻配厂的氨基蒽醌产品、扬州兴华光电线缆厂的光缆生产线一期工程、郭集照明电器厂的高压钠灯、市通用过滤机厂的TYT50高浓稀释机组等已经完成。其中,郭集照明器材厂的引进关键设备开发金属卤素灯项目和扬州飞达电机仪表公司的分马力电机柔性加工生产线项目进入省第一批技改引进项目计划。

到1995年,全市乡镇工业技改项目及投入比例在逐渐向内涵挖潜再发展方向调整上收到了一定的成效。当年在建的投入100万元以上的52项项目中,属新品开发的有25项,投入6961万元,占52.4%;属提高产品质量的有7项,投入1952万元,占14.7%;属扩大产能的有18项,投入4106万元,占30.9%。一直到实行“九五”规划期末,主要行业的技改投向也发生了结构性变化,轻工、化工、电子等行业的投入力度在不断加大,而机械行业投入明显下降。

表 156

1995—2000 年高邮市乡镇工业主要行业技改投向变化情况表

单位:万元、%

主要行业	1995 年		2000 年	
	投入数	占比	投入数	占比
合计	22076	100	31295	100
机电	16757	75.9	14763	47.2
化工	1290	5.8	5685	18.2
轻工	4029	18.3	10847	34.6

表 157

1996 年高邮市乡村工业固定资产投资情况表

单位:个、万元

项目	合计	按经济类型分		按建设性质分			
		乡办	村办	新建	扩建	改建	其他
施工项目个数	274	140	134	100	96	63	15
新开工项目个数	188	100	88	91	52	35	10
投产项目个数	255	127	128	97	90	57	11
本年完成投资	28645	19050	9595	9182	15137	3002	1324
其中:设备购置	14588	9853	4735	4548	8611	1034	395
投资资金来源	—	—	—	—	—	—	—
1. 国家扶持资金	200	200	—	200	—	—	—
2. 主管部门下拨资金	21	16	5	—	5	16	—
3. 银行信用社贷款	7032	4990	2042	2028	4098	796	110
4. 引进资金	1611	805	806	606	950	55	—
其中:引进外资	81	—	81	81	—	—	—
5. 自有资金	15504	10507	4997	5192	7504	1784	1024
其中:群众集资	2192	1647	545	930	931	311	20
6. 其他资金	4277	2532	1745	1156	2580	351	190
新增固定资产	24789	16136	8653	8209	12553	2908	1119

大投入带来大发展。1996 年,全市乡镇工业共开发新品 69 项。其中,省级以上新品 11 项。扬州曙光电缆厂的计算机用阻燃屏蔽电缆通过国家级新品鉴定。到 1997 年,江苏邮达过滤机集团开发的麦芽粉碎机项目、扬州华达机械有限公司的扩大农用车后桥、花键轴生产线和 90 联合收割机项目、扬州曙光电缆厂开发的温水交联电缆和耐高温电缆项目、江苏华能电缆总厂的引进关键设备生产油田深井探测电缆项目、市节能灯厂的扩大节能灯管和灯具系列产品项目、市铝箔纸厂的引进关键设备生产彩色包装卡纸项目、市新华照明器件总厂的农用电力钢杆项目、扬州市光华皮件制品有

限公司开发的铝带和铝箔项目、江苏新邮钢铁厂的年产3.6万吨铁屑转炉炼钢项目、市华翔实业有限公司的压电陶瓷扩改项目、江苏金飞达集团的罩极电机电动工具项目、汤庄秦邮标准件厂的稻麦两用脱扬机项目等均已实施完成。市华威建筑材料厂、扬州飞达电机仪表有限公司、江苏华能电缆总厂、江苏常乐压力容器制造公司、江苏邮达过滤机集团依据国家行业划型标准,被批准为国家中型企业。

与比同时,技改投入与资金矛盾日益突出。为此,各乡镇纷纷丢掉幻想,立足自身,加大自筹资金力度,坚持稳步投入。一方面挖掘企业内部潜力,以增量调整带动存量调整;另一方面跑部、跑省,多方拆借引进,破解资金"瓶颈",多形式、多渠道地筹集技改资金。1996年,全市乡镇工业企业向上、向外拆借资金达7000多万元;用于技改的新吸股金及风险抵押金1680多万元;通过联营、联合等形式吸引国内、外资金达620多万元;向上争取专项资金8000多万元。1997年,全年乡镇工业在建78项项目,总投资3.136亿元。其中,自筹资金2.3亿元,占78.5%。此外,盘活存量固定资产1991万元;通过联营、联合吸引国内资金1765万元;向上争取专项资金1500万元。1998年,当年投入财务发生数3亿元,比上年只增长3.3%。1999年,全年全市乡镇工业企业共盘活闲置资产4100万元,占全部闲置资产数4成以上。2000年,个体私营企业投入积极性增高。至此,全市乡镇工业初步形成了技改项目投入形式多样化、投资主体多元化的格局。

1998年高邮市分乡镇工业技改投入同比增幅排名情况表

表158　　单位:万元

名次	乡镇别	实绩	同期	同比±%	名次	乡镇别	实绩	同期	同比±%
合计		30068	29105	3.3	17	平胜	460	450	2.2
1	送桥	515	225	128.9	18	甘垛	750	741	0.8
2	川青	260	143	81.8	19	马棚	229	230	-0.4
3	营南	252	144	75	20	三垛	2135	2194	-2.7
4	周山	250	150	66.7	21	卸甲	1020	1064	-4.1
5	张轩	740	512	44.5	22	汤庄	608	662	-8.2
6	天山	1760	1295	35.9	23	伯勤	670	750	-10.7
7	郭集	1380	1058	30.4	24	龙奔	250	283	-11.7
8	东墩	900	710	26.8	25	龙虬	840	1005	-16.4
9	汉留	1005	795	26.4	26	沙堰	851	1020	-16.6
10	菱塘	2600	2100	23.8	27	湖滨	2500	3070	-18.6
11	横泾	1800	1470	22.4	28	车逻	1932	2474	-21.9
12	二沟	406	340	19.4	29	武宁	535	706	-24.2
13	八桥	700	600	16.7	30	临泽	305	460	-33.7
14	界首	800	700	14.3	31	甸垛	500	755	-33.8
15	周巷	270	243	11.1	32	司徒	25	118	-78.8
16	武安	2820	2635	7					

进入21世纪,全市乡镇工业的企业投入发生了明显的变化。一是工业园区建设成为投资热点。江苏金飞达电动工具有限公司投资兴建金飞达高新技术工业园。2001年,一期工程投资1000多万元。郭集镇积极吸引民资民企投入,创建工业园和入园兴业。与此同时,送桥、天山、菱塘、龙虬、三垛、八桥等乡镇也积极投入,创办工业园区。2001年当年,各乡镇企业园区共投入资金7560万元。到2002年,郭集、金飞达、菱塘、天山、龙虬、三垛、车逻、高邮等8家重点乡镇工业园入园企业总投资达5.3亿元。其中,各类基础设施投入3650万元。二是投资体量越来越大,大项目不断落户。2001年,在建199个技改项目中300万元以上的24项;2002年,在建208个技改项目中500万元以上的有20项;2003年,在建381个技改项目中500万元以上的达43项。其中,1000万元以上的项目11项。至2004年,532项项目中,1000万元以上的项目已达88项。这个时期的重点项目先后有:市鸿信线路器材厂投资650万元新上6条硅芯管生产线项目和投入1600万元新上燃气管道项目;菱塘晨光电缆公司投资500万元新上铁路用信号传输电缆项目;菱塘曙光电缆厂先后投资4000多万元新上光纤及光缆接头和110KV交联电缆生产线项目;龙虬沙龙制衣有限公司计划投资3100万元挂靠国内大企业集团扩大生产规模项目;横泾通用过滤机厂计划投资1200万元开发生产大米湿式粉碎机、麦汁压榨机、果汁压榨过滤机等替代进口产品项目;周巷镇引入浙江丽人集团投资2020万元利用"次、小、薪"材为原料生产中密度纤维板项目;市金宝电工有限公司投资5000万元生产漆包线项目;扬州光明电缆厂投资4200万元扩产舰船用电缆项目;市华美丙纶纺织有限公司投资3800万元扩产无泡过滤芯项目;扬州华富实业有限公司投资3000万元扩产新型电动车蓄电池项目;江苏顺大半导体发展有限公司投资1.5亿元生产单晶硅项目等。三是大力引进国内外先进设备,项目的科技含量提高。江苏顺大半导体发展有限公司的单晶硅项目、江苏华信轻工制造有限公司的安全鞋项目、扬州光明电缆有限公司的舰船用电缆项目、市华美丙纶纺织有限公司的无泡过滤芯项目,均购置国际和国内一流先进水平的关键设备。2003年,全市乡镇工业技改设备投入比例就高达54.7%。

江苏华信轻工制造有限
公司先进的制鞋生产设备

2003年,全市乡镇工业经济出现全面上扬的发展态势。原因除新办企业活力显现、企业资产重组的恢复性增长外,重要一点是得力于此一时期一批项目相继开工、投产,重点增长点实施到位,且产出状况良好,为全市乡镇工业经济发展发挥了强劲的拉动作用。2003年,43项新增产值500万元以上的新增长点项目产出占列统工业新增产值的65%。

2004年,全市乡镇工业项目建设继续"优、大、精"投向。江苏顺大半导体发展有限公司投资新上的生产单晶硅项目,实现了全市乡镇工业亿元项目投入"零"的突破。寻求科技支撑,积极引进和投入技术含量高的产学研项目成效斐然。其中,扬州市午阳照明电器有限公司以复旦大学电光源所为技术依托,与上海赛昱公司合资800万元生产新型节能灯;由中科院中国科技促进经济投资公司投资1000万元,扬州华富实业有限公司与中科院固体物理研究所合作开发"纳米胶体蓄电池"和与清华大学合作开发"电动自行车用智能电机";扬州宏远电子有限公司与北京航空航天大学共建研发中心,研发国际先进水平的铝电极箔，从而吸引广东宏远续投1亿元的三期工程。

2003年高邮市分乡镇(区)工业技改投入情况表

表159　　　　单位：万元

乡镇(区)	年计划	本期	同期	同比%	占年计划%	乡镇(区)	年计划	本期	同期	同比%	占年计划%
总计	58800	66347	42689	55.4	112.8	甘垛	3000	2530	2524	0.2	84.3
车逻	2700	2904	1813	60.2	107.6	界首	2100	3700	1505	145.8	176.2
龙虬	4100	4230	3050	38.7	103.2	临泽	2900	2940	1518	93.7	101.4
马棚	900	1050	520	101.9	116.7	周山	2100	2240	1500	49.3	106.7
卸甲	4600	5200	3012	72.6	113	周巷	1800	2800	2220	26.1	155.6
汉留	2900	3005	2015	49.1	103.6	送桥	2300	2445	1810	35.1	106.3
汤庄	3100	3300	2445	35	106.5	天山	3000	3100	2300	34.8	103.3
八桥	2000	2130	1000	113	106.5	菱塘	5500	5500	4060	35.5	100
三垛	4600	5150	4010	28.4	112	郭集	3300	4085	3010	35.7	123.8
司徒	1000	1108	327	238.8	110.8	开发区	5000	6010	2000	200.5	120.2
横泾	2900	2920	2050	42.4	100.7						

2005年，全市乡镇工业项目建设呈现倍增态势。是年，共实施技改项目585项，计划投资总额38亿元，实际投入30.21亿元，比上年增长107%。菱塘、郭集、开发区、临泽、三垛、周巷、车逻、八桥等14个乡镇(区)技改投入增幅超过100%。亿元以上项目主要有江苏波司登服饰有限公司服装项目、江苏顺大半导体发展有限公司单晶硅项目、江苏华信轻工制造有限公司特种服装项目、扬州宏远电子有限公司低压电极箔项目、扬州亨利纺织有限公司6万纱锭项目、市金宝电工有限公司漆包线项目等。2006年，江苏顺大半导体发展有限公司单晶硅切片及8英寸单晶硅扩产和太阳能电池封装件项目、江苏波司登服饰有限公司羽绒服装生产项目、江苏雅鹿制衣有限公司服装加工项目、扬州宏远电子有限公司续期工程项目、江苏华信轻工制造有限公司安全鞋服项目、市金宝电工有限公司漆包线项目、市声光器材厂灯具扩产项目、扬州通威饲料有限公司饲料添加剂项目、扬州永成金属制品有限公司商用道具项目、市金穗飘香有限公司农副产品加工项目、市华美丙纶纺织有限公司丙纶粗纺及无泡过滤芯项目、市华兴石油机械制造有限公司退城进园项目、扬州市高扬机电有限公司退城进园项目、市包装制品有限公司搬迁重建项目、江苏精佳制动件集团有限公司轮毂扩产项目、扬州华富实业有限公司纳米胶体蓄电池项目等纳入全市工业重点实施项目。

实行“十一五”规划期间，随着非公有制经济加快发展，市场准入条件放宽，私营企业不断新增和扩大，民资投入增长较快，民资工业重大项目取得新的突破。2009年，江苏朝阳液压机械集团有限公司、江苏浩明光电科技股份有限公司、扬州曙光电缆有限公司等3家企业增资均超亿元；扬州市秦邮特种金属材料有限公司增资6.5亿元。是年，新开工1000万元以上民资项目467项，比上年增加75项；新开工5000万元以上民资项目49项。其中，亿元以上项目16项。扬州市秦邮特种金属材料有限公司总投资20亿元，注册资金7亿元，用地60公顷，成为全市最大投入项目。2010年底，由波司登国际控股有限公司与江苏康博科技有限公司共同投资60亿元、新上年产6000吨高纯硅项目签约落户市开发区，成为全市工业历史以来引进的最大单体项目。

2005年高邮市乡镇(区)工业重点实施项目情况表

表160　　　　单位:万元

企业名称	项目内容	计划投资总额	当年计划投资	当年完成投资	累计完成投资	完成情况
江苏顺大半导体发展有限公司	单晶硅切片加工	20000	9000	15000	21300	项目建成投产,全年实现销售收入2.3亿元、利润2500万元、税金1800万元。
江苏华信轻工制造有限公司	特种服装	12000	6800	6130	8250	第二期工程中的3000平方米附属用房竣工。
扬州宏远电子有限公司	低压电极箔	10000	5000	3500	8150	至年底,两条生产线安装中,全部完工后生产线达16条。
扬州亨利纺织有限公司	6万纱锭	10000	4500	2700	7200	项目已竣工投产。
市金宝电工有限公司	漆包线生产	10000	5000	3000	3000	至年底,第二期工程中的厂房施工已完成,设备正进行安装调试。
市双兔米业有限公司	万吨稻米深加工	8700	4000	2000	2000	至年底,厂房建设进行中。
江苏金飞达电动工具有限公司	电动工具	4000	2000	3000	3000	项目已竣工投产。
扬州曙光电缆有限公司	电缆	4000	2000	4500	4500	项目已竣工投产。
高邮华美丙纶纺织有限公司	PP无泡过滤芯	3800	3800	3100	3100	项目已竣工投产。

2010年高邮乡镇工业固定资产投资情况表

表161　　　　单位:个、万元

项目	合计	其中			
		新建	扩建	改建	其他
施工项目个数	818	379	303	85	51
新开工项目个数	660	321	246	76	17
投产项目个数	696	307	266	76	47
本年完成投资	1577984	753471	682704	93719	48090
其中:设备购置	772576	372187	319630	60559	20200
投资资金来源	—	—	—	—	—
1. 国家及有关部门扶持资金	0	0	0	0	0
2. 金融机构贷款	125310	14510	103300	7500	0
3. 引进资金	309830	145060	151790	2250	10730
其中:引进外资	10934	1500	9434	0	0
4. 自有资金	1016344	570301	324714	83969	37360
5. 其他资金	126500	23600	102900	0	0
新增固定资产	1250940	515567	625438	78895	31040

表162

2006—2010年高邮市乡镇(区)实施3亿元以上工业技改项目一览表

年份	项目名称	总投资(亿元)	实施企业	所属地区
2006	羽绒服装	4.5	江苏波司登制衣有限公司	开发区
	服装	5	江苏雅鹿制衣有限公司	开发区
2007	500千伏超高压电缆	8	扬州曙光电缆有限公司	菱塘回族乡
	单晶硅破方切片	8	江苏顺大半导体发展有限公司	天山镇
	单晶硅棒及切片	3.28	江苏顺兴光电有限公司	天山镇
	光电传导材料	3	江苏达缘光电传导材料有限公司	
2008	光伏储能蓄电池	5	江苏华富控股集团有限公司	高邮镇
	LED产品	10	扬州宇体光电有限公司	送桥镇
	太阳能电池用特种玻璃及光伏产业配套材料制造	10	江苏顺大半导体发展有限公司	天山镇
2009	石油钻机制造	10	市华兴石油机械装备有限公司	开发区
	多晶硅铸锭炉	3.6	江苏顺大半导体发展有限公司	天山镇
	单晶硅扩产	3	江苏顺大半导体发展有限公司	天山镇
	生物质固形焦炭冶炼特种钢和大型结构件示范项目	20	扬州秦邮特种金属材料有限公司	开发区
2010	多晶硅加工、多晶硅切片、太阳能电池片	3	江苏新潮光伏能源发展有限公司	开发区
	多晶硅	6	扬州翔鹏新能源科技有限公司	城南新区
	笔记本电脑组件	8	江苏传艺科技有限公司	开发区
	核电缆	10	江苏赛德电气有限公司	郭集镇
	触摸屏	10	江苏锦绣前程电子科技有限公司	开发区
	丙纶纤维	10	扬州永辉纺织科技有限公司	开发区

科技创新

1984年之前,全县社队工业较为落后,经济效益较差,人才奇缺,科技创新工作几乎一片空白。

为了适应不断变化的市场行情,切实为乡村企业服务,1984年下半年,县地方工业局开始重视信息的搜集、研究和反馈,成立了科技情报站,设立了专职信息员,不定期地出刊《信息》汇编,主要发至各有关乡村工厂。县地方工业局供销公司不定期出刊《信息简报》,及时向各乡镇报道、转载全国各地工业物资信息。1986年,全县组建了由131家工厂和乡镇工业公司共157人参加的科技情报网。

1985年,为提高产品质量,实现省、(扬州)市优质产品"零"的突破,全县乡镇工业开始产品创优工作。1986年,开始搞新产品开发。1987年,有6个产品分别通过省、市级新产品鉴定。从此,全县乡镇工业科技创新工作拉开了帷幕。

从20世纪80年代后期到90年代,全市乡镇工业逐渐形成了科学技术是第一生产力的共识,开始借助科技的力量,提高企业的素质。许多企业采用了国内外新技术、新设备,并通过工艺改革和新技术的运用,提高产品的档次,降低成本,增强竞争能力;亦或通过与科研单位、大专院校的联营,坚持走产、学、研相结合的道路,引进和转化工业科技成果,促进产品更新换代,使企业保持和焕发旺盛的活力。

进入90年代,全市乡镇工业科技管理和技术服务工作逐渐步入轨道,科技创新工作全面展开,建立科技组织,打造科技队伍,开展科技宣传,出台科技制度,实施科技项目,加快科技进步。直至进入21世纪,突出表现在有近五分之一的企业与全国400多家大专院校、科研单位建立了多形式的技术合作关系,组织引进转化了一批工业科技成果。同时,引进外国专家及国外智力项目,重点攻克科技项目及生产技术难题。

1996年10月,高邮市被国家科委批准加入沿江火炬高新技术产业开发带。1998年,省批高邮鸭产业化科技示范园启动建设。2001年,市里着手培育和推动电(光)缆高新技术产品群的建设。2003年,以乡镇工业企业为主体的市电线电缆产业纳入苏北"星火"带科技先导型支柱产业建设。当年,市政府下发《2003年"3+1"科技支持工程工作目标和考核办法》,开始鼓励企业专利申请,专项资助企业知识产权。直至2010年,一些企业、科技新产品(项目)脱颖而出,纷纷在省、国家乃至国际上崭露头角,屡获荣誉和大奖。全市乡镇(区)工业科技创新工作渐入佳境。

强化科技管理工作

建立科技组织。为进一步促进乡镇科技工作,建立健全乡镇科技管理服务网络,在全县33个乡镇都配备科技助理的基础上,1990年,全县开始有重点地逐步建立乡镇科委。是年,汤庄乡率先成立了乡科委,接着武安、界首和送桥等乡镇也建立了科委。到1995年,全市33个乡镇都配有分管科技工作的副乡(镇)长;90%的乡镇成立了科委;有618个村配有科技副村长,占总村数的92%。

建设科技队伍。县里举办各类专业技术人员继续教育培训班,有序开展经济和工程类的职称评审工作。1987年,乡镇企业职称改革,320人通过评审取得任职资格。其中,助理工程师3人,助理会计师2人,技术员172人,会计员143人。到1997年,全市乡村集体企业共有2651人获得员级以上职称资格。其中,初级1982人,占75%;中级595人,占22%;高级74人,占3%。

开展科普活动。市组织相关协会和部门,经常深入乡(镇)、村及企业,进行科技政策宣传,普及科技知识,提供科技咨询服务,推广科技成果。一些乡镇和企业积极配合市有关部门,举办科技主题活动。1991年,武安乡举办了"科技之春"活动;界首镇与市科委联合举办了首届"科技节"。

创新科技制度。1997年,市政府出台《高邮市科技贡献有偿回报制暂行办法》,提出加强科技贡献有偿回报制的6条意见,在工业科技工作上,推广实施科技贡献有偿回报制,调动科技人员的积极性和创造性。

争创先进乡镇。市科技示范乡武安乡重视科技兴乡,加速工业产品结构调整,1992年被列为省科技示范乡镇。1994年,全省范围开展争创科技工作先进乡(镇)活动。通过激励先进,鞭策后进,推动各地加强对农村科技工作的领导,增强依靠科技进步的动力。武安、菱塘、天山三个乡在争创活动中,取得可喜成绩,经省科委验收合格,被命名为省级科技工作先进乡。此后,横泾、卸甲、三垛、车逻、汤庄、甸垛等乡镇也纷纷加入创争行列。1997年,全市各乡镇开展"科教杯"竞赛活动,把创建科技工作先进乡镇作为重要内容。1998年,全市有11个乡镇被省科委批准为省级科技工作先进乡镇。至此,累计达19个,即郭集镇、伯勤乡、湖滨乡、沙堰镇、八桥镇、川青镇、汤庄镇、司徒乡、周山乡、东墩乡、龙虬镇、三垛镇、车逻镇、甸垛镇、横泾镇、卸甲镇、武安乡、菱塘回族乡、天山镇。2010年,市委、市政府表彰了一批科技创新目标管理考核先进单位。其中,高邮镇、菱塘回族乡获一等奖;开发区、送桥镇获二等奖;城南新区、汤庄镇获三等奖。

创办科研机构

高邮市一些有实力的乡镇企业着力开展组建技术进步机构工作,先后创建技术研究所、企业技术开发中心以及进入21世纪后创建的省、扬州市级企业工程(技术)研究中心。

1985年,中华国际技术开发总公司精细化工研究所高邮技术服务部成立,主要从事精细化工的研究、开发、利用和服务,是面向全县乡镇工业的第一家科研机构。此后,汉留环保设备研究所建成,成为全县乡村工业第一家厂办科研机构。

到1993年,市里又新增江苏华能电缆总厂创办的市电线电缆研究所和市地方工业局创办的市蓄电池研究所。到1995年,75%的乡镇骨干企业都建有新技术、新产品开发机构。

1999年,江苏金飞达集团创建了企业技术开发中心;江苏华能电缆总厂、扬州市曙光电缆厂、市助剂厂、市通用过滤机厂分别创建和完善了企业技术开发机构(研究所)。

2000年,经扬州市科委批准,扬州市曙光电缆厂成立扬州市级企业技术中心。2001年,市通用过滤机厂和扬州市光明电缆有限公司成立扬州市级企业技术中心。此后,全市乡镇工业加快企业创新体系建设。扬州市曙光电缆厂、扬州宏远电子有限公司、江苏金飞达电动工具有限公司、江苏牛牌纺织机械有限公司、扬州红旗电缆有限公司、市通用过滤机厂等一批企业积极创建扬州市级企业工程(技术)研究中心。

这期间,扬州宏远电子有限公司与北京航空航天大学材料学院共建铝电极箔工程(技术)研究中心,攻克中低压铝电极箔提高比容共性技术,开发高比容铝电极箔系列产品;江苏金飞达电动工具有限公司与上海电动工具研究所合作共建工程(技术)研究中心,开发电动工具前沿共性技术。

江苏华富能源股份有限公司
江苏省储能材料工程技术研究中心

2008年,扬州宏远电子有限公司、扬州日兴生物科技股份有限公司和江苏华富能源股份有限公司率先建成省级企业工程技术研究中心。

2009年,扬州宏远电子有限公司建成江苏省博士后科研工作站,这是全市首家获批设立的省级博士后科研工作站。同年,江苏华富控股集团有限公司建成江苏省企业院士工作站,成为全市首家获批成立的省级院士工作站。2010年,江苏绿科生物技术有限公司先后建成江苏省企业院士工作站和江苏省企业研究生工作站;江苏华富控股集团有限公司建成江苏省博士后科研工作站。至此,全市共有省级企业院士工作站2个、博士后工作站2个、研究生工作站3个。

2000—2010 年高邮市乡镇(区)工业企业技术中心一览表

表 163

年份	名称	项目建设单位	技术依托单位	主攻方向	所属地区
2000	扬州市级企业技术中心	扬州市曙光电缆厂	—	—	菱塘
2001	扬州市级企业技术中心	市通用过滤机厂	—	—	横泾
		扬州市光明电缆有限公司	—	—	菱塘
2002	扬州市级企业技术中心	江苏金飞达电动工具有限公司	北京机床研究所 福州电动工具研究所	机电一体化电动工具	卸甲
2003	扬州市级企业技术中心	扬州宏远电子有限公司	航空航天部四院 46 所	电极箔	开发区
2004	扬州市级企业技术中心	江苏华能电缆有限公司	国家电线电缆检测中心 上海电缆研究所	石油承荷电缆	高邮
		扬州和益电动工具有限公司	扬州大学 扬州大学机电研究所	电动工具	开发区
2005	扬州市级企业技术中心	扬州华富实业有限公司	中科院固体研究所	胶体蓄电池	高邮
		市声光器材厂	上海复旦大学 哈尔滨理工大学	数控 LED 产品	郭集
		江苏赛德电气有限公司	上海电缆研究所	高温电缆、低压仪控电缆	郭集
		江苏广源电线电缆有限公司	上海电缆研究所	电力电缆	开发区
		扬州光明电缆有限公司	上海电缆研究所 海军〇三九工程办公室	船、舰用电缆	菱塘
	江苏省级企业技术中心	扬州曙光电缆有限公司	上海电缆研究所 河海大学	电力电缆、电气装备电缆	菱塘
2006	扬州市级企业技术中心	扬州市亚光电缆有限公司	上海电缆研究所 江苏农业机械研究所	影视电缆	菱塘
		扬州华润电缆厂	上海电缆研究所 河南大学	变频电缆、高温电缆	高邮
		江苏长城电缆有限公司	上海电缆研究所 江苏通用机电研究所	电子计算机电缆	菱塘
		江苏顺大半导体发展有限公司	上海交通大学	单晶硅、多晶硅	天山
		扬州日兴生物化工制品有限公司	中国药科大学 南通海洋生物研究所	壳聚糖系列、生物农药、生物化肥	高邮
	江苏省级企业技术中心	扬州市刘氏化工有限公司	南京化工学院	增白剂、医药中间体	八桥
		江苏金飞达电动工具有限公司	北京机床研究所 福州电动工具研究所	机电一体化电动工具	卸甲

续表163

年份	名称	项目建设单位	技术依托单位	主攻方向	所属地区
2007	扬州市级企业技术中心	江苏双兔食品股份有限公司	江苏里下河农科所 江南大学	粮食加工、稻米深加工	周山
		市华兴石油机械制造有限公司	无锡七〇二研究所 美国MK公司	成套石油钻机设备	开发区
		扬州市鸿信线路器材有限公司	扬子石化研究所 南京塑料研究所 南京化工研究所	管道、管材	开发区
		扬州市红旗电缆制造有限公司	上海电缆研究所 中国矿大信息工程研究所	矿用、船用电缆	菱塘
		扬州市金马机电制造有限公司	扬州大学 国际博峰科技公司	电动工具、风能、水能、环保机电	卸甲
		扬州华美丙纶纺织有限公司	江苏省纺织研究所 中石化仪征化纤研究所	高级滤芯	城南新区
	江苏省级企业技术中心	江苏顺大半导体发展有限公司	上海交通大学	单晶硅、多晶硅	天山
2008	扬州市级企业技术中心	市卫星卷烟材料有限公司	江苏中烟集团	卷烟包装材料	高邮
		市新精佳轮毂有限公司	武汉理工大学 上汽集团	汽车轮毂和摩托车、电动车制动器	开发区
		江苏朝阳气动液压机械集团有限公司	中国矿业大学	大型液压钻、液压机械	汤庄
		扬州市新港电机有限公司	东南大学	永磁发电机	高邮
		扬州市晨光电缆制造有限公司	上海电缆研究所 北京机床研究所	机床电缆	菱塘
2009	扬州市级企业技术中心	扬州星火太阳能照明有限公司	上海复旦大学光源与照明工程系 中国太阳能协会	低压钠灯、太阳能、风能发电系统	天山
		市电塑厂	扬州大学工学院	电动工具软启动装置	卸甲
		扬州三川实业有限公司	南京化工研究所	特种多性能粉末涂料	菱塘
		市万嘉面粉有限公司	江苏里下河农科所 扬州大学农学院	小麦加工副产品综合利用	临泽
		扬州天华光电科技有限公司	上海复旦大学光源与照明工程系 中国太阳能协会 上海交通大学	太阳能、风能发电系统	天山
		扬州恒辉电缆有限公司	上海电缆研究所 扬州大学	环保型、防火型系列电缆	菱塘
		扬州市华胜机电制造有限公司	扬州大学工程学院	特种电机、激光石材切割机	卸甲
	江苏省级企业技术中心	扬州宏远电子有限公司	航天部46所	电极箔	开发区
		江苏华富控股集团有限公司	中科院固体研究所	胶体蓄电池	高邮

续表 163

年份	名称	项目建设单位	技术依托单位	主攻方向	所属地区
2010	扬州市级企业技术中心	江苏弘鼎汽车零部件有限公司	扬州大学机械工程学院	汽车零部件	汤庄
		江苏科凌医疗器械有限公司	上海大学 江南大学	医疗器械	汤庄
		扬州高标机械有限公司	上海大学扬州大学	高性能液压通用机械及阀门	汤庄
		江苏虹光新能源发展有限公司	上海交通大学 江苏顺大半导体发展有限公司	超薄高效单晶硅片、光伏系统	天山
		扬州中大电缆有限公司	上海电缆研究所 扬州大学	环保型、防火型系列电缆	菱塘
		江苏赛特电器有限公司	上海电缆研究所 扬州大学	新型耐高温特种电缆	菱塘
		扬州高扬机电制造有限公司	中煤国际工程集团 武汉设计研究院、 中国矿业大学机电工程学院	大型矿车等煤矿机械	开发区
		市创新包装有限公司	山东省科学院自动化研究所	定量自动包装机系列产品	高邮
		江苏浩明光电科技股份有限公司	东南大学电光源研究所	CPFL 荧光灯及自动化生产线	高邮
	江苏省级企业技术中心	扬州光明电缆有限公司	上海电缆研究所 海军〇三九工程办公室	船、舰用电缆	菱塘
		江苏朝阳液压机械集团有限公司	中国矿业大学	大型液压钻、液压机械、生物质发电成套设备	汤庄

2005—2010 年高邮市乡镇(区)工业扬州市级工程技术研究中心一览表

表 164

年份	企业名称	中心名称	所属地区
2005	扬州亚光电缆有限公司	扬州市特种测控电缆工程技术研究中心	菱塘
2006	扬州新华富能源有限公司	扬州市新能源及其材料工程技术研究中心	高邮
	市液压成套设备有限公司	扬州市数控液压传动机械工程技术研究中心	汤庄
	扬州日兴生物化工制品有限公司	扬州市生物化工工程技术研究中心	高邮
	江苏苏发照明实业有限公司	扬州市 LED 道路照明工程技术研究中心	郭集
	扬州市刘氏化工有限公司	扬州市新型涂料中间体工程技术研究中心	八桥
2007	扬州市创新包装有限公司	扬州市超轻细粉体包装机械工程技术研究中心	高邮
	市微特电机厂	扬州市航空稀土电机工程技术研究中心	开发区
	扬州市明浩电光源厂	扬州市节能灯管自动生成成套设备工程技术研究中心	高邮
	江苏广源电线电缆有限公司	扬州市超高压输电导线工程技术研究中心	开发区

续表 164

年份	企业名称	中心名称	所属地区
2008	扬州高扬机电制造有限公司	扬州市煤矿机械工程技术研究中心	开发区
	扬州恒辉电缆有限公司	扬州市特种屏蔽信号电缆工程技术研究中心	菱塘
	江苏华能电缆股份有限公司	扬州市石油、石化勘探用电缆工程技术研究中心	高邮
	扬州市金阳光电缆有限公司	扬州市特种电力电缆工程技术研究中心	菱塘
	扬州苏能电缆有限公司	扬州市采掘用电缆工程技术研究中心	菱塘
	扬州市普林斯化工有限公司	扬州市新药中间体工程技术研究中心	郭集
	扬州中兴照明股份有限公司	扬州市电光源工程技术研究中心	郭集
	江苏顺大光伏科技有限公司	扬州市太阳能电池组件工程技术研究中心	天山
	江苏科凌医疗器械有限公司	扬州市手术专用医疗器械工程技术研究中心	汤庄
	扬州市新港电机有限公司	扬州市交流同步电机工程技术研究中心	高邮
2010	江苏华富能源有限公司	扬州市动力电池及化学能源材料工程技术研究中心	高邮
	江苏戚伍水产发展股份有限公司	扬州市淡水水产品健康养殖与深加工工程技术研究中心	开发区
	扬州欧力特电源有限公司	扬州市胶体储能电池工程技术研究中心	开发区
	扬州天华光电科技有限公司	扬州市硅能源应用工程技术研究中心	天山
	扬州龙脉科技发展有限公司	扬州市绿色照明工程技术研究中心	送桥
	江苏鑫莲液压机电有限公司	扬州市煤炭液压机械工程技术研究中心	汤庄
	江苏龙腾照明器材有限公司	扬州市道路灯具工程技术研究中心	送桥
	扬州凯尔化工有限公司	扬州市医用高分子包装材料工程技术研究中心	开发区
	市卫星卷烟材料有限公司	扬州市卷烟材料工程技术研究中心	高邮
	市迅达工程机械有限公司	扬州市工程机械工程技术研究中心	车逻
	江苏金飞达电动工具有限公司	扬州市便携式电动工具工程技术研究中心	卸甲
	扬州市绿科生物技术有限公司	扬州市养殖环境污染生态修复工程技术研究中心	开发区
	江苏双兔食品股份有限公司	扬州市稻米深加工工程技术研究中心	周山
	市华兴石油机械制造有限公司	扬州市石油钻采设备工程技术研究中心	开发区
	江苏朝阳液压机械集团有限公司	扬州市生物质发电机械工程技术研究中心	汤庄

2008—2010 年高邮市乡镇(区)工业省级工程技术研究中心一览表

表 165

年份	企业名称	中心名称	所属地区
2008	扬州宏远电子有限公司	江苏省低压电极箔工程技术研究中心	开发区
	扬州日兴生物科技股份有限公司	江苏省甲壳质深加工工程技术研究中心	高邮
	江苏华富能源股份有限公司	江苏省储能材料工程技术研究中心	高邮

续表 165

年份	企业名称	中心名称	所属地区
2010	江苏科凌医疗器械有限公司	江苏省电液传动医疗器械智能化设计工程技术研究中心	汤庄
	江苏朝阳液压机械集团有限公司	江苏省发电厂用秸秆整理输送成套设备工程技术研究中心	汤庄
	江苏金飞达电动工具有限公司	江苏省台式电动工具工程技术研究中心	卸甲
	江苏浩明光电科技股份有限公司	江苏省节能灯高速自动生产设备工程技术研究中心	高邮
	扬州市刘氏化工有限公司	江苏省荧光增白剂中间体工程技术研究中心	八桥
	江苏双兔食品股份有限公司	江苏省稻米精深加工及综合全利用工程技术研究中心	周山
	扬州华美丙纶纺织有限公司	江苏省功能丙纶纤维工程技术研究中心	城南新区
	扬州亚光电缆有限公司	江苏省特种纳米电缆工程技术研究中心	菱塘
	扬州市新港电机有限公司	江苏省(新港)中小型电机工程技术研究中心	高邮
	扬州市创新包装有限公司	江苏省粉粒料全自动包装工程技术研究中心	高邮
	市华兴石油机械制造有限公司	江苏省智能化石油钻机工程技术研究中心	开发区
	江苏绿科生物技术有限公司	江苏省养殖环境生态修复工程技术研究中心	开发区
	江苏戚伍水产发展股份有限公司	江苏省(戚伍)罗氏沼虾养殖与深加工工程技术研究中心	开发区

开发新产品

1986 年后,乡镇工业企业开始注意搞新产品开发。许多企业采用了国内外新技术、新设备,并通过工艺改革和新技术的运用,提高产品的档次,降低成本,增强竞争能力;亦或通过与科研单位、大专院校的联营,坚持走产、学、研相结合的道路,引进和转化工业科技成果,促进产品更新换代。

1987 年,全市共组织了 10 个省、市级新产品鉴定会。后经省、市下文确认的新产品各 3 个。1988 年,通过省级、部级鉴定的新产品 11 个,市级鉴定的新产品 17 个。

市通用过滤机厂开发生产的精密过滤机组

1991 年,横泾机械厂与合肥通用机械研究所合作,共同开发了精密过滤机,一举成为全市乡镇工业新品开发的成功范例。市助剂厂开发生产的"JSPC-1 催化剂"填补了国家空白,被列为国家"七五"规划期间重点科研项目。由国家建设部长江机械研究所研制、市车辆座椅厂生产的"JSZ1 型减震座椅"达到国际先进水平。经国家经贸委批准,扬州飞达电机仪表公司的"JDD200 型家用多功能带锯机"被列为 1995 年度国家重点新产品。

1997 年,全市乡镇工业企业共开发新产品 50 个。其中,省级新产品 11 个。之后,随着扬州正大集团生产的 BCD 型全自动有机气体催化净化装置、江苏长城电缆厂生产的绝缘聚乙烯护套分相屏蔽计算机用控制电缆及电气自动化控制阻燃屏蔽电缆和市红旗电缆厂开发的防爆通信用测控电缆分别被省、国家新批列为(高新技术)新产品,全市乡镇工业开发、培育的国家、省、市(扬州)新产品(重点新产品)层出不穷。

1991—1994 年高邮市乡镇工业企业通过省级鉴定新产品情况表

表 166

<table>
<tr><th>序号</th><th>项目名称</th><th>承担单位</th><th>主鉴单位</th><th>鉴定时间</th></tr>
<tr><td>1</td><td>仿比利时道路照明灯具</td><td>市郭集照明电器厂</td><td rowspan="7">部、省</td><td rowspan="7">1991 年</td></tr>
<tr><td>2</td><td>转移复合铝箔纸</td><td>市铝箔纸厂</td></tr>
<tr><td>3</td><td>55TDZF-12 稻麦双风扇脱粒机</td><td>市周山农修厂</td></tr>
<tr><td>4</td><td>双向减震座椅</td><td>市天山车辆座椅厂</td></tr>
<tr><td>5</td><td>环形部分预应力混凝土电杆</td><td>市电杆厂</td></tr>
<tr><td>6</td><td>无声照明器</td><td>市伯勤华能电器设备厂</td></tr>
<tr><td>7</td><td>聚合氯化铝</td><td>市三垛化工厂</td></tr>
<tr><td>8</td><td>蓄革颜料膏</td><td>高邮皮革化工厂</td><td rowspan="3">省化工厅</td><td rowspan="6">1992 年</td></tr>
<tr><td>9</td><td>维纶涂塑布</td><td rowspan="2">高邮橡塑厂</td></tr>
<tr><td>10</td><td>砻谷胶辊</td></tr>
<tr><td>11</td><td>农用运输车</td><td>高邮三垛农机厂</td><td>省机械厅</td></tr>
<tr><td>12</td><td>QZ 型消防水枪</td><td>高邮消防器材厂</td><td>省公安厅消防局</td></tr>
<tr><td>13</td><td>精密过滤机组</td><td>高邮横泾机械厂</td><td>省机械厅</td></tr>
<tr><td>14</td><td>台钻</td><td>扬州市飞达电机仪表公司</td><td>省科委</td><td rowspan="16">1993 年</td></tr>
<tr><td>15</td><td>树脂鞣剂 RE</td><td rowspan="2">高邮东方皮革化工厂</td><td rowspan="2">省化工厅</td></tr>
<tr><td>16</td><td>新型丙烯酸乳液</td></tr>
<tr><td>17</td><td>玻璃钢钠离子交换器</td><td>高邮周山玻纤玻钢厂</td><td>省科委</td></tr>
<tr><td>18</td><td>TYT50/HY200 高浓稀释机组</td><td>高邮通用过滤机厂</td><td>省机械工业厅</td></tr>
<tr><td>19</td><td>GY 型通信光缆</td><td>兴华光电线缆厂</td><td>省邮电管理局</td></tr>
<tr><td>20</td><td>GKG 系列旋流喷动干燥机</td><td>高邮干燥设备厂</td><td>省机械工业厅</td></tr>
<tr><td>21</td><td>NH-100 粘合机</td><td>高邮长城通用机厂</td><td>省科委</td></tr>
<tr><td>22</td><td>PP 电线电缆绝缘料</td><td>高邮塑料电器厂</td><td>省轻工厅</td></tr>
<tr><td>23</td><td>搪玻璃反应罐铁坯</td><td>高邮阀门厂</td><td>省乡镇局</td></tr>
<tr><td>24</td><td>热塑弹性体耐曲挠扁平电缆</td><td rowspan="2">市电缆厂</td><td rowspan="2">省计经委</td></tr>
<tr><td>25</td><td>聚全氟乙丙烯控制电缆</td></tr>
<tr><td>26</td><td>ZG32 升降式高杆灯</td><td>高邮新华照明器件总厂</td><td>省科委</td></tr>
<tr><td>27</td><td>辐射交联电缆</td><td>市电缆厂</td><td>省计经委</td></tr>
<tr><td>28</td><td>矿用通信电缆</td><td rowspan="2">扬州市曙光电缆厂</td><td rowspan="2">能源部</td></tr>
<tr><td>29</td><td>阻燃电缆</td></tr>
</table>

续表 166

序号	项目名称	承担单位	主鉴单位	鉴定时间
30	高杆灯	高邮声光器材厂	省路灯所	1994 年
31	消防水带	市水带厂	省公安厅	
32	箱式农用车	高邮飞翔农用车厂	省机械厅	
33	洗衣精	高邮当益洗涤剂厂	省轻工厅	
34	电塑开关	高邮卸甲电塑厂	扬州市经委	
35	电池电动开关			
36	E 型钠灯镇流器	高邮照明电器厂	省计经委	
37	多功能带锯	扬州飞达电机仪表公司	省科委	

1998 年高邮市乡镇工业企业引进转化的工业科技成果情况表

表 167

序号	项　目	引进生产企业	合作开发单位
1	软骨素	江苏日欣集团	中国科技大学
2	TVG 气体吸附管化液体化装置	扬州琼花环保公司	中国人民解放军北京防化院
3	计算机交联电缆	扬州曙光电缆厂	上海电缆研究所
4	陶瓷膜制造再生工艺	市通用过滤机厂	合肥通用机械科研所
5	氧气回收装置		
6	双机共桥 PE 双壁波纹管	扬州亚光塑料制品有限责任公司	国家轻工业局大连塑料研究所

由于“短缺”经济的结束，乡镇工业多年积淀的结构性矛盾日益突出，钢材、铜材、钢瓶、塑料制品、棉纱、农机配件等一批高邮乡镇工业的传统优势产品一落千丈，已成为制约乡镇工业进一步发展的重要因素。为此，在追求乡镇工业发展速度的同时，全市乡镇工业注重不断开发新品，以市场、政府、环境等客观因素的推动，促使企业及产品不断升级换代。同时，针对全市乡镇工业产品结构十分脆弱的状况，实行在调整中开发，改造老产品，限、停低档次、高耗能、无效益的产品，开发具有一定科技含量、附加值高、竞争力强的主导性产品。一是引导企业多形式、多渠道开发新品。重点企业瞄准高起点，开发技术含量高、附加值高的产品；优势产品延伸开发、形成系列；传统产品升级换代、拓宽范围。二是针对乡镇企业技改力量薄弱，开发能力差的实际，积极同大专院校、科研院所挂钩结对，走产学研开发之路，有条件的企业不惜重金引进高级人才。三是利用国家有关政策，申报各类新产品开发计划，申请国家项目试制经费和补贴。四是将企业新品开发同产销利等指标一同列入考核，重点企业还要签订目标责任书。各乡镇先后限产、停产、淘汰了黑色金属轧制、无氧铜材、塑料粒子等产品，继续开发和新上了铝塑复合管、甲壳素系列、交联阻燃计算机电缆、半喂入稻麦两用收割机、cbs 增白剂等项目和产品。

进入 21 世纪，全市乡镇工业新品开发意识进一步增强。一些企业除了坚持不断自主开发新品以外，还把科研单位的人才优势、技术优势引进来为我所用，逐渐形成了“生产一代、研制一代、储备一代”的新品开发战略模式。江苏金飞达电动工具有限公司 2000 年自主开发并相继投放市场 8 个新品，销售收入占总销售的25%以上。扬州市曙光电缆厂先后自主研发了电子计算机用阻燃屏蔽控制电缆、低烟无卤阻燃电缆、高压交联电缆和核用电缆等。江苏邮达过滤机集团与合肥通用机械研究所合作研发了用于果品深加工的带式压榨过滤机、与南京海纳尔燃气公司合作开发了新型燃气装置、与上海洁世机电公司合作研制生产环保型汽车尾气催化净化装置。

2005 年高邮市被列为扬州市工业企业重点新产品一览表

表 168

序号	研发企业	合作单位	重点新品
1	扬州华富实业有限公司	中科院固体物理研究所	纳米胶体蓄电池
2	扬州曙光电缆有限公司	河海大学	抗电磁脉冲柔软型电缆
3	江苏顺大半导体发展有限公司	北京光电子技术应用研究所	单晶硅
4	江苏牛牌纺织机械有限公司高邮分公司	浙江工程学院	NP-W400 凸轮开品装置
5	江苏金飞达电动工具有限公司	澳大利亚研发中心	MB1933 液压显示压刨机
6	江苏华信轻工制造有限公司	香港华信国际集团有限公司	消防、石油、化工等行业特种鞋
7	扬州苏源电线电缆有限公司	上海电缆研究所	500KV 线路输电线
8	江苏赛德电气有限公司		石油天然气防火防爆报警电缆
9	扬州和益电动工具有限公司(自主)		TS35 水槽切割机、MJ20400 锯森机
10	市包装制品有限公司	广州东方机械实业有限公司	超大型、重型瓦楞纸箱

2009 年,全市乡镇(区)工业共有 11 家企业获批省重点新产品 13 种。此外,江苏欧力特电源有限公司的地埋式太阳能储能蓄电池、江苏星火太阳能照明有限公司的太阳能光伏照明低压钠灯和扬州恒辉电缆有限公司的抗扭耐寒型屏蔽测控电缆等获批为省自主创新产品。2010 年,有 5 个新产品获得江苏省优秀新产品奖。其中,扬州宏远电子有限公司的特高压铝电解电容器用电极箔、扬州曙光电缆有限公司的 500 千伏超高压电缆、江苏华富能源股份有限公司的纳米聚合物太阳能储能电池关键技术开发及产业化等被授予江苏省优秀新产品金奖。当年,扬州宏远电子有限公司开发生产的特高压电极箔,经科技部、商务部、国家质量监督检验检疫总局、国家环境保护总局联合评审,获得“国家重点新产品”证书。

1994—2010 年高邮市乡镇(区)工业企业国家重点新产品一览表

表 169

年份	企业名称	重点新产品名称	所属地区
1994	市通用过滤机厂	TYTSOLHY2000 高浓稀释机	横泾
	市电缆厂	热塑弹性体耐曲扰扁平电缆	东墩
1996	扬州曙光电缆厂	计算机屏蔽电缆	菱塘
1997	市红旗电缆厂	防爆通信用测控电缆	菱塘

续表 169

年份	企业名称	重点新产品名称	所属地区
1999	市通用过滤机厂	MSF 麦芽湿式粉碎机	横泾
	扬州市红旗电缆制造有限公司	防白蚁型信号传输网络阻燃测控电缆	菱塘
	市新光化工厂	抗氧化颗粒状间苯二胺	三垛
2000	江苏华能电缆有限公司	隔氧层消防电缆	高邮
	扬州市光明电缆有限公司	A 级抗干扰防火净化型舰船用特种电缆	菱塘
	扬州市曙光电缆厂	核电站 1E 级 K3 类无卤低烟阻燃控制电缆	菱塘
2001	扬州市曙光电缆厂	耐燃烧抗干扰测控电缆	菱塘
	扬州市晨光电缆制造有限公司	防白蚁型铁路信号电缆	菱塘
	扬州市红旗电缆制造有限公司	矿井监控系统用本安型无卤低烟屏蔽信号电缆	菱塘
	扬州市红旗电缆制造有限公司	环保信号传输阻燃屏蔽电缆	菱塘
2002	江苏日欣实业集团有限公司	改性硫酸软骨素	高邮
	扬州市光明电缆有限公司	新型高载流无毒耐火船用特种电缆 CYA/WD	菱塘
	市环保设备厂	QFC 型有机废气(吸附催化)净化装置	汉留
	江苏长城电缆厂	低烟低卤阻燃控制电缆	菱塘
	市通用过滤机厂	LGY1500-X 型立式果汁连续压榨过滤机	横泾
2003	扬州市神龙化工有限公司	聚氨酯汽车机械建筑密封胶	天山
	扬州市曙光电缆厂	新型航空用耐辐照抗干扰阻燃电缆	菱塘
	扬州市红旗电缆制造有限公司	煤井用阻燃抑烟型高速率数据传输信号电缆	菱塘
	扬州市光明电缆有限公司	超薄型绝缘综合屏蔽环保型船用特种电缆	菱塘
2004	扬州市红旗电缆制造有限公司	新型低电容煤井用数字测控信号电缆	菱塘
	扬州亚光电缆有限公司	影视灯光及舞台设备用阻燃柔性电缆	菱塘
	扬州光明电缆有限公司	海上石油平台测控系统用低烟阻燃耐火电缆 PTKEH8H/NSC	菱塘
	扬州曙光电缆有限公司	超长型高强度光电复合测控电缆	菱塘
	江苏长城电缆厂	环保型低烟低毒计算机电缆	菱塘
	市创新包装有限公司	RAP-F25B 型阀口定量自动包装机	高邮
	扬州宏远电子有限公司	35Vw、50Vw 高比容低接触电阻阳极箔	开发区
2005	江苏顺大半导体发展有限公司	8 英寸单晶硅棒	天山
	扬州亚光电缆有限公司	油气管线用防爆型测控电缆 1A-YQFP2PF-2R	菱塘
	高邮华美丙纶纺织有限公司	转杯纺丙纶中长型粗纺纱	城南新区
	扬州市红旗电缆制造有限公司	煤井用新型复合传输干线电缆 XF-MZLYJP3YP31	菱塘
	扬州宏远电子有限公司	硬态腐蚀高比容低压阳极箔	开发区
	市创新包装有限公司	LCS-C 型真空抽气式定量自动包装机	高邮
	扬州琼花环保工程设备有限公司	QSF 型整体式(四元体)供热净化装置	汉留
	扬州曙光电缆有限公司	抗电磁脉冲柔软型电缆 MCYJGPP2R-0.6/1	菱塘

续表 169

年份	企业名称	重点新产品名称	所属地区
2006	扬州光明电缆有限公司	钻井平台用耐泥浆特种电缆	菱塘
	扬州市红旗电缆制造有限公司	煤井智能甲烷传感器用信号测控电缆 MC-YW2PJWZFP31	菱塘
	江苏顺大半导体发展有限公司	大尺寸超薄型太阳能级单晶硅切片	天山
	江苏华能电缆有限公司	高强度石油承荷测控电缆	高邮
	高邮华美丙纶纺织有限公司	PP 无泡过滤芯	城南新区
2007	扬州亚光电缆有限公司	等距互粘线对高频防爆信号电缆	菱塘
	江苏华富能源股份有限公司	纳米聚合物太阳能储能电池	高邮
	扬州宏远电子有限公司	高性能低压电极箔	开发区
	扬州润明轻工机械有限公司	PFJ06 型苹果分级机	横泾
2008	扬州市红旗电缆制造有限公司	船用二十芯测磁电缆	菱塘
	扬州宏远电子有限公司	高频低阻抗铝电解电容器用阳极箔	开发区
2010	扬州宏远电子有限公司	特高压电极箔	开发区

产品创优、创牌

1985 年,为提高产品质量,实现省、市优质产品"零"的突破,全县乡镇工业开始产品创优工作。当年,沙堰农具厂的 DFX-1 型低负压吸引器、周山电器厂的 40W 荧光灯镇流器、县农机配件厂的 495 冷却泵等 5 个产品创上市优产品。

1986 年,高邮县乡镇工业开始争创省优产品。1987 年,除创市优产品 7 个,还创省优产品 2 个,填补了全县乡镇工业省优产品的空白。

1988 年,产品创优实现新突破,创 1 个部优,4 个省优,8 个市优。

1991 年,汉留环保设备厂的有机气体催化净化装置荣获国家银质奖,为扬州市乡镇工业增添了光彩。至此,全市乡镇工业企业共创国优银奖产品 1 个,部优产品 4 个,省优产品 17 个。

1995 年,扬州飞达电机仪表公司生产的"东辉"牌小功率电机被省政府授予 1995 年"江苏名牌产品"称号,这是全市乡镇工业产品首次获得这一称号。此后,全市乡镇工业实施名牌战略,努力争创名牌产品。其中包括扬州市名牌产品、江苏省乡镇企业名牌产品、江苏省名牌产品、中国名牌产品及其他名牌产品。

1987—1991 年高邮市乡镇工业优质产品名录

表 170

类别	序号	优质产品名称	获优年度	生产企业
国优(银奖)	1	有机气体催化净化装置	1991	市环保设备制造厂
部优	1	珠光牌真空镀铝纸	1988	县铝箔纸厂
	2	塑料编织袋	1990	县塑料编织厂
	3	有机气体催化净化装置		县环保设备制造厂
	4	远红外辐射加热器	1991	市电热电器厂

续表 170

类别	序号	优质产品名称	获优年度	生产企业
省优	1	松柏牌 BCO－2 型有机气体催化净化装置	1987	县环保设备制造厂
	2	珠光牌真空镀铝纸		县铝箔纸厂
	3	天山牌 ABS 旅行箱	1988	扬州市光华皮件厂
	4	秦邮牌化肥深施器		县农配三厂
	5	常乐牌 YSP－15 液化气钢瓶		县界首阀门厂
	6	旅游鞋		县茶花运动鞋厂
	7	邮牌双玻璃丝包圆扁线	1990	县电磁线厂
	8	光牌远红外辐射加热器		县电热电器厂
	9	高邮牌真空镀铝纸		县铝箔纸二厂
	10	珠光牌真空镀铝纸		县铝箔纸厂
	11	荣字男女雪地棉鞋		扬州茶花运动鞋厂
	12	文游 2BG－6A 型稻麦条播机		扬州丰田条播机厂
	13	邮蜂瓶装紫云英蜂蜜		县蜂乳厂
	14	道路照明灯具		县照明电器厂
	15	含锌蜂乳	1991	市健饮蜂乳厂
	16	多用轻便童车		市兴华玩具五金厂
	17	铅酸蓄电池		市运河蓄电池厂

表 171

2005 年之前高邮市乡镇工业省以上名牌产品情况表

年份	产品名称	生产企业	名牌称号	授牌单位
1995	“东辉”牌小功率电机	扬州飞达电机仪表公司	1995 江苏名牌产品	省政府
1996	“茶”字牌运动鞋	扬州华飞运动鞋厂	江苏省乡镇企业名牌产品	省乡镇企业管理局
1997	“苏邮”牌电缆	江苏华能电缆厂	中国公认名牌	中国社会调查事务所
	钢绞线	扬州宏发邮电器材厂	江苏省乡镇企业名牌	省乡镇企业管理局
	运动鞋	扬州樱花鞋业有限公司		
	不锈钢标准件	扬州强力集团		
1998	“虹光”牌丙纶着色母粒	扬州市虹光着色剂厂		
1999	蓄电池	华富		
	电缆	亚光		
2005	“赛德”牌电子计算机控制电缆	江苏赛德电气有限公司	江苏省名牌产品	省名牌推进委员会
	“华富 HUAFU”牌电动助力车	扬州华富实业有限公司		

1997 年，江苏华能电缆总厂生产的“苏邮”牌电线电缆，获中国社会调查事务所授予的“中国公认名牌产品”荣誉证书，成为全市首例。

2006—2010年高邮市乡镇(区)工业企业扬州市以上名牌产品一览表

表172

名牌称号	产品名称	企业名称	所属地区	认定单位	认定年份
中国名牌产品	“双兔”牌大米	江苏双兔食品股份有限公司	周山	中国名牌推荐促进委员会	2007
江苏省名牌产品	“强菱”牌阻燃交联电力电缆、计算机控制电缆	扬州曙光电缆有限公司	菱塘	江苏省名牌战略推进委员会	2006
	“华富”牌阀控全密封铅酸(胶体)蓄电池	江苏华富能源股份有限公司	高邮		
	“三湖”牌咸鸭蛋、松花蛋	市三湖蛋品有限公司	汉留		
	“红太阳”牌高邮咸鸭蛋、高邮松花蛋	市红太阳食品有限公司	城南新区		
	“赛德”牌电子计算机控制电缆	江苏赛德电气有限公司	郭集		2007
	“HUAFU”(图形)牌蓄电池	江苏华富控股集团有限公司	高邮		
	“宇菱”牌乙丙橡皮绝缘船用电力电缆	扬州光明电缆有限公司	菱塘		
	“千连”牌圆线同心绞架空导线	江苏广源电线电缆有限公司	开发区		
	“沙龙”(图形)牌羽绒服	沙龙制衣股份有限公司	开发区		
	面粉	市万嘉面粉有限公司	临泽		2008
	太阳能单晶硅片	江苏顺大半导体发展有限公司	天山		
	道路与街道照明灯具	扬州市宝德照明器材有限公司	送桥		
	“三湖”牌咸鸭蛋、松花蛋	市三湖蛋品有限公司	汉留		2009
	“红太阳”牌高邮咸鸭蛋、高邮松花蛋	市红太阳食品有限公司	城南新区		
	“强菱”牌高压交联电力电缆	扬州曙光电缆有限公司	菱塘		
	“HUAFU(图形)”牌蓄电池	江苏华富能源股份有限公司	高邮		
	“鼎信”牌道路与街道照明灯具	扬州市现代照明电器有限公司	送桥		
	“宇龙”牌道路照明灯具	江苏龙腾照明器材有限公司	送桥		
	“宇菱”牌交联聚乙绝缘船用电力电缆	扬州光明电缆有限公司	菱塘		2010
	“赛德”牌电子计算机控制电缆	江苏赛德电气有限公司	郭集		
	“千连”牌钢芯铝绞线	江苏广源电线电缆有限公司	开发区		
	“HUAFU(图形)”牌阀控式密封胶体蓄电池	江苏华富控股集团有限公司	高邮		
	“好光景”牌道路与街路照明灯具	扬州市伏特钢杆照明有限公司	送桥		
扬州市名牌产品	“熊猫”牌建筑防水材料	扬州志高建筑防水材料有限公司	开发区	扬州市名牌战略推进委员会	2006
	“鸿信”牌高密度聚乙烯硅心管	扬州市鸿信线路器材有限公司	开发区		
	“五通”牌电线、电缆	江苏长城电缆厂	菱塘		
	“苏邮”牌电线、电缆	江苏华能电缆有限公司	高邮		
	“和字”牌煤矿用阻燃通信电缆	扬州红旗电缆制造有限公司	菱塘		
	“超”牌电液推杆、电液转角器	市液压机电成套设备制造有限公司	汤庄		
	“路友”牌道路灯	扬州市宝德照明器材有限公司	送桥		
	“鼎信”牌道路与街路照明灯具	扬州市现代照明电器有限公司	送桥		

续表 172

名牌称号	产品名称	企业名称	所属地区	认定单位	认定年份
扬州市名牌产品	“松昊”牌道路灯	扬州松山机电有限公司	送桥	扬州市名牌战略推进委员会	2006
	“红洲”牌禽肉制品	市红太阳食品有限公司	城南新区		
	“富嘉旺”牌面粉	市万嘉面粉有限公司	临泽		
	“大大”牌罗氏沼虾配合系列饲料	扬州大大饲料有限公司	司徒		
	“宏”牌鱼虾饲料	扬州市宏大饲料有限公司	甘垛		
	“景源”牌路灯	扬州金源灯饰有限公司	郭集		2007
	“兴泰”牌路灯	扬州市兴泰钢杆照明器材有限公司	郭集		
	“千连”牌圆线同心绞架空导线	江苏广源电线电缆有限公司	开发区		
	“好光景”牌道路照明灯具	扬州市伏特钢杆照明有限公司	送桥		
	“菱星”牌控制电缆、电力电缆	扬州市晨光电缆制造有限公司	菱塘		
	“林杉风”牌羽绒服	扬州市恒丰制衣有限公司	高邮		
	“白兔”(图形)牌标准件	市宏达标准件有限公司	汤庄		
	鱼虾饲料	扬州宏大饲料有限公司	甘垛		2008
	羽绒服	扬州神游羽绒制衣有限公司	高邮		
	劳保皮鞋	扬州千禧龙鞋业有限公司	高邮		
	交联聚乙烯绝缘电力电缆	江苏润华电缆股份有限公司	高邮		
	电线电缆	扬州亚光电缆有限公司	菱塘		
	道路照明器材	江苏龙腾照明器材有限公司	送桥		
	建筑防水卷材	扬州市志高建筑防水材料有限公司	开发区		
	照明	扬州市星慧照明有限公司	送桥		
	路灯	江苏托普照明有限公司	郭集		
	水松纸	市卫星卷烟材料有限公司	高邮		
	路灯	扬州市宝尔特钢杆电器有限公司	郭集		
	“文游”牌罗氏沼虾系列配合饲料	扬州大大饲料有限公司	司徒		2009
	“红洲”牌高邮琵琶鸭	市红太阳食品有限公司	城南新区		
	“金凤”牌挂面	市金宏食品有限公司			
	“唐塔”牌淡水虾仁	江苏威伍水产发展股份有限公司	开发区		
	“秦邮”牌高邮咸鸭蛋、高邮松花蛋	市秦邮蛋品有限公司	城南新区		
	“宏飞”牌交联聚乙烯绝缘电力电缆	扬州市宏飞电缆照明有限公司	送桥		
	“神州兴”牌道路照明灯具	江苏神州交通器材有限公司	送桥		
	“成”牌电力电缆	扬州市华城电缆有限公司	菱塘		
	“恒火”牌控制电缆	扬州恒辉电缆有限公司	菱塘		
	“康普莱”牌节能灯、节能灯管	江苏浩明光电科技股份有限公司	高邮		
	“秦邮”牌冷却水泵	市高农机械配件有限公司	龙虬		
	“宝阳”牌电力电缆	扬州市金阳光电缆有限公司	菱塘		
	“扬能”牌电力电缆	扬州市中能电缆有限公司	菱塘		
	“跃马”牌钢管	江苏跃马钢管制造有限公司	郭集		

续表 172

名牌称号	产品名称	企业名称	所属地区	认定单位	认定年份
扬州市名牌产品	“中劲”牌特种劳动防护用品（胶粘皮鞋）	扬州市天宇鞋业有限公司	临泽	扬州市质监局	2010
	“宏远”牌铝电解电容器用低压阳极箔	扬州宏远电子有限公司	开发区		
	“科凌”牌手术床	江苏科凌医疗器械有限公司	汤庄		
	“孟星”牌道路照明灯具	扬州市润源灯饰有限公司	送桥		
	“恒祥旭东”牌道路照明器材	江苏恒祥灯饰有限公司	郭集		
	“创新未来”牌定量自动包装机	扬州市创新包装有限公司	高邮		
	“高邮湖”牌速冻虾仁	市秦邮蛋品有限公司	城南新区		
	“图形（白兔）”牌六角厚螺母（细芽）	江苏弘鼎汽车零部件有限公司	汤庄		
	“丰味园”牌饼干	扬州美滋滋食品有限公司			
	“安定”牌路灯	扬州市安定灯饰制造有限公司	郭集		
	“SHELTER”牌橡胶护舷	江苏西尔特橡胶股份有限公司	高邮		
	“洁晨”牌摩托车制动器	市顺达动力机电有限公司	城南新区		
	“宏光及图形”牌单晶硅切片	江苏虹光新能源发展有限公司	天山		
	“耀扬及图形”牌道路照明灯杆	扬州市天虹钢杆照明电器有限公司	天山		
	“承煦（图形）”牌道路照明灯	江苏承煦照明电气有限公司	天山		

品牌商标建设

全市乡镇工业大力开展品牌商标建设，在引导企业申报各类商标注册的同时，争获商标品牌，并努力扩大品牌效应，提高产品市场覆盖率。到2009年，全市累计获扬州市以上品牌商标57件。除“国家证明商标”称号1件（高邮鸭蛋）外，其中，获“中国驰名商标”称号3件，“江苏省著名商标”称号18件，“扬州市知名商标”称号35件。

全市灯具产业集群注重商标品牌培育，集群企业拥有的注册商标从2006年的86件发展到2008年的186件。其中，江苏省著名商标3件，扬州市知名商标4件。2010年，市灯具产业集群被省工商局、省商标协会确认为首批江苏省产业集群品牌培育基地。同年，市灯具行业协会申报的“靓路”牌集体商标通过国家工商局确认。

表 173

高邮市乡镇（区）工业企业品牌商标一览表

商标类别	商标名称	企业名称	所属地区	认定机构	认定年份
集体商标	靓路	市灯具行业协会		国家工商局商标局	2010
驰名商标	双兔及图形	江苏双兔食品股份有限公司	周山	湖北黄冈中级人民法院	2007
	HUAFU 及图形	江苏华富能源股份有限公司	高邮	哈尔滨中级人民法院	2007
	HUAFU	江苏华富能源股份有限公司	高邮		2007
	沙龙	沙龙集团股份有限公司	开发区	国家工商局商标局	2010

续表 173

商标类别	商标名称	企业名称	所属地区	认定机构	认定年份
著名商标	三湖及图形	市三湖蛋品有限公司	汉留	江苏省工商局	2004
	红太阳及图形	市红太阳食品有限公司	城南新区		2004
	苏发	市声光器材厂	郭集		2005
	强菱	扬州曙光电缆有限公司	菱塘		2005
	赛德	江苏赛德电气有限公司	郭集		2005
	双兔及图形	江苏双兔食品股份有限公司	周山		2006
	HUAFU 及图形	江苏华富能源有限公司	高邮		2006
	图形	沙龙集团股份有限公司	开发区		2006
	超及图形	市液压成套设备有限公司	汤庄		2007
	和字	扬州市红旗电缆制造有限公司	菱塘		2008
	宇龙	江苏龙腾照明器材有限公司	送桥		2008
	邮王	市卫星卷烟材料有限公司	高邮		2008
	阳液	江苏朝阳气动液压机械集团有限公司	汤庄		2008
	宇菱及图形	扬州光明电缆有限公司	菱塘		2009
	神煜及图形	江苏托普照明有限公司	郭集		2009
	邮星	市邮星食品有限公司	高邮		2009
	耀扬	扬州市天虹钢杆照明电器有限公司	天山		2010
	昊天龙	江苏天龙照明电器有限公司	郭集		2010
	图形	江苏承煦照明电气有限公司	天山		2010
	秦邮	市秦邮蛋品有限公司	城南新区		2010
知名商标	图形	沙龙制衣股份有限公司	龙虬	扬州工商局	2004
	双兔及图形	江苏双兔食品股份有限公司	周山		2005
	三湖及图形	市三湖蛋品有限公司	汉留		2005
	秦邮	市秦邮蛋品有限公司	城南新区		2005
	千连	江苏广源电线电缆有限公司	开发区		2005
	红太阳及图形	市红太阳食品有限公司	城南新区		2005
	苏发	市声光器材厂	郭集		2005
	强菱	扬州曙光电缆有限公司	菱塘		2005
	赛德	江苏赛德电气有限公司	郭集		2005
	月思恋及图形	扬州市月思恋妇幼保健卫生用品有限公司	开发区		2006
	林杉风	扬州市恒丰制衣有限公司	高邮		2006
	邮星	市邮星食品有限公司	高邮		2006
	戚伍 QIWU	市西湖水产品加工厂	开发区		2006
	超及图形	市液压成套设备有限公司	汤庄		2007

续表 173

商标类别	商标名称	企业名称	所属地区	认定机构	认定年份
知名商标	宇龙	江苏龙腾照明器材有限公司	送桥	扬州工商局	2007
	邮王	市卫星卷烟材料有限公司	高邮		2007
	和宇	扬州市红旗电缆制造有限公司	菱塘		2008
	好光景	扬州市伏特钢杆照明有限公司			2008
	宇菱及图形	扬州光明电缆有限公司	菱塘		2009
	神煜及图形	江苏托普照明有限公司	郭集		2009
	秦邮及图形	市高农机械配件有限公司	龙虬		2009
	路友及图形	扬州市宝德照明器材有限公司	送桥		2009
	景源及图形	扬州金源灯饰有限公司	郭集		2009
	耀扬及图形	扬州市天虹钢杆照明电器有限公司	天山		2009
	星慧智 XINGHUIZHI	扬州市星慧照明有限公司	送桥		2009
	鼎信及图形	扬州市现代照明电器有限公司	送桥		2009
	兴泰 XINGTAI	扬州市兴泰钢杆照明器材有限公司	郭集		2009
	SH 昊	扬州松山机电有限公司	送桥		2009
	BAOERTE	扬州市宝尔特钢杆电器有限公司	郭集		2009
	恒祥旭东	江苏恒祥灯饰有限公司	郭集		2009
	冬知音 DongZHiYin	沙龙集团股份有限公司	开发区		2009
	SUPERMATE	扬州恒力鞋业有限公司	天山		2009
	万嘉及图形	市万嘉面粉有限公司	临泽		2009
	飞花	江苏飞花灯饰制造有限公司	郭集		2010
	跃马	江苏跃马钢管制造有限公司	郭集		2010
	图形	扬州市国光照明电器有限公司	郭集		2010
	甓社湖	市应天水产有限公司	高邮		2010
	图形	江苏承煦照明电气有限公司	天山		2010
	润达	扬州立达树脂有限公司	天山		2010
	文达	扬州市文达照明电器有限公司	天山		2010
	王通及图形	江苏长城电缆有限公司	菱塘		2010

2010 年，全市新增中国驰名商标 1 件、江苏省著名商标 4 件、扬州市知名商标 8 件，沙龙制衣股份有限公司图形商标被认定为中国驰名商标。

申报科技项目

20 世纪 80 年代后期至 90 年代初期，高邮乡镇工业一些科技项目开始被列入县科研计划，也有个别项目被列入省和扬州市科研计划。1991 年，市第二化工厂的“PVC 石英地砖”项目被列入省指导性科研计划；伯勤仿古陶瓷厂的“青瓷色釉仿古瓷”项目被列入扬州市指令性科研计划。1992 年，一批乡镇工业企业科技项目分别被列入市工业科技计划、扬州市科技新产品试制计划和省新产品试制计划。其中,市承州钢管探伤设备厂的四通道超声波钢管探伤机项目、市助剂厂的DCB腈纶荧光增白剂项目、三垛化工厂的固体聚合氯化铝(PAC-S)项目、市长城通用机械厂的NHJ-1000型粘合机项目、市青春塑料厂的尼龙抛光研磨轮项目及市农机修造厂的QDX型单相泵和CZ型离心泵项目等被列入扬州市科技新产品试制计划;市琼花压电元件厂的压电陶瓷点火元件项目和市长城通用机械厂的NHJ-1000型粘合机项目被列入省新产品试制计划。1994年,市通用过滤机厂的TYTSOL-HY2000高浓稀释机项目和市电缆厂的热塑弹性体耐曲扰扁平电缆项目被列入国家级新产品试制计划,实属乡镇工业首次。1996年,扬州曙光电缆厂的计算机屏蔽电缆被列入国家级重点新产品试制鉴定计划。

1991年,市冠生蜂乳厂的蜂王浆冻干粉项目被列入利用世界银行贷款“星火”项目,外汇总额45万美元,开全市“星火”项目先河。1992年,天山乡兴华光电线缆厂的光纤电缆项目被列入国家“火炬”计划,争取科技贷款900万美元,成为全市工业科技项目列入国家“火炬”计划第一家。接着,市建筑工程机械厂FJZ12型自装式翻斗车项目被列入省1993年“星火”计划;市琼花压电元件厂压电陶瓷点火元件项目和市承州钢管探伤设备厂四通道管材超声波探伤机项目被列入省1993年“火炬”计划。1994年,全市工业有4个项目列入国家“星火”“火炬”计划。其中,乡镇工业占3项。扬州市曙光电缆厂的“计算机用屏蔽控制电缆”项目被列入国家“星火”计划;市环保设备制造厂的全自动控制有机气体催化净化装置项目和扬州市兴华光电线缆厂的高性能通讯光缆项目被列入国家“火炬”计划。

1996年10月,市被国家科委批准加入沿江“火炬”高新技术产业开发带。其中,市华翔实业有限公司的彩色压电陶瓷项目被列入启动项目。2003年,根据省相关精神,为力争纳入苏北“星火”带建设,市委托上海电缆研究所、电子科学研究院二十三所编制高邮市电线电缆产业前瞻性规划;确定以扬州市曙光电缆厂为核心,充实提升企业工程技术研究中心,充分体现高、特、新、优产业特色。经申报、评审和认定,市电线电缆产业纳入苏北“星火”带科技先导型支柱产业建设。

2000年,扬州市曙光电缆厂的计算机网络交联阻燃屏蔽控制电缆获批国家科技型中小企业技术创新基金项目。2009年,全市共有6项科技项目获批国家科技型中小企业技术创新基金。其中,扬州华美丙纶纺织有限公司自主创新产品“过滤用高吸附性聚丙烯裂纹纤维”被列为国家科技型中小企业技术创新基金重点项目,也是全市首个国家创新基金重点项目。

2003年,全市有8个项目被列为科技部产业化环境建设贷款项目。其中,乡镇工业达7个。

2004年,扬州曙光电缆有限公司承担的高落差型抗紫外线特种电力电缆研究与开发项目和江苏华能电缆有限公司承担的高强度石油承荷测控电缆产业化工艺技术研究与产品开发项目,分别被列入省科技攻关计划项目,并获得省科技厅无偿资助53万元。2005年,有4个项目被省批准立项,并予以无偿资助。其中,江苏顺大半导体发展有限公司承担的太阳能级大尺寸单晶硅工艺技术开发及产业化项目系新领域项目的突破。此外,扬州宏远电子有限公司的“高比容低压电极箔”项目获得省科技成果转化专项资金支持1400万元,为全市历年获得科技无偿拨款的最大单体项目。2006年,江苏顺大半导体发展有限公司的太阳能级多晶硅料制备的关键技术开发及规模产业化和市双兔米业有限公司的米乳和米糠营养素、米糠营养纤维产业化两个项目获得省重大科技成果转化专项资金科技无偿拨款3900万元,列扬州市第一,创全省县级市之最。

市双兔米业有限公司、扬州曙光电缆有限公司、江苏华能电缆有限公司(2005年)及扬州市亚光电缆有限公司(2006 年)等企业获批为省“星火”龙头企业。

2008 年,江苏双兔食品股份有限公司的稻米副产品深加工米乳产业化和扬州市新港电机有限公司的高效无刷方形同步发电机、市华胜机电制造有限公司的刀片随机体升降式精密台锯等项目,还分别被列入国家重点“星火”“火炬”计划。

2010 年,全市有 10 项项目获批为省科技成果转化风险补偿专项资金贷款项目,共获得科技成果转化风险补偿专项资金贷款 2200 万元。另有 3 项项目获批为省重大科技成果转化资金项目,即江苏华富控股集团有限公司的电动汽车用新型无镉高能铅蓄电池研发及产业化、扬州宏远电子有限公司的特高压铝电解电容器用高性能电极箔材料的关键技术研发及产业化、市林源科技开发有限公司的 4MW 高效生物质固定床气化发电成套技术开发及关键设备产业化等,共获得省重大科技成果转化资金 1800 万元。

除此之外,这一时期,还有一些乡镇(区)工业企业在省基础研究计划(自然科学基金)项目、国际科技合作计划项目、科技支撑计划(工业)项目、创新资金项目、产学研联合创新资金项目、科技无偿资金项目和科技支撑计划(农业)项目、国家科技人员服务企业项目等方面都有所斩获。

表 174

1991—2010 高邮市乡镇(区)工业企业承担省级以上“星火”“火炬”计划项目一览表

年份	项目名称	承担企业	项目类别
1991	蜂王浆冻干粉	市冠生蜂乳厂	星火(世界银行)
1991	利用微机控制拖拉机花键轴生产技术开发	高邮农配二厂	星火(省建行)
1992	光纤电缆	天山乡兴华光电线缆厂	火炬(国家)
1993	FJZ12 型自装式翻斗车	市建筑工程机械厂	星火(省)
1993	压电陶瓷点火元件	市琼花压电元件厂	火炬(省)
1993	四通道管材超声波探伤机	市承州钢管探伤设备厂	火炬(省)
1994	计算机用屏蔽控制电缆	扬州市曙光电缆厂	星火(国家)
1994	全自动控制有机气体催化净化装置	市环保设备制造厂	火炬(国家)
1994	高性能通讯光缆	扬州市兴华光电线缆厂	火炬(国家)
1994	优质轻量尼龙斜交胎	扬州神力橡胶厂	星火(省)
1994	计算机用屏蔽控制电缆	扬州市曙光电缆厂	星火(省)
1994	高强度铝合金减震器	市长江压铸厂	星火(省)
1994	阻燃光缆	扬州市兴华光电线缆厂	火炬(省)
1994	辐照交联电信电缆	市电缆厂	火炬(省)
1994	全自动控制有机气体催化净化装置	市环保设备制造厂	火炬(省)
1994	压电陶瓷点火元件	市琼花压电元件厂	火炬(省)
1995	JB 型家用多功能带锯机	扬州市飞达电机仪表公司	星火(国家、省)
1995	PV-IV 型聚氨酯皮革涂饰剂	扬州市神龙皮革化工公司	火炬(省)
1996	PV-IV 型聚氨酯皮革涂饰剂	扬州市神龙皮革化工公司	火炬(省)

续表 174

年份	项目名称	承担企业	项目类别
1997	彩电压电陶瓷	高邮华翔实业有限公司	星火(省)
	船用特种电缆	市光明电缆厂	
	防爆型测控电缆	市红旗电缆厂	
	XFQ-1 型斜井防跑器	市东方动力厂	
	阀控密封铅酸蓄电池	市华富蓄电池有限公司	火炬(省)
1998	多层高强瓦楞纸箱	高邮镇包装厂	星火(国家)
	低烟无卤绝缘电缆	扬州扬子电缆厂	火炬(国家)
	系列便携式焊割机	市伯勤焊割机厂	星火(省)
	二氧化碳回收机	市通用过滤机厂	火炬(省)
1999	电子计算机网络用交联阻燃屏蔽测控电缆	扬州市曙光电缆厂	火炬(国家)
	浆液阀	市朝阳气动液压机械厂	星火(省)
	低烟低卤聚氯乙烯电缆料	扬州市三川实业有限公司	
	湿法超细丙纶着色母粒	扬州市虹光化工有限公司	火炬(省)
	抗氧化颗粒状间笨二胺	市新光化工厂	
2000	聚氯乙烯尼龙护套组合绝缘电线电缆	江苏圆通电缆有限公司	星火(国家)
	阻燃交联聚乙烯绝缘电子计算机测控电缆	扬州市曙光电缆厂	
	火车牵引用阀拉式密封蓄电池	扬州市华富实业集团有限公司	
	铝电解电容器电极箔	扬州宏远电子有限公司	
	通信用高密度聚乙烯(HDPE)硅芯管	市鸿信线路器材厂	火炬(国家)
	3A 型特种船用电缆	扬州市光明电缆有限公司	
	本安型屏蔽测控电缆	扬州红旗电缆制造有限公司	
	隔氧层消防电缆	江苏华能电缆有限公司	
	新型水煤气管路系统、铝塑复合管	扬州市华达机械有限公司	火炬(省)
	聚氨酯泡沫填缝剂	扬州市神龙化工有限公司	
	通信用高密度聚乙烯(HDPE)硅芯管	市鸿信线路器材厂	
	全介质自承式(ADSS)光缆	江苏中山电缆厂	
	3A 型特种船用电缆	扬州市光明电缆有限公司	
	本安型屏蔽测控电缆	扬州市红旗电缆制造有限公司	
	隔氧层消防电缆	江苏华能电缆有限公司	

续表 174

年份	项目名称	承担企业	项目类别
2001	防白蚁信号传输网络测控电缆	扬州市红旗电缆制造有限公司	星火(国家)
	D-核糖	江苏日欣实业集团有限公司	
	高档叠色水墨彩印纸箱	市包装制品有限公司	
	高速公路波形梁钢护栏	扬州市宏发邮电器材厂	
	耐火型交联聚乙烯绝缘电缆	江苏圆通电缆有限公司	
	低烟低卤(防水层)阻燃控制电缆	江苏长城电缆厂	
	隔氧层消防电缆	江苏华能电缆有限公司	火炬(国家)
	核电站用 IE 级 K3 类电力电缆	扬州市曙光电缆厂	火炬(省)
	承荷探测电缆	江苏华能电缆有限公司	
2002	XU6323 摇臂万能铣床	扬州宏越机械有限公司	星火(国家)
	低烟无卤阻燃控制电缆	扬州市曙光电缆厂	
	高载流 1000V 舰船用净化特种电缆	扬州市光明电缆有限公司	火炬(国家)
	甲基-α-D-氨基葡萄糖盐酸盐	江苏日欣实业集团有限公司	
	药用聚烯烃塑料包装制品	市第二塑料厂	星火(省)
	新型瓦楞纸板及纸箱	市包装制品有限公司	
	数控城市景观照明灯制品	市声光器材厂	
	环保型耐腐阻燃屏蔽测控电缆	扬州华城电缆有限公司	
	新型补偿电缆	扬州环宇特种电缆有限公司	
	LGY1500-X 型立式果汁连续压榨过滤机	市通用过滤机厂	火炬(省)
	聚氨酯汽车机械建筑密封胶	扬州神龙化工有限公司	
	低烟低卤(防火层)阻燃控制电缆	江苏长城电缆厂	
	JDD315 型无级调速带锯机	江苏金飞达电动工具有限公司	
	环保型交联电力电缆净化特种电缆	扬州市曙光电缆厂	
2003	电动助力车用胶体环保蓄电池	扬州华富实业有限公司	星火(国家)
	1.4－萘醌	扬州市刘氏化工有限公司	
	高密度聚乙烯碳素单壁波纹管	扬州市鸿信线路器材有限公司	
	防水型计算机网络测控电缆	扬州市曙光电缆厂	
	城市轨道用电缆	江苏赛德电气有限公司	火炬(国家)
	铁路长途通信数字信号特种消防传输电缆	扬州市晨光电缆制造有限公司	
	舰船用轻型无卤耐热特种电缆	扬州市光明电缆有限公司	
	输油监控系统用自控温加热特种信号电缆	扬州市曙光电缆厂	
	AF 自动反冲洗连续过滤机	市通用过滤机厂	星火(省)
	影视灯光设备用阻燃特种软电缆	扬州亚光电缆有限公司	

续表 174

年份	项目名称	承担企业	项目类别
2003	抗氧剂三三O	市科达化工有限公司	火炬(省)
	改性硫酸软骨素	江苏日欣实业集团有限公司	
	高效螺旋荧光节能灯	扬州市高光节能灯具厂	
	矿用防爆型低烟无卤双屏蔽信号测控井筒电缆	扬州市红旗电缆制造有限公司	
	QFC 型有机废气(吸附催化)净化装置	扬州琼花环保工程设备有限公司	
2004	铁道用防鼠型综合屏蔽隔氧层信号传输电缆	扬州市晨光电缆制造有限公司	火炬(国家)
	计算机网络用本安型耐高温抗干扰测控电缆	扬州亚光电缆有限公司	
	石油天然气防火防爆报警电缆	江苏赛德电气有限公司	
	氯化吡唑蒽酮	江苏日欣实业集团有限公司	
	起重器具用高强度特种阻燃软电缆	扬州光明电缆有限公司	
	动力型阀控胶体环保蓄电池	扬州华富实业有限公司	
	电子计算机用低烟(防火层)阻燃电缆	江苏长城电缆厂	星火(省)
	阻水型高强度煤井用测控特种净化电缆	扬州市红旗电缆有限公司	
	地铁用新型无卤低烟阻燃耐火电缆	扬州曙光电缆有限公司	
	环保型高温耐火电缆	江苏圆通电缆有限公司	
	环保聚合物绝缘及护套防白蚁防鼠啮耐温集散型计算机电缆	江苏华能电缆有限公司	
	耐高温硅橡胶绝缘及护套阻燃屏蔽软电缆	扬州环宇特种电缆有限公司	火炬(省)
	RAP－F25B 型阀口定量自动包装机	市创新包装有限公司	
	35Vw、50Vw 高比容低接触电阻阳极箔	扬州宏远电子有限公司	
	超长型高强度竖井用特种电缆	扬州曙光电缆有限公司	
2005	微量营养素强化大米	市双兔米业有限公司	星火(国家)
	综合防护型组合屏蔽数字信号铁路电缆	扬州晨光电缆制造有限公司	
	超长型高强度光电复合测控电缆	扬州曙光电缆有限公司	
	影视演播场所自控系统用高阻燃环保型软电缆	扬州亚光电缆有限公司	
	轻型无卤耐热船用电缆	扬州光明电缆有限公司	
	硅橡胶计算机电缆	江苏华润电缆有限公司	
	新型低电容煤井用数字测控特种信号电缆	扬州市红旗电缆制造有限公司	
	综合铠装无卤阻燃耐火船用电缆	扬州光明电缆有限公司	火炬(国家)
	63 伏工作电压－100 伏工作电压高比容阳极箔	扬州宏远电子有限公司	
	氟尼酸钠盐	市光明化工厂	
	TS355 多功能水槽切割机	扬州和益电动工具有限公司	

续表 174

年份	项目名称	承担企业	项目类别
2005	超长型高强度光电复合测控电缆	扬州曙光电缆有限公司	星火(省)
	新型低电容煤井用数字测控特种信号电缆产品	扬州市红旗电缆制造有限公司	
	轻型无卤耐热船用电缆	扬州光明电缆有限公司	
	影视演播场所自控系统用高阻燃环保型软电缆	扬州亚光电缆有限公司	
	微量营养素强化大米产业化	市双兔米业有限公司	
	综合防护型组合屏蔽数字信号铁路电缆	扬州市晨光电缆制造有限公司	
	硅橡胶计算机电缆	扬州市华润电缆厂	
	TS355 多功能水槽切割机	扬州和益电动工具有限公司	火炬(省)
	LCS－C 型真空抽气式定量自动包装机	市创新包装有限公司	
	63Vw－100Vw 高比容阳极箔	扬州宏远电子有限公司	
	氟尼酸钠盐	市光明化工厂	
	转杯纺丙纶中长型粗纺纱	高邮华美丙纶纺织有限公司	
	综合铠装无卤阻燃耐火船用电缆	扬州光明电缆有限公司	
	QSF 型整体式(四元体)供热净化装置	扬州琼花环保工程设备有限公司	
2006	米糠营养素	市双兔米业有限公司	星火(国家)
	电磁线用绝缘粉末涂料	扬州三川实业有限公司	
	抗电磁脉冲柔软型电缆	扬州曙光电缆有限公司	
	交联聚乙烯绝缘低烟无卤阻燃铁路信号电缆	扬州市晨光电缆制造有限公司	
	油气管线用防爆型测控电缆	扬州亚光电缆有限公司	
	耐寒耐候树脂变频电缆	扬州华润电缆厂	
	阻水型抗干扰测控电缆	扬州华城电缆有限公司	火炬(国家)
	单相无刷同步发电机	扬州市新港电机有限公司	
	N－苄氧羰基－L－缬氨酸	扬州宝盛生物化工有限公司	
	米糠营养素	市双兔米业有限公司	星火(省)
	抗电磁脉冲柔软型电缆	扬州曙光电缆有限公司	
	高强度石油承荷测控电缆	江苏华能电缆有限公司	
	煤井用复合传输干线电缆	扬州市红旗电缆制造有限公司	
	油气管线用防爆型测控电缆	扬州亚光电缆有限公司	
	钻井平台用耐油泥防腐型特种仪表通信电缆	扬州光明电缆有限公司	
	交联聚乙烯绝缘低烟无卤阻燃铁路信号电缆	扬州市晨光电缆制造有限公司	
	耐寒耐候树脂变频电缆	扬州华润电缆厂	
	污水处理用抗老化耐腐特控电缆	江苏长城电缆厂	
	本安型抗干扰特种数字补偿电缆	扬州环宇特种电缆有限公司	
	电磁线用绝缘粉末涂料	扬州三川实业有限公司	

续表 174

年份	项目名称	承担企业	项目类别
2006	G4012 液压控制卧式带锯床	扬州和益电动工具有限公司	火炬(省)
	单相无刷同步发电机	扬州市新港电机有限公司	
	N－苄氧羰基－L－缬氨酸	扬州宝盛生物化工有限公司	
	阻水型抗干扰测控电缆	扬州华城电缆有限公司	
	N－乙酰－D－氨基葡萄糖	江苏日欣实业集团有限公司	
	新型矿用高速率屏蔽对称数字信号电缆	扬州苏能电缆有限公司	
	PP 无泡过滤芯	高邮华美丙纶纺织有限公司	
2007	抗干扰阻燃船用组合软电缆	扬州光明电缆有限公司	星火(国家)
	变频电机用抗电晕引接电缆	扬州曙光电缆有限公司	
	托卡马克用耐高温防辐射导线	江苏赛德电气有限公司	
	石油勘探用耐高温抗压防腐电极电缆	江苏华能电缆有限公司	
	煤井智能甲烷传感器用信号测控电缆	扬州市红旗电缆制造有限公司	
	超临界发电中枢控制系统用综合屏蔽电缆	江苏长城电缆有限公司	
	高阻燃环保型钢丝铠装舰船用特种控制电缆	扬州市红旗电缆制造有限公司	火炬(国家)
	污水处理用耐腐特控电缆	江苏长城电缆有限公司	
	数控机床拖链系统专用高柔性能源电缆	扬州市晨光电缆制造有限公司	
	高纯度 α－茄尼醇	扬州日兴生物化工制品有限公司	
	6－氯－1－己醇	市有机化工厂	
	中压电极箔	扬州宏远电子有限公司	
	小型单相有刷同步发电机	扬州市新港电机有限公司	
	电动车用环保型密封胶体蓄电池	江苏华富能源股份有限公司	
	8 英寸单晶硅棒	江苏顺大半导体发展有限公司	
	PP 无泡过滤芯	扬州华美丙纶纺织有限公司	
	变频电机用抗电晕引接电缆	扬州曙光电缆有限公司	星火(省)
	石油勘探用耐高温抗压防腐电极电缆	江苏华能电缆有限公司	
	OIM 高效微生物复合肥	扬州市森大肥业有限公司	
	新型微生物水环境改良剂	扬州市绿科生物技术有限公司	
	托卡马克用耐高温防辐射导线	江苏赛德电气有限公司	
	抗干扰阻燃船用组合软电缆	扬州光明电缆有限公司	
	阻燃屏蔽钢丝铠装高温防腐耐油计算机电缆	扬州华润电缆厂	
	煤井智能甲烷传感器用信号测控电缆	扬州市红旗电缆制造有限公司	
	超临界发电中枢控制系统用综合屏蔽电缆	江苏长城电缆有限公司	
	烟尘脱硫用环保型耐温特控电缆	扬州恒辉电缆有限公司	

续表 174

年份	项目名称	承担企业	项目类别
2007	高阻燃环保型钢丝铠装舰船用特种控制电缆	扬州市红旗电缆制造有限公司	火炬(省)
	钻井平台用防泥浆耐火电缆	扬州光明电缆有限公司	
	污水处理用耐腐特控电缆	江苏长城电缆有限公司	
	耐候耐腐自浮式船用信号电缆	扬州中能电缆有限公司	
	数控机床拖链系统专用高柔性能源电缆	扬州市晨光电缆制造有限公司	
	高纯度 α - 茄尼醇	扬州日兴生物化工制品有限公司	
	6 - 氯 - 1 - 己醇	市有机化工厂	
	高纯度药用级三甲基碘硅烷	扬州三友合成化工有限公司	
	中压电极箔	扬州宏远电子有限公司	
	环保型数字巡回检测特种屏蔽电缆	扬州恒辉电缆有限公司	
	LF1000 - 10 多功能折叠式复合锯	江苏金飞达电动工具有限公司	
	小型单相有刷同步发电机	扬州市新港电机有限公司	
	电动车用环保型密封胶体蓄电池	江苏华富能源股份有限公司	
	新型变频器用主回路电缆	扬州亚光电缆有限公司	
	PP 无泡过滤芯	扬州华美丙纶纺织有限公司	
2008	N - 丙酰氨基葡萄糖产业化	扬州日兴生物科技股份有限公司	星火(国家)
	冰鲜鹅的研发与产业化	扬州天歌鹅业发展有限公司	
	稻米副产品深加工米乳产业化	江苏双兔食品股份有限公司	
	扬州包子专用粉加工关键技术研究与新产品开发	市万嘉面粉有限公司	
	船用对称式控制及仪表回路用特种电缆	扬州光明电缆有限公司	火炬(国家)
	舰船用防火环保型复合屏蔽铠装信号传输电缆	扬州市红旗电缆制造有限公司	
	发光阻燃矿用电缆	江苏赛德电气有限公司	
	无卤聚烯烃绝缘复合树脂护套耐酸碱监控电缆	江苏长城电缆有限公司	
	高强度石油承荷测控电缆	江苏华能电缆股份有限公司	
	高纯度三甲基溴硅烷	扬州三友合成化工有限公司	
	双(对氯苯基) - 1,4 - 二酮吡咯并吡咯	市助剂厂	
	JC70D - 2 石油钻机用电动绞车	市华兴石油机械制造有限公司	
	RMTY - 15 塔式脱氧(冷热式)与高浓稀释系统	扬州润明轻工机械有限公司	
	LCS - 1000 - T 型吨袋定量自动包装机	扬州市创新包装有限公司	
	超压溢流保护电动液压劈木机	扬州市威高机电有限公司	
	高效无刷方形同步发电机	扬州市新港电机有限公司	
	刀片随机体升降式精密台锯	市华胜机电制造有限公司	
	WGLY - 1 型高合金室式固溶热处理炉淬火机	江苏朝阳气动液压机械集团有限公司	
	新型纳米阻燃抗干扰控制电缆	扬州曙光电缆有限公司	

续表 174

年份	项目名称	承担企业	项目类别
2008	防腐耐候抗拉特种屏蔽架空电缆	江苏广源电线电缆有限公司	火炬(国家)
	1－氯－3－甲氧基丙烷	市有机化工厂	
	纳米聚合物太阳能储能电池	江苏华富能源股份有限公司	
	HZL 型有机气体直燃式净化装置及供热系统	扬州市恒通环保科技有限公司	
	高性能低压电极箔	扬州宏远电子有限公司	
	自动复位式卧式液压劈柴机	扬州和益电动工具有限公司	
	MJ10250 多功能激光木工圆锯机	江苏金飞达电动工具有限公司	
2010	船用测控系统用低烟无卤低毒特种电缆	扬州光明电缆有限公司	火炬(国家)
	超临界发电消防报警系统用电缆	江苏长城电缆有限公司	
	煤矿安全监控系统用阻燃防爆信号电缆	扬州苏能电缆有限公司	
	环保型移动用防火屏蔽软电缆	扬州亚光电缆有限公司	
	防雪抗冰冻环保仪表控制电缆	江苏赛德电气有限公司	
	功能性壳聚糖	扬州日兴生物科技股份有限公司	
	耐腐蚀特种电缆	扬州曙光电缆有限公司	
	高落差细钢丝铠装耐高温防火电缆	扬州恒辉电缆有限公司	
	全自动高纯度二氧化碳回收装置	扬州润明轻工机械有限公司	
	800MI 石油钻机用集成高效自动化动力绞车	市华兴石油机械制造有限公司	
	新型高效地埋式太阳能储能电池	江苏华富控股集团有限公司	
	TH170M 新型高效单晶硅光伏电池组件	扬州天华光电科技有限公司	
	太阳能发电用无卤抗紫外线柔性电缆	扬州市中能电缆有限公司	

2005—2010 年高邮市乡镇(区)工业企业获批部分省级科技项目情况表

表 175

项目类别	项目名称	承担企业	所属地区	获得资金	获批年份
国际合作计划项目	800MI 石油钻机用集成高效自动化动力绞车研发	市华兴石油机械制造有限公司	开发区	10	2008
	高效能太阳能光伏高频无极灯	扬州中兴照明投资股份有限公司	郭集	20	2009
	耐压 660V 以上高性能电极箔产业化	扬州宏远电子有限公司	开发区		
基础研究计划(自然科学基金)项目	新一类有机体构筑多孔材料及其性能的应用研究	扬州三友合成化工有限公司	菱塘	5	2008
	新型太阳能储能蓄电池关键技术的应用与研究	江苏华富控股集团有限公司	高邮	5	2009

续表 175

项目类别	项目名称	承担企业	所属地区	获得资金	获批年份
科技成果转化风险补偿专项资金贷款项目	太阳能(风能)发电用稀土深循环胶体储能电池	扬州欧力特电源有限公司	开发区	2200	2010
	核电站用ⅠE级电缆	江苏赛德电气有限公司	郭集		
	磁场可控定子永磁型风力发电机组	扬州市新港电机有限公司	高邮		
	智能电网用复合屏蔽本安型无卤测控电缆	扬州恒辉电缆有限公司	菱塘		
	机器人码垛全自动包装生产线	扬州市创新包装有限公司	高邮		
	电油混合动力车用控制系统项目	市金丰机电有限公司	高邮		
	全自动防水闸门	扬州高扬机电制造有限公司	开发区		
	煤矿用自动监测巡回控制信号电缆	扬州苏能电缆有限公司	菱塘		
	船用对称式控制及仪表回路用电缆	扬州光明电缆有限公司	菱塘		
	高效节能灯管高速自动生产线	江苏浩明光电科技股份有限公司	高邮		
重大科技成果转化资金项目	高比容低压电极箔	扬州宏远电子有限公司	开发区	1400	2005
	电动汽车用新型无镉高能铅蓄电池研发及产业化	江苏华富控股集团有限公司	高邮	1800	2010
	特高压铝电解电容器用高性能电极箔材料的关键技术研发及产业化	扬州宏远电子有限公司	开发区		
	4MW高效生物质固定床气化发电成套技术开发及关键设备产业化	市林源科技开发有限公司	界首		
产学研联合创新资金项目	优良食味低谷蛋白功能稻新品种(系)开发利用	江苏双兔食品股份有限公司	周山	100	2010
	新型壳寡糖植物生长调节剂研究	扬州日兴生物科技股份有限公司	高邮		
创新资金项目	用于养殖水体生物修复的高效安全水质改良剂	扬州市绿科生物技术有限公司	开发区	100	2009
	500W太阳能光伏发电控制逆变器	扬州沃尔特绿色能源有限公司	开发区		
	用于新型头孢类药物合成的有机硅保护剂	扬州三友合成化工有限公司	菱塘		
	高血压新药阿利克伦关键中间体-3-氯丙基甲基醚	扬州市普林斯化工有限公司	郭集		
	太阳能(风能)发电用稀土深循环胶体储能电池研究与开发	扬州欧力特电源有限公司	高邮	25	2010
科技支撑计划(工业)项目	光伏太阳能-28吋涂层石英坩埚研发	扬州华尔光伏科技有限公司	甘垛	60	2009
	纳米级耐高温陶瓷化硅胶的研发	扬州亚光电缆有限公司	菱塘	60	2010
科技支撑计划(农业)项目	优良食味高产水稻新品种选育及产业化开发	江苏双兔食品股份有限公司	周山	70	2008
	罗氏沼虾即食调理食品关键技术研究与产业化	市秦邮蛋品有限公司	城南新区	30	2010

2000—2010年高邮市乡镇(区)工业企业获得国家科技型中小企业技术创新基金项目情况表

表 176

年份	企业名称	项目名称	无偿资金(万元)	所属地区
2000	扬州市曙光电缆厂	计算机网络交联阻燃屏蔽控制电缆	100	菱塘
2001	江苏华能电缆有限公司	隔氧层消防电缆	70	高邮
2004	扬州宏远电子有限公司	高比容硬态腐蚀低压阳极箔	60	开发区

续表 176

年份	企业名称	项目名称	无偿资金（万元）	所属地区
2005	市创新包装有限公司	LCS－50－C 型超轻细粉体定量自动包装系统	—	高邮
	市华美丙纶纺织有限公司	BF1200tex 转杯纺丙纶粗纺纱		城南新区
	江苏顺大半导体发展有限公司	φ210mm 太阳能级单晶硅		天山
2006	江苏华能电缆有限公司	高强度石油承荷测控电缆		高邮
2008	扬州市星火太阳能照明有限公司	太阳能照明低压钠灯	60	天山
2009	扬州中兴照明股份有限公司	太阳能光伏照明高效能高频无极灯	475	郭集
	扬州市绿科生物技术有限公司	用于养殖水体生物修复的高效安全水质改良剂		开发区
	扬州三友合成化工有限公司	新型医用有机硅保护剂六甲基二硅烷		菱塘
	扬州华美丙纶纺织有限公司	过滤用高吸附性聚丙烯裂纹纤维		城南新区
	扬州沃尔特绿色能源有限公司	500W 太阳能光伏发电控制逆变一体机		开发区
	扬州日兴生物科技股份有限公司	甲壳质资源清洁生产精加工分离提取功能性壳聚糖等衍生品技术		高邮
2010	扬州润明轻工机械有限公司	高效全自动啤酒饮料玻璃瓶清洗整理回收装置	440	横泾
	扬州华尔光电子材料有限公司	直拉硅单晶用 28 英寸国产石英涂层坩埚		开发区
	江苏浩明光电科技股份有限公司	U 型高效节能灯管高速自动生产线		高邮
	扬州市创新包装有限公司	机器人码垛全自动包装生产线		
	扬州市新曙光实业有限公司	核电站用 1E 级耐辐射控制电缆		菱塘

2010 年全市工业获省工业转型升级专项引导资金项目一览表

表 177

项目类型	项目实施单位	项目名称	扶持资金（万元）	所属地区
中小企业发展	扬州宏远电子有限公司	高性能高压电极箔工艺技术及关键设备研发产业化	40	开发区
	市包装制品有限公司	全自动节能型高速瓦楞纸板生产线	60	高邮
	江苏朝阳液压机械集团有限公司	生物质电厂燃料处理设备制造第二期工程	60	汤庄
	市促进中小企业发展服务中心	提供政策咨询、创业培训、融资服务	25	市中小企业局
	扬州市郭集灯具集中区服务中心	新建标准化厂房 1.5 万平方米和配套工程建设	30	郭集
技术改造	江苏金飞达电动工具有限公司	年产 5 万台(套)节能型纵横多向切割复合铝生产线	180	卸甲
	扬州高扬机电制造有限公司	全自动防水闸门 ML7.0Mpa	20	开发区
节能及循环经济	扬州市锦江有色金属有限公司	新型核抗辐射铅纤维丝柔性屏蔽制品生产	100	临泽
	扬州高标机械有限公司	年产 3000 台(套)高效节能型余热回收阀门装置建设	50	汤庄
	扬州华尔光伏科技有限公司	对拉晶工艺过程中的热场装置、循环水制冷系统、晶体生长控制系统等工艺技术节能改造	50	甘垛
	市林源科技发展有限公司	5MW 高效生物质固定床气化发电示范	50	界首
	江苏戚伍水产发展股份有限公司	采用高效环保生产设备升级与工艺改造	50	开发区

培育高新技术企业(产品)

1994年,全市乡镇工业开始把发展高新技术及其产业作为工作重点,大力培育高新技术企业,积极开发高新技术产品,推广高新技术成果,运用高新技术改造传统产业。是年,根据《江苏省发展高新技术条例》和《江苏省高新技术企业认定实施细则(试行)》的规定要求,市兴华光纤电缆厂以及开发生产的"GY型通信光缆",被省科委分别认定为高新技术企业和高新技术产品,实现了全市高新技术企业和高新技术产品"零"的突破。

2000年,根据《江苏省发展科技企业条例》和《江苏省民营科技企业的认定暂行办法》等文件规定,扬州市曙光电缆厂、扬州市新星油墨厂、市新型纺机有限公司、市湖光蛋品厂等4家企业被认定为全市首批省民营科技企业。2008年,江苏顺大半导体发展有限公司、扬州宏远电子有限公司和扬州曙光电缆有限公司被省认定为百强民营科技型企业。

2001年,高邮市着手进行电缆行业数据库的编制,运用信息渠道来推动电(光)缆高新技术产品群的建设,群内新获批省以上高新技术企业1家、高新技术产品3个。2002年,累计有6家高新技术企业和21个高新技术产品。当年电(光)缆高新技术产品销售达5亿元,占该行业总量的60%。

扬州宏远电子有限公司生产车间

扬州宏远电子有限公司在科技创新上不断实现新突破。2004年,公司被认定为省"双密"(外商投资技术密集、知识密集)企业。2005年,被认定为国家火炬计划重点高新技术企业。2009年,获得"江苏省创新型企业"称号。

2007年,江苏赛德电气有限公司、扬州光明电缆有限公司、扬州亚光电缆有限公司、扬州和益电动工具有限公司、扬州市新港电机有限公司、江苏华富能源股份有限公司及扬州宏远电子有限公司等7家企业,被科技部新认定为国家重点高新技术企业。当年底,全市乡镇(区)工业共有44家企业获得省批高新技术企业。

2008年,扬州润明轻工机械有限公司、江苏浩明光电科技股份有限公司、扬州日兴生物科技股份有限公司、扬州宏远电子有限公司、江苏赛德电气有限公司、扬州曙光电缆有限公司、扬州光明电缆有限公司和扬州华美丙纶纺织有限公司等8家企业通过省高新技术企业第二次认定。2009年,江苏华富新能源股份有限公司、市华兴石油机械制造有限公司、江苏朝阳液压机械集团有限公司、扬州高扬机电制造有限公司、扬州恒辉电缆有限公司、扬州市红旗电缆制造有限公司、扬州亚光电缆有限公司、扬州三川实业有限公司、江苏金飞达电动工具有限公司、扬州市新港电机有限公司、江苏科凌医疗器械有限公司、扬州三友合成化工有限公司和江苏长城电缆有限公司等13家企业通过了省高新技术企业新标准认定。

2009年,按照《扬州市推进"千企升级"工程实施意见》,鼓励中小企业在技术创新、产品创新、管理创新等方面加大投入,帮助企业解决"升级"过程中出现的一系列矛盾和困难,一批中小企业在"争先进位、创新发展"中脱颖而出。其中,扬州市恒通环保科技有限公司、扬州市宏飞电缆照明有限公司、扬州市宝德照明器材有限公司、扬州松山机电有限公司、扬州凯普电子有限公司、扬州市普林斯化工有限公司、市秦邮蛋品有限公司、扬州市兴泰钢杆照明器材有限公司、扬州金源灯饰有限公司、扬州市华升线路器材有限公司、市伊兴机械有限公司、扬州中泰能源发展有限公司、市汉升高分子材料有限公司、高邮亚普塑业有限公司、扬州市兴龙塑料有限公司、扬州宝达电器有限公司、江苏天龙照明电器有限公司等17家企业被命名为扬州市“千企升级”示范企业。

2010年，全市有60家工业企业被列为扬州市创新型试点企业。至年底，江苏顺大半导体发展有限公司、扬州曙光电缆有限公司、江苏华富控股集团有限公司、扬州光明电缆有限公司、扬州亚光电缆有限公司、扬州宏远电子有限公司、市华兴石油机械制造有限公司、江苏赛德电气有限公司、江苏科凌医疗器械有限公司、扬州华美丙纶纺织有限公司等10家企业经考核，被列为扬州市创新型企业。同年，江苏华富控股集团有限公司、江苏顺大半导体发展有限公司、扬州日兴生物科技股份有限公司、扬州曙光电缆有限公司、江苏朝阳液压机械集团有限公司、扬州欧力特电源有限公司、扬州亚光电缆有限公司、扬州恒辉电缆有限公司、扬州市红旗电缆制造有限公司等9家企业分别被省列入第二批、第三批“江苏省创新型企业”名单。

2010年，根据《国家火炬计划重点高新技术企业管理办法》，经各级科技部门的组织推荐，科技部火炬中心组织评审，扬州宏远电子有限公司、江苏金飞达电动工具有限公司、江苏朝阳液压机械集团有限公司和江苏华富能源股份有限公司被认定为国家火炬计划重点高新技术企业。同年，江苏华富控股集团有限公司、江苏润华电缆股份有限公司、扬州和益电动工具有限公司、江苏传艺科技有限公司、市卫星卷烟材料有限公司、扬州市刘氏化工有限公司、市助剂厂、扬州欧力特电源有限公司、扬州市中能电缆有限公司和扬州高标机械有限公司等10家企业，经全国高新技术企业认定管理工作领导小组审核，被认定为国家高新技术企业。

到2010年末，全市乡镇（区）工业企业共有省高新技术产品373种。

1994—2007年高邮市乡镇（区）工业省级高新技术企业一览表

表178

年份	高新技术企业名称	所属地区
1994	市兴华光纤电缆厂	天山
1995	市通用过滤机厂	横泾
1996	扬州曙光电缆厂	菱塘
1997	扬州正大集团	汉留
1998	江苏华能电缆总厂	湖滨
	江苏长城电缆厂	菱塘
2001	扬州宏远电子有限公司	开发区
	扬州市鸿信线路器材有限公司	开发区
	扬州市光明电缆有限公司	菱塘
2002	江苏日欣实业集团有限公司	高邮
	扬州华富实业集团有限公司	高邮

续表 178

年份	高新技术企业名称	所属地区
2003	扬州市红旗电缆制造有限公司	菱塘
	扬州亚光电缆有限公司	菱塘
2004	江苏金飞达电动工具有限公司	卸甲
2005	市创新包装有限公司	高邮
	江苏顺大半导体发展有限公司	天山
	扬州和益电动工具有限公司	开发区
	扬州环宇特种电缆有限公司	菱塘
	市有机化工厂	郭集
	扬州市刘氏化工有限公司	八桥
	扬州三川实业有限公司	菱塘
	市助剂厂	高邮
	高邮华美丙纶纺织有限公司	城南新区
	扬州市恒通环保能源工程有限公司	汉留
2006	扬州市新港电机有限公司	高邮
	扬州华润电缆厂	高邮
	扬州市晨光电缆制造有限公司	菱塘
	市光明化工厂	八桥
	扬州苏能电缆有限公司	菱塘
	江苏广源电线电缆有限公司	开发区
2007	扬州日兴生物化工制品有限公司	高邮
	扬州华城电缆有限公司	菱塘
	扬州高扬机电制造有限公司	开发区
	市华胜机电制造有限公司	卸甲
	江苏朝阳液压机械集团有限公司	汤庄
	扬州宝盛生物化工有限公司	天山
	江苏科凌医疗器械有限公司	汤庄
	扬州立达树脂有限公司	天山
	扬州三友合成化工有限公司	菱塘
	江苏苏发照明实业有限公司	郭集
	扬州市中能电缆有限公司	菱塘
	市华兴石油机械制造有限公司	开发区
	市卫星卷烟材料有限公司	高邮
	扬州市明浩电光源厂	高邮

1994—2010 年高邮市乡镇(区)工业省级高新技术产品一览表

表 179

年份	企业名称	高新技术产品名称	所属地区
1994	市兴华光纤电缆厂	GY 型通信光缆	天山
1995	市通用过滤机厂	高压过滤机、精密过滤机组	横泾
1996	扬州曙光电缆厂	计算机屏蔽电缆	菱塘
	市电缆厂	辐射交联电缆	东墩
1997	扬州正大集团	BCD 型全自动有机气体催化净化装置	汉留
	江苏长城电缆厂	绝缘聚乙烯护套分相屏蔽计算机用控制电缆、电气自动化控制阻燃屏蔽电缆	菱塘
1998	江苏华能电缆总厂	交联聚乙烯多芯屏蔽电子计算机电缆、变电站、发电厂用塑料绝缘屏蔽控制电缆	湖滨
1999	市通用过滤机厂	HS-50 二氧化碳回收机	横泾
	市四通铝复合管厂	对接焊铝塑复合管	武安
	扬州市曙光电缆厂	交联聚乙烯绝缘阻燃护套电子计算机控制电缆、低烟无卤阻燃控制电缆	菱塘
	扬州市红旗电缆制造有限公司	防白蚁型信号传输网络阻燃测控电缆、防爆型信号测控电缆	菱塘
2000	市朝阳气动液压机械厂	Z773X、Z73X 型液动浆液阀	汤庄
	扬州市光明电缆有限公司	A 级抗干扰防火净化型舰船用特种电缆	菱塘
	江苏华能电缆有限公司	隔氧层消防电缆	高邮
	市鸿信线路器材厂	通信用高密度聚乙烯(HDPE)硅芯管	开发区
	扬州市曙光电缆厂	额定电压 35KV 及以下铜芯、铝芯交联聚乙烯绝缘电力电缆	菱塘
	扬州宏远电子有限公司	低压电极箔	开发区
2001	扬州市曙光电缆厂	核电站用 IE 级 K3 类电力电缆	菱塘
	江苏华能电缆有限公司	承荷探测电缆、隔氧层消防电缆	高邮
	江苏日欣实业集团有限公司	改性硫酸软膏素、甲基-α-D-氨基葡萄糖盐酸盐	高邮
2002	扬州宏越机械有限公司	XU6323 摇臂万能铣床	车逻
	江苏金飞达电动工具有限公司	JDD315 型无级调速带锯机	卸甲
	扬州市神龙化工有限公司	聚氨酯汽车机械建筑密封胶	天山
	扬州市红旗电缆制造有限公司	矿井监控系统用本安型无卤低烟屏蔽信号电缆	菱塘
	扬州市光明电缆有限公司	无卤低烟低毒舰船用电力电缆	菱塘
	江苏长城电缆厂	低烟低卤(防火层)阻燃控制电缆	菱塘
	扬州市曙光电缆厂	环保型交联电力电缆	菱塘
	扬州华富实业集团有限公司	电动助力车用胶体环保蓄电池、阀控密封免维护蓄电池	高邮
2003	扬州亚光电缆有限公司	影视光源及信号传输用低烟无卤柔性扁平电缆、计算机网络用本安型耐高温抗强干扰测控电缆	菱塘
	扬州红旗电缆制造有限公司	新型低电容煤井用数字测控特种信号电缆	菱塘

续表 179

年份	企业名称	高新技术产品名称	所属地区
2003	扬州市鸿信线路器材有限公司	地下通信管道用高密度聚乙烯碳素复合单硅波纹管	开发区
	扬州市曙光电缆厂	耐燃烧抗干扰测控电缆	菱塘
	江苏长城电缆厂	电子计算机用低烟低卤(防火层)阻燃电缆	菱塘
	江苏日欣实业集团有限公司	改性硫酸软骨素、氯化吡唑蒽酮	高邮
	扬州宏远电子有限公司	35 伏电压和 50 伏电压高比容低接触电阻阳极箔	开发区
	江苏赛德电气有限公司	多点测温精密耐高温屏蔽实偿电缆	郭集
2004	市创新包装有限公司	LCS-(5-50)-C 型(真空抽气式)定量自动包装机	高邮
	市通用过滤机厂	RSMB3020 热收缩膜包装机	横泾
	市有机化工厂	1,3-丙二醇单甲醚	郭集
	扬州明达生物化工有限公司	D-氨基葡萄糖盐酸盐	车逻
	扬州宏远电子有限公司	高比容硬态腐蚀低压阳极箔	开发区
	扬州市刘氏化工有限公司	1,4-萘醌	八桥
	高邮苏豪茧丝有限公司	雄蚕丝(采用荧光自动分离判性雄蚕茧技术生产)	菱塘
	扬州曙光电缆有限公司	超长型高强度光电复合测控电缆	菱塘
	江苏长城电缆厂	环保型低烟低毒计算机网络用电缆	菱塘
	江苏赛德电气有限公司	城市轨道用电缆	郭集
	扬州光明电缆有限公司	舰船用低烟无卤低毒通信仪表及电子设备电缆	菱塘
	扬州环宇特种电缆有限公司	计算机网络用阻燃耐高温硅橡胶绝缘测控电缆	菱塘
	扬州市晨光电缆制造有限公司	铁路长途通信数字信号特种消防传输电缆	菱塘
	扬州市华润电缆厂	水利工程观测用电缆	高邮
	市环保设备制造厂	QFC 有机废气(吸附催化)净化装置	汉留
	扬州市新港电机有限公司	单机无刷同步发电机	高邮
	扬州苏源电线电缆有限公司	90℃耐候型聚氯乙烯绝缘平行集束架空电缆	开发区
2005	市光明化工厂	氟尼酸钠盐	八桥
	市助剂厂	2.9-二甲基喹吖啶酮	高邮
	高邮华美丙纶纺织有限公司	转杯纺丙纶中长型粗纺纱、PP 无泡过滤芯	城南新区
	扬州华富实业有限公司	纳米硅混溶免维护胶体铅酸蓄电池	高邮
	扬州和益电动工具有限公司	G4012 液压控制卧式带锯床、TS355 多功能水槽切割机	开发区
	江苏顺大半导体发展有限公司	8 英寸单晶硅棒	天山
	市有机化工厂	1-氯-4-甲氧丁烷、6-氯-1-己醇	郭集
	市助剂厂	2-(C)-四氯苯酐-8(N)-四氯苯酐喹啉	高邮
	扬州市恒通环保能源工程有限公司	HZL 型有机气体直燃式净化装置及供热系统	汉留
	江苏日欣实业集团有限公司	N-乙酰-D-氨基葡萄糖	高邮
	扬州立达树脂有限公司	LD-124 分散剂	天山

续表 179

年份	企业名称	高新技术产品名称	所属地区
2005	扬州刘氏化工有限公司	对氰基氯苄、邻氰基氯苄	八桥
	扬州三川实业有限公司	电磁线用绝缘粉末涂料	菱塘
	江苏长城电缆厂	DCS 超临界发电系统用监控电缆	菱塘
	扬州光明电缆有限公司	乙丙橡皮绝缘耐热船用电缆	菱塘
	扬州红旗电缆制造有限公司	耐燃烧抑烟型高速率煤井用特种信号电缆	菱塘
	扬州曙光电缆有限公司	110kV 交联聚乙烯绝缘电力电缆	菱塘
	扬州苏源电线电缆有限公司	750kV 扩径型钢芯铝绞线	开发区
	扬州亚光电缆有限公司	影视灯光及设备用阻燃软电缆	菱塘
	扬州市新港电机有限公司	小型单相有刷同步发电机	高邮
	扬州市恒通环保能源工程有限公司	HRF 型直燃净化混风供热装置	汉留
	扬州市平安数字光电有限公司	LED 太阳能楼道灯	郭集
	扬州华润电缆厂	耐寒耐候树脂变频电缆	高邮
2006	扬州高强电子有限公司	CBB28 双面金属化无感电容器	开发区
	扬州曙光电缆有限公司	变频电机用抗电晕引接电缆	菱塘
	扬州日兴生物化工制品有限公司	α-茄尼醇	高邮
	扬州宏远电子有限公司	63 伏工作电压-100 伏工作电压高比容阳极箔	开发区
	市光明化工厂	4,5-二氯-2-甲基三氟甲苯、邻三氟甲基苯甲醛	八桥
	扬州宝盛生物化工有限公司	N-苄氧羰基-L-缬氨酸	天山
	江苏赛德电气有限公司	托卡马克用耐高温防辐射导线	郭集
	扬州光明电缆有限公司	低烟无卤耐低温船用特种电缆	菱塘
	扬州华城电缆有限公司	计算机网络用辐照交联聚烯烃净化测控电缆	菱塘
	扬州华润电缆厂	阻燃屏蔽钢丝铠装高温防腐耐油计算机电缆	高邮
	扬州市红旗电缆制造有限公司	抗爆高速率矿用信号传输电缆	菱塘
	扬州苏能电缆有限公司	煤井用低电容抗干扰本安防爆信号电缆、煤井用阻水型自动测控信号电缆	菱塘
	扬州亚光电缆有限公司	高阻燃隔氧消防电力电缆	菱塘
	市华胜机电制造有限公司	TC180 激光导向石材切割机	卸甲
	扬州市森大肥业有限公司	OIM 高效微生物复合肥	卸甲
	市有机化工厂	二丙二醇二甲醚	郭集
	扬州市明浩电光源厂	XJG-1200 节能灯管自动生产线	高邮
	江苏长城电缆厂	电厂中枢控制系统用综合屏蔽电缆	菱塘
	市开达机械有限公司	真空吸料式无尘定量包装机	城南新区
	扬州市绿科生物技术有限公司	新型微生物水环境改良剂	开发区
	扬州市刘氏化工有限公司	对甲苯腈	八桥
	扬州市文达防腐材料厂	无溶剂型聚氨酯密封胶	天山

续表179

年份	企业名称	高新技术产品名称	所属地区
2006	江苏苏发照明实业有限公司	SFDJ 风光互补大功率 LED 智能化路灯	郭集
	扬州环宇特种电缆有限公司	高精度耐高温低电容特种补偿电缆	菱塘
	扬州市晨光电缆制造有限公司	综合防护型组合屏蔽数字信号铁路电缆	菱塘
	扬州市中能电缆有限公司	中性自承式海用电缆	菱塘
2007	市华胜机电制造有限公司	傍磁刹车制动装置电机	卸甲
	扬州市高扬机电有限公司	全自动防水闸门、KJC27 型煤矿井口操车系统监控装置	开发区
	扬州宝盛生物化工有限公司	L-谷氨酸二乙酯盐酸盐	天山
	扬州宏远电子有限公司	中压电极箔	开发区
	扬州立达树脂有限公司	乙酰丙酮铝	天山
	江苏华富能源股份有限公司	高分子纳米聚合物蓄电池	高邮
	市金丰机电有限公司	JF-4W350 节能型无刷电机智能控制器	高邮
	江苏苏发照明实业有限公司	SFSEA-70W 太阳能光伏 LED 高效节能灯具	郭集
	扬州市恒源常笑电子电源厂	HY01-H1C-15 磁饱和变压器型互动供电器	高邮
	江苏长城电缆有限公司	污水处理用抗老化耐腐特控电缆、超临界发电消防报警系统用电缆	菱塘
	市卫星卷烟材料有限公司	激光打孔降焦烟用接装纸	高邮
	市有机化工厂	1-溴-3-甲氧基丙烷	郭集
	江苏朝阳液压机械集团有限公司	金属刮板流量计、全自动液压皮带调整器	汤庄
	江苏华能电缆有限公司	石油勘探用耐温抗压防腐电极电缆	高邮
	江苏科凌医疗器械有限公司	KL-D. Ⅳ型电动手术台	汤庄
	江苏赛德电气有限公司	发光阻燃矿用电缆	郭集
	扬州光明电缆有限公司	XLPE 绝缘耐热船用特种电缆	菱塘
	扬州和益电动工具有限公司	自动复位式卧液压劈柴机	开发区
	扬州恒辉电缆有限公司	烟尘脱硫用环保型耐温特控电缆	菱塘
	扬州华城电缆有限公司	防渗型抗干扰测控电缆	菱塘
	扬州华润电缆厂	超低温抗扭曲风力发电专用电缆	高邮
	扬州日兴生物化工制品有限公司	高粘度高密度壳聚糖	高邮
	扬州润明轻工机械有限公司	RMTY 型塔式脱氧(冷热式)与高浓稀释系统	横泾
	扬州市博升科技发展有限公司	BS 型新型高效活性乳化剂	八桥
	扬州市创新包装有限公司	LCS-1000-T 型吨袋定量自动包装机	高邮
	扬州市红旗电缆制造有限公司	高阻燃环保型钢丝铠装舰船用特种控制电缆、舰船用防火环保型复合屏蔽铠装信号传输电缆	菱塘
	扬州市新港电机有限公司	高效无刷方形同步发电机	高邮
	扬州曙光电缆有限公司	变频器专用电力电缆	菱塘
	扬州亚光电缆有限公司	新型变频器用主回路电缆	菱塘
	扬州市威高机电有限公司	CBW-LS5T 型密封液压齿轮泵	高邮

续表 179

年份	企业名称	高新技术产品名称	所属地区
2007	扬州三川实业有限公司	紫外光固化粉末涂料	菱塘
	扬州三友合成化工有限公司	六甲基二硅烷	菱塘
	扬州环宇特种电缆有限公司	环保型防火轨道交通用信号电缆	菱塘
	扬州市晨光电缆制造有限公司	数控机床拖链系统专用高柔性能源电缆	菱塘
	扬州市金阳光电缆有限公司	新型绝缘耐高温抗腐蚀特种测控电缆	菱塘
	扬州市中能电缆有限公司	耐候型水下监测传输用电缆	菱塘
	扬州苏能电缆有限公司	煤矿瓦斯监控系统用耐候型防爆信号电缆	菱塘
2008	市电塑厂	MDC-150B 型环保型便携式工业集尘器	卸甲
	市日星药用辅料有限公司	高纯度-α-玉米朊	三垛
	江苏长城电缆有限公司	去耦电缆、超临界发电中枢控制电子计算机电缆	菱塘
	江苏广源电线电缆有限公司	防腐耐候抗拉特种屏蔽架空电缆	开发区
	江苏金飞达电动工具有限公司	MB1933 型数显压刨机	卸甲
	江苏科意达机械有限公司	WC4 型防爆柴油机无轨胶轮车	甘垛
	扬州宏远电子有限公司	高频低阻抗铝电解电容器用阳极箔	开发区
	扬州市顶新机械设备有限公司	RJY55-16/1450 型架空乘人装置	汤庄
	扬州市金阳光电缆有限公司	变频器用主回路电力电缆	菱塘
	扬州市威高机电有限公司	LS4T 型超压溢流保护电动液压劈木机	高邮
	扬州苏能电缆有限公司	环保型高速率综合屏蔽矿用信号电缆、煤矿井下人员管理系统用防爆信号电缆	菱塘
	扬州中瑞机电设备厂	CBXH-F-400 型电液动插板卸灰阀	汤庄
	市华胜机电制造有限公司	MJ10315 型刀片随机体升降式精密台锯	卸甲
	市华兴石油机械制造有限公司	JC70D-2 石油钻机用电动绞车	开发区
	市有机化工厂	2-(2-氯乙氧基)乙醇、1-溴-2-甲氧基乙烷	郭集
	扬州和益电动工具有限公司	LD230 型高压风机袋式除尘器	开发区
	扬州金邮机电有限公司	1000A 环保智能型便携式汽油发电机组	开发区
	扬州润明轻工机械有限公司	EH-2000 型全自动高纯度二氧化碳回收装置	横泾
	扬州曙光电缆有限公司	新型绝缘及护套阻燃耐火信号电缆、挠性可扭转风能电缆	菱塘
	扬州亚光电缆有限公司	风能发电用耐曲挠高柔性电缆、影视灯光用高阻燃环保型柔性电缆	菱塘
	市金旸工程灯饰有限公司	JY-013 型智能光控移动太阳能路灯	开发区
	江苏朝阳气动液压机械集团有限公司	WGLY-1 型高合金室式固溶热处理炉淬火机	汤庄
	江苏福力特电源有限公司	地埋式太阳能储能电池	高邮
	江苏虹光新能源发展有限公司	HG-M185 型超薄高效单晶硅片	天山
	江苏顺大光伏科技有限公司	SDM-170/X-72M 太阳能电池组件	天山
	扬州恒辉电缆有限公司	抗扭耐寒型屏蔽测控电缆	菱塘

续表 179

年份	企业名称	高新技术产品名称	所属地区
2008	扬州华城电缆有限公司	综合防护型高阻燃计算机网络用特种净化电缆、防渗型抗震高屏测控电缆	菱塘
	扬州华尔光电子材料有限公司	HE-G24 型高纯度光伏环保石英坩埚	开发区
	扬州日兴生物科技股份有限公司	D-氨基葡萄糖盐酸盐	高邮
	扬州三友合成化工有限公司	三甲基碘硅烷	菱塘
	扬州市晨光电缆制造有限公司	电厂、变电站用特屏控制电缆	菱塘
	扬州市红旗电缆制造有限公司	防火型舰船用环保电缆	菱塘
	扬州市星火太阳能照明有限公司	XH-ND55U 型太阳能光伏照明低压钠灯	天山
	扬州市中能电缆有限公司	多功能水下监测传感器用电缆、新型高速率复合屏蔽铠装矿用抗爆信号电缆	菱塘
	扬州一洋制药有限公司	铝镁加混悬液(商品名:安达)	开发区
	扬州中兴照明股份有限公司	ZTE-WD 型高频无极气体放电灯	郭集
	市助剂厂	双(对氯苯基)-1,4-二酮吡咯并吡咯(颜料红 254)	高邮
	江苏华富能源股份有限公司	多元混合胶体储能蓄电池	高邮
	扬州长胜电缆厂	复合聚氯乙烯树脂绝缘防火层高强度电缆	菱塘
	扬州市金马机电制造有限公司	MD305 环保型多功能数控砂轮机	卸甲
	扬州天华光电科技有限公司	TH170M 单晶硅光伏组件	天山
2009	扬州宏远电子有限公司	高压电极箔	开发区
	江苏华富控股集团有限公司	3G 通信基站用阀控式铅酸蓄电池、36V 与 42V 新型无镉一体化高效动力电池	高邮
	扬州市绿科生物技术有限公司	高效安全水质改良剂、高效安全生物净水剂、用于养殖水体病害防治的微生物制剂、降解氨氮和亚硝酸盐生物制剂、用于零排放发酵床的新型微生态制剂	开发区
	扬州市星火太阳能照明有限公司	风力太阳能互补供电路灯	天山
	扬州润明轻工机械有限公司	WB-1000 型水浴式汽化器、RMSPJ-3.6 全自动玻璃瓶整理机	横泾
	江苏长城电缆有限公司	无卤聚烯烃绝缘复合树脂护套计算机电缆、有机硅复合物防火层超临界发电用控制电缆、数字化变电站用特种监控电缆	菱塘
	扬州曙光电缆有限公司	核电站用 1E 级耐辐射控制电缆、矿用抗静电生态型特种信号电缆	菱塘
	江苏赛德电气有限公司	除尘输煤移动抗扭曲控制电缆、新型耐高温抗干扰特种补偿电缆、轨道交通车辆用电缆、防雪抗冰冻环保仪表控制电缆、新型耐高温复合屏蔽铠装计算机网络用电缆	郭集
	扬州光明电缆有限公司	无卤乙丙橡皮绝缘船用特种电缆	菱塘
	扬州市中能电缆有限公司	太阳能发电用无卤抗紫外线柔性电缆、煤矿生产自动过程控制专用电缆	菱塘
	扬州华城电缆有限公司	自动化精密仪表电缆、非金属铠装单心电力电缆、特级耐火型碳素纤维控制电缆	菱塘
	扬州市高升机械有限公司	XFZY-1 智能化多功能悬浮式工程机械座椅	高邮

续表 179

年份	企业名称	高新技术产品名称	所属地区
2009	扬州苏能电缆有限公司	煤与瓦斯突出监控系统用防渗透信号电缆、煤矿安全监控系统用阻燃防爆信号电缆	菱塘
	扬州日兴生物科技股份有限公司	水溶性功能壳聚糖	高邮
	江苏浩明光电科技股份有限公司	U形节能灯管自动化生产线、螺旋形节能灯管自动化生产线	高邮
	扬州亚光电缆有限公司	太阳能电站用电缆、影视灯光设备用防火耐高温环保型柔性软电缆	菱塘
	扬州恒辉电缆有限公司	高落差细钢丝铠装耐高温防火电缆、电厂烟气脱硝用环保型特种电缆	菱塘
	扬州市金阳光电缆有限公司	环保型抗干扰核电站用控制电缆、煤矿安全系统传感器用耐火防爆信号电缆	菱塘
	扬州华尔光伏科技有限公司	ODH型650nm光电转换器、OBH型光波长转换器、OZJ型塑料光纤(POF)650nm光中继器、碳酸钡涂层石英坩埚	甘垛
	扬州中兴照明股份有限公司	250W大功率高频无极气体放电灯、太阳能光伏高频无极灯	郭集
	江苏朝阳液压机械集团有限公司	PS-20型生物质发电秸秆破碎机、JB20A型生物质发电解包烘干机	汤庄
	市华兴石油机械制造有限公司	ZJ40型石油钻机用集成动力绞车、ZJ40/Z250D型节能高效模块化钻机	开发区
	扬州市普林斯化工有限公司	甲基丙烯酸八氟戊酯、L-2-氨基丁酰胺	郭集
	扬州市森大肥业有限公司	克服重茬栽培障碍复合生物有机肥	卸甲
	扬州市红旗电缆制造有限公司	船用网络数据电缆、交联聚乙烯绝缘聚烯烃内套镀锌钢丝编织铠装聚烯烃 外套船用电力电缆	菱塘
	扬州中大电缆有限公司	耐候性耐曲挠风能电缆	菱塘
	扬州市晨光电缆制造有限公司	数控机床拖链系统专用高柔性控制电缆、耐低温防腐抗扭曲高柔电缆	菱塘
	扬州华菱科技发展有限公司	大功率LED工矿隧道灯	菱塘
	扬州和益电动工具有限公司	MJ20450旁磁式木工圆锯机	开发区
	江苏华富新能源股份有限公司	风力发电用智能储能电池	高邮
	扬州华美丙纶纺织有限公司	过滤用高吸附性聚丙烯裂纹纤维	城南新区
	扬州市华胜机电制造有限公司	电压可调式节电异步电动机	卸甲
	江苏广源电线电缆有限公司	±800KV特高压直流输电导线	开发区
	市华宝颜料有限公司	颜料黄180	汤庄
	扬州欧力特电源有限公司	太阳能(风能)发电用大容量深循环胶体储能电池	开发区
	江苏科意达机械有限公司	CPCDB50防爆柴油机平衡重式叉车	甘垛
	江苏虹光新能源发展有限公司	HG-M165型超薄高效单晶硅片	天山
	扬州高标机械有限公司	新型干法水泥余热发电阀门	汤庄
	江苏华能电缆股份有限公司	石油勘探用光纤承荷测控电缆	高邮

续表 179

年份	企业名称	高新技术产品名称	所属地区
2010	江苏朝阳液压机械集团有限公司	CY-1 型发电用集成自动化生物质上料系统、CYZKH-2000 型秸秆制块(制粒)机	汤庄
	扬州曙光电缆有限公司	500 千伏超高压电缆	菱塘
	江苏赛德电气有限公司	防腐蚀耐高温抗撕裂特种测控专用仪表电缆、新型耐高温氟塑料绝缘控制软电缆、新型清洁环保抗拉防干扰控制电缆、防鼠防白蚁环保型阻燃控制电缆、输油气管线用自控温伴热信号电缆、耐化学腐蚀防水抗干扰控制仪表电缆、耐火耐高温硅橡胶绝缘控制电缆	郭集
	扬州市红旗电缆制造有限公司	交联聚乙烯绝缘镀锡铜丝分屏蔽聚烯烃内外护套铠装船用仪表回路电缆、弹簧电缆、乙丙绝缘氯丁内套镀锡铜丝编织铠装聚氯乙烯外套船用 仪表回路电缆	菱塘
	扬州市中能电缆有限公司	新型火灾预警控制电缆、防雷击电压保护电力电缆	菱塘
	扬州亚光电缆有限公司	港口自动装卸用综合软电缆、智能电网用高效节能环保防火柔性软电缆、抗扭曲环保型数控系统机床用电缆	菱塘
	扬州恒辉电缆有限公司	中枢控制用低串扰耐腐指令信号电缆、智能电网用复合屏蔽本安型无卤测控电缆、细钢丝铠装防渗透水密性探测电缆、智能电网热工控制用本安节能型补偿电缆	菱塘
	扬州市金阳光电缆有限公司	矿井用防爆阻水型信号测控电缆、抗电晕耐高温变频软电缆、新型风能发电用控制电缆	菱塘
	扬州苏能电缆有限公司	煤矿用自动监测巡回控制信号电缆	菱塘
	江苏科凌医疗器械有限公司	KL-FS 智能程控妇科检查台	汤庄
	扬州欧力特电源有限公司	混合动力汽车用耐大电流动力型稀土电池、箱埋式保温防盐化长寿命太阳能胶体储能电池、光伏系统用储能管式胶体阀控制蓄电池	开发区
	扬州中大电缆有限公司	矿用抗静电特种信号电缆	菱塘
	扬州恒大电缆有限公司	矿井用综合防潮型信号测控电缆、抗干扰高速率矿用信号传输电缆	菱塘
	扬州市华胜机电制造有限公司	调频调压式汽保设备专用力矩电机	卸甲
	扬州天华光电科技有限公司	TH-180/X-72M 多晶硅太阳能光伏组件、TH-M 型 8 英寸超薄高效单晶硅片	天山
	扬州市宝德照明器材有限公司	BD-LY-40 型光感自动控制太阳能路灯	送桥
	扬州鸿信生物制品有限公司	植物类 D-氨基葡萄糖盐酸盐、植物类复式 D-氨基葡萄糖硫酸钾盐	甘垛
	扬州鸿飞电缆照明有限公司	HF 型单颗集成大功率 LED	送桥
	江苏龙腾照明器材有限公司	LT008 型高效节能道路照明用 LED 灯具	送桥
	江苏传艺科技有限公司	UJB 型安全防护型电脑键盘线路板、VⅡ型抗寒耐高温型“叉”形键盘导电开关	开发区
	扬州三川实业有限公司	电暖器用耐高温节约型静电粉末涂料矿用设备防腐专用粉末涂料、矿用设备防腐专用粉末涂料	菱塘
	扬州和益电动工具有限公司	TS250 光控高精度多功能切割机、立卧二用自动保护式 25T 汽油劈木机、自动锁紧复位双保护 12T 汽油劈木机	开发区
	扬州宏远电子有限公司	电解电容器用超高比容特高压电极箔	开发区

续表 179

年份	企业名称	高新技术产品名称	所属地区
2010	扬州市新港电机有限公司	磁粉可控定子永磁型风力发电机组	高邮
	扬州日兴生物科技股份有限公司	功能性壳聚糖	高邮
	扬州华尔光电子材料有限公司	硅溶胶液涂层石英坩埚、低温复合涂层石英坩埚、多晶硅铸锭用结晶石英玻璃坩埚、提炼高价氧化钴用平地石英坩埚	开发区
	江苏华富控股集团有限公司	智能型大容量多元混合胶体太阳能(风能)储能蓄电池	高邮
	江苏宝尔特光电科技有限公司	BET 型数模联控大功率 LED 灯具	郭集
	扬州市普林斯化工有限公司	1-氯-2-丙氧基乙烷、2. 3-二甲基-4-(3-甲氧基丙氧基)吡啶-N-氧化物	郭集
	扬州润明轻工机械有限公司	低度白酒高级脂肪酸乙酯过滤系统	横泾
	江苏长城电缆有限公司	超临界发电用综合屏蔽耐温湿电缆、数字化变电站用特种计算机控制电缆	菱塘
	扬州光明电缆有限公司	消磁站用电力软电缆、轻型舰船用环保型特种电缆、高载流耐火型特种电缆	菱塘
	扬州康弘农业发展有限公司	KSIO-A 型太阳能宽谱杀虫灯	高邮
	扬州市华城电缆有限公司	特软不绕扭特级控制电缆	菱塘
	江苏晨光电缆有限公司	自承重阻燃计算机电缆、机床控制系统用信号电缆	菱塘
	江苏鑫莲液压机电有限公司	QYTQⅡ-S 型双向可调式自动化控制液压调整器	汤庄
	江苏华能电缆股份有限公司	4.7 毫米小直径煤田数字勘探电缆、超声波高压增油专用电缆、油田注水井流量测调系统专用电缆	高邮
	扬州华盟电子有限公司	高亮度 LED 线路板 FPC、手机多点触摸屏 FPC、Ⅲ型汽车数字仪表盘用柔性线路板、超微距手机摄像头用柔性线路板、高清数码摄像机用柔性线路板	开发区
	扬州润光照明电器有限公司	带导电膜的高效节能高频磁能灯、太阳能风光互补高频磁能灯、集成化高频磁能灯、RG260W 大功率高频磁能灯	送桥
	江苏恒通照明器材有限公司	环保型大功率 LED 路灯	菱塘
	市迅达工程机械有限公司	TY160 型推土机数字电控操纵总成	车逻
	市华兴石油机械制造有限公司	XSL225 石油钻机用旋扣水龙头	开发区
	江苏金飞达电动工具有限公司	MJ2625V 多功能无尘低音斜断锯、MJ10250ⅢA 型台式激光数控木工圆锯机	卸甲
	市荣清机械电子有限公司	FN-50A 型双层耐腐蚀无阻防漏加油管、YL20 型翅片板磁吸式机油过滤冷却器	高邮
	扬州市新曙光实业有限公司	核电站用 1E 级耐辐射控制电缆	菱塘
	扬州市文达防腐材料厂	单组分硅烷封端聚氨酯密封胶	天山
	扬州开元太阳能照明科技有限公司	KY-DL 型双光源多时段太阳能路灯	郭集
	扬州市创新包装有限公司	机器人码垛全自动包装生产线	高邮
	市电塑厂	多功能木工锯软限启动保护器、SCOOIRR 自动闭门器	卸甲
	市卫星卷烟材料有限公司	WX-JL50T 型激光冷烫烟用接装纸、HBⅡ型环保醇溶性耐高温油墨	高邮

保护知识产权

2003 年,市政府设立专利资助专项基金,专项资助专利申请,先后制定和出台了《高邮市专利资助资金管理暂行办法》和《2003 年度专利申请考核鼓励办法》。同时,邀请专家举办知识产权专项业务培训;大力开展专利执法工作,在帮助企业提高自身专利保护意识的基础上,打击假冒专利和调解侵权纠纷。

江苏金飞达电动工具有限公司每年申请专利 10 件左右。其中,自主研制开发的激光瞄准技术、液晶显示技术和软启动技术,获得国家授权,拥有自主知识产权。扬州市宝尔特钢杆电器有限公司自主开发的专利产品凹凸条纹锥度杆,实现产业化生产。市平安开沟机厂是依靠专利发展的典型企业,企业负责人葛玉明先后多次获得国家和国际发明金奖。2007 年,在全省优秀专利评审中,扬州宏远电子有限公司的“63Vw ~ 100Vw 高比容阳极箔的腐蚀工艺”和扬州华富实业有限公司用于制造阀控铅酸电池的“正、负栅合金制备工艺”两项专利获省优秀专利奖。

2004 年,经省知识产权局批准,扬州市红旗电缆制造有限公司、扬州光明电缆有限公司、江苏朝阳气动液压机械设备有限公司、市平安开沟机厂、扬州华富实业有限公司等 5 家企业成为省知识产权管理工作推进试点单位。2005 年,扬州宏远电子有限公司、扬州宝尔特钢杆电器有限公司、扬州市高扬机电有限公司、扬州和益电动工具有限公司和扬州威高机电有限公司等也一并获批入列。到 2005 年,半导体大尺寸单晶硅棒、丙纶转杯纺滤芯、新型防爆测控电缆、真空定量自动包装机、二甲基喹吧啶酮等一批拥有自主知识产权产品显示出强劲生命力和市场竞争力。

2009 年,全市乡镇企业有 5 种产品被评为江苏省中小企业专利新产品。其中,江苏浩明光电科技股份有限公司的 U 型高效节能灯管高速自动封离机、扬州日兴生物科技股份有限公司的甲基 - α - D - 氨基葡萄糖盐酸盐、扬州三友合成化工有限公司的三甲基碘硅烷为发明专利新产品;江苏朝阳液压机械集团有限公司的生物质发电用输送解包散包疏松破碎机、扬州光明电缆有限公司的船用对称式控制低烟无卤信号电缆为实用新型专利新产品。

2010 年,全市共有 7 家企业被评为省企业知识产权管理标准化示范创建单位,即江苏长城电缆有限公司、江苏新华富能源有限公司、市华兴石油机械制造有限公司、江苏金飞达电动工具有限公司、江苏科凌医疗器械有限公司、市平安开沟机厂、江苏朝阳液压机械集团有限公司。其中,江苏朝阳液压机械集团有限公司继扬州和益电动工具有限公司(2009 年)之后,亦被列入省知识产权战略推进计划,并获批“省知识产权贯标示范先进企业”称号。

获得科技奖项

1979 年,三垛农机修造厂研制生产的 IGC-120 型破垡盖籽机获得省、扬州市农机科技一等奖,此为乡镇工业最早获得的省、市农机行业科技大奖。

1986 年,县环保设备厂的 BCO-Z 型系列有机气体催化净化装置项目一举获得省科技成果奖,为全县唯一一家获得省级科技奖的项目。

1990 年,乡镇工业科研项目首次获得县科技进步奖。横泾农具修造厂和农业部南京农机研究所研发的 ILS120SX 型手扶一铧双向犁、县农机修造厂和江苏工学院排灌机械研究所研发的 500HW-5 型混流泵、县维扬运动鞋厂研发的全应力高弹性全皮运动鞋、武安汽车配件厂研发的 GQ-1 型 12、24V 汽车多功能声光预警器、县新华镇流器厂高压汞、钠灯镇流器的研制、扬州市健饮蜂乳食品厂研发的含锌蜂乳等项目均获得县科技进步三等奖。

1993 年，扬州市兴华光电线缆厂的 GY 型通信光缆获得省科技进步三等奖。这是乡镇工业第一次获得省级科技大奖，也是全市年度唯一获得的省级科技大奖。是年，在省政府和国家科委联合举办的 1993 年中国高新技术、新产品博览会上，乡镇工业揽金夺银，获奖档次及数量均为全市之最。其中，扬州兴华光电线缆厂的光纤光缆获高新技术金奖。横泾通用过滤机厂生产的“邮达”牌分离机械及高浓稀释设备等系列产品荣获系列科技奖；其 EYCCL-N/BASB600-N 系列精滤机组在获省优秀新产品“金牛奖”。同时，还与 TYT/HY 系列高浓稀释机共获 1993 年中国高新技术、新产品博览会新产品金奖。高邮承州探伤机厂的四通道超声波管材探伤机获得新产品银奖。

在 1995 年中国高新技术、新产品博览会上，扬州曙光电缆厂的计算机屏蔽电缆和市长城电缆厂的阻燃电缆获得金奖。

1996 年，扬州曙光电缆厂的计算机屏蔽电缆在国家科委星火计划实施 10 周年展示会上，获得优秀星火项目实施奖。同年，在省和中国专利局举办的中国专利及新产品博览会上，江苏长城电缆厂的铜芯交联聚乙烯绝缘聚氯乙烯护套 5 相屏蔽计算机用电缆、扬州红旗电缆厂的低烟低卤阻燃计算机用信号测控电缆、扬州光明电缆厂的抗干扰低烟无卤阻燃聚乙烯绝缘屏蔽控制软电缆等获得博览会金奖。

2009 年，江苏华富控股集团有限公司被授予“江苏省节能减排科技创新示范企业”称号。

1990—2010 年高邮市(县)乡镇(区)工业企业获得各级科技进步成果奖情况一览表

表 180

获奖等级	项目名称	主要完成单位	主要完成人	所属地区	获得年份
江苏省	—	—	—	—	—
三等奖	GY 型通信光缆	扬州市兴华光电线缆厂	缪立山、胡懋书、郭宏海、夏春桃、丁浩泉	天山	1993
三等奖	高性能低压电极箔	扬州宏远电子有限公司	马坤松、颜国生、乔正山、朱德秋、吉民	开发区	2009
二等奖	功能性壳聚糖精深加工关键技术研究与柔性制造	扬州日兴生物科技股份有限公司	张卫明、孙达峰、张和、史劲松、戚善龙、张超、朱昌玲、张浩、顾龚平、施存葆	高邮	2010
扬州市	—	—	—	—	—
四等奖	固体聚合氯化铝	三垛化工厂	—	三垛	1991
四等奖	变电站、发电厂用塑料绝缘屏蔽控制电缆	国营第八三九〇厂湖滨分厂	陶沂源、沈宏年、汤安平	湖滨	1992
三等奖	旋流喷动干燥机	市干燥设备厂	刘柱华、黄凤仪、郑向龙、韩正海	横泾	1993
三等奖	GY 型通信光缆	扬州市兴华光电线缆厂	缪立山、胡懋书、郭宏海、夏春桃、丁浩泉	天山	
三等奖	彩色石英地砖	扬州市华威新型装饰材料厂	俞志荣、刘金淦、吉世民、金传彪、王文林	高邮	
三等奖	31% 久灵乳油	市丰田农药厂	董长良、马俊、韩峰、张才荣、杨春龙	周山	1999
四等奖	计算机用阻燃屏蔽控制电缆	扬州市曙光电缆厂	郑连元、陆永华、顾立云、李斌、梅宝坤	菱塘	2000
三等奖	甲基-α-D-氨基葡萄糖盐酸盐	江苏日欣实业集团有限公司	张和、孙东银、毛永娟、丁谦、李凤球	高邮	2002
三等奖	核电站用 1E 级 K3 类无卤低烟阻燃电力电缆、控制电缆	扬州市曙光电缆厂	顾立云、梁国华、张元生、丁浩兵	菱塘	
三等奖	LCS-(5-50)-FB 型	市创新包装有限公司阀口定量自动包装机	方先其、杨相利、李春明、刘亚夫、王鉴	高邮	2004
三等奖	防水型计算机网络测控电缆	扬州曙光电缆有限公司	齐宏文、顾立云、梁国华、张元生、王鹤斌	菱塘	
三等奖	35Vw、50Vw 高比容低接触电阻阳极板	扬州宏远电子有限公司	马坤松、张椿年、曹德林、颜国生、钟志良	开发区	

续表 180

获奖等级	项目名称	主要完成单位	主要完成人	所属地区	获得年份
一等奖	硬态箔的腐蚀工艺办法	扬州宏远电子有限公司	张椿年、马坤松、钟志良、颜国生、朱德秋	开发区	2005
三等奖	转杯纺丙纶中长型粗纺纱	市华美丙纶纺织有限公司	唐春美、陈霞、陈阳兵、朱长惠、严学坚	城南新区	
三等奖	QSF型整体式(四单元)供热净化装置	扬州琼花环保工程设备有限公司	徐道光、王阿青、刘宝	汉留	
三等奖	HZL型有机废气直燃式净化装置及供热系统	扬州恒通环保能源工程有限公司	陆誉文、柏永标、树汉松、郭中贵	汉留	
三等奖	超长型高强度光电复合测控电缆	扬州曙光电缆有限公司	王鹤斌、顾立云、梁国华、姚宏元、万宝军	菱塘	
一等奖	直径210毫米太阳能级硅单晶棒	江苏顺大半导体发展有限公司	倪云达、曲树旺、李长奎、张均一、张福昌	天山	2006
三等奖	N-CBZ-L-缬氨酸	扬州宝盛生物化工有限公司	张明宝、丁建东、唐震、许兆平、徐玲	天山	
三等奖	硅混溶胶体电解质的发明专利在蓄电池领域的产业化	扬州华富实业有限公司	居春山、魏相庚、周寿斌、陈小川、屠志秋	高邮	
三等奖	全自动防水闸门	扬州市高扬机电有限公司	刘建平、何承岳、栾玉华、汤平政、洪长仁	开发区	
二等奖	电动助力车用胶体铅酸蓄电池	扬州华富实业有限公司	居春山、魏相庚、代云飞、屠志秋、戴德斌、任建成	高邮	2007
三等奖	大功率LED多能源智能化路灯	江苏苏发照明实业有限公司	陈正明、夏朝贵、朱学文	郭集	
三等奖	XJG-1200节能灯管自动生产线	扬州市明浩电光源厂	高来明	高邮	
二等奖	纳米聚合物太阳能储能蓄电池	江苏华富能源股份有限公司	居春山、魏相庚、代云飞、陈小川、王祥、屠志秋	高邮	2008
三等奖	液压缓冲可逆翻车机	扬州高扬机电制造有限公司	何承岳、栾玉华、洪长仁、杨玲、孙洪波	开发区	
三等奖	LCS-1000-T型吨袋定量自动包装机	扬州市创新包装有限公司	方先其、杨相利、李春明、周晓明、吕雅太	高邮	
三等奖	氯化亚砜混合酸性尾气的清洁化生产技术	市有机化工厂	瞿军、沈润溥、陆文辉	郭集	
三等奖	六甲基二硅烷合成新工艺	扬州三友合成化工有限公司	张扬、吴大勇、李明成、张才山、孙健	菱塘	
三等奖	纳米聚合物太阳能储能蓄电池	江苏华富控股集团有限公司	居春山、孙克宁、代云飞、周寿斌、戴德斌、王祥、王彩霞、屠志秋、朱明海	高邮	2009
三等奖	高粘度高密度壳聚糖	扬州日兴生物科技股份有限公司	张和、张卫明、张海东、戚善龙、史劲松、张超	高邮	
三等奖	WB系列二氧化碳汽化装置	扬州润明轻工机械有限公司	刘金治	横泾	
三等奖	过滤用高吸附性聚丙烯裂纹纤维智能型大容量多元混合胶体	扬州华美丙纶纺织有限公司 江苏华富控股集团有限公司	唐春美、周杰远、刘铭、陈霞居春山、孙克宁、代云飞、	城南新区	
特等奖	太阳能(风能)储能蓄电池	—	周寿斌、王彩霞、朱明海、姚贵朝、王祥	高邮	2010
二等奖	4MW高效生物质固定床气化发电成套技术	市林源科技开发有限公司 国家发改委能源研究所	韩文科、秦世平、王仲颖、吴幼青、尉建中、盛卫东、严慧敏	界首	
二等奖	特高压电极箔	扬州宏远电子有限公司	马坤松、吉民、颜国生、钟志良、朱德秋	开发区	
三等奖	机器人码垛全自动包装生产线	扬州市创新包装有限公司	方先其、徐立敏、黄允飞、张华、杨相利	高邮	
高邮市(县)	—	—	—	—	—
三等奖	ILS120SX型手扶一铧双向犁农业部南京农机研究所	县横泾农具修造厂	—	横泾	1990
三等奖	500HW-5型混流泵	县农机修造厂 江苏工学院排灌机械研究所	—	三垛	
三等奖	全应力高弹性全皮运动鞋	县维扬运动鞋厂	—	临泽	

续表 180

获奖等级	项目名称	主要完成单位	主要完成人	所属地区	获得年份
三等奖	GQ-1 型 12、24V 汽车多功能声光预警器	县武安汽车配件厂	—	武安	1990
三等奖	高压汞、钠灯镇流器的研制	县新华镇流器厂	—	高邮	
三等奖	含锌蜂乳	扬州市健饮蜂乳食品厂	—	送桥	
一等奖	GY 型通信光缆	扬州市兴华光电线缆厂	缪立山、胡懋书、郭宏海、夏春桃、丁浩泉	天山	1992
二等奖	变电站、发电厂用塑料绝缘屏蔽控制电缆	国营第八三九〇厂湖滨分厂	陶沂源、沈宏年、汤安平	湖滨	
二等奖	电子计算机控制电缆	国营扬州曙光电缆厂	顾立云、郑连元、李斌、梅宝坤	菱塘	
三等奖	300HW-4A 型混流泵	市农机修造厂	吴桂壁、李安宏、姜文荣、陆永祥	三垛	
三等奖	Z10Q、Z13Q、Z16Q、家用台式钻床	扬州市飞达电机仪表公司	顾元勋、朱金宝、戚桂明、郭金桃、邢桂云	卸甲	
三等奖	GD-Ⅱ型高杆照明灯	是照明电器厂	陈景春、徐仲良、王德平、沈文阳、聂恒田	郭集	
一等奖	高浓稀释机	市通用过滤机厂	金凤林、管广育、蔡芝善、孙庆坤、周美文	横泾	1993
二等奖	EYCCL-N/BAS600-N 系列精滤机组	市通用过滤机厂	金凤林、管广育、蔡芝善、孙庆坤、周美文	横泾	
二等奖	旋流喷动干燥机	市干燥设备厂 沈阳化工研究所	刘桂华、黄凤仪、郑向龙、韩正海	横泾	
二等奖	热塑弹性体耐曲挠扁平电缆	市电缆厂	陈根田、吴增权、陆长华、耿才荣、陈跃林	东墩	
三等奖	ZG-32 升降式高杆灯	市新华照明器材总厂	方荣开、赵长银、薛永华、薛拥军、戴仁泉	高邮	
三等奖	聚全氟乙丙烯绝缘控制电缆	市电缆厂	陈根田、吴增权、陆长华、耿才荣、陈跃林	东墩	
二等奖	高压钠灯(内触快启)	扬州高龙照明有限公司	陈景春、徐仲良、蔡潞羚、沈文阳	郭集	1995
三等奖	交联聚乙烯绝缘聚氯乙烯护套控制电缆	市电缆厂	吴增权、陈根田、陆长华、周跃忠、耿才荣	东墩	
三等奖	FXC1608R7 型乘人农用运输车	市飞翔农用车厂	黄文明、徐兴奎、苏世新、赵长山	送桥	
三等奖	31% 久灵乳油	市丰田农药厂	董长良、马俊、韩峰、张才荣、杨春龙	周山	1999
三等奖	聚氯乙烯绝缘护套耐火阻燃控制电缆和电力电缆	江苏圆通电缆有限公司	陈根田、吴增权、陆长华、周跃忠、耿才荣	东墩	
一等奖	甲基-α-D-氨基葡萄糖盐酸盐	江苏日欣实业集团有限公司	张和、孙东银、毛永娟、丁谦、李凤球	高邮	2000—2002
二等奖	计算机用阻燃屏蔽控制电缆	扬州市曙光电缆厂	郑连元、陆永华、顾立云、李斌、梅宝坤	菱塘	
二等奖	核电站用 1E 级 K3 类无卤低烟阻燃电力电缆、控制电缆	扬州市曙光电缆厂	顾立云、梁国华、张元生、丁浩兵	菱塘	
一等奖	35Vw、50Vw 高比容低接触电阻阳极板	扬州宏远电子有限公司	马坤松、张椿年、曹德林、颜国生、钟志良	开发区	2004
二等奖	LCS-(5-50)-FB 型阀口定量自动包装机	市创新包装有限公司	方先其、杨相利、李春明、刘亚夫、王鉴	高邮	
三等奖	VSC 系列积极式凸轮开口装置开发与生产	江苏牛牌纺织机械有限公司	刘群信、许明理、刘晓信、贡成勇	汤庄	
三等奖	防水型计算机网络测控电缆	扬州曙光电缆有限公司	齐宏文、顾立云、梁国华、张元生、王鹤斌	菱塘	
一等奖	硬态箔的腐蚀工艺办法	扬州宏远电子有限公司	张椿年、马坤松、钟志良、颜国生、朱德秋	开发区	2005
一等奖	转杯纺丙纶中长型粗纺纱	市华美丙纶纺织有限公司	唐春美、陈、陈阳兵、朱长惠、严学坚	城南新区	

续表 180

获奖等级	项目名称	主要完成单位	主要完成人	所属地区	获得年份
二等奖	QSF 型整体式(四单元)供热净化装置	扬州琼花环保工程设备有限公司	徐道光、王阿青、刘宝	汉留	2005
二等奖	HZL 型有机废气直燃式净化装置及供热系统	扬州恒通环保能源工程有限公司	陆誉文、柏永标、树汉松、郭中贵	汉留	
二等奖	超长型高强度光电复合测控电缆	扬州曙光电缆有限公司	王鹤斌、顾立云、梁国华、姚宏元、万宝军	菱塘	
三等奖	新型低电容煤井数字测控特种信号电缆	扬州红旗电缆制造有限公司	陈有新、曾广彬、李宵	菱塘	
三等奖	VSC 系列积极式凸轮开口装置开发与生产	江苏牛牌纺织机械有限公司	刘群信、许明理、刘晓信	汤庄	
三等奖	3 氯丙基甲基醚	市有机化工厂	瞿军、朱锦桃、唐鹏飞、路文辉	郭集	
三等奖	新型环保落料控制阀	市电液推杆厂	李贵荣	汤庄	
三等奖	手动液压刀型浆液阀	市恒立液压机械厂	刘建、夏尚志	开发区	
三等奖	弯曲板链推车机	扬州市高扬机电有限公司	洪长仁、王勇、张爱雪	开发区	
一等奖	直径 210 毫米太阳能级硅单晶棒	江苏顺大半导体发展有限公司	倪云达、曲树旺、李长奎、张均一、张福昌	天山	2006
二等奖	硅混溶胶体电解质的发明专利在蓄电池领域的产业化	扬州华富实业有限公司	居春山、魏相庚、周寿斌、陈小川、屠志秋	高邮	
二等奖	扁平电缆新型挤出机头	扬州亚光电缆有限公司	胡行兵、吴庆志、鲁学军、胡志前、胡登祥	菱塘	
二等奖	高性能低压电极箔	扬州宏远电子有限公司	张椿年、马坤松、曹德林、王少秋、钟志良	开发区	
二等奖	LCS-50-C 型超轻细粉体定量自动包装系统	扬州市创新包装有限公司	方先其、杨相利、李春明、刘亚夫、王鉴	高邮	
三等奖	全自动防水闸门	扬州市高扬机电有限公司	刘建平、何承岳、栾玉华、汤平政、洪长仁	开发区	
三等奖	LGLY1500-N 型立式果汁连续压榨过滤机	扬州润明轻工机械有限公司	刘君基	横泾	
三等奖	抗电磁脉冲柔软型电缆	扬州曙光电缆有限公司	王鹤斌、万宝军、曹阳开、顾立云、梁国华、	菱塘	
三等奖	N-CBZ-L-缬氨酸	扬州宝盛生物化工有限公司	张明宝、吉维敏、唐震、许兆平、徐玲	天山	
一等奖	XJG-1200 节能灯管自动生产线	扬州市明浩电光源厂	高来明	高邮	2007
二等奖	电动助力车用胶体铅酸蓄电池	扬州华富实业有限公司	居春山、魏相庚、代云飞、屠志秋、戴德斌、任建成	高邮	
二等奖	大功率 LED 多能源智能化路灯	江苏苏发照明实业有限公司	陈正明、夏朝贵、朱学文	郭集	
二等奖	63Vw-100Vw 高比容阳极箔的腐蚀工艺	扬州宏远电子有限公司	张椿年、马坤松、颜国生、乔正山、钟志良、朱德秋	开发区	
二等奖	HTC 型涂装废水成套处理设备	扬州市恒通环保科技有限公司	潘德勤、陆誉文、张键、郭中贵	汉留	
三等奖	降焦烟用接装纸	市卫星卷烟材料有限公司	王传祥、张爱兵、竺玉华、韩同铭、吴国英、陈庆福	高邮	
三等奖	核电站用 1E 级低压电缆、控制电缆、仪表电缆	江苏赛德电气有限公司	乔文玮、刘胜、冯国五、刘伟民	郭集	
三等奖	KJC27 型煤矿井口操车系统监控装置	扬州高扬机电制造有限公司	何承岳、张振彪、汤平政、栾玉华、洪长仁	开发区	
三等奖	无石棉摩擦磁粉	扬州高鑫制动器有限公司	吴传良、周玉山、郭显鑫、居晓娟、郭春红	周山	
三等奖	抗静电特种信号电缆	扬州曙光电缆有限公司	王鹤斌、梁国华、顾立云、万宝军、卢玉芝	菱塘	

续表 180

获奖等级	项目名称	主要完成单位	主要完成人	所属地区	获得年份
一等奖	功能性高粘度高密度壳聚糖	扬州日兴生物科技股份有限公司 中华全国供销合作总社 南京野生植物综合利用研究院	张卫明、张和、杨生桂、戚善龙、史劲松、张超	高邮	
一等奖	纳米聚合物太阳能储能蓄电池	江苏华富能源股份有限公司	魏相庚、代云飞、周寿斌、姚贵朝、王祥、屠志秋	高邮	
一等奖	高比容中压电极箔	扬州宏远电子有限公司	马坤松、乔正山、钟志良、朱德秋、王磊	开发区	
一等奖	六甲基二硅烷合成新工艺	扬州三友合成化工有限公司 中国科学院理化技术研究所	张扬、吴大勇、李明成、张才山、孙健、胡松怀、韦善美	菱塘	
二等奖	氯化亚砜混合酸性尾气的清洁化生产技术	市有机化工厂	瞿军、沈润溥、陆文辉	郭集	
二等奖	液压缓冲可逆翻车机	扬州高扬机电制造有限公司	何承岳、栾玉华、洪长仁、杨玲、孙洪波、张爱雪、王勇	开发区	2008
二等奖	太阳能光伏照明低压钠灯	扬州市星火太阳能照明有限公司	余鹿年、戴庆杰、李道俊、许双燕、陈大华	天山	
二等奖	QYJY-SZ 型循环水自动加药成套系统	市秦邮仪器化工有限公司	黄德春	城南新区	
三等奖	高效无刷方形同步发电机	扬州市新港电机有限公司	吴虹、成镛、周达林	高邮	
三等奖	MDC-150 环保型便携集尘器	市电塑厂	吴如喜、张朝华、陈生林、张宝顺、张平、金士清、徐道友、徐泉、周仁山	卸甲	
三等奖	LCS-1000-T 型吨袋定量自动包装机	扬州市创新包装有限公司	方先其、杨相利、李春明、周晓明、吕雅太	高邮	
三等奖	JF-4W350 节能型无刷电机智能控制器	市金丰机电有限公司	陶加山	高邮	
一等奖	米乳和米糠营养素、米糠营养纤维产业化	江苏双兔食品股份有限公司	徐卫东、姚惠源、高德泉、李友良、姜鑫	周山	
一等奖	36V、42V 新型高效动力铅蓄电池关键技术研发与产业化	江苏华富控股集团有限公司	孙克宁、周寿斌、戴德斌、姚贵朝、朱明海	高邮	
一等奖	抗抑郁症新药氟伐沙明的关键中间体-(4-三氟甲基)-5-甲氧基本戊酮	扬州市普林斯化工有限公司	瞿军、沈润溥、陆文辉、龚志娟、时立	郭集	
二等奖	高粘度高密度壳聚糖	扬州日兴生物科技股份有限公司	张和、张卫明、张海东、戚善龙、史劲松、张超	高邮	
二等奖	WB 系列二氧化碳汽化装置	扬州润明轻工机械有限公司	刘金治	横泾	
二等奖	过滤用高吸附性聚丙烯裂纹纤维	扬州华美丙纶纺织有限公司	唐春美、周杰远、刘铭、陈霞	城南新区	
二等奖	高频低阻抗铝电解电容器用阳极箔	扬州宏远电子有限公司	马坤松、辛开选、陈厚兵、相志明、张贞新	开发区	2009
三等奖	磁卡线路控制装置	市电塑厂	吴如喜、金士清、徐泉、周仁山、陈生林	卸甲	
三等奖	挠性可扭转风能电缆	扬州曙光电缆有限公司	梁国华、王鹤斌、吴十卉、朱长琴	菱塘	
三等奖	高效能绿色环保高频无极灯	扬州中兴照明股份有限公司	梁松海、丁志杰、吕家东、赵建平、谢中	郭集	
三等奖	MJ10315 型刀片随机体升降式精密台锯	扬州市华胜机电制造有限公司	戴茂群、任玉和、金廷宏、吴广龙	卸甲	
三等奖	WGLY-1 型高合金室式固熔热处理炉淬火机	江苏朝阳液压机械集团有限公司	张永龙、翟才余、蔡林宝、高云朋	汤庄	
三等奖	秸秆还田机	市远东机械厂	秦兴月、周殿平	界首	
一等奖	新型胃肠溃疡药物雷贝拉唑中间体4-(3-甲氧基丙氧基)-2. 3-二甲基 N 氧化物	扬州市普林斯化工有限公司	瞿军、沈润溥、吴宏祥、陆文辉、章学兵、龚志娟、时立	郭集	2010

续表 180

获奖等级	项目名称	主要完成单位	主要完成人	所属地区	获得年份
二等奖	RMSPJ 系列全自动玻璃瓶整理机	扬州润明轻工机械有限公司	刘金治、秦农业、何如存、宋加龙、金国林、周美文、潘才良、刘连华	横泾	2010
三等奖	LED 线路板 FPC 的研发及产业化	扬州华盟电子有限公司	王军、宋大峰、王家宏	开发区	
三等奖	单颗集成大功率 LED 项目	扬州市宏飞电缆照明有限公司	云和明、李平、王志荣	送桥	
三等奖	轨道交通用环保型特种电缆	江苏赛德电气有限公司	乔文玮、张贤灵、钱永松、刘胜、圣大勇	郭集	
三等奖	电压可调式节电异步电动机	扬州市华胜机电制造有限公司	戴茂群、戴茂华、任玉和、金廷宏、吴广龙、戴廷友、钱凤仁、陈庆龙	御甲	
三等奖	运输系统皮带机防断带保护装置	扬州宏泰液压机电设备制造有限公司	邵才珠、徐舜荣、李吉泰	甘垛	

园区建设

市区、带、园规划与建设

1992 年 3 月 21 日，市政府决定成立市经济开发区。旨在改善投资环境，提高开放度，扩大内联外引，加快外向型经济发展步伐；壮大工业规模，提高经济总量，增强竞争能力，增加规模效益；加快产品结构和产业结构调整，加速技术改造步伐，大力发展高新技术和出口创汇产品；集中投入，减少重复浪费，充分发挥和扩大公共基础设施及其资源的作用和利用空间；美化高邮形象，更好地发挥城市功能，加快城市现代化建设步伐。

市经济开发区规划位于市城区以北，西濒京杭大运河，南临（高）邮兴（化）公路，东接同（江）三（亚）高速公路，规划控制总面积 6.43 平方千米。

市经济开发区按照“一次规划、分步实施、滚动发展”的原则，实行含经济技术开发、房地产开发和旅游区开发的综合性开发。1992 年 9 月，开发起步区即一期工程开工。该期工程面积为 1.8 平方千米，辐射面为 2.88 平方千米，可用于开发的土地约有 233 公顷。到年底，通路、通电、通水、通邮、通讯和土地平整的“五通一平”基本完成；珠湖自来水厂和高沙园住宅的一期工程全面展开；扬州市康耐尔蓄电池有限公司、市电缆厂、市林邮丝织品有限公司、市福佑服装有限公司、市铝箔纸厂、市制动件厂、市申华笔厂、市化工厂、市汽车修理厂等 9 家企业先期进入。

1993 年 11 月，经省政府批准高邮经济开发区为省级开发区。为此，后经再次勘查研究和可行性论证，对开发区规划作了相应的调整。1996 年，市政府下发了《关于加快我市经济开发区建设的若干意见》，明确开发区管委会为市政府的派出机构，代表市政府在开发区内行使管理职能；对开发区的职责权限，以及自我开发方面作出了具体规定；重申和增加了鼓励进区企业的优惠办法。1999 年，市政府下发《高邮市关于进一步推进经济开发区建设的若干意见》，对开发区的行政管理体制、行政管理权限、财政收入分成、规划建设管理、土地管理、项目立项审批、进区企业优惠政策、增强开发区自我开发能力等 8 个方面问题做了进一步的明确。2000 年 9 月，市经济技术开发区正式更名为江苏省高邮经济开发区。

同时,对开发区规划范围作了扩大调整。规划范围调整后的开发区总面积为41.55平方千米,东与龙虬镇接壤,南至澄子河,西临京杭大运河,北界马棚镇,共有119个村民小组,人口为3.43万人。

为做大做强省级经济开发区的规模,同时加快乡镇工业园的发展,2002年8月,市政府办公室发出《关于乡镇工业园冠名"江苏省高邮经济开发区"的通知》,明确冠名"江苏省高邮经济开发区"的乡镇工业园分别有城镇、龙虬、车逻、马棚、临泽、周巷、周山、界首、菱塘曙光、菱塘星月、郭集、天山、送桥、横泾、三垛、甘垛台商、司徒民营、汉留、八桥、汤庄化工和金飞达电动工具园等21个。

2002年,高邮鸭业园区组建成立。高邮鸭业园区是在高邮南郊的高邮鸭集团原址基础上,沿着城区大外环公路向东西延伸,形成的鸭业经济产业带,规划占地10平方千米。其中,核心区2平方千米。2005年,园区规划调整,将市农林局管辖的蚕种场、高邮鸭集团、八里松村和高邮镇新城村整建制划归园区。在之后的几年发展中,该区一方面做优做大高邮麻鸭文章,建成以高邮鸭保种、家系选育和核心群种鸭饲养、炕孵、育雏、科研为一体的良种繁育中心和以蛋品、鸭肉、羽绒加工及生物制药、禽肉交易为一体的产品加工中心;另一方面加强园区基础设施建设,加大工业等其他产业招商引资力度,加快推进园区各项建设事业的发展。

2002年,市委、市政府将区带园建设列为全市经济发展的战略重点之一,提出"突出区带园建设,打造先进生产力载体",实施区带园建设"二一八"(二区一带八园)工程。"二区"即江苏省高邮经济开发区和高邮鸭业园区;"一带"即大外环公路沿线产业带;"八园"即郭集镇、卸甲镇、菱塘回族乡、天山镇、龙虬镇、三垛镇、车逻镇及高邮镇等8个重点乡镇工业园。市规划建设管理委员会对城区大外环经济产业带开始初步规划。在科学规划、合理布局的基础上,实行滚动开发、分步实施。其中,城区大外环路北起淮江公路北下坡段,南至运河大桥接线,全长13.9千米。城区大外环路为高邮市过境交通要道,也是城市服务功能对外辐射的窗口。沿线两旁一千米范围内不得新建居民用房,将形成一个近14平方千米的经济带。城区大外环路沿线经济产业带规划由南向北分别为:高邮鸭业园区,占地36万平方米;高邮镇生态产业园,占地257.2万平方米;以卸甲镇机械工业园为主体,发展技术密集型和运输量大的一、二类工业为主,占地220万平方米;在北澄子河以北拟建垃圾处理场和污水处理厂;龙虬镇服装轻纺工业园,占地126万平方米,并在该工业园附近配置高新产业用地35.5万平方米;江苏省高邮经济开发区高新技术产业园,占地75万平方米。到2005年,外环产业带以市开发区为主体的"两区三园"[高邮经济开发区、高邮鸭业园区、武安工业园(高邮镇)、黄渡工业园(卸甲镇)、奥林工业园(龙虬镇)]格局已经形成。

2007年,扬州菱塘光电科技产业园区(高邮市菱塘光电科技产业园区)成立。按照规划,菱塘回族乡的骑龙村、夏桥村、高庙村、佟桥村、菱塘村、龚家村,送桥镇的黄圩村、常集村、官路村、李古村,天山镇的神居山村、北茶村、肖池村、庙家村,共14个行政村全部或部分被纳入产业园。园区总面积203平方千米,初步规划100平方千米。其中,核心规划面积30平方千米。扬州菱塘光电科技产业园区将菱塘回族乡的电线电缆产业、天山镇的太阳能光伏产业、送桥镇和郭集镇的照明灯具产业进行整合集聚,重点以太阳能光伏和LED照明等与光电项目相关的高科技产业为主体,充分利用少数民族乡的优惠政策,大力发展新技术产业,打造湖西新兴经济板块。并体现少数民族特色,配套建设产品研发、产品检测、高档会馆、培训基地等生产服务机构和教育、医疗、宾馆、餐饮、旅游景区、中高档住宅等生活服务设施。同时,高邮经济开发区区划进一步调整,主要划入龙虬镇奥林村、双庙村、陈总兵庄村和龙澄村等,新增面积12.57平方千米。高邮鸭业园区增挂"高邮城南经济新区"牌子,促进园区加快多元化发展步伐,做大做强经济板块,努力打造以绿色食品产业、物流商务休闲产业、轻工产业为主的独具特色的经济新区。

2008年，市编制并组织实施了《高邮市市域环路产业带和板块经济发展规划》。该规划打破既有乡镇行政区划限制，重点发展省级经济开发区、城南经济新区、菱塘光电科技产业园区等三大园区，谋划发展东部、北部两个重点工业集中区，将既有行政区划形成的23个工业园区整合为5个工业园区，比原有规划节约面积620公顷。当年，高邮鸭业园区更名为高邮城南经济新区。同时进行区划调整，将高邮镇浩芝村、勤王村、渠南村、管伙村和凤凰村6个组等划入城南新区。城南经济新区按照市规划要求，将鸭业经济管理权属调整划出；在区规划的产业定位上，确立以绿色食品产业为特色、都市型新材料产业为基础、商务休闲现代物流为配套的产业新定位，形成与市开发区产业合理分工和错位发展的格局。

城南新区项目开工奠基仪式

此后，在调整区带园之间关系上，市一直提倡人口向城镇集中、项目向园区集中、重大项目向市开发区集中的方针，并制订了《关于推进"飞地开发"的政策性意见》等一系列政策，鼓励乡镇引进的重大项目放到市"三大园区"建设。其中，实行"飞地开发"政策，乡镇招商项目落户园区，由园区负责拆迁、土地指标供应及其他配套设施建设，项目产生的税收和统计指标按相关政策进行拆分。原则上不鼓励建设和发展村级工业集中区。

乡镇工业集中区建设和发展

1991年夏，刚刚撤县设市的高邮遭受了特大洪涝灾害，执行省委、省政府"破圩分洪"决策的湖滨乡作出了巨大牺牲。为切实和尽快支持该乡重建，同年11月，在国家计委、水利部和淮委正式批准《淮河入江水道湖滨与安全圩规划》的同时，经上级政府批准，湖滨乡跨过大运河，在大运河以东、淮扬公路以西、新坝以南、八里松以北的三角地带，征用22.67公顷土地，兴建高邮市南郊工业开发区。

湖滨乡筹集300多万元资金，用8个月的时间先后完成了区内水泥路、排涝河、电力线、直拨电话和场地平整等基础设施工程。该乡橡胶厂、丝绒厂、测控电缆厂率先陆续进入。扬州及市有关部门从税收、电力、交通、邮电、资金等方面给予一定的支持。

湖滨乡的市南郊工业开发区首开全市乡镇创办工业园区的先河。但一直到20世纪末的10年间，乡镇工业园区的兴办和建设均处于自发和无序发展阶段。车逻镇在该镇南部、紧靠大运河、占地10万平方米，开辟了长1500米、宽20米的石子"振兴路"，接通了电和自来水，进入了程控电话网，制定了优惠政策。三垛镇规划工业开发小区面积20公顷，并进行先期3.3公顷的基础设施建设。武宁乡针对消防器材厂家和个体工业户技术相对封锁、营销各自为战、价格竞相压低的状况，按照"统一生产场地、统一质量监督、统一市场价格、分散进行销售"的要求，在三柘公路段西侧组建了工业民营区，占地4公顷。汉留镇依托老镇进行规划经济开发区面积1平方千米，内设工业、商业、流通、文化、房地产等5个小区。

进入21世纪,全市乡镇工业园区建设有了质的飞跃。2001年3月,江苏金飞达电动工具有限公司投入1060万元,在一平村征地3.53公顷,兴建金飞达工业园。与比同时,郭集镇、送桥镇、天山镇、菱塘回族乡、龙虬镇、三垛镇、八桥镇也积极创办工业园区。其中,菱塘回族乡建有2个工业园区,集镇以南为星月工业园,占地100公顷;集镇以北为曙光工业园,占地20公顷。2001年当年,各乡镇企业园区新征地57.78公顷,投资资金7560万元,新进园区企业44个。为优化投资环境,降低投资成本,吸引更多能人投资创业,市委、市政府开始把园区建设作为工业经济的“四大工程”之一着力推进。2001年9月,市政府以邮政发〔2001〕161号文印发《高邮市关于加快乡镇企业园区建设的意见》,制定了包括用地、供电、税收、信贷等方面的政策措施,促成乡镇企业园区建设实行统一规划、统一征地、统一基础设施建设。兴办园区的乡镇也各自制定了包括企业进园、招商引资、税收返还、引进人才、技术改造、土地使用等方面的优惠政策。

一些乡镇在园区建设中,按照实事求是、因地制宜的原则,从本乡镇的经济基础、企业发展水平、区位特点、产业结构等实际情况出发,确定园区发展方向,建立特色工业园。其中,卸甲金飞达工业园区以电动工具高新技术实验基地为特色;郭集工业园区以灯具生产为特色;龙虬工业园区以服装生产为主的沙龙工业园为园中园特色;天山工业园区以箱包鞋外贸出口为特色;菱塘工业园区以电线电缆及其辅料生产为特色。此外还有三垛镇的棉纺与建材园、车逻镇的机械制造园、临泽镇的鞋业园、送桥镇的灯具园、汤庄镇的液压机械园、甘垛镇的合资园、周山镇的米业园、周巷镇的木业园、界首镇的机械园、八桥镇的机械园。特色乡镇工业园区迅速形成规模,成为全市乡镇工业的一道道新靓点。至2002年底,郭集、天山、卸甲(金飞达)、龙虬、三垛、菱塘、车逻、高邮镇等8家园区发展成为市重点乡镇工业园。八家园区总规划面积1351.6公顷,规划面积均在100公顷以上。当年,共新增开发面积145.24公顷,新进园企业102家,各类基础设施投入3650万元,入园企业总投资5.3亿元。

2002年高邮市重点乡镇工业园概况表

表181

序号	乡镇	园名	特色产业	已开发面积(公顷)	园区基础设施累计投入(万元)	入园企业数(个)	员工人数(人)	企业项目累计投入			2002年完成主要指标		
								入园项目(个)	总投资规模(万元)	当年发生投资额(万元)	实现营业收入(万元)	利润总额(万元)	实缴税金(万元)
1	郭集镇	郭集灯具工业园	灯具	26.7	865	45	2500	25	12000	7500	28560	445	1418
2	卸甲镇	金飞达电动工具园	电动工具	14.7	650	4	1800	4	4000	3500	41378	519	680
3	菱塘回族乡	菱塘曙光工业园 菱塘星月工业园	电缆	28.0	393	18	1527	18	20982	18092	44450	1928	1777
4	天山镇	天山工业园	箱包	15.9	412	10	1260	10	5800	5400	6000	130	210
5	龙虬镇	龙虬工业园	服装轻工	10.7	500	5	3000	5	8000	6000	14500	300	600
6	三垛镇	三垛工业园	轻纺	20.0	430	12	1780	12	10350	9500	24000	1050	570
7	车逻镇	车逻工业园	轻工机械	17.3	400	13	775	13	2500	1200	7421	33	373
8	高邮镇	城镇工业园	—	12.0	—	9	627	—	3085	1748	26325	193	678
合计				145.3	3650	116	13269	87	66717	52940	192634	4598	6306

2002年开始，各乡镇在加快工业园区建设中，注重园区升级，开展了创建“扬州市乡镇工业示范园区”活动，从中涌现出一批规模适度、规划科学、功能健全、环境整洁、布局合理，具备较强辐射能力的乡镇工业园区。2003年2月28日，郭集工业园、江苏金飞达工业园、菱塘工业园、天山工业园、龙虬工业园、三垛工业园等6个工业园被扬州市人民政府命名为“扬州市乡镇工业示范园区”。接着，郭集工业园申报成为“江苏省乡镇工业示范小区”。

为强化工业园区管理，打造好项目载体，促进园区管理工作正常化、规范化、科学化，不断提升园区品位，2003年，高邮市出台了《高邮市乡镇工业园区管理办法》。同时，市委、市政府建立了园区联席会议制度，经常召开现场办公会，及时解决工业园区建设中突出的资金、供电等矛盾和问题。加大考核奖励力度，把园区建设作为政府考核的内容之一。这期间，郭集、天山、菱塘、金飞达、龙虬、三垛、车逻、城镇、临泽、汉留及鸭业园区的规划通过了评审和市政府的确认批准。

2003年底，市政府发出《关于取消我市命名的乡镇工业园的通知》。此后，各乡镇以“工业集中区”建设混代“工业园区”建设。尽管2004年为适应宏观调控和土地整改，乡镇工业园区进行合理整合，园区升级工作暂时停止，全市工业集中区入区企业数和开发面积等指标增速放缓，但工业园区建设和发展一直是全市工业重点发展战略之一。这期间，乡镇工业集中区主要坚持向新型化、品位化、科技化、特色化方向发展。突出体现在：一方面增强入园项目的投资强度，提高项目的投入产出比和开发效益；另一方面，把好入园项目的质量关，坚决杜绝市场过剩、技术落后、浪费资源、污染严重的项目进入。

这期间，全市把建设标准化厂房作为促进招商引资、加快工业集中区建设的重要抓手，特别鼓励有实力的企业抽出资金建设标准化厂房用于出租、出售。一是多次召开园区、标准化厂房建设现场会，加大推动力度；二是明确标准化厂房建设的审批收费按相关文件中“投资工业企业收费优惠办法”的相关条款执行，加大扶持力度；三是对建设的标准化厂房组织验收，加大考核力度。许多乡镇(区)通过采取机关工作人员集资、建筑公司垫资、土地补偿金入股、企业出资等形式，在建设自建自用厂房的同时，重点放在抓出租出售标准化厂房的建设上，边建边租边招商。为鼓励企业建设标准化厂房，高邮镇和菱塘回族乡专门出台了《标准化厂房建设实施办法》，明确在土地使用、税收返还、规费收取等方面的优惠政策。到2004年底，全市乡镇工业集中区累计建成标准化厂房(不包括自建自用部分)32.5万平方米。其中，当年共建成标准化厂房22万平方米，共投入资金7240万元。其中，外资125万美元，民资4740万元，政府投入1500万元。尽管如此，各园区、各企业在建设标准化厂房中，常因租售价格和市场因素，仍以自建自用为主，出租出售目的意义上的标准化厂房比例占不到15%。

为促进工业园区规范化、企业化、市场化，同时配合园区升级，化解园区融资难题，部分工业园区开始积极组建独立法人资格的园区管理组织。到2005年底，郭集镇、高邮镇、金飞达、鸭业园、开发区、八桥镇等工业园区先后建立了独立法人机构。其中，郭集镇、高邮镇工业园区的独立法人机构运行较为正常，而大多数则只有在园区绿化、亮化、区内道路管理、融资、土地租用等方面进行运作尝试。

到2005年，包括市开发区、鸭业园区，全市共建成工业集中区22个。其中，省级开发区1个，市级以上工业园区11个，汤庄镇、八桥镇、司徒镇、横泾镇、甘垛镇、界首镇、周山镇、周巷镇、送桥镇、马棚镇等为自主开发建设的工业园区。园区累计开发面积763公顷，投入基础设施建设资金6.86亿元，992个企业入园，入园企业总投入64亿元，园区就业人数达5.4万人，涉及主要产业有电线电缆、灯具、单晶硅、电动工具、轻工服装、机械制造等。其中，2005年当年开发面积334.1公顷，投入基础设施建设资金1.55亿元，305个项目入园，入园项目总投入27亿元，建设各类标准化厂房69.6万平方米，实现营业收入89.9亿元，增加值19亿元，创利税5.3亿元，利润2.5亿元。

表 182

2005 年高邮市开发区及各乡镇工业集中区情况表

园区	开发建设情况		项目建设情况			企业经营情况						
	开发面积（亩）	基础设施投入（万元）	入园企业（个）	标准化厂房（平方米）	实际投入（万元）	生产企业（个）	从业职工（人）	产值（万元）	营业收入（万元）	增加值（万元）	利润（万元）	实缴税金（万元）
开发区	6850	26160	213	166100	187940	110	4364	90096	88000	16700	2695	1950
郭集	1700	4600	101	77830	59665	97	3915	81860	74590	16215	1940	2725
卸甲	1013	3606	32	46710	17311	32	3874	96719	86988	19365	1936	1664
菱塘	1850	3200	74	95500	50195	61	2250	114570	114570	20980	3020	1850
天山	1522	1630	84	43400	36599	74	6920	60480	58056	16212	3620	4820
龙虬	1458	1870	52	68500	40540	45	4501	52810	47150	6144	1070	1800
三垛	1520	1940	42	52000	41936	32	4718	35000	34200	7406	501	559
车逻	1010	2730	36	50780	20700	36	2318	23315	21580	5175	222	756
汉留	395	740	11	24440	1810	9	650	18000	16200	3240	162	708
临泽	1308	4342	11	71500	16352	11	3409	44343	42228	8187	719	735
高邮	2020	3118	96	217200	55294	70	5100	100148	95000	23647	1915	3450
鸭业园区	1087	3691	42	59840	16718	23	1080	20448	20074	5018	847	678
汤庄	480	1040	22	61000	9300	14	820	20500	19500	5100	920	800
八桥	1000	2100	20	40250	11000	11	955	23000	21500	3570	400	0
司徒	732	770	14	22750	3750	10	1253	12782	12445	2553	735	280
横泾	130	320	7	22000	2450	5	155	2180	2080	436	60	31
甘垛	780	1785	44	38750	18124	44	1400	31050	30000	3800	550	215
界首	440	550	16	44800	16195	15	2130	14100	13400	2540	230	820
周山	500	509	5	20050	2620	3	510	24354	23936	4066	546	129
周巷	320	1950	14	34100	12803	9	507	13539	13070	2820	794	559
送桥	170	1750	52	32000	21700	46	1200	61290	58216	12520	1651	637
马棚	160	195	4	10000	1400	4	1850	6900	6600	1626	420	310
合计	26445	68596	992	1299500	644402	761	53879	947484	899383	187320	24953	25476

经过几年的发展，乡镇工业园区建设暴露了一些问题。一是受国家用地政策的影响，用地指标少，审批周期长，制约了工业园区的发展，尤其是影响了发展速度较快、用地较多的园区；二是园区规划随意改变，沿公路两侧新办企业的现象较为普遍和严重；三是部分园区中产业定位不明确，主导产业占有率不高，优势产业规模偏小；四是园区基础设施、公共设施配套亟待到位和完善；五是园区管理机构建设和运行相对滞后。

2006 年后，各乡镇工业园区按照突出解决“三个一”（提高一个认识、制订一个规划、建立一个独立的法人机构），强势推进“三大建设”（基础设施建设、项目建设、标准化厂房建设），突破“两大瓶颈”(土地和资金瓶颈),增强“四个意识”(责任意识、紧迫意识、危机意识、争超意识)的指导思想,提升园区层次,做大园区规模,做强园区功能,规范园区管理,发挥快速集聚产业和配置生产要素的作用,推动集约力度,加快园区建设的步伐。其中主要工作有:一是进行园区规划的修改和重新确认。为适度发展的需要,许多园区都对原有规划进行了调整、修改和重新确认。二是加大考核奖励力度。一方面,重新调整考核园区内容,把园区规划、基础设施投入、入园企业数、入园企业投入、开发面积、标准化厂房面积(特别是用于租售的标准化厂房面积)、独立法人机构的建立及正常运作等作为主要考核指标进行综合考核;另一方面,进一步明确市16个部门和5个专业银行分别挂钩联系11个重点园区的措施,并对其挂联绩效进行考核。三是迎接新一轮园区升级。依照扬州市政府重新开展园区升级工作要求,努力确保和争取扩大扬州市级示范区及扬州市级重点集中区。四是推进园区开展环评工作。根据扬州市建设生态市和节约型城市的要求,各乡镇园区都进行了园区区域环境评价。

抓好产业招商,加大项目投入,打造特色园区已经成为乡镇工业集中区建设的主旋律。首先是抓好产业招商。依据园区产业特色定位,从基础设施、标准化厂房、产业配套、资源优势和产品优势出发,以产业为单位整体包装推介。其次是加大项目投入。在园区基础设施建设(包括标准化厂房建设)上保持一定的投资规模,以适应招商引资和项目落户的需要;在电力设施、交通道路、通讯设施等与之相关联的项目建设中速度超前于产业发展和园区发展;依托既有重点企业,谋划和实施一批体量大、带动性强、有一定科技含量和成长潜力的大项目。第三是打造区域品牌。帮助特色产业集群宣传产业集聚地、产品特色,推行品牌化战略、专业化战略、国际化战略和文化型战略,做大无形资产,放大产业优势,做响服装、灯具、电缆、电动工具、液压机械等一批产业和区域品牌。

特色园区建设逐渐形成了产业集聚,与特色优势产业相互促进、相互发展。到2006年底,道路照明灯具产业主要分布在郭集镇以及与其相邻的天山镇、送桥镇,主要产品为灯杆、电光源、高杆灯、庭院灯、景观灯、LED路灯、风光互补路灯等,生产及配套企业250多家。其中,郭集工业集中区有灯具企业113家,占入区企业总数的95.8%,占全镇灯具企业总数的77%;实现产值15亿元,占全镇工业总产值的80%。集中区内有镇流器、灯杆、触发器、电光源、灯座、电镀、包装等各种企业,上下游产品间、上下道工序间配套协作,产品国内市场占有率约25%。郭集以及郭集灯具已具有一定的区域品牌和知名度。郭集灯具被省中小企业局列为全省100家重点产业集群之列;郭集工业集中区被扬州市列为实行“十一五”规划期间重点推进的乡镇工业集中区之一;同时,还被评为长三角100家示范企业之一。纺织服装产业是全市体量最大、企业最多、用工最多的产业,全行业共有各类企业近600家,年加工服装1.5亿件左右,年创产值60亿元,占全市工业经济总量的21.2%,产业相对集聚在开发区、龙虬镇和高邮镇。波司登、雅鹿、圣罗兰、蒙赛尔等国内外知名企业纷纷加盟落户。为此,高邮先后被江苏省纺织工业协会、中国纺织工业协会、中国服装协会授予“江苏羽绒服装制造名城”和“中国羽绒服装制造名城”等荣誉称号。太阳能光伏产业是全市近年发展最快、前景看好的产业,生产企业有7家,以天山镇顺大公司为龙头,主要分布在湖西片区。从单晶硅、破方、切片、电池组件到石英坩埚、石墨电极以及特种玻璃等,围绕单晶硅的前延后伸,初步形成了较为完整的产业链条,以此为起点的光伏产业园开始规划。电线电缆产业共有电缆生产及配套企业86家,产业配套比较齐全,“一厂一品”是为特色,年实现产值33.8亿元。其中,菱塘回族乡有70余家,其工业集中区电线电缆特色彰显。

乡镇工业园区的建设也为小城镇建设和新农村建设发挥了一定的作用。各乡镇工业集中区在制订园区规划时,都与当地小城镇建设发展规划结合起来一起做,使得工业集中区建设与小城镇建设有机结合。而工业集中区的发展促使农村劳动力不断向小城镇集中，带动了小城镇三产的发展，加快了小城镇建设速度。

工业园区建设得好、发展得快，不仅促进了工业经济的发展，形成了产业集聚效应，拉动了区域的经济和社会效益，发挥了经济建设的先锋作用，同时也直接提升小城镇建设品位和新农村建设形象，确立了在新农村建设中的主体地位。乡镇工业园区已成为全市引资最多、投入最大、发展最快的增长板块。到2010年，各乡镇工业园区（包括市开发区）实现产值682.7亿元，实现利税42.9亿元，从业人员12.6万人。其中，实现产值占全市全部工业产值的67.6%。

主要园区简况

江苏省高邮经济开发区

江苏省高邮经济开发区位于高邮市城区北部，行政区划面积99平方千米，开发规划面积75平方千米，建成区面积15平方千米，耕地面积1806公顷。辖12个行政村、155个村民小组和2个社区，总人口5.16万人。到2010年末，累计基础设施投入11.84亿元，入园项目投入117.75亿元。经过多年发展，形成光伏电子产业园、机电产业园、服装产业园和科技孵化园等特色园区。

早在20世纪90年代，原东墩乡重点企业有市电缆厂、冶炼厂、康耐尔蓄电池有限公司等，先后开发有电子元器件、免维护蓄电池、邮电器材、联合收割机割台、多元合金铅、摩托车组装、香精香料、高温线缆、35平方毫米以上大截面的塑力缆、辐照交联电缆、聚全氟乙丙烯同轴射频电缆、耐火电缆、低烟无卤电缆、尼龙复合塑料电缆等新品和项目。这期间，还创办了全市首家民营经济园。到20世纪90年代末，陆续被划入市开发区。

随着开发区的成立和建设，一些企业和项目陆续进区落户。扬州市康耐尔蓄电池有限公司、市电缆厂、市林邮丝织品有限公司、市福佑服装有限公司、市铝箔纸厂、市制动件厂、市申华笔厂、市化工厂、市汽车修理厂等9家企业先期进入。到1996年，进区企业共有61家。其中，工业企业25家，外商投资企业7家，投资总额达2.92亿元，当年实现产值3.21亿元。此后，市粮食集团与韩国一洋药品株式会社合资的扬州一洋制药有限公司、香港兴华企业投资（集团）有限公司独资兴办扬州嘉华漆业有限公司、广东宏远集团公司兴建宏远工业园等重大招商引资项目被先后引进和开工建设。这一时期，全区工业发展还不平稳，经济增幅呈现上下波动趋势。1997年，区内工业企业实现产值3.79亿元，比上年增长18.1%。1998年，全区实现工业产值4.2亿元，比上年增长10.8%。1999年，全区实现经济总量5.5亿元，比上年增长30.5%。2000年，全区实现业务总收入6.2亿元，比上年增长6.2%。

进入21世纪，该区全力推动招商引资，大力引进企业和项目，加大区内基础设施和工业项目技改投入，取得多方面进展。基础建设日新月异。2000年，基础设施投资2385万元，比上年增长194%。到2007年，全区累计投入近4亿元，基本形成“一环五纵八横”的园区道路网；同步配套实施美化、绿化、亮化工程。载体建设硕果累累。到2002年，先后建成5个区中园。即台商科技电子园、佳讯兴业园、轻纺企业园、文游民营工业园和花王民营工业园。2005年，由江苏浙商服装城开发集团有限公司投资5亿元兴建“江苏（中国）纺织服装城”，规划占地面积23.33公顷，建筑面积35万平方米。主要以经营服装、纺织品、鞋革、箱包为主，融仓储物流、博览展示、商务办公、科技服务、电子商务、技术研发、生活配套为一体的国际性商贸平台。2007年，投入建设中小企业“孵化中心”。项目用地约13.33公顷，计划建造10万平方米标准化厂房，总投资约9000万元。“孵化中心”可吸入50家中小企业进入，解决中小企业创业初期投资资金问题。招引项目接踵而至。2001年，全区共引进项目11项。2002年突飞猛进，共引进项目54项。其中，境外项目10项，合同利用外资1606万美元，实际到账447.57万美元，比上年分别增长13.8倍和3.9倍；内资项目44项，引进资金1.17亿元，实际到账5748万元，比上年增长2.7倍和2.2倍。此后数年，项目数量虽或多或少，但项目体量呈越来越大之势。2004年，投资500万元以上企业40家。2007年，投资500万元以上企业111家。2009年，全年引进项目38项。其中，外资项目7项，合同利用外资1.4亿美元，实际到账外资7903万美元；引进内资项目31项，实际利用民资21.7亿元。到2010年，9年共引进项目419项。其中，外资项目66项，合同利用外资5.23亿美元，实际到账外资2.57亿美元；引进民资项目353项，实际利用民资99.8亿元。技改投入大幅增长。2001年全区工业技改投入1500万元；2002年比上年增长33.3%；2003年猛增210%；2004年实现翻番增长106.5%；2007年同比持续翻番达106.4%；2008年技改投入已高达18.14亿元。鸿信PE硅芯管、佳光发光二级管、合晟五金工艺品、昊天通讯器材、凯尔塑料粒子、四方香料、金旸港口机械、波司登羽绒服装和休闲服装、欧亿尔石油机械、华盟电子、亚能钢结构、华星石油管件、精佳汽车轮毂、龙源电气、天仞服饰、诺力机床、国路塑业、传艺柔性线路板、亿利通精密机械设备、均英光电、金业盈辉科技等一批工业项目陆续竣工投产，迅速成为园区经济发展新的增长点。这一时期，工业企业大量涌入，外资企业屈指可数，规模企业迅速扩张。2002年，全区共有工业企业78家。其中，外商独资企业4家，合资合作企业7家，私营企业67家。全年实现工业总产值2.33亿元，比上年增长22.6%。到2007年，全区共有工业企业189家。其中，外商独资企业7家，合资合作企业14家，私营工业企业168家。是年，全区实现工业总产值38.28亿元，比上年增长139.7%。其中，列统工业企业从上年的34家增加到56家，实现产值35.02亿元，比上年增长165%，占全区工业总产值的91.5%。扬州市鸿信线路器材有限公司、江苏园通电缆有限公司、扬州鸿泉制衣有限公司、扬州凯尔化工有限公司、扬州四方香精香料有限责任公司、江苏永恒塑业有限公司、扬州天健动物药业有限公司、扬州三湖蛋品发展有限公司、扬州东鹏服饰有限公司、扬州乔松电子科技有限公司、扬州金陵减速机有限公司、高邮力度混凝土搅拌有限公司、扬州海峰机械有限公司、扬州捷通管件有限公司、扬州金旸机械有限公司、扬州欧亿尔机械有限公司、扬州美锋照明电器有限公司、扬州天仞服饰有限公司、扬州天维丝绸有限公司、扬州金宇机电有限公司等一大批企业快速发展，先后形成规模效应。江苏广源电线电缆有限公司、江苏雅鹿制衣有限公司、扬州志高建筑防水材料有限公司、市恒鑫电工材料有限公司、市华星石油管件制造有限公司等重点企业率先突破亿元大关，发挥支撑引领作用。江苏波司登制衣有限公司、江苏沙龙制衣有限公司、江苏腾大光电有限公司、江苏精佳集团、扬州升达集团、市华兴石油机械制造有限公司、扬州和益电动工具有限公司、江苏传艺科技有限公司、市兴益机械有限公司、市申发电机制造有限公司等龙头企业进入全市工业“五十强”，成为全市工业经济排头兵。江苏波司登制衣有限公司由世界品牌波司登股份有限公司投资兴建，投资总额4.5亿元，注册资本7000万元。2007年，公司生产羽绒服装、休闲服装1500万件，实现销售收入10.2亿元、利税4266万元，成为全市第二家年销售收入突破10亿元的企业。这一时期，全区先后开发新上了电动工具、塑钢型材、热镀锌、兽药、铝型材、药剂、蛋品加工、石油添加剂、服装、石油机械、混凝土、床上用品、包装产品等产品，逐渐形成了医药化工、服装纺织、电线电缆、电动工具、机械电子、建材、汽车摩托车配件、农产品加工等工业门类。

2010年，全区有入园企业469家，从业员工28302人。全区企业实现工业总产值144.74亿元、利税10.5亿元，分别比上年增长40.8%和55.6%。其中，规模以上工业企业实现产值112.05亿元、利税9.2

亿元,分别比上年增长39.8%和69.5%。技改投入35亿元,固定资产投入36.17亿元,分别比上年增长39.9%和41.1%。完成自营出口额4180万美元,比上年增长59.7%。规模工业企业共有105家。其中,亿元工业企业24家。新竣工投产的工业亿元项目主要有扬州和益机械有限公司兴益机械项目、扬州亿利通科技有限公司精密机械项目、扬州华兴石油机械有限公司石油整机项目、江苏华尔光电材料股份有限公司石英坩埚项目、江苏均英光电有限公司电脑配件项目、扬州亿祥置业有限公司钢材市场项目、江苏新潮光伏能源发展有限公司多晶硅浇铸项目。围绕科技创新和高新技术产业转化开展"产学研"合作,全年共实施"产学研"合作项目26项,申请专利289件。其中,发明专利107件。加大科技创新扶持力度,发放奖励基金和扶持基金1700万元。围绕既有企业新品开发、提质扩产和产业链的前后延伸,落实电子触摸屏、航天水力、羽绒加工、多晶浇铸、石英坩埚、丙纶纤维、防静电材料、医用高分子材料等多个工业项目。重大工业项目实现新突破。成功签约总投资60亿元的6000吨高纯硅项目和总投资10亿元、首期投资5亿元的航天水力项目,实现首家与央企合作。全年引进项目43项。其中,5亿元以上项目6项。协议注册外资1.8亿美元,实际到账外资8244万美元。实际利用民资30亿元,新增注册资本27亿元。全年实施项目建设51项。其中,新开工项目38项,续建项目13项。在新开工项目中,工业项目36项。其中,外资项目2项,民资项目34项。永辉丙纶纤维、万利置业家居广场、宝源机械、成长型工业园、新潮光伏、华尔光电石英坩埚、锦绣前程电子触摸屏、三弘集团羽绒制品等8项项目达亿元以上。新潮光伏、石英坩埚等项目实现当年签约、当年开工、当年投产。

2010年江苏省高邮经济开发区主要经济社会指标实绩表

表183

项目	单位	2010年	2009年	比上年+、-%	项目	单位	2010年	2009年	比上年+、-%
地区生产总值	万元	316151	230207	37.3	工业技改投入	万元	350000	250100	39.9
第一产业	万元	11950	11000	8.6	工业从业人数	人	28251	26218	7.8
第二产业	万元	264800	186907	41.7	建筑业产值	万元	181000	136000	33.1
第三产业	万元	39401	32300	22.0	建筑业利润	万元	7860	6760	16.3
预算内收入	万元	45616	32720	39.4	建筑业从业人数	人	5101	3795	34.4
农业总产值	万元	23034	22907	0.6	当年引进项目数	项	43	38	13.2
粮食总产量	吨	26134	28898	-9.6	当年实际利用外资	万美元	8244	7159	15.2
油料总产量	吨	1105	1124	-1.7	外贸出口额	万元	27350	17130	59.7
水产品产量	吨	5286	5093	3.8	第三产业从业人数	人	10236	9400	8.9
农业从业人数	人	4368	4568	-4.4	新增个体工商户	户	278	230	20.9
工业企业数	家	296	273	8.4	学校	所	5	5	—
全部工业总产值	万元	1450000	1027748	41.1	外出劳务人数	人	1658	1800	-7.9
规模以上企业销售收入	万元	1070000	752200	42.2	外来劳务人数	人	4629	3488	32.7
规模以上企业利润	万元	52000	31900	63.0	农民人均纯收入	元	11816	9684	22.0

表 184

2010 年江苏省高邮经济开发区村、社区概况表

村、社区	村(居)民小组数(个)	户数(户)	总人口(人)	农业面积(公顷)	工业企业(家)	社会总产值(万元)	人均收入(元)
文游台村	9	572	2614	—	62	186800	12646
花王村	18	1850	7680	43	127	217500	12321
奥林村	17	1068	4261	62	26	73560	12225
双庙村	20	1079	4172	252	35	38730	11557
杨桥村	13	889	3268	158	14	16060	12100
腰圩村	14	942	3078	201	9	12208	11151
东墩村	11	733	2805	223	4	12053	11031
灯塔村	12	845	3266	200	4	11625	11295
清水潭村	11	681	2566	152	2	5552	11574
太堡村	7	432	1585	124	3	5108	11168
昌农村	9	486	1752	177	1	7360	11641
北太平村	9	641	2341	177	—	16939	11852
东墩社区	5	298	1360	37	3	4391	12110
高沙园社区	9	3139	10810	—	—	—	—

高邮城南经济新区

高邮城南经济新区位于高邮市城区南郊，东依京沪高速公路，南邻车逻镇，西傍京杭大运河。行政区划面积 20 平方千米，开发规划面积 28 平方千米，耕地面积 981 公顷。辖 6 个行政村、1 个社区、1 个站，总人口 1.57 万人。

1996 年 2 月，基于“高邮双黄蛋”“高邮咸鸭蛋”闻名世界的优势，以市种鸭场为核心，并联结了高邮鸭研究所和坑孵、饲养、蛋品、饲料、包装、加工以及销售等相关企业，组建成立江苏高邮鸭集团。1998 年，由省科委批准建成高邮鸭产业科技示范园。2002 年，高邮鸭业园区组建成立。园区是在高邮南郊的高邮鸭集团原址基础上，沿着城区大外环公路向东西延伸，形成的鸭业经济产业带。规划占地 10 平方千米。其中，核心区 2 平方千米。2005 年，园区规划调整，将市农林局管辖的蚕种场、高邮鸭集团、八里松村和高邮镇新城村整建制划归园区。高邮鸭业园区增挂“高邮城南经济新区”牌子。2008 年，高邮鸭业园区更名为高邮城南经济新区，并进行区划调整，将高邮镇浩芝村、勤王村、渠南村、管伙村和凤凰村 6 个组等划入。同时，将鸭业经济管理权属调整划出。

随着园区的组建、运作和发展，其发展定位也相应不断调整。2002 年后，围绕整合资源优势，弘扬和放大高邮鸭业经济特色，通过强化基础设施建设、大力组织招商引资活动等，推进园区有序、稳步发展。2005 年，促进园区加快多元化发展步伐，做大做强经济板块，努力打造以绿色食品产业、物流商务休闲产业、轻工产业为主的独具特色的经济新区。2007 年，园区确立“鸭业经济显特色，工业经济壮财源”理念，致力于引进品牌食品制造企业，发展新材料、都市型工业企业，加快工业经济发展步伐。2008 年，确立以绿色食品产业为特色、都市型新材料产业为基础、商务休闲现代物流为配套的产业新定位。

2009年,树立"以工兴区"理念,加快园区特色化发展。经过数年打造,全区步入经济发展快车道。基础设施逐渐配套。2003年,全年共投入1931万元用于66.67公顷起步区建设。园区初步形成高邮鸭良种繁殖培育中心、蛋肉加工中心、产品包装中心、三产服务中心、农产品保鲜及加工中心、羽绒服饰加工中心、生物制剂及副食品加工中心、饲料加工中心、物流配载禽蛋交易中心、生态住宅中心等10大功能中心区。2004年,全年共投入1150万元进行基础设施建设。同时,建成标准化生产厂房3.76万平方米。到2008年,全区逐步形成"五纵四横"的道路。当年投入6000万元,启动实施排污、排水、输电管网等相关配套工程,并完成绿化、美化、亮化建设。全区初步形成以高邮鸭为特色的绿色食品产业园区,以红太阳物流配送为重点的物流商务休闲功能区,以丙纶纺织、机械制造为基础的工业集中区。鸭业经济长足发展。该区"红太阳"牌咸鸭蛋、松花蛋和"红洲"牌琵琶鸭,2002年获得国家绿色食品标志;2005年通过有机食品认证。2006年,高邮鸭集团全年加工咸蛋、松花蛋等各类鸭蛋制品1.68亿只、肉鸭220多万只,实现鸭业销售额10.51亿元、利税5542.7万元。"红洲"牌商标获得扬州市知名商标称号,"红太阳"牌蛋制品获得省名牌产品、免检产品称号和"中国名牌农产品"称号。高邮鸭集团被国家、省及扬州市分别授予全国中型农产品加工流通企业、农业产业化规模龙头企业、农业产业化辐射带动先进企业等称号。2007年,高邮鸭集团获批国家蛋品加工技术研发分中心。民资利用大幅增长。2003年,引进民资4990万元。2009年,实际利用民资高达7亿元。2006—2009年,4年实际利用外资1166万美元,而实际利用民资18.89亿元。其中,2008年协议利用外资1310万美元,实际利用外资310万美元,同比下降10%;实际利用民资5.43亿元。其中,域外民资3.21亿元,同比分别增长55%和40%。新增民营企业注册资本2.41亿元,同比增长63%。项目建设加速推进。2006年,全区共实施项目16个。其中,7个项目投资1000万元以上。2008年,全区实施1000万元以上项目27项。其间,扬州森木机械制造有限公司健身器材制造、市秦邮蛋品有限公司蛋品加工、高邮蓝宝石石油装备有限公司石油机械配件制造、扬州市金宏食品有限公司功能性营养面项目等重点工业项目陆续实施开工。扬州通威饲料有限公司落户园区,成为国内上市公司在高邮投资的第一个项目。主要产品为水产品饲料,其"通威"牌饲料为全国十大名牌饲料之一。高邮华美丙纶纺织有限公司是国内专业生产转杯纺丙纶中长型粗纺纱和各种过滤芯的企业,是国内最大的丙纶粗纺纱线和滤芯生产基地。其中,长型粗纺纱线填补国内空白,获得国家专利;粗纺纱、无泡过滤芯获"中国环保产品质量信得过重点品牌""国家重点新产品和国家高新技术产品";自主创新产品过滤用高吸附性聚丙烯裂纹纤维被列为国家科技型中小企业技术创新基金重点项目,并获得无偿资助150万元,成为扬州市单个资助金额最大的创新基金项目,同时也是全市首个创新基金重点项目。2008年,全区新开工项目18项,同比翻一番。此后,总投资2亿元的扬州亿泰纺织有限公司纺织项目,总投资1.28亿元、以生产舵机及船用控制系统为主的江苏吉信远望船舶机械制造项目和总投资1.2亿元、主要研发生产发电机整机及缸头部件的扬州江峰机械制造有限公司等重大项目分别竣工投产和开工建设。企业规模不断壮大。2003年,有10家企业签约入园。2004年,全区共有招商入园企业20家。其中,11家企业先后投产。2005年,全区共有工业企业42家,实现工业产值2.05亿元、销售收入2.01亿元、利税1449万元。2006年,全区6个规模以上工业企业完成产值2.23亿元、销售2.09亿元、利税967万元,分别占全区工业产销利税总数的66.2%、63.4%和54.1%。2007年,规模以上工业企业增加到11家,完成产值3.88亿元、销售收入3.6亿元、利税1600万元,同比分别增长63%、72.5%和65%。扬州同昌电磁线有限公司、高邮蓝宝石石油装备有限公司、市汉升高分子材料有限公司、市八里塑料制品厂、高邮双星包装有限公司、扬州华美丙纶纺织有限公司、市荣华车件有限公司等企业规模效应明显。2008年,全区完成全部工业产值10.03亿元。其中,绿色食品业产值6.03

亿元，高新材料业产值2亿元，机电业产值2亿元。区内科技（民营）创业园获批“省中小企业创业基地”。园区被农业部批准为“全国农产品加工创业示范基地”。

2010年高邮城南经济新区主要经济社会指标实绩表

表185

项目	单位	2010年	2009年	比上年+、-%	项目	单位	2010年	2009年	比上年+、-%
地区生产总值	万元	50282	41509	21.1	工业技改投入	万元	60000	41505	44.6
第一产业	万元	4308	4010	7.4	工业从业人数	人	3653	3256	12.2
第二产业	万元	34530	28499	21.2	建筑业产值	万元	39497	15907	148.3
第三产业	万元	11444	9000	27.2	建筑业利润	万元	650	-42	-
预算内收入	万元	10098	5688	77.5	建筑业从业人数	人	1317	1277	3.1
农业总产值	万元	13025	7832	66.3	当年引进项目数	项	60	45	33.3
粮食总产量	吨	18000	11317	59.1	当年实际利用外资额	万美元	775	200	287.5
油料总产量	吨	395	638.6	-38.2	第三产业从业人数	人	2745	2529	8.5
水产品产量	吨	1778	1734	2.5	新增个体工商户	户	22	10	120.0
农业从业人数	人	1825	1885	-3.2	学校	所	2	2	—
工业企业数	家	143	122	17.2	在校学生数	人	595	577	3.1
全部工业总产值	万元	300560	182000	65.1	外出劳务人数	人	2980	4637	-35.7
规模以上企业销售收入	万元	162060	111119	45.8	外来劳务人数	人	993	875	13.5
规模以上企业利润	万元	6867	2676	156.6	农民人均纯收入	元	11984	10790	11.1

2010年高邮城南经济新区村、站、社区概况表

表186

村、社区	村（居）民小组数（个）	户数（户）	总人口（人）	农业面积（公顷）	工业企业（家）	社会总产值（万元）	人均收入（元）
新城村	14	907	3464	33	6	12830	12018
八里松村	7	270	1085	47	5	2463	11966
浩芝村	14	715	2610	248	5	16345	14698
勤王村	12	540	1980	220	4	13349	11338
渠南村	12	496	1804	170	6	12234	11585
管伙村	11	669	2581	220	7	20071	11821
市蚕种管理站	4	160	650	43	3	1150	10834
南苑社区	2	762	2044	—	—	—	—

2010年，全区共有入园企业206家，从业员工3653人。实现工业产值30亿元、利税1.1亿元，分别比上年增长65.14%和78%。其中，规模以上工业企业实现产值16.8亿元、利税0.93亿元，分别比上年增长49%和75%。全区工业企业突破用电紧张、融资困难、劳动力紧缺三大发展瓶颈，重点在丙纶纤维材料、大吨位船舶舵机、医用PVC高分子材料、绿色食品等领域培育和发展高新技术企业与产品。全区实现高新技术产值6亿元，比上年增长34%。加强自主创新，申请注册商标10个。其中，"红太阳""秦邮"商标获省著名商标，"顺达"牌摩托车闸车片、"秦邮"牌蛋品获扬州市名牌产品。市秦邮蛋品有限公司获批为省农业产业化龙头企业会员单位，5种产品被认定为国家A级绿色食品，一个养殖基地被认定为省无公害农产品产地。江苏新华能石油装备有限公司与中国石油化工总公司西北分公司工程技术研究院合作，开展石油勘探用井下模拟测调装置项目科技攻关，取得重要突破。扬州华美丙纶纺织有限公司与东华大学合作开发细旦与超细旦聚丙烯纤维及服用面料项目，并创建省工程技术研究中心。高邮鸭集团创建成省高邮鸭工程技术研究中心。市秦邮蛋品有限公司与江南大学食品学院合作开发罗氏沼虾即食调理食品关键技术研究与产业化项目，并成为江南大学校外水产加工教学实习基地。江苏康宝电器有限公司与浙江理工大学合作开发高灵敏度的纳米生物传感器等新产品。江苏吉信远望船舶设备有限公司与哈尔滨工程大学合作开发转叶式舵机项目。加快技术改造步伐。扬州亿泰纺织有限公司投入技改资金5000万元引进具有世界一流水平的印度朗维细纱机28台套，年产能力6万锭。市双星包装有限公司投入1000万元，购进海德堡胶印机、自动糊箱机、自动切纸机、自动打包机等设备。扬州森木机械有限公司投入1000万元，新上矿山井下安全逃生系统。高邮顺达动力机电有限公司投入500多万元，新购数控车床10台、650吨和450吨自动压铸机各1台。扬州神龙机械制造有限公司、江苏润德管业有限公司分别开发电动液压劈木机、聚乙烯塑钢缠绕排水管等新产品。实施知识产权战略。全年共申请专利57件。其中，发明专利34件，实用新型专利12件，外观专利11件；专利授权16件。争取科技资金补贴。重点包装聚丙烯异性复合裂纹纤维及滤芯的研发与产业化、罗氏沼虾即食调理食品关键技术研究与产业化和扬州绿扬金凤计划等5项项目，争取省、扬州市科技补贴资金200多万元。多头多路招商引资。全年实施1000万元以上民资、外资引资项目32项，实际利用民资15亿元，协议利用外资2000万美元，外资实际到账775万美元。狠抓重大项目建设。全年新开工5000万元以上项目13项。其中，亿元以上工业项目4项。即扬州翔鹏新能源科技有限公司第一期工程投资6亿元的多晶硅切片生产项目、江苏赛尔橡胶股份有限公司投资1.38亿元的橡胶制品生产项目、市汉升高分子材料有限公司投资1.2亿元的医用PVC粒子生产项目、江苏蔚宝液压机电有限公司投资1.1亿元的液压部件和液压机械设备制造项目。到2010年末，全区累计基础设施投入3.02亿元，入园项目投入38.95亿元。

扬州菱塘光电科技产业园区

扬州菱塘光电科技产业园区（高邮市菱塘光电科技产业园区）位于高邮湖西，江苏S333省道、邮天公路穿境而过，南接扬州市北郊，北临全国第六大淡水湖——高邮湖。整个区域范围约为203平方千米，初步规划面积100平方千米。其中，核心规划面积30平方千米。园区有10万多人。

园区成立于2007年8月13日，是以光电产业为主导的高科技特色产业园区，享有省级开发区各项优惠政策。按照规划，菱塘回族乡的骑龙村、夏桥村、高庙村、佟桥村、菱塘村、龚家村，送桥镇的黄圩村、常集村、官路村、李古村，天山镇的神居山村、北茶村、肖池村、庙家村，共14个行政村全部或部分被纳入产业园。根据"布局集中、用地集约、产业集聚"的要求，整合湖西板块产业资源、生态资源、人力资源，将菱塘回族乡的电线电缆产业、天山镇的太阳能光伏产业、送桥镇和郭集镇的照明灯具产业进行整合集聚，重点以太阳能光伏和LED照明等与光电项目相关的高科技产业为主体，充分利用少数民族乡的优惠政策，大力发展新技术产业，打造湖西新兴经济板块。同时，体现少数民族特色，配套建设产品研发、产品检测、高档会馆、培训基地等生产服务机构和教育、医疗、宾馆、餐饮、旅游景区、中高档住宅等生活服务设施，着力打造适宜创业、居住、休闲的综合性新城区。

扬州菱塘光电科技产业园区

园区致力发展以太阳能光伏为主导的新能源产业、以LED为领域的新型照明灯具产业、以超高压电缆和特种电缆为主体的电线电缆产业，把推进园区规划编制、基础设施建设和招商引资作为工作重点。2008年，完成园区总体规划编制工作。采用BT模式，启动园区东西大道和南北大道建设。全区签订招商引资协议项目4项，协议总投资3.2亿元。江苏艾珂玛新能源科技有限公司计划投资1000万美元新上太阳能电池组件项目，当年到账100万美元。2009年，全年签订招商引资协议项目5项，协议总投资2.7亿元。其中，当年开工建设2项。总投资1亿元的科技创业园项目、总投资6000万元的风光互补灯具及风力发动机项目、总投资8000万元的轴承钢管项目正式签约。首家入园企业扬州伟业创新科技有限公司投资5000万元的单晶硅切削液回收处理项目和市湖西污水处理厂开工建设。

2010年，全区共有入园企业3家，从业员工100人，实现工业产值2000万元、利税160万元。全区累计基础设施投入2.2亿元，入园项目投入1.4亿元。2010年，园区高起点、高标准地编制了园区概念性规划、园区总体规划和工业区详细规划，园区东西大道、南北大道基本竣工，签订招商引资协议项目4项。其中，开工项目2项。全年协议利用外资2000万美元，新增民营注册资本金2.11亿元。扬州伟业创新科技有限公司建成并部分投产；并投资500万元在厂区内新建污水处理站；投资250万元购置新设备，计划用于碳化硅、金刚砂的生产。南京新朝阳投资发展有限公司投资建设科技创业园，为中小企业进入园区发展提供孵化载体。

郭集镇工业集中区

郭集镇工业集中区于2000年规划，当年开工实施基础设施建设。园区用地总规划200公顷，分A、B、C三区开发建设。2002年初，成立集中区管理委员会。2003年，注册设立具有独立法人资格的集中区中心。园区先后被扬州市和省乡镇企业局列为乡镇示范工业小区、长三角地区新农村建设示范企业。

园区一期工程于2000年10月启动；2006年开发二期工程；2007年建设三期工程。至2004年底，园区累计投资3.35亿元。其中，基础设施投入3475万元。进园各类企业有85个。其中，A区有灯具企业49个；B区有灯具企业14个，灯具经营门店32个；C区有灯具企业10个。2004年，园区内企业共实现产值6.5亿元，占全镇工业产值的89.1%。至2007年，入园企业已达134家。其中，灯具企业126家。至2010年末，全区累计基础设施投入1.47亿元，入园项目投入40.25亿元，共有入园企业191家，从业员工8689人。当年，园区实现工业产值45.6亿元、利税2.71亿元，分别比上年增长39.8%和

53.8%。其中,规模以上工业企业实现产值36.95亿元、利税2.56亿元,分别比上年增长48.4%和41.2%。

园区将60多家原本散落在庭院内、大路旁的作坊式灯具企业引进园区发展,吸引镇流器、触发器、反光板、焊条、喷塑粉等配件企业进园拉长产业链,同时招引了水性和注塑灯球、凹凸条纹钢杆生产线、高频焊管等新项目入园。企业之间优势互补,相互配套,实现了"不出郭集门,产齐各种灯"。重点企业有苏发照明、飞花灯饰、神舟灯饰、华夏灯业、宝尔特钢杆、托普莱特照明、兴发照明、隆昌照明、金源灯饰、辉跃照明等。

菱塘回族乡工业集中区

菱塘回族乡工业集中区是扬州市乡镇工业示范园区,前期规划总面积133公顷,远景规划267公顷。

2004年,全区投资2600万元,开发面积60公顷,进区企业52家,固定资产总投资3.82亿元。其中,有高新技术企业7家,省高新技术产品24个,高新技术产品产值占工业总产值的60%。当年区内企业实现销售近8亿元,占全乡工业销售总额的80%。其中,扬州市曙光电缆厂实现销售4.8亿元。至2010年末,全区累计基础设施投入1.08亿元,入园项目投入37.18亿元,共有入园企业166家,从业员工3495人。当年实现工业产值85.5亿元、利税4.539亿元,分别比上年增长38.5%和82.7%。其中,规模以上工业企业实现产值81.3亿元、利税4.085亿元,分别比上年增长38.9%和82.5%。

天山镇工业集中区

天山镇工业集中区是扬州市乡镇工业示范园区,第一期规划面积235.8公顷。其中,工业用地202.5公顷,第三产业用地33.3公顷。

全区逐步形成"两园一带"格局,即邮仪公路工业园、南茶村工业园、沿邮仪公路两侧产业带。2004年,已进区企业49个,实际用地面积近53.3公顷。其中,当年新进区企业17个,占地15公顷。区内企业全年共实现销售额10亿元。至2010年末,全区累计基础设施投入1.03亿元,入园项目投入61.06亿元,共有入园企业186家,从业员工9057人。当年实现工业产值69.9亿元、利税5.393亿元,分别比上年增长67.4%和84.1%。其中,规模以上工业企业实现产值59.8亿元、利税4.526亿元,分别比上年增长71.6%和86.3%。

高邮镇工业集中区

高邮镇工业集中区位于市城区东郊,是市规划建设的工业新区,交通、通讯发达,区位优势得天独厚。2002年开始规划建设,规划总面积337.2公顷,调整后总面积为542.5公顷。

至2004年,全区已开发建设面积100公顷,基础设施建设投入1800万元,进区企业70个,项目78个,建成标准化厂房1.43万平方米,项目建设总投入3.2亿元。其中,进园项目单体规模在2000万元以上的项目有扬州技源保健品有限公司的生化项目、江苏华能电缆有限公司的船用电缆项目、扬州千禧龙鞋业有限公司的防静电工作鞋项目、市康胜机械有限公司的旅游用品项目、扬州市新港电子有限公司的发电机项目、扬州市威高机电有限公司的电动工具项目、扬州华富实业有限公司的电动车电池项目、市永发机械有限公司的机床项目、市荣清机械电子有限公司的汽车配件项目、扬州市林杉风服饰发展有限公司的服装项目等。当年,引进外资到账资金292万美元,引进市外民资1.3亿元。园区企业实现产值6.2亿元、销售5.9亿元、利税3500万元、出口交货额1.85亿元,分别比上年增长46%、52%、91%和37%。至2009年,镇(社区)工业向园区集中发展格局基本形成。当年,被扬州市表彰为“十强乡镇工业集中区”。至2010年末,全区累计基础设施投入1.24亿元,入园项目投入67.06亿元,共有入园企业163家,从业员工14800人。当年,实现工业产值83.65亿元、利税3.19亿元,分别比上年增长58.8%和48.1%。其中,规模以上工业企业实现产值64.85亿元、利税2.91亿元,分别比上年增长40.3%和48%。

高邮镇工业集中区

江苏金飞达工业园

江苏金飞达工业园是扬州市唯一以企业名称命名的乡镇工业园,也是扬州市乡镇工业示范园。2003年,为加强对园区的领导、管理和服务,成立江苏金飞达工业园管委会。管委会聘请上海同济大学专家对园区进行详细规划设计,规划总面积144公顷。园区注册资本500万元,组建江苏金飞达工业园有限公司,对工业园实行企业化管理、市场化运作和国际化经营。

园区以生产出口机电产品为特色,主导产品有系列电动工具、系列园林工具、系列气动工具等三大类100多个品种,畅销世界40多个国家和地区。其中,台钻的产量和出口量占全国的三分之一。建有境外研发中心、对外贸易中心、工程技术中心、省级检测中心、数控加工中心和科企合作中心。通过ISO9000质量体系认证和ISO14000环保体系认证。至2010年末,全园累计基础设施投入0.8亿元,入园项目投入10.75亿元,共有入园企业41家,从业员工4295人。当年,实现工业产值9.2亿元、利税0.34亿元,分别比上年增长18.2%和17.6%。其中,规模以上工业企业实现产值7.5亿元、利税0.285亿元,分别比上年增长16.3%和20.6%。

车逻镇工业集中区

车逻镇工业集中区位于高邮最南端。至2003年底,建设面积40.4公顷,进区企业总数16个,总投入4400万元。主要产品为机械、体育健身器材、旅游用品、塑料与纸制品包装等。当年该区实现销售产值1.2亿元、利税1040万元。至2010年末,全区累计基础设施投入0.69亿元,入园项目投入13.88亿元,共有入园企业93家,从业员工4036人。当年,扬州通宇金属科技有限公司的不锈钢阀门、扬州八方冷拉型钢有限公司的机械制造、扬州伊兴机械有限公司的机械制造、扬州和宇旅游用品有限公司的户外用品、扬州悦诚塑料制品有限公司的塑料制品、扬州天恒线业有限公司的服饰材料等6个重点项目集中开工。当年,全区实现工业产值5.133亿元、利税0.267亿元,分别比上年增长15.7%和17.5%。其中,规模以上工业企业实现产值4.35亿元、利税0.37亿元,分别比上年增长11.5%和14.2%。

龙虬镇工业集中区

龙虬镇工业集中区是扬州市乡镇工业示范园区，园区本着“以服装加工、塑料、机械为主，服务三产并存”的原则，规划面积333.3公顷。

2004年，园区累计开发面积70.7公顷，基础设施投入1020万元，建成区实现“五通一平”，标准化厂房面积共10万平方米，形成以服装、机械、建材包装、塑料和农产品加工为主导的产业。当年，全区企业实现销售3.05亿元，创利税2500万元。其中，江苏沙龙制衣有限公司年产值近亿元；扬州市金穗飘香种业科技有限公司，投资3600万元，先后用地11.07公顷，建设年产10万吨优质稻米生产线、4万吨仓储设施和一座现代化水稻研究所。至2010年末，全区累计基础设施投入0.19亿元，入园项目投入4.8亿元，共有入园企业29家，从业员工852人。当年，实现工业产值2.5亿元、利税0.15亿元，分别比上年增长39%和45%。其中，规模以上工业企业实现产值2.1亿元、利税0.12亿元，分别比上年增长46%和39%。

三垛镇工业集中区

三垛镇工业集中区是扬州市乡镇工业示范园区，规划面积10平方千米。

2003年，三垛镇按照财政注资启动、企业垫资拉动、客商投资联动、土地入股滚动的思路，兴建工业集中区，累计投资8500万元。其中，企业投资7900万元，政府基础设施投资600万元。是年底，共有进区企业15个。其中，引进镇外企业6个。开发土地66.7公顷，建成标准化厂房3万平方米，铺设三纵三横道路5千米，初步形成纺织、机电元件、钢构建材、医药辅料、服装加工等五大工业特色。当年全区企业共实现销售2.88亿元，创利税1270万元。2007年，全区实现工业产值13.7亿元，占全镇工业经济总量的55%。至2010年末，全区累计基础设施投入0.69亿元，入园项目投入20.37亿元，共有入园企业115家，从业员工9316人。当年实现工业产值24.7亿元、利税1.26亿元，分别比上年增长23%和60%。其中，规模以上工业企业实现产值15.6亿元、利税0.83亿元，分别比上年增长40%和61%。

临泽镇工业集中区

临泽镇工业集中区规划占地面积183公顷，要打造成江苏最大的特种安全鞋生产基地。

2004年，启用建设资金800万元，开发出“五通一平”面积80公顷。在首批入园企业中，合资企业扬州登高胶鞋制品有限公司总投资1500万元，占地2.27公顷，第一期工程建成3500平方米标准化厂房以及附属用房；扬州茂宇鞋业有限公司总投资2000万元，占地3.47公顷，建设标准化厂房8424平方米；江苏华信轻工制造有限公司总投资1400万美元，占地26.67公顷，第一期工程建成标准化厂房4幢共2万平方米，从德国、意大利进口价值1200万元两台自动化设备。至2010年末，全区累计基础设施投入0.66亿元，入园项目投入7.43亿元，共有入园企业3家，从业员工5338人。当年实现工业产值22.833亿元、利税1.54亿元，分别比上年增长32.5%和61.3%。其中，规模以上工业企业实现产值22.053亿元、利税1.429亿元，分别比上年增长33.2%和63%。

送桥镇工业集中区

送桥镇工业集中区规划建设总面积100公顷。2004年，完成征地52公顷，入园企业45家，基础设施建设累计投入1.3亿元。当年，实现工业产值3.1亿元、销售3亿元，占全镇工业经济总量75%以上。

其中，产值1000万元以上的企业8个。以邮仪路和扬菱路为依托，形成灯具和扬州鹅两大产业特色。其中，灯具产业带拥有灯具及其配套企业30个，形成一条3300米的“灯具长廊”；扬州鹅产业带，以扬州天歌鹅业发展有限公司为龙头，形成保种、孵化、饲养、肉鹅深加工一条较完整的产业链。至2010年末，全区累计基础设施投入1.03亿元，入园项目投入27.15亿元，共有入园企业126家，从业员工7420人。当年实现工业产值30.924亿元、利税2.45亿元，分别比上年增长43%和63%。其中，规模以上工业企业实现产值11.175亿元、利税0.894亿元，分别比上年增长42.5%和51%。

界首镇工业集中区

界首镇工业集中区规划面积100公顷。2004年底，本着“一次规划、分布实施、滚动开发”的思路，首期开发面积40公顷，基础设施投入500多万元，完成区内道路、供排水系统、高压线路、通讯线路等基础设施建设。吸纳13个工业企业落户，企业投入共1.29亿元。当年，全区工业企业实现产值1.2亿元、销售8215万元、利税528万元，分别占全镇工业产值的33%、30%和38%。园区逐步形成了以轻工业为主，以国联制衣、达芙妮、高宇鞋业为代表的服装鞋业产业区；以永成金属、环流泵业、远东机械为领军的五金机械产业区；以林源科技、博暄科技为核心的新兴能源产业区；以文斯塑胶、文兴塑料为龙头的塑料包装产业区。至2010年末，全区累计基础设施投入0.46亿元，入园项目投入14.01亿元，共有入园企业49家，从业员工3216人。当年实现工业产值5.88亿元、利税0.418亿元，分别比上年增长38%和34%。其中，规模以上工业企业实现产值3.542亿元、利税0.218亿元，分别比上年增长41.8%和17.6%。

甘垛镇工业集中区

甘垛镇工业集中区于2003年5月批建，由原甘垛镇甘泉村和甘垛社区居委会整建制划拨组建而成。全区总面积200.47公顷。其中，建成区面积38公顷。基础设施投入1600余万元，入园企业32个。其中，私营企业14个，台资企业2个，其他企业16个。主要生产化工、造纸、汽车摩托车铝压铸件、服装、乳品、饲料、绳缆、泡沫包装等产品。2004年，当年签约项目6个，计划投资7000万元，协议利用外资89.8万美元，实际利用民资6942万元。其中，域外民资4700万元。新建标准化厂房9550平方米。全年实现工业产值2.11亿元、销售收入2亿元、利润503万元，分别增长84%、99.2%和64%；上缴税收179万元，增长103%。至2010年末，全区累计基础设施投入0.84亿元，入园项目投入17.12亿元，共有入园企业104家，从业员工3215人。当年实现工业产值18.2亿元、利税1.37亿元，分别比上年增长31.8%和39.8%。其中，规模以上工业企业实现产值11.4亿元、利税0.85亿元，分别比上年增长36%和71%。

甘垛镇工业园

2010年高邮市经济开发区和乡镇工业集中区建设情况表

表187

园区别	基础设施投入（亿元）		入园项目投入（亿元）		入园企业（家）		标准化厂房（万平方米）		从业员工（人）
	2010年	累计	2010年	累计	2010年	累计	2010年	累计	
合计	8.85	30.23	163.52	567.50	289	2351	25.50	82.84	126169
高邮经济开发区	3.68	11.84	33.17	117.75	60	469	11.50	41.90	28302
高邮城南经济新区	1.66	3.02	14.80	38.95	34	206	2.80	5.62	3653
菱塘光电科技产业园区	0.92	2.20	1.08	1.40	1	3	1.50	1.50	100
高邮镇工业集中区	0.38	1.24	14.17	67.06	10	163	1.10	9.18	14800
车逻镇工业集中区	0.08	0.69	2.44	13.88	12	93	—	—	4036
龙虬镇工业集中区	0.03	0.19	1.60	4.80	5	29	0.20	0.50	852
马棚镇工业集中区	0.02	0.16	0.10	1.95	—	5	—	—	2230
卸甲镇工业集中区	0.09	0.80	1.60	10.75	9	41	—	0.30	4295
汉留镇工业集中区	0.08	0.64	6.80	15.30	5	63	—	0.05	2210
汤庄镇工业集中区	0.09	0.46	6.90	22.90	12	80	1.00	1.90	4454
八桥镇工业集中区	0.08	0.70	2.65	18.40	8	82	0.40	2.90	3205
三垛镇工业集中区	0.16	0.69	3.92	20.37	13	115	1.10	3.58	9316
司徒镇工业集中区	0.01	0.16	0.20	2.81	—	24	—	—	1546
横泾镇工业集中区	—	0.07	0.10	1.49	—	8	—	—	550
甘垛镇工业集中区	0.12	0.84	5.78	17.12	8	104	0.40	0.80	3215
界首镇工业集中区	0.12	0.46	5.22	14.01	10	49	0.30	1.50	3216
临泽镇工业集中区	0.15	0.66	1.32	7.43	8	31	—	—	5338
周山镇工业集中区	0.05	0.22	4.20	9.94	10	53	0.40	1.30	3264
周巷镇工业集中区	0.08	0.58	4.95	15.55	10	64	—	0.90	2926
送桥镇工业集中区	0.19	1.03	6.94	27.15	14	126	1.20	2.52	7420
天山镇工业集中区	0.32	1.03	19.93	61.06	26	186	1.20	3.38	9057
菱塘回族乡工业集中区	0.28	1.08	12.77	37.18	16	166	1.00	1.00	3495
郭集镇工业集中区	0.26	1.47	12.88	40.25	18	191	1.40	4.01	8689

文化掇英编

物质文化

厂名

（以2010年度规模企业为例）

无行政地域名厂名

沙龙集团股份有限公司（开发区）

龙腾照明集团有限公司（送桥镇）

无字号厂名

高邮市包装制品有限公司（高邮镇）

高邮市助剂厂（高邮镇）

高邮市塑料电器厂（高邮镇）

高邮市汽车标准件厂（车逻镇）

高邮市电塑厂（卸甲镇）

高邮市液压成套设备有限公司（汤庄镇）

高邮市合成化工厂（横泾镇）

高邮市良种棉加工厂（横泾镇）

高邮市阀门厂（界首镇）

高邮市灯具厂（周山镇）

高邮市玻璃钢制品厂（周山镇）

高邮市新型塑料添加剂厂（周山镇）

高邮市电线厂（周巷镇）

高邮市金属制品包装厂（周巷镇）

高邮市有机化工厂（郭集镇）

两字字号厂名

扬州神游羽绒制衣有限公司

江苏神舟灯饰有限公司

高邮市神力线路器材厂

高邮市鼎力鞋业有限公司

扬州市海力工贸有限公司

扬州海嘉服饰有限公司
扬州市海德灯具有限公司
扬州海峰机械有限公司
高邮市顺峰纺织有限公司
高邮市宏峰电器有限公司
扬州市宏飞电缆照明有限公司
江苏省飞花灯饰制造有限公司
高邮市飞明针织绣品有限公司
扬州飞宇电讯电力器材有限公司
扬州市慧宇科技有限公司
扬州市星慧照明有限公司
扬州通宇肥料有限公司
扬州通威饲料有限公司
扬州市通明电器照明有限公司
扬州市宇通灯具制造有限公司
高邮市富通包装制品有限公司
扬州市远通电缆有限公司
高邮市远立机械有限公司
高邮市远东机械厂
高邮市东方消防器材有限公司
扬州市东阳制衣有限公司
江苏朝阳液压机械集团有限公司
高邮市东日电力器材有限公司
江苏省旭日液压设备有限公司
扬州东佳阀门有限公司
扬州市佳佳镀锌有限公司
扬州市佳欣电缆材料有限公司
扬州市欣宝树脂有限公司
江苏宝联建设有限公司
扬州市联合化工有限公司
扬州市新港电机有限公司
高邮新蕾工艺厂
扬州市顶新机械设备有限公司
高邮市康乐化工有限公司
高邮市康宁电器设备厂
高邮市宏扬助剂厂
扬州市扬跃机电有限公司
江苏长松化工有限公司

扬州松山机电有限公司
高邮市青山金属纺织制品厂
高邮市松泉环保照明设备有限公司
扬州源泉饲料有限公司
高邮市惠泉不锈钢制品厂
扬州和润户外用品有限公司
高邮市润和制衣有限公司
扬州市润源灯饰有限公司
扬州润明轻工机械有限公司
扬州市润春机械制造有限公司
扬州市光明电缆有限公司
高邮市光明化工厂
高邮市明光电缆材料有限公司
扬州曙光电缆有限公司
江苏虹光新能源发展有限公司
扬州荣光电缆材料有限公司
江苏晨光电缆有限公司
高邮市晨曦机电制造厂
扬州市伊兴机械有限公司
扬州市兴泰钢杆照明器材有限公司
扬州国能电气设备厂
扬州市苏能电缆有限公司
江苏苏发照明实业有限公司
高邮市杜发织造有限公司
扬州市博升科技发展有限公司
扬州市博瑞光电照明有限公司
扬州市希捷箱包有限公司
江苏捷迅电缆有限公司
江苏传艺科技有限公司
高邮市汉升高分子材料有限公司
扬州昇业机械有限公司
扬州市森木机械有限公司
扬州市志舜铝业有限公司
高邮市越洋制衣厂
江苏科凌医疗器械有限公司
高邮市方玉化工有限公司
高邮市正裕纺织厂
高邮市红马钢结构工程有限公司

扬州文斯塑胶制品有限公司
扬州铨伟实业有限公司
扬州市现代照明有限公司
高邮市强杰塑料制品有限公司
扬州悦翔鞋业有限公司
江苏赛鸥电气有限公司
扬州市未来水质稳定剂有限公司
江苏迎宾照明电器有限公司
三字字号厂名
高邮市苏尔昌橡塑材料有限公司
高邮市迅达山工程机械有限公司
扬州天地源机电股份有限公司
高邮市乐尔康塑料制品厂
高邮市美雅思制衣有限公司
扬州新世界鞋业有限公司
扬州市新曙光实业有限公司
高邮市新东方电缆材料有限公司
扬州倍福尔羽绒制品有限公司
扬州市华福莱电器有限公司
四字字号厂名
扬州市恒源常笑电子电源厂
高邮市菲力克斯玩具厂
江苏锦绣前程电子科技有限公司

字号

（以2010年度规模企业为例）
直取所在乡村名的字号
高邮市车逻铸件厂（车逻镇）
高邮市八桥水泥制造有限公司（八桥镇）
高邮市三垛机电元件厂（三垛镇）
高邮市川青助剂厂（原川青乡）
高邮市临泽胶粘剂福利厂（临泽镇）
高邮市营南五金机械配件厂（原营南乡）
高邮市奥林电机塑料厂（原龙虬镇奥林村）
高邮市八里塑料制品厂（城南新区八里松村）
镶嵌创建者姓或名的字号
江苏戚伍水产发展股份公司（法人代表戚国祥）
扬州市刘氏化工有限公司（法人代表刘顺兆）

扬州市龙马照明工程有限公司(法人代表马在山)
扬州市金诺尔不锈钢有限公司(法人代表金传祥)
高邮市盛唐鞋材有限公司(法人代表唐有亮)
高邮市高远助剂厂(法人代表高德元)
扬州市松佳照明电器有限公司(法人代表陆庆松)
高邮市龙腾钢结构工程有限公司(法人代表何小龙)
高邮市飞跃服饰有限公司(法人代表翁学飞)
高邮市顺昌绝缘材料有限公司(法人代表金长顺)
扬州市卫达车身制造有限公司(法人代表韩长卫)
高邮市宝达机械配件厂(法人代表赵义宝)
高邮市宜达机械配件有限公司(法人代表吕兴宜)
高邮市清达机械制造有限公司(法人代表顾爱清)
高邮市金宝电工有限公司(法人代表于传宝)
高邮市润平混凝土制品有限公司(法人代表陈连平)
高邮市安兴钢业有限公司(法人代表徐汝安)
高邮市康胜机械有限公司(法人代表孙必胜)
高邮市明增生物制品厂(法人代表师明)
高邮市福兴微耕机厂(法人代表陈玉兴)
扬州市华胜机电制造有限公司(法人代表戴茂华)
高邮市祥海金属制品材料厂(法人代表徐增海)
高邮秀华塑胶制品有限公司(法人代表梁宝华)
扬州市兴发照明器材有限公司(法人代表姚兴桃)
扬州市安定灯饰制造有限公司(法人代表陈安林)
扬州善美光电发展有限公司(法人代表王善平)
扬州市志高建筑防水材料有限公司(法人代表沈志高)
高邮市贵宝蛋品有限责任公司(法人代表陆贵宝)
高邮市荣清机械电子有限公司(法人代表周荣清)
高邮市荣兴汽车配件有限公司(法人代表祝荣兴)
高邮市明义乙炔制造有限公司(法人代表陈明义)
高邮市国富制衣有限公司(法人代表汤国富)
高邮市永明机械有限公司(法人代表居永明)
高邮市志安铸造厂(法人代表杨志安)
扬州市昌友电工材料厂(法人代表俞昌友)
扬州春林面业有限公司(法人代表吴春林)
江苏恒祥灯饰有限公司(法人代表池恒祥)

沿用集团、总部的字号

江苏波司登制衣有限公司(开发区)
江苏雅鹿制衣有限公司(开发区)

高邮市萃众毛巾有限公司（三垛镇）
扬州南自电力电气有限公司（周山镇）
表明方位的字号
高邮市城北压铸塑料制品厂
高邮市东郊包装厂
含有数的字号
高邮市中一食品有限公司
高邮市双星包装有限公司
高邮市双宇鞋服辅材厂
江苏双兔食品股份有限公司
高邮市三联涂料有限公司
高邮市三湖蛋品有限公司
扬州市三福食品有限公司
扬州市三强纺织品有限公司
扬州三川实业有限公司
扬州市三业塑粉鞋业有限公司
扬州三友合成化工有限公司
扬州四方香精香料有限责任公司
高邮市四联化工有限公司
扬州百士德礼品工艺有限公司
扬州市仟丰光电发展有限公司
高邮市万嘉面粉有限公司
扬州万和鞋业有限公司
扬州万兴工贸有限公司
扬州亿泰纺织有限公司
假以知名地或物的字号
扬州市扬子电缆制造有限公司
扬州市红旗电缆制造有限公司
扬州金陵减速机有限公司
高邮市昆仑工贸有限公司
扬州市银河制衣有限公司
江苏长城电缆有限公司
高邮市卫星卷烟材料有限公司
高邮市日月钢业有限公司
扬州太极铜业有限公司
江苏神州交通器材有限公司
扬州樱花鞋业有限公司
高邮市枫林制衣有限公司

高邮市并蒂莲(昆山)服装有限公司
高邮蓝宝石石油装备有限公司
采用外文音译字词的字号
扬州市百思特机械设备有限公司
扬州易事特新能源有限公司
高邮欧亿尔机械制造有限公司
江苏伊卡奴服饰有限公司
扬州市斯洛尔照明电器有限公司
扬州市普林斯化工有限公司
扬州凯尔化工有限公司
扬州凯普电子有限公司
扬州市杰迪化工有限公司
扬州科迪机电制造有限公司
江苏迪生照明器材有限公司
扬州市宝莱照明板业有限公司
富含“高邮”情结的字号
高邮市高冠电子仪器厂
高邮市高新制衣有限公司
扬州市高扬机电有限公司
高邮市高盛造纸有限公司
扬州市高升机械有限公司
高邮市高和光电器材有限公司
高邮市高农机械配件有限公司
扬州高标机械有限公司
扬州市高宇鞋业有限公司
扬州市威高机电有限公司
高邮凯高鞋业有限公司
扬州申高鞋业有限公司
扬州金邮机电有限公司
高邮市秦邮造纸厂
扬州市新邮特种金属铸造有限公司
高邮市安邮电器设备厂
扬州市丽邮人造板有限公司
体现或夸张核心主业(产品)优点和特性的字号
高邮市天维丝绸有限公司
高邮市新美达服饰有限公司
江苏捷通车业部件有限公司
高邮市精正机械制造有限公司

高邮市强力钢丝绳有限公司
扬州大劲电机制造有限公司
江苏浩明光电科技有限公司
江苏金旸太阳能电力科技股份有限公司
高邮市金凤羽绒制衣有限公司
高邮市双雁羽绒制品有限公司
扬州市智多星科技有限公司
高邮市环流泵业有限公司
高邮市丰田农药有限公司
扬州市天河灯饰有限公司
扬州灯魁照明器材有限公司
江苏明月照明电器有限公司
高邮市力度混凝土有限公司
扬州巨能机械有限公司
高邮市格雅工艺制品厂

寓意基业长青、憧憬生意兴隆的字号

扬州日兴生物化工制品有限公司
高邮市长兴包装纸业有限公司
扬州市永兴鞋业有限公司
扬州永成金属制品有限公司
高邮市永发机械有限公司
高邮市永富齿轮厂
扬州市永昌鞋业有限公司
高邮市顺昌绝缘材料有限公司
扬州市隆昌照明灯饰有限公司
扬州市兴隆卷板灯具有限公司
高邮市永盛纺织饰品有限公司
高邮市昌盛机械有限公司
扬州市久盛化工有限公司
高邮市宝盛钢业有限公司

反映价值观念、赋予美好愿望的字号

扬州市创新包装有限公司
高邮市创佳铸业有限公司
扬州诚品服饰有限公司
高邮市超越型钢厂
扬州攀登机械有限公司
高邮市振兴低压电器福利厂
江苏赛德电气有限公司

扬州浩德金属材料有限公司
扬州至上光电发展有限公司
高邮市强国制衣有限公司
高邮市博爱鞋业有限公司
涵盖客户或消费对象喜爱吉祥富贵的字号
江苏圆通电缆有限公司
扬州和益机械有限公司
高邮市益民线缆材料厂
扬州同昌电磁线有限公司
高邮市同发塑业有限公司
高邮市宏泰电杆有限公司
扬州市宏祥光电科技有限公司
扬州祥瑞电子科技发展有限公司
扬州市瑞和机械有限公司
高邮市瑞盈铜材有限公司
扬州永瑞机械有限公司
扬州市永宁安全鞋制造有限公司
扬州永和电缆材料有限公司
高邮市怡和车辆附件厂
扬州宏盛电缆材料有限公司
高邮市文盛制衣有限公司
使用字词频率较高的字号
“华”——
高邮市华升线路器材厂
高邮市华星石油管件制造有限公司
高邮市华亿锻造有限公司
高邮市华兴机械有限公司
扬州华盟电子有限公司
高邮市华美机械有限公司
扬州华美丙纶纺织有限公司
江苏华能电缆股份有限公司
高邮市华联制衣有限公司
高邮市华盛制衣有限公司
江苏华富能源有限公司
高邮市华缘服饰有限公司
高邮市华晟制衣有限公司
扬州市华丰金属制品厂
高邮市华天电机厂

高邮市华源机电配件厂
高邮市华发橡胶制品有限公司
扬州市华翔有色金属制品厂
高邮市华宝颜料有限公司
高邮市华艺彩印包装厂
扬州华尔光伏科技有限公司
高邮市华宇金属制品有限公司
扬州华城电缆有限公司
扬州市华冶钢材有限公司
江苏润华电缆股份有限公司
高邮市丽华实业有限公司
高邮市锦华纺织有限公司
高邮市美华消防器材有限公司
高邮市新华汽车附件有限公司
“龙”——
扬州市凯利龙服饰有限公司
扬州凯慕龙制衣有限公司
扬州千禧龙鞋业有限公司
高邮市泓泰龙电源材料厂
扬州市华龙塑料有限公司
扬州市德龙制衣有限公司
扬州神龙机械制造有限公司
扬州市兴龙塑料有限公司
扬州祥龙制衣有限公司
扬州国龙制衣有限公司
高邮市新龙制衣厂
高邮市腾龙机械制造有限公司
扬州康龙环保工程有限公司
扬州佳龙制衣有限公司
高邮市翔龙制衣厂
高邮市卧龙服饰有限公司
扬州市巨龙化工工业有限公司
江苏天龙照明电器有限公司
扬州市龙祥包装制品有限公司
高邮市龙祥机电制造有限公司
江苏龙源先锋电气有限公司
高邮市龙腾制衣有限公司
高邮市龙华机械有限公司

高邮市龙琪制衣厂
高邮市龙盛制衣厂
高邮市龙圣机械厂
扬州市龙翔灯业制造有限公司
“达”——
高邮市利安达服装有限公司
扬州市鸿利达鞋业有限公司
扬州安利达铜业有限公司
高邮市新美达服饰有限公司
扬州申业达机械有限公司
江苏科意达机械有限公司
江苏尚慧达太阳能发展有限公司
高邮市顺达动力机电有限公司
江苏顺达机械设备有限公司
扬州市鹏达橡胶制品有限公司
高邮市迅达工程机械有限公司
江苏兴达新材料有限公司
扬州市兴达电磁材料有限公司
高邮市飞达铸造有限公司
高邮市金达电容器厂
高邮市信达型钢厂
扬州市申达机械有限公司
高邮市宏达标准件有限公司
高邮市宏达工业防护器材厂
高邮市腾达机电设备有限公司
扬州润达气动液压成套设备有限公司
高邮市利达棉绒纤维有限公司
扬州立达树脂有限公司
扬州市文达照明电器有限公司
扬州市苏达科技发展有限公司
扬州市宝达电器有限公司
“金”——
扬州金桂源建筑钢结构工程有限公司
扬州金祥云科技有限公司
扬州市金阳光铸造有限公司
扬州市金阳光电缆有限公司
江苏金光芒灯饰工程有限公司
扬州金三元电缆材料有限公司

高邮市金利达机械有限公司
扬州金利达饲料有限公司
高邮市金华达毛纺织厂
江苏金飞达电动工具有限公司
扬州金飞龙服饰有限公司
高邮市金景服饰有限公司
高邮市金宇机电有限公司
高邮市金国电缆材料厂
高邮市金旸机械有限公司
高邮市金富蛋品加工厂
扬州市金宏食品有限公司
高邮市金丰机电有限公司
高邮市金峰包装有限责任公司
高邮市金翔包装有限公司
扬州市金马机电制造有限公司
扬州市金桥服饰有限公司
高邮市金福高分子材料厂
扬州金辰不锈钢制品有限公司
扬州金悦铜业有限公司
扬州金源灯饰有限公司
“天”——
扬州天仞服饰股份有限公司
扬州市天成化工有限公司
扬州天健动物药业有限公司
高邮市天利塑料编织厂
高邮市天顺照明器材有限公司
高邮市天顺机械厂
扬州市天娇塑业有限公司
扬州市天乐鞋业有限公司
高邮市天鉴机械配件厂
扬州市天宇鞋业有限公司
江苏天元光电发展有限公司
扬州市天源照明器材有限公司
扬州市天源油品有限公司
扬州天湖食品厂
江苏天华皮件制品有限公司
扬州天华光电科技有限公司
高邮市天星粘合材料厂

扬州天虹钢杆照明电器有限公司
高邮市应天水产有限公司
“鑫”——
高邮市新大鑫五金电器铸件厂
高邮市恒鑫电工材料有限公司
扬州华鑫机电设备有限公司
扬州林鑫特种电线电缆有限公司
扬州龙鑫机械有限公司
扬州海鑫机械有限公司
扬州市聚鑫机械有限公司
高邮市凯鑫金属机械有限公司
扬州市众鑫化工有限公司
扬州新鑫新能源科技有限公司
江苏富鑫箱包实业有限公司
扬州市鑫昌机电设备有限公司
江苏鑫莲液压机电有限公司
高邮市鑫盛热处理厂
高邮市鑫能电源有限公司
扬州市鑫通交通器材有限公司
“恒”——
江苏永恒塑业有限公司
扬州市东恒服饰有限公司
高邮市恒立液压机械厂
扬州恒达服饰有限公司
高邮市恒盛肠衣厂
扬州市恒丰制衣有限公司
高邮市恒丰花炮厂
高邮市恒丰纸品厂
高邮市恒通鞋材有限公司
扬州市恒通环保科技有限公司
高邮市恒昌泡沫制品有限公司
扬州恒力鞋业有限公司
扬州市恒辉电缆有限公司
扬州市恒大电缆有限公司
扬州恒祥灯饰有限公司
“特”——
扬州欧力特电源有限公司
江苏西尔特橡胶股份有限公司

扬州市英莱特灯饰制造有限公司
扬州市贝斯特实业有限公司
扬州市菲利特照明电器有限公司
高邮市比欧特服饰有限公司
扬州市宝特尔钢杆电器有限公司
高邮市科特电机制造有限公司
扬州市伏特钢杆照明有限公司
江苏赛特电器有限公司
“亚”——
沪港新亚药业（扬州）有限公司
高邮东亚塑胶厂
高邮亚星塑料制品有限公司
高邮亚普塑业有限公司
高邮市亚立不锈钢紧固件有限公司
高邮市亚飞制衣有限公司
高邮市亚泰制管厂
扬州亚佩旅行用品制造有限公司
扬州亚光电缆有限公司
“中”——
高邮市中天压铸厂
扬州中港橡胶制品有限公司
高邮市中韵锌业有限公司
扬州市中瑞机电设备制造有限公司
高邮市中大精细化工厂
扬州市中能电缆有限公司
扬州市中宇照明板业有限公司
“大”——
扬州市宏大塑料有限公司
江苏顺大半导体发展有限公司
扬州中大电缆有限公司
扬州大协船舶制造有限公司
高邮市大伟包装制品有限公司
扬州大晟药用玻璃有限公司
扬州大大饲料有限公司
“鸿”——
扬州市鸿信线路器材有限公司
高邮市鸿晟塑胶制品有限公司
高邮市鸿翔服饰有限公司

高邮市鸿飞机电有色金属制造厂
扬州鸿泉制衣有限公司
高邮市鸿运米业有限公司
扬州市汇鸿旅行用品有限公司

厂标

日兴生物(扬州日兴生物科技股份有限公司)

金海铸造(扬州市金海铸造有限公司)

顺达动力机电(高邮市顺达动力机电有限公司)

江苏弘鼎(江苏弘鼎汽车零部件有限公司)

伊兴(扬州市伊兴机械有限公司)

福兴微耕(高邮市福兴微耕机厂)

鑫晶光伏(扬州鑫晶光伏科技有限公司)

牛牌(江苏牛牌电器科技有限公司)

高标机械(扬州高标机械有限公司)

金飞达(江苏金飞达电动工具有限公司)

亚光电缆(扬州亚光电缆有限公司)

天宇鞋业(扬州市天宇鞋业有限公司)

昇业机械(扬州昇业机械有限公司)

豪纬集团(江苏豪纬交通集团有限公司)

赛德（江苏赛德电气有限公司）

康博科技（江苏康博新材料科技有限公司）

商标

四喜（ 高邮县除尘设备厂）

苏发（扬州市苏发灯具钢杆有限公司）

华富（江苏华富控股集团有限公司）

欧力特（扬州欧力特电源有限公司）

邮王（高邮市卫星卷烟材料有限公司）

神游（扬州神游羽绒制衣有限公司）

海潮（江苏海潮科技股份有限公司）

好家伙（江苏好家伙科技有限公司）

科凌医电（江苏科凌医疗器械有限公司）

三湖（高邮市三湖蛋品有限公司）

珠光（高邮长兴包装纸业有限公司）

沙龙（沙龙集团股份有限公司）

星智慧（扬州市星慧照明有限公司）

戚伍（江苏戚伍水产品发展股份有限公司）

山河（高邮市江山消防设备有限公司）

水花（高邮市消防器材总厂）

双兔（高邮市双兔米业有限公司）

★市双兔米业有限公司先后为米粉、面粉、葡萄酒、调味品等30多个产品品种注册双兔商标。同时还注册大地飞歌、金穗飘香、米河、天佑、添尔、金光大道、心甜、下河志农、大长今、徐长今等商标，累计近50个。

表188

1994年高邮市乡镇工业企业注册商标一览表

类别	商标名称	注册企业
酒类	水花	市汽酒厂
	思源	界首饮料厂
	哈乐	车逻饮料食品厂
	百合乐	市饮料厂
	送驾	送桥饮料厂
	塔院	临泽饮料厂
	游洲	郭集饮料食品厂
	神居山	菱塘饮料厂
	沐沙河	沙堰五庄酒厂
药品	再生	市冠生蜂乳厂
五金、机械产品、照明器材、建筑材料、电器产品	熊猫	市油毡厂
	全球	界首五金厂
	坚	界首五金厂
	金鸡	八桥李庄农机五金厂

续表 188

类别	商标名称	注册企业
五金、机械产品、照明器材、建筑材料、电器产品	卫星	周山联合农机五金厂
	海燕	八桥五金电器厂
	古塔	卸甲农机修造厂
	山河	界首胶木厂
	长虹	八桥勤丰农机五金厂
	电工	汉留新河胶木制品厂
	孔雀	八桥石墨坩锅厂
	力士	周巷农机具修造厂
	雄狮	八桥五金厂
	双鸽	伯勤电机厂
	金鼎	周山农机具修造厂
	蓝鲸	湖滨建筑材料厂
	钟桥	八桥钟桥电器五金厂
	航天	周山电器厂
	上	甘垛拉链厂
	快乐	市电器二厂
	火环	市除尘设备厂
	东风	市东风电瓶车厂
	四喜	市除尘设备厂
	光	市电热电器厂
	喷泉	市东风铝件厂
	水花	市有色金属铸造厂
	文游	市照明电器厂
	大运河	市运河蓄电池厂
	京杭	市通用蓄电池厂
	桧柏	市环保设备厂
	秦邮	市农机配件厂
	邮	市电磁线厂
	常乐	市压力容器厂
	关河	市水泥二厂
	岩泉	送桥农机具修造厂
	秦邮	市农机配件三厂
	邮乐	扬州市光华玩具五金厂
	邮达	市通用过滤机厂
	强标	市强力不锈钢标准件厂

续表 188

类别	商标名称	注册企业
五金、机械产品、照明器材、建筑材料、电器产品	文游	扬州市丰田条播机厂
	神灵	周巷电线厂
	珠湖	市长江电缆厂
	强菱	市菱塘电缆厂
	苏邮	市测控电缆厂
	邮新	市新华镇流器厂
	苏池	市第二蓄电池厂
	丹泉	市维扬照明器材厂
	邮日	市照明器材厂
	五通	市特种线缆厂
	东灯	市信号电缆厂
	东辉	市东风电机仪表厂
	邮桥	八桥标准件福利厂
	天天乐	武安汽车配件厂
	少游	市运河电线电缆厂
	盂城	市东郊节能灯厂
	为耕	市农配二厂
	水乐	武宁农机具修造厂
	邮紧	市紧固件厂
	盂城	湖滨电缆厂
	宇菱	市通用电缆厂
	扬菱	市电讯线缆厂
	和宇	市红旗电缆厂
	燕京	市卧龙机械厂
	回菱	市回民电线电缆厂
	华伟	市华威新型装饰材料厂
	神居山	市车辆座椅厂
	多丽	市装饰材料厂
	亮	市塑料电器厂
	好运	市微型泵厂
	灵发	市耐腐泵阀厂
	龙岑	市钢锯条厂
	水王	市玻纤玻钢厂
	颂明	送桥灯具厂
	银鹰	市农用车制造厂

续表 188

类别	商标名称	注册企业
五金、机械产品、照明器材、建筑材料、电器产品	腾野	市建筑工程机械厂
	天5	天山车辆配件厂
	邮宁	市有色金属铸造厂
	盂城	武宁铸件厂
罐头、食品	陈西楼	界首酱醋食品厂
	再生	市健饮蜂乳厂
	魁楼	市食品二厂
	玉虎	界首美味瓜子厂
	文游	三垛米厂
	长空	临泽面粉厂
	三郎庙	横泾酱醋厂
	菱川	临泽米厂
	逗你乐	市蜂乳厂
	菓家博	市蜂乳厂
化工、塑料、石油产品及复合肥	高高	市石油化工厂
	禾龙	扬州市双龙复合肥厂
	联发	市兴隆精细化工厂
	秦宝	武安复合肥厂
建筑材料及农水产品	虹光	扬州市虹光着色剂厂
	华菱	市华菱化工厂
	邮件	送桥新型建筑材料厂
	盂城	武宁铸件厂
蛋品	文游	市闸北蛋品加工厂
皮件、鞋帽、针织、服装	毓秀	市毓秀皮件工艺厂
	菲西	扬州市天高旅游用品公司
	事成	市飞达鞋厂
	高湖	东墩高村针织厂
	马奔	张轩服装厂
	长行	汉留皮鞋加工厂
	飞鱼	周巷服装厂
	春蕾	城镇皮件加工厂
	周山	周山服装厂
	盂陵	界首针织厂
	奎楼	市城镇东风服装厂
	飞仙	张轩何庄劳保服装厂

续表 188

类别	商标名称	注册企业
皮件、鞋帽、针织、服装	百晴	伯勤服装厂
	双雀	八桥针织厂
	威风	横泾针织厂
	放星	市红旗服装厂
	喜爱	送桥李古针织厂
	蝶园	市城镇绸布印花厂
	齐美	东墩针织厂
	名花	市城镇拥军服装厂
	茶	扬州市茶花运动鞋厂
	长行	市健身鞋厂
	秦邮	甘垛皮毛服装加工厂
	振菱	扬州市回民畜产品加工厂
	高宝	周巷鞋厂
	登岩	市曙光鞋厂
	乔冠	市塑料工艺厂
烟花爆竹、化工产品及塑料、橡胶制品	运东	平胜化工厂
	喜开颜	市第三橡胶厂
	柳溪	市振兴化工厂
	兴邮	市氧化锌厂
	邮星	张轩塑料制品厂
	澄子河	二沟水带厂
	井	市塑料编织厂
	众兴	市安乐鞭炮厂
	精佳	市精佳鞭炮厂
	祝福	卸甲日用化工厂
	精佳	市精佳日用化工厂
	神居山	菱塘副业日用化工厂
	绿洋湖	车逻太丰化工厂
	金鹿	市东风新农化工厂
	欢乐	市城镇日用化工厂
	星桃	车逻日用化工厂
	献寿	天山金庄五金化工厂
	囍	扬州市光华花炮厂
	青松	车逻日用化工厂
	玉兔	马棚朱庄化工厂

续表 188

类别	商标名称	注册企业
烟花爆竹、化工产品及塑料、橡胶制品	长颈鹿	马棚朱庄化工厂
	虹光	扬州市虹光着色剂厂
	芙蓉	龙奔日用化工厂
	大运河	市城镇日用化工厂

广告

★华富电池——胶体电池的创新者和领跑者

★谷圣源——呵护软骨健康，提高生命质量

★海潮——海潮科技，服务全球

★好家伙——好车件认准好家伙

★三湖蛋品——高邮麻鸭甲天下，三湖蛋品美名扬

★高标机械——高标机械，质量高标

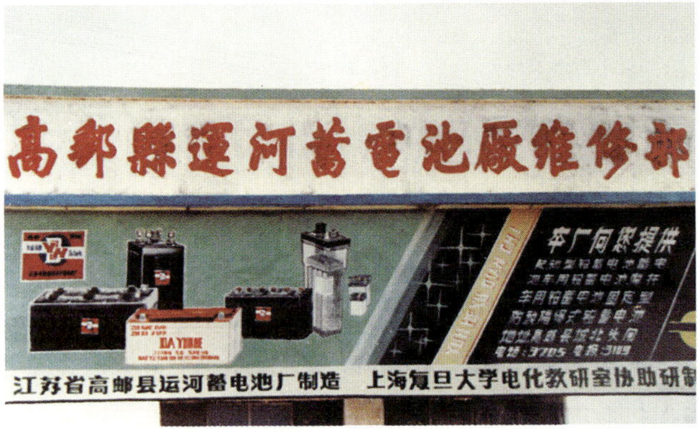

县运河蓄电池厂户外广告

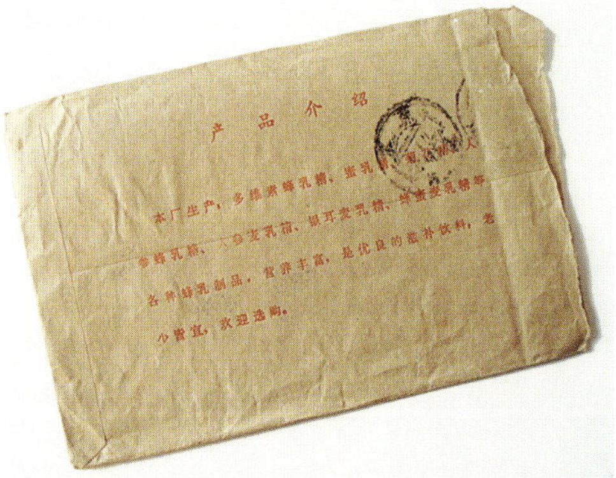

县健饮蜂乳厂信封背后自制广告

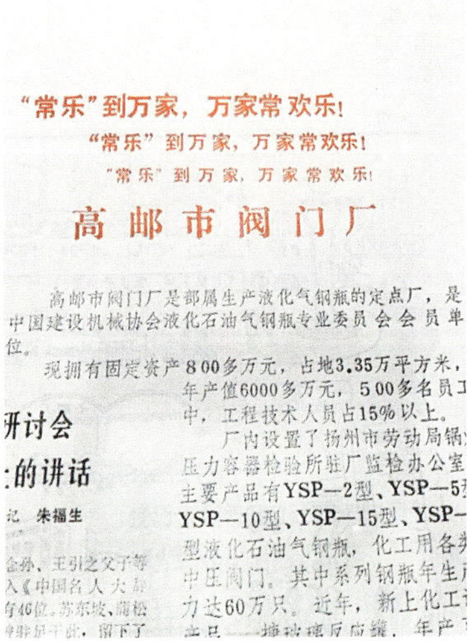

市阀门厂广告语

企业家名片

江苏华富能
源有限公司接待用品

江苏林杉风服饰有限公司聘请影视明星
赵亮(中)为“林杉风”羽绒服形象代言人

产品包装

临泽临北村汽酒厂汽酒装箱

武宁蛋品厂蛋品装缸

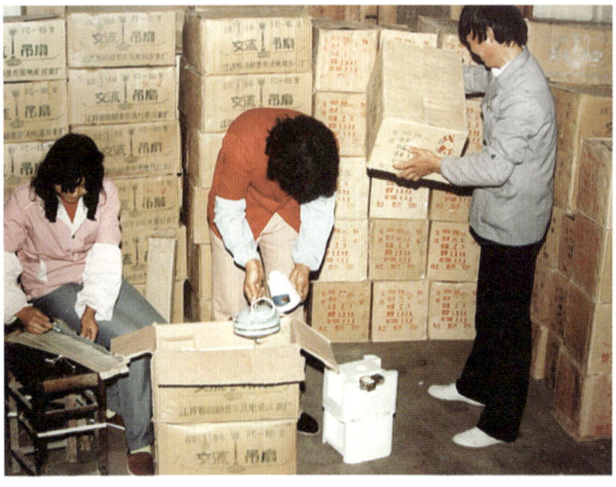

县东风电机仪表厂生产的吊扇

送桥蜂乳厂生产的产品

市真空镀膜厂包装车间

江苏金飞达电动工具有限公司
出口欧洲产品包装车间

厂服

江苏华富能源有限公司厂服

江苏海潮科技股份有限公司厂服

扬州市红旗
电缆制造有限公司厂服

市助剂厂厂服

厂容厂貌

★科技大厦　江苏朝阳集团科技大厦,2010 年 8 月 8 日开工建设,位于汤庄镇汤庄大道北侧。总投资 5000 万元,占地面积 7020 平方米,建筑面积 1.9 万平方米。该大厦集新产品研发、高科技产品论证、职工文化生活等功能于一体。

★高邮路灯展销城　2008 年 10 月,江苏龙腾照明器材有限公司投资兴建高邮路灯展销城。一期工程总投资 3500 万元,占地面积 2 公顷,建筑面积 6800 平方米,2010 年 5 月底竣工开业。整个展销城分户外展示区和户内展示区,集路灯产品展示、销售、存储、加工、配送、质量安全检测、信息服务、结算汇兑为一体,成为具有较强集散力、辐射力和竞争力的国内规模最大的专业路灯产品展销基地。

市冷拉型钢厂招贤楼

江苏金飞达电动
工具有限公司厂区一角

扬州市恒丰制衣有限公司雕塑

市卫星卷烟材料有限公司休闲亭

扬州市曙光电缆厂公园

江苏波司登制衣有限公司厂门夜景

江苏华富能源有限公司全貌

市顺达动力机电有限公司厂门

江苏科凌医疗器械有限公司主楼

扬州市天宇鞋业有限公司德士马生产线

沙龙集团股份有限公司机缝车间

制度文化

管理规定

扬州亿泰纺织有限公司《用电管理制度》(摘录)

(1) 各车间生产照明及外场照明,要明确落实到人,并根据天时在不影响生产的前提下随时关熄。

(2) 非生产照明(如办公室、试验室、宿舍、浴室、更衣室、辅房等)禁止使用白炽灯,同时各盏灯具、空调、风扇应落实到人,做到不开无人灯、空调、风扇。宿舍管理员应定时巡回检查,禁止私拉灯头和装接插座。照明灯具故障应由使用部门委托修复,一般不超过24小时。

(3) 开蜂窝的设备(如清梳联、精梳),不允许主机设备开一半及以下;多仓开棉箱不允许单独开,必须在棉线开机后进行;停机装箱的,必须将清梳联整条线及蜂窝全关;清梳联梳棉打扫,车间必须安排足够的人员协助,确保每条线在40分钟内完成打扫并关闭蜂窝;梳棉揩车不允许开蜂窝;清花在梳棉关机后、清花蜂窝在清花关机后必须立即关机。

(4) 任何设备关机必须关全机,让峰机台必须关电源。

市日月化工厂规章制度

（5）为了产品能耗的计算和分析各车间、各工序基本生产、辅助生产用电、空调用电等，其供电线路应分清生产、生活，不得混用。如有变动，电气车间要核实，并及时通知综合管理办。任何人不得求近及表外接线。

（6）为确保峰谷期用电统计数据的准确性，损坏的电表电气车间应及时更换，无特殊情况，一日内必须更换。

（7）细纱测电周期为细纱主电机一次/月，平车机台平前、平后必须测试。细纱测电必须是小纱时，同车速时测量，以便同机型、同功率、同品种、同工况机台相比较，找出超标机台。每月 25 日上报测电电子报表。对电流超标机台电气车间应及时上报综合办，由综合办组织相关部门现场测试并落实整改，相关部门三天内必须整改结束。平车机台三天后测量电流，而且平后不超平前（反改的机台除外）。

行为准则

江苏新潮光伏能源发展有限公司《员工手册》（摘录）

第一章 聘 用

第一条 本公司聘用之员工应具备下列条件：年满十八周岁，身体健康，心智正常，工作表现良好。

第二条 应聘者须通过相关部门实际操作考核或面试并经体检合格后预定为初试合格者。

第三条 初试合格者，须备个人 1 寸照片 4 张，身份证复印件和个人简历交人事部门，并填写员工登记表，领取报到单，到任用部门报到，始得计薪。

第四条 新进人员，根据工种有 1—3 个月的试用期，试用合格正式录用，不合格者不再予以聘用。

第二章 劳动纪律

第一条 本公司员工进入公司、宿舍应佩戴上岗证于胸前，并将肖像面朝外以便保安识别。

第二条 公司员工应服从领导，完成劳动任务，对上级安排有不同意见应先执行，再逐级向上级反映。

第三条 员工不准私自带领非本公司人员进入公司及宿舍留宿，禁止携带公安部门管制的凶器、赌具、易燃易爆品等危害物品进入公司及宿舍。

第四条 工作时间不得随便离岗；不得嬉笑聊天、吃零食、打瞌睡、吵架及影响他人工作，不得做与工作无关的事情。

第三章 考 勤

第一条 为使员工养成守时习惯，准时出勤，特制定本规定。

第二条 公司员工上下班时间规定：

常日班：上午 7:30 至 11:30

下午 13:30 至 17:30

运转班：白班 7:30 至 18:30

夜班 18:30 至次日 7:30

上述上下班时间可根据季节等情况呈总经理调整，公司实行综合计时制。

第三条 考勤规定：

（1）本公司一律实行上下班打卡或指纹程序制度。

（2）上班不打卡和不输入指纹者，视缺勤处理。

（3）打卡输入指纹时请按操作程序输入，否则打卡输入指纹时无记录，将视为缺勤处理。

（4）除特许情况外，所有员工须先到公司打卡报到后，方能外出办理各项事务。否则，按迟到和旷工论处。

第四章 请 假

第一条 请假流程

（1）员工因事因病需请假的，应提前填写请假条，经部门主管核准后方可生效。

（2）请假需要有主管签名，若因病或因紧急事故可先电话联络，事后一天内必须补办相关手续，否则以旷工处理。

（3）请假必须提前一天至部门主管处领取请假条（病假、工伤假例外）。

（4）请假条必须由部门主管签核，核准后交于人事作考勤处理。

第二条 假期

（1）节假日：根据《劳动法》规定的法定节日假期。

（2）工伤假：员工因公受伤，符合劳动法工伤标准的，经劳动部门认定为工伤的，经县级以上医院诊断需住院治疗者可申请工伤假，工伤假按劳动法相关规定处理。

（3）事假：事假应于事前提出申请并完成请假手续，不得事后补假，否则以旷工处理。一般情况下，全年累计事假不得超过 12 天，事假期间无薪资，并酌情扣发奖金。

（4）病假：员工请病假，须在生病当天向主管领导申请，如特殊情况没及时请假的，假后须将镇级以上医院证明交人事部门核实。病假期间无薪资。

（5）婚假：凡在本公司连续工作满 3 年以上的，符合国家《婚姻法》规定结婚的员工，可享有有薪假期 3 天。申请婚假须提前经有审批权的主管领导批准，并将结婚证影印件交人事部门核实。

（6）丧假：员工直系亲属（指配偶、子女、父母）或员工配偶的父母死亡，由本单位行政领导批准，员工可享有有薪丧假 3 天。

第五章 奖惩及解雇

第一条 奖惩类别

（1）奖励分为：嘉奖、记功、记大功、年度先进员工四种。

（2）惩处分为：警告、记过、记大过、除名四种。

责任合同

高邮市助剂厂《内部承包合同书》（摘录）

为了完成乡下达我厂任务，提高企业管理水平，向管理要效益，我们必须增强职工主人翁意识，调动全厂干部职工积极性，各尽所能。为稳步提高助剂厂经济效益，全厂职工必须认真学习技术，钻研业务，发动全厂职工群策群力，进行技术改造，降低各种原辅材料定额消耗。人人参与管理，正确处理国家、企业与个人利益关系，按照多劳多得、能者多利原则，实行定额消耗、达标达产、细则考评“奖赔制度”，进行企业内部承包。故厂部与各部门、各车间制定了各项承包合同,务请大家认真执行,勇攀高峰,争作贡献。

(一) 共同遵守本厂各项规章制度及细则,做到奖罚分明。包括有:(1)安全生产细则;(2)设备管理细则;(3)节能管理细则;(4)考勤请假制度;(5)晚婚晚育、计划生育条例;(6)环保工作细则;(7)技改工作细则;(8)各项组织活动细则。(附后略)

(二) 各部门、车间的工种和各项指标不同,奖金分配是根据其不同点按劳分配、多劳多得、超产奖励、减产赔偿的原则。(附后略)

(三) 各车间、部门必须执行自己的所定各项指标任务,严格把好质量关。(附后略)

(四) 全厂干部职工必须服从厂部统一指挥、统一调配,做到上下一条心,团结一致,为企业的发展共同努力奋斗。

本合同一式三份,厂部和承包方各执一份,一份存入档案。从一九九二年十二月二十一日起执行。

厂部分管(签字)　　　　　　　　厂部鉴证(盖章)

承包方(签字)

高邮市助剂厂
一九九三年元月

附:各车间生产计划、产品质量及费用指标

一、邻硝基车间:

1. 额定车间人数:14~17人

2. 生产指标:

(1) 邻硝基对甲苯酚:20~30吨/月

(2) 对叔丁基邻硝基苯酚:25吨/月

(3) 邻硝基苯酚:25吨/月

3. 质量指标:

(1) 邻硝基对甲苯酚:

含量:≥96%

凝固点:26~30℃

外观:淡黄色透明结晶体

(2) 对叔丁基邻硝基苯酚:

含量:≥98%

凝固点:28~32℃

外观:淡黄色结晶体

(3) 邻硝基苯酚:

4. 费用指标:

(1) 生产费用:按吨产品8元/吨计算(半年结算,超减部分按50%奖赔);

(2) 维修费用:按吨产品20元/吨计算(半年结算,超减部分按50%奖赔);

(3) 水电耗用:按吨产品水　　吨/吨,电　　度/吨(指定硝化用电)。

二、邻氨基车间:

1. 额定车间人数:56~68人

2. 生产指标:

（1）邻氨基对甲苯酚:12 吨/月

（2）邻氨基苯酚:5.2 吨/月(此数在对甲苯酚数中扣除)

（3）叔丁基邻氨基苯酚:

3. 质量指标:

（1）邻氨基对甲苯酚:

含量:≥96%

熔点:128～132℃

外观:灰白或白色粉状,碳素较少

（2）邻氨基苯酚:

含量:≥96%

熔点:172～174℃

外观:灰白色粉状,碳素较少

（3）叔丁基邻氨基苯酚:

含量:≥95%

熔点:162～164℃

外观:灰白色粉状,碳素较少

4. 费用指标:

（1）生产费用:按吨产品 400 元/吨计算(半年结算,超减部分按 50% 奖赔);

（2）维修费用:按吨产品 200 元/吨计算(半年结算,超减部分按 50% 奖赔);

（3）水电耗用:按吨产品水　　吨/吨,动力电　　度/吨,照明电　　度/吨。

三、PF 增白剂车间:

1. 额定车间人数:23～29 人

2. 生产指标:

（1）PF 增白剂:3.5 吨/月

（2）DT 增白剂:15 吨/月

（3）EB 增白剂:15 吨/月

3. 质量指标:

（1）PF 增白剂:

含固量:≥99.5%

强度:>95%

熔点:184～187℃

外观:淡黄色分子

（2）DT 增白剂:

浆状细度:2～3 微米

白度:100%

（3）EB 增白剂:

浆状细度:2～3 微米

色光:鲜艳蓝色荧光

强度：≥95%

外观：绿白色浆状分散液

4. 费用指标：

（1）生产费用：按吨产品100元/吨计算（DT、EB按10元/吨计算。半年结算，超减部分按50%奖赔）；

（2）维修费用：按吨产品120元/吨计算（DT、EB按12元/吨计算。半年结算，超减部分按50%奖赔）；

（3）水电耗用：按吨产品PF：水　　吨/吨，动力电　　度/吨，照明电　　度/吨；DT\EB：水　　吨/吨，动力电　　度/吨，照明电　　度/吨。

四、PB、OB增白剂车间：

1. 额定车间人数：14～16人

2. 生产指标：

（1）PB增白剂：1吨/月

（2）OB增白剂：1吨/月

3. 质量指标：

（1）PB增白剂：

含固量：≥99.5%

熔点：216～220℃

强度：≥98%

细度：100～60目

外观：鲜艳黄绿色呈蓝光粉末

（2）OB增白剂：

含固量：≥99.5%

熔点：200～201℃

强度：≥98%

细度：100～60目

外观：鲜艳黄绿色呈蓝光粉末

4. 费用指标：

（1）生产费用：按吨产品350元/吨计算（半年结算，超减部分按50%奖赔）；

（2）维修费用：按吨产品400元/吨计算（半年结算，超减部分按50%奖赔）；

（3）水电耗用：按吨产品水　　吨/吨，动力电　　度/吨，照明电　　度/吨。

五、嚓吩车间：

1. 额定车间人数：25～31人

2. 生产指标：

（1）300升反应釜氯化：0.8吨/月

（2）500升反应釜氯化：1.6吨/月

3. 质量指标：

含量：≥95%

熔点：328～330℃

外观：米白色分子

4. 费用指标:

(1) 生产费用:按吨产品700元/吨计算(半年结算,超减部分按50%奖赔);

(2) 维修费用:按吨产品1500元/吨计算(半年结算,超减部分按50%奖赔);

(3) 水电耗用:按吨产品水　　吨/吨,动力电　　度/吨,照明电　　度/吨。

六、JSPC-1 催化剂车间:

1. 额定车间人数:4~6人

2. 生产指标: 3.5吨/月

3. 质量指标:

双胺醚含量:≥69.5%

黏度(20℃):4.5~5.5

折光率:1.4343~1.4346

比重:0.9000~0.9200

4. 费用指标:

(1) 生产费用:按吨产品100元/吨计算(半年结算,超减部分按50%奖赔);

(2) 维修费用:按吨产品500元/吨计算(半年结算,超减部分按50%奖赔);

(3) 水电耗用:按吨产品水　　吨/吨,动力电　　度/吨,照明电　　度/吨。

考核细则

高邮平板玻璃厂《行政管理人员岗位责任制百分考核细则》(摘录)

(一) 生产股股长:

把全厂各生产环节有机地组织起来,充分地利用人、财、物,挖掘内部潜力,保证生产任务的完成。

(1) 根据厂部意见,落实生产计划,每月二十五日前下达到各车间班组,得10分。不下达不得分。

(2) 制定产品工时定额、原辅材料消耗定额,定期修订加以完善,达到先进合理,妥善保管原始资料,每月检查定额完成情况,得20分。只制定需修订不修订得10分。不制定不检查不得分。单制定不检查得10分。

(3) 协助技术部门搞好工艺改革,技术革新,得10分。不协助不得分。

(4) 组织好人员调配,积极组织生产,无特殊情况,保证生产任务完成,当月向厂长反映生产情况,得40分。减产一成扣20分,减产两成不得分。

(5) 搞好车间班组文明生产的设备保养,安全生产,得20分。当月发生责任事故一次扣10分。重大事故加倍扣分。发现职工不按操作规程生产又不督促一次扣5分。

(二) 技术股股长:

在厂长的领导下,负责全厂的技术管理,提高职工的技术素质,充分利用现有条件,在抓好老产品质量的同时,搞好"双革四新",使产品有竞争能力。

(1) 制定产品质量升级规划,保证产品质量,达到厂部产品标准,得40分。产品质量下降不得分。发现质量事故一次扣20分。产品质量上升加倍得分。

(2) 注意收集技术情报,学习先进技术,不断进行技术革新和工艺改革,不断提高生产能力,赶超同行业的先进水平,得15分。有重大的技术改革和产品开发及更新加倍得分,或由厂部另发特殊贡献奖。

(3) 资料妥善保管,注意保密,得10分。发现资料被窃、遗失不得分。

（4）积极组织技术培训，每月进行一次辅导课，得15分。不上辅导课不得分。

（5）搞好设备维修、更新，确保车间正常生产，得20分。由于维修不及时，出现设备事故不得分。重大设备事故加倍扣分。

（三）质检员：

（1）根据质检标准，每天负责检查各班组产品质量，分清产品等级，得50分。不验收不得分。少验一班扣10分。发现差错一次扣10分。

（2）做好产品质量记录、资料保管。每天反映质量升降情况，发现突出问题，及时向厂长、技术股反映，得25分。不记录不得分。记录不全面扣15分。不反映扣10分。

（3）坚持质量标准，不讲情面，为厂把好质量关，得25分。经核实有徇情包庇的不得分。

（四）化验员：

（1）准确、及时做好原材料分析，每次原材料化验报告单送交技术股，得40分。当月发生一次错验扣20分，二次不得分。

（2）定期进行产品分析，及时报送分析单到技术股、生产股，得30分。分析差错不得分。不及时报送适当扣分。

（3）妥善保管好各种化验仪器及其它用具。保护集体财产安全，得15分。发现人为损坏适当扣分，严重人为责任事故加倍扣分或按价赔偿。

（4）对危险化学药品要加强保管，注意安全，得15分。如因工作失职造成事故，轻则不得分，重则追究责任。

（五）财计股股长兼总账会计：

必须加强财务管理和经济核算，遵守财经纪律和执行财务制度，及时向厂长提供经济信息和有关合理化建议，为提高经济效益发挥作用。

（1）经常组织财务人员、车间记录员进行学习，辅导财务知识。使财会人员严格财务制度，精通本行业务。得15分。每月一次没有辅导不得分。

（2）掌握各项开支标准，执行财务制度，得15分。发现违反制度不提出不得分。

（3）每月编制财务收支计划、成本计划，合理掌握资金使用，搞好车间分业结算，经常进行成本升降分析，得20分。不分业不得分。资金不够灵活，适当扣分。

（4）按季度组织检查督促对全厂仓库物资进行盘点，得10分。不组织不得分。

（5）按规定日期编造好年度、季度、月度财务决算报表，做到数据准确、及时，得20分。不上报不得分。按规定上报时间每迟报一天扣5分。缺报或少报一份扣5分。

（6）每月向厂部提供经济活动情况和成本升降分析有关资料，得20分。不上报不分析不得分。

（六）分户会计：

（1）及时记载分户账册，做到账据、账账相符，得30分。不相符不得分。

（2）每月编报应收款、应付款明细表，书面反映突出情况，得20分。不编报不反映不得分。只编报不反映突出问题得10分。

（3）审查记账凭证、原始凭证，达到内容完整，手续相符，得15分。每月发生一次审核差错适当扣分。

（4）兼管签发销售发票，严格执行厂部销售价格，得15分。发现一次自行定价不得分。

（5）会同生产股结算全厂工资，核实车间上报考勤表。每月五日前，根据车间考勤报表、工资定额，编制工资表，得 20 分。迟报一天扣 5 分。

（七）现金会计：

（1）费用单据无经手人无批准人不得报销，不符合财务制度规定不付款，负责结算采购人员往来账，得 25 分。发现一笔不应付款扣 5 分。发现一张费用单据未经批准付款扣 5 分。

（2）现金做到账款相符，无白条抵库，库存现金不超过规定限额，得 25 分。发现账款不相符或白条抵库擅自借款适当扣分。

（3）及时编制记账凭证，做到内容完整，数字准确，能够完整地反映一笔经济业务的来龙去脉。发票单据准确相符，及时上报，得 20 分。不及时适当扣分。全月不上报不得分。差错一笔扣 5 分。

（4）记好现金月记账和银行日记账，并逐月核对，达到账账相符，得 25 分。发现不相符又不检查不得分。记账不及时适当扣分。

（八）材料会计：

（1）根据车间生产需要，经批准，签发好领料单，得 15 分。应批准未批准发现一次扣 5 分。差错一次扣 2 分。

（2）逐日记载原材料、燃料、辅助材料细账，按月与保管员核对账目，做到准确、及时、账物相符，得 30 分。记载不及时扣 5 分。账目不符又不核对不得分。

（3）按季配合保管员搞好物资盘点，得 10 分。不组织不配合不得分。

（4）经常反映原材料质量价格情况，提供销价信息，每月向厂部供销股反映材料库存情况，得 15 分。不反映不得分。

（5）每月必须在三十日前，向生产股、财计股报送各车间班组个人材料耗用结算报表，用文字反映突出问题、超用、超储、库存情况，得 30 分。不反映不报送不得分。迟报一天扣 10 分。报表数字不准确扣 20 分。

（九）成品保管员：

（1）认真做好发货工作，凭厂提货单发货，得 25 分。无发货单又未经批准发货不得分。

（2）坚持检验的产品入库，得 15 分。未经质检人员验收的，发现一次扣 10 分。

（3）账册、报表记载清楚，账实相符。每月三十日前上报产品收付存月报表，得 20 分。记载不清楚适当扣分。迟报一天扣 10 分。

（4）货场保持整洁，合理堆放，标志明显，得 10 分。不明显不整洁适当扣分。

（5）发货时要物、账、单相符，不得超发、漏发，包装箱要坚固牢靠，封箱要安全可靠，得 30 分。错发一次不得分。发现包装箱出厂前已损坏扣 10 分。

（十）五金材料保管员：

（1）严格执行检查验收制度，对进库材料物资必须做到质量检查、数量验收，得 25 分。不验收不得分。差错一次扣 15 分。

（2）坚决凭提货单发货，不得擅自乱拿乱借，不得白条抵库，对库存数量，达到账卡物三相符，得 35 分。发现私借一次扣 10 分。差错一笔扣 10 分。账物不相符，经抽查达到 10% 差错扣 10 分，达到 20% 差错扣 20 分。

（3）所保管的物资，根据目录顺序和材质性能分区分类。合理存放，清洁整齐，做到无霉烂、无损失、无散失，得 20 分。人为造成损失不得分。轻的损失适当扣分。不整齐适当扣分。

（4）执行储存定额，及时准确地向财计股、供销股反映库存和余缺情况，得 20 分。不汇报不得分。

（十一）化工保管员：

（1）严格执行检查验收制度，对进库材料物资必须做到质量检查、计量验收，得20分。不验收不得分。差错一次扣10分。

（2）所保管的物资，根据目录顺序和材质性能分区分类。合理存放，清洁整齐，做到无失效、无损失，得20分。人为造成损失不得分。轻的损失适当扣分。不整洁适当扣分。

（3）对剧毒物资加强管理，严格执行防范措施，坚持仓库两把锁，三人到场方能付货，得30分。发现一次不按制度付货不得分。造成后果扣除全月总分并追究责任。

（4）逐日准确记录原材料消耗，做到不估耗、不倒扎账，做到账物相符，得20分。不记载不得分。数字不准确适当扣分。

（5）及时准确地向财计股、生产股反映库存情况和余缺情况，得10分。不反映汇报不得分。

（十二）燃料保管员：

（1）严格执行检查验收制度，对进库材料物资必须做到质量检查、计量验收，得20分。不验收不得分。差错一次扣10分。

（2）加强燃料保管，严格执行防犯措施，杜绝火种，防止意外事故的发生，得35分。发现事故苗头不及时处理扣10分。发生轻为事故不得分。发生重大事故扣除全月总分，并追究责任。

（3）负责检查原油运输卸完清仓，做到无损失，得15分。不检查不得分。只检查不彻底清仓，扣10分。

（4）逐日记录燃料消耗，做到账物相符，得20分。不记载不得分。数字不准确适当扣分。

（5）执行储备定额，及时准确地向财计股、供销股反映库存情况和余缺情况，得10分。不反映不汇报不得分。

（十三）供销股股长：

应该积极地组织货源，保证生产，推销商品，防止积压，不断地疏通供销渠道，占领市场，并搞好行情的了解，向厂长提供有关情报和信息。

（1）根据生产计划，按年分季分月编制物资采购供应计划，得15分。当月不编制不得分。

（2）积极组织各种物资和调运工作，保证生产需要，得35分。应办到而未办到的是人为造成调运材料不及时影响生产不得分。

（3）不断熟悉物资的品种、规格、性能、价格、用途，采购的材料要优质优价，适用对路，得10分。发现不对路物资适当扣分。

（4）掌握仓库物资余缺，积极处理超储呆滞物资，得10分。不积极处理适当扣分。

（5）根据市场行情，负责安排好供货计划，得10分。安排不当，适当扣分。

（6）销售货款一般在十五天回笼，得20分。不联系不催收，适当扣分。

（十四）采购员：

（1）供销人员必须服从供销股安排，及时完成物资采购任务，并及时汇报工作情况，得30分。任务不完成适当扣分。不服从安排不得分。

（2）外出采购必须电告信址，始终与厂部取得联系，得15分。不联系不得分。

（3）及时反映任务联系情况，提供品种、规格、数量要准确，得15分。不汇报不得分。汇报不准确适当扣分。造成后果不得分。

（4）节约采购费用和运输费用。如要车费，事先向厂方请示，发运时要质量检查，数量验收，认真填好物资启运单，得15分。由于不检查、不验收造成损失不得分。不检查，未造成损失适当扣分。

(5) 外勤人员要精通本行业务，做到熟悉物资、规格、性能、质量价格，得10分。不学习不精通本行适当扣分。发生差错不得分。

(6) 凡经手发生的销售物资款，要及时回笼。负责采购物资要及时结账，个人欠款在每月二十五日前结清，不得借故挪用或将公款转借他人，得15分。故意拖延不结账不得分。销货款不及时回笼适当扣分。

(十五) 行政股股长：

必须掌握职工的思想状况，解决好职工的吃、住、健康方面等生活问题。负责后勤及杂务人员调配和工资结算。

(1) 检查督促食堂工作人员按时供应三餐，保证夜餐，改善服务态度，改善职工伙食，定期公布账目，得10分。食堂管理混乱，适当扣分。不清洁不检查，发生事故不得分。

(2) 负责安排厂内物资装卸工作，保证不延误时间，得25分。由于工作没有做好，造成损失不得分。不及时适当扣分。

(3) 搞好厂内环境卫生、绿化、厂容厂貌，得25分。厂内不卫生，不整洁不处理，适当扣分。

(4) 负责集体职工宿舍管理，及时组织房屋维修，电路水管安装维修，得15分。不及时处理，适当扣分。

(5) 按照厂部意见，具体组织实施厂房、炉灶、宿舍等基本建设，严格基本建设开支，得15分。不实施不行动不得分。行动不力，适当扣分。

(6) 搞好劳动保护及保健和其他后勤工作，办好医务室，积极防病治病。抓好全厂防寒、降温工作，得10分。不检查不得分。有检查措施不力，适当扣分。

(十六) 医务人员：

(1) 负责全厂职工医疗保健工作，坚守工作岗位，做到随到随治，随叫随到。为职工医疗提供方便，得30分。不坚守岗位，产生后果不得分。不坚守岗位无后果，适当扣分。

(2) 讲究服务态度，提高服务质量，医疗作风正派，得10分。与病员发生争吵，适当扣分。

(3) 钻研医疗技术，提高诊断率、治疗率。本厂无条件医治的病员要及时转送其他医院治疗，得20分。诊断不准确，适当扣分。不应转送而转送的，适当扣分。应转送而不及时转送，造成后果不得分，并追究责任。

(4) 及时采购必须药品，并掌握医疗费用情况，努力降低医疗费开支，得15分。发现徇情现象，适当扣分。

(5) 协助做好计划生育工作和妇幼保健工作，得10分。不协助不得分。

(6) 建立药据明细表，每月报药品收支存明细表，得15分。不记载不上报不得分。迟报，数字不实，适当扣分。

(十七) 司务长：

领导好一班人，搞好食堂管理工作，树立全心全意为职工服务的思想。

(1) 督促、检查食堂卫生工作及食堂人员的个人卫生，严格食堂卫生检查制度，把好采购、加工、供应三关，杜绝食物中毒及其他事故的发生，确保就餐人员的饮食卫生，得40分。不检查发生事故不得分。不检查不清洁，适当扣分。不按时开饭，适当扣分。

(2) 掌握就餐情况，经常调换花色品种，使饭菜可口实惠，得25分。不增加花色品种，适当扣分。

造成饭菜浪费，适当扣分。

（3）掌握经济核算情况，定期向职工公布账目，得20分。不核算不公布不得分。

（4）严格要求自己，不搞特殊化，得10分。群众有意见，确实有问题不得分。

（5）经常召开食堂人员会议，听取就餐人员意见，不断总结经验，纠正错误，努力办好食堂，得15分。不召开会议不得分。正确意见不处理不研究不得分。

（十八）炊工人员：

（1）端正服务态度，不得和群众争吵，得20分。争吵一次扣10分。

（2）卖饭卖菜要讲核算，合理出售，不得舞弊多打饭菜，得25分。违反不得分。

（3）坚守值班岗位，不得随便离开，得15分。离开一次扣5分。

（4）食堂购回的各种菜，炊工人员不得购代回家，得20分。违反者一次扣10分。

（5）食堂内外保持清洁、饮食卫生，得10分。不清洁，发现一次扣10分。重大事故追查责任。

（6）遵守厂的规章制度，做到上班不迟到，事事必须请假，得10分。三次迟到或一次不请假不得分。

（十九）治安股股长：

搞好全厂的安全保卫，特别是对易燃易爆品、剧毒品更要引起警惕，警防任何事故发生。

（1）检查易燃物品的防火和剧毒品保管，得40分。不检查，发生事故不得分。重大事故扣全月总分，并追究责任。

（2）组织消防人员训练，搞好消防设备的保养，经常开展安全教育，落实消防措施，得20分。无措施不得分。措施不得力，适当扣分。

（3）监督门岗人员保卫工作，得20分。不检查不得分。门卫发生事故，适当扣分。

（4）处理治安事故，得20分。不处理不得分。处理不及时，适当扣分。

（二十）保卫人员：

（1）门卫人员必须严守岗位，值班时间不得乱串车间、睡觉，非厂人员不得进入厂内（除购玻璃者），得30分。如违反一项扣10分，三次不得分。

（2）一切工作人员，不得将公物、产品带出厂，一切出厂物资要有手续，得30分。违反者，发现一次扣10分，三次不得分。

（3）值班人员必须大公无私，不得舞弊，得20分。如违反轻则不得分，重则追究责任。

（4）除白天正常上班外，在夜晚要检查本厂境内一切不正常的动向，要及时处理和报治安股，得20分。发现问题不报扣10分。有问题没有发现又没有上报不得分。

保障条例

三垛公社工业联合公司《社办职工退休简章（试行草案）》（摘录）

第一章　退休条件

第一条　男性职工年满五十五周岁、女性职工年满五十周岁，在我县乡镇企业连续工龄十年以上的固定职工，方可办理退休，享受退休待遇。

第二条　未到退休年龄、工龄已满十年要求提前病退者，应从严掌握。须凭医院病历和体检证明，并经群众讨论，确是丧失劳动能力，经厂长审查报请公司批准，办理病退，享受病退待遇。未满十年工龄，不得办理病退。

第三条　因工致伤（残），未到退休年龄又不能参加正常上班工作者，本人愿意退休，可优先照顾，办理病退手续，享受退休待遇。

第二章 退休费标准

第四条 凡男性在五十五周岁、女性在五十周岁以上，工龄在十年之内者，作退职处理，以一年工龄发一个月工资（不包括物差）计算，与本单位一次结清。

第五条 退休费计算标准为：以工龄十年为基数，按本人月工资额的30%发给，多一年加1%。

第六条 病退职工参照第五条退休费标准按八折计算病退生活补助费。

第七条 因工致伤（残）确需提前病退者，工龄不足十年的按十年标准发给，超过十年的按上述标准发给，丧失独立生活能力的按原工资发给。

第八条 无子女的孤独老人，除按规定标准发给外，每月可再享受补助金五元。

第九条 退休人员的物差仍有本人所在单位在营业外开支中发给。

第十条 退休人员的医疗费、丧葬费按公司财务规定标准执行，其费用由本单位在营业外开支中列支。

第三章 统筹费提取

第十一条 凡在职固定工资职工原在工办统筹的退休人员，按每人每月贰元，由所在单位提取，上交公司统管组。

第十二条 计件工资的职工，除由单位按每人每月贰元提取的上交外，再在本人工资中按5%提取，一并上交统管组。

第十三条 系统外的调进调出人员，随工资关系按原工办统筹之日累计统筹费一并转移。

第四章 管理机构

第十四条 由公司组织成立退休职工统筹管理领导小组（简称统管组），统管组是直属公司管理的下设机构，受公司的直接领导。

第十五条 统筹费由统管组专立账户（存折），指定专人负责财务管理。此款专管专用，任何部门（人）都无权动支、干涉。同时，接受银行部门监督。

第十六条 统筹费由公司统管组统管，退休费凭公司签发的退休人员的工资表，由本人所在单位代发，按月结算。

第五章 退休人员须知

第十七条 凡要求退（病）休的人员，必须由本人申请，并填写退（病）休登记表，单位研究上报，经公司审批后，方可退休。

第十八条 退休人员必须同在职职工一样，自觉服从组织领导，不得因离厂退休而过于放任，用社会主义法纪不断约束自己，保持晚节，创建五好家庭，在两个文明建设中发挥作用。

第十九条 凡达到退休年龄的职工原则上都要办理退休手续。如单位确因生产需要，经公司批准可暂行留用。留用期由所在单位自行决定，其待遇保持原水平，与在职职工一视同仁。

第二十条 对未达到退休年龄而提前病退者，因从事其它营业，牟取正常额外收入，作自动放弃病退待遇处理。

第二十一条 退休人员如遇外单位聘请，必须在征得本单位同意后，并由单位与对方签订合同，其报酬仍有本单位发给，不得自行挂钩。擅自外出就业，如经发现，并不听劝阻，应予除名并取消退休金待遇。

组织架构

扬州亚光电缆有限公司公司组织机构图

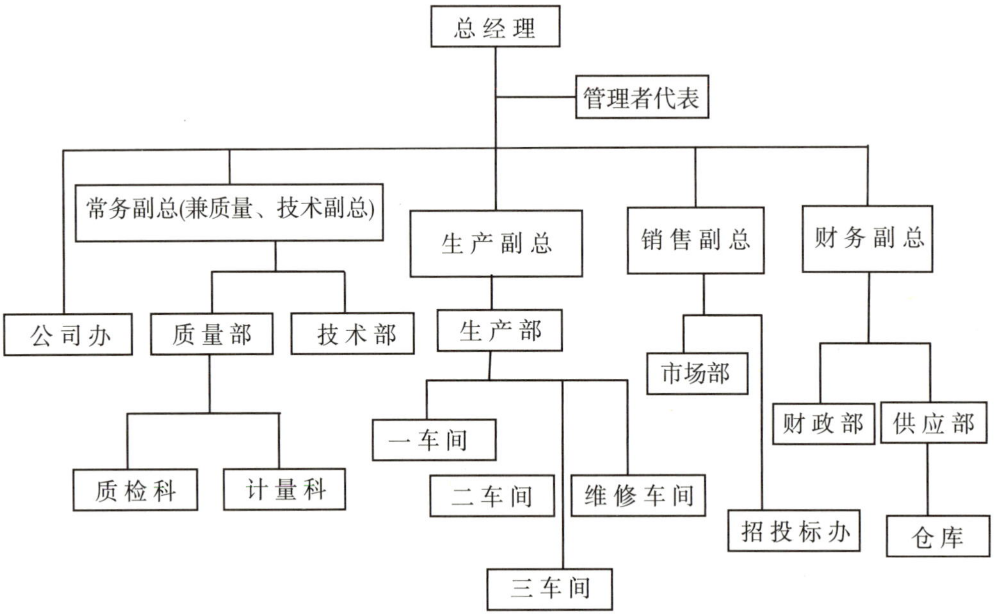

高邮市卫星卷烟材料有限公司组织机构图

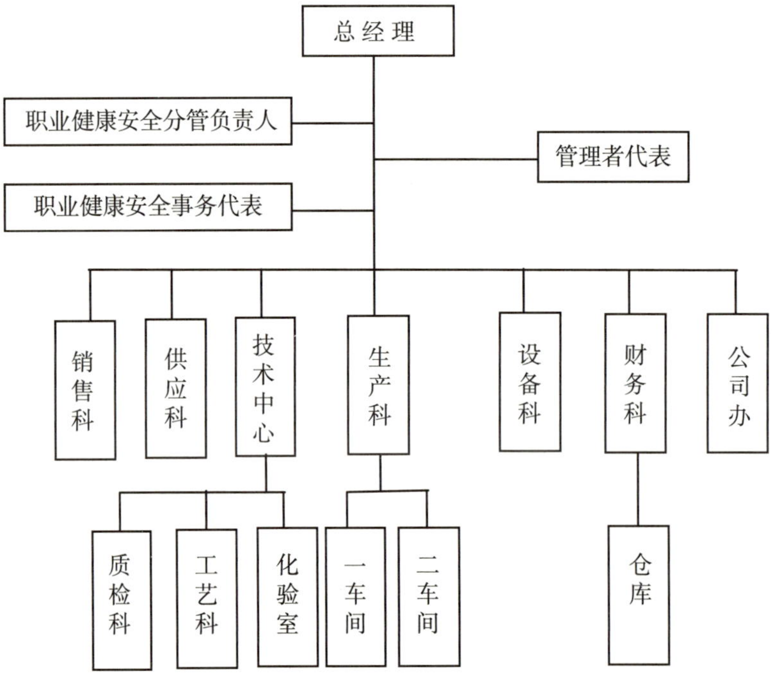

江苏金飞达电动工具有限公司组织机构图

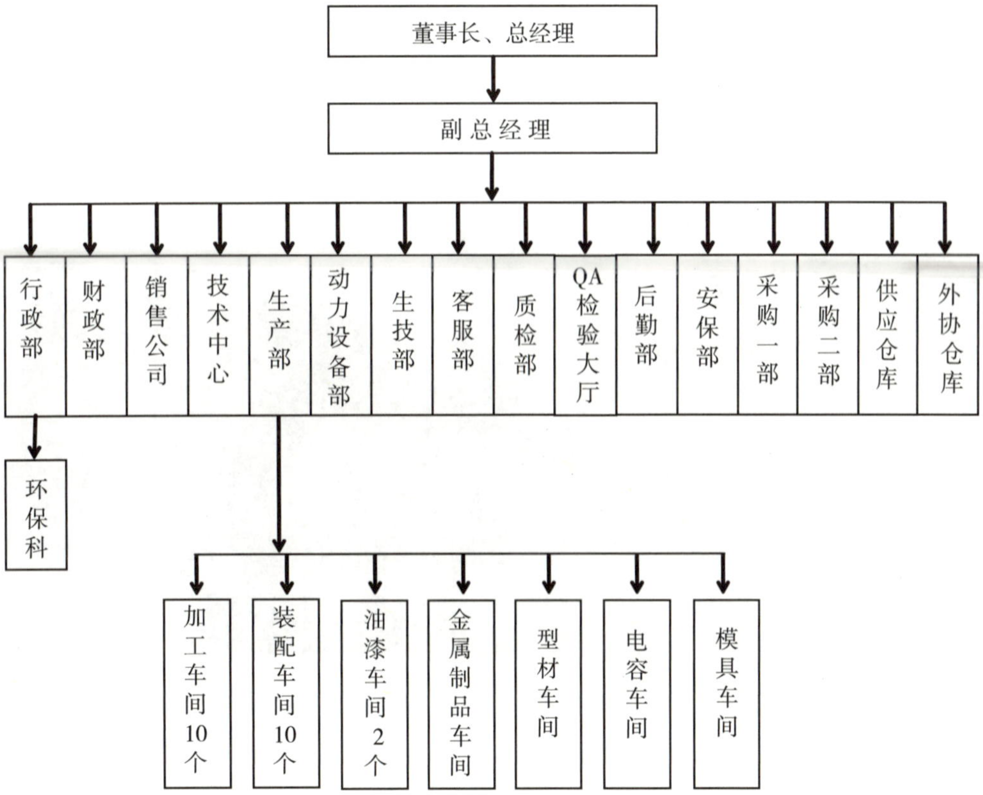

高邮市汉升高分子材料有限公司组织机构图

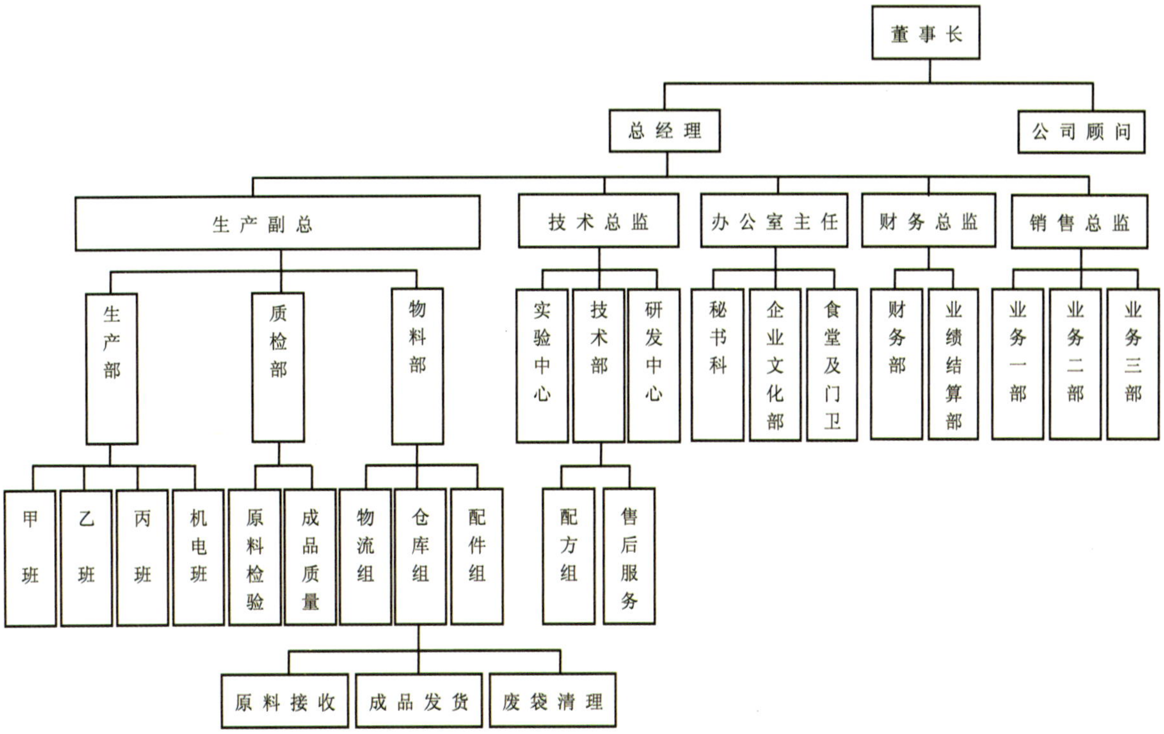

精神文化

价值观念

★崇信、励志、达业。

——江苏金飞达电动工具有限公司

★诚实、正直、公正，关心员工成长。

——江苏海潮科技股份有限公司

★品质至上，诚达天下。

——江苏弘鼎汽车零部件有限公司

★客户的辉煌，才是我们最大的辉煌。

——高邮长兴包装纸业有限公司

市长松化工厂厂门

企业精神

★改革、创新、高效、守信。

——高邮市卫星卷烟材料有限公司

★诚信厚德、奋力拼搏、优质高效、与时俱进。

——高邮市顺达动力机电有限公司

★勤奋求实、超越自我。

——江苏科凌医疗器械有限公司

★诚信兴业、品质为先、锐意进取、精益求精。

——高邮市福兴微耕机厂

道德规范

★先做人、后做事、再做品牌。

——江苏华富控股集团

★坚持对员工诚信、对顾客诚信、对社会诚信的“三诚信”原则。

——高邮市经纬纺织有限公司

★专业、诚信、值得信赖。

——扬州日兴科技股份有限公司

经营理念

★以市场为导向，以“双赢”为目的，以质量为核心，以服务为根本。

——扬州市金海铸造有限公司

★外抓市场、内抓管理，科技兴业、诚信为本。

——扬州高标机械有限公司

★弘扬地方特色，发展品牌优势，保护民族精品。

——高邮市秦邮蛋品有限公司

★以科技求发展，向管理要效益。

——扬州市曙光电缆厂

★ 倾心品质，执着创新。

——江苏豪纬交通集团有限公司

经营哲学

★生命在于创造，经营胜在创新。

——江苏科凌医疗器械有限公司

★质量服务－信誉之本，用户信任－发展之源。

——扬州高标机械有限公司

★发展源自诚信，品质铸就辉煌。

——扬州亚光电缆有限公司

★以质量求信誉，以信誉求发展。

——沙龙集团股份有限公司

企业宗旨

★创名牌基业，展一流鸿图。

——沙龙集团股份有限公司

★诚信赢得机遇，品质创造未来。

——扬州神游羽绒制衣有限公司

★以诚相待，共同发展。

——扬州市天宇鞋业有限公司

企业愿景

★建成质量一流、信誉最好、技术领先、实力雄厚的新能源企业，跻身中国电池十强，铸造中国名牌产品。

——江苏华富控股集团

★产品精，规格全，产量大，满足市场不同需求。

——高邮市福兴微耕机厂

★以高目标、高起点、高质量、高效益打造一流的太阳能企业，为我国的新型低碳能源的发展做出自己的贡献。

——扬州鑫晶光伏科技有限公司

★立志于中国智能交通的创新者。

——江苏豪纬交通集团有限公司

标语口号

县砖瓦厂外墙宣传标语

临泽汽酒厂工作目标

行为文化

素质提升

党建

★扬州和益电动工具有限公司、江苏永恒塑业有限公司、扬州昊天通讯有限公司、高邮华美丙纶纺织有限公司、市荣华车件有限公司等非公有制企业组建党支部或联合党支部。其中，市飞翔服饰有限公司为全市首家成立独立中共支部的非公有制企业。

★郭集镇被扬州市委组织部定为非公有制企业党建工作示范点。

扬州市郭集灯具工业集中区党员服务中心

★武安乡华达公司党总支、江苏华能电缆总厂党支部、甸垛镇线路器材公司党支部、市第二棉纺织厂党支部、市铝箔纸厂党支部等在全市党员“双学”（学理论、学党章）活动中，被市委表彰为先进集体。

★八桥镇四联化工有限公司党支部、市长兴包装纸业有限公司党支部、扬州光华皮件制品有限公司、江苏华能电缆总厂党支部、江苏日欣集团有限公司党支部、市第二棉纺织厂党支部、市通用过滤机厂党支部、江苏金飞达集团党总支、天山镇皮件制品有限公司党支部等被市委表彰为先进基层党组织。

★扬州宇通服装有限公司团支部为全市首家外资企业团支部。

人文

★市苏豪茧丝有限公司法人代表杨晓妹被省妇联表彰为“江苏省‘三八’红旗手”，获“江苏省十大女杰提名奖”。

★市有机化工厂法人代表瞿军被省团委表彰为“江苏省新长征突击手”。

★扬州和益电动工具有限公司法人代表杨卫平被省委宣传部、省团委评为“创业江苏青春行动风云人物”。

★卸甲镇68家建立工会的企业开展“我为企业献一计”活动，共收到合理化建议330条。

★扬州市飞达电机仪表公司张庆奇、扬州市华达机械有限公司张惟根、市通用过滤机厂金凤林、扬州市曙光电缆厂郑连元、市包装制品有限公司高潮、江苏华能电缆总厂陶沂源、八桥花炮厂柏文亮、高邮镇玻璃厂朱天瑞等被市委组织部、市总工会、市经委表彰为“依靠职工办企业”优秀厂长（经理）。

表189

2010年度高邮市获省及扬州市引才计划资助名单

类别	引进人才姓名	企业名称
省“高层次创新创业人才引进计划”高层次创新人才	蒋建新	扬州日兴生物科技股份有限公司
	葛铁军	扬州市欣宝树脂有限公司
	施利毅	扬州亚光电缆有限公司
扬州市“绿扬金凤计划”创新创业领军人才	范　军	扬州永济医药新技术有限公司
	蒋建新	扬州日兴生物科技股份有限公司
	施利毅	扬州亚光电缆有限公司
	葛铁军	扬州市欣宝树脂有限公司
	王　炜	扬州华美丙纶纺织有限公司
	吴　昊	扬州宏远电子有限公司
	马　放	江苏绿科生物技术有限公司
扬州市“绿扬金凤计划”优秀博士人才	吴战宇	江苏华富控股集团有限公司
	李小珍	市长城机械制造有限公司
	董文钧	江苏康宝电器有限公司
	魏开举	扬州三友合成化工有限公司
	戚冬生	扬州市博升科技发展有限公司
	王学林	扬州市创新包装有限公司
	刘学习	扬州双联塑业有限公司
	胡荣林	扬州苏安物联传感科技有限公司
	华雪铭	扬州永琪农业发展有限公司
	云和明	扬州市宏飞电缆照明有限公司

2005—2010 年高邮市“城市贵宾(荣誉市民)”名单

表 190

年度	姓名	企业名称	所属地区
2005	朱国华	江苏华信轻工制造有限公司	临泽镇
	王国华	高邮江北结构件制造有限公司	开发区
	凌小岛	扬州佳光电子有限公司	开发区
	姜国平	高邮市金垛钢构件建筑有限公司	三垛镇
	高德龙	江苏顺大半导体发展有限公司	天山
2006	高德康	江苏波司登制衣有限公司	开发区
	姜洋	扬州美锋照明科技有限公司	开发区
	蔡冠仁	老蔡(江苏)实业有限公司	周巷镇
	李勇	扬州通威饲料有限公司	鸭业园区
	曾翌玲	江苏名正鞋业有限公司	八桥镇
	潘德君	扬州东元铜业有限公司	周巷镇
	顾振华	江苏雅鹿制衣有限公司	龙虬镇
2007	孙连骏	扬州楦腾纺织品有限公司	鸭业园区
	张扬	扬州三友合成化工有限公司	菱塘回族乡
2008	曹桂发	江苏华富能源有限公司	高邮镇
	王军	扬州华盟电子有限公司	开发区
	王家琦	扬州邦美制衣有限公司	开发区
	邹伟民	江苏传艺科技有限公司	开发区
	叶晓东	江苏腾大光电有限公司	开发区
2009	周旗钢	扬州华尔光伏科技有限公司	甘垛镇
	顾文男	江苏金业盈辉科技有限公司	开发区
	吉如	江苏吉信远望船舶设备有限公司	城南新区
	沈金明	江苏康宝电器有限公司	城南新区
2010	曹建华	江苏波司登制衣有限公司	开发区
	郭燕军	扬州永辉纺织科技有限公司	开发区
	何达平	扬州新邮特种铸造金属制品有限公司	汉留镇
	孙占标	江苏天元光电发展有限公司	送桥镇

★为倡导“员工爱企业、企业爱员工”的“双爱”文化,在全市开展“双十佳”评选活动中,郑连元(扬州曙光电缆有限公司董事长、总经理)、张庆奇(江苏金飞达电动工具有限公司董事长、总经理)、何其新(江苏波司登制衣有限公司总经理)、王传祥(高邮市卫星卷烟材料有限公司董事长、总经理)、林文清

（高邮市高农机械配件有限公司总经理）、于徐生（扬州天宇鞋业有限公司董事长、总经理）、李贵荣（扬州中瑞机电设备制造有限公司董事长）、戴顺民（江苏赛德电气有限公司董事长）、朱珠祥（扬州大大饲料有限公司总经理）被命名为“十佳关爱职工企业家”；周寿斌（江苏华富控股集团有限公司职工）、徐德田（江苏顺大半导体发展有限公司职工）、朱锦龙（扬州和益电动工具有限公司职工）、韦爱存（江苏科凌医疗器械有限公司职工）、从良秋（高邮市华兴石油机械制造有限公司职工）、杨志鸿（扬州光明电缆有限公司职工）、金廷宏（高邮市华胜机电有限公司职工）、聂春武（高邮新型塑料添加剂厂职工）、茆永红（女，高邮市锦华纺织有限公司职工）、夏金士（扬州市宝德照明器材有限公司职工）被命名为“十佳知识型职工”。

★江苏赛德电气有限公司重视对专业技术人员进行知识培训和专业技能考核，组织员工申报专业技术职务职称，有41人取得工程师资格。

★在高邮实际投资数额较大、做出一定贡献的企业法定代表人或高级经理被市政府评选出“城市贵宾”或“荣誉市民”。

教学

★江苏赛德电气有限公司被省委宣传部、省经贸委表彰为“创建学习型企业先进单位”，董事长戴顺民被表彰为“创建学习型企业工作先进个人”。江苏金飞达电动工具有限公司被扬州市总工会评为学习型企业。

★江苏朝阳气动液压机械集团有限公司与中国矿业大学在汤庄镇成立矿大朝阳集团教学科研实习基地。

★江苏科凌医疗器械有限公司职工书屋获“扬州市职工书屋”示范点称号。

竞赛

★扬州市举办“双兔杯”（以市双兔米业有限公司冠名）农业综合开发业务知识竞赛。

★市总工会组织“宏达杯”（以市宏达标准件有限公司冠名）车工、“曙光杯”（以扬州曙光电缆有限公司冠名）电线电缆制造工、“金源杯”（以扬州金源灯饰有限公司冠名）电焊工等职工技能竞赛。

★市总工会、市经贸局、市劳动保障局、市科技局承办扬州市“高邮吉信杯”（以江苏吉信远望船舶设备有限公司冠名）钳工职业技能竞赛。

★举办和组织工业企业参加“秦邮杯”（以高邮市秦邮蛋品有限公司冠名）、“海峰杯”（以扬州海峰机械有限公司冠名）职工技能竞赛。

★市总工会和市劳动保障局等相关单位合作，先后开展“波司登杯”（以江苏波司登制衣有限公司冠名）服装缝纫工技能大赛、“中瑞杯”（以扬州市中瑞机电设备制造有限公司冠名）车工技能大赛、“托普照明杯”（以江苏托普莱物照明器材有限公司冠名）电焊工技能大赛、“永兴杯”（以扬州市永兴鞋业有限公司冠名）鞋帽缝制工技能大赛等。

★市总工会、市劳动保障局、市经贸局、市人事局、市科技局联合举办全市“江苏科凌杯”（以江苏科凌医疗器械有限公司冠名）车工和“华信杯”（以江苏华信轻工制造有限公司冠名）鞋帽缝制工、护理技术操作、青年教师优秀课、中式烹饪等5项职工职业技能竞赛，参赛选手1360人。

★在全市各级工会组织职工开展的节能减排、节支降耗、产品开发、企业管理等劳动竞赛中，江苏华富能源股份有限公司研发的电动助力车用密封胶体铅酸蓄电池、扬州宏远电子有限公司研发的高性能特高压电极箔、江苏赛德电气有限公司研发的轨道交通用环保型特种电缆等先后被列为“扬州市职工十佳技术创新成果”。

★市劳动和社会保障局在市经济开发区举办“上川杯”(以江苏上川钢结构工程有限公司冠名)高级电焊工职业技能竞赛。竞赛采用理论考试和实际操作相结合的方法。其中,理论考试以高级电焊工职业资格标准(国家职业资格三级)为基础进行命题。竞赛合格者由扬州市人力资源和社会保障局颁发全国统一的高级工职业资格证书。

★江苏顺大半导体发展有限公司晶片制造车间、江苏华信轻工制造有限公司服装部缝制三组、市高农机械配件有限公司精铸车间蜡模班等在创建“工人先锋号”班组中,荣获“扬州工人先锋号”称号。

责任担当

对员工责任

县砖瓦厂职工管理委员会

★包括外商投资企业和私营企业等乡镇企业新经济组织积极组建工会。

★江苏弘鼎汽车零部件有限公司直选工会主席做法在全市总结推广。73 家非公有制企业直选工会主席。

★扬州海峰机械有限公司进行工资集体协商试点。

★147 家年纳税 10 万元以下、有资产的服装企业规范企业用工行为,全部按时缴纳工资保证金,确保职工工资每月以货币支付,不得克扣与拖欠。

★企业与工会签订工资集体协议书和集体合同,明确职工工资、工时、保险、假期等合法权利,建立稳健的劳资关系。卸甲镇 68 家企业集体合同、工资协议签订率 99%,劳动合同签订率 98.2%。甘垛镇企业集体合同、工资协议签订率 100%,劳动合同签订率 98%。

★甘垛镇工业企业职工养老、医疗、工伤、失业、生育保险参保人数年新增 200 人。

★江苏金飞达电动工具有限公司为公司 1600 多名员工办理参加城镇职工基本医疗保险,实现了社会保险全覆盖。

对消费对象责任

★江苏沙龙制衣有限公司、扬州市兴达照明器材有限公司、扬州金源灯饰有限公司、扬州龙翔灯业制造有限公司、扬州春明机械有限公司、扬州凯尔化工有限公司、市双兔米业有限公司、市龙腾制衣有限公司、市金星电器厂、市顺达机械厂、市不锈钢管厂、市红日太阳能热水器厂、市永胜制衣厂、市并蒂莲(昆山)服装有限公司、市金锋包装有限责任公司、扬州市邮谊工具制造有限公司、市永盛纺织饰品有限公司、市丰田农药有限公司、市光华花炮厂、市金家花炮厂、市东风花炮厂、市立宏水产品加工厂、市鸿运蛋品有限公司、扬州市恒丰制衣有限公司、市民达水泥制品有限公司、扬州市联盛照明电器有限公司、扬州市月华照明器材有限公司、扬州市新奇特照明电器有限公司、扬州市月丰照明器材有限公司、扬州市扬扬照明器材有限公司、市金属制品包装厂等开展争创市诚信单位活动。

★扬州曙光电缆有限公司“强菱”牌电力电缆、扬州亚光电缆有限公司“长长”牌控制电缆、扬州市鸿信线路器材有限公司“鸿信”牌硅芯管、扬州华富实业有限公司“HUAFU”牌电动助力车用胶体(铅酸)蓄电池等申报省质量信用产品。

★江苏科凌医疗器械有限公司制定了《不良事件报告制度》《发布忠告通知管理制度》《产品警戒系统控制制度》《顾客投诉及撤回制度》等,加强全员社会责任感。

★江苏戚伍水产品发展股份有限公司通过了HACCP(危害分析与临界控制点)食品安全质量体系认证、GMP认证(良好操作规范)等管理技术,并运用信息化ERP系统、商务平台的管理技术与方法,加强产品质量监控和可追溯体系建设,实现果蔬、食品、水产品等生鲜农产品从产地到销地的商品实名制的一体化冷链物流运作模式,提高农产品在冷链流程、冷藏运输、冷冻储存、批发交易、配送加工、销售终端、质量管理、召回要求的可控性和安全性,维护农产品集中收购、季节收购的价格稳定和反季节抑制农产品市场价格。

市农机配件二厂用户座谈会

对环境责任

★全县1500多个乡镇工业企业配合接受了高邮县乡镇工业污染源调查领导小组和技术组的调查(1989年4月—1990年4月)。

★企业实行环境行为信息公开化。

★各乡镇(区)负责人与市长签订区域污染物总量控制及削减责任书和年度环保目标任务书。

★全市各乡镇(区)完成园区环境影响评价工作。

★扬州宏远电子有限公司、扬州国安纸业有限公司、扬州日兴生物制品有限公司、扬州杰迪化工有限公司、高邮萃众毛巾有限公司、市恒丰纸品厂、扬州鸿信生物制品有限公司、市合成化工厂、扬州市刘氏化工有限公司等分别实施废水废气减排工程项目。扬州华富实业有限公司、市助剂厂、市神力线路器材厂、扬州健松热镀锌有限公司、市有色金属合金厂、市恒丰制衣有限公司、市汽车标准件厂、市郑氏生物制品厂、市中德合金厂等重污染企业全部完成限期治理任务。

市合成化工厂污水处理站

★扬州三川实业有限公司、市亚星塑料制品有限公司、市奥林电机塑料有限公司、扬州华美丙纶纺织有限公司、市华兴石油机械制造有限公司、江苏虹光新能源发展有限公司、扬州市宝德照明器材有限公司等实施 ISO14000 环境管理体系。

★江苏华能电缆总厂、市助剂厂、扬州市曙光电缆厂、江苏日欣集团飞达化工厂、市通用过滤机厂、江苏赛德电气有限公司等获省级清洁文明生产乡镇企业称号。扬州曙光电缆有限公司、江苏双兔食品股份有限公司建成“扬州市环境友好企业”。江苏赛德电气有限公司创建成“扬州绿化模范单位”。

对社会责任

★扬州神游羽绒制衣有限公司多次通过国际 BSC 社会责任体系认证。

江苏波司登制衣有限公司
人民武装部、女子民兵连揭牌

★江苏波司登制衣有限公司总经理何其新被评为扬州市“慈善之星”;获民政部“中华慈善奖”。

★市助剂厂、扬州升达集团被评为扬州市“慈善企业”。

★在市委宣传部、市民政局、市慈善总会开展的“慈善之星”评选活动中,扬州日兴生物科技股份有限公司、江苏华富控股集团有限公司、扬州曙光电缆有限公司、江苏赛德电气有限公司、江苏金飞达电动工具有限公司、江苏润华电缆股份有限公司、扬州光明电缆有限公司等被评为“慈善之星”单位;扬州市东元铜业有限公司董事长潘德君、市声光电器厂厂长陈正明、扬州东阳制衣有限公司董事长黄翠萍、市汽车标准件厂厂长王森林、扬州市贝斯特实业有限公司董事长朱玉勇等被评为“慈善之星”。

★市慈善总会举行“华富助学基金”(以江苏华富能源有限公司冠名)发放仪式。全市共有 153 名困难家庭新录取的大学生,每人获得 1500 元的助学金,累计发放助学金 25.75 万元。

★扬州市光明电缆有限公司帮助 8 名残疾下岗职工重新上岗,并为他们优先缴纳了社会养老保险金。

★市橡塑制品厂被市政府表彰为助残先进集体。

★市三湖蛋品有限公司法人代表高和权被扬州市政府表彰为“支持教育工作先进个人”。

★市有机化工厂、扬州神游羽绒制衣有限公司、市三湖蛋品有限公司设为青年创业实践基地,为创业青年提供培训机会、各项咨询和服务指导。

★郭集镇的江苏赛德电气有限公司等 3 家民营企业先后建立关心下一代工作委员会;8 家民营企业建立关心下一代工作小组。

★界首镇龙盛制衣有限公司建立安置帮教基地,为刑释解教人员解决就业难题,得到省司法厅的肯定。

★市人民法院在扬州日兴生物科技股份有限公司挂牌成立青少年安置帮教基地。该基地是扬州市首家以特殊青少年群体为关注帮教对象的专门机构,为失足青少年提供就业岗位,通过劳动实践,帮助他们掌握技能、改过自新、回归社会。

★送桥线路工具厂被扬州市政府、军分区树立为“以劳养武明星企业”。

★市服装三厂、武宁乡铸件厂、市包装制品有限公司、江苏日欣实业集团有限公司、扬州飞达电机仪表公司等被市委、市政府表彰，获“双拥工作先进单位”称号。

★江苏波司登制衣有限公司人民武装部、女子民兵连成立。

★高邮市检察院与江苏华能电缆有限公司开展“检企共建”活动。

★扬州市希捷箱包有限公司出资1万美元，在天山镇设立“扬州希捷公司奖学基金”。全镇每年约有100名品学兼优的学生获得奖励。

★市三湖蛋品有限公司总经理高和权等10人组成“大学生村官创业导师团”，鼓励扶持大学生村官投身创业。

★卸甲镇、甘垛镇工业企业结对挂钩帮扶经济薄弱村。

★扬州回民制衣有限公司计划生育宣传教育、政策法规、信息管理、技术服务、协会工作“五进”企业活动经验在全市推介。

★扬州市天宇鞋业有限公司法人代表于徐生被省计划生育协会评为“优秀志愿者”。

★江苏波司登制衣有限公司、江苏赛德电气有限公司、市宏达标准件有限公司等被扬州市委宣传部、扬州市文明办公室、扬州市农村工作办公室、扬州市人口和计划生育委员会、扬州市计划生育协会表彰为扬州市新型生育文化建设先进单位。

★卸甲镇建成飞达大道和飞达大桥(均以江苏金飞达电动工具有限公司冠名)。

★波司登大道建成通车。该道路以江苏波司登制衣有限公司冠名，西起高邮运河港口，东至省道S237，与市开发区内珠光路、屏淮路、华山路、九园路等南北向主干道相交，全长4.8千米，规划宽度50米，其中机动车道22米，两侧非机动车道各4.5米，绿化分隔带各3米，配套建设亮化、美化、绿化等工程。

★扬州市百仕德礼品工艺有限公司被扬州市委宣传部、扬州市文广新局命名为首批扬州市文化产业示范基地。

经营服务

平台

★江苏华富控股集团有限公司形成了比较完善的售后服务体系，建立了24小时客户服务中心，并开通免费服务电话，在全国设立服务机构或服务网点近500个。

★扬州日兴生物科技服务有限公司凭借先进的生产技术和优良的产品品质赢得了国际同行的认可，先后成为美国最大保健品销售商SCHIFF和NPTY、英国最大氨糖保健品销售商CULTECH、德国HASHOMER、日本THF株式会社、加拿大保健品第一品牌VIVA等28家国际知名保健品公司的全球唯一供应商。

★江苏海潮科技股份有限公司在自产海潮商标产品销售的同时，还使用任何客户的商标贴牌生产，可以提供OEM服务，批量销往全球。此外，该公司还在谷歌、雅虎、慧聪、阿里巴巴、百度等建立了电子商务平台。

★江苏弘鼎汽车零部件有限公司为每个客户建立全免系统档案，详细记录产品的使用、运行情况，确保为客户提供高效优质且带有前瞻性的服务。

★江苏科凌医疗器械有限公司建立和完善售后服务与技术服务支持系统。售后服务网络覆盖除港、澳、台和西藏之外的全国31个省、市、自治区,公司总客服中心及总计约60家特约维修中心全天候为客户提供及时、周到、规范的售后服务。该公司拥有一支素质高、技术精的专业化服务队伍,履行对外统一受理、对内回访监督和改善服务三大基本职能。同时建立客户投诉处理流程和客户信息库,了解客户个性化需求,快速回应客户疑问,对客户问题24小时内处理,为客户提供客观、准确、完善的解决问题方案。

★江苏波司登制衣有限公司投资5亿元,在市开发区兴建波司登物流园,规划占地面积20万平方米,建筑面积9.8万平方米。

★江苏金飞达电动工具有限公司投资10万美元,在美国休斯敦市设立分公司,成为全市首家在国外设立的经营分支机构。

★市秦邮蛋品有限公司产品销售与麦德龙、沃尔玛、欧尚、乐购、农工商、大润发、苏果及淘宝、天猫、1号店、放心吃等国内大型连锁超市和电商平台建立长期合作关系。

网站(页)

★扬州欧力特电源有限公司:www. oliter. com

★扬州亚光电缆有限公司:www. yzyg. com

★江苏牛牌电器科技有限公司:www. npdq. cn

★扬州神游羽绒制衣有限公司:www. shenew. cn

★江苏海潮科技股份有限公司:www. hcjs. net

★高邮市秦邮蛋品有限公司:www. gyqinyou. net

报刊

★市灯具协会(郭集)主办会刊《郭集路灯》

江苏省中小企业高邮网

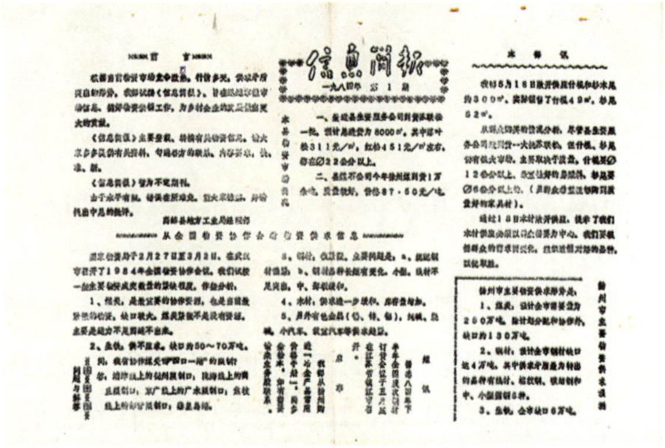
信息简报

市地方工业局供销公司创办的《信息简报》

江苏海潮科技股份有限公司同国家木工机床研究所协作办刊《木工机床》

江苏科凌医疗器械有限公司每季一期内刊《真情》

江苏承煦照明电气有限公司厂办《承煦风采》

展览

临泽服装厂工人展示生产服装

扬州昌达针织服装有限公司产品展览室

高邮乡镇工业产品展销馆

江苏科凌医疗器械有限公司展台

文体活动

文娱联谊

★江苏邮达过滤机集团在北京举办厂商联谊会。

★八桥镇举办“刘氏杯”(以扬州市刘氏化工有限公司冠名)文艺汇演。

★甘垛镇举办首届“华尔杯”(以扬州华尔光伏科技有限公司冠名)五四文体艺术节。

国庆35周年高邮乡镇工业庆祝游行彩车

中国江苏·界首茶干节节庆活动

江苏科凌医疗器械有限公司
“科凌之春”联欢晚会

沙龙集团股份有限公司
“相约中国羽绒服装城”文艺晚会

诗画歌赋

★江苏赛德电气有限公司董事长戴顺民语录:我们不图做全,但务求做强;我们不是大鱼,但必是快鱼。

★扬州神游羽绒制衣有限公司广告诗

不仅是融融的暖意,
还回到大自然的怀抱中。
我们,打造至尊的生活概念,
我们,演绎时尚的柔暖极限,
我们,还给你自豪、自信、温情和绚烂。

江苏承煦照明电气有限公司职工孙佳钰绘画《狼道》

沙龙之歌

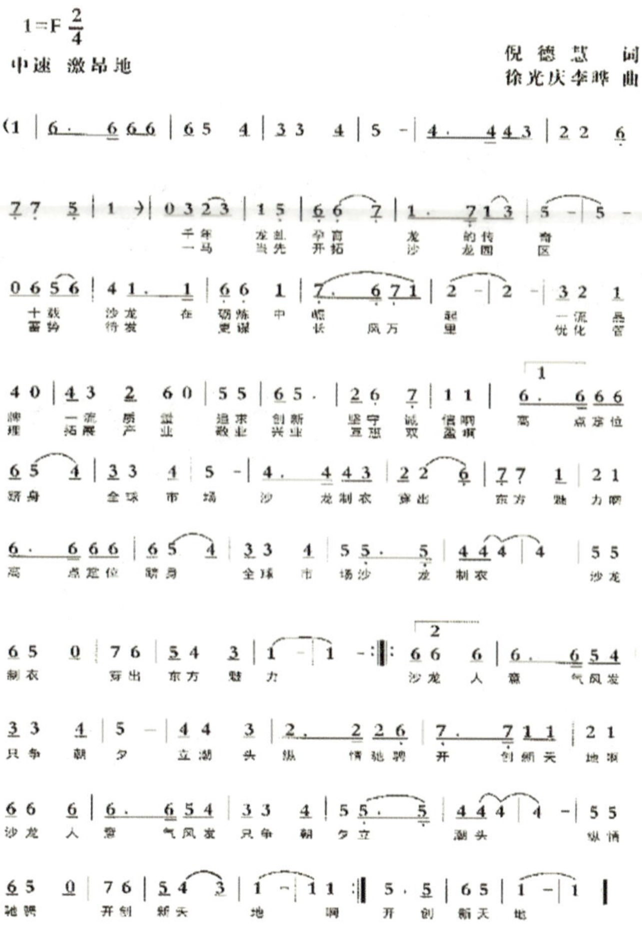

沙龙集团股份有限公司厂歌《沙龙之歌》

扬州市恒丰制衣有限公司董事长陈维林题词碑刻

扬州光明电缆有限公司企业橱窗论坛

体育运动

★车逻镇举办“明增杯”（以高邮市明增生物制品厂冠名）中国象棋赛。

★有关体育协会举办“双兔米业杯”(以市双兔米业有限公司冠名)中国象棋比赛。

八桥五金电器厂篮球场

江苏波司登制衣有限公司职工做广播体操

“跃马杯”(以江苏跃马钢管制造有限公司冠名)郭集镇第十一届运动会

江苏康博新材料科技有限公司职工之家健身区

经验文化

华兴公司的开山四板斧

卸甲华兴公司的前身是高邮市商标花边厂,改制前一直实行集体承包,经营数年,还是“老不大”,产值徘徊在300万元左右,近两年累计亏损25万元,总资产134万元,总负债134万元。去年7—8月,镇党委、镇政府决定对经过评估后零资产的商标厂实行公开出售。原任总账会计陆建华及其他4名股东,出资40万元买断了企业的产权和经营权,并迅速增量扩股,以53万元注册资本,重新组建了华兴商标织品有限公司。公司组建后,立即采取了四项措施,使企业面貌焕然一新。

增机扩产,提高总量

一是自筹资产35万元,添置了30台1511布机,使帆布的月产量从原来的8万米增至16万米。二是用足闲置设备。商标机原来每天只开4台,两班制,月产商标4万米。现在10台机全部派上用场,两班制改为三班制,月产量增至12万米。三是硬化劳动定额,提高单机利用率。按机台确定职工的劳动定额,对完不成任务、月工资达不到500元的工人实行待岗制。

精心运筹,盘活资金

企业出售时划企业的79.5万元应收货款,过去屡索无归,改制后仅用10天就收回42万元。至目前为止，两项资金已从改制前的106万元，降至58万元。同时，资金周转速度加快。1—4月，资金周转天数为55天，比去年同期加快了115天。

控压“两非”，减少费用

该公司改制前员工总数68人，行管人员12人，占17.6%。改制后员工总数156人，行管人员减为6人，占3.8%，单此一项，可节约行政费用3.6万元。人员精简后，一人兼多职，满负荷工作，效率明显提高。此外，在接待客户方面节省了开支。

活化营销，降低成本

一方面优质、低价选购材料。过去，供应渠道单一，价格居高不下，产品成本偏高。改制后，该公司跑了数十个生产厂家，多方位选择供货渠道，让供货单位之间形成竞争，降低了材料进价。棉纱从过去的每吨2.48万元，降至现在的2.38万元，按全年棉纱用量300吨计算，单此一项可降低成本30万元左右。另一方面抓大放小培植用户。该公司果断取消与93个用量小、信誉差、资金回笼慢的业务单位的往来。同时，提高产品质量，改进服务态度，加强感情联络，重点培植了用量大、信誉高、资金回笼快的上海回力公司、双钱公司，仅这两个客户使公司的年业务量从原来的300万元上升到1000万元。

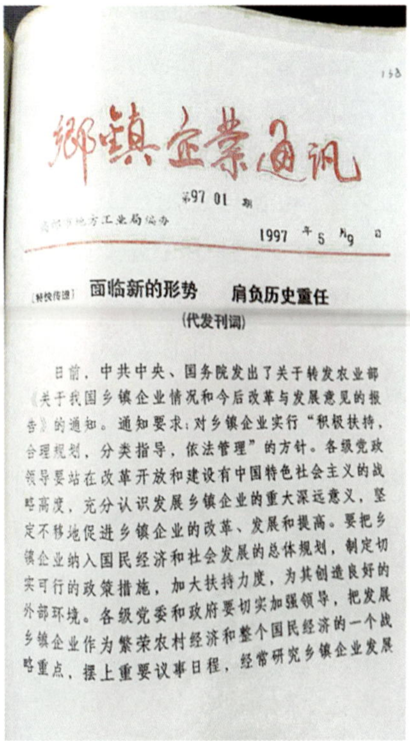
鄉镇企業通讯

第97 01 期

1997年5月9日

〔特快传递〕 面临新的形势 肩负历史重任

（代发刊词）

日前，中共中央、国务院发出了关于转发农业部《关于我国乡镇企业情况和今后改革与发展意见的报告》的通知。通知要求：对乡镇企业实行“积极扶持，合理规划，分类指导，依法管理”的方针。各级党政领导要站在改革开放和建设有中国特色社会主义的战略高度，充分认识发展乡镇企业的重大深远意义，坚定不移地促进乡镇企业的改革、发展和提高。要把乡镇企业纳入国民经济和社会发展的总体规划，制定切实可行的政策措施，加大扶持力度，为其创造良好的外部环境。各级党委和政府要切实加强领导，把发展乡镇企业作为繁荣农村经济和整个国民经济的一个战略重点，摆上重要议事日程，经常研究乡镇企业发展

市地方工业局编办的

《乡镇企业通讯》

产权制度的改革，经营机制的转换，给“半死不活”的企业注入了新的活力。短短半年时间，企业初显生机，实现了“五增”：一是产值增长。今年1—4月，实现产值210万元，比去年同期增长73.6%。二是效益增高。改制后的8个月，创利5.6万元，实现了扭亏增盈。三是对国家集体的贡献增大。1—4月，上交税金5.4万元，比去年同期增长50%；上交镇级各费4.2万元，比去年同期增长3倍。四是个人收入增加。职工月平均工资在480元，比改制前提高29.7%。五是就业人员增多。职工人数从改制前的68人增至156人。面对这些变化，职工高兴地说：机制不活资产零，机制转换亏变盈。

原载：《乡镇企业通讯》第9701期〔改制之窗〕

署名：卸甲企管站

抓内部管理　促降本减亏

——龙虬镇农机配件厂降本减亏的做法

如何使一个内部管理严重失调、生产经营严重亏损、净资产几乎为零的企业走出困境？龙虬镇农机配件厂强化内部管理，实施“一法两制”，使企业在短时期内走上了良性循环的轨道，经济效益明显提高。

强化生产目标管理，实行倒逼成本核算

该企业针对农机配件市场价格趋向，进行了认真的分析研究和测算，研究制定了各种产品的最高售价和最低限价。在此基础上，将产品成本目标量化到整个生产工序，并实行企业内部买卖，联本、联绩计酬，使生产成本得到了有效的控制。经过一个季度的分析，销售比同期上升10%，产品总成本控制下降15%，增加效益12万多元。

强化材料进价管理，实行物资供应公开

该企业生产的系列冷却水泵30%的零部件是购进的，由于过去缺乏对配件价格和质量的市场调研，因此在购进零部件环节中出现了一些漏洞。针对这一薄弱环节，该企业对市场进行了调研，对本企业所需配件及主要原辅材料实行了质量和价格标准，从而拓宽了供应渠道，使购进零部件等材料成本明显下降。如配件60203型号轴承和半圆件全年需求量分别各20万套和30万只，进价分别各3.85元/套和0.23元/只，比原先降价0.75元/套和0.47元/只，全年仅这两项可节支29万元。

强化财务核算管理，实行全员增收节支

该企业过去由于效益比较好，财大气粗，乱支乱补，业务费结算不规范等问题较为突出，生产和销售过程中的管理有章不循，造成的浪费较为明显，致使近几年连续亏损，从一个利税大户变为亏损大户。为此，该企业着力抓全员增收节支，建立和完善了一整套的财务管理制度和节能降耗的奖惩制度，要求职工从节约一分钱、一吨水、一滴油、一度电做起，实行材料定额消耗控制，强化考核管理，使全厂的节能降耗、非生产性开支明显下降，仅去年四季度节约非生产性开支和节能降耗达8万余元。

通过一系列的强化管理，该企业完善和制定了25项管理制度，做到每月抓实施、抓考核，有效地控制了生产成本的上升，极大地调动了各方面的积极因素，使企业出现了新的生机，亏损额逐月下降。今年1—4月产销实现同步增长，比去年同期减亏73万元。

原载：《乡镇企业通讯》第9702期〔扭亏一例〕
署名：龙虬企管站

企业改制后，政府怎么办？

乡镇企业实行股份合作制，是企业组织制度的一种变革和创新。改制后的企业，仍由乡镇行政主管部门对其实行规划、指导、监督、协调和服务，但其管理方式、方法与传统做法有着明显的区别。基于这一点认识，卸甲镇政府围绕政府职能的“转”子，没有把改制后的企业丢在一边，而是切实转换职能，全方位服务，为企业办了一些实实在在的事情。

——政府邀请六所高校来镇联合召开了科企联姻缔约会，政府搭台，科企唱戏，政府花钱，科企得利，使企业找到了技术靠山，洽谈了一批项目。

——先后免费组织企业负责人赴苏南沿江参观学习，使大家拓宽了视野，增强了“闯”的意识，确立了“求大求高求新求快”的发展观。

——主动协调企业与部门关系。对于先售后股的企业，银行部门曾心有余悸，不敢放贷。一方面，政府与银行共同制定了“三挂钩，一监督”制度，即资产抵押与信贷规模挂钩、两项资金占用与贷款规模挂钩、贷款回笼归行率与贷款规模挂钩，对企业扩建、改建、新建项目严格执行监控制度。另一方面，政府主动出面，组织信贷人员到企业看现场、查账目、议前景，促成银企结对子，盘活用好资金。

——帮助企业协调内部矛盾。改制后的企业，在运作过程中出现了新的矛盾，突出地表现在个别企业法定代表人素质跟不上，影响新机制的运行；股东增多，民主意识增强，声音多了，决策有复杂化的趋向等等。对此，政府采取培训、学习、疏导、协调的方法，钝化矛盾。一是邀请市经委、市体改委的同志举办“两会”成员培训班，同时还举办了厂长经理、会计财务培训班，较好地提高了“两会”成员的业务素质。二是组织干部职工学习《公司法》《乡镇企业法》等法律法规，增强了干部职工按法办事的意识。三是对个别企业干部由党委、纪委、企管站负责人分别进行谈话吹风，疏导思想疙瘩，克服不良行为，端正创集体大业的态度。四是发现矛盾，及时调解，把矛盾消灭在萌芽状态。

——为企业创造良好的外部环境。电的问题、路的问题等,是企业自身难以解决的问题。政府主动出面,将附挂在工业电站的部分集镇居民用电撤掉,企业实行专供,保证了企业的生产需要。企管站牵头,整治了工业区的主干道,植树种花,美化环境。

随着企业改制后,政府"脱下运动服,执起裁判哨,取消'家长制',当好参谋长"的转变职能行为,深受企业的欢迎。

原载:《乡镇企业通讯》第9703期〔改制之窗〕

署名:卸甲企管站

马棚农机具修造厂改革记事

马棚乡农机具修造厂始建于20世纪50年代,原有职工总数120多人,现在岗有近百人(土地占用工8人,大集体性质29人,特困残疾工伤6人,其它职工44人),退休20人。企业的总资产158.79万元,总负债193.33万元,资不抵债34.54万元,是一个厂子老、人员结构复杂、产品朝不保夕、设备简陋老化、资产负债率特高的烂摊子企业。近年来,虽经过几次改革,由于企业的机制不到位,导致承包一轮,债台再筑,濒临倒闭,干部、职工怨声载道。中共十五大召开后,该厂依照市委、市政府三种经济求突破的总体工作思路,以"卖"为突破口,在彻底转制上下功夫,使该厂结束了40年的集体生涯,企业出现了生机。今年1—3月的生产量超过去年上半年的生产。回顾所做的工作,该厂着重解决好以下4个方面的问题:

深化宣传力度,解决好企业干部职工危机意识不到位的问题

该厂通过各种舆论渠道,向职工公开家底,分析前面改革不到位而带来的问题,引导职工在彻底转制上形成共识,并使职工明白,不卖就没有出路,不彻底改革,企业就不会发展。经过几番激烈的争论、争辩,乃至争吵,终于在企业深化改革、人员安排、处理遗留和善后等有关问题上使企业的干部、职工真正认识到:企业不是铁饭碗,职工没有终身制。迟改不如早改,早改早有生机,要改就要彻底,处于"死地而后生"!

深入调查研究,处理好人员的安置问题

通过全面调查摸底,广大干部、职工最担心的问题就是如何来处理安排好自己,这是售卖企业,特别是具有大集体性质企业的现实问题。该企业在企业出售的前提下,出台实施了一次性买断工龄的方案。总的原则是:在资金安排上,根据实际可能,切块包干,在岗一块和退休一块各10万元。在具体操作上:即按在厂工龄,退休人员:150元/年;土地占用工:120元/年;大集体性质人员:20年以上80元/年;20年以下60元/年;其他职工:15年以上60元/年;15年以下40元/年;工伤、特困分别按实际情况给予一次性处理。结果80多名在岗职工主动签订了一次性买断工龄的协议;退休老职工也与新的企业法人签订了协议。

合理确定标的,实施好企业竞标售卖问题

针对农具厂目前已经资不抵债,同时又要拿出20万元的人员买断经费,谁来竞标购买成为关键问题。面对这种情况,首先,乡政府在三公开的前提下,坚持三优先的原则。即:内行人员优先,本企业的干部、供销员优先,企业干部职工信得过的人优先。其次,党委、政府对农具厂发展的扶持政策和今后政府要为企业所服务进行公开承诺,并通过多种形式对企业发展前景进行正面积极的宣传。先后有十多名有志之士前来竞标,最终被一名原厂老供销员买断。

面对现实状况，商定好企业售卖后的遗留问题

企业虽然出售了，但仍存在一定的遗留问题。要使新的企业有一个宽松的生产环境，企业的遗留问题必须解决好。该厂有一老职工郭同玉，从部队退役后一直生活在企业，至今单身一人。企业转制后，他无依无靠，无家可归。乡政府及时与所在村组磋商，采取四个一点办法（企业补助解决一点，本人买断工龄拿出一点，有关职能部门争取一点，所在村组负担一点），帮助该同志购置三间砖瓦结构的生活用房，还落实了口粮田，切实解决了该同志的后顾之忧。

原载：《乡镇企业通讯》第 9801 期〔改制之窗〕

署名：马棚企管站

以变应变抢市场

——菱塘曙光电缆厂是如何调整营销策略的

去冬今春以来，菱塘乡扬州市曙光电缆厂在宏观环境十分困难、市场多变的严峻形势下，紧紧围绕全年目标，自我加压，牢牢牵住市场这个“牛鼻子”，以变应变，及时调整营销策略，扩大了市场占有份额，赢得了工作的主动权。一季度共完成产值 4985 万元，比上年同期增长 32%，位居全市重点企业前茅。

完善销售政策，形成争先夺魁的态势。首先，调整了业务费结算办法，将业务费进一步与营销员的货单质量与数量挂钩，使两方面利益得到较好的兼顾；其次，调整了营销员的奖励政策，除了业务费结算外，还加大了奖励力度，对完成业务较好的集体和有功之臣给予重奖；三是新出台了业务员家属探亲旅游政策，对完成工厂春订基本任务数的营销员，其家属可以享受一个月的探亲假，工厂报销单程机票，工资待遇不变；四是为各销售处配备了小汽车，提高了工作效率。通过这些办法，大大激发了广大销售人员勇于开拓，勇挑重担，不畏艰难，争做贡献的热情，调动了他们的工作积极性。

强化领导力量，摆开强将指挥精兵的阵势。今年为了切实加强对市场营销工作的领导，四名副厂级以上干部走向市场，围绕全年销售指标，实行分工包片，任务落实，并与年终奖金挂钩。一季度，四位分管负责人在外跑市场的时间最长的有 2 个月，最短的也有 30 多天。

转变攻克方向，形成主攻重点辐射各方的局势。随着电缆市场竞争的日趋激烈，针对同行业营销人员都云集中心城市，都盯住电力工程的偏向，为了用扩大产品的市场覆盖面来提高产品的市场占有率，他们及时对市场攻克方向实行了战略转移。首先，继续重视抓住重点项目和重点工程，对骨干项目用强将精兵参与竞标，争取大业务。其次，努力加快开发欠发达地区的新兴市场。由于国家产业政策向中西部倾斜，他们在领导力量和兵力部署上实行了重新组合，过去相对薄弱的重庆、贵州、青海等地派出得力业务员进行“拓荒”，工作进展得比较顺利。再次，大力捕捉信息，在抓电力工程的同时，抓好社会项目，这样东方不亮西方亮，防止在一棵树上吊死。今年以来，社会工程合同额比去年同期增长 40% 以上。

原载：《乡镇企业通讯》第 9802 期〔经营一得〕

署名：菱塘乡政府

东墩乡深化企业改革，率先实现“278”目标

东墩乡是高邮市乡村工业欠发达的乡镇之一。近二十多年来，该乡虽致力于大办工业，但收效不佳，许多厂成了“开关厂”“空壳厂”，改制前企业亏损面高达 60%。从 1996 年 6 月起，该乡对 29 家乡村工业企业进行了全面的改制。其中，6 家改制为股份制，1 家改制为股份合作制，拍卖 2 家，其余均实行

了抽本租赁经营。去年底,该乡又进一步深化企业改革,实行增量扩股。到目前,增量扩股200万元,职工个人股占70%以上,经营层控股企业达80%以上,提前实现了市下达的“278”目标。由于大部分公有资本从企业退出,有力地激活了企业,使其重新焕发了生机和活力。今年一季度,全乡实现产值、销售、利润分别比上年同期增长了31.4%、18.2%和20.1%,增幅均名列全市乡镇工业前列。

原载:《乡镇企业通讯》第9802期〔新闻摘要〕

署名:东墩企管站

飞达公司新打算

1998年,扬州市飞达电机仪表公司取得了产、销、利、投、外五项指标超上年、超历史、超计划、超同行的显著成绩。飞达的品牌越来越响,规模不断扩大,产品科技含量在提高,管理逐步规范,家底在加厚。今年该公司的经济总量定位是比上年增长20%。具体指标是:产值2亿元,销售1.8亿元,利税1500万元,外贸交货值1.6亿元(其中自营出口额1300万美元),技改投入800万元。

主要措施是:

开发新品。全年计划开发新品8个,实现增加值4000万元。目前,在研制的5个新品,力争在二季度投产达产,正在调研的2个产品,力争在三季度全面推向市场。同时,该公司将利用现有实力,摸索有跨度的开发,使本公司成为多门类、多行业的出口生产基地。

技术改造。该公司将投入800万元以上,抓紧抓好三大技改项目,一是投资230万元,改进一批先进设备,对油漆、金工、串激电机等生产设备进行更新改造,提高生产效率。二是投资200万元,新上一条铝压铸生产线,进行自我配套,降本增效。三是投资300万元,新建一幢科研综合楼,改善外商接待条件。

资产重组。以企业信誉、市场占有率和开发能力投入为主,以少量生产流动资金投入为辅,与其他企业组建联合体,充分利用别人的厂房、设备和资金,减少投入风险,实现低成本扩张。落实横向联营企业2个,增加辐射企业5个,从零部件、原辅材料、包装运输等方面进行配套,联营及辐射的经济总量达5000万元,使龙头企业由生产型向组装型转变,使“母体”规模不断发展壮大。

建立厂办科研所。一是在原新品开发部的基础上,添置12台(套)科研设备,增设150万元科研基金,增加10名工程技术人员,真正建立自己的厂办科研所。

成立外贸公司搞外销。实行生产、经营同时并举。一方面,本公司生产的产品,通过自己的外贸公司直接组织出口;另一方面,组织收购同类企业的同类产品,组织外销。计划今年收购产品1000万元,真正走上生产、经营一体化路子。

增设窗口搞直销。增设境外销售窗口,尽量实行厂价直销,减少中转环节,让产品直接与用户见面,拉近用户与公司的距离。

产品入网搞联销。将所有产品加入国际互联网,在信息高速公路上寻求新的商机,开展网上贸易,用现代化的营销手段,打开潜在市场。

加大广告宣传力度。重视德国科隆电动工具展、美国芝加哥国际五金工具展、春秋两季广州交易会、上海华交会,通过展示自己的产品,扩大企业的知名度,达到促销目的。

原载:《乡镇企业通讯》第9901期〔企业动态〕

署名:邹甲企管站

发挥自身优势　拓宽致富渠道

素有“绗缝被单之乡”美誉的沙堰镇绗缝被单生产已有近10年的生产历史。目前已经成为该镇个体私营工业经济的重头戏，致富于全镇人民的好渠道，9个生产企业和10多个加工点普及全镇农村。据统计，在厂正常上班的生产工人超过500人，分散在家庭从事手工绗缝有1000多户1500人左右，拥有工业电动缝纫机400多台，以及裁剪配套设施，固定资产原值（不包括房屋）600多万元，已经具有年产绗缝被单30万条的生产规模。

回顾该镇绗缝被单生产历史，并不是一帆风顺的。前几年，绗缝被单行情曾一度下跌，加工费下降，少数经营者思想发生动摇，认为无利可图，想就此收兵。镇政府发现这一苗头后，及时帮助企业，正确分析形势，解决实际困难，确立克服暂时困难的信心和决心。在认真调查研究的基础上，结合本地实际，出台了优惠政策和切实可行的企业管理方式；鼓励各村主要干部带头兴办被单加工企业，鼓励企业一厂设多点，鼓励引进外地人员来兴办企业；帮助生产企业解决资金、电力、用房之困难；统一制订了产品定额消耗、计件工资标准、产品质量标准等有效措施，从而增强了企业内在消化功能。

为提供经营者良好的生产环境，该镇一是加大宣传力度，进一步认识它的地位和作用。吸引更多的人从事机工、手工绗缝，不断扩大生产能力；二是认真落实市委46号文件“关予扶持鼓励个体私营经济发展的各项政策措施”，对个体私营企业在税收、信贷、用电、用地等方面与非个体经济一视同仁，使个体私营企业有一个公平竞争的良好环境；三是切实帮助企业解决发展中的实际困难，为企业发展多办实事。几年来，尤其近两年来，帮助生产企业解决生产用房困难，先后调度出沙堰村、张郑村、西蒋村、帅阳村等村组集体空闲会堂、库屋以及食品站、福利院、潘季供销站、科凌公司等单位的闲置厂房、店堂近3000平方米，租给企业使用，这样既解决了生产企业用房困难，又增加了集体的经济收入，每年由企业上交集体、房屋土地、电力租金20万元左右；四是镇企管站抽调专职人员进行财务辅导，帮助企业建账记账，申报一般纳税人资格，进行开票纳税等项服务工作，及时掌握各生产企业的生产经营状况，发现问题及时解决；五是做好企业之间协调工作。绗缝被单是出口产品，产品质量要求高，交货时间严，当有企业按规定时间交货出现难度时，该镇主动做好生产调度，组织突击生产，确保按期交货，从而来提高绗缝被单生产企业的整体信誉；六是当企业资金周转发生困难时，帮助企业做好信贷协调工作，使之生产正常运转。

原载：《乡镇企业通讯》第9901期〔经验之谈〕
署名：沙堰企管站

三湖蛋品公司搞活产业化经营

据悉，甸垛镇成立了“养鸭合作社”。甸垛镇以三湖蛋品有限公司为龙头，联合17个千只以上的养鸭专业大户，结成了“血脉相连”的利益共同体，促进了产业化经营发展。

原载：《乡镇企业通讯》第9901期〔简明消息〕
署名：甸垛企管站

湖滨乡镇工业保持良好的精神状态

立足新突破　力保“双过半”

今年以来，在宏观环境进一步趋紧、市场竞争进一步加剧的情况下，湖滨乡围绕市委、市政府提出的

1999年经济发展的总体要求和年初下达的工业经济各项指标任务，振奋精神，加大工业经济的组织力度，着力抓好深化改革、市场营销、技术改造等各项重点工作，全乡工业经济在各种困难面前继续保持良好的发展势头。1—4月，全乡实现工业产值11670万元，同比增长12%；销售收入9750万元，同比增长10.5%；利税760万元，同比增长25%；外贸出口供货额1320万元，同比增长27.4%。

今年以来，该乡工业企业已累计投入技改资金1050万元，新上项目5个。华能电缆总厂油矿探测电缆项目已进入投产阶段。3月，来自英国的电缆专家在该企业进行为期15天的技术人员培训，已做好产品出口前的准备工作。消防电缆、信息电缆项目已顺利通过省机械厅产品鉴定，产品投放市场。助剂厂抓住产品国内外市场行情看好的新形势，淘汰小锅炉，新上大锅炉，扩大OB—1、KCB生产能力，使企业实现满负荷生产；127—增白剂、CRS、CBS增白剂以其质量过硬、价格合理，深受用户欢迎，目前市场供不应求。丝绒厂在困境中求发展，适应国际、国内市场的需要，积极调整产品结构。农配三厂在现有厂房设施的基础上，正积极与客商合作，将机械行业调整为电子行业，目前该项目已进入最后洽谈阶段。个体工业经济也快速发展。该乡认真制定了全年民营企业发展规划和10条政策措施，开发建设了曹湾、卫东两个个体工业园区。1—4月，全乡14家个体工业企业，实现产值2750万元，同比增长56%。

为实现"双过半"，确保全年工业经济目标的完成，该乡牢固确立目标意识、发展意识，进一步振奋精神，正视困难，迎战困难，加强组织调度和工作力度，确保按序时进度圆满完成全年目标任务，确保全乡工业经济健康发展。

进一步加大组织调度力度，逐企业排查分析原因，对症下药，切实解决好销售不畅、资金回笼不快、效益不高等问题。尤其是对华能、助剂、丝绒三家重点企业定期不定期地召开生产调度会，进行现场办公，做到"助剂、华能要超产，丝绒要确保"。

认真落实重点技改项目责任制，确保在规定的时间内投产达产，以缩短实施期，加快技改投入的有效回报。重点是实施电缆、化工、丝绒等项目的技术改造。同时做好农配厂、亚光电缆厂、电镀厂技术改造工作，做到亚光、农配多产快销，电镀复产增销。

组织各方面力量，进一步加大招商引资力度，以最优惠的条件吸引更多的客户来湖滨南郊开发区和运河大桥西引桥公路两侧，投资兴办企业，为湖滨工业经济培植更多的增长点。目前，该乡在市自来水厂的支持下增加投入40多万元开通南郊开发区自来水，彻底解决一直困扰着开发区招商引资难的问题。

下大气力抓好资金回笼工作，努力使全乡两项资金占用率下降10～15个百分点。

全力以赴做好华能厂产品自营出口工作。该厂已组织了20多名骨干营销员到韩国考察学习，提高营销人员国际营销素质。

进一步加强对民营企业的指导、管理和服务，认真落实好已经出台的扶持政策，让民营企业在宽松的外部环境中放手大胆地提高和发展。

原载：《乡镇企业通讯》第9902期〔工作交流〕
署名：湖滨企管站

儒商风貌　公仆情怀

——记江苏金飞达集团董事长、总经理张庆奇

江苏金飞达集团——高邮市首屈一指的外贸企业，近年来，在董事长、总经理张庆奇的带领下，立足发展外向型经济，接连几个"连环跳"，创造了中国家用电动工具生产企业令人咋舌的辉煌业绩。

1998 年，实现产值 2.12 亿元，创利税 1384 万元，与初干外贸的 1990 年相比，产值翻了 52 番。被农业部等单位评为中国机械行业最大经营规模乡镇 100 家第 62 位，中国最大出口创汇乡镇企业 1000 家第 292 位，成为国家中型企业，并以骄人的业绩获得了“六最”的殊荣：台式电动工具规格品种全国最全；台钻产品生产、出口量全国最大；“绿卡”在全国同行业最多；电动工具新品开发的速度在全国同行业中最快；电动工具生产、出口的总量全国同行最多；拥有自营出口客户、外贸口岸全国同行最多。

在工业战线上摸爬滚打 30 年，张庆奇参与实践，感悟实践，形成了很多独到新颖的工作方法和颇有见地的思想观点。透过张庆奇的“五说”，可以探究他的儒商风貌和公仆情怀：

飞达的起步，源于一次偶然获得的信息，但其中蕴含着“市场经济商机无数，就看你能不能抓住”的必然性。——“偶然与必然说”

有着多年工业工作经验的张庆奇深知，企业要发展，首先要有适销对路、富有发展潜力的产品。20 世纪 80 年代末，时任高邮市东风农机具修造厂厂长的张庆奇，面对设备简陋、技术力量薄弱、产品严重积压的窘境，不甘沉沦，几经反复，另起炉灶，与扬州市电动工具厂达成加工协议，借梯登楼，使企业逐步摆脱了困境。但这并没有给张庆奇带来多少轻松，多少兴奋。他深知商海潮汐最无情，只有开发出自己的好产品，打出自己的响招牌，才能在商海中独领风骚。

孜孜以求，必有所获。1989 年初秋，张庆奇从青岛外贸部门求得开发生产分马力电机、闯荡国际市场的契机。在资金技术十分缺乏的情况下，张庆奇坚信：没有探索，就没有突破，没有风险，就永远没有真正的成功，企业就永远没有大步的发展。苦干总比苦熬强，他抱着“背水一战我必胜”的信念与青岛机械设备进出口公司签下了第一笔分马力电机供货合同。试制样机没有模具，厂内又没有这方面的内行。张庆奇从青岛一路直奔扬州求援。接着，他和请来的技术员一连三天三夜扎在生产车间。全厂上下一心，咬紧牙关，在 35 天之内完成了 1920 台电机生产业务，外贸出口的大门轰然洞开，企业从此踏上了外向开拓之路。

企业发展有始点，无终点。较之红红火火的生产，我更多地注重研究如何实现企业的规模化生产和产品的不断更新。——“有始而无终说”

面对源源而来的出口货单和慕名登门的国内外客户，张庆奇和大家及时确立加速规模扩张、加快新品开发的发展思路。一条装备先进的生产线建成投产后，生产能力翻了两番，企业活力猛增。接着，他又把产品辐射向众多乡村企业，并相继在省内外挑选出 20 多个合作伙伴，努力拓展“生产组装型”的发展路子，进一步促进了企业的飞速发展。

市场竞争的实践，促使张庆奇确立了“生产、研制、储备、构思”的“产品更新链”策略，开发出一批又一批新品。并先后获得美国 UL、德国 GS、欧共体 CE—EMC、加拿大 CSA 等 7 项产品质量认证，获得了走向国际市场的“护照”，形成了快速挺进西方市场的强大竞争力。企业规模也随之扩大，成为国内最大的电动工具出口生产基地。

“护照”有了，规模大了，张庆奇再也不甘心只做产品间接出口了。1994 年，飞达公司在同行业中率先申报自营进出口权，实现了间接出口向自营出口的跨越。

针对以往新品开发总是尾随市场的现状，张庆奇又果敢地提出实现由适应性开发向引导性开发的转变，由此加快了新品开发速度。过去，一年开发几个新品，而今 30 天即可开发一个新品，企业产品形成了八大系列，拥有 100 多个常备品种。新品均以“人无我有”的优势成为市场抢手货，有许多产品尚在研制之中即被客商买断销售权。

企业“腾起”和“飞达”之间有一个距离，缩短这一距离，关键在于发挥科技和人才的优势。抓住了今天的科技和人才，就抓住了飞达的明天。——“今天即明天说”

张庆奇的这番精辟见解，成为他带领“飞达”起飞的根本大计。为了“飞达”，张庆奇和公司决策层先后制定了936条制度，其中绝大多数是关于科技和人才的，极大地调动了全员钻研业务、干好工作的积极性。他设立了人才培训基金，先后选送近百名技术尖子、生产骨干去专业院校深造，去特殊生产岗位跟班学习，选派后备干部脱产培训。他不惜重金聘用数十名科技人员担任专兼职工程师，企业专门开辟了“专家园”，为进门效力者提供舒心的工作环境和舒适的生活环境，使飞达公司成为同行羡慕的科技人才集聚地。他还带头学习企业管理方面的业务知识，钻研机电专业技术，熟悉全公司的每一道生产工艺，成了一名出色的技术多面手。

“先调查，再研究，后决策”是企业管理不老的法则。失败是工作疏忽的反映，成功是工作踏实的结果。踏实的作风可以减少和避免失算、失着、失利。——“疏忽踏实说”

如果说公司的发展壮大突出体现了张庆奇驾驭市场的能力，那么，他勤奋踏实的工作作风则是这些能力得以持续发挥的保证。从早上6点到晚上10点，公司的大小车间和科室都会不止一次地出现他的身影。尤其是每次出差归来，他会对公司的每个部位进行一次查看，这似乎成了“定律”。有人粗略地统计过，他每天往返于办公室和一线所走过的路程有5公里。一年中除去出差100天，他在厂里走了1300公里，比高邮到北京的距离还要远。

员工们清晨上班时，常常见到他的爱人手提一只小布包，给他带早饭。因为他上班时家里的早饭还没有煮好。在他的记事表里，没有一个休息日，哪怕是大年初一。1997年春，他80多岁的老母中风瘫痪，卧床数月。他白天没有时间照料，只能夜晚探望一下。公司的驾驶员就怕跟他出差，因为他出差办事，常常是“一碗面条，吃了就跑”“事情办妥，随即就走”。一次出差山东，行程580多公里，进出8个单位，处理事务15件，洽谈业务1400万元，只用了三天。

“公”“私”二字都有一个相同的“厶”，就看你把它放在中间，还是放在旁边。连公和私的关系都处理不好的人还谈什么宏图大志?! ——“‘厶’字位置说”

去年他的儿子去东南大学报到入学时，公司正组织百日冲刺活动，张庆奇夫妇无法分身，他请公司驻南京办事处营销员小戴全权办理有关事宜。小戴办完事后，将一些费用改作南京办事用款，移花接木拿去报批，张总立即在领导班子会议上通报此事，并立据让财务科将此算在了自己的账上。1996年，高邮市政府奖励他个人8000元，可他认为工作是大家做的，硬是将奖金发到了每个领导成员的手中。

他一刻也不忘自己是党的儿子，是农民的后代。在他为公司奔波忙碌的时候，时时把员工的冷暖放在心上。海内外客商经常来访，而企业没有一幢像样的办公楼。大家提议花一笔钱，造一幢楼。他力排众议，投入80万元建造了一座宿舍楼，为远路职工解决了住宿难的问题。1997年初，上级主管部门安排有突出贡献的企业家和他们的家属出境旅游，他的爱人名列其中。他说：“外出一趟要花集体一大笔钱，还是省下来，用于职工福利吧。”他婉言谢绝了这份待遇。

他不但对自己要求严格，还严格要求他的家人和亲朋好友。企业大了，与外界的协作也多了，许多亲戚都想前来挂靠，做点业务。可张庆奇总是认货不认人。一次，他的连襟送一批泡塑包装物到公司，该包装物能用但不完全合格。张庆奇知道后，随即让他拖了回去，并在中层干部会议上重申：质量面前人人都是一把手，不管面对什么人，哪怕是我张庆奇本人，也不得做违规的事！

风正帆自顺。在他的影响下，公司上下形成了一股强大的凝聚力，人人以对集体负责、对事业负责为荣。大家争上奉献班，争创红旗岗。也正是因为张总在个人品质上有着一般人难以达到的超越自我的表现，他进一步赢得了来自企业内外的信任和敬重。

面对荣誉，张庆奇很冷静。他说："荣誉，对于创业者来说，不是终点，而是新的起跑线，更多地意味着责任。我的目标是，到2000年，实现经济总量4亿元，利税2000万元，创江苏省著名商标，组建江苏金飞达集团进出口公司，成立电动工具研究所，设立5个境外销售窗口。到2005年，经济总量力争达10亿元，利税总额5000万元，成立上市公司，创办两个境外企业。我和我的同仁还需要努力。"

原连载：《乡镇企业通讯》第9902期、第9904期、第9905期〔弄潮儿〕

署名：卸甲飞达公司

勇立市场潮头　保持翻番势头

——高邮市四联化工有限公司纪实

高邮市四联化工有限公司前身是资不抵债、亏损的八桥镇化学品厂。1996年后，通过租赁、买断，现为私营企业。几年来，该公司发挥私营企业的灵活机制优势，大胆运用现代经营方式，勇当市场经济的弄潮儿，企业规模不断发展壮大。原化学品厂年产值仅200万元，1996年租赁当年实现产值1100万元，1997年实现产值2188万元，去年实现产值4018万元，保持了年年翻番的发展势头。同时，对国家、地方的贡献也逐年增多。去年，该公司上交税金61万元，上交镇财政45.7万元；先后吸纳45名下岗职工，现有职工150名，三年累计发放职工工资200多万元；向本镇困难户、关工委、有关单位及灾区捐款6万多元。该公司获得了"扬州市十佳私营企业"的荣誉称号，一跃成为高邮市的重点企业。

运用现代传媒手段，增强市场开拓能力

在现有买方市场的条件下，几乎没有供不应求的产品。该公司的化工产品也不是什么高科技产品，能够畅销国内外，一靠过硬的产品质量，二靠较早掌握并运用了现代营销方式。从1997年起，产品就开始全部上网销售，并租用了北京、上海、广州、江苏4个化工信息发布窗口。今年3月初，又成立了扬州四联科技发展公司，为企业提供信息服务。通过上网和信息发布窗口，不但可以及时、准确地了解各地及至全世界化工原料价格、化工产品销售行情，而且也可以及时地了解新老客户对产品的使用情况和反馈意见。去年，仅网上销售就新增客户18家。现在，该公司没有一个营销员，产品远销国内8个省、市、自治区和2个国家。今年，公司一方面巩固扩大网上销售，充分发挥信息发布窗口作用，在原来4个信息发布窗口的基础上，开辟深圳、山东、珠海三条信息专线，新增用户10~15家，6个老产品销售比去年增长30%以上。另一方面扩大产品出口，去年外贸供货额已达1500万元，以间接出口为主，今年通过扩大批量，发展代理，争取突破3000万元。同时着手自营进出口经营权的申报工作，力争明年获得自营进出口经营权，打通产品出口通道。

发展横向联系，提高产品开发能力

在市场竞争激烈、科技日新月异的形势下，私营企业单打独斗市场难以奏效，必须攀高亲、找靠山，借助外力发展自己。这几年，该公司的发展很重要的一条就是加强了与有关科研单位和实力较强大企业的横向联合。一是加强与科研单位的产学研联合。该公司与2个科研单位建立了常年合作关系。目前在研制开发的有2个科技含量较高的化工产品，近期可实施，今年可新增产值2000万元。下一步打算与他们建立紧密型联合体，形成"前厂后院"型的研制、开发、生产格局，每年开发具有一定档次的新产品2~3个，借助他们的科技力量，实现产品生产一代、开发一代、储备一代的良性循环。二是巩固发展与大企业的横向联合。这几年该公司的发展得到了扬州农药厂、泰州梅兰集团和高邮市助剂厂的大力支持。通过与他们配套协作，既锻炼了队伍，扩大了生产能力，又增强了适应能力，初步形成化工产品、中间体、农药三大块生产格局。目前这三家发展势头十分强劲,与他们横向联合的前景广阔,公司非常珍惜这种来之不易的合作伙伴关系,全心全意、全力以赴为他们搞好配套服务,互惠互利,共同发展。三是招贤纳才。企业规模的扩大,对人才需求愈来愈迫切。从办厂至今,公司每年以10万元高薪聘请了2位化工专业的高级工程师作为技术顾问,帮助解决了许多产品研制、设计等技术方面的疑难杂症,也增强了公司发展壮大规模的信心。今年公司计划到扬州、南京人才市场和有关方面招聘具有专业知识的科技人才3~4名,专职从事市场调研、产品研制开发、工艺改造等技术工作,增加自主开发能力。

坚持走低成本扩张之路,推动企业快上规模

低成本扩张是企业快上规模的捷径。3年来,该公司在办好现有企业的前提下,先后租赁了连云港龙珠工厂、南京护国化工厂、菱塘华菱粉末涂料厂,既促进了产品扩张延伸,加快了新品开发时间,又节省投入资金。为实现今年的奋斗目标,增加发展后劲,公司准备把低成本扩张与适度技改投入以及盘活存量资产三方面有机结合起来。在搞好现有4家企业良性运转的同时,进一步加快各块生产工艺的衔接配套,优化生产要素配置。另外,计划投入300万元,用于新产品开发所需要的设备添置,工艺、厂房的填平补齐,并以增量带存量,通过有效的增量投入,盘活原来部分闲置或不配套的厂房设施,挖掘各块的潜力,使各块相辅相成,优势互补,满负荷运转,达到快上规模的目的。

原载:《乡镇企业通讯》第9904期〔经验之谈〕

署名:八桥企管站

小荷已露尖尖角

——东墩个体私营经济发展纵览

东墩乡地处高邮市北郊,是传统的农业之乡。长期以来,由于受基础薄弱、信息不畅、人才缺乏、观念落后等诸多因素的制约,乡镇工业经济一直处在一个较低水平。为扭转东墩工业“短腿”被动局面,促进经济的繁荣,以此带动社会各项事业全面进步,东墩乡党委、政府经过认真研究,审时度势,于1996年确立了“招商引资,放手发展个体私营经济”的发展战略。全乡现有个体私营企业87个,从业人员340人。今年上半年个体私营企业实现产值2400万元、销售2300万元、利润150万元,同比分别增长54.8%、53.8%和43%。个体工商户2112户,从业人员4066人,上半年完成增加值3000万元,同比增长32.3%。全乡个体私营经济由此步入了跳跃式发展的快车道。

1996年初,该乡在全市率先创办了高邮市民营经济园,同时重点做了三个方面的工作。一是广泛对外宣传。通过印发投资指南小册子,在市级以上电台、电视台、报刊做广告,利用各种渠道开展对外宣传,提高东墩的知名度。二是加大招商引资力度。借助市工商联谊会、市个协举办活动等机会,宣传东墩优越的地理条件、优惠的投资政策。通过对外宣传,招商引资工作取得了积极成果。到6月底,全乡共引进外地个体私营企业(或项目)19个,达成投资意向协议的5个。其中,引进年产值50万元以上的个体私营企业就有17家。张家港一家摩托车销售公司在该乡投资兴办的世杰摩托车有限公司年产值可过1000万元;江华包装材料厂、华宜电器厂年产值可过500万元。三是制定出台了《关于加快个体、私营经济发展的若干意见》,列出了土地使用、厂房租建、工商登记、税费收取、信贷扶持、政治待遇等八个方面优惠政策。凡在东墩范围内投资兴办的私营企业,在土地批租、工商注册、税务登记、银行开户等方面,统一由民营经济园管委会办公室负责办理,确保一周内办结。

近年来,该乡还把盘活资产、激活存量与发展个体私营企业紧紧地结合起来,因企制宜,因地制宜,采取了深化改革,用新机制激活存量,追加增量激活存量,引资引智,利用个人资本激活闲置资产等各种有效方式,盘活闲置固定资产收到了明显成效。先后将5家企业出售给个人,近10家企业租赁给个人经营;出租厂房4000多平方米,共盘活资产达200万元。该乡的康耐尔蓄电池厂因经营不善濒临倒闭,有闲置厂房3000多平方米,经多方努力,先后引进3家私营企业来该厂落户,新增投入近50万元,年上交租金达20万元。乡建安公司的广发贸易公司因市场经营不佳,一直效益不理想,但该公司地处市郊和淮扬公路线,设施配套全,房屋结构好,该乡利用这些有利条件,吸引本地和外地来的个体私营主进厂办实业。目前,厂内已进驻3家私营企业,累计增加投入10多万元,年上交租金5万多元,收到了一定的经济效益。

该乡在营造宽松个体私营经济发展环境的同时,注重其与各业协调发展,因势利导,积极引导农民利用本地资源搞种植、养殖、加工、贩运和为农业的产前、产中、产后服务,带动专业户、专业村的发展,拓展个体私营的发展空间和领域。到1998年底,全乡发展万元以上的经营大户64个。其中,10万元以上的34个,20万元以上的25个,50万元以上的5个。目前,已初步形成了四大区域经济带:西部蔬菜经济带,6000亩蔬菜大棚,四季可向本市及周边县市供应蔬菜15000吨,可实现产值3000万元,利润2000万元。南部三产经济带,利用城郊优势,发展路边经济。从事高邮咸蛋、双黄蛋加工销售一条龙服务的个体私营户共有45户,年可实现增加值140万元;开商店的、下饺面的、贩运的共有40户,年可实现增加值180万元。东部产业化经济带,有市区下岗职工张建跃投资40万元兴办的花工养鸽场,养鸽数量已超过5000羽;连云港客商祝景弟投资45万元创办的双龙奶牛厂;另外还有肉狗养殖场、蓝狐养殖场、罗氏沼虾养殖场等。北部水产养殖带,以张祥和、赵桂华创办的小海养殖场为龙头的水产养殖户,年可向市场提供水产品500吨;扬州客商金同盟投资20万元,租地40亩在清潭村办起了牛蛙养殖场。

原载:《乡镇企业通讯》第9905期〔工作交流〕

署名:东墩企管站

营销工作热潮正在兴起

连日来,武安、八桥、龙虬等乡镇纷纷召开了"百日营销竞赛活动"动员大会。八桥镇专门建立"百日营销竞赛活动"领导小组,制定活动方案和具体工作要求;龙虬镇制订了一系列营销竞赛激励措施;武安日欣、华达等重点企业纷纷表示一定要咬定全年目标不动摇;卸甲金飞达公司22名营销员热情高涨,已落实到手订单2000万元,预计到10月底,将全面完成年初各项经济指标。

原载:《乡镇企业通讯》第9907期〔简明消息〕

署名:孙 平

菱塘乡工业企业实现营销策略三个转变

由单刀直入跑用户向挂靠联合争市场转变。过去该乡企业规模小,知名度低,营销员单枪匹马跑用户,终因势单力薄,使开拓能力受到限制。为改变这一被动局面,近年来,他们采取挂靠联合的策略,为企业营销队伍创造良好的条件,拓展了市场空间。曙光电缆厂1994年以来已成为电力工业部定点企业,近年来,又有扬子、光明电缆厂成为电力部归口企业,红旗电缆厂成为化工部定点生产企业,从而使这些企业的电缆产品顺利打入国家工程和重点企业,赢得广阔的市场。该乡兔毛加工厂与省外贸公司合股联营后,近两年虽受东南亚金融风波的严重冲击,但企业仍稳步健康发展,使企业呈现出快速发展的良好势头。

由游击战向阵地战转变。为了不断克服营销员夹着皮包漫无目的满天跑,造成市场开拓紊乱,人力财力严重浪费的问题,他们对营销员实行定点定位的办法,摆开市场开拓的阵势。全乡现有5个年产值在2000万元左右的电缆企业，在全国划片，成立销售处，明确销售包干任务，实行兵团作战，从而提高了营销队伍整体作战的能力。扬州市曙光电缆厂17个销售处，1—7月销售回笼额达10397万元，比去年同期增长18%；最多的销售处业务量达1600万元，充分体现了阵地战的优势。

由零散初级的营销手段向采取综合营销措施转变。随着乡镇企业灵活的经营机制的弱化，过去零散初级的营销手段已远远不能适应激烈的市场竞争。为此，他们采取综合措施，提高营销队伍开拓市场的整体竞争力。一是扩大企业规模，注重增加技改投入，向优势骨干企业倾斜。扬州市曙光电缆厂1996年以来已投入7000万元，使企业不断发展壮大，知名度不断提高，今年可实现销售2.1亿元。二是加大产品的科技含量。近年来，该乡十分注重开发高科技产品，全乡有5个项目被批准为国家星火计划项目，2个项目被列为国家火炬计划，有8个省级新产品，有4个国家级新产品，获得5个国家级新产品的金奖，有1个产品获得国际金奖。扬州市曙光电缆厂1996年被省科委授予“高新技术企业”称号。三是提高产品质量，强化产品质量管理体系。曙光电缆厂1996年通过了ISO9002质量体系认证后，相继又有8个电缆企业通过了ISO9002质量体系认证，从而为开拓市场提供了“敲门砖”和“通行证”。四是改善企业的接待条件。企业积极量力投入资金，改善厂容厂貌，搞好车间定置管理，给客户来厂考察留下了良好的印象，赢得客户对企业的信任。

原载：《乡镇企业通讯》第9908期〔经验之谈〕
署名：菱塘企管站

残卷辑佚编

管理体制

机构沿革及主要职能

高邮社队工业发展初期，县、乡（镇）并无专门行政管理机构。各社（乡镇）铁、木、竹、柳农具生产合作社（组）及此后的农机具厂，曾分别归属县手工业局和县工业局管理。

1976年9月22日，成立高邮县革命委员会社队工业管理局，主管全县社队工业。10月17日，更名为高邮县革命委员会第二工业局。“文化大革命”结束后，即为高邮县第二工业局。

1984年3月27日，县第二工业局更名为高邮县地方工业局，主管全县乡（镇）村工业。1991年4月1日，高邮撤县设市，县地方工业局相应改称高邮市地方工业局。

县地方工业局办公楼

1997年5月24日，市地方工业局更名为高邮市乡镇企业管理局，履行《中华人民共和国乡镇企业法》赋予的“对本行政区域内的乡镇企业进行规划、协调、监督、服务”的职能，主要负责对全市乡镇工业（包括组、户工业和个体、私营工业）的行政管理。

2001年12月29日，市乡（镇）党政机构改革实施意见出台，改市经济贸易委员会为市经济贸易局，并挂“市乡镇企业管理局”牌子。市乡镇企业管理局实际在职责及人、财、物等方面，仍然单独运作。

2007年11月，市乡镇企业管理局增挂“高邮市中小企业局”牌子，两块牌子，一套人马，合署承担《乡镇企业法》《中小企业促进法》和《江苏省中小企业促进条例》赋予的职能。主要归纳为四个方面：一是对全市乡镇工业发展规划和计划的制订、经济运行情况分析和目标完成情况督查；二是对全市工业集中区（包括市经济开发区）进行统计、督查、考核以及规划、审批、升级等综合协调工作；三是对全市民营经济负责制定发展规划、政策，掌握发展动态，进行考核、统计，督查全民创业政策落实；四是对乡镇工业技改项目实行跟踪、服务，向上争取项目资金支持。

2010年6月22日，《高邮市人民政府机构改革实施意见》决定，组建市经济和信息化委员会，挂市中小企业局牌子，不再保留市乡镇企业管理局牌子。对原市乡镇企业管理局职能、编制、人员等整体划转。

市(县)级行政管理机构的内置科室因职能而设,依"三定"而变。先后设置过的主要科室有:人秘股(科)、组导股、生产(技术)股(科)、财务统计股(科)、建材股、轻纺化工股、农机具股、计划物资股、企业管理股(科)、科技服务站(科技质量科)、职工教育训练班(职工学校)、民办工业股(民营经济办)、技术改造股(科)、外经组(外经外贸科)、产业指导科、办公室等。

1984年前后高邮县乡镇工业主管部门内设机构变化情况一览表

表191

	县第二工业局	县地方工业局
内设部门名称	人秘股 建材股 轻纺化工股 农机具股 计划物资股 财计股 组导股	人秘股 生产股 农机具股 企业管理股 职工教育训练班 地方工业科技服务站

乡镇(公社)一级分别与市(县)行政主管机构相对应,先后设置工业办公室(简称"工办室")、工业公司、乡镇企业管理服务站(简称"企管站")和中小企业服务站等(极少数乡镇不相统一),分管所在区域的工业经济及工业企业。20世纪90年代中期以前,乡镇一级工业管理机构的职能主要是:对乡村(社队)工业企业的开办、生产经营、企业管理进行行政管理和指导;贯彻落实上级的方针、政策和计划、任务;稽核汇总上报财务、统计等方面的资料;负责乡镇企业管理费的收缴和利润解缴等工作。随着乡镇工业企业的改革和发展,各乡镇工业管理机构积极适应"弱化管理、强化服务"的时势要求,主要有十大工作职责:1. 贯彻执行国家和省、市有关发展乡镇企业(包括中小企业及民营经济、个体经济,下同)的政策和法规,研究起草促进本区域乡镇企业发展的相关措施,并监督执行。2. 制订乡镇企业发展规划和年度计划,并会同有关部门组织实施。3. 指导乡镇企业体制改革,推进建立现代企业制度。4. 负责协调乡镇企业与有关行业、综合部门的关系;为乡镇企业提供各种服务;指导乡镇企业服务体系的建设工作;组织、引导乡镇企业开展地区间合作;协助企业做好招商引资、内引外联等;指导和协调乡镇企业出口创汇工作和有关的外经、外贸管理工作。5. 指导乡镇企业调整产业、产品结构;负责乡镇企业项目的推荐、协调管理、跟踪督查等工作;指导乡镇企业重大基本建设和技术改造工作;拟定乡镇企业技术创新规划,指导乡镇企业的科技进步和企业技术创新工作。6. 负责乡镇企业集中区的建设、管理工作。7. 指导乡镇企业的财务、会计、统计、审计、经营和资产管理工作;负责和参与用于扶持乡镇企业发展基金的有关管理工作。8. 指导和组织乡镇企业职工培训和乡镇企业干部的教育与管理工作。9. 会同有关部门,对乡镇企业的产品质量、劳动、安全、环保、节能等工作进行指导、监督。10. 承办乡镇党委、政府交办的中心工作和其他事项。

市开发区、城南新区等设立经济发展局,副乡(局)级建制,分管区域内的工业经济及工业企业,履行乡镇企业管理服务站的职责。

人员配置和经费来源

市(县)局人员配置一律由市(县)人事部门(编制办公室)核定编制,同时按局长、副局长、科(股)

长、副科(股)长配备职数。定编人员为行政性质(后为公务员)。期间,因工作需要,陆续新进和向企业借用了许多人员,通过建立和增设科技服务站、职工学校等事业单位,并先后纳编了一些,为事业性质,混岗使用。

乡镇(公社)工业办公室、工业公司、乡镇企业管理服务站、中小企业服务站等,虽属乡镇(公社)工业主管部门,但一度时期,其性质不顺,编制不足,人员混杂。1989 年,乡镇工业公司实行定编,享受大集体待遇,接受乡镇人民政府和县地方工业局的双重领导。1996 年,根据省编委、财政厅、乡镇企业管理局《关于稳定和健全乡镇一级企业管理服务机构的通知》精神(苏编〔1995〕24 号),经核定全市乡镇企业管理服务站编制 288 名。后按照省人事厅、省乡镇企业管理局(苏人办〔1995〕第 113 号、苏乡人〔1995〕第 9 号)和扬州市人事局、扬州市乡镇工业局(扬人一〔96〕20 号、扬乡工〔96〕字第 020 号)《关于做好乡镇企业管理服务站定员工作的通知》精神,全市各乡镇(不包括分配的大中专毕业生)共有 240 人在编。其中,直接进编 171 人,聘用 69 人。同时,乡镇进行机构改革,各乡镇企业管理服务站与工业办公室合署办公。2001 年,市出台《关于农村税费改革综合配套改革实施意见》,乡镇实行区划调整,决定对乡镇事业单位人员编制压缩 35% 左右,实行分流。各乡镇将原农经站、企管站合并,成立农经保障服务中心。2004 年,全市乡镇事业单位实行分类改革,将乡镇企业管理服务职能从乡镇农经保障服务中心划出,设立乡镇企业管理服务站,为公益性事业单位,核定编制 77 名。是年 12 月,市组织各乡镇企业管理服务站符合条件的相关人员,按照个人申报、组织考核、统一考试、择优聘用的程序,进行竞争上岗。其中,报考 91 人,考核、考试不合格落聘 16 人,合格 75 人,实行末位待岗 1 人,计 74 人竞聘上岗。而乡镇则根据各地不同实际,或合并在“中心”统一运作,或名合实分,或直接以企管站独立运行。2008 年,按照市人事部门乡镇机构改革方案要求,乡镇企业管理服务站统一更名为中小企业服务站,性质为公益性事业单位。全市中小企业服务站 20 家,实际计有工作人员 127 人。其中,公务员 4 人,事业人员 107 人,企业人员 16 人。

各乡镇工业公司经理会议

乡镇(公社)工业办公室主要领导职务为主任,工业公司主要领导职务为经理,乡镇企业管理服务站和中小企业服务站主要领导职务均为站长。各乡镇(公社)在党委或政府中分工明确分管工业负责人 1 ~ 2 名,绝大多数为领导副职。不同时期许多乡镇还设工业助理一职。在 1982 年后县(市)设立区公所期间,全县(市)共有临城区、汉留区、三垛区、临泽区、送桥区等 5 个区,各区公所也设工业助理一职。1993 年 8 月,市撤销区级机构设置。

市(县)和乡镇(公社)的乡镇工业行政管理机构经费渠道不畅,经费来源五花八门,经费长期得不到保障。县(市)自有主管局后,经费来源主要依据国家农、财两部相关文件精神和规定,按乡镇企业销售收入的 2.5‰ ~ 1‰比例征收乡镇企业管理费。2001 年之前,经费以征收乡镇企业管理费为主,但从未按规定的比例收取收足,且征收数额不断削减,以致入不敷出。2001 年,财政部、国家计委取消了乡镇企业管理费在内的部分行政事业性收费项目。当年,市政府下达《关于征收科技发展及粮食风险基金的通知》,其中明确乡镇企业局经费列入财政预算,由财政部门统一划拨。2002 年,市政府第 67 次常务会议进一步明确决定“要妥善解决好乡镇企业局现有的经费渠道问题”,把乡镇企业局经费“纳入科技发展基金中解决”。但由于“科技发展基金”未征收,市局经费经过向财政部门借款后逐渐过渡落实为财政拨款。公社(乡镇)一级工业企业管理机构早期的经费来源,主要是社队(乡村)集体企业的利润上缴(分成)或乡镇企业管理费收缴(分成)。随着大规模企业改制,乡镇企业管理服务站(中小企业服务站)的经费来源主要有四个方面:一是极少部分集体企业资产租金;二是乡(镇)电力、土地租金;三是综合服务费;四是乡(镇)财政。

2001 年高邮市乡镇企管站机构、职位设置及人员分流方案表

表 192　　单位:人、个

乡镇(区)	现有状况			机构设置	职位设置						拟定岗(编)人数	拟分流人数			
	编制数	在编人数	实际人数	企管站	站长	副站长	综合科	企管科	技外科	财统科		退养	办企业	转岗	合计
合计	288	230	256	21	21	36	32	32	30	42	193	25	20	23	68
车逻	10	10	10	1	1	1	2	2	2	2	10	—	—	—	—
高邮	35	29	31	1	1	4	1	1	1	3	11	8	4	8	20
龙虬	17	11	11	1	1	2	—	1	1	1	6	1	3	1	5
马棚	4	4	5	1	1	1	—	1	1	1	5	—	—	—	—
东墩(开发区)	9	7	7	1	1	1	1	1	1	1	6	—	—	1	1
八桥	11	11	11	1	1	1	2	1	1	2	8	—	3	—	3
卸甲	26	19	19	1	1	3	2	2	2	2	12	2	2	3	7
汉留	17	13	13	1	1	2	2	2	2	2	11	1	—	1	2
汤庄	14	14	14	1	1	2	2	2	2	2	11	1	1	1	3
三垛	22	21	21	1	1	3	2	2	2	2	12	3	2	4	9
司徒	7	5	5	1	1	1	1	—	1	1	5	—	—	—	—
横泾	9	7	7	1	1	1	1	1	1	2	7	—	—	—	—
甘垛	12	8	8	1	1	2	2	1	1	1	8	—	—	—	—
临泽	18	8	16	1	1	4	3	3	2	3	16	—	—	—	—
周巷	12	10	13	1	1	1	1	1	1	2	6	6	—	1	7
周山	10	7	8	1	1	1	—	1	1	2	7	—	—	1	1
界首	11	10	11	1	1	1	2	2	1	2	9	2	—	—	2
菱塘	10	8	18	1	1	2	2	3	1	3	12	1	3	2	6
郭集	11	8	8	1	1	1	2	2	2	3	11	—	—	—	—
送桥	11	10	10	1	1	1	1	1	1	3	8	—	2	—	2
天山	12	10	10	1	1	1	3	2	3	2	12	—	—	—	—

2002 年高邮市乡镇企业管理服务机构情况统计表

表 193　　　　　　　　　　　　　　　　　　　　单位:个、人、万元

乡镇企管站	个数	机构形态			在职工作人员				经费收入					经费支出						参保情况		年经费缺口
		完全独立	名义合并	完全合并	总数	在编		借用	总额	其中				总额	工资		福利	办公经费	其他	养老保险人数	医疗保险人数	
						公务员	事业			行政拨付	服务收费	集体资产租金	其他		应发	实发						
合计	21	1	14	—	171	0	141	30	277.94	86.12	65.1	90.8	35.92	346.1	290.1	188.81	22.6	46.17	88.52	76	20	169.95
开发区	1	—	1	—	4	—	4	—	7.3	5	2.3	0	0	7.3	8.9	6.58	0.23	0.25	0.24	—	—	2.32
高邮	1	—	1	—	8	—	8	—	14.8	14.8	0	0	0	28.9	15.73	15.73	0.8	2.25	10.12	—	—	14.1
马棚	1	—	1	—	4	—	2	2	6	1	0	0	5	6.5	5	3.5	0.5	1	1.5	—	—	2
龙虬	1	1	—	—	11	—	8	3	18	0	18	0	0	22.1	14	12	3.4	4.7	2	7	—	6.1
车逻	1	—	1	—	11	—	10	1	15	15	0	0	0	15.5	17.5	11	0	2.5	2	7	11	7
八桥	1	—	1	—	5	—	5	—	4	1	1	2	0	4	9	2.3	0	1.7	0	7	—	6.7
汤庄	1	—	1	—	14	—	14	—	23.1	20.1	0	3	0	22.1	22	10.1	0.4	3.8	7.8	14	—	10.9
汉留	1	—	1	—	10	—	7	3	21.6	2.3	8	8.3	3	22.6	11.8	7.8	1.52	3.67	9.61	—	—	5
卸甲	1	—	—	1	10	—	9	1	17.47	0	0	3.2	14.27	21.6	18.87	10.3	0.6	2.2	8.5	9	—	12.7
三垛	1	—	1	—	22	—	16	6	62	0	22	40	0	75.9	65.9	41.9	4	9	21	—	—	37.9
司徒	1	—	—	1	3	—	2	1	6	3	0	0	3	6	5	5	0.25	0.4	0.35	2	—	0
横泾	1	—	—	1	6	—	6	—	4.15	3	0	0	1.15	8.6	6.6	3.6	2.5	1.5	1	—	—	7.45
甘垛	1	—	—	1	7	—	3	4	2	0	2	0	0	7.5	10	0	2	2.5	3	2	—	15.5
界首	1	—	—	1	8	—	8	—	8	0	0	6	2	11.3	8.5	6.5	0.8	1.5	2.5	8	—	5.3
周巷	1	—	1	—	4	—	3	1	7.4	2.1	0	5.3	0	7.4	8.3	6.2	0.6	0.3	0.3	4	—	2.1
周山	1	—	1	—	9	—	9	—	5.1	0.8	1.3	3	0	9.2	11.3	6.7	0.5	0.5	1.5	—	—	8.7
临泽	1	—	1	—	10	—	4	6	23.5	0	0	20	3.5	23	15.5	15.5	1.5	2	4	1	—	0
菱塘	1	—	—	1	6	—	5	1	8.58	8.58	0	0	0	10	8.5	7	0	2.2	0.8	5	5	2.92
送桥	1	—	1	—	5	—	4	1	6.44	1.44	5	0	0	11	5.5	5.5	1	0.5	4	—	—	4.56
天山	1	—	1	—	6	—	6	—	7.5	6	1.5	0	0	11.1	7.2	3.6	2	1.2	4.3	5	4	7.2
郭集	1	—	1	—	8	—	8	—	10	2	4	0	4	14.5	15	8	0	2.5	4	5	—	11.5

2002 年,全市各乡镇(区)工业企业管理机构(企管站)年经费收入 277.94 万元,支出 346.1 万元,入不敷出 68.16 万元,而实际年经费缺口达 162.87 万元。是年,各乡镇(区)企管站欠发职工工资 101.29 万元。有 13 个乡(镇)76 人参加了养老保险,3 个乡(镇)20 人参加了医疗保险。2004 年,在全市 21 个乡镇(区)中,有财政拨款的 15 个,财政拨款额只占乡镇(区)企管站年经费收入的 31%。到 2009 年,多数乡镇企管站经费仍未全部纳入乡镇财政预算,人员工资不能按月足额发放,在编人员工资执行标准七折八扣,有的六折甚至对折发放。

其他机构与服务平台

随着乡镇工业的发展，为之配套服务的（企事业）机构也应运而生。先后组建了物资供销系统，设立了职工培训基地，建立了科技服务站所，兴办了融资担保公司，成立了重点行业协会，为乡镇企业（中小企业）搭建和提供了切合实际需要的服务平台。

高邮县地方工业局供销公司

县地方工业局供销公司货场一角

高邮县地方工业局供销公司，全民企业性质，原名为高邮县第二工业局供销经理部，成立于1976年10月。起初有职工5人，经销一些电动机、变压器、机械设备及服装等工业产品。后主要进行物资协作，建立山西、山东、福建、黑龙江、安徽等几大物资基地，主要销售木材、煤炭、钢材及化工原料等。1987年，职工增加到102人，销售额达1208万元。

几个年份高邮县地方工业局供销公司物资经营情况表

表194

项目	单位	1978	1980	1986
主要进货物资	—	—	—	—
煤炭	吨	5360	9968	24133
焦炭	吨	1230	1503	1277
钢材	吨	342	798	6845
废次材	吨	165	546	-
生铁	吨	165	245	263
木材	立方米	323	2105	2939
主要财务指标	—	—	—	—
进货额	万元	134.1	465	862.4
销售额	万元	204.8	518.92	1026.77
利润	万元	3.08	5.77	3.12
流动资金周转天数	天	54	29	90

高邮县日用品综合厂

高邮县日用品综合厂，县属大集体性质，成立于1979年7月4日。

高邮县地方工业产品公司

高邮县地方工业产品公司，县(市)属大集体性质，成立于1980年11月。原是县第二工业局供销经理部地产品业务组，起初有职工3人，主要经销服装、纺织品、皮革和针织品等地方工业产品。1985年10月，在府前街新开熙和商店，主要经营五金、电器、鞋帽、服装等商品。1987年，公司有职工44人，经营品种包括化工原料、燃料、毛线、针织内衣、服装、皮鞋、毛呢布匹、平板玻璃等，销售额达404万元。其中，经销地方产品占45%以上。

高邮市乡镇企业职工学校

高邮市乡镇企业职工学校，全民事业性质，核定编制6人。1984年6月成立，原名高邮县地方工业职工教育训练班(简称“职教班”)。1986年12月，更名为高邮县乡镇企业职工学校。主要为全市乡镇企业在职职工提供教育服务，包括乡镇企业在职职工教育、培训和职工教育管理等。

熙和商店

高邮市乡镇企业科技服务站

高邮市乡镇企业科技服务站，全民事业性质，核定编制20人。1984年6月成立，原名高邮县地方工业科技服务站。主要为全市乡镇企业提供科技服务，包括乡镇企业科技管理、企业管理、质量管理等。

中华国际技术开发总公司精细化工研究所高邮技术服务部

中华国际技术开发总公司精细化工研究所高邮技术服务部，企业性质，创建于1985年2月。主要从事精细化工的研究、开发、利用和服务。

江苏省乡镇企业烟花爆竹安全质量监督检测中心

江苏省乡镇企业烟花爆竹安全质量监督检测中心，企业性质，为全市第一家省级行业质检机构，原名扬州市烟花爆竹产品质量监督检测中心，创办于1992年底。有职工10人，其中具有中级职称的3人，初级职称的5人。固定资产近20万元，拥有感度撞击、磨擦设备，化学分析定量、定性仪器和声级计、静电仪等常规检测仪器，具有烟花爆竹研制、开发新品和设计、举办焰火晚会的能力。

俄中海鸥服装有限公司

俄中海鸥服装有限公司，全市第一家境外企业，由市地方产品公司主办，创建于1993年10月。主要进行服装等产品的经营贸易。

高邮市园区建设领导小组办公室

高邮市园区建设领导小组办公室，2001年设在市国土局，2004年改设至市乡镇企业管理局。主要行使对包括市开发区、鸭业园区在内的所有乡镇工业集中区实行统一规划、协调、督查和考核等职能。

高邮市发展民营经济领导小组办公室

高邮市发展民营经济领导小组办公室，2005年6月由市经贸局移设至市乡镇企业管理局，主要行使对全市包括一、二、三产在内的民营经济工作的政策指导、规划制订、协调服务等职能。

高邮市促进中小企业发展服务中心

高邮市促进中小企业发展服务中心，民办非企业单位，成立于2006年。有专业人员5人，全部具有大专以上学历，其中高级职称2人，中级职称2人。主要为全市中小企业和创业人员提供技术、信息以及法律咨询、招商引资、创业辅导、投资融资及其信用担保、会计代理、人才引进和人员培训等服务。

荣誉金榜

国家（部）级荣誉

国家（部）级荣誉一览表

表195

获得荣誉年份或授予时间	荣誉称号	授予单位	获得者
1984	全国优秀青年厂长	中国青年杂志社 中国企业管理协会 团中央宣传部 中央电视台	秦兴龙（三垛布厂）
1989	全国村镇建设文明村	建设部村镇建设司 《建设报》 《农民日报》	天山乡南茶村
1993	全国少数民族优秀（厂长）经理	国家民委	杨福贵（菱塘光明电缆厂）
1996	优秀通讯员	《中国乡镇企业报》	孙平（市地方工业局）
2002	全国乡镇企业家	农业部	郑连元（扬州曙光电缆厂）（菱塘）
2003	全国星火计划先进个人	科技部 农业部	陈春月（市包装制品有限公司副董事长、副总经理）（高邮）
2005	全国农业产业化优秀龙头企业	农业部 国家发改委 财政部 商务部 中国人民银行 国家税务总局 中国证券监督管理委员会 中华全国供销合作总社	市双兔米业有限公司（周山）
2007	全国“重合同、守信用”企业	国家工商总局	江苏润华电缆股份有限公司（高邮）

省级荣誉

江苏省级荣誉一览表

表 196

获得荣誉年份或授予时间	荣誉称号	授予单位	获得者
1977	工业学大庆劳动模范	省政府	倪元清（周山农具厂铁业车间锻工） 周玉和（临泽农机修造厂铸造车间主任）
1984	劳动模范	省政府	王保安（八桥工业公司生产技术科科长）
1984	农具工作先进单位	省轻工厅	县地方工业局农机具股 湖滨农具厂
1985	财务管理工作先进单位	省乡企局	县地方工业局 车逻乡工业公司 天山乡工业公司
	企业全面整顿先进单位		县地方工业局 八桥乡工业公司
1985	发展乡镇工业作出主要贡献	省政府	天山乡南茶村村民委员会
1987	明星企业	省政府	天山红星塑料制品厂 县铝箔纸厂（临泽）
	乡镇企业家		陈德宝（天山红星塑料制品厂厂长） 杨文华（县铝箔纸厂厂长）（临泽）
1988	先进企业	省政府	县铝箔纸厂（临泽）
1989	明星企业	省政府	县铝箔纸厂（临泽）
1990	明星企业	省政府	扬州琼花环保工程设备有限公司（汉留）
1990	连续三年省“重合同、守信用”企业	—	县照明电器厂（郭集）
			县互感器厂（郭集）
			县电热电器厂（郭集）
			横泾机械厂
			县有色金属铸造厂（武宁）
			县塑料三厂（一沟）
			县冶炼厂（东墩）
			上海自丰机械厂高邮分厂（张轩）
			八桥电器五金二厂
			甸垛蔡庄纺织配件厂
			县内燃机配件厂（川青）
			县测控电缆厂（湖滨）
			县强力不锈钢标准件厂（车逻）
			县光辉轻工配件厂（武安）
			县环保设备制造厂（汉留）
			三垛机电元件厂

续表 196

获得荣誉年份或授予时间	荣誉称号	授予单位	获得者
1990	连续三年省“重合同、守信用”企业	—	县电杆厂(三垛)
			县照明器材厂(　)
			县第二塑料厂(车逻)
			天山红星塑料制品厂
			临泽农机具修造厂
			县耐腐泵阀厂(菱塘)
			扬州光华皮件总厂(天山)
			县木工机械厂(营南)
			甸垛跃进农机具修造厂
			县联盟电器厂(伯勤)
1993	《中国优秀乡镇企业名录－江苏部分》	省计经委 省乡企局	天山红星塑料制品总厂
			中外合资扬州琼花环保工程设备有限公司(汉留)
			扬州光华皮件总厂(天山)
			市阀门厂(界首)
			送桥农机修造厂
			市照明电器厂(郭集)
1995	江苏省优秀青年企业家	省计经委 团省委 省青年企业家协会	张和(武安乡党委副书记兼江苏日欣实业集团有限公司董事长、总经理)
1998	“三八”红旗手	省妇联	吕小英(伯勤乡新兴矿用材料厂生产厂长)
1999	江苏省优秀企业家	省计经委 省企业管理协会 省企业家协会	郑连元(扬州曙光电缆厂)(菱塘)
1999	江苏省农村先进水厂	省爱委会	甘垛乡自来水厂
2000	先进民营科技企业	省政府	江苏华能电缆有限公司(湖滨)
2000	先进私营企业	省政府	江苏金飞达电动工具有限公司(卸甲)
2000	光彩之星	省工商局 省个体劳动者协会	市三湖蛋品有限公司(汉留)
2001	劳动模范	省政府	张庆奇(江苏金飞达电动工具有限公司)(卸甲) 李金山(扬州曙光电缆厂)(菱塘)
2001	江苏市场知名企业、知名品牌	—	扬州曙光电缆厂、“强菱”牌(菱塘)
2001	“九五”期间江苏省发展乡镇企业先进乡镇	省委 省政府	高邮镇
	“九五”期间江苏省优秀乡镇企业		江苏金飞达电动工具有限公司(卸甲)
	“九五”期间江苏省优秀乡镇企业家		郑连元(扬州曙光电缆厂厂长)(菱塘)

续表 196

获得荣誉年份或授予时间	荣誉称号	授予单位	获得者
2001	“重合同、守信用”企业	省政府	扬州曙光电缆厂(菱塘)
2002	环境保护先进企业	省环保厅	扬州曙光电缆厂(菱塘)
2002	群众性经济技术创新能手	省总工会	朱金宝(江苏金飞达电动工具有限公司职工)(卸甲)
2003	“重合同、守信用”企业	省政府	扬州市华润电缆厂(高邮) 市声光器材厂(郭集)
2003	明星民营企业	省政府	江苏金飞达电动工具有限公司(卸甲)
2003	“五一”劳动奖章	省总工会	董长清(江苏金飞达电动工具有限公司油漆车间主任)(卸甲)
2003	“三八”红旗手	省妇联	张素梅(市金星电器厂)(郭集)
2004	首届江苏青年创业奖	团省委	王其震(扬州市鸿信线路器材有限公司)(开发区)
2005	创建学习型企业先进单位	省委宣传部 省经贸委	江苏赛德电气有限公司(郭集)
2005	创建学习型企业工作先进个人	省委宣传部 省经贸委	戴顺民(江苏赛德电气有限公司)(郭集)
2005	“三八”红旗手 十大女杰提名奖	省妇联	杨晓妹(市苏豪茧丝有限公司法人代表)(菱塘)
2005	创业江苏青春行动风云人物	省委宣传部 团省委	杨卫平(扬州和益电动工具有限公司法人代表)(开发区)
2005	新长征突击手	团省委	瞿军(市有机化工厂法人代表)(郭集)
2006	劳动模范	省政府	金传国(江苏金飞达电动工具有限公司员工)(卸甲) 郑连元(扬州曙光电缆有限公司董事长、总经理)(菱塘)
2006	“十五”江苏省技术进步先进工作者	省经贸委	倪云达(江苏顺大半导体发展有限公司董事长)(天山)
2007	知识型职工标兵	省总工会	戴顺民(江苏赛德电气有限公司员工)(郭集)
2007	群众性经济技术创新工程先进单位	省总工会	江苏华富能源股份有限公司(高邮)
2007	江苏省外出青年回乡创业典型	省委宣传部 团省委	瞿军(市有机化工厂法人代表)(郭集)
2007	示范单位	省经贸委 省中小企业局	市促进中小企业发展服务中心
2008	“三八”红旗手	省妇联	黄翠萍(扬州东阳制衣有限公司法人代表)(菱塘)
2008	巾帼文明岗	省妇联	江苏飞花灯饰有限公司喷塑车间(郭集)
2008	“重合同、守信用”企业	省工商局	江苏天龙照明电器有限公司(郭集) 江苏长城电缆有限公司(菱塘) 沙龙集团股份有限公司(开发区)
2009	江苏省质量奖	—	扬州曙光电缆有限公司(菱塘)
2010	江苏省优秀科技工作者	省科协	周寿斌(江苏华富控股集团有限公司)(高邮)
2010	优秀民营企业	省委 省政府	扬州曙光电缆有限公司(菱塘)

续表 196

获得荣誉年份或授予时间	荣誉称号	授予单位	获得者
2010	中小企业创新能力建设示范企业 高成长型中小企业 科技型中小企业	省中小企业局	扬州宏远电子有限公司(开发区) 江苏朝阳液压机械集团有限公司(汤庄) 扬州日兴生物科技股份有限公司(高邮)
2010	江苏省民营企业就业先进单位	省工商联	江苏金飞达电动工具有限公司(卸甲) 市经纬纺织有限公司(高邮)
2010	江苏省民营企业纳税大户	省工商联	扬州曙光电缆有限公司(菱塘)
2010	技术改造先进企业	省经信委	江苏顺大半导体发展有限公司(天山)

扬州市级荣誉

表 197

扬州市级荣誉一览表

获得荣誉年份或授予时间	荣誉称号	授予单位	获得者
1984	综合奖第一名	扬州市乡镇工业局	县地方工业局
1984	先进专业户	扬州市委 扬州市政府	赵阿才(甸垛乡友好村小工业专业户) 金明华(甘垛乡段垛村制绳专业户) 王润华(川青乡王帮村胶木专业户)
	先进专业村		天山乡南茶塑料加工专业村
1984	劳动模范	扬州市政府	王保安(八桥乡工业公司)
1984	新长征突击手	—	秦兴龙(三垛布厂)
1986	乡镇工业明星企业	—	天山乡南茶村红星塑料制品厂
1986	“重合同、守信用”企业	扬州市工商局	县地方工业产品公司 高邮镇新华镇流器厂 县光辉轻工配件厂(武安) 县农机配件二厂(武安) 县花炮厂(车逻) 车逻农机修造厂 县通用机械配件厂(车逻) 县强力不锈钢标准件厂(车逻) 湖滨广播器材厂 汤庄标准件厂 县环保设备制造厂(汉留) 县轧钢厂(甸垛) 县水泥二厂(八桥) 八桥电器五金二厂 县五金电器厂(八桥) 县第二花炮厂(八桥) 伯勤农机具配件厂 县东风针织厂(卸甲) 县东风铝件厂(卸甲) 郭集钢木家具厂 县照明电器厂(郭集) 县电热电器厂(郭集)

续表 197

获得荣誉年份或授予时间	荣誉称号	授予单位	获得者
1986	“重合同、守信用”企业	扬州市工商局	县互感器厂(郭集) 县铲车附件厂(送桥) 县铸钢阀门厂(菱塘) 送桥人革制品厂 县电磁线厂(界首) 县玻纤玻钢厂(周山) 县船舶修造三厂(司徒) 县有色金属铸造厂(武宁) 县铝箔纸厂(临泽) 县内燃机配件厂(川青) 县化工橡胶厂(川青) 周巷农机具修造厂 县耐火材料厂(送桥) 县服装绣花厂(马棚) 县冶炼厂(东墩) 上海轻工机械四厂高邮农机齿轮分厂(张轩) 县塑料三厂(一沟) 横泾农机具修造厂 横泾机械厂
1987	明星企业	扬州市政府	县铝箔纸厂(临泽) 天山红星塑料厂
1987	优秀企业家	扬州市政府	杨文华(县铝箔纸厂厂长)(临泽) 陈德宝(天山红星塑料制品厂厂长)
1988	明星企业	扬州市政府	县铝箔纸厂(临泽) 天山红星塑料制品厂 扬州市光华皮件总厂(天山)
	企业家		杨文华(县铝箔纸厂厂长)(临泽) 陈德宝(天山红星塑料制品厂厂长) 潘兆华(扬州市光华皮件总厂厂长)(天山)
1989	一级先进企业	扬州市政府	县真空镀膜厂(武安)
1989	二级先进企业	扬州市政府	县农配二厂(武安) 县照明电器厂(郭集) 扬州市茶花运动鞋厂(天山) 扬州市光华皮件厂(天山) 扬州市健饮蜂乳厂(送桥) 县环保设备厂(汉留) 县第二蓄电池厂(八桥) 县运河蓄电池厂(东墩) 县第二橡胶皮件厂(临泽)
1990	以劳养武明星企业	扬州市政府 扬州军分区	送桥线路工具厂
1991	“重合同、守信用”企业	扬州市工商局	车逻印刷厂 市食品三厂( ) 市农机配件二厂(武安) 甸垛农机具修造厂 市东风电机仪表厂(卸甲) 送桥农机修造厂 送桥线路工具厂

续表 197

获得荣誉年份或授予时间	荣誉称号	授予单位	获得者
1991	“重合同、守信用”企业	扬州市工商局	市铲车附件厂(送桥) 市新华镇流器厂(高邮) 市地方工业局供销公司 市塑料电器厂(武安) 市运河电线电缆厂(东墩) 车逻农机修造厂 市金属拉丝厂(龙奔) 武安篷布厂 市通用蓄电池厂(车逻) 市饮料厂(龙奔) 龙奔复合肥厂 龙奔福利包装制品厂 武安福利包装厂 市助剂厂(湖滨) 市防水材料厂(一沟) 一沟胜利水泥制品厂 一沟工业供销公司 市运河蓄电池厂(东墩) 市农机配件修造厂(一沟) 马棚农机具修造厂 市信号电缆厂(　) 市钢管福利厂(张轩) 高邮电器二厂(沙堰)市健身鞋厂(汉留) 市轧钢厂(甸垛) 市五菱电子玩具厂(武宁) 武宁五金厂 二沟喷灌机械配件厂 武宁农机具修造厂 市童鞋厂(　) 市化学品厂(八桥) 市针织内衣厂(八桥) 市五金电器厂(八桥) 市天鹅羽绒服装厂(伯勤) 市仿古陶瓷厂(伯勤) 伯勤冶炼厂 扬州市健饮蜂乳食品厂(送桥) 扬州市茶花运动鞋厂(天山) 市特种线缆厂(菱塘) 扬州市曙光电缆厂(菱塘) 市阀门厂(界首) 市玻纤玻钢厂(周山) 营南有色金属压延厂 市灯具厂(周山) 市橡胶厂(川青) 临泽米厂 周巷机械修造厂 周巷电线厂

续表 197

获得荣誉年份或授予时间	荣誉称号	授予单位	获得者
1992	明星企业	扬州市政府	市阀门厂（界首） 市测控电缆厂（湖滨） 市农机配件二厂（武安） 扬州市曙光电缆厂（菱塘） 扬州市光华皮件总厂（天山） 市真空镀膜厂（武安） 市运河蓄电池厂（东墩） 市环保设备制造厂（汉留） 扬州市健饮蜂乳食品厂（送桥） 市照明电器厂（郭集）
	乡镇企业家		聂厚宽（市阀门厂厂长）（界首） 张惟根（市农机配件二厂厂长）（武安） 郑连元（扬州曙光电缆厂厂长）（菱塘） 陈景春（市照明电器厂厂长）（郭集） 吴宏林（扬州光华皮件厂厂长）（天山） 王友宽（市真空镀膜厂厂长）（武安） 王振宽（市运河蓄电池厂厂长）（东墩） 吴中直（市环保设备制造厂厂长）（汉留）
1992	“重合同　守信用企业”铜牌	扬州市工商局	市地方工业供销公司 市轻纺工业供销公司 武安篷布厂 市东郊包装厂（武安） 市塑料电器厂（武安） 扬州市双龙复合肥厂（龙奔） 市金属拉丝厂（龙奔） 市通用蓄电池厂（车逻） 市运河蓄电池厂（东墩） 车逻机械配件厂 市农机配件三厂（湖滨） 市助剂厂（湖滨） 市第三橡胶厂（湖滨） 市钢管福利厂（张轩） 上海蓄电池隔离板厂高邮分厂（东墩） 市电器二厂（沙堰） 市针织内衣厂（八桥） 伯勤冶炼厂 市五金电器厂（八桥） 市童鞋厂（　） 临泽米厂 市灯具厂（周山） 营南有色金属压延厂 市五菱电子玩具厂（　） 市防水材料厂（一沟）
1993	优秀共产党员	扬州市委	聂厚宽（界首镇钢瓶厂） 张庆奇（扬州市飞达电机仪表公司）（卸甲）

续表 197

获得荣誉年份或授予时间	荣誉称号	授予单位	获得者
1993	文明单位	扬州市委 扬州市政府	扬州市光华皮件厂(天山) 八桥农机修造厂 市农配二厂(武安) 市通用过滤机厂(横泾) 工贸合营江苏高邮市纸箱厂(高邮) 工贸合营江苏高邮市塑料编织厂(高邮) 扬州市飞达电机仪表公司(卸甲) 市环保设备制造厂(汉留) 市阀门厂(界首)
1995	职工教育先进个人	扬州市政府	吴宝连(市地方工业局)
1998	五星级企业	扬州市政府	江苏华能电缆总厂(湖滨)
1999	劳动模范	扬州市政府	乔文云(扬州市曙光电缆厂职工)(菱塘)
2000	先进私营企业	扬州市政府	扬州市恒丰制衣有限公司(高邮) 市顺达通讯器材厂(周巷) 江苏金飞达电动工具有限公司(卸甲)(卸甲) 扬州市银河制衣有限公司(龙虬)
2000	先进科技型私营企业	扬州市政府	扬州市神龙化工有限公司(天山) 市液压机电成套设备制造有限公司(汤庄)
2001	优秀共产党员	扬州市委	高潮(市包装制品有限公司董事长)(高邮)
	劳动模范	扬州市政府	郑连元(扬州曙光电缆厂厂长)(菱塘)
2001	外贸出口先进单位	扬州市政府	江苏金飞达电动工具有限公司(卸甲)
2002	先进私营企业	扬州市政府	市双兔米业有限公司(周山) 扬州市鸿信线路器材有限公司(开发区)
2002	劳动模范	扬州市政府	郑连元(扬州市曙光电缆厂)(菱塘)
2003	“十佳青年”之星	扬州市委 扬州市政府	高和权(市三湖蛋品有限公司总经理)(汉留)
2003	外贸出口先进单位	扬州市政府	江苏金飞达电动工具有限公司(卸甲)
2003	先进私营企业	扬州市政府	市双兔米业有限公司(周山)
2003	再就业创业明星	扬州市政府	林星(市兴邦皮具有限责任公司董事长)(横泾)
2003	十大杰出青年	扬州市委宣传部 扬州团市委	徐卫东(市双兔米业有限公司总经理)(周山)
2003	经济技术创新示范岗	扬州市总工会	扬州市宏远电子有限公司化成工段(开发区) 江苏金飞达电动工具有限公司创新班组(卸甲) 扬州市曙光电缆厂设备维修组(菱塘)
2003	新长征突击手	扬州团市委	瞿军(市有机化工厂法人代表)(郭集)
2004	优秀共产党员	扬州市委	郑连元(扬州市曙光电缆厂)(菱塘) 张庆奇(江苏金飞达电动工具有限公司)(卸甲) 张椿年(扬州升达集团)(开发区) 陶沂源(江苏华能电缆有限公司)(高邮)王传祥(市卫星卷烟材料有限公司)(高邮)
2004	有突出贡献的中青年专家	扬州市政府	郑连元(扬州曙光电缆有限公司)(菱塘)
2004	“五一”劳动奖章	扬州市总工会	张和(江苏日欣实业集团有限公司)(高邮)

续表 197

获得荣誉年份或授予时间	荣誉称号	授予单位	获得者
2004	青年创业先锋	扬州团市委	杨卫平（扬州市和益电动工具有限公司）（开发区）
2004	十佳巾帼创业明星	扬州市妇联	杨晓妹（高邮苏豪茧丝有限公司总经理）（菱塘）
2005	十佳青年创业之星	扬州市委 扬州市政府	陈玉卿（扬州市恒丰制衣有限公司）（高邮）
2005	劳动模范	扬州市政府	金传国（江苏金飞达电动工具有限公司员工）（卸甲）
2005	农民创业之星	扬州市政府	徐卫东（市双兔米业有限公司董事长）（周山） 金开明（甘垛镇棉花产销合作社）
2005	支持教育工作先进个人	扬州市政府	高和权（市三湖蛋品有限公司）（汉留）
2005	“十大杰出青年”提名奖	扬州市委宣传部 扬州团市委 扬州市青年联合会	刘群信（江苏牛牌纺织机械有限公司总经理）（汤庄）
2005	十佳青年创业先锋	扬州团市委 扬州市国税局 扬州市地税局 扬州市工商局 扬州日报社 扬州市广电局	沈志东（市长兴包装有限公司董事长）（临泽）
2005	安全生产先进单位	扬州市安委会	江苏日欣集团（高邮）
2006	“五一”劳动奖章	扬州市总工会	杨在荣（江苏金飞达电动工具有限公司党总支副书记、工会主席）（卸甲）
2007	“五一”劳动奖章	扬州市总工会	杨正雨（江苏科凌医疗器械有限公司员工）（汤庄）
			扬州市和益电动工具有限公司（开发区）
2007	职工十佳创新能手	扬州市总工会	王鹤斌（扬州曙光电缆有限公司）（菱塘）
2007	“三八”红旗手	扬州市妇联	黄翠萍（市东阳制衣有限公司法人代表）（菱塘）
2007	优秀乡镇企业（中小企业）管理部门 信息统计优秀单位 政务信息先进单位	扬州市乡镇工业局（中小企业局）	市乡镇企业管理局
2007	优秀企业家	扬州市政府	何其新（江苏波司登制衣有限公司总经理）（开发区） 郑连元（扬州曙光电缆有限公司董事长兼总经理）（菱塘） 张庆奇（江苏金飞达电动工具有限公司董事长兼总经理）（卸甲） 倪云达（江苏顺大半导体发展有限公司董事长）（天山） 潘德君（扬州市东元铜业有限公司董事长）（周巷） 居春山（江苏华富控股集团有限公司董事长）（高邮） 徐卫东（江苏双兔食品股份有限公司董事长兼总经理）（周山） 戴顺民（江苏赛德电气有限公司董事长）（郭集）

续表 197

获得荣誉年份或授予时间	荣誉称号	授予单位	获得者
2007	工业百强企业	扬州市政府	扬州曙光电缆有限公司(菱塘) 江苏波司登制衣有限公司(开发区) 江苏顺大半导体发展有限公司(天山) 扬州市东元铜业有限公司(周巷) 江苏金飞达电动工具有限公司(卸甲) 江苏华富控股集团有限公司(高邮)
2008	劳动模范	扬州市政府	王传祥(市卫星卷烟材料有限公司总经理) 杨正雨(江苏科凌医疗器械有限公司员工) 杨在荣(江苏金飞达电动工具有限公司副总经理)
2008	文明职工标兵	扬州市总工会	袁在坤(市华胜机电制造有限公司职工)(卸甲) 王华龙(女)(扬州海峰机械有限公司职工)(开发区)
2009	十大明星企业家	扬州市委 扬州市政府	倪云达(江苏顺大半导体发展有限公司董事长)(天山)
2009	优秀企业家	扬州市委 扬州市政府	郑连元(扬州曙光电缆有限公司董事长兼总经理)(菱塘) 何其新(江苏波司登制衣有限公司总经理)(开发区) 张庆奇(江苏金飞达电动工具有限公司董事长兼总经理)(卸甲) 杨福贵(扬州光明电缆有限公司董事长)(菱塘) 戴顺民(江苏赛德电气有限公司董事长)(郭集) 居春山(江苏华富控股集团有限公司董事长)(高邮) 陈正明(江苏苏发照明实业有限公司董事长)(郭集) 任有毅(市万嘉面粉有限公司董事长兼总经理)(临泽)
2009	乡镇工业(中小企业)目标管理工作考核二等奖	扬州市乡镇工业局(中小企业局)	市乡镇企业管理局(中小企业局)
2009	乡镇工业集中区建设工作优良单位	扬州市乡镇工业局(中小企业局)	市乡镇企业管理局(中小企业局)
2010	工业十大明星企业家	扬州市委 扬州市政府	何其新(江苏波司登制衣有限公司总经理)(开发区)
2010	十大经济新闻人物	扬州市经信委 扬州报业传媒集团	郑连元(扬州市曙光电缆有限公司董事长、总经理)(菱塘)
2010	扬州工人先锋号	扬州市总工会	江苏顺大半导体发展有限公司 晶片制造车间(天山) 江苏华信轻工制造有限公司 服装部缝制三组(临泽) 市高农机械配件有限公司 精铸车间蜡模班(龙虬)
2010	青年文明号	扬州团市委	扬州市和益电动工具有限公司 金工车间金工组(开发区)
2010	扬州市质量奖	扬州市政府	扬州宏远电子有限公司(开发区) 江苏龙腾照明器材有限公司(送桥) 江苏富裕达粮食制品股份有限公司(开发区)

市(县)级荣誉

高邮市(县)级荣誉一览表

表 198

获得荣誉年份或授予时间	荣誉称号	授予单位	获得者
1976	先进集体	县政府	周山农机具修造厂 东风农机具修造厂 一沟农机具修造厂 界首农机修造厂 三垛农机修造厂 车逻农机修造厂 川青农机具修造厂铸工车间 东墩农机具修造厂铸机车间 马棚农机具修造厂铸造车间 临泽农机修造厂铸造车间 汉留农机具修造厂机械车间 沙堰农机具修造厂钣金车间 二沟轮窑厂 司徒机电修造厂 横泾农机修配厂 甘垛机电修配厂 甘垛新庄农机修配厂 三垛农机站 三垛元件厂 三阳农具厂 平胜砖瓦厂 八桥化工厂 伯勤鞭炮厂 汤庄综合厂 汤庄五金厂 汉留汉东五金工具厂 汉留五金机械厂 沙堰炼铝厂 沙堰农机修配厂 东风砖瓦厂 郭集盘塘五金机电修配厂 郭集粮油加工厂 天山农具厂 菱塘路庄农机修配厂 送桥农机修配厂 送桥轮窑厂 城东农机具厂 城东五金厂 城东泰山农机厂 车逻农机修配厂 车逻师伙五金厂

续表 198

获得荣誉年份或授予时间	荣誉称号	授予单位	获得者
1976	先进集体	县政府	车逻工业经理部 东墩电机修造厂 湖滨建材厂 湖滨农具厂 一沟轮窑厂 一沟先锋农机修配厂 张轩农机厂 张轩强民农机配件厂 马棚农机配件厂 龙奔黄家拉丝厂 临泽化工厂 临泽服装厂 营南粮油加工厂 周山粮油加工厂 周巷橡胶厂 川青机械冶炼厂 川青轮窑厂 界首农具厂 龙奔轮窑厂
1977	先进企业	县政府	车逻农机修造厂 界首农机修造厂 一沟农机具修造厂
	先进集体		二沟农机具修造厂维修车间 临泽农机修造厂铸造车间 东墩农机具修造厂锻工车间 甘垛农机具厂锻工车间 车逻农机修造厂金工车间一班 营南农机具厂维修小组 沙堰农机具厂锻工车间 周山农机具厂机修车间 一沟农机具修造厂金工车间 汉留农机具厂机械车间 东风农机具厂金工车间维修组 汤庄农机具厂锻工车间 平胜农机具厂电器车间 司徒农机具厂金工车间 马棚农机具厂铸造车间 三垛农机修造厂技术组 界首农机修造厂金工车间 菱塘农机具修造厂铸造车间 川青农机具厂金工车间 周巷农机具修造厂机修车间 横泾农机具修造厂机修车间 三垛农机修造厂冷锻焊车间锻工班
1979	劳动模范	县政府	朱作农(车逻农机修造厂) 王保安(八桥工业办公室) 聂厚宽(界首农机修造厂) 王在如(送桥轮窑厂) 方宏寿(龙奔砖瓦厂) 沙礼珍(川青轮窑厂 王庆生(三垛农机修造厂)

续表 198

获得荣誉年份或授予时间	荣誉称号	授予单位	获得者
1979	先进集体	县政府	车逻蓄电池厂 湖滨食品综合加工厂 城东砖瓦厂 龙奔砖瓦厂 县农机配件厂(一沟) 张轩农具厂 马棚农机具修造厂 汉留轧钢厂 八桥蓄电池厂 东风建材厂 汤庄五金厂 沙堰农机具修造厂 三垛农机修造厂 三阳水泥制品厂 司徒机械厂 横泾电碳厂 平胜服装厂 甘垛化纤厂 二沟砖瓦厂 界首五金橡胶厂 周山服装厂 营南农机具修造厂 周巷机械修造厂 临泽服装厂 川青轮窑厂 送桥砖瓦厂 菱塘铸钢厂 天山机械厂 郭集鞋帽服装厂 车逻汽车修配厂钣金组 车逻农机修造厂铁业车间 湖滨玻璃化工厂甲班 湖滨橡胶厂胶管车间 湖滨编织厂编织车间 湖滨农具厂金工车间 城东农机配件二厂金工车间 一沟服装厂一车间 张轩服装厂服装车间 龙奔服装厂裁剪组 东墩服装厂第一组 马棚农配厂金工车间 伯勤砖瓦厂制瓦车间 伯勤农具厂铁业车间 东风电瓶车厂总装车间 东风农机具修造厂锻工车间 八桥兽药厂兽药车间 八桥农配厂油漆车间 沙堰皮鞋厂配底车间 沙堰机修厂金工车间 汉留砖瓦厂 汉留服务站 汤庄农机具修造厂 二沟农机具修造厂篾业车间 司徒粮油加工厂 三阳农机厂电器车间

续表 198

获得荣誉年份或授予时间	荣誉称号	授予单位	获得者
1979	先进集体	县政府	横泾农机具修造厂农配车间 横泾水泥制品厂造船车间 甘垛粮油加工厂榨油车间 平胜农机具修造厂铁业车间 界首皮件厂皮件车间 界首农机修造厂锻工车间 界首油柳厂柳制品车间 周巷耐火器材厂烧成车间 周巷农机具修造厂铁业车间 周山粮油加工厂油脂车间 川青冶炼厂金工车间 川青服装厂内销车间 川青水泥制品厂制品车间 营南粮油加工厂粮油车间 临泽织袜厂织袜车间 临泽轮窑厂窑头组 临泽农机修造厂机修车间 临泽油厂榨油车间 送桥水泥制品厂 送桥农机修造厂锻工车间 天山轧石厂第五开采组 菱塘砖瓦厂制砖车间 郭集农具厂铸造车间 蚕桑场砖瓦厂 农科所农配厂拉丝车间 县第二工业局经理部山东组 三垛布厂织造车间 三垛五金厂铸造车间 三垛元件厂金工班 汉留农机具修造厂铁业车间 三垛纱厂甲班
1981	劳动模范	县政府	王保安(八桥乡工业公司生产技术股股长)
1981	先进集体	县政府	车逻农机修造厂 八桥水泥厂 卸甲建材厂石棉瓦车间 八桥针织厂横机车间 八桥农机配件厂修理车间 送桥砖瓦厂维修车间 沙堰电器二厂钣金车间 甘垛拉链厂总装车间 汤庄综合厂印刷车间 三垛砖瓦厂焙烧车间 三垛布厂织造丙班 三垛纱厂细纱车间乙班 三垛镇印刷厂机印组 三垛无线电元件厂模具班 横泾针织厂横机车间 横泾农机厂农机配件车间 二沟俞胡尼龙织带厂 车逻管庄五金厂 车逻塑料厂塑料车间 营南农机厂胶合板车间 县工业二局供销经理部驻山西煤炭协作组

续表198

获得荣誉年份或授予时间	荣誉称号	授予单位	获得者
1981	先进集体	县政府	龙奔砖瓦厂制砖车间 天山红星塑料制品厂 天山人革制品厂 川青砖瓦厂焙烧车间 川青橡胶厂橡胶车间 界首农具厂锻工车间 界首工艺厂皮鞋车间 界首柳制品总厂柳业车间 一沟轮窑厂焙烧车间 周巷耐火材料厂制坯组 临泽柳器厂 临泽服装厂车工车间 县造纸厂铝箔纸分厂(临泽) 伯勤鞭炮厂第一车间 伯勤砖瓦厂焙烧车间 马棚服装绣花厂服装车间 汉留炼铝厂拉丝车间 平胜服装厂服装车间四组 湖滨农机厂五金车间 周山农机厂锻工车间 司徒粮油厂粮油加工车间 菱塘轮窑厂制瓦车间 武宁五金翻砂厂铸造车间 武安玻璃厂第一车间 武安砖瓦厂制砖车间 张轩机械厂铸造车间 郭集电器厂
1982	劳动模范	—	朱作农(车逻农机修造厂)
1982	先进集体	县政府	车逻农机修造厂 天山红星塑料制品厂 县农机配件二厂(武安) 县平板玻璃厂(武安) 车逻塑料胶木厂 湖滨农具厂 东墩冶炼厂 张轩机械厂铸造车间 马棚服装绣花厂 一沟农机具修造厂 龙奔砖瓦厂 二沟农机五金厂 三垛木器厂 甘垛拉链厂 甘垛粮油加工厂 武宁金属铸造厂 司徒粮油加工厂 横泾农机具修造厂 横泾针织厂 平胜水泥制品厂 县水泥二厂(八桥) 卸甲农机具修造厂 汉留炼铝厂 沙堰农机具修造厂 伯勤砖瓦厂 界首五金橡胶厂

续表 198

获得荣誉年份或授予时间	荣誉称号	授予单位	获得者
1982	先进集体	县政府	三垛元件厂 周山农具厂 营南柳制品工艺厂 周山纤维布厂 临泽汽酒厂 周巷粮油加工厂 临泽油棉厂 临泽砖瓦厂 川青砖瓦厂 界首油柳厂 川青橡胶厂 郭集农机具修造厂 菱塘新景服装厂 菱塘铸钢阀门厂 送桥塑料制品厂 送桥潜水电机厂 天山水泥制品厂
1983	劳动模范	县政府	朱作农(车逻农机修造厂保管员) 王保安(八桥工业公司生产技术股股长)
1983	先进集体	县政府	县平板玻璃厂(武安) 车逻农机修造厂 县水泥二厂(八桥) 天山红星塑料制品厂 车逻闸河五金厂五金车间 县第二塑料厂塑料车间(车逻) 湖滨农具厂金工车间 县农机配件二厂金工车间(武安) 一沟工业经理部四川供销组 县农机配件厂供销股(一沟) 龙奔饮料厂粉装车间 龙奔砖瓦厂焙烧车间 县冶炼厂电解车间(东墩) 马棚农机配件厂金工车间 张轩机械厂铸造车间 司徒粮油加工厂 二沟农机五金厂金工车间 三垛纱厂乙班 三垛布厂织造车间 三垛水泥制品厂电杆车间第二作业组 武宁金属铸造厂供销股 平胜水泥制品厂桥梁组 甘垛皮毛厂皮毛车间 横泾联合五金厂织网车间 横泾农机具修造厂农配车间 八桥水泥制品厂多孔板组 八桥李庄五金厂钣金车间 八桥蓄电池厂涂片车间 伯勤砖瓦厂焙烧车间 汉留农机具修造厂五金车间 卸甲大庵炼铝厂铝件车间 卸甲农机具修造厂水表车间 甸垛砖瓦厂焙烧车间 沙堰石棉化工厂化工车间 汤庄农机具修造厂钣金车间

续表 198

获得荣誉年份或授予时间	荣誉称号	授予单位	获得者
1983	先进集体	县政府	界首油柳厂铝箔车间 界首针织厂针织车间 临泽砖瓦厂焙烧车间 临泽油棉厂榨油车间 县汽酒厂制酒车间(临泽) 县造纸厂铝箔纸分厂镀铝车间 川青砖瓦厂第二制砖车间 县内燃机配件厂金工车间(川青) 营南农机具修造厂胶合板车间 周巷粮油加工厂榨油车间 周山粮油加工厂粮油车间 县玻纤玻钢厂织布车间(周山) 送桥东方红塑料厂塑料车间 县食品机械厂钣金车间(送桥) 县照明电器修造厂测试组(郭集) 县电热电器厂电热管车间(郭集) 菱塘王姚五金织带厂 菱塘砖瓦厂制瓦车间 天山人革制品厂人革箱车间 天山水泥制品厂制品车间
1983	发展新产品先进企业	县政府	车逻农机修造厂 天山红星塑料制品厂
	质量管理先进企业		县水泥二厂(八桥) 县农机配件二厂(武安)
1984	先进集体	县政府	三垛布厂 武安平板玻璃厂 车逻农机修造厂 东墩冶炼厂 临泽汽酒厂 临泽铝箔纸厂 甸垛轧钢厂 八桥针织厂 武宁铸造厂 临泽服装厂 车逻特平花炮厂 临泽合心橡胶皮件厂 郭集盘塘照明电器厂 临泽临北饮料厂 天山南茶塑料制品厂 郭集大营电热电器厂 县地方工业局供销公司
1984	文明单位	县政府	龙奔轮窑厂 一沟农配厂 三垛元件厂 横泾农具厂 界首油柳总厂 临泽铝箔纸厂
1984	乡镇工业安全生产先进集体	县政府	县地方工业局
1984	劳动模范	县政府	王保安(八桥乡工业公司)

续表 198

获得荣誉年份或授予时间	荣誉称号	授予单位	获得者
1984	嘉奖	县委	钱立功(县地方工业局) 张华荣(县地方工业局) 陶家桂(县地方工业局) 谈铁人(县地方工业局)
1984	环保先进工作者	县政府	杜元金(县地方工业局) 姚礼荣(车逻马元冶炼厂) 许元宏(东墩冶炼厂)
1985	乡镇企业安全工作先进集体	县政府	县地方工业局
1985	二等奖	县政府	一沟农机配件厂 县农配二厂(武安) 县水泥二厂(八桥) 县第三橡胶厂(湖滨) 武安制鞋厂 汉留环保设备厂 县第二家具厂(八桥) 县电器二厂(沙堰) 甸垛轧钢厂 县铝箔纸厂(临泽) 三垛农机修造厂 周山玻钢厂 周山农机具修造厂 送桥塑料制品厂 界首农机修造厂 县照明电器厂 天山光华皮件厂
1985	三等奖	县政府	车逻汽车改装厂 八桥针织内衣厂 伯勤天鹅羽绒厂 周山电镀厂
1986	乡镇工业安全工作先进单位	县政府	县地方工业局
1987	“两个文明”建设先进单位	县委 县政府	县地方工业局 县农机配件二厂(武安) 县农机配件三厂(湖滨) 县铝箔纸厂(临泽) 武宁蛋品厂 三垛农机修造厂 县轧钢厂(甸垛) 县环保设备厂(汉留) 县健饮蜂乳厂(送桥) 扬州市光华皮件厂(天山) 县塑料编织厂(高邮)
1987	职教工作先进个人	县政府	雍成英(县地方工业局)
1990	县节能企业	县政府	县铝箔纸厂(临泽)
1991	节能先进企业	市政府	市纸箱厂(高邮) 市砖瓦厂(龙奔) 市水泥二厂(八桥)

续表 198

获得荣誉年份或授予时间	荣誉称号	授予单位	获得者
1991	节能先进工作者	市政府	赵振朝(市地方工业局) 叶仁忠(　) 郭贵茂(　)
1991—1992	市文明单位	市委 市政府	市玻璃厂(高邮) 扬州市华威新型装饰材料厂(高邮) 市包装厂(高邮) 市新华镇流器厂(高邮) 湖滨助剂厂(湖滨) 扬州琼花丝绒厂(湖滨) 市橡塑制品厂(武安) 市轻工配件厂(武安) 高邮砖瓦厂(龙奔) 市饮料厂(龙奔) 市塑料三厂(一沟) 市农机修配厂(一沟) 市电缆厂(东墩) 扬州康耐尔蓄电池有限公司(东墩) 市钢管福利厂(张轩) 扬州市亚光塑料制品有限公司(张轩) 马棚柴油机配件厂 三垛布厂 三垛机电元件厂 二沟砖瓦厂 市有色金属铸造厂(武宁) 武宁农机具修造厂 司徒机械厂 横泾农机具修造厂 横泾合成化工厂 甘垛农机具修造厂 甘垛涂料厂 市健身鞋厂(汉留) 甸垛砖瓦厂 上海机械进出口公司高邮轻纺机械联营厂(甸垛) 市轧钢厂(甸垛) 沙堰水泥制品厂 市电器二厂(沙堰) 伯勤天鹅羽绒服装厂 市针织内衣厂(八桥) 市五金厂(八桥) 市水泥二厂(八桥) 送桥农机修造厂 扬州市健饮蜂乳食品厂(送桥) 扬州曙光电缆厂(菱塘) 天山建筑起重机械厂 市声光器材厂(郭集) 市铝箔纸厂(临泽) 市维扬运动鞋厂(临泽) 市服装三厂(临泽) 市内燃机配件厂(川青) 市橡胶厂(川青) 川青服装厂 市电线厂(周巷) 市玻纤玻钢厂(周山) 界首塑料彩印厂 界首自来水厂

续表 198

获得荣誉年份或授予时间	荣誉称号	授予单位	获得者
1991—1992	职工教育先进工作者	市政府	雍成英(市地方工业局职工学校)
1992	市文明单位	市委 市政府	扬州琼花环保工程设备有限公司(汉留) 市玻纤玻钢厂(周山) 市橡胶厂(川青) 市阀门厂(界首) 界首自来水厂 武宁有色金属铸造厂 横泾机械厂 市饮料厂(龙奔) 马棚乡柴油机配件厂 市助剂厂(湖滨) 市轻工配件厂(武安) 工贸合营高邮纸箱厂(高邮)
1992	对外贸易先进单位	市政府	市地方工业局 天山乡 菱塘回族乡 八桥镇 扬州市茶花运动鞋厂(天山) 八桥针织厂 菱塘兔毛厂 扬州光华皮件厂(天山) 汉留健身运动鞋厂
1993	市级机关工作目标管理先进单位	市委 市政府	市地方工业局
1993	工业产值或销售过亿元乡镇	市委 市政府	湖滨乡 菱塘回族乡 天山乡 界首镇 八桥镇 武安乡 车逻镇 甸垛乡 高邮镇 三垛镇
1993	工业创争利税大户达标企业	市委 市政府	市阀门厂(界首) 市轧钢厂(甸垛) 扬州市飞达电机仪表公司(卸甲) 江苏华能电缆总厂(湖滨) 市新邮钢厂(武安) 市横泾机械厂 扬州市曙光电缆厂(菱塘) 扬州茶花运动鞋厂(天山) 市助剂厂(湖滨)
1993	先进基层党支部	市委	高邮镇包装厂党支部 一沟塑料三厂党支部 武安新邮钢厂党支部 湖滨助剂厂党支部 三垛纱厂党支部 横泾机械厂党支部 甸垛轧钢厂党支部 汤庄紧固件厂党支部 汉留环保设备厂党支部 沙堰农具厂党支部 界首阀门厂党支部

续表 198

获得荣誉年份或授予时间	荣誉称号	授予单位	获得者
1993	优秀共产党员	市委	朱天瑞（高邮镇玻璃厂） 张惟根（武安农配二厂） 王荣泰（一沟胜利水制厂） 张保同（张轩钢管厂） 黄开桃（东墩冶炼厂） 孙锦霞（湖滨丝绒厂） 刘富山（龙奔福利包装制品厂） 卞传骏（三垛机电元件厂） 杨千武（武宁农具厂） 姚灿音（平胜羽绒服装厂） 俞一希（甘垛涂料厂） 金朝荣（横泾化工厂） 王昌华（八桥针织内衣厂） 朱庭俊（汉留健身鞋厂） 韩正松（伯勤天鹅羽绒厂） 孙少华（营南畜禽机械厂） 查中宝（周巷电线厂） 陈才金（川青橡胶厂） 宋洪林（临泽服装三厂） 薛巧梅（菱塘畜产品加工厂） 陈有山（菱塘扬子电缆厂） 陈长江（天山茶花运动鞋厂） 陈景春（郭集照明电器厂）
1994	工业十强企业	市委 市政府	扬州市飞达电机仪表公司（卸甲） 市通用过滤机厂（横泾） 江苏华能电缆总厂（湖滨）
1994	管理十佳企业	市委 市政府	扬州市飞达电机仪表公司（卸甲） 江苏华能电缆总厂（湖滨） 市通用过滤机厂（横泾） 市农机配件二厂（武安）
1994	创汇十星企业	市委 市政府	扬州市飞达电机仪表公司（卸甲） 扬州回民畜产品加工厂（菱塘） 扬州市茶花运动鞋厂（天山） 扬州主力皮革制品有限公司（天山） 市健身鞋厂（汉留） 市服装三厂（临泽） 扬州华飞鞋厂（天山） 扬州市新邮乐塑料制品有限公司（界首）
1995	管理十佳企业	市委 市政府	市第二棉纺织厂（三垛） 江苏金飞达集团公司（卸甲） 市农机配件二厂（武安） 江苏华能电缆总厂（湖滨）
1995	出口创汇十星企业	市委 市政府	江苏金飞达集团公司（卸甲） 扬州主力皮革制品有限公司（天山） 扬州华飞鞋厂（天山） 市服装三厂（临泽） 扬州樱花鞋业有限公司（汉留）

续表 198

获得荣誉年份或授予时间	荣誉称号	授予单位	获得者
1996	1995—1996 年度高邮市文明单位	市委 市政府	高邮镇化工厂 市包装制品有限公司(高邮) 市新华照明器件总厂(高邮) 市高光节能灯具厂(武安) 江苏日欣集团(武安) 市农机配件二厂(武安) 江苏新邮钢铁厂(武安) 市华富实业有限公司(武安) 市电缆厂(东墩) 市防水材料厂(龙虬) 市银河制衣厂(龙虬) 市砖瓦厂(龙奔) 市钢锯条厂(龙奔) 江苏华能电缆总厂(湖滨) 市助剂厂(湖滨) 市琼花丝绒厂(湖滨) 市亚光线路器材厂(张轩) 扬州市亚光塑料制品有限公司(张轩) 市水带厂(张轩) 市第二水泥厂(八桥) 市第二蓄电池厂(八桥) 市天鹅羽绒厂(伯勤) 扬州樱花鞋业有限公司(汉留) 扬州琼花环保工程设备有限公司(汉留) 市电器二厂(沙堰) 市探矿机械厂(沙堰) 市康乐精细化工厂(沙堰) 扬州飞达电器仪表公司(卸甲) 扬州三洋钢铁集团(甸垛) 市线路器材有限公司(甸垛) 甸垛砖瓦厂 三垛自来水厂 三垛机电元件厂 三垛米厂 市第二棉纺织厂(三垛) 三垛布厂 三垛玩具厂 二沟砖瓦厂 武宁铸造厂 武宁铸件厂 武宁农具厂 司徒自来水总厂 司徒塑料厂 市高龙成衣有限公司(甘垛) 甘垛自来水厂 横泾合成化工厂 横泾过滤机厂 市恒威丝印有限公司(横泾) 市服装三厂(临泽) 临泽铝箔纸厂 川青橡胶厂 市建材有限公司(川青) 川青内燃机配件厂 周巷轮窑厂 周巷电线厂 周山玻纤玻钢厂 界首自来水厂 扬州曙光电缆厂(菱塘)

续表 198

获得荣誉年份或授予时间	荣誉称号	授予单位	获得者
1996	“腾飞杯”一等奖 “腾飞杯”二等奖 “腾飞杯”三等奖	市委 市政府	武安乡、车逻镇 武宁乡、甘垛乡、横泾镇、汉留镇 伯勤乡、湖滨乡、龙虬镇
1996	“腾飞杯”工业企业进位奖	市委 市政府	市高光节能灯具厂(武安) 市电缆厂(东墩) 市华翔实业有限公司(武安) 市包装制品有限公司(高邮) 扬州樱花鞋业有限公司(汉留) 市铝箔纸厂(临泽) 市银河制衣厂(龙虬) 江苏华能电缆总厂(湖滨) 市新宇电线电缆厂(菱塘) 扬州高格机械有限公司(车逻) 市光宇密封蓄电池厂() 扬州曙光电缆厂(菱塘) 市强力不锈钢标准件厂(车逻) 扬州市茶花鞋厂(天山) 市通用过滤机厂(横泾) 市华达公司(武安) 上海自丰机械厂高邮分厂(张轩) 扬州市亚光塑料制品有限公司(张轩)
1996	“创汇杯”创汇大户企业	市委 市政府	扬州菱塘回民畜产品加工厂 扬州樱花鞋业有限公司(汉留) 市高光节能灯具厂(武安) 扬州飞达电器仪表公司(卸甲)
1996	营销工作先进集体	市政府	江苏日欣实业集团有限公司(武安) 江苏华能电缆总厂(湖滨) 市通用过滤机厂(横泾) 扬州市曙光电缆厂(菱塘) 江苏茶花集团(天山)
1996	“八五”期间助残先进集体	市政府	市橡塑制品厂(武安)
1996	“八五”期间助残先进个人	市政府	张萍(临泽镇汽酒厂职工) 张和(市橡塑制品厂厂长)(武安)
1997	先进企业经营管理者	市委 市政府	扬州曙光电缆厂郑连元(菱塘) 江苏华能电缆总厂陶沂源(湖滨) 江苏金飞达集团张庆奇(卸甲) 扬州华达机械有限公司张惟根(武安) 扬州樱花鞋业有限公司朱庭俊(汉留) 江苏日欣集团张和(武安) 江苏邮达过滤机集团金凤林(横泾)
1997	十佳私营企业经营者	市委 市政府	三湖蛋品有限公司高和权(汉留) 丽华包装有限公司朱晓兰(高邮) 东安消防水带有限公司周忠和(东墩) 新型纺机有限公司刘群信(汤庄) 迅达工程机械有限公司吴年林(车逻)

续表 198

获得荣誉年份或授予时间	荣誉称号	授予单位	获得者
1997	“腾飞杯”立功工业企业	市委 市政府	扬州曙光电缆厂(菱塘) 江苏华能集团(湖滨) 江苏金飞达集团(卸甲) 扬州华达机械有限公司(武安) 扬州樱花鞋业有限公司(汉留) 江苏日欣集团(武安) 江苏邮达过滤机集团(横泾)
1997	“三外”工作先进单位	市委 市政府	江苏金飞达集团(卸甲) 菱塘兔毛制品有限公司 扬州希捷箱包有限公司(天山) 江苏茶花集团(天山) 扬州樱花鞋业有限公司(汉留) 扬州 扬州琼花环保设备有限公司(汉留)
1997	机关工作目标管理先进单位	市委 市政府	市乡镇企业管理局
1997—1998	文明单位	市委 市政府	高邮镇包装制品有限公司 新华照明器件总厂(高邮) 江苏日欣实业集团公司(武安) 扬州华富实业有限公司(武安) 扬州市高光节能灯具厂(武安) 扬州华达机械有限公司(武安) 扬州高格机械有限公司(车逻) 车逻镇汽标厂 江苏园通电缆有限公司(东墩) 市农机配件厂(龙虬) 市宏扬助剂厂(马棚) 马棚越洋制衣厂 市助剂厂(湖滨) 江苏华能电缆总厂(湖滨) 扬州琼花丝绒厂(湖滨) 张轩亚光线路器材厂 扬州琼花环保工程设备公司(汉留) 扬州樱花鞋业有限公司(汉留) 扬州飞达电器仪表公司(卸甲) 市标准件有限公司(汤庄) 市轻纺机械厂(甸垛) 市第二棉纺织厂(三垛) 三垛机电元件厂 文游面粉有限公司(三垛) 二沟乡自来水厂 市消防器材总厂一分厂(武宁) 武宁通用机械厂 甘垛乡自来水厂 市合成化工厂(横泾) 市通用过滤机厂(横泾) 川青镇橡胶厂 川青镇自来水厂 市电线厂(周巷) 市玻纤玻钢厂(周山) 界首镇自来水厂 扬州市虹光着色剂厂(天山) 扬州市宏发邮电器材厂(天山) 扬州市希捷箱包制造有限公司(天山)

续表 198

获得荣誉年份或授予时间	荣誉称号	授予单位	获得者
1997—1998	文明单位	市委 市政府	扬州市茶花运动鞋厂（天山） 扬州市光华皮件有限公司（天山） 扬州市前进印刷厂（天山） 扬州市神龙皮化公司（天山） 扬州市神力橡胶厂（天山） 扬州市曙光电缆厂（菱塘）
1998	工业重点企业经营者金牌竞赛（一等金牌奖）	市委 市政府	扬州曙光电缆厂（菱塘）郑连元 江苏金飞达集团（卸甲）张庆奇 市助剂厂（湖滨）秦国柳
	工业重点企业经营者金牌竞赛（二等金牌奖）		江苏华能集团（湖滨）陶沂源 江苏宏发通信集团（天山）吴宏银
	工业重点企业经营者金牌竞赛（三等金牌奖）		江苏邮达过滤机集团（横泾）金凤林 市华翔实业有限公司（武安）周玉祥 市康普照明公司（武安）高来明 扬州樱花鞋业有限公司（汉留）朱庭俊 扬州琼花丝绒厂（湖滨）冯高荣
1998	十佳私营企业	市委 市政府	市四联化工有限公司（八桥） 市神游制衣有限公司（高邮） 市朝阳气动液压机械厂（汤庄） 市迅达工程机械有限公司（车逻） 扬州市恒丰制衣有限公司（龙奔） 市三湖蛋品有限公司（甸垛） 市丽华包装有限公司（高邮）
1999	工业重点企业经营者金牌竞赛（一等金牌）	市委 市政府	扬州市曙光电缆厂郑连元（菱塘） 江苏金飞达集团公司张庆奇（卸甲）
	工业重点企业经营者金牌竞赛（二等金牌）		市铝箔纸厂韩阳春（临泽） 市通用过滤机厂金凤林（横泾） 扬州市华达机械有限公司张惟根（武安）
	工业重点企业经营者金牌竞赛（三等金牌）		市包装制品有限公司高潮（高邮）
	外向型经济工作先进单位		卸甲镇 高邮镇
	先进自营出口企业（一等奖）		扬州希捷箱包有限公司（天山）
	先进自营出口企业（二等奖）		扬州市飞达电机仪表公司（卸甲）
	先进自营出口企业（三等奖）		扬州俊发鞋业有限公司（ 汉留 ）
	十佳私营企业		市三湖蛋品有限公司（汉留） 市朝阳气动液压机械厂（汤庄） 市神游羽绒制衣有限公司（高邮） 扬州市银河制衣有限公司（一沟） 扬州市恒丰制衣有限公司（龙奔） 市卫星卷烟材料厂（武安） 扬州市亚光电缆有限公司（湖滨） 市四联化工有限公司（八桥）
	市级机关目标管理先进单位		市乡镇企业管理局

续表 198

获得荣誉年份或授予时间	荣誉称号	授予单位	获得者
2000	工业纳税大户	市政府	市助剂厂(高邮) 江苏金飞达电动工具有限公司(卸甲) 扬州市曙光电缆厂(菱塘) 江苏日欣实业集团有限公司(高邮) 市第二棉纺织厂(三垛) 江苏华能电缆有限公司(高邮)
2000	私营企业纳税大户	市政府	市卫星卷烟材料厂(高邮) 扬州银河制衣有限公司(龙虬) 扬州龙腾制衣厂(龙虬) 市光大制衣有限公司(临泽) 江苏园通电缆有限公司(开发区) 市袁庄五金机械厂(车逻) 市新型纺机配件有限公司(汤庄) 扬州亚光电缆有限公司(高邮) 扬州市光华皮件有限公司(天山)
2000	项目建设科技进步先进单位	市政府	江苏华能电缆有限公司(高邮) 市包装制品有限公司(高邮) 扬州市鸿信线路器材有限公司(开发区) 扬州市曙光电缆厂(菱塘) 江苏金飞达电动工具有限公司(卸甲) 扬州光明电缆有限公司(菱塘)
2000	自营出口先进单位	市政府	江苏金飞达电动工具有限公司(卸甲) 扬州天高旅游用品有限公司(临泽) 扬州俊发鞋业有限公司(汉留)
2000	发展私营个体经济优质服务单位	市政府	市乡镇企业管理局
2001	工业企业纳税大户	市委 市政府	江苏金飞达电动工具有限公司(卸甲) 扬州市曙光电缆厂(菱塘) 市助剂厂(高邮) 扬州市鸿信线路器材有限公司(开发区) 江苏日欣实业集团有限公司(高邮) 扬州市光华皮件制品有限公司(天山)
2001	个体经营纳税大户	市委 市政府	武宁叶枫制衣厂 市天达制衣厂(　) 市林丰制衣厂(　) 市红旗锌铝合金厂(甘垛) 市明龙轻工机械厂(　) 市华联电缆材料厂(　)
2001	招商引资功臣	市委 市政府	卞传骏(三垛机电元件厂) 马在朝(江苏沙龙制衣有限公司)(龙虬) 姜宏才(扬州天华光电科技有限公司)(天山) 朱庭俊(扬州樱花鞋业有限公司)(汉留)
2001	农业产业化先进龙头企业	市委 市政府	市双兔米业有限公司(周山) 市第二棉纺织厂(三垛) 市剥绒厂(甘垛) 市三湖蛋品有限公司(汉留) 市运东水产品加工厂(　)

续表 198

获得荣誉年份或授予时间	荣誉称号	授予单位	获得者
2001	工业经济十强奖	市政府	江苏金飞达电动工具有限公司(卸甲) 扬州市曙光电缆厂(菱塘) 江苏日欣实业集团有限公司(高邮) 市助剂厂(高邮) 市包装制品有限公司(高邮) 扬州市鸿信线路器材有限公司(开发区) 扬州市光华皮件制品有限公司(天山)
2001	工业经济发展奖	市政府	扬州市龙华塑料有限公司( ) 市双兔米业有限公司(周山) 江苏沙龙制衣有限公司(龙虬) 扬州樱花鞋业有限公司(汉留) 扬州市恒丰制衣有限公司(卸甲) 扬州市银河制衣有限公司(龙虬) 扬州市华富实业集团有限公司(高邮) 扬州市回民制衣有限公司(菱塘) 市卫星卷烟材料厂(高邮) 扬州亚光电缆有限公司(高邮)
2001	工业经济创新奖	市政府	扬州市曙光电缆厂(菱塘) 江苏华能电缆有限公司(高邮) 扬州市鸿信线路器材有限公司(开发区) 江苏日欣实业集团有限公司(高邮) 江苏金飞达电动工具有限公司(卸甲) 市助剂厂(高邮) 市卫星卷烟材料厂(高邮)
2001	工业经济自营出口大户	市政府	江苏金飞达电动工具有限公司(卸甲) 扬州希捷箱包有限公司(天山) 扬州天高旅游用品有限公司(临泽) 扬州俊发鞋业有限公司(汉留) 市神游羽绒制衣有限公司(高邮) 扬州市高光节能灯具厂(高邮)
2002	工业企业纳税大户一等奖	市委 市政府	扬州市曙光电缆厂(菱塘) 江苏金飞达电动工具有限公司(卸甲)
	工业企业纳税大户二等奖		市卫星卷烟材料厂(高邮) 江苏华能电缆有限公司(高邮) 市助剂厂(高邮)
	工业企业纳税大户三等奖		市包装制品有限公司(高邮) 市液压机电成套设备制造有限公司(汤庄)
2002	自营出口先进单位	市委 市政府	江苏金飞达电动工具有限公司(卸甲) 扬州天高旅游用品有限公司(临泽) 市天华皮塑厂(天山) 扬州希捷箱包有限公司(天山) 扬州俊发鞋业有限公司(汉留)
2002	工业企业十强奖	市政府	江苏金飞达电动工具有限公司(卸甲) 扬州市曙光电缆厂(菱塘) 市助剂厂(高邮) 市包装制品有限公司(高邮) 江苏日欣实业集团有限公司(高邮)

续表 198

获得荣誉年份或授予时间	荣誉称号	授予单位	获得者
2002	工业企业发展奖	市政府	市华宇兔毛厂（菱塘） 扬州市光明电缆有限公司（汤庄） 市新型纺机有限公司（汤庄） 市卫星卷烟材料厂（高邮） 市三湖蛋品有限公司（汉留） 江苏赛德电气有限公司电缆厂（郭集） 扬州市双兔米业有限公司（周山） 扬州市华润电缆有限公司（高邮） 市天宇鞋厂（临泽） 市声光器材厂（郭集）
2002	工业企业创新奖	市政府	扬州市曙光电缆厂（菱塘） 江苏金飞达电动工具有限公司（卸甲） 市助剂厂（高邮） 市卫星卷烟材料厂（高邮） 扬州市鸿信线路器材有限公司（开发区） 江苏日欣实业集团有限公司（高邮） 扬州市刘氏化工有限公司（八桥） 江苏华能电缆有限公司（高邮）
2003	工业企业贡献奖	市政府	江苏金飞达电动工具有限公司（卸甲）
2003	工业企业创新奖	市政府	江苏金飞达电动工具有限公司（卸甲）
2004	十佳创业之星	市委 市政府	于徐生（扬州市天宇鞋业有限公司）（临泽） 龙慧斌（江苏龙腾照明器材有限公司）（送桥） 杨晓妹（高邮苏豪茧丝有限公司）（菱塘） 管勇（市武宁叶枫制衣厂）（三垛） 戴茂华（扬州市华胜机电制造有限公司）（卸甲）
2005	十佳民营企业	市委 市政府	江苏金飞达电动工具有限公司（卸甲） 扬州曙光电缆有限公司（菱塘） 市卫星卷烟材料有限公司（高邮） 江苏华能电缆有限公司（高邮） 江苏沙龙制衣有限公司（龙虬） 江苏牛牌纺织机械有限公司（汤庄） 市包装制品有限公司（高邮） 市液压成套设备有限公司（汤庄）
2005	十佳创业明星	市委 市政府	倪云达（江苏顺大半导体发展有限公司）（天山） 徐卫东（市双兔米业有限公司）（周山） 杨卫平（扬州和益电动工具有限公司）（开发区） 戴顺民（江苏赛德电气有限公司）（郭集） 于徐生（扬州市天宇鞋业有限公司）（临泽） 茆玉斌（扬州市华润电缆厂）（高邮） 陈还喜（江苏朝阳气动液压机械设备有限公司）（汤庄） 陈维林（扬州恒丰制衣有限公司）（高邮） 张根金（扬州金马机电制造有限公司）（卸甲） 高和权（市三湖蛋品有限公司）（汉留）

续表 198

获得荣誉年份或授予时间	荣誉称号	授予单位	获得者
2006	十佳青年创业之星	市委 市政府	方先其(扬州市创新包装有限公司董事长)(高邮) 刘尚斌(扬州市神游羽绒制衣有限公司总经理)(高邮) 孙必胜(扬州市康乐机械有限公司董事长、总经理)(城南新区) 杨步翔(市华联制衣有限公司总经理)(高邮) 陶明(江苏华能电缆有限公司总经理)(高邮) 黄翠萍(女)(扬州市东阳制衣有限公司董事长、总经理)(菱塘) 鲁建才(扬州亚光电缆有限公司总经理)(菱塘)
2007	纳税十强企业	市委 市政府	江苏波司登制衣有限公司(开发区) 扬州曙光电缆有限公司(菱塘) 江苏金飞达电动工具有限公司(卸甲) 扬州东元铜业有限公司(周巷) 市卫星卷烟材料有限公司(高邮) 江苏顺大半导体发展有限公司(天山) 江苏沙龙制衣有限公司(龙虬)
2007	工业经济功臣	市委 市政府	郑连元(扬州曙光电缆有限公司董事长、总经理)(菱塘)
2008	纳税十强企业	市委 市政府	江苏波司登制衣有限公司(开发区) 扬州曙光电缆有限公司(菱塘) 江苏顺大半导体发展有限公司(天山) 江苏金飞达电动工具有限公司(卸甲) 市卫星卷烟材料有限公司(高邮) 扬州至上光电发展有限公司(天山) 扬州和益电动工具有限公司(开发区)
2008	工业经济功臣	市委 市政府	何其新(江苏波司登制衣有限公司总经理)(开发区)
2008	十大技能标兵	市委 市政府	陈增权(市恒源制衣有限公司服装定制工) 姚成林(扬州曙光电缆有限公司电线电缆制作工) 单毅飞(扬州佰缘机电设备制造厂数控车床工) 张国盛(江苏金飞达电动工具有限公司钳工)
2009	税收特别贡献奖企业	市委 市政府	江苏波司登制衣有限公司(开发区)
2009	纳税十强企业	市委 市政府	江苏金飞达电动工具有限公司(卸甲) 扬州亿泰纺织有限公司(城南经济新区) 江苏顺大半导体发展有限公司(天山) 扬州曙光电缆有限公司(菱塘) 市卫星卷烟材料有限公司(高邮) 江苏华富能源股份有限公司(高邮) 扬州光明电缆有限公司(菱塘)

续表 198

<table>
<tr><th>获得荣誉年份
或授予时间</th><th>荣誉称号</th><th>授予单位</th><th>获得者</th></tr>
<tr><td>2007—2009</td><td>劳动模范</td><td>市政府</td><td>于徐生(扬州天宇鞋业有限公司董事长)(临泽)
代云飞(江苏华富控股集团有限公司研发中心主任)(高邮)
刘尚斌(扬州神游羽绒制衣有限公司总经理)(高邮)
刘爱军(扬州华尔光伏科技有限公司总工程师)(甘垛)
朱德秋(扬州宏远电子有限公司高级经济师)(开发区)
陈正明(江苏苏发照明实业有限公司董事长)(郭集)
陈正霞(女)(扬州日兴生物科技股份有限公司班长)(高邮)
陈有新(扬州红旗电缆制造有限公司董事长)(菱塘)
陈桂香(女)(江苏波司登制衣有限公司职工)(开发区)
吴有还(扬州高标机械有限公司董事长)(汤庄)
茆玉斌(江苏润华电缆股份有限公司董事长)(高邮)
韩福庆(江苏顺大半导体发展有限公司设备部部长)(天山)
陶　明(江苏华能电缆股份有限公司总经理)(高邮)</td></tr>
<tr><td rowspan="5">2010</td><td>工业经济工作先进单位一等奖</td><td rowspan="5">市委
市政府</td><td>天山镇
高邮镇
高邮城南经济新区</td></tr>
<tr><td>工业经济工作先进单位二等奖</td><td>高邮经济开发区
郭集镇
甘垛镇</td></tr>
<tr><td>工业经济工作先进单位三等奖</td><td>菱塘回族乡
汉留镇
汤庄镇
三垛镇</td></tr>
<tr><td>税收特别贡献奖</td><td>江苏波司登制衣有限公司(开发区)</td></tr>
<tr><td>纳税十强企业</td><td>江苏顺大半导体发展有限公司(天山)
江苏金飞达电动工具有限公司(卸甲)
江苏华尔光电材料股份有限公司(开发区)
扬州曙光电缆有限公司(菱塘)
扬州升达集团(开发区)
市卫星卷烟材料有限公司(高邮)
江苏传艺科技有限公司(开发区)
市迅达工程机械集团有限公司(车逻)
扬州一洋制药有限公司(开发区)</td></tr>
</table>

信访议案

人大代表建议

一、建议名称:关于对乡镇企业运行质量进行普查的建议

提建议人:韩立耕、杨文华、于徐生等11人

建议内容:市政府工作报告已经提出注重企业经济运行质量。但是目前乡镇企业运行质量到底如何?建议市政府组织地工局、经委、科委、计委、农工部、审计、环保等部门,对全市乡镇企业运行质量情况组织一次普查,以便市政府针对实际情况分类领导和指导。

答复内容:目前,我市乡镇企业经济运行质量到底如何?这是各界人士普遍关注的问题。

我们每年都采取重点调查和典型分析相结合的方法,定期或不定期地向市委、市人大、市政府、市政协汇报。但对全市乡镇企业来说,反映不够全面,每个企业的状况不够清晰,且不可避免地存在着人为的隐亏盈、瞒家底的情况。

普查确是一个好方法,但这需要投入大量的人力、物力和时间。这对我市来说,目前条件还不太具备。

当前,全市各企业正在进行一场改制,乡镇企业也不例外。在改制基础工作中,一项重要的内容就是清产核资。对企业进行清产核资,实际是一次盘实企业家底,摸清企业生产经营盈亏的重要举措。因此,我们认为这项工作实际是一次企业经济运行质量的大普查。

目前,我市乡镇企业改制工作正向纵深发展,不久,全市乡镇企业经济运行质量到底如何将见分晓。

1996年7月30日

二、建议名称:关于对革命老区给予优惠政策倾斜的建议

提建议人:周友道等6人

建议内容:川青是革命老区的集镇。多年来,粮、棉、油生产一直保持全市上等水平,但工业生产发展缓慢,主要是缺少资金投入。建议市政府在优惠政策上给予倾斜,确保全市经济总量平衡发展,使老区迅速改变面貌。

答复内容:随着市场经济的发展,针对乡镇企业的优惠政策已日益减少,乡镇企业同其他企业一样,作为市场主体已面临着同等竞争,加之银行走向商业化,作为政府行为的所谓优惠政策已显得既不合适,又无力度。

川青镇工业曾经有过一段辉煌的历史,但近些年来,工业生产发展缓慢,出现了一些前所未有的难度,我们认为原因是多方面的。如基础问题、企业运行机制问题、产品结构问题等。因此,投入资金给予优惠政策固然重要,但对于真正促进乡镇企业发展来说,还要根据各地实际情况,找出问题所在,拿出切实可行的措施。

像川青一样,全市还有部分乡镇也出现不同程度的难度,如营南、司徒等。多年来,市委、市政府及市有关部门对这些困难部位十分关注,如20世纪80年代中期的“支工致富”、90年代初的“市有关部门与滞后乡镇挂联”及现在的“三引两帮一参与”的“两帮”。尽管这些未必能使一些乡镇满意,但不断地努力促进贫困乡镇发展的作用和成绩是毋庸置疑的。因此,我们相信,帮扶贫困乡镇必将成为一项战略

措施继续坚持下去。

为此,在各乡镇及其企业的自身努力下,我们将和其他部门一道,尽最大的努力给予服务、帮助和支持。

1996 年 8 月 1 日

三、议案名称:关于要求返还乡镇原农具厂(钢瓶厂)社会统筹养老金的议案

提议案人:谢春才、苏延祥等 10 人

议案内容:乡镇农具厂原属市大集体性质,直属市地方工业局,工资标准由市批,性质大集体,并对各乡镇农具厂进行了养老统筹。后随着体制改革,宣布下放乡镇所有。

我镇钢瓶厂,在市属期间共向市地方工业局上缴 60 多万元,直到 1996 年才未缴。但目前该厂 139 位退休人员工资无法着落,目前为保稳定,已由政府按月按地方工业局所定标准执行发放,实难保证。现特要求市地工局返还这部分资金。

盼答复。

答复内容:关于所谓“养老统筹金”是 20 世纪 70 年代在全县 22 个农机具厂(大集体性质)之间的一种资金统筹,属历史遗留问题,已于 1996 年随着改革而按照市政府 151 号文件精神解决。

事实上,界首农具厂当时搞得比较好,缴纳的统筹金也比较多。基于这个原因,我们在解决这个问题时,与界首党委、政府负责同志多次磋商,并达成了默契,即由乡镇企业局每年对界首农具厂给予力所能及的补贴。

市政府非常重视这个遗留问题,也从这个实际出发,在对界首农具厂债务处理问题的时候,给予了充分的考虑和实质性的帮助。

乡镇企业局将按照这次答复精神,处理和尽力解决这一问题。

2005 年 9 月 19 日

政协委员提案

一、提案名称:举全市之力,打造精品大外环

提提案人:政协工交组

提案内容:(摘录)1. 强化外环产业带的领导力量。外环产业带行政上涉及“两区三园”共三镇两区,由于从各自局部利益出发,容易造成产业布局和功能设置上的“小而杂”“小而全”的缺陷。因此非常需要有强有力的领导力量,从全市整体利益和长远利益出发,严格按照规划组织协调各方力量,共同开发建设外环带。

2. 强化外环产业带的科学规划和规划的严肃性。外环产业带应当从城市新区和工业集聚区上去定位。要科学规划产业布局,形成产业特色,合理划分功能区域,使外环产业带形成一个和谐发展的整体。在规划问题上,应当树立“规划引导投资,克服投资左右规划”的理念。

3. 强化外环产业带的基础设施的高投入。我们建议政府拿出适量的资金来引导各方投资,供电、电信等部门也应当积极向上争取纳入上级部门的规划,落实资金及时配套,同时有关单位和部门也应当积极包装项目向上争取资金和对外招商引资,尽快完善外环产业带基础设施,为产业集聚打造好发展平台。

答复内容:1. 进一步加大对今年市委常委、副市长听取的“园区建设专线小组汇报”纪要的宣传和执行力度;

2. 牵头召集经贸局、建设局、国土局、环保局、财政局、水务局、发展计划局等部门进行会商，共同提出"加强外环产业带的统一领导，着手制定外环产业带规划"的实施方案，提交市政府常务会议讨论决定。

2005 年 4 月 13 日

二、提案名称：加快园区建设的建议

提提案人：徐龙海

提案内容：(摘录)近年来，市委、市政府大力实施"218"工程，加快市开发区、鸭业园区、外环产业带和乡镇工业园区建设，不断增强园区创业功能、集聚功能，以区带园的超常规、跳跃式发展推进全市追赶式发展。但是，园区之间发展不平衡，与发达地区相比，与"干 05、冲百十"要求相比，我市园区建设还有一定差距，必须进一步加大园区建设力度，加快园区建设步伐。

1. 进一步确立园区的战略发展地位。必须在指导思想上进一步确立园区的战略发展地位，在政治上、财力上、人力上重点加强园区建设，凝聚全市的力量支持、促进园区加快发展，努力把园区建成对外开放的窗口、经济腾飞的龙头、体制创新的示范。

2. 进一步加强园区管理。要适应市场经济运行规律，简政放权，进一步赋予工业集中区相应的事权、人权和财权。市政府批准确认的乡镇工业园区，要全部建好园区独立的法人机制，并真正运作到位，使工业集中区有职有权，加快发展。其他乡镇工业园区，有条件的也要按照独立法人的要求加快运作。

3. 进一步创新园区加快发展的思路。要统筹考虑工业园区的整体布局，从各地实际出发，强化建设特色园区、品牌园区，推进产品集聚、产业集聚、资本集聚、企业集聚。要立足项目立园、招商兴园，放手加快工业园区项目建设，力争招商引资的项目全部落户在工业集中区。引导鼓励大企业领办工业园区，加快产品延伸和产业聚集，依托大企业带动大产业。从全市大局出发，按照财政分成不变、统计口径不变、招商考核不变的办法，打破区域、部门界限，进一步加快产业、项目特别是外资向开发区、外环产业带和各类特色工业园区集聚。

4. 进一步加快园区基础设施建设。各地每年都要从比较拮据的财政中挤出一定数额的预算外资金投入园区基础设施建设。乡镇集镇开发所得要全部投入园区建设。要积极吸引民间资金、引进外来资金投入建设园区。要围绕园区特色，建设与产业发展相适应的基础设施。针对当前宏观调控形势，挖掘土地存量潜力，全部置换到园区，加快扩大园区建成区面积。

5. 进一步加大园区标准化厂房建设力度。按照市场化运作的思路，综合采取行政推进、招商引资、跨业投资、企业扩张、合股合作、资产重组、公司运作等方法，加快标准化厂房建设速度，加强对标准化厂房建设工作的推进和督查。

答复内容：(一)市委、市政府高度重视区带园建设

2 月 22 日下午，市委常委、副市长专门听取园区建设专线小组工作情况汇报，对 2005 年园区建设工作作出研究部署。

1. 统一思想，强化园区战略发展地位。加快建设工业园区，是为招商引资、全民创业打造载体、构筑平台、拓宽跑道，是我市实施追赶式发展的重要战略举措，对富民强市将会产生重大而深远的影响，近几年的实践证明是正确的、必然的选择。全市上下要进一步认清加快园区建设的重要战略意义，真正把园区作为富民强市的增长极、实施"两全"的平台、可持续发展的示范来抓，领导精力、人财物力、舆论支持进一步投向园区建设，全力推进园区跨越发展。

2. 加强领导，理顺园区管理体制。市委、市政府对园区建设进行通盘谋划，制定有关政策，研究解

决重大问题。园区领导小组与标准化厂房建设领导小组合并,办公室设在乡企局,抓总负责部署、落实、协调、督查全市园区建设和标准化厂房建设工作,对两个区(市开发区、鸭业园区)、十一个园(包括甘垛工业园)、九个集中区(与各乡镇对接后进一步确认)一并列入统计管理,形成周办公、月督查、双月汇报工作机制。加强对外环产业带的具体指导,两区三镇要主动呼应、衔接,集中精力建设大外环,发展、放大开发区,加快外环产业带的形成与凸现。由园区领导小组、市委副书记殷兴盛和市委常委、常务副市长张安龙共同负责,加强对大外环的规划管理,重点抓好环境打造、品味提高,努力建设新型的高邮城市。各乡镇党、政主要负责人是乡镇工业园、工业集中区建设的第一责任人,围绕加快园区建设,要把科学发展理念与经济可行、现实操作有机结合起来,努力做到高水平定位、高起点规划、高强度投入、高质量建设、高效率管理,进一步把园区建设成追赶式发展引资最多、投量最大、发展最快的增长板块。

3. 锁定园区建设目标,为“干05、冲百十”争作贡献。围绕“干05、冲百十”,各地、各条战线都要细化、落实各项工作的奋进目标,园区建设要率先体现确保全市“百十”目标不动摇。2005年全市园区要完成营业收入80亿元,工业增加值21亿元,利税4亿元,其中利润1.5亿元,园区经济总体上占全市乡镇工业55%左右;基础设施投入1.8亿元,新增开发面积6800亩;引进外资4500万美元以上,民资15亿元以上,入园企业投入18亿元以上;入园项目300个,其中亿元项目2~3个,5000万元至亿元项目4个,2000万元~5000万元项目12个,1000万元~2000万元项目30个;标准化厂房建设确保50万平方米,争取60万平方米。

4. 创新思路,着力破解土地、资金难题。土地、资金瓶颈是区域经济发展的两大难题,谁破解得好,谁发展就快。这几年的追赶式发展积累了许多的经验,说明我们有能力突破瓶颈、办好高邮的事业。要在破解用地矛盾上下细功夫,调剂现有存量,大力复垦土地,包装集体用地,严格投资强度,建设多层厂房,千方百计保证用地。在用地问题上绝不能一般化、简单化,要坚决克服随意性,加强教育引导工作,高度重视化解用地矛盾。要下决心解决资金问题,加强银区对接,探索土地抵押贷款,运作经营地块,大力引进外来资金,推广花王村做法。要学习扬州开发区建设的经验,开动脑筋,善于运作,创新办法,加快园区企业化管理、公司化运作、市场化经营。

5. 优化服务,形成推进园区建设合力。全市上下要进一步关心、聚焦区带园建设,按照“四通四办”的要求,扶持、挂钩、服务园区建设,努力提供优质服务,反对机械执法,杜绝合法干扰。要梳理好、执行好各级出台的加快园区发展的优惠政策,努力降低对园区建设的各项收费,重点加强外环产业带争取上级政策的研究、对接,促进两区三镇加快发展。在市委、市政府加快工业发展18条政策意见的基础上,对园区建设考核作适当调整,由乡企局牵头,考核标准化厂房建设(20分)、基础设施投入(15分)、营业收入(15分)、利税(15分)、入园企业数(10分)、入园企业投入(15分)、开发面积(10分)等7项指标,按照完成目标比例计分,设一等奖1名,二等奖2名,三等奖3名,分别奖励10000元、5000元和3000元,促进各园区比学赶帮,为“干05、冲百十”作出新的更大的贡献。

(二)工业园区基本情况

除市开发区以外,我市乡镇工业园2001年下半年开始规划建设。2002年7月,郭集、金飞达、菱塘、天山、龙虬、三垛、车逻、高邮镇等8个工业园规划通过市政府组织的评审并经市政府批准确认。2003年初临泽、汉留镇工业园和市鸭业园区开始规划,7月份通过评审,予以确认。11个工业园区总规划面积26274.5亩,规划时间至2015年。按照打造招商引资载体的要求,围绕建设特色园区,郭集规划为灯具工业园;金飞达规划为电动工具工业园;菱塘规划为电线电缆工业园;天山规划为箱包工业园;龙虬规划为轻工服装工业园;三垛规划为轻纺工业园;车逻规划为轻工机械工业园;临泽规划为鞋业工业园。

2003年2月份，郭集、金飞达、菱塘、天山、龙虬、三垛等6个园区被扬州市政府命名为“扬州市乡镇企业示范园区”。郭集、金飞达、高邮镇工业园和市鸭业园区建立了具有独立法人资格的园区管理服务机构。

至去年年底，市政府批准并列入统计的11个工业园区累计开发面积11325亩，投入基础设施建设资金2.33亿元，446个项目入园，入园企业总投入20.3亿元，建设标准化厂房32.5万平方米，成为全市追赶式发展引资最多、投量最大、发展最快的增长板块。其中2004年开发面积4520亩，基础设施投入0.996亿元，180个项目入园，入园企业项目投入8.07亿元，全年实现营业收入40亿元，利税2.1亿元，分别占全市乡镇工业的31%、34%。

据统计，今年1—5月全市各工业园区（包括市开发区）累计开发面积1994亩，投入基础设施建设资金5990万元，入园项目105个，建设标准化厂房17.1万平方米，企业总投入8.55亿元。各园区完成产值32.7亿元，占全市乡镇工业总量的44.5%；实现营业收入30.8亿元，占总量的57%；工业增加值6.5亿元，占总量的38%；利税1.55亿元，占总量的43.8%。

（三）今后区带园建设工作重点

一是制定完善各项优惠政策。工业园区建设的关键是吸引投资者，要达到这个要求，就要发挥政策优势，政策优势发挥得好，其吸引力就越大。事实证明，哪里政策门槛越低、资本的回报率越高，哪里的吸引力就越大，这已成了一条规律。我市扶持园区建设的政策主要是四个方面：首先是审批方面的政策。对进园企业兴办的各类项目除享受绿卡项目的各项优惠政策外，有关部门对企业办理营业执照、卫生许可证、税务登记等只收取工本费，并及时给予办理。其次是贷款方面的政策。各金融部门加大对园区建设的支持力度，积极扶持产品适销对路、经济效益好的进园企业上规模、上档次、上水平。再次是建立重大项目建设基金。重点扶持园区引进的工业项目，提高项目建设的成功率和建设进度。第四是建立小额贷款担保基金。我市有很多企业由于处于起步阶段，存在着资金紧缺的共性问题，这些企业由于缺少实力和信誉，到金融部门贷款比较困难，而政府筹措担保资金，无疑是为这些企业雪中送炭，为他们解决发展中的难题，调动他们把企业做大的积极性。此外，对省、扬州和市里制定的各项优惠政策，各地、各部门都要认真研究，熟悉条文，掌握实质。同时根据本地、本部门实际，根据新形势的发展需要，完善各项配套措施。我们的政策要让客商投资放心、办事顺心、生活宽心、赚钱舒心。

二是形成推进园区建设的强大合力。各职能部门要从全市经济发展的大局出发，从“干05、冲百十”的大局出发，想基层之所想，急基层之所急，帮基层之所需，聚焦园区建设，支持园区建设，投身园区建设，努力营造良好的园区建设环境。财政部门要按照市委、市政府的要求，做好重大项目建设基金和担保基金的筹措，为园区建设提供坚强的资金保证；国土部门要总结经验，开拓工作思路，用足用活土地政策，千方百计保障用地，特别对市重大项目紧抓不放，开通绿色通道，明确专人，跟踪到位；规划建设部门要从各园区的区位、交通、土地、资源、产业等的实际出发，帮助制定园区发展规划，做到因地制宜、科学合理、适度超前、注重特色；行政服务中心着力抓好近期开展的六项服务：扩容服务、引导服务、上门服务、跟踪服务、向上争取服务和监督服务，规范行政许可行为，提高行政许可效率，营造一流政务服务环境；供电、供水、广电、电信等部门，要继续积极支持园区的基础设施建设，在管道敷设、杆线迁移、线路架设等方面为园区做好贴心服务；其他各相关部门，都要结合自己的工作职责，创新思维，换位思考，时刻胸怀大局，始终牢记发展，设身处地地帮助园区解决发展中的难题，真正把投资软环境打造得过硬、更优。年初，市委、市政府明确了16个部门和5个专业银行分别挂钩帮扶11个园区，各部门已经有所行动，下一步要加大帮扶力度，沉下身去，把园区建设当作自己的工作任务，使帮扶收到实实在在的效果。

三是加大园区建设督查力度。园区建设办公室要每月对各地的园区和标准化厂房建设进展情况进行一次督查和上报。市里将加大对园区建设的督查，检查各园区进展情况，对园区提出的问题，有关部门当场给出解决办法，当场不能解决的限时解决，并将结果在下次会议上通报。对各园区的考核，根据出台的园区建设考核办法，主要考核七项指标：标准化厂房建设、基础设施投入、入园项目数、入园企业投入、开发面积、营业收入和利税，促进各园区比学赶超，加快发展。

四是建立独立法人机构。近年来，我们一再要求，各园区要按照“产权清晰、权责明确、政企分开、管理科学”的要求，建立独立的法人机构，实行公司化运作。但到目前为止，除开发区、鸭业园区、高邮镇工业集中区、郭集镇工业集中区、卸甲镇金飞达工业集中区建立了独立法人机构外，其他大部分园区还没有建立。我们要求到今年9月底前，扬州市以上示范园都要建立独立法人机构；具有一定规模的园区在年底之前尽量建立；其他起步比较晚的、基础比较差的园区也要创造条件，在明年上半年逐步建立独立法人机构。园区建设办公室负责这件事的协调和督查，并指导园区办理独立法人机构事宜。取得独立法人资格后，各乡镇要明晰政府与园区的关系，尽快使园区机构正常工作，真正实行政企分开，权责明确。政府主要负责园区的发展规划、功能定位、政策制定等，不具体干预园区的经营管理；各园区要按照企业化管理的要求，独立核算，自负盈亏，以市场为导向，公司化运作为手段，通过多元化投入，开展向社会融资、开发和租售标准化厂房等一系列经济活动，使园区建设逐步走上市场化运作的轨道。

为从全市大局上更好地推进园区建设，市里将按照产业聚集的要点，把握重点，统筹规划，在人力、物力、财力上向重点园区倾斜，推动重点园区加快建设，提高影响力、辐射力，从而有效地带动全市园区建设的跨越。对重点园区的推动，主要分三个层次。

第一个层次，是外环产业带。以开发区为龙头，完善外环产业带发展规划，研究相关配套政策，集中力量建设大外环，推进重大项目、外资项目向外环集聚，加快外环产业带的形成与凸现。秦邮路两侧都可以看作是高邮经济开发区，高邮镇工业集中区、鸭业园区是高邮开发区南区，龙虬镇工业集中区是开发区东区，市级机关各部门单位引进的项目，要优先考虑，重点倾斜，落户开发区、鸭业园区。两区三镇要主动呼应、衔接，高邮镇、龙虬镇、卸甲镇的工业集中区要沿着外环产业带延伸下去，放大开发区效应。

第二个层次，是扬州示范园区。郭集、卸甲、菱塘、天山、龙虬、三垛这6个扬州示范园区，要按照“园区规划定位科学、基础设施功能完善、产业结构特点鲜明、服务体系优质高效”的原则，谋划实施自己的园区发展路数，重点抓好打造环境、提高品位、树立形象，加快基础设施和项目建设，加大资源整合力度，促进生产要素集聚，真正发挥扬州示范园区的示范作用。

第三个层次，是特色园区。各园区要搞好自己的园区定位，培植自己的特色产业，催生自己的龙头企业，合拢自己的企业集群，形成自己的竞争优势。车逻的轻工机械园、临泽的鞋业园、汤庄的液压机械园、送桥的灯具园、周巷的木业园等都要把自己的优势发挥到极致。没有明显产业特色的园区则要千方百计创造条件，努力建设特色园区。

2005年7月1日

人民来信来访

一、信访主题：马棚人民呼吁帮助马棚发展工业

答复内容：比较而言，马棚工业较差众所周知。1992年，该乡乡办厂实现产值462万元，销售368万元，而亏损就达32.2万元。拥有固定资产194.97万元（原值），欠贷却达209.61万元，其中有201.71万元呆滞。可以说，这样的家底和现状，使马棚乡工业战线上的广大干部、职工负重难行，力不从心。为此，马棚乡人民向社会、向政府大声疾呼，请求在项目、资金、技术等具体方面支持、帮助马棚工业。

带着这个意见,我们作了一些调查和分析。我们认为:1. 马棚工业的现状,是历史的、多方面的原因所致。应当客观地评价马棚乡前一阶段的工作,同心协力,共同为马棚经济的发展出谋划策,善意地提出建设性的意见、方法和措施。一切对该乡的指责、不问及冻结贷款的做法都是不切实际、且不负责任的。2. 以马棚工业来与武安等乡相比,就好像拿我们去比苏南一样不可比。不同的历史基础,不同的自身素质,差距较远,比而灰心。我们应当辩证地看问题,不但要认识自身的不足,更应看到自己的闪光点。只有这样,才能充满信心,丢掉自卑感,走一条具有本地特色的路子。3. 工业的发展,并非都能跳跃式,一镐挖不出一口井。尤其像马棚乡这些比较后进的地区,办工业更应求稳,发展更需适度。4. 俗话说:条条道路通罗马。工业不是发展农村经济、实现农民致富的唯一途径。应着眼全乡经济,采取多头多路,几个产业并举,根据本乡实际,着力抓重点,求得突破,从而促进和带动全乡经济全面发展。

因此,我们建议:

1. 加强该乡的领导班子建设,逐渐形成一支思想统一,认识一致,团结善战,勇于创新的战斗集体。领导班子不在于某个人的素质水平,关键是集体的力量是否一致?整体功能是否发挥?

2. 切实做好企业领导人的配备工作,坚持完善激励机制和竞争机制,选择和招聘有事业心、有开拓精神的能人上岗。既鼓励人才流动,更应千方百计吸引人才。要根据实际情况,制定一些优惠政策,防止人才再流失。

3. 根据马棚乡的现实,应从全乡经济战略高度出发,发挥产业优势、地理优势、资源优势,扬长避短,实行稳步发展工业,大力发展第三产业(如饮食服务、汽车加油、客货运输等),积极发展建筑业,加快发展农副产品贸易市场,多方位并进,开辟致富渠道,增加农民收入,活化财政,从而促进工业逐步上台阶。

4. 工业生产切忌急功近利。马棚工业应承认事实,正视现实,首先要稳步发展,其次要扭亏为盈。每年必须进行一些适度技改,选择切实可行、短平快的好项目,达到投资少、见效快、收益高。坚决杜绝亏损产品的继续生产,改变现在的"一贯制"老产品结构,以经济效益为中心,打破抱残守缺的思想,勇于调整,逐渐提高。

5. 市级做好部门挂钩帮扶工作。首先,市领导应有目的地进行蹲点,加强力量,组织协调;其次,选择相适应的部门、企业与之挂钩,解决一些实际问题,提供一定的政策、技术、管理、人才方面的援助;第三,金融部门应丢开既定的印象和观念,经充分论证对现在的好项目、好产品、有发展前途的企业,应解冻放贷,给予适当支持,促使该乡工业出现新的生机。

建议仅供参考。此复。

1993 年 5 月 31 日

二、信访主题:原乡镇农机具厂职工对"企业改制"问题的上访

答复内容:(一)原乡镇农具厂概况

在高邮原各乡镇农具厂中,有 22 家属大集体性质,其中登记在册的总人数为 2577 人。据有关资料统计,1984 年之前经市劳动局核批的集体工 1585 人,1992 年以前经市劳动局批准的合同制工 992 人。具体分类见附表。

(二)关于农具厂的改制情况

自 1996 年市人民政府 151 号文件出台后,各农具厂所在乡镇分别对农具厂进行了改制。在对农具厂实行改制和 151 号文件执行过程中,各乡镇一般都根据本乡镇的实际情况,采取了灵活、多样、比较切合实际的措施,虽然也出现了如同其他改革措施出台一样遇到了矛盾和阻碍,但结果是绝大部分乡镇都相安无事。但由于 1. 乡镇与乡镇之间的执行差异,如龙虬是全买断,送桥是部分买断,三垛是不买断;

2. 退休由于时段不同带来的性质差异,如 1996 年之前退休发当时地工局退休证,1996 年后退休发各乡镇退休证;3. 改制时的生活标准与现行标准提高的差异,一些乡镇发放的退休工资未达到最低生活标准等,而带来部分职工对改制结果一直不满,以致频频上访。

(三) 几点建议

1. 我们认为要进一步认识农具厂改制的必要性,基本认可改革的措施和结果,保持 151 号文件执行的连贯性,防止改制出现回潮和反弹。

2. 各乡镇要认真重视和充分体慰改制后农具厂职工的生活和困难,对农具厂改制所带来的矛盾及遗留问题要加大力度切实解决到位,在财力允许的情况下,要适当考虑逐步增加退休职工的工资,一般要保证不低于现行的最低生活保障线标准。

3. 市劳动、社保部门可根据这一实际,适当放宽投保政策,对退休年龄之前的自愿个人出资投保者,一律给予投保。

2006 年 12 月 21 日

2006 年高邮原 22 个农机具修造厂集体、合同工人员基本情况统计表

表 199　　单位:人

年龄段	性质				合计
	集体工	其中		合同工	
		男	女		
60 以上	586	512	74	51	637
50 ~ 60	808	623	185	248	1056
50 以下	191	113	78	693	884
合计	1585	1248	337	992	2577

三、信访主题:原乡镇农机具修造厂大集体性质退休职工要求提高待遇

答复内容:接到市长批示件〔夏 176 号〕后,我局十分重视,第一时间联系了写信人和汤庄镇政府分管负责人、企管站负责人了解情况,并召开了相关人员座谈会。具体情况如下:

(一) 基本情况

1. 信访者谢国鼎等人为原沙堰乡农机具修造厂(大集体性质)退休职工(持有原地方工业局所发退休证)。1996 年企业改制后,平均每人领取生活补助 200 元/月至今,现要求提高待遇。信中所述江都、宝应的做法,经与江都、宝应中小局联系暂未找到相关依据。

2. 经初步沟通,汤庄镇政府分管负责人表示将专题研究该问题,争取在元月中下旬给予答复。信访者表示理解市、镇政府的困难,但希望能尽早解决问题。

(二) 建议

1. 督促乡镇政府在处理同类问题时,严格执行市政府处理乡镇农具厂退休职工信访问题的六条意见(徐永宝副市长 2007 年 11 月 2 日"在化解部分乡镇农具厂退休职工信访问题工作会议上的讲话"),切实做好解释工作,落实相关待遇。

2. 市政府尽快出台一揽子解决方案,按照市、镇(乡)、个人分担原则,纳入社保范围,彻底解决这一多年的信访难题。

2010 年 1 月 5 日

四、信访主题：群众反映部分企业违规建设炼铁小高炉

答复内容：今年来，有群众向省政府反映我市部分企业违规建设炼铁小高炉，有关领导作了重要批示，省经信委下达了《关于调查核实人民来信反映有关情况的函》，我委配合省和扬州经信委赴汉留、甘垛、三垛 3 个乡镇，就反映的有关违规建设炼铁小高炉情况进行了调查。现将有关情况汇报如下：

（一）来信所涉企业实际情况

经查实，来信反映即三垛镇的扬州市金海铸造有限公司、甘垛镇的高邮市凯鑫金属机械有限公司、汉留镇的扬州市新邮特种铸造金属制品有限公司和高邮市万利铸业有限公司四家企业的五座炼铁小高炉。依据现场调查及相关镇政府、企业提供的材料，事实是：扬州市金海铸造有限公司为铸造零部件生产企业，其创新研制的“短流程”节能新工艺，合理先进，处于国内领先水平；高邮市凯鑫金属机械有限公司因无铸件生产且能耗高、污染严重，该厂已被列入 2011 年关闭“三高一低”和“五小”企业计划，将在年内实施关闭；汉留镇的高邮市万利铸业有限公司和扬州市新邮特种铸造金属制品有限公司（下称新邮公司）存在铸件生产与炼铁生产能力不匹配，特别是新邮公司仍然在建的炼铁小高炉与国家产业政策和节能减排的要求不符。

（二）新邮公司违规建设情况及处理建议

新邮公司有两座 108 立方米炼铁小高炉，一座已经建成，另一座在建，经查该项目 2010 年 7 月以 5.2 万吨金属铸件扩产在我市发改委备案（邮发改备字 2010 第 333 号）。去年十月市质监局因群众举报新邮公司非法生产国家明令禁止的“地条钢”，立即进行了查处。同时责令新邮公司完善环保、节能审批手续，纠正未批先建违规行为。对此环保部门作出了不予行政许可的决定。新邮公司主要违规行为：一是项目在未获得环保、节能行政许可的情况下擅自开工建设；二是项目建设内容不符合备案通知要求，擅自新建两台炼铁小高炉违背国家产业政策。根据省和扬州市经信委现场督查要求，建议：1. 提请市政府责成项目备案部门市发改委牵头，市经信委、质监局、环保局、工商局等相关部门参加，联合执法，依据江苏省人民政府文件（苏政发〔2005〕38 号）《江苏省企业投资项目核准暂行办法》第十九条中“（一）在项目申请过程中提供虚假材料或者隐瞒事实情况的；（二）未按备案内容进行建设的”之规定责令新邮公司，采取有效措施，立即停止在建炼铁小高炉建设，对已经建成的炼铁小高炉在铸件生产能力不能与之匹配之前，不得投入生产。2. 新邮公司如逾期不改，仍继续违规生产，提请市政府责令停止该项目建设，并停止供电，市发改委撤销对项目的备案，其他相关部门依据相关法规实施行政处罚。

2011 年 3 月 25 日

五、信访主题：“上海市民”反映高邮农村占地问题

答复内容：接到“上海市民”来信，我委立即与三垛镇政府通报联系，并实地走访调查，所查事实与来信反映不尽相符。现将调查情况报告如下：

（一）调查事实

据“上海市民”《高邮农村占地》反映：“听说，最近还要在高邮市三垛镇东俞村建一座钢铁厂，目前正在与当地农民谈征地的事情。”事实是：高邮市三垛镇东俞村没有在建的钢铁厂，也不会新建钢铁厂，只有一座已建的专业生产铸造零部件的“扬州市金海铸造有限公司”（以下简称金海铸造）。

（二）“金海铸造”情况简介

1. 历史溯源。金海铸造创建于 1989 年，公司原址在高邮市城区，2009 年，按照市“退城进园”的要求，搬迁至三垛镇工业集中区（三垛镇东俞村），厂区占地约 100 亩，实现当年部分投产。

2. 铸件规模。金海铸造拥有110立方米高炉一座，5吨、10吨中频感应电炉各一台，10吨、20吨树脂砂生产线各4条，现年生产铸件能力5万吨。

3. 先进工艺。金海铸造自主创新研制了“短流程”新工艺，其高炉冶炼炉料合理选用搭配，综合利用废钢渣等工业废料，控制冶炼过程，孕育处理批量生产了HT200、HT250等牌号机械结构铸件。

4. 专家推荐。金海铸造现为中国铸造协会会员。在2010年10月“扬州市金海铸造有限公司短流程工艺及发展方向研讨会”上，与会的专家教授对金海铸造的“短流程”工艺给予了充分肯定，认定其具有节能、减排、降低铸造成本等明显优势，环保、排放等各项指标达到国家相关标准要求，工艺合理先进，处于国内领先水平。扬州市经济和信息化委员会推荐申报“短流程工艺铸铁件示范项目”，专家建议：“该公司根据市场需求扩大铸件生产规模和水平，用于短流程工艺生产的数量。省、市应加大支持力度，建成以金海铸造公司为核心的铸造工业园区。”根据市场需求和专家意见，为了充分发挥短流程工艺优势，有效利用高炉铁液，金海铸造计划加大技改投入，将建成年产铸件10万吨、产值10亿元的现代化铸造企业。2010年底，金海铸造“短流程工艺生产铸铁件示范项目申报材料”已上报至中国铸造协会。

2011年4月6日

边际文档

高邮县人民政府《关于调整中小农具销售价格的通知》(摘要)

各公社管委会，各公社农机修造厂、农具厂、基层供销社：

我县中、小农具的现行销售价格是一九六六年核定的价格，生产单位亏损长期以来一直由财政进行补贴。根据省人民政府苏政发(1981)114号《关于贯彻执行国务院(关于木制品价格安排的通知)的几项规定》，决定适当提高中、小农具购销价格和省物委、地区物价局调整中、小农具价格的平衡意见，对我县一百六十四个品种的铁、木、竹、柳中小农具销售价格，作了适当调整(具体价格见附表)。

调整的中、小农具价格于一九八一年九月一日执行。

一九八一年八月二十八日

附：高邮县中小农具销售价格调整表

高邮县中小农具销售价格调整表

单位：元

品名	规格	单位	调整前销售价格	调整后销售价格
改良大锹	无柄	斤	0.58	0.70
包锹	长9.3寸、口宽5.5寸，桑树头，包括箍局	把	2.74	3.43
插锹	长1.1尺、口宽5.5寸，桑树头，包括箍局	把	3.04	3.83
蒲锹	2.5斤以下，脱白	斤	0.455	0.56
灰叉	净重3斤左右	斤	0.40	0.51

续表

品名	规格	单位	调整前销售价格	调整后销售价格
钉钯	净重2斤以下	斤	0.425	0.56
奔锄	重1.3斤	把	0.83	0.99
草锄	重1.25斤,大号	把	0.77	1.00
草锄	重1斤,二号	把	0.72	0.91
大镰刀	重0.45斤,长28-30公分,二面出口,剃刀式	把	0.69	0.79
二镰刀	长20公分,重0.28斤	把	0.40	0.53
铲锹	重0.35斤	把	0.23	0.41
草叉	重1斤,包括箍钉	把	0.35	0.50
鸭锹	重0.4斤	把	0.21	0.36
把叉	重2斤	斤	0.335	0.44
库叉	重1.3斤	斤	0.37	0.48
渣叉	又名:三齿叉	斤	0.38	0.50
大乌刀	长2.15尺、宽2.6寸、重1.5斤	把	1.80	2.38
大乌刀	长2.5尺、宽3寸、重3.2斤	把	2.38	3.07
牛角刀	长4尺、宽2.5寸、重4斤	对	3.27	4.22
柴刀	长1尺、宽1.2寸、重0.7斤	把	0.79	1.02
铡草刀	长1.8尺、宽4寸、重6斤,外夹	斤	0.56	0.73
小三齿	盖麦用,包括箍钉,重1斤	把	0.39	0.55
小二齿	重0.7斤,包括箍钉	把	0.33	0.46
铁亭罱	又名:灯笼泡,重4.5斤	斤	0.40	0.53
铁叶罱	又名:八叶罱,重8斤	只	4.06	5.40
罱梏	重0.2斤	付	0.11	0.16
渣罱扒	重1.4斤,包括双箍	付	0.59	0.83
泥罱扒	重1斤,包括双箍	付	0.48	0.67
鸡锁罱扒	重1.2斤,包括双箍	付	0.51	0.71
罱口	长1.4尺,重2.8斤	付	1.20	1.59
篙转	包括箍钉	斤	0.34	0.48
巴勾	有围和无围	斤	0.41	0.58
犁套	熟铁重0.9斤	只	0.45	0.59
犁头	熟铁	斤	0.38	0.47
犁扣	重1斤	只	0.39	0.51
牛旱扣	大号,长1.5尺,14股	条	0.26	0.36
牛旱扣	二号,长8寸,9股	条	0.21	0.28

续表

品名	规格	单位	调整前销售价格	调整后销售价格
牛鼻郎	长3寸	只	0.10	0.14
牛铁绳	长12尺,90股	斤	0.41	0.58
铁绳	农船用	斤	0.39	0.51
水苗	有缝有夹子,重0.5斤,长1.6尺	根	0.37	0.48
水苗	无缝,其它同上	根	0.49	0.64
风车铁器	—	斤	0.36	0.43
粪勺	重0.5斤	把	0.24	0.33
巴斗环	重1斤,全套	付	0.40	0.56
铁戽锹	口宽6寸、膛长8.5寸	把	1.25	1.61
猪菜刀	大号有钢,重0.25斤	把	0.28	0.38
猪菜刀	二号	把	0.16	0.21
棉花锄	大号,重1.1斤,长5寸、口宽5.7寸	把	0.90	1.29
棉花锄	二号,重1斤,长4.8寸、口宽4.8寸	把	0.84	1.05
棉花二齿	齿长6.6寸,口宽1.1寸,重1.8斤	把	1.06	1.31
棉花三齿	齿长4.7寸,重0.7斤	把	0.40	0.52
耘头锄	又名:两用锄,重0.9斤	把	0.89	1.17
拖扒铁器	重1斤,计6件	套	0.40	0.57
连铁器	重0.45斤,包括箍搭肖	套	0.18	0.25
铲头	生铁水旱	斤	0.15	0.24
犁套	生铁重1.8-2斤	只	0.31	0.50
耙齿	生铁,每斤一只	斤	0.18	0.27
耙齿	熟铁,每斤三只	斤	0.35	0.46
钉局	7-8号,每斤28-32支	斤	0.35	0.54
钉局	9号,每斤34-40支	斤	0.38	0.61
百早钉	每斤70支左右	斤	0.46	0.75
联钉	每斤80联左右	斤	0.60	1.01
兰花钉	每斤30支左右	斤	0.40	0.64
秧扒钉	每斤30支左右	斤	0.41	0.67
水犁	公见,全桑树	部	23.11	37.07
水犁	母见,全桑树	部	25.48	40.98
旱犁	公见,全桑树	部	26.15	42.08
旱犁	母见,全桑树	部	29.00	46.76
水耙	无耙管头,大号,长11尺,桑树齿	付	14.69	24.52

续表

品名	规格	单位	调整前销售价格	调整后销售价格
水耙	无耙管头,二号,长 11 尺,桑树齿	付	12.67	21.17
水耙	无耙管头,小号,长 12 尺,桑树齿	付	13.15	21.93
旱耙	无耙管头,长 10 尺,24 个生铁耙齿	付	16.61	27.14
旱耙	无耙管头,长 10 尺,30 个熟铁耙齿	付	14.10	21.99
稻盖	高 1 尺、宽 2.7 尺	只	2.62	4.20
拖扒	桑树头,什树脑,什棍柄,宽 2.1 尺、高 1.2 尺	把	4.45	7.92
拖扒	什木头,其它同上	把	4.14	7.38
拖扒	什树头,什木脑,其它同上	把	3.42	5.02
翻扒	扬树头,什棍柄,头长 2.8 尺、宽 4.5 寸,柄长 4 尺	把	1.49	3.01
翻扒	什木头,其它同上	把	1.17	2.35
翻扒	什树头,其它同上	把	1.65	3.37
秧扒头	大号,桑树,长 1.6 尺、宽 4 寸,扒钉 13 – 15 支	把	1.42	2.70
秧扒头	二号,桑树,长 1 尺、宽 4 寸,扒钉 13 – 15 支	把	0.97	1.90
新式秧扒头	小脚齿,24 齿,大号,长 1.5 尺、宽 3 寸、厚 0.8 寸,什木	把	1.23	1.94
新式秧扒头	小脚齿,17 齿,二号,长 1.35 尺、宽 3.6 寸、厚 0.8 寸,什树	把	0.99	1.77
车栅	桑树,长 1.3 尺	根	0.43	0.74
造桩	桑树,长 7 寸	根	0.31	0.54
造齿	桑树,大号	块	0.32	0.61
造齿	桑树,二号	块	0.25	0.49
造齿	桑树,小号	块	0.22	0.42
榷子	大号,桑树,长 9.5 寸	只	0.39	0.68
榷子	二号,桑树,长 8.5 寸	只	0.36	0.62
榷子	小号,桑树,长 7.7 寸	只	0.33	0.57
拂板	杨树,2 寸,7 片,长 7 – 7.5 寸	片	0.13	0.27
拂板	杨树,2 寸,7 片,长 8 – 8.5 寸	片	0.14	0.29
拂板	杨树,2 寸,7 片,长 9 寸	片	0.15	0.31
拂板	杨树,空拂,5.5 – 6.5 寸,1 寸 2 片	片	0.21	0.44
拂板	什木,其它同上	片	0.14	0.22
耙管头	什树,长 3.6 尺	付	3.14	7.33
耙管头	什树,长 2.7 尺	付	2.52	5.81
木犁花	桑树	面	1.72	3.07
锄草橙	什树	张	5.24	12.10
犁担	桑树	只	1.35	2.56

续表

品名	规格	单位	调整前销售价格	调整后销售价格
犁担	什树	只	0.99	2.30
牛格头	什树	只	1.84	3.70
乌段	桑树,六造	只	3.24	6.03
泥合	杨树,有柄	把	2.19	4.34
浆巴	大号,桑树,凿眼,起刨	只	0.70	1.44
浆巴	二号,桑树,凿眼,起刨	只	0.50	0.99
浆巴	二号,桑树,锯眼,起刨	只	0.45	0.92
浆桩	桑树,长1.7尺	条	0.60	1.02
踏枕	什树,大号	付	13.96	33.27
踏枕	什树,二号	付	9.57	22.66
踏枕	杨树,二号	付	7.19	19.96
粪桶	38×38	只	3.41	6.60
牛尿挽	高9寸、口径1.05尺、板厚0.5寸	只	2.65	4.24
粪挽	高4寸、口径7.5尺	只	0.97	1.62
浆	头长7.5尺、宽6寸,什棍柄	把	3.80	5.59
浆	头长6尺、宽4.5寸,什棍柄	把	3.20	4.54
戽掀	大号,方口,杨树,长1.4尺、口宽7寸、深2.5寸	把	2.44	4.60
戽掀	什木,其它同上	把	1.64	2.52
戽掀	小号,方口,杨树,长1.2尺、口宽6.5寸、深2寸	把	2.19	4.13
戽掀	什木,其它同上	把	1.46	2.25
戽掀	大号,元口,杨树,长1.4尺、口宽7寸、深2.5寸	把	2.70	5.09
戽掀	什木,其它同上	把	1.69	2.59
戽掀	小号,元口,杨树,长1.2尺、口宽6.5寸、深2寸	把	2.23	4.19
戽掀	什木,其它同上	把	1.53	2.36
戽掀	大号,有尾,杨树,长2.2尺、口宽7寸、深2.5寸	把	3.04	5.73
戽掀	小号,有尾,杨树,长2尺、口宽6.3寸、深2.1寸	把	2.71	5.09
水斗	六角式,高1.2尺	只	1.34	2.14
杨掀	全杂木,柄长1.5米、头长40公分、口径30公分、厚1.2公分	把	2.49	2.96
杨掀	桑树头,什木柄,其它规格同上	把	4.01	4.24
杨掀	五合板头,什木柄,其它规格同上	把	2.54	2.94
稻箩	容量80斤,6箍8扎,毛竹青夹黄,高40、口径55、底27cm	只	3.96	5.65
稻箩	8箍8扎,其它同上	只	4.13	5.90
稻箩	6箍8扎,全青,其它同上	只	4.82	7.34

续表

品名	规格	单位	调整前销售价格	调整后销售价格
稻箩	8 箍 8 扎,全青,其它同上	只	4.99	7.53
江箩	容量 50 斤,6 箍花扎,毛竹青夹黄,高 34、口径 45、底 23cm	只	3.54	4.83
江箩	全青,其它同上	只	4.36	6.44
米筛	毛竹,直径 1.7 尺、帮高 2 寸	面	2.30	3.26
漏筛	毛竹,直径 1.7 尺、帮高 2 寸	面	2.10	2.98
格筛	直径 1.6 尺,其它同上	面	2.43	3.44
米筛	全青,直径 1.7 尺、帮高 2 寸	面	2.73	4.16
漏筛	同上	面	2.60	3.98
格筛	同上	面	2.91	4.43
糠筛	毛竹,直径 1.2 尺,又名:汗丝筛	面	1.72	2.44
连加	有柄,长 1.8 尺、宽 3.5 寸	把	1.25	1.70
斗蓬	毛竹,直径 1.2 尺,32 扎	顶	0.62	0.87
粪箕	毛竹,环长 3.6 尺、口宽 1.3 尺,16 把筋	付	1.30	1.88
扁担	大号	条	0.70	1.02
扁担	二号	条	0.61	0.88
扁担	三号	条	0.54	0.78
秧蓝	毛竹底,直径 1.2 尺	付	1.13	1.61
三斗笆	斗容 45 斤	只	2.40	3.70
五斗笆	斗容 75 斤	只	3.60	5.32
八斗笆	斗容 100 斤	只	4.56	6.98

中共高邮县委整党办公室《乡办企业整党试点的做法和体会》

高邮县乡办企业整党试点工作,是在龙奔乡同乡级机关整党试点同时进行的。从 1985 年 9 月 1 日开始至 1986 年 1 月上旬结束,历时 4 个多月。

龙奔乡乡办企业共有 10 个单位,3 个党支部,7 个党小组,61 名党员。他们的特点:一是合并建支多,单独建支少。三个支部只有饮料厂是单独支部,轮窑一厂和二厂是合并支部,工交支部包括 7 个单位。二是单位小,党员少。有的单位生产季节性强,党员工作流动性大。党员中,行管人员 33 人,占 54%;工人党员 28 人,占 46%,其中按件计工的 16 人,占 25%。三是年龄大,文化低的党员多。党员中,50 岁以上的 14 人,占 23%;初中以下文化的 30 人,占 50%。

试点中,乡党委根据中央的整党要求,结合以上的实际情况,按支部分层次组织整党学习。一是学习要求上分层次,学习统一按 4 个专题进行。党员干部比工人党员先学一点、多学一点、学好一点。二是学习内容上分层次。总的坚持少而精,党员干部以学习整党必读文件为主,工人党员用上党课的办法辅导学习。三是学习时间上分层次。党员干部安排学习日学习,工人党员放在班前班后和晚上或雨天学习,分别达到 120 和 80 学时。对长期出差在外的党员,分段布置学习,回来汇报补课;对年老生病的党员,派人送材料自学或上门辅导学习。据统计,正常参加学习的人数占 93%,并先后召开 28 个座谈会共 130 人次,开展谈心活动 59 人次,提出 29 条意见和建议,在认真梳理的基础上,进行集体和个人对照检查,明确整改方向。各单位还落实了整改方案和措施,61 名党员全部登记,有 5 名党员经济上有侵占行为的已全部退出,并作出公开检讨,得到了群众谅解。工作中由于着眼于提高党员的党性觉悟,始终强调领导带头,坚持边整边改,使试点单位的整党基本上达到了要求。试点的主要做法和初步体会有以下 4 点:

一、学习文件与总结经验相结合,切实端正业务工作的指导思想。这里的乡办企业基础差,多数产供销没有保障,对应当靠什么生存、发展,思想上并不十分明确;对于整党,开始也怕影响生产、妨碍搞活,认真解决这个问题,是开展乡镇企业整党的内在要求和前提条件。因此,整党试点工作重点放在端正业务指导思想方面。即通过认真学习整党文件,明确社会主义阶段最根本的任务是要大力发展生产力,要贯彻"改革、开放、搞活"的方针,一切工作都要服从于、服务于党的总任务、总目标,从而联系实际,着重解决三个问题。一是总结经验教训,树立依法办好乡办企业的思想。二是自觉端正党风,树立靠真本领办好乡办企业的思想。三是克服因循守旧的观念,树立放手发展乡办企业的思想。整党学习中,乡党委引导党员畅谈乡办企业从无到有的发展过程,肯定工作成绩,明确光辉前景,总结成功经验和失败教训,从正反对比中把业务指导思想搞端正。轮窖厂坚持办厂方向,不断改进管理,砖瓦质量好,经济效益高,企业由小变大,一个厂发展成为两个厂。建材厂由于热衷于请客送礼,放松基础工作,产品质量差,次品率高,办厂 2 年多,亏损 1 万多元。电子元件厂挖大厂墙脚,以劣充优,牟取暴利,给国家造成很大损失,供销员被依法捕办,工厂也因此倒闭。通过总结,使大家看到,整党与办好企业密切相关。发展乡办企业一定要走正道,一定要守法经营。要靠产品适销对路,质量过硬,加强管理。必要的业务接待和应酬是需要的,但任何企业决不是靠请客送礼能够办好的。正由于乡办企业事事要求人,具体困难多,更需要党员为办好企业忍辱负重,开拓前进。因为发展乡办企业是为了国家富强和人民富裕,知难而退是不对的,墨守成规、动辄怕错也不能打开局面。一定要以改革的精神放手生产经营,以提高经济效益为中心,扎扎实实地改善管理。由于认识统一得比较好,所以各整党单位分别采取了合理落实承包、发展横向联系、大搞挖潜改造、品种翻新等措施,乡办企业去年按合同兑现奖金 11 万元。今年进一步完善承包办法,把定产值、利润,改为定产、销、留、利、税、工、本、费八大指标,并且层层落实,人人挑担,调动了大家的积极性。新上的 6 个技改项目,今年都已投入生产,收效明显。轮窖一厂通过技术改造,并增加了净化器、变压器等设备,实行砖瓦分机产坯,节约了能源,砖坯日产量增加了 50%,瓦坯正品率提高到了 90% 以上。饮料厂去年由于增加"小香槟"等新品种,使产值、利润分别增长了 20% 多;今年总结经验又增加"琼浆液"和"秦邮加饭酒"两个新品种,6 道工序流程都实行两班制生产,日产量稳定在 3 万瓶以上,加上产品质量好,很快打开了市场销路。同时,各单位划清正常的业务接待与铺张浪费、大吃大喝的界限,明确经营活动可以适当招待,但要控制规模、标准,实行陪餐交费,其他活动一律不搞招待。实践证明,把业务指导思想搞端正,能够促进乡办企业的健康发展。1985 年,实现工业产值 904 万元,超计划 13%,比上年实绩增长 61%;实现利润 68.6 万元,超计划 76%,比上年实绩增长 87%。今年一季度实现产值 168 万元,又比上年同期增长 68.7%;实现利润 9.2 万元,比上年同期增长 53%。而招待费用 1985 年只有 19318 元,比上年的 34124 元下降 43.3%。其中,9～12 月整党期间为 5382 元,比上年同期下降 72%。今年一季度为 3450 元,又比上年同期下降 72%。

二、深入开展党的根本宗旨教育,自觉纠正各种不正之风。乡办企业要人办,首先要靠企业中的党员办。乡办企业党员是离土不离乡的农民，又是思路比较灵活的亦工亦农人员。他们认为"进厂就是为的钱""当干部吃亏"。他们与县属工厂比生产条件和生活待遇，与专业户比经济收入和行动自如，越比胃口越大，越觉得吃苦不讨巧，忙到老还是没劳保。因此，他们追求多拿奖金，有的想多占多捞，甚至损公肥私，急于个人发财致富。乡党委专门组织党员认真学习党章，收看曲啸同志的报告录像和两山英模报告电视，抓住4个要点开展党的根本宗旨教育。一是全心全意为人民服务是党的性质和最终目的决定的，不懂这一点就是不懂入党是干什么的，就不配做个光荣的共产党员；二是全心全意为人民服务是我们党的优良传统，是全国人民信赖党、拥护党的根本原因，每个党员都有责任发扬党的传统；三是党员现阶段全心全意为人民服务，应当具体体现在带领群众勤劳致富、守法致富上面，并且不得只顾个人和小团体利益而损害国家和人民的利益；四是党员致富要以谋求共同富裕为目的，发展乡办企业，实现共同富裕，就是党员和党员干部有觉悟、有本事、够条件的最好标志。这4条既是学习要点，又是对照检查重点，也是党员登记的一把尺子。由于宗旨教育比较深入，党员普遍增强了全心全意为人民服务的观念，纷纷为办好企业自觉端正党风。有11名党员宕欠公款8196元，整党结束时已还7636元，占93%。其中，有8人已经还清；其余3人还欠560元也订了分期归还的计划。工交支部书记带头还清欠款1040元。有5名党员在经济上有侵占行为，乡党委在调查核实的基础上，由负责同志出面进行个别谈心，启发自觉。在对照检查中，引导党员开展批评与自我批评，特别要求有问题的同志进行自我批评，自己提出改正错误的办法。然后本着实事求是的原则进行认真研究，教育他们退出非法所得，不但退得心悦诚服，而且使大家都得到了教育和提高。他们说，这次整党，用正面教育的方法，看起来没有压力，实际上有自我压力。自己要抓住机会，改正错误，争取做合格党员，争取群众的谅解和信任。整党以来，党员干部坚持请吃不到、送礼不要，注意以身作则，严格要求自己。乡建筑公司推荐一名职业班的代培生录取后，学员家长为感谢公司经理马宏林，送马一条牡丹烟被拒收，请马喝欢喜酒被谢绝。泰州有个人来推销9只安全建筑网，要给马经理45元好处费，马宏林同志当场拒绝，并向他严肃指出："共产党员只能为人民利益服务，拿好处费不符合党性原则，这样的事我坚决不干"。类似的新人新事在整党中多次出现，乡党委除口头表扬以外，还通过《整党简报》登载转播，扶正祛邪，发扬新风。

三、着眼于提高党性觉悟，认真稳妥地处理有关的经济政策问题。乡办企业经营管理的章法不齐，在改革过程中又出现了一些新的问题，并且往往涉及到少数党员干部，其中有的就是以权谋私，损公肥私。认真解决这些问题，是整党的一项重要任务，是党内外群众的希望。但是这些问题又比较复杂，不能简单对待。为了认真稳妥地处理有关经济问题，乡党委确定把解决问题的着眼点放在提高党性觉悟上，做到有利于改革、搞活，有利于乡办企业的更好地发展，有利于保护干部的社会主义积极性。对过去党性教育抓得不紧，企业管理研究不多的问题，党委在集体对照检查中主动承担了责任。对乡办企业党员和党员干部的少量多占行为，明确只要检讨认错，改了就好；对党员干部以权谋私，群众意见较大的问题，允许本人在作出自我批评和提出改正办法的同时，充分反映当时的具体情况，由支部研究提出意见，报乡党委集体讨论决定，做到逐人、逐事慎重研究，具体情况具体分析。对涉及党委成员的问题，坚持治党要严的原则，做到公正处理，不回避矛盾。在这个基础上研究处理其他同志的问题，注意既按照党员标准严格要求，又按照党的政策划清界限。着重处理了两类不同性质的问题，一类是由于原订的承包指标偏低，企业的生产经营较好，有3名承包的党员干部按合同应得的奖金过多。通过做工作，启发他们自觉少拿奖金9750元。如新党员、饮料厂厂长钱正领，按合同可拿奖金5500元，通过领导谈心，自愿只拿2500元。他说，企业是集体的，生产是大家干的，工人一年只拿八、九百元。我拿的已经很多，比上年还多500元，我是党员不能只顾自己，悬殊过大会影响大家的积极性。另一类，是有5名党员干部借口改革、搞活，以权谋私，则教育他们作出深刻检讨，按照政策退出非法所得3312元。具体处理方法分以下3种，一是处理了仗权向企业倾销木盘、酒瓶和洗瓶刷子牟利的问题。乡党委有个委员和饮料厂一名负责人，向饮料厂倾销价高质次的洗瓶刷子，使厂里每万瓶刷耗费从3.46元增加到10.6元，并有3千多把刷子造成积压。处理结果是：一位党委委员出卖2340把刷子，将已用的1770把降价1角，未用的870把允许退货。如不退每把降价2角。共自愿降价退款321元，并补交税款106元。厂一名负责人几年来自制刷子卖给厂里7056把，同样实行降价、补税，其中544把尼龙刷子因不适用，全部退货还款。二是处理了以权经商占集体便宜的问题。经理部一名负责人家里开店，挪用的企业资金1500元已经还清，白用的5个劳力按规定向单位里交了工资。对私人运货揩企业的油，以权买紧俏商品回去自销等问题，也深刻进行了检讨认错。三是处理了以公夹私、乱捞乱报的问题。建材厂一名负责人，1984年厂里派车让他到徐州装运焦炭，他故意少装3吨多焦炭，自己夹带3吨烟煤回来，转手卖出获利100元全部退出；他经手以300元买两台电风扇送给安徽某厂，其中收人家150元的退了出来；他为厂里搞钢材擅自同意给一个关系户看病，在企业开支医药费1050元。由于一两钢材没有搞到，本人自愿拿出200元补偿厂里部分损失；他宕欠公款905元，经过研究核减他垫支的招待费和送礼差价160元，应还745元，已还545元，还有200元定在上半年还清。在处理上述问题的时候，由于既没有无限上纲又没有就事论事，而是就事论理的统一认识，所以处理的效果比较好。有的犯错误干部本来疑虑重重，经过教育认识和改正了错误，没有受到纪律处分。自己心情舒畅，群众也比较满意。经过整党，他们已经重新振奋起革命精神，决心为发展乡办企业做出应有的贡献。

四、从加强制度建设入手，努力巩固和发展整党成果。乡办企业中存在的问题，主要是由于对党员教育管理不严，放松了思想政治工作，但缺乏必要的制度也是一个重要的原因。为了巩固和发展整党成果，乡党委针对整党中暴露出来的问题，按照整改的精神帮助和支持企业建立健全各项制度。主要是集体领导制度、“三会一课”制度、岗位责任制度、质量检验制度、财务管理制度、安全保卫制度。建材厂的领导班子长期不团结，通过整党清除隔阂以后，现在有事共同商量，副厂长还主动要求兼任拉丝车间主任，工作有了明显起色。饮料厂支部通过健全组织生活，开展创争活动，发动党员带头改进企业管理，针对以权谋私、损公肥私、多吃多占、宕欠公款、赌博迷信等问题制定了“十不准”的小立法。由于党员带头执行，5名党员改掉赌博恶习，全厂消除了上班打扑克、下象棋的现象，并将6名拿固定工资的行管人员，充实到车间做工人，实行多劳多得。党员供销员孙友宝一心为厂，不搞额外经营，推销产品多，资金和包装容器回笼快，得到职工称赞，被支部评为优秀供销员。工人朱××长期以来作风不正，并有偷摸行为，这次坚决开除出厂，工人拍手称快。由于加强了劳动管理和质量检验，产品正品率提高了98%，酒瓶破损率下降到了0.3%。拉丝厂原来管理漏洞大，不少人把厂里废铝偷出去，卖进来，影响经济效益。经过整党，固定3名保管员，设立保管账，健全领料制度，百元利润率从3.5%提高到了11.3%。轮窑一厂按照整改计划，为工人添置了90副木板床，改善了食堂伙食，新建了男女浴室。并且根据自己的条件，制订了职工退休制度，规定在厂连续工作5年以上的职工，退休后享有一定的生活补助，较好地解除了职工的后顾之优，进一步调动了职工的积极性。

龙奔乡办企业的整党试点工作由于缺乏经验，还存在一些不足之处。主要是党性教育的深度还有不够平衡的地方，有些政策问题还值得继续作些研究，企业管理特别是财务整顿和劳动管理问题，都还有待于通过进一步整改认真解决。

1986年5月2日

高邮市地方工业局《乡镇工业公司目标考核实施细则》

为加强目标管理，充分发挥工业公司的职能作用，确保乡镇工业年度计划目标的完成，拟对乡镇工业公司实行年度目标考核。具体实施细则如下：

一、考核依据

以本局年初下达的各项经济指标和部署的工作为主要考核目标。考核主要以年终报表，并辅以检查总结和其它资料为据。

二、考核项目及办法

考核设总分奖和专项奖两种。

总分奖按指标打分，以得分多少设一、二、三等奖；专项奖按各专项工作考评。

（一）总分奖（目标管理奖）

1. 产值，完成指标得 3 分，未完成指标不得分，每超过指标 10% 加 1 分；

2. 销售收入，完成指标得 7 分，每增减 10%，加减 1 分；（减分扣完为止，下同）

3. 利税总额，完成指标得 15 分，每增减 10%，加减 2 分；

4. 两项资金占用，未超标得 5 分，每降增 1 个百分点，增减 0.5 分；

5. 外贸直接出口额，完成指标得 5 分，每增减指标 10%，加减 1 分；

6. 兴办合资企业，凡兴办 1 家得 5 分；

7. 技改投入，完成指标得 7 分，每增减 10%，加减 1 分。单项项目在 500 万元以上，有 1 项加 1 分；

8. “两户”工业产值，完成指标得 3 分，未完成指标不得分；

9. 采标、二级计量、新品开发（省级以上）、质量管理示范乡镇、企业升级等，完成 1 项得 1 分，没有完成不给分；

10. 企业经营者风险抵押金如数收缴，并按规定结算、兑现，得 5 分，否则不得分；

11. 安全生产达标，得 5 分。凡出死亡事故或超过有关指标，否决各项先进奖；

12. 大中专学历教育按计划实施，年短期培训人次达职工总数 3% 以上，得 5 分，否则不得分；

13. 管理费收缴，完成下达任务，得 10 分。每增减 10%，增减 3 分；

14. 及时报送各项有关报表及年度工作计划和总结，有关活动、会议如期参加，得 5 分。少 1 项减 1 分；

15. 公司获市级以上奖，有 1 项得 2 分。

（二）专项奖

符合下列条件，分别授予专项奖。

1. 产值（销售）比上年有较大增幅，且产销利同步，经济运行质态较好，获“工业发展先进单位”（由生产科考核）；

2. 利税总额名列前茅，获“综合效益先进单位”（由企管科考核）；

3. “三外”有新突破，获“三外工作先进单位”（由技改科考核）；

4. 企业管理成效显著，获“企业管理先进单位”（由科技科考核）；

5. 职工教育主动积极，职工文化、专业素质有较大提高，获“职教工作先进单位”（由职校考核）；

6. 公司双文明工作出色，领导团结，服务认真，管理得力，获“两个文明先进单位”（由人秘科考核）；

7. 安全工作抓得扎实,且安全生产无事故,获“安全管理先进单位”(由生产科考核);

8. 财务工作抓得认真,财务管理符合国家规定,获“财务管理先进单位”(由企管科考核)。

三、奖励办法

对获奖单位,将分别予以表彰。

1996 年 3 月 8 日

中共高邮市委农村工作部、高邮市地方工业局《关于做好 1996 年农村经济年终结算分配工作的意见》(摘要)

严格执行政策,正确处理乡镇工业结算分配中的具体问题:

1. 集体承包企业,严格按照春订合同结算兑现。任何单位和个人,不得擅自调整春订合同内容和指标,该奖则奖,该赔则赔,不打和牌,切实解决负盈不负亏的现象。如合同中确有明显不符合政策法规的条款,经双方协商一致,酌情处理。如一方坚持按春订合同,则另一方必须按春订合同结算兑现。

2. 过去已经推行股份制、股份合作制企业按企业章程进行分配。严格推行税后净利润分配,股本金分红不得超过当年实现净利总额的 30%;无利润企业不得分红,亏损企业一律不得预提利润,超前分配;往年账面亏损今年特别是改制后盈利的企业,原则上先补足亏损后分红,也可以调动股本积极性出发,在当年盈利中,按不超出银行存款利息的比例,适当分红。在股本分红中要严格实行同股同利。

3. 年初实行“三制联动”中途又进行了产权制度改革企业,前段分配原则上坚持按春订合同结算兑现。具体由乡镇会同企业,根据实际情况,妥善处理。改制后坚持按企业章程和新的契约合同结算分配。改制企业的分配方案,必须与市产权制度改革指挥部〔1996〕12 号文件中第二十三条至二十八条规定相吻合。

4. 租赁和公有民营企业,按春订合同结算租金、上交、提留款和保证职工工资、奖金的结算兑现。如承租方拖欠租金、上交等,影响年终分配兑现的可按合同中财产抵押条款规定执行。

5. 村(含组办工业企业)以上工业企业,在年终结算分配中,必须按农财两部《财务通则》、《企业会计准则》和省、市有关规定,进行审计,清产核资,确保各项提留提全、提足,实事求是进行结算分配。对于国家对企业实行优惠、执行减免税收的部分,不得视作利润进行分配,应全额转入当年企业发展基金。

1996 年 11 月 20 日

中共高邮市委农村工作部、高邮市体制改革委员会、高邮市经济委员会、高邮市地方工业局《关于建立高邮市改制企业资产管理预警制度的意见》(试行)(摘要)

一、指导思想

以实现资产保值增值为目标,以提高资产营运效率为重点,因地制宜逐步建立健全我市改制企业资产管理预警制度。通过预警,及时反馈企业资产管理信息,适时采取预控措施,实现企业资产的保值增值和有效安全营运,保护国家、集体利益和职工利益,巩固和发展改制成果,促进改制企业经济效益的全面提高。

二、预警的范围和项目

1. 预警企业的范围:全市各系统、各乡(镇)村改制企业。包括:股份制企业、股份合作制企业、租赁经营企业、全员风险抵押承包企业、先售后股或部分出售的企业,以及其他形式改制的企业。

2. 预警资产的范围:主要是国有资产;已入股的城镇、乡(镇)、村集体资产,即集体股;未入股的集体资产，剥离的集体资产；出租的集体资产；返贷给企业的出售公有资产回收资金；其他法人参股的股金、职工个人投入的股金；其他资产。

3. 预警的项目：主要是企业的资产保值增值率、股金回报率；同时对总资产报酬率、资本收益率、资产负债率、成本费用利润率及流动比率、存货周转率亦要作重点预警监控。

三、预警预控制度

1. 建立自我评测预测预警制度。以企业领导、决策层（董事会）和经营、管理层（经理、厂长）及财务负责人负责。制定月度企业资产保值增值及资产运行质量分析评价和分析制度；制定财务人员按季向董事会报告企业资产保值增值和资产运行质量的报告制度（上报书面材料财统报表）；制定每半年或一年董事会向股东大会或股东代表大会作一次资产情况的报告制度。

2. 建立财务、统计预警制度。由企业的财会、统计人员负责，加强对资产运行质量的预测分析与反映，要确保及时、真实。为有效实施财统预警，建立以下制度：

（1）投资责任制度。要明确把好“三关”：一是把好投资项目的调查咨询、科学论证、立项审批的投向关；二是把好投资计划实施按期竣工投产投速关；三是把好投资项目的决算审计，确保投资效益的投效关。

（2）资产占用制度。落实资产的经营责任，效益增值比例，明确责任，确保资产的安全。

（3）资产日常管理制度。企业资产的变动，股份制和股份合作制企业应经董事会批准，数额较大的须征得所属资产管理部门同意；租赁制和风险抵押承包企业，须经所属企业资产管理部门批准。对所使用的厂房、设备等资产应及时按照规定进行维护和保养，以加强企业资产营运效率的监督。

（4）资产收益管理制度。对企业资产形成的收益，单独建账、专户储存，用于再投入。严格控制非生产性开支，确保企业经济的发展。

（5）财务负责人双重委托制度。由企业主管部门对财务人员按德、能、勤、绩四个方面，进行综合考核以确认其任职资格。企业必须从具有任职资格的人员中聘任财务负责人。会计人员必须坚持原则，廉洁奉公，认真学习并执行《高邮市会计管理暂行办法》，切实依法履行工作职责，各地应结合实际情况制订具体的管理办法或实施意见。

（6）财统月报制度。企业应每月上报资产统计报表，财统人员必须保证数据的真实、准确和及时。同时，应附报编制说明和依据。

3. 建立审计预警制度。通过外部专业部门与企业内审相结合、专项审计与跟踪审计相结合、月度抽审与季度审计相结合，把企业资产的运行质量作为审计工作的重点，突出抓好以下几点：

（1）对资金、财产的完整、安全，进行监督检查。

（2）对财务收支计划、经费预算、信贷计划、外汇收支计划和经济合同的执行情况及其经济收益进行审计监督。

（3）对内部控制制度的健全、有效执行情况进行监督检查。

（4）对会计报表、决算的真实、正确、合规、合法，进行定期审计并签署意见。

（5）对严重违反财经纪律的行为进行专案审计。

（6）必要时可由审计机关依据有关的法规和标准，采取一定的程序和方法，对企业经济活动的合法性、合规性、合理性、效益性，以及反映企业经济活动信息的真实性、正确性，进行经济监督和经济评价的活动。

4. 建立民主监督预警制度。为发挥监事会、股东大会（股代会）、职工大会（职代会）对企业全部资产监督预警的作用，要制定相应制度，以增强民主监督预警功能。对违反财经纪律、法规的行为、损害企业利益的行为进行监督和纠正。

5. 建立资产专线预警制度。为保证公有资产所有者的权益，资产权属部门有权对所属企业的资产情况进行检查监督，企业必须如实报告资产状况营运质量的情况。同时，各系统、各乡镇也应充分发挥资产营运质量预警报警作用，把对企业资产的监管列为主要工作来抓，制定、落实相应的办法、措施和资产监管责任制。

四、奖惩办法

1. 预警系统网络各方都应建立相应的工作责任制，确保预警系统网络有效运行。

2. 对预警工作作出贡献的方面和人员，视其贡献大小，分别给予必要的精神鼓励和物质奖励。

3. 对预警工作不负责任产生后果的人员，视其情节，分别给予调离、纪律、经济等处理，严重触法的应追究其法律责任。

五、加强领导

各系统、各乡镇应按照本意见的要求，建立资产管理预警领导小组，由主要负责人任组长，分管工业（企业）负责人为副组长，资产管理部门及相关部门负责人参加，切实加强对资产管理预警的领导，以保证其正常有效运行。

1997 年 5 月 26 日

高邮市乡镇企业管理局《领导班子学习“三个代表”重要思想剖析材料》（摘要）

在市委的统一部署下，我局开展了“三个代表” 重要思想的学习教育活动。第一阶段学习培训结束后，我们即从 2 月 1 日进入了对照检查阶段。连日来，我们采取了深入基层，到乡镇、到企业、到下属公司了解情况，访谈工作中的问题，向乡镇企管站及全体员工发放征询意见表，征询意见和建议，分别召开了科股长座谈会、老干部代表座谈会、局党组成员民主生活会，从实际出发，按照“三个代表”的要求，对照我们的思想、言行、工作方法、作风，分析原因，总结教训。局班子成员开诚布公，推心置腹，座谈人员有的放矢，言词恳切。通过对照检查，使我们既看到了成绩和优点，又看到了问题和不足。

简单地概括一下成绩和优点，主要有三个方面：一是狠抓机关学习不放松，坚持把准政治方向。周五下午学习，是我局的一项制度。数年来，我们坚持带领全局职工认真学习马列主义、毛泽东思想、邓小平理论及江泽民同志的有关论著，以政治理论武装头脑、指导工作。坚持四项基本原则，保持清醒的政治敏感性，坚决抵制“法轮功”。经常开设讲座，始终占领精神、文化宣传阵地。二是全力开展工作，坚决完成市委、市政府交办的一切任务。每年，我们都紧紧围绕市委、市政府的全年工作目标，坚持以经济建设为中心，以乡镇企业改革为动力，大力培植规模经济，促进企业科技进步，加强企业管理，努力促使乡镇企业连年上台阶、连年迈新步。三是大力理顺关系，机关建设进一步完善。前些年，乡镇企业局矛盾重重，同志间关系紧张，工作难以开展。为此，我们首先强化领导班子的团结，无论是处理问题，还是决定重大事项，都坐下来商量，互相通气；其次，强化工作职能，提倡分工协作；再次，从实际出发，解决一些实际问题。几年来，通过全局同志的共同努力，我们一步步地解决了住房问题、公司职工经济裁员、组织纳新等棘手问题，使全局干部、职工精神振奋，工作积极性高涨，工作效率明显提高。

但是，对照“三个代表”的要求，反思我们班子，仍然存有许多问题和不足。

1. 业务学习不够勤。除了正常的机关周五政治学习外，平时缺乏学习的自觉性，又未创造系统学习的机遇，特别是在专业知识方面、经济理论方面、法律法规方面都很贫乏，往往在工作中不可避免地有凭经验、拍头脑现象。究其原因,主要是我们思想上放松了自我要求,认为位置到了,工作熟了,再学多少也无多大用处了;对工作只求过得去,不求过得硬,学不学习影响不大;现在文凭热过去了,职称又没有挂钩,学习的气氛、环境都不如过去了。因而加强学习,提高素质没有了动力。

2. 廉政自律不彻底。主要体现在下基层、到企业办事,未能严格执行有关规定,就餐有时难抵喝酒关;春节有或多或少地接受别人的烟酒的现象;利用公款招待基层的同志及公车私借也未完全禁止。究其原因,主要是缺乏廉洁自律的彻底性,总认为本局一无权、二无钱,我求人的事多,人求我的事少,放松了自律防线,片面地认为小吃小喝也不为过,注重人情往来,忽视纪律约束。

3. 抵制风气不过硬。我们一班人在大是大非问题上都能旗帜鲜明,但在一些歪风邪气上则显得很软,反映了我们一班人,主观上崇尚中庸思想,认为同志间以和为贵,不想为小事而为难人。况且自己又并非十全十美,因而总觉得过得去就行。

4. 参谋作用不得力。作为一个政府机构,我们在为领导出点子、想办法上思路不广,参谋助手作用发挥不够。近年来,我市乡镇工业发展不快,结构不合理,后劲不足,对此,我们虽然经常向市委、市政府及上级领导汇报情况,但总是泛泛而谈,未能触及问题的根本,特别是在如何使我市乡镇工业在项目建设、规模经济、企业管理、外向发展等方面,强化引导,走出低谷,步入快车道,没有一个完整可行的建议。这一方面反映了我们学习不够,调查研究不力,缺乏中观控制的能力;另一方面也反映了我们的思想开始趋于保守,只求完成任务,害怕担当责任,缺乏开拓精神。

5. 行政工作欠主动。回顾我们的工作,总觉得忙忙碌碌一年又一年,但真正主动地开展不多,往往都是满足于来差办差,穷于应付。这除了有因为行政经费紧张的原因外,主要是我们存在着“唯上”思想,“伙计”态度,认为一切听从领导的,怕担风险,怕自找麻烦,只要认认真真地完成好上级交办的事即可,不求创造性的开展有声有色的工作。

6. 服务企业少着子。作为乡镇企业的主管部门,《乡镇企业法》赋予了我们管理职能,而在管理就是服务的理念下,我们却显得很滞缓,一无思路,二无措施,甘于墨守成规,听任事态发展。特别是在乡镇企业发展比较困难的情况下,如何帮助企业走出困境?如何引导企业走向市场?如何鼓励外商来邮投资?如何指导企业加强管理?等等,我们缺乏应有的具体服务,拿不出好措施、好办法,囿于行政管理的框框条条,不能做到急为乡镇企业所急,用为乡镇企业所用。对机构改革持观望态度,缺少未雨绸缪的意识。

7. 职工福利难提高。多年来,乡镇企业局的职工福利一直很低,虽然我们逐渐解决了部分同志的住房问题,但全局福利发放比例却难以提高,干部职工包括离退休干部尽管还能给予理解,从我们而言,应该值得反思。多年来我们管理费难收,行政办公经费都很困难,正是由于这一点,我们一味强调了困难,只注重在经济困难的情况下,如何不折不扣、按时按质地完成上级交办的一切工作任务,动员全局同志顾全大局、克服困难、认真工作,坚信有为必有位,而在此同时缺少为职工想办法、谋福利,提高职工的生活水平和质量。这也反映了我们对职工关心不够,在现实困难面前束手无策,缺乏在市场经济的大潮中,如何在搞好工作的同时,提高职工生活福利的思路和胆略。

2001年2月23日

综合数表

1972年高邮县分公社工业基本情况表

表200 单位：个、人、元

公社	企业数			职工人数			总产值	利润	税收
	小计	社办	队办	小计	社办	队办			
总计	736	111	625	11140	5291	5849	12127754	1628303	437854
龙奔	25	4	21	661	425	236	751812	179496	46703
张轩	28	3	25	335	195	140	456145	40066	17269
临泽	50	4	46	574	122	452	582178	132292	19472
湖滨	12	2	10	621	248	373	845350	38432	35821
送桥	12	3	9	280	167	113	352325	16071	17625
八桥	34	4	30	517	117	400	747103	165255	10120
沙堰	39	7	32	447	204	243	490086	32152	13600
二沟	12	2	10	146	86	60	122653	124	2924
马棚	29	6	23	427	151	276	377314	9278	3979
东墩	16	7	9	170	115	55	155000	18000	2100
三垛	17	4	13	149	100	49	118576	143	124
营南	14	2	12	140	89	51	290031	6973	8444
城东	20	2	18	221	84	137	258501	36739	10706
一沟	31	3	28	511	181	330	346365	60857	10472
车逻	54	2	52	895	136	759	1211945	325000	52666
川青	24	3	21	419	199	220	355839	57626	6162
周巷	15	5	10	224	137	87	273500	31121	13450
界首	33	1	32	454	283	171	304300	104300	30000
周山	21	3	18	341	179	162	438400	47600	20600
天山	12	3	9	258	157	101	261000	74500	7300
菱塘	16	2	14	274	143	131	256894	37483	6133
郭集	3	1	2	82	48	34	89800	16000	1800
平胜	19	4	15	288	212	76	267899	-9262	8707
甘垛	18	5	13	187	123	64	249554	36225	8839
三阳	21	2	19	198	118	80	270951	25983	6861
司徒	23	2	21	278	180	98	247200	10000	10330
横泾	19	5	14	227	164	63	178386	7375	5372
汤庄	21	3	18	259	149	110	314691	30334	13948
汉留	55	6	49	829	282	547	691921	41840	20590
伯勤	23	3	20	349	202	147	432035	33300	12337
东风	20	8	12	379	295	84	390000	23000	13400

1975—1987年高邮县分乡(镇)村(社队)办工业主要经济指标情况表

表201

年份	分乡(镇)村	企业数(个)	职工数(人)	总产值(万元)	利润总额(万元)	全员劳动生产率(元/人)	固定资产原值(万元)
1975	社办	133	8177	1327	137	1622	606
	队办	656	7943	763	128	960	390
1976	社办	188	11206	1778	173	1587	827
	队办	977	10172	1230	209	1209	516
1977	社办	244	14638	3086	365	2314	1012
	队办	1180	14569	2278	361	1778	597
1978	社办	264	18303	4370	527	2480	1482
	队办	1339	17107	2946	423	1810	776
1979	社办	270	18878	4756	510	2584	1780
	队办	1198	16801	3256	455	1983	888
1980	社办	271	20416	5818	444	2988	2132
	队办	1132	18420	4012	437	2266	1106
1981	社办	266	21284	6455	419	3040	2484
	队办	1064	17268	3985	348	2340	1176
1982	社办	266	21578	7020	320	3320	2800
	队办	878	16164	4209	420	2650	1204
1983	社办	256	21848	8242	320	3822	3092
	队办	831	17087	5374	420	3257	1376
1984	乡(镇)办	301	26041	11097	321	4466	3621
	村办	977	21881	8057	498	3924	1660
1985	乡(镇)办	326	28488	14724	477	5458	4572
	村办	1031	23766	12094	574	5202	2083
1986	乡(镇)办	307	30312	18169	437	6444	5620
	村办	1007	25658	14920	776	6110	2402
1987	乡(镇)办	310	31875	25500	563	8256	7379
	村办	1143	28601	19191	826	7683	3406

表 202

1980—1986 年高邮县分乡(镇)村(社队)办工业经济效益情况表

项目		销售收入	销售占产值	利润总额	产值利润率	销售利润率	每个职工创造利润	百元固定资金创利润	百元工资实现利润
单位		万元	%	万元	%	%	元	元	元
1980	合计	8525	86.1	881	8.9	10.3	235	42	59
	社办	5083	87.4	444	7.6	8.7	221	33	52
	队办	3442	84.2	437	10.8	12.7	242	59	69
1981	合计	9038	87.2	767	7.3	8.5	206	32	49
	社办	5668	88	419	6.5	7.4	204	25	45
	队办	3370	85.8	348	8.7	10.3	209	49	55
1982	合计	9881	87.1	740	6.6	7.5	200	27	44
	社办	6288	88.9	320	4.5	5.1	152	18	32
	队办	3593	84.3	420	10	11.7	264	46	63
1983	合计	12229	87.7	740	5.4	6.1	200	24	38
	社办	7626	88.6	320	3.9	4.2	155	16	29
	队办	4603	86.3	420	7.8	9.1	255	39	52
1984	合计	16256	89.5	819	4.3	5	181	23	34
	乡(镇)办	9451	90	321	2.9	3.4	130	14	23
	村办	6805	88.8	498	6.2	7.3	244	39	48
1985	合计	23015	87	1261	4.8	5.5	254	28	43
	乡(镇)办	13046	90.9	548	3.8	4.2	208	19	35
	村办	9969	82.4	713	5.9	7.1	305	46	53
1986	合计	28296	85.5	1213	3.7	4.3	230	22	35
	乡(镇)办	15830	87.1	437	2.4	2.8	155	12	24
	村办	12466	83.6	776	5.2	6.2	316	43	48

表 203

1990 年高邮县分区乡(镇)村办工业产值不变价对照表

单位:万元

	1980 年不变价			1990 年不变价		
	总产值	乡(镇)办	村及以下办	总产值	乡(镇)办	村及以下办
合计	81633	46234	35399	104224	58780	45444
高邮镇	5750	4744	1006	7855	6563	1292
临城区	19725	10042	9683	25217	12785	12432
汉留区	13252	7005	6247	16341	8323	8018
三垛区	15395	7962	7433	20484	10942	9542
临泽区	15597	10436	5161	20322	13692	6630
送桥区	11914	6045	5869	14005	6475	7530

1995 年高邮市分乡镇工业利税情况表

表 204　　单位:万元

	利税			其中:利润		
	本期	同期	增减	本期	同期	增减
合计	16058	16212	-154	3759	5301	-1542
车逻	1658	1575	83	720	480	240
湖滨	1201	953	248	417	329	88
武安	1913	1599	314	739	693	46
龙奔	205	137	68	10	29	-19
一沟	525	483	42	178	215	-37
东墩	-46	153	-199	-244	34	-278
张轩	388	368	20	160	154	6
马棚	98	70	28	30	49	-19
卸甲	947	571	376	310	321	-11
伯勤	193	161	32	32	21	11
甸垛	291	252	39	52	56	-4
汉留	588	628	-40	218	235	-17
沙堰	324	339	-15	138	128	10
汤庄	654	397	257	176	168	8
八桥	-137	261	-398	-506	-54	-452
二沟	214	121	93	36	50	-14
三垛	1187	953	234	227	208	19
武宁	82	201	-119	-28	48	-76
司徒	50	16	34	5	-12	17
横泾	596	950	-354	354	356	-2
甘垛	214	372	-158	73	232	-159
平胜	108	87	21	29	24	5
界首	-345	869	-1214	-569	137	-706
营南	73	28	45	24	-32	56
临泽	702	494	208	153	146	7
周山	138	75	63	21	29	-8
周巷	186	169	17	19	36	-17
川青	149	111	38	46	29	17
送桥	201	298	-97	-62	-72	10
天山	1027	769	258	247	408	-161
菱塘	1670	1695	-25	660	654	6
郭集	1004	1057	-53	94	202	-108

表 205

1995 年高邮市乡(镇)村工业主要财务指标情况表

指标	单位	乡村合计			其中:乡办		
		本年	上年	增减	本年	上年	增减
营业收入	万元	327130	240357	86773	195023	144377	50646
利润	万元	3757	5301	-1544	1088	2546	-1458
税金	万元	12299	10756	1543	7489	6597	892
产值销售率	%	88.55	88.38	0.17	91.05	90.71	0.34
销售利税率	%	4.9	6.7	-1.8	4.4	6.3	-1.9
成本费用利润率	%	1.16	2.2	-1.04	0.6	1.8	-1.2
资金利税率	%	9.01	11.6	-2.59	7.3	9.6	-2.3
速动比率	%	60.3	62.5	-2.2	59.2	59.3	-0.1
流动比率	%	99.2	106.2	-7	95.2	100.1	-4.9
应收账款周转率	次	7.1	6.3	0.8	6.5	5.5	1

表 206

1996 年高邮市乡镇工业基本情况表

		单位	乡、村合计
企业个数		个	988
年末职工人数		人	54972
总产值(现价)		万元	470531
关停企业	个数	个	4
	人数	人	58
	现价产值	万元	139
营业收入	5 亿元以上的乡	个/万元	1/55942
	1 亿元以上的村	个/万元	2/26939
	1000-5000 万元的企业	个/万元	60/126532
	5000 万元-1 亿元的企业	个/万元	7/54816
	1 亿元以上的企业	个/万元	4/51191
出口交货值	100 万元以上的企业	个/万元	73/67235
组建企业集团(公司)	个数及营业收入	个/万元	8/50185
因工伤亡事故	次数及伤亡人数	次/人	3 月 4 日
	其中死亡事故	次/人	3 月 4 日
新开发的新产品	品种数及现价产值	种/万元	47/24495

1997年高邮市乡镇工业基本情况表

表207

		单位	集体、私有合计
企业个数		个	1152
年末职工人数		人	56723
总产值(现价)		万元	534545
关停企业	个数	个	8
	人数	人	217
	现价产值	万元	645
营业收入	5亿元以上的乡	个/万元	1/58217
	1亿元以上的村	个/万元	3/38696
	1000－5000万元的企业	个/万元	53/137825
	5000万元－1亿元的企业	个/万元	6/46291
	1亿元以上的企业	个/万元	7/90947
出口交货值	100万元以上的企业	个/万元	39/50465
组建企业集团(公司)	个数及营业收入	个/万元	12/89180
因工伤亡事故	次数及伤亡人数	次/人	—
	其中死亡事故	次/人	—
新开发的新产品	项目数及现价产值	项/万元	125/10951

1996年与1997年高邮市乡镇工业基本情况统计口径变化表

表208　　单位:个、人、万元

项目	1996			1997		
	合计	乡办	村办	合计	集体	私有
企业个数	988	287	701	1152	1000	152
职工人数	54972	28747	26225	56723	54750	1973
现价产值	470531	259874	210657	534545	520738	13807

1998年高邮市分乡镇工业主要经济指标增幅排名情况表

表209　　单位:万元、%

名次	营业收入			其中:500万元以上			利润总额			其中:500万元以上		
	乡镇	本年	同比	乡镇	本年	同比	乡镇	本年	同比	乡镇	本年	同比
合计	—	558325	12.6	—	290196	4.1	—	10676	6.7	—	4444	-5.8
1	周山	7088	47	伯勤	1900	24	平胜	106	67	龙奔	22	633
2	营南	3447	43	横泾	9311	23.3	汤庄	262	50	平胜	16	60
3	界首	10655	35.2	卸甲	21237	23	龙奔	126	40	界首	-110	52
4	横泾	20507	33	临泽	7532	22.2	武安	1496	28	甘垛	58	44

续表 209

名次	营业收入			其中:500 万元以上			利润总额			其中:500 万元以上		
	乡镇	本年	同比	乡镇	本年	同比	乡镇	本年	同比	乡镇	本年	同比
5	送桥	13416	31	东墩	4642	21.1	川青	155	28	二沟	33	32
6	东墩	10057	27	汉留	10929	19	甘垛	190	27	天山	356	27
7	龙奔	8935	26	湖滨	27889	19	周巷	190	24	临泽	79	24
8	平胜	7560	24	甘垛	1500	11	司徒	51	21	菱塘	753	23.4
9	马棚	4230	24	沙堰	3435	10	菱塘	1036	20	三垛	200	20
10	沙堰	11091	21	武安	52846	10	周山	196	20	周巷	6	20
11	伯勤	10829	21	送桥	1490	10	营南	164	18	伯勤	7	17
12	八桥	14189	20	周山	789	9	送桥	141	18	汤庄	45	7.1
13	武安	72252	19	八桥	5220	6	马棚	140	17	龙虬	76	7
14	临泽	16018	16.8	汤庄	4339	6	三垛	472	15	武安	824	7
15	卸甲	26598	16	三垛	17352	4	卸甲	502	11.1	横泾	353	3
16	周巷	6143	15	郭集	11834	4	伯勤	104	10	东墩	117	1
17	湖滨	31019	14.2	天山	26266	2	郭集	386	9.3	卸甲	290	0.4
18	汤庄	11357	14.2	龙虬	10517	-0.7	横泾	651	7	郭集	99	—
19	郭集	30296	13.4	菱塘	31488	-2	张轩	141	7	八桥	-22	—
20	武宁	6727	12	平胜	2046	-6	龙虬	264	6.4	张轩	92	-8
21	三垛	37251	11	张轩	10990	-11	沙堰	427	6	湖滨	667	-8.3
22	甘垛	11000	11	二沟	678	-13	临泽	271	6	车逻	357	-9.1
23	川青	4277	10.3	车逻	15344	-14	武宁	88	5	周山	21	-14.2
24	天山	36583	10	界首	3455	-20.9	天山	521	4.7	沙堰	97	-17
25	汉留	18016	9	周巷	1543	-21	东墩	367	2.2	汉留	288	-35.4
26	司徒	1894	9	龙奔	1080	-29	八桥	158	—	武宁	12	-56.8
27	龙虬	22095	6.2	武宁	1244	-31.2	界首	1	—	送桥	10	-100
28	菱塘	39225	5	甸垛	3300	-49	二沟	101	-1	甸垛	-302	-955
29	张轩	15468	0.1	马棚	—	—	车逻	826	-2.3	营南	—	—
30	车逻	36809	-2.4	营南	—	—	湖滨	796	-11.2	川青	—	—
31	二沟	4476	-10	川青	—	—	汉留	581	-12.1	马棚	—	—
32	甸垛	8817	-30	司徒	—	—	甸垛	-234	-619.6	司徒	—	—

1999年高邮市分乡镇工业主要经济指标情况表

表210

单位:万元

乡镇	主要指标						其中:500万元以上企业					
	产值		营业收入		利润总额		产值		营业收入		利润总额	
	本期	同比+-%	本期	同比+-%	本期	同比+-%	本期	同比+-%	本期	同比+-%	本期	同比+-%
总计	685199	5.9	577987	7.3	11086	8.8	329931	3.9	282521	5.5	4484	18.7
车逻	33040	-13.5	25704	-12.1	315	-45.3	4138	-43.6	4450	-41.6	19	-89.3
湖滨	32594	-7.6	27895	-10.1	584	-26.6	26556	-14.4	22291	-17.9	450	-32.3
武安	88103	4.8	77022	6.6	1578	5.5	64395	4.8	52319	-1.7	881	2.3
龙奔	11214	14.8	10191	14.1	143	13.5	—	—	—	—	—	—
龙虬	25297	7.4	23820	7.8	350	32.6	9576	-7.9	9832	5.2	126	85
东墩	13065	4.5	11607	15.4	429	16.9	6974	-9.9	6006	6.2	170	24.1
张轩	5865	-38.6	4463	-71.1	40	-71.6	1444	-1.6	1213	-86.6	-118	同期90万
马棚	5792	11.1	4515	6.7	155	10.7	—	—	—	—	—	—
卸甲	33035	18.3	34035	28	601	19.7	26459	17.9	27592	36	352	21.4
伯勤	12992	7.9	11138	2.9	110	5.8	2888	0.2	2576	0.1	11	57.1
汉留	23370	10.5	19895	10.4	582	0.2	12427	2.9	9759	-10.7	186	-35.4
甸垛	10030	2.8	8573	-2.8	105	同期-234万	3766	17.3	3060	-7.3	18	同期-303万
沙堰	16014	11.9	12741	14.9	466	9.1	2506	-28.4	2193	-25.5	90	7.1
汤庄	16572	20.4	13325	17.3	298	13.7	7079	12.1	5114	14.3	81	92.9
八桥	19004	4.8	15413	8.6	207	31	7467	11.5	5631	-0.5	70	150
二沟	7038	-3.4	5012	12	112	10.9	1416	13.2	508	-25.1	25	-24.2
三垛	48585	3.3	39296	5.5	502	6.4	25002	2.3	17529	2.1	247	22.9
武宁	11700	16.1	7664	13.9	112	27.3	945	-53.7	1114	-10.5	11	-8.3
司徒	2211	9.7	2087	10.2	66	29.4	—	—	—	—	—	—
横泾	27648	8.3	22058	7.6	604	-7.2	12212	5.2	9568	2.8	302	-14.7
甘垛	16300	-1.8	11000	0	240	26.3	2100	32.1	1700	13.3	120	106.9
平胜	8201	6.8	6704	-11.3	91	-14.2	2185	5.7	1765	-13.7	17	6.3
界首	14017	23.7	11853	11.2	90	90倍	2959	35.3	3108	13.8	-39	减亏416万
营南	4578	15.8	4195	21.7	202	23.2	—	—	—	—	—	—
临泽	25366	10.2	18855	17.7	278	2.6	13037	48.2	10755	50	124	36.3
周山	9545	17.8	7522	6.1	203	3.6	1191	-14.6	979	-24.1	14	-50
周巷	8020	15.2	6530	6.3	195	2.6	1180	-19.2	801	-43.2	1	-83.3
川青	5616	3.9	4435	3.7	195	25.8	—	—	—	—	—	—
送桥	18710	11.2	16167	20.5	161	14.2	3082	1.7	2805	12.2	52	85.7
天山	48138	10.3	41046	12.2	561	7.7	36069	14.5	31687	18.4	329	-2.7
菱塘	47503	9	41068	4.7	1101	6.3	37618	7.5	34003	8	800	6.2
郭集	36036	10.8	32158	6.1	410	6.2	15260	4.6	14163	6.9	145	20.8

几个年份高邮市(县)分乡镇工业销利情况表

表 211　　　　单位:万元

乡镇	1986		1990		1993		1999	
	销售收入	利润总额	销售收入	利润总额	销售收入	利润总额	销售收入	利润总额
合计	28296	1218	68871	1309	191390	5250	577987	11086
车逻	1704	62.3	3215	70.29	10997	154.44	25704	315
湖滨	553	58.31	2466	63.5	9484	348.78	27895	584
武安	1311	53.89	3675	100.17	16441	560.7	77022	1578
龙奔	1169	81.95	2249	36.9	3152	-79.55	10191	143
一沟	941	56.38	2146	66.03	6147	194.29	23820	350
东墩	520	22.86	1740	68.64	3441	91.63	11607	429
张轩	297	25.78	1337	41.03	5091	117.34	4463	40
马棚	201	-9.64	475	13.15	941	-6.18	4515	155
卸甲	782	32.94	1421	32.03	6760	178.27	34035	601
伯勤	629	3.21	1405	10.48	2394	60.14	11138	110
汉留	539	17.56	1275	50.74	4095	135.27	19895	582
甸垛	881	47.42	2638	46.27	14846	413	8573	105
沙堰	581	37.39	1023	30.99	3019	90.1	12741	466
汤庄	327	22.36	772	23.02	3184	116.14	13325	298
八桥	1751	65.63	3940	83.42	10129	152.17	15413	207
二沟	628	64.68	1896	-7.75	2860	16.61	5012	112
三垛	1812	51.29	6653	102.55	11332	123.27	39296	502
武宁	655	31.37	1772	39.2	3647	61.97	7664	112
司徒	445	14.94	848	16.65	1000	13.17	2087	66
横泾	712	25.49	2388	58.72	6549	421.52	22058	604
甘垛	550	36.17	1525	22.12	4030	160.62	11000	240
平胜	677	26.51	740	-26.08	1585	21.47	6704	91
界首	1125	31.73	3105	77.95	10192	380.91	11853	90
营南	456	20.33	1254	12.63	1069	12.28	4195	202
临泽	2489	66.62	5736	73.53	7490	105.6	18855	278
周山	787	23.73	1597	34.47	1927	26.03	7522	203
周巷	372	16.09	911	22.03	2385	44.62	6530	195
川青	930	40.14	892	-36.01	2062	24.14	4435	195
送桥	1020	20.88	2215	47.47	5813	123.09	16167	161
天山	1699	108.8	3056	30.62	9657	352.28	41046	561
菱塘	840	22.08	2179	57.63	11644	622.36	41068	1101
郭集	913	38.68	2327	46.38	8027	213.07	32158	410

表 212

几个年份高邮市分乡镇(区)规模以上工业销利情况表

单位:万元

乡镇(区)	2000		2005		2010	
	销售收入	利润总额	销售收入	利润总额	销售收入	利润总额
合计	277085	4071	912860	23081	5765497	288054
高邮镇	80165	999	185258	3780	845430	23012
龙虬镇	9325	117	55382	889	82733	1800
马棚镇	0	0	6425	251	19940	584
车逻镇	4063	6	29134	441	77304	1648
八桥镇	6116	36	25206	588	165931	4798
汉留镇	11082	178	32818	659	209277	5919
汤庄镇	8106	270	47506	2014	224676	10789
卸甲镇	33588	345	115948	2327	137986	4160
三垛镇	20210	313	20108	199	156935	5082
甘垛镇	2470	108	11727	102	112544	7620
司徒镇	0	0	5945	187	46241	1152
横泾镇	10723	338	2960	40	20985	223
界首镇	1237	-20	3904	57	37426	600
周山镇	526	10	23897	415	123196	10301
周巷镇	311	-19	11846	831	137646	4053
临泽镇	11859	158	39209	843	254747	15113
送桥镇	1602	61	11480	458	142718	6450
郭集镇	11110	148	46396	1151	367548	19200
天山镇	20942	229	58507	2854	604625	44988
菱塘回族乡	36540	674	111869	2854	755253	36796
开发区	7110	120	60963	2005	1074713	76899
城南新区	—	—	6372	136	167643	6867

表 213

1976—1984 年高邮县分乡镇工业总产值表

单位:万元

乡镇	1976	1977	1978	1979	1980	1981	1982	1983	1984
总计	3521	6024	7315	8012	9830	10369	11229	13616	19154
沿运片	1197	2074	2298	2469	2954	3039	3070	3489	4563
车逻	399	609	631	603	737	789	889	1034	1352
湖滨	140	231	231	243	281	242	254	264	275
武安	118	231	257	265	309	481	573	664	872
龙奔	199	275	306	383	480	484	385	444	561

续表 213

乡镇	1976	1977	1978	1979	1980	1981	1982	1983	1984
一沟	153	323	365	388	470	455	403	502	713
东墩	44	116	150	202	253	221	240	269	369
张轩	83	152	204	192	231	197	157	122	163
马棚	61	112	129	163	166	164	169	190	258
农科所	—	17	16	10	11	6	—	—	—
蚕桑场	—	8	9	20	16	—	—	—	—
南片	846	1389	1647	1797	2194	2071	2299	2616	3601
卸甲	111	212	250	271	349	319	345	376	559
伯勤	88	149	204	224	293	302	309	306	421
汉留	291	258	230	197	219	175	211	217	285
甸垛	—	137	182	153	205	182	179	236	400
沙堰	121	205	248	265	316	296	321	340	442
汤庄	99	137	182	162	151	82	112	127	210
八桥	136	292	351	525	661	715	822	1014	1284
东片	463	808	1178	1340	1752	2065	2100	2434	3326
二沟	24	64	108	121	186	178	171	174	311
三垛	219	285	402	480	687	937	882	950	1105
武宁	38	91	91	100	123	139	193	304	430
司徒	45	81	119	129	164	165	143	181	317
横泾	47	96	167	191	220	248	304	365	476
甘垛	41	108	171	205	230	232	250	276	382
平胜	49	83	120	102	140	166	157	184	305
养殖场	—	—	—	12	2	—	—	—	—
北片	730	1183	1414	1511	1845	2041	2224	2840	4562
界首	147	263	313	346	400	336	370	603	727
营南	51	78	89	103	117	120	105	123	240
临泽	206	365	409	440	510	625	721	1008	1838
周山	110	191	254	239	300	343	367	390	535
周巷	74	94	122	110	136	156	171	191	299
川青	142	191	225	267	376	455	490	525	923
果林场	—	1	2	5	6	6	—	—	—
西片	285	570	778	895	1085	1153	1536	2237	3102
送桥	121	212	251	281	333	325	408	558	709
天山	70	133	207	225	270	338	493	744	1011
菱塘	41	115	153	168	215	239	311	471	704
郭集	53	110	167	221	267	251	324	464	678

1985—1990年高邮县分乡镇工业总产值表

表214　　单位：万元

乡(镇)别	1985	1986	1987	1988	1989	1990
总计	26445	33089	44690	63377	70896	75883
临城区	6471	7768	9980	15440	17908	19725
车逻	2007	2110	2583	3507	3838	4093
湖滨	465	642	911	1369	1777	2310
武安	1107	1536	2094	2781	3063	3747
龙奔	900	1213	1531	2040	2228	2370
一沟	901	1043	1257	2210	2564	2660
东墩	538	587	708	1502	2101	2217
张轩	267	432	595	1194	1528	1578
马棚	286	205	301	837	809	750
汉留区	5226	6263	8586	11702	12586	13252
卸甲	782	1006	1190	1603	1560	1502
伯勤	681	827	1017	1418	1563	1661
汉留	507	600	864	1377	1489	1658
甸垛	594	687	1211	1660	1912	1890
沙堰	614	714	858	1307	1308	1378
汤庄	380	425	539	922	892	943
八桥	1668	2004	2905	3415	3861	4220
三垛区	4343	5880	9430	13108	14759	15395
二沟	476	560	997	1937	2111	2142
三垛	1339	1793	2674	3163	4044	4569
武宁	469	635	1230	1736	2166	2058
司徒	384	520	766	1226	1091	991
横泾	650	854	1614	2303	2392	2820
甘垛	519	715	1138	1627	1946	1893
平胜	506	803	1011	1116	1009	922
临泽区	5997	7801	10051	13384	15188	15597
界首	1074	1331	1519	2047	2240	2797
营南	387	563	495	589	931	1301
临泽	2479	3208	4696	6271	6951	6843
周山	779	1009	1220	1683	2159	2100
周巷	315	437	630	766	1010	1199
川青	963	1252	1491	2028	1897	1357

续表 214

乡(镇)别	1985	1986	1987	1988	1989	1990
送桥区	4408	5377	6644	9743	10455	11914
送桥	1041	1230	1585	2325	2624	3076
天山	1497	2023	2467	3364	3328	3695
菱塘	870	1016	1249	2079	2321	2577
郭集	1000	1108	1343	1975	2182	2566

1991—1999 年高邮市分乡镇工业总产值表

表 215 单位:万元

乡镇	1991	1992	1993	1994	1995	1996	1997	1998	1999
总计	102601	140896	204507	292675	391935	438872	499884	678686	685199
临城片	28196	39950	62280	93135	132893	155285	186839	237515	214970
车逻	6094	8119	11375	17324	29223	35638	40448	47286	33040
湖滨	3479	5110	10199	14664	20958	21815	28750	35176	32594
武安	6315	9560	17389	30252	44617	51905	64660	84055	88103
龙奔	3507	3532	4015	4400	4346	5730	6495	9766	11214
一沟	3669	5188	7775	11414	13712	17161	20013	23556	25297
东墩	2295	3712	4427	4503	5164	5414	7761	12504	13065
张轩	2262	4107	6205	9160	13001	15278	15487	19960	5865
马棚	575	622	895	1418	1872	2344	3225	5212	5792
南片	18870	26248	37496	54912	71125	76174	88647	121695	131017
卸甲	2160	3157	7038	13500	20469	19856	23886	27921	33035
伯勤	1914	2243	2834	3277	4372	6934	8816	12042	12992
汉留	2311	3464	4979	7597	10043	12133	14899	23815	23370
甸垛	3196	4719	6217	7706	8459	7147	7271	9735	10030
沙堰	1859	2881	3659	6351	7896	8310	10218	14305	16014
汤庄	1410	1952	3246	5933	9276	9474	10601	14381	16572
八桥	6020	7832	9523	10548	10610	12320	12956	19496	19004
东片	20603	28116	38125	55939	72074	84275	84422	122410	121683
二沟	2500	3039	4102	5912	6210	7246	7560	9511	7038
三垛	7190	9939	12268	18513	25445	27957	31628	47570	48585
武宁	2644	3743	4614	6299	4527	6738	8235	12170	11700
司徒	1064	960	1108	1456	1067	1100	1094	2016	2211
横泾	3436	5073	8439	12330	19271	22701	17140	25523	27648
甘垛	2407	3535	5255	7750	9905	11683	11630	16600	16300

续表 215

乡镇	1991	1992	1993	1994	1995	1996	1997	1998	1999
平胜	1362	1827	2339	3679	5649	6850	7135	9020	8201
北片	19037	23142	27787	32596	33540	35531	38617	60478	67142
界首	4397	6167	9177	10308	7496	7616	9089	12484	14017
营南	1271	1362	1169	1397	1337	1512	1754	3947	4578
临泽	7865	9157	9233	10581	14127	16221	16505	23016	25366
周山	2538	2818	2835	3187	3176	2919	4177	8103	9545
周巷	1888	2142	2697	3270	2692	3370	4080	7403	8020
川青	1078	1496	2676	3853	4712	3893	3012	5525	5616
湖西片	15895	23440	38819	56093	82303	87606	101357	136588	150387
送桥	3631	5565	7221	7334	8402	9786	8542	16826	18710
天山	4600	6239	10758	17893	31918	31515	36075	43634	48138
菱塘	4007	6145	11546	17362	25603	28612	33909	43600	47503
郭集	3657	5491	9294	13504	16380	17693	22831	32528	36036

2000—2004 年高邮市分乡镇(区)工业总产值表

表 216　　单位:万元

乡镇(区)	2000	2001	2002	2003	2004
合计	635770	673086	798003	1029372	1350183
高邮镇	109459	130131	154207	174248	227895
龙虬镇	34588	39111	45111	59630	80667
马棚镇	6670	7130	8070	11060	15640
车逻镇	32070	27242	31019	41259	60127
八桥镇	15301	15155	18883	24573	34843
汉留镇	19558	20056	25174	33388	39787
汤庄镇	23455	24023	27200	37000	51891
卸甲镇	66465	72406	90260	115283	151803
三垛镇	55766	57218	67079	88185	96027
甘垛镇	23000	23819	30299	33992	39397
司徒镇	2603	3565	4504	7228	12504
横泾镇	23308	21658	29350	33890	28968
界首镇	14230	11640	16048	21125	29650
周山镇	11003	12500	16386	22847	32685
周巷镇	14550	15040	17400	23100	33000
临泽镇	32382	29339	34022	46320	62647

续表 216

乡镇(区)	2000	2001	2002	2003	2004
送桥镇	16242	19006	22080	29282	42180
郭集镇	31635	34650	40118	53168	73560
天山镇	33411	35500	38500	53438	72318
菱塘回族乡	52006	53373	59065	76857	100115
开发区	18068	20524	23228	33739	51374
城南新区	—	—	—	9760	13105

2005—2010 年高邮市分乡镇(区)规模以上工业总产值表

表 217　　单位:万元

乡镇(区)	2005	2006	2007	2008	2009	2010
合计	985566	1482564	2340740	3330039	4326489	5906126
高邮镇	196814	259788	355143	492023	660063	871901
龙虬镇	57681	95040	140775	58506	70120	86842
马棚镇	6951	6237	9310	13516	15539	20819
车逻镇	32850	42534	47612	56708	75588	82414
八桥镇	27172	40454	61675	90312	126662	174664
汉留镇	34278	45392	71882	110699	152287	212380
汤庄镇	50120	74805	110404	139765	185965	239425
卸甲镇	140720	150699	185028	180769	119178	151885
三垛镇	22709	37455	61310	91876	126247	156499
甘垛镇	12184	20141	34181	56168	81747	113740
司徒镇	6006	11578	18314	27350	35508	46532
横泾镇	3080	5005	11180	14370	17913	21460
界首镇	3817	6327	11850	17230	25804	37426
周山镇	24117	34837	53603	77013	96622	125092
周巷镇	12100	36488	75798	112000	126100	143510
临泽镇	41613	63186	113072	154529	197819	266131
送桥镇	12110	22185	34808	60675	100390	145886
郭集镇	47562	82288	122652	185463	265312	377620
天山镇	63915	92118	145286	321442	371338	593945
菱塘回族乡	120099	201187	287411	400620	553178	763063
开发区	63388	132471	350209	603783	810103	1112832
城南新区	6280	22349	39237	65222	113006	162060

2000—2010 年高邮市分乡镇(区)工业列统企业数表

表 218

单位:个

乡镇(区)	2000	2001	2002	2003	2004	2005	2006	2007	2008	2009	2010
合计	118	114	113	145	148	249	313	424	494	556	613
高邮镇	24	25	25	25	27	37	38	47	52	62	65
龙虬镇	7	6	7	10	11	16	20	26	15	16	15
马棚镇	0	1	1	1	1	2	3	4	4	4	5
车逻镇	5	6	6	6	10	16	21	26	29	30	30
八桥镇	4	4	5	6	7	9	10	13	15	18	20
汉留镇	6	5	7	9	9	13	11	16	19	22	26
汤庄镇	7	8	7	11	12	17	17	21	24	28	32
卸甲镇	8	8	8	10	19	23	28	32	39	30	27
三垛镇	10	10	8	8	9	13	16	22	24	25	27
甘垛镇	4	1	2	3	2	6	8	12	16	18	21
司徒镇	0	0	0	1	1	2	4	5	6	8	10
横泾镇	2	2	2	3	3	2	2	4	5	6	6
界首镇	2	2	1	4	5	5	5	8	7	10	12
周山镇	1	2	2	2	2	3	3	6	6	8	9
周巷镇	1	0	0	1	2	3	6	10	13	14	17
临泽镇	2	3	4	4	5	6	9	13	12	15	18
送桥镇	4	2	2	3	6	9	13	14	23	30	36
郭集镇	6	6	5	7	7	14	20	24	28	32	36
天山镇	12	9	8	11	12	15	21	28	35	36	40
菱塘回族乡	9	10	11	15	17	22	29	35	37	40	44
开发区	4	4	2	5	8	15	25	50	73	84	94
城南新区	—	—	—	—	—	1	4	8	12	20	23

2010 年度高邮市乡镇工业主要经济指标表附报资料表

表 219

指标名称	计算单位	指标值
个体工商户户数	个	4219
个体工商户从业人员年末数	人	49389
其中:女性从业人员年末数	人	27838
个体工商户注册资金	万元	107322
个体工商户营业收入	万元	2311770
个体工商户上交税金	万元	60936
全部出口企业单位数	个	179

续表 219

指标名称	计算单位	指标值
其中:年出口交货值500万元(含)以上企业数	个	84
全部出口企业出口交货值	万元	895940
其中:年出口交货值500万元(含)以上企业出口交货值	万元	807920
本年固定资产投资1000-5000万元的项目数	个	262
固定资产投资5000万元-1亿元的项目数	个	63
固定资产投资1亿元(含)以上的项目数	个	21
本年止境外办企业单位数	个	0
本年止境外办企业累计投资额	万元	0
本年末全部企业从业人员中女性人数	人	113464
本年末全部企业中大专及以上文化程度的人数	人	12022
本年末全部企业中中专及技校文化程度的人数	人	37232
本年末全部企业中具有高级技术职称的人数	人	1057
本年末全部企业中具有中级技术职称的人数	人	2197
本年末全部企业中具有初级技术职称的人数	人	6510
乡镇工业职工培训机构数	个	35
乡镇工业职工培训人数	人	21612
乡镇工业职工培训取证人数	人	9171
本年末已建立的技术创新中心和研发机构数	个	58
本年乡镇工业与外商合资合作新签协议项目数	个	6
本年外商协议投资额	万美元	5352
本年外商实际投资额	万美元	4812
本年乡镇工业与港澳台商新签协议项目数	个	12
本年港澳台商协议投资额	万美元	19323
本年港澳台商实际投资额	万美元	9017
本年金融机构贷款总额	万元	371130
本年末金融机构贷款余额	万元	209765
本年乡镇工业吸纳城镇下岗失业人员数	人	8295
本年支农建农及补助社会性支出总额	万元	1568
本年止外出打工回乡创业人员数	人	803
本年止外出打工回乡创业企业数	个	137
乡镇工业各类园区数	个	21
园区内年末实有企业数	个	1833
园区内年末从业人员数	人	123875
园区内企业总产值	万元	6225767

2010年高邮市乡镇(区)工业营业收入1亿元以上企业(集团)主要经济指标情况表

表220　　　　单位:人、万元

企业名称	年均人数	总产值	营业收入	利润总额	上缴税金
江苏顺大半导体发展有限公司	1306	358236	357033	25958	7322
江苏波司登制衣有限公司	3600	342125	328766	16382	20820
扬州曙光电缆有限公司	810	203094	201918	5453	6329
江苏赛德电气有限公司	316	100677	94616	5042	4327
扬州市光明电缆有限公司	478	82412	82100	2256	2958
江苏双兔食品股份有限公司	279	87636	74272	7214	4914
江苏金飞达电动工具有限公司	2145	71147	69737	2027	2663
扬州市秦邮钢铁有限公司	298	64975	63676	1377	1719
高邮市声光器材厂	284	65731	63417	2920	5107
扬州天华光电科技有限公司	263	62754	62267	2296	1136
江苏华富控股集团有限公司	910	63500	60460	3270	3065
高邮市万嘉面粉有限公司	510	56418	53857	3128	182
江苏广源电线电缆有限公司	307	52755	50052	3031	2029
扬州市红旗电缆制造有限公司	220	50500	49520	1590	1687
江苏朝阳液压机械集团有限公司	563	51800	49505	2558	2717
江苏精佳集团	339	51982	48679	2613	1657
江苏华信轻工制造有限公司	1052	51976	45633	1939	150
扬州市千禧龙鞋业有限公司	414	43754	42988	188	69
扬州升达集团	995	42015	41948	1446	1548
扬州市润华电缆股份有限公司	260	40002	40002	2050	370
江苏传艺科技有限公司	1498	42284	39800	3379	925
江苏华富能源有限公司	811	41398	39654	2505	1497
扬州亚光电缆有限公司	168	37998	38950	1525	1096
江苏跃马钢管制造有限公司	129	38444	38444	1436	1393
高邮市金宝电工有限公司	55	38230	38136	2368	1909
扬州华尔光伏科技有限公司	295	37515	37056	3118	2203
扬州和益电动工具有限公司	320	34600	34207	2856	746
扬州天宇鞋业有限公司	695	34960	33309	1491	315
江苏西尔特橡胶股份有限公司	160	33880	33035	246	421
沙龙集团股份有限公司	1761	34987	32939	2750	1188
扬州市鹏达橡胶制品有限公司	135	31775	31317	199	490
扬州市刘氏化工有限公司	228	31512	30011	631	596
高邮市助剂厂	575	33447	28343	1442	508

续表 220

企业名称	年均人数	总产值	营业收入	利润总额	上缴税金
扬州兴益机械有限公司	260	28250	28221	2045	705
扬州晨光电缆制造有限公司	106	26500	28005	723	737
扬州日兴生物化工制品有限公司	362	28120	26954	900	700
高邮市三湖蛋品有限公司	317	27125	26485	1722	1510
扬州祥瑞电子科技发展有限公司	98	26899	25940	2227	528
扬州市东元铜业有限公司	145	26800	25549	870	909
高邮市福兴塑料五金厂	226	26070	25543	245	1685
扬州神游羽绒制衣有限公司	639	25168	24839	1190	157
高邮市光明化工厂	165	26001	24751	520	548
扬州凯尔化工有限公司	105	24341	24341	1852	672
扬州恒辉电缆有限公司	113	24296	24246	772	758
扬州市志高建筑防水材料有限公司	308	24410	23926	936	475
扬州市秦邮特种金属材料有限公司	133	23857	23750	2069	617
高邮市华兴石油机械制造有限公司	395	24660	23514	1987	985
江苏华能电缆股份有限公司	271	23820	23148	315	782
扬州市新港电机有限公司	304	22230	21903	967	260
高邮市永发机械有限公司	200	22112	21794	1700	132
江苏星火太阳能照明有限公司	234	21191	21018	600	356
扬州高标机械有限公司	284	21895	20705	1147	1159
高邮市卫星卷烟材料有限公司	423	21899	20542	956	1634
扬州金阳光电缆有限公司	73	20630	20350	1264	855
高邮市康胜机械有限公司	50	19399	19385	135	1380
高邮市申发电机制造有限公司	255	20655	19192	1099	559
扬州市华冶钢材有限公司	28	18930	18930	223	153
扬州市高升机械有限公司	211	18829	18825	169	302
江苏虹光新能源发展有限公司	212	18768	18493	960	686
扬州因特吉实业有限公司	24	18804	18450	186	430
扬州恒大电缆有限公司	40	21000	18450	155	72
扬州一洋制药有限公司	295	19269	17617	1724	1120
扬州至上光电发展有限公司	206	17460	17373	840	607
江苏宝联建设有限公司	295	16770	16694	398	112
高邮市亚普塑业有限公司	90	15982	15676	148	186
扬州市华翔有色金属制品厂	131	21373	15281	136	639
江苏金丰机电有限公司	206	15715	15252	142	209

续表 220

企业名称	年均人数	总产值	营业收入	利润总额	上缴税金
江苏科凌医疗器械有限公司	345	15695	14483	684	809
江苏宝尔特光电科技有限公司	120	13977	13977	428	259
高邮康乐化工有限公司	161	15040	13876	627	635
扬州市威高机电有限公司	250	14845	13836	243	60
扬州市恒丰制衣有限公司	1000	14913	13668	702	213
扬州金邮机电有限公司	228	13945	13645	978	469
扬州大大饲料有限公司	56	13546	13546	132	82
高邮市恒盛肠衣厂	259	13639	13450	1308	445
扬州市金马机电制造有限公司	170	16108	13281	688	536
江苏天元光电发展有限公司	269	13405	13115	559	588
高邮市华星石油管件制造有限公司	250	14128	13048	965	415
江苏润雅制衣有限公司	1554	13300	12861	695	713
高邮市包装制品有限公司	256	12745	12429	35	413
扬州鸿元鞋业有限公司	540	12847	12347	368	732
扬州市恒源常笑电子电源厂	65	12280	12266	154	72
扬州宇通服饰有限公司	508	12724	12230	363	698
扬州市创新包装有限公司	148	12090	11925	169	0
高邮市宏达标准件有限公司	216	12925	11888	582	613
高邮市金华达毛纺织厂	321	11850	11835	657	439
高邮市安兴钢业有限公司	48	11848	11757	161	85
扬州鸿信线路器材有限公司	250	11841	11739	784	570
扬州大劲电机制造有限公司	77	11428	11369	1414	76
扬州南自电力电气有限公司	132	11509	11337	572	215
扬州华尔光电子材料有限公司	170	12312	11316	3539	1470
高邮市华联制衣有限公司	280	11183	11115	113	146
高邮市液压成套设备有限公司	126	10430	10949	428	598
扬州天地源机电制造股份有限公司	145	11067	10946	1504	77
高邮萃众毛巾有限公司	203	11000	10835	413	458
高邮市泓泰龙电源材料厂	80	10814	10779	146	69
高邮市日月钢业有限公司	178	10928	10758	282	678
高邮市强力钢丝绳有限公司	135	10860	10733	169	72
高邮市丽华实业有限公司	145	10798	10703	126	44
高邮市神舟橡塑制品有限公司	50	10876	10668	134	26
扬州中泰新能源发展有限公司	162	10423	10405	520	483

续表 220

企业名称	年均人数	总产值	营业收入	利润总额	上缴税金
高邮市恒鑫电工材料有限公司	62	10427	10127	507	317
扬州市中宇照明板业有限公司	16	10110	10110	88	75
江苏戚伍水产发展股份有限公司	283	10776	10064	1103	44
扬州市高扬机电有限公司	244	10627	10022	745	485
合计	38885	3643006	3524227	171091	120854

2010 年高邮市规模以上工业主要经济指标情况表

表 221　　单位：个、万元

分属	企业数	现价产值	产品销售收入	利税	利润
合计	630	6033574	5879248	562482	289720
一、城市工业	134	1402340	1356107	145665	85432
开发区	94	1112832	1074713	129884	76899
城南新区	23	162060	167643	10469	6867
其他	17	127448	113751	5312	1666
二、乡镇工业	496	4631234	4523141	416817	204288

2010 年高邮市规模工业企业(年初定报)一览表

表 222

序号	法人代码代表	企业名称	法人	主要产品
	全市合计 625 家			
一、	城市工业 130 家			
(1)	开发区 92 家			
1	140961946	高邮市城北压铸塑料制品厂	李开兴	铝压件
2	141005358	江苏圆通电缆有限公司	陈根田	电线电缆
3	141005569	江苏精佳制动器集团有限公司	王兆宏	汽车轮毂
4	608709288	扬州一洋制药有限公司	刘泰淑	注射用赖氮匹林
5	608723987	扬州升达集团	张椿年	铝电解电容器用电极箔
6	664926826	扬州天仞服饰股份有限公司	周文虎	服装设计
7	665761058	扬州市百思特机械设备有限公司	李光兰	液压设备
8	668380090	扬州诚品服饰有限公司	戴国忠	服装
9	668399955	江苏传艺科技有限公司	陈敏	柔性线路板
10	675469923	扬州易事特新能源有限公司	李家才	蓄电池
11	688319844	扬州海嘉服饰有限公司	刘汉贵	服装
12	711554237	扬州鸿泉制衣有限公司	李耀任	服装制造

续表 222

序号	法人代码代表	企业名称	法人	主要产品
13	713281367	扬州四方香精香料有限责任公司	张学良	无机酸
14	713283565	高邮市高冠电子仪器厂	钱恒丰	摩托车电子元器件
15	713284808	江苏永恒塑业有限公司	吴万政	塑钢型材
16	718509973	高邮市恒立液压机械厂	刘建	液压机械
17	722293116	扬州市鸿信线路器材有限公司	王其震	塑料波纹管
18	722293693	高邮市高新制衣有限公司	卞传林	服装
19	725229494	扬州市华龙塑料有限公司	王春阳	塑料硬管
20	725229638	高邮亚星塑料制品有限公司	雍海洋	塑料管材
21	727256680	扬州市高扬机电有限公司	张高元	采矿勘探设备
22	728014720	高邮市华兴石油机械制造有限公司	徐文勇	石油机械
23	729001331	扬州市秦邮特种金属材料有限公司	杨庆驹	特种铸钢件
24	729001489	扬州市龙祥包装制品有限公司	陈大马	纸板
25	729332157	高邮市利安达服装有限公司	黄丽泰	服装
26	733332248	沙龙集团股份有限公司	马在朝	服装
27	733332328	高邮市强国制衣有限公司	卞正强	服装
28	733332408	江苏广源电线电缆有限公司	谭金龙	钢缆铝绞线
29	736531867	江苏龙源先锋电气有限公司	丁艺	电气柜
30	740683265	高邮市申发电机制造有限公司	邢顺其	950 电机
31	740683281	高邮市科特电机制造有限公司	胡晓宁	ST160－3Q 发电机
32	740683484	扬州凯尔化工有限公司	张增英	软聚氯乙烯塑料颗粒
33	743935923	高邮市华升线路器材厂	王斌	抢箍
34	743936264	扬州和益机械有限公司	潘朝霞	工作台
35	746216975	高邮市天维丝绸有限公司	余荣芳	丝绸织造
36	746217169	沪港新亚药业(扬州)有限公司	张志昂	注射液
37	746217177	高邮市奥林电机塑料厂	王鸣华	塑料制管
38	746217222	扬州市志高建筑防水材料有限公司	沈志高	防水涂料
39	746810181	扬州和益电动工具有限公司	潘朝霞	水槽切割机
40	747308206	扬州市天成化工有限公司	李翠华	染料化工
41	753949253	扬州大晟药用玻璃有限公司	陈士山	药品包装材料
42	756424698	扬州东鹏服饰有限公司	王云鹏	服装
43	757951131	高邮市金景服饰有限公司	王松	服装
44	757951238	扬州恒达服饰有限公司	何浩林	服装
45	757951262	扬州市松佳照明电器有限公司	陆庆松	路灯
46	758463172	扬州国泰服饰有限公司	王健	服装

续表 222

序号	法人代码代表	企业名称	法人	主要产品
47	758967901	高邮市铸锋机械制造有限公司	蔡之善	过滤机
48	760521749	扬州欧力特电源有限公司	袁朝勇	太阳能电池组件
49	760522186	江苏戚伍水产发展股份公司	戚国祥	水产品
50	762417531	高邮市华星石油管件制造有限公司	秦国柳	油管
51	766519156	高邮市金宇机电有限公司	吴詹梅	铝压铸件
52	769850362	扬州市凯利龙服饰有限公司	王春阳	服装
53	769850530	高邮市金国电缆材料厂	徐金椿	电缆材料
54	772490409	扬州美锋照明科技有限公司	姜洋	高压钠灯
55	774688355	扬州金邮机电有限公司	钱恒丰	汽油发电机
56	778034877	扬州凯慕龙制衣有限公司	朱争	服装
57	778035124	高邮市恒鑫电工材料有限公司	丁琪	漆包线
58	778035191	高邮市龙腾钢结构工程有限公司	何小龙	钢结构
59	780250464	高邮市金旸机械有限公司	谢国金	机械加工
60	782708766	江苏波司登制衣有限公司	高德康	休闲服
61	783363923	扬州兴益机械有限公司	杨卫平	铝件加工
62	783364088	扬州市鑫昌机电设备有限公司	任同安	机械配件
63	783364256	扬州金陵减速机有限公司	金树岗	减速机
64	783364555	扬州市北极绒服饰有限公司	陈维高	服装
65	783364694	江苏雅鹿制衣有限公司	顾顺华	羽绒服
66	786345106	高邮市华亿锻造有限公司	蒋宝玉	金属铸件
67	786345480	高邮市华兴机械有限公司	周松香	机械配件
68	788374736	扬州海峰机械有限公司	孙庆桃	冲压模具标准件
69	792316985	扬州华盟电子有限公司	王军	柔性线路板
70	792317099	高邮市力度混凝土有限公司	田巨波	生产混凝土
71	796122037	扬州市东恒服饰有限公司	圣恒丰	服装箱包
72	796122168	高邮欧亿尔机械制造有限公司	谢国金	石油机械配件
73	796122184	江苏金旸太阳能电力科技股份有限公司	谢国金	太阳能电池组件
74	796528192	扬州邦美制衣有限公司	王家琦	服装加工
75	797424758	高邮市新美达服饰有限公司	聂松	服饰加工
76	797424766	扬州祥瑞电子科技发展有限公司	王基富	单晶硅
77	798342666	高邮市华美机械有限公司	禹保华	拖拉机配件
78	71850710X	扬州天健动物药业有限公司	万安琪	兽药
79	75053989X	高邮市恒盛肠衣厂	张玉斌	肠衣
80	79105475X	江苏捷通车业部件有限公司	吴新安	汽车工程机械配件

续表 222

序号	法人代码代表	企业名称	法人	主要产品
81	76358557X	高邮市创佳铸业有限公司	朱道连	金属制品
82	685312508	高邮市飞翔服饰有限公司	高和权	服装
83	674854977	高邮市飞跃服饰有限公司	翁学飞	服装
84	736532042	高邮市金富蛋品加工厂	沈达珍	蛋品
85	718508348	高邮市精正机械制造有限公司	乔正帮	车件
86	772020765	高邮市通源四环机械制造厂	周强	汽车摩托车配件
87	746216983	高邮市中天压铸厂	吉祥	风叶
88	776874725	扬州奥驰服饰有限公司	沈航	服装
89	799085251	扬州金桂源建筑钢结构工程有限公司	李正光	彩瓦钢
90	783364598	扬州乔松机电科技有限公司	李玉梅	电动机
91	668983043	扬州市德龙制衣有限公司	倪德朝	服装加工
92	791054506	扬州通宇肥料有限公司	卞家陆	过磷酸钙
（2）	城南经济新区 21 家			
93	140956602	高邮市东郊包装厂	王长海	纸箱
94	140988014	扬州华美丙纶纺织有限公司	唐春美	专用水过滤纤维
95	665784698	高邮市汉升高分子材料有限公司	朱德武	医用 PVC 塑料粒子
96	730725564	高邮市红太阳食品有限公司	乔龙山	蛋品
97	731752513	高邮市双星包装有限公司	张俊	包装印刷
98	753949130	高邮市秦邮蛋品有限公司	王步明	蛋制品
99	758463244	扬州神龙机械制造有限公司	黄继军	机械配件
100	758968592	高邮市昆仑工贸有限公司	查荣兰	六角棒销售
101	760521546	高邮市荣华车件有限公司	陈荣保	汽车座椅滑轮
102	769850063	扬州市金宏食品有限公司	张华	挂面
103	774688902	高邮市顺达动力机电有限公司	戚荣斌	汽车配件
104	778035319	扬州同昌电磁线有限公司	李以本	漆包铜圆线
105	780250739	扬州通威饲料有限公司	刘汉元	水产饲料
106	786345405	扬州市森木机械有限公司	林杨	健身器材配件
107	788375157	扬州市润春机械制造有限公司	张其椿	港口金属配件
108	792317072	高邮蓝宝石石油装备有限公司	徐文勇	石油机械
109	796528205	高邮市八里塑料制品厂	王小珠	合成树脂
110	798342631	扬州亿泰纺织有限公司	张晨喜	人造纤维
111	14095659X	高邮市汽车附件厂	陈必美	汽车附件
112	670971076	高邮市清达机械制造有限公司	顾爱清	汽车门铰链
113	140970391	高邮市新坝交通配件厂	王生和	汽车底盘

续表 222

序号	法人代码代表	企业名称	法人	主要产品
(3)	工业总公司 14 家			
114	141004099	江苏富裕达粮食制品有限责任公司	蒋瑞林	饲料
115	703924090	高邮市天大水泥制造有限公司	凌定康	水泥
116	722292375	高邮市华声电子有限公司	董卫童	电声器件
117	729332042	高邮市华亚电器有限公司	何玉光	摩托车配件
118	730725353	高邮市秦谷面粉有限公司	陈仁贵	面粉加工
119	733332387	高邮市金诚机械厂	唐诚	电动工具
120	738268839	高邮市新文游面粉有限公司	柳亚林	小麦粉
121	746216932	高邮市新高达电器有限公司	杨顺梅	电器配件
122	746217011	扬州春林面业有限公司	吴春林	面粉加工
123	788375018	高邮欣建塑业有限公司	王健	压延薄膜
124	14100411X	高邮市经纬纺织有限公司	张贵南	纯棉涤棉纱线
125	72933198X	高邮市新高明动力机械有限公司	钱恒丰	摩托车配件
126	73958055X	江苏中天水力设备有限公司	葛杰人	机械设备制造销售
127	78909455X	高邮三台铸业有限责任公司	郭长城	铸件模型制造
(4)	商贸总公司 1 家			
128	718509607	高邮市运东水产品加工厂	毕新年	水产品加工
(5)	其他企业 2 家			
129	140963722	高邮市金属工艺厂	毕冬年	24K 金首饰
130	755074710	高邮港邮供水有限公司	李文锋	自来水
二、	乡镇工业 495 家			
(1)	高邮镇 65 家			
131	134771919	江苏华能电缆股份有限公司	陶沂源	电线电缆
132	140951107	高邮市助剂厂	秦国柳	荧光增白剂
133	140956477	江苏润华电缆股份有限公司	茆玉斌	电缆
134	140984857	高邮市福兴塑料五金厂	王芝元	PUC 双壁波纹管
135	140988428	高邮市强力钢丝绳有限公司	赵国淦	钢丝绳
136	608753334	高邮市华联制衣有限公司	杨步翔	羽绒服装
137	608753588	扬州市恒丰制衣有限公司	陈维林	服装生产
138	608754572	扬州神游羽绒制衣有限公司	刘尚斌	服装
139	608754636	高邮市丽华实业有限公司	朱晓兰	塑料瓶盖
140	662725385	高邮市苏尔昌橡塑材料有限公司	沐庆昌	医用 PVC
141	703924701	高邮市贵宝蛋品有限责任公司	陆贵宝	咸蛋加工
142	713282896	扬州市创新包装有限公司	方先其	包装袋

续表 222

序号	法人代码代表	企业名称	法人	主要产品
143	71328308X	高邮市包装制品有限公司	高潮	纸箱制品包装
144	718507513	扬州市志舜铝业有限公司	林德志	铝件制造
145	718508188	扬州千禧龙鞋业有限公司	于有银	合成革鞋　人造革鞋
146	718508858	高邮市华盛制衣有限公司	金宝元	服装加工
147	722292252	高邮市天利塑料编织厂	葛敏湘	塑料编织袋
148	724440642	高邮市塑料电器厂	周玉祥	压电陶瓷拉子生产
149	728014608	扬州金飞龙服饰有限公司	陈永龙	手提包、背包
150	728015045	扬州市鹏达橡胶制品有限公司	秦国安	橡胶护舷
151	72933163X	高邮市长柏机械厂	陈广春	鞋业配件
152	729332288	高邮市天顺照明器材有限公司	杨同高	照明灯具器材
153	730725329	高邮市东日电力器材有限公司	周国权	铝型材
154	731752492	高邮市金丰机电有限公司	陶家山	电感器生产
155	733332117	高邮市高盛造纸有限公司	熊吉朝	瓦楞纸
156	73653163X	高邮市荣清机械电子有限公司	周荣清	电子加工
157	738268783	扬州市新港电机有限公司	徐应兰	发电机
158	740683193	扬州市高升机械有限公司	管芝连	液压配件系列、工程车座椅
159	742488236	高邮市卫星卷烟材料有限公司	王传祥	烫金、印刷水松纸
160	742488391	高邮市荣兴汽车配件有限公司	祝荣兴	汽车配件
161	743706725	江苏西尔特橡胶股份有限公司	冯高明	橡胶护舷
162	74484613X	高邮市邮星食品有限公司	陈兆潭	咸鸭蛋加工
163	747308556	高邮市永发机械有限公司	朱恩权	五金机械加工
164	753212315	扬州市威高机电有限公司	刑桂云	劈木机制造、锯木机制造
165	753212614	高邮市顺昌绝缘材料有限公司	金长顺	云母基布
166	753212622	扬州市邮谊工具制造有限公司	周启宽	刀具
167	753212737	江苏华富能源有限公司	居春山	太阳能电池制造
168	753949296	高邮市富通包装制品有限公司	姚学华	电缆盘
169	75896820X	高邮市安兴钢业有限公司	徐汝安	扁钢生产
170	762417566	扬州大协船舶制造有限公司	陈晓辰	钢质驳船
171	762417742	扬州日兴生物化工制品有限公司	秦忠	氨基葡萄糖盐酸盐
172	765871342	扬州华鑫电子有限公司	汤晓荣	电感器
173	76587173X	高邮市康胜机械有限公司	孙必胜	健身器材
174	76825856X	高邮市迅达山工程机械有限公司	吴帮娟	机械加工
175	76825872X	扬州市恒源常笑电子电源厂	潘志龙	蓄电池生产销售
176	769850434	高邮市远立机械有限公司	董一海	摩托车车轮、配件

续表 222

序号	法人代码代表	企业名称	法人	主要产品
177	772490310	高邮市泓泰龙电源材料厂	钱士梅	高压点火线
178	774688558	高邮市晨曦机电制造厂	严正娟	汽车配件
179	774688750	高邮市神舟橡塑制品有限公司	何付田	橡胶制品
180	774688929	高邮市顺峰纺织有限公司	黄宏顺	布匹生产制造
181	776874864	扬州凯普电子有限公司	徐道安	电感器
182	77803528X	扬州大劲电机制造有限公司	李怀道	电机
183	783364192	扬州林鑫特种电线电缆有限公司	赵幼轩	特种电线电缆
184	783364512	扬州科迪机电制造有限公司	吴朗兰	电动工具配件
185	785582994	高邮亚普塑业有限公司	刘文斌	塑料制品
186	786345448	江苏浩明光电科技有限公司	罗玉珍	电光源 LED
187	788374656	扬州国能电气设备厂	陶明	电缆
188	795398410	扬州天地源机电股份有限公司	杨祥勇	机械加工
189	799085163	江苏华富控股集团有限公司	居丽	太阳能电池
190	67546943X	高邮市鼎力鞋业有限公司	戚维明	鞋帽
191	718507126	高邮市通用塑业有限公司	乔永斌	胶带
192	729331728	高邮市应天水产有限公司	李步明	速冻水产品
193	786345413	扬州森焱电缆材料有限公司	姜维	电线电缆
194	681121982	扬州市美加鞋业有限公司	连永朝	橡胶鞋
195	757951158	扬州市天娇塑业有限公司	王军	塑料件
(2)	车逻镇 30 家			
196	140970500	高邮市汽车标准件厂	王森林	汽车零配件(三角螺母)
197	140983168	高邮市秦邮造纸厂	谢国英	箱纸板
198	608753203	高邮市迅达工程机械有限公司	吴年林	工程机械配件
199	670100086	高邮高和光电器材有限公司	朱升和	节能灯制造
200	678995371	江苏博际硬面技术开发有限公司	管锦华	自动化喷头
201	703922538	高邮市车逻铸件厂	袁祝贤	再生铁
202	713280196	高邮市长城机械制造有限公司	陈志权	预埋件
203	713283776	高邮市华夏五金工具有限公司	夏德悦	手用钢锯条
204	725229427	扬州市伊兴机械有限公司	吴朗武	航天器材配件
205	727256541	高邮市润扬制衣有限公司	肖有明	羽绒服
206	727256605	扬州市源峰机电有制造有限公司	张筱玉	摩托车前盖
207	729331904	扬州市康乐机械有限公司	孙必胜	钢结构花架
208	730725177	高邮市欣强力不锈钢有限公司	师成林	不锈钢材
209	733332205	高邮市兴扬机械有限公司	杨旭干	手泵体

续表 222

序号	法人代码代表	企业名称	法人	主要产品
210	736531947	江苏益园家具有限公司	吴坤	公寓家具
211	743706821	高邮市乐尔康塑料制品厂	孙必来	轮椅车配件
212	747308564	高邮市鸿运米业有限公司	杨林	大米
213	750540137	高邮市永明机械有限公司	居永明	阀芯
214	753212534	高邮市亚立不锈钢紧固件有限公司	陈德春	不锈钢标准件
215	756424321	扬州荣清不锈钢制品有限公司	乔冬英	集装箱配件
216	757951043	扬州百士德礼品工艺有限公司	张所明	绳带
217	762417929	扬州和润户外用品有限公司	刘艺	机械零部件
218	766519404	扬州市瑞和机械有限公司	刘爱国	机床配件
219	778035642	扬州中港橡胶制品有限公司	冯高松	橡胶护舷
220	780250253	高邮市华缘服饰有限公司	俞学兰	服装
221	784968502	扬州弘乐旅游用品有限公司	刘乃怀	交通护拦设施
222	72933227X	高邮市明增生物制品厂	师明	甲壳素
223	74733536X	扬州和宇旅游用品制造有限公司	朱虎定	休闲钓鱼用品
224	728014704	高邮市鸿雁机械有限公司	马长山	机械配件
225	796528221	扬州市金诺尔不锈钢有限公司	金传祥	不锈钢紧固件
(3)	龙虬镇 16 家			
226	140983096	江苏兴达新材料有限公司	陆正英	U 型罗栓
227	140985534	高邮市福兴微耕机厂	陈玉兴	铝压铸件
228	667627725	扬州东佳阀门有限公司	林文清	精密铸造
229	713281009	高邮市龙腾制衣有限公司	陈豪海	服装
230	713284269	扬州市银河制衣有限公司	陈维金	服装
231	727256955	高邮市龙祥机电制造有限公司	王朝祥	手泵体
232	729001534	高邮市高农机械配件有限公司	林文清	冷却水泵
233	729001657	高邮市鸿晟塑胶制品有限公司	何军	TRR 鞋底
234	735316268	扬州市新雅泰服饰有限公司	扬国金	服装加工
235	742488228	扬州市兴龙塑料有限公司	张爱平	塑料管材
236	750528517	扬州安凯利服饰有限公司	李有华	服装
237	755074518	扬州祥龙制衣有限公司	郑玉祥	服装
238	756424356	高邮市华晟制衣有限公司	陈广华	服装
239	780250210	扬州国龙制衣有限公司	徐新东	服装

续表 222

序号	法人代码代表	企业名称	法人	主要产品
240	793849468	高邮市鸿翔服饰有限公司	刘定国	服饰加工
241	X08758019	高邮市永富齿轮厂	陆金标	机械加工
(4)	马棚镇 5 家			
242	140953129	高邮市越洋制衣厂	倪文松	服装
243	140982210	高邮市宏扬助剂厂	戴生华	D 环、铝镍合金粉
244	713280137	高邮市永盛纺织饰品有限公司	郭美桂	服装
245	786345210	高邮市鸿运制衣厂	刘庭权	服装
246	742488519	扬州金祥云科技有限公司	杨祥年	电线电缆
(5)	卸甲镇 27 家			
247	134779080	江苏金飞达电动工具有限公司	张庆奇	电动工具
248	140955191	高邮市电塑厂	吴汝喜	电动工具
249	140982827	扬州市华丰金属制品厂	吕雅华	不锈钢拉丝
250	140988313	高邮市华天电机厂	张其朝	交流电动机
251	141004814	高邮市金峰包装有限责任公司	杨在梅	彩色包装纸箱
252	718507070	高邮市方圆机电制造有限公司	姜方中	发电机组
253	718509041	高邮市美雅思制衣有限公司	费光宏	防寒服
254	727256728	高邮市飞达铸造有限公司	戴恩桃	铸铁件
255	730725468	扬州市久盛化工有限公司	袁达风	氨基葡萄糖盐酸盐
256	732491327	扬州市金阳光铸造有限公司	潘正林	铸铁件
257	732491394	高邮市金翔包装有限公司	王尧波	彩印
258	736532069	高邮市宝达机械配件厂	赵义宝	钢管加工
259	736532288	高邮市宜达机械配件有限公司	吕兴宜	铝件加工
260	742488359	高邮市华源机电配件厂	王国元	合金锯片
261	748192938	高邮市金达电容器厂	张国勇	泡沫
262	749427196	高邮市三联涂料有限公司	政建明	丙烯酸自干漆
263	749427591	扬州市华胜机电制造有限公司	戴茂华	微电机
264	755074307	高邮市新大鑫五金电器铸件厂	孙以斌	铝件生产
265	756424436	高邮市金利达机械有限公司	郭金桃	劈木机配件
266	756424532	高邮市鸿运电动工具厂	许前	电动工具合金锯片
267	758968218	扬州三鑫五金工具有限公司制衣分公司	许玉山	服装
268	766519519	高邮市华发橡胶制品有限公司	耿士忠	橡胶护弦
269	769850573	高邮市新龙制衣厂	马在朝	服装
270	780250640	扬州市华翔有色金属制品厂	徐和安	再生铅
271	14100542X	扬州市金马机电制造有限公司	卞一勇	发电机

续表 222

序号	法人代码代表	企业名称	法人	主要产品
272	75507434X	高邮市志安铸造厂	杨志安	铸铁件
273	758968031	高邮市同发塑业有限公司	刘美艳	塑料制品
(6)	汉留镇 26 家			
274	140958413	高邮市信达型钢厂	赵文武	钢材
275	608704225	扬州樱花鞋业有限公司	朱庭俊	雪地鞋
276	608753721	高邮市三湖蛋品有限公司	高和权	咸蛋松花蛋
277	668962736	江苏富莱士机械有限公司	李光东	机械配件
278	690767283	扬州市新邮特种金属铸造有限公司	杨仕军	铁冶炼
279	718509674	高邮市博爱鞋业有限公司	朱銮妹	皮鞋
280	730725695	高邮市明义乙炔制造有限公司	陈明义	浓解乙炔
281	739580621	高邮市青山金属纺织制品厂	吴长青	合金材料
282	742488375	高邮市瑞凯机械制造有限公司	赵长年	铸件
283	744846252	高邮市恒通鞋材有限公司	吴同惠	橡胶制品
284	748193009	高邮市日月钢业有限公司	徐永楼	轧钢
285	749427268	高邮市昌盛机械有限公司	徐广申	弹簧
286	758463164	高邮市宝盛钢业有限公司	吴晓年	钢材、轧钢
287	766519121	扬州昇业机械有限公司	徐宏明	机械配件
288	778034885	扬州万和鞋业有限公司	刘万彬	雪地鞋
289	785582580	扬州万兴工贸有限公司	丁荣梅	鞋材
290	788375069	扬州市天乐鞋业有限公司	余小兰	雪地鞋
291	71328148X	高邮市安邮电器设备厂	刘学勤	电器设备
292	71328164X	扬州市恒通环保科技有限公司	李亚清	环保设备
293	72801451X	高邮市松泉环保照明设备有限公司	吴万泉	环保设备制造
294	78496849X	高邮市盛唐鞋材有限公司	唐有亮	鞋材生产
295	X08758254	高邮市超越型钢厂	刘荣春	冷拉光圆钢材
296	673049212	高邮市景晖鞋业有限公司	朱冬妹	鞋材
297	768258391	高邮市泰安气体有限公司	刘招弟	丙烷
298	674413602	高邮市天鉴机械配件厂	许文琴	铸钢件
299	780250798	高邮市中韵锌业有限公司	邵正斌	氧化锌
(7)	汤庄镇 32 家			
300	140954252	扬州高标机械有限公司	吴有还	电液推杆
301	140959205	扬州市申达机械有限公司	秦旭	液压机械
302	140969315	高邮市龙华机械有限公司	李正来	探矿机械
303	140972506	江苏顺达机械设备有限公司	钱宏卫	电液推杆

续表 222

序号	法人代码代表	企业名称	法人	主要产品
304	140981584	高邮市康乐精细化工厂	冯振灿	对氯苯甲醛
305	140983969	高邮市康宁电器设备厂	俞有富	医疗器械
306	140985876	扬州龙鑫机械有限公司	吴有建	电液推杆
307	140985948	扬州奥博机械有限公司	陈伯明	探矿机械
308	141005091	江苏科凌医疗器械有限公司	刘春海	医疗器械
309	141005390	高邮市凯顺电缆材料有限公司	汤政协	电缆电线材料
310	668999678	扬州市昌友电工材料厂	俞昌友	不锈钢材料
311	718509121	高邮市宏达标准件有限公司	汤才宝	标准件
312	728014974	江苏朝阳液压机械集团有限公司	陈翠萍	生物燃料制造
313	732491589	扬州申业达机械有限公司	郭焕娣	流体控制设备
314	746217273	高邮市飞明针织绣品有限公司	翁学明	服装
315	747308601	高邮市液压成套设备有限公司	何兆扣	液压推杆
316	748193228	扬州市中瑞机电设备制造有限公司	李贵荣	石油机械
317	749427575	江苏省旭日液压设备有限公司	刘启英	电液推杆
318	774688697	扬州市顶新机械设备有限公司	祁宏祥	液压机械
319	780250093	高邮市华宝颜料有限公司	姚湧	颜料制造
320	783364125	扬州海鑫机械有限公司	宋九香	液压机械
321	784968406	扬州巨能机械有限公司	李志	液压机械
322	785582505	江苏鑫莲液压机电有限公司	刘学红	液压机械
323	799085382	扬州市慧宇科技有限公司	葛乃安	液压自动升降机
324	78837527X	高邮市腾达机电设备有限公司	崔扣兰	液压机械
325	669620527	高邮市开源液压设备有限公司	韩进凤	液压机械
326	762418091	高邮市腾龙机械制造有限公司	刘素琴	液压机械
327	738268716	扬州春明机械有限公司	吴义明	液压机械
328	662725625	扬州攀登机械有限公司	高延旭	液压机械
329	791054776	扬州润达气动液压成套设备有限公司	高丽萍	液压机械
330	766519500	扬州市聚鑫机械有限公司	浦良高	液压机械
331	673921736	扬州永瑞机械有限公司	刘当银	液压机械
(8)	八桥镇 20 家			
332	140962981	高邮市恒丰花炮厂	高永康	烟花爆竹
333	608754679	高邮市八桥水泥制造有限公司	李正唐	水泥制造
334	672518224	扬州市晨飞电源有限公司	余国政	电工仪器仪表制造
335	703920348	高邮市四联化工有限公司	李为民	其他基础化学原料制造
336	703920663	高邮市八桥长虹塑料制品厂	金长林	塑料零件制造

续表 222

序号	法人代码代表	企业名称	法人	主要产品
337	713281789	扬州市杰迪化工有限公司	周红梅	其他基础化学原料制造
338	713283493	扬州市刘氏化工有限公司	刘顺兆	其他基础化学原料制造
339	718507580	扬州市金桥服饰有限公司	曹阿林	服装加工销售
340	730725345	高邮市金陵金属塑化厂	孙日彪	再生橡胶制造
341	744846180	扬州市扬跃机电有限公司	陈素兰	机械加工
342	757951086	高邮市恒丰纸品厂	梁庆高	再生纸
343	772489838	高邮市国环蓄电池厂	陈维才	电池制造
344	772490775	扬州市博升科技发展有限公司	戚喜龙	化学中间体
345	784968051	高邮市方玉化工有限公司	王玉宝	其他基础化学原料制造
346	785582783	扬州市联合化工有限公司	孙其龙	日用化工专用设备制造
347	14098729X	高邮市光明化工厂	袁庚	3.4－二氯三氟甲苯
348	66132829X	高邮市中一食品有限公司	周建昌	米、面制品制造
349	78025027X	扬州市卫达车身制造有限公司	韩长卫	汽车车身、挂车的制造
350	798343124	扬州康龙环保工程有限公司	陈建康	环保设备
351	78558296X	扬州市政兴树脂有限公司	政建明	树脂
(9)	三垛镇 26 家			
352	140954404	高邮市三垛机电元件厂	卞传骏	摩托车配件加工
353	140962068	高邮市利达棉绒纤维有限公司	王福照	细棉绒
354	140979724	高邮市金华达毛纺织厂	陈仁龙	棉纱
355	660809403	高邮市惠泉不锈钢制品厂	刘春生	不锈钢拉丝
356	667607564	江苏宝联建设有限公司	沈连忠	环保设备
357	672502759	高邮市汉唐针织品有限公司	胡晓忠	服装
358	713283741	高邮市武宁叶枫制衣厂	管勇	服装
359	713284103	高邮市萃众毛巾有限公司	戴兴祥	毛巾
360	718509746	扬州市邮星消防器材有限公司	周学龙	有衬里消防水带
361	722293757	高邮市东方消防器材有限公司	吴生贵	消防水带
362	738268556	高邮市并蒂莲(昆山)服装有限公司	何瑞林	服装
363	738268820	高邮市文盛制衣有限公司	俞文广	羽绒服装
364	744846375	高邮市国富制衣有限公司	汤国富	羽绒服
365	756424348	高邮市杜发织造有限公司	姚贵根	棉布
366	760521917	高邮市锦华纺织有限公司	周桂英	棉纱
367	762417435	高邮市金福高分子材料厂	陆永会	塑料粒脂加工
368	762417494	扬州金辰不锈钢制品有限公司	翁益莲	不锈钢拉丝
369	765871318	高邮市正裕纺织厂	张方昱	棉纱生产

续表 222

序号	法人代码代表	企业名称	法人	主要产品
370	772020677	高邮市美华消防器材有限公司	吴广荣	消防制品
371	780250237	扬州佳龙制衣有限公司	顾金荣	服装
372	785582708	扬州金利达饲料有限公司	吕明珍	配合饲料
373	72663183X	高邮市翔龙制衣厂	连永桃	服装加工制造
374	78336423X	高邮市宏泰电杆有限公司	陆宏芝	水泥电杆
375	674403818	高邮市江山消防设备有限公司	赵玉同	消防器材
376	67763593X	吴江市生化钢结构有限公司高邮分公司	王阿忠	金属结构件
377	757951385	扬州亨利纺织有限公司	韩小军	服装
(10)	司徒镇 10 家			
378	140954658	高邮市宏达工业防护器材厂	薛恩禹	安全带安全网
379	140958333	高邮市华艺彩印包装厂	谢国金	纸板纸箱
380	674449445	高邮市润东制衣公司	茆广青	服装
381	729001606	高邮市金凤羽绒制衣有限公司	徐金凤	服装
382	757951342	高邮市宏扬金属构件有限公司	姜方跃	船舶配件(法兰)
383	783364221	高邮市亚飞制衣有限公司	费辉峰	梭织服装
384	796122133	高邮市红马钢结构工程有限公司	王国华	钢结构加工
385	74393594X	扬州大大饲料有限公司	许加生	配合饲料
386	685886552	高邮市润和制衣有限公司	环良舒	服装
387	77249045X	扬州博轩水产科技有限公司	吴博轩	生物肥料
(11)	横泾镇 6 家			
388	140952900	高邮市合成化工厂	顾开田	酸性媒介染料
389	140973963	高邮市良种棉加工厂	吴宝忠	棉花纺织加工
390	731752206	扬州市贝斯特实业有限公司	朱玉勇	钢管
391	751447807	扬州润明轻工机械有限公司	刘金治	二氧化碳自动回收装置
392	780250421	扬州源泉饲料有限公司	吴长春	水产饲料生产销售
393	78270866X	高邮市冠邦制衣有限公司	翁增如	服装
(12)	甘垛镇 21 家			
394	140953030	高邮市双雁羽绒制品有限公司	王兴平	羽绒制品
395	140968582	高邮市中大精细化工厂	林玉龙	盐酸盐
396	662725596	高邮市凯鑫金属机械有限公司	姚余金	铸造铁、炼铁
397	732276459	扬州根源精机工业有限公司	洪荣宏	加工汽车精密配件
398	739580648	扬州市宏大饲料有限公司	王根太	畜禽水产饲料
399	750539777	江苏科意达机械有限公司	崔东山	电液推杆
400	756424671	高邮市龙琪制衣厂	马在朝	羽绒服装

续表 222

序号	法人代码代表	企业名称	法人	主要产品
401	762417486	高邮市恒昌泡沫制品有限公司	许爱存	泡沫包装物
402	762417558	高邮市红旗锌铝合金厂	李加龙	铝压铸
403	766519068	高邮市金宝电工有限公司	于传宝	电线制造
404	768258578	扬州鸿信生物制品有限公司	王其松	有机化学原料制造
405	769850098	高邮市红石生物制品厂	张云	硫酸软骨素
406	780250149	高邮市雅迪制衣厂	王玉华	羽绒服装
407	784968000	高邮市鼎力机械有限公司	张鼎福	液压机械阀门
408	792316774	扬州华尔光伏科技有限公司	金开明	稀有稀土金属压延加工
409	792316846	高邮市鑫盛热处理厂	韩小雪	金属表面处理及热处理加工
410	796122117	高邮市鑫能电源有限公司	朱桂鑫	电动车电极板
411	75896804X	扬州宏泰液压机电设备制造有限公司	刘建文	电杆
412	79538019X	高邮市高远助剂厂	高德元	水洗剂
413	672526603	高邮市荣美特种油品有限公司	高翔	添加剂
414	796122280	扬州市智多星科技有限公司	施秀凤	液压机械
(13)	界首镇 12 家			
415	140953487	高邮市阀门厂	朱兆顺	粉料罐
416	140989463	高邮市祥海金属制品材料厂	徐增海	铝制品销售制造
417	722293677	高邮市龙盛制衣厂	晏鹤春	服装
418	729331621	扬州文斯塑胶制品有限公司	陈玉琴	塑料袋
419	736531824	高邮市环流泵业有限公司	赵玉明	泵类
420	753949317	扬州浩德金属材料有限公司	王志城	电线电缆
421	760522071	高邮市华宇金属制品有限公司	周祥	铝合金
422	772490302	扬州永成金属制品有限公司	陈伟	金属制品加工
423	74484621X	扬州市高宇鞋业有限公司	金建平	安全鞋
424	77054213X	高邮市远东机械厂	周传明	条播机
425	682161820	高邮市润平混凝土制品有限公司	陈连平	混凝土制品
426	782708985	扬州铨伟实业有限公司	陈贤民	鞋产品加工
(14)	临泽镇 17 家			
427	140952804	高邮市长兴包装纸业有限公司	沈志东	复合纸板
428	140971810	高邮市川青助剂厂	陆家惠	塑料助剂
429	140982202	扬州普天鞋业有限公司	简振华	鞋业制造
430	662725721	高邮市临泽胶粘剂福利厂	张绍兴	橡胶杂件
431	713281850	扬州申高鞋业有限公司	蔡磊	鞋业制造
432	713282554	高邮东亚塑胶厂	谢忠仁	机械配件加工

续表 222

序号	法人代码代表	企业名称	法人	主要产品
433	729331664	高邮市万嘉面粉有限公司	任有毅	面粉加工
434	736532165	高邮市卧龙服饰有限公司	何启发	服装生产销售
435	743936109	扬州市天宇鞋业有限公司	于徐生	鞋业制造
436	745579571	扬州新世界鞋业有限公司	花红星	鞋业制造
437	760522020	高邮市双宇鞋服辅料厂	张凤兰	鞋帽辅料
438	786345253	高邮市嘉林木业有限公司	俞春忠	木材加工
439	796121931	高邮凯高鞋业有限公司	花红星	皮鞋
440	14100534X	高邮市维扬鞋业有限公司	花红星	鞋业制造
441	75896812X	江苏华信轻工制造有限公司	朱国华	鞋业制造
442	673008517	高邮顺天物资回收有限公司	张文凤	废旧有色金属加工
443	684133583	扬州欣润鞋业有限公司	简振清	沙漠鞋
(15)	周山镇 9 家			
444	140953540	高邮市灯具厂	邵久才	高杆灯
445	140982966	高邮市玻璃钢制品厂	时连山	玻纤布
446	718508479	江苏双兔食品股份有限公司	徐卫东	大米
447	738268687	扬州南自电力电气有限公司	何谦益	电器
448	774688689	扬州倍福尔羽绒制品有限公司	薛青	服装
449	785582572	高邮市枫林制衣有限公司	戴宝阳	服装
450	798342551	高邮市安迪制衣有限公司	居延安	服装
451	74621710X	高邮市丰田农药有限公司	董长良	农药制造
452	140969884	高邮市新型塑料添加剂厂	李跃林	塑料粒子
(16)	周巷镇 17 家			
453	140952652	高邮市电线厂	张国林	加工电线
454	140982229	高邮市金属制品包装厂	沈九桂	铝制品
455	140984304	高邮市营南五金机械配件厂	范光华	橡胶零件制造
456	140989068	扬州市东元铜业有限公司	潘德君	铜材加工
457	141005710	扬州市兴达电磁材料有限公司	秦来宾	氧化镍、电磁材料
458	661328070	扬州鸿元鞋业有限公司	陈树扬	胶鞋
459	739580867	高邮市龙圣机械厂	薛连平	精加工铸造
460	760522063	扬州市富通钢塑材料厂	邓耀亮	岩棉绳
461	762417515	扬州市众鑫化工有限公司	郭吕景	甲醛水溶液
462	766519383	高邮市鸿飞机电有色金属制造厂	黄歧林	机电加工制造、销售
463	774688734	扬州宇通服装有限公司	徐丹炯	服装
464	789094533	扬州市永昌鞋业有限公司	陈根娣	鞋生产

续表 222

序号	法人代码代表	企业名称	法人	主要产品
465	789094648	扬州市鸿利达鞋业有限公司	谢鹤鸿	鞋、鞋材
466	73826845X	扬州市丽邮人造板有限公司	刘正远	人造板制品
467	684911672	高邮秀华塑料制品有限公司	梁宝华	塑料衣架
468	660809681	扬州市佳乐灯具有限公司	翟桂祥	灯具
469	678322070	扬州市三福食品有限公司	金国平	虾仁加工
(17)	送桥镇36家			
470	140956215	高邮市振兴低压电器福利厂	杨金环	铜球制造
471	140968785	高邮市长松化工厂	张磊	静电粉末涂料
472	140984371	高邮市怡和车辆附件厂	潘久山	车辆座椅
473	663839659	江苏尚慧达太阳能发展有限公司	丁为民	单晶硅
474	669640771	江苏天元光电发展有限公司	孙占标	单晶硅
475	703896456	扬州市宏飞电缆照明有限公司	李平	电缆
476	713281172	扬州市松山机电有限公司	胡恒钰	灯具
477	724440757	扬州市宝德照明器材有限公司	张宝生	LED灯具
478	726631768	江苏龙腾照明器材有限公司	龙慧斌	LED灯具
479	730725636	扬州市通明电器照明有限公司	胡梅芳	灯具
480	731752345	扬州市宇通灯具制造(安装)有限公司	丁兆和	LED灯具
481	733332483	扬州市现代照明电器有限公司	朱文明	LED灯具
482	735316188	扬州市伏特钢杆照明有限公司	刘俊	LED灯具
483	738253784	扬州健松镀锌有限公司	陈健青	镀锌
484	738268433	扬州市天源照明器材有限公司	陶杏江	钢板
485	740683361	扬州市龙马照明工程有限公司	马在山	灯具
486	744846156	扬州市星慧照明器材有限公司	胡广太	LED灯具
487	748193463	高邮市新华汽车附件有限公司	周定芹	聚氨酯泡沫
488	750539929	高邮市亚泰制管厂	丁国喜	钢板开平
489	752049894	扬州市华福莱电器有限公司	栾林	木制包装箱
490	755074622	扬州市菲利特照明电器有限公司	朱志才	LED灯具
491	757951182	扬州市润源灯饰有限公司	赵月新	LED灯具
492	762417822	扬州亚佩旅行用品制造有限公司	苏爱平	箱包
493	778035001	扬州市佳佳镀锌有限公司	丁恩松	镀锌
494	782709005	江苏神州交通器材有限公司	周斌	灯具及照明装置
495	783364061	扬州市永宁安全鞋制造有限公司	陈兴标	制造安全鞋
496	788374613	高邮市格雅工艺制品厂	王金奎	工艺鞋
497	795379607	江苏伊卡奴服饰有限公司	张如云	服饰

续表 222

序号	法人代码代表	企业名称	法人	主要产品
498	796122221	扬州市欣宝树脂有限公司	张爱东	聚脂树脂
499	74068337X	高邮市比欧特服饰有限公司	罗玉红	服装
500	683512151	高邮市瑞盈铜材有限公司	马跃	铜材加工
501	788375149	扬州豪纬道路工程有限公司	郝炳和	灯具
502	766519471	扬州市豪宇路灯有限公司	陈宝琴	灯具加工
503	738268871	扬州市天河灯饰有限公司	陶文祥	灯具
504	661328011	扬州市天源油品有限公司	陶杏江	电容器油
505	744846412	扬州天湖食品厂	徐国来	副食品加工
(18)	天山镇 40 家			
506	140988049	江苏天华皮件制品有限公司	胡军	箱包
507	608710043	扬州市希捷箱包有限公司	林彩镇	箱包
508	660809833	扬州市宏祥光电科技有限公司	胡平忠	单晶硅
509	669606469	扬州市明月光电发展有限公司	吴正兰	单晶硅棒
510	673943329	扬州天华光电科技有限公司	姜宏才	单晶硅切片
511	682179828	扬州新鑫新能源科技有限公司	陈宝山	太阳能电池组件
512	703920874	扬州市巨龙化工工业有限公司	王寿明	丙烯酸树脂
513	711553154	扬州立达树脂有限公司	郭春和	涂料助剂
514	718507193	江苏虹光新能源发展有限公司	吴宏林	单晶硅切片
515	718507951	扬州恒力鞋业有限公司	谭秀香	皮鞋制造
516	718509236	高邮市强杰塑料制品有限公司	王九田	鞋底
517	718509244	高邮市天星粘合材料厂	曹国林	塑料复合
518	718509252	扬州市汇鸿旅行用品有限公司	陈梅芳	箱包
519	718509383	江苏富鑫箱包实业有限公司	倪云达	箱包服饰及配套材料
520	722293028	扬州市文达照明电器有限公司	姚学忠	灯具
521	722293124	扬州宝盛生物化工有限公司	张明宝	氨基酸保护剂
522	731752046	高邮市大伟包装制品有限公司	姜宏田	纸箱
523	736531525	扬州市天虹钢杆照明电器有限公司	谈富田	钢杆　灯具
524	739580752	扬州恒丰旅游用品有限公司	徐恒忠	箱包
525	744846316	扬州市汇源鞋业有限公司	潘金宝	工艺鞋
526	748193308	扬州市三强纺织品有限公司	陈桂海	织布印花
527	758462989	扬州市新鑫热镀锌有限公司	陈宝山	热镀锌
528	765871713	扬州中泰新能源发展有限公司	陈宝泰	单晶硅棒
529	772490062	扬州市善美工贸有限公司	王善平	织带、线
530	772490417	扬州悦翔鞋业有限公司	倪永江	运动鞋

续表 222

序号	法人代码代表	企业名称	法人	主要产品
531	778035060	高邮市天顺机械厂	郑秀芳	石墨加工
532	778035351	江苏顺兴光电子有限公司	倪云达	生产加工单晶硅棒
533	780250624	扬州市兴业工贸有限公司	绪红	皮鞋制造
534	789094293	江苏星火太阳能照明有限公司	宋宝山	太阳能电池板
535	796122328	扬州至上光电发展有限公司	吴万军	单晶硅棒
536	799085171	扬州市仟丰光电发展有限公司	谭秀香	单晶硅切片
537	72229272X	扬州市永兴鞋业有限公司	陈兴标	皮鞋制造
538	75394935X	江苏顺大半导体发展有限公司	倪云达	单晶硅棒
539	782709048	江苏顺大光伏科技有限公司	倪云达	太阳能电池组件
540	78270874X	扬州科森照明器材有限公司	刘锦春	灯具
541	660809470	扬州科兴光电发展有限公司	褚红	单晶硅片
542	668372066	扬州善美光电发展有限公司	王善平	单晶硅片
543	746217097	扬州市海峰照明器材有限公司	孙国付	灯具
544	679837594	扬州市苏达科技发展有限公司	苏登宽	着色母粒
545	748193279	扬州市文达防腐材料厂	唐来江	防腐剂
(19)	菱塘乡 44 家			
546	140950286	扬州曙光电缆有限公司	郑连元	电缆制造
547	140952070	扬州市飞宇电讯电力器材有限公司	王明星	铜钱生产
548	140956143	江苏长城电缆有限公司	姚凤岗	电线电缆
549	140982122	扬州中大电缆有限公司	鹿冰	电线电缆
550	141005040	扬州市晨光电缆制造有限公司	杨文华	电缆
551	141005067	扬州市扬子电缆制造有限公司	陈有山	电线电缆
552	141005075	扬州市红旗电缆制造有限公司	陈有新	电线电缆
553	660809606	扬州市宝达电器有限公司	姚学坤	铜加工
554	668984804	扬州金悦铜业有限公司	路永平	铜加工
555	684112328	高邮市菲力克斯玩具厂	许桂清	玩具加工
556	703895787	扬州市亚光电缆有限公司	鲁建材	电线电缆
557	703923776	扬州华城电缆有限公司	徐成亮	电缆
558	713283135	扬州三川实业有限公司	扬彬	电缆料加工
559	713284429	扬州市光明电缆有限公司	杨福贵	电线电缆
560	718507265	扬州回民制衣有限公司	洪正昌	服装
561	718508276	江苏捷迅电缆有限公司	金碧	电线电缆
562	718659701	扬州市恒辉电缆有限公司	翁志俊	电线电缆
563	722292770	扬州市恒大电缆有限公司	吴坚	电线电缆
564	728014819	扬州市日欣制衣有限公司	朱士刚	服装生产

续表 222

序号	法人代码代表	企业名称	法人	主要产品
565	729332026	扬州市苏能电缆有限公司	盛金昌	电线电缆
566	731752441	高邮新蕾工艺厂	杨少文	玩具
567	732491546	扬州市新曙光实业有限公司	姚恒斌	点线电缆加工
568	739580859	扬州市三业塑粉鞋业有限公司	薛同桂	粉刷涂料
569	744846367	扬州市东阳制衣有限公司	黄翠萍	服装加工
570	746216967	扬州市中能电缆有限公司	张成和	电缆
571	748193041	扬州市金阳光电缆有限公司	薛守荣	电线电缆
572	758462954	扬州市远通电缆有限公司	路朝政	电线电缆
573	760522012	高邮市明光电缆材料有限公司	杨学元	电缆 PVC 料
574	784968350	扬州市佳欣电缆材料有限公司	王义山	电缆树脂料
575	788375106	扬州荣光电缆材料有限公司	乔学云	钢带
576	789094269	扬州安利达铜业有限公司	何春龙	铜丝
577	792316678	扬州巨能电缆有限公司	杨林	电线电缆
578	792316950	江苏赛特电器有限公司	牛瑞江	电线电缆
579	799085112	扬州太极铜业有限公司	彭金宏	铜带
580	72933200X	高邮市益民线缆材料厂	盛金朝	PVC 电缆料
581	73826853X	高邮苏豪茧丝有限公司	杨晓妹	白丁丝
582	74942725X	扬州三友合成化工有限公司	张扬	医药中间体
583	79834272X	高邮市宏峰电器有限公司	路朝宏	钢材拉丝
584	662725422	高邮市众腾机电有限公司	薛嵩岭	电动工具
585	743706805	江苏恒通照明器材有限公司	王俊	灯具
586	760522055	江苏金光芒灯饰工程有限公司	胡恒宝	灯具
587	785582839	扬州宏盛电缆材料有限公司	张成宏	电线电缆
588	661328433	扬州金三元电缆材料有限公司	赵富元	电线电缆
589	799085374	扬州永和电缆材料有限公司	胡恒云	电线电缆
（20）	郭集镇 36 家			
590	140988495	高邮市通用冷轧带钢有限公司	吴庆林	冷轧带钢
591	140988575	高邮市神力线路器材厂	李军	钢线
592	141303056	江苏赛德电气有限公司	戴光华	电缆
593	713283012	扬州市斯洛尔照明电器有限公司	吴宝国	LED 照明灯具制造
594	722292340	江苏天龙照明电器有限公司	吴雪山	照明电器制造
595	726631506	扬州市兴泰钢杆照明器材有限公司	池卫星	LED 照明灯具制造
596	726631944	扬州市华夏灯业制造有限公司	曹学文	不锈钢灯杆
597	729001649	江苏赛鸥电气有限公司	顾恒林	高杆灯
598	729001673	扬州市明月照明电器有限公司	詹少兵	照明灯具制造
599	731752249	扬州市兴发照明器材有限公司	姚兴桃	照明灯具制造

续表 222

序号	法人代码代表	企业名称	法人	主要产品
600	735316057	高邮市有机化工厂	瞿军	3－氯丙基甲醛醚
601	735316225	扬州市隆昌照明灯饰有限公司	冯富平	灯杆制造
602	736531920	扬州市迪生照明器材有限公司	李爱林	照明灯具制造
603	738268775	江苏托普莱物照明器材有限公司	张钢	照明灯具制造
604	739580664	扬州金源灯饰有限公司	赵进	道路照明灯具
605	740683134	扬州市兴隆卷板灯具有限公司	卢金安	照明灯具制造
606	740683169	扬州市海力工贸有限公司	陈平	肉制品及副产品
607	742488455	扬州市宝尔特钢杆电器有限公司	万宝林	LED 灯具
608	744846033	扬州市未来水质稳定剂有限公司	郝凤华	聚合氯化铝
609	747308281	扬州市英莱特灯饰制造有限公司	胡东	灯杆
610	748192911	扬州市龙翔灯业制造有限公司	邵国田	灯具钢杆
611	750539953	扬州市迎宾照明电器有限公司	夏树兵	照明灯具制造
612	757951326	扬州恒祥灯饰有限公司	池恒祥	照明灯具制造
613	757951350	扬州市海德灯业有限公司	柏玉林	照明灯具制造
614	758462823	江苏飞花灯饰制造有限公司	胡兴才	照明灯具制造
615	776875226	江苏苏发照明实业有限公司	陈正明	LED 光电制造
616	780250683	高邮市新东方电缆材料有限公司	黄志军	电缆材料加工
617	784968035	扬州市华冶钢材有限公司	丁国喜	钢板销售
618	788374963	扬州市安定灯饰制造有限公司	陈安林	照明灯具制造
619	791054311	扬州市中宇照明板业有限公司	朱恩林	卷板开平
620	74942768X	扬州市鑫通交通器材有限公司	吴凤洲	交通信号灯
621	76241789X	高邮市新新电缆材料厂	吴学明	电缆材料
622	782708897	江苏神舟灯饰有限公司	王国香	灯具加工
623	758968154	扬州灯魁照明器材有限公司	胡德东	灯具加工
624	683514106	扬州市宝莱板业有限公司	赵学松	灯具加工
625	796121907	扬州市博瑞光电照明有限公司	曹玉松	灯具加工

1996 年高邮市乡镇工业能源及主要原材料消耗情况表

表 223

项目	计算单位	本年消耗量		年末库存量	
		乡村合计	其中：乡办	乡村合计	其中：乡办
原煤	吨	129192	89329	17103	13945
焦炭	吨	6912	4073	509	208
汽油	吨	1742	910	32	5
煤油	吨	45	6	9	4
柴油	吨	3941	2051	289	149
燃料油	吨	903	164	13	11

续表 223

项目	计算单位	本年消耗量		年末库存量	
		乡村合计	其中：乡办	乡村合计	其中：乡办
电	万千瓦小时	11806	6986	—	—
其中：自发电	万千瓦小时	972	294	—	—
生铁	吨	16913	10399	873	636
钢材	吨	93974	7091	6009	3833
其中：小型型钢	吨	15214	11269	773	493
线材	吨	13488	7271	513	229
废次钢材	吨	5832	1702	126	76
原木	立方米	7816	745	652	11
锯材	立方米	1277	696	143	80
水泥	吨	38556	16627	1237	702

2010 年高邮市乡镇(区)工业规模企业水和主要能源消耗情况表

表 224

名称	单位	本年消耗量
水	吨	7464631
原煤	吨	117510
焦炭	吨	12325
汽油	吨	2510
煤油	吨	1
柴油	吨	2871
液化石油气	吨	3
天然气	立方米	168
电	千瓦小时	919347933

2010 年高邮市工业 1000tce 以上企业能源消耗统计表

表 225　　单位：t

序号	用能单位名称	等价综合能耗	当量综合能耗
1	江苏顺大半导体发展有限公司	63176	22184
2	扬州宏远电子有限公司(含升达集团)	24337	10311
3	高邮市经纬纺织有限公司	21168	7433
4	高邮市助剂厂	16191	13412
5	高邮市凯鑫金属机械有限公司	15126	14406
6	高邮市万利铸业有限公司	14333	13638
7	扬州亿泰纺织有限公司	11662	4095
8	江苏华富能源有限公司(含华富集团)	10759	5031

续表 225 单位:t

序号	用能单位名称	等价综合能耗	当量综合能耗
9	扬州华尔光伏科技有限公司	10149	3564
10	扬州日兴生物科技股份有限公司	8900	7483
11	扬州市新邮特种设备铸造金属制品有限公司	8232	3985
12	扬州市丽邮人造板有限公司	8069	5337
13	扬州市刘氏化工有限公司	5465	4267
14	扬州至上光电发展有限公司	5002	1757
15	扬州曙光电缆有限公司	4812	1930
16	高邮市卫星卷烟材料有限公司	4457	2631
17	江苏金飞达电动工具有限公司	4331	2718
18	高邮市包装制品有限公司	3942	3592
19	扬州中泰新能源发展有限公司	3853	1353
20	江苏传艺科技有限公司	3595	1262
21	江苏天元光电发展有限公司	2942	1033
22	扬州市别克机电有限公司	2882	1729
23	扬州光明电缆有限公司	2764	1941
24	高邮市康乐化工有限公司	2521	2102
25	上海新亚药业高邮有限公司	2474	1908
26	扬州国安纸业有限公司	2389	1869
27	江苏西尔特橡胶股份有限公司	2134	1769
28	高邮市万嘉面粉有限公司	1929	—
29	江苏九叶光电科技有限公司	1922	—
30	江苏华尔光电材料股份有限公司	1810	—
31	扬州通威饲料有限公司	1572	—
32	江苏波司登制衣有限公司	1446	—
33	高邮市明增生物制品厂	1351	1091

2010 年高邮市工农业总产值情况表

表 226 单位:万元

类别	总产值
农林牧渔业总产值	780775
其中:农业	319786
全部工业总产值	10102005
其中:开发区	1447412
城南新区	300560
各乡(镇)	8233533

1987 年扬州市分县(市、区)乡镇工业规模情况表

表 227　　单位:个、人、万元

县(市、区)	企业数	务工人数	产值	销售收入
合计	66714	1046607	816684	586892
郊区	2077	38472	32130	23252
泰州	1059	18945	21326	17890
兴化	6274	98598	68759	49700
高邮	8639	81559	53896	40359
宝应	6116	51970	29948	21138
靖江	3220	100627	118189	70513
泰兴	10984	156683	147315	100404
江都	10018	194066	158063	116652
邗江	5700	119625	75768	63760
泰县	8310	117902	83001	62711
仪征	4317	68160	28289	20513

2001 年扬州市分县(市、区)乡镇工业主要经济指标情况表

表 228　　单位:万元、%

县(市、区)	现价总产值	产品销售率	出口交货值	营业收入	工业增加值	利润
合计	5638042	94.07	946796	4848447	1179851	112267
郊区	859262	93.1	174336	801645	167901	19136
高邮	754320	92	127435	568954	148131	10987
宝应	519278	91.95	33595	470532	84823	10443
江都	1535505	95.57	144661	1234743	351497	20414
邗江	1632477	95.3	392227	1482346	367894	45956
仪征	337200	90.95	74542	290227	59605	5331

2006 年扬州市分县(市、区)乡镇工业主要经济指标情况表

表 229　　单位:万元

县(市、区)	总产值	增加值	营业收入	利税	出口交货值	固定资产投入
合计	18056564	4044959	16940487	1085743	2419823	2670068
维扬	936043	182504	903963	36253	152076	134730
高邮	2640144	532240	2491346	143521	377371	415183
宝应	1791234	349414	1692985	101344	123305	234984
江都	6377308	1558919	5870632	367863	486098	891000
邗江	4094672	947496	3908266	319518	811515	570841
仪征	1288207	273444	1197893	61843	237470	291630
广陵	734291	156346	690793	42082	170492	103290
开发区	194665	44596	184609	13319	61496	28410

逸稿集粹编

焦点文论

乡镇工业技术改造工作初探

乡镇工业要不断地发展、壮大,要冲出本身的小圈子,与大工业同台打擂,就得一步步地、多方面地进行技术改造。目前,乡镇工业技改工作已取得了显著的效果,但也无可否认,技改工作对乡镇工业企业来说,仍是一个新生的课题,大家都在探索阶段,技改失败的例子为数不算少。因此,本人想就高邮县乡镇工作技改工作谈点浅见,仅供搞技改工作的同志商榷。

一

高邮县乡镇工业的技术改造工作,经过不断地探索和努力,已有很大的进展。通过技术改造,乡镇工业的产品结构得到了有力的调整,企业的规模不断扩大,乡镇企业的市场竞争能力不断增强,经济效益明显提高。1987 年,全县乡镇工业实现产值 44691 万元,实现利润 1389 万元,上缴税金 1883 万元,产值过千万元的乡镇由 1985 年的 9 个增加到 21 个,百万元的厂由 49 个增加到 100 个,并且形成了如临泽铝箔纸厂、天山南茶红星塑料厂、武安农配二厂、三垛布厂等一批有一定特色的骨干企业。从 1985 年到 1987 年三年间,共批准项目 230 个,总投资 4895. 34 万元,其中贷款 3027. 92 万元。两年来,仅 43 个年产值在 200 万元以上的重点企业,通过技改,新增产值 7565. 33 万元,新增利税约 750 多万元。

但是,乡镇工业技改项目的投资效益比较差。以 1986 年为例:共批 51 项技改项目,实际实施投入702. 93 万元。当年投产 50 项,新增产值约 1600 万元,投入产出之比为 1:2. 2。当然,我们看技改项目的实施效益,不能只看投产当年,但近年来,高邮县乡镇工业的技改问题不少,在 1984 年批准的 95 个项目中,有两项转了产;在 1985 年批准的 40 个项目中,就有 10% 的项目批而未实施。两年就有 5 项无经济效益。龙奔拉丝厂 1987 年新上了电解铜拉丝项目,总投资 47. 7 万元,其中贷款 30 万元。由于事前对项目工艺论证不足,缺乏业务水平,致使技术未能与之配套,甚至将生产主要设备都买错了,使整套设备不能运转。马棚乡 2 年内上了 3 个项目,其中有 2 项一直未见效益。这些情况究竟是什么原因造成的,不能不引起我们的深思。

二

乡镇工业技术改造项目成活率不高,效益较差,除了市场行情变化莫测或其他因素外,我认为,主要有两个方面的问题:

(一) 可行性调查不实

1. 信息不准。我们知道,现在的社会是信息的社会,我们无论办什么事,都离不开信息,更不用说一个企业的生产和扩大再生产了。现在,我们乡镇企业的负责人也非常重视收集信息,利用信息,但往往还是被一些信息所害,这是什么原因呢?这主要是来自外界的信息不准及自我调查不实的结果。信息并不是每一件、每一条都能为我所用,而信息本身,又有许多虚幻的成分,特别是某些信息,存在着不少偶然因素,属于伪信息的范畴,我们企业的负责人常常被此迷惑,因而,决策的失误或亏损的隐患也就产生了。比如近几年国家实行宏观控制,一些基层领导因此连微观也不敢搞活了。汤庄乡一度随着改装汽车的热潮,投资新办了汽车改装厂,而忽视汽车主要部件的标准化及先进性等信息,大量购回大厂的淘汰产品,导致汽车改装后,不符合要求而不准售卖,大量的积压,使该企业每年净亏两万多元。

2. 夸大其词。一些企业为了能使技改项目得到领导的重视,使之顺利通过,而随意夸大其词,虚张声势,把新上产品吹得天衣无缝,无懈可击。一篇可行性论证报告,具有科学性质,来不得半点虚假。如果说,信息上的不准或调查不实,这都是无意识造成的。而虚张声势,夸大其词就是主观上有意识的造成不实,这在技改工作上是绝对危险的行为。

3. 判断失误。我们在调查一个项目的可行性时,一个重要步骤就是分析和判断信息的真伪。一般来说,分析正确,信息就会为我们所用,分析不正确,事情就会走向反面。一些乡村企业对信息缺少敏感,即使有好的信息也熟视无睹,而更重要的是知道了信息,不会分析,只会获取原始信息,不会去粗取精,去伪存真,结果导致判断差别,决策失误。司徒乡在与江扬造船厂联营兴办秦邮食品公司时,过大地估计了高邮县的水乡资源,而未排除其他不利因素及竞争对象,一下子新上了禽蛋加工厂、种禽场、水产养殖场、苗禽炕孵厂、畜禽屠宰厂及200吨高低温冷库,固定资产达197万元。但是,投产后一个突出的问题是资源不足,导致大马拉小车。

司徒秦邮食品公司生产能力与实绩对照表

	炕孵家禽(万只)	产鱼(万斤)	蛋品加工(万只)	屠宰家禽(万只)	种禽(只)	冷冻(吨)
生产能力	80 - 100	20	100 - 150	100 - 150	1200	200
1986年实绩	2.7185	14	33.3	12	—	150
1987年实绩	27.6	14	43	19.8	2400	250

4. 估计不足。我们在工作中发现,一些技改报告很简单,看上去似乎比较简练,其实,技改报告是要写详细点的。由于有些企业没有真正掌握各方面的资料,如企业环境因素,间接影响等,考虑不周,估计不足,上项目不量力而行,造成“面多加水,水多加面”的现象,使项目上了一半被迫“流产”。某个厂在对项目的论证中,忽视了电源的供应情况,结果,近几年电力紧张,每天只供应10~12小时,使之半天生产、半天停工。

5. 占用流动资金。天山农具厂为了积极改变常年亏损的状况,决定上马生产钢丝绳。但该厂在技改项目未通过、无设备贷款的情况下,占用自身的大量流动资金,且土建工程较大,使设备、厂房添置成功后,无流动资金购买原辅材料,企业处于瘫痪状态。这些事例较多,一是有些企业怕县上不批,自己先动手,再报项目;二是先铺摊子,逼着国家支持。

6. 无整体规划。搞技改项目就要有全局观点,作为县要有全县观点,作为乡要有全乡观点。一些乡的技改项目互相重皮,你争我夺;有些乡镇对使用少的大型设备、专用设备、稀精设备重复布局;还有些乡不注意产品结构,使全乡工业生产因季节性、行情、原材料等因素而上下大幅度起伏。

（二）项目论证问题

1. 论证部门不妥。技术改造是一项非常复杂的工作。高邮乡镇工作的技改论证班子是由县经委、农行、地方工业局3个单位组成的。我们知道，经委和地方工业局都属于行政管理部门，而其工作职能只是搞好统筹规划，掌握政策，组织协调，提供服务，运用经济调节手段，加强对企业的引导、检查、监督。因此说，在这个前提下，这些部门不具备一定的科技力量，更没有技术权威。所以，我们以前用行政部门去对企业进行技术论证，是不符合经济规律的。

2. 论证程序不严。到各乡镇搞技改项目论证，存在一个走过堂的问题。有时乡镇党委、政府、工业公司及企业的领导人都到位，但只是围绕技改报告粗略地谈一遍。在论证人员中，一般以本人的有限知识面，能问多少就问多少，不知不问。有时对一个项目要论证多次，但每次都没有质的变化，结果是花费不少，收效不大，拖延了时间。

3. 论证目标不变。现在投资方向是对适销对路、能耗低、效益好、投资少、产得快的技改项目，而固定不变的投资方向，必然产生既定的论证目标，这就正如文学上的主题先行是不行的。方向既然已肯定，那么在论证项目时，心理早有了底，定下了框框，超不出这个范围，造成了论证的空谈和迁就。

三

根据高邮县乡镇工业目前的现状和技改存在的问题，我有几点不成熟的看法：

1. 重视市场调查。要得到一个好项目，就必须进行大量的市场调查。横泾乡为进行技改项目的论证，宁跑千山万水，不搞道听途说，宁花万元的论证费，不叫项目建成后无效益的做法是相当有道理的。而我们有些企业跑也跑了不少地方，花也花了不少论证费，但就是跑不彻底，花不到点子上。市场调查一般有三种方法：①全面调查。像武安平板玻璃厂为进行设备、配料、工艺等方面的技术改造，把全省可比的平板玻璃厂都作了调查。结果，该厂的原材料配比进一步合理，设备改造趋于先进，提高了质量，降低了能源消耗。②典型调查。天山光华皮件厂为上新产品吸塑公文箱，在对大、中、小城市百货商场的典型调查中了解到，吸塑公文箱在大城市的需求量较大，而中、小城市对老产品人革箱仍有很大市场，从而该厂确定了今后的生产目标和销售渠道。③抽样调查。抽样调查就像工厂对成批产品进行抽样检查一下，对调查范围进行随机抽样或任意抽样。

2. 项目论证的组成人员不仅是政府部门，而应包括其他有关科技部门。行政部门只能牵头、掌握有关政策、法令，坚持原则，领导面上工作，不能进行业务上的具体指导、技术性的鉴定和项目论证。否则，行政部门进行技改论证，一旦失误，没有半点法律制约，也没有人承担因此而造成的经济损失。

3. 项目要注意多项配套。对项目不能仅仅局限于资金方面的论证，要从资金、技术、管理、信息、人员、人才、能源、物资、销售、“三废”等多方面来考虑，既要考虑直接因素，又要考虑间接因素，既要考虑企业本身条件，又要考虑企业的周围环境，既要考虑局部利益，又要考虑全社会效益。总之，要使各方面配套起来。

4. 技改投资要包括教育经费。我们一些乡村办厂在新办或新上一个技改项目中，只注意对设备、基建、资料、原材料、工人基本工资等方面的投资，而忽视了一个重要方面，即对智力投资或工人技术培训的必要投资。政治经济学认为，劳动力的价值应包括劳动者接受教育和训练所支出的费用。企业的技术改造，必然要改进工艺，更换老式设备，或扩大生产规模，吸收新工人，这就需要对新工人和使用新设备的工人进行业务上的培训。

5. 名副其实地实行项目负责制。过去企业搞技改项目，成功则好，不成功则了，与人无关，责任不能到人，项目贷款无企业担保。去年，高邮县乡镇工业技改工作实行了项目负责制，这是一个好的开端。

但是，一些企业的项目负责制仍浮在上面，不能层层分解，落实到具体人头。有些项目上马后效益差或不能达产，也无法追究负责人责任，使项目的责、权、利仍然联系不到一起。因此，完善项目负责制，是今后一项重要工作，项目承包人要像租赁企业一样，要把个人利益与企业利益、项目成败直接挂钩，决不能笼而统之。

6. 投资方向不能搞既定不变，要多向灵活。从宏观上看，要有利于实现社会投资总需求与总供给的平衡，有利于有效地调节产品结构；从微观上看，要有利于增强企业的活力，扩大企业的自主权，促进企业技术进步，使企业在有计划的商品经济规律的作用下，走以内涵为主扩大再生产的发展道路。贷款要在项目与总体规划相结合的基础上发放，既可避免投资的盲目性，又可使项目纳入总体规划之中，有利于综合协调地发展。倘若一味地按部就班，坚持既定的投资方向，势必影响到部分企业利用开发逆向型产品来进行市场竞争的策略。

7. 如何搞好工业基础较差的乡的技改工作，扶贫济困，使这些乡能有一个较快的发展？目前采取的形式除了在物资上照顾、政策上放宽、税收上优惠外，并没有根本性的措施来改变现状。脱贫致富，不能单靠外因条件的扶持，而要从改革入手，发展着眼，改变单纯救济的方式，实行体制改革和经济开发，对企业管理、生产、销售、人事等机制作开拓性的调整。对此可设专项资金，集中一定的力量，以项目为牵引线，把技术改造与企业改革有机地结合起来。

8. 乡镇工业要上一批较大的项目。现在各乡镇工厂一般申报的项目较小，投资不大，30 万元以上的项目就算大了，很不适应乡镇工业的发展需要。无论是乡镇工业的自身发展，还是走横向联合的新路，逐渐使乡镇工业走向大规模、正规化的工业生产，是一条最基本的也是最重要的发展方向。乡镇工业只有着眼未来，挣脱小农经济思想的束缚，发展重大协作项目，这样，实现经济腾飞才有希望。

9. 技改论证水平亟待提高。现在可以说，乡镇企业的技改论证水平较差，无论是从信息的搜集到论证报告的写呈，还是从各乡村企业到各有关部门，都缺少这方面的知识。因此，要迅速采取措施，举办一些培训班，以长短期相结合的方法，有计划地培养一批技改工作骨干，使技术改造工作健康、顺利地开展起来。

作于 1988 年 3 月

高邮县砖瓦行业解脱危机的探索

砖瓦行业是高邮县乡镇工业的传统行业。它起步早，贡献大，在全县工业生产中占有一定的比例。然而，近年来砖瓦行业面临不少困难，潜在着严重危机。本文旨在分析砖瓦行业存在的问题，初探摆脱困境、焕发生机的路子，以供领导和企业决策时参考。

一、历史・现状

高邮县砖瓦行业起源于各乡村农民的副业。1958 年，全国“大办”工业，高邮县办起了以小土窑为基础的 37 个小砖瓦厂，年产砖 261 万块。从此，砖瓦生产由农民副业转化为地方工业，并逐渐形成了全县砖瓦行业。

进入 20 世纪 70 年代，砖瓦生产的技术水平有了提高，生产规模随之扩大。1971 年 3 月，龙奔公社第一个办起 20 门的轮窑。同年 8 月，平胜公社竖起了第二座轮窑。此后，送桥、川青、天山、菱塘、伯勤、甸垛、车逻、二沟、武安、三垛、一沟、临泽、司徒等公社陆续兴办了轮窑。大型轮窑的兴起，促进了砖瓦工业的发展，并成为全县乡镇工业的重要支柱。据统计，1982 年，全县有轮窑 17 座，年产值达 1400 万元。到 1987 年，轮窑发展到 22 座，年产砖 35176 万块，产瓦 490 万片，总产值 1807 万元。

二、问题·原因

高邮县砖瓦工业已有三十年的历史，特别是轮窑兴起后的十多年，砖瓦行业为全县的经济发展，尤其是乡镇工业的崛起，以及为人民生活的改善作出了很大的贡献。但事物的另一面，我们必须清醒地看到，砖瓦行业已日趋老化，如负重老牛积劳成疾，似秋后花木每况愈下，无论是生产的内部要素，还是外部条件，都潜在着危机，生产滑坡，效益低下。究其原因，主要有以下五个方面：

（一）土源即将枯竭。

土是制砖的主要原料，高邮县域面积1962.58平方公里，其中陆地只占60%，而作为产粮基地，虽有良田万顷，但用于制砖的土源只能开挖高墩土、高田土（面土还田）及开发鱼池等，土源并不宽裕。而大型轮窑兴起后，土源更为紧张。据对20个轮窑厂调查统计，建厂以来，已用土达767万方。目前，不少窑厂土源枯竭，濒临绝境。川青砖瓦厂明年仅剩一万方土源，一般厂家也只能维持二、三年生产。各厂土源总和仅有97万方，不足两年的用料。其次，各村、组、户开办的小土窑无制约地发展，星罗棋布，据不完全统计，全县就有2000多座小土窑，年耗土量非常可观。1987年村、组小土窑产值达4833万元，折合标准砖62250万块，共耗土124.5万方，随着高田、塥垛越来越少，土源的供不应求使许多村民把大锹伸向耕地，挖毁良田，造成严重的后果。据调查，1986年二沟乡张陈村就有186户制坯，占全村总户数的63%。一些户的自留地，承包大田被挖得坑坑洼洼，不能种粮。今年国家颁布了《土地法》，那种挑"祖地"挖田烧砖，用"子孙钱"掠夺性取土的做法为法律所不容。

（二）利率逐渐下降。

近年来，砖瓦行业危机的一个明显症状是效益较差，利率逐年下降。据资料分析，1986年，建材行业百元定额流动资金创利达10.5元，1987年下降到4.87元。其中20个轮窑厂的利润从1986年的54.5万元减少到1987年的13.48万元，下降75.27%。这个数字比1984、1985年也减少60%以上。与其他行业比较（见附表），利率非常低微。

附表 单位：元

行业	百元产值创造利润	百元固定资产创造利润	百元定额流动资金创造利润	每人平均创造利润	全员劳动生产率
冶金行业	4.92	26.00	13.10	843	17105
化学行业	2.86	17.10	11.78	342	11978
机械行业	2.60	10.18	7.17	233	8960
纺织行业	2.02	6.90	8.29	178	8817
食品行业	1.33	6.30	5.90	211	15880
20座轮窑	0.75	1.43	2.54	21	2906

为什么砖瓦行业的经济效益如此之差呢？首先，起因于能源的价格暴涨。煤炭1987年每吨91元，今年涨到163元；柴油，贸易价格从每吨1000元涨到1400元；电力也从每度0.22元涨到0.32元。其他如煤渣、土、工资、上缴、捐税等连锁反应，水涨船高。龙奔二窑一年仅增加工人工资就达5万多元。而砖价虽有调整，但其增长指数远远小于原辅材料的涨价幅度。沉重的负担，压得窑厂喘不过气来。更为甚者，建窑时筹集的资金，现在给群众保值还砖，以砖抵债，年复一年，至今每厂尚有外债砖1000万块。

其次是不重视科学管理，导致内耗严重。走进一些企业可以看到，煤炭到处抛撒，掀盖停场乱甩，遍地砖砾瓦片；翻开企业账簿，账物不符，账账不符，账目混乱；有的轮窑长期失修，火眼不正，漏气严重；有的企业设备保养不善，工艺不配套，工序不合理；许多企业不注重技术培训，工人的码坯、码窑技术不过关。所有这些，直接影响了制砖质量，能耗加大，费用上升，浪费严重。各轮窑厂万砖煤耗（不包括内燃）最高已超过一吨。全县平均约0.9吨，比先进水平多耗30%以上。1987年5月，我们曾对19座轮窑的红砖质量进行检查，结果在3800块窑内抽检砖中，就有1020块属等外品，不合格率就占26.84%。此外，每年砖坯受天气因素影响造成的损失相当可观。平均一个厂每年倒坯、冻坯约30万块。1987年天山砖瓦厂冻坯、倒坯130万块，直接经济损失达5.2万元。

三者，来自外部的不正之风，也是砖瓦厂利率下降的一个重要原因。轮窑从开张之日起，每年关系户应接不暇，上自领导，下至亲朋，还有一些权力部门。某乡砌税务所，该乡砖瓦厂支持8万块砖；某乡砌变电所，该乡砖瓦厂以0.04元1块的单价，出售红砖26万块。现在，每厂因人情砖每年最少赔进1万元。这是一笔看不见，但令人吃惊的数目。

（三）生产工人奇缺。

在目前机械化程度不高的情况下，一座轮窑正常生产必须有职工350人左右。但近年来，一些轮窑职工不稳定，你来他去，流动性较大。龙奔二窑有30%的职工来源于其他四县八乡，他们在采取了职工保险基金后，仍不能稳定职工队伍。1982年，全县17座轮窑有职工5771人，而到1987年，全县22座轮窑只有职工6238人，现在一些轮窑只有200多人，缺员达30%以上。有些厂经常因劳力缺乏，积土不多，贮坯不足，烧窑不能连续进行。砖瓦行业职工难招聘、生产缺员的原因，一是砖瓦行业生产条件差，生活改善后的农民一般不愿再干这辛苦劳累的活计；二是随着商品经济的发展，赚钱的门路增多，砖瓦行业的工资收入缺乏吸引力；三是生产比较舒适的乡镇企业吸收了农村劳力，使砖瓦行业连女工也难以招到。

（四）布局极不合理。

根据高邮地区的有利地势，各乡镇因地制宜，在20世纪70年代发展了轮窑，从全县角度看，分布较为合理：有湖西丘陵地区的天山、菱塘、送桥；有东北部水网地区的川青、平胜、司徒；有临城高田地区的龙奔、车逻、武安；还有南部沙田地区的甸垛、伯勤等。而进入80年代，轮窑的发展带有随意性，布局极不合理。川青乡先后竖起四座轮窑，工业结构单调，开窑生产受季节性限制。龙奔在同一区域建起两座轮窑，相互之间，争劳力、争土源，生产不能满负荷。送桥为了追求高产值，在原有轮窑基础上又加一座，共计42门，结果劳力、坯场、设备等都不配套，虽然总产值略高于他窑，但两个烟囱冒烟，平均每门产量下降，利润降低，1987年亏损23万元。此外，一些小土窑发展，更是盲目无计划，据1986年对卸甲乡小土窑的建成时间排队，1972年该乡兴建起第一座土窑，到1976年增加了28座，1979—1981年3年增加了41座，而从1982—1986年又增加了89座，共计达到158座，其增建速度令人咋舌。

（五）后劲无法保证。

高邮县各轮窑厂从长远观点出发，曾经在兴旺的时候办了一些附属厂，以副养主，使企业后继有业。但事与愿违，结果是办起一个厂被乡里收回一个厂，窑厂面貌如故，日渐老化。川青轮窑厂先后投资兴办企业15家，投资总额达80多万元。送桥轮窑厂投资近50万元兴办的附属厂数年后被该镇收回，现这个厂年产值已达500多万元，年利20万元左右。据对12个轮窑厂调查，他们曾经向各乡镇收回的附属厂投资达180万元之多，现在这些厂，总产值已达900多万元，年利达40多万元。此外，轮窑自建厂以来，陆续投资其它厂达230万元。由此可见，轮窑厂在自身发展过程中，为乡镇企业的发展作出了较大的贡献。然而，随着企业附属厂被一一收回，企业不断向外无偿投资，从而打击了企业生产的积极性，削弱了企业后劲，客观上遏制了砖瓦行业的发展。

三、探索·治理

综上所述，砖瓦工业正面临着重重困难，企业发展步履维艰，行业的前途如何，已是一件刻不容缓的研究课题。我们认为，砖瓦生产是传统的工业，它为社会主义建设和人民生活水平的提高作出了基础性的贡献，而在当今还未出现新型的墙体材料能替代之前，“秦砖汉瓦”仍是基本建设不可缺少的建筑材料。因此，砖瓦行业仍有一定的发展前途。尤其在改革的浪潮中，对砖瓦行业如给予确当的引导、扶持和管理，高邮县砖瓦行业将会有一个新的更为广阔的前景。但在目前亟待解决以下六个问题，以期迅速治理当前砖瓦行业的危机状况。

（一）改进取土来源

从全县各砖瓦厂的取土情况看，主要来源于高墩土、老庄台、水利工程土等，而近年来又以租买耕地（或面土还田、或开发鱼池）居多。据统计，在 1987 年的用土中，面土还田占 19.58%，开发鱼池占 24.02%，这在土地资源非常紧缺的情况下，耕地资源或多或少地遭到了破坏。因此，各砖瓦生产企业必须更新观念，充分利用科学技术，结合本地实际，改进取土来源。主要渠道有：1. 利用广阔的湖滩和大面积的芦荡资源，把重点转向荡滩取土。据 1987 年区划调查，全县现有未开发的荡滩土达 16.17 万亩。其中运西 9.07 万亩（包括送桥、界首、天山等地），运东 7.1 万亩［主要分布在马棚、张轩、司徒、横泾、临泽、川青等 11 个乡（镇）］。此外，菱塘与安徽毗邻的白马湖，湖滩地已经现滩，面积约 3 万亩以上。这些滩地表层土大部分是柴草枯枝烂叶覆盖的腐蚀土，滩面以下 0.4 米为黑色粘土，其塑性指数基本符合制砖要求。并且，这些滩地面积较大，荡滩连片集中，河荡相连，运输方便。若在开发荡滩中与开挖鱼池相结合，挖池养鱼，积土制砖，则不失为一条两全其美的途径。据测算，每亩开挖鱼池可得土 1200 方，而每亩鱼池产成鱼 600 斤，若以一座轮窑每年需土 4 万方计算，则开挖鱼池 30 多亩，产成鱼 2 万多斤，不仅土价低廉，还获养鱼净收入 1 万多元。2. 配合航道管理部门，向河下要土。高邮地势低洼，水网密集，河道纵横交错。每年航道管理部门，都要花费大量的人力、财力，去挖取淤泥疏通河道。因此，部分轮窑一方面可积极与航管部门建立关系，等价交换，获取河土；另一方面，在有条件的情况下，自购机船设备，主动出击，开发现有河下资源。3. 充分利用煤渣灰，补充土源不足。据测定，一吨灰可取代 0.7 方土，价值差异不大，而利用煤渣灰，一可以节约土源，补充用土不足；二可以掺伴富粘土，使其贫化，减低塑性，提高质量；三可以充作内燃（一般煤渣灰发热量为 1000 大卡以上），降低煤耗。目前全县小土窑年出煤灰约 15000 吨，可以回收，而一些大型工厂，如扬州电厂的煤渣灰，年出几十万吨，潜力很大。4. 城市垃圾也是可利用的资源。随着城市人口的不断增长，城市垃圾越来越多，已成为一大公害。而垃圾中有许多如煤炭灰等有利于制砖的物质，把它掺入粘土内，透气性好，塑性指数更趋合理。目前，如何利用它，变废为宝，有关部门正进一步开发。5. 对于各地零散的高墩土、高田土、老庄基及小型水利工程土，可实行以土换砖，或直接收购，增加用土来源。

（二）调整窑厂布局

针对各窑厂的现有情况，可切合实际，因势利导，迅速采取有效措施，合理地调整窑厂布局。对一些乡、村、组、户开办的小土窑，要严加管理，不合有关规定的立即关停，并严格控制其盲目发展，把建窑批准权收归县主管部门。就轮窑而言，可分别采取如下措施：1. 合并。对少数乡镇开办两座以上的窑厂，适当进行合并，尤其是土源枯竭，难以为继的窑厂，如送桥砖瓦厂（其中一窑）、川青砖瓦厂、临泽砖瓦厂、龙奔砖瓦厂等都属淘汰之列。2. 迁址。有些厂附近将无土源，但其它地方还有很大的潜力，则应抓紧时机，做好选址论证工作，为日后迁址作好充分准备。3. 转产。转产是一些老窑厂焕发新春的必然方向。各窑厂可利用现有资金,兴办附属企业,大搞其它新产品,走以厂养厂的路子。这样既可获得现有效益,又使今后在窑厂关门之际,不致于措手不及。目前,车逻、川青、一沟、三垛、周山、甸垛、龙奔、平胜等窑厂正积极行动,引进新项目,各有关部门应予扶持为是。对企业新办跨行业的分厂或车间,要执行不得平调的政策,不能断人后路。对于已经划出的工厂,也可以与原窑厂兼并,分业核算,互为补充,以解决老窑厂职工的后顾之忧。4. 控制。除了对现有的窑厂实行调整外,还必须严格控制今后窑厂的开办。今后只能在湖滩、荡涂地区适当布点,以确保国家建设和人民生活的需要。5. 开发。积极主动地与大专院校和科研部门联系,开发新型的墙体材料,乃是治理砖瓦行业危机的根本决策。当今墙体材料的研制已跟不上建材工业的发展和满足不了建筑工程的需要,特别是在土资源极为有限的情况下,尽快研制新型的墙体材料,已成为建材行业的历史使命。

(三) 降低能源消耗

各窑厂必须把降低能源消耗作为企业内部管理的主攻方向,而要降低能源消耗,应做到以下 4 点:第一,以改革为动力,引进竞争机制,充分调动职工的积极性,搞好承包责任制,不但要保证外包,重要的是要抓住内包,使每个职工、每个岗位都有职责,整个环节达到满负荷运转。第二,强化定额管理,严禁无计划、无定额地使用和消耗物资,搞好原始记录,防止倒扎账。做到账物相符,有案可稽。第三,重视和运用科学管理,吸收先进的技术,使工艺流程更趋合理,不断对制坯、码垛、焙烧等各方面进行技术革新。要科学测定本地砖坯的干燥敏感系数,掌握干燥收缩率,准确使砖坯干燥达到临界点。有条件的窑厂,可发展隧道干燥室或晴雨两用坯场,缩短干燥周期,使砖坯入窑水份从 7 折向 9 折努力。加强职工的责任感,提高职工的技术水平,切实抓好码垛、拨风、添煤等方面的管理,真正做到控制码垛密度,合理利用风闸、看火加煤,勤添薄烧,使万砖煤耗达到国家标准。第四,进行小型技术改造,适当抽取烟囱烟热及轮窑保温带、冷却带余热,一方面设置干燥室,干燥砖坯;另一方面,解决职工洗澡及生活用水,使能源得到合理和充分的利用。

(四) 提高劳动效率

现在,轮窑厂的劳动力不仅数量少,而且很不稳定。这样,影响了职工的素质,不利于提高劳动效率和产品质量。为此,要解决 3 个问题:一是适当提高职工的福利待遇,在企业生产效益得到提高的前提下,合理调整职工工资,搞好承包兑现工作,奖勤罚懒,多劳多得,使职工收入更趋合理。建立职工保险金制度,对不在册的达三年以上的临时工应与正式工同等看待,解决职工的后顾之忧;二是加强对职工的技术培训。要实行走出去、请进来的方法,普及教育,培养骨干,提高职工的素质水平;三是根据本厂实际需要和发展前景,积极发展机械化,如可添置产运机、翻斗车或小铁轨等,弥补积土人员不足的困难,这样既可减轻劳动强度,又可提高劳动效率。

(五) 利用气象服务

砖瓦生产大部分是露天作业,自然干燥仍是砖瓦行业的传统方法,因此,砖坯受天气制约因素大,损失亦可观,特别是晚秋、初冬、初春的低温冻害天气造成损失更为突出。因而,各厂要打破传统观念,主动、积极地与气象部门联系合作,利用气象技术和较为先进的预报手段为我服务,以科学方法代替旧的经验主义,更准确、更及时地掌握气象变化,减少和避免重大的经济损失。龙奔、伯勤、甸垛等厂已试用对讲器,直接和气象部门通讯联络,已收到明显效果。

(六) 建立信息往来

在现代信息时代,即使如原材料来源和产品销售不出本地的砖瓦行业,也离不开信息交流。各轮窑厂应分别采取纵向的和横向的联系,与其他轮窑厂、业务技术部门、行业协会建立信息往来关系,吸收外界的新鲜空气，了解新的先进的科学技术，掌握墙体及其它建筑材料的发展动态，促进自身健康发展。

当然，要使砖瓦行业从困境中解脱出来，不仅仅如上述几条，它离不开有关权力单位和上级部门的扶持，亦有待于社会风气的进一步好转，只有内外因的相互促进，砖瓦行业必有一个新的起色。

原载：1988 年《高邮农业区划科研成果选编》

作者：潘步清　孙　平

高邮县乡镇工业的现状和急需解决的问题

一

高邮县乡镇工业现有企业 1450 多个，其中乡（镇）办 310 个。职工总数 60470 多人，其中乡（镇）办 31870 多人。1987 年实现产值 44691 万元（不包括组户联产值 7319 万元，下同），比 1986 年增长 35.1%，比 1978 年增长 6 倍。全县 32 个乡镇，有 31 个乡镇都增产，且 17 个乡镇的增长幅度超过了平均增长水平，其中甸垛、二沟、武宁、横泾、甘垛等乡的增长幅度达 50% 以上，发展速度在全（扬州）市乡镇工业中名列前茅。年产值超过两千万元的乡镇有车逻、武安、八桥、三垛、临泽、天山，其中临泽镇继续保持领先地位，共实现产值 4696.28 万元，比上年增长 46.4%。年产值在百万元以上的企业达 100 个，其中甸垛轧钢厂、三垛布厂、临泽汽酒厂、临泽铝箔纸厂、天山光华皮件厂、天山红星塑料制品厂、郭集盘塘照明电器厂超过了 500 万元。天山红星塑料制品厂达 1176 万元，为全县村办工业之冠。临泽铝箔纸厂达 1178 万元，跃居全县乡镇工业之首。全县乡镇工业总产值在全县工业总产值中的比重达 56.8%，占农村农副工三业产值的 54.2%。1987 年，全县乡镇工业经济效益有所好转。乡村两级销售收入达 40317.83 万元，比上年增长 42.5%，产销率 90%。实现利润 1443.18 万元（不包括提取的建农基金），比上年增长 18.98%，产利率 3.2%，实上缴国家税金 982 万元，比上年增长 38%。全县无一亏损乡镇，亏损企业和亏损金额都比上年有所下降。

随着农村改革的不断深入，我们在乡镇工业企业方面，通过推行各种形式的经济承包责任制，着力抓了以下几点：

1. 技术改造方面

1984—1987 年，经市、县批准的技改项目达 320 多个，总投资 5970 万元，其中贷款 3660 万元。1987 年是乡镇工业技改投入较多的一年（总投资 3452 万元，其中贷款 2235 万元，都比上年增长 4 倍左右），也是成效较大的一年。1987 年当年投资当年见效的技改项目新增产值达 4000 多万元，包括 1986 年项目见效的共达 1.2 亿元，投入产出之比为 1∶4。

从县到乡比较重视技改工作，组织上加强力量，程序上逐步完善。乡镇工业在技改过程中，把握投入方向，坚持四个优先：一是开发新产品，增加企业后劲的项目优先；二是增强市场意识，优化产品结构的项目优先；三是提高产品质量，增强竞争能力的项目优先；四是新上科研项目，发展横向联营的项目优先。各乡镇都落实了《项目承包责任制》，使技改项目落到实处，责任到人。1987 年批准的 139 个项目中，开发新品的有 50 项，占 36%；提高产品质量的有 15 项，占 10.8%；出口创汇的有 35 项，占 25.2%；横向联营的有 33 项，占 23.7%。从行业上来看，机械 52 项，占 37.4%；化工 26 项，占 18.7%；食品 7 项，占 5.04%；纺织 7 项，占 5.04%；轻工 41 项，占 22.3%。再从投资数额大小来看，投资在 100 万元以上的有 7 个，100 万元以下 30 万元以上的有 22 个，比上年增加 20 个。

2. 横向联系方面

我县乡镇工业搞横向联合一般有 5 种形式：一是引进技术，解决生产难题；二是引进科研成果，开发新产品；三是引进资金，进行补偿贸易；四是引进劳动密集型产品，发挥劳力优势；五是建立联营分厂，向名牌靠拢。据1987年统计，全县乡镇工业进行横向联合的企业近300个，其中挂联营厂牌的有18家。当年搞工工联营24个，工科联营25个，工商联营41个。

3. 外贸生产方面

1987年，我县乡镇工业对出口创汇生产逐渐从“等”向“争”转变，从间接向直接出口转变，从农副产品初级加工向工业制成品转变。全县乡镇工业共有外贸生产企业52家。出口产品有服装、玩具、羽绒、纺机配件、柳器、仿古陶瓷、旅游鞋、地毯、文化衫、猪鬃、化工原料、咸皮蛋、箱包等20余种，出口产值1487万元，其中直接出口592万元。

4. 企业整顿方面

近年来，我们对乡镇工业企业进行了基础性整顿和对年产300万元以上企业进行建设性整顿。基础性整顿严格按照六条标准逐项对照检查验收，使企业提高管理水平，增强了自身的素质。建设性整顿的重点是推行全面质量管理和全面经济核算，提高产品质量，降低消耗，发挥应有的经济效率。1987年，全县乡镇工业经检查验收，基础性整顿合格的有17个，总共已达166个；建设性整顿合格的有6个，总共已有7个，还有12个企业通过了三级计量验收。全县乡镇工业累计有三级计量企业17个。

5. 产品质量方面

到目前为止，全县乡镇工业的产品已达29类2000多个品种，主要生产食品、饮料、纺针织品、服装、皮革制品、家具、铝箔纸、工艺美术品、化工产品、塑料橡胶制品、建材产品、农机具、金属制品等。近年来，乡镇工业狠抓产品质量管理，从产品采标、制标、靠标、新品开发、争创省、市优产品等方面，提高产品质量。据统计，1987年，全县30万元以上的单项产品有标率达98.5%以上，10万元以上的单项产品有标率达92.6%。经省市标准局检查，通过了两个企业采用国际标准和国外先进标准的验收。在产品创优工作中，除创市优产品7个外，同时创省优2个。这样，全县乡镇工业累计市优产品达18个。天山光华皮件厂生产的合成革模压箱继获得市优产品称号后，又在重庆市首届“山城杯”名优新产品大展中夺得“山城杯”奖。横泾农具厂生产的56种纺机配件被上海中纺机定为免检产品。东墩镰刀继1986年获省优良产品后，1987年又被评为省优秀产品。

6. 安全生产方面

到1987年为止，全县乡镇工业共配备专职安全员300多人，占应配数的80%以上。兼职安全员800多人，占全部企业应配总数的85%以上。现在，我县乡镇工业安全管理基本上做到了专管成一线，群管成一片，条块结合，网络管理。其中57家易燃易爆有毒的乡镇办厂和年产值在100万元以上的100家生产厂由县地方工业局直接管理。几年来，安全管理工作收到了一定的成效，涌现出一批象龙奔鞭炮厂、姜圩鞭炮厂、特平花炮厂等近十年不出事故的先进单位。从1985年以来，全县1400多个乡村企业的事故发生率一直处于全市最低水平，县地方工业局连年被评为安全管理先进单位。

7. 人才培训方面

我县乡镇工业干部、职工的文化素质普遍较低。1983年，无一大专毕业生和省级技术职称的工程技术人员，且高初中毕业生仅占职工总数的10%。近年来，县地方工业局成立职工学校，狠抓人才培训工作。首先，分期向全国大、中专院校输送职工深造学习，到1987年，共送培大、中专生421人，其中已毕业回单位工作的有127人。其次，建立函授辅导站，组织乡镇企业职工参加省、市举办的函授班。第三，自办电大、中专班，向各乡镇企业输送人才。第四，通过严格考试和考核评审，1987年共授予会计员职称108人，机械、电器技术员职称54人。第五，每年举办各类短训班，加速人才培训。1987年，县地方工业局共举办短训班9期，参加人数达489人次。此外各乡镇还自办学习班，进行职工的基础文化教育。到1987年为止，全县乡镇工业有大、中专生130多人，取得“员”级以上职称的180人左右。

8．民办工业方面

1986年，县地方工业局成立了民办工业股，专门从事农村组办、户办、联户办工业的服务管理工作。各乡镇工业公司也相应成立了民办工业科和设立专职工作人员。1987年，全县共发展组户联办企业7230多个，从业人员21000多人，年产值7319万元，实现利润500多万元，上缴国家税金90多万元。

二

乡镇工业从无到有，从起步到今天的规模，走过了一条艰难曲折的道路，已成为农村经济的重要支柱。目前亟待解决的问题主要是：

1．条块分割的管理体制亟待改革

在技改计划的制定与落实中，“块”方面，省、市、县根据本地区的具体情况，逐级下达计划。而“条”方面，金融部门有金融部门计划，“条”与“块”难于统一，上面的政策难以协调。再如行业归口问题，纺织、建材、农机具等行业除属主管部门外，又由“条”归口。但实际上这些“条”上工作并没有真正开展起来，该管不管，分工不清，使乡镇工业企业无所适从。在产品创优、产品许可证发放、新品开发、鉴定及计划物资供应上，有些归口部门对乡镇企业不太重视，甚至不一视同仁，因此，造成“条”与“块”的矛盾。

2．组户工业亟待扶持

发展组户工业需要科学技术。过去一些传统的手工业，如柳器编织、烧土窑等已经到了极限，要想再发展，就必须有新的技术。而农民一般文化素质较低，学起来也比较困难。由于管理体系不够健全，在技术、资金、税收等方面一些实际问题得不到解决，组户工业处在自生自灭的状态。龙奔乡组户工业已有6个户办企业停产，一般损失在0.8万~1万元。

3．工作基础较差的乡亟待“扶贫”

我们乡镇工业基础比较差，而象马棚、汤庄、周巷等乡的工业一直搞不起来，已属扶贫之列。1986年，省、市分别下派干部到我县14个乡帮助工作，支工致富，虽然做了不少工作，促进了我县乡镇工业的发展。但是，我县工业基础比较落后的乡有多方面原因，不仅需要在资金、物质等方面给予支持，而且要解决其内部经营机制，增强“造血功能“。如帮助加强管理，开发产品，培训人才等，从根本上进行扶贫。

4．外贸体制亟待理顺

就市、县两级来说，市有外经委，属行政管理部门，而无下属县级机构相配套，无论是在业务上，还是在其他方面，几乎没有联系，互不“干涉”；县有外贸公司，企业性质，对外贸企业实行有偿服务，但一般只抓结算企业，根本不问企业管理；与外贸公司相反，县地方工业局属行政单位，无偿为企业服务，但只管整体效益，而不能具体地抓企业的业务。可以说，三者关系“风马牛”，这对乡镇工业的外贸工作非但不能起到促进作用，相反，在某些方面使外贸工作难以开展。还有，生产企业不能与外商直接见面，对国际市场行情、产品价格都不清楚，生产企业不能直接掌握自己的命运，所以，一提外贸生产，仍然有不少企业心有余悸。

5．技改论证亟待改进

我们现在的技改论证班子是由县经委、农行、地方工业局三个单位组成的，对技改的成功与否不负责任，而真正承担责任的乡镇、企业却没有决定权，往往是花了很多论证费，上级一句话就被否定了。因此，技改项目论证的组成人员不仅是政府部门，而应包括其他有关科技部门。行政部门只能牵头指导，提供信息服务，最终应由乡镇企业自己决定。

6. 企业负担亟待减轻

乡镇工业现在普遍反映企业的负担太重，有的甚至超出了极限。第一，上缴偏多。现在乡镇工业一般实行三种上缴形式：一是“一税两费”制；二是“两个 10%”；三是定死上缴。三种不同形式，带来不同的上缴数，而在实际实行中，企业往往按最大百分比上缴。尤其是实行死上缴的企业，一般在春定指标年终结算时，不问全年的生产盈亏情况，一律照章执行，有些企业因无利润，以贷款上缴。第二，抽资严重。哪个乡镇企业搞得好，哪个企业就是“唐僧肉”。近年来，抽资现象越来越严重，导致了一些企业最终利润抽空，甚至亏本。送桥砖瓦厂 13 年内被抽资达 100 多万元，现在该企业无法添置设备、正常生产。据分析，这种情况，一般是出自一些乡镇领导的行政指挥，抽资搞新办厂，搞乡村福利设施，搞其他无偿性投资等。第三，摊派成风。因任何一个管理部门都有对企业的限制权，一些部门往往把负担转嫁给基层企业。伯勤砖瓦厂莫名其妙地被其上级指令向某单位转账 500 元。其他如集资、支援、赞助等向企业摊派的种类很多，花样百出。第四，收费太大。一些服务部门，自订收费标准。一些企业苦不堪言。比如质检部门对水泥制品厂检查产品质量时，第一次收费出口 500 元。若该企业不合格，复查时还要收 200 元。搞一下三级计量验收，一个企业包括检测费需用 2000 元。一些部门因上面拨的事业费较少，就向下巧立名目，咨询、检查、资料、时间等名目，随意开价，滥收费用，使乡镇企业入不敷出。第五，竞争条件不等。反映比较强烈的是贷款利率不等，如县属工业贷款，利率最高只有 7.2 厘，而乡镇工业最低也得 8.4 厘，乡镇企业要问政策上优惠在什么地方？

7. 指标考核亟待转变

中央一再提出搞经济工作，要以提高经济效益为中心。但从上到下在考核企业时，仍然注重产值指标，忽视经济效益。这就导致了一些企业只顾追求产值的增长幅度，生产速度与经济效益不能同步。近几年，产值增长幅度一般都在 30% ~40%，而利润却增长有限。不少企业亏损严重，产利率逐年下降。

8. 企业改革亟待深化

在深化改革中，企业实行了承包责任制，厂长任期一般都在三至五年。但是企业承包人仍存有短期行为，只注重与生产直接有关系的问题，而轻视或反对间接的问题。主要表现在四个方面：一是不注重产品的更新换代和新品开发；二是不注意现有设备的保养和添置新型设备；三是不注意企业的正规管理和企业上水平、上等级；四是不注意人才的长期培养和全体职工的素质提高。因此，这种情况带来了许多连锁问题，诸如职工教育难以开展，企业整顿回潮严重，企业跨不开大步子等等。我们认为，企业的考核指标体系一定要全面，即看一个承包企业和承包人，一定要全面，切不可只单单看企业产值增长多少或盈亏情况。企业承包人的选择一定要引进竞争机制，不能任人唯亲或行政指派。企业承包人不能以年龄划杠子，要根据实际工作能力及其自身的投标情况。

9. 职工教育面临的困难亟待解决

现在企业人才紧缺，而每年培训生源仍然不足，其原因，一是企业承包人存在短期行为，不想搞智力投资；二是一些青少年不想在乡镇企业工作；三是一些大专院校收费太高，企业负担不起。如何把授教部门、企业、考生三个积极性调动起来，协调统一，正常开展工作？这是提高乡镇企业素质，改变人才奇缺的一项综合课题。

10. 农具生产的矛盾亟待缓解

现在农村有一个突出的问题是中小农具难买。围绕这个问题，县地方工业局在夏收前，组织力量，对各农机具厂进行了生产大检查，结果发现一部分农机厂已不生产农具，即使生产的单位，也比往年降低了产量。今年夏收需用镰刀 10 多万张，而各厂今年只生产了 4.3 万张，加上库存 26212 张，仍缺 3 万张。据调查,中小农具以前一直实行计划生产,计划供应原材料,计划补贴。而现在上级有关条块物资计划削减的削减,停止的停止,使每年季节性生产不能如期进行。企业若要生产,则要进购议价物资,而中小农具的销售价又一直提不起来,结果是企业少生产少亏本,多生产多亏本,不生产不亏本。况且,这些农机具厂以前一直以中小农具生产为主,随着20世纪70年代逐渐转产其它产品和如今的开放搞活,中小农具已成为企业的负担,生产车间越来越小,生产设备越来越陈旧,生产工人后继无人。因此,中小农具生产出现了危机。

全国农村工作会议调查研究资料
作于1988年5月24日

分析现状　优化结构　适应竞争　健康发展

——临泽镇调整工业产品结构的调查报告

一

从全县角度看,临泽镇工业起步较早。1980年后,陆续兴办了铝箔纸厂、面粉厂及运动鞋厂等,生产规模迅速发展,逐渐形成了轻工、食品、包装等有特色的行业。到1988年,全镇镇村两级企业95个,职工3680人,完成产值5734万元,比1980年增长10倍,占全县乡镇工业总产值的10%,产值绝对值居于首位,当年实现利润177万元,上缴国家税金198万元,拥有固定资产原值1238万元。在全镇95个镇村企业中,有11个企业超过了100万元。其中,700万元以上的3个,这三个企业年产值达2875万元,占全镇镇村工业总产值的50%。总之,临泽镇工业发展速度较快,并形成了一定的规模,为今后发展打下了良好的基础。

但是,我们也必须清醒地看到,临泽镇的企业相对而言,产品的档次不高,产品在全国市场上的影响不大,企业的再发展难度不小。究其原因,主要是产品结构不够理想。

纵观全镇的工业产品,在国内市场上有一定影响的产品只有铝箔纸,该产品产量1988年达1353吨,市场的占有率在全国同行企业中居第三位,而其他产品大多数是以日常生活用品为主。轻工产品有针织类、服装、鞋类;食品有汽酒、面粉、食油、麦芽;建材产品有砖瓦、水泥制品。由此可见,临泽镇的工业产品档次较低,这些产品中又以加工型为主。全镇95个企业属加工型占全镇镇村工业企业数的37%;就外贸生产而言,只能说刚刚起步,1988年外贸产值只有336万元,占全镇工业产值的6%,其中服装厂还处于间接出口过渡阶段,全镇只有一个产品创了部、省优,一个产品创了市优,优质品率虽达到26%,但其优质品个数占整个产品总数的5%;从企业的规模来看,300万元以上的企业有8个,占全镇企业总数的7.4%;从行业结构来看,食品工业的产值2050万元,占全镇镇村工业企业36%;造纸、印刷、包装行业产值1625万元,占28%;鞋类、服装、针织行业产值714万元,占12%;机械工业产值192万元,占3%;化工、建材工业492万元,占9%,其中,化学工业只有145万元,占3%。机电工业、化学工业等还是短腿,行业结构也不理想。归纳起来,全镇工业的产品结构形成了"五多五少"的状况,即加工产品多,主机产品少;低档产品多,名优特产品少;一般产品多,拳头产品少;内销产品多,外销产品少;劳动密集型产品多,技术、资金密集型产品少。

当然,对这种状况必须一分为二地看待,从目前的工业水平来看,基础还是好的,发展也是健康的。但是,从长远发展的角度来看,其弊端也不少,所以形成这一状况,也有它的历史原因和客观原因。其一,临泽镇的工业相对而言起步晚,但发展快;其二,由于企业的职工大多数是农民出身,素质较低。所以,职工的技术水平不可能都较高;其三,临泽镇地处高邮的北端,交通地理因素制约,所以,信息还不够快,加工型的产品较多。

近几年来,国家实行宏观控制和经济调整政策,信贷更加紧缩,加之市场竞争激烈,价格不稳,能源、原辅材料日趋紧张,乡镇工业面临严峻的困难,毫无例外地冲击着临泽镇的工业生产。而几年来,临泽镇工业虽以33.9%的增长速度发展,但企业素质仍然较低,工业基础薄弱,产业结构不太合理,竞争力不足,存在着潜在的危机。与此同时,三垛镇等部分乡镇重视调整产品结构,不断进行技术开发和技术改造,增强了后劲,与临泽镇构成了鲜明的对比。因而,有必要对临泽镇的工业产品结构进行一次剖析,找出突破口,有针对性地制定调整规划和实施办法,以主动积极的姿态,适应调整,稳步前进。

二

临泽镇计有主要工业产品40个,其中经济效益较好的有7个。它们是铝箔纸、汽酒、面粉、服装、砖瓦、皮鞋、轧花,年创利150万元,占镇村工业利润总额的85%。1988年亏损的产品有3个,主要是羽绒、电器元件、化工产品等。从销售角度来排,畅销的产品有12个,其中有铝箔纸、服装、旅游鞋、面粉、砖瓦等,年销售额达3180万元,占镇村工业销售总额的64%;供求平衡的有25个,主要是柳器、汽酒、针织品、醇溶胶、纸箱等;橡胶及印刷制品属滞销类,所占比例较小。

根据上述现状,临泽镇调整工业产品结构的指导思想是在治理整顿的形势下,以现有企业为基础,以市场需求为导向,重点发展拳头产品,扩大外贸生产,提高产品档次,努力提高经济效益,促使全镇工业稳步、健康地发展。因此,从现在起,用三年时间,该扩的扩,该压的压,该转的转,使产品结构趋于合理,形成一定竞争能力,占领市场。具体规划是:

(一)对铝箔纸的生产设备继续完善配套,扩大批量,形成拳头产品。1989年,两个铝箔纸厂预计完成产值2000万元,创利税260万元。到1991年,两厂争取实现产值3500万元,比1989年上升75%,创利税450万元,上升73%。县铝箔纸厂围绕已批的175万元的技改项目,添置一条生产流水线,力争在今年下半年投入使用;铝箔纸二厂从今年起,针对现有设备的生产能力,再用很少的资金,添置部分辅助设备,使之完善配套,迅速扩大生产批量。两厂达产后,总产值可达3000万元,占全镇工业产值的38%,利税可占全镇工业企业利税总额的54%。随着铝箔纸生产的巩固和扩大,在原有基础上进行延伸,把产品向高层次推进,发展彩色铝箔纸生产,使铝箔纸产品在全国市场上站稳脚跟。

(二)大力发展外贸产品的生产。把现有的纺织服装从间接出口转为直接出口,直接打入国际市场。同时,在今年下半年,争取加入飞翅集团,添置60台工业缝纫机,组成4条生产流水线,生产出口羽绒服装,变原来的劣势羽绒产品为优势出口产品。这样,全年可产羽绒服22000件,服装厂年产值可从1988年的300万元上升到600万元。到1991年,产值可达1000万元,比1988年上升3.3倍,经济效益也将明显提高。运动鞋厂先后用两年的时间,新上3条生产流水线,1989年下半年先上一条,当年产值可增100万元,到1991年,年生产旅游鞋76万双,产值可达1000万元。此外,稳定柳器生产,增加花色品种,改进产品生产工艺,扩大厂外加工的比例。今年下半年,合心皮件厂的人造革童鞋争取通过江苏外贸口岸出口。1990年,再扩3条生产线,年产40万双,比1988年增加7倍,产值达300万元。到1991年,全镇镇村两级外贸产值达1000万元以上,比1988年上升3倍。

(三)以铝箔纸为龙头产品,带动全镇的四个行业一齐发展。由铝箔纸厂牵头,开发烟皮生产,带动印刷厂向彩色套印工艺发展,年产值可达150万元。纸箱厂的包装产品和农机厂的醇溶胶产品亦可同铝箔纸厂配套,生产规模随铝箔纸厂的扩大而扩大,进而带动纸箱厂和农机厂向前发展。铝箔纸厂在生产经营中,利用业务关系,还可帮助村办压延铝箔厂,打开销路,发展生产。

(四)根据收购小麦受国家的政策限制这个具体情况,巩固和维持面粉厂的生产,不再扩大生产规模。今年下半年,将自筹15万元,建一幢屯麦300万斤的仓库,解决原料的周转困难。对土源即将枯竭的砖瓦厂,将实行开发新品氢氟酸或谷氨酸,1990年将全部转产。对建材厂则采取加强管理,降低能耗,提高机械化的生产水平,减少对劳动力的过分依赖,从而稳定现有的生产规模。目前,虽然汽酒市场行情见好,但从长远来看,市场需求逐渐饱和,产品销售呈萎缩趋势。因此,汽酒产品终将淘汰,现在由该厂同泗阳酒厂挂钩,以生产白酒来弥补将来汽酒产量下降后的空隙。另一方面,以自身现有的管理、技术、质量优势,巩固销售市场,在同行业的竞争中,占取一定的地位。同时,积极与科研单位联系,开发出新的生产项目。

(五)根据实际情况,对小、微、亏企业分别采取紧缩措施。稳定平销产品,淘汰滞销产品,尤其在资金、能源上,全镇一盘棋,实行全镇范围内的宏观控制,确保骨干企业和重点产品的生产,对即将倒闭的镇办企业,实行以经济效益较好的企业进行兼并的措施。目前,已由针织厂兼并元件胶木厂,服装厂将兼并羽绒厂。

三

要使上述调整规划得以实现,当前要重点做好以下几方面工作:

(一)统一领导班子思想,认清当前形势,既克服畏难情绪,又要防止盲目乐观,实事求是,辩证地对待面临的困难,正视严峻的现实,充分发挥主观能动性,以主动积极的态度,勇于进行调整。

(二)采取多种形式,利用多种渠道筹集资金,缓解生产用资金的矛盾。1988年生产用资金1200万元,1989年,全镇工业产值将上升到7000万元,需增加流动资金400万元。在资金矛盾相当突出的情况下,1989年开始,全镇将采取职工集资,实行股份制和风险抵押金制等办法筹集资金,以缓和这个矛盾。此外,在企业内部,继续开展"两清"工作,向外走出去进行拆借,仅这几项1989年可解决资金260万元。

(三)想方设法,努力组织能源、原材料,克服能源严重不足的困难,确保重点企业的生产。临泽镇工业企业在煤、油、电三方面,电力供应矛盾尤其突出,镇办工业年需耗电700万度。1988年7月,在停电、拉闸频繁的情况下,各企业(除县铝箔纸厂外)都配齐了自发电。1989年,电力将更趋紧张,全镇镇办企业的自发电能力将从1988年的60万度增加到95万度,以弥补停电时的空隙。随着自发电的增加,连锁带来柴油紧缺。因此,将尽最大努力组织人力、物力,自组柴油,保证生产正常进行。在电源紧张、能源紧缺的情况下,采取倾斜政策,保证重点企业的生产。

(四)进一步抓好横向联系。从现有基础出发,各联营协作企业努力争取逐渐由松散型联营向紧密型过渡,特别要巩固运动鞋厂与省外贸、柳器厂与县外贸及服装厂与扬州友谊服装厂的联营,融洽关系,系紧捆牢,以求提高企业的知名度和经济效益。

(五)充分利用现有生产设备,挖掘潜力,进行小改小革,必要的填平补齐,进一步配套完善,发挥最大的使用效果。

当然,主观上的努力是主要的,但客观上的条件更是必不可少的,尤其是在信贷、税收等有关政策上。在国家实行宏观控制的情况下,上级有关部门,仍要重视乡镇工业,不因宏观控制而停止对乡镇工业的必要的投入,特别要扶持重点、骨干企业,使他们迅速发展,形成拳头。金融部门在制定贷款指标时,能否会同工业公司,统一磋商,统一调度,避免资金呆滞,减少经济损失,保证重点产品生产。外贸部门加强对外贸生产企业的政策指导和业务协作,并给予一定的扶持优惠政策,提高外贸生产企业的经济效益。

通过对临泽镇产品的调查分析,可以看到,该镇镇村两级工业产品结构尽管存在着不合理的地方,但同时又具有铝箔纸、服装、旅游鞋及面粉等基础较好、规模较大的产品。因此,经过三年的调整,挖掘潜在的生产能力，发展以这些产品为骨干的企业，临泽镇的工业生产必将在艰难困境中，迈开稳定、健康发展的步伐。

作于1989年2月22日

乡镇工业进一步发展的几个问题

——兼谈农村经济发展走向

内容提要：

乡镇工业的猛烈发展，已在农村经济乃至我国国民经济中具有举足轻重的地位和作用。但现状同时表明，乡镇工业存在着许多严重的、不可忽视的问题，且已越来越不利于自身的进一步发展。

本文力图从四个方面，揭示乡镇工业发展中的问题，并据此阐述自己的看法和提出改进构想。

一、对乡镇工业一味地实行粗放，是对资源的极大浪费。

二、从宏观意义上讲，乡镇工业必须加强计划管理。

三、突破城乡界限，走出“块”的藩篱，实行行业管理。

四、加强乡镇工业与农业现代化的协调步伐，乃是我国农村经济发展的唯一走向。

“改革十年来的一个意外收获是乡镇工业的突飞猛进”，这个论断已成为无可否认的事实。1990年，我国乡镇工业实现产值6678亿多元，约占全国农村社会总产值的41%。乡镇工业已成为我国农村经济重要的组成部分，尤其对增加农民收入、发展农村商品经济、促进农村繁荣，都具有举足轻重的地位和作用。

但现状也表明，乡镇工业存在着许多不可忽视的问题。如一，高速增长，不可遏制。乡镇工业发展速度之快，是令人惊讶的，其年增长速度一般都在10%以上，有些地区高达30%、50%、70%……，甚至到令人咋舌的地步。如二，无序发展，盲目竞争。乡镇工业不受宏观调控，因此，在布局上表现为过度重复，在结构上表现为严重雷同。以江苏工业为例，对机械、纺织、化工、食品这几个行业，在城市工业中占49.5%，在乡镇工业中占56.2%，一点也看不出各自的特点和重点。如三，素质极差，“品味”不高。虽然近年来，乡镇工业已在不同程度地重视企业管理，但其技术陈旧落后，企业素质较差，仍是严峻的现实问题。不少企业“出身”贫寒，先天不足，“品味”低下，成为当今现代工业不相容忍的耗能大户、污染大户。如四，特色淡化，“断层”增深。素以中国特色之称的乡镇工业，如今其特色已逐渐淡化了。他们与农村有着千丝万缕的联系，却在拼命挣脱“农”字的束缚；他们千方百计向城市工业靠拢，却总有一道不可逾越的鸿沟。乡镇工业上与城市、下与农村，形成的两个“断层”逐渐加深，使之失去了原有的（指第一代、第二代）特色。

中央在十年规划和“八五”计划建议中指出：今后“应当引导乡镇企业进一步调整结构，提高产品质量，提高经济效益，保持适当速度，与整个国民经济协调发展”。这是对乡镇工业的客观要求，也是乡镇工业继续生存发展的必要条件。我认为，乡镇工业存在的问题很多，而我们今后工作的重点应放在如何发扬乡镇工业的特色、特长方面。乡镇工业的“土生土长”，注定了与“农”字的不解之缘。乡镇工业如何与农村经济紧密结合，如何在这个基础上合理布局，调整结构，加强管理，仍有许多文章可做。本文力图就这一问题，从四个方面谈点管见。

一、对乡镇工业一味地实行粗放，是对资源的极大浪费

乡镇工业从无到有，从小到大，走过了一条艰难的道路。纵观历史，乡镇工业几起几落，而每一次的起伏都是经历一个粗放与紧缩（即调整）自我完善的过程。应当尊重这个历史事实，即粗放曾为乡镇工

业奠定了发展基础,没有过去的粗放,也就没有现在的乡镇工业。因此,乡镇工业的每次起伏都是一个历史的进步。

江苏高邮乡镇工业企业各时期变化情况

单位:个

时期 / 企业数 / 环境	1958 年	1959 年—1963 年	1965 年—1973 年	1978 年以后
粗放发展	12000	—	606	1603
紧缩调整	236	0	235	1087

注:1959 年后粗放发展数缺

党的改革、开放政策,给乡镇工业的发展带来了优越的环境,全国各地普遍都在大力发展乡镇工业,而发展的一个重要特征就是粗放。历史的经验告诉我们,干什么东西都必须有限度,发展乡镇工业也一样,它受着人力、物力、财力的影响,无视这些国力因素,一味粗放发展,必然要受到历史的惩罚。

这些年的粗放发展,在肯定成绩面前,存在着下列不正常的表现:1. 大力铺摊子,轻视企业内部管理;2. 地区间重复布局,产品结构趋于雷同;3. 狭隘地理解技改内容,片面地讲求固定资产投资;4. 以拼设备、拼能耗相竞争,忽视后劲力量;5. 以产值的增减作为唯一衡量其经济发展的标准。这些表现伴随着成绩,带来的后果却是颇为严重的,对人力、物力、财力的浪费是无法估算的。它集中体现在四个方面:

(1) 企业数迅猛增加,生产蒸蒸日上,是以"三废"污染严重为代价的。

(2) 吸附了大量农村剩余劳力,是以劳动生产率低下为代价的。

全员劳动生产率横向比较

单位:元

	全员劳动生产率
全国最高(上海全民独立核算工业)	28115
江苏工业平均	19003
江苏乡镇工业	14933
江苏高邮乡镇工业	13787

注:1989 年数

(3) 固定资产大量增加,是以陈旧、简陋、普通设备居多,折旧率很低,设备更新缓慢为代价的。

(4) 产值连年大幅度递增,是以经济效益相对不佳为代价的。

江苏高邮乡镇工业近年产值、利润增长幅度比较

	产 值		利 润	
	万元	±%	万元	±%
1978	7316	—	950	—
1979	8012	9.5	965	1.6
1980	9830	34.4	881	-8.7

续表

	产 值		利 润	
	万元	±%	万元	±%
1981	10440	6.2	767	-12.9
1982	11229	7.6	740	-3.5
1983	13616	21.3	740	0
1984	19154	40.7	819	10.7
1985	26818	40.0	1261	54.0
1986	33089	23.4	1213	-3.8
1987	44691	35.1	1389	14.5
1988	57442	28.5	2041	46.9
1989	67996	18.4	1772	-13.2
1990	74881	10.1	1309	-26.1

任何工业的发展都有粗放和集约之说，不同的发展时期则选择不同的发展要求。对乡镇工业的初期来说，粗放是基础，而一味地粗放下去，必然与国力不相容。我认为，及时地实行集约化发展，从宏观、中观上给予有力的控制，这不但符合整个国民经济调整的客观要求，也从根本上符合乡镇工业的自身利益。

走集约化发展之路，必须着力抓好四方面的工作：

（一）全盘规划，统一布局。这就是说，要根据各地实情（矿产、农作物、劳动力、交通、地理位置）因地制宜，虽不像过去的“三就地”，但也要充分利用本地的优势和特长，制定长期发展规划。必须乡镇工业与城市工业相协调，乡镇工业与农村经济相协调，任何孤立地订立乡镇工业发展规划都是不科学、不实际的。全盘规划还应打破地区界限，各级制定的发展意向都不能与上一级规划冲突。统一布局也存在一个如何更合理、更科学、更经济地发挥其效益的课题。

（二）调整产品结构，提高产品质量。乡镇工业的产品结构比较混乱，受着上马时市场形势的影响，价高质次产品、滞销积压产品、生产有污染产品及一些无标产品纷纷应运而生，粗放的最大危害是使得乡镇工业对以上产品的宽容。而调整这些产品结构，使之趋于合理，既有利于有限资源的合理配置，有利于国民经济整体效益的提高，又有利于提高产品质量，有利于乡镇工业有特色的发展，这是乡镇工业当务之急，亦是集约式发展的前提。我认为，调整产品结构必须与我国的产业结构相联系，一方面要以产业政策为指导，依据产业结构来调整产品结构；另一方面，以不断调整产品结构来完善产业结构和适应产业政策。

（三）加速技改步伐，提高劳动生产率。粗放发展要靠技改，集约发展更要靠技改，而这之间的区别就在于粗放注重外延扩大，集约力求内涵扩大。众所周知，技改不唯一是固定资产的投资、设备厂房的增加，或说增量技改，而包括工艺及操作方法的改革、安全及劳动保护设施的改造、原材料及能源的节约利用、开发代用品及进口替代品、全体职工技术及管理水平的提高等，而后面所包括的，我且谓之为存量技改。乡镇工业在粗放过一段时期后，立即转向存量技改，既是自身规模、能力的限制，又是外界竞争、发展的需要。只有这样，劳动生产率才会真正提高。

（四）下力气抓管理，上水平促经营。人说乡镇工业是“草台班子”，这话在五六十年代具有普遍性。20 世纪 70 年代以后特别是现在，不少乡镇企业狠抓企业管理，成效显著，有的已与城市大、中型企业相匹敌。但是,从宏观上来看,乡镇工业的管理水平仍然较差,经营方式、方法还不上“谱”。而实践的结果是越不重视管理,则地区越不发达,越不发达地区,则经营越差。逆向也成立。我把这种现象称为“地区发达因果可逆链”。如图所示:

管理水平⇆地区发达程度⇆经营水平

因此,下力气抓管理、上水平促经营是两点不可偏废的集约发展方式,它对于增强乡镇工业的企业素质,节约有限资源,相对提高企业效益,都是至关重要的。

二、从宏观意义上讲,乡镇工业必须加强计划管理

改革开放以来,我国一改过去单一的计划管理模式,逐渐走上了有计划的商品经济轨道。于是,有人这样认为,乡镇工业完全属于市场调节,即不受任何计划指导和控制。显而易见,这个推断是完全曲解了有计划的商品经济的根本含义。新的计划管理形式主要有三种:一是指令性计划;二是指导性计划;三是市场调节。由此可见,市场调节已被包含在新的计划管理形式中,而完全使之与指令性、指导性计划相对立,是不符合中国国情的。这三者既有区别,又有联系。当然,从微观上来说,乡镇工业企业是属市场调节范畴,但从宏观上考察,乡镇工业无论从发展速度、投资规模、投入方向,还是从对外经济贸易方面,都无一不受着指令性计划或指导性计划的直接或间接的管理,只是直接与间接的程度不同而已。

诚然,首先要承认,乡镇工业在计划管理方面是很疲软的。这主要表现在下列几个方面:表现在计划管理系统方面是支离破碎的管理机制;表现在计划指标体系方面是单一的产值指标;表现在计划的编制方法方面是被动式的统计加拍脑袋式的估计。所有这些,不能不使人为之震颤:乡镇工业在不在有计划的商品经济之列?我认为,乡镇工业不应排斥在有计划的商品经济之外,恰恰相反,而要加强对其进行计划管理。

乡镇工业实行计划管理至少有下列意义:

(一)实现国民经济的综合平衡。国民经济是一个有机整体,各个部门之间,社会再生产的各个环节之间,都是紧密联系、互相制约、互为条件的。乡镇工业是一支庞大的工业队伍,在国民经济中占有一定的比重。江苏乡镇工业已成为全省工业的“半壁江山”,乡镇工业总产值在农村农、副、工三业产值中约占三分之一。由此可见,忽视了这股力量,也就谈不上完整的国民经济,不对此实行计划管理,也就不能实现真正的综合平衡。

(二)抑制盲目的发展势态。乡镇工业素称“底子薄、基础差”,因而其发展起来如中国20世纪50年代一样,步伐大、速度快。当我国国民生产总值以6%、7%、8%左右的速度发展时,乡镇工业已远远超过了10%。而乡镇工业的高速度所带来的产业间不平衡,资源分配矛盾突出,环境污染严重,浪费性生产等社会问题,已越来越超出其发展意义的本身。盲目发展的根源是无计划或计划不得力,抑制这种盲目,则必须加强计划管理。

(三)提高企业的管理素质。出类拔萃的乡镇工业企业毕竟不多,大多数仍处于50年代的工业管理水平,甚至还处在手工作坊时代的经验管理阶段。管理的一个主要手段就是计划控制,计划管理是企业管理的一项重要内容,企业处于什么样的管理水平,其中主要的一个方面是取决于其计划的实行程度。现代工业的发展,要求企业具有一定的现代管理水平,而加强企业的计划管理,正是迎合这种需要,乡镇工业也不例外。

(四)辅助市场调节。乡镇工业实行计划管理,可以避免其单纯地、盲目地依赖价值规律。而充分运用宏观经济杠杆、法律手段、辅助的具有商品经济性质的计划体系,上可以控制和引导,下可以调节和

监督。这种计划与市场的有机结合,乃是中国发展现代化所探求的经济运行机制,在乡镇工业身上可得到充分的实践和体现。

从上述意义上看来,并不是说乡镇工业应纳入指令性计划范围,恰恰相反,我以为,目前最根本的一条是要把计划管理与市场调节有机地结合于乡镇工业一身。那么,怎样在乡镇工业中实行计划管理呢?我的看法是:

(一)建立和健全计划管理机制。这个机制应分为两部分,一部分是中观以上的管理部门,应设立计划编制和控制单位(如在计委、经委或乡镇工业管理部门内设计划科),主要职能:a、编制中、长期工业发展规划;b、调节各方面的经济关系;c、监督企业明确规定的责任;d、为基层企业提供有关服务。另一部分是微观中的企业应健全计划体系,并付诸实际生产中。要求:①计划偏重指导型(上级计划下达定点生产任务及其它中、小农具生产任务除外);②微观计划要服从宏观利益,并为中、宏观计划提供准确的依据;③各项计划要与调节、监督手段建立配套关系。

(二)修正和完善计划指标体系。乡镇工业计划指标体系要注意下列几点:1、根据各地实际及各企业实际情况,设立指标内容,数目不强求一律、全面,但为了便于控制,主要指标必须统一和具备。如产值指标、主要产品产量指标、质量指标、利润指标、投入指标、信贷指标等。2、指标口径必须全国一致,指标的计算方法要科学,符合统计规范,便于纵横对比。3、改变过去倾向单纯反映生产性指标的状况,增设反映科学技术和社会资源利用等方面的指标。如技术进步指标、新品开发指标、综合能耗指标等。4、不管是哪级,都应设立经济效益指标。这是一项综合性很强的指标,它更能反映乡镇工业的整体情况。具体方法参见盛介眉《工业经济管理新编》。

(三)科学和合理选择计划编制方法。计划编制方法很多,怎样选择,众说纷纭。但我认为,过去的拍脑袋固然不行,而现在一味地要求用数学模型也是不行的。适宜的方法应是定量加定性,以定量为基础,以定性来调节,用科学的理论结合具体的实际。对乡镇工业而言,中、宏观宜用投入产出法及部门综合平衡法,而基层企业则适宜定额法、系数法。当然在具体情况不同、计划内容不同和计划时间不同等情况下,也可灵活运用这些及其他方法。现在中观以下一般都采取百分比反推算,很不科学,应予以纠正。

三、突破城乡界限,走出"块"的藩篱,实行行业管理

对乡镇工业的管理,不外乎行政和业务两个方面。而乡镇工业在管理上的混乱,正是这两个方面本身及这两个方面之间关系不顺的外部体现。各地普遍反映,管理机构重叠,部门职责不明,对乡镇工业都可插手,也都可不问,"管事的婆婆多,喂奶的亲娘少"。归纳一下,有四种现象:一越权,二推诿,三重复,四真空。我认为,这些现象所反映的关系不顺,主要是"条"与"块"的错综连结,当然也反映出"条"与"块"在一定程度上的脱节。那么,如何来理顺这层关系呢?我设想,逐步地、有目的地对乡镇工业实行行业管理,将会有效地改变这些现象。不仅如此,我以为会有下列益处:

(一)便于统一规划,加强计划、监督和服务职能。乡镇工业实行行业管理,实际上是变多头管理为单头管理,按行业归口。这样,无论是城市工业,还是乡村工业,在生产业务上形成统一体,依据上下级关系,统一规划发展前景、工业布局、厂址选择,减少和避免乡镇工业的盲目性,也减少和避免乡镇工业在结构上重复和雷同所造成的浪费。行业归口部门可替代现在分层设置的多头机构,来统一行使对乡镇工业进行计划、监督和服务职能。当然,这并不排除其他的控制、监督、调节系统对乡镇工业的作用,如计委、经委、银行、审计等部门,而归口部门的最大作用正是在进一步加强这方面的功能。

(二)坚持效益标准,实行资源的合理配置。过去,国家在资源分配方面,乡镇工业几乎是摆不上盘

子的，当然，这有其历史原因及资源紧缺的因素。以什么标准来进行资源的分配？是以计划范围内公有制企业优先原则，还是完全靠市场自行调节？依我浅见都不符合我国国情。一味地只求市场来调节，必然会忽视一些国家重点工程的需要，也不可能完全满足一些国计民生生产的需要；而只对一些公有制企业实行计划分配，也大大限制了乡镇工业的发展，特别是一些具有一定规模，生产效益好，在农村经济中已具有一定地位和作用的企业。我认为，对乡镇工业实行行业管理，可在行业内享受同等待遇，即同计划、同指标、同考核，而唯一的标准只能是经济效益，这既能促进乡镇工业与城市大、中型企业的竞争，又能使有限的资源用在刀刃上，发挥出应有的效益。

（三）取长补短，实行竖向沟通和横向联系。对乡镇工业实行行业管理，可以最充分地建立城乡工业联系；可以最大限度地发挥行业优势，突破“块”面，开展多形式的专业化协作；可以在归口部门的协调、引导下，实行城乡间和本行业间的竖向沟通，进行城乡间和与外行业的横向联系。只有这样，打破原有的小格局，冲破狭隘的城乡、地区界线，更新陈旧的乡村办厂意识，将更符合有计划商品经济的客观要求，更符合社会化大生产的客观要求，更符合科学技术不断进步的客观要求。

因此，我设想，可先行对农机、建材、纺织、冶金等行业实行行业管理。实行行业管理，应着力抓好五个方面的工作：

1. 建立信息中心，做好信息的收集、处理、贮存、反馈工作，城乡形成信息网，时刻掌握生产动态，正确指导行业工作。

2. 制定人才流动制度，允许人才合理流动，疏通渠道，特别要拿出具体措施，鼓励和支持人才向乡镇工业流动。

3. 把好批厂关，坚持统一规划原则，严格新办厂的资格审查，除在安全、污染及产品适销方面进行控制外，还需积极配合结构调整。

4. 大胆进行联合改组，做好竖通横联的穿针引线工作，为乡镇工业的健康发展创造条件。

5. 将有特色、有水平的产品逐步纳入计划，保证重点，实行资金、材料、技术及政策倾斜。

四、加速乡镇工业与农业现代化的协调步伐，乃是我国农村经济发展的唯一走向

乡镇工业正在被三方面问题所困扰：其一，职工的兼业性，带来人员素质得不到提高。乡镇工业的职工来源大部分是农村劳力，他们肩负着农业（自耕地）和工业的双重担子，因此，一心挂两头，操作技术、业务能力都受到不同程度的影响。其二，“农”字产品吃不饱，丢不掉。比如一些中、小农具，为了当地农业，或季节性需要，每个农机具厂都得生产，一般都保留一个车间，任务分散，产量达不到一定批量，物资计划供应比例逐年减少，亏损严重。据 1990 年 6 月调查，江苏高邮各农机具厂生产水耙普遍亏本。其三，农业负担较重，反哺无济于事。乡镇工业是农村的摇钱树，每年乡镇工业提取大量的建农基金反哺农业。据不完全统计，从 1978—1988 年，全国乡镇企业共拿出 162.8 亿元扶持农业生产，相当于国家同期对农业投资的 34%。从 1986 年开始，每年还有税前列 10% 用于农村各项事业建设和以工补农，从 1986—1988 年就达 62.3 亿元。1990 年，江苏高邮乡镇工业上缴建农基金 490 多万元。而农业生产呢？

农业也正在被三方面问题所困扰：其一，由于建厂办企业，公共设施增加，人口增多，住宅扩建等诸多因素，使得有限的可耕地面积不但是相对量减少，而且绝对量正大幅度地减少，农村劳力大量富余。特别是农村作业的忙闲不均和现行的农田承包责任制使得劳动力严重浪费。1988 年，我国耕地面积为 143583 万亩，若按 1952 年劳均 9.3 亩计算（不考虑农机增加可代替的劳动力），只需 1.5 亿劳力。这样，我国农业多余 2.5 亿劳力。其二，由于分田到户，生产规模缩小，各生产户不需要也没有能力购置农

机具(小型除外),农业缺少有效投入。近十年来,农业基本建设投资从11%下降到3.3%。1988年,农村个人购买生产性固定资产的投资,只占其固定资产总投资的14.3%。因而生产效率不能提高,1989年,农业比较劳动生产率为0.445,是二次产业的1/5,农业生产处于简单再生产状态。其三,正因为以上两个原因,致使农民求富的希望渺茫,其生存和发展需求出现新的危机。

乡镇工业是农村经济的一个重要组成部分,乡镇工业与农业有着千丝万缕的联系。事实证明,农业的波动对工业有一定的滞后影响,工业总产值中轻工业的比重占一半,轻工业产值中70%左右要靠农业提供原料,工业产品要靠广大的农村市场来消化。因此,农业和农村经济的发展状况,在很大程度上影响了工业的发展。反过来,乡镇工业的发展也对农业起到了活性作用,乡镇工业为农业制造了大量农机具,乡镇工业为农业提供了大量建设基金,乡镇工业吸附了大量的农村富余劳力,乡镇工业增加了农民收入等等,“无农不稳,无工不富”,道出了农业与乡镇工业的辩证关系。

由此得出结论,发展乡镇工业重在通盘考虑农村经济,头痛医头地谈论乡镇工业问题是无济于事的。而农村经济的焦点,则是农业与乡镇工业如何协调发展?在此,我认为,乡镇工业越发达,对农业劳动力的吸纳效应越强,对提高农业技术装备水平越有促进作用,反哺农业越多;而农业技术装备水平越高,土地资源将相对富余,土地经营越集中,劳动生产率越高,规模经济越有成效,越能刺激乡镇工业发展。因此,农业与乡镇工业的同步改革、协调发展,应是今后一段时期农村经济的必然走向。

一方面,农村改革应向土地逐渐集中过渡。可根据各地实情,采取多种方式,实行土地经营权的转移和有偿转让,以实现土地的规模经营,来达到耕地的最佳经济效益。这样将给我国农业带来两点巨大变化:首先是大量劳力真正脱离土地,从贫困的近乎原始的耕作中解放出来,促成传统农业向现代农业的发育;其次是大规模的耕作经营,必然需要先进的农机、农具,“农业的根本出路在于机械化”,先进农机具替代原始的畜力手工操作,将使传统农业向现代农业飞跃。

另一方面,乡镇工业将吸纳的职工变兼业为专业,从而实现劳力在产业间的转移。乡镇工业应顺应农业改革的需要,加快农机制造工业的发展,在开发、设计、制造农业机械方面作出应有的贡献。这样将带来三个方面的改观:之一,乡镇工业对农业的反哺效应将更为显著;之二,乡镇工业表面上承担着农村劳力转移的负担,实际却因减轻了农业负担的同时减轻了自身的负担。何况劳力由第一产业向第二产业转移,正是配第-克拉克定理所阐述的社会进步的必然趋势;之三,乡镇农机工业将会有大幅度发展,农业生产机械将迈上新的台阶。

参考书刊资料:

1. 何建章、王积业《中国计划管理问题》
2. 周林祖、王炳义《工业企业计划管理》
3. 盛介眉《工业经济管理新编》
4.《江苏经济研究》(1990年第八期)
5.《江苏乡镇企业》(1991年第一期、第二期)
6.《经济问题》(1991年第一期、第二期)
7.《中国农村经济》(1991年第三期)
8.《中共中央关于我国国民经济十年规划和“八五”计划的建议》
9.《中国统计摘要》(1988)
10.《中国工业经济统计资料》(1987)
11. 周祖球“江苏经济”课授笔记

12.《统计资料》(内参版)
13.《高邮县乡镇工业志》(初稿)

江苏经济管理干部学院毕业论文
作于1991年6月14日

乡镇工业开展科技进步初探

我市乡镇工业正以较高的速度向前发展。然而,在这个蓬勃、兴旺的现象之下,我们不能不看到乡镇工业存在着产品结构不合理、整体素质较差、效益低下、缺少后劲等问题,追根溯源,不外乎乡镇工业的现实生产力不高。

——劳动力方面,主要表现在工人、管理干部、技术人员的学历层次低,业务素质差。据1990年统计,在61564名乡村企业职工中,初中以下(不包括初中)人员22000多人,占36%,而大、中专生只有483人,占0.78%,通过评聘结合,"员"级以上职称人员也只有1451人,占2.36%。乡镇工业职工知识水准低,上岗业务能力较差。据对22个农机具企业调查,在仅有的240名锻工中,掌握镰刀生产技艺的还不足20%。

——劳动工具方面,主要表现在设备三多三少,即普通设备多,流水生产线少;陈旧设备多,具有当代水平的设备少;简陋设备多,高精设备少。如我市乡镇工业机械行业有设备733台,其中带"病"运转,需大中修的有395台,占45%。车逻农机厂21台机床中,有16台是自我武装的土机床。

——劳动对象方面,主要表现在多数产品滞后于市场需求。有的企业产品几十年一贯制,且粗加工多,高附加值少,新品开发步履维艰。

综合三方面情况,不难看出乡镇工业的大部分企业仍然处在工业化初级阶段。

从长远来看,半壁江山的乡镇企业仍是我国社会主义集体经济的一支重要力量,而以现有的基础,要"持续、稳定、健康"地走向未来,显然是不可能的。

只有加速乡镇工业的科技进步,推进乡镇工业的科技化进程,提高乡镇工业的科技水平,才是乡镇企业的根本出路。从目前来看,我认为乡镇工业可从5个方面来开展科技进步工作,即"一管理、二结合、三创办、四挂钩、五推行"。

一管理,就是各级主管部门和重点企业要建立一个科技服务管理班子,培养、造就一批科技管理人才,仍然提倡工人、干部和技术人员的三结合,主要做好市场调研、收集信息、开展咨询服务、进行科技政策研究和科技项目的规划、开发、论证及协调工作,逐渐形成管理、服务一条龙。

二结合,即一方面技术改造与科技进步相结合,增加投入,注重高、新技术的运用和新产品开发,加快陈旧设备的淘汰更新,促进产品结构的优化。另一方面企业整顿与科技进步相结合,以实行行业管理、申领生产许可证、新产品鉴定等工作为契机,以科技进步为主导,抓好各项整顿,为乡镇工业整体素质的提高夯实基础。

三创办,即龙头企业创办科研所,鼓励企业创办三资企业和重点乡镇创办乡镇工业职工学校。创办科研所主要是与行业管理相协调,以重点企业为龙头,点线结合,研究问题,攻关项目,开发新品,为行业开展科技进步服务;创办三资企业,主要以引进先进工艺、技术和装备为主,其中又以引进软件为优,从而达到反过来以独特优势开拓外部市场的目的;创办乡镇工业职工学校,针对乡镇企业的人才需求,加快对乡镇工业职工的再教育,培养和造就一批乡镇工业的科技人才和管理人才。

四挂钩,一是厂所挂钩,以工厂提出科研课题和经费,委托科研所攻关研制;或从科研所引进科研成果，转化为现实生产力。二是厂校挂钩，主要通过大、中专院校培养专业技术人员和管理干部，方法是送出去和请进来。三是厂厂挂钩，积极挂靠大型企业集团，既当好配角，又同步提高。四是工贸挂钩，拓展外部市场，吸收国外的新技术、新工艺、新设备，提高产品的科技含量，发展外向型经济，参加国际大循环。

五推行，其一，推行开展技术协作活动，调动和发挥职工的科技积极性，鼓励和支持职工的技术革新和合理化建议，倡导科学理论的运用和实践。其二，推行职工教育制度，使职工教育正常化、制度化，以提高全体职工的整体文化素质和业务素质。其三，推行专家的项目论证制度，一方面大力避免过多的行政干预，另一方面注意定量与定性分析相结合，避免和减少工作中的失误。其四，推行科技进步目标责任制制度，以增强企业领导人的科技进步积极性和责任感、紧迫感，使企业避免短期行为，注重后继实力。其五，推行扶优汰劣制度，采取两手抓，两手硬。一手抓重点企业、重点产品的升档发展，对科技含量高、前景好、效益高的产品实行倾斜扶持、培植，促其上规模、上档次；一手抓低层次、老面孔、无效益、无市场的企业或产品的淘汰、限产。对于一直亏损、常年积压的产品，坚决采取"关停并转"，从而提高科技含量在生产总值中的份额。

当然，乡镇工业开展科技进步，仅仅依靠自身力量去搞是不现实的，还须各级的重视支持和多方面的配套措施。如：

政策方面：1. 要搞活人才流通，激励科技人才更广泛地扶持和流向乡镇企业，增强其科技进步的基本力量。壮大乡镇工业的科技队伍。2. 增加用于科技进步的贷款规模，并适当下调利率，还可根据科技项目的用款特点和实际情况，设立分期偿还性贷款，合理确定科技贷款的还款期限。3. 放宽科技进步税收政策，除了对科研新产品继续按政策予以免税外，对其项目所用贷款实行税前还贷。其他科技项目如工艺改革、原材料代用、节能降耗、三废治理及其它技术攻关项目的形成的综合效益要作恰当评估，并给予一定时期内一定量的减免税。4. 设立科技开发基金和教育基金，实行集中管理，专款专用，加强各级主管部门的调控功能，择优扶持重点科技项目的开发和研制。在提高用好的前提下，结合"科技进步目标责任制"制定奖罚条例，激励企业加快科技进步。

行政方面：1. 要设立和完善科技开发及科技管理机构，形成上下一体化的科技进步机制。市技改办、地方工业局、各乡镇工业公司要设立和形成统一的机构，抓好科技进步的规划、审核、论证、协调、指导工作；重点企业亦要有相应的班子，专人专职，做好调研、论证、攻关、实施等工作。

2. 市属各部门要做好服务，提供有关科技进步方面的咨询和信息服务(有偿或无偿)，帮助企业协调解决科技进步方面的问题和困难，配合企业搞好调研论证，及时宣传产业政策和科技政策，加强宏观上引导，促进乡镇工业科技进步的健康进行。

当然，提高对乡镇工业开展科技进步的认识问题仍是关键，而要真正增强科技进步的意识，融会贯通于实际工作中，还需有一个宣传教育的渐进过程，并要将此贯穿于整个乡镇工业工作的始终。

原载：《扬州企业》1992 年第 1 期

作者：谈铁人　孙　平

署名：谈铁人

试论量化经济指标相乘积分考核法

就工业企业而言，目前量化经济指标很多，如产值、销售、利润、税收等。但一般都实行单项考核，即虽同时列出数项指标，但各指标之间互不关联，横比之下，利润绝对值的高低反映不出利润率的大小；销售与三项资金占用不同程度地提高难以判断经营利弊；对某项指标的绝对值考核，其增幅、占计划百分比等附属指标毫无制约作用。因此，这种考核方法，既不能反映被考核单位之间的真正优劣，也不能反映出被考核单位的综合实力和发展趋势。

以高邮市部分乡镇工业产值指标为例（见表），可见其名次排列为：临泽、菱塘、一沟、张轩。通常的这种考核法至少有下列几个弊端：一是绝对值的大小并不能反映该乡镇是年的成绩。二是单列某项指标，不能反映出其它的影响因素。三是只能静态考核，反映不出各乡镇的后劲及发展趋势。四是同时考核几个指标，难以综合说清谁优谁劣、谁好谁差？临泽产值绝对值最多，张轩比去年增幅最大，菱塘产销率最高，一沟百元产值占用生产费贷款最低。孰优孰劣？孰好孰差？

1992 年几个乡镇产值完成情况

乡（镇）别	产值（万元）	比去年 ±%	占年计划%
一沟	4887.59	37.6	106.25
张轩	4026.47	85.7	100.66
临泽	7970.78	16.2	99.63
菱塘	6091.09	64.9	101.51

为了克服上述不足，避免片面看问题，有人提出了综合考核法。综合考核法在理论上有加权综合法，在实际中有百分考核法，而两法同样存在一个共同的弱点，即对综合考核的某单项指标权如何定？或定多少分？在实际操作中，无不外乎全凭主观意识和形势、要求的需要，其考核结果难以反映被考核单位的真实情况和内在联系。借鉴上述两种考核法，根据乘法原理，以我愚见，可实行所列各项指标相乘，综合积分加以考核。即把其中数项指标分别当做另一项指标的权：分类相乘，其积为各类指标优劣的依据；综合相乘则为指标综合优劣的依据。

如前表，把比上年 ±% 当作产值绝对值的权，则：一沟为：4887.59 × 37.6 ≈ 184（约取前三位数，下同）

张轩为：4026.47 × 85.7 ≈ 345

临泽为：7970.78 × 16.2 ≈ 129

菱塘为：6091.09 × 64.9 ≈ 395

根据积分大小，其名次应重新排列为：菱塘、张轩、一沟、临泽。

若再把实绩占该年计划当作权，则

一沟为：184 × 106.25 ≈ 195（仍取前三位数，下同）

张轩为：345 × 100.66 ≈ 347

临泽为：129 × 99.63 ≈ 128

菱塘为：395 × 101.51 ≈ 400

由此可见，由于该权的作用，使名次更为明朗化了。但假设张轩是年实绩占年计划达 116.3%，则名次将由第二位跃居第一位。

同理，对一些起副作用的指标，设指标实绩为 X，设定权为：

三项资金合计（总数 - X）

百元销售占用三项资金(100 - X)

定额流动资金周转天数(最多数 + 1 - X)

其余类推。

原载:《扬州企业》1993 年第 2 ~ 3 期

走出企业生产经营的误区

随着市场经济的加速发展,乡镇企业的生产经营策略也在发生积极的变化。但是,由于理解上的偏差,企业对提高产品质量、扩大生产批量、加大企业投入、加快技术进步等存在着一些模糊认识,以致步入生产经营的误区。

误区之一:产品质量标准越高越好

就产品而言,衡量产品质量优劣的依据,是产品规定的质量标准。质量标准主要分为企业行业标准、国家标准、国际标准。各级标准之间,并不存在上级标准一定比下级标准先进的问题。衡量某个产品质量高低关键是看其所采用或制定的质量标准如何。符合规定的质量标准,就是合格品;达不到规定的质量标准,就是不合格品;超过规定的质量标准,从某种意义上说,是资源的浪费。企业生产产品的目的就是为了满足用户的需求,同时从中得到经济利益,制定和采用产品标准也正是以这两点为基本依据的。产品质量再高,用户不需要,只能是浪费劳动和增加用户购买负担。因此,对于一定的产品而言,不是要一味地认为质量标准越高越好,而应把握住最合适的质量标准。

误区之二:生产批量越大越好

因为在特定技术经济条件下,各生产企业的单位产品生产成本总是随着规模的变化而按一定的方式变化的,一般变化曲线呈 U 字形,即一开始,随着规模的增大,单位产品生产成本逐步下降,但在达到最低点以后,产品成本又逐渐回升。这也就是经济学中的边际效益递减概念。它揭示这样一个道理,即生产规模扩张到一定的水平之后,效益将随着投入的增加、市场的缩小和管理的繁杂而趋于下降。而从技术角度考虑,也不总是规模越大越经济。扩大关键设备生产能力绝非易事,如果在技术条件不具备的情况下,盲目扩大规模,则不但无益,而且有害;并不是每种产品都要求具有很大的规模,如一些劳动密集型产品,消费弹性较大的产品等等。技术发展证明,新技术并不总是促使企业大型化。

另外,经营管理也是限制企业规模无限扩大的一个重要因素。经营管理水平无论多高,总有一定的限度。生产批量不断扩大,超越了现有的企业管理水平,就会造成各方面的混乱。

误区之三:采用技术越先进越好

企业在生产经营中所采用的技术并不是越先进越好,而要看它与企业各方面条件是否适应及带来的经济效益如何。

技术按先进程度不同,一般可分为先进技术、中间技术、初级技术三个等级。而这三个等级的划分是相对的,在一个企业或部门表现为是先进技术,在另一个企业或部门则可能只是中间技术或初级技术。一项技术在投入应用后,一般要渡过投入、成长、成熟、衰退四个阶段。而技术层次高低,并不一定能说明其寿命的盛衰状态。技术层次较低的技术,可能还有很长的寿命周期;先进技术也可能是处在其寿命周期的临近终点阶段。实践证明,不论哪一层次的技术,处于寿命周期早期阶段的总比处于晚期阶段的具有更大的经济价值。同时,由于技术在企业生产经营中发挥作用和程度取决于多种复杂的因素,在实际的经济活动中,技术运动的方向、速度和经济运动的方向、速度并不总是同步的。因而技术上是先进的,在经济上并不一定就是合理的。所以,企业进行技术层次选择的原则,不是盲目地追求先进程度，而是使技术上先进和经济上合理达到相对的统一。

原载《江苏乡镇企业》1995年第4期

改制后的乡镇企业思想政治工作之我见

目前，我市乡镇企业产权制度改革正在全面推开，这既是乡镇企业建立现代企业制度，迈向新的历史时期的一个重要转折，同时又对如何切实加强和改进改制后的企业思想政治工作提出了新的要求。我认为，要做好改制后的乡镇企业思想政治工作，必须注重四个方面：

第一，必须针对企业实际情况的变化，注重工作路子的转变。

随着乡镇企业改革的进一步深入，乡镇企业正在发生一系列的变化。首先，从企业发展进入新阶段对企业的运行机制发生变化看，乡镇企业正面临在新的经营机制下，如何操作运行，如何规范化面向社会、面向市场的问题。这就要求企业的干部、职工不断地强化自己的市场意识、主人翁意识和参与意识，从决策思想、管理能力、心理素质、知识结构等方面，全面提高自己。其次，从企业职工队伍的构成变化看，随着用工制度的改革进程加快，企业职工队伍已由单一性（纯农民）向多层次（引进不少外来工和专业人员）转化，并由原来的比较稳定性向流动性转化，这就要求企业必须有针对性地进行思想政治工作，把职工的思想认识统一到“发展企业”这个凝聚点上来。再次，从企业职工思想观念的动态变化看，市场经济的大潮一方面增强了人们的自我开发、自我价值实现的意识，但在另一方面也易出现价值观念位移的负面效应。这就要求企业职工时刻摆正理想与私利、集体与个人、全局与局部、奉献与索取及权利与义务的关系和位置。总之，改革的深入、企业的发展，都要求企业的思想政治工作必须同步做好。而做好改制后企业思想政治工作的关键是针对实际情况的变化，探索一条新的工作路子。这就是紧紧围绕企业发展这个中心，联系在深化改革、体制转换、利益调整过程中难免产生的新旧观念的碰撞、摩擦和出现的某些“阵痛”和不解，用党的有关路线、方针、政策加以宣传和引导，使每个干部、职工牢固确立主人翁思想，与企业同频共振，风雨同舟，齐心协力推动企业不断上台阶。

第二、必须加强组织建设和干部队伍建设，注重党的领导地位。

企业改制后，产权进一步明晰，政企得以分开，但这并不是说，企业不一定要党组织领导。恰恰相反，党组织不但不能削弱其领导地位，而且还须加强组织建设，充分发挥其领导作用及其不可替代的思想政治工作作用。改制后企业的党组织仍应是领导班子重要组成部分，处于政治核心地位。党组织除行使保证、监督党的路线、方针、政策和国家法律法规在本企业的贯彻执行，参与重大问题决策等职权外，一个主要的职能就是抓好企业的思想政治工作和精神文明建设，指导董事会抓好企业管理人员及其干部队伍建设，充分调动全体职工的积极性和创造性，发挥党员在企业的先锋模范作用。

第三，必须坚持精干、高效的原则，注重建立一支与新形势相适应的高素质的政工专业队伍。

企业改制后，在党务机构的设置和人员配备上，要坚持精干、高效、协调和有利于加强党的建设和思想政治工作的原则。企业的思想政治工作好坏，直接关系到是否有一支较稳定的、具有一定素质的政工队伍。这支队伍应该而且必须是思想过硬，作风正派，业务精通的队伍。因此，企业在政工队伍的建设上，要发现和使用那些热爱自己的本职工作，对社会主义有执着的追求、清正廉洁、以身作则的人才。要不断要求他们接近群众，了解群众，把工作做到点子上，把组织的温暖贴到群众心坎上。值得一提的是，随着市场经济的发展，企业的产权制度改革及经营机制完善，要求政工干部决不能知识单一，方法老化，观点陈旧，而要在不断精通专业的基础上，熟悉经营管理，善于把握时代的脉搏，积极地为经济建设服务。要帮助各职能部门一道，为企业出谋划策，成为企业得力的参谋助手。

第四,必须完善一系列行之有效地规章制度,注重把思想引导与行为规范结合起来。

企业思想政治工作不是建立在空口说白话上,而必须在有具备的专业理论基础上,遵循一定的行为准则。这就要求改制后的企业建立和完善各项规章制度,实行内部配套改革,加强基础性管理等工作必须跟上。目前,我市乡镇企业第二步改制试点正在进行,各企业可结合自身不同特点,整章建制,全面进行配套改革,并鼓励和支持企业根据新形势、新要求,建立新的制度和改革方案。通过这一系列规章制度的建立和监督考核机制的相应健全,力求将思想引导与利益调节,精神鼓励与物质奖励融合一体,潜移默化地使职工逐步养成良好的职业习惯和正确的行为方式,去完成好各自的本职工作,共同为促使企业持续、健康的发展作出贡献。

“政治工作是一切经济工作的生命线”。做好改制后乡镇企业思想政治工作,这既是企业的一个重要组成部分,同时又是做好企业全部工作的基础和有力保证。因此,我们只有适应新形势发展的要求,打破一成不变、政治脱离现实的模式,有针对性地,并在方式方法上不断创新地做好思想政治工作,才能真正实现企业改制的规范化操作运行,才能真正为企业的经济发展起到促进作用。

政工师评审提交论文

作于 1996 年 8 月

临城片乡镇工业情况调查报告

调查组活动情况

按照中共高邮市委邮发〔1998〕31 号文件精神及市委的统一部署,我们组成了临城片乡镇工业调查组,对临城片乡镇工业进行了调查。调查组由市委常委、市纪委书记周宏举同志和市人大常委会副主任朱烨同志牵头负责,市财办、体改委、外经委、乡镇企业管理局、国税局、地税局、农行、信用联社等部门派员参加。

调查从 6 月 1 日起,6 月 11 日结束,逐一跑了临城 8 个乡镇。调查采取一听二看三议的方式,首先听取当地党委、政府负责同志关于今年以来乡镇工业运行及企业改革情况的汇报;其次召集年产值 500 万元以上的部分企业负责人座谈企业发展情况、目前存在的问题及其建议、要求,同时还参观了部分重点企业;最后,调查组的同志各抒已见,根据所听、所看到和所议的,谈体会,找问题,提建议,表希望。通过调查,临城片乡镇工业给我们的总体印象是:各乡镇党委、政府精神状态好,贯彻市委七届四次全委扩大会议和市三种经济求突破会议精神态度认真、措施到位,对乡镇工业的领导坚强有力,企业能够克难求进,企业改革能因企制宜,全片工业运行态势和发展前景较好。

临城片工业企业的基本概况

临城片现有乡镇工业企业 1350 家,其中乡村集体企业 127 家,股份制 20 家,股份合作制 35 家,私营 629 家,个体 513 家,“三资”企业 2 家,其他 24 家;职工总人数 22241 人,其中乡村集体企业 4004 人,股份制 3275 人,股份合作制 5766 人,私营 6214 人,个体 1620 人,三资企业 285 人,其他 1077 人。行业分布有机械、冶轧、化工、电器、木业加工、电缆、制衣、塑料制品、水泥制品、针纺织等,主要产品:电缆系列、增白剂系列、丝绒、台钳、不锈钢标准件、农用车后桥、花键轴、压电陶瓷、节能灯、甲壳素、蓄电池、家具、复合肥、服装、塑料波纹管、拉伸压力机等。全片乡(镇)村以上企业中,年产值 500 万元以上的 59 家,其中亿元以上企业 6 家,5000 万元以上 4 家。

今年以来,临城片各乡镇认真贯彻市委七届四次全委扩大会议和市三种经济求突破会议精神,加大对乡镇工业的领导力度,积极深化企业改革,狠抓结构调整,坚定全年工作目标,增强信心,努力克服各种困难，充分发挥在全市的骨干作用，始终保持在全市的领先地位。主要体现在：

一、经济运行质态较好。1—5月，全片乡镇工业共完成产值100549.4万元，同比增长12.7%，比全市平均水平高出2.3个百分点；其中500万元以上企业完成产值63353.2万元，同比增长3.9%，比全市平均水平高出2.1个百分点；实现营业收入85241万元，同比增长16.3%，高出全市7.5个百分点，其中500万以上企业54951万元，同比增长4%，高出1.1个百分点；实现利润总额2076万元，同比增长17.4%，基本与全市平均水平持平，其中500万元以上1235万元，同比增长57.6%，高出全市39.6个百分点。

二、重点骨干作用突出。全片经济总量年计划占全市总量的35%，1—5月份完成产值占全市总量的36%，营业收入占37%，利润总额占45%。500万元以上企业占全市142家的41.5%，5000万元以上企业占全市11家的36.4%，亿元以上企业占全市13家的46.2%。500万以上企业完成产、销、利分别占全市总量的42%、44%、57.4%。

三、企业改制成效明显。1996年以来，全片共组建或转制股份制、股份合作制企业55家，总股本10102.81万元。经过股权流动，到今年4月末，集体股3382.97万元，占总股本的33.5%；职工个人股6559.36万元，占65%。其中经营层股本4391万元，占总股本43.5%，占职工总股本67%。全片共出售企业80家，出售金额6849.97万元，售款已到位5329.65万元，占应付款77.8%。

四、个体私营发展迅猛。全片共有个体私营企业1142家，个体私营企业1—5月份产值成倍翻番。

在今年经济大环境形势严峻，市场严重疲软的情况下，临城片乡镇工业之所以有一定的特色和成效，其典型意义在于：

（一）精神振奋，加大工业领导力度，是提高工业组织水平的必要前提。我们在调查临城8个乡镇中，给我们印象最深的是各乡镇党委、政府一班人精神状态好。他们认为，在目前宏观控制不松动，市场竞争近乎残酷，企业生产困难重重，经营难度日益加大的情况下，振奋精神尤为重要。市委七届四次全委扩大会议后，特别是今年开春三种经济求突破会议以来，全片各乡镇分别召开党委会、工业专题会，并利用各种培训班，认真传达会议精神，进一步统一和提高发展工业经济的思想认识，定目标，拿着子，明责任，激发了广大干部职工的积极性，形成了不失时机狠抓工业的强烈氛围。全片8个乡镇都成立工业专线，由分管书记、乡长牵头，具体负责工业的领导、指导、规划和协调服务。武安、湖滨等重点企业都有书记、乡长蹲点挂钩。车逻镇在乡镇机构未改的情况下，实行职能先转，抽调镇干成立了招商引资办公室和规费管理办公室。龙虬镇结合今年工作目标，副镇级以上干部明确分工，以党委22号文以及党委成员个人分别签字下发，促使人人有担子，个个有压力，为实现全年目标提供了思想和组织保证。

（二）因企制宜，深化企业改革，是激发企业活力的重要环节。进一步深化企业改革不能搞“一刀切”，更不能“一窝蜂”，而面对企业实际，区别对待，做到能股则股、能售则售，股则成活，售则扭亏。这是临城各乡镇在深化企业改革中形成的共举。湖滨、张轩等乡企业改革抓得实，改得彻底，以集体不控股为主，以卖以放为主，加大售卖力度。湖滨乡在去年出售5家企业的基础上，今年又组织专门力量帮助农配厂、电镀厂、华能厂、助剂厂4家企业深化改革，电镀厂采取拍卖形式进行了出售，农配厂挂靠大中型企业集团，华能、助剂则通过增资扩股，加大股权流动力度。张轩乡对企业改革实行一厂一策，收到了明显的效果。该乡永富集团经改制分块出售，一分为三，目前3个企业形成了强烈的竞争机制，经济效益比去年大幅度增加，其中拉伸机1—5月份的产量超过了去年一年的产量。马棚乡对具有集体性质但资不抵债30多万的老大难企业农具厂，实行零资产出售，并促成70多人一次性买断工龄，对全市同类企业的改革具有宝贵的借鉴价值。东墩乡对运河蓄电池厂采取了“债务分离，脱壳经营，租售结合，逐年还债”的方法，使“死”了的企业又焕发了生机。

（三）不断调整，优化企业各要素，是促使企业加快发展的主要措施。把企业的组织结构调优，把企业的产品结构调得合理，把企业的技术结构水平调高，是该片几年来不懈努力的方向。近几年全片技改投入资金1亿多元，才形成了今天在全市具有骨干作用的企业和形象产品。武安乡把培植规模经济作为目标，始终抓住500万元以上的19家重点企业和28个优势产品，实行领导、技改、优惠措施倾斜。今年1—5月全乡已实施7个技改项目，技改用款980万元，其中华达公司的农用车装配线、日欣公司的壳聚糖、华翔公司的压电陶瓷已形成高效生产能力。湖滨乡华能、助剂二厂在扩大现有产品的市场覆盖率的同时，不断开发新的增长点，计划今年投入1450万元，分别新上交联电缆、乙烯绝缘系列电缆和127增白剂中间体等3个项目。马棚乡面对基础差、企业规模小、产品无档次等现实，全力改革，明确提出工业民营化、产业多元化的结构调整思路，为该乡走出困境，开辟了广阔的发展空间。不少乡镇着眼未来，储备和开发了一批新产品，如车逻的高精度多功能立式铣床、龙奔的抗静电剂、东墩的低烟无卤系列电缆、张轩的不锈钢型材等，对提高产品结构的档次，增强企业发展后劲，起到了积极的作用。

（四）抢占市场，确保企业生存，是加快企业发展的基本条件。当前的市场竞争已到了白热化的程度，市场空隙日渐其少，求生存、求保本、求有饭吃、求市场的不丢失，已成为大多数企业的“最低纲领”。然而，临城片各乡镇认为，被动式求生存是没有出路的，只有以变应变，主动出击，不惜代价，抢占市场份额，才能夺取生存权。龙虬镇针对该镇塑料管材、服装等行业生产厂家较多、且关联性较大的特点，先后在塑料四厂、宏运塑料机械厂、大通公司、沙龙制衣有限公司等企业推行了营销人员“出门一把抓，回来再分家”的营销方式，不仅调动了营销人员的积极性，又使企业销售成本降低，市场信息容量扩大。不少企业把目光从国内市场扩展到国际市场，不仅扩大了销售业务，而且提高了经济效益。车逻汽标厂针对今年国内汽车配件业务不能满足生产能力的状况，千方百计开辟国际市场，现已达到外贸业务每月2个集装箱。武安节能灯厂在国内同行厂家猛增、产品利薄的情况下，积极争取自营进出口权，产品直销欧亚等国。一些厂家下定决心，让利不让市场，如真丝乔绒降价5元/件，航空被降价5元/床，农机产品降价10%左右，后桥降价130元/台，节能灯降价达50%左右，以致出现一些产品产量大幅度上升，营业收入却同比回落的悖理现象。湖滨华能电缆厂、东墩电缆厂在近年国内电缆生产能力大于需求，产品价位低沉的情况下，对内加强内部管理，最大限度地降低生产成本，对外降低目标利润，积极竞标，抢占每一份市场，保持了稳步发展的势头。

临城片乡镇工业的发展虽总体上比较好，但其深层次矛盾在东南亚金融危机和知识经济的挑战下已日益显现，不可忽视的问题摆在了我们的面前。一是人才匮乏，具有一定知识素养、一定经营管理水平的企业家不多。8个乡镇一致反映，目前最缺乏的是领导、管理、营销、科技等四种人才。张轩乡从工人员达1507人，而大专以上文化的仅占1%不到。马棚乡历史上人才外流严重，导致今日人才青黄不接。二是技改难度加大，投入步伐下降。今年1—5月，8个乡镇共投入4552万元，同比下降6.8%。该片虽有一批产销在千万元以上的产品，但多数还属经济型产品，市场竞争力不强。各乡镇普遍反映技改项目难筛选，筛选出难上马，上马了难形成规模，开工了难形成优势。因此，往往是“谈判”频繁，意向性项目多，签约不断，中途“流产”的也多。这次改制后还有一个新特点，就是企业自主权加强，对技改投入更加谨小慎微，政府是心有余而力不足。三是资产负债率高，资金矛盾突出。全片乡镇工业企业总资产89114.02万元，总负债85081.48万元，资产负债率高达95.5%。这是令人不敢相信和担心的一个数字，由此可见，该片的资金结构不合理，负债包袱沉重，资金营运效果不佳。1—5 月，湖滨乡两项资金达 7000 多万元，同比增长 10%。龙虬镇两项资金同比虽降低 8%，但仍占销售的 30%。资金回笼不畅，必然带来流动资金严重短缺。如龙虬塑料四厂因流动资金不足，基本处于半饥半饱的状态。

临城片存在的问题直接反映在重点企业发展趋缓、全片完成序时进度艰难等表象上。1—5 月，全片 500 万元以上企业产、销增幅分别低于面上 8.8 和 12.3 个百分点，日欣、华达、华富、康普等公司都出现负增长，强力、华能、华翔等公司也只勉强增超去年，且经济效益大幅度下滑。全片 1—5 月完成产值占全年计划的 40.9%，虽高出全市平均水平，但仍未完成序时进度。8 个乡镇对完成上半年工作目标速度参差不齐，喜忧各半。但总的来看，要实现“双过半”有难度，需加倍努力。

需要思考的几个问题

全片调查下来，我们觉得，有许多问题值得思考：

一、企业改制后，如何摆正政府与企业的关系？政府仍像以前一样，把企业抓在手心不放显然不妥，也不可能，但如果一味地撒手不管，必然会步入新误区。在当今的市场经济条件下，如何恰到好处地使用好政府行为这只手，配合协调好市场这只无形的手的确是一个值得探讨的问题。我们在调查中发现，湖滨华能、华润同为电缆生产厂家，都上了拉丝生产，而华能设备先进，吞吐量大，吃不饱；华润却工效差，辟开市场优胜劣汰不说，从发展本乡经济的角度，如果政府“干预”一下其后果又是如何呢？龙虬镇实行的营销人员“出门一把抓，回来再分家”的措施，这种政府行为对市场的开发开拓起到很好的协调作用，受到了企业的欢迎。不难看出，在市场发育不全、企业雏型发展时期，政府的有些必要行为，在市场经济的条件下，会对经济起促进和催化作用。

二、技改项目是否也应抓大放小？一个项目（产品）的优劣，主要是看其是否具有一定的经济效益、一定的科技含量和一定的市场，而不以规模大小论之。规模大、效益好的当然可喜，但面对本市现实，如何切合基础差、企业规模小、经济实力有限这个实际，显得更为重要。不少乡镇反映，一些中小项目领导不重视，银行看不上，报批无指望。应当说，现在投资体系发生了根本的变化，那么我们的投资方法、投资渠道、投资主体等都应随之变化。不管是哪方面，在努力争取上一些有影响有带动作用的大项目的同时，也不能轻易错过一批短平快好项目。

三、正确看待培植规模经济。培植规模经济是企业追求的目标，但这并不意味着企业发展越大越好。从经济学的角度，我们追求的是经济效益最佳的经济规模。因此，我们要辩证地看企业的大小。一些乡镇顾虑自己“星星多，月亮少”是大可不必的，不管从哪个范围看，星星总是占绝大多数，关键是我们如何做好“星星”。龙奔乡多年来虽无大的项目，也无“形象”企业，但因“星星”多，一年国税、地税收入近 200 万元，是“星”多效益多的乡之一，在市场竞争激烈的今天，小企业在市场经济的海洋里，特别是在“近海”更有其独特的优势。

四、有必要对过去的技改项目作一回顾。近年，全市乡镇工业每年以 3 亿元左右的规模投入，现在的投入产出比达不到应达到的“投入产出比”，项目没有发挥效益。“失败是成功之母”，总结好大有益，搞好“回顾展”，用以减少将来的失误。

供参考的几点建议

一、明确今后一个时期的高邮乡镇工业发展的基本定位点。定位过低，发展不快，定位过高，防止过犹不及，适得其反。根据大环境大气候及本市实际，我们认为乡镇工业做到“四个立足”，即立足现有企业抓发展，立足现有产品抓开发，立足现有资产抓盘活，立足现有人才抓提高。期望企业像几年前突飞猛进的大发展，而不配套行之有效的措施是不现实的，在目前的经济形势下，只有确保一定的经济效益,能快则快,稳步发展,才能在残酷的市场竞争大潮中立于不败之地。

二、制定切合实际的发展计划,保持一定的增长速度。从近两年乡镇工业的计划完成情况来看,都不太理想。一些乡镇同比增幅很大,而序时进度就是完不成。过去有人打过比方,定计划要让人像跳一跳就摘到树上的苹果一样,做到经过努力就有产可超。今年乡镇工业产值计划70亿元,预计完成难度较大,如果分开个体、私营企业14亿元,那么乡(镇)村两级的56亿元目标差距更大。

三、进一步加强对企业的分类指导。毋庸置疑,市委、市政府在培植规模经济,狠抓重点企业上收到了一定的效果。但实际情况千变万化,对企业无论是抓重点还是抓扭亏,采用一种形式、表面无论多么忙乎都是无济于事的。要进一步加强分类指导工作,让一部分有实践经验的同志下工厂、到车间抓管理;让有头脑、会经营的同志去帮扶,充分运用政策的作用和调动企业内部的内因作用,真正做到一厂一策,解决企业的实际困难,引导企业健康发展。

四、督查对个体私营企业优惠政策的尽快到位,加强对个体私营企业的财务管理。今年来,我们个体、私营企业如雨后春笋,发展迅猛。这是与我市出台的鼓励政策措施分不开的。但不少个体私营企业主仍然对有关部门的工作不满,一些政策措施不能完全到位,因此有必要对此作一督查。个体、私营企业发展,同时也带来管理跟不上,甚至有倒退现象。尤其是一些企业出售后,原有的财务管理不复存在,口袋账、一人说了算现象回潮。为此,要明确个体私营企业主管部门,尽快组织力量,加强对个体私营企业的企业管理,促使个体私营企业在发展中提高,更适应市场经济的要求。

五、实行向企业收费登记制。现今向企业收费名目繁多,企业呼声很大。我们认为,合理合法的收费一分不能少,不合理、不合法的收费一分不能收。这就要求我们提高收费的透明度,严格规范收费程序。市可统一印制收费名目及征收标准,收费部门凭证收费。企业对无证的收费有权拒缴。市纪委、监察部门要跟踪监察,对向企业乱收费、乱摊派的部门要追究有关人员的责任,严肃予以查处。

六、设法解决久拖不决的银企矛盾。一些乡镇反映,有些企业欠银行贷款多年,长期不能归还,结果债务越背越重,为此瘫倒不能运营的有之,即使能动的企业一年干下来也只能付利息,被人们戏称为企业代银行"打工"。当然在还贷问题上,银行有其严格的规定。但长此以往,一部分已经危在旦夕企业是肯定还不起的。为此,能否银企对接,实施封闭式贷款,既消除银行后顾之忧,又防止企业逃废债务,帮助部分企业摆脱目前困境,拿出一个切合实际的措施。

七、实施人才战略,迎接知识经济的到来。知识经济是建立在知识和信息的生产、存储、作用和消费之上的经济,其核心是科学技术。这也是知识经济最具生命力的主要原因。我市乡镇企业中几个"佼佼者",佼就佼在科技含量上;透析乡镇企业的危机,危也危在科学技术上。要解决这个问题,必须认识到知识经济是高度竞争的经济,在迎接或发展知识经济的过程中,必须在思想、基础设施、人才、教育和科技等方面积极准备,力图在跨世纪的经济竞争中抢夺先机。

此中,人才是第一位的,在后工业经济向知识经济过渡中,人才、知识和技术是我市经济增长的主要源泉和动力。对此,望能有一个战略的眼光,摆上战略的地位,有一个战略的决策。

八、调查方式需作改动,调查成果需要巩固扩大。这次市委、市政府组织的调查,企业的同志认为很有必要,也很及时,对今年的"双过半"和来年的发展思路是一个推动。但由于分组分工条块分割,使一个乡镇同时要接待市里几个调查组,最好方式是综合编组,内容总调查,回来再分家。对需要解决的问题、好的做法以及将要出台的举措需再深入的研究,为解决自己通过努力能够解决的问题和需向上争取尚能解决的事,成立专项、专题小组,抓落实,抓巩固,抓提高。

乡镇工业临城片调查组成员:

市委常委、市纪委书记周宏举

市人大副主任朱烨

市财办主任夏正山

市外经委副主任蒋伟宏

市外经委外资科科长卢安伟

市农行调研员孙庆峦

市信托公司信贷科科长邹祥

市国税局车逻分局局长秦庭仲

市国税局东墩分局局长崔永银

市国税局东墩分局副局长王永坚

市地税局车逻分局局长杨竞

市地税局东墩分局局长王永鹤

市体改委综合科科长倪永平

市乡镇企业管理局副局长车银松

市乡镇企业管理局人秘科科长孙平

1998年6月16日

执笔:孙　平

高邮市乡镇工业企业人才资源现状分析、预测和对策

一、我市乡镇工业基本情况、人才现状及其分析

我市处于江苏中部,正如地理位置一样,我市乡镇工业的发展水平在全省属中游。据1997年统计,全市乡镇工业共有企业3020家,其中乡(镇)村集体企业1000家、个体私营2020家;共实现产值57亿元,其中乡(镇)村集体企业52亿元,个体私营5亿元。

通过数十年的发展,我市乡镇工业已从过去粮油加工、砖瓦生产和简单中小农具产品制造,形成了以机电、化工、轻纺、冶金等行业为主要结构的产业体系。到目前为止,年产值(销售)在500万元以上的企业142家,其中亿元企业13家,5000万企业11家。

以1997年统计,乡(镇)村集体企业共有职工54750人,其中具有中专(技)以上文凭3081人,中专(技)2589人,占84%;大专及以上492人,占16%。有2651人获得员级以上职称资格,初级1982人,占75%;中级595人,占22%;高级74人,占3%。

乡镇企业在发展中形成了一支初具规模的人才队伍,这支队伍为我市乡镇工业的发展发挥了一定的作用。一是成为企业生产、经营、技术开发的骨干。横泾过滤机厂副厂长管广育是该厂自培的工程师,现在虽已到退休年龄,但企业仍离不开他。二是用于开辟一方天地,为地域经济添砖加瓦。我市乡镇系统大专班自培的刘群信,年龄不大,但敢闯敢干,独资办起了纺机配件厂,年产值达千万元,成为高邮市个体私营工业企业的佼佼者。三是提高了企业的素质。三垛二棉、卸甲飞达公司、汉留琼花公司等企业几乎每年都送培一批人员,并且十分重视自己办班、办学,采用干什么学什么,需要什么培训什么技能、技术和急需知识的办法,不但充实了职工队伍,提高了企业职工的专业技术水平,有的还进入管理岗位、领导阶层,使企业整体素质不断得到了提高。

显然,乡镇企业人才的作用不仅仅如此,尤其在市场经济的今天,我市乡镇工业企业在发展中,

实行了多渠道、多形式、多层次的方式、方法、方针，千方百计地“洋为中用”“他为我用”，在引进、招聘、挖掘人才的同时，也使人才发挥了更为广义的作用。一是通过企业间的协作挖掘人才，为我所用。乡镇企业许多实用型人才都是从其他同行企业中“挖”来的，这些人才有技术，甚至有产品、有项目，立竿见影，走马上任，实用性很强。二是通过与科研部门联合，促使人才把项目带入企业。横泾过滤机厂紧紧依靠合肥研究所，年年开发一个新产品，企业连年上台阶。湖滨助剂厂把大专院校的教授、科研人员养在“家”里，金屋藏娇，新品一问世，该厂近水楼台先得月。三是通过沾亲带故吸引人才，同时引进大笔资金，激活一方经济。送桥有个马国田，在外多年，最终还是把400万元投到了家乡办企业。

从一些数字上看，我市乡镇工业的人才纵比数量有所增加，质量也有所提高，但我市乡镇工业企业的人才问题是不容乐观的。主要体现在人才难引引不进，引进了也用不好，使用的却又留不住、用不起。八桥镇工业多年来人才培养了不少，“飞”走的也不少。他们送培上海工业大学的毕业生，回来后一转正就调往市中行了，人才不能在本镇发挥作用，挫伤了企业培养人才的积极性。甘垛某厂自培一大专生原很受器重，但因与企业负责同志意见相左而分道扬镳。送桥欲引进的一上海化工人才，自称产品上马后效益很高，但出口要年薪20万~30万元，企业望而生畏。

人才问题出现了令人难以理解的悖论现象：

——国家重视人才，企业需要人才，一些企业领导同志也口口声声明白人才的重要性，但每年大中专生的安置分配却很难；

——企业害怕、担心人才流失，千方百计“扣”住人才，国家、政府却允许和鼓励人才流动，不断出台人才流动的优惠政策；

——企业改制，随着私人资本的增加，企业法人自主权的增强，对人才的观念反而淡薄，引进、培养人才的调子反而降低了；

——不少乡镇企业需求专业人才无人应聘，而每年却又有很大一批大中专毕业生自称找不到工作而情愿在城市打工，甚至在家待业。

综上所述，我市乡镇工业企业在人才的引进、培养、使用和管理上，既取得了一定的成就，同时也存在着明显的问题。根据现状分析，不但有其特殊的一面，大多数有着一定的共性。主要有：

1. 比例失调。(1)数量少。人才缺乏我们已经喊了数十年，现在究竟是人才缺乏还是人才过剩？有个数字可以说明：全市乡镇工业企业具有大中专以上文化程度的人员占职工总数的5.6%，这个比例与劳动密集型工业的要求还可以，而与现代工业企业、或说技术密集型企业就相距甚远了。我市乡镇工业企业中，除一些生产、制造一定档次、一定技术含量产品的企业如曙光电缆厂、华能电缆厂、湖滨助剂厂、横泾过滤机厂、卸甲金飞达公司等之外，技术人员寥若晨星，大多数企业几乎还处于无人才状况。(2)质量低。数量有限，质量也不太高。大专以上人员只占职工总数的9‰，大学本科及本科以上基本与我市乡镇企业无缘，具有中级以上职称的人数占职工总数1.2%，其中高级职称只占职工总数的1.3‰，也就是说，我市乡镇工业很缺少那些主持项目研究和开发的高级技术人才。(3)结构不合理。在我市乡镇工业企业的人才队伍中，经济类约占60%，工程类只占20%，其他占20%。这个比例只能导致以管理型为主的格局，不利于加快企业的技术开发、上水平、上台阶。

2. 认识滞后。认识问题比较复杂，有明显的也有隐性的。(1)“叶公”意识。有些企业负责同志在各种场合都显示出求贤若渴之态，而一旦接触到实际，则推得开开的，强调许多不能纳人的理由。(2)“武大”意识。引人、用人都很积极，但就是不能超过自己，实行有控制的使用，结果常常使人才外流。(3)“和尚”意识。在任一天就糊弄一天,无人才引进、送培、自培等计划,更无人才发展目标。只看到眼前的生产经营,看不到“科技是第一生产力”的重要性。当然也不排除个别的不管今后专业能用不能用,对口不对口,胡乱弄个人才应付的现象。(4)“市侩”意识。这反映在有些企业负责人的行为之中,平时不烧香,临时抱佛脚。求贤求得真切,有钱也花得惊人。人才一旦用过,弃之一边也不是不可能的。

3. 机制不健全。作为市一级,至今没有一个完整的引进、培养、使用、管理人才和人才流动的具有法规性的文件。这就造成企业无人才计划或随意的定人才发展计划;引进人才各地条件五花八门,不管合法合理;看不到周边县市对人才的竞争力;没有开发人才资源的整体规划和后备力量;人才流动无序;缺乏一定的约束机制,来确保企业在人才流动时技术机密、无形资产等方面的利益。

4. 基础薄弱。我市乡镇工业相对来说基础还很薄弱,在32个乡镇中,工业产值双亿元以上的只有1/3,且大部分乡镇离城区较远,交通不便,地理位置偏僻。农村经济水平不高,农村小城(集)镇建设不快,整个引人环境、投资环境都不理想。最直接的表现是(1)企业规模小,95%以上企业是500万以下,用不了稍高一级的人才,只能吸收一些技校、职校的毕业生;(2)企业效益差,人均年收入只有4779.40元,引不进、也用不起高精尖人才,即使引进了也易流失;(3)企业产品档次低,属低档次或劳动密集型,只能在提高职工的操作水平和文化素质上做文章,引进或培养的人才学无所用;(4)企业发展钝,不少企业数十年一贯制,不见发展,抱残守缺,小富即安,根本谈不上人才问题。

5. 人之常情。任何事情都有它的两面性,人才问题也不例外,人才本身主观上的一些思维意识、动态、理想、观念等,都能对当今的人才问题起着一定的积极作用或消极作用。(1)“人往高处走,水往低处流”。在相比较之下,人才总是向企业经济效益好点、环境宽松点、更能施展自己才华的地方流动。(2)“孔雀东南飞”。俗话说:宁向南半寸,不往北一尺。一个地区的地理位置、交通条件、改革开放程度等,决定了这个地区的人才现状。(3)“白鸽子往亮处飞”。现在能主动到落后地区艰苦创业的人不是没有,但大多数大中专毕业生还是想往城市生活,“择木而栖”,一些人才还千方百计地向行政事业单位跳槽。

由此可见,我市乡镇工业企业的人才现状仍处于初具规模和初步发展阶段。通过现状分析,我们看到乡镇工业的人才问题错综复杂,亟待理顺和解决。我市乡镇企业要持续、快速、健康地发展,人才是关键的环节之一。今日的人才,明日的财富。加速人才资源的开发和利用,提高全市乡镇企业的人才质量和职工素质,已是当务之急。

二、我市乡镇工业企业的人才资源开发及预测

1. 人才资源开发的指导思想:以中共十五大精神为指针,根据全市经济和社会发展规划及乡镇工业企业的战略任务,进一步适应市场经济及企业发展的要求,立足现状,着眼新世纪,解决人才引不进、留不住、用不好的问题,从战略上、价值上认识人才的作用。加速引进和培养多层次的人才,力争在一定时期内,使我市乡镇工业人才发生质的变化,为全市经济的稳步发展奠定基础。

2. 人才资源开发的方向:(1)逐步提高科技人才、外贸人才、供销人才的比重;(2)坚持引进与自培相结合,以引进为主;坚持短期培训与长期培养相结合,以短期培训为主;坚持提高人才层次与提高职工素质相结合,以提高人才层次为主。(3)努力抓好职工的基础培训工作,逐步提高企业的整体素质水平;着力引进和培养中级专业技术人才,使之担负起新世纪的历史使命;有重点的引进和培养高级专业人才,把全市乡镇工业推向新的高度。

3. 人才需求预测的依据:(1)中共十五大精神、江泽民总书记1998年视察江苏时关于乡镇企业的

重要讲话，中共十五届三中全会关于农业和农村工作的决定等是我们进行人才预测的基本指针；(2)我市经济及其乡镇工业的发展现状是我们人才预测的客观根据；(3)高邮市经济及社会发展“九五”计划和2010年规划、高邮市农村经济发展“九五”计划和2010年规划纲要、高邮市乡镇工业经济“九五”计划及2010年规划纲要等是我市乡镇工业人才需求预测的目标依据。

4. 高邮市乡镇工业企业2000—2015年人才预测

表一：

高邮市乡镇工业技术层次人才预测表

单位：人

年份	高级		中级		初级		合计	
	人数	占职工总数‰	人数	占职工总数%	人数	占职工总数%	人数	占职工总数%
2000	82	1.5	711	1.3	2542	4.6	3335	6.1
2005	93	1.7	821	1.5	3832	7	4746	8.7
2010	110	2	930	1.7	6022	11	7062	12.9
2015	164	3	1095	2	9307	17	10566	19.3

表二：

高邮市乡镇工业主要类别人才预测表

单位：人

年份	工程类		经济类		会(统)计类		其他类	
	人数	占人才总数%	人数	占人才总数%	人数	占人才总数%	人数	占人才总数%
2000	1100	33	1350	40.5	800	24	85	2.5
2005	1898	40	1661	35	1092	23	95	2
2010	3531	50	2013	28.5	1412	20	106	1.5
2015	7925	75	1479	14	1057	10	105	1

表三：

高邮市乡镇工业专业层次人才预测表

单位：人

年份	大学本科以上		大专		中专		合计	
	人数	占职工总数‰	人数	占职工总数‰	人数	占职工总数‰	人才总数	增加数
2000	5	0.1	510	0.93	2650	4.8	3165	84
2005	15	0.3	560	1	2800	5.1	3375	210
2010	30	0.5	635	1.2	3000	5.5	3665	290
2015	80	1.5	735	1.3	3250	6	4065	400

表四：

高邮市乡镇工业人才来源预测表

单位：人

年份	引进		自培		聘用		短训
	人数	占当年人才增加数%	人数	占当年人才增加数%	人数	占当年人才增加数%	人次
2000	62	73.8	10	11.9	12	14.3	5000
2005	155	73.8	25	11.9	30	14.3	6000
2010	190	65.5	50	17.2	50	17.2	8000
2015	220	55	100	25	80	20	10000

表五：

高邮市乡镇工业各专业门类人才需求预测表

单位：人

年份	机械制造	化工	电子	计算机	营销	会计	外语	外贸	经济管理	企业管理	文秘	政工	其他
2000	5	6	10	10	8	10	8	10	3	2	2	—	10
2005	13	15	25	25	20	25	20	25	8	5	5	—	24
2010	18	21	35	35	28	35	28	35	10	7	7	—	31
2015	24	29	48	48	38	48	38	48	14	10	10	—	45

注：政工类人才未加预测

三、我市乡镇工业人才资源开发的对策措施

1. 把人才资源开发提高到一个区域经济发展的战略高度。人才资源的开发既不是可有可无的事，也不是任其自流的事。无论是乡镇政府还是公、私企业，都应把人才资源的开发当作发展经济的关键环节来抓，首先要从战略的高度来真正地认识人才资源开发的现实意义和长远的发展意义，其次要制定一个切实可行的开发计划和措施，最终关键是要至始至终、坚持不懈地去努力实现。

2. 完整地建立和科学地健全人才资源开发及利用机制。包括人才的开发、使用、管理、保障、流动和限制机制等，促使人才资源的开发和利用有章可循、有法可依、规范运作、有序发展。

3. 全市统一建立人才资源开发基金。建立人才资源开发基金，将智力投资纳入产业投资的范畴，打下人才资源开发和利用的物质基础，增强人才发展的可持续性，加大人才开发力度，提高人才开发的速度。

4. 促进市人才市场的发育健全。在现在的人才市场基础上，加大宣传的广度和深度，科学合理地规范运作程序及收费，提高办事效率，及时提供人才需求信息服务，努力使全市人才市场起到我市人才资源合理配置的基础作用。

5. 切实加强人才的培训及职工教育工作。企业要根据人才发展计划和企业的实际需要，有目的地分批分批地实行引进和送培；市及有条件的乡镇要建立完善好教育培训基地，摸清下情，有针对性地自办或与外地大专院校联办一些“短平快”的专业技术学历教育班；根据企业需求，有重点地引进和培养较高层次的专业技术人才。

6. 搞好职称评聘工作，促使人才晋级、发展规范化。抓住目前职称评审转口的契机，各乡镇都要建立一支能够开展工作的、热心为企业服务的职称工作班子，确保乡镇企业职称工作步入正常化、规范化轨道。

7. 坚持实行继续教育制度。无论是什么层次的人才，都要坚持继续教育，不断“充电”，吸收新知识、新理论，优化人才的层次及技术比例，为最大限度地挖掘人才资源奠定基础。

8. 积极引导和帮助个体私营企业实现人才发展的战略目标。个体私营企业是乡镇企业的一部分，个体私营企业在人才问题上有其特殊性。随着企业改制的不断深入，个体私营企业的发展，我们应加强引导和帮助个体私营企业主提高认识，顺应他们的心理，努力把人才的开发和利用变为他们自己的切身利益来主动行动，克服企业“家族化”“近亲化”倾向，优化人才构成条件，逐步向现代企业制度迈进。

作于 1998 年 11 月 17 日

作者：赵文来　邱雅臣　吴岱平

张华荣　车银松　孙　平

大力发展乡镇工业是实践“三个代表”重要思想的直接体现

江泽民同志“三个代表”的重要思想，是对马克思主义建党学说的新发展，是对党的性质、宗旨和根本任务的新概括，是我们党在新世纪抓住机遇、迎接挑战，经受新考验、赢得新发展的行动指南。我认为，认认真真、扎扎实实地实践江泽民同志“三个代表”的重要思想，是我们在新世纪的最大政治、最根本的历史使命。而大力发展乡镇工业，快速提高农村经济发展水平，乃是实践江泽民同志“三个代表”重要思想的直接体现。

“三个代表”重要思想，集中体现了党的性质和社会主义本质，归根结底就是如何进一步解放生产力和发展生产力的问题，从而从理论的高度丰富和发展了“发展是硬道理”的思想内核。这个思想内核，是由发展的重要性决定的。新中国成立五十多年、改革开放二十多年的实践证明，解决中国的所有问题，关键在发展。而新世纪的中国，发展的关键就是坚持以经济建设为中心，把经济建设摆在一切发展的基础地位。

改革开放以来，我国经济持续快速发展，综合国力大大增强，人民生活水平显著提高。这其中一个显著特点就是乡镇工业的蓬勃崛起。经过二十多年的发展，乡镇工业已成为农村经济中的重要支柱，在国民经济中越来越发挥着不可低估的作用。就我市而言，“九五”期间，乡镇工业累计产值 310 亿元，实现销售 271 亿元，实现利润 4.8 亿元，分别比“八五”期间增长 168%、185% 和 170%。数据表明，全市乡镇工业不仅在我市农村经济，而且在全市经济中占有突出的地位，发挥了较大作用。一是成为振兴农村经济的主体力量。1979 年，全市乡镇工业总产值是 8012.12 万元，1998 年近 50 亿元，是改革开放前的 62 倍。1997 年，乡镇工业产值占农村农、副、工三业总产值的比重比 1979 年的 27.6%，上升到 43%，从根本上改善了全市农村的产业结构和经济结构，促使农村经济走向繁荣。二是成为吸纳农村剩余劳动力的主渠道和实现农民小康的重要途径。乡镇工业现有职工 6 万多人，比 1979 年增长 30% 以上，大大缓解了全市的就业压力。1998 年职工人均年收入 5000 多元。有资料表明，农民人均纯收入净增部分 50% 来自乡镇企业。凡是乡镇企业发达的地方，农民收入增长就快。三是成为实现农业现代化的主要推动力量。乡镇工业为农业提供了大量的复合肥、农药、农机具等生产资料；为农业每年注入大量资金；为农副产品提供了广阔的市场，促进了农业产业化的发展和农村现代化进程。四是成为实现农村工业化、城市化的必由之路。乡镇工业的发展，促使农业和工业、农村和城市相互影响、相互促进，缩小了城乡差别和工农差别，推进了农村小城镇建设的进程，一批新型农村小城镇伴随着乡镇工业的发展迅速崛起。如卸甲镇、汉留镇、郭集镇、菱塘回族乡等。这些小城镇不仅成为当地农村政治、经济、文化、信息的中心,而且大大改善农民的生活水平、生产和生活环境,展示了农村城市化的美好前景。五是成为国家财政收入的重要来源。2000年,乡镇工业税金达12523万元。江苏金飞达电动工具有限公司每年上缴镇财政150万元,单每年的城镇绿化费和城镇建设配套费就达20万元。六是成为市场经济体制的先导队伍。乡镇工业企业从诞生之日起,就在市场竞争中求生存、求发展,生产以市场为导向,灵活组织企业的生产经营活动,逐步形成了自主经营的决策机制,能上能下的干部机制,能进能出的用人机制,能高能低的分配机制,奖罚分明的激励机制,自负盈亏的约束机制和自我积累的发展机制。这对市场经济的孕育和发展,作出了历史性的贡献。七是成为农村文化的重要组成部分。代表乡镇企业文化的“企业精神”、厂服厂歌、厂容厂貌等应运而生,丰富了农民的文化生活,点缀了乡镇文化建设,对推进农村现代化建设,提高全民族的素质起到了重要作用。大量数据和历史事实证明,乡镇工业已经成为我国农村经济的主体力量和国民经济的一大支柱。乡镇工业的发展,不仅使农村经济和整个国民经济发生了深刻的变化,而且为我们这样一个农民占绝大多数的农业大国,逐步实现农业现代化、增加农民收入、繁荣农村经济、促进整个经济的改革和发展,开辟了一条新路。因此,可以这样说,乡镇工业是国民经济和社会发展的重要组成部分,我们的国民经济和社会发展已经离不开乡镇工业的发展。

尽管我国的社会主义建设取得了巨大成就,但是总体上来说,我们仍然落后于世界发达国家,人均国民生产总值还比较低,国民经济质量特别是高新技术水平还较落后,现在正处于并将长期处于社会主义初级阶段仍然是我国的最大国情。所以,我们离现代化目标还有很大差距,以经济建设为中心,大力解放和发展生产力,将是我国一项长期的战略方针。我国是个农业大国,农村人口占全国总人口的80%以上,如何进一步调动起农民的积极性、创造性,发展农村经济,提高农民素质,满足广大人民日益增长的物质文化需求,将继续成为我国经济建设能否取得成功的关键。因而,要坚持以经济建设为中心,加快发展农村经济,发展乡镇工业的战略意义将显得特别重大。发展乡镇工业已充分体现了中国特色的社会主义。

“十五”期间,我国将加入世贸组织,这对于我国的传统农业将会产生较为不利的影响。因此乡镇工业将要在农业、农村、农民等问题上承担更多的义务和责任,同时也必将在富民、壮村、强乡上发挥更加重要的作用。当前,农业和农村经济的结构性矛盾仍然比较突出,农村经济发展的总体水平还不高,农产品出现阶段性、结构性相对过剩,销售不畅,价格下跌,农民收入增长缓慢。一些地方农民负担居高不下。农民文化生活贫乏,文化糟粕乘虚而入,封建迷信活动抬头,腐朽思想蔓延,黄赌毒等社会丑恶现象沉渣泛起。辩证唯物主义认为,物质是第一性的,物质决定意识。历史事实表明,一个地方的落后、愚昧,主要是经济的落后;长期的经验昭示,一个地方,特别是农村地区经济要发展,无工不富,无工不活。这就使乡镇工业的产生、发展成为历史的必然,也使乡镇工业肩负起繁荣农村经济的历史重任。为此,发展乡镇工业已成为我们的当务之急。

当然,乡镇工业的发展,还存在着不少问题。从我们高邮乡镇工业情况看,目前存在的问题及制约因素有:(1)产品结构的矛盾仍很突出。主要表现在一般产品多,高精尖产品少;低档产品多,高科技含量产品少;平滞销产品多,畅销产品少。出口产品主要是劳动密集型初加工产品为多。近几年来,虽然每年实施的技改项目均有200多项,但产品结构调整步伐不快,“高、新、特、优”的产品项目少,低水平重复建设的产品项目多。除曙光电缆厂、过滤机厂、金飞达集团、助剂厂等少数企业每年新上的项目有一定的技术含量外,其他绝大多数均为一般性项目。(2)技改投入不足。“九五”期间,每年的技改投入都在3亿元上下徘徊,1997年、1998年、1999年、2000年4年的投入数均低于1996年。其原因:一是紧密型的“产学研”挂钩企业不多,难以及时引进高技术含量的产品和项目;同时真正建立技术开发中心的企业不多,且许多企业的科研经费投入不足。二是自我开发能力差,绝大部分企业都是通过“挖人”“挖技术”来开发新品,自我开发或依靠技术中心开发新品的工作严重滞后。三是技术人才严重不足,每年从人才市场引进的大中专毕业生档次不高,难以尽快发挥作用。企业对技术人才的培训工作不够重视,现有技术人员素质提高不快,企业的自我开发能力不高。(3)引进外资是一条短腿,利用外资明显不足。由于高邮所处的地理位置、交通状况,加上其他各种软硬环境,近几年乡镇企业利用外资项目办成功的为数不多。全市乡镇工业“九五”期间引进外资213.88万美元,引进合资项目6个,无论是从“数”上还是从“质”上看,引进外资仍是成效甚微。(4)外经工作也很艰难。乡镇企业走出国门,到境外办厂设店“发洋财”的意识不强,劳务输出也存在种种困难。凡此种种,充分反映了乡镇工业自我完善、自我发展、自我壮大的必要性和紧迫性,也现实地把要不要发展乡镇工业,重视不重视发展乡镇工业,需要不需要大力发展乡镇工业的问题摆在了我们面前。

然而,不仅如此,从根本上说,乡镇工业还存在着机制问题、管理问题,甚至人的认识问题。从1996年实行产权制度改革以来,虽然取得了一定的改制成果,但不少企业的改制未能一步到位,仍存有不少遗留问题;一些企业未能按《公司法》和企业章程规范运作,大有新瓶装老酒的味道。乡镇企业的管理也面临新的考验,企业管理意识弱化,管理队伍存在削弱现象,正规化、现代化的企业管理已成为企业从几千万规模向亿元迈进的一大瓶颈。最令人担心的是一些乡镇主攻工业的意识开始动摇;一些企业刚发展到几百万上千万,则沾沾自喜,小富即安,不富也安,缺少远大的抱负。因此,发展乡镇工业仍然任重而道远,大力发展乡镇工业将成为我们在新世纪的历史使命。

由此我们得出了这样一个共识,发展是硬道理,是解决当前各项工作中面临的各种困难和矛盾的根本出路,也是检验我们学习、实践“三个代表”重要思想成效的重要依据。而联系我市实际,我认为,大力发展了乡镇工业,仍是坚持以经济建设为中心,坚持发展是硬道理的关键所在,更是实践“三个代表”重要思想的直接体现。因而,我们学习“三个代表”,实践“三个代表”,关键是如何把经济工作搞上去,关键是如何促使乡镇工业持续、稳定、健康地向前发展。

因此,我们要以“三个代表”重要思想为理论指导,进一步解放思想,提高对发展经济、发展乡镇工业的认识;始终围绕实现富民强市的战略目标,大力优化农村经济结构;着力培植发展乡镇工业支柱行业和重点企业,推进高新技术产业化;进一步深化企业的产权制度改革,增强经济发展活力;继续把项目建设和招商引资作为经济工作的重中之重来抓,兴办一批具有一定影响、带动一方经济的大项目、好项目,努力把乡镇工业推上一个新台阶,为促进我市的经济繁荣和社会发展奠定坚实的基础。

作于2001年1月15日

作者:赵文来　孙　平

署名:赵文来

关于乡镇企业管理服务站情况的调查报告

一、乡镇企管站在经济建设中的作用

乡镇企管站是乡镇一级企业行政主管部门。长期的实践表明,在乡镇企业改革发展乃至地域经济的有效增长中,乡镇企管站发挥着不可缺少的重要作用。

一是行使法律职能的基层部门。根据《乡镇企业法》第七条规定,国务院和地方各级人民政府乡镇企业行政管理部门应具有对本行政区域内的乡镇企业进行规划、协调、监督、服务的职能。按照江苏省机构编制委员会苏编〔1995〕24号文件规定，乡镇一级的乡镇企业管理服务站是国家设在基层的全民事业单位，承担九大基本任务，体现《乡镇企业法》《乡镇企业行政执法办法》《农业行政处罚程序规定》《乡镇企业登记备案规定》等法律法规在基层的实际运作。

二是乡镇企业的"娘家"。作为乡镇企业的行政主管部门，乡镇企管站在履行必要的管理职能外，更多更重要的是为乡镇企业提供着全方位、全天候的服务。乡镇企业从企业登记、项目论证、资金协调，到安全管理、财务辅导、数据统计，无不见到乡镇企管站"包办"的身影。

三是地方经济战略的"参谋"。农村经济是我国国民经济的重要组织部份，乡镇企业已成为农村经济的主体力量。目前，我市乡镇工业经济总量已占农村农、副、工三业总量的一半以上。2002年乡镇工业实现增加值17.44亿元，占农村三产增加值的28.5%。乡镇企管站在乡镇企业的中长期发展规划及其年度计划的制定、实施计划的意见、建议和措施的提出、经济运行形势的分析、产业政策和企业发展方向的指导、企业改革的具体操作等方面，充分发挥着一个基层综合部门的价值。

四是党委和政府与企业的"桥梁"。乡镇企管站既是乡镇地方政府的一个工作部门，传递着党委、政府的方针、路线和政策，同时又是乡镇企业的"自家人"，为乡镇企业的发展不遗余力地鼓与呼，角色虽微，却是一肩挑两头。

五是百川归海的前线"窗口"。各行各线凡是通向乡镇企业的都必定经过乡镇企管站，如技监、环保、统计、工会、科技、安监、劳动等等，乡镇企管站临处企业的最前沿，是乡镇企业各项工作的"集散地"。

二、目前的状况及其困难

然而，作为一个经济工作的重要部门，其所面临的困境却是很不相称的。

其一，地方政府的"养老院"。据统计，全市21个乡镇（区）企管站共有职工600人，其中在职职工171人，离退休人员达429人，占72%。要说明的是，这些离退人员中，绝大部分并非是企管站的原退人员或经长期工作后到龄退休人员，主要来源：一是政府安排的老村支书、企业老厂长；二是关停并转企业的老职工；三是乡镇区划合并的"尾巴"；四是集镇供应户口的无着落的人员。

其二，事无巨细的"多管局"。正如前述，包括党委、政府，各条线、各个部门都能通到乡镇企管站，一般都不能推诿，工作整天是应接不暇，在职能履行上大有本末倒置之嫌。

其三，头道把关的"信访办"。由单位的性质所决定，乡镇企业的大事小事都要找乡镇企管站，特别是近年的企业改革，一些矛盾、问题全部集中反映出来，乡镇企管站义不容辞，协调处理。而最不顺的是乡镇企管站无权无钱无职责解决的问题，党委、政府可推到企管站，基层的来信来访最终转归企管站，未能解决问题的企业及一些人员无法发泄的怨愤指向企管站，还有一些倒闭企业的债权债务挂在企管站。在一些矛盾突出的乡镇，企管站处于风头浪尖的位置。

其四，化缘无门的"苦行僧"。自2001年国务院取消乡镇企业管理费征收规定后，经费问题成为乡镇企管站的最大问题。目前，就乡镇企管站的经费来源渠道，上级无硬性规定，本地无具体精神，基层无从着落。各乡镇（区）则各行其事，优劣不一。大多数乡镇则处于靠拍肩、握手、碰酒杯而争取点经费的艰难境地。现行乡镇企管站的经费来源大致有四种：一是极少部分集体企业资产租金；二是乡镇电力、土地租金；三是综合服务费；四是乡镇财政。据调查，在21个乡镇（区）中，有财政拨款的虽有15个，但财政拨款额只占乡镇企管站年经费收入的31%。据统计，2002年度乡镇企管站经费收入277.94万元，而经费支出达346.1万元，入不敷出68.16万元，实际年经费缺口达162.87万元。

三、不利因素及其负面影响

近年来，由于上述原因而使能办事、办实事的乡镇企管站产生了令人担忧的负面影响。主要体现在两个方面：

一方面机构改革不符合实际要求，导致乡镇企业管理队伍不稳定，机构实际运作杂乱无章。按照我市乡镇机构改革的精神，乡镇企管站应并入农经服务中心，增挂乡镇企管站的牌子。据反映，“中心”与“站”无论是在产业上还是在归口上都难以扯到一起，这样的机构合并既不好统一管理，更无法协调运作。目前有近一半的乡镇未予合并，即使合并的也只是名义上合并，实际分开，或一个支部，行政分开。事实上合并的也好，分开的也好，乡镇企管站的地位已被大大削弱，乡镇企业管理队伍始终处于飘摇不定的地步。

另一方面经费来源渠道含混其辞，导致乡镇企管站办公条件极差，职能不到位，服务水平难以提高。在乡镇七站八所中，企管站的办公条件差是有目共睹的。2002 年，各乡镇（区）企管站办公经费 46.17 万元，只占总支出的 14%。经费的不足，直接带来职工的收入得不到保障，福利待遇无法改善。据统计，2002 年各乡镇（区）企管站欠发职工工资 101.29 万元，职工人均年收入只有 11100 元，人均年福利只有 1321.64 元。有 13 个乡镇 76 人参加了养老保险，3 个乡镇 20 人参加了医疗保险，其中一些乡镇采取个人垫付、退休认账的方法，许多乡镇企管站根本无财力实行人员的医疗保险和养老保险，工资执行标准七折八扣。到目前为止，各乡镇企管站还未配置电脑，其他硬件更无从谈起。这样的条件，这样的待遇，很难想象与加快发展乡镇企业乃至实现农村现代化相适应。乡镇企管站经济窘迫，人心恍惚，许多管理职能的实施实在有点力不从心。

四、几点建议

1. 依法行政，稳定管理机构。依据国家及省市有关加强乡镇企业管理的政策法规精神，宣传和贯彻《乡镇企业法》及《乡镇企业行政执法办法》；从更合理、更切实际的角度出发，深化和完善乡镇机构改革；领导重视，组织落实，提高和保护乡镇企管站的应有地位；严格控制编制数和适当补充新鲜血液相结合，充实和稳定乡镇企业管理队伍。

2. 落实经费，确保运行正常。根据财政部、国家计委财综〔2001〕78 号文件精神，乡镇企业管理费取消后，有关部门和单位开展相关工作所需经费纳入同级财政预算。对此，我们设想三个经费渠道。第一，乡镇企管站的经费纳入乡镇财政预算，各乡镇可结合实际情况，实行全额拨款或差额补贴；第二，由政府出台政策，乡镇企管站在为企业服务中收取综合服务费；第三，按销售比例向企业征收科技发展基金。

3. 强化职能，提高服务水平。大力强化乡镇企管站的建设，把提高乡镇企管站的管理服务水平作为加快发展我市乡镇企业的一个组成部分。一方面，各乡镇党委、政府要切实加强对企管站工作的领导，支持和督查企管站履行职责，同步改善企管站的工作环境和职工的福利待遇，使企管站责、权、利得到进一步的统一；另一方面，各乡镇企管站要牢固树立有为才有位的指导思想，转变行政职能，改进工作作风，完善服务手段，提高管理质量，以卓有成效的工作业绩赢得党委、政府的信任和企业的支持。

作于 2003 年 7 月 19 日

作者：车银松　孙　平

关于实施“双创”战略的调查

为贯彻落实中共高邮市委八届十次全会精神，促进工业经济“双创”战略的实施，实现工业经济“一个跨越，四个倍增”的目标，市政协成立了专题调研组。我们第二组在参加了由 18 个相关部门和 4 个企业参加的座谈会后，又分别走访了横泾镇和宏远公司，我们的总体印象是市委“双创”战略深入人心，发展工业经济的优惠政策已较全面，乡镇和企业的精神面貌及其发展态势很好，诸多相关部门为发展工业经济作了积极的努力。下面就横泾镇和宏远公司调查情况，以及我们的建议作一综述。

一、"双创"战略为企业打造了新的发展平台

横泾镇在工业发展上曾有过较为辉煌的历史。但由于市场竞争的激烈，企业经营不善，加之其公路交通建设滞后，导致该镇工业随着原一枝独秀的骨干企业过滤机厂衰落而严重滑坡。近年来，镇党委、镇政府一班人不畏艰难，重整旗鼓，修桥铺路，行政推动，鼓励企业二次创业。像贝斯特公司等一批规模并不算大的企业，怀有较强的投资欲望和创业责任感，发展势头较好，为全镇工业增添了新的起色。预计该镇今年列统企业将由去年的 2 家增加到 6 家，工业产值将由去年的 2.9 亿元增加到 4 亿元。

宏远公司是我市城区重点企业。该企业引进外资，加大投入，每年一个新跨越，为全市工业经济的发展起着骨干作用，被誉为城区工业一枝花。该企业投资 1 个亿的低压电极箔生产线去年已完成征地 60 亩和 8000 平方米厂房施工，竣工 6 条线，今年拟将再上 10 条线。该企业去年完成产值 1.05 亿元，今年预计实现 1.6 亿元，增幅超过 50%。

二、软硬环境的优化是实施"双创"战略的重要前提

从我们调查的情况看，高邮工业经济的发展仍存在一些问题，有些是新出现的矛盾，集中反映在软硬环境上。

1. 优惠政策执行不到位。高邮发展工业的优惠政策已经比较全面，而且相对也很优惠，但切实地运作，不折不扣地执行，还不尽人意。一些部门或出台的政策与市的政策相矛盾，或因某些政策没有细化而难以操作，或以执法之名行创收之实。

2. 贷款难是企业发展的一大"瓶颈"。虽然每年政府推动，进行银企对接，但一般收效甚微。一方面，企业规模偏小，自我积累少，抗风险能力较差，全市工业平均负债率高达 80% 以上，不良贷款 8 个亿。另一方面金融部门政策不宽松，权力范围受限，放贷盘子杯水车薪，且手续繁杂，严重阻碍了资金的运营渠道。

3. 工业园区定位不高，规划的前瞻性不够。一是外环经济产业带及一些乡镇工业集中区规划滞后，规划和建设不衔接，厂区和人居环境混乱；二是开发区及大多数乡镇工业园区基础设施建设不配套，承载大体量项目能力较弱；三是进入园区的投资强度较低，未能充分体现工业园区的聚集效应；四是园区成本高，难以形成竞争优势。

4. 标准化厂房出现租售难。各工业园区在大力兴建标准化厂房之际，正面临建起的标准化厂房一时无人租售的问题，导致大量资金积压，打击了投资者的积极性。据统计，去年一年全市已建标准化厂房 22 万平方米，除自建自用外，真正用于向外租售的不多。

5. 农村公路仍不适应地域经济的发展。车八路、马横路等公路的开通，无疑给沿线乡镇带来了方便，但还有不少乡镇公路建设滞后，且危桥较多，吨位较小，很不适应经济的发展。

三、积极推进"双创"战略，努力实现"四个倍增"

如何推进企业的科技创新和二次创业，实现市委、市政府今年"一个跨越，四个倍增"的工作目标？我们建议：

1. 区带园要高起点规划。

按照建设现代园区的要求，加强我市区带园的规划管理，实行科学建园、特色建园、规范建园，促进区带园快速健康发展。一是统筹规划，强化引导。搞好区带园建设首要的必须坚持规划为龙头。在全市大规划下，各园区要进一步完善详规，并严格执行。二是基础配套，功能分设。区带园的规划和建设

要特别注重功能区建设和产业区的配套,做到既功能分设,又资源共享。基础设施配套,要坚持高起点规划、高标准建设、市场化投入、经营性管理,切不可各按各的标准,各搞各的建设。三是产业集聚,创建特色。围绕现有基础和产业发展方向,加大各园区的产业集聚度及其投资强度,鼓励和尽快形成特色产业所支撑的特色园区,从而增强园区吸引投资、集聚产业的效应。在已初步形成规模特色的市鸭业园、郭集灯具工业园、金飞达电动工具工业园、菱塘电线电缆工业园的基础上,要加大力度,促成天山规划以单晶硅项目为核心的科技园,市开发区和龙虬规划以服装生产经营贸易一体化的服装园,汤庄规划以机械加工为主要产业的机械园,临泽规划为苏北鞋业第一镇为目标的鞋业园。

2. 倾力打造出自己的品牌。

在全市工业企业的产品中,绝大部分还属初级的加工配套型产品,真正是自己所有的商标、品牌不多,知名、著名商标屈指可数,至今还没有一个中国弛名商标。为此,我们应积极推进品牌战略,在目前现状下,坚持创品牌和靠品牌并重,尽快形成品牌经济。一方面积极做好现有基础上的"靠牌"工作,挂靠国内外的知名品牌,依托世界著名企业的无形资产,发挥我市在人力资源、加工能力等方面的优势,借梯登高,做出、做响、做大自己的品牌。另一方面对高邮鸭蛋、金飞达电动工具、高邮米业、特种电缆等一批产品,进行包装,树立整体形象,在进行准确的市场定位的基础上,推出一批属自己所有的高邮工业品牌。

3. 培植规模企业。

高邮规模企业较少,在4000多家工业企业中,列入统计的企业只有280家,其中亿元以上企业30家。而我市30家亿元企业的经济总量只相当宝应宝胜集团。规模企业是实施"双创"战略的主体,培植规模企业,发挥规模企业的支撑拉动作用,是实施"双创"战略的终极目标,而培植规模企业的关键就是加快使企业做大做强做优。一是要着重加大以重点企业为龙头的产业集群的投入,加快企业做大的步伐。针对全市汽摩配、电动工具、电线电缆、医药化工、灯具、服装箱包鞋、农副产品加工等七大行业及各区带园的产业块状群,实行整体包装,全力扶持,拉长产业链,形成差别竞争之势。二是要着重提高以城区工业为抓手的承载项目的能力,增强企业做强的信心。城区工业是全市工业的骨干部分,加快发展城区工业对实施"双创"战略,实现工业经济"一个跨越,四个倍增"具有重要的作用。为此,我们要不惜一切力量,在深化城区改革、改制、改组,重组挂靠、外引内联,盘活存量、盘出增量的前提下,努力培育新的增长板块,重振城区工业的雄风,为全市工业经济发挥出应有的骨干作用。三是要着重提升以知名产品为对象的科技含量的品位,壮大企业做优的资本。工业经济的二次创业离不开科技创新,科技创新是"双创"的核心。首先是企业增强品牌意识,争创一批既具有经济价值重量,又具有科技内涵份量的商标、品牌;其次是科研单位加大新品开发力度,扩展科技发展空间,为科研成果的转化创造条件;再次是政府及相关部门要发挥行业协会的科技引导作用,强化技术中介服务,进行有目的、切合实际的信息咨询和专业培训,把空泛的政府推动变为有力的政策驱动。

4. 加强对优惠政策执行的督查。

对于高邮在发展工业经济方面出台的优惠政策,普遍反映不是不够,而是执行不到位。为此,一是政府要加大对优惠政策的宣传力度,对已出台的各方面优惠政策可统一汇编,使企业全面了解目前的优惠政策;二是相关部门要找准法律、法规及上级部门有关规定与我市工业经济发展的结合点,及其提高服务质量的切入点,步调一致地服务于高邮的企业;三是加强对出台优惠政策的督查,凡出台新的政策,必须要指定部门如优投办统一扎口把关,对违背优惠政策的人和事要严肃认真查处;四是进一步梳理各项优惠政策,对一些界定不清、概念含糊、操作困难的条目,可会同相关部门作进一步细化,确保优惠政策既明朗直白,又易运作,好监管。

5. 扶持地方金融,打通融资瓶颈。

金融渠道不畅不但给小企业的发展造成直接的阻碍,而且对“双创”战略的实施带来一定的消极影响。政府要加大力度,进一步理顺关系,着力扶持地方金融,发挥信用联社等金融部门的最大作用。进一步完善和搞活我市的担保公司,可采用合股方式,适度增加担保公司的经营资本,提高担保公司的经营能力,为我市地方经济的发展发挥应有的作用。金融部门可效仿农村农户联保的方式,尝试实行一个区域的企业间贷款联保,搞活我市的地方金融。

作于2005年3月24日

作者:市政协调研二组

执笔:孙　平

邮文化建设不应成为经济建设的配角

本文提要:高邮市近十数年来的快速发展,其中一个很重要的原因,得益于邮文化资源的开发和利用,这是不争的事实。然而,与此同时,我们也亲历邮文化自身建设发展的不足和感知邮文化在经济活动中充当陪衬的无奈。本文拟从文化(主要是邮文化)与经济的两个视角,通过一定的量化事实和理性思考,客观反映出高邮市邮文化建设在经济建设中的地位,阐释其不可忽视的相辅相成的包容关系,并导出建设性的意见和建议,从而证论邮文化建设不应成为经济建设的配角,打造东方邮都,应成为高邮市社会经济建设的主旋律之主题论点。

关键词:邮文化　经济建设　配角　主旋律

高邮市把传统的邮文化,作为一种资源优势,进行积极不懈地挖掘,力图弘扬邮文化,以“邮”兴市,推动全市的社会经济快速发展。然而,十几年来,我们在深切地感受到高邮经济建设蒸蒸日上发生巨大变化的同时,也感受到了邮文化建设的无序被动不对称发展。我以为,作为一个因“邮”而城,以“邮”兴市的城市,邮文化建设始终都不应成为经济建设的配角,打造东方邮都,更应以一个现在乃至永久的战略主题而成为全市社会经济建设的主旋律。

一

高邮市委、市政府在2005年筹备第三届中国邮文化节时期,首次提出了拟用5—10年时间,把高邮打造成国内著名、世界闻名的东方邮都战略目标。这个目标的基点就是以邮文化为起点和依托,整合各类资源,积极开拓市场,延伸产业链,构建以邮文化旅游产业、邮交易市场产业、邮产品研发制造产业,以及邮物流服务产业为骨干的邮产业群。可以说,这个目标的深远意义在于,依据高邮传统文化的特质,因应高邮社会经济发展差别化竞争的诉求,合理地把邮文化建设与社会经济建设有机地结合起来,并形成了一致的宏伟目标。

数年的实践,我们看到了如下的事实:

(一)规划缺失,目标空泛。在毫无底气的规划面前,宏伟目标显得摇摇欲坠。从已出台的文件资料看,2006年2月,中共高邮市委、高邮市人民政府在《关于加快发展邮产业,打造东方邮都的工作意见》中,原则提出了“以邮文化为起点和依托,整合各类资源,积极开拓市场,延伸产业链,构筑以邮文化旅游产业、邮交易市场产业、邮研发制造产业,以及邮物流服务产业为骨干的邮产业集群,努力把高邮市建设成国内著名、世界闻名的东方邮都”的远景战略目标。接下来,这个远景目标在市发改委编制的《高邮市“十一五”发展总体规划》中,并未作细化和分解,也没有指标量化,只是归纳在第三章“产业发展的重点与举措”第二节“大力发展工业经济”中首次列出了邮文化产业一段,仍然是原话照搬,无“具体目标”可循。既然归集到工业一类,那么在工业规划中是如何体现的呢?在市经贸局《高邮市工业产业调整和振兴实施意见》中,看到这么一段文字:“今后我市工业将重点发展以下六大主导产业,即:以太阳能光伏产业为主导的新能源产业,计划2010年实现产值100亿元;以LED为引领的新型照明灯具产业,计划2010年实现产值60亿元;以品牌经营为引导的纺织服装产业,计划2010年实现产值160亿元;以石油机械为重点的机电制造业,计划2010年实现产值60亿元;以超高压电缆和特种电缆为特色的电线电缆产业,计划2010年实现产值150亿元;以新材料、新医药为代表的新兴产业,计划2010年实现产值30亿元。”我们无从举证在高邮工业中根本没有邮文化产业一说,但起码可以看到,邮文化产业不在全市六大主导产业之列,确是不争的事实。

(二)行政推动,海市蜃楼。全市弘扬邮文化的表象可谓繁荣,邮文化实质性建设的新兴之力十分匮乏。如果从1993年盂城驿修复一期工程算起,全市对邮文化的投入是有限的,虽然先后进行了雕塑“邮驿之路”、兴建秦邮碑亭、设立中华集邮文献馆等,硬件设施几乎屈指可数,对我市邮文化遗存的挖掘不深而流于表面,从而变相造成资源的极大浪费。从软件上看,除了全国性的邮事活动,如’95邮驿文化国际学术讨论会、盂城驿入选《古代驿站》邮票、举办全国首届集邮文献暨文献集邮展览等显示出一定的实力和影响外,市内的邮事文化活动则有华而不实、苍白乏力之嫌。先说创建中国集邮之乡。2003年,全市突击成立和规范完善了107个集邮组织,注册会员8468人。而实际新邮预订(2008年数)只有3613套,即使不考虑一人多套的情况,也只占注册会员的42.7%。再退一步说,相对于83万人口的城市,8400多人的集邮大军也只有1.02%的声势,“中国集邮之乡”的称号实难其副。再说,具有大众性质的《今日高邮——邮都论坛》网站中之“东方邮都”栏目,从2007年12月至2010年7月两年半的时间,主题只有302个,回复不足2300帖。高邮市集邮协会会刊《盂城邮花》撰稿人寥寥无几。文献集邮研究会《文献集邮》杂志中专为高邮开辟的“中华文献馆”栏目稿件濒临枯竭。

三、文化搭台,经济唱戏。在取得较大经济成果的同时,文化只落得徒有虚名而已。高邮市已隆重承(主)办了五届中国邮文化节,我们现在可以梳理一下历届中国邮文化节的办节宗旨和节庆成果,从中不难看出邮文化为全市经济带来的巨大效应,而邮文化本身最终留下陪衬的身影。

五届中国邮文化节节庆成果一览表

届次	办节宗旨	节庆成果		资料来源
		经贸方面	其他方面	
一	弘扬邮文化,以文化建设	签订合资、合作项目和产学研项目共57项,吸引中外客商来邮投资总额2.19亿元,各类订货会、供货会、洽谈会等合同供货额15.44亿元	1、邮政活动空前活跃。形成大宣传、大普及、大提高的力度,促进了全市邮政事业的发展 2、文化事业进一步繁荣。有力地推动了群众文化工作和文物保护开发利用工作 3、友好交往有了发展 4、城市面貌焕然一新。带动了社会风气、文明程度、市民素质的进一步好转和提高	《高邮年鉴》(1998)
二	为了进一步弘扬邮文化,并以邮为媒,借节招商	签订招商引资协议项目共90项,引资总额23.1亿元	1、对拓展高邮市邮品市场、发展旅游业和推动第三产业较快发展提供了良好的机遇 2、对高邮市城市建设、机关作风建设和全市民风建设亦是一个极大的推动	《高邮年鉴》(2004)

续表

届次	办节宗旨	节庆成果		资料来源
		经贸方面	其他方面	
三	突出邮文化，发展邮产业，围绕打造东方邮都，安排系列活动	招商引资签约项目共80个，协议总投资折合人民币31.05亿元，引进外方投资24.5亿元，注册资本折合人民币12.2亿元	1、扬州市级以上新闻媒体和主流网站报道近500篇(条) 2、征缴节庆晚会演出收入个人所得税4.94万元	《高邮年鉴》(2006)
四	弘扬邮文化，引进大项目，展示新形象	招商引资签约项目85项，协议总投资折合人民币38亿元，注册资本折合人民币11.3亿元，外方投资折合人民币33.4亿元	市外新闻媒体节庆宣传用稿4870篇(条)	《高邮年鉴》(2008)
五	邮事搭台、文化增色、经贸唱戏	全市共签约66个项目，总投资折合人民币56.8亿元，注册资本折合人民币22亿元。其中外资项目7个，总投资15500万美元，协议外资6890万美元	—	《今日高邮》

在历届邮文化节的签约、投入、开工、达产的项目中，究竟邮文化相关项目有多少？至今未有明确报道。但我们可从《高邮信息》2009年10月27日的“邮文化节，扬高邮名兴高邮业”新闻中，得知“粗略统计与邮文化相关的产业，已经超过100亿元的规模”。这向我们至少传递了这样几条信息：一是作为一个打造东方邮都的城市，邮文化产业并没有特定地位；二是邮文化产业至今没有统一规范的统计范畴和统计口径；三是邮文化相关的产业占全市工业经济总量约为13%。

相关邮产业现价工业总产值基本情况表

单位：万元

大类	中类	小类	类别名称	2005年实绩	2009年实绩
23	—	—	印刷业和记录媒介的复制	1099	900
	—	3693	邮政专用机械及器材制造	—	—
	—	3696	交通安全及管制专用设备制造	—	—
	—	3931	电线电缆制造	169722	718500
	—	3932	光纤光缆制造	—	—
40	—	—	通信设备、计算机及其他电子设备制造业	21319	129800
	415	—	文化办公用机械制造	—	1900
小　计				192140	851100

2005年、2009年高邮市工业产值情况表

单位：亿元

	全部工业	其　中		
		列统工业	其中相关邮产业	占%
2005年	202	117	19	16
2009年	773	443	85	19

综上所述，是不是可以得出4点共识：

其一，从认识上，把邮文化的作用仍然停留在狭隘的文化范畴。长期以来，人们的实践定位邮文化的历史本质就是“传递信息、沟通联系、促进交流”。而殊不知邮文化早已渗入军事、哲学、经济、科学、建筑，包括人们普通的生活当中，特别在新的历史时期，邮文化更应从某种意义上超越传统历史，超越文化本身。

其二，从观念上，办节的出发点就是走利用邮文化资源，形成轰动效应，从而促进经济发展的路子。“文化搭台，经济唱戏”，已成为耳熟能详的办节模式，而这个模式的关键是让文化建设成为经济建设的陪衬而已。

其三，从组织上，缺少一个专门的完整的组织体系和长效工作机制，影响了打造东方邮都方针、政策的一以贯之和解决问题的连续性保证。节庆来临，临时搭班；节庆结束，班拆人散。全市实行的“行政推动、部门唱戏、群团参与、协调动作”，最终流于政府推一下动一下的尴尬结果。

其四，从效果上，邮文化的经济价值体现不足，受投资流向的影响，邮文化产业在经济建设中的比重决定了打造东方邮都的艰巨性和长期性。可以仅从工业角度看，如果把占全市工业总产值十分之一的电线电缆计算在内，则在全市列统工业中相关邮产业2009年的比重为19%，比2005年只增长了3个百分点。

二

基于前述，我认为，高邮的邮文化建设任重而道远，邮文化建设与经济建设相辅相成，邮文化建设应当放在突出位置而融合在全市社会经济发展之中，打造“东方邮都”不会一蹴而就，东方邮都应当要有座以邮文化产业承载矗立的标志性“建筑”。

理由如后：

（一）邮文化相对于高邮的特殊意义。高邮是全国2000多个县市级以上城市中唯一以“邮”命名的城市。纵观两千多年的历史，高邮因“邮”而生，因“邮”而城，因“邮”而兴，高邮的历史与邮文化的传承和发展是血肉相连、密不可分的。邮文化源远流长，内涵极为丰富，邮文化的建设和发展，高邮应当仁不让地肩负起历史重任。

（二）邮文化自我特质的发展要求。有别于龙虾节之龙虾、荷藕节之荷藕、鸭蛋节之鸭蛋、服装节之服装等，邮文化节之邮文化具有丰富的内涵和无边的外延。她首先不是纯经济的，但同时她又更不是纯文化的。“邮文化是人类实践过程中所创造的有关‘邮’的物质财富和精神财富的总和”（倪文才《中国邮文化》）。因而，邮文化是一种具有文化价值与经济价值同时并存且相互渗透的和谐统一体。从文化和经济的角度，不可偏废地发展邮文化，既是邮文化所具有的独特二重性决定的，更是邮文化自身建设的必然要求。

（三）邮文化建设与经济发展的包容关系。值得肯定的是邮文化建设与经济建设本身不是一对矛盾，而恰恰相反，二者具有不可多得的相辅相成的重要关联度，在这个大前提下，找准结合点就是一门科学，就是成败之关键。倪文才先生在《中国邮文化》一书中明确阐述，物态文化渗透着精神文化，精神文化最终都要物化为具体的物质形式。这是对邮文化与经济建设辩证关系的最好诠释。

（四）不能把文化当作经济活动的龙套角色。任何经济活动都应有也必须有文化作底蕴，任何文化的传承和发展更需要也必然有经济作支撑。“文化搭台”的表面文章，使文化处于透支状态，得不到真正意义上的传承和发展；“经济唱戏”的实际目的，从根本上脱离了文化，无益于对文化的反哺作用。一旦把文化变成了经济利益可怜的陪衬和“跑龙套”，既使经济建设缺少文化的内涵，又是文化的悲哀。

（五）实施差别化竞争的必然选择。从地理、交通及传统发展基础上看，高邮没有什么区域优势。

但高邮有两千年的邮缘，邮文化是高邮独特的品牌，如何充分地发挥好、利用好、建设好这个品牌优势，实行差别化竞争，错位化发展，为区域经济腾飞注入新的生机和活力，弘扬邮文化，打造东方邮都，则成为高邮人民的最佳选择。

（六）邮产业仍是一片有待开发的处女地。如果说，邮文化的建设、传承和发展依赖于其文化价值与经济价值相互渗透的产业发展的话，那么邮产业的开发、利用和推进，将是工作的重中之重。就高邮的现状来说，邮文化旅游业、邮产品研发制造业、邮物流服务业、邮交易市场业等等，还处于有待开发阶段，邮产业的外延领域亟待开拓和延展，把邮文化资源优势转化为产业优势，将在低碳经济时代拥有巨大的发展空间。

三

总而言之，不希望改变邮文化在高邮文化经济活动中“看似貌合，实则游离”的状态，不彻底转变邮文化建设在全市经济建设中的配角角色，不嬗变邮产业在本市地域社会经济中的结构比重，至少有三不相符：一是与邮文化的独有特质不相符；二是与高邮实际不相符；三是与高邮市委、市政府既定的宏伟目标不相符。

高邮要把弘扬邮文化作为历史的寄托和重任，这不仅是邮文化之幸，也是高邮之幸，更是高邮人民之幸。为此，有如下期待：

（一）加快邮文化产业化进程。一是切实界定邮产业范畴。产业分类理论认为：没有统一的标准产业分类，就不可能有精确的经济统计。邮产业范畴一直是一个模糊概念，因而邮文化产业化的前提是必须解放思想，拓宽视野，切实界定邮产业。如果认可《中国邮文化》中提出的邮文化包含邮驿文化、邮政文化、书信文化和集邮文化等四大方面，那么这四方面一切相关的产业都可纳入邮产业。比如从邮驿文化中我们可以把古代驿站功能所涵盖的方方面面，扩大为现代服务业，即除了通信、交通、物流，还包括宾馆、餐饮、洗浴、休闲等等。二是着力开拓三次产业的延伸。一个地域要获得经济发展，要获得经济增长的高速度，非常关键的一环是要具有适时适宜地推动产业结构演进的能力（杨治《产业经济学导论》）。相对于高邮的一、二、三次相关邮文化产业来说，一次产业抓重点开发，二次产业抓横向增容，三次产业抓全面发展，要建设形成多方面、多产业的“邮文化产品”体系。三是做好旅游大文章。要有大手笔规划和投资，把食、住、行、游、娱、购融入更大视野，使高邮成为南北旅游线上的特大“驿站”。

（二）确立邮文化在邮文化节中的主体地位。邮文化在邮文化节中作为主导角色应主要体现在三个方面：一是政府舆论的导向。邮文化节就是邮文化自身的节庆，她就是对邮文化建设的一次回顾和检阅，就是对邮文化未来发展的一次加油和促动。邮文化不是花架子，更不应成为办节的一种可利用工具。二是项目资金的投向。邮产业的投资项目比重大小，不但直接关系到邮文化节办节的成功与失败，更直接关系到邮文化建设进程的快慢。邮文化产业重大项目的包装、招商、引资、投入，应当成为邮文化节的重头戏。三是城市形象的定向。为了喜迎节庆，高邮每年都推出城市建设十大工程项目，重点是加快城市建设，改善城市形象。但其出发点不能为办节而建，而要未雨绸缪，首先要定位城市的风格和取向，最好紧扣“东方邮都”主题。

（三）打造东方邮都，成为高邮社会经济发展的主旋律。值得关注以下几点：一是要成立一个打造东方邮都的专门行政机构和工作班子，组织、领导、指挥“东方邮都”打造工作，协调、解决、处理“东方邮都”打造中的日常事务和问题矛盾。二是要有长远的不要人为轻易改变的规划，规划要形成法律文本，不可因人事变动和政府届满而发生偏移和改变。三是历史遗存的保护，包括旅游项目的开发和利用要有大规划、大投入、大气魄。四是亟待出台鼓励邮文化建设及其邮产业发展的产业政策。产业经济学认为,要具有较强的产业结构转换能力,其重点是由政府制定正确的强有力的产业结构政策。没有对经济的有效干预,没有对“幼小产业”的扶植和保护,产业结构的转换只能放任自流,难以迅速实现。因而,作为“幼小产业”的邮产业,高邮在若干政策鼓励和扶持上,不仅仅体现对大项目和规模企业的锦上添花,更要对邮文化产业雪中送炭。

参考文献:

1. 高邮市委、高邮市人民政府《关于加快发展邮产业,打造东方邮都的工作意见》;
2. 高邮市发展和改革委员会《高邮市“十一五”发展总体规划》;
3. 高邮市经济贸易局《高邮市工业产业调整和振兴实施意见》;
4.《高邮年鉴》(1998—2008);
5.《高邮信息》;
6.《今日高邮》;
7. 倪文才《中国邮文化》;
8. 杨治《产业经济学导论》。

高邮市邮文化研究会课题论文
作于2009年9月

新闻报道

节能的好处岂止是节能
——高邮市压力容器厂节能纪实

高邮市压力容器厂是一个镇办厂。近年来,这个厂不断扩大生产规模,完善检测手段,提高产品质量,生产能力大幅度提高,年产钢瓶量达18万只,已成为我省的重点生产厂家。

正当该厂轰轰烈烈的时候,问题也接踵而至。首先是产量上不去,达不到设计生产能力;其次是能耗高,耗电量大;再者是成本费用高,效益差;还有面临500℃高温操作,工人劳动强度大等。究竟如何解决问题? 厂长聂厚宽双眉紧锁,一筹莫展。

工人、技术人员议论开了,老聂在认真地与他们一起分析、争论。在诸多的矛盾中,总有主要矛盾和次要矛盾之分,而上列问题的焦点出在热处理工序。

这个厂采用的是RX3—75箱式电阻炉热处理方式,电炉功率75千瓦,装炉量12只/炉,每炉耗用工时40分钟,经测定最高班产只有144只,而每只钢瓶单耗用电达3.12千瓦时。以这个水准来生产,欲完成年产18万只的任务,实在是天方夜谭。况且该箱式电阻炉自动化程度差,进口炉靠人工操作,操作工人直接接受500 ~600℃的高温,劳动强度太大。

去年初,这个厂再也压捺不住了,他们紧紧抓住节能降耗这个关键,一下投进10万元,进行炉体技术改造,改用KGPS—160/2.5中频感应加热炉装置,当年设计,当年投入,并一次安装调试成功。

今年的景象就不一样了,走进这个厂热处理车间,给我们的第一印象是钢瓶自动化流进感应炉,操作工人工作量降低了。工人的劳动环境得到了改善。现在每班生产可达572只,是过去的4倍多,这个速度与全厂生产能力相吻合。电力单耗从3.12千瓦时下降到2.07千瓦时。据初略统计,今年可节电

18.9 万度，共节支 7.56 万元，不仅如此，同时可创综合经济效益 34.7 万元。

原载：《扬州节能宣传周节电活动简报》
1991 年 10 月 10 日第 3 期
署名：高邮市地方工业局

甸垛乡进行大胆组建企业集团的新尝试

甸垛乡近年来工业生产取得了令人瞩目的成绩。但随着经济形势的不断变化，乡镇工业原有“船小好掉头”的优势已面临威胁，如何克服企业分散经营，独立唱戏的传统经营机制，增强市场经济观念，形成合力，适应激烈的市场竞争，成为该乡深化企业经营机制改革的着力点。

去年，该乡依据社会主义市场经济理论，结合现有乡村企业规模及行业较为集中的特点，不搞行政撮合，以经济利益和行业技术为依托，大胆组建了以轧钢厂为首的企业集团——高邮市钢铁总厂，促使全乡经济重点突破，集团发展，整体推进。

总厂由原轧钢一厂、二厂、蛋品加工厂、供销公司和物资服务公司等成员单位组成。在管理制度上，实行“七制”管理的方法。一是干部聘用制。按照统一管理、分级聘用的原则，量才聘用；二是会计委派制。总厂、分厂的总账会计分别由工业公司和总厂层层委派，并对其工资报酬进行考核结算；三是职工合同制。总厂对全体职工一律实行合同制管理；四是工资浮动制。联承包指标，按月进行结算；五是任务承包制。总厂与各承包体以及各承包体内部分别明确任务，落实承包；六是物资统一买卖制。设立内部银行，推行内部结算；七是奖赔考核制。实行百分考核制，按月考核，年终结算，比例奖赔。在承包形式上，分为三种承包形式。第一种是轧钢一厂、二厂、供销公司和物资服务公司实行“三包两定一挂钩”的经营承包责任制；第二种是总厂与各职能科室，制定岗位百分考核责任制；第三种是对蛋品加工厂实行独立核算，自主经营，自负盈亏，定额上缴，全奖全赔的经营承包责任制。总厂在坚持全厂统一领导，职工统一录用，资金统一安排，物资统一管理的前提下，实行权力下放，在生产指挥、人事调配、费用审批、工资分配等方面让每个承包体享有充分的自主权。

经过一个时期的运行，规模经济的优势逐渐显现。1993 年，该乡实现产值 6216.7 万元，销售 1.48 亿元，利税 648 万元，分别比上年增长 33%、125% 和 110%。目前，该乡趁热打铁，乘势而上，拟将金属连铸开发公司、型钢厂、异型无氧铜材厂和铸造厂等单位合建特种金属总厂，又一个新的企业集团即将在甸垛诞生

原载：《扬州企业》1994 年第 2 期

高邮把乡村企业推上竞技场

30 家企业争上龙虎榜

高邮市 30 家乡村企业从 3 月份起参加争创全市“工业 10 强”、“创汇 10 星”竞赛，争上“龙虎榜”。

高邮市把乡村企业与国营、市属集体放在同一起跑线上。在资金、技术、人才、电力等外部环境方面，企业只要达到市政府规定的销售、利税指标，就能享受“小灶”待遇，为乡村企业高速健康发展创造公平竞争的机会，有效地激发了乡村企业自我发展意识与时代紧迫感。去年下半年，由于宏观调控，高邮乡村企业普遍资金短缺，但企业坚定发展不动摇，全市 74 家初具规模的企业先后实行股份制和股份合作制，吸纳股本 4866 万元，弥补了 42 项技改项目所需的 1.28 亿元投资的不足，开发了一批技术含量高、市场容量大、附加值高的新产品。其中，4 个产品被评为新品金牛奖和省轻工优秀产品银质奖；两个

项目被列为“星火计划”;3个项目被列为“火炬计划”。还有两个产品申报了国家重点新品试产计划。去年,高邮乡村企业的销售增长率与上年同比增长50%,而利税率却增长80%。

新春伊始,高邮市把乡村企业又推上了新一轮“争创”的竞技场,继去年在乡村企业中开展分级别的“争创亿元乡镇和利税大户”活动之后,今年又从全市筛选30家乡村企业分别参加争创全市“工业10强”“创汇10星”活动。

原载:《扬州日报》1994年3月14日二版
作者:张廷豹 孙 平

且看今日高邮“老乡”

“老乡”这个名字,是人们对乡镇工业的谑称。15年前,人们还未充分认识“老乡”,“老乡”也不愿意人们这样称呼她。15年后的今天,各种报刊、电台,都在同声赞美“老乡”,“老乡”也深感自身的存在价值,喜爱人们送给的这个值得骄傲的称呼。那么,15年来高邮“老乡”究竟发生了怎样的变化呢?

一、在全市经济中占有举足轻重的地位。1993年,全市乡镇工业实现产值20.45亿元,占全市工业总产值的61.8%,比上年上升3.9个百分点,比1978年的33.8%上升28个百分点;在农村经济中,占三业产值62.9%,比上年上升4.9个百分点,比15年前上升35个百分点。无论是在全市工业还是在农村经济中,都已是三分天下有其二。

二、形成了较为合理的行业结构。15年前,我市乡镇工业以传统的建材工业为主,而且工艺落后,设备简陋,生产效率极为低下。今天,我市乡镇工业已逐步形成了机械、轻纺、化工、建材等具有一定的高技术含量和高生产附加值优势的新型行业,1993年,建材行业占总量比重下降到6.3%,机电行业占总量上升到22.4%,轻纺上升到18.6%。

三、树立了具有一定规模的形象产品。十几年来,我市乡镇工业共创(扬州)市优产品45个,省优产品15个,部优产品3个,国优产品1个。1993年,张轩承州钢管探伤设备厂的四通道管材超声波探伤机和横泾通用过滤机厂的系列精滤机组,分别被评为新品金牛奖;武安塑料电器厂的PP电缆料和临泽长城通用机械设备厂的粘合机,分别被评为省轻工优秀新品银质奖。目前,钢瓶已实现年产40万只,系列过滤机年产已达80多台,高压钠灯具有年产50万支的生产能力,各种电线电缆年产值达1.5亿元。此外,还有轧钢、棉纱、水泥、箱包、微电机及化工产品等,在乡镇工业乃至全市经济中,形成了独特的形象。

四、建立了具有一定创汇能力的外贸生产基地。十多年前,我市乡镇工业只有零星的间接外贸生产。改革开放后,全市乡镇工业狠抓外向型经济,取得了显著成效。到目前为止,共发展外贸生产企业58家,从业人员达12231人,主要有55个出口产品。今年预计实现外贸交货值3亿元,是乡镇工业总产值的十分之一,占全市工业外贸交货值的50%。涌现了一批像卸甲电机仪表公司、八桥针织内衣厂、菱塘羽绒厂及天山乡南茶村等出口创汇大户。出口的微电机系列产品、平口钳、布胶鞋、针织内衣、各种服装、香豆素、玩具、仿古陶瓷等,均在国际市场上享有较高的声誉。

五、一批重点乡镇和骨干企业应运而生。俗话说,时势造英雄。十多年的发展,改革开放的大好形势,使我市一大批乡镇和企业脱颖而出。1981年,我市乡镇工业总产值刚超过1亿元;1986年,南茶村成为全市第一家过千万之村;1992年,三垛镇首次实现工业亿元镇;1993年,一下子涌现了10家亿元乡镇。到今年底,预计过3亿元的乡镇1家,过2亿元的乡镇2家,实现2个亿元企业。

乡镇工业发展的15年正值改革开放的15年。可以这样说,没有改革,就没有今天的乡镇工业,没有改革的进一步深入，也就没有兴旺发达的乡镇工业明天。近年来，乡镇工业不断深化改革，自我加压，掀起企业产权制度改革的高潮，到今年上半年，已有131个企业实行了股份制和股份合作制，其中有限责任公司10家。今年，改革步伐进一步加快，先后成立了省、市级企业集团，并加强管理，提高档次，逐渐步入现代企业的行列。高邮"老乡"将以新的姿态和活力，为实现市委、市政府"走出里下河，快步奔小康"的宏伟目标，发挥更加积极、重要的作用。

作于1994年9月20日

争当排头兵　奋力再冲刺

我市开展争创"工业双亿元乡镇"活动

创争"工业亿元企业"活动也在18个重点企业展开

为进一步贯彻市委六届八次全体(扩大)会议精神，切实发挥乡镇企业主力军的作用，市委、市政府决定在全市9个乡镇开展争创"工业双亿元乡镇"活动。这9个乡镇是高邮镇、武安乡、车逻镇、湖滨乡、卸甲镇、三垛镇、横泾镇、天山乡和菱塘回族乡。

近年来，我市乡镇工业发展速度加快，规模企业不断涌现，全市工业经济总量和素质提高迅速，去年，乡村两级工业完成产值29.2亿元，占全市工业总产值的61.34%，成为我市工业经济的重要支柱，有15个乡镇工业产值或销售超过亿元，把全市乡镇工业推到一个新的高度。今年我市乡镇工业继续保持持续、快速发展的好势头，1—2月实现产值5.3亿元，同比增长54.1%，增幅较大，为全市工业今年完成70亿的奋斗目标挑了大梁。尤其是参加创争活动的这9个乡镇，坚持高标准、高起点，从紧安排，从头抓起，努力保持工业经济快速发展的强劲势头，充分发挥了骨干作用、示范作用和辐射作用，今年1—2月这9个乡镇共实现产值3.05亿元，占全市乡村两级工业产值的57.38%。市委、市政府对这9个争创乡镇的考核指标包括：村以上产值或销售达到2亿元以上；产销率达93%以上；销售利税率达5%以上；技改投入用款1000万元以上。为使创争活动蓬勃展开，激励各创争乡镇奋力开拓，加速发展，开创1995年工业新局面，由市委办、市政府办、计委等8家部门联合组成"创争工业双亿元乡镇"领导小组，由市政府分管领导担任组长，并在地方工业局下设办公室，各创争乡镇将按月报送有关统计资料及工作情况，办公室负责信息反馈和指导具体工作。对今年达到考核指标要求的乡镇，市政府将给予表彰。

另据了解，创争"工业亿元企业"活动也在我市城乡18家重点企业迅速展开，力争这18家企业今年实现销售24亿元，利税1.8亿元，利润9000万元以上，从而在我市形成具有相当规模的亿元企业群，培育和发展我市工业新的生长点。

原载：《高邮报》1995年3月15日头版

作者：周寿鸿　孙　平

唱"借东风"　施"连环计"

——高邮市通用过滤机厂实施借脑战略二、三事

高邮市通用过滤机厂办厂10多年，坎坎坷坷，举步维艰，一直没有起色。到1986年，年产值不过百万，全部家当只有四台普通车床和两台焊机，生产一些非标准件、建材配件，搞一些农机修配。但从1987年起，该厂象变魔法似的，经短短7年时间，已拥有固定资产1550万元，自动流动资金1600万元，分别是1987年的35倍和50倍；并成为国家分离机械行业协会会员厂，连续六年被扬州市工商局评为"重合同、守信用"企业，被省建行评定为"AAA"特级信用企业。

这个名不见经传的小厂，能在短时期内，在国家分离机械行业中占有重要位置，其原因就是实施了借脑战略，一环套一环，滚动搞技改，年年出新品，一年一个新台阶。

要素不具备　只有借“东风”

1987年，小打小敲的通用过滤机厂，生产小配件、小维修是“吃了上顿没下顿”，面临着企业的瘫痪局面，如何改变这一状况，厂领导反思自己多年来只在混饭吃的低层次上转圈圈，得到的是低效益、低价值的回报。企业要发展，小打小敲是没有出路的，企业越是困难，越不能饥不择食，应该眼光要远，起点要高。

但是，要使一个要人才没人才，要资金没资金，只有几台破旧设备连起码的生产要素都不具备的小厂，实现高起点上项目，似乎是天方夜谭。而矛盾的焦点就是没有技术和人才。为此，该厂意识到唯有两眼向外，立足一个“借”字。借钱借路，不如借人才、借技术、借科研单位的技术优势、人才优势，一句话，借人家的脑子，采用“拿来主义”，弥补企业自身不足，从而促使企业快速实现零的突破。

借脑能生智　借题靠发挥

“借脑”战略一旦确立，该厂立即撒开一张信息网，找关系，托熟人，跑部门，多方捕捉信息。功夫不负有心人，他们终于从国家机电部获悉，为实现啤酒行业的“四上二提高”，由部下达的新课题——硅藻土过滤机，技术含量高，市场容量大，前景很广阔。为此，他们不惜代价，争得该产品的试制权。

借权威部门和一些大客户、名牌厂家，宣传自己，扩大知名度，占领市场，这是实施借脑战略的又一步骤。啤酒协会是啤酒工业的行业组织。在采用新技术、使用新设备方面，具有一定的权威性。为此，他们注重挂好与各省、市啤协的关系，经常上门向啤协的领导、专家亮相。这样，既了解了市场行情和新信息，也能让啤协成为企业产品的宣传窗口，扩大企业的影响。针对市场销售这个难点，他们注重选择一些有知名度的大啤酒厂作为销售强攻重点，把这些大客户作为实验基地，现场召开产品看样订货会，以用户的名牌效应扩大本企业产品的知名度，收到了事半功倍的效果。

有借要有还　下借才不难

“有借有还，下借不难”，这是一句俗语。这个厂非常明白其中所阐述的道理。要使企业长期、稳定地发展，步步提高，借脑就不能有短期行为，而要长期挂靠科研单位，变松散为紧密，变一般买卖关系为利益共存关系。因此，他们舍得下本，舍得让利。在研制生产一个产品时，把付给科研所图纸转让费同形成销售后按比例分成结合起来。这样，促使科研单位不但协助研制产品，而且及时帮助解决遇到的技术难点，直至产品调试成功交付厂家生产。

实施借脑战略，实行环环紧扣，不失时机，滚动技改，确保了企业发展的高起点，为企业发展争取了时间，抢到了市场主动权。随着硅藻土过虑机的研制成功，并一举通过部级鉴定，荣获机电部科技进步奖，这个厂开始步入年年出新品、年年上台阶的良性循环。1991年投入200多万元，又联合开发了系列精滤机组，次年8月通过省级鉴定，该机组分别获得了江苏省优秀新产品“金牛奖”和'93高新技术、新产品博览会“金奖”。去年，该厂实现销售4300多万元，利税460万元，分别是1987年的73倍和106倍，被高邮市委、市政府分别授予“十强工业企业”、“十佳管理企业”和“达标利税大户”等荣誉称号。

原载：《中国乡镇企业报》1995年6月16日二版

《高邮报》1995年6月19日二版

作者：车银松 孙 平 朱玉亮

小胜不停步 继续闯新路

乡镇工业排头兵跃马扬鞭再奋蹄

记者从日前召开的市工业重点乡镇会议上获悉：上半年，我市9个争创工业双亿元的乡（镇）全部跃过亿元关。但是这9个乡（镇）并未因此沾沾自喜，而是对照先进找差距，再次调整工作目标，制订措施，争为百亿工程挑大梁。

这9个乡（镇）是武安、天山、车逻、菱塘、三垛、卸甲、湖滨、横泾、高邮镇。今年以来，9乡（镇）围绕年初制订的目标，深化改革、拓展市场、加大投入，使企业呈现出勃勃生机。1—6月，9乡（镇）共完成产值12.1亿元，占全市乡镇工业的55.6%，同比增长65.1%，其中天山、卸甲增幅均在1倍以上。

面对成绩，9乡（镇）的领导们没有过多地去谈论，而是瞄准全年目标，瞄准先进乡镇，相互取长补短，纷纷谈打算、订计划、表决心。

工业"老大哥"武安乡上半年实现工业产值2.3亿元，仍居老大位置。然而他们不甘于坐在家里称老大，选择兴化戴南镇作为竞争对手，下半年将继续培植壮大规模经济，力争工业产值突破5亿元大关。工业新秀卸甲镇则表示紧抓金飞达集团这个龙头，紧握小机电产品这个拳头，勇立国际市场的潮头。下半年他们还将投入500万~600万元，主抓4个技改项目，进一步增强企业发展的后劲。天山乡则决心将全年2.58亿元的目标上调到3亿元，并围绕这个目标迅速落实分解到企业，同时加快对亏损和微亏企业的解剖工作，着力提高经济效益。目前，该乡已落实了8000万元的三季度工作任务。菱塘回族乡准备狠抓市场开拓，在营销上下一番功夫，一方面将下半年销售任务逐一分解到企业和个人，另一方面广泛召开洽谈会、订货会，及早落实明年生产合同。

会上，大家畅谈下一步的工作思路，决意携手共进再奋飞，继续争当排头兵。市长卜宇、副市长夏元新在肯定9乡（镇）上半年工作成绩的同时，勉励他们围绕年度目标，自加压力，加大工作力度，为百亿工程勇挑重担。

原载：《高邮报》1995年7月17日头版
作者：江　虹　百　友　孙　平

改革增活力 规模促发展 鼓劲争一流

我市乡镇企业上半年发展势头良好

记者日前从市地方工业局了解到：今年以来，我市乡镇工业克服宏观调控继续趋紧、资金紧缺、增支减利因素增多等诸多困难，继续保持了稳定增长的良好发展势头。截止6月底，乡（镇）村两级实现工业产值20.688亿元，销售收入16.0452亿元，外贸交售额3.1亿元，同比分别增长52.3%、59.8%和134%以上。

市场竞争日趋激烈，我市乡镇企业何以能一直保持良好发展态势？

产权制度改革为我市乡镇工业发展注入了活力。到去年底，我市共有227家乡镇企业实行了股份制和股份合作制，13家企业成立了有限责任公司，张轩、湖滨、周山、伯勤等乡镇的一些小、微、亏企业通过租赁、承包、拍卖、兼并等措施获得了新生，增强了发展后劲。川青、平胜等10余家原先工业发展迟缓的乡镇一改"小步走"为"快步跑"，增长速度超过了50%。据统计，上半年全市亏损企业同比减少了20家，减亏额达180万元，初步遏止了亏损势头。

改革也促进乡镇企业向规模化发展。各乡镇以支柱产品和骨干企业为"龙头"，收拢五指攥成拳头，形成规模优势，对整个乡镇工业产生了连带效应、辐射效应，促进了企业管理水平和运行质量的提高。卸甲镇的“龙头经济”大显神威，飞达公司如一条巨龙“摇首摆尾”，搅活了镇、村工业一潭水，该公司今年上半年产值超亿元，全镇工业经济增幅高达114%，在全市爆出了“头彩”。与此同时，重点骨干企业积极找“靠山”、攀“高亲”，实施高点起跳，培育和开发新的经济增长点，谋求形成更新的规模优势。工业“老大哥”武安乡今年又分别启动了无氧铜棒系列、压电元件和新邮钢厂300轧机等一批新的增长点，形成了强劲的发展势头。

围绕超百亿目标，各乡镇自我加压，负重前进，40家重点企业你追我赶，上半年完成产值10.0513亿元，撑起全市乡镇工业总量的“半壁江山”；9家争创双亿元的“排头兵”乡镇摆下擂台一争高低，上半年全部跃过亿元大关。如今，我市各乡镇、各企业正快马加鞭，为全面完成和超额完成全年任务而不懈努力。

原载：《高邮报》1995年7月26日头版
作者：寿　鸿　孙　平

负盈又负亏　厂富头才富
资产经营责任制在乡镇企业全面推开

连日来，以资产保值增值制、企业经营者年薪制、风险抵押承包制为核心内容的资产经营责任制正在各乡镇全面推行。截至2月8日，全市乡村两级700多家企业中已有40多家试行“三制”联动，401家实行风险抵押承包，收缴风险抵押金805.7万元，占可缴金额的52.3%。

推行资产经营责任制是我市今年乡镇工业企业改革的重点内容。市工业会议后，市委市政府迅速批转了由农工部、体改委和地工局联合制定的《高邮市乡镇工业企业资产经营责任制试行办法》，此后市四套班子有关领导、有关部门负责人分片负责检查指导，帮助解决新旧承包制对接上的困难。在2月8日召开的全市乡镇党委书记会议上，市委书记徐赴前对这项改制工作再次提出具体要求，促进了乡镇工业企业资产经营责任制的快速推行。

各乡镇党委政府对此高度重视，迅速组织发动，建立专门的工作班子，党政“一把手”负责企业清产核资、考核测算工作，工作进度快，政策文件把握准。车逻镇成立由镇长牵头的工作班子，拿方案，订计划，并在镇高格机械公司、湾桥村办厂两个有代表性的企业进行“三制”联动试点，为全市乡村企业摸索了经验。武安、营南、菱塘、三垛等乡镇的资产经营责任制推行工作都取得了阶段性的成果。据了解，除一部分股份制和股份合作制企业及企业集团外，各乡镇工业企业到3月中旬可望全部实行风险抵押承包制，进而推进“三制”联动。

原载：《高邮报》1996年2月15日头版
作者：孙　平　寿　鸿

乡镇企业利用外资跃上台阶

去年，我市乡镇企业积极发展外向型经济，累计开业投产的中外合资及港澳投资企业已达28家，自营出口额780万美元，占全市自营出口额的72%。

去年，我市乡镇企业利用外资求发展，借外力加快建设速度，产品档次和出口返销比例均比往年有所提高。天山南茶村与韩国C.J.株式会社和日本丰田守先生共同投资70万美元兴办的扬州希捷箱包制品有限公司；电磁线厂和厄瓜多尔南美进出口公司共同投资兴办扬州华仁包装材料有限公司；市不锈钢标准件厂与香港利兴企业公司兴办扬州兴强有限公司；此外，还有外商增资的扬州当益洗涤品有限公司。这5个项目利用外资85.9万美元。企业都进入了正常运转，并取得一定效益。

去年，我市28家乡镇企业与境外客商共同投资，先后引进光纤电缆、高压钠灯、螺丝螺母、丝网印刷、塑料加工等先进生产机组230多台套。扬州主力皮革制品有限公司和扬州新邮乐塑料制品有限公司取得自营出口权，从国外进口保税的原辅材料，产品全部自营出口，减少了中间环节，同时也提高了企业在国际市场的知名度。“金飞达”集团生产的台钻、台锯、电机远销欧美等20多个国家和地区。扬州主力皮革制品有限公司生产的箱包产品在日本东京市场占有率达16%以上，该公司还在省内外设立了20多个加工点，产品赢得了市场。

原载：《高邮报》1996年2月28日头版

作者：韩粉琴　孙　平

以资产经营责任制为核心　为实现“两个转变”创造条件

全市乡镇企业“三制联动”一步到位

我市全面推行的“以资产经营责任制为核心”的资产保值增值制、企业经营者收入年薪制、经营者风险抵押承包制，“三制联动”已一步到位。截至上月底，全市签约乡镇企业已达728家，约占总数的96%，共收到经营者风险抵押金1815万元，为提高乡镇企业的运行质量，促进健康发展，实现经济增长方式的转变起到了积极的作用。

近年来，我市乡镇工业异军突起，经济总量约占全市工业经济的62%，成了国民经济的顶梁柱。但在乡镇企业运行中存在着效益低，一些经营者负赢不负亏，固定资产流失，企业经营者利益与国家、集体、职工利益失衡等制约企业健康发展的不利因素。从今年1月中旬以来，我市实行“三制联动”，一步到位。市委、市政府联合下发了《高邮市工业企业资产经营责任制试行办法》的文件，对现有存量资产的清理核查和如何保值增值作了具体政策规定。各乡镇企业积极配合由乡镇政府牵头的，有乡财政所、农经站、审计所、工业公司等职能部门组成的推行“三制”的工作班子，全面进行资产评估和财务审计，不仅保证了“三制”的顺利推开，而且还通过认真清产核资，摸清了全市乡镇工业的“家底”。比如武安乡针对自身工业经济“第一乡”，去年总量已过5个亿的特点，把侧重点放在了规模企业的运行质量上，直接以企业固定资产增值（包括无形资产评估增值）与创造的实际利润两大指标上划档分级，其做法及时被全市“工业大户”采纳，增强了推行“三制”的实际效果。

随着“三制”在我市乡镇企业中全面推开，初步显示了对提高乡镇企业运行质量的效果。今年1—4月份，全市乡镇工业销售收入比去年同期增长26%，利税增长6.48%。

原载：《高邮报》1996年5月23日头版

《江苏经济报》1996年5月23日二版

《江苏工人报》1996年6月9日三版

作者：张廷豹　孙　平

我市乡镇工业加快调整步伐

提高组织结构档次　改善产品结构比重　优化技术结构水平　理顺投资结构关系

今年是省“工业结构调整促进年”。我市乡镇工业抓住机遇，围绕“两个根本性转变”，提出了工业结构调整的总体思路，争取新一轮发展的主动权。

近年来，我市乡镇工业发展较快，但从总体情况看，规模企业层次较低，形不成一定的经济规模；中间产品或配套产品及产品配件、产品加工占有较大比重，且产品附加值较低，而名牌产品少，真正具有一定市场份额的产品更少；技术人员比重一直不高，具有自己的科研机构，并能发挥开发、技改功能的企业寥若晨星；利用外资总量小，方式单一。

鉴于此，从现在起到“九五”期末，我市乡镇工业结构调整的主要目标和措施是以继续培植规模企业，力求形成规模效益为目标，提高组织结构档次。力争到“九五”期末，培育出30个亿元企业，其中3亿元以上的10家，并加快促成标准件、棉纺、化工、服装、环保设备、农业机械、灯具等具有产品特色的企业组建集团。

开发生产和储备一批高附加值、高科技含量、高关联度、高出口创汇的产品，改善产品结构比重，初步改变我市乡镇工业高新技术产品比重不足的局面。在目前仅有的过滤机、计算机阻燃屏蔽电缆和光缆3个高新技术产品的基础上，每年再开发3个以上产品。在金飞达集团的“东辉”和茶花集团的“茶”先后获得省级名牌的基础上，再创10个名牌产品，并大力发展一批具有高邮特色的产品，如蛋制品及一些传统食品。

大力培养和引进技术人才，逐步增强企业自我技术开发的能力，优化技术结构水平。到“九五”末，每百名职工中要有大专生2名，中专生4名，受过系统职业技术教育的工人8名。重点企业将充分利用科研所、高等院校的技术力量，走产、学、研之路，力争有100家企业建立厂办研究所或技术开发中心。

创造较为优越的条件和宽松的投入环境，把握好投入方向，扎实抓好一批投入源，改善外商投资局面，从而理顺投资结构关系。充分利用本地农副产品和现有的电线电缆、铝箔纸、过滤机械、电动工具、照明灯具、摩托车零配件等优势产品，利用外资，实行“嫁接”。

原载：《高邮报》1997年5月22日头版

以变应变活营销　以优调优增后劲

华能电缆厂在市场激流中奋进

5月16日，江苏华能电缆总厂在国家重点建设项目广西天生桥工程中一举中标，拿下合同500多万元。这是该厂在电缆行业激烈的市场竞争中积极调整营销策略取得的又一硕果。

“目前电缆生产宏观环境十分困难，厂家纷纷关门。”厂长陶沂源日前对记者说，“但我们站稳了脚跟，关键是做到了紧随市场变化积极转换思路和策略。”针对价格这一市场竞争的焦点，该厂加大开拓力度，将业务费进一步与营销员的货单质量、数量挂钩，提高奖励幅度，以促进营销员自我加压拼抢市场。他们盯住市场主攻方向，集中精力形成强攻阵势，今年以来连续攻下扬州二电厂、二滩水电站、山西阳泉二电厂、秦山核电站二期工程等“九五”国家重点工程项目；并捕捉信息，进军社会项目和地方工程。一季度实现产值3000多万元、销售2800万元，同比分别增长11.2%和19.8%。

与此同时，该厂瞄准国际市场，拓展发展空间。过去他们只为国家对外援建工程做过配套，今年初通过云南进出口公司向尼泊尔水电站出口电缆200多万元，首开独立出口纪录，此后又陆续攻入英国、俄罗斯、巴基斯坦、日本等国市场，目前与伊朗洽谈的2000多万元业务也已进入报价阶段。截至4月底，该厂出口供货额已达800多万元。在产品已通过美国FMRC认证和获出口质量许可证的基础上，该厂正积极争取自营出口权。

产品结构不断向特专方向延伸也是该厂的一项战略转移。1996年底，该厂投入1115万元引进德国克虏伯公司的承荷探测电缆拉伸设备，今年初又投入550万元完善了这一生产线和新上交联电缆生产线,预计7月底可批量生产,投产后可年增销售收入7500万元。此举使该厂跃居全国电缆行业前沿。另一方面,该厂与上海电缆研究所、国家化工研究所联合开发的阻燃电缆已取得成功,进入后期装配阶段。

原载:《高邮日报》1998年5月26日头版

作者:周寿鸿　孙　平

高邮端掉股权"大锅饭"

逐步形成经营层和法定代表人控股、持大股和职工自愿参股的股权结构

7月9日,高邮市的江苏华能电缆总厂厂长陶沂源以个人持股114.62万元的绝对优势,真正成了市场竞争实体的法人代表。这是高邮市乡镇企业深化改革,端掉股权"大锅饭"的一例。

早在1996年,这个市在苏北地区率先推行了产权制度改革,在575家企业中,307家企业转为股份制和股份合作制,一时名噪省内外。经过一段时期的运行,这个市在对改制企业的3次回访中发现,由于在股份制、股份合作制企业中,人人持股,股权过分分散,使企业决策程序人为拉长,增加决策成本;而事实上人人有股,人人平分风险,结果却是人人不负责任,调动不起经营层骨干及法人代表的积极性,股份制(股份合作制)名存实亡,到年终凭股分红,造成新的"大锅饭"。为此,这个市今年积极推广现金购股、量化配股、债务转股、分配入股、论功奖股等形式,鼓励经营骨干多持股和逐年增股,鼓励企业内部股权流动,逐步形成经营层和法定代表人控股、持大股和职工自愿参股的股权结构,建立规范化的股份制企业。

企业改革的进一步深化,实现了"三个提高",即提高了职工个人股在总股本中的比重,提高了经营骨干所持股在职工个人股中的比重,提高了法人代表所持股在经营管理骨干股本中的比重。据6月初统计,全市乡镇工业企业共增资扩股5157万元,其中集体增股595万元,经营层增股1764万元,一般职工股533万元,其他股2275万元。通过股权流动,使集体股、一般职工股向经营层流动1992万元,从而使集体股减少了684万元,一般职工股减少171万元,经营层股增加3756万元。

原载:《扬州日报》1998年7月12日头版

加快结构调整　拓宽出口渠道

乡镇工业上半年保持平稳运行态势

我市乡镇工业一季度生产下滑局面,自二季度起已逐月好转,增长幅度明显回升。至6月底,共实现产值34亿元,同比增长11.6%,其中6月份同比增长了17.6%;实现销售28亿元,利润5500万元,同比均增长12%。

今年以来,为增强竞争能力,保持健康发展,我市乡镇企业积极调整产品结构,陆续限制和停产了无氧铜材、铜管、塑料粒子及制品、钢材、镀铝纸、不锈钢丝、电力电缆等一批耗能大、效益低、市场占有率低的产品。尽管此举使乡镇重点企业同比增幅下滑,但支撑、骨干作用却有了显著增强,尤其是助剂厂、金飞达集团等重点企业通过调优企业组织结构、产品结构和技术结构,形成了一批形象产品。金飞达投入250万元的串激电机项目、华翔公司投入500万元的压电陶瓷扩批项目已部分投入生产,华能电缆总厂去年起投入的2500万元的测井电缆项目即将全面竣工,曙光电缆厂的投资3000万元实施计算机阻燃电缆产业化的项目也进入了立项阶段。自4月份起,重点企业生产形势呈不断好转态势,上半年500万元以上乡镇企业产销利分别占全市乡镇工业总量的53%、53.6%和45.5%。

东南亚金融危机给我市一些以生产外贸产品为主的乡镇企业造成较大影响，出口受阻迫使一些企业产量降低或效益下滑，经济增幅因之明显回落。但各企业积极抢抓机遇，拓宽出口渠道，车逻、天山、卸甲等6个外贸生产重点乡镇出口额都在2000万元以上，占全市乡镇出口额的63%，飞达公司出口额达7308万元，名列全市各企业之首。同时，全市乡镇企业还新增了12个出口企业，压电陶瓷、壳聚糖、消防水带、纱、全胶手套等新增出口产品已批量走出国门。截止6月底，全市乡镇工业实现出口交货额4.38亿元，同比增长12%，其中自营出口额达711万美元。

原载：《高邮日报》1998年7月23日头版

作者：周寿鸿　孙　平

变包袱为财富　化劣势为优势

八桥工业盘活存量资产显生机

日前，由个人投资组建的高邮澳晟染整有限公司与八桥镇正式签订了长达10年的租赁协议，近期内将通过注入170万元资金进行技术改造，盘活八桥五金厂的部分闲置厂房和场地。该公司新上的生产线将使生产能力达年加工坯布1000万米以上，成为八桥工业经济的一个亮点。据介绍，八桥今年以来通过盘活存量资产，吸引民资、外资办厂兴业，工业经济已呈现出良好态势，企业数增加至151个，已有港商独资企业、中日合资企业各一个，第一个台商独资企业亦在紧张的筹备中。

八桥工业经济曾经有过辉煌。在20世纪80年代中后期，八桥村村办厂，处处冒烟，镇村工业各顶半边天，在南片乡镇中一度处于领先地位。进入90年代中后期，八桥工业因为多种因素出现滑坡，一时间干群士气低沉，各种矛盾困难不断。镇党委、政府通过广泛调研，作出立足盘活存量资产，通过招商引资主攻工业经济的决策。自去年起，该镇抓住京沪高速公路通车，八桥有出入口的机遇，大力改善八桥的投资环境，并对原有50多个镇村企业的闲置资产开展梳理工作。雄鹰鞋厂要扩建，镇政府考虑到居庄有一幢投资60多万元的生产大楼一直未用，便动员雄鹰鞋厂到居庄去扩大生产规模，原租赁的厂房则让另一位客商创办了一个制衣厂。这一联动，不仅使居庄的债务得到解决，还使两个创业者都既快又省地实现了创业计划。在盘活存量中，八桥镇不仅对集体资产予以调配，还帮助一些已出售给个人的改制企业盘活利用闲置资产开展招商引资工作。已出售的第二蓄电池厂生产一直不景气，最近在镇党委政府的帮助和协调下，由江都客商首期投入150万元，租赁使用其原闲置资产，预计8月份投产，年内可实现产销400万元，明年可突破2000万元。

原载：《高邮日报》2001年6月15日头版

作者：赵德清　孙　平

时事短评

以什么来衡量工业企业的发展速度

以什么来衡量工业企业的发展速度？这似乎是个多余的问题。人们历来的看法是以总产值绝对值的多少以及与上年同期比较增减情况，作为衡量工业企业的发展速度的快慢标准。一句话，在不少地区、不少部门、不少企业看来，“产值”已成为唯一考核其经济成果的指标。

此论当否？

一个企业如果只有产值，而没有经济效益，请问这个“速度”有何意义？

如果产值就是速度，那么，各企业可以不顾客观经济规律，不顾市场行情，一味地盲目生产，以致置产品的大量积压于不顾，而创造高产值，产品不能转化为商品，创造的财富失去了它的使用价值，那么其价值又如何言之？

“大跃进”时期，为了“跑步进入共产主义”，盲目追求高产值总量，一个县（如江苏高邮）一夜之间竟兴办了一万多爿厂。结果是产值绝对值略有所升，然而却平调了大量的人力物力，产品粗制滥造，财物浪费严重，得不偿失，可笑至极。

据有关统计，从1953年至1986年我国工业总产值年递增11.4%，大大超过了世界发达国家的递增速度，可谓高矣；而蓬勃发展的乡镇工业粗放式增长更为明显，年总产值递增率竟高达30%左右。然而，这个高速度，却使我们付出了资源极大浪费的代价，经济效益和社会效益都很差。如1986年与1952年相比，我国工农业总产值增长18.8倍，而国民收入只增长13.3倍，全国人民消费水平按可比价计算只提高了约6倍。

由此可见，唯一地以产值来衡量工业企业的发展速度是不客观的，尤其是违背了商品经济的客观要求。

可是，现在有不少领导同志唯上不唯实，唯产值而轻效益。因此，年年硬性下达产值指标，实行单一考核。

作为企业只有唯命是从，以致于拼设备、拼消耗，不惜企业亏损，确保完成产值。一些地区为了追求高产值，放弃了产值较低的基础工业，大搞加工工业，使国民经济生产比例失调，社会产业结构严重失衡，从而在一定程度上，也反过来阻碍了全局性的发展速度。更有甚者，不少地区（企业）虚报产值的有之，假报产值的有之，重复报者亦有之。这样的产值总量能充分反映出工业的发展速度吗？显然不能。

当然，我们并非不要产值。没有一定的产值，也谈不到有一定的效益，在一定条件下，产值与效益存在着正比关系。而这个条件就是要求我们尊重客观经济规律，在社会主义阶段，尤其要尊重商品经济规律。因此，在这个前提下，我们衡量企业的发展速度如何，就应当是全面地考察有关指标，特别是企业的行为目标、企业（或地区）在一定时期内所提供的物质资料和劳务的增加、新的生产技术和工艺的发明及其运用、劳动者科学文化水平和操作熟练程度的提高、生产资料的充分利用和效能的不断提高、企业的生产规模的扩大和后劲实力等各项指标。

因此，工业企业的发展速度是不可笼统地单以总产值来反映的，而应有净产值增长率、利润绝对值、产值销售率、百元资金创产值、消耗成本、全员劳动生产率、投入产出之比、固定资产增值等多项指标全面反映，综合考察。这样反映出的速度，才是实实在在的发展速度。

江苏经济管理干部学院工业经济管理班课堂作业

作于1989年12月15日

“资金问题”随想录

有人说，现在的劳力结构是“千人在工厂，万人在市场”。很显然，简要的语言阐明了很深的道理：当前我们工作的重点应放在供销环节上。这个供销应包括两个部分：一是原辅材料和产品的销售；二是资金及应收款的“采购”。而后者恰是目前最最重要的，因为从某种意义上看，说到底，今年是资金实力的较量。因而，我们必须要形成一支强大的资金采购队伍，实行引进、使用、回笼资金责任制，确保今年工作目标的实现。

一个水塘的水有限。资金盘子也是这个道理。关于引资，我们的眼光不能局限在本地区范围。应开阔视野，两眼向外。一层意思是向外市、外省；二层意思是向外国，而向外国应成为我们的主攻方向。所以，吸引外资，大搞合资企业，是今后一段时期争取资金，发展生产的最佳渠道。

资金是决定经济发展的重要因素。诚然对于好企业、好项目、好产品来说，资金足，及时到位，则会起到积极作用，企业会因之而得到发展。但对于基础较差的企业，推销的产品，不对路的项目，资金越多，反倒成了沉重的包袱，它造成产品盲目产出，大量积压，滞销资金大量积压，终至拖垮企业。因此，我们不能一味地只讲资金，而应在项目、产品、人才、资金、管理水平等诸方面协调发展。只有这样，资金才会发挥最大效用，企业才会健康发展。

原载：《江苏乡镇企业》1993 年第 7 期

莫做叶公

《叶公好龙》这个寓言可谓妇孺皆知，可今天我们在触及到企业人才问题时，发现仍有不少叶公。

高邮经济正在蓬勃发展，经济总量将达百亿，因此，各生产、经营企业的人才不能不说是企业的关键。尽管上上下下一再呼吁要大力培养企业自己的人才，每年也有许多培养人才的渠道、形式及层次等有利条件，但是，事与愿违，现在一些企业开口不是要贷款，就是要项目、要产品，似乎只要有了资金，有了产品，有了厂房设备就有了一切，而每当谈到送培、办班、引进等实质性问题时，就遇到重重阻力和许多难度，导致了企业人才的培养始终滞后于企业的发展，以致成为企业发展的新“瓶颈”。这似乎是个悖理：即一方面大喊人才匮乏，另一方面又毫无培养人才的诚意和具体行动，至多是报告中提提，汇报时吹吹，规划上墙贴贴而已。如果我们排斥这些人是武大郎开店之心，那必有叶公好龙之嫌了。

美国历史上第一个钢铁大王曾经这样说过：“你可以把我所有的工厂、设备、市场和资本全部夺走，但是只要你保留我们的机构和人才，几年之后，我还是钢铁大王。”这是一个真正企业家在向人们昭示人才在企业生存和发展中具有何等作用的再浅显不过的道理。其实，道理大家都知道，叶公也并非不爱龙，关键是如何把计划落到实际，付诸行动，取得成效。新春伊始，不少部门、不少企业又纷纷拿出了许多好设想、好措施，实在可喜。不过，请允许我庸人自扰，先行告诫一声，切莫做叶公。

原载：《高邮报》1995 年 3 月 8 日二版

作者：孙　平

署名：一　介

深化“承包制”的一种有效形式

目前，许多有条件的、已经发展到一定水平的乡镇企业都在积极探索现代企业制度、股份合作制度等新的经济体制，以适应激烈竞争的市场经济环境和“两个转变”。然而，对绝大多数正处于“初级阶段”，即规模小、产品科技含量低、管理水平跟不上、效益差的乡镇企业来说，深化“承包制”则是积极的办法之一，它不仅能够稳定经营承包者和职工队伍，而且还体现了政策的连续性。在这方面，高邮推行的“以资产经营责任制为核心”，三制联动，一步到位，不失为深化“承包制”的一种有效形式。

高邮市推行的“三制联动”是以资产经营责任制为核心的。资产经营责任制与以往的承包制既有相通之处，又有一定的区别。而资产经营责任制最明显的好处体现在四个方面：一是抓住了资产这个关键内容，明确了资产的经营责任制，把资产的保值率作为主要考核指标之一，使企业经营者对集体资产负责,促使企业资产不断增值;二是把企业经营者的职、责、利牢牢联系在一起,一定的职位就有一定的定薪系数,就会承担相应的经营风险,同时也会有一定的风险收入,较好地解决了负盈不负亏的问题;三是较为科学的指标体现出现,互有促进,互有牵制,改变了以往重产值、轻效益的经营观念,防止了承包出现的短期行为;四是把目标、责任及考核直接量化,无论是包方还是承包方,增强透明度,充分体现了公开、公正、公平的原则观点。因此,资产经营责任制是以往承包制的继续,是对"传统承包制"的扬弃,是承包制的深化。

"三制"的关系是,资产增值是目的,企业经营收入年薪制和风险抵押承包制是保证。明白了这一点,推行"三制"方有动力,"三制"的到位才有保障。

原载:《江苏工人报》1996 年 6 月 9 日三版
作者:孙　平　张廷豹
署名:邮平豹

市场意识与企业行为

最近,因为《中国市场》要出一期江苏乡镇企业专辑,笔者到几家相比之下能够拉得出打得响的重点企业转了一圈,结果喜忧参半。积极配合的有,不予配合、远而避之的也有。由于几家该宣传的名牌产品未能很好宣传,因而难以充分反映我市的经济特色。笔者在深感遗憾的同时,忽又想到市场意识和企业行为这个话题。

不可否认,眼下企业常常会遇到征订刊物、出宣传画册、拉赞助、做广告,作为重点企业,实在有应接不暇之感。不过,在笔者看来,除了防止骗子以外,多数也并非是坏事。在市场经济体制下,企业、产品要走出家门,面向社会、面向世界,就必须借助各种新闻、文化媒体,展示自己、宣传自己、包装自己。然而现在仍有不少企业负责人对此却不以为然。探究一下个中原因,主要是这些企业自认为自己的产品是"皇帝的女儿"。他们只看到自己产品供不应求的好势头,却缺乏未雨绸缪的战略眼光。当然有时他们也同意做一些广告,搞一些宣传,但力度不大,投入不多,且缺乏严密的思考和科学的设计。笔者以为,这是某些企业领导者市场意识不强的一种表现。

作为市场的主体,企业应当增强市场意识,一切以市场为导向,把握市场的脉搏,主宰自己的命运。

原载:《高邮报》1997 年 9 月 23 日头版
作者:孙　平
署名:一　介

我看"烂苹果理论"

在近年的企业改革实践中,不少地方流传着一个"烂苹果理论"。所谓"烂苹果理论",就是一筐苹果有好的有坏的,要卖应先捡好的卖,好的还可卖出好价钱,若是卖坏的,不但价卖不上去,好的也将逐渐变烂。该"理论"被套用于企业改革中,一时不少地方争先恐后地出售企业,并先把发展快、效益好的企业拍卖掉。长期的改革实践告诫我们:理论问题至关重要。在近来以至下一步的企业改革中,针对出售企业问题,是先卖好的还是先卖差的?即"烂苹果理论"是否适用于出售企业问题?以我浅见,"烂苹果理论"不适用于企业改革及出售问题,企业改革一定要坚持因企制宜的原则。

首先,企业与苹果有着不同的特性。苹果会越摆越烂,且没有自愈能力;而企业生产经营或好或差,企业经营不好除有多种因素外,人的因素具有主要作用,因此,企业运营质态有"十年河东十年河西"之说。其次，“烂苹果理论”未分清一定的范围。就小微亏企业而言，加快私营化进程，有利于经济发展。但许多国有大中型企业都担负着国家经济命脉之重任，是我国国民经济的主导企业，依“烂苹果理论”是否也卖得越早越快越好呢？再次，“烂苹果理论”与社会主义前提下办企业的宗旨不合。只要是社会主义，公有制占主导地位就不会变，办企业的初衷就是希望企业越办越兴旺，而绝非希望卖得越快越好。

说到底，企业改革是适应市场经济的需要，是促使企业实现两个根本性转变。但企业改革决不能搞“一刀切”。企业经营的好坏，有多种原因，有机制问题，有人才、资金、产品、管理等问题，企业经营不佳，关键要分析其主要原因，是管理问题要加强管理，是产品问题要开发新品，是机制问题要转换机制，出售企业只不过是现行企业改革的方法之一。因此，我们搞企业改革一定要坚持因企制宜的原则，切勿受所谓“理论”的误导。

原载:《高邮日报》1998 年 4 月 30 日二版
作者:孙　平
署名:一　介

经济改革迫切需要前瞻性理论

共产党员的先进性是体现在多层面的，有思想上的、道德上的、文化上的、意识上的、世界观上的等等，而最能集中体现我们党的伟大、先进、正确，应当仁不让地在理论上始终保持先进性。就当今的经济改革来说，我认为更为迫切地需要前瞻性理论。

中国改革 26 年，有成功的地方：如中国的对外开放、农民的土地承包、经济特区的设立和“一国两制”的方针等；也有失败的示例，而有许多则是捺了葫芦瓢又滂的矛盾和问题：如企业售卖造成大量的国有和集体资产流失，实行所谓的经济减员致使工人大批下岗，政治体制、组织路线、监督机制的不尽合理和完善滋生高官腐败等等。凡此种种，无一不反映出我们在改革的实践中，理论的极大匮乏。所谓“摸着石头过河”是绝不能伴随改革的始终、将改革进行到底的。

斯大林曾经说过，没有革命的理论，就没有革命的实践。唯物辩证法认为，实践是检验理论的唯一标准；反过来，正确的理论又对实践发挥重要的指导作用。当然，作为我们党引以自豪的马列主义、毛泽东思想和邓小平理论、“三个代表”，对中国的新民主主义革命和社会主义初级阶段建设起着和仍将起着一定的指导作用。但就改革而言，特别是今后的经济改革方向，亟待有相关经济理论在实践检验的同时来指导经济改革实践。

古语云，兵马未动，粮草先行。理论就是粮草，就是对实践的准备。没有理论的实际是盲目的实践，理论先行就是茫茫大海中闪亮的灯塔。

说白了，我们的经济体制和经济机制改革，需要一整套系统的、有前瞻性的、可操作的理论。这既是实践的需要，也是时代的需要，更是保持共产党先进性的需要。因而，我以为，首先应从新中国五十多年，特别是从改革开放二十多年的实践中，认真总结经验教训，加以汲取和提炼；其次，把马列主义、毛泽东思想、邓小平理论加以推演和丰富；再次，接收资本主义的合理成分，找准与建设有中国特色社会主义的结合点，大胆构建新的经济理论框架。

保持共产党员先进性教育心得之一
作于 2005 年 3 月 17 日

政务信息

乡镇工业技改贷款资金到位率差状况应予重视

今年乡镇工业新批技改项目35项次，投资规模达10410.7万元。其中，批贷5883万元。到6月底，实际贷款只有620万元，只占10.05%。今年上半年，乡镇工业共用贷款1828万元，只占全年计划用款数的13%。技改贷款资金到位率差已影响到一些乡镇的技改进度，影响在建的重点项目如期竣工、投产、达产。

原载:《高邮政务信息》
1993年5月25日第25期

武安乡确定“三保”原则

武安乡优化结构，确定“三保”原则。一保重点企业，对“小、微、亏”的企业该关停的关停，该兼并的兼并，该转向的转向；二保优势畅销产品，对滞销产品实行限产，对压库销不出的产品坚决停产，不搞盲目的负效应生产；三保在建项目，不因资金短缺而出现“半拉子”工程。

原载:《高邮政务信息》
1993年8月8日第29期

界首镇对资金采取四措施

界首镇坚持两眼向内为主，对资金采取“清、压、活、管”。即清理各项应收款、个人欠款；压缩三项资金占用；盘活资金存量；加强内部管理。

原载:《高邮政务信息》
1993年8月8日第29期

菱塘曙光电缆厂抓营销有策略

菱塘曙光电缆厂抓营销有策略。一是在考核机制上，实行联益考核奖罚；二是在对外布局上建立三个办事处和一条线；三是在形式上与同行大企业结伴，与国家大项目配套，与科研单位合作；四是在方法上注意树立典型，重奖有功之臣。

原载:《高邮政务信息》
1993年8月8日第29期

东墩乡村企业产权制度改革注意把好“两关”

东墩乡村企业产权制度改革注意把好“两关”。一、坚持改制和转轨并举，切实转换企业经营机制，防止“换汤不换药”。实行股份合作制，有助于企业经营机制的转换，但不能代替这一转换。作为改制企业，一定要致力于内部制度建设和机制构造的完善，真正建立起一套与股份合作制完全相适应的经营管理机制。二、正确处理好党委、政府选派经营者和股东选举经营者的关系，既要防止一手包办，又要防止撒手不管，正确处理股东选举经营者和党管干部的关系，参与但不干预企业经营者的选举。这种参与主要是做过细的思想工作，认真、负责地向股东推荐和详细介绍候选人的情况。既要防止忽视股东权益包办代替，又要避免完全以股资定职位的现象产生。

原载：《高邮政务信息》
1994年11月3日第40期
作者：杨朝友　孙　平

高邮市对乡镇企管站实行人员竞争上岗

日前，借着乡镇事业单位分类改革，界定事业单位公益性与经营性服务职能之际，高邮市对各乡镇企业管理服务站实行了新一轮的竞争上岗。

高邮市各乡镇企管站在2001年的农村税费改革中并入了乡镇农经保障中心。但三年来的运作实践证明，乡镇企管站并入“中心”后，隶属关系不顺，经费渠道受阻，人员队伍不稳，未能发挥乡镇企管站在地方经济中的积极作用。

这次该市对乡镇企管站实行改革性的竞争上岗，主要是将乡镇企业管理服务职能从农经保障服务中心划出，重新设立乡镇企业管理服务站；精简乡镇企管站编制，从原来的126个岗位核减为83个，核减了34%；对核定的乡镇企管站编制实行岗位竞聘，三年一轮，编随岗在，有岗有编，落聘落编；把乡镇企管站经费纳入所属乡镇财政预算，实行差额补贴。

该市22个乡镇（区），报名91人，16人落聘，75人竞争合格，其中1人末位待岗。原在编未报名人员及这次落聘人员均按相关政策实行分流。

上报扬州市
2004年12月28日

郭集特色建园　建成灯具之乡

江苏省工业示范小区郭集工业园以道路照明灯具为主导产业，采取“以园养园、滚动开发”的办法，吸引域外和本镇零散分布的企业进园投资兴业，不断拉长、加粗灯具产业链，目前已形成了从钢板开平到卷板、成型、热镀锌以及零配件的一条龙配套生产，基本上做到了“不出郭集门，配齐各种灯”。道路照明灯具产品遍及全国各地，郭集已成为远近闻名的“灯具之乡”。该园区目前共有企业81家，其中72家是灯具企业或相关企业，三年来投入基础设施建设资金3085万元，实现“三通一平”面积1200亩，建成区内基本完成了绿化、亮化工程。

上报扬州市
2005年3月4日

高邮市加强工业园区管理

高邮市把工业园区管理范围扩展到所有乡镇（未批的叫工业集中区），形成2个区（市开发区、鸭业园区）、11个工业园区（包括甘垛工业园）、9个集中区共22个单位，统称为工业园区，一并列入统计管理。2005年总的目标是，营业收入80亿元，工业增加值21亿元，利税4亿元，其中利润1.5亿元，园区经济总体上占全市乡镇工业55%左右；基础设施投入1.8亿元，新增开发面积6800亩；引进外资2300万美元以上，民资15亿元以上，入园企业投入18亿元以上；入园项目300个，其中亿元项目2 ~3个，5000万元至亿元项目4个，2000万 ~5000万元项目12个，1000万 ~2000万元项目30个；标准化厂房建设确保50万平方米,争取60万平方米。

一是加大园区组织领导力度。把工业园区建设领导小组与标准化厂房建设领导小组一致起来,两块牌子一套班子,便于加强对园区建设和标准化厂房建设的领导。将园区领导小组办公室挂靠在乡企局,由乡企局对全市工业园区扎口管理,以便于加强园区的协调、督查、考核。

二是加大对园区建设情况的督查与考核力度。由乡企局牵头,组织建设、规划、国土、工商、环保等部门人员组成督查小组,定期对园区的项目建设、标准化厂房、基础设施建设以及规划执行情况等进行督查,并逐步形成制度,做到一月一督查,一月一通报,定期向市委、市政府汇报督查情况,年底由乡企局牵头对园区进行全面考核。为了能及时解决各园区建设中出现的问题,建立园区建设联席会议制度,由一名市领导牵头,乡企局召集并负责日常工作,成员单位有乡企局、发展计划局、国土局、规划局、交通局、环保局、水务局,必要时也可邀请金融部门和其他部门参加。采取会议或现场办公形式,由各园区通报基础设施建设、入园项目建设、土地使用、招商引资、标准化厂房建设等方面的情况,存在的问题,需要政府帮助解决的问题等。对园区提出的问题,有关部门应当场给出解决办法,当场不能解决的应限时解决,并将解决结果报市领导或在下次会议时通报。

三是加大对重点园区挂钩帮扶力度。对6个扬州市示范园区以及市开发区、鸭业园区和车逻镇、临泽镇工业园等重点园区,分别由挂钩该乡镇、园区的市领导挂钩联系,同时明确金融单位和有实力的部门挂钩,使市领导能及时掌握重点园区的建设情况,金融单位加大对园区建设的信贷支持力度,机关部门加大对园区建设帮扶力度,及时帮助解决实际困难和重大问题,推进重点园区加快发展。

上报扬州市
2005年3月4日

高邮帮助中小企业筹划纳税

日前,高邮市乡镇企业管理局连续举办了两期企业税务筹划培训班,来自建筑、商业、工业等近200家中小企业从中获得了税务筹划方面的专家指点。

上报扬州市
2005年6月3日

标准化厂房出现租售难

据对近期高邮工业园区的调查,各工业园区在大力兴建标准化厂房之际,正面临建起的标准化厂房一时无人租售的问题。该市去年已建标准化厂房22万平方米,除自建自用外,真正用于向外租售的不多。据统计,今年1—5月,全市已建标准化厂房17万平方米,其中,对外租售1.2万平方米,租售率只有7%。

上报扬州市
2005年6月3日

高邮市放宽民营经济的市场准入

高邮市在日前出台的《关于鼓励全民创业放手发展民营经济的补充意见》中,进一步放宽民营经济的市场准入:

1. 除国家法律法规明确禁止的投资领域外,民营经济都可平等进入。所有向外资开放的投资领域和国有资本退出的领域，鼓励民间资本加快进入，市有关部门不得设置任何限制条件。

2. 鼓励民间资本通过参股、联合、购并等方式参与水利、交通、能源、城建、环保以及文化、教育、卫生、体育等领域的投资建设。新建项目，可通过招投标方式公开选择业主，引导民营企业参与投资、建设和经营；已建成的项目，可通过实行特许经营权招标方式，选择和变更项目法人。

3. 除国家法律法规禁止或限制经营的项目外，投资人可以自主选择经营范围和项目，并可按企业需要在营业执照上载明。超出经营范围的，只要不是从事涉及国家和人民生命财产安全的特种行业，严格执行首次不罚，主管部门应主动上门服务，协助企业在三个月内予以规范。

上报扬州市
2005 年 6 月 20 日

高邮大力整治工业园区违章建筑

高邮开始加大力度，对市开发区、鸭业园区、高邮镇工业园、卸甲黄渡工业园和龙虬奥林工业园等城区周边的“二区三园”内的违章建筑进行集中整治。

随着工业园区的规划和建设，一些企业和个人违章搭车，乱搭乱建之风盛行，严重影响了园区规划的依法实施。仅临城的“二区三园”就查出 66 处、近 11 万平方米的无证或违章建筑。主要存在四个方面问题：一是无用地计划建设；二是先土建未办证或是正在办证，即“先上车后买票”一类；三是私自搭建或改建棚亭、商店；四是原住户破墙开店。目前，拆违纠违工作正在有序开展：一是对 40 家私自搭建或破墙开店的限期拆除或封闭院墙；二是对 22 家未及时办证或正在办证的敦促按期办结；三是对 4 家无土地使用计划的将给予一定的处罚并责其争取用地计划，补办各种法定手续。

上报扬州市
2005 年 11 月 7 日

高邮农民人均收入四成以上来自民营工业

高邮是个历史农业大市，拥有 60 多万农业人口。随着乡镇企业的发展，特别是近年来民营经济的快速增长，加快了农村农民致富奔小康的步伐，全市农村劳动力实现产业大幅度转移，农民人均收入连年显著提升。据统计，今年上半年，全市农村劳动力转移 25565 人。其中，从事一产的 1691 人，从事工业方面的 11116 人，从事建筑业方面的 5570 人，从事三产方面的 7188 人。其中，一组乡镇民营工业方面的数据表明四成以上农民收入来自民营经济。2004 年，全市农民人均纯收入 4465 元，其中农民人均从乡镇民营工业企业中获取纯收入 1515 元。今年全市乡镇民营工业实现营业收入 170 亿元，比去年增长 38.9%。今年 1—9 月，农民人均从乡镇民营工业企业中已获取纯收入 1350 元，预计今年全年可比去年增加 685 元，获取纯收入达 2200 元，将占农民人均收入 43%。

上报扬州市
2005 年 11 月 10 日

“江苏羽绒服装制造名城”冠落高邮

日前，高邮市被省政府授予“江苏羽绒服装制造名城”称号。

高邮获此殊荣，主要得力于四大优势：一是优越的传统产业。高邮是国内外著名的麻鸭之乡，在高邮中小企业发展进程中，羽毛、羽绒加工、羽毛工艺品、羽绒服装是其独特的产业，形成了一定的传统加工制造优势。二是众多的企业基础。截至2004年年底，全市注册登记的服装及相关产业的中小企业共有530多家，拥有资产10多亿元，其中具有一定规模的企业超过100家，仅沙龙、恒丰、惠众、东鹏、天华、维扬、银河、国联、经纬、亨利等10家企业的工人已达5万多人。三是巨大的加工能力。据不完全统计，全市服装生产企业年实际加工各类服装已超过5000万件，实际年加工30万件以上的企业超过30家，神游、永盛、龙腾、世纪龙、新雅泰、金桥、天宇、利安达、华信、华联、并蒂莲等20多家企业年加工能力达到或超过5000万元。其中，羽绒加工能力更是区域间的佼佼者，2004年实际加工羽绒服装1500万件，羽绒被15万条，羽绒枕20万只。根据相关市场调查，全国70%的羽绒服装在江苏生产制造，江苏70%的羽绒服装在高邮加工生产。四是鲜明的产业特色。目前，高邮除了服装加工外，还拥有羽毛羽绒水洗中心2家，织造企业3家和数家服装辅料生产企业，初步形成了龙虬服装、三垛纺织、天山箱包、临泽鞋业、车逻旅游用品等特色产业集群。今年初，中国第一个“21世纪新概念市场”、总投资10亿元的江苏(中国)纺织服装城落户高邮，形成一个辐射华东、面向全国的服装市场物流集散地，完善服装产供销产业链，极大提升行业整体竞争力，为“江苏羽绒服装制造名城”添上了浓彩一笔。

上报扬州市
2005年11月14日

高邮规划百亿光伏产业园

随着高邮市“十一五”经济和社会发展规划出台，一个产业规模将达100亿元的光伏产业园规划在该市开始启动。

该园座落在扬州北郊高邮市天山镇境内，以江苏顺大半导体发展有限公司有限公司为龙头企业，围绕太阳能经济，从现有的单晶硅产品出发，进行上下延伸，拟新上年产3000吨规模的多晶硅项目，增加6 ~10英寸等不同尺寸的单晶硅棒生产能力，进行单晶硅切片加工，添置6条总生产能力为120兆瓦的太阳能电池生产线，并形成和实现包括太阳能电池板、太阳能电池封装及组件以及太阳能灯饰产品等100亿元的销售能力。

上报扬州市
2006年1月23日

高邮提出园区建设新思路

今年是高邮市新一轮追赶发展的开局之年，全市将把工业经济发展的重点，放在园区建设、产业集聚、产业升级上，重点建设光伏产业、邮文化产业、服装产业、电线电缆、灯具、电动工具、箱包鞋、机械及配件加工、农副产品加工等特色园区，力争园区建设有新的突破。当年园区将投入基础设施建设资金1.8亿元，入园企业295个，入园项目320个，入园项目投入28亿元；实现“五通一平”面积3700亩；建设标准化厂房“保7争8”，即必保70万平方米，争取80万平方米，其中用于出租出售的标准化厂房15万平方米；园区实现营业收入120亿元，利税6.5亿元。

主要工作重点：一是重新确认园区规划。上半年对所有园区规划进行一次核准，确需修订的，必须按程序修订，报市政府重新确认；没有规划的园区，要尽快督促其制订，报市政府确认。同时，做好对规划执行情况的监督工作，不在园区规划内的项目，原则上不予供地。二是尽快建立独立法人治理结构。园区实行企业化运作是必然趋势，没有独立法人治理结构的园区将难以融资。目前先抓一些发展较快且具有一定实力的园区，如天山、龙虬、三垛、汤庄、临泽、界首、车逻、周巷等园区必须在今年上半年建好。目前条件暂不具备的，可先组建公司，由政府扶持运作。三是着力解决土地指标短缺难题。面对目前紧张的用地指标，大力推行用足已批未用的土地、实行腾笼换鸟、开展土地置换、用好非农集体土地、坚持集约用地、提倡向空中发展、用活闲置土地、提高现有建设用地利用率等八项措施，把发展较慢地区的土地，调剂给发展较快的地方使用，做到不浪费一寸土地，不闲置一寸土地，保证每个项目有地可用。四是加大资金协调力度。乡镇要在财政收入中划出一块，把耕地占用税、契税留成部分、集镇经营收入、盘活企业存量资产收入等，尽其所能，用于园区建设；同时要敢于负债开发经营，用明天的钱做今天的事，适度负债开发建设工业园区。要“引凤筑巢”，按照“谁投资、谁所有、谁收益”的原则，建立“共同参与、职责明确、收益共享、风险共担”的开发机制，吸引社会各类资本特别是社会法人资本和民间资本，参与园区基础设施建设。要争取金融部门支持，继续开展银区对接，提高对接成功率。五是用足用活相关政策。进一步梳理和用足我市在发展民营经济、招商引资、重大项目等方面的各项优惠政策，对适当加大耕地占用税的分成比例、启动土地抵押贷款、实行园区项目财政贴息等政策性问题进行研究，切实加强园区建设中的政策引导，充分利用政策资源，推进园区经营早日进入良性循环的发展轨道。六是提高挂联绩效。市委、市政府明确挂钩联系 11 个重点园区的 16 个部门和 5 个专业银行，要修定和完善挂联目标，每季通报挂联情况，对挂联绩效进行考评。七是迎接新一轮园区升级验收。根据扬州市政府关于今年重新开展园区升级工作的要求，提高做好各项准备工作，争取更多的园区被扬州市政府确认。八是进一步完善园区考核机制。今年将把园区规划、基础设施投入、入园企业数、入园企业投入、开发面积、标准化厂房面积，特别是用于租售的标准化厂房、独立法人治理结构的建立及正常运作等内容纳入综合考核。在考核上，1、注重园区规划和建设，要突出超前意识、镇区结合、体现特色；2、注重三大建设，即基础设施建设、项目建设和标准化厂房建设；3、注重园区独立法人治理结构的建立，促进和加快市场化运作步伐。

上报扬州市

2006 年 2 月 17 日

高邮举起邮文化产业大旗

全国唯一以“邮”命名的高邮，大力整合包装邮文化资源，放大邮产业品牌效应，发展多层次、全方位的邮文化产业，将用 5—10 年时间，把高邮打造成国内著名、世界闻名的“东方邮都”。

1. 大力发展邮文化旅游产业。逐步修复邮文化遗存，深入挖掘涉邮旅游资源，串联邮文化旅游景点，积极举办各种邮文化民俗活动，打造具有地方特色、融人文景观与自然风光于一体的文化旅游产业集群，积极开发独具特色的邮文化旅游系列产品。

2. 精心培育邮交易市场产业。加快以邮品交易为主、各类磁卡交易为铺、古玩交易为补充的综合性有形交易大市场建设步伐；创新思路，积极探索建设具备现代信息交流、行情发布、评估预测、竞价交易等多功能的全国性邮品网络无形交易平台。

3. 着力培植邮研发制造产业。以邮市场为龙头，产业基地为依托，加快引进落户一流的彩印包装企业，重点发展建立个性化的纪念邮品、有奖邮品，以及为企业形象宣传服务的企业邮柬、企业形象邮册、明信片、邮资封等产品的研发、设计、营销中心。

4. 努力拓展邮物流服务产业。建立全国性的邮政物流信息数据平台。以境内水陆资源优势为依托，建设融客流和物流为一体，集宾馆、饮食、娱乐、休闲、购物、商贸，以及邮政物流、农副产品物流、现代综合物流、现代联运物流等功能，立足苏中、辐射华东地区的陆路物流转运中心。

5. 加快建设和形成邮文化特色产业园。引导和鼓励邮文化及相关产业向园区化集聚,并在入园政策上进一步倾斜邮文化产业,在基础设施投入及标准化厂房建设上优先考虑邮文化产业链的上下延伸及关联度,以“两区三园”为基础,倾力打造和形成以邮文化产业为主导的1.5平方公里以上的特色园区。

6. 广泛深入开展招商引资。抓紧编报一批与邮产业发展相关的三次产业和基础设施重点项目,做深做细项目包装等前期工作,通过各种有效形式,积极向外进行推介招商,争取市内外各类资金参与邮产业发展。同时,积极跑部跑省,主动与上级有关部门进行沟通联系,抢抓各种机遇,多渠道争取上级在邮产业发展上的项目报批、资金倾斜和政策优惠等方面的大力支持。

上报扬州市
2006年3月24日

高邮成立促进中小企业发展服务中心

为了促进中小企业的健康发展,进一步推动全民创业,日前,高邮市成立了“促进中小企业发展服务中心”。该“服务中心”将本着充分发挥各类技术人员的专长,大胆探索,积极创新,强化服务的宗旨,为全市中小企业和创业人员提供技术、信息和法律咨询、招商引资及创业辅导、投资融资及其信用担保、会计代理、人才引进和人员培训等服务。

上报扬州市
2006年5月29日

“中国羽绒服装交易中心”落户高邮

1月22日,高邮市人民政府、江苏浙商集团收到了中国商业联合会商品交易市场专业委员会“关于同意授予高邮中国羽绒服装交易中心的通知”。

这次由高邮中国羽绒服装城申报的“中国羽绒服装交易中心”是高邮市人民政府的一个大手笔、大动作,是高邮服装产业争上游、争一流、上台阶的一个重大举措。由中国商业联合会组织的专家评审会希望“中心”作为21世纪新概念市场,一定要在高位上起点,成为培育名师、名家的舞台,要充分发挥流通对生产的先导性作用,通过发展市场使高邮成为资本密集的区域,引领服装产业新潮流,加速产业集聚。

上报扬州市
2007年1月31日

高邮召开全民创业万人大会

为进一步鼓励全民创业、加快民营经济发展,日前,高邮市委、市政府召开了全民创业总结表彰动员大会。大会采取现场直播,各乡镇(区)、部门分别设立分会场的形式,参会人数达万人以上。会上总结了2006年该市民营经济工作,大会号召进一步动员全市上下以科学发展观为统领,解放思想、振奋精神,抢抓机遇、乘势而上,围绕“奋战三年、经济翻番,逼近百强、全面小康”的总体目标,更广泛、更深入、更持久地掀起全民创业新高潮。

上报扬州市
2007年2月2日

高邮再次出台《关于鼓励全民创业进一步加快发展民营经济的政策性意见》

为鼓励推动全民创业,进一步加速发展民营经济,加快“全面达小康,建设新高邮”的步伐,高邮市在出台的《关于鼓励全民创业放手发展民营经济的政策性意见》和《关于鼓励全民创业放手发展民营经济的补充意见》的基础上，根据省市有关精神，结合本市新实际，再次推出了《关于鼓励全民创业进一步加快发展民营经济的政策性意见》。《意见》主要有一、进一步拓展民营经济发展空间；二、进一步鼓励全民创业；三、进一步加大扶持力度，促进民营经济发展；四、进一步鼓励企业做大做强；五、进一步鼓励企业技术创新；六、进一步改善民营经济的发展环境等六个方面32条。

上报扬州市
2007年2月5日

高邮人大建议政府建立"中小企业局"

5月18日，高邮市人大常委会组织对全市全民创业、推进民营经济加速发展视察活动。在此次视察活动上，听取了市人民政府关于今年以来全民创业情况介绍，实地察看了鸭业园区的红太阳物流、高邮镇的创新包装有限公司、三垛镇的华联超市、甘垛镇的科意达机械厂、柏林庄园等5个"十五"期间具有全民创业代表性的一、二、三产业方面的企业，并向市政府提出五点建议：一是关于进一步加强对民营经济发展的宏观引导工作；二是积极营造有利于全民创业的良好环境；三是做好民营企业经营者的培训工作；四是积极化解民营经济在发展中存在的矛盾；五是建议建立"中小企业局"。在建议建立"中小企业局"问题上提出：随着市场经济的进一步深入发展，乡镇企业由政府管理下的集体所有制转化为"民营"，它在发展中在项目申报、外出考察、资金向上争取、贴息贷款、科技创新等渠道上带来不便，为进一步理顺关系，与省、扬州市衔接一致，建议政府近期对建立"中小企业局"工作事宜进一步落实到位，建立"中小企业局"或增挂"中小企业局"牌子。

上报扬州市
2007年5月21日

高邮增挂"中小企业局"牌子

日前，高邮市人民政府第63次常务会议决定：在市经贸局增挂"市中小企业局"牌子，与市乡镇企业局合署办公，不增加编制、人员、经费，由市经贸局、乡镇企业局抽调人员开展好相关工作。

上报扬州市
2007年6月12日

高邮重大项目呈现倍增态势

高邮今年是"项目建设推进年"，市委、市政府及各乡镇紧盯项目建设不放松，着力把经济指标的快速增长落实在重大项目的支撑上，狠抓组织领导，进一步加强和改进领导挂联重大项目工作，坚持和落实重大项目推进工作责任制。市四套班子领导挂联35个重大项目，每个乡镇党政主要负责人抓一个5000万元以上的项目。同时，实行双月集中开工、双月现场督查等制度，努力形成你追我赶上项目、上大项目、上好项目的氛围，出现了重大项目倍增态势。

今年上半年全市乡镇工业实施的工业项目489项，比上年同期增加43项，计划总投资83.6亿元，比上年同期增长89%，项目当年累计用款36.7亿元，比上年同期增长55%，完成高邮市政府下达年度计划指标的57.9%。在已实施的489个项目中，投资超1000万元以上的项目243个，占项目总数的52.3%，比上年同期净增116个；总投资74.2亿元，占全部项目总投资的89.7%，比上年同期增长2.23倍。

总投资超亿元以上的项目已达10个,比上年净增6个,其中扬州曙光电缆有限公司实施的500KV超高压交联电缆项目,总投资达8.36亿元,一期工程投资2.02亿元,从德国、芬兰、瑞士、美国引进的VCV生产线、金属护套挤出机、盘绞机和局部放电检测等设备、设施具有当今国际先进水平,一期工程计划在2008年底竣工投产,可形成年产320公里超高压交联电缆的能力,可新增销售8亿元,新增利税1.2亿元。开发区引进的加拿大凯帝集团高分子木塑复合材料及制品项目,总投资5000万美元,利用秸秆与废弃纤维物质破碎并经无害化处理后,加工成可替代木材的复合材料,不含甲醛,不会变形,广泛用于室内外建设和装饰装璜,该项目建成后,可形成年产木塑复合材料10万吨的能力,产值达10亿元以上。

上报扬州市
2007年7月6日

高邮12家园区先期通过环评

根据扬州市建设生态市和节约型城市的总体要求,今年以来,高邮积极开展工业园区区域环境评价工作,到目前为止,已有12家园区先期完成了环评,其他7家都正在进行之中,确保今年年底全部通过评审。

上报扬州市
2007年7月6日

“中国名牌”又添新家族

近日,“双兔”双喜临门,高邮市双兔米业有限公司将赴京领取“中国名牌产品”证书,这是继今年5月刚获得“中国驰名商标”后的又一喜讯。

近几年来,高邮市双兔米业有限公司先后投资7000多万元,引进瑞士布勒、日本安西等国际知名稻米加工机械制造企业的设备,建成年产30万吨优质稻米加工生产线,同时在定点乡镇建立了100多万亩绿色、无公害食品种植基地,并拥有15万吨具有低温、通风、自动控制等多项功能的储粮仓库,成为江苏省规模最大、装备水平最优的稻米加工企业。今年预计,该公司年产稻米17万吨,产销4亿多元,实现利税500多万元。该公司的“双兔”商标于今年5月28日被湖北省黄冈市中级人民法院司法认定为“中国驰名商标”,8月,双兔牌大米又被中国名牌推荐促进委员会认定为“中国名牌产品”。至此,“双兔”已成为高邮市第一个,也是目前唯一一个获得国家级的工业品牌。

上报扬州市
2007年9月7日

高邮建立中小企业培训基地

日前,“高邮市中小企业培训基地”正式挂牌,标志着高邮中小企业培训工作步入了正规化的轨道。高邮市中小企业局充分利用市委新党校的基础设施、后勤保障和师资资源,结合宣传《中小企业法》和发展民营经济、加快工业发展相关优惠政策及其法律法规、安全、财务等知识的迫切需要,实行优势互补,在新党校建立中小企业培训基地,彻底改变了过去培训临时性、游击化的格局。

上报扬州市
2007年9月17日

扬州菱塘光电科技产业园区挂牌成立

日前,座落在高邮湖西的扬州菱塘光电科技产业园区正式挂牌成立。该园区辖区总面积203平方公里，规划总面积100平方公里，核心区规划面积30平方公里，重点以太阳能光伏和LED照明等与光电项目相关的高科技产业为主体，大力发展高新技术产业。产业园地处省沿江经济带、扬州城北郊，毗邻高邮湖，环境优美，交通便利，享有省级经济开发区和全国少数民族乡的各项优惠政策，是各方能人志士投资兴业的福地。

上报扬州市
2007年10月8日

“高邮市中小企业网”开通

为更好地服务于中小企业，由高邮市中小企业局、高邮市乡镇企业管理局、高邮市促进中小企业发展服务中心主办的高邮市中小企业网（http://www.gyte.gov.cn）基本建成，开始试运行。网站设工作动态、统计信息、民营经济、园区建设、企业园地等栏目，为乡镇工业、民营经济等中小企业提供政策咨询、业务指导、企业、产业推介、招商引资等全方位服务。网站的开通将全面提升该地区中小企业的信息化建设水平和为中小企业服务的功能和层次。

上报扬州市
2007年10月18日

高邮掀起创业园建设新潮

随着高邮城东创业园批准兴建，高邮市创业园建设步入新的发展时期。

高邮市的创业园建设起步较晚，此前，除市开发区具有一定规模的创业园外，乡镇工业集中区规划建设创业园为数不多，大部分为招商引资项目。其中，周山工业集中区创业园，规划面积100亩，已建10幢标准化厂房约6千平方米，目前全部租出，有6个企业入驻。八桥镇规划200亩，现已建标准化厂房6幢计2.5万平方米。周巷镇规划了50亩已建0.9万平方米标准化厂房。高邮镇由新联村、丁庄村和其余3个企业出资建设标准化厂房总计5.4万平方米，用地97亩，投入资金6850万元。此外，汉留、郭集、三垛等工业集中区均已拟定创业园建设规划。

由卸甲镇人民政府兴办的城东创业园，地处高邮东郊，利用非农耕地置换，单独规划面积500亩。这是该市第一次走出园中园模式的创业园建设，对节约土地资源，打造服务平台，鼓励投资创业，走集约化发展道路做出的新的尝试。

上报扬州市
2007年11月27日

后　记

许多人经历了，但大都忽视了遗存；一些人有心了，但又因种种缘故而不能相对完整地记录；而绝大部分，面对未来，这段历史或许就成了空白。因此，历史的责任好像落在我的肩上而不能推却。

我从事工业方面的工作40余载，其中经历乡镇工业管理27年，对高邮乡镇工业怀有深厚的感情。特别是1985年我有幸直接参与了第一轮编史修志，不但占有了大量第一手资料，而且也基本厘清了高邮乡镇工业的来龙去脉。其时，我主笔编纂的《高邮县乡镇工业志》因故未能出版，但却为我竭力关注“老乡”、潜心搜集资料、矢志记录历史预埋了伏笔。

2011年初，随着以“高邮市乡镇企业管理局”撤销为重要标志的“中小企业”时代的到来，我开始了《高邮乡镇工业六十年》的编著工程。共历时六年有余，工余假日，寒来暑往，未分昼夜，数易其稿，终得结集出版。

记载历史，是为了交付未来。编著好《高邮乡镇工业六十年》，既是一名乡镇工业工作者的应有职责，更是一名乡镇工业基层实践者的历史责任。《高邮乡镇工业六十年》力求把握重点，写出特色，用大量的事实和丰富的数据，不加任何渲染和点缀，如实记载，较为充分地体现乡镇工业的发展规律和乡镇工业管理工作中的经验教训，以其客观性、独特性和专业性来实现本书的价值。本书倘若能给读者了解、认识、研究乡镇工业一点启示和帮助，则欣慰之至。

值此，我要首先向乡镇工业的创业者以及奉献于乡镇工业事业的同志们致敬！衷心感恩曾经给予我完成本书支持、引导和帮助的张思云、王鹤、陈捷、王楚毓、胡延嵩、潘步清、孙庆寿等老同志！曾经分别任中共高邮县、市委书记和江苏省乡镇企业管理局负责人的孙龙山同志欣然为本书作序，特别鸣谢！

孙　平

2017年7月31日